2009年2月11日，中共中央总书记、国家主席胡锦涛考察中材国际承建的沙特阿拉伯利雅得水泥公司。图为中材国际董事长谭仲明（左）与胡主席亲切握手。

2009年7月3日，中共中央政治局常委、全国人大常委会委员长吴邦国，在全国人大副委员长、秘书长李建国（左四），全国人大环境资源委员会主任汪光焘（左三）等陪同下，视察安徽海螺集团。海螺集团董事长郭文叁（左一）向委员长一行重点汇报了企业在推进行业结构调整、技术进步和节能减排等方面的情况。

2009年4月13日，中国建筑材料联合会会长张人为一行到安徽海螺集团考察调研。张人为对海螺集团各方面取得的成绩给予了高度评价，并就建材行业贯彻落实科学发展观、发展循环经济作了专题讲话。

2009年4月1日～2日，由中国水泥协会和中国国际贸易促进委员会建筑材料行业分会共同主办的“2009中国国际水泥峰会”在北京隆重举行。

在“第十届中国国际水泥技术及装备展览会”开幕式上，两位水泥行业老专家亲切交流。（右）为原国家建材局副局长黄书谋，（左）为中国水泥协会会长雷前治。

2009年4月1日～2日，由中国水泥协会和中国国际贸易促进委员会建筑材料行业分会共同主办的“第十届中国国际水泥技术及装备展览会”在北京展览馆隆重开幕。

2009年4月12～21日，应日本日中经济协会、日本水泥协会、韩国水泥协会的邀请，中国水泥协会会长雷前治率中国水泥循环经济技术考察团赴日本、韩国考察调研。图为考察团全体成员在日本三菱材料水泥公司。

2009年6月17日，《中国水泥大型企业领导人圆桌会议》在四川都江堰正式开幕。会议由中国水泥协会和“华润水泥”、“台湾水泥”、拉法基集团共同主办，邀请了国家重点支持的十二家中国水泥企业和包括“拉法基瑞安水泥”在内的其他三家特邀大型水泥企业的领导参加。

图为圆桌会议现场。

2008年5月23日，中国建材联合会会长张人为（中）一行参观“安徽瑞泰”。

2009年11月9日，中国水泥协会会长雷前治（右四）一行到“南方水泥”杭州区域浙江绍兴考察日产5000吨水泥生产线。

2009年3月9日，国内技术配套建设的利用水泥窑无害化、资源化处置污泥项目在广州越堡水泥有限公司日产6000吨生产线上投入试运行。

2009年11月21日,中国建材联合会副会长、中国水泥协会会长雷前治在湖北亚东水泥有限公司考察。

2009年12月4日，2009年中国水泥协会会长会议在广东东莞召开。水泥协会会长单位及企业负责人齐聚一堂，为促进水泥工业健康发展进言献策。会议由华润水泥控股有限公司承办。中国建材联合会张人为会长，应邀出席会议并致词。中国水泥协会雷前治会长作主题发言。

2009年3月23日，中国建材股份有限公司香港上市三周年庆典暨北方水泥有限公司成立揭牌仪式在北京举行。

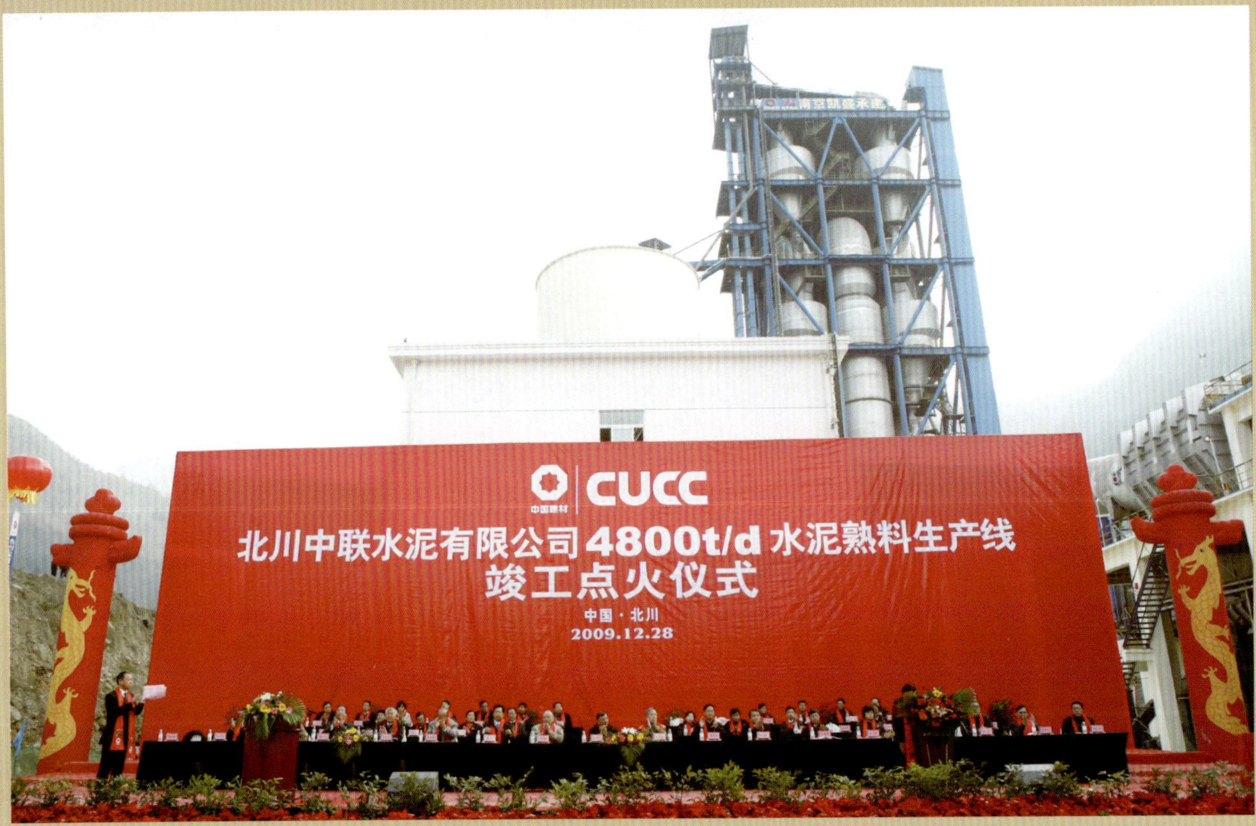

2009年12月28日，北川中联水泥有限公司日产4800吨水泥熟料生产线竣工点火仪式隆重举行。该工程成为北川灾后重建具有里程碑意义的重点投资项目。

图为中国建材联合会会长张人为（左一）、中国建材集团董事长兼党委书记宋志平（右一）等领导为北川中联水泥有限公司日产4800吨水泥熟料生产线竣工举行点火仪式。

2009年11月20日，中国水泥协会会长雷前治（右二）考察“华新水泥”化验室，听取了化验室主任详细的介绍后，对“华新水泥”注重研发科技兴厂的做法予以高度评价和支持。

2009年3月9日，中国水泥协会会长雷前治接受广东省电视台新闻采访，就利用水泥窑无害化、资源化处置污泥项目呼吁政府出台相关支持政策。

2009年12月16日，中材集团获浦发银行100亿元授信量。

2009年3月5日，中材国际签订刚果1.38亿美元总包项目。

《中国水泥年鉴》2010年

协办单位

（排名不分先后）

中国中材集团有限公司

中国联合水泥集团有限公司

拉法基瑞安水泥有限公司

瑞泰科技股份有限公司

中国水泥年鉴(2010)

China Cement Almanac

中国水泥协会 编

江苏人民出版社

图书在版编目(CIP)数据

中国水泥年鉴.2010/中国水泥协会编著.—南京:江苏人民出版社,2011.5
ISBN 978-7-214-07050-0

Ⅰ.①中… Ⅱ.①中… Ⅲ.①水泥工业—中国—2010—年鉴 Ⅳ.①F426.7-54
中国版本图书馆CIP数据核字(2011)第071868号

中国水泥年鉴(2010)

China Cement Almanac

中国水泥协会 编

书 名:中国水泥年鉴(2010)
编 著:中国水泥协会
责任编辑:刘沁秋 丁嫣霞
出版发行:江苏人民出版社(南京市湖南路1号A楼 邮编:210009)
网 址:http://www.book-wind.com
集团地址:凤凰出版传媒集团(南京市湖南路1号A楼 邮编:210009)
集团网址:凤凰出版传媒网 http://www.ppm.cn
经 销:江苏省新华发行集团有限公司
照 排:北京永顺达科技发展有限公司
印 刷:北京宏伟双华印刷有限公司
开 本:880mm×1230mm
印 张:35
字 数:1200千字
版 次:2011年4月第1版 2011年4月第1次
标准书号:ISBN 978-7-214-07050-0
定 价:580元

《中国水泥年鉴》(2010)
编委会和编辑部工作人员

编 辑 说 明

《中国水泥年鉴》2010卷(下称《年鉴》),是由中国水泥协会组织编纂的一部大型权威性工具书。它客观反映2009年中国水泥工业的全貌,是对水泥行业进入“十一五”期间第四年这一重要发展时期真实客观的历史记录,也是作为中国水泥行业面向国际市场敞开窗口、进行宣传交流的一个重要平台。

本《年鉴》的编纂得到了国家有关政府部门和中国建材联合会领导的关注和支持,并联合全国各省市水泥协会、部分大型水泥企业和中国建材数量经济监理学会,在中国水泥协会秘书处的领导下,与《中国水泥》杂志社共同进行编写工作。《年鉴》由中国水泥协会会长雷前治担任编委会主任,特邀请中国建筑材料联合会会长张人为、原国家建材局局长王燕谋等15名行业专家及企业家作为高级顾问,中国水泥协会副会长、秘书长孔祥忠担任编委会常务副主任,中国水泥协会28位副会长担任编委会副主任,并特邀各省、区、市水泥协会、部分大型水泥集团、水泥院所的代表担任编委。

本《年鉴》内容共分七大篇章。第一篇是特载,主要介绍2009年国家出台的政策法规、地方政策,发表的重要文章、领导关怀、媒体关注及行业热点专题,从政策层面、不同角度阐述行业发展状况。第二篇是综述,反映33个省、市水泥工业概况,以便读者深入了解地方发展情况。第三篇是2009年公布的水泥行业标准、专利、科技成果。第四篇是先进集体及先进个人,以表彰2009年为中国水泥工业做出贡献的单位及个人。第五篇是企业篇,选择在行业内有影响力、技术先进、国家重点支持结构调整的大型水泥部分企业进行形象宣传,在行业史上记录领军企业的风采。同时,对2009年全国投产新型干法生产线、新建部分水泥生产线项目、余热发电项目,以及国外建设项目进行公布。第六篇是记事篇,详实记录水泥业2009年来国内发生的大事、要事。以及环球信息。第七篇是统计数据,准确统计了2009年中国水泥产品产量、进出口情况、产品价格、能源消耗、废气排放等数据及主要财务指标。

本《年鉴》中收录的全国各地水泥行业有关情况和统计数据,来源于各省、自治区、直辖市经贸委、建材行管办或水泥协会。某些主题和数据可能在不同部分和不同篇章中有所涉及,应综合对照才能更全面掌握有关情况。统计数据以中国建材数量经济监理学会提供材料为准。

本《年鉴》分部类、栏目、条目三个层次,根据资料分类的需要,在少数栏目下设有类目。条目为本年鉴的基本文献形式。条头一律用黑体字加“【】”表示。“★”表示本部分有注解说明。

本《年鉴》收集资料的范围是全国性的。暂未包括中国台湾省、香港特别行政区和澳门特别行政区。

本《年鉴》在搜集资料、编辑、整理、校对的过程中,承蒙编委会、特约编委、特约编辑及各地方行管办、水泥协会的大力支持和帮助,为本《年鉴》的出版做了大量的收录工作,在此谨致谢忱!

本《年鉴》收录的内容自2009年1月至2009年12月31日止的中国水泥工业资料,具有广泛性和代表性。由于收录的资料繁杂,难免有所遗漏,望广大读者对本卷《年鉴》中的不足之处给予批评、指正!

《中国水泥年鉴》编辑部

2011年1月29日

Editor Notes

Jan. 29, 2011

"Chinese Cement Almanac" volume 2010 (hereafter referred to as "Almanac") is a large authoritative reference book organized and compiled by China Cement Association. It objectively reflects the panorama of Chinese cement industry in 2009 and is the real and objective historic record of cement industry entering the important developing time of the third year of "eleventh five-year" period. It is also a window of Chinese cement open to international market and great platform for advertising and communication.

The compilation of the "Almanac" got care and support from relative government sectors and leaders of China Building Material Coalition and it associates with each provincial and municipal cement association and partial large cement enterprises as well as China Building Material Quantity Economy Supervision Association together with "China Cement" Journal Office for the compilation under the leadership of secretariat of China Cement Association. Chairman Lei Qianzhi of China Cement Association assumes editing committee director of "Almanac"; 15 industrial experts and entrepreneurs such as Zhang Renwei- the chairman of China Building Material Association and Wang Yanmou- the previous director of National Building Material Bureau were specially invited as senior advisors; Kong Xiangzhong- vice chairman and secretary general of China Cement Association assumes vice standing director of editing committee. 28 vice chairmen of China Cement Association assume vice directors of editing committee. It specially invited representatives of provincial, regional and municipal cement associations and some large cement groups and cement institutes as members of editing committee.

The "Almanac" consists of seven chapters. Special edition Chapter 1 mainly introduces policy and law and regulations issued by the state in 2009, local policy, important articles published, leaders' care, media focus and industrial hotspot and it expounds industrial development status from various policy levels and different points of view. Chapter 2 is the summary, reflecting cement industry situation of 33 provinces and cities so as for readers to deeply understand local development. In addition, it prepared and recorded outstanding trends of partial provinces and cities and set up the column of "Provincial trend". Chapter 3 is cement industrial standards, patents and technical achievements published in 2009. Chapter 4 is advanced collective and individuals so as to commend unit and individual with contribution to Chinese cement industry in 2009. Chapter 5 is for enterprises. It selects some large cement enterprises with influence in the industry, advanced technology and key state support for structure regulation for image advertising so as to record the elegant demeanor of leading enterprises in industrial history. At the same time, it publishes the new pattern dry type production lines put into production in whole China, the newly signed large cement production line projects and power generation projects by remnant heat project contracts for production as well as foreign construction projects. Chapter 6 is event recording. It records in detail great domestic events and key events of cement industry in 2009. The year 2009 is the occasion of 30 years' anniversary of reform and opening up in China. It specially sets up "30 years' memorabilia" and global information column. Chapter 7 is statistics, accurately counting such data as Chinese cement product output, import and export, product price, energy consumption, waste gas emission and main financial index in 2009.

Relative status and statistics of local cement industry nationwide collected by the "Almanac" come from each provincial, autonomous regional and municipal economic and trade commission, building material administration or cement association. Some theme and data may be related in different parts and different chapters and it can master relative status more completely through comprehensive comparison. Material provided by China Building Material Quantity Economy Supervision Association should prevail for statistics

The "Almanac" is divided to three levels of branch, column and entry and a few columns have subsections according to the need of data assortment. Entry is the basic literature format of this "Almanac". Head of the entry is all indicated by bold-face with "【】". "★" indicates annotation or note existing for the part.

Data collection scope of the "Almanac" is nationwide but it does not include that of Taiwan Province, Hong Kong SAR and Macao SAR for the time being.

The "Almanac" is indebted to great support and help from editing committee, specially arranged committee member, specially arranged editor and local administration and cement associations during its data collection, compilation, preparation and proof that we hereby express our sincere thanks to their hard effort for the "Almanac" publication.

The content collection of the "Almanac" is datum of Chinese cement industry starting from Jan. 1, 2009 to Dec. 31, 2009 with universality and representation character. As datum to be collected is miscellaneous it is hard to avoid possible missing or omitting that all comments or corrections to the "Almanac" from broad readers would be highly appreciated.

Newsroom of "Chinese Cement Almanac"

2009 年中国水泥工业概况

2009 年,面对国际金融风暴的巨大冲击,中国政府采取了一系列强有力的应对措施,尤其 4 万亿“扩内需,促增长”的举措,使水泥行业获得一个又一个重大的机遇。全行业市场消费量、产量、利润等都实现了两位数的增长,投资高达 1 700 亿元,新建投产新型干法生产线 176 条,年销售水泥超过 1 000 万吨的企业已经有 18 家,淘汰落后产能 7 416 万吨。中国水泥工业结构得到有效的调整。2009 年水泥产品综合能耗大大降低,吨熟料能耗 124.15 千克标准煤,比 2008 年降低 4.85%;吨水泥能耗 95.08 千克标准煤,比 2008 年降低 8.11%。全行业节能减排取得了显著成效。

从京都议定书到哥本哈根世界气候大会,中国政府都作了庄严的承诺,为此也采取了一系列的政策措施。2009 年在全球关注气候变化的背景下,水泥行业降低资源和能源消耗,减轻并消除环境污染,大力开发低碳技术,转变产业发展方式,使水泥工业走可持续发展道路。

2009 年中国水泥产量 16.5 亿吨,承接国际水泥工程业务量的 40% 以上。尤其是近五年来,通过技术创新和兼并重组,水泥工业在结构调整和节能减排方面取得了显著的成绩。以新型干法水泥为主的先进生产工艺的产量达到了 76% 以上,一批年产能 1 000 万吨规模以上的大型水泥企业正迅速成长,生产集中度不断提高。水泥工业在废渣利用、余热利用等节能减排和循环经济方面走在了其他工业的前面。持续快速的经济增长为中国水泥工业带来了历史的发展机遇,巨大的市场需求引来了国内外投资者的关注和兴趣。

但是,我们也要看到,随着水泥产量的增加,对资源和能源的需求也在不断增加,对环境的影响也在加大,给水泥工业实现可持续发展带来严峻挑战。

应对气候变化的话题正成为全球普遍关心的热门话题。截止到 2009 年底,“十一五”的前四年,全国单位 GDP 能耗下降了 14.38%;化学需氧量的排放总量下降了 9.66%;二氧化硫排放总量下降了 13.14%,提前完成了减排的目标。

中国水泥协会会长 雷前治

2009 年 12 月 31 日

General Situation of Chinese Cement Industry 2009

Dec. 31, 2009

In the face of great impact of international financial storm, Chinese government has adopted a series of powerful countermeasures, especially the measure of "expanding domestic demand and promoting growth" of RMB 4000 billion that gave cement industry important chance one after another. Market consumption amount, output and profit of whole industry all attained double-digit growth with investment as high as RMB 170 billion. It has newly built and put into production 176 new pattern of dry type production lines with 18 enterprises selling cement over 10 million tons in the year and eliminating backward production capacity of 74. 16 million tons. Industrial structure of Chinese cement has been effectively regulated. Comprehensive energy consumption of cement products in 2009 dropped significantly. Energy consumption of clinker per ton is 124. 15 kg. standard coal, a reduction of 4. 85% than 2008; energy consumption of cement per ton is 95. 08 kg. standard coal, a reduction of 8. 11% than 2008. Energy saving and emission reduction of whole industry have achieved great result.

From Kyoto Protocol to Copenhagen world climate conference, Chinese government has all made earnest promises and also taken a series of policy measures for it. Under the background of discussing and focusing on global climate change in 2009, cement industry reduced resource and energy consumption, alleviated and eliminated environmental pollution, developed low carbon technology vigorously, converted the mode of industrial development and led cement industry to the path of sustainable development.

Chinese cement output in 2009 was 1. 65 billion tons and took over 40% of international cement engineering business. Especially in recent 5 years, cement industry has made significant achievement in structure regulation and energy saving and emission reduction through technical innovation and merging and reorganization. The output of advanced production process represented mainly by new pattern of dry type cement has reached above 76%. A batch of large cement enterprises with annual capacity scale over 10 million tons are growing rapidly with production concentration increasing continuously. Cement industry has taken the lead of other industries in such energy saving and emission reduction and economy circulating aspects as waste residue utilization, remnant heat utilization. Sustainable and rapid economic growth has brought historic development opportunity to Chinese cement industry and huge market demand has drawn attention and interests of investors both at home and abroad.

But we also need to recognize that along with the growth of cement output, the demand for resource and energy is adding and the influence to environment is increasing and that have brought severe challenge in realizing the sustainable development of cement industry.

The topic of coping with climate change is becoming the hot topic generally cared by the whole world. Up to the four years of "11th Five-year Plan" namely the end of 2009, national unit GDP energy consumption dropped by 14. 38%; total emission of chemical oxygen demand dropped by 9. 66%; total emission of sulfur dioxide dropped by 13. 14% and thus the target of emission reduction was fulfilled in advance.

By Lei Qianzhi

目　录

Content

第一篇　特载

Chapter I Special Edition

第二篇　综述

Chapter II. Summary

第三篇 标准、专利、科技成果

Chapter III. Standard, Patent and Technical Achievement

第四篇　先进集体及先进个人

Chapter Ⅳ. Advanced Collective and Individuals

第五篇　企业篇

Chapter Ⅴ. Enterprises

第六篇　记事篇

Chapter VI. Record of Events

第七篇　统计数据

Chapter VII.　Statistics

第一篇

特载

中共中央、国务院关注水泥工业

CPC Central Committee and State Council care about cement industry

2009年

中共中央政治局委员、国务院副总理回良玉视察海螺集团

CPC political bureau member and vice premier of state council Hui Liangyu inspects Hailuo Group

1月29日(正月初四),中共中央政治局委员、国务院副总理回良玉赴安徽海螺集团调研考察。海螺集团公司董事长、总经理郭文叁率集团公司领导及水泥股份公司班子成员在海螺国际会议中心进行了迎接并陪同了考察。

在一楼展厅,回副总理了解到"海螺"这些年来创建了富有特色的"海螺"发展模式,取得了行业多个第一、节能减排项目蓬勃发展的介绍,不停地点头赞许。在参观"技术创新与节能减排"与"水泥基本知识"篇时,回副总理一直表现出浓厚的兴趣,不时就相关内容进行提问,并提出更高的期望。

在六楼贵宾厅,郭文叁董事长向回副总理简要汇报了"海螺"集团生产经营和改革发展的有关情况并作指示。

回副总理听了汇报后指出:"你们在改革开放的大潮中,与时俱进,开拓进取,'海螺'所走过的道路,就是我们讲的中国特色新型工业化道路。"海螺"是成功的企业,是改革开放的象征,也是改革开放的一个缩影。"

"你们回顾三十年,不但企业自己有启示,给我们管理者也有启示。'海螺'能够取得今天的成绩,关键是有一个核心团队,班子和谐,有一个好班长。我认为,干任何事情干成了,都要有'四情':首先要有感情,其次要有热情,第三要有激情,第四要有痴情。对事业有感情,干工作有热情,确实干成了有激情,遇到困难有痴情、百折不挠去进取。一个人干事情,只有想干事、敢干事、会干事,才能够干成事,要敢和高的比、敢跟强的争。"

他说:"一个企业要做到长盛不衰,不能光靠一个人,一定要靠团队。任何企业一定要有危机意识,才有责任意识,有危机感往往能够避免危机的产生。"海螺"的产业越做越大、分布越来越广、就业人员越来越多,对团队的要求越来越高。在当前金融危机加剧的形势下,希望大家危中寻机、危中寻进、危中寻优,在危机中接受教育。"海螺"是安徽省的利税大户,为安徽经济、社会发展做了很大的贡献。我为"海螺"而骄傲、为"海螺"而自豪,为有"海螺"这个品牌而自豪,希望你们今后继续发展。"

胡锦涛主席参观中材集团沙特RCC项目

Chairman Hu Jintao visits Saudi Arabian RCC Project of Zhongcai Group

2月11日,正在沙特访问的中国国家主席胡锦涛,于当地时间上午10时20分抵达中材集团旗下"中材国际"总承包建设的沙特利雅得水泥厂(RCC)参观。在现场,胡主席详细询问了工厂的技术水平及生产情况,对中材集团的发展表示充分肯定,并勉励"中材""要继续坚持科技创新,发挥自身优势,扩大海外市场份额"。

考察结束时,胡锦涛主席欣然为"中材"题词:"深化务实合作,造福两国人民。"

据了解,"中材国际"除RCC外,在沙特还签定了SCC、CCC等7条水泥生产线总承包项目,合同总金额高达17.5亿美元。"中材国际"是国务院国资委所属中材集团控股的A股上市公司,专业从事大型水泥技术装备及工程业务。"中材国际"2008年实现主营业务收入150亿元,利润总额7.6亿元,是公司2001年成立时的18倍。"中材国际"2008年签订海外市场合同达480亿元,国际市场份额超过30%,居全球第一。

中材集团总经理谭仲明、"中材国际"董事长刘志江、总

裁王伟及沙方高管人员陪同胡主席考察。中沙两国员工在现场热烈欢迎胡锦涛主席。

贺国强出席中国建材集团蒙古国水泥项目签约仪式

He Guoqiang attends contract concluding ceremony of Mongolian cement project of China Building Material Group

6月25日，在蒙古国国家宫，中共中央政治局常委、纪委书记贺国强与蒙古国总理桑·巴雅尔共同出席了中国建筑材料集团公司投资蒙古国年产100万吨水泥项目签约仪式。中国建材集团董事长宋志平与蒙古国道路、运输、建筑和城市建设部部长巴图图拉嘎、国家开发银行股份有限公司内蒙古自治区分行行长马健分别代表中国建材集团、蒙古国和国家开发银行在投资意向书上签字。

此次中国建材集团投资建设年产100万吨水泥生产线项目，不仅能解决蒙古国水泥短缺问题，而且对增进中蒙两国友谊，加强经济合作发展将会起到积极的促进作用。

中国建材集团投资建设的年产100万吨水泥项目距乌兰巴托58公里，由中国建材集团所属内蒙古乌兰水泥集团有限公司承建。该项目的建设标志着中国建材集团水泥投资业务走出国门。

全国人大常委会委员长吴邦国视察海螺集团

President Wu Bangguo of NPC standing committee inspects Hailuo Group

2009年7月3日上午，全国人大常委会委员长吴邦国视察海螺集团。

吴邦国委员长一行在全国人大副委员长、秘书长李建国，全国人大法律委员会主任胡康生，全国人大财经委员会主任石秀诗，全国人大环境资源委员会主任汪光焘，安徽省省委书记王金山，省委常委、副省长徐立全，省委常委、秘书长詹夏来，省人大常委会副主任任海深等领导陪同下，乘面包车到达“海螺”国际会议中心，郭文叁董事长率集团公司领导迎上前去，与红光满面的委员长亲切握手，互致问候。委员长脸上洋溢着笑意，与来欢迎的公司领导及员工代表一一握手。

随即，委员长一行在郭文叁董事长等领导陪同下前往一楼“海螺”展厅。

委员长一行进展厅后，讲解员开始讲解。委员长说：你们现在除水泥、型材外，还有新型节能、酒店、房地产等等，你们的家底我都知道，不用讲解那么细了，咱们一边走、一边看吧，我还有许多问题要问你。在集团主展板前，郭董事长向委员长一行简要汇报了海螺集团近年来的改革发展情况，重点汇报了企业在推进行业结构调整、技术进步和节能减排等方面的作法和体会。

委员长说：“我有三个问题想问你们。第一个问题是建筑节能材料开发有没有新的进展？这个市场非常广阔，你们这方面有没有研究，要大力开发建筑节能保温材料。”郭董事长回答：“我们已经开始生产和开发新型节能材料。”

“第二个问题是你们有没有超细水泥，这个对防震建筑很重要。”郭董事长回答：“超细水泥我们早已能生产，解决防震问题是一个建筑设计规范的系统问题，技术和材料已经没有问题了。”

“第三个问题是水泥生产有没有碳减排、回收和深埋技术？”郭董事长回答：“有这个技术，只是使用成本较高。”

委员长对水泥纯低温余热发电非常感兴趣，详细了解了余热发电关键技术的有关情况，对“海螺”推广实施余热发电新技术等方面所做的工作十分满意，当听到郭董事长介绍“海螺”独有的余热发电锅炉、冷凝器、低压发电机组等技术时，频频颔首，感到欣慰。他说，“低压发电机组拉动了内需，救活了许多小发电机制造厂。”

看到“海螺”与日本“川崎”实施垃圾焚烧技术，委员长问：“技术是谁的？合资比例是多少？”公司领导回答：“技术是合资公司拥有的，由日本“川崎”垃圾处理与“海螺”旋窑焚烧技术合成，合资比例中日各占百分之五十。该技术的显著特点是工艺布局简洁，投资低，采用汽化炉焚烧，燃烧的气体有害成分被水泥窑高温所分解，科学地解决二噁英的降解，对大气无污染，所形成的残渣作为水泥原料配料，无任何废弃物，真正做到了垃圾的无害化处理。焚烧时利用垃圾自身热能实现自燃，不需要任何燃料，且可替代水泥窑部分燃料，达到节能的效果。”

在多媒体屏幕前，委员长饶有兴趣地看了“海螺”水泥的销量柱状图，对“海螺”近年来的跨越式发展给予高度评价。

在“海螺”T型发展战略展板上，看到“海螺”在沿江沿海布局图，委员长笑呵呵地挥手划了个圈，说：“这么一大片都是你们的呀！”当发现展板上有一段关于当年他就行业结构调整的批示文字时，委员长轻声念了出来。念完后，他回头对陪同的领导说：“当时啊，我就是这个思路！”

那是1998年12月5日，时任国务院副总理的吴邦国同志为水泥行业结构调整做出了重要批示：“水泥工业结构调整要发挥好大企业的作用，变成一种市场行为，然后在政策允许的范围内，尽量给一些支持，这样小、散等问题都可以解决了。今后要形成这样的结构，就是大厂主要搞熟料生产，小厂搞粉磨加工。像可口可乐一样，原料生产厂就一个，灌装厂到处都是，形成专业化生产，质量也就有保证了。”“九五”期间，海螺集团按照吴邦国同志的指示精神，认真贯彻国家水泥工业“控制总量、调整结构”的产业政策，依托安徽沿江丰富的优质石灰石资源，大力发展新型干法水泥，建设了多个大型熟料生产基地；在交通便捷、市场广阔的长江三角洲无资源地区收购了多个立窑水泥厂，并关闭立窑，改建水泥粉磨站，创建了行业公认的“海螺模式”，有力地促进了上海、浙江、江苏等华东省、市的水泥工业结构调整，同时也奠定了海螺集团进一步发展壮大的基础。

当委员长观看到“海螺”建设日产万吨水泥熟料生产线的图文时，委员长感慨地说：“好啊，你们熟料超过1亿吨了，关键是设备咱们自己能造了，国产化了，这样投资就下来了。”

在展厅出口的贵宾题字台前，委员长在宣纸上挥笔写下“循环经济大有可为！”这是对“海螺”致力于发展循环经济的高度评价，更是对“海螺”未来发展寄予的厚望，展厅里响起热烈的掌声。

从展厅出来，委员长一行在节能公司展板前了解余热发电与垃圾焚烧项目推广应用情况。委员长听得很仔细。他问：“控制系统的软件谁开发的？”郭董事长回答：“是我们集团公司的自动化所开发的，实用性强，运行可靠。”委员长点头赞许：“这样好啊。如果系统被别人控制了，花钱不少，还不实用。”

考察历时近一小时。委员长一行从一号厂房大门出来，见到等候在道旁送行的集团部室及节能公司员工们，双手合掌，频频致意。委员长一行在掌声中登车，并与欢送人群挥手告别。（文/黄晓平 刘田田　图/李涛 黄晓平　黄勇）

温家宝总理明确提出以培育低碳经济为增长点

Premier Wen Jiabao clearly puts forward low carbon economy cultivation as growing point

8月12日，温家宝主持召开国务院常务会议，首次明确中国将培育低碳经济作为新的增长点。会议提出，下一阶段要“大力发展绿色经济。紧密结合扩大出口内需促进经济增长的决策部署，培育以低碳排放为特征的新的经济增长点，加快建设以低碳排放为特征的工业、建筑、交通体体系。”

中共中央政治局常委李长春视察海螺集团

CPC political bureau standing committee member Li Changchun inspects Hailuo Group

10月16日，中共中央政治局常委李长春，在省委书记、省人大常委会主任王金山，省委常委、市委书记孙金龙，省委常委、政法委书记、省公安厅厅长徐立全，省委常委、宣传部长臧世凯，省委常委、秘书长詹夏来等陪同下，到安徽视察海螺集团。

李长春同志一行乘面包车到达“海螺”国际会议中心。公司领导迎上前去，与李长春同志亲切握手，互致问候。

进入展厅后，李长春同志边听讲解员讲解，边仔细观看展板上的图文。在“海螺”“T”型发展战略展板前，公司领导对照“海螺”沿江沿海布局图，介绍了当年“海螺”“T”型发展情况。李长春同志对“海螺”在有资源的地区建熟料生产基地、在无资源有市场的地区建水泥粉磨站的发展模式，点头赞许。

当介绍到“海螺”的环保节能产业时，李长春同志详细了解了全国推广水泥纯低温余热发电、城市生活垃圾焚烧等关键技术的有关情况，当听到介绍“海螺”在余热发电技术，有自己的知识产权，利用余热发出的电可解决生产三分之二用电时，他点头赞许，对“海螺”推广实施余热发电新技术所做的工作表示满意。

在“海螺”水泥区域展区，李长春同志惊叹地问：“你们在全国有这么多的点啊，产量是多少？”公司领导回话：“1.3亿吨。”他接着问：“全国产能是多少？”答：“是14亿吨。”他笑着说：“你们占了十分之一啦！”公司领导汇报：“‘海螺’水泥排世界第三、亚洲第一，‘海螺’型材是世界第一位。”他听罢频频点头，赞许“海螺”跨越式发展、为行业结构调整做出的重大贡献，高兴地说：“这个企业改制很成功，发展也很快！”

李长春同志把随行的经济日报社社长徐如俊叫到面前，嘱咐他说：“‘海螺’是建材领域的航空母舰啊，你们要好好宣传‘海螺’，特别是对发展的路子可以深度挖掘，本身也是国企改革的成功点，事实说明了国有企业不是搞不好。从1978年批准建设宁国水泥厂，到成立‘海螺’集团，发展到现在已经是世界第三、亚洲第一了，而且循环经济搞得也不错，如余热发电、垃圾焚烧等等。”

他对陪同的省委书记王金山说：“‘海螺’是你们安徽的骄傲！水泥需求量大，什么时候都需要的。”

回到国际会议中心大厅，李长春同志与等候在那里的欢送人群握手。看到大家着装整齐、精神饱满，他感慨地说：“过去做水泥的都是灰色衣服，现在都是西装革履了！”他招呼随行人员过来，与参加“海螺”欢送的干部员工合影留念，并风趣地说：“都过来，这是对‘海螺’的态度问题。”

国家主席胡锦涛与美国总统奥巴马发表《中美联合声明》

Chairman Hu Jintao and US President Obama release “Sino – US Joint Statement”

11月17日，国家主席胡锦涛和美国总统奥巴马在京发表《中美联合声明》。双方一致认为，向绿色经济、低碳经济转型十分关键，也是促进所有国家经济持续增长和可持续发展的机会。中美两国将共同努力以成本效益高的方式提高工业、建筑和消费品领域的能效。两国还将就大规模利用风能、太阳能、先进生物燃料和现代电网方面进行合作。

温家宝总理召开国务院常务会议明确约束碳排放指标

Premier Wen Jiabao holds State Council standing committee conference to clearly restrict carbon emission index

11月25日，温家宝主持召开国务院常务会议，决定到2020年中国单位国内生产总值二氧化碳排放比2005年下降40% ~45%，这将作为约束性指标纳入国民经济和社会发展中长期规划，并制定相应的国内统计、监测、考核办法。

中共中央政治局经济工作会议指明节能减排方向

CPC political bureau economic working conference points out direction for energy saving and emission reduction

11月27日，中共中央政治局经济工作会议上指出，要切实抓好节能减排工作，加快节能环保重点工程建设，着力推动经济结构调整和战略性新兴产业发展，落实重点产业调整振兴规划，加大用新技术改造和提升传统产业力度，加大研发投入，加大自主创新力度。

政策法规

Policy and law and regulation

2009 年

关于水泥行业执行《关于资源综合利用及其他产品增值税政策的通知》（财税［2008］156号）的情况反映★

Work feedback about cement industry implementing "Circular about comprehensive resource utilization and VAT policy of other products"（CS［2008］No.156）

财政部：

最近有部分省市水泥协会和水泥企业来函、来电、来人反映，财政部、国家税务总局新颁布的《关于资源综合利用及其他产品增值税政策的通知》（财税［2008］156号）中对水泥企业享受减免税政策的有关条款规定存在一些问题，主要集中在以下几个方面：

一、文件中第三条第（五）点的第1个计算废渣掺量的公式不科学，缺乏可操作性。

1. 在计算公式的分母"生料数量＋生料烧制和水泥粉磨阶段掺兑废渣数量＋其他材料数量"中，生料数量本身就包含了"生料烧制"阶段掺兑的废渣数量，在此属于重复计算，加大了分母的数量；

2. 此计算方法是以工厂整体废渣利用量和原材料消耗量作为计算单位，不适合按产品退税的操作原则，因为不同水泥产品的废渣利用量差别很大。

二、文件的附件2"享受增值税优惠政策的废渣目录"中，未能把锅炉废渣、石煤渣等废渣列入其中。

三、文件发布的时间为2008年12月9日，文件中针对水泥行业的第三条和第六条的实行时间为2008年7月1日，发布时间晚于执行时间5个多月，没有给企业适当调整的时间。一般应给企业3～6个月的调整时间。

我们对针对上述问题，进行了认真研究，提出以下建议：

一、为使掺兑废渣比例计算公式更加严密、科学、具有可操作性，建议掺兑废渣比例按水泥产品生产量计算。

掺兑废渣比例＝废渣总量/水泥产品总量＝水泥中熟料的百分比×生料料耗×生料中掺兑废渣的百分比＋水泥粉磨过程中掺兑废渣的百分比。

二、锅炉废渣、石煤渣是不同品质的煤燃烧后的废渣，量虽然没有粉煤灰大，但涉及面广，且对环境的污染比粉煤灰严重，水泥厂利用锅炉废渣、石煤渣时比粉煤灰成本高，为调动水泥厂消纳锅炉废渣、石煤渣的积极性，建议锅炉废渣、石煤渣列入废渣目录中与粉煤灰一样享受相应的优惠政策。

三、为给企业整改留下一定的时间，建议新的认定办法从2009年7月1日起执行。

四、关于立窑企业能否享受税收优惠政策的问题，我们建议对省级政府主管部门批准的立窑技术改造企业，且经考核节能减排、环保等指标均能达标的，允许其享受利废优惠政策。

五、在节能减排、发展循环经济中，水泥工业承担了国内50%以上的废渣综合利用的重任，是我国消纳废渣最大的行业，尤其在当前"金融危机"的情况下，增值税政策的执行和调整是直接影响到5 000多家水泥企业的经营效益和健康发展的大事，建议今后类似政策在发布前听取和征求行业协会的意见。

为了更有效地贯彻执行国家新的综合利用税收政策，使其更好地保护水泥生产企业利用废渣的积极性，实现行业节能减排目标，我们恳请财政部、国家税务总局对上述建议予以重视和研究，如需了解相关情况，我们将积极给予服务和配合。

★中国建筑材料联合会、中国水泥协会2009年1月16日发布的中建联科［2009］9号文。

商务部办公厅、住房和城乡建设部办公厅关于开展2009年全国散装水泥宣传周活动的通知★

Circular of Office of Ministry of Commerce and Office of Housing and City and Town Construction Ministry about unfolding the activity of propaganda week of national bulk cement 2009

各省、自治区、直辖市散装水泥主管部门、住房和城乡建设主管部门、散装水泥办公室：

为贯彻党的十七大及中央经济工作会议精神，深入学习实践科学发展观，建设资源节约型与环境友好型社会，根据发展改革委、商务部、住房城乡建设部等有关部门关于节约能源宣传活动的总体部署，经研究，定于2009年6月14日～20日，开展"2009年全国散装水泥宣传周"活动。现将有关事项通知如下：

一、今年全国散装水泥宣传周主题是"发展散装水泥，促进科学发展，构建和谐社会"。

二、宣传周期间，要重点围绕宣传周主题，以发展循环经济战略方针为指导，全面贯彻落实科学发展观，促进节能减排。

重点宣传发展散装水泥对节约资源、保护环境、建设资源节约型与环境友好型社会的重要意义，以及国家有关部门关于发展散装水泥的方针、政策。

三、宣传内容包括：

发展预拌混凝土、预拌砂浆对建设资源节约型与环境友好型社会的意义；促进散装水泥产业链发展，缓解能源资源制约、提高资源利用效率；在农村推广使用散装水泥，促进新农村建设加快发展；支持企业发展散装水泥物流配送的模式。

四、各地要根据本次宣传周主题，结合地方实际特点，明确各自宣传的侧重领域，并就宣传效果制定预期目标。

要突出宣传散装水泥发展取得的成效（要有具体数字）；要宣传在开展预拌混凝土、预拌砂浆、农村推广散装水泥工作中的先进集体和个人（要有鲜活事例）。

五、各地要吸收历年宣传周活动的经验和成功做法，采取传统媒体和现代宣传手段相结合的方式，利用各种渠道开展形式灵活多样的宣传活动。

如：利用散装水泥专用车辆、流动储罐等设施开展全方位、流动性的宣传活动；举办有影响的产需见面活动，推介示范和达标的散装水泥、预拌混凝土、预拌砂浆生产企业。

各地散办要主动向当地主管部门及宣传周主管部门汇报散装水泥宣传工作，要将散装水泥宣传周活动与全国节能宣传周活动结合进行，以取得更好的宣传效果。宣传周结束后，各地将宣传周活动中采取的特色宣传手段、途径，取得的成效和典型事例，各界的相关反映等情况及时报送商务部（商贸服务管理司）。

★商务部办公厅、住房和城乡建设部办公厅2009年5月27日发布的商办商贸函[2009]39号文。

中华人民共和国国务院令★

Order of PRC State Council

《规划环境影响评价条例》已经2009年8月12日国务院第76次常务会议规划环境影响评价通过，现予公布，自2009年10月1日起施行。

总　理　温家宝

二〇〇九年八月十七日

规划环境影响评价条例

第一章　总　则

第一条　为了加强对规划的环境影响评价工作，提高规划的科学性，从源头预防环境污染和生态破坏，促进经济、社会和环境的全面协调可持续发展，根据《中华人民共和国环境影响评价法》，制定本条例。

第二条　国务院有关部门、设区的市级以上地方人民政府及其有关部门，对其组织编制的土地利用的有关规划和区域、流域、海域的建设、开发利用规划（以下称综合性规划），以及工业、农业、畜牧业、林业、能源、水利、交通、城市建设、旅游、自然资源开发的有关专项规划（以下称专项规划），应当进行环境影响评价。

依照本条第一款规定应当进行环境影响评价的规划的具体范围，由国务院环境保护主管部门会同国务院有关部门拟订，报国务院批准后执行。

第三条　对规划进行环境影响评价，应当遵循客观、公开、公正的原则。

第四条　国家建立规划环境影响评价信息共享制度。

县级以上人民政府及其有关部门应当对规划环境影响评价所需资料实行信息共享。

第五条　规划环境影响评价所需的费用应当按照预算管理的规定纳入财政预算，严格支出管理，接受审计监督。

第六条　任何单位和个人对违反本条例规定的行为或者对规划实施过程中产生的重大不良环境影响，有权向规划审批机关、规划编制机关或者环境保护主管部门举报。有关部门接到举报后，应当依法调查处理。

第二章　评价

第七条　规划编制机关应当在规划编制过程中对规划组织进行环境影响评价。

第八条　对规划进行环境影响评价，应当分析、预测和评估以下内容：

（一）规划实施可能对相关区域、流域、海域生态系统产生的整体影响；

（二）规划实施可能对环境和人群健康产生的长远影响；

（三）规划实施的经济效益、社会效益与环境效益之间以及当前利益与长远利益之间的关系。

第九条　对规划进行环境影响评价，应当遵守有关环境保护标准以及环境影响评价技术导则和技术规范。

规划环境影响评价技术导则由国务院环境保护主管部门会同国务院有关部门制定；规划环境影响评价技术规范由国务院有关部门根据规划环境影响评价技术导则制定，并抄送国务院环境保护主管部门备案。

第十条　编制综合性规划，应当根据规划实施后可能对环境造成的影响，编写环境影响篇章或者说明。

编制专项规划，应当在规划草案报送审批前编制环境影响报告书。编制专项规划中的指导性规划，应当依照本条第一款规定编写环境影响篇章或者说明。

本条第二款所称指导性规划是指以发展战略为主要内容的专项规划。

第十一条　环境影响篇章或者说明应当包括下列内容：

（一）规划实施对环境可能造成影响的分析、预测和评估。主要包括资源环境承载能力分析、不良环境影响的分析和预测以及与相关规划的环境协调性分析。

（二）预防或者减轻不良环境影响的对策和措施。主要包括预防或者减轻不良环境影响的政策、管理或者技术等措施。

环境影响报告书除包括上述内容外，还应当包括环境影响评价结论。主要包括规划草案的环境合理性和可行性，预防或者减轻不良环境影响的对策和措施的合理性和有效性，以及规划草案的调整建议。

第十二条　环境影响篇章或者说明、环境影响报告书（以下称环境影响评价文件），由规划编制机关编制或者组织规划环境影响评价技术机构编制。规划编制机关应当对环境影响评价文件的质量负责。

第十三条　规划编制机关对可能造成不良环境影响并直接涉及公众环境权益的专项规划，应当在规划草案报送审批前，采取调查问卷、座谈会、论证会、听证会等形式，公开征求有关单位、专家和公众对环境影响报告书的意见。但是，依法需要保密的除外。

有关单位、专家和公众的意见与环境影响评价结论有重大分歧的，规划编制机关应当采取论证会、听证会等形式进一步论证。

规划编制机关应当在报送审查的环境影响报告书中附具对公众意见采纳与不采纳情况及其理由的说明。

第十四条　对已经批准的规划在实施范围、适用期限、规模、结构和布局等方面进行重大调整或者修订的，规划编制机关应当依照本条例的规定重新或者补充进行环境影响评价。

第三章　审查

第十五条　规划编制机关在报送审批综合性规划草案和专项规划中的指导性规划草案时，应当将环境影响篇章或者说明作为规划草案的组成部分一并报送规划审批机关。未编写环境影响篇章或者说明的，规划审批机关应当要求其补充；未补充的，规划审批机关不予审批。

第十六条　规划编制机关在报送审批专项规划草案时，应当将环境影响报告书一并附送规划审批机关审查；未附送环境影响报告书的，规划审批机关应当要求其补充；未补充的，规划审批机关不予审批。

第十七条　设区的市级以上人民政府审批的专项规划，在审批前由其环境保护主管部门召集有关部门代表和专家组成审查小组，对环境影响报告书进行审查。审查小组应当提交书面审查意见。

省级以上人民政府有关部门审批的专项规划，其环境影响报告书的审查办法，由国务院环境保护主管部门会同国务院有关部门制定。

第十八条 审查小组的专家应当从依法设立的专家库内相关专业的专家名单中随机抽取。但是,参与环境影响报告书编制的专家,不得作为该环境影响报告书审查小组的成员。

审查小组中专家人数不得少于审查小组总人数的二分之一;少于二分之一的,审查小组的审查意见无效。

第十九条 审查小组的成员应当客观、公正、独立地对环境影响报告书提出书面审查意见,规划审批机关、规划编制机关、审查小组的召集部门不得干预。

审查意见应当包括下列内容:

(一)基础资料、数据的真实性;

(二)评价方法的适当性;

(三)环境影响分析、预测和评估的可靠性;

(四)预防或者减轻不良环境影响的对策和措施的合理性和有效性;

(五)公众意见采纳与不采纳情况及其理由的说明的合理性;

(六)环境影响评价结论的科学性。

审查意见应当经审查小组四分之三以上成员签字同意。审查小组成员有不同意见的,应当如实记录和反映。

第二十条 有下列情形之一的,审查小组应当提出对环境影响报告书进行修改并重新审查的意见:

(一)基础资料、数据失实的;

(二)评价方法选择不当的;

(三)对不良环境影响的分析、预测和评估不准确、不深入,需要进一步论证的;

(四)预防或者减轻不良环境影响的对策和措施存在严重缺陷的;

(五)环境影响评价结论不明确、不合理或者错误的;

(六)未附具对公众意见采纳与不采纳情况及其理由的说明,或者不采纳公众意见的理由明显不合理的;

(七)内容存在其他重大缺陷或者遗漏的。

第二十一条 有下列情形之一的,审查小组应当提出不予通过环境影响报告书的意见:

(一)依据现有知识水平和技术条件,对规划实施可能产生的不良环境影响的程度或者范围不能作出科学判断的;

(二)规划实施可能造成重大不良环境影响,并且无法提出切实可行的预防或者减轻对策和措施的。

第二十二条 规划审批机关在审批专项规划草案时,应当将环境影响报告书结论以及审查意见作为决策的重要依据。

规划审批机关对环境影响报告书结论以及审查意见不予采纳的,应当逐项就不予采纳的理由作出书面说明,并存档备查。有关单位、专家和公众可以申请查阅;但是,依法需要保密的除外。

第二十三条 已经进行环境影响评价的规划包含具体建设项目的,规划的环境影响评价结论应当作为建设项目环境影响评价的重要依据,建设项目环境影响评价的内容可以根据规划环境影响评价的分析论证情况予以简化。

第四章 跟踪评价

第二十四条 对环境有重大影响的规划实施后,规划编制机关应当及时组织规划环境影响的跟踪评价,将评价结果报告规划审批机关,并通报环境保护等有关部门。

第二十五条 规划环境影响的跟踪评价应当包括下列内容:

(一)规划实施后实际产生的环境影响与环境影响评价文件预测可能产生的环境影响之间的比较分析和评估;

(二)规划实施中所采取的预防或者减轻不良环境影响的对策和措施有效性的分析和评估;

(三)公众对规划实施所产生的环境影响的意见;

(四)跟踪评价的结论。

第二十六条 规划编制机关对规划环境影响进行跟踪评价,应当采取调查问卷、现场走访、座谈会等形式征求有关单位、专家和公众的意见。

第二十七条 规划实施过程中产生重大不良环境影响的,规划编制机关应当及时提出改进措施,向规划审批机关报告,并通报环境保护等有关部门。

第二十八条 环境保护主管部门发现规划实施过程中产生重大不良环境影响的,应当及时进行核查。经核查属实的,向规划审批机关提出采取改进措施或者修订规划的建议。

第二十九条 规划审批机关在接到规划编制机关的报告或者环境保护主管部门的建议后,应当及时组织论证,并根据论证结果采取改进措施或者对规划进行修订。

第三十条 规划实施区域的重点污染物排放总量超过国家或者地方规定的总量控制指标的,应当暂停审批该规划实施区域内新增该重点污染物排放总量的建设项目的环境影响评价文件。

第五章 法律责任

第三十一条 规划编制机关在组织环境影响评价时弄虚作假或者有失职行为,造成环境影响评价严重失实的,对直接负责的主管人员和其他直接责任人员,依法给予处分。

第三十二条 规划审批机关有下列行为之一的,对直接负责的主管人员和其他直接责任人员,依法给予处分。

(一)对依法应当编写而未编写环境影响篇章或者说明的综合性规划草案和专项规划中的指导性规划草案,予以批准的;

（二）对依法应当附送而未附送环境影响报告书的专项规划草案，或者对环境影响报告书未经审查小组审查的专项规划草案，予以批准的。

第三十三条　审查小组的召集部门在组织环境影响报告书审查时弄虚作假或者滥用职权，造成环境影响评价严重失实的，对直接负责的主管人员和其他直接责任人员，依法给予处分。

审查小组的专家在环境影响报告书审查中弄虚作假或者有失职行为，造成环境影响评价严重失实的，由设立专家库的环境保护主管部门取消其入选专家库的资格并予以公告；审查小组的部门代表有上述行为的，依法给予处分。

第三十四条　规划环境影响评价技术机构弄虚作假或者有失职行为，造成环境影响评价文件严重失实的，由国务院环境保护主管部门予以通报，处所收费用1倍以上3倍以下的罚款；构成犯罪的，依法追究刑事责任。

第六章　附　则

第三十五条　省、自治区、直辖市人民政府可以根据本地的实际情况，要求本行政区域内的县级人民政府对其组织编制的规划进行环境影响评价。具体办法由省、自治区、直辖市参照《中华人民共和国环境影响评价法》和本条例的规定制定。

第三十六条　本条例自2009年10月1日起施行。

★中华人民共和国2009年8月17日发布的第559号令。

关于开展水泥结构调整进展调查的通知★

Circular about unfolding the investigation of cement structure regulating progress

各省、自治区、直辖市及计划单列市工业主管部门：

根据我部《关于检查总结原材料工业结构调整指导意见执行的通知》（工信厅原[2008]9号）要求，我司已完成“十一五”以来水泥工业结构调整意见贯彻落实情况总结报告（征求意见稿）。为了准确掌握今年以来水泥工业发展的最新情况，为制定“十二五”水泥工业发展规划提供依据，提出进一步推动结构调整的政策建议，决定对今年以来水泥结构调整进展情况进行调查（调查内容详见附表）。

请会同当地建材协会、水泥协会做好相关调查工作，并将调查结果于7月20日前报我司建材处。

联系人：黄瑜 吕桂新 010－66013028、66011850

附件：水泥结构调整进展情况调查表

工业和信息化部原材料工业司

二〇〇九年九月二日

附件一：

水泥结构调整进展情况调查表

填制单位：（加盖公章）

指　　标	2008年	同比增减（%）	2009年上半年	同比增减（%）
水泥企业户数（户）				
其中：水泥粉磨站户数（户）				
规模60万吨以上粉磨站（户）				
水泥生产能力（万吨）				
其中：新型干法（万吨）				
全部新型干法生产线（条）				

续 表

指 标		2008 年	同比增减(%)	2009 年上半年	同比增减(%)
其中:	规模日产6 000 吨及以上(条)				
	规模日产4 000 吨及以上至日产6 000 吨(条)				
	规模日产2 000 吨及以上至日产4 000 吨(条)				
	规模日产1 000 吨及以上至日产2 000 吨(条)				
	规模日产1 000 吨以下(条)				
水泥总产量(万吨)					
其中:新型干法水泥(万吨)					
水泥熟料产量(万吨)					
其中:新型干法水泥熟料(万吨)					
新型干法水泥熟料平均耗标煤(千克/吨)					
新型干法水泥综合耗能折标煤(千克/吨)					
立窑水泥综合能耗折标煤(千克/吨)					
已建成投产的余热发电生产线(条)					
在建余热发电生产线(条)					
本年度淘汰落后生产能力(万吨)					
本年度关闭、拆除落后的生产线(条)					
本年度累计完成固定资产投资(亿元)					
本年度新建成投产水泥生产线(条)					
本年度新增新型干法水泥产能(万吨)					
本年度在建新型干法水泥生产线(条)					
本年度在建水泥粉磨站项目(60 万吨以上)					
已核准未开工水泥生产线建设项目(条)					
其中:	日产2 000 吨及以上(条)				
	年产60 万吨及以上粉磨项目(条)				

联系人: 手机:

★工信部原材料工业司2009 年9 月2 日发布的原材料司函〔2009〕059 号文。

工信部关于征求《水泥行业准入条件》(征求意见稿)意见的函★

Letter of Industry and Information Ministry to solicit opinion about"Admission standard of cement industry"(Draft of soliciting opinion)

各省、自治区、直辖市及计划单列市、新疆生产建设兵团工业主管部门:

为抑制水泥行业产能过剩和重复建设,加快结构调整,引导行业健康发展,我司已委托中国水泥协会在开展调查研究和相关工作基础上拟定了《水泥行业准入条件》(征求意见稿)。为广泛吸收各方面意见和建议,提高水泥行业准入条件制定的科学性和民主化水平,现将《水泥行业准入条件》(征求意见稿)印发你们,请你们组织有关单位认真研究,于2009年9月20日前将书面意见返回我司。

联系人:黄瑜 吕桂新

电话:68205580 68205578

附:《水泥行业准入条件》(征求意见稿)

工业和信息化部原材料工业司

二〇〇九年九月七日

附件:

《水泥行业准入条件》(征求意见稿)

为在水泥行业贯彻落实科学发展观,抑制产能过剩和重复建设,加快结构调整,根据国家有关法律法规和产业政策,特制定水泥行业准入条件。

一、项目建设投资与生产布局条件

(一)投资新建或改扩建水泥(熟料)生产线、水泥粉磨站、水泥配制站,必须符合所在地的省级水泥行业发展规划,和项目当地资源、能源、经济发展、市场需求情况相适应。

(二)各省市自治区要根据水泥产能总量控制、有序发展原则,严格控制新建水泥项目。

1. 对新型干法水泥比例已经高于70%的省份,每年新增水泥总量应控制在本省上年水泥总产量的10%以内。

2. 水泥熟料年产能低于人均1 000千克的省份,新建水泥熟料项目必须严格按照"等量淘汰"的原则核准。

3. 对水泥熟料年产能超过人均1 000千克的省份,必须停止核准新建水泥(熟料)生产线项目。

(三)鼓励现有水泥企业间的重组联合。支持大企业对中小企业并购重组后的改造投资。

(四)投资新建水泥(熟料)生产线项目的企业必须在内地有从事水泥生产经营三年以上的经历。对进入水泥企业的国内外金融资本,必须向融资企业事先承诺在退出时不得转让给国外水泥企业。

(五)严禁在各级政府和有关部门规定的风景名胜区、自然保护区和其他需要特别保护的区域内新建水泥项目。

禁止在无大气环境容量的区域内新建水泥生产项目,对该区域已有水泥生产企业的改、扩建项目必须做到"以新代老、增产减污"。

(六)新建项目必须取得土地使用、矿山开采许可、环境评价等权证手续后方可立项核准。项目必须完成拆迁与补偿协议、资金保障证明后方可开工。

(七)鼓励对现有水泥生产线进行节能减排的技术改造投资项目,如低温余热发电、高压变频等项目投资。鼓励开发建设以消纳城市垃圾、工业废物和可替代原料、燃料的新型干法水泥项目。

(八)投资水泥项目的业主,自有资本金的比例不得低于50%。

二、生产线规模、工艺与装备

(一)新建水泥(熟料)生产线必须采用新型干法生产工艺。鼓励新线建设配置余热利用、可替代原料、燃料利用等节能减排技术和设施,以满足节能环保和资源综合利用的要求。

(二)新建水泥(熟料)生产线必须有可供开采30年以上的矿山资源保证,并做到规范矿山设计、科学开采。单线建设规模必须达到或超过日产5 000吨级水泥熟料(利用电石渣生产水泥熟料除外);人口密度小于100人/平方公里的边远省份可适度考虑单线建设规模日产2 000吨级水泥熟料(特种水泥生产除外)。

(三)新建水泥粉磨站和水泥配制站的规模必须达到年产水泥60万吨及以上(单线粉磨系统)。边远省份可适度考虑30万吨规模。粉磨站的建设应靠近市场、有稳定的熟料供应源和就近工业废渣等大宗混合材的来源地,必须配套100%散装能力。仅允许具备生产PⅠ型高强度等级水泥的大企业在异地建设水泥配制站,其配制的水泥产品品牌、商标和质量保障必须与母公司保持一致。

(四)水泥项目的建设必须委托具有国家颁发的工程、勘探、设计资质单位进行,严禁无证勘探设计。

(五)新建水泥项目的装备要求采用先进成熟技术、节能环保技术,保证系统的安全、稳定和长期运转。具体要求如下:

1. 采用先进的矿山安全爆破和均化开采、原料预均化、生料均化技术和设施;

2. 采用立磨、辊压机、高效选粉机等先进节能环保粉磨工艺技术和装备;

3. 采用节能降耗的窑炉、预热器、分解炉、篦冷机等煅烧工艺技术和装备;

4. 采用先进的破碎、冷却、输送、计量及烘干技术和装备;

5. 采用先进、高效及可靠的环保技术和装备;

6. 采用先进的计算机生产监视控制和管理控制系统。

三、能源消耗和资源综合利用

(一)日产≥4 000吨级水泥熟料生产线可比熟料综合煤耗≤110(千克标煤/吨);可比熟料综合电耗≤62千瓦时/吨;可比熟料综合能耗≤118千克标煤/吨;可比水泥综合电耗≤90千瓦时/吨;可比水泥综合能耗≤96千克标煤/吨。

(二)日产2 000~<4 000吨级(含2 000吨)水泥熟料生产线可比熟料综合煤耗≤115千克标煤/吨;可比熟料综合电耗≤65千瓦时/吨;可比熟料综合能耗≤123千克标煤/吨;可比水泥综合电耗≤93千瓦时/吨;可比水泥综合能耗≤100千克标煤/吨。

(三)水泥粉磨站可比水泥综合电耗≤38千瓦时/吨。

(四)利用工业废渣作为水泥混合材的,其废渣品种、品质和掺加量必须符合国家标准。

(五)年耗标准煤5 000吨以上的企业,应按国家《节约能源法》规定,开展能源审计和能效环保评价检验测试,提供准确可靠的能耗数据和环境污染的基本数据,为企业技术改造提供方案,为部门政府提供科学可行的节能规划。

四、环境保护

(一)根据国家环保部《建设项目环境影响评价文件分级审批规定》(二〇〇九年一月十六日5号令),水泥建设项目环境影响评价必须有省级环保部门批准。

(二)所有水泥生产环节必须达到国家环保要求,严格执行《水泥工业大气污染物排放标准》和《水泥工业除尘工程技术规范》。新建水泥项目必须安装在线排放检测装置。

(三)必须遵守《中华人民共和国清洁生产促进法》,按国家发布的《水泥行业清洁生产评价指标体系》的规定,建立清洁生产机制。

(四)矿山开采前制定相应的矿山植被恢复计划,矿山开采后应严格按植被恢复计划进行生态恢复和补偿。

(五)原料和产品破碎、储运等过程产生的无组织排放含尘气体,必须集中收集除尘后达标排放。

(六)新建水泥粉磨站和已有水泥粉磨站除粉尘和大气污染指标应该达标外,必须增设和完善噪音防治设施。

五、产品质量

(一)水泥(熟料)生产企业必须按《水泥产品生产许可证实施细则》的要求取得产品生产许可证,出厂水泥(熟料)产品质量必须符合相关产品标准。

1. 通用硅酸盐水泥必须符合GB175-2007。

2. 特种水泥应符合相应的标准要求。

(二)水泥企业必须建立完善的质量管理体系。

为保证出厂水泥的质量,必须在生产的全过程实施严格的质量管理,参照《水泥企业质量管理规程》建立本企业全过程的质量控制指标体系,并形成文件和严格执行。

(三)水泥企业必须按国家颁布的《水泥企业化验室基本条件》建立完善的化验室,并取得省级工业主管部门或其授权的省级水泥(建材)行业协会颁发的化验室合格证。

(四)水泥企业必须执行国家颁布的《水泥企业产品质量对比检验管理办法》,建立水泥产品质量对比验证和内部抽查制度,参加国家和省组织的产品质量检验和化学分析对比验证检验和抽查对比活动。

(五)凡在水泥粉磨过程中添加水泥助磨剂后,应在水泥产品出厂检验报告单上注明所添加助磨剂的类型(液体或粉体)、主要化学成分。

六、安全、卫生和社会责任

(一)水泥生产过程必须符合《安全生产法》、《矿山安全法》、《职业病防治法》等法律法规,具备相应的安全生产和职业危害防治条件,并建立、健全安全生产责任制度和各项规章制度。

新、改、扩建项目安全设施和职业危害防治设施必须与主体工程同时设计、同时施工、同时投入生产和使用。

(二)必须建立职业危害防治设施,配备符合国家有关标准的个人劳动防护用品,配备火灾、雷击、设备故障、机械伤人、人体坠落、灼烫伤、移动设备、电力伤害、有害、有毒物质等事故防范设施,建立健全相关制度,并通过地方行政主管部门的专项验收。

(三)不得拖欠国家税收,不得拖欠职工工资、医疗费。必须按期交纳国家规定的养老、医疗、工伤、失业保险金。

七、监督与管理

（一）经核准的水泥投资项目由省级工业主管部门公告核准项目文件。

（二）公告后的核准项目一年内未开工建设（完成总投资大于15%）或自开工建设后两年内未投产验收的，其项目核准内容自动作废。

（三）新建或改扩建水泥生产项目建成投产前，要经省级工业主管部门组织有关部门、省级水泥（建材）协会、水泥专家，按照准入条件要求进行监督检查。企业通过验收合格后方可进行正常生产和经营。凡达不到上述准入条件的新建和改造水泥项目应限期整改，整改后仍不能符合准入条件的，必须停止生产和收回生产许可证。

（四）国家工业和信息化部定期公告符合准入条件的水泥生产企业名单，实行社会监督、动态管理。

（五）根据本准入条件，工业和信息化部将会同有关部门颁布相应的实施细则。

八、附　则

（一）水泥项目指：新建或改造水泥生产线、水泥熟料生产线、水泥粉磨站、水泥配制站建设工程。

（二）本准入条件适用于中华人民共和国境内（台湾、香港、澳门特殊地区除外）所有类型的水泥生产企业。

（三）本准入条件所涉及的国家标准和行业政策、法规若进行修订，则按修订后内容执行。

（四）本条件自2009年 月 日起实施，由中华人民共和国工业和信息化部负责解释。

★工作部原材料工业司2009年9月7日发布。

关于利用水泥窑处理废弃物的复函★

Letter reply about utilizing cement kiln to treat discarded waste

人为、前治同志：

您“关于利用水泥窑处置城市生活垃圾和污泥等可燃废弃物的一些情况和建议”来信收悉。经组织相关司认真研究，现答复如下：

利用水泥窑处置城市生活垃圾、污泥等可燃废弃物，不但有利于生活垃圾和污泥得到无害化处理和消纳，减轻城市的环境压力，而且有利于水泥企业节约原料燃料，降低成本，提高效益，是水泥工业发展循环经济、促进节能减排的典型模式，应予以充分肯定和鼓励支持。

当前，利用水泥窑处理废弃物在国际上已有大量实践。在一些发达国家，已形成了从收集、运输、储存、配置、使用、监测等全过程监控管理体系，并制订了相应的法律法规。近年来，我国水泥工业在处置利用废弃物方面也加大了研发力度，北京、重庆、上海、广州等地已有部分企业成功地应用了国内外技术开展了这方面工作，取得了显著成效，积累了有益的经验。但与先进发达国家相比，我国水泥工业利用水泥窑处置废弃物总体尚处于起步阶段。主要原因：一是国内关于水泥窑处置利用废弃物的技术装备尚不成熟；二是社会公众对垃圾分类的认知不够，参与度不高；三是国家鼓励水泥企业利用废弃物的政策不配套，企业积极性不高。

推广水泥窑处置城市生活垃圾、污泥等可燃废弃物是一项系统工程，具有产多环节、监督期长等特点，涉及工业、科技、环保、财政、税务等多个部门。下一步，我部将积极推动和配合有关方面开展如下工作：

一、加强规划引导

抓紧制定建材行业节能减排指导意见，将水泥窑处置废弃物列为水泥工业节能减排的重要发展方向并予以具体化，推动城市周边水泥企业实现水泥生产与城市废弃物消纳双重功能。

二、加强政策引导

一是联合环保、财政、税务等部门开展调研工作，研究制定鼓励水泥企业实施废弃物、垃圾处置和利用的政策；二是完善鼓励水泥窑处置与利用废弃物的相关产业政策，在正在修订的《水泥工业产业政策》中，进一步明确有关具体措施并商有关部门协同推进；三是修订资源综合利用政策，研究如何将水泥窑处置垃圾、污泥等工业、城市废弃物列入资源综合利用政策的鼓励扶持范围。

三、加强科技攻关和技术改造

组织编制《水泥行业清洁生产推行方案》，积极推广先进适用的清洁生产技术，并争取在技术改造专项资金中适当安排一部分支持水泥窑处置垃圾和污泥的技术改造项目。

四、制定技术标准和规范

委托科研院所开展水泥窑处置和利用废弃物技术研究，会同有关部门制定水泥窑处置垃圾、污泥等废弃物的环境与排放标准、产品标准和技术规范。

五、抓好试点、宣传和推广应用工作

重点依托北京、上海、广州、重庆等特大城市，深入推进水泥窑协同处置和利用废弃物的试点工作，总结经验，加大宣传，逐步推广。

感谢您所提的宝贵意见。

★中华人民共和国工业和信息化部2009年9月24日发布的工信厅原函［2009］579号文

国务院批转发展改革委等部门关于抑制部分行业产能过剩和重复建设引导产业健康发展若干意见的通知★

Circular of State Council to approve and forward several opinions of such sectors as Development and Reform Commission about inhibiting partial industrialcapacity excess and repeated construction and guiding healthy industrial development

各省、自治区、直辖市人民政府，国务院各部委、各直属机构：

国务院同意发展改革委等部门《关于抑制部分行业产能过剩和重复建设引导产业健康发展的若干意见》，现转发给你们，请认真贯彻执行。

为应对国际金融危机的冲击和影响，党中央、国务院审时度势，及时制定和实施了扩大内需、促进经济增长的一揽子计划。按照“保增长、扩内需、调结构”的总体要求，出台了钢铁等十个重点产业调整和振兴规划，在推动结构调整方面提出了控制总量、淘汰落后、兼并重组、技术改造、自主创新等一系列对策措施，各地也相继出台了一些扶持产业发展的政策措施。目前，政策效应已初步显现，企业生产经营困难情况有所缓解，产业发展总体向好。但从当前产业发展状况看，结构调整虽取得一定进展，但总体进展不快，各地区、各行业也不平衡。不少领域产能过剩、重复建设问题仍很突出，有的甚至还在加剧。特别需要关注的是，不仅钢铁、水泥等产能过剩的传统产业仍在盲目扩张，风电设备、多晶硅等新兴产业也出现了重复建设倾向，一些地区违法、违规审批，未批先建、边批边建现象又有所抬头。

对于部分行业出现的产能过剩和重复建设，如不及时加以调控和引导，任其发展，市场恶性竞争难以避免，经济效益难以提高，并将导致企业倒闭或开工不足、人员下岗失业、银行不良资产大量增加等一系列问题，不仅严重影响国家扩大内需一揽子计划的实施效果和来之不易的企稳向好的形势，而且将错失利用国际金融危机形成的市场形势推动结构调整的历史机遇。

各地区、各部门要根据本通知精神，切实把思想和行动统一到党中央、国务院的决策部署上来，认真贯彻落实科学发展观，进一步增强大局意识、责任意识和忧患意识，在保增长中更加注重推进结构调整，坚持产业政策导向，严格执行环境监管、用地管理、金融政策和项目投资管理有关规定，将坚决抑制部分行业产能过剩和重复建设作为结构调整的重点工作抓紧抓好。要大力发展符合市场需求的高新技术产业和服务业，把握好调整的方向、力度和节奏，切实转变经济发展方式，提高经济发展的质量和效益，促进经济社会全面协调可持续发展。

关于抑制部分行业产能过剩和重复建设引导产业健康发展的若干意见

发展改革委 工业和信息化部 监察部 财政部 国土资源部
环境保护部 人民银行 质检总局 银监会 证监会

Several opinions about inhibiting partial industrial capacity excess and repeated construction and guiding healthy industrial development

为切实将党中央、国务院应对国际金融危机的一揽子计划落到实处，巩固和发展当前经济企稳向好的势头，加快推动结构调整，坚决抑制部分行业的产能过剩和重复建设，引导新兴产业有序发展，现提出以下意见：

一、部分行业产能过剩和重复建设问题需引起高度重视

为应对国际金融危机的冲击和影响，党中央、国务院审时度势，及时制定和实施了扩大内需、促进经济增长的一揽

子计划。按照“保增长、扩内需、调结构”的总体要求，出台了钢铁等十个重点产业调整和振兴规划，在推动结构调整方面提出了控制总量、淘汰落后、兼并重组、技术改造、自主创新等一系列对策措施，各地也相继出台了一些扶持产业发展的政策措施。目前政策效应已初步显现，工业增速稳中趋升，企业生产经营困难情况有所缓解，产业发展总体向好。

但从当前产业发展状况看，结构调整虽取得一定进展，但总体进展不快，各地区、各行业也不平衡。不少领域产能过剩、重复建设问题仍很突出，有的甚至还在加剧。特别需要关注的是，不仅钢铁、水泥等产能过剩的传统产业仍在盲目扩张，风电设备、多晶硅等新兴产业也出现了重复建设倾向，一些地区违法、违规审批，未批先建、边批边建现象又有所抬头。

（一）钢铁。（略）

（二）水泥。2008 年我国水泥产能 18.7 亿吨，其中新型干法水泥 11 亿吨，特种水泥与粉磨站产能 2.7 亿吨，落后产能约 5 亿吨，当年水泥产量 14 亿吨。目前在建水泥生产线 418 条，产能 6.2 亿吨，另外还有已核准尚未开工的生产线 147 条，产能 2.1 亿吨。这些产能全部建成后，水泥产能将达到 27 亿吨，市场需求仅为 16 亿吨，产能将严重过剩。

（三）平板玻璃。（略）

（四）煤化工。（略）

（五）多晶硅。（略）

（六）风电设备。（略）

此外，电解铝、造船、大豆压榨等行业产能过剩矛盾也十分突出，一些地区和企业还在规划新上项目。

必须清醒地认识到，2008 年第四季度以来我国工业生产经营出现的困难，一方面是国际金融危机冲击的外因影响，另一方面也有我国经济发展方式粗放的内因，不少行业重复建设、盲目扩张，在外需严重萎缩的情况下产能过剩矛盾加剧。当前我国经济回升的基础还不够稳固，应对国际金融危机取得的成果还是初步的、阶段性的。对于部分行业出现的产能过剩和重复建设，如不及时加以调控和引导，任其发展，市场恶性竞争难以避免，经济效益难以提高，并将导致企业倒闭或开工不足、人员下岗失业、银行不良资产大量增加等一系列问题，不仅严重影响国家扩大内需一揽子计划的实施效果和来之不易的企稳向好的形势，而且将错失利用国际金融危机形成的市场形势推动结构调整的历史机遇。因此，尽快抑制产能过剩和重复建设，把有限的要素资源引导和配置到优化存量、培育新的增长点上来，大力发展符合市场需求的高新技术产业和服务业，不仅对实现产业的良性发展，而且对转变发展方式，实现经济社会可持续发展具有重要的意义。

二、正确把握抑制产能过剩和重复建设的政策导向

当前，我国经济正处于企稳回升的关键时期，必须认真贯彻落实科学发展观，进一步统一思想，增强忧患意识，在保增长中更加注重推进结构调整，将坚决抑制部分行业产能过剩和重复建设作为结构调整的重点工作抓紧、抓实，抓出成效。抑制产能过剩和重复建设所涉及的行业具有很强的市场性和全球资源配置特点，既要充分发挥市场机制的作用，又要辅之必要的调控措施，注意把握好以下原则和产业政策导向：

（一）主要原则。

一是控制增量和优化存量相结合。严格控制产能过剩行业盲目扩张和重复建设，推进企业兼并重组和联合重组，加快淘汰落后产能；结合实施“走出去”战略，支持有条件的企业转移产能，形成参与国际产业竞争的新格局；依靠技术进步，优化存量，调整产品结构，谋求有效益、有质量、可持续的发展。

二是分类指导和有保有压相结合。对钢铁、水泥等高耗能、高污染产业，要坚决控制总量、抑制产能过剩；鼓励发展高技术、高附加值、低消耗、低排放的新工艺和新产品，延长产业链，形成新的增长点。对多晶硅、风电设备等新兴产业，要集中有效资源，支持企业提高关键环节和关键部件自主创新能力，积极开展产业化示范，防止投资过热和重复建设，引导有序发展。

三是培育新兴产业和提升传统产业相结合。立足于新一轮国际竞争和可持续发展的需要，尽快培育一批科技含量高、发展潜力大、带动作用强的新兴产业，及时制定出台专项产业政策和规划，明确技术装备路线，建立和完善准入标准；抓紧改造提升传统产业，及时修订产业政策，提高准入标准，对结构调整给予明确产业政策引导。

四是市场引导和宏观调控相结合。加强行业产销形势的监测、分析和国内外市场需求的信息发布，发挥市场配置资源的基础性作用；综合运用法律、经济、技术、标准以及必要的行政手段，协调产业、环保、土地和金融政策，形成抑制产能过剩、引导产业健康发展的合力；同时，坚持深化改革，标本兼治，通过体制机制创新解决重复建设的深层次矛盾。

（二）产业政策导向。

钢铁：（略）

水泥：严格控制新增水泥产能，执行等量淘汰落后产能的原则，对 2009 年 9 月 30 日前尚未开工水泥项目一律暂停建设并进行一次认真清理，对不符合上述原则的项目严禁开工建设。各省（区、市）必须尽快制定三年内彻底淘汰落后产能时间表。支持企业在现有生产线上进行余热发电、粉磨系统节能改造和处置工业废弃物、城市污泥及垃圾等。新项目水泥熟料烧成热耗要低于 105 千克标煤/吨熟料，水泥综合电耗小于 90 千瓦时/吨水泥；石灰石储量服务年限必须满足 30 年以上；废气粉尘排放浓度小于 50 毫克/标准立方米。落后水泥产能比较多的省份，要加大对企业联合重组的支持力度，通过等量置换落后产能建设新线，推动淘汰落后工作。

平板玻璃：（略）

煤化工:(略)

多晶硅:(略)

风电设备:(略)

三、坚决抑制产能过剩和重复建设的对策措施

各地区、各部门要认真贯彻落实《中共中央国务院转发〈国家发展和改革委员会关于上半年经济形势和做好下半年经济工作的建议〉的通知》(中发[2009]8号)以及重点产业调整和振兴规划中关于坚决抑制产能过剩行业盲目重复建设的有关要求,把思想和行动统一到党中央、国务院的决策部署上来,把握好调整的方向、力度和节奏,切实转变经济发展方式,进一步增强大局意识、责任意识,各司其职,密切配合,采取措施坚决抑制产能过剩和重复建设势头。

(一)严格市场准入。相关行业管理部门要切实履行职责,抓紧制定、完善相关产业政策,尽快修订发布《产业结构调整指导目录》,进一步提高钢铁、水泥、平板玻璃、传统煤化工等产业的能源消耗、环境保护、资源综合利用等方面的准入门槛。加快编制或修订专项规划,对多晶硅、风电设备等新兴产业要及时建立和完善准入标准,避免盲目和无序建设。质量管理部门要切实负起监管责任,按照产业政策的要求和企业的质量保证能力,严格核发螺纹钢、线材、水泥等产品生产许可证,坚决查处无证生产。依法加强产品质量监督,加大处罚力度。建设主管部门要禁止落后水泥进入重点建设工程和建筑结构工程。

(二)强化环境监管。推进开展区域产业规划的环境影响评价。区域内的钢铁、水泥、平板玻璃、传统煤化工、多晶硅等高耗能、高污染项目环境影响评价文件必须在产业规划环评通过后才能受理和审批。未通过环境评价审批的项目一律不准开工建设。环保部门要切实负起监管责任,定期发布环保不达标的生产企业名单。对使用有毒、有害原料进行生产或者在生产中排放有毒、有害物质的企业限期完成清洁生产审核,对达不到排放标准或超过排污总量指标的生产企业实行限期治理,未完成限期治理任务的,依法予以关闭。对主要污染物排放超总量控制指标的地区,要暂停增加主要污染物排放项目的环评审批。

(三)依法依规供地用地。切实加强对各类建设项目用地监管。对不符合产业政策和供地政策、未达到现行《工业项目建设用地控制指标》或相关工程建设项目用地指标要求的项目,一律不批准用地;对未按规定履行审批或核准手续的项目,一律不得供应土地。国土资源部门要切实负起监管责任。对未经依法批准擅自占地开工建设的,要依法从重处理;对有关责任人要追究政纪法律责任,构成犯罪的,依法追究刑事责任。

(四)实行有保有控的金融政策。要加强宏观信贷政策指导和监管,引导和督促金融机构改进和完善信贷审核。对不符合重点产业调整和振兴规划以及相关产业政策要求,未按规定程序审批或核准的项目,金融机构一律不得发放贷款,已发放贷款的要采取适当方式予以纠正。严格发债、资本市场融资审核程序。对不符合重点产业调整和振兴规划以及相关产业政策要求,不按规定程序审批或核准的项目及项目发起人,一律不得通过企业债、项目债、短期融资券、中期票据、可转换债、首次公开发行股票、增资扩股等方式进行融资。人民银行、银监会、证监会、发展改革委要对违反规定的金融机构和有关单位予以严肃处理。

(五)严格项目审批管理。各级投资主管部门要进一步加强钢铁、水泥、平板玻璃、煤化工、多晶硅、风电设备等产能过剩行业项目审批管理,原则上不再批准扩大产能的项目,不得下放审批权限,严禁化整为零、违规审批。严格防止各级政府的财政性资金流向产能过剩行业的扩大产能项目。尽快修订完善政府投资项目核准目录,在新的核准目录出台前,上述产能过剩行业确有必要建设的项目,需报国家发展改革委组织论证和核准。

(六)做好企业兼并重组工作。产能过剩行业企业兼并和联合重组的任务十分紧迫和艰巨,结构调整、控制总量和淘汰落后产能均需要企业组织结构进行相应的调整。要抓紧建立科学规范、行之有效的工作程序,同时要扎实做好企业改组、改制中的思想政治工作,切实维护群众利益,保持社会稳定,防止国有资产流失。按照重点产业调整和振兴规划要求,尽快制定出台加快企业兼并重组的指导意见。

(七)建立信息发布制度。发展改革委会同有关部门,建立部门联合发布信息制度,加强行业产能及产能利用率的统一监测,适时向社会发布产业政策导向及产业规模、社会需求、生产销售库存、淘汰落后、企业重组、污染排放等信息。充分发挥行业协会作用,及时反映行业问题和企业诉求,为企业提供信息服务,引导企业和投资者落实国家产业政策和行业发展规划,加强行业自律,提高行业整体素质。

(八)实行问责制。地方各级人民政府不得强制企业投资低水平产能过剩行业。政府各有关部门及金融机构要认真履行职责,依法依纪把好土地关、环保关、信贷关、产业政策关和项目审批(核准)关,并加强政策研究、信息共享和工作协调,形成合力,有效抑制部分行业产能过剩和重复建设,引导产业健康发展,促进结构调整和发展方式转变。要按照《中共中央办公厅国务院办公厅印发〈关于实行党政领导干部问责的暂行规定〉的通知》(中办发[2009]25号)的有关要求,对违反国家土地、环保法律法规和信贷政策、产业政策规定,工作严重失职或失误造成重大损失或恶劣影响的行为要进行问责,严肃处理。

(九)深化体制改革。要着眼于推进产业结构调整以及解决长期困扰我国产业良性发展的深层次矛盾,进一步深化财税体制、投融资体制、价格体制、社会保障体制等方面的改革,完善干部考核制度,形成有力促进经济结构战略性调整,推动我国工业实现由大到强转变的体制环境。

★国务院2009年9月26日发布的国发[2009]38号文。

关于报送水泥和平板玻璃淘汰落后产能 2009年计划及三年计划的通知★

Circular about submitting report of plan of 2009 and plan of three years of cement and plate glass eliminating backward production capacity

各省、自治区、直辖市及计划单列市、新疆建设兵团工业主管部门

根据《国务院批转发展改革委等部门关于抑制部分行业产能过剩和重复建设引导产业健康发展若干意见的通知》(国发[2009]38号)规定精神,为进一步推动水泥和平板玻璃淘汰落后产能工作,现就报送水泥和平板玻璃淘汰落后产能三年计划有关事项通知如下:

一、继续认真执行《国务院关于印发节能减排综合性工作方案的通知》(国发[2007]15号)规定,抓好淘汰落后产能工作,确保完成通知所提出的"十一五"时期水泥和平板玻璃淘汰落后产能工作目标。对应予年度淘汰的落后企业(生产线)名单,各地要及时在媒体上公告,接受社会监督。

二、按照国发[2009]38号文件规定,各地要抓紧制定三年内彻底淘汰不符合产业政策和环保、能耗、质量、安全要求的水泥和"平拉法"(合格法)平板玻璃落后产能时间表。为此,请各地按要求(详见附件)填报三年淘汰计划,并于11月底前报我部。

三、为便于我部统一公布2009年淘汰落后产能指标,请你们根据前期工作基础填报《2009年全国淘汰水泥、平板玻璃落后产能计划表》,于10月30日前报送我们。逾期不报的,我们将根据情况直接下达淘汰指标,并据此作为2009年节能减排工作的考核。

四、淘汰落后产能是一项技术性和政策性非常强、难度非常大的工作,各地工业主管部门应根据地方政府安排明确分工、相互配合,充分发挥同级职能部门和行业协会作用,并将牵头单位的分工处室和具体联系人告我部原材料司。

联系人:高秀英、黄瑜

电 话:010-68205579、68205580

E-mail:gxbjcc@163.com

附件:淘汰落后产能计划表

1.2009年全国水泥、平板玻璃淘汰落后产能计划表

2.各省(自治区、直辖市)水泥淘汰落后产能三年计划表

3.各省(自治区、直辖市)平板玻璃淘汰落后产能三年计划表(略)

附件1:2009年全国水泥、平板玻璃淘汰落后产能计划表

地 区	水泥落后产能(万吨)	平板玻璃落后产能(万重箱)	备注
总 计			
北 京			
天 津			
河 北	571	600	
山 西	181		
内 蒙	135		
辽 宁	201	40	
吉 林	16		
黑龙江	101	20	
上 海			
江 苏	86	20	
浙 江			
安 徽			
福 建	250		
江 西	226		
山 东	1 025	20	
河 南		20	
湖 北			
湖 南	300	20	
广 东		20	
广 西	369		
海 南	110		
重 庆	57	20	
四 川	375		
贵 州	63		
云 南	187		
西 藏			
陕 西	192		
甘 肃	70		
青 海			
宁 夏	50		
新疆(含兵团)	96		

注:1. 表列数为2007年各地上报数,如有调整请修改并提供修改依据。2. 空白省市请补报。

附件2:各省(自治区、直辖市)水泥淘汰落后产能三年计划表(略)

★中华人民共和国工业和信息化部办公厅2009年10月29发布的工信厅原[2009]222号文。

国家发展改革委办公厅关于水泥、平板玻璃建设项目清理工作有关问题的通知★

Circular of Office of National Development and Reform Commission about relative issues of rectifying work of cement and plate glass construction projects

各省、区、市发展改革委:

9月26日,国务院批转了我委等十部门上报的《关于抑制部分行业产能过剩和重复建设引导产业健康发展的若干意见的通知》(国发[2009]38号)。根据通知要求,我委将对水泥和平板玻璃现有在建项目和未开工项目进行认真清理。现将有关事项通知如下:

一、清理范围

水泥:2009年9月30日前尚未投产的在建项目、已核准未开工项目(含水泥熟料线和粉磨站)。

平板玻璃:2009年9月30日前尚未点火的在建项目、已备案未开工项目。

二、清理内容

在建项目重点审查是否符合产业政策,各项审批手续是否齐备,建设内容与申报内容是否一致。

各省市自治区已核准未开工项目按下列要求进行清查:是否符合国家和区域规划布局要求,是否符合产业政策,是否取得土地使用证、环境影响评价报告、银行贷款承诺函等项目核准所必须的相关材料。

水泥项目还要提交石灰石矿山开采许可证。平板玻璃项目应符合我委六部委文件(发改运行[2006]2691号)和平板玻璃准入条件(国家发展改革委公告[2007]52号)的要求。

三、清理项目处理办法

对各省市自治区已核准未开工的水泥项目、已备案未开工的平板玻璃项目,一律不得开工建设。确有必要建设的项目,须经我委组织论证和核准。

对所有拟建的水泥、平板玻璃项目各省、区、市一律不得核准或备案。须按投资管理规定和程序,由各省、区、市投资主管部门报我委论证和核准。

对在建平板玻璃项目,必须按六部委文件和准入条件的要求认定后方可点火。

四、组织及时间要求

各地将水泥、平板玻璃在建项目、已核准或备案未开工项目基本情况列表上报(见附表一、二)。

请各省、区、市发展改革委抓紧组织有关方面,对本地区水泥、平板玻璃在建、未开工、拟建项目逐一进行清查,并于2009年12月31日前将有关情况上报我委。

二〇〇九年十一月十日

附表一:(略)

★国家发展和改革委员会办公厅2009年11月10日发布的发改办产业【2009】2351号文。

工业和信息化部印发《关于抑制产能过剩和重复建设引导水泥产业健康发展的意见》的通知★

Opinion about inhibiting production capacity excess and repeated construction and guiding healthy cement industrial development

各省、自治区、直辖市及计划单列市、新疆兵团工业主管部门:

今年以来,在中央实施“保增长,扩内需,调结构”一揽子计划的刺激下,我国水泥工业克服国际金融危机的不利影响,总体保持了较好发展势头,生产快速增长,经济效益稳定提高,节能减排成效显著。与此同时,水泥行业重复建设、产能过剩的矛盾也日益显现。如不及时采取措施加以调控和引导，必将对近年来结构调整所取得的成效造成严重破坏，影响水泥工业健康和可持续发展。

为贯彻落实《国务院转发发改委等部门关于抑制部分行业产能过剩和重复建设引导产业健康发展的若干意见》（国发［2009］38 号）文件精神，进一步加强和改善水泥行业管理工作，我们结合当前水泥工业发展实际情况，研究制定了《关于抑制产能过剩和重复建设引导水泥产业健康发展的意见》。现印发你们，请遵照执行。

关于抑制产能过剩和重复建设引导水泥产业健康发展的意见*

为贯彻落实国务院《关于抑制部分行业产能过剩和重复建设引导产业健康发展的若干意见》（国发［2009］38 号），进一步加强和改善水泥行业管理工作，现提出如下意见：

一、提高认识，统一思想

水泥是重要的建筑基础材料，我国水泥产量居世界第一，为经济社会发展做了巨大贡献。今年以来，面对国际金融危机的不利影响，在中央实施"保增长、扩内需、调结构、惠民生"一揽子计划的推动下，水泥工业形势继续向好，产量稳步增长，效益明显回升，结构调整取得新的成效。

但是，在看到保增长成绩的同时，必须清醒认识到水泥工业存在的深层次矛盾。一是重复建设出现加剧趋势。2008 年全国水泥产能 18.7 亿吨，产量 14 亿吨。截止 2009 年 9 月底，全国新建成投产和在建生产线 400 余条，总产能约 6 亿吨，水泥产能严重过剩。二是落后产能数量较大。目前全国仍有 5 亿吨落后产能，约占现有总产能的 27%。三是产业集中度低。前 10 位企业水泥企业产量仅占全国比重 20% 左右。四是资源浪费、环境污染、生产无序等状况依然比较严重。一些地方能耗和环保超限企业没有得到及时整治，部分地区仍然存在无证企业的非法生产。

当前我国水泥工业正处在发展的关键时期，必须进一步统一思想，在保增长的同时更加注重结构调整和转变发展方式，将抑制水泥产能过剩和重复建设作为结构调整的重点工作抓紧、抓实，抓出成效。

二、坚决抑制产能过剩和重复建设

一是严格市场准入，提高准入门槛。工业和信息化部将会同有关部门抓紧制定和发布《水泥行业准入条件》，进一步提高能源消耗、环境保护、资源综合利用等方面的准入门槛。二是配合有关部门做好对 2009 年 9 月 30 日前尚未开工的水泥项目的清理（具体要求见附件），并将清理结果和意见报送工业和信息化部。坚决停止违法违规项目建设，清理期间一律不得核准新的扩能建设项目。

三、继续加大淘汰落后工作力度

一是继续认真贯彻执行《关于印发节能减排综合性工作方案的通知》（国发［2007］15 号）规定，确保完成"十一五"期间淘汰落后水泥产能 2.5 亿吨的工作目标。要求各地在媒体上公告应予淘汰的落后企业（生产线）名单，接受社会监督。二是按照国发［2009］38 号文规定进一步加快淘汰落后产能。各地要按照《关于报送水泥和平板玻璃淘汰落后产能 2009 年计划及三年计划的通知》（工信厅原［2009］222 号）要求抓紧制定 2010～2012 三年内彻底淘汰不符合产业政策和环保、能耗、质量、安全要求的落后水泥产能时间表。要将淘汰落后产能指标分解落实到各地区和具体企业，积极争取各级财政资金，加大对淘汰落后的支持力度，逐步建立落后产能退出机制。

四、以省为单位做好地区水泥产需总量平衡

鉴于水泥生产和销售区域性较强，在总量上应以省区平衡为主。各地要加强本地区水泥工业发展规划编制工作，对已经制定发布的水泥规划要认真执行，强化规划的约束性。还没有制定水泥规划的省区要抓紧制定。在此基础上，通过全国和省级水泥工业规划结合，制定若干重点经济区域水泥工业发展规划，切实搞好水泥产需总量平衡和结构调整。

五、支持企业开展技术改造

重点支持企业通过上大压小、等量或减量置换落后产能、开展综合利用、推进节约生产、清洁生产等有利于节能降耗、减排治污、提高质量为主要内容的技术改造，推动淘汰落后。主要包括水泥余热发电、粉磨系统节能改造、粉尘治理和利用工业废弃物、垃圾、城市污泥生产水泥等一批具有示范和带动作用的技术改造项目，推进水泥行业结构调整和产业升级。国家将在技术改造专项中适当安排部分资金，重点支持符合上述领域的技术改造项目。

六、推动优势企业兼并重组

按照国家发展改革委等八部门《关于水泥工业结构调整的指导意见》（发改运行［2006］609 号）要求，水泥企业前 10 户集中度"十一五"末要达到 30%，前 50 户集中度要超过 50%。按照国家发展改革委、国土资源部、中国人民银行《关于公布国家重点支持水泥工业结构调整大型企业（集团）名单的通知》（发改运行［2006］3001 号）要求，鼓励大企业并购重组落后企业，推动结构调整，提高产业集中度。积极开展调查研究，提出支持水泥兼并

重组的新的优惠措施建议，完善国家对重点支持水泥企业的各项政策。

七、建立信息发布制度

各地工业主管部门要会同同级相关职能部门和行业协会建立信息发布制度，及时公布水泥产销和投资的最新情况，客观分析市场容量和产能利用率，评估已核准水泥项目产能规模与分布，引导企业冷静思考，谨慎决策，适时规避投资风险。

八、加强组织领导，切实落实问责制

各地工业主管部门要认真履行职责，切实加强组织领导，进一步改进和强化水泥行业管理。对违反国家土地、环保、生产许可等法律法规和信贷政策、产业政策规定，工作严重失误或失职造成水泥违规建设项目的，要及时向相关部门通报，切实落实问责制。要充分发挥好行业协会的参谋助手作用，通过实施有效的行业管理，引导水泥产业健康可持续发展。

附件：清理水泥建设项目表

★工业和信息化部2009年11月21日发布的工信部原[2009]575号文。

关于分解落实2009年淘汰落后产能任务的通知★

Circular about breaking down and fulfilling target of eliminating backward production capacity in 2009

为贯彻落实《国务院关于印发2009年节能减排工作安排的通知》（国办发[2009]48号）精神和重点产业调整和振兴规划，进一步做好淘汰落后产能工作，现就有关事项通知如下：

一、统一思想，充分认识淘汰落后产能的重要意义

落后产能环境污染重、资（能）源消耗高、安全保障弱，是经济发展方式粗放的重要原因，严重制约我国经济的可持续发展。落后产能不尽快退出市场，部分行业产能过剩问题就不能有效解决，节能减排和产业调整振兴目标就难以完成，经济发展方式也难以转变。淘汰落后产能是贯彻落实科学发展观，走新型工业化道路的必然选择，是实现产业结构调整和优化升级的重要途径，也是实现节能减排目标的重要措施。各地要把思想和行动统一到中央的决策和部署上，进一步增强淘汰落后产能的自觉性和主动性。

二、采取综合措施，确保完成2009年淘汰落后产能任务

《国务院关于印发节能减排综合性工作方案的通知》（国发[2007]15号）中明确了“十一五”期间电力、炼铁、炼钢、电解铝、铁合金、电石、焦炭、水泥、玻璃、造纸、酒精、味精、柠檬酸等13个行业淘汰落后产能总体目标；《国务院关于印发2009年节能减排工作安排的通知》（国办发[2009]48号）要求2009年全国淘汰落后炼铁产能1 000万吨、炼钢600万吨、水泥5 000万吨、造纸50万吨、铁合金70万吨、小机焦600万吨；2007年国家发展改革委、环保总局联合发布了《关于做好淘汰落后造纸、酒精、味精、柠檬酸生产能力工作的通知》（发改运行[2007]2775号），要求2009年全国淘汰落后造纸产能50.7万吨、酒精35.5万吨、味精3.5万吨、柠檬酸0.8万吨；十大产业调整振兴规划对钢铁、有色金属、轻工、纺织提出了今后3年淘汰落后产能要求。现将相关行业2009年淘汰落后产能任务予以分解明确（参见附件1）。各地工业主管部门要积极会同发改、财政、社会保障、工商、环保、国土、质检、电力等部门加大工作力度，采取综合措施，坚持淘汰落后产能与促进产业升级相结合，坚持增量发展和存量调整相结合，统筹考虑淘汰落后、产业升级、经济发展和职工就业等问题，确保2009年淘汰落后产能任务按期完成。

三、加强督促检查，及时报告淘汰落后产能工作进展情况

各地工业主管部门要加强调查研究，分析淘汰落后产能工作中存在的问题和困难，提出有关政策建议。会同有关部门加强对淘汰落后产能工作的督促检查，建立和完善淘汰落后产能工作定期报告和检查制度。各地要分别于2010年2月底和3月底前将2009年淘汰落后产能任务完成情况总结和2010年淘汰落后产能计划安排（一式5份）报送工业和信息化部（产业政策司）。我部淘汰落后工作联系方式参见附件2。

附件：

1. 2009年各地淘汰落后产能任务分解

2. 工业和信息化部淘汰落后产能工作联系人名单（略）（联系电话：010－68205194，68205195，68205196）

附件1：2009年各地淘汰落后产能任务分解

行业 地区	炼铁（万吨）	炼钢（万吨）	焦炭（万吨）	铁合金（万吨）	电石（万吨）	电解铝（万吨）	水泥（万吨）	玻璃（万重量箱）	造纸（万吨）	酒精（万吨）	味精（万吨）	柠檬酸（万吨）
合计	2 113	1 691	1 809.1	162.1	46.68	31.35	7 416	600	50.7	35.5	3.5	0.8
北京												
天津									0.5			
河北	900	400	262				570	600	3			
山西	194	180	76	11.56	33.38	4.5	200			1		
内蒙古	197	20	495.3	2.1	10	5.4	370		0.5	3		
辽宁							200		1	5		
吉林	12			2.32		6.25	16		1.3	8		
黑龙江			120				100			3		
上海												
江苏	245	547					160			4	0.5	
浙江									1			
山东							1 000		0.7	3	1.4	
河南	20	32	40	3.2		8.5			5.2	2.5		
安徽							230					
江西							230		6			
湖北	32	46					1 290					
湖南				26.9			300		5			
广东	55	240					750		1.5			
福建		10		0.6			240		3			
海南							50					
四川	30	51	170	7.4					0.2	2	1	
重庆							100					
广西	100	100		16.6			200		8	3.5		
贵州	66		121	37.04			160		0.3			
云南	164	30	238.76	7.17			360			0.2		0.8
陕西			220	23.72	3.3		500		8.3			
甘肃	18			2.85		4	230		0.2	0.1		
青海				15.45		2.7						
宁夏				5.19			60		4			
西藏												
新疆	80	35	66				100		1	0.2	0.6	

★工业和信息化部2009年11月25日发布的 工信部产业[2009] 588号文。

地方政策

Local policy

山西省

Shanxi Province

山西省经委、省环保局关于下达2009年水泥、造纸、电石和铁合金行业淘汰落后产能计划的通知★

Circular of Shanxi Provincial Economic Commission and Provincial Environmental Protection Bureau about distributing the plan of eliminating backward production capacity in cement, paper making, calcium carbide and ferroalloy industries in 2009

各市经委、环保局、各有关部门：

淘汰落后产能是贯彻落实科学发展观，促进产业结构调整和节能减排，实现转型发展的一项重要举措。"十一五"以来，特别是2007、2008年，在全省各级、各部门的协作努力下，我省水泥、造纸、电石和铁合金行业淘汰落后产能工作取得了积极的成果，全省不符合国家产业政策的2.2米以下水泥机立窑，1.83米以下磨机基本已经淘汰，关停淘汰了一批干法中空窑和湿法窑，大量落后造纸产能被淘汰，关停淘汰了5 000千伏安以下电石炉及开放式电石炉、排放不达标的电石炉，关停淘汰了5 000千伏安以下铁合金矿热炉、3 000千伏安以下半封闭直流还原电炉、3 000千伏安以下精炼电炉、1 500千伏安以下硅钙合金电炉和硅钙钡铝合金电炉，部分企业对不在国家产业政策强制淘汰范围内的落后生产装置提前进行淘汰，为先进产能的发展提供了充分的空间。

为继续做好全省水泥、造纸、电石和铁合金行业淘汰落后产能工作，进一步推进水泥、造纸、电石和铁合金行业产业结构调整，结合全省水泥、造纸、电石和铁合金行业发展现状及各地市上报的2009年电石、铁合金行业淘汰落后产能计划，我们制定了《山西省2009年水泥、造纸、电石和铁合金淘汰落后产能计划》，现下发给你们，并就2009年水泥、造纸、电石和铁合金行业淘汰落后产能工作安排如下：

一、各市要继续认真贯彻落实国家有关淘汰落后产能的一系列产业政策，在具体政策措施和工作要求方面，继续严格执行省经委和省环保局2007、2008年制定下发的关于全省水泥、造纸、电石和铁合金行业淘汰落后产能的有关政策工作，认真做好今年水泥、造纸、电石和铁合金行业淘汰落后产能工作。各市在淘汰落后工作中发现仍有不符合国家产业政策的落后产能存在的，要及时采取措施强制淘汰。

二、各市、县(区)人民政府要继续保持高度的责任感，坚决杜绝地方保护主义，积极承担起淘汰落后产能的职责，确保本地落后的水泥、造纸、电石和铁合金生产设备全部淘汰并做拆除废毁处理。各级经委一方面要加强对水泥、造纸、电石和铁合金行业淘汰落后的协调推进工作，协调有关部门，采取"六停"(停水、停电、停气、停运、停贷、停证)等强制性措施，关停淘汰落后的生产设备、工艺和企业；另一方面要摸清底数，在淘汰落后产能的基础上，着力做好本地区水泥、造纸、电石和铁合金行业发展的中长期规划，在总量控制的基础上，鼓励企业进行技术改造，鼓励培育大型企业集团，坚决杜绝低水平重复建设。各级经委、环保等部门要协同做好淘汰落后产能的"后管理"工作，防止落后生产设备转移，防止落后生产能力死灰复燃。

三、要做好淘汰落后产能的补偿和奖励工作。对企业淘汰落后产能申请补偿资金的，要按照《补偿资金管理办法》有关规定办理。在设备淘汰前，企业需提出补偿申请并附有关材料和淘汰方案，经所在县(市、区)经委和财政局初审后报市级经委和财政局；市经委、财政局会同环保、安全、纪检等有关部门和专家进行审核后，协商企业确定设备拆除时间，并派出专人现场监督拆除废毁；设备拆除废毁后，有关部门工作人员要在现场监销单上签字备案后方可上报。材料申报及申请中央财政奖励系统填报等事项，按照《关于报送2009年钢铁等行业淘汰落后产能中央奖励资金及省补偿资金计划的通知》(晋经产业字[2009]80号)要求进行。

附件：1. 山西省2009年水泥行业淘汰落后产能计划

2. 山西省2009年造纸行业淘汰落后产能计划(略)

3. 山西省2009年电石、铁合金行业淘汰落后产能计划(略)

4. 山西省淘汰落后生产能力审核表(略)

5. 山西省淘汰落后产能现场验收鉴定表(略)

附件 1：

山西省 2009 年水泥行业淘汰落后产能计划

序号	企业所在地		企业名称	落后产能（万吨）	落后工艺设备		淘汰时间	淘汰方式	减排（吨/年）	
					水泥窑型及规格	磨机规格			烟（粉）尘	SO_2
1	大同	大同市	大同水泥股份有限公司	65	湿法回转窑 Φ3．5/3/3．3 × 118m×5		2009.6	废毁	227	31
2	大同	灵丘县	山西石工水泥有限责任公司	8	机立窑 Φ2.5×8m		2009.3	废毁	96	28
3	大同	大同市	大同市红旗水泥厂	17.6	机立窑 Φ2.5 × 10m×2		2009.4	废毁	151	63
4	阳泉	盂县	盂县水泥厂	12	干法中空回转窑 Φ3×48m	Φ2.4 × 13m ×2 Φ2.6×13m	2009.6	拆除	52	14
6	阳泉	郊区	阳泉狮头特种水泥有限公司	10	干法中空回转窑 Φ1.9×36m×2	Φ2.5×5.5m Φ1.5×5.7m Φ1.83×7.1m Φ1.5×3.1m	2009.6	拆除	43	12
7	长治	郊区	长治市郊区潞源熟料厂	5	机立窑 Φ2.5×8m	Φ1.83×6.4m	2009.6	拆除	60	18
8	晋城	陵川县	陵川县水利水泥厂	9	机立窑 Φ2.5×10m	Φ1.83×6.4m	2009.3	拆除	108	32
9	朔州	朔城区	朔城区飞翔水泥厂	30	机立窑 Φ3×10m Φ3×11m×2 Φ3.2×12m	Φ2.2×9.5m Φ2.2×6.5m ×2 Φ2.2×7.5m	2009.6	拆除	225	105

续 表

序号	企业所在地		企业名称	落后产能（万吨）	落后工艺设备		淘汰时间	淘汰方式	减排(吨/年)	
					水泥窑型及规格	磨机规格			烟(粉)尘	SO_2
10	忻州	保德县	保德县通达水泥有限责任公司	8	机立窑 Φ2.5×13m	Φ1.83×7m	2009.6	拆除	96	28
11	忻州	宁武县	忻州市奇石水泥厂	4.4	机立窑 Φ2.2×8m		2009.6	拆除	50	15
12	忻州	静乐县	静乐县天立水泥有限公司	6		Φ1.83×6.4m×2	2009.6	拆除	72	21
13	忻州	岢岚县	岢岚县筑威水泥有限公司	6		Φ1.83×6.4m	2009.6	拆除	72	21
14	忻州	繁峙县	繁峙县岩石水泥厂	6		Φ1.83×6.4m×2	2009.6	拆除	72	21
15	忻州	市直	山西晋汇南白水泥有限公司	12	干法中空窑 Φ3×48m		2009.6	拆除	52	14
16	吕梁	离石区	山西楼桥水泥公司	40	机立窑 Φ3×11m 干法中空窑 Φ3.6×72m		2009.11	拆除	338	140
17	吕梁	文水县	文水县新星水泥有限公司	20	机立窑 Φ3×11m×2	Φ2.2×7.5m×2	2009.6	拆除	169	70
18	晋中	灵石县	灵石丽宫水泥有限公司	9.5	机立窑 Φ2.75×10m	Φ1.83×6.4m×2	2009.9	拆除	80	33
19	临汾	曲沃县	长城水泥有限公司	8.8	机立窑 Φ2.6×10m	Φ1.83×6.4m×2	2009.3	拆除	74	31
20	临汾	襄汾县	襄汾县水泥有限责任公司	8.8	机立窑 Φ2.4×8.5m		2009.6	拆除	74	31
21	临汾	襄汾县	襄汾鸿达集团水泥建材公司	20	机立窑 Φ3×11m×2		2009.6	拆除	169	70
22	临汾	乡宁县	乡宁柏山水泥有限公司	6.5	机立窑 Φ2.3×10m		2009.6	拆除	55	23
23	临汾	霍州市	霍州煤电集团云厦建筑工程有限公司水泥厂	8.8	机立窑 Φ3×10m		2009.3	拆除	74	34

续　表

序号	企业所在地		企业名称	落后产能（万吨）	落后工艺设备		淘汰时间	淘汰方式	减排（吨/年）	
					水泥窑型及规格	磨机规格			烟（粉）尘	SO_2
24	运城	垣曲县	中条山建筑有限公司水泥厂	10	机立窑 Φ2.95×10m		2009.3	拆除	85	35
25	运城	绛县	五四一电厂水泥厂	10	机立窑 Φ3×10m	Φ1.83×6.4m Φ1.83×7m	2009.6	拆除	85	35
26	运城	河津市	河津市晋阳水泥厂	10	机立窑 Φ2.5×8.5m	Φ1.83×6.4m	2009.6	拆除	85	35
27	运城	河津市	河津信达水泥有限公司	20	机立窑 Φ2.5×10m Φ2.5×40m	Φ2.4×7.5m	2009.6	拆除	169	70
28	运城	盐湖区	运城市奇石水泥有限公司	20	机立窑 Φ3×11m	Φ2.2×6.5m Φ2.2×8m	2009.6	拆除	169	70
29	运城	河津市	河津市万杰水泥厂	20	机立窑 Φ3×11m	Φ2.4×11m	2009.6	拆除	169	70
30		盐湖区	运城市盐湖区晋运水泥厂	10	机立窑 Φ2.8×11m		2009.6	拆除	85	35
		合计		421.4					3286	1202

★山西省经委、省环保局2009年3月10日发布的晋经办字〔2009〕117号文。

大同市散装水泥和预拌混凝土管理条例★

Administration ordinance of Datong City for bulk cement and pre－mixed concrete

第一条　为加快发展散装水泥和预拌混凝土、预拌砂浆，节约资源，保护环境，促进经济与社会可持续发展，根据有关法律、法规的规定，结合本市实际，制定本条例。

第二条　在本行政区域内从事水泥、水泥制品和预拌混凝土（包括预拌砂浆，下同）的生产、经营、运输、使用和相关的监督管理活动，适用本条例。

第三条　市人民政府应当加强对发展散装水泥和预拌混凝土工作的领导，将发展散装水泥和预拌混凝土纳入本地区国民经济和社会发展计划。坚持限制袋装、鼓励散装、全面规划、统一管理的原则，严格市场准入，加强市场监管，规范市场经营，推进清洁生产。

第四条　市、县散装水泥和预拌混凝土行政主管部门负责本行政区域内发展散装水泥和预拌混凝土的监督管理工作。

市、县发展和改革、财政、规划、建设、环保：公安、交通、质量技术监督、市容环境卫生和审计等部门，应当按照各自职责，相互配合，协同做好发展散装水泥和预拌混凝土的相关工作。

相关行业协会应当协助各级人民政府做好散装水泥、预拌混凝土的发展工作。

第五条　市、县散装水泥和预拌混凝土管理机构负责本行政区域内散装水泥和预拌混凝土行政管理的具体工作。其主要职责是：

（一）宣传贯彻发展散装水泥和预拌混凝土的有关法律、法规；

（二）实施散装水泥和预拌混凝土发展规划和年度计划，负责散装水泥和预拌混凝土发展的协调工作；

（三）对散装水泥和预拌混凝土的生产、经营、运输和使用情况进行检查；

（四）会同有关部门对散装水泥和预拌混凝土产品质量和建设施工现场的检查和运输协调服务；

（五）会同财政部门组织实施散水泥专项资金的征收、使用和管理政策；

（六）负责散装水泥和预拌混土的信息交流、业务培训和新技术、新工艺、新设备、新材料的推广应用。

第六条 市、县人民政府应当对发展散装水泥和预拌混凝土事业做出显著贡献的单位及个人给予表彰鼓励。

第七条 散装水泥和预拌混凝土生产企业应当依法取得生产许可证和企业资质证书，并按照核定的经营范和资质等级从事生产经营活动。

第八条 新建、扩建和改建水泥生产企业（包括水泥熟料粉磨站，下同），应当按照散装比例70%以上发放能力的要求进行设计和同步建设，按期投入使用，并适时按照国家和省的规定提高散装比例。

现有水泥生产企业应当加速技术改造，配置散装水泥发放装备，按照国家和省的规定逐步提高散装比例。

第九条 预拌混凝土生产企业及其预拌混凝土搅拌站，应当按照本市散装水泥和预拌混凝土发展规划的规定设立，并向市散装水泥和预拌混凝土管理机构备案。

第十条 散装水泥和预拌混凝土、水泥制品生产企业，应当建立健全产品质量控制体系，执行国家标准化管理、计量管理、工序控制、质量检测等规定，确保产品质量。

质量技术监督等部门应当完善跟踪监督，加强现场管理，确保散装水泥和预拌混凝土的产品质量。

第十一条 鼓励企业在预拌混凝土的生产过程中使用粉煤灰、钢渣、矿渣等工业固体废弃物。利用工业固体废弃物达到国家规定标准的生产企业，享受国家规定的优惠政策。

第十二条 预拌混凝土生产企业和水泥制品生产企业应当全部使用散装水泥。

水泥使用总量在500吨以上的建设工程项目，散装水泥使用量应当占到水泥使用总量的60%以上，并适时按照国家和省的规定提高使用比例。其他建设工程项目应当按照国家和省的规定逐步提高散装水泥使用率。

第十三条 在本市城市总体规划确定的主城区范围内的建设工程项目，应当全部使用预拌混凝土，禁止现场搅拌；其他区域应当按照国家和省的规定逐步限制现场搅拌，提高预拌混凝土的使用比例。

第十四条 下列情形，可以在现场搅拌混凝土：

（一）建设工程项目混凝土累计使用量在200立方米以内或者一次性使用混凝土8立方米以内的；

（二）因建设工程特殊需要，预拌混凝土生产企业无法生产的；

（三）因道路交通原因，预拌混凝土运输车辆无法到达施工现场的。

现场搅拌混凝土的，其粉尘、噪声、废水排放应当符合国家环境保护的标准。

第十五条 预拌混凝土使用单位应当使用具有合法资质企业生产的质量合格的预拌混凝土。

因使用预拌混凝土而增加的费用，可列入工程造价。

第十六条 散装水泥和预拌混凝土的运输应当使用专用车辆。

交通行政主管部门应当对散装水泥和预拌混凝土专用车辆依法审核其营运资质。符合条件的，予以办理道路运输经营许可证。

第十七条 散装水泥和预拌混凝土专用车辆需要进入禁行、禁停路段时，专用车辆所属单位或者个人应当到当地公安机关交通管理部门申请办理通行手续。对符合国家和省有关规定的，公安机关交通管理部门应当予以办理，并为专用车辆通行提供便利，以保证建设工程正常施工。

前款所述的专用车辆发生交通违法行为或者交通事故时，公安机关交通管理部门应当及时依法处理。专用车辆拉载货物发生交通事故时，处理时间需要1小时以上的，应当允许将货物及时卸载。

第十八条 散装水泥和预拌混凝土生产、经营、运输、使用的单位和个人，应当采取措施，确保生产、装卸、运输、储存、使用的设施和场所符合安全生产和环境保护的要求。

预拌混凝土生产企业和施工单位应当在生产现场或者施工现场出入口处采取硬化路面和冲洗车辆等保洁措施.防止污损道路。

散装水泥和预拌混凝土专用车辆应当采取防漏保洁措施，并保持车况良好、车身整洁，严禁抛洒、污损路面、污染环境。

第十九条 散装水泥和预拌混凝土生产、经营、运输、使用的单位和个人.应当依照有关规定于每月5日前向统计行政主管部门、散装水泥和预拌混凝土管理机构报送有关统计报表。

第二十条 水泥生产企业、水泥制品生产企业，应当根据袋装水泥销售量或上一年度袋装水泥使用量，按照国家和省有关规定，向散装水泥和预拌混凝土管理机构预缴散装水泥专项资金。所缴专项资金计入管理费用。

第二十一条 使用水泥的建设单位.应当根据建设工程项目预算使用水泥数量，按照国家和省有关规定，在建设工程开工前向散装水泥和预拌混凝土管理机构预缴散装水泥专项资金。所缴专项资金计入建安工程成本。

第二十二条 散装水泥和预拌混凝土管理机构征收的散装水泥专项资金，应当按照规定上缴同级财政专户，专项用于发展散装水泥事业。

财政、审计等部门应当加强对专项资金征收和使用情况的监督检查。

第二十三条 建设单位应当自建设工程竣工之日起30日内，凭有关部门批准的工程决算以及购进水泥原始凭证等资料，经财政部门、散装水泥和预拌混凝土管理机构核实后，办理散装水泥专项资金清算手续。

第二十四条 市、县散装水泥和预拌混凝土管理机构的管理经费由同级财政部门按照基本支出预算和项目支出预算管理规定,从正常预算经费中核拨。

第二十五条　外埠企业生产的水泥、预拌混凝土和水泥制品进入本市的,应当由生产企业向市散装水泥和预拌混凝土管理机构备案。

第二十六条　违反本条例规定,擅自在现场搅拌混凝土的,由散装水泥和预拌混凝土行政主管部门责令改正,并处1万元以上5万元以下的罚款;逾期不改正的,依法责令停工整顿。

第二十七条　违反本条例规定,使用水泥总量500吨以上的建设工程项目,散装水泥使用率未达到60%以上的,由散装水泥和预拌混凝土行政主管部门责令限期改正,并可对建设单位处以3万元以下的罚款。

第二十八条　违反本条例规定.建设工程使用无合法资质的企业生产的预拌混凝土的,由建设行政主管部依照有关法律、法规的规定给予处罚,并责令进行混凝土结构实体检测,未检测或者检测不合格的,不予竣工验收备案。

第二十九条　违反本条例规定.不及时足额缴纳或者拒交散装水泥专项资金的,由散装水泥和预拌混凝土行政主管部门责令限期补交;逾期未补交的,按每日加收应交专项资金总额万分之五的滞纳金,可并处2 000元以上2万元以下的罚款。

第三十条　违反本条例规定,散装水泥和预拌混凝土生产企业、使用单位、运输车辆未采取保洁措施造成污损路面、污染环境的,由市容环境卫生行政主管部门依法予以处罚。

第三十一条　散装水泥和预拌混凝土管理工作人员滥用职权、玩忽职守、徇私舞弊,尚未构成犯罪的,依法给予行政处分;构成犯罪的,依法追究刑事责任。

第三十二条　本条例自2010年4月1日起施行。

★2009年10月28日大同市第十三届人民代表大会常务委员会第十二次会议通过,2009年11月26日山西省第十一届人民代表大会常务委员会第十三次会议批准。

吉林省

Jilin Province

吉林省住房和城乡建设厅关于印发《2009年全省发展散装水泥工作要点》的通知★

Circular of Office of Housing and City and Town Construction of Jilin Province about printing and distributing "Work outline of developing bulk cement in the whole province in 2009"

各市(州)建委(建设局)、长白山管委会规划建设局:

现将《2009年全省发展散装水泥工作要点》印发给你们,请结合工作实际,认真抓好贯彻落实,推动全省散装水泥又好又快发展。

附件:2009年全省发展散装水泥工作要点

附件:

2009年全省发展散装水泥工作要点

2009年全省发展散装水泥工作总体要求是:以邓小平理论和"三个代表"重要思想为指导,全面贯彻落实科学发展观,坚持从使用环节入手,以发展为主题,以城市施工现场"禁现"为重点,以依法治散为手段,以促进节能减排为目的,不断完善管理体制和机制,强化散装水泥市场监管,加强专项资金征收和使用管理,优化散装水泥发展环境,推动全省散装水泥和预拌混凝土、预拌砂浆又好又快发展。

主要目标任务是:全省散装水泥供应量计划完成750万吨,力争完成900万吨;预拌混凝土生产量计划完成650万立方米,力争完成850万立方米;散装水泥专项资金征收额计划完成1 600万元,力争完成1 850万元。

为全面完成上述目标任务,重点抓好以下六方面工作:

(一)加强法规体系建设,优化散装水泥发展环境

2009年,全省发展散装水泥工作坚持以发展为核心,进一步研究制定扶持散装水泥发展政策。力争于二季度,以省政府令出台《吉林省发展散装水泥管理办法》。会同省财政厅等部门,制定出台《吉林省发展散装水泥管理实施细则》、《吉林省散装水泥专项资金征收和使用管理办法》、《吉林省散装水泥专项资金预缴返退管理办法》等配套政策规定。同时,组织协调市州散装水泥行政管理部门,制定和完善当地的发展散装水泥政策;尚未出台政策的吉林市、通化市,上半年要制定出台施工现场"禁现"的政策规定,为散装水泥发展提供强有力的政策保证。配合建管、财政等部门,加大散装水泥市场监管和行政执法力度,构筑公平有序的市场环境。

(二)加大政策扶持力度,扶优扶强散装水泥和预拌混凝土、预拌砂浆企业

组织开展有针对性的市场调研,研究和落实国家有关扶持企业发展政策。坚持以市场为导向，进一步调整和优化行业发展整体布局，组织编制并公布散装水泥和预拌混凝土、预拌砂浆搅拌站（配送站）设置专业规划，为企业的全面协调可持续发展创造条件。扶持散装水泥新技术、新工艺、新设备、新产品的研究开发和推广应用，促进行业技术进步。鼓励和支持使用无毒无害工业固体废弃物作为掺合料生产散装水泥和预拌混凝土、预拌砂浆，协调落实好税收等方面的优惠政策。

（三）强化城市"禁现"和农村推散工作，加快散装水泥发展

全面落实城市城区施工现场"禁现"规定，组织建筑管理、散装水泥等部门，于 2009 年 7 月至 8 月，开展施工现场"禁现"专项执法检查；同时，各市州要组织开展好日常施工现场执法检查，确保城市"禁现"政策落实到位。从 2009 年 7 月 1 日起，在长春市率先开展禁止城区施工现场搅拌砂浆工作。组织开展农村散装水泥和预拌混凝土推广应用试点活动，以县城城区为重点，每个市州都要从本地实际出发，重点抓好 1－2 个试点县（市）。加强农村散装水泥销售网点建设，推广使用适合农村分散用户使用的散装车、散装罐、散装桶，提高散装水泥技术装备水平，促进散装水泥发展。加强散装水泥设施设备管理，提高全省发展散装水泥综合配套能力。

（四）采取有力措施，加强散装水泥专项资金征收管理

进一步加大散装水泥专项资金的征收力度，认真执行国家有关专项资金征收和使用管理规定，严格把好专项资金征收关，无论施工使用单位还是水泥生产企业，都要做到应缴尽缴。严格掌握国家有关减免散装水泥专项资金的政策标准，切实解决部分地方政府或有关部门随意减免专项资金的问题。健全完善县（市）在建工程的专项资金征收机制，调动各方面的工作积极性，避免专项资金的流失。发挥专项资金的经济杠杆作用，加大专项资金的投入力度，引导和扶持企业不断提高散装水泥发放能力和技术装备水平。计划于 2009 年 5 月，组织开展一次设备购置补贴专项资金项目完成情况检查；于 2009 年 7 月至 8 月，会同有关部门，组织开展一次全省范围内的散装水泥专项资金征收专项执法检查，依法严肃查处专项资金征收管理中的各种违规行为，确保专项资金按时足额缴入国库。

（五）加强宣传和统计工作，夯实散装水泥发展基础

结合贯彻落实省政府《吉林省发展散装水泥管理办法》，于二季度组织开展一次全省范围内的散装水泥宣传月活动，通过召开新闻发布会、省政府令宣贯会、新闻媒体宣传报道等形式，努力营造良好发展氛围。加强散装水泥统计报表工作，力求做到及时准确。建立《预拌混凝土生产情况统计月报（年）报表》制度，于 5 月份组织开展一次全省散装水泥设施设备调查摸底，为全省散装水泥发展提供科学依据。

（六）加强队伍建设，提高依法行政能力和管理水平

进一步加强党风廉政建设和精神文明建设，切实抓好全体干部的廉洁自律，严格执行"五不准"的规定。结合全省事业单位改革，理顺行政管理体制，强化监督管理职能，进而提高行政效能。加强对市级散装办的监督指导，完善目标责任管理机制，形成工作合力。努力创建学习型、服务型、创新型组织，健全完善各项工作制度，进一步加强理论学习和社会实践活动，全面提高广大干部的专业技术素质、依法行政水平和服务质量，把服务和监管有机的结合起来，造就高素质的散装水泥管理队伍，更好地为全省经济社会发展服务。

★吉林省住房和城乡建设厅 2009 年 2 月 12 日发布的吉建散【2009】1 号文。

浙江省

Zhejiang Province

浙江省人民政府办公厅转发省经信委省发改委关于进一步推进浙江省水泥工业转型升级工作意见的通知★

Circular of Office of Zhejiang Provincial People's Government about forwarding the opinion of provincial economic commission and provincial development and reform commission about further promoting cement industry mode transfer and upgrading work in Zhejiang Province

各市、县（市、区）人民政府，省政府直属各单位：

省经信委、省发改委《关于进一步推进我省水泥工业转型升级工作的意见》已经省政府同意，现转发给你们，请认真贯彻执行。

二〇〇九年六月九日

为贯彻落实省委《关于深入学习实践科学发展观加快转变经济发展方式推进经济转型升级的决定》（浙委〔2008〕88 号）和省政府《关于加快工业转型升级的实施意见》（浙政发〔2008〕80 号），进一步推进水泥工业转型升级，促进我省水泥行业持续健康发展，现提出如下意见：

一、推动企业组织结构的调整，提高产业集中度

改变当前我省水泥企业集中度偏小的状况，着力推动企业做大做强。鼓励企业重组联合，优化水泥生产企业组织结构，支持水泥生产企业向规模化、集团化方向发展。重点支持年产500万吨以上规模的水泥生产企业通过联合、兼并、重组和向外拓展的方式，提高产业集中度，成为引领行业发展的龙头企业。

二、严格项目审批，控制产能扩张

原则上暂停审批新上水泥项目。对确需建设的项目，必须符合我省建材工业产业转型升级的有关要求，严格按照"合理布局、控制产能、等量淘汰、适度发展"的原则进行审批。同时，严格遵照国家和省企业投资项目核准相关规定，报省投资主管部门核准。申报项目时，除应具备项目核准所必需的文件外，还需出具产能等量替代承诺意见。此外，对两年核准有效期内已批未建的项目进行清理，严格查处违反规定擅自建设的水泥项目，并在生产许可证审查时一律不予出具产业政策审查意见。

三、加快落后产能淘汰，建立和实施水泥行业的退出机制

凡没有水泥生产许可证的企业，一律由当地政府依法查处。严格执行《浙江省制造业产业发展导向目录（2008年本）》（浙制造办〔2008〕2号），逐步淘汰直径2.4米及以下水泥粉磨生产线。各市要在水泥发展规划中明确淘汰进度计划，对达到关停期限的企业停止开展资源综合利用企业认定，根据淘汰时限变更或注销相关企业的生产许可证。根据《国务院办公厅转发国家发展改革委关于完善差别电价政策意见的通知》（国办发〔2006〕77号）要求，对限期淘汰类设备加大实施差别电价力度。建立落后产能退出机制，对淘汰落后产能，在原厂区范围内转产的企业，其增加建筑面积部分不再收取土地价款或调整土地有偿使用费，项目报批过程中需缴纳的行政事业性收费予以减免，减免政策由省财政厅、省物价局另行制定。

四、提升技术创新能力，加强企业管理

鼓励和支持水泥生产企业开展科技合作，加大技术创新力度和技术开发投入。积极依托科研院所、大专院校，建立企业技术中心，开展水泥生产原料、配方和混凝土应用等的研究。改进生产工艺，增强水泥产品对各种混凝土使用环境的适应性，提高水泥产品质量。鼓励水泥生产企业对生产设备和设施进行技术改造，降低能源消耗，完善均化设施，提升生产控制系统的准确性和智能化水平。

五、加强质量管理，提高水泥品质

按照《浙江省新型干法水泥企业管理规范》的要求，进一步完善水泥生产企业的质量管理体系。水泥生产企业要加强对检验人员的业务培训，提高水泥质量检验和过程质量控制水平；严格执行国家标准质量要求，强化水泥生产过程质量控制，严把出厂质量检验关，杜绝不合格水泥流入市场，特别要防范使用工业废渣生产的水泥带入有毒有害物质，确保水泥质量安全可靠；发挥新型干法水泥生产工艺的优势，加大高品质水泥的生产，提升企业和产品的品牌形象。各级工业和质量技监主管部门要加强水泥生产企业和水泥产品质量的监管，加大对违法违规企业的查处力度。

六、加强节能降耗，提高能源利用水平

按照省政府《关于印发节能减排综合性工作实施方案的通知》（浙政发〔2007〕63号）要求，到2010年底，所有新型干法窑全面实施纯低温余热发电技术，实现最大限度地余热利用，降低水泥生产能源消耗。推广应用以降低粉磨电耗为重点的节能技术和设备，鼓励企业采用辊式磨、辊压机以及其他预破碎技术和装备。引导和鼓励企业开展资源综合利用工作，加强对低热值燃料、工业废渣及可燃废弃物、有毒有害固体废物处理的应用，发展循环经济。加强企业用能监管，加大用能执法和管理力度，严格执行《水泥单位产品能耗限额及计算方法》强制性地方标准，依法、依规严肃查处各种违法用能行为。

★浙江省人民政府办公厅2009年6月9日发布的79号文。

浙江省促进散装水泥发展和应用条例★

Ordinance of Zhejiang Province about promoting bulk cement development and application

《浙江省促进散装水泥发展和应用条例》已于2009年7月31日经浙江省第十一届人民代表大会常务委员会第十二次会议通过，现予公布，自2010年1月1日起施行。

浙江省人民代表大会常务委员会

2009年7月31日

第一条　为促进散装水泥的发展和应用，节约资源和能源，保护环境，提高建设工程质量，根据《中华人民共和国循环经济促进法》、《中华人民共和国清洁生产促进法》等法律、行政法规，结合本省实际，制定本条例。

第二条　本省行政区域内水泥、预拌混凝土和预拌砂浆的生产、经营、运输、使用及其监督管理，适用本条例。

第三条　本条例所称散装水泥，是指不用包装，直接通

过专用设备出厂、运输、储存和使用的水泥。

本条例所称预拌混凝土，是指由水泥、集料、水以及所需的外加剂和掺合料等，在搅拌站按一定比例计量、拌制后，通过专用设备运输、使用的拌合物。

本条例所称预拌砂浆，是指由水泥、砂以及所需的外加剂和掺合料等，在搅拌站按一定比例计量、拌制后，通过专用设备运输、使用的拌合物。预拌砂浆包括干混砂浆和湿拌砂浆。

本条例所称建设工程，是指需依法申领施工许可证或者批准开工报告后方可开工的建设工程。

第四条 县级以上人民政府应当加强对散装水泥、预拌混凝土和预拌砂浆发展和应用工作的领导，将其纳入国民经济和社会发展规划，协调解决发展和应用中的重大问题。

第五条 县级以上人民政府散装水泥行政主管部门主管本行政区域内散装水泥、预拌混凝土和预拌砂浆发展和应用的管理工作，具体工作由散装水泥管理机构负责。散装水泥管理机构工作经费列入同级财政预算。

县级以上人民政府其他有关部门按照各自职责做好散装水泥、预拌混凝土和预拌砂浆的相关管理工作。

乡镇人民政府、街道办事处应当协助有关部门落实散装水泥、预拌混凝土和预拌砂浆发展和应用的有关措施。

第六条 散装水泥管理机构应当为散装水泥、预拌混凝土和预拌砂浆的发展和应用提供信息咨询、业务培训等服务，推广应用新技术、新工艺、新产品。

散装水泥、预拌混凝土和预拌砂浆行业协会应当加强行业自律，为会员提供信息、技术、营销、培训等服务，依法维护会员和行业合法权益，接受有关部门的指导和监督。

第七条 各级人民政府及有关部门应当积极推进散装水泥在农村的应用，支持散装水泥农村中转配送站建设，鼓励农村使用预拌混凝土和预拌砂浆。

第八条 县级以上人民政府及有关部门应当支持、引导散装水泥、预拌混凝土和预拌砂浆现代物流体系建设，发展第三方物流，提高物流的社会化、专业化水平。

第九条 鼓励科研机构、大专院校、企业、个人研究开发和推广应用散装水泥、预拌混凝土和预拌砂浆的新技术、新工艺、新产品。

企业开发新技术、新工艺、新产品发生的研究开发费用，在计算应纳税所得额时依法加计扣除。

第十条 省、设区的市人民政府散装水泥行政主管部门可以根据本行政区域国民经济和社会发展规划、城乡规划，会同发展和改革、建设、规划、环境保护等行政主管部门，按照统一规划、合理布局、方便需求、鼓励竞争、有利环保的原则，编制散装水泥、预拌混凝土和预拌砂浆发展规划。

第十一条 新建、扩建、改建水泥生产项目、预拌混凝土和预拌砂浆生产项目以及散装水泥中转配送站，应当符合城乡规划以及散装水泥、预拌混凝土和预拌砂浆发展规划，并依法进行环境影响评价。

第十二条 新建、扩建、改建水泥生产项目，应当按照散装水泥发放能力不低于百分之九十的标准进行设计和同步建设。有关部门进行生产项目审查时，应当征求同级散装水泥管理机构意见；未达到发放能力要求的，不予核准。

预拌混凝土生产企业应当按照国家规定取得相应资质。新建预拌砂浆生产项目，其年设计生产能力应当符合省有关规定，其中，普通干混砂浆生产项目散装发放能力应当达到百分之百。

第十三条 水泥、预拌混凝土、预拌砂浆生产企业利用粉煤灰、工业尾矿等固体废物达到国家规定要求的，经有关部门认定后，按照国家有关规定享受资源综合利用税收优惠。

第十四条 预拌混凝土、预拌砂浆和水泥制品生产企业生产预拌混凝土、预拌砂浆和水泥制品应当使用散装水泥。

交通、能源、水利、港口等重点建设工程以及政府投资的建设工程，应当使用散装水泥。

建设工程需使用普通干混砂浆的，应当使用散装普通干混砂浆。

第十五条 水泥、预拌混凝土和预拌砂浆生产企业应当建立健全质量控制体系，严格质量和计量管理，出厂的产品应当符合国家规定的质量标准和计量要求。

预拌混凝土、预拌砂浆的质量以施工现场制作的试块作为主要评定依据。制作试块应当在建设单位或者工程监理单位监督下现场取样，并送具有相应资质等级的质量检测单位进行检测。

质量技术监督部门应当加强对水泥、预拌混凝土和预拌砂浆生产企业的产品质量和计量的监督。建设行政主管部门应当加强对建设工程中预拌混凝土和预拌砂浆使用质量的监督。

第十六条 散装水泥、预拌混凝土和预拌砂浆的生产、运输、储存和使用应当符合安全生产和环境保护的要求。

散装水泥、预拌混凝土和预拌砂浆专用车辆装载水泥、混凝土和砂浆，应当符合核定载重量，不得超载，并采取必要措施，防止抛撒滴漏，保持车辆清洁。

第十七条 散装水泥、预拌混凝土和预拌砂浆专用车辆应当安装符合国家标准的行驶记录装置。专用车辆所有人或者管理人应当保证行驶记录装置的正常运行。公安机关交通管理部门依法对行驶记录装置安装、运行等情况进行检查。

散装水泥管理机构应当会同公安机关交通管理部门，组织对散装水泥、预拌混凝土和预拌砂浆专用车辆驾驶人免费进行业务技能和安全培训。专用车辆所有人或者管理人应当予以配合。

专用车辆所有人或者管理人应当使用经过业务技能和安全培训的驾驶人驾驶专用车辆。专用车辆驾驶人应当参加业务技能和安全培训,掌握操作技能,提高安全生产能力。

第十八条　承担工程任务的散装水泥、预拌混凝土和预拌砂浆专用车辆确需在限制、禁止的路段或者区域通行、停靠的,凭供货合同或者散装水泥管理机构出具的证明,向公安机关交通管理部门申请办理通行手续,公安机关交通管理部门应当及时予以办理。

获准通行的专用车辆,应当按照公安机关交通管理部门指定的时间、路线、速度通行,并在指定地点、区域停靠。

第十九条　散装水泥、预拌混凝土和预拌砂浆专用车辆交通规费的缴纳标准,可以根据国家和省有关规定给予优惠。

第二十条　城市城区、县城区、开发区和有条件的镇建成区限期禁止建设工程现场搅拌混凝土、砂浆。市、县散装水泥行政主管部门应当会同有关部门,按照国家和省有关规定,结合本地具体情况,提出禁止现场搅拌混凝土、砂浆的具体区域和起始日期,报本级人民政府批准后实施,并向社会公告。

禁止现场搅拌混凝土、砂浆区域外的交通、能源、水利、港口等建设工程以及政府投资的建设工程,具备条件的,应当使用预拌混凝土和预拌砂浆。

第二十一条　禁止现场搅拌混凝土、砂浆的建设工程,建设、设计和施工单位应当按照使用散装水泥、预拌混凝土和预拌砂浆的要求编制概算、预算。

前款规定的建设工程实行招标投标的,建设单位应当将使用散装水泥、预拌混凝土和预拌砂浆的要求列入招标文件。

第二十二条　禁止现场搅拌混凝土、砂浆区域内的建设工程,有下列情形之一的,经所在地散装水泥管理机构批准,可以进行现场搅拌:

(一)因交通运输条件限制,预拌混凝土和预拌砂浆专用车辆无法到达施工现场的;

(二)需要使用特种混凝土和特种砂浆,预拌混凝土、预拌砂浆生产企业无法有效供应的;

(三)施工现场三十公里范围内没有预拌混凝土供应的;

(四)建设工程混凝土使用总量二百立方米以下的;

(五)建设工程砂浆使用总量一百吨以下的。

第二十三条　建设单位申请现场搅拌混凝土、砂浆的,应当向所在地散装水泥管理机构提出书面申请,并提供建设工程预算书、施工许可证复印件。

散装水泥管理机构应当自收到申请材料之日起五个工作日内,作出批准或者不予批准的决定;不予批准的,应当书面说明理由。

第二十四条　现场搅拌混凝土、砂浆的施工单位,应当遵守环境保护和城市市容环境卫生管理的规定,采取有效措施,确保噪声、粉尘、废水的排放符合规定的排放标准。

环境保护、建设行政主管部门以及城市管理行政执法机构应当加强对施工现场环境影响的监督检查。

第二十五条　水泥、预拌混凝土和预拌砂浆生产、经营、使用单位,应当按照统计法律法规和统计制度的规定,真实、准确、完整、及时地提供统计调查所需的资料,不得提供不真实或者不完整的统计资料,不得迟报、拒报统计资料。

第二十六条　水泥生产企业销售袋装(包括塑编袋、纸袋、复合袋等)水泥的,应当按照国家和省有关规定缴纳散装水泥专项资金(以下简称专项资金)。

建设单位应当在办理施工许可证前,按照国家和省有关规定预缴专项资金。

专项资金由散装水泥管理机构负责征收或者预收。

第二十七条　禁止现场搅拌混凝土、砂浆区域内的建设工程散装水泥使用率达到百分之八十五以上,或者禁止现场搅拌混凝土、砂浆区域外的建设工程散装水泥使用率达到百分之七十以上的,散装水泥管理机构应当按照国家和省有关规定,向建设单位退还预收的专项资金。

散装水泥使用率达不到前款规定标准的,预收的专项资金不予退还,缴入国库。

第二十八条　建设单位应当自建设工程决算完成之日起三个月内,凭工程决算报告以及散装水泥、预拌混凝土和预拌砂浆原始购买凭证,向散装水泥管理机构办理预缴专项资金的结算手续。建设单位未在规定期限内办理结算手续的,散装水泥管理机构应当自期限届满之日起一个月内书面通知其及时办理。建设单位经散装水泥管理机构书面通知后,自建设工程决算完成之日起超过两年仍未办理结算手续的,预缴的专项资金缴入国库。

建设工程决算依法需经有关部门批准的,前款规定办理结算手续的起始时间自决算批准之日起计算。

第二十九条　专项资金应当用于下列事项:

(一)散装水泥、预拌混凝土和预拌砂浆新技术、新工艺、新产品研究开发的补助和标准体系建设;

(二)散装水泥农村中转配送站建设的补助;

(三)散装水泥、预拌混凝土和预拌砂浆示范项目的补助;

(四)发展和应用散装水泥、预拌混凝土和预拌砂浆的宣传、培训;

(五)对发展和应用散装水泥、预拌混凝土和预拌砂浆作出突出贡献的企业事业单位的奖励;

(六)经同级财政部门批准的与发展散装水泥、预拌混凝土和预拌砂浆有关的其他开支。

前款第一项至第四项的开支合计,不得少于当年专项资金支出总额的百分之九十。

第三十条　专项资金属于政府性基金,全额纳入地方财政预算管理。任何单位和个人不得截留、挪用专项资金,不得改变专项资金的征收对象、范围和标准,不得减征、免征或者缓征。

专项资金征收、使用和管理的具体办法，由省财政部门会同省散装水泥行政主管部门根据本条例和国家有关规定制定，报省人民政府批准后执行。

财政、审计、散装水泥行政主管部门应当加强对专项资金征收、使用和管理的监督检查。

第三十一条 违反本条例规定的行为，法律、法规已有法律责任规定的，从其规定。

第三十二条 违反本条例第十四条规定，使用袋装水泥或者袋装普通干混砂浆的，由散装水泥管理机构责令改正，并按照袋装水泥每吨一百元、袋装普通干混砂浆每吨二十元的标准处以罚款。

第三十三条 违反本条例第十七条第一款规定，专用车辆未按规定安装或者正常使用行驶记录装置的，由公安机关交通管理部门责令改正，限期安装，对车辆所有人或者管理人处以二百元的罚款；属于驾驶人责任的，对驾驶人处以二百元的罚款；逾期未安装的，代为安装，所需费用由车辆所有人承担。

违反本条例第十七条第三款规定，专用车辆所有人或者管理人使用未经业务技能和安全培训的驾驶人驾驶专用车辆的，由散装水泥管理机构责令改正，处以五百元以上一千元以下的罚款。公安机关交通管理部门应当予以配合。

第三十四条 违反本条例第二十二条规定，未经批准现场搅拌混凝土、砂浆的，由散装水泥管理机构责令改正，并可对建设单位处以一万元以上五万元以下的罚款；属于施工单位责任的，对施工单位处以一万元以上五万元以下的罚款。

第三十五条 违反本条例第二十六条规定，未缴纳专项资金的，由散装水泥管理机构责令限期缴纳；逾期仍未缴纳的，按日加收未缴专项资金万分之五的滞纳金；拒不缴纳的，散装水泥管理机构可以依法申请人民法院强制执行。

第三十六条 有关行政机关和散装水泥管理机构及其工作人员违反本条例规定，有下列行为之一的，由有关部门按照管理权限对直接负责的主管人员和其他直接责任人员给予行政处分；构成犯罪的，依法追究刑事责任：

（一）不依法作出核准或者批准决定的；

（二）不按规定征收、使用和管理专项资金的；

（三）不按规定退还预缴的专项资金或者违反规定收取培训费用的；

（四）不依法办理专用车辆通行手续的；

（五）不依法实施行政处罚的；

（六）有其他玩忽职守、徇私舞弊、滥用职权行为的。

第三十七条 本条例自 2010 年 1 月 1 日起施行。2002 年 8 月 28 日省人民政府发布的《浙江省促进散装水泥发展办法》同时废止。

★2009 年 7 月 31 日浙江省第十一届人民代表大会常务委员会第十二次会议通过浙江省人民代表大会常务委员会第 12 号公告。

关于全面淘汰杭州市水泥粉磨生产能力的通知★

Circular about fully eliminating cement powder grinding capacity in Hangzhou City

各区、县（市）人民政府，市政府各部门、各直属单位：

为认真贯彻落实科学发展观，节约能源、保护环境，进一步推进我市水泥工业结构调整和优化升级，促进水泥工业健康发展，根据国家水泥工业“总量控制，淘汰落后的”的产业政策，经市政府同意，现就全面淘汰我市落后水泥粉磨生产能力有关事项通知如下：

一、工作目标

（一）即日起直径 1.83 米（含）以下的磨机不得从事水泥粉磨生产；

（二）2009 年底前淘汰直径 2.4 米以下的水泥磨机；

（三）2010 年底前淘汰直径 2.4 米 ~2.9 米的水泥磨机。

二、政策措施

（一）对限期淘汰的水泥磨机到期后仍继续生产水泥的企业，行业主管部门一律不予进行符合产业政策确认，质监部门一律不予受理生产许可证申领。

（二）对限期淘汰的水泥磨机到期后仍继续生产水泥的企业，一律取消其资源综合利用企业的认定资格和享受的相关优惠政策。

（三）严格执行国家差别电价、差别水价的有关政策规定，提高落后工艺生产的资源能源供给价格。

（四）各有关部门要加强对使用限期淘汰水泥磨机的企业在能源消耗、污染排放、产品质量方面的监控，依法查处其违法行为。

（五）使用限期淘汰水泥磨机的水泥生产企业转产符合国家和省、市产业政策的工业项目，在同等条件下可优先受让土地使用权。

（六）淘汰落后水泥粉磨能力的水泥生产企业改建、扩建水泥粉磨生产线的，必须符合规划、环保、能源的要求，按照“总量控制，等量淘汰”原则，必须选用直径 3 米以上、配备辊压机等节能设施且产能在 60 万吨以上的水泥磨机，并逐级报省经济和信息化委员会核准。

三、奖励政策

（一）市政府从工业发展专项资金中安排一定资金，用于对各区、县(市)淘汰水泥磨机的以奖代补,各地要安排落实相应的专项配套资金。

(二)奖励标准:

1. 对拆除直径 1.83 米水泥磨机生产线的企业,每拆除 1 条奖励 5 万元。

2. 对拆除直径 2.2 米水泥磨机生产线的企业,每拆除 1 条奖励 10 万元。

3. 对拆除直径 2.4 米水泥磨机生产线的企业,每拆除 1 条奖励 15 万元。

4. 对拆除直径 2.6 米及以上水泥磨机生产线的企业,每拆除 1 条奖励 20 万元。

5. 对直径 2.2 米及以上水泥磨机生产线不拆除、转产他用的,按标准减半奖励。

6. 对直径 2.4 米及以上水泥磨机生产线提前在 2009 年底前拆除的,每条再增加奖励 5 万元。

四、考核验收

(一)将落后水泥粉磨生产能力淘汰工作列入对各区、县(市)政府节能减排工作目标考核,有关区、县(市)政府要将落后水泥粉磨生产能力淘汰工作方案报市经委,市经委根据方案按年编制奖励资金预算,经市财政局审核同意后执行。

(二)由市经委牵头,每年年初组织市发改委、财政局、质监局、环保局等部门,对上年度区、县(市)落后水泥粉磨生产能力淘汰工作进行考核验收。具体考核验收标准由市经委负责制订。

(三)市政府根据考核验收结果下达奖励资金。对使用已淘汰的水泥磨机继续从事水泥粉磨生产并经查证属实的,收回已发奖励资金;对违规企业和个人按照国家有关规定依法查处,并追究主管部门责任。

★杭州市人民政府办公厅 2009 年 9 月 12 日发布的杭政办函〔2009〕317 号文。

安徽省

Anhui Province

安徽省促进散装水泥和预拌混凝土发展办法★

Method of Anhui Province to promote bulk cement and pre – mixed concrete development

《安徽省促进散装水泥和预拌混凝土发展办法》已经 2009 年 1 月 5 日省人民政府第 27 次常务会议通过,现予公布,自 2009 年 3 月 1 日起施行。

省长 王三运

二〇〇九年二月二日

安徽省促进散装水泥和预拌混凝土发展办法

第一条 为了促进散装水泥和预拌混凝土发展,节约资源,保护环境,根据国家有关规定,结合本省实际,制定本办法。

第二条 本办法适用于本省行政区域内散装水泥、预拌混凝土生产、经营、运输、使用和监督管理。

本办法所称散装水泥,是指不用包装,直接通过专用装备出厂、运输、储存和使用的水泥。

本办法所称预拌混凝土,是指由水泥、集料、水以及根据需要掺入的外加剂和掺和料等成分,按一定比例,经集中计量搅拌后,通过专用装备运输、使用的混凝土。

第三条 县级以上人民政府应当加强组织领导,将散装水泥、预拌混凝土发展纳入国民经济和社会发展规划,制定发展政策和措施,促进散装水泥、预拌混凝土发展。

乡(镇)人民政府应当协助有关部门落实促进散装水泥、预拌混凝土发展的有关措施。

第四条 省人民政府工业经济行政主管部门和市、县人民政府确定的散装水泥行政主管部门(以下简称散装水泥行政主管部门)负责本行政区域内散装水泥、预拌混凝土发展的管理工作,其所属的散装水泥管理机构负责实施散装水泥、预拌混凝土发展的具体工作,其管理经费纳入同级财政预算。

县级以上人民政府其他有关部门按照各自职责,做好散装水泥、预拌混凝土发展的有关工作。

第五条 县级以上人民政府及其散装水泥行政主管部门应当对散装水泥、预拌混凝土发展工作中做出显著成绩的单位和个人,给予表彰和奖励。

第六条 散装水泥行政主管部门应当结合本地实际,编制本行政区域散装水泥、预拌混凝土发展应用规划和年度计划,并负责组织实施。

第七条 对符合散装水泥、预拌混凝土发展应用规划和年度计划的固定资产投资项目,投资管理部门应当在项目审批、核准等方面给予支持;国土资源行政主管部门应当优先安排建设项目用地。

第八条 鼓励科研机构、高等院校、生产企业等单位进行散装水泥推广应用技术及配套设施设备的研究与开发，相关费用按照国家有关规定享受税收优惠政策。

第九条 县级以上人民政府建设、规划行政主管部门应当会同散装水泥行政主管部门，按照统一规划、合理布局、方便需求、有利环保的原则，编制预拌混凝土搅拌站布点方案。

设立预拌混凝土搅拌站，应当符合预拌混凝土搅拌站布点方案，并依法进行环境影响评价。

第十条 省人民政府散装水泥行政主管部门应当会同有关部门，根据国家有关规定，结合本省实际，适时公布散装水泥和预拌混凝土生产技术、工艺和设备目录。

省人民政府建设行政主管部门应当按照国家有关规定，组织编制预拌混凝土预算定额，为建设、设计、施工单位应用预拌混凝土提供服务。

第十一条 新建、扩建和改建水泥生产项目，应当按照国家规定的散装水泥发放能力的要求进行设计和建设。

本办法实施前未达到散装水泥发放能力要求的，水泥生产企业应当进行技术改造，淘汰落后的生产技术、工艺和设备，提高散装水泥发放能力。

第十二条 水泥、预拌混凝土生产企业应当按照国家规定取得相应资质，依法加强质量、计量管理，建立质量保证体系，保证散装水泥、预拌混凝土符合国家规定的质量标准。

水泥、预拌混凝土的生产企业，应当按照国家有关规定向散装水泥管理机构报送有关统计报表。

第十三条 散装水泥、预拌混凝土的生产、经营、运输、使用单位和个人，应当采取措施，确保生产、装卸、运输、储存、使用的设施和场所符合安全和环境保护的要求。

第十四条 运输散装水泥、预拌混凝土专用车辆进入城市和交通控制地段，需要办理车辆通行手续的，公安、交通部门应当及时办理通行手续，提供行车方便。

第十五条 水泥制品、预拌混凝土生产企业生产水泥制品、预拌混凝土应当使用散装水泥，不得使用袋装水泥。

鼓励企业在生产过程中利用废渣生产水泥制品、预拌混凝土；对使用废渣量达到国家规定比例的，享受国家规定的资源综合利用税收优惠政策。

第十六条 下列建设工程应当使用散装水泥和预拌混凝土：

（一）大中型交通、能源、水利、港口等建设工程；

（二）使用财政资金的建设工程；

（三）开发区和工业园区内的建设工程。

鼓励本条第一款规定外的建设工程使用散装水泥和预拌混凝土。

设区的市城市规划区内的建设工程，禁止使用袋装水泥和现场搅拌混凝土。禁止现场搅拌混凝土的具体范围、期限等，由设区的市人民政府规定。

第十七条 按照本办法规定，应当使用散装水泥或者预拌混凝土，但有下列情形之一的，可以使用袋装水泥或者现场搅拌混凝土：

（一）需要使用特种类型水泥的；

（二）散装水泥、预拌混凝土专用设备无法到达施工现场的；

（三）施工现场50公里以内没有散装水泥供应的或者30公里以内没有预拌混凝土供应的；

（四）水泥使用量不超过30吨或者使用预拌混凝土总量在20立方米以下的；

（五）抗灾抢险的。

第十八条 袋装水泥生产企业和使用单位应当按照国家有关规定，缴纳散装水泥专项资金（以下简称专项资金）。

专项资金的征收范围、标准和管理办法，按照国家和省人民政府的规定执行。任何地方、部门、单位和个人不得改变征收范围、标准，不得减征、缓征、免征。

第十九条 鼓励水泥生产企业、经营企业在农村设立散装水泥销售网点，为农村建设使用散装水泥提供服务，提高农村散装水泥使用率。

第二十条 违反本办法第十一条规定，新建、扩建和改建水泥生产项目未按要求设计和建设达到散装水泥发放能力的，由县级以上人民政府散装水泥行政主管部门责令限期整改；逾期未整改或者整改后仍未达到发放能力的，报请同级人民政府责令关闭。

第二十一条 违反本办法第十五条第一款规定，水泥制品、预拌混凝土生产企业生产水泥制品、预拌混凝土使用袋装水泥的，由县级以上人民政府散装水泥行政主管部门责令改正，并可处以3万元以下的罚款。

第二十二条 违反本办法第十六条第三款规定，现场搅拌混凝土的，由县级以上人民政府建设行政主管部门责令改正；并对建设单位处以每立方米100元的罚款，罚款最高数额不超过3万元。属于施工单位责任的，对施工单位进行处罚。

第二十三条 违反本办法第十八条第一款规定，未按照规定缴纳专项资金的，由县级以上人民政府散装水泥行政主管部门责令限期缴纳；逾期不缴纳的，从应缴纳之日起按日加收未缴纳专项资金万分之五的滞纳金。

违反本办法第十八条第二款规定，散装水泥管理机构擅自改变专项资金征收范围、标准，或者减征、缓征、免征散装水泥专项资金的，由同级财政部门责令改正；其他地方、部门、单位擅自减征、缓征、免征专项资金的，由上一级散装水泥行政主管部门提请本级人民政府批准后予以追缴；对直接负责的主管人员和其他直接责任人员，依法给予行政处分。

第二十四条 本办法规定由散装水泥行政主管部门行使的行政处罚权，散装水泥行政主管部门可以依法委托散装水泥管理机构行使。

第二十五条 县级以上人民政府及其有关部门和散装

水泥管理机构的工作人员违反本办法规定，滥用职权、徇私舞弊、玩忽职守的，依法给予行政处分；构成犯罪的，依法追究刑事责任。

第二十六条 在国家规定禁止现场搅拌砂浆的区域内预拌砂浆的管理，按照本办法有关预拌混凝土的规定执行。

第二十七条 本办法自2009年3月1日起施行。1996年8月5日省人民政府发布的《安徽省散装水泥管理办法》同时废止。

★安徽省人民政府2009年2月2日发布的第216号令。

山东省

Shandong Province

山东省人民政府办公厅转发省经贸委等部门关于黄金、建材、石材、水泥及散装水泥、电工电气及仪表、石油装备、煤炭机械、煤化工、焦化等9个特色产业调整振兴指导意见（第四批）的通知★

Circular of Office of Shandong Provincial People's Government about forwarding guiding opinion of such sectors as provincial economic and trade commission about the regulation and development of 9 special industries such as gold, building material, stone, cement and bulk cement, electrician and electricity and instrumentation, oil equipage, coal machinery, coal chemical and coking (Part 4)

各市人民政府，各县(市、区)人民政府，省政府各部门、各直属机构，各大企业，各高等院校：

为积极应对国际金融危机对我省经济的影响，认真贯彻落实党中央、国务院关于保增长、扩内需、调结构的总体要求，推进我省工业结构调整和优化升级，加快实现工业由大到强的转变，保持我省经济平稳较快发展，根据省政府第30次常务会议部署，省经贸委会同有关部门编制了10大产业调整振兴规划、40个特色产业调整振兴指导意见、13个新兴产业加快发展的指导意见。现将40个特色产业中的黄金、建材、石材、水泥及散装水泥、电工电气及仪表、石油装备、煤炭机械、煤化工、焦化等9个特色产业调整振兴指导意见（第四批）转发给你们，请认真组织实施。

各级、各部门要以科学发展观为指导，深刻认清面临的形势，进一步增强机遇意识、发展意识，积极作为，科学务实，认真执行产业调整振兴规划，加快结构调整，转变发展方式，推动产业结构、产品结构优化升级。省政府有关部门要围绕《指导意见》尽快制定完善相关政策措施，密切配合，形成合力，确保《指导意见》顺利实施。各地区要按照《指导意见》确定的目标、任务和政策措施，结合当地实际抓紧制定具体落实方案，确保取得实效。

《指导意见》还筛选确定了一批与之相配套的在建和拟建重点项目，由省经贸委等有关部门另行印发，请一并组织实施。

★山东省人民政府办公厅2009年5月18日发布的鲁政办发【2009】39号文。

山东省水泥及散装水泥工业调整振兴指导意见（2009～2011年）★

（节选水泥及散装水泥部分）

Guiding opinion of Shandong Province about cement and bulk cement industry regulation and development (2009-2011)

水泥工业是国民经济的基础原材料产业。山东省是水泥生产和消费大省，当前，全省水泥工业正处于结构调整的关键时期。为应对国际金融危机，促进水泥工业结构优化升级，实现持续稳定健康发展，制定本意见。

一、现状及面临的形势

（一）现状

山东是全国水泥生产第一大省，也是水泥消费大省。2008年全省水泥产量为1.39亿吨，同比下降4.03%，占全国水泥总量的十分之一，连续14年居全国第一。水泥省内消费约1亿吨。

1. 新型干法水泥。

截至2008年底，已建成投产新型干法水泥生产线65条，其中日产4 000吨以上的生产线19条、日产2 000～3 000吨的29条、日产1 200吨以下的17条。熟料年生产能力6 000万吨，折合水泥8 100万吨，占全省1.5亿吨总产能的54%。目前在建新型干法水泥熟料生产线14条（日产2 500吨的1条，其余均为日产4 000吨以上），熟料产能2 200万吨，折合水泥产能约2 970万吨，全部竣工投产后，全省将形成新型干法水泥熟料产能8 200万吨，折合水泥产能约11 070万吨。已批未建的新型干法水泥熟料生产线2条，熟料产能320万吨，折合水泥430万吨。这些项目建成投产后，全省新型干法水泥熟料产能将达到8 520万吨，折合水泥产能约11 500万吨。

2. 落后水泥。

我省于2007年初开始淘汰关闭落后水泥工作，到2008年底，共淘汰关停立窑360多座、落后水泥产能3 400多万吨，完成"十一五"淘汰关闭水泥落后产能目标任务的68%。

3. 散装水泥。

2008年，全省散装水泥总量达到8 809万吨，占全国散装水泥总量的13.85%，居全国第一；水泥散装率达到63.44%，高于全国45.82%的平均水平，居全国第六位。

4. 大型企业集团发展。

目前，全省相对独立的新型干法旋窑水泥企业41家，重组后为24家。山水集团目前在全国水泥行业中排名第二位，在省内已建熟料生产线15条，熟料产能1 825万吨、水泥产能2 375万吨；在建熟料生产线3条，产能480万吨。中国联合水泥集团目前在山东区域已建熟料生产线18条，熟料产能1 886万吨、水泥产能2 450万吨；在建熟料生产线3条，熟料产能496万吨。两大集团的熟料和水泥年产能分别占全省已建和在建新型干法旋窑的57%和55%。

5. 主要布局及产能。

全省17个设区市都建有水泥厂（粉磨站），其中新型干法水泥生产线分布情况是：枣庄15条、淄博10条、潍坊7条、济宁7条、烟台6条、济南6条、泰安4条、临沂4条、日照3条、德州2条、莱芜1条。

（二）存在的问题

一是厂家多，资源破坏严重，能源消耗较高，环境污染较大。二是水泥产能较大，已达到饱和，接近过剩，部分企业开工不足。三是水泥价格较低，企业利润低。四是立窑水泥还占相当比重，淘汰关停任务较重。

（三）面临的形势

国际方面，受当前国际金融危机影响，世界经济增长速度放缓，投资规模收缩，对水泥产品的需求减少，加之国家取消水泥出口退税的政策，我省2009年水泥出口几乎为零。国内方面，水泥消费在房地产市场中占比50%左右，而房地产市场仍处于低迷状态，房地产投资增长回落，直接影响水泥销售。宏观政策方面，国家采取了一系列促进经济增长的政策措施，加大了交通、水利等基础设施建设投资，安排了一批重大建设项目，将会直接有效拉动水泥消费。但资源能源紧张和环境保护压力的加大，也对发展水泥工业提出了更高的要求。

二、指导思想、原则和发展目标

（一）指导思想

认真贯彻落实科学发展观，以市场为导向，以结构调整升级为主线，以保护资源、节能降耗为重点，控制总量，合理布局，整合资源，淘汰落后，向新型干法旋窑水泥集团化方向发展，提升我省水泥工业综合竞争力，促进我省水泥工业健康平稳发展。

（二）原则

1. 调控总量原则。调控水泥总量，坚持合理布局，科学规划熟料生产线和粉磨站。

2. 扶优汰劣原则。加快淘汰落后水泥生产线，实施等量或超量淘汰，根据市场需求，适度发展新型干法水泥；支持大型优势企业实施兼并重组，提高产业集中度。

3. 节能环保原则。节约资源能源，提高资源利用率。积极推进清洁生产工艺技术，加大水泥粉尘治理力度。发展循环经济，提高固体废弃物使用总量。

（三）发展目标

到2011年，全省水泥工业发展的总体目标是：

1. 水泥总量控制在1.4亿吨以内，新型干法水泥比重达到75%以上。控减落后水泥产能到3 000万吨左右。

2."山水"和"中联"两个集团新型干法水泥产能占全省水泥总产能的比例超过60%。

3. 水泥熟料吨产品能耗下降到115千克标准煤。新型干法水泥生产线（日产2 000吨以上）低温余热发电推广率达到70%以上。

4. 全省水泥散装量达到1.12亿吨，散装率达到75%，发散综合配套能力达到1.2亿吨，预拌混凝土产能稳定在1.2亿立方米，实际混凝土供应量达到7 000万立方米。

三、发展重点和布局

（一）发展重点

1. 新型干法水泥。

综合考虑市场、资源、能源、环境、地域、交通运输等因素，按照比较优势，在控制全省水泥熟料生产能力的前提下，支持"山水"、"中联"两大集团整合枣庄、临沂、济宁、泰安、淄博、潍坊等水泥资源，在兼并重组全省现有其他水泥企业的基础上，根据市场需求，适度发展新型干法水泥和油井、港口等用特种水泥，在消费市场合理布局建设大型水泥粉磨站，禁止新征土地建设新的水泥熟料企业。

积极研发新型干法水泥生产技术和大型化装备，加快开发生产日产5 000吨级成套设备和日产6 000吨级以上规模的部分国产化大型装备。

2. *散装水泥及水泥深加工。*

①加快预拌砂浆的推广应用。逐步扩大禁止现场搅拌砂浆的区域范围和领域，在使用环节限制袋装水泥，推进散装水泥集中化使用；引导小包装干混砂浆进入建材超市，推动预拌砂浆在装饰、装修工程中的应用；建立干混砂浆散装物流配送体系，防止二次包装造成资源浪费；充分消化利用工业废弃物，提高资源综合利用水平。

②在重点领域大力推广散装水泥。抓住国家加大基础设施建设投入机遇，推进散装水泥发展。加强散装水泥物流设施建设，提高物流组织化程度。结合正在实施的“万村千乡”工程，衔接好农村商品流通体系建设，鼓励在农村建立散装水泥物流配送站，加强销售网络建设，推动散装水泥在农村的发展。

③加强科技研发与应用。坚持科技创新和技术改造，加强散装水泥、预拌混凝土、预拌砂浆领域科技研发和应用工作，广泛推广成熟的先进技术，提高行业整体运行质量和水平。研究开发适用于不同环境施工要求的水泥品种，提高散装水泥对建设工程的适用性，降低全社会对水泥实物的消耗，节约资源和能源，减少水泥生产对环境造成的污染。

3. *淘汰落后。*

巩固淘汰关闭落后水泥产能成果，加快淘汰列入名单的立窑生产线，缩短落后水泥退出历程。鼓励有条件的立窑水泥企业转型建设水泥粉磨站或投资新型墙体材料、干混砂浆生产等。

4. *循环经济和清洁生产。*

拓宽水泥生产的原料来源，鼓励水泥企业利用工业废渣替代天然资源，利用页岩、泥岩、粉煤灰等材料替代粘土配料，利用矿渣、粉煤灰、磷石膏、赤泥、铬渣、铜渣、电石渣等工业废渣作为原料和混合材料，节约传统的资源和能源消耗；开发应用高效节能细粉磨技术、助磨技术和矿物掺合料机械活化技术，减少水泥中熟料用量，增加矿物掺合料的比例，进一步提高工业废渣使用量。

进一步加大环境保护力度，强化污染治理，推行清洁生产，实现水泥粉尘和烟尘的达标排放。重点突破水泥窑处置城市垃圾、工业废渣及可燃废弃物的技术开发和应用。全面推广新型干法水泥生产线纯低温余热发电技术，提高水泥企业能源利用效率。

（二）布局

在石灰石资源丰富、交通便利的地区，集中建设大型水泥熟料基地，提高熟料供应能力；在消费市场分散配套粉磨站。

新型干法水泥熟料生产线及其配套粉磨站的建设应以原有的水泥企业改造为主，外行业新进入的企业申报新型干法水泥熟料项目不予批复。

济南、青岛、烟台、潍坊、威海和日照等市，不再批复新型干法水泥熟料项目。

四、政策措施

（一）认真落实产业政策，严格投资项目管理

按照《水泥工业产业发展政策》（国家发改委令第50号）、《国家发展改革委关于印发水泥工业发展专项规划的通知》（发改工业〔2006〕2222号）、《国家发展改革委等八部门印发关于加快水泥工业结构调整的若干意见的通知》（发改运行〔2006〕609号）要求，切实加强项目管理，遏制水泥工业无序盲目发展。严格落实工艺、规模、等量淘汰、环评、安评、能评、资源、土地、资金等准入条件，把好核准关。未经核准的水泥项目一律不得建设，凡自行建设的，政府投资主管部门要责令其关停。严格控制不具备发展条件的企业盲目扩大生产能力，禁止不顾能源、资源、环境、市场等约束条件的低水平重复建设。

（二）加大技术改造力度，促进产业结构调整升级

鼓励现有企业加强技术改造，发展大型新型干法水泥工艺。鼓励大企业采用先进的技术和设备将小企业改造为水泥粉磨站，鼓励推广矿渣微粉细磨技术。大力发展散装水泥，积极发展预拌混凝土。鼓励企业实施改善品种、提高质量、节能降耗、环境保护等方面的技术改造。采取上大关小、等量淘汰、补贴及赎买等方式，加快淘汰一批落后生产能力，改善环境质量，缓解能源、资源压力，实现水泥工业的可持续发展。

（三）建立技术创新平台，提高研发能力

加快技术进步，鼓励并支持水泥企业建立技术研发中心，支持具备条件的科研设计单位和高等院校建立开发行业共性、关键性技术的研究中心。鼓励引进消化吸收先进的技术和装备，通过技术创新，提高研发能力，提高我省重大水泥技术装备的设计、制造水平，缩小与世界先进水平的差距。

（四）着力发展循环经济，推进节能环保

鼓励支持企业发展循环经济，推广应用新型干法旋窑系统废气余热回收利用、纯低温废气余热发电等技术。鼓励和支持利用在大城市或中心城市附近大型水泥厂的新型干法水泥窑处置工业废弃物、污泥和生活垃圾，把水泥工厂同时作为处理固体废物综合利用的企业。支持企业采取有效措施，减少大气污染物排放，降低环境污染，节能降耗，综合利用工业废渣，积极利用低品位原燃材料，提高资源利用率，鼓励水泥企业走资源节约道路，达到清洁生产技术规范要求。

（五）拓宽融资渠道，强化集团带动

鼓励大型优势水泥企业集团，充分运用银行贷款、股票上市、债券、民间资本等融资方式筹募资金，兼并重组现有水泥企业，淘汰落后，适度发展新型干法水泥，以增量投入带动存量优化，加快我省水泥工业结构优化升级。

（六）加强行业管理，充分发挥行业协会作用

建立健全水泥行业协会，重视发挥其在规划引导、标准制定、市场开拓、信息交流、技术服务等方面的作用，推动水泥工业调整振兴指导意见的实施。沟通联系广大水泥企业，发挥协会组织的政策和信息引导作用，对企业投资、生产与市场供求进行及时引导、监测和预警，创建良好环境和氛围。

★山东省人民政府办公厅2009年5月18日发布的39号文。

广东省

Guangdong Province

关于印发梅州市水泥产业发展规划（2009年修订本）的通知★

Circular about printing and distributing cement industry development plan of Meizhou City（revision 2009）

各县（市、区）人民政府，市府直属和中央、省属驻梅有关单位：

《梅州市水泥产业发展规划（2009年修订本）》业经市人民政府同意，现印发给你们，请按照实施。

梅州市人民政府办公室

二〇〇九年十二月二十二日

梅州市水泥产业发展规划

（2009年修订本）

一、修订背景

2007年梅州市委托广东省水泥工业协会制订了《梅州市水泥产业发展规划》。该《规划》在指导本市调整优化水泥产业结构，做强做大水泥产业方面，起到了非常重要的作用。近几年来，随着国家、省有关水泥产业发展政策的调整变化，加大了落后产能的退出力度；梅州市委、市政府结合我市石灰石资源丰富，落后水泥产能比重过高（达71%），亟需大力提高新型干法水泥比重的实际情况，提出了以塔牌为龙头，以蕉岭为基地，打造年产熟料2 000万吨广东水泥生产基地的发展战略和目标。因此，有必要对梅州市的水泥产业发展规划作重新修编。

（一）适应国家、省水泥产业政策调整变化的需要

从结构调整政策来看，今后国家和省将重点支持在有资源的地区建设日产5 000吨以上新型干法水泥生产线，加快淘汰现有立窑以及其他落后工艺，禁止新建、扩建机立窑、干法中空窑、立波尔窑和湿法窑水泥项目；新建水泥熟料生产线项目必须有可开采30年以上石灰石矿山资源保证，规范设计，合理开采，提高资源利用率；严格水泥项目用地预审、环境评价和生产许可证管理，提高行业准入门槛；加强水泥使用、资源开采和环保监督的管理，推进清洁生产、资源节约和综合利用，改善生态环境。此外，省环保局粤环函〔2008〕1216号文件明确要求：自2009年7月1日起，凡本地区未编制水泥工业发展规划以及规划环评未经审查，省环保行政主管部门将暂缓受理该区域单个水泥熟料建设项目的环境影响报告书的报批；对未纳入本地区水泥工业发展规划的水泥熟料建设项目，将不受理其环境影响报告书。

从省的规划布局来看，省根据各市的经济发展状况、市场需求、资源分布和交通运输条件，未来广东省的水泥工业将以粤北（清远、韶关）、粤西（云浮、肇庆山区）、粤东（梅州、惠州山区、河源）三大基地为发展重点。同时，要配合全省经济发展战略的调整，加快水泥工业由经济发达的珠江三角洲地区向经济欠发达的东西北山区转移，促进全省经济的均衡发展。粤东地区（惠州、河源、梅州、汕头、汕尾、潮州、揭阳等市）的石灰石资源主要分布在梅州市、河源市和惠州市山区，已详查资源量占全省总量的19.3%。该地区应进一步加强资源地质勘探工作，加快新型干法水泥项目的建设，尽快形成“粤东水泥生产基地”，有计划淘汰落后水泥产能。2010年“粤东水泥生产基地”新型干法水泥熟料生产能力达到1 800万吨左右，占全省新型干法水泥熟料比重25.70%；

2015 年新型干法水泥熟料生产能力达到 2 500 万吨左右，占全省比重 24.99%，全省落后水泥产能基本全部淘汰。

从总体发展趋势来看，水泥工业作为基础性材料行业，随着国家、广东国民经济的平稳较快增长，必将产生进一步的需求增长。广东是水泥消费大省。2007 年全省共消费水泥约 11 500 万吨，85% 以上是本省水泥企业所生产。不足部分由广西、江西等周边省区补充；水泥消费主要集中在经济发达的珠江三角洲地区，约占全省总消费量的 70% 以上。产品结构主要以 32.5 等级及以下的普通硅酸盐水泥为主，占总消费量的 60% 左右。2008 年全省共消耗水泥约 11 000 万吨，约占全国总消费量的 8.5%，其中有近 1 500 万吨水泥由广西、江西等周边省供应，本省的水泥企业的自给率约占市场容量的 80%。水泥消费主要集中在经济发达的珠江三角洲地区，约占全省总消费量的 60% 左右。产品结构主要以 32.5 等级及以下的通用硅酸盐水泥为主，占总消费量的 70% 左右。

《珠三角地区改革发展规划纲要》明确提出：实施改造提升、名牌带动、以质取胜、转型升级战略，做优包括建材行业在内的优势传统产业，提高产业集中度，提升产品质量，增强整体竞争力，为我市加快水泥产业结构调整、提高产业集中度、做大做强水泥产业指明了方向。

根据《广东省国民经济和社会发展第十一个五年计划纲要》，2010 年全省人均国内生产总值比 2000 年翻一番，全省进入宽裕型小康社会；珠江三角洲率先基本实现社会主义现代化，东西两翼发展进入快速增长期，山区发展迈上新台阶。以 1990 年以来全省水泥消费量、主要国民经济统计指标为依据，同时根据《广东省国民经济和社会性发展“十一五”规划纲要》提出的目标，预计 2010 年全省水泥需求量达到 1.25 亿吨，2015 年达到 1.50 亿吨。

（二）适应梅州市推动绿色崛起，实现科学发展的需要

近年来，市委确定了“推动绿色崛起、实现科学发展”的战略思路，提出以经济崛起为核心，以“宜居带动宜业、宜业提升宜居”为突破口，以建设广东的“生态、文化、平安名城和绿色现代产业基地”为目标定位，加快推动梅州在青山绿水中异军突起、跨越发展。这是梅州市进一步解放思想、深入实践科学发展观、勇担全省山区市探索科学发展道路历史重任的战略选择。水泥产业是梅州市的传统产业，也是支柱产业，在新的形势下，梅州市水泥产业如何抢抓国家保增长、扩内需、调结构和省调整水泥产业布局的新机遇，进一步推动水泥产业升级壮大，对于推动工业崛起，具有非常重要的意义。

（三）适应梅州市水泥产业结构调整和产业发展的迫切需要

梅州市新型干法水泥比重低，发展速度慢。2008 年与 2007 年相比，由于梅州市新型干法水泥没有新项目投产，新型干法所占比例仍为 29%，而全省新型干法所占比例从 2007 年平均水平 34.6% 上升到 2008 年 43%。全省在（拟）建新型干法生产线 35 条，熟料生产能力 5 243 万吨，其中梅州市只有 5 条共 660 万吨，梅州市新型干法发展速度远低于全省水平，产业结构调整严重滞后。因此，梅州市新上新型干法项目显得非常迫切。目前旋窑生产能力只有 495 万吨，加上正在申报的“塔牌”2 条年产 300 万吨，在建的宁江 1 条 120 万吨生产线、油坑 1 条年产 150 万吨生产线，旋窑生产能力总量仅有 1 065 万吨，要实现市委、市政府提出的打造 2 000万吨水泥生产基地的目标任务，新上新型干法项目显得非常迫切，任务繁重。

二、现状和机遇

梅州市是全省三大水泥生产基地之一，水泥生产时间较长。“八五”以来，梅州市水泥生产得到快速发展，在全省率先建立新型干法水泥生产线。特别是实施“十一五”规划以来，水泥产业不断发展壮大，从传统产业发展成为我市六大支柱产业之一，在工业经济中占有重要地位，对梅州市经济社会发展作出了重要贡献。据统计，“十五 ”期间，梅州市水泥产量由2 000年的 806 万吨提高到 2005 年的1 125万吨（规模以上），平均年增长率 6.9%。2007 年全市水泥实际产量 1 320万吨，2008 年全市水泥实际产量 1 308 万吨。“十五”以来，我市水泥产业实现总产值 219.06 亿元、上缴税收 13.35 亿元、解决就业岗位 1.63 万个。全市现有水泥企业 75 家，总生产能力 1 752 万吨，其中旋窑水泥企业 7 家，生产能力 495 万吨，占 29%；立窑水泥企业生产能力 1 257 万吨，占 71%。2008 年全市水泥实现工业总产值 41.8 亿元，占全市规模以上工业总产值的 12.5%。

梅州市虽然是广东省水泥工业重要基地，但不是水泥工业的强市。梅州水泥工业经过多年的发展，虽形成了一定的规模，但也存在一些不足和薄弱环节。主要表现为：

一是立窑比重大，装备水平低。目前全市水泥总生产能力 1 752 万吨，其中立窑仍占 71%，落后的立窑工艺仍是梅州市水泥生产的主体。

二是生产成本重，经济效益低。梅州市水泥平均销售利润率仅为 0.55%，远低于全省 1.94% 的平均水平，同时水泥企业亏损面 69%，高于全省 45% 的平均水平。

三是企业规模小，技术含量低。梅州市水泥企业平均产能仅 23.36 万吨，远低于全国、全省的平均水平，同时水泥产品品种单一、等级不高，自主知识产权的产品少。

四是环境污染大，能源消耗高。由于立窑比重大，环保投入不足，污染环境、能耗高的问题较为突出。

五是运输成本大，市场空间窄。梅州市本地的水泥市场容量小，1 300 多万吨水泥 80% 以上要销往周边地区，受制于区位条件、销售成本及周边地区水泥企业竞争压力，梅州市水泥产业在外拓市场等方面仍面临较大挑战。

随着国家产业结构调整不断深入，淘汰落后水泥产能的力度不断加大，梅州市大部分水泥企业面临淘汰关闭的生存压力。从辩证角度看，目前梅州水泥产业正处于转折点，也面临难得的发展机遇。

（一）国家产业政策为梅州市水泥产业升级壮大带来了新的契机

根据国家相关产业政策，立窑水泥已禁止进入高速公路、机场、港口、桥梁、涵洞等重点建设工程和建筑物结构工程。对此我们可以通过"腾笼换鸟"的思路，在淘汰落后立窑水泥生产能力的同时，积极组织企业通过技改，新上一批先进的新型干法旋窑项目，推动我市水泥产业实现结构升级。

（二）国际金融危机为我市水泥产业升级壮大创造了难得机遇

为应对世界性的金融危机，各国纷纷出台救市方案政策。去年底，我国政府出台了4万亿救市方案和十项扩大内需的措施。其中水泥行业是国家加大基建投资拉动内需政策的最受益行业之一，水泥主要用于基础设施建设、新农村建设和房地产，所占比例分别在40%、35%和25%，虽然对2009年经济增速预期悲观，但交通部酝酿的5万亿元交通基础建设以及国务院确定的4万亿元投资预算，对基础设施和新农村建设形成对水泥产业相对乐观的预期。为此，我们要抓住国家扩大内需的契机，快速推进水泥产业的结构调整和产业升级。

（三）推动绿色崛起为梅州市水泥产业升级壮大指明了正确方向

梅州市在实践"推动绿色崛起、实现科学发展"的战略发展思路过程中，提出了"构建绿色现代产业体系，提升发展竞争力"的工业产业发展要求，为我们淘汰污染大、能耗大、效益差的立窑企业，扶持一批优势企业做强做大，实现产业升级指明了方向。

（四）深厚的产业底蕴为我市水泥产业升级壮大奠定了坚实基础

梅州市水泥生产历史悠久，拥有较为丰富的石灰石资源（据调查，梅州市水泥用石灰石资源总量为50.45亿吨，其中探明储量达8.21亿吨，预测储量为42.24亿吨），具有发展水泥产业的得天独厚优势，几十年来发展水泥产业积累了丰富的市场经验和雄厚的资本，涌现出一批知名品牌和龙头骨干企业，并培育了一大批产业专家和技术工人，也使我市民众有一份深深的水泥情结，形成了一种水泥产业文化。深厚的产业底蕴助力我市在国家产业结构调整过程中顺利完成产业结构调整和升级。

三、发展目标

根据全省水泥工业结构调整实施意见精神和我市水泥工业的现状及发展趋势，加快全市新型干法水泥项目的建设，争取到2015年，全市水泥熟料生产能力达到2 085万吨，采用先进生产工艺的水泥比重达100%，年产量超1 000万吨的企业1家，全市水泥粉磨总产能达到3 045万吨。

四、发展原则

全市水泥产业总体发展战略是：以塔牌集团为龙头，以蕉岭县为基地，以实现年产熟料2 000万吨为目标，采取"先建后淘汰，边建边淘汰"的方式，把我市建设成为广东水泥生产基地。

（一）坚持品牌带动，打造区域品牌

整合蕉岭乃至全市的优势资源，打造在全省、全国叫得响的区域品牌。以培育"塔牌"品牌为重点，通过新建方式及战略合作方式，即符合当前水泥产业政策要求的水泥企业通过相互参股、控股或者委托经营等各种方式，实现统一管理、统一采购、统一销售等合作方式，互利互惠、双方或多方共赢，推进实施战略合作，以提高我市水泥产业集中度，推动水泥企业向集团化、大型化、现代化方向发展，逐步实现集约化经营和资源的合理配置，提高全市水泥产业的综合竞争能力。

（二）坚持合理利用资源，实现资源最佳配置

建设大中型水泥项目必须有可靠的资源保障。新建水泥生产线必须有可开采30年以上的石灰石矿山资源保证，规范设计，合理开采。重视资源综合利用，鼓励企业利用低品位原、燃材料、工业废渣、污泥等进行水泥生产，发展循环经济。新建水泥熟料项目必须采用纯低温废气余热发电，提高资源利用率，减轻环境负担。蕉岭县、梅县和平远县要按照"谁投资谁受益"的原则，尽快完成石灰石等水泥生产主要原材料的详查工作。蕉岭县要制订本县水泥原料资源整合分配方案，并优先确保"塔牌"等大企业的资源需求。

（三）坚持技术进步，提高行业竞争力

支持企业利用先进适用的技术、工艺、装备，建设环保和节能型的水泥产业。支持企业在有资源、交通运输和环境保护等条件适宜的地方建设日产熟料5 000吨及以上的大型新型干法水泥生产线，合理规划布局年产水泥100万吨及以上的大型粉磨站；禁止新建、扩建和改建任何落后工艺的水泥生产能力。

（四）坚持合理布局，保护生态环境

水泥工业的发展要综合考虑当地的经济发展水平以及资源、交通和环境容量等因素，做到合理规划，科学有序发展。现省规划并重点扶持发展粤北、粤西、粤东"三大水泥生产基地"，并将梅州市作为粤东基地的重要组成部分。要按照省经贸委《印发关于加快广东省水泥工业结构调整的实施意见的通知》(粤经贸工业〔2008〕700 号)文件精神,坚持合理布局,新建、扩建项目要求建设在石灰石资源富集的地区,禁止在城镇规划区内、自然保护区内、名胜风景区内、旅游区内、水源保护区内等敏感区域建设水泥项目。

(五)坚持等量淘汰,优化产业结构

坚持"发展和淘汰"并重齐抓,以调整产业结构为主线,在发展新型干法水泥的同时,加快淘汰落后水泥产能。必须坚持"上大压小、等量淘汰"的原则,新建项目企业或所在地政府要按照项目建设规模,必须先承诺等量淘汰落后水泥产能(辖区内落后水泥产能已全部淘汰退出者除外),并采取可操作的保障措施。对已承诺淘汰未能兑现的地区水泥建设项目暂缓报批。

五、产业布局

根据全市水泥产业总体发展战略,全市等量淘汰落后水泥产能后的新上项目指标优先安排在蕉岭县,除蕉岭县外,原则上不在其他县(市、区)布点新上水泥生产项目。但考虑历史原因,梅县和平远县可分别在梅雁实业投资股份公司年产 150 万吨新型干法旋窑熟料项目、宁江集团年产 120 万吨新型干法旋窑熟料项目建成投产,所有落后水泥产能全部淘汰退出后,在经过资源普查,确定有可开采 30 年以上石灰石资源保障的前提下,在本县等量淘汰指标内,采取战略合作的方式向市政府申报新上一条水泥生产线建设项目。具体发展规划布局是:

水泥熟料产能规划布局:至 2015 年,全市水泥熟料生产能力将达 2 085 万吨,其中:蕉岭县 1 380 万吨、梅县 435 万吨、平远县 240 万吨、兴宁市 30 万吨。具体包括:(1)现有 7 条生产线 495 万吨。(2)在建项目:"平远宁江"120 万吨、"蕉岭油坑"150 万吨。(3)正在申报项目:"塔牌"300 万吨、梅雁集团 150 万吨。(4)规划申报项目:蕉岭县境内 4 条 600 万吨、梅县境内 150 万吨、平远县境内 120 万吨。

水泥粉磨产能规划布局:至 2015 年,全市水泥粉磨总产能为 3 045 万吨,其中:(一)独立粉磨站规划产能为 1 160 万吨,其中:梅县 570 万吨、兴宁市 120 万吨、梅江区 120 万吨、五华县 100 万吨、大埔县 100 万吨、蕉岭县 90 万吨、平远县 60 万吨。具体包括:(1)现有独立粉磨站 9 个,产能 530 万吨。(2)在建的立窑转产粉磨站 4 个,产能 370 万吨。(3)本着靠近市场的原则,充分利用现有立窑配套的粉磨设备设施条件,在五华县、大埔县、平远县规划建设粉磨站,产能分别为 100 万吨、100 万吨和 60 万吨。(二)旋窑配套粉磨产能为 1 885 万吨,包括:保留现有旋窑配套粉磨产能,总产能为 273 万吨;新上新型干法水泥生产线项目本地配套粉磨产能 1 612万吨。(三)现有立窑粉磨产能在淘汰立窑产能时,同时淘汰其配套的粉磨产能。

六、措施建议

(一)加强领导,成立机构

为加强对水泥产业发展工作的领导,成立梅州市水泥产业发展工作领导小组及下设办公室,由市经贸局牵头,以蕉岭县为主,发改、财政、环保、国土、物价、中小企业、供电等相关部门指定专人参与,定期召开会议,明确工作职责,切实加快水泥产业发展。

(二)做好规划环评,严格项目核准

根据环境保护有关法律、法规的规定和省环保局有关文件精神,自 2009 年 7 月 1 日起,新上水泥生产项目的审批必须同时报送本地区水泥发展规划的环评,因此要抓紧做好梅州市水泥产业发展规划环评工作。对于新建水泥熟料项目,要坚持有可开采 30 年以上的石灰石资源保障及"上大压小、等量淘汰"的原则。新建项目企业或所在地政府要按照项目规模承诺淘汰等量落后水泥产能,在项目建成同时要拆除已承诺的落后水泥生产能力装备;对达不到淘汰落后生产能力目标的地区,一律不予核准新建(技改)水泥项目。

(三)加强水泥矿山资源管理

做好全市石灰石矿山资源调查和勘探,进一步摸清现有可用储量,向省争取调整规划,增加粤东基地水泥产能总指标,为梅州新上项目创造发展空间;合理开发利用石灰石矿产资源,加强石灰石矿产资源管理和建设项目审批,科学规范开采矿山。做好矿山专项整治工作,坚决取缔无证开采的矿山企业,关停不规范开采的小矿山,并抓好矿山自然生态环境治理工作。

(四)建立退出激励机制,加快落后产能退出

各地政府和部门要认真贯彻执行省政府办公厅《关于印发广东省淘汰落后水泥产能实施方案的通知》(粤府办〔2008〕5 号)和市政府办公室《关于印发梅州市淘汰落后水泥产能实施方案的通知》(梅市府办〔2008〕30 号)精神,结合当地实际和部门职责,研究制订三年内淘汰落后水泥生产能力的具体实施方案和激励政策措施。各县(市、区)政府应认真落实省财政补贴政策,积极创造条件多渠道筹集专项资金,适当补贴属国家产业政策限制的水泥企业关闭或转产,确保该项工作稳妥开展。

鼓励大型水泥集团积极配合政府做好立窑水泥企业退出工作,承担发展过程中的部分风险,主动购买部分落后生产能力的市场份额或交付一定份额资金给当地政府作为落后产能退出基金,确保当地经济协调发展。

(五)支持龙头骨干企业加快发展,提高生产集中度

按照扶优扶强的原则,重点支持龙头骨干企业在资源富集地区(包括:石灰石、粘土、铁粉等生产材料)建设大型新型干法水泥生产线。市政府相关部门在项目核准、土地审批、资源审批、贷款投放、电力供应等方面优先给予支持，加快企业发展壮大，增强其在区域市场的影响力，打造区域优势品牌。同时支持企业向规模化、集团化方向发展，通过强强联合、兼并重组、互相持股等方式进行战略合作，提高水泥生产集中度。

（六）发挥行业协会作用，加强行业自律

充分发挥行业协会在企业与政府间的桥梁作用及咨询参谋和行业自律作用，支持建立和完善有关水泥行业信息的定期发布制度和行业预警制度，引导投资方向。此外，行业协会应结合本规划的要求，积极开创新的产业服务模式，在参与行业规划、政策研究、标准制定、技术咨询、项目论证、价格协调、人才培训等方面充分发挥作用，促进我市水泥工业持续健康发展。

★梅州市人民政府办公室2009年12月22日发布的梅市府办〔2009〕101号文。

重庆市

Chongqing City

重庆市人民政府办公厅 关于下达2009年度节能降耗目标任务的通知★

Circular of Office of Chongqing Municipal People's Government about distributing the energy saving and consumption reduction target task in 2009

各区县（自治县）人民政府，市政府有关部门，有关单位：

为全面贯彻科学发展观，落实资源节约基本国策，确保实现“十一五”期间万元GDP能耗降低20%以上的目标，根据《重庆市第十一个五年节约能源规划》，结合2008年重庆市节能目标完成情况，以及“十一五”前三年累计完成进度，市节约能源办公室牵头对2009年各区县（自治县）和重庆市重点用能企业节能降耗目标任务进行了分解，经市政府同意，现印发给你们，请遵照执行。

附件：1. 2009年区县（自治县）节能目标任务分解表

2. 2009年重庆市重点用能水泥企业节能目标任务分解表

附件1：

2009年区县（自治县）节能目标任务分解表

序号	区县（自治县）	“十一五”前三年万元GDP能耗目标累计完成进度	2008年万元GDP能耗基数（吨标准煤/万元）	2009年万元GDP能耗目标（吨标准煤/万元）	比2008年下降率目标
一	一小时经济圈				
1	渝中区	40.22%	0.399	0.38	4.4%
2	九龙坡区	71.98%	0.998	0.95	4.4%
3	渝北区	75.86%	0.773	0.74	4.4%
4	大渡口区	48.47%	3.551	3.37	5.2%
5	沙坪坝区	76.94%	1.004	0.96	4.4%
6	北碚区	67.41%	1.582	1.51	4.7%
7	南岸区	55.46%	0.983	0.93	5.0%
8	江北区	61.13%	0.976	0.93	4.8%
9	巴南区	82.40%	0.968	0.93	4.4%

续 表

序号	区县（自治县）	“十一五”前三年万元GDP能耗目标累计完成进度	2008年万元GDP能耗基数（吨标准煤/万元）	2009年万元GDP能耗目标（吨标准煤/万元）	比2008年下降率目标
10	涪陵区	57.60%	1.610	1.53	4.9%
11	合川区	28.77%	1.278	1.21	5.2%
12	江津区	63.97%	2.523	2.40	4.7%
13	长寿区	58.95%	2.669	2.55	4.5%
14	永川区	57.75%	1.093	1.04	4.8%
15	万盛区	-39.02%	3.662	3.49	4.7%
16	双桥区	61.88%	1.440	1.37	4.7%
17	大足县	57.14%	0.856	0.81	5.0%
18	璧山县	67.61%	1.170	1.12	4.7%
19	南川区	66.23%	1.560	1.49	4.7%
20	綦江县	58.10%	1.061	1.01	4.8%
21	铜梁县	56.85%	0.849	0.81	5.0%
22	荣昌县	59.97%	2.138	2.04	4.7%
23	潼南县	63.36%	0.832	0.79	4.7%
二	渝东北地区				
1	万州区	56.09%	1.272	1.21	4.9%
2	梁平县	59.41%	0.967	0.92	4.7%
3	城口县	58.76%	2.759	2.62	5.0%
4	丰都县	52.56%	0.766	0.73	4.4%
5	垫江县	60.13%	0.853	0.81	4.7%
6	忠县	62.79%	0.848	0.81	4.7%
7	开县	67.75%	2.102	2.00	4.7%
8	云阳县	65.40%	0.890	0.85	4.7%
9	奉节县	60.75%	0.875	0.83	4.7%
10	巫山县	38.72%	1.108	1.06	4.7%
11	巫溪县	62.41%	1.172	1.12	4.7%
三	渝东南地区				
1	黔江区	36.30%	0.963	0.92	4.8%
2	武隆县	15.25%	1.159	1.10	5.1%
3	石柱县	63.82%	0.989	0.94	4.7%
4	秀山县	33.96%	2.464	2.34	5.1%
5	酉阳县	59.09%	1.280	1.22	4.7%
6	彭水县	83.55%	1.026	1.00	3.0%

附件2：

2009年重庆市重点用能水泥企业节能目标任务分解表

序号	企业名称	节能量(吨标准煤)
1	重庆拉法基水泥有限公司	4 000
2	重庆小南海水泥厂	4 000
3	重庆永荣青鹏煤业有限公司	3 000
4	重庆市嘉南水泥制造有限公司	3 000
5	重庆市巨立水泥有限责任公司	3 000
6	重庆市万州科华水泥有限公司	4 000
7	重庆润江水泥有限公司	4 000
8	彭水县茂田能源开发有限公司	3 000
9	重庆金江水泥有限公司	4 000
10	石柱土家族自治县方斗山水泥有限公司(重庆永荣茶园煤建公司)	2 000
11	重庆三磊水泥有限公司	2 000
12	重庆弘扬建材集团	3 000
13	重庆腾辉特种水泥有限公司	8 000
14	重庆腾辉地维水泥有限公司	12 000
15	重庆富皇水泥(集团)有限公司	4 000
16	重庆市富丰水泥集团有限公司	15 000
17	重庆天助水泥有限公司	6 000
合计	17户水泥企业	84 000,占全市8.4%

★重庆市人民政府办公厅2009年8月25日发布的渝办发〔2009〕275号文。

宁夏回族自治区

Ningxia Hui Autonomous Region

关于进一步加强水泥产品质量管理的紧急通知★

Urgent circular about further strengthening cement product quality management

各会员水泥企业：

近年来，随着全区经济建设高速增长，重点工程提速，基础设施建设投入加大，城镇化进程有力推进，以及新农村建设的全面展开，宁夏水泥行业迎来了前所未有的大好局面和发展机遇。水泥市场需求旺盛，水泥企业产销两旺，价格一路攀升。在市场的强劲推动和刺激下，我区水泥行业步入高速发展时期。新的生产线不断投入建设，2009年已有3条日产2 500吨新线投产，到2010年还将陆续有4～6条新线建成。在大好形势和高速发展面前，我们应当冷静地看到，虽然，目前全区出厂水泥质量总体是好的，抽检中未发现不合格水泥出厂，但存在水泥生产中超量掺加混合材，水泥强度富裕量不足，不遵守水泥企业质量管理规程等诸多问题，应引起我们的警觉。鉴于目前区内外建筑工程质量事故屡有发生，更加告诫我们必须要高度重视和进一步加强水泥产品质量管理工作。从而以优良的产品质量保障宁夏各项建设事业的顺利推进，保障我区经济的持续增长，为此，特作如下紧急通知：

一、各水泥企业一定要进一步强化产品质量意识，始终牢记“质量是企业的生命线”，企业各级领导在抓生产和发展的各个环节中，坚持树立“质量第一”的原则。

二、严格执行国家关于水泥生产的各项质量管理规定，落实行业规章，不断建立和修订内部质量管理体系和规章制度，认真加以落实，不断深化内部质量管理工作。

三、不断加大投入，增加和完善化验室工作条件，增加和培训化验室技术人员，提高水泥质量检测和质量控制水平，严格按照国家水泥新标准进行检验，并经常开展群众性质量管理活动。

四、各企业在生产过程中，不能为了降低生产成本，超量掺加混合材，更不能违背国家标准掺加不允许掺加的废渣，确保水泥富裕强度符合有关要求。在使用盐类助磨剂时，绝不容许超出国家标准规定限量（≤0.5%）。

五、认真做好企业质量管理的基础性工作，严格按照“水泥企业质量管理规程”的要求，确保生产过程在受控状态下进行，做到各种原始记录及分类台帐齐全，填写清楚，保存完好。坚决杜绝先出厂后检验现象，确保水泥合格安全出厂。

六、在加快结构调整，产业升级，发展新型干法水泥的进程中，淘汰立窑等落后水泥生产能力，提升水泥产品质量上水平。

七、坚持“用户就是上帝”，热忱为用户服务，经常进行回访，并为他们介绍水泥运输、储存、使用等方面的注意事项。

八、协会将加强质量宣传和先进质量管理办法、经验的推广工作，开展重质量、讲诚信、树品牌活动，积极配合政府主管部门、质量监督部门开展水泥产品质量调查、监管，防止不合格产品进入市场。

各会员企业接此通知后，应认真开展一次质量管理和化验室工作的全面检查。协会也将会同政府有关部门以及宁夏建材质检站对全区水泥企业进行抽查，发现问题，帮助整改，对严重质量问题将给予通报批评。

★宁夏水泥工业协会2009年7月6日发布的宁水协字(2009)03号文。

领导关怀

Leader's care

2009年

The Year 2009

吉林省省、市领导出席“亚泰水泥”日产5 000吨熟料生产线投产剪彩仪式

2月20日，长春市2009年重点项目——亚泰水泥日产5000吨熟料生产线投产仪式于亚泰水泥公司举行，省委书记省人大常委会主任王珉、省委副书记、省长韩长赋，省委常委、省委秘书长房俐，省委常委、长春市委书记高广滨等省市领导出席了剪彩仪式，双阳区委书记李长明、区长王明德等也出席了仪式。

“亚泰水泥”年产2 300万吨水泥扩建工程日产5 000吨水泥熟料生产线及配套工程总投资近10亿元，于2007年4月开工建设，该项目的建设投产将新增熟料生产能力170万吨，水泥产能100万吨，余热发电6 840万千瓦时，将进一步提升“亚泰水泥”竞争力和市场占有率，进一步提升“亚泰水泥”在全国行业的10强地位，进一步巩固“亚泰水泥”在东北地区同行业的龙头地位，亚泰集团作为中国500强企业，2008年营业收入150亿元，利税突破7亿元，创造了历史的最好水平。

仪式上，省委书记王珉、省长韩长赋等省、市、区领导为项目投产剪彩。剪彩仪式结束后，省委书记王珉、省长韩长赋等省市区领导还参观了亚泰水泥公司五线生产现场。

世界最大水泥熟料生产基地在芜湖诞生

2月27日，芜湖市举行省“861”行动计划重点工程——“芜湖海螺”三期2条日产12 000吨水泥熟料生产线暨36兆瓦余热发电项目开工庆典。省委书记、省人大常委会主任王金山，省委副书记、省长王三运，省委常委、省委秘书长詹夏来，副省长黄海嵩，省政府秘书长方宁，省直有关部门领导，以及海螺集团董事长、总经理郭文叁，市领导陈树隆、杨敬农、臧国寅、丁祖荣、杨燚等出席开工庆典。

项目正式开工，开启了芜湖建材工业发展史上的新纪元。

王三运在讲话中指出：“作为省“861”行动计划重点工程，“芜湖海螺”三期项目的开工建设，是我省扩内需、保增长的重要举措之一。该项目对于提高企业核心竞争力、加快我省水泥工业结构调整和技术进步，进一步做大做强水泥支柱产业，促进我省经济平稳较快增长具有重要意义。希望企业继续开拓进取，加快项目建设步伐，力争早日竣工投产，在创建国际知名品牌的征程中再创佳绩。”

“海螺”2条日产12 000吨特大型水泥熟料生产线，是目前世界上规模最大、技术最先进的生产线，项目总投资约30亿元。项目以“海螺”多年自主研发和集成创新的经验为基础，选用了当今世界最先进的工艺，各项能耗指标、环保指标均达到国际领先水平，装备国产化率达90%以上，规模经济效益显著。项目建成后，芜湖海螺公司的熟料总产能将突破1 500万吨，余热发电能力将增加到6亿千瓦时，成为当今世界最大的水泥熟料生产基地。

新疆建设兵团党委常委、组织部长刘向松视察青松集团

3月5日，新疆建设兵团党委常委、组织部长刘向松一行莅临青松集团视察工作。

刘部长一行到集团公司新型干法水泥分公司中央控制室查看生产情况，听取集团公司总裁杨万川介绍新型干法水泥分公司建设投产以来的有关情况，对新型干法水泥分公司快速建成投产给予了高度赞扬。

他说：“来到“青松”，总体感觉是发展好、管理好、质量效益好，是一个好企业，“青松”是我们实践科学发展观的一个窗口，看到2008年“青松”取得了新的业绩，并且发展有新的思路，发展战略也符合新疆大的形势，很受鼓舞。”

刘部长强调，越是取得成绩的时候，越要保持清醒的头脑。“青松”对市场还要做深入的分析，市场还要进一步延伸，投资、融资要开辟新的领域，要有新的作为，新产品研发上要有新的突破，要加大对人才和科技的投入。

刘部长希望，“青松”要把发展的目光放得再远一些，在巩固扩大疆内市场的同时，要考虑向疆外、西北乃至全国去发展。

甘肃省省委书记陆浩与中材集团总经理谭仲明会晤中材集团全面推进西部战略

3月27日，甘肃省委书记陆浩在兰州与来访的中材集团总经理谭仲明一行会晤，双方就深化战略合作、全面务实推进投资项目等方面充分交换了意见。

陆浩书记首先欢迎中材集团来甘肃投资建厂，表示当前是加大在甘肃投资的一个好机遇，希望与中材集团进行全面合作。

谭仲明表示，“中材”已计划在甘肃新建多条新型干法水泥生产线，以增加集团在西部的产能和市场控制力，实实在在地建设好在甘肃的所有投资项目。

陆浩书记透露，甘肃将启动民房、危房改造工程，计划数量是200万套，由此将产生2 000万吨的水泥需求。

国家安监局副局长赵铁锤莅临“拉法基瑞安”南山工厂视察工作

3月31日，国家安监局副局长赵铁锤在重庆市政府秘书长王泰来等一行的陪同下，抵达重庆市安全工作模范单位——“拉法基瑞安”南山厂视察工作。

赵铁锤局长在“拉法基瑞安”南山厂实地考察了工厂运营和矿山安全设施，听取了工厂安全制度管理和安全文化建设等情况汇报，对南山厂的安全管理理念和制度给予了高度评价。赵铁锤局长用四句话做了视察总结：“思想重视是关键，双基工作是基础，安全责任落实是灵魂，实现安全发展是目标。”

“拉法基瑞安”作为中国西南建筑材料和水泥领域的领军企业，一直致力于可持续发展并不断将其理念推广，“安全”是其企业文化的重中之重。秉承“拉法基瑞安”企业文化的精髓，南山厂严格执行拉法基集团安全路线图，取得了优异的安全业绩，曾连续1 500天未发生损工时事故，成为业界的安全典范。

河北省省长胡春华到奎山集团调研

4月8日，河北省委副书记、省长胡春华在河北省奎山集团调研时，鼓励企业再接再厉，继续做好节能减排工作；加大产业结构调整力度，加强节能减排工作，实现企业又好又快发展；贯彻落实科学发展观和环境保护两手抓。

在纯低温余热发电工程项目施工现场，奎山集团董事长宋社平向胡省长简要介绍了企业的发展历程，汇报了纯低温余热发电项目和160万吨水泥粉磨生产线技术改造项目的进展情况。胡省长说：“奎山集团经过24年的拼搏，发展到现在的规模，很好。你们是省节能减排‘双三十’重点企业，一定要再接再厉，继续做好节能减排工作，保证完成2009年的任务指标，也希望奎山集团越做越好，能有更大的发展。”

国家安监总局骆琳局长到“北川中联”工地视察安全工作

4月11日上午，国务院安委会副主任、安委会办公室主任、国家安监总局党组书记、局长骆琳等一行，在四川省副省长李成云、绵阳市委书记吴靖平、绵阳市副市长刘东和北川县县长经大忠的陪同下，到“北川中联”施工现场考察指导工作。“北川中联”总经理朱长城，副总经理周波、谢健接待了各位来宾。

骆琳局长一行，深入现场工地，查看现场施工安全和详细了解了项目建设进展情况后，骆琳局长对“北川中联”的施工安全工作给予了极高的肯定。他强调，一定要确保安全建设、安全生产，一定要把安全、质量放在首位，全面落实安全生产监督管理制度。要坚持安全第一，用科学发展观统领安全生产工作，强化安全生产管理和监督，为加快推进重建与发展提供强有力的安全保障，对地震灾后重建中的新建项目要认真落实安全设施“三同时”制度，严把安全准入关，防止在施工建设中埋下新的安全隐患。希望“北川中联”加快项目建设，力争早日竣工投产，这既是为灾区重建作贡献，也是企业加快发展、做大做强的需要。

中国建筑材料联合会会长张人为一行莅临安徽瑞泰视察指导工作

4月14日，中国建筑材料联合会会长、中国硅酸盐学会理事长张人为一行莅监“安徽瑞泰”视察指导工作。

张会长一行在“安徽瑞泰”总经理张金龙的陪同下，兴致勃勃地参观了新建的研发中心、自动化生产线以及正在建设中的“安徽瑞泰”二期项目，并听取了张总对“安徽瑞泰”发展规划的介绍。张会长表示“安徽瑞泰”有很大的发展前景，应加快基础建设，继续为耐火行业发展做出贡献。

张人为会长一行参观研究发中心

参观结束后，张会长一行出席了“安徽瑞泰”举办的欢迎会，张会长对“安徽瑞泰”的发展给予了充分的肯定，“瑞泰科技”与宁国耐火材料有限公司的合资实现了优势互补强强联合。他指出：“尽管近年来耐火材料领域取得了长足的进步，但依然制约着建材行业的发展，需要利用循环经济的理念来发展耐火材料行业。水泥余热发电是我国十大节能工程之一，希望公司提供更多质量好、寿命长的耐火材料产品满足水泥余热发电发展的需要。”最后，张会长强调科技无止境，要依靠新技术、新理念、不断研发新产品来推动企业发展！

随张会长一行来“安徽瑞泰”视察指导工作的有中国建

筑材料联合会副会长兼秘书长孙铁石、副秘书长刘建华、行业工作部副主任陈立新等。宁国市委常委、副市长蒋洋陪同视察。

张人为考察海螺集团

4月13～14日，中国建材联合会会长张人为一行在海螺集团公司董事长、总经理、党委书记郭文叁等陪同下到海螺集团考察调研。考察期间，张人为对“海螺”近年来各方面取得的成绩予以高度评价，并就建材行业贯彻落实科学发展观、发展循环经济作了专题讲话。

在座谈会上，张人为说：“海螺集团取得了很大成绩，发展得很好，积累了大量宝贵的改革发展经验，很多成绩都是具有开创性的。胡锦涛总书记视察海螺集团时给予了充分肯定，他说：‘希望“海螺”的同志们继续努力，把“海螺”建成国际知名品牌’。这是我们行业的财富。”

在谈到建材行业如何贯彻落实科学发展观时，张人为强调，一方面要始终坚持在科学发展观的指导下牢牢抓住结构调整主线不放松；另一方面要大力发展循环经济，进一步加强对各类工业废弃物的利用，这是我们当前实践科学发展观的重要途径和节能减排的潜力所在。

四川省省、市领导到四川亚东水泥有限公司调研

4月24日，中共四川省委副书记李崇禧、四川省人民政府副省长黄小祥、成都市委副书记唐川平及省市相关部门领导到四川亚东水泥有限公司进行调研。李崇禧同志一行首先听取了企业负责人对企业目前生产经营情况的介绍，随后又深入生产现场，对企业生产工艺、流程进行了了解，并给予高度的赞扬和鼓动。

黑龙江省省委书记吉炳轩视察“宾州水泥”

5月4日　省委书记吉炳轩在省委、省政府及哈尔滨市委有关领导的陪同下，到哈尔滨市宾西经济开发区的宾州水泥有限公司考察，吉书记对“宾州水泥”2008年生产经营取得的成绩予以肯定，并对该企业的发展规划及日产5 000吨熟料项目（二线）建设表示赞同，同时提出加快转变经济发展方式，发展低碳水泥、绿色水泥，更好地为龙江建设服务。

雷前治会长在青海、甘肃考察调研

5月份，中国水泥协会会长雷前治赴青海、甘肃考察调研。他先后来到青海互助金圆水泥有限公司、甘肃祁连山水泥集团所属青海祁连山水泥有限、永登祁连山水泥有限公司。

在考察调研中，他分别听取了青海互助金圆水泥有限公司、甘肃祁连山水泥集团有限公司、青海祁连山水泥有限、永登祁连山水泥有限公司等公司领导关于企业情况的介绍和发展战略；和各省主管部门、行业协会领导进行了沟通，对行业下一步的发展交换了意见；随后，他深入现场实地考察并参加了青海互助金圆水泥有限公司、甘肃祁连山水泥集团有限公司的相关活动。

四川省省长蒋巨峰考察达州利森水泥公司

5月20日，四川省省委副书记、省长蒋巨峰在达州市委书记、市人大常委会主任李向志，达州市市长何健等的陪同下，专程到达州利森水泥有限公司大竹建设工地考察调研。

蒋巨峰一行在达州利森公司日产4 000吨新型干法水泥生产线施工现场，耐心地询问了工程建设进度、公司发展规划等。公司董事长陈建国及“达州利森”常务副总经理胡志平详细介绍了集团公司的发展情况及项目情况。

蒋巨峰听了汇报后，对达州利森公司锐意进取的精神给予了充分肯定，对达州利森公司为带动当地交通、运输、服务等行业的快速发展、促进地方经济建设做出的贡献表示赞赏，并勉励“利森”人要抓住机遇，加快发展。

四川省省长蒋巨峰考察广能华蓥山水泥公司

5月21日，四川省省委副书记、省长蒋巨峰在省人民政府秘书长、办公厅主任于伟，广安市委书记、市人大常委会主任王建军，广安市市长侯晓春等陪同下，考察了四川省“5·12”汶川大地震灾后重建重点扶持建设项目，四川省、广安市、川煤集团重点工程建设项目——四川省川煤集团广能华蓥山水泥公司年产200万吨新型干法水泥生产线建设现场。

蒋巨峰听取了项目建设进展情况的汇报后，对项目建设进展情况表示满意。当了解到该公司水泥产品十分畅销，利润非常好，设备安装进度快等情况后，蒋巨峰频频点头，连声称赞。

中国建筑材料工业联合会会长张人为、中国企业家协会执行副会长陈光复视察中材国际海外项目

6月30日～7月8日，中国建筑材料联合会会长张人为、中国企业家协会执行副会长陈光复在中材集团董事长谭仲明、中材集团总经理兼“中材国际”董事长刘志江等陪同下，视察了“中材国际”在埃及、沙特和匈牙利的部分海外项目现场。张人为拜访业主，走访我国驻当地商务经参处，了解项目的背景情况，亲切慰问工作生活在海外项目第一线的员工。

“中材国际”分别位于埃及、沙特达曼和匈牙利佩奇的三个项目运营方式各具特色，既有EPC项目，也有EP项目；既有完整的中国技术装备，也有根据业主需要实施本土化分包的模式，充分体现了公司国际化运作的适应性。

张人为在参观后说：“‘中材’的这三个项目业务模式是各有特点，埃及项目是EPC总承包，并进行了较多的当地分包，较好地利用了当地资源。沙特项目是EPC总承包，并主要依靠了自身力量，包括主机设备也大量使用自有设备。匈

牙利这个项目,是设计和供货项目,不负责现场施工,在欧洲国家能单纯靠工程设计和设备供货获得项目不容易,这不仅说明"中材"的业务模式较丰富,也说明"中材"的竞争还是很有技术实力的。中国水泥技术装备能够大规模走向国际并具有较强的竞争力,中材集团做了大量的工作,"中材国际"是行业的先行者。"

谭仲明听后表示,"中材"人能够在水泥工程与技术装备领域取得这样的成绩,首先是技术、人才和经验长期积淀的产物,其次是"中材国际"全体管理层和员工不懈努力的结果。对两位领导亲临现场指导和关心"中材"的发展表示感谢,并表示"中材"人将谨记嘱托,奋发图强,再创佳绩。

安徽省省长王三运赴海螺集团考察调研

2009年8月11~12日,安徽省省长王三运率省有关部门负责人到芜湖,重点围绕"扩内需、保增长、调结构"对企业生产经营、城乡市场消费情况进行深入调研。

8月11日,王三运省长率专题调研组一行到海螺国际会议中心。芜湖市委书记陈树隆、市长杨敬农率等市领导,海螺集团公司董事长、总经理郭文叁率集团公司领导和水泥股份班子成员热情迎接。

12日,王三运在海螺国际会议中心第一会议室主持召开了调研专题座谈会。副省长黄海嵩,省长助理花建慧,省政府副秘书长韦伟、陈翔,省经济和信息化委、省科技厅、省财政厅、省建设厅、省商务厅、人行合肥中心支行、省政府办公厅、省发展改革委等省有关部门领导,芜湖市委、市政府领导,芜湖市各区、县领导参加座谈。郭文叁代表海螺集团出席了会议并发言,奇瑞公司、"新兴铸管"、华亿集团等芜湖企业负责人也出席了会议。

王三运指出:"安徽省委、省政府根据中央转发文件精神,结合对上半年经济形势的综合分析,决定深入基层,有重点的开展调查研究。看了几个企业后确实非常振奋,希望通过座谈更广泛地听取各方对宏观形势的看法和对下一步发展的建议。"

郭文叁首先代表海螺集团全体员工,对王省长及各位领导的到来表示热烈的欢迎和衷心的感谢!郭文叁简要汇报了集团2009年1~7月份集团公司的生产经营情况。水泥各企业抓住扩内需的机遇,充分发挥产能,推进市场整合,提高市场控制力,产销量同比都有较大幅度的增长。在汇报集团公司工程投资情况时,他说,为响应国家扩大内需的号召,今年我们进一步加大了投资力度。在省内,加快了"861"项目的建设进度;同时,为参与中西部地区水泥工业结构调整和四川灾后重建,尽到大企业应尽的社会责任,先后在甘肃、四川、重庆、贵州、陕西等省市规划并建设9条5 000吨生产线项目。

在听取市县区和企业负责同志工作汇报和调研组同志的发言后,王三运重点提出了四点意见要求,他强调:一要进一步增强使命感、紧迫感,抢抓机遇,做大体量;二要把保增长、保后劲的着力点放在项目的落地上;三要始终不渝地推进自主创新,不断增强竞争力。要强化体制机制创新、产业创新、结构调整路径创新,积极转变发展方式,提升经济发展水平;四要全方位、高品位地营造环境,把芜湖建设成宜商、宜游、宜居,在华东地区有影响力的现代化城市。

在芜湖调研期间,王三运省长一行不顾路途辛劳,还参观考察"海螺"科研中心,饶有兴致地观看了《中国"海螺"三十而立》专题片,回顾了总书记视察海螺集团时的盛况和海螺集团的改革发展历程。参观中,王省长对海螺集团重视企业文化建设、丰富员工生活表示充分肯定。

中国建筑材料工业联会会会长
张人为视察"中材建设"、"中材重机"

9月16日,中国建筑材料联合会会长张人为一行,在"中材国际"名誉董事长司国晨,"中材建设"董事长彭建新等陪同下,从北京驱车先后到"中材建设"唐山总部和唐山"中材重机"视察指导工作。

在座谈过程中,张人为会长结合自己在建材行业工作数十年的亲身经历,对改革开放后中国建筑材料工业领域突飞猛进的发展感到自豪和骄傲,并对"中材建设"在水泥工业建设领域国内国际市场所创造的优秀业绩给予充分肯定。张会长一行还参观了"中材重机"各生产车间,在会议室观看了企业宣传片,听取了主要负责人关于企业整体发展情况的工作汇报。对于"中材重机"近年来的迅速发展以及在水泥工程装备制造板块取得的成绩,张会长由衷地表示肯定,并希望公司继续加大力度抓好业务流程管理,拓展更大业绩。

宁夏回族自治区主席王正伟考察"宁夏建材"在建项目

11月2日,宁夏回族自治区主席王正伟在吴忠市、太阳山开发区领导陪同下,考察了宁夏建材集团有限责任公司旗下青铜峡水泥股份有限公司太阳山2条日产2 000吨水泥生产线及配套4.5兆瓦纯低温余热电站项目。宁夏建材董事长王广林,宁夏赛马实业股份有限公司董事长李永进、总经理尹自波介绍了项目投资和进展情况。

听取报告后,王正伟高度评价了"宁夏建材"对太阳山工业园区建设的大力支持。他说,"'宁夏建材'生产的水泥占据了宁夏水泥市场的半壁江山,对宁夏的经济建设做出了突出贡献;建设太阳山工业园区需要大量的水泥,"宁夏建材"在本地投资建厂,不仅是发展壮大企业的明智之举,也是推动太阳山开发区快速建设的基础。"

河南省省长郭庚茂率团莅临"河南瑞泰"

11月3日,中共河南省委副书记、省长郭庚茂率领全省第二次重点项目观摩团莅临河南瑞泰耐火材料科技有限公司视察指导工作。

郭省长首先听取了新郑市市委书记吴忠华关于新郑市经济社会发展情况以及新港产业集聚区规划的荡汇报。重点听取了河南瑞泰耐火材料科技有限公司总经理翟耀杰关于公司运营状况以及未来发展规划的汇报。随后，郭省长深入车间实地察看，详细询问了企业在发展过程中遇到的困难。当了解到“河南瑞泰”积极进行科技创新，被确立为国家“836”计划“环境友好碱性耐火材料”项目的产业化基地，所开发、研制的产品产销两旺的情况后，郭省长对公司蓬勃发展表示满意。接着，郭省长察看了二线建设施工现场，当听生产线建成投产后，河南瑞泰将成为高效、节能、环保的高端碱性耐火材料生产基地时，郭省长对公司运行良好的发展态势以及解决当地劳动力就业为社会做出的巨大贡献给予高度评价。

郭省长深入车间实地察看生产情况。

国家安监总局副局长孙华山到“南方水泥”检查指导

11 月 26 日，国家安全生产监督管理总局副局长孙华山率领总局调研组到南方水泥有限公司检查指导安全生产，调研水泥企业实施安全生产标准化工作，中建材集团公司总经理姚燕陪同。总局三司司长王浩水、四司副司长罗音宇，浙江省安全生产监督管理局局长徐林、副局长董国庆等参加调研。

在当日召开的专题座谈会上，姚燕首先代表集团对孙华山一行莅临中国建材集团所属企业检查指导表示欢迎，并以“建设具有国际竞争力的建材排头兵企业”为题介绍了中国建材集团的发展现状、发展战略和安全生产管理的基本做法；“南方水泥”副董事长姚季鑫、总裁肖家祥分别介绍了“南方水泥”的发展历程、安全生产管理的实施情况以及进一步加强安全工作的思路和举措。

会后，孙华山一行在中国建材集团姚燕总经理和“南方水泥”主要负责人的陪同下驱车前往位于浙江富阳的“南方水泥”成员企业——浙江尖峰登城水泥有限公司进行实地考察。孙华山先后检查了水泥生产线以及中央控制室等现场，详细询问了企业生产流程和开展安全生产工作的情况，对企业采取的安全生产措施表示满意。

随后，调研组一行又听取了“中国建材”所属部分水泥企业安全生产工作的专题汇报。“中联水泥”总经理张金栋，“南方水泥”执行副总裁李树海以及“尖峰登城”总经理刘方权分别汇报了各自企业安全生产管理工作的开展情况。调研组一行还专门观看了中国建材集团为加强信息化管理水平而开发的集团安全管理信息操作系统的演示。

孙华山在实地考察、听取汇报后认为，中国建材集团在生产经营快速发展的同时把安全生产工作作为基础、保障和前提条件，这项工作做得很扎实、很到位。国家安监总局希望中国建材集团这样的具有社会责任感的排头兵企业挑起推行水泥企业安全生产标准化的重任。孙华山指出，“中国建材”的安全生产管理一是要依法依规开展工作，切实落实安全生产企业主体责任。二是要勇于创新，充分发挥行业排头兵的示范作用，为全国水泥企业安全生产、规范管理提供借鉴和参考。三是要高度重视安全管理制度建设，提高安全管理水平，推动水泥企业安全标准化工作。

甘肃省省委书记陆浩访问中材集团

12 月 4 日，甘肃省省委书记陆浩到中材集团总部访问，与中材集团领导举行会谈，对中材集团在甘肃投资项目的扎实和稳健发展表示赞赏，期望中材集团进一步加大在甘肃的投入力度，扩大合作领域，实现双赢。

中材集团董事长谭仲明热情欢迎陆浩一行来访。党委书记于世良，总经理刘志江，“中材股份”总裁周育先，中材科技股份有限公司董事长李新华，甘肃省工业与信息委员会主任李平等参加会谈。

会谈中，谭仲明介绍了中材集团将加快在甘肃等西北地区的水泥及制品、风电、矿业等产业的发展布局。陆浩书记表示，此次来访对中材集团有了更加深入的了解。尽管中材集团进入甘肃的时间比较短，但投资合作的各个项目都在扎实推进并且进展顺利。他特别提到。天水日产 2 500 吨新型干法水泥生产线 2009 年年初开工建设，年底一期即将投产，表明中材集团做事非常实在。陆浩书记希望中材集团进一步加大在甘肃的投入力度，扩大合作领域，将更多高附加值的产业布局到甘肃，与甘肃当地的资源优势结合起来，实现双赢。

中组部部长李源潮视察海螺集团

12 月 20 日，正在安徽考察工作的中央政治局委员、书记处书记、中组部部长李源潮视察了海螺集团。对近年来“海螺”坚持改革发展不动摇，着力推进水泥工业技术进步和结构调整，大力发展循环经济、加大节能减排所做出的突出贡献给予高度评价，称赞“海螺”是“创业创新创优的模范”。

媒体关注及行业热点

Media Focus and Industrial Hotspot

专题·C12 +3 会议

Special topic - C12 +3 conference

2009 年 6 月 17 日，由中国水泥协会、拉法基集团共同举办的中国水泥大型企业领导人圆桌会议（简称 C12 +3 会议）在四川都江堰召开。

C12 +3 即国家重点支持的 12 家全国性大型水泥企业和“拉法基瑞安”、“台湾台泥”、“华润水泥”3 家大型水泥企业。此次 C12 +3 峰会之所以被称作是一次历史性的峰会，因为这是中国水泥发展史上，大型水泥企业领导人首次以圆桌会议的形式，以“水泥企业国际化、可持续发展”为主题，就水泥行业重大问题交换看法的一次小范围、高级别的闭门会议。

C12 +3 峰会是水泥行业一种创新的协商机制，大型水泥企业领导人面对面，友好协商，平等对话，交流探讨大家共同关心的话题，这为当前国际金融危机形势下，加强大型水泥企业之间协商合作，共谋发展开创了先河。C12 +3 峰会作为行业发展新阶段的一个起点，必将在中国水泥发展史的长卷上留下鲜明而具有特色的一页。

圆桌会议的背景资料：

早在 2007 年年底，在中国水泥协会第六届会员代表大会上，雷前治会长明确提出：加强国际交流与合作，努力提高中国水泥行业国际化程度也是协会的一项历史任务。中国水泥产品大量出口，水泥技术及装备已经大举进军国际市场，中国水泥工业走向国际市场条件已经成熟。今后协会的工作重点之一就是着力推进“走出去”国际化战略，增强国际竞争力。具体目标是：培育 2 ~3 家具有国际竞争力的大企业集团进入国际前十强。

2008 年 1 月 11 日，中国水泥协会在北京金隅大厦召开了新春座谈会，其主题就是：中国水泥走向世界。中国水泥产量占世界 40% 以上，中国水泥工业的强大，不仅是总产量的提高和生产工艺的改进，一个重要的方面是在国际市场中确立自己的地位。为此，中国水泥协会策划了中国大型水泥企业领导人圆桌会议，并在会上请我们大企业一起来探讨。

定于 2008 年 5 月下旬在四川都江堰召开，后因四川发生特大型“5·12 地震”而搁置。

圆桌会议形式：

探讨中国水泥如何提高在国际同行中的地位和话语权的问题，以开大会的形式是不易形成共识的，而众多中小企业还不具备国际化的条件。以圆桌会议形式召集国内大型水泥企业领导人参与的小型会议就被确定下来，经过慎重考虑就圈定了重点支持的 12 家大型企业加上“拉法基”、“台泥”、“华润水泥”，被称作“C12 +3 会议”（另外特邀了两家大型央企）共 17 个企业领导圆桌会议就形成了。

会议的主题：

会议主题是“中国水泥走向世界”。圆桌会议形式比较自由，各位企业领导围绕企业国际化和水泥工业可持续发展内容自由研讨。

拉法基集团是全球 500 强中最大的水泥企业，是一个大型的跨国公司，请他们介绍一下企业国际化方面的做法，对研讨企业国际化问题有好处。能当面与跨国公司的老板一起共同交流国际化公司在可持续发展方面的做法，机会难得。为此，中国水泥协会和拉法基集团共同主办第一次圆桌会议。

会议没有通知，只有中国水泥协会雷前治会长和拉法基集团董事长兼首席执行官乐峰（Bruno Lafont）的个人签名的邀请函。雷前治会长是本次 C12 +3 会议的主席。

中国大型水泥企业领导人圆桌会议参会名单：

中国建材联合会会长　张人为

中国水泥协会会长　雷前治

拉法基集团董事长兼首席执行官　乐　峰

中国中材集团董事长　谭仲明

安徽“海螺水泥股份”总经理　任　勇

浙江三狮集团董事长　姚季鑫

河北“冀东水泥”副总经理　李占军

吉林亚泰集团副董事长　徐德复

北京“金隅股份”总裁　姜德义

“红狮控股”董事长　章小华

“拉法基瑞安”首席执行官　姜祥国

“华润水泥”董事长　周俊卿

中国水泥协会副会长秘书长　孔祥忠

“中国建材股份”总裁　曹江林

山东山水集团副总经理　于玉川

湖北“华新水泥”总裁　李叶青

“中联水泥”董事长　崔星太

中国中材集团副总裁　隋玉民

河南天瑞集团董事长　李留法

“祁连山水泥”执行副总裁　许仪纯

“台泥国际”总经理　吴义钦

领导致辞及发言：

中国建材联合会会长张人为致辞

Address By Zhang Renwei, President of China Building Material Coalition

女士们、先生们，大家上午好！

十分感谢雷前治会长和乐峰董事长盛情邀请我参加圆桌会议，我谨代表中国建筑材料联合会向会议致以热烈的祝贺，向海内外各位同仁表示问候。

中国水泥工业的发展进步，对于我国改革开放和经济快速稳定增长意义重大，并将水泥工业国际化提到我们面前。在经济全球化的今天，水泥工业不仅要看国内市场的表现，而且还要放到国际大环境中加以考验。在座的国际大企业坚定的实施走出去战略是做强的必然要求。大家高兴地看到，“中国中材”Sinoma品牌，集研发、工程建设、设备制造于一身，从2007年起至今已经占全球水泥工程建设34%的份额，“海螺”等水泥商品出口在国际贸易中仍然保持着不小的份额。但是我国水泥企业走向国际还有一段路要走，要树立与国际接轨的可持续发展理念，要创国际品牌，要培育干练的从事国际业务的团队。今天，乐峰先生的讲演将对我们会有很大的助益。有国际竞争力的水泥大企业必然会在我们之中脱颖而出。

祝会议圆满成功。谢谢大家。

中国水泥协会会长雷前治：日本废弃物利用的先进经验及我国可借鉴之处

Lei Qianzhi, Chairman of China Cement Association: The advanced experience of Japan in utilizing discarded waste and its reference to our country

尊敬的乐峰先生，水泥界的朋友们、同志们，还有外国的朋友：

大家上午好。

今天我们非常高兴会聚在成都。这次会议可以说在“拉法基”和中国水泥协会秘书处的努力下，已经筹备两年多了。我们的主题就是想把我们水泥行业的这些大企业怎么能组织起来。中国水泥工业走到今天，产量已经占世界的二分之一，出口的水泥基本上占国际市场的40%；中国的水泥技术和装备，已经占到国际市场40%多。虽然中国的大水泥企业已有数家的产量进入了世界前几名，但世界前十强中还没有中国水泥企业，而国际大水泥集团已经有七家进入了中国市场。可见，中国的水泥市场已经国际化，中国的水泥企业如何跟国际接轨，融入国际大市场，已经迫在眉睫。中国的水泥工业走到今天，大企业联手，引领中国水泥工业发展的时代已经到来了。所以现在中国水泥工业国际化的条件已经成熟，我们就想把水泥界的大企业能组织起来，逐步来讨论如何引领中国水泥工业走向国际化，融入国际市场，这是我们会议的一大主题。

“拉法基”在国际上，特别是在循环经济的理念和可持续发展这方面有很多创意，是世界水泥行业的可持续发展组织的主席单位。在前几天的“海螺”会议上交流了“海螺”走新型工业化道路的经验，胡锦涛主席对“海螺”的经验给予了充分的肯定，今天我们到成都，实际上是向“拉法基”学习实践可持续发展的一些理念和做法。可以说，这次会议跟“海螺”的会议是同一个内容两种提法。国内的提法是叫走新型工业化道路，按照国际上的提法就是水泥工业如何走可持续发展这条路，所以今天这个会议，在“海螺”会议的基础上，也是我们学习交流的会议。我们现在坐在一起来讨论我们水泥行业，也仅仅是个开始，还处在一个摸索的阶段。在这次会议上可能要形成两项决议，一个是我们水泥行业的这些巨头们每年举行几次会议共同探讨；第二，对可持续发展也形成一个决议，提交大家讨论的结果。同时也是来向“拉法基”学习，请乐峰先生给我们做一个介绍。

最近，在张人为同志的支持下，我们中国建材联合会、中国水泥协会、还有中国驻日本大使馆经济洽谈处联合组成了考察组对日本进行了考察，收集了比较完整的资料并形成了一份完整报告。

日本社会用循环经济的理论发展经济、建设循环型社会，在这方面取得的成效是非常明显的。我们中国从2003年胡锦涛总书记在“十六大”上提出来，中国也要走循环经济这条道路，要建设循环经济社会，在这方面做了大量的工作，也取得了辉煌的成就。到2008年末，中国水泥工业，每吨水泥利用各种废弃物的水平也达到300千克，但跟日本还有很大的差距。我们业内人士也分析了中国水泥工业走循环经济方面有自身独特的优势，但是实施起来步履非常艰难，问题在什么地方？

我们的调研报告主要是两部分：

一部分是讲日本循环经济和循环社会建设的情况，特别是利用处置工业废弃物方面，他们取得了非常明显的成效。京都议定书签订以后，日本各级政府都明确了责任，制定了一套完整的法律，对于利用工业废弃物、对于工业废弃物的再利用、再循环，做了非常明确的规定。日本把废弃物分为两大类，一类是产业废弃物，还有一类是一般废气物。1990年以后，产业废弃物的排放一般稳定在4亿吨左右，2006年排放量是4.18亿吨，一般废弃物日本做了一个统计，每人每天排放量大致在1.1千克。日本采取了一系列措施以后，废弃物的填埋量大幅减少，产业废弃物的填埋量减少到2006年的2 200万吨，减少了74%；一般废弃物从1997年的1 200万吨，减少到2006年的681万吨，减少了43%。填埋场的数量也快速下降，还有循环利用率迅速提高，产业废弃物再次利用率从1993年的39%稳步上升到2006年的51.4%，一般废弃物的利用率提高到2006年的19.6%。日本利用水泥行业处置废弃物，特殊作用在于它是一个无二次废弃物污染的产生、能得到无害化处理的过程——在1 450摄氏度的高温下，可以削减天然原料的使用，可以削减温室气体的排放量，整个水泥行业为构造地区循环型社会作出了贡献。

另外，国家为鼓励水泥行业利用废弃物，也制定了一系列经济政策，比如政府与企业签订了有长期效率的法律文件、合同，这里面就规定了废弃物处理的价格。由于日本对各种废弃物的价格规定都非常明确，并且价格也都比较高，所以水泥厂利用废弃物的积极性也非常高，2003年每吨水泥利用废弃物是375千克，到2007年已经达到436千克。这当中不仅是利用废弃物，更多的是寻求利用废弃物作为水泥生产的原料和燃料。现在利用城市污泥，例如城市垃圾，以替代水泥的燃料，去年替代率就已经达到38.36%。

为建设循环型社会，应按照循环经济的理念来实现水泥工业的可持续发展。大量利用工业废弃物，特别是利用工业废弃物作为我们生产水泥的原料和燃料，是我们水泥行业节能减排，减少二氧化碳的排放，控制全球气候变暖的一个亮点。对这份报告，针对水泥产业，我们也提出一些政策建议：

一是，建议国家在制定“十二五”水泥发展专项规划以及修订的水泥工业产业政策时，把利用工业废弃物来生产水泥纳入。我们最近在沈阳已经开了第一次会议，大家都非常赞同把这个内容写进去。

二是，就是我们协会前段时间跟财政部、工信部、发改委做了一年多的关于资源综合利用的税收优惠调研工作。这次我们想把税收优惠的项目按照日本的可利用废弃物来进一步扩大，明确将一些废弃物的利用列入优惠政策里面去。

三是，希望科技部能对中国利用废弃物给予一些技术攻关的财政拨款。日本在这方面从2000年到去年，财政对技术攻关的费用可以说补贴得非常高。而中国的废弃物跟国外有很大的差别，直接把国外的技术引进来，直接利用国外的技术可能还有些问题。所以在这方面，建议国家采取引进消化吸收科技攻关，自主开发，走这样一条路来推动中国废弃物的处理工作，希望科技部能给科技攻关给予一些支持。

四是，希望国家对中心城市，比如北京、上海、广州、重庆这些地方能建一些规模在日产5 000吨以上的示范工厂，对这些工厂除补贴攻关费用以外，同时对于贷款能给予贴现。谢谢大家。

拉法基集团董事长兼首席执行官乐峰：“拉法基”可持续发展经验

Lefeng, president and chief executive officer of Lafarge Group: Sustainable development experience of Lafarge

张会长、雷会长，孔秘书长，各位尊敬的来宾，女士们、先生们：

早上好。

今天我非常高兴和大家一起参加这次会议，和各位分享我对水泥行业可持续发展的重要性的认识。我会以双重身份谈这个问题，一个是以水泥可持续发展倡议性组织的名义，一个是以拉法基集团首席执行官的名义。

“拉法基”目前在79个国家从事经营活动，有160多年的历史，对环保和可持续发展问题有坚定的信念和实践。我们的业务在全球多个地区的地理分布，因此，“拉法基”在与所在国家的政府和相关方交流方面积累了丰富的经验；我们的员工和客户来自于许多不同的国家，他们为我们提供了非常宝贵的信息，使我们知道像“拉法基”这样的领军企业应该采取什么样的行动来为全球的可持续发展作出贡献。我今天想和各位在这些经验的基础上分享我对可持续发展问题的一些想法。

首先谈一下我对可持续发展的定义。可持续发展意味着,在不牺牲子孙后代的利益和福祉的情况下,将现在做得最好。这个定义里包括许多内容,并且有不同的方法。我们水泥这个行业在很多方面会产生深刻的生态足迹:比如说二氧化碳排放对环境的影响,水泥企业二氧化碳排放量占全球排放总量的5%。在中国可能占2%到3%;另外一个就是矿山的影响,尽管我们在矿山生态恢复方面已经取得了很大的进步;再有就是对社会的影响,比如安全,与其他行业相比,水泥行业在安全方面起步比较晚,所以我们需要跨出一大步来改变这个状况。和其他行业相比,水泥行业在安全方面做得不是最好的,要在全球取得成功,我们就不能仅仅经营生产活动和销售高质量的产品,还需要把各个利益相关方的关注完全融入到我们全球做法中去。我们全球主要的利益相关方、各国政府、客户、社区以及员工,都期待着我们减少生态足迹,确定步调,树立榜样。

"拉法基"起步比较早,但还是有许多需要改进和提高的地方,我想在此分享拉法基集团及"拉法基瑞安"采取的一些行动和取得的成绩。这些行动很好地证明了我们在全球79个国家实行的政策,也说明了我们认为领军企业为什么需要长期坚定的做法。

"拉法基"是降低二氧化碳排放最早的一家企业,而且我们做了非常坚强的行动,我们的竞争对手也跟随我们这样做。"拉法基"2012年可持续发展目标充分地显示了这一点,它是我们的路线图。我们希望通过这个目标能够使我们的产品最大地增进人类的福祉,同时减少生态的足迹;同时很重要一点,我们需要有挑战性的、可以实现并值得信任的目标。这些目标公开表达了我们所有利益相关方的要求,以及我们必须要作出的承诺。我们作出的承诺中,有具体的措施,而且由第三方进行审计、审查。可持续发展不仅仅是应对目前的挑战,也是为了寻求其他机遇以及竞争优势。

现在我谈几个例子。

环保对水泥企业来说是一个大课题,我先从"拉法基"在非洲、法国和德国矿山生态恢复的例子谈起。矿山是生产环境中很明显的一部分,,所以把矿山完全融入其环境是我们的责任,矿山更给了我们与当地利益相关方合作、改善生物多样性的机会。"拉法基"的矿山恢复政策适用于我们所有的所在国家,所有国家都实施同样的标准。"拉法基"在这个方面有几个典型例子:在肯尼亚,现有工厂的废旧矿山已经变成了公园,通过动物保护机构的合作,现在已经有野生动物在里面栖息;在德国,通过矿山恢复,我们恢复了湿地的生物多样性;当然中国也不例外,"拉法基瑞安"在过去几年中,在矿山恢复方面取得了很大的成绩,特别是在生物多样性方面,今天85%的矿山都有恢复计划。以我们在中国的最早的一家水泥厂——都江堰工厂为例,它在生态保护方面取得了很大的成绩。而且我们还请第三方对生态环境进行定期评估,我认为这一点是很关键的一点,在可持续发展方面,我们需要专家、合作伙伴来审批核准我们所做的工作。

今天,政府主管部门、社区确实希望对粉尘、二氧化硫、二氧化碳的排放进行监控。在中国所采取的行动已经取得了很大的进步,如今"拉法基瑞安"为拉法基集团总体业绩的提升作出了重要贡献。

我担任拉法基集团董事长兼首席执行官最先做的决定,就是宣布安全是我们工作的重中之重。我们投入了许多的资源、资金和精力来改善,为了取得更好的成绩,我们转变了管理方式和管理人员,我坚信,健康安全方面的最佳企业,也是行业内业绩最佳的企业。所以我们在分析我们工厂业绩的时候,就是采取的这种方式。现在安全结果已经成为确定我们经理们奖金的最重要方面。我每次走访全球的工厂的时候,安全都是一个重要的话题。"拉法基瑞安"已经取得了很大的成绩。在三年的时间里,在中国的水泥厂,事故降低了74%,五家工厂已经连续一千天未发生损失事故,我为中国员工在这方面取得的成绩感到由衷的自豪。像全球其他"拉法基"企业一样,将每年六月定为一个安全月。

我们需要为我们所有工作选择正确的目标,以取得更好更快的进步。为此我们选择了与合作伙伴建立全球伙伴关系,他们每年参加我们两次相关方利益小组会议,对我们行动的相关性以及需要采取的纠正措施给予宝贵的反馈。

我们同样也是世界可持续发展工商理事会的成员,通过与其他企业分享经验,能够与各国政府、非政府组织和政府间组织合作,在各种论坛上倡导企业在可持续发展问题上的立场。成立于1999年的水泥可持续发展倡议行动,简称CSI,现在有大大小小19个水泥生产企业会员,在100个国家都有业务,代表了全球三分之一的水泥产量。通过工作组和年度会议,组织成员就诸如气候变化、替代材料的使用,员工健康和安全问题以及减排、矿山的恢复等问题进行研究和讨论。几年来,水泥可持续发展倡议行动组织在以上方面都取得了很大进步,现在的任务是与国际组织和各国政府开展对话,利用自身的创业知识为这些问题的辨论作出宝贵贡献。

我想在这里提一下亚太清洁发展和气候伙伴关系组织所做的工作的重要性,以及中国在其中所扮演的非常重要的角色,特别是中国水泥协会在讨论问题中发挥了关键性的作用。水泥行业所做的这些工作,特别是中国水泥行业所取得的所有进步和成绩,其价值需要得到充分的体现。但如果我们不能制定一个共同的或至少是协调一致的方案来应对全球气候变化,我们就要冒国际谈判者们不了解水泥行业具体问题的情况下作出决定的风险。所以CSI这个组织是一个非常有价值的组织,来加强我们的立场。世界可持续发展工商理事会有200多位会员,其中包括三家中国大陆的企业——“宝钢”、“中远”和“中石化”。这个组织不仅是头脑风暴的论坛，而且是可以给国际组织提供全球方案的组织。现在可持续发展倡议行动组织也就是CSI需要中国水泥行业的代表，需要他们在国际上表达中国的观点和立场，来充分体现你们所取得成就的价值，用你们的观点和贡献来影响全球谈判。

我坚持认为水泥可持续发展倡议行动组织有其独特性。在这个组织中，每个成员都有发言权，并能够作出贡献，最佳实践得以分享，国际标准得以制定，没有其他组织像这个组织那样有这样高的信誉度。所以我非常欢迎各位加入这个组织，让全世界听到你们声音，如果我能为你们加入这个组织做一些什么我非常高兴。

总结一下，可持续发展是工作的重中之重，来应对社会对我们发起的挑战，可持续发展是一个机会。在我们行业可持续发展过程中，我们需要与员工、客户、各级政府、社区建立伙伴关系。谢谢各位。

企业代表发言摘要

Enterprise representaitives abstract

中国中材集团董事长 谭仲明

“拉法基”作为一个负责任的国际的大企业集团，它的文化理念是非常先进的，作为“拉法基”的长期战略伙伴，多年以来感同身受。

CSI体现了对于企业所应负的社会责任的承诺以及对承诺的兑现。

中材集团多年来，积极响应行业的号召，致力于节能减排、可持续发展、环境保护、生态保护等方面的工作。

安徽“海螺水泥股份”总经理 任勇

在“海螺”发展过程中，一直把大企业作为学习的榜样。

科学地发展、合理的布局，所有的生产线配备的装备都是环保、节能的新型干法生产线。

“海螺”对废弃物的吸纳有一个原则，所吸纳的废弃物不能影响水泥本身的质量，“海螺”每年的工业产量是一亿吨，每年消纳的废弃物一千多万吨。

“海螺”建立了第一条用新型干法水泥窑处理城市生活垃圾的生产线，2009年9月底投入运行。

浙江三狮集团董事长 姚季鑫

我们的理念是要跟环境和谐，可持续发展。

实际上我们要解决的问题就是要解决我们怎么构建和谐社会的问题。

低成本、低价格的战略寿命已经快结束了，我们要联合创造价值。

我们开会要解决具体问题，要使行业有价值，有钞票，就能为社会作贡献。

行业要科学地发展，就一定要研究水泥的总量和本企业的发展要匹配。

跟环境的关系是构成个人幸福、财富最重要的指标

河北“冀东水泥”副总经理 李占军

要想持续发展、健康发展，首先得有能力，得有效益。

无序部分中，最重要的因素是政府，宏观控制行业。

大家坐在一起共同研究行业面临的问题，冷静分析。大企业研究共同的责任，共同面临的问题，共同的行动，然后倡议、呼吁行业要整个行业研究这个问题。

有经济实力了，可持续发展就是进程问题。

吉林亚泰集团副董事长 徐德复

下一步通过什么方式能够把这个结构调整更科学、更合理、更可持续——就是科学发展和可持续发展的关系。

呼吁行业要控制总产量，在审批权限上门槛要提高。

加大循环经济，包括环保这方面的力度，政府应该出台积极的推动政策，促进企业的积极性。

政策配套问题：在政策方面我们也提出一些切实可行的措施和办法。

北京“金隅股份”总裁 姜德义

走向国际化，应该跟跨国公司学习，是很有必要的。

现在大家关注的都是经济效益问题，怎么做更科学、更合理才是主题。

中国最大的不可持续就是无序竞争。

“红狮控股”董事长 章小华

“拉法基”作为全球水泥行业的领军企业，可持续发展理念确实值得学习。

“拉法基”把员工的健康和安全上升到企业的核心理念，感受深刻。

宣言对中国水泥行业和中国水泥行业大型企业未来的发展和应承担的社会责任都有十分重要的意义。“红狮”会把这个宣言的主要内容作为发展必须遵循的内容。

“拉法基瑞安”首席执行官 姜祥国

行业面临的种种问题和企业的社会责任以及行业的可持续发展连接到了一起在谈。

我们扩大公司、增加利润，但是在社会责任和可持续发展的挑战还是非常大的。

竞争不是非常容易的，需要很多的资源，也需要政府的更多的关注。

这个会议充分肯定了可持续发展的重要性，不仅仅是每

个公司的社会责任，还是整个行业的社会责任，希望我们一起努力。

这个会议会给我们带来一个转折点，为中国的水泥未来的发展带来一个转折点。

“华润水泥”董事长 周俊卿

“华润水泥”在水泥行业是新兵，是小兄弟，主要是来汲取营养。

在这里我代表“华润水泥”表个态，“华润水泥”会积极响应可持续发展的倡议，积极参与可持续发展的行动。

“华润”布局两点一线，一点是资源，一点是市场，一线是水运物流。

人力资源工作的宗旨：尊重人的价值、开发人的潜能，升华人的心灵。

“中国建材股份”总裁 曹江林

从上市以来，我们一直是把“拉法基”作为我们的标杆。

“中国建材”愿意在“拉法基”乐峰先生帮助下加入CSI。

大企业应该定期的坐下来，轮流做庄，研究面临的挑战和问题。

会议从讨论虚的，再务实多一点，再到每次研究一到两个具体的问题。

能够提出一些政策建议，从而推动国家产业政策的制定、修改或者实施。

开会可以求同存异，才能发出我们行业强有力的声音，从而推动我们这个行业健康地发展。

和谐与绩效：追求企业与自然、员工、社会和谐的同时，也促进企业绩效的不断改进。

联合创造价值；既有竞争，也有合作。

山东山水集团副总经理 于玉川

大企业要注重社会责任感。

政府、社会、百姓都为水泥企业做出了贡献，我们挣了钱，就要回报社会。

“山水”对循环经济、节能减排方面做了大量的工作，也取得了很好的效果。

没有利益，企业光为社会作贡献这也不现实，需要政府出台一些明文的政策，如消纳城市垃圾等。

湖北“华新水泥”总裁 李叶青

水泥行业可持续发展核心就是安全、环保，与自然和谐。

节能动力很足：降成本。

应将水泥行业打造成整个国民经济产业链上循环经济的环。

水泥行业做到一定程度的时候，会变成一种环保产业。

不要过分追求先进，要注重管理和理念。

“中联水泥”董事长 崔星太

大企业除了考虑自己企业愿景以外，更应该考虑行业的愿景。

总量不仅仅是要淘汰落后，要调整技术结构，更主要的是应该理智地控制我们的水泥总量。

企业盲目建线，最终的话，这个行业会越搞越乱，越搞越糟。

从行业这个角度讲，大企业应该发挥作用，探讨出明确的意见提给国家有关部门。

建议国家要支持大企业集团，继续联合重组来改善这个行业的组织结构。

中国中材集团副总裁 隋玉民

“拉法基”一直是我们学习的榜样，特别是在管理和技术以及产业链发展方面。

“中材”在新疆有1条日产2 000吨的电石渣百分之百代替石灰石的生产线，每年减排二氧化碳的量是20多万吨。

国内是“三大企业五大区域”，西北旺盛的市场中存在巨大的产能过剩危机。

河南天瑞集团董事长 李留法

感谢13家水泥老大哥企业的发言，学到了很多经验。

愿意参加CSI活动，也想请拉法基集团给我们公司给予指导帮助。

积极主动地参与可持续发展战略，做出我们的贡献。

“祁连山水泥”执行副总裁 许仪纯

假如在建、拟建项目全部审批下来，甘肃市场将非常危险，对可持续发展有很大影响。

应该合理布局，结构调整，规范地做好产能布局。

“台泥国际”总经理 吴义钦

“台泥”已经把自己定位为是一个环保企业，“台泥”处理了台湾新竹科学园区很大部分的工业废弃物，并从中得到一个很合理的回报。

处理这些工业废弃物的同时，必须得到非常合理的回报，才能形成多赢的局面。

“台泥”在大陆还是非常年轻的企业，要向各们前辈学习。

C12 +3 会议”签署中国大型水泥企业可持续发展宣言：

Sustainable development proclamation of large cement enterprises of China

2009年6月17日上午，来自12家全国大型水泥企业和“拉法基瑞安”、“台湾水泥”、“华润水泥”三家特邀企业领导及委托代表，在可持续发展宣言上签字。

宣言正文如下：

中国大型水泥企业可持续发展宣言（都江堰宣言）

我们来自中国14家大型水泥企业，2008年的水泥产量占全国总产量的24%。在全球水泥市场发生较大变化的时刻，我们认为：金融危机的影响是短暂的，水泥工业的可持续发展是长期的。今天我们在中国四川都江堰共同发表《中国大型水泥企业可持续发展宣言》：

一、加快水泥工业的结构调整

1. 执行政府的《水泥工业产业发展政策》，积极发展新型干法水泥，为水泥工业的技术结构调整做出贡献。

2. 建立以市场为导向的重组联合，提高生产集中度，为水泥工业的组织结构调整做出贡献。

3. 坚持科学发展观，注重企业发展与自然和社会的和谐。

4. 做强做大中国水泥产业，把中国市场作为全球市场的一部分来考虑，用国际化准则来推动中国水泥工业的可持续发展。

二、推进水泥工业的节能减排

1. 为应对气候变化，我们把控制和消减CO_2排放作为己任。

2. 积极应用水泥窑余热发电技术、节能粉磨技术、高压变频技术等，为节约能源、减少污染做努力。

3. 执行水泥工业清洁生产标准，降低粉尘排放，治理噪音污染。

4. 主动开展企业能源效率对标活动。

三、坚持水泥工业的循环经济

1. 积极探索新型干法水泥工业的可替代原料、燃料的实践。

2. 努力提高资源综合利用率，降低生产成本，提高经济效益，减少环境污染。

3. 加强以企业为主体的技术创新，为水泥工业的可持续发展提供技术支撑。

4. 我们将制定各自企业的循环经济发展模式，吸引更多企业的参与。

四、注重企业形象和社会责任

1. 中国水泥产量世界第一，我们要加强国际间同行之间的交流和合作，学习和了解“水泥可持续发展倡议行动”CSI内容，创造条件参与CSI(Cement Sustainability Initiative)活动。

2. 积极倡导行业自律，主动维护市场公平竞争。

3. 积极协助政府推进行业结构调整、淘汰落后水泥产能。

4. 创造条件，定期向社会公布企业可持续发展报告。

五、培养企业人才和保障职工健康与安全

1. 企业可持续发展的根本靠的是人才，培养企业的管理人才、技术人才是我们的责任。要重视培养国际化人才，为中国水泥走向世界创造条件。

2. 我们要把保障职工健康和安全作为企业生产经营的最基本内容。

3. 我们认可企业文化的多样性，以稳定企业的长久发展。

4. 注重企业品牌和文化宣传，扩大中国水泥企业在国际上的影响力。

我们欢迎更多企业开展更多活动落实本宣言内容。

中国水泥工业的发展正推动世界水泥工业的进步，我们一定能够创造出水泥工业可持续发展的新业绩，为经济发展、社会和谐、保护自然做出我们应有的贡献。

媒体关注：

拉法基集团董事长兼首席执行官乐峰拜会中国建材联合会会长　张人为

Lefeng, president and chief executive officer of Lafarge Group meets with Zhang Renwei, President of China Building Material Coalition

摘自《数字水泥网》

6月16日傍晚，应邀前来参加“中国水泥大型企业领导人圆桌会议(C12+3会议)”的拉法基集团董事长兼首席执行官乐峰(Bruno Lafont)先生，在刚刚下榻酒店之后，就专程拜会了中国建材联合会会长张人为先生，双方进行了短暂、轻松、愉快的交谈。同时，同行人员还有拉法基集团执行副总裁兼水泥分支联合总裁米安达(Isidoro MIRANDA)先生、“拉法基瑞安”首席执行官姜祥国(Sang KANG)和“拉法基瑞安”业务发展和政府关系高级副总裁周海红女士等。

乐峰先生首先表达了对张人为会长到来的欢迎，以及对中国经济飞速发展的认可。他说中国对“拉法基”集团来说是至关重要的，“拉法基”希望在中国取得进一步的发展，并与中国形成良好的伙伴关系。乐峰先生重点谈到了可持续发展问题。现在，可持续发展在国际上是一个热点问题。对于水泥行业来说，了解和理解可持续发展不仅仅是一个机遇，也是工作的重中之重。之所以成为机遇，因为可以带来许多方面的改善；之所以称为工作的重中之重，因为世界越来越重视可持续发展，重视生态环境。鉴于中国是世界上最大的水泥生产国，因此中国

水泥企业与世界其他国家合作交流、共同解决问题也是非常重要的。乐峰先生表示非常高兴能够和中国水泥行业的其他CEO进行交流，这对于水泥行业是一件大事，对于正在准备走向世界的中国工业也是一件好事。对“拉法基”来说，这样的交流也有利于提高企业竞争力，帮助集团在中国保持可持续发展。

乐峰先生还简要介绍了“水泥可持续发展倡议行动(CSI)”，这个倡议组织由全球19家大型水泥企业组成，旨在通过共同合作来形成水泥行业的可持续发展，拉法基集团是该行动组织的轮值主席，乐峰先生表示欢迎中国水泥企业加入这个组织。

张人为会长对乐峰先生的观点表示了理解和赞成，并认为此次中国水泥协会和拉法基集团共同主办的C12+3会议搭建了一个企业间进行交流的平台，就是最好的行动证明。“拉法基”需要中国，中国水泥工业发展也需要“拉法基”，应该进行交流，特别是可持续发展理念，这对中国水泥工业进步、生产力布局有着重要作用。

就乐峰先生邀请中国水泥大型企业加入“水泥可持续发展倡议行动”组织一事，张人为会长认为水泥可持续发展组织是一个很好的平台，然而中国目前没有一个成员，这与水泥产量最大国的形象是不符合的。张会长希望通过这次会议中国能很好地响应，从少到多，有更多企业赞成、实践这个理念，愿意在这个平台上沟通、交流，共同促进世界水泥行业按照可持续发展要求为人类进步作出贡献。中国水泥企业从国家级企业变成世界级水泥企业，这是必经的一步。如果没有这一步，在共同的理念上就没有一个充分的认识和实践，取得不了这方面的成果，要成为世界级水泥工业的愿望实现也将是困难的。

C12+3一次历史性的峰会

C12+3 - a historic summit meeting

——中国大型水泥企业领导人圆桌会议述评

摘自《中国水泥》2009年7期

2009年6月17日，四川成都，都江堰青城山脚下，“中国大型水泥企业领导人圆桌会议”(C12+3峰会)在成都举行。青城山是一个难得的休闲养生圣地，而企业领导们探讨的是一个中国水泥企业国际化过程中如何实践可持续发展的严肃而紧迫的话题。开会期间，大家思考问题认真严谨，发表观点直言不讳；休会期间，众人说古论今谈笑风生，共叙友谊感受快乐。如此反差也许恰好映射出行业协会领导和企业家们从容不迫面对现实的一种态度。

中国水泥产量占世界水泥总产量的1/2，中国水泥出口约占国际市场的40%。中国水泥技术和装备出口占到国际市场的四成多。世界水泥企业前十强有7家进入了中国市场。可见，中国水泥市场的国际化程度相当高。大会主席雷前治指出，中国的水泥企业如何跟国际接轨，融入国际大市场，已经迫在眉睫。目前，中国水泥大型企业联手，引领中国水泥工业发展的时代已经来临！

这次C12+3峰会是由中国水泥协会、拉法基集团联合主办，雷前治会长、乐峰董事长亲自签名发出邀请，会议还特别邀请了中国建材联合会张人为会长、中国中材集团谭仲明董事长、中国建材集团宋志平董事长出席。除个别领导有要事难以抽身派特别代表参加外，被邀请的大型水泥企业领导人都悉数到会，这表明中国水泥大型企业在团结合作、共谋发展的道路上迈出了崭新的一步，此次C12+3峰会成为中国水泥大型企业更加成熟、更加理性的重要标志，参会的15家大型水泥企业(C12+3)的水泥市场几乎涵盖中国的所有省份，2008年水泥产量占全国水泥总产量的24%，并且还在快速增长。因此，这些企业的领导人坐在一起商讨行业发展的大计，其意义和作用是不言而喻的，C12+3峰会必将成为中国水泥行业历史上一重大事件。

C12+3峰会是在中国水泥工业高速发展和国际金融危机下，国内外经济形势正在发生深刻而复杂的变化的时代大背景下召开的。

进入新世纪后，中国水泥工业呈现两大特点：一是，新型干法高速发展，落后工艺快速淘汰。新型干法水泥产量的比重已由2000年的12%提高到2008年的62%，落后水泥产能加快淘汰，中国水泥行业的技术结构发生了根本转变；二是，在国家产业政策的支持下，在市场的竞争中，崛起了一批大型企业集团，为行业带来了生机和活力，以国家重点支持的12家企业为代表的大型企业集团，已经成为行业改革发展的主力军。

水泥工业的发展和所取得的成绩，得到了党和国家领导人的肯定和赞许，胡锦涛主席先后考察了安徽海螺集团和中国中材集团，并给予了高度评价，这是对全国水泥行业的鞭策和鼓励。

中国水泥工业虽然取得了显著的成绩，但在发展过程中也存在一些问题，如：部分地区缺乏科学合理布局，投资冲动、重复建设时有发生，产业集中度低，价格恶性竞争普遍存在……

走可持续发展道路，总量控制和结构调整是关键。百花齐放，百家争鸣，在 C12 +3 峰会上，领导人对这一问题进行了认真讨论，畅所欲言表述了各自相同和不同的观点。大家共同认为，因地制宜、实事求是，走可持续发展的道路，走新型工业化道路，才能使中国水泥行业更加健康持续发展。

中国水泥企业之间，尤其是大型企业之间，在资源配置、区域规划、市场份额、重组联合、提高产业集中度等方面，相互竞争、相互依存的程度日益加深，利益关联更为紧密。企业之间既是竞争对手，也是合作伙伴。会议期间，从领导人发言中可以看出，企业之间普遍希望携手互助，共享机遇，共应挑战，共谋发展。讲科学、求和谐、谋合作、促发展成为当今水泥行业的时代潮流。

企业领导人普遍认为，圆桌会议非常有意义，希望协会牵头定期或不定期举办，企业可以轮流做东。水泥行业在发展过程中间既有很多机遇，同时也面临更多挑战，通过圆桌协商机制可以研究探讨、交换意见，寻找利益共同点。企业对同一个问题会有不同的看法和不同的见解，但会议在求同存异的前提下，仍然可以开下去。会议开始可以务虚，逐步再务实多一点，可以每次研究一到两个具体问题和解决方法。希望通过圆桌协商机制能够向国家提出一些政策建议，从而推动国家产业政策的制定、修改和实施。

C12 +3 峰会的召开，必将进一步促进中国水泥大型企业之间的合作，它有利于维护和提升行业的利益和企业的利益，有利于进一步推动行业稳定健康的发展，有利于大家共同为中国真正成为水泥强国做出新的贡献。

C12 +3 峰会最引人注目的成果是与会企业领导人共同签署和发表了《中国大型水泥企业可持续发展宣言》（“都江堰宣言”）。《宣言》表达了中国水泥大型企业的共同呼声。大家共同认为：金融危机的影响是短暂的，水泥工业的可持续发展是长期的。大家一致承诺：加快水泥工业的结构调整，执行政府的产业发展政策；建立以市场为导向的重组联合，提高生产集中度；坚持科学发展观，注重企业发展与自然和社会的和谐；做强做大中国水泥产业，把中国市场作为全球市场的一部分来考虑，用国际化准则来推动中国水泥工业的可持续发展。推进水泥工业的节能减排，把控制和削减 CO_2 排作为己任；坚持水泥工业的循环经济，积极探索新型干法水泥工业的可替代原料、燃料的实践；注重企业形象和社会责任，加强国际同行之间的交流和合作；积极倡导行业自律，主动维护市场公平竞争；创造条件，定期向社会公布企业可持续发展报告。培养企业人才和保障职工健康与安全。

C12 +3 峰会的另一个亮点是现场有四家大型水泥企业领导人表示意愿加入世界水泥可持续发展倡议行动组织（CSI），并希望在加入该组织的问题上能得到拉法基集团的帮助和支持，这标志着中国水泥企业可持续发展的理念、企业社会责任感的意识又迈上了一个新台阶；标志着中国水泥企业参与国际组织，代表中国企业发表声音，参与制定世界同行“游戏规则”，维护中国企业权益的积极愿望。

C12 +3 峰会落下了帷幕，C12 +3 峰会达成了广泛的共识，C12 +3 峰会获得了圆满成功，这是一次协商共识的会议，一次友好团结的会议，一次非常成功的会议。

水泥人有理由相信，C12 +3 峰会一定能够进一步加深中国大型水泥企业领导人相互之间的了解和友谊，推动大型水泥企业友好合作在更大范围、更广领域、更高层次上全面发展，有力地促进中国水泥行业持续、稳定、健康发展。我们相信经过各方的共同努力，中国水泥美好愿景终将会变成现实。

中国水泥大型企业领导人圆桌会议召开

Round table conference of leaders of large cement enterprises of China convenes

摘自《中国建材报》

6 月 17 日，由中国水泥协会、拉法基集团共同主办的中国水泥大型企业领导人圆桌会议（简称 C12 +3 会议）在四川都江堰召开。这是我国大型水泥企业领导首次在一起，共同探讨可持续发展及中国水泥工业国际化的话题，来自国家重点支持的 12 家大型水泥企业和包括“拉法基瑞安水泥”、“台湾水泥”、“华润水泥”3 家特邀大型水泥企业的领导参加了会议。此次会议以“中国水泥走向世界”为主题，对我国水泥产业发展有着重要的意义。

中国建材联合会会长张人为，中国水泥协会会长雷前治、副会长兼秘书长孔祥忠，拉法基集团董事长兼首席执行官乐峰，中材集团董事长谭仲明，“海螺水泥股份”总经理任勇，山水集团副总经理于玉川，“华新水泥”总裁李叶青，“南方水泥”总经理姚季鑫，“冀东水泥”副总经理李占军，“中国建材股份”总裁曹江林，“中联水泥”董事长崔星太，“吉林亚泰”副董事长徐德复，中材股份公司副总裁隋玉民，“北京金隅股份”总裁姜德义，天瑞集团董事长李留法，“红狮控股”董事长章小华，“祁连山水泥”执行副总裁许仪纯，“台泥国际”总经理吴义钦，“华润水泥”董事长周俊卿，“拉法基瑞安”首席执行官姜祥国出席了会议。此外，还有部分企业的代表，共计40多人出席会议。

据孔祥忠介绍，目前，我国水泥年产量已占到世界年总产量的40%以上，是世界水泥生产大国。但我国企业的国际化程度还很低，缺少国际名牌和国际化人才。国际化水泥企业很重要是体现在水泥可持续发展上的作为。“拉法基”是世界建材领域的领先企业，在可持续发展战略上也很成熟，目前已取得了相当大的成效，并获得了实质的收益。“拉法基”进入中国水泥市场以后，将国外先进的经营理念带入了国内。在此前提和背景下，中国水泥协会和拉法基集团合作，在我国首次搭建了一个水泥大企业共同探讨、交流、推进的平台。

会上，张人为首先作了简短且重要的发言。他指出，在经济全球化的今天，水泥工业不仅要看国内市场的表现，而且还要放到国际大环境中加以考验。他鼓励我国水泥企业要树立与国际接轨的可持续发展理念，要创国际品牌，要培育干练的从事国际业务的团队。

雷前治在发言中指出，我国水泥的年产量已经接近世界的一半，水泥出口基本上占国际市场的40%；我国的水泥技术和装备，已经占到国际市场40%多。虽然，中国的大水泥企业已有至少3家的产量进入了世界前几名，但在世界前10强中，我国水泥企业还没有一家，而国际上的大型水泥集团已经有7家进入了中国市场。可见，我国的水泥市场已经国际化，我国的水泥企业如何与国际接轨、融入国际大市场，已经迫在眉睫。随后，雷前治还向大家介绍了近期赴日本考察的情况。他说，日本在利用处置工业废弃物方面取得了非常明显的成效，有许多先进的经验和技术值得我们学习。他指出，大量利用工业废弃物，特别是将其作为生产水泥的原料和燃料，将是水泥行业节能减排、减少二氧化碳排放、控制全球气候变暖的一个亮点。最后，雷前治还提出了我国水泥工业走循环经济方面的4条建议，一是建议国家在制定“十二五”水泥发展专项规划及修订水泥工业产业政策时，把利用工业废弃物生产水泥纳入其中。二是在资源综合利用的税收方面，把税收优惠的栏目，按照日本可利用废弃物来进一步扩大，明确将一些废弃物的利用列入优惠政策。三是希望科技部能对我国利用废弃物给予一些技术攻关方面的财政拨款。四是希望国家在中心城市建一些规模在日产5 000吨以上的示范工厂，对这些工厂除补贴攻关费用外，同时对贷款也给予贴现。

乐峰与大家分享了“拉法基”在可持续发展战略方面的经验和心得，以及在淘汰落后产能、节能减排、循环经济、矿山生态恢复方面取得的显著成效。乐峰还向与会代表介绍了水泥可持续发展倡议行动的组织情况。他说：“我非常欢迎各位加入这个组织，让全世界听到你们的声音。需要你们在国际上表达中国的观点和立场，来充分体现你们所取得成就的价值，用你们的观点和贡献来影响全球谈判。”

会议期间，与会的各位领导积极、热烈地就可持续发展发表了自己的观点。主办单位向代表提供了《“拉法基瑞安”2008可持续发展报告》。

会议最后，孔祥忠宣读了圆桌会议各代表签署的《中国大型水泥企业可持续发展宣言》，并讨论了下一届会议的计划。

会议结束后，与会代表前往都江堰水泥厂参观。

C12 +3 水泥峰会力促中国企业加入 CSI

C12 +3cement summit conference vigorously urges Chinese enterprises to join CSI

摘自《中国建材新闻网》

6月17日，中国水泥协会主持的“中国大型水泥企业领导人圆桌会议”在四川都江堰拉法基召开。本次会议由中国水泥协会与拉法基瑞安水泥公司共同主办，除了国家重点支持12强全国性大型水泥企业及两大央企外，会议还将邀请“拉法基”、“台泥”、“华润水泥”三家企业参加。

本次会议以“中国水泥走向世界”为主题，邀请参会企业家们围绕企业国际化和水泥工业可持续发展内容展开自由研讨，最后将形成“中国大型水泥企业可持续发展宣言”，并努力促成1－2个水泥企业申请加入世界水泥可持续发展组织。

据了解，中国水泥产量已占世界40%以上，部分企业在国内的水泥产能规模也已相当大，但目前，CSI组织19个水泥企业成员中，仍没有中国水泥企业的身影。2007年底，在中国水泥协会第六届会员代表大会上，中国水泥协会会长雷前治明确提出：加强国际交流与合作，努力提高中国水泥行业国际化程度也是协会的一项历史任务。中国水泥产品大量出口，水泥技术及装备已经大举进军国际市场，中国水泥工业走向国际市场条件已经成熟。今后中国水泥协会的工作重点之一就是：着力推进“走出去”国际化战略，增强国际竞争力。具体目标是：培育2～3家具有国际竞争力的大企业集团进入国际前十强。

据悉，本来这个“12＋3”峰会是2008年5月12日在都江堰召开的，2009年此时因为法国与中国发生了不愉快的外交事件，所以水泥协会只好推迟了这个由法国企业主办的会议，这无意中让中国水泥界的“12＋3”巨头躲过了汶川特大地震这一劫。

“天瑞水泥”、“中国建材”申请加入 CSI 组织

Tianrui Cement – China Building Material applies to join CSI organization

摘自《世界工厂网》

在拉法基瑞安水泥有限公司的帮助下下，天瑞集团水泥有限公司、中国建材股份有限公司先后向 CSI 提交了加入申请。目前，CSI 已将申请材料提交 CSI 主席会讨论。此外，中材集团也将申请加入 CSI 组织，目前相关申请材料正在准备之中。

2009 年 6 月“中国水泥大型企业领导人圆桌会议”在四川都江堰召开，会议以“中国水泥走向世界”为主题，号召加强国际交流与合作，努力提高中国水泥行业国际化程度。其中，促成国内大型水泥企业加入水泥可持续发展倡议行动（CSI）便是会议重要决议之一。

会后，应这些企业的要求，CSI 于 8 月 5 日在北京举行一次专题推介会议。会议由拉法基瑞安水泥有限公司承办，CSI 秘书处的项目经理助理 Caroline Twigg 图格女士和 CSI 成员单位——老城堡水泥公司的技术总监 Eamon Geragy 格瑞夫提先生向与会人员详细介绍了 CSI 组织的章程、工作内容、加入程序以及成员的义务与权力。在拉法基瑞安水泥有限公司的帮助下，天瑞集团水泥有限公司、中国建材股份有限公司先后于 9 月 15 日、10 月 9 日顺利向 CSI 提交了加入申请。

CSI 简介

水泥可持续性倡议行动（Cement Sustainability Initiative，英文简称 CSI）基于对商业可持续发展的共同追求，汇聚了全球 19 个重要的水泥生产商，其水泥产量约占全球水泥总产量的 30%。

发起 CSI 的主要目的在于：

探究水泥工业可持续发展的内涵；单独或共同确定水泥公司可采取的行动并逐步推进，促进可持续发展进程；为其他水泥公司参与可持续发展提供框架；为未来利益相关方的参与建立基础、创造条件。

迄今为止，CSI 仍然是全球最大由单个行业独自推出的可持续性项目之一。

高级顾问组

CSI 的顾问和评审由一个小而独立的高级顾问组担任，其职责是确保 CSI 的工作重点与程序，评审项目工作的质量，平衡项目工作。

高级顾问组的成员为代表关键利益相关方和地域的国际公认专家。联合国环境规划署原执行主任穆斯塔法·托尔巴先生担任高级顾问组的主席。

成员

水泥可持续性倡议行动（CSI）的核心成员包括已成为世界可持续发展工商理事会（WBCSD）会员的水泥公司。这些核心成员负责管理倡议行动，维护 CSI 章程（该章程界定了公司的承诺和责任），帮助制定工作大纲并予资助，发展新成员。目前共有九个核心成员。

行动计划

通过对有关未来水泥工业可持续发展内涵的两年深入研究、范围确定和与利益相关方的商讨，CSI 行动计划于 2002 年发布。该计划制定了 2002～2007 的五年工作大纲，主要工作领域包括：

· 二氧化碳与气候保护
· 原料、燃料的合理利用
· 员工健康与安全
· 排放监测与削减
· 对当地土地和社区的影响

媒体关注水泥工业

Media focuses on cement industry

4万亿拉动基建 2009年水泥业迎来新机遇

RMB 4000 billion pushes capital construction, cement industry in 2009 meets new opportunity

摘自《每日经济新闻》 2月28日

“2009中国水泥市场论坛”于2月28日召开，专家认为受益于经济刺激计划，水泥行业将是最先受益的行业，均看多当年水泥板块。

在全球金融危机的背景下；在我国政府提出加大投资、保持经济增长的情况下，水泥行业将何去何从？

28日，由中国水泥协会支持、数字水泥网主办的“2009中国水泥市场论坛”在上海召开。这也是中国水泥行业有史以来第一次就行业的市场问题举办的全国性论坛。

水泥行业进入新机遇期

原国家发改委投资研究所所长张汉亚在会议上表示，目前我国城市设施、水利、铁路、设备制造、房地产等许多基础设施和基础产业的建设还远没有达到完备的程度，一些行业还没有进入投资的高峰期。国家2008年底开始执行的扩大内需，又为水泥行业的发展提供了新机遇，预计今明两年，水泥产量能够恢复到每年增长亿吨以上，因此“水泥行业发展进入了新的机遇期”。

同样，发改委综合运输研究所的郭文龙表示，我国交通正处于快速发展阶段，根据研究所测算，我国交通目前的现代化水平约达到了55%～60%，发展还有很大的空间，特别是“铁公机”建设对水泥的需求仍非常大。

此外，“中国建材”副总裁、中国联合水泥集团董事长崔星太在会上表示，国家为应对金融危机而作出的一系列宏观政策的调整，4万亿拉动内需为水泥行业带来了难得的机遇。

分析师看多水泥板块

“‘新财富’2008年度最佳分析师”潘建平在会上表示，基础设施投资加速将显著拉动水泥需求。他认为，各类投资项目将于2009年二季度起大规模启动，随之水泥需求也将应声而起。

基于刺激政策落实进度可能快于预期，行业景气触底回升的时间点很可能提前至二季度中期，而且3月份可能出现某些积极信号，因此他们维持行业“强于大市”的评级。

“‘新财富’2008年度最佳分析师”贺国文也表示，基建是水泥下游主要去向之一（占总投资的40%左右），而保增长正是靠基建投资拉动，水泥行业自然成为直接受益的行业。他认为，水泥行业景气向上的拐点将在今年第三季度出现，因此看好2010年行业的利润增长。

在近期大盘调整中，水泥板块个股表现得较为抗跌，一位基金公司建材行业研究员表示，其中主要因素就在于对企业盈利改善的预期。

“中国建材”力推行业重组 合资设立“北方水泥”

“China Building Material” vigorously pushes industrial reorganization and sets up joint venture of Northern Cement

摘自《中国建材报》 3月9日

3月6日，中国建材股份有限公司（以下简称“中国建材”）、辽源金刚水泥（集团）有限公司（以下简称“辽源金刚”）与弘毅投资产业一期基金（天津）（有限合伙）在吉林省辽源市委市政府举办的“中国北京——吉林辽源188亿元经济合作项目签约仪式”上签署出资协议，共同出资设立北方水泥有限公司（以下简称“北方水泥”）。

“中国建材”总裁曹江林代表“中国建材”在协议书上签字。“中国建材”董事局主席宋志平代表参加签字仪式的央企讲话。他在讲话中表示，“中国建材”将继续发挥央企的影响力和带动作用，以“北方水泥”为平台，推动北方区域水泥企业的联合重组，做大做强水泥业务，实现所有合作方共赢，为北方地区水泥行业健康发展和地方经济建设做出积极贡献。"北方水泥"的成立，标志着"中国建材"向打造3亿吨水泥产能的目标又迈进了一大步，同时，对北方地区水泥工业结构调整和持续健康发展将产生积极的促进作用。

水泥行业转型瞄准低碳节能

Industrial transformation of cement aims at low carbon energy saving

摘自 CCTV－2《经济信息联播》　4月1日

4月1日，中央电视台经济频道播出了联播头条"转变·中国发展新模式—— 水泥行业转型瞄准低碳节能，平衡产能过剩 搭建水泥产业链"，关注水泥行业的低碳发展之路。

中央台记者在4月1日闭幕的中国国际水泥峰会上获悉，在经历了2009年的产量大幅增长之后，我国水泥行业仍面临能耗高、污染物排放量大等压力，而低碳、节能正逐渐成为国内水泥企业探索转型发展的新目标。

2009年，我国水泥产量、消费量和利润均实现了两位数增长，但水泥综合能耗却大大降低。据统计，2009年我国吨熟料能耗124.15千克标准煤，同比降低4.85%，吨水泥能耗95.08千克标准煤，同比降低8.11%。

2009年，我国共有水泥产能20.2亿吨，目前在建水泥生产线248条，将新增水泥产能6.2亿吨，而2010年我国水泥消费量预计在16亿吨至18亿吨之间。即使淘汰所有落后产能，我国水泥产能仍过剩4亿多吨。目前，水泥产能过剩问题突出的地区是华东、中南和西南地区。因此，如何平衡产能过剩，完善产业合理布局，形成高效产业链，成为水泥行业亟需解决的问题。

中国水泥协会会长雷前治介绍说，在水泥工艺、技术逐步改造升级之后，我国将陆续淘汰全部落后产能，通过重组、联合、提高产业集中度等方式，实现水泥行业的结构调整，这些也是水泥行业低碳发展的必经之路。

据国家发展和改革委员会产业协调司处长刘明介绍，通过淘汰落后，到2020年，我国新型干法水泥生产线将可能全部在日产2 000吨以上的规模，吨熟料能耗将达到105千克标准煤，每吨水泥综合电耗将小于90千瓦时。那样的话，我国水泥产业将达到世界先进水平。

诠释金融风暴下东北、华北水泥市场竞争格局

Explain the competitive situation of northeastern and northern Chinese cement market amid financial crisis

摘自《中国建材》杂志　2009年4期

东北地区辽宁、吉林和黑龙江三省是我国的重工业和农副产品生产基地，积聚大量工业资产存量，战略地位重要。由于改革滞后，历史包袱重，资金匮乏，以及部分地区资源枯竭等因素制约，东北地区经济发展缓慢。国家提出"振兴东北"的发展目标后，东北经济走入了上升的轨道，拉动了水泥市场的需求，水泥产量稳步提升。截止11月，三省产量8 634万吨，同比增长13.21%，是全国同比增长最快的区域，高出全国近8个百分点，其中辽宁4 048万吨，同比增长12.12%；吉林2 667万吨，同比增长6.84%；黑龙江1 919万吨，同比增长26.28%，产量增幅最大。

表1　东北地区主要水泥市场与企业集团

地区	主要市场	主要企业
辽宁	沈阳、大连、鞍山、营口	"冀东"、"山水"、"天瑞"、"太平洋"、"金刚"
吉林	长春、吉林	"亚泰－CRH"、"冀东"、"金刚"、"金圆"
黑龙江	哈尔滨、大庆、齐齐哈尔	"亚泰－CRH"、"宾州"、"鸿基"、"北疆"、"牡丹江"

来源：数字水泥

目前东北水泥市场的主导企业，一部分是外来企业，如"冀东水泥"、"天瑞水泥"、山水集团；一部分是本地企业，亚泰

集团、辽源金刚；欲进入中国的外资企业大部分都曾涉足过东北市场，主要是看中东北地区是一个相对独立的区域并有一定的市场发展空间。但只有 CRH 坚持到最后，耐心等待国家批复，获得 26% 股权携手亚泰进入东北市场，但这与其最初的大规模进入中国水泥市场想法大相径庭。（见表 1、表 2）

表 2　1－11 月华北地区主要水泥企业集团熟料产能

地区	企业集团	水泥产量				生产线熟料产能		
		2008.11	上年同期	增速(%)	比重(%)	2007 已建	2008 在建	合计
东北		8 634.29	7 626.52	13.21	6.82	3 642.50	2 380.80	6 023.30
辽宁	全省	4 048.24	3 610.63	12.12	46.89	1 550.00	1 410.50	2 960.50
	“冀东水泥”	232.89	245.46	－5.12	5.75	232.30	155.00	387.50
	“天瑞水泥”	213.95	47.24	352.88	5.28	155.00	279.00	434.00
	山水集团	212.68	239.14	－11.06	5.25	114.70	124.00	238.70
	“铁法煤业”	170.28	159.03	7.07	4.21			
	“太平洋”	163.65	175.90	－6.97	4.04	124.00		
	“辽源金刚”	21.63	10.30	109.88	0.53		62.00	62.00
吉林	全省	2 666.67	2 495.95	6.84	30.88	1339.20	775.00	2 114.20
	“亚泰－CRH”	976.99	991.24	－1.44	36.64	471.20	465.00	936.20
	“冀东水泥”	246.32	219.82	12.05	9.24	217.00		217.00
	“辽源金刚”	137.92	113.71	21.28	5.17	465.00	155.00	620.00
	“金圆水泥”	103.35	77.59	33.20	3.38	77.50		77.50
黑龙江	全省	1 919.38	1 519.94	26.28	22.23	753.30	195.30	948.60
	“亚泰－CRH”	347.53	231.17	50.29	18.10	145.70	155.00	300.70
	“宾州水泥”	223.72	169.72	31.82	11.66	155.00		155.00
	“北疆水泥”	183.48	110.43	66.15	9.56			
	“鸿基水泥”	71.97	55.11	30.59	3.69	77.50		77.50
	“牡丹江”					139.50		139.50

来源：数字水泥

区域现状

辽宁 —— 东北三省中水泥需求量最大的省份，但市场也最为分散，主要市场在沈阳、大连和鞍山三市。冀东水泥、山水集团、天瑞水泥都是外来企业，产量均在 200 万吨左右，各占市场份额约 5%。

“海德堡”曾想借收购辽宁“工源”后，逼“冀东”就范，欲在辽宁重演两家在陕西联手的局面，然而最终落花凋谢；一直为难有合适扩张领地的“山水”，也一直盯着进入辽宁市场的跳板——辽宁“工源”，最终抓住机会，“海德堡”退出后迅速入主“工源”，并摆出一幅势在必夺的架势，在辽宁两个核心市场沈阳和大连周边摆下龙门阵。

老牌本地企业也不会轻易罢手，“渤海水泥”、“铁法煤业”、日本“太平洋”，也在寻求机会、新建、并购、整合都在计划进程之中。

吉林 —— 东北三省中相对集中的市场，以亚泰集团、“冀东水泥”和“辽源金刚”为三大主导，企业间存在水泥产量与熟料产能倒挂的现象：“亚泰集团”1～11 月份，水泥产量为 977 万吨，占市场 37% 的份额，2007 年熟料产能 470 万吨，在建 465 万吨，合计超过 900 万吨；“辽源金刚”熟料产能为 465 万吨，在建 155 万吨，熟料产能规模紧随“亚泰”，但水泥产量仅为 138 万吨；“冀东水泥”246 万吨的水泥产量与 217 万吨的熟料产能较为匹配。

吉林近几年全社会固定资产投资一直在高速增长，保持在 40% 左右，高出全国十几个百分点；几家大集团主导了市场，因而取得了良好的经济效益，在三省中的业绩最为突出。

黑龙江 —— 东北三省份中消费量最小的省份，历史欠债较多，随着基础设施建设启动，增长空间较大。水泥企业以本地企业为主，竞争相对较弱。1～11 月份亚泰集团、“宾州水泥”各占市场份额的18%和12%。“亚泰”联手“CRH”后,解决了后顾之忧,借助在吉林的区位优势,加大向黑龙江省的推进扩张,正在哈尔滨建设日产5 000吨生产线,投产后会进一步加大在黑龙江的话语权;“宾州水泥”属浙系企业,看到当年的同伴有相当一部分蒙生退出之意,以至二线建设的蓝图暂时束之高阁,等待时机;“鸿基”地处佳木斯,优越的区位优势一直“活得”很潇洒,自由度很大,可进可退的市场主导权握在手中,静观时局变迁。

企业动向

“冀东水泥”—— 于2 000年进入东北市场,是最早进入吉林和辽宁市场的水泥大企业。在经过近9年的发展,在两地共形成了450万吨的熟料产能,1～11月份水泥产量达到480万吨。然而,由于东北地区的整体经济发展并未如预期大范围启动,相反京津唐地区、西北地区市场需求空间增长迅速,“冀东水泥”重新调整战略,另有打算,决定暂缓推进在东北市场的进度,集中力量在更具前景的市场区域加快发展。

“亚泰集团”—— 本土企业,通过自身发展以及联手世界500强“CRH”,已经成为东北地区最强劲的水泥企业,1～11月份共形成1 300万吨水泥产量,跨吉林、黑龙江两个市场,特别是在吉林市场。“冀东水泥”的战略转移更加强了“亚泰水泥”的主导地位。目前,“亚泰集团”继续扩大对市场的控制能力;在黑龙江省的已建、在建熟料产能300万吨,产能优势非常明显,着力推进对黑龙江省的市场整合。在南下辽宁的过程中,遭受了“辽源金刚”的阻拦,但联手“CRH”后随着资金的注入,以及“冀东”调整东北战略后,“亚泰水泥”是否再圆两家都想称霸东北的梦而伺机南下。

“辽源金刚”—— 吉林民营水泥企业,新进入者,但发展非常迅速,首先在吉林南部辽源和白山布局,切断了“亚泰集团”南下辽宁通路,在吉林熟料产能反超“冀东”,为465万吨,近期又进入辽宁市场。“辽源金刚”的动向非常值得关注,一是它还不具备象“亚泰”和“冀东”那样成为区域领袖的能力;二是它已涉足两个地区。用辽源作为进入东北市场的跳板,那是非常具有战略意义,其最具价值之处也就在于此。

目前水泥市场已进入并购前期,一是以有实力的大企业集团为代表,作为主动者去收购;另一是,在某些方面具有明显的优势,但成为区域领袖有一定的困难,但和有实力的大企业集团结成联盟或成为桥头堡,其价值是显而易见的,寻找这样的企业已成为大企业集团进入市场的一个重要途径。

山水集团和“天瑞水泥”—— 两者均为有外资背景的新进入者,聚集在辽宁市场,且发展迅速,成为在省内与“冀东水泥”势均力敌的两大企业,并还在不断扩大版图:“天瑞水泥”在1～11月水泥产量214万吨,同比增长352.88%,在建的生产线全部投产后,熟料产能将达到434万吨,成为辽宁地区产能最大的水泥企业之一;山水集团也不甘落后,今年在香港上市,通过融资加强在辽宁的投入,计划建设5条生产线,产能超过700万吨,势在必得。

评述

随着冀东水泥东北战略转变,改变了“亚泰水泥”与“冀东水泥”这两大水泥企业之间的对峙格局,“亚泰－CRH”(北部)－“辽源金刚”(中部)－山水集团、“天瑞水泥”(南部)的布局轮廓正在逐渐形成,其中以“亚泰”实力最强,其他企业还处于发展中。

而“北方水泥”的故事刚起了头,还未拉开序幕,“中国建材”、“中材集团”都有此概念,“中国建材”在西北撤出,进入华北整合“乌兰”,一退一进又增加了悬念。东北应是“中国建材”在“北方水泥”中最重的棋子,而相关“辽源金刚”的传闻不时爆料,2009年末,传来“中材集团”重组“冀东水泥”遇阻,“祁连山”、“秦岭”是否会重新进入“中材”的视角,这也完全不是没有可能,以加大巩固在西北的布局,进而加大对“冀东”的对话砝码,退一步进两步是兵家常用的手法。

华北地区

华北地区包括北京、天津、河北、山西和内蒙古五省市,是环渤海经济圈的核心区域,继“长三角”、“珠三角”之后提出的第三个经济快速发展区(即“第三极”)。但前几年受投资资金不到位等因素影响,华北地区并未如预期快速启动。截止至11月,华北五省市受奥运会等综合因素影响,水泥产量比同期下降,产量14 554万吨,同比下降1.22%,是六大区中惟一同比下降的区域。其中北京下降幅度最大,同比下降26.35%,产量796万吨,同比减产285万吨;天津和内蒙古同比上升,其中,天津同比增长10.58%,内蒙古同比增长18.91%。(见表3、表4)

表3　华北地区主要水泥市场与企业集团

地区	主要市场	主要企业
北京		“金隅”、“拉法基”、“立马”
天津		“冀东”、“振兴”、“天水”
河北	石家庄、唐山、邯郸、保定	“冀东”、“金隅”、“曲寨”、“大华”、“奎山”、“山水”、“金牛”、“浅野”
山西	太原、临汾、运城、长治	“冀东”、“狮头”、“阳泉煤业”、“智海”、“瑞昌”
内蒙古	呼和浩特、包头、鄂尔多斯	“冀东”、“蒙西”、“乌兰”、“西水”

来源:数字水泥

表4 1-11月华北地区主要水泥企业集团熟料产能

地区	企业集团	水泥产量				生产线熟料产能		
		2008.11	上年周期	增速(%)	比重(%)	2007已建	2008在建	合计
华北		14 553.94	14 733.57	-1.22	11.49	6 489.85	2 346.70	8 836.55
北京	全市	795.80	1 080.51	-26.35	5.47	731.60		731.60
	"金隅水泥"	540.19	680.29	-20.59	67.88	511.50		511.50
	"拉法基"	78.98	127.92	-38.26	9.92	74.40		74.40
	"北京立马"	73.86	105.41	-29.93	9.28	77.50		77.50
天津	全市	516.13	466.75	10.58	3.55	204.60		204.60
	"振兴水泥"	165.30	164.69	0.37	32.03	136.40		136.40
	"冀东水泥"	80.36	71.00	13.18	15.57			
	"天水实业"	55.65	94.70	-41.24	10.78	31.00		31.00
河北	全省	8 106.97	8 360.29	-3.03	55.70	2 666.00	1 162.50	3 828.50
	"冀东水泥"	733.74	673.16	9.30	9.08	744.00	465.00	1 209.00
	"金隅水泥"	557.56	506.29	10.13	6.88	542.50	77.50	620.00
	"曲寨集团"	307.14	341.53	-10.07	3.79	77.50	155.00	232.50
	"邯郸大华"	176.23	192.50	-8.45	2.17			
	"河北奎山"	171.24	202.02	-15.24	2.11	77.50		77.50
	"山水水泥"	148.21	49.09	201.91	1.83			
	"金牛能源"	144.13	125.19	15.13	1.78	232.50		232.50
山西	全省	1 947.88	2 145.71	-9.22	13.38	1 505.05	837.00	2 342.05
	"太原狮头"	142.00	150.94	-5.92	7.29	145.70		145.70
	"阳泉煤业"	92.33	93.84	-1.61	4.74	77.50		77.50
	"智海集团"	82.37	68.79	19.75	4.23	155.00		
	"长治钢铁"	74.93	80.77	-7.23	3.85			
	"冀东水泥"	50.83	61.04	-16.72	2.61	31.00	139.50	170.50
内蒙古	全区	3 187.16	2 680.31	18.9	21.90	1 385.60	344.20	1 729.80
	"蒙西水泥"	742.83	656.22	13.20	23.31	325.50	155.00	480.50
	"冀东水泥"	372.37	232.20	60.36	11.68	232.50		232.50
	"西水股份"	182.30	175.16	4.08	5.72	62.00		62.00
	"乌兰水泥"	123.76	118.94	4.05	3.88	310.00	155.00	465.00

来源:数字水泥

华北市场目前还主要以"冀东水泥"和"金隅水泥"两大企业唱主角,尤其是"冀东",除北京外,都有"冀东"的企业,不排除通过收购,"冀东"直接进入北京的可能。但地区水泥企业的实力也不可小觑。随着北京奥运会效应发挥、天津滨海新区、河北曹妃甸特别是南堡油田开发以及山西、内蒙的能源基地建设,华北这个我国北方最大水泥市场的消费有望逐步提升。

区域现状

京津冀 —— 北京、天津地区巨大的消费需求和市场缺口,使其成为华北市场争夺的主要焦点。奥运前期,周边的河南、山西和山东等地的水泥凭借交通便利的优势大量运入,结果将市场打入冷宫,拖欠货款成了水泥市场一大公害,随之上述地区企业纷纷撤离，供需矛盾有所缓和。浙江民营企业“立马”进入北京后，其不赊销的理念被市场所接受，使市场秩序逐步恢复。

“金隅水泥”自2006年开始进行一系列收购，大幅提高了北京、河北地区水泥企业的集中度，2008年1～11月份，“金隅水泥”产量540万吨，比重占到北京地区产量的68%，但其对市场的供应能力仍然有限，因为北京近一半的水泥用量需要依赖外地供应。

国家产业政策已明令禁止在北京、天津新建水泥厂，河北成为惟一能在京津地区允许新建水泥产能的省份，虽然“冀东水泥”和“金隅水泥”都有一定的产能规模，但由于市场需求量大，都未能够主控市场。为此，“冀东水泥”今年在唐山同时新建三条线，又欲在京津地区南大门保定再建新线，从南北两个方向打通进入京津的通道；“金隅”内外整合后，沿京广线布局14条生产线，熟料产能超过1 000万吨，又在河北北部重镇张家口、承德再投新线。石家庄、邯郸、邢台是河北省传统的水泥生产基地，100万以上规模的企业也有多家。在“十一五”期间，国家开发银行计划为滨海新区的基础设施建设提供累计500亿元的政策性贷款。

山西 —— 是全国煤炭大省，煤炭产业是山西省经济发展的重心，水泥发展滞后，集中度低，连年处于亏损，是全国效益最差的一个省份。经过近几年我国水泥行业如火如荼的大发展，山西省水泥产业相对其他省份来说，还有很大的空间和诸多有利条件，比如丰富的煤电资源、混合材资源、未出现主导龙头等，这些因素吸引了一些大企业的目光。国家开发银行等5家银行决定贷款1 750亿元支持山西的公路建设。

“冀东水泥”在大同、忻州保德、吕梁交城卦山、运城闻喜贯穿全晋布局，并不断向纵深发展，将山西作为连接河北、陕西、内蒙古的战略要点，完成对整个华北市场的布局，这是2008年“冀东”在华北市场的重要落子，其战略意义将对今后华北市场产生重要的影响。另外浙商“金圆水泥”与“上峰水泥”分别在太原、晋中投资，宁夏“赛马实业”在阳泉建线，天瑞集团也在运城规划建线。这几家企业的发展有望改变山西省水泥现状，山西正处于格局重新调配中。

“大同水泥”的易主给了我们一个启示，水泥是长线投资，在市场并购整合过程中，不仅要考查收购企业的资金实力，更要了解其有无从事水泥专业的背景。

内蒙古 —— 内蒙古的工业基础较差，起步较晚，但近年来经济发展节奏加快，水泥需求持续增长，带动水泥产业快速启动，是全国少数几个保持高增长率的区域之一。

尽管内蒙古广泛的地域分布，发展不平衡，但本地企业“蒙西水泥”、“西水股份”和“乌兰水泥”等经过多年发展，在当地具有相当的实力。“蒙西水泥”是内蒙古产量最大的企业，今年1～11月份水泥产量达到了743万吨，占到全区产量的23%，规模还处于不断扩大之中，已建熟料产能325万吨，在建155万吨，具有很强的粉磨配套能力；“乌兰水泥”水泥产量占全省的3.88%，但熟料产能与蒙西水泥相当（已建310万吨，在建155万吨），熟料与粉磨生产能力有些失衡；“西水股份”是上市公司，有“高盛”背景，只有1条日产2 000吨生产线，与其在股市上的表现，有一定的反差。

“冀东水泥”将内蒙古作为重点投资发展区域，1～11月份水泥产量同比增长了60%，达到372万吨，占地区产量的12%。究其原因，内蒙古地区为“冀东”带来丰厚收益，单线利润超过1亿元。这说明，区域市场的差异，能使企业同样的生产能力取得截然不同的效果。

企业动向

“冀东水泥” —— 2008年“冀东水泥”在“三北战略”基础上，确定了“扩大既有区域优势，拓展新的发展区域”的方针，稳健推进区域领先的发展战略。华北地区是“冀东水泥”未来三年最看好的目标市场，成为其战略核心地区。目前“冀东水泥”已经全面涉足了华北地区的五个省市，是该区域最大的水泥生产企业，1～11月份的水泥产量达到了1 240万吨，占华北区域的产量的8.5%。

“冀东”具有明显的区位优势：在河北已有1 200万吨的熟料产能，2008年取得了保定地区布线建设的“许可证”，加强了从南部方向合围京津市场的有利位置，拦截了“金隅”北上的通道；山西和内蒙古有丰富的煤炭资源，正处在经济发展期，为此，“冀东”及时调整战略，加快、加大在发展中的市场投入，“十一五”期间全力投入该区域的生产线建设，作为市场优先发展目标。看好“冀东”，已成为共识。

“金隅水泥” —— 是当前华北市场上唯一能与“冀东水泥”较量的企业，市场主要集中在北京、天津和河北，1～11月份水泥产量1 100万吨，占华北市场7.5%，已建、在建熟料产能超过1 100万吨，规模接近“冀东”，实力可见一斑。近几年，“金隅水泥”通过加强内部整合，统一销售，2006年收购“太行水泥”，2007年收购石家庄“鼎新”，2008年在河北北部张家口、承德一带建线，加强对北京、河北及周边市场的控制力，并计划在香港上市，募集资金，借助环渤海概念拓展市场范围，可见其意欲和扩张雄心。

其他企业 —— 除“冀东水泥”、“金隅水泥”外，华北地区的大多数水泥企业还为本地企业（不包括外资“拉法基水泥”）。这些本地企业也具备相当的竞争实力，这些水泥企业对华北市场格局变化的作用不可忽略：例如天津“振兴水泥”1～11月份水泥产量达到了165万吨，占到天津总产量的32%；石家庄民营企业“曲寨水泥”，在石家庄市场上呼风唤雨，2008年的水泥生产能力将超过300万吨；山西智海集团拥有2条日产2 500吨生产线，以预拌混凝土为主导产业，上游向水泥制造业延伸，下游向建筑业、房地产业推进，具有明显的产业链优势，1～11月份水泥产量同比增长近20%。

评述

笔者认为，华北地区的水泥竞争格局只是暂时稳定：一方面，北京地区受奥运建设完工以及房地产投资大幅回落，水泥需求下降幅度较大，供需矛盾或将突出，若其他建设（如天津滨海新区、河北曹妃甸以及山西、内蒙的能源基地建设）能够及时跟上，有望缓和。从最新的市场信息获知，天津市的年水泥消费量已达到2 000万吨，这意味着天津市的大规模建设已初步展开，并在近年内保持较高的增长速度。

“杭州宣言”呼唤水泥市场理性发展

"Hangzhou Declaration" calls for rational development of cement market

摘自《中国建材报》 6月3日

在5月23日召开的2009中国水泥市场营销论坛上，主办方采用圆桌会议方式进行交流互动，就水泥企业如何科学布局、合理利用自身资源优势，做强做大的必要性，华东、华南水泥市场应当如何理性、健康发展，如何提升行业价值，集团化营销模式与品牌营销如何有机组合，如何维护区域内竞争秩序、促进区域市场良性发展等议题进行了深入探讨。“海螺水泥”、“南方水泥”、“华新水泥”、“冀东水泥”、“山水集团”、“华润水泥”、“台湾水泥”、“红狮水泥”等大企业集团参加了讨论。

在谈到企业合理布局时，广东水泥协会会长李黎认为，国内水泥企业如何考虑合理布局是各地区可持续发展的关键所在。政府应进行适当的干预，如果任由企业自由发展，产能将有可能严重过剩。政府的干预应该在总产能的控制层面，而不是对市场的干预。“南方水泥”郝宇明认为，目前中国水泥总体产能是过剩的，“浙江现象”将会蔓延。他建议，行业管理部门应发出更加强势的声音，引领行业发展，企业应着眼于未来，不能只看眼前利益。

华东、华南地区水泥市场始终处于过饱和状态，部分地区实行停窑限产措施，但并未能从根本上解决问题。对此，大企业集团代表也发表了各自的看法。“冀东水泥”周小丽说，企业发展到一定规模时，要做到垄断是不可能的，主要还是要通过向上下游产业渗透来促进行业发展。

对“长三角”地区的水泥产能过剩问题，上海水泥协会会长诸葛培智说，“长三角”水泥总产能约3.3亿吨（人均2 300千克），水泥需求量约2.5亿吨，过剩产能约8 000万吨，直至2010年3 000万吨落后产能退出后，还将有过剩粉磨站及新型干法产能5 000万吨。诸葛培智认为，正在走向成熟期的“长三角”地区，急需加快企业重组兼并及管理整合进程，而大企业则应承担行业自律的责任。

通过讨论，代表们在5个方面达成共识，提出了“杭州宣言”：

1. 充分利用企业、行业协会和市场的作用，积极促进水泥行业走新型工业化道路，促进行业健康和谐发展；

2. 通过正确的营销模式和手段，提高企业竞争力，提升行业整体价值；

3. 加强区域内企业间的协同合作和沟通交流，促进价格理性回归，促进行业理性发展、实现行业共赢多赢；

4. 年度聚会、企业家营销俱乐部；

5. 行业协同、市场竞合、营销提升。

有关人士认为，企业共同发出的“杭州宣言”，对呼唤市场理性、健康、稳定发展必将起到积极的促进作用。

四川水泥重建“商机”引发过剩危机

The "business chance" of rebuilding cement in Sichuan leads to excess crisis

摘自《中国建材报》 6月12日

水泥生产线还在建设，价格战却已开打。蜂拥进入四川的水泥业投资者们，突然发现自己深陷进退两难的泥沼之中。

在地震重灾区北川县，总投资6亿元的第一家灾后重建水泥企业——中联水泥厂近日即将投产；在紧邻重庆和贵州的长江港口城市泸州，总投资7亿元的赛德水泥厂刚刚破土动工，它的主要出资方之一是“摩根大通”。

与此同时，四川省内水泥价格从“5·12”大地震后最高的每吨550元，降至目前每吨420元左右，“海螺水泥”、“拉法基”、“亚东”等大企业正争相加入由中小企业发起的降价战。

价格狙击战

曾经的废墟上，灾后重建正如火如荼。在“5·12”大地震一周年之际，在四川各个重灾区随时随地可以看到这样的情景：每一家水泥厂门前，都排满了前来拉货的大卡车。

但表面上的紧俏背后，降价暗战已展开。

据重灾区之一都江堰市的水泥经销商介绍，当地生产的散装水泥价格每吨520～540元左右，而外地产水泥售价每吨为510～520元。3月份，本地的"峨胜水泥"率先降价，"拉法基"、"亚东"等大厂纷纷跟进，到4月底，"峨胜水泥"每吨出厂价由490元降至440元，5月上旬，"亚东水泥"每吨出厂价由460元变为410元。

西南民族大学水泥营销专家刘德昌副教授承认，他也没有想到水泥价格战会打得这么早、这么猛。他认为，由于灾后重建需求巨大，导致水泥价格攀升，外地水泥纷纷涌入四川和甘陕灾区，即使加上运费，利润空间依然很大。

据估计，4月份仅安徽"海螺水泥"在四川和重庆两地的总销售量就达到40余万吨，而重庆产水泥过去一年在四川市场的销售总量接近1 000万吨。这成为四川本地水泥企业最大的威胁，只有选择降价，才能让外地水泥面临更大的成本压力。

以4月份数据为例：四川省内水泥销售价格约为每吨520元，而经济较为发达的"长三角"地区，水泥仅售每吨280元，相差将近一半。刘德昌认为，只要每吨有10元的差价，外地水泥尤其是重庆水泥就会涌入四川，随着技改和余热发电技术的应用，水泥生产成本降低，传统的销售半径将大幅突破，由大企业主导的水泥价格血拼不可避免。

有四川本地水泥企业负责人表示，入川水泥价格每吨还要下降50元才会到达利润底线，自今年下半年起，震后开建的水泥生产线产能将逐步释放，水泥继续降价的趋势难以逆转。

四川"利森水泥"战略投资部主任钟明认为，近期灾区农村住房建设基本告一段落，而城镇安置房建设尚未全面展开，水泥需求暂时出现空当，也是促使水泥降价的原因之一。

"跑马圈地"现危机

巧合的是，去年"5·12"大地震当天，"海螺水泥"发布公告称，将在四川、湖南、湖北、广东、重庆、贵州6省投资15条新型干法水泥生产线。今年5月18日，四川"广元海螺"日产5 000吨水泥熟料生产线正式进入设备安装阶段。

中国水泥协会去年发布的《四川灾后重建水泥产业调研报告》披露，四川3年内每年有1亿吨左右的水泥需求，其中2008～2009年，每年将出现4 000万吨左右的供应缺口。

四川省经济信息中心经济监测处则预测，本省水泥需求为2008年9 640万吨，2009年11 520万吨，2010年10 680万吨，3年合计需求为3.18亿吨，而地震直接受损区域的水泥需求为1.32亿吨。

巨大的市场需求造成的可观缺口，让各路水泥企业和投资者心跳加快。据公开资料显示，去年5月29日，即震后仅半个月，中国建材集团就宣布在重灾区彭州投资建设1家年产量达400万吨的水泥厂。随后，美林集团斥资5 000万美元兴建震中附近的紫坪水泥厂，年产量300万吨。"利森水泥"也在另一个重灾区什邡市兴建生产线，年产量为400万吨，预计投资达12亿元。

据统计，2008年3月份以前，四川在建和拟建水泥生产线83条，合计9 970万吨，地震后又增加了33条，产能达6 000万吨，新增总产能高达1.6亿吨。加上已有的6 000万吨产能，预计到2011年，四川水泥产能将高达2.2亿吨。

刚刚结束西部调研的中国水泥协会秘书长孔祥忠警告说，按照测算，四川新建水泥项目合理年产能应控制在5 000万吨左右，资本冲动及地方政府放宽审批导致的产能过快扩张，将引起四川乃至中西部水泥市场失衡危机。

爆发于2003年前后的"浙江现象"，便是市场失衡的典型案例。2001～2004年的3年间，浙江省新型干法水泥产量年增长率高达155%，随后出现的是全行业产能严重过剩，大部分企业利润急剧降低甚至发生亏损。

"虽然有些已批复的生产线不会马上开工建设，现有生产线也会根据市场变化调整产能，但自今年下半年起，震后新建的生产线实际产能依然惊人。"孔祥忠说。

同样受地震影响的甘肃省，2008年已开工建设水泥生产线11条，其中1条日产5 000吨（"平凉海螺"），1条日产4 000吨，3条日产3 000吨，5条日产2500吨，1条日产2 000吨。中国建材集团还与该省5个市、州共签订建设6条水泥生产线的意向性协议。

目前，灾后重建工作正进入高潮，水泥需求在短时期内集中释放，让大举投建水泥生产线的企业措手不及，以至于出现这边还在建生产线，那边价格战已经开打的局面。灾后重建，让水泥产业成为最大受益者，却也埋下了投资失控的隐患。

或进或退各有盘算

虽然不少水泥企业不愿错过灾后重建的商机，但选择离重灾区较远的川、渝、黔3省交界的泸州市叙永县投资7亿元人民币，兴建1条日产4 600吨、年产200万吨新干法水泥生产线的"赛德"，显然另有打算。

"利森水泥"的钟明认为，"赛德"无疑希望在这个三角地带形成垄断，他们更看中的是周边市场的长远需求。他说，震后四川省对传统立窑水泥生产线的淘汰推迟了3年，但毕竟现有新型干法水泥生产线在全省只占三成产能，依然还有投资机会。一旦3年后四川4 000万吨立窑生产线被淘汰，新型干法生产线将填补空缺，加上西部地区大规模的基础设施建设，城镇化步伐的加快，尤其是房地产市场如果出现回暖，有可能消化近期投建的新型干法生产线产能。

不过也有来自香港等地的外来投资商，去年地震发生前本已确定在四川上马水泥生产线，震后即取消了投资计划。或许这会让蜂拥而上的投资者冷静下来，评估一下他们的投资是否足够理智。

“华新水泥” “洋”股东16亿元参与增发

"Foreign" stockholder of "Huaxin Cement" participates in stock issuance with RMB 1.6 billion

摘自《中国建材报》 6月12日

经过一番犹豫之后，“华新水泥”(600801)大股东、世界第二大水泥生产商Holcim集团终于出手，决定将通过其拥有100%权益的“HolchinB. V.”参与2009年的“华新水泥”定向增发，预计耗资约16亿人民币左右。

不过，这仅仅只是Holcim集团出击全球水泥市场的一个小动作而已。15日，Holcim集团宣布以20.2亿澳元(约合16亿美元)的价格，收购全球第三大水泥生产商“墨西哥水泥”(Cemex)的澳洲业务。

重拳出击

就在2009年4月初召开的华新水泥2008年度股东大会上，来自“HolchinB. V.”的公司董事Tom Clongh曾经表示，由于全世界正面临前所未有的金融危机，因此是否参与“华新水泥”的定向增发，董事会正在考虑之中。其后，曾一度传出消息说“Holcim”放弃参与此次“华新水泥”的增发。

金融危机阴云笼罩下的全球水泥行业仍处于低迷时期，Holcim集团却逆势重拳出击，引起市场的广泛关注。

业内人士认为，继2008年以26.95元的价格认购“华新”7 520万股A股之后，“Holcim”这次大手笔并购和参与“华新水泥”增发，表明公司对经历金融危机之后的全球水泥市场未来仍然看好。另外，“华新水泥”是目前Holcim集团在中国的唯一据点，如果放弃参与这次增发，Holcim集团所持“华新水泥”的股份至少会被稀释百分之二十以上，这并不是Holcim集团愿意看到的。

抄底全球水泥市场?

金融危机爆发之后，全球的水泥生产市场笼罩在一片愁云惨雾之中，除在中国的业务之外，包括“Holcim”在内的几大世界水泥巨头们都受到了严重的影响。

此次将澳洲业务出售给“Holcim”的“墨西哥水泥”(Cemex)，2008年度净利润同比下滑了92%，而“Cemex”2007年耗资153亿美元收购澳大利亚Rinker公司，也使得“Cemex”背上了沉重的负担。在“Cemex”收购“Rinker”之前的2006年末，“Cemex”资产负债率仅为51%，长短期负债合计75亿美元；而“Cemex”2008年末资产负债率上升到61%，长短期负债则高达193亿美元。

债务缠身的“海德堡水泥”也在近日传出正在为其马来西亚业务寻找买家的消息，之前它已经宣布出售某印度尼西亚水泥公司的股份以及在澳大利亚的业务。同样，“Holcim”也面临着不小的资金压力。

根据“Cemex”的公告，此次Holcim集团与其达成的协议，包括以20.2亿澳币出售澳洲事业给Holcim集团，其主要资产包括249座预拌混凝土厂、83座聚合采石场与16座水泥管与产品厂，在澳洲总共有348座厂房。另外，根据“华新水泥”非公开发行方案以及“Holchin B. V”. 在“华新水泥”的持股比例，参与“华新水泥”增发所耗费资金预计在16亿人民币左右。

根据Holcim集团截止到2009年3月31日的季度报告，其资产负债率已经超过60%，账面现金及现金等价物为41.55亿瑞士法郎，约合38亿美元，而短期负债为59.23亿瑞士法郎，长期负债为148.90亿瑞士法郎，负债合计约189亿美元，远超其账上现金及现金等价物。因此，此次连续出击，对于Holcim集团的资金实力将会是严峻的考验。

虽然，中国政府的4万亿投资强力带动基础设施产业，中国的水泥行业受益甚深，各地纷纷扩大水泥产能，但是，规模过度扩张给水泥行业未来的发展埋下隐患。“华新水泥”在湖北地区也面临着激烈竞争，根据最新数据，湖南常德、湖北黄岗等周边地区的水泥出厂价格及市场价格最近均出现大幅回落，幅度为20～30元/吨。

不过，虽然水泥行业面临产能过剩以及由之带来的价格下降的预期，但“Holcim”参与“华新水泥”定向增发，可能是寄希望于未来的行业整合。“华新水泥”总裁李叶青曾在公司2008年度股东大会上表示，湖北省最迟到明年，所有的立窑都会被关闭掉，届时水泥行业的集中度将会非常高，而优势企业将有机会制定行业的游戏规则。

孔祥忠：四川水泥可能重现“浙江现象”

Kong Xiangzhong: Sichuan cement may recur "Zhejiang phenomenon"

摘自《中国建材报》 6月23日

在经历了2008年产量、销售收入、利润总额均创历史新高的辉煌之后，2009年第一季度四川水泥价格开始出现“整体逆转”:川渝地区出现降价现象。

随后,一系列“危言耸听”的担忧便出现在各大报端。那么,目前四川水泥市场的现状到底怎样?是否真的会重蹈几年前“浙江现象”的覆辙?四川地区水泥目前价格的这种“不稳定情况”是什么原因促成的?该如何去化解这组“看似长远但却近在咫尺”的矛盾?

记者就此采访了中国水泥协会副会长兼秘书长孔祥忠。

记者:从协会的统计来看,您觉得目前四川水泥市场的现状如何?

孔祥忠:在去年早些时候,中国水泥协会曾就四川水泥市场问题特别起草了“四川灾后重建水泥产业调研报告”。在这份报告中,协会曾指出,考虑到3年恢复建设期后,大部分立窑及其他落后水泥生产方式将被淘汰,为避免3年恢复期后水泥市场的恶性竞争,建议四川全省新型干法水泥的发展空间控制在5 000万吨左右为宜。

但是据我们统计显示,在去年的3月份以前,四川在建和拟新建生产线就已经达到了83条,合计9 970万吨,地震后又增加了33条,产能6 000万吨。这些新生产线都声称将在2011年建成,新增加产能高达1.6亿吨。如果加上目前存在的产能,也就是说到2011年,四川水泥产能将达到2.2亿吨。

对四川水泥投产过于集中的问题,水泥协会很早以前就已经提出过警告,从目前的状况来看,两年后四川地区的产能过剩问题将会十分严重。

记者:在不久前北京举办的2009中国国际水泥峰会上,有专家曾表示,对比全国平均水泥价格而言,目前四川地区的水泥价格高得有些过分,甚至出现了一种怪现象,就是浙江东部沿海的吨水泥价格,刚好是目前四川地区吨水泥的利润。您对此有什么看法?

孔祥忠:我认为任何一个地方的水泥价格都有其自身的规律。当然,如果在供需失衡的情况下,这种规律就会被打破,甚至往畸形的方向发展。就全国水泥市场而言,目前四川地区的水泥价格的确有些偏高,就像某位专家所说的那样,浙江地区吨水泥的销售价格,刚好是目前四川地区企业吨水泥的利润。

当然,出现这种现象的原因,是有特定的历史背景的,如四川地区自去年开始就曾淘汰了一批落后产能,而落后产能的淘汰,就使得四川水泥市场空间得到了改变,直接增加了国家政策支持的新型干法的规模化拓展。与此同时,去年5月发生的汶川大地震,国家4万亿元中的绝大部分投向了四川灾后重建,直接促使了四川水泥市场价格高位运行。除此以外,四川独特的盆地地形及目前的交通运输条件,导致部分外省水泥企业虽然眼红四川的水泥利润,但却出于物流条件的限制放弃了进军四川投资的可能。以上这些原因,最终导致了四川水泥企业面临前所未有的发展机遇。

但是,这里有一个严重的问题是,自去年以来,四川省相关部门在对部分项目缺乏必要限制的情况下,大量地审批新项目,而这正是四川水泥市场出现问题的症结所在。我对这些情况是很担忧的,因为如果这些项目都上去了,按总产能规模来说,四川地区是用不了这么多水泥的。

值得庆幸的是,通过协会和地方政府的仔细调研,目前四川相关部门已经意识到盲目批准建线在未来将带来的危害性,于是采取了限制水泥生产线项目的决定。当然,以后我们在产业修订的时候,也会把这一条内容加入其中,即:如水泥投资者在拿到项目的批文以后,如果在限期内不动工,那就强制把项目收回,或者作废。

我个人认为四川水泥市场价格高涨的现象不会持续很长时间。因为几年前浙江的水泥价格也出现过600多元一吨的情况,但一两年以后就迅速地回落了。

事实上,水泥是不存在垄断的,因为唯一控制的资源就是石灰石资源。不管怎么说,让东南沿海的企业通过陆运和海运的形式运往四川,从物流的角度来说都是不合理的。物流也是一种效益资源,因此逆流而上运水泥,其本身就是一种资源浪费。

因此,要解决好四川地区目前的价格问题,最好的方式就是四川地区把自身的水泥市场处理好,即通过当地政府、协会和地方水泥企业通力合作,杜绝不合理现象。

记者:有人说,四川地区的水泥市场已经出现了过剩现象,因此在未来几年里,重蹈“浙江现象”覆辙成为必然。您对此有什么看法?

孔祥忠:对这个问题的看法,行业里面有很多不同的观点,四川水泥市场是否会重演“浙江现象”,我现在不能给你明确的答案。

我想说的是,四川地区的水泥市场的确已经出现了过剩现象。换句话说,如果地方政府、协会和水泥企业不能处理好这些矛盾的话,重蹈“浙江现象”的可能是存在的。

记者:从水泥协会的角度来讲,如何规范和引导四川水泥市场向健康方向发展?

孔祥忠:现在面临的一个问题是,地方水泥项目的核审权是属于地方政府、发改委及地方经贸委的,同时每个地方的情况又不一样。但按照规定,地方政府在核审项目的时候,需听取地方水泥协会的意见。只不过,这里面存在一个很突出的矛盾,即从水泥协会的角度来说,协会是始终站在行业利益的角度来看待问题的。一个情况就是,如果水泥协会过分保护地方利益,就会对外来水泥投资项目持抵制态度,这就对当地水泥结构性调整起到了不利影响。就政府而言,因为涉及地方的招商引资,所以这个问题会更加突出,因为政府部门都有自己的招商任务,而水泥企业往往以投资大、回报快、利润大等特点常被地方政府的招商部门看好,因此这些部门在审批新项目上往往“过于阔绰”。

所以,政府和协会应该更多地考虑整个水泥产业的健康发展,在审批新线问题上,应该综合考虑资源、环境和利润的平衡点，适度地掌握一个投资节拍，如今年该批多少？明年该批多少？尽量地去呵护和保护这个市场往健康的方向发展。

记者：有人对“海螺”、“华新”等外来大企业入川的行为表达了自己的看法。他们认为，目前这些企业高调进入四川水泥市场，其最终目的并不是为了赚取灾后重建的短期利益，其长远利益是为了整合整个四川水泥市场。

孔祥忠：这个观点我是赞成的。因为任何一个外来企业并不只是看重四川两三年的灾后重建投资，而有更大的战略意图在其中。换句话来说，如果一个外来大企业千里迢迢通过海运到四川卖水泥，又只看重这两三年的短期利益，这种行为无疑被业界称为“短视”。

这里有一个需要分辨的问题，即到底这些投资是大企业通过建线的形式，还是通过并购的方式实现？要想弄清楚这个问题，就要看那个企业当时投资的主要动机是什么。因为每个企业的投资理念不一样，这个企业的战略部署也会随之变化。

但毋庸置疑的是，大企业往往考虑更多的是整个区域市场的发展问题，而不仅仅只围绕一个点的发展。

记者：业界有人表示，目前包括重庆在内的大四川地区均出现了降价行为，而这种降价行为应该属于一种默契降价行为，其目的主要是为了排挤外省企业进入大四川地区，因为可以从随后重庆地区水泥价格的陆续下调看出来。如果这种降价现象持续下去的话，会不会出现行业血拼现象？

孔祥忠：据我们所知，目前川渝地区的这种降价，对这些地区的水泥企业来说，都还未造成盈利水平上的威胁。也许这种降价的原因在于川渝地区的水泥企业为了打消外来企业看好四川水泥市场价格的想法。但是一个不争的事实是，市场上的价格都是公开的，外来企业来或不来，不取决于某个地区的某个企业，而取决于市场的整体需求。如果一个地区的水泥供不应求的时候，价格的高位运行是可以理解的。因为价格是不能强制打压的，只能通过市场的调节来实现。

归根到底，以上现象只能说明四川水泥产业缺乏必要的龙头企业，如果这个地区有企业可以占到四川水泥市场的半壁江山，那么这种四处压价的行为就不会出现。

记者：那么，您认为四川水泥市场未来会出现像您所说的这种企业吗？

孔祥忠：我只能说，不止是四川水泥市场，整个全国水泥市场的未来发展都会向集约化、规模化方向发展。这是一个趋势，企业只能去适应，而不能去违背它。因为在任何一个市场，缺乏龙头水泥企业的现象都是一种不正常的现象。

单就四川地区而言，到底会是哪家企业未来充当这样的角色，我只能说这需要有胆识的企业主动站出来，也需要协会、当地政府的通力配合。

记者：四川地区未来水泥市场的发展趋势如何？

孔祥忠：短期内四川的基建设施还将继续提速，因此短期内四川水泥市场的价格出现下跌的可能性不是很大。因为整个四川市场的需求在那里，特别是四川的灾后重建工作，一直是国家所重视的。

因此，在这种发展形势下，今后四川水泥市场的工作重点应该是政府和协会合力保证在现有条件下如何控制总量和淘汰落后产能。具体的工作应该是，对已经批准建设的新项目和最近准备上的项目进行一个详细的调查和统计，然后根据统计的内容合理甄别；另外，在这期间应大力批准低温余热发电项目的建设，让水泥工业的发展对四川省的环境危害降低到最小。

如果以上这些问题都能进行合理的处理，相信未来四川水泥市场的价格一定会向健康的方向发展。当然，如果职能部门继续毫无限制地审批新项目的话，就会对原有的水泥项目造成一定的影响，到那时，水泥产能的整体过剩和重蹈“浙江现象”就将变为现实。但总体来说，四川水泥市场的未来并不是像部分人想象中的那么坏。

水泥产能过剩不容忽视

Excess of cement production capacity cannot be ignored

摘自《中国建材》 2009年9期

温家宝总理8月26日主持召开了国务院常务会议，研究部署抑制部分行业产能过剩和重复建设，引导产业健康发展。钢铁、水泥、多晶硅等新兴产业也出现重复建设倾向。

水泥投资过热和产能过剩

2003年是我国第一轮新型干法投资高潮，是新型干法生产线从零星布点到逐步取代立窑的过程，全年水泥行业投资在建项目813个，总投资809.15亿元。而第二轮(2007～2009年)的水泥投资在上一轮发展基数之上已连续3年出现高速增长，且不论是从投资额、投资增速还是持续时间看，都远远要高于上一轮的高潮。2008年全年水泥投资增长60.76%。2009年1～5月水泥投资仍然延续2008年的强势，增速更是达到了78.58%，在高位保持高速增长。2009年1～7月，全国完成水泥投资881.63亿元，同比增长

65.84%,投资规模比2008年同期净增350.35亿元。

2008年建成投产的新型干法生产线132条,新增水泥产能达2.1亿吨。在国家4万亿投资的拉动下,2009年1~7月水泥产量迅速上升,达到了8.78亿吨,同比增长15.90%。预计今年投产新型干法生产线120条,新型干法熟料生产能力将达9.4亿吨,全国水泥熟料生产能力达13.4亿吨,比2008年增加4 000万吨,水泥生产能力22亿吨,比2008年增加1亿吨。

需求快速增长,但是产能增长得更快,这些新增产能的释放增加了2009年水泥市场的供给压力,致使市场逐渐走软,形成有市无价的尴尬局面。我们了解的情况是:全国大部分省市或地域皆存在不同程度的产能过剩,只有西部和少数边远地区,新型干法还有发展的空间。

虽然国家提出了支持大企业集团的并购重组,但是跑马圈地式的新建生产线显然对水泥企业更具吸引力。2008年,10家大型水泥集团新建生产线44条,其中日产5 000吨级的37条;新增产能占全国新增产能40%。这些大企业无疑成为了产能扩张的领跑者。然而水泥行业还有数以千计的大中型企业,由此产生的"羊群效应"不可小视,投资水泥的热潮后浪推前浪。

水泥产能过剩的"度"

水泥投资过热,势必造成产能过剩。但产能出现过剩也有它的道理,对此,在行业内外曾经多次讨论。水泥产能总量大于需求,多年来也一直存在。首先,就水泥的需求而言,随着经济周期的变化而变化,而且,在一年中因施工的淡季和旺季而不同,对于不可长期储存的产品,按照最大需求配置生产能力,在某一时期出现产能大于需求的状况可以说并不意外;第二,优胜劣汰、适者生存,这是市场经济运行的规律。没有充裕的产能,就难以淘汰落后生产能力。因此有人说,产能过剩是市场成长过程的产物,是市场发展的必然。

任何事物的发展都有一个"度",超过了这个"度"就会走向反面。在工信部举行的2009年上半年工业、通信业经济运行情况新闻发布会上,新闻发言人朱宏任表示了政府主管部门对水泥等行业产能过剩的担忧。他指出,从市场经济本身来说,只有过剩才会有竞争,但是如果因为各种原因不考虑市场情况,盲目投资,片面地扩大生产能力,造成产能严重过剩,就可能会给社会的生产力带来很大的损失。

上世纪90年代,水泥产能利用率平均达到81%的水平,当时由于产业结构和技术上的原因,运转率低、日产不达标并非是个别现象。进入新世纪,水泥技术装备的进步和管理水平的提高,尤其是新型干法水泥比重的大幅增长,都会提升水泥产能利用率。

据全国第二次经济普查数据和中国建筑材料联合会统计,2008年末全国水泥生产能力21亿吨,而当年水泥产量只有14亿吨,水泥产能利用率非但没有提高反而有较大幅度的下降,利用率的下降无疑是资源的浪费,这就是市场对产能过剩的鞭挞。

"浙江现象"的根本问题是产能过剩

"十五"期间,地处改革开放前沿的浙江省经济快速发展,对水泥等大宗原材料的需求急剧上升。当时浙江水泥工业相当落后,新型干法水泥比重只有2%,水泥工业的发展和结构调整也迫切地需要资金和技术的支撑。当时水泥行业内新型干法水泥技术正处于发展、提高阶段,浙江水泥行业在省政府和全国水泥行业的支持下,在满足经济发展对水泥的需求的同时,克服了种种困难平稳地使立窑等落后产能退出,改变了立窑时代污染环境、浪费资源的状况,所取得的成效显而易见,成为新型干法水泥比重在全国领先的省份,成为水泥工业技术结构调整的先行者。限于当时条件和经验不足而导致的问题,不要求全责备而应在结构调整的框架内逐步地加以解决。但是从2005年以来,浙江省水泥市场不旺,企业经营困难,全行业经济效益下滑。这是在技术结构调整基本完成后发生的,因而出现了对于浙江水泥结构调整的争议。

如果把上述问题和浙江水泥结构调整笼统地捆绑在一起来说的话,最大的问题是在结构调整的过程中,忽视了市场的需求。更确切地说,浙江水泥市场的长期疲软不是结构调整本身的问题,而是产能过剩的结果。当时由于过高地估计市场、过度地进行水泥投资,新型干法产能的扩张,过大地偏离了市场,因而在随后的几年中始终受制于市场的矫狂。我们重提此事,就是要从浙江水泥的发展过程中吸取经验,避免"浙江现象"的复制。

把握结构调整节奏,以市场为导向,促进行业健康发展

当前我国水泥工业的结构调整已经取得了可喜的成绩并且正在积极向前推进,但是认识上的不一致和行动上的背道而驰会给结构调整带来负面的影响,因此,通过交流求同存异,把握推进结构调整节奏,促进行业健康发展是十分重要的。

1. 浙江水泥市场的变化,深刻地说明了产能过剩给行业和企业带来的危害。

2003年国务院办公厅转发发展改革委等部门关于制止钢铁、电解铝、水泥行业盲目投资若干意见的通知(国办发[2003]103号)中指出,钢铁、电解铝、水泥等3个行业的在建项目生产能力大大超过了预期需求,必将导致生产能力过剩、市场无序竞争、浪费资源和污染环境,甚至造成金融风险和经济社会其他方面的隐患。如果不是当时采取积极有效措施,产能过剩的范围和带来危害会更大。

8月26日温家宝主持召开国务院常务会议,研究部署抑制部分行业产能过剩和重复建设,引导产业健康发展。钢铁、水泥多晶硅等新兴产业也出现重复建设倾向。令人深省的是,为什么时隔不久产能过剩又卷土重来了,事实说明,如果脱离市场来搞结构调整,脱离市场的需求盲目发展,就难

免出现一个又一个的“浙江现象“。

2. 从我国水泥行业发展的实际情况来看，技术结构调整时机往往先于组织结构调整的时机。

浙江水泥在技术结构调整中，出现了一批不大不小（百万吨上、下规模）的新型干法水泥生产企业，彼此之间势均力敌，谁都没有明显优势。浙江水泥企业的平均规模虽然超过了当时的全国平均水平，而产业集中度却低于全国的平均水平，至使后来的组织结构调整难度很大。如果在立窑企业退出的过程中有整合重组的引导、有大企业集团的布局，就有可能出现事半功倍的效果。

3. 在节省资源和能源方面，既要考虑产品的能耗，又要考虑综合因素，通过结构调整来解决。

例如，一条新型干法生产线的建设，从土地的征收、居民搬迁到设备制造、工程建设等等所消耗能源、资源的代价是要使它能够长期运转（例如30年、50年以上），如果生产线运转几年就被迫退役，显然是资源能源的巨大浪费。现在，美国的水泥行业尚有一定数量的湿法窑在运转，“拉法基“在北京地区的两个日产1千吨熟料新型干法生产线其产品仍颇具竞争力。难道我们的些新型干法线不久就应该面临淘汰而没有改进办法了吗?

4. 水泥行业属于资金密集型的行业。

在目前很多地方政府还存在追求GDP快速增长机制条件下，刺激了地方不顾资源和环境条件，通过直接和间接手段配置土地、信贷资源，盲目发展水泥。甚至有的地方政府直接干预企业的投资，在一些被认为根本不具备条件的地区发展水泥工业，在有条件的地方则是大力招商引资，重复投资，透支当地资源，从而地方间形成恶性投资竞争，使产能扩张难以抑制。

5. 过度强调规模优势，新建的新型干法生产线规模越来越大，忽视市场实际容量和增长空间。

当新的产能释放后，不得不超出水泥的经济运输半径，进行大范围的跨区流动，结果是导致过度的市场竞争和产能过剩。大中小企业的互相搭配和合理布局有利于行业的发展和资源配置的优化，这在不少的行业中已形成共识。具体到水泥行业，结构调整的方向是否要使小企业全部出局？也是我们需要探讨的问颧。

6. 提高准入市场门槛，不应一味单纯强调结构调整的绝对量而应以市场为导向。

综合考虑资源等各方面条件，合理布局，以形成长期、持续性的竞争力，从而推动产业不断升级。水泥销售自身具有很强的区域性、季节性周期，和经济发展紧密相关的特点。因此，水泥产业在结构调整时必须因地、因时、因势，并且要客观地分析潜在需求，适应消费需求变化的趋势。

综上所述，水泥行业要实现行业的健康发展，就要积极推进发展战略的转变，摆脱对传统路径的依赖。企业扩展要保持理性，合理布局；建议金融机构对水泥工业并购重组的支持力度要大于新建生产线的力度；政府对水泥新增产能要进行有效控制，严格项目核准，提高新进入水泥产业的准入门槛；制定相关的政策鼓励相引导企业走兼并重组扩张之路，着力培育龙头企业，提高竞争力。

抑制产能过剩纳入政府问责

Bring the restriction of excess of production capacity into government accountability

摘自《法制晚报》 10月19日

国家发改委等10部委19日联合召开信息发布会，通报钢铁、水泥、平板玻璃、煤化工、多晶硅、风电设备六大领域产能过剩、重复建设问题突出，为调控重点。发改委要求政府部门以及金融机构，严格市场准入，依法把好土地、环保、信贷、产业政策和项目审批关，对违反政策规定工作严重失职或失误造成重大损失与恶劣影响的行为，实行问责追究。

为应对国际金融危机的冲击，我国出台了一系列刺激经济政策。但是，在政策效应初步显现的今天，不少领域产能过剩、重复建设问题仍很突出，有的甚至还在加剧。

为此，国务院9月26日印发了《国务院批转发展改革委等部门关于抑制部分行业产能过剩和重复建设引导产业健康发展若干意见的通知》，明确钢铁、水泥、平板玻璃、煤化工、多晶硅、风电设备六大领域为调控和引导重点。同时，电解铝、造船、大豆压榨等被列入产能过剩矛盾比较突出行业，希望引起各地各部门的重视。

根据《若干意见》，国家将进一步提高钢铁、水泥、平板玻璃、煤化工产业的市场准入门槛，对多晶硅、风电设备等新兴产业将及时建立与完善准入标准：未通过环境评价审批项目一律不准开工建设；对不符合产业政策、未按规定履行审批或核准手续的项目，一律不得供应土地，金融机构一律不得发放贷款；加强6大产能过剩行业项目审批监管，原则上不再批准扩大产能的项目，不得下放审批权限，严禁化整为零、违规审批；做好企业兼并重组等。

水泥业或借调整产能进入“新战国时代”

Cement industry may enter "new warring states period" By production capacity regulation

摘自《人民政协报》 10月20日

水泥产业“春天不再”

从水泥行业的现状来看，或者仅以目前国内水泥的价格来看，说水泥行业到了生死攸关的关头或许有点过分:8月份以来，水泥价格一度“跳水”的华东和东南区域部分省份的水泥价格开始回暖，8月中旬，苏南及浙北区域水泥企业同时将熟料价格上调10元/吨;8月下旬至9月初，“南京海螺”提价20元/吨;江西地区水泥价格上涨10元/吨;9月上旬，吉林、苏南、上海、福建、湖南、“珠三角”等地的水泥价格纷纷上涨，上涨幅度一般在15～20元/吨。在国庆节前的一周，浙江、江西两省及武汉市水泥价格第二次上调价格，幅度在10元/吨，“珠三角”则开始第三次提价。价格的上调是否意味着水泥行业总体状况的好转？在这个时候提出产能过剩的观点，是不是合适呢？

“此次的价格上涨是企业借旺季到来的契机弥补亏损的行为。”金州证券建材行业分析师周欣欣说，不能把价格的上涨单纯地理解为水泥行业的回暖。他说，此次价格上涨，很大程度上是由于目前已经进入施工旺季，对水泥的需求有所增加，在这个契机下，企业为了弥补之前价格急剧下跌造成的亏损，而采取的行动。一个明显的信号就是，此次水泥价格上涨的地区，都是之前价格下跌幅度较大的区域。“水泥产品具有很强的区域性特征，它的价格自然也‘继承’了这一特征。”周欣欣说。但是，这并不能掩盖水泥行业举步维艰的事实。

今年5月，水泥产品价格探底，水泥产能过剩的问题就开始浮出水面。9月初，工信部下发的《水泥行业准入条件(征求意见稿)》，其中明确要求各地严格控制新建水泥项目，9月30日，国务院批准多部委抑制部分行业产能过剩的意见，其中对水泥行业的主要意见包括：严格控制新增水泥产能，执行等量淘汰落后产能的原则，对2009年9月30日前尚未开工的水泥项目一律暂停建设并进行一次认真清理，对不符合上述原则的项目严禁开工建设。

行业准入门槛的提高随之而来的是相关信贷的收紧，记者从某商业银行相关人士处获悉，虽然没有明文规定，但商业银行已经对一些产能过剩的行业进行了“重点调控”，其中不仅包括被发改委点名的6大行业，有些银行还将调控的范围扩大到了房地产、城投企业等。

价格的下跌和政策的收紧，在水泥行业内部已经掀起了一场血雨腥风。“目前江苏水泥市场可以用血腥的岁月形容。”在8月的一次水泥行业投策会上，江苏盘固集团副总经理徐宏斌这样说，“主要原因是以“海螺”、“南方”、“金峰”、“盘固”为主的大企业产能增长迅速，导致供需失衡。如果区域内企业不进行价格协调或者协调不成功，这种血腥厮杀会持续下去。”

大型企业不担忧淘汰产能

根据中国政府网公布的数据，2008年，全国共有水泥企业4 350家，水泥产能18.7亿吨，全国在建和拟建项目全部建成后，将新增水泥产能8.3亿吨。如果三年内不能淘汰落后水泥生产能力，届时水泥总产能达到27亿吨，生产能力将严重过剩。因此，国务院2009年38号文件明确规定，地方政府需指定在2010～2012年三年内彻底淘汰落后产能的时间表，按照行业标准坚定不移地淘汰落后产能，实现水泥产品结构的彻底调整。

这一要求在我国的大型水泥企业中，却没有引起想象中的“地震”作用。目前“海螺水泥”的产能处于完全释放的状态，淘汰落后产能对我们的影响不大。“海螺水泥”相关人士表示。该人士介绍说，虽然我国水泥行业有3亿吨剩余产能，但按照行业标准，约有4亿吨产能会被淘汰。即使限产，也会从不符合行业标准的落后产能开始限起，“海螺”的生产不会受到什么影响。

资金雄厚的大型水泥企业不仅拥有生产技术上的优势，面对发展的十字路，他们还有另外的一个选择：进入下游混凝土行业。“作为上游的原材料产业，水泥不能引领下游市场，其发展受益于投资业受制于投资；而从水泥投资的情况来看，一些区域市场供大于求的局面正在形成，因此，水泥企业要生存和发展，根据自身情况向上、下游产业链延伸是必然的选择。”中国建材联合会副会长徐永模说。目前，许多跨国水泥企业都已经将触角伸向了混凝土行业，一些水泥龙头企业也已经先行一步：目前，“华润水泥”、“北京金隅”等都纷纷已进入水泥的下游行业混凝土行业。

如果说上述两个原因令大型水泥企业并不“恐惧”国家正在着手的淘汰产能的举措，那么另外的一个原因则使得他们甚至欢迎相关的举措尽快进行。那就是在9月30日国务院批准的多部委抑制部分行业产能过剩的意见中明确提到，对落后水泥产能还比较多的省份，支持大企业重组联合，通过等量置换落后产能建设新线，推动淘汰落后工作。这一规定为大型水泥企业进行行业整合打开了方便之门。

“重组潮”再起全国或重新布局

按照我国2007年发布的全国重点支持结构调整的水泥企业目录，全国共有60家重点支持企业，其中有12家全国性大型水泥企业，48家区域性大型水泥企业。而目前全国的水泥企业总数有5 000多家。有关分析人士认为，未来的产业价格调整主要应是向60家企业倾斜，其中重点支持12家全国性大型企业进行兼并重组。

比起在重组路上跑得风生水起的大型水泥企业，一些中小型水泥企业，尤其是产能过剩问题比较突出的东部地区的中小型水泥企业的日子，就显得艰难多了。浙江“利云达水泥”营销总经理蒋国有说，浙江水泥的产能过剩问题由来已久，每年，浙江水泥企业都会开会探讨限产保价的问题，但是浙江自己的企业限产了，外省输入的水泥又进来，使得限产保价的效果并不理想，供需矛盾难以解决。浙江的一家水泥企业投资人也表示，水泥行业是个高负债、重资产的行业，一旦投资，想退出是很困难的，而且长期停产的亏损也十分严重，因此，只要不亏得太多，大家都会选择继续生产，导致行业竞争日趋激烈。近日，“中国建材”组建了“南方水泥”，旨在对浙江水泥企业进行整合，面对淘汰落后产能的政策，很多技术手段落后的中小型企业面临着被淘汰或被兼并的命运。

“水泥行业提高集中度，既可以对产能有更好的控制，也有助于提高整个行业的发展水平，应该说，是水泥行业发展的必经之路。行业无序发展导致供需矛盾，而供需矛盾又引起了产品价格下跌甚至企业的破产，这并不仅仅是发生在水泥行业的事。一些企业在产品价格走高时盲目扩大产能，生产线无法达到要求，企业又缺乏核心竞争力，在现在的条件下遇到困难或被大型企业兼并，并不是什么稀罕事。”周欣欣说。

发改委方面也对市场的调控作用寄予很大希望：“很多人都认为淘汰落后产能要靠政府，但我觉得还是要靠市场，这样成长起来的企业才具有竞争力。”国家发改委产业协调司处长刘明对记者说。

产能调控　重庆水泥洗牌在所难免

Production capacity control and regulation; cement shuffling in Chongqing unavoidable

摘自《重庆晚报》　10月21日

10月19日，国家发改委官员表示，现已将钢铁、水泥等六大行业列入重点调控目录。在国务院近期印发的一份通知中，钢铁、水泥、平板玻璃、煤化工、多晶硅、风电设备六大行业被确定为调控和引导的重点。

从全国来看，重庆水泥市场过剩问题算是比较严重的。实际上，市政府对全市水泥过度投资、产能过剩早有警惕，去年曾出台专门文件明确指出目标：2008～2012年，累计新增新型干法水泥生产能力4 100万吨，淘汰落后产能1 000万吨以上。

重庆水泥协会负责人表示：“重庆水泥再不从严控制产能过剩，最终是没有出路的，重庆水泥行业必然面临一场洗牌。”

银行严把信贷政策界限 有效抑制水泥等过剩产能

Banks hold credit policy limit strictly, inhibit production capacity excess such as cement effectively

摘自《金融时报》　10月23日

10月19日，国家发改委等十部门联合宣布，对钢铁、水泥、平板玻璃、煤化工、多晶硅和风电设备等产能过剩行业，国家有关部门将原则上不再批准扩大产能的项目。此前，国务院常务会议已经研究了这一问题，国务院还批转了发改委等部门关于抑制部分行业产能过剩和重复建设引导产业健康发展的若干意见。

抑制产能过剩一直是我国政府关注的重点问题，为何此时又被推上前台成为调控对象？银行业应该如何严把信贷政策界限，才能有效抑制产能过剩？该措施对资本市场会有什么影响？

在克服国际金融危机影响、我国经济数据喜讯频传的今天,政府及时出台对过剩产能的压缩政策适当其时。业内专家表示,宏观调控更加注重推进结构调整,更加重视经济发展的质量。银行业如能从严把握信贷政策界限,对有效抑制过剩产能意义重大。

近年来,消费结构的不断升级和工业化、城镇化进程的加快,带动了钢铁、水泥、电解铝等行业的快速增长。但由于经济增长方式粗放,体制机制不完善,这些行业在快速发展中出现了盲目投资、低水平扩张导致生产能力过剩等问题,给经济和社会发展带来了诸多负面影响。目前更多专家担心的是,为了应对金融危机带来的“库存过剩”威胁,倾向于“铁公基”的4万亿元刺激计划帮助过剩产业部门“去库存化”的同时也造成了钢铁、水泥、玻璃、化工等过剩的上游部门的扩张冲动,产生“重新过剩化”,而且重新过剩化的规模甚至要高于原来的“库存”。前不久,国务院和发改委同时警示对钢铁、汽车以及新能源行业的产能过剩问题。所以,对于目前经济复苏来说,仅有速度是不够的,产能过剩如果得不到有效控制,经济也就难以可持续发展。

长城证券宏观分析师吴土金表示,适度宽松货币政策驱动的中国式复苏已无悬念,货币驱动的经济回升将进一步体现在未来几个季度的经济指标上。在经济总量指标即将重新步入高增长区间,保增长第一阶段任务顺利完成之后,需要更多关注中国经济的内外部失衡问题,以及本轮宽松刺激政策对经济结构的影响。为了缓解内外部压力,保证经济增长的可持续性,当前需要将宏观调控的重点由总量转向结构。

实际上,金融主管部门的信贷政策一贯秉承的都是优化贷款结构,坚持有保有压。央行、银监会为了配合国家宏观调控和产业政策调整,更曾多次出台指导银行业优化结构调整的政策措施。毕竟,信贷投向产能过剩的行业,不仅影响经济结构的调整优化,势必加大信贷自身的风险,最终影响银行业的资产质量。

央行副行长马德伦日前也再次表示,要加强政策指引,积极推进信贷结构调整,处理好保增长和调结构的关系。要积极引导金融机构,落实有保有控的信贷政策,积极加强对中小企业就业薄弱领域的信贷支持,限制对产能过剩和重复建设的贷款,提高信贷质量和效益。他强调,这是处理好当前与长远经济稳定发展的关键所在。

近日,银监会主席刘明康在银监会第四次经济金融形势分析通报会上也强调,银行业金融机构要密切跟踪宏观经济走势和产业结构调整趋势,科学把握信贷节奏,加强风险管理的制度和机制建设,落实国家各项宏观调控和产业政策,在支持国家经济发展的同时,继续保持银行业的稳健运行。

对外经贸大学金融学院副院长丁志杰对本报记者表示,各银行业金融机构要切实加强风险管理,进一步优化信贷结构就必须坚持“区别对待、有保有压”的方针,其具体体现就是用信贷的“闸门”把好“保什么”与“压什么”的关口。商业银行要围绕国家“保增长、扩内需、调结构”的要求,以及国家产业政策、产业调整和振兴规划的实施,将信贷资源有效配置到国家重点支持和鼓励发展的领域,严格限制对“两高一资”、产能过剩行业的新增授信。与此同时,商业银行还要从授信尽职调查、贷款发放等环节把好关,绝不能脱离客户的有效信贷需求发放贷款。

试想,如果当前对于产能过剩行业所带来的风险没有高度关注,后果会怎样?近日,国家发改委已将产能过剩的钢铁、水泥、平板玻璃、煤化工、多晶硅、风电设备六大行业列为调控和引导的重点。以钢铁为例,目前的生产能力是6.6亿吨,需求4.7亿吨,过剩1.9亿吨,现在还有5 800万吨的在建项目,过剩异常严重。而部分这样的企业可能目前发展速度较快,表面经济效益较好,不少金融机构争相追捧,其实信贷风险正在加剧。未来最终风险还是会落在银行身上。

丁志杰认为,2009年以来,虽然银行业不良贷款继续实现“双降”,但在不良贷款数据“双降”的背后,信贷高增长下的风险隐患也在积聚,需要高度重视,有效化解。尽快抑制产能过剩,把有限的信贷资源引导和集中配置到调整存量、优化增量,培育新的增长点上,不仅对实现产业的良性发展,而且对转变发展方式,实现经济未来可持续发展具有重要的意义。正如刘明康所言:“要从严把握信贷政策界限,切实加强重点行业授信管理,做好授信风险监控。坚决贯彻落实国家经济结构调整政策,继续做好有保有压工作,加大对国家重点工程、小企业、三农、保障性住房、重大科技专项、高门槛、不可替代型服务性行业以及节能减排等行业的信贷支持”。

抑制产能过剩具体措施将于年内出台

Specific measures about production capacity excess inhibition will be released within the year

摘自《证券时报》 11月5日

国家发改委产业协调司巡视员熊必琳11月4日在“2009中国国际节能环保论坛”上透露,根据38号文件抑制产能过剩的几个原则和政策导向,未来将严格市场准入,尽快发布引导产业发展的产业结构调整指导文件,相关内容年底之前基本上可以出台。其基本原则就是更多地用市场机制来引导,更多地用标准来约束。

首先,对钢铁、水泥、平板玻璃、传统煤化工产业要进一步提高能源消耗、环境保护、资源利用方面的准入门槛,这和目前所提到的低碳经济是关联的,重点是对于更多的排放要进行约束。而对于多晶硅和风电设备等新兴产业,则要尽快的建立和完善准入标准,避免盲目和无序建设。

其次,强化环境监管。发改委准备和环保部一起开展区域产业规划环境影响评价。在这个区域内对钢铁、水泥、平板玻璃、多晶硅等这些高耗能、高污染的项目进行评价,必须得在规划中,否则一律不能开工。

最后,依法、依规供地和使用土地。具体政策措施中会出台一个工业项目建设用地以及相关供应建设的用地指标,如果达不到要求,项目一律不准批准。并且,这次在文件中明确规定这六大产业项目的核准已经由地方拿到中央,全部由发改委审批。如果地方违规批准了,有第八条问责制,严肃处理。

对于部分行业产能过剩的现状,熊必琳以钢铁行业为例介绍说,去年我国钢铁产量5亿吨,产能6.6亿吨,还有5 800万吨在建,加一起7亿多吨,但由于外部需求下降,今年估计有5千万吨钢材直接出口,以及3 000万到5 000万吨的间接需求减少,加在一起有8 000多万吨。但产量方面,今年前9月国内钢铁产量4.2亿吨,7、8、9每个月钢材产量5 000万吨,全年预计有5.5亿吨,增幅12%超过了GDP,这显然是产能过剩。

又比如水泥行业,目前也面临同样问题,国内去年水泥产量14亿吨,今年可能要到16亿吨,产能18.7亿吨,根据统计,目前还有418条线,6.2亿吨产能在建,及2.5亿吨产能拟建,加一起国内水泥产能将达到27亿吨,去年全球水泥产量是28亿吨。

四川利用余热发电 水泥厂也是发电厂

Sichuan utilize remnant heat for power generation; cement plant is also power plant

摘自《成都商报》 11月16日

通过与欧盟合作的清洁发展机制项目,四川开始大量用水泥厂余热、钢铁厂余热余压等发电,把工厂原本浪费的能源利用起来,既减少碳排放,又开发更多能源。昨日,在成都举行的中国-欧盟清洁发展机制(CDM)促进项目四川研讨会透露,国家发展改革委批准的2 203个清洁发展机制项目中,四川省有214个,占全国总数的10%;这些项目每年减少温室气体排放量达4 000万吨二氧化碳当量,约占全国总量的8.6%。

参会的国家发改委CDM项目管理中心主任杨宏伟透露,已获批准的四川项目中,包括水泥厂余热发电、钢铁厂余热余压发电等项目,大多都能在灾后重建中发挥作用。

一举多得 水泥余热用来发电

“灾后重建需要大量的水泥,而水泥厂的大量余热能利用起来发电,就一举多得。”杨宏伟介绍,四川在灾后重建中可以大量利用清洁发展机制,既能减少温室气体排放,对实施企业而言也能实现一定经济效益。

据了解,所谓水泥余热发电,一般是对水泥窑在熟料煅烧过程中窑头窑尾排放的余热废气进行回收,然后通过余热锅炉产生蒸汽带动汽轮发电机发电。公开资料显示,1条日产5 000吨水泥熟料生产线,大概每天可利用余热发电21~24万千瓦时,可解决约60%的熟料生产自用电,产品综合能耗可下降约18%,每年节约标准煤约2.5万吨,减排二氧化碳约6万吨。

杨宏伟介绍,根据中国-欧盟CDM促进项目的规则,中国每减排1吨二氧化碳,这个指标就可以每吨十几二十美元的价格“卖给”欧盟方,实际等同于由欧盟方出资完成这个减排项目。“如果每个水泥厂每年减排二氧化碳五六万吨,按每吨15美元计算,就可以获得CDM促进项目欧盟方的75~90万美元的资助。”

灾后重建 四川CDM项目机会多

“除了水泥余热,钢铁厂的余热余压都可以用来发电。”杨宏伟透露,钢铁和水泥两大块在应用清洁发展机制中具有广阔的前景。他告诉记者,除了四川丰富的水力资源非常符合CDM要求外,灾后重建带来了对建筑材料的大量需求,必然会有大量企业投资水泥、钢筋等生产,利用这些产业中类似余热发电技术等,非常符合CDM项目的要求,这些项目也比较容易申请到CDM资格。

目前,获国家发改委批准的四川214个清洁发展机制项目,占到全国项目总数的十分之一,每年可以减少温室气体排放量达4 000万吨二氧化碳当量。这214个项目,多是由四川企业与欧洲和日本企业或机构合作的。清洁发展机制的推广,对四川的低碳经济带来促进。

杨宏伟建议,四川作为资源丰富的西部省份,除了抓住灾后重建这一机遇外,也可以结合自身资源、产业等特点,参与清洁发展机制。

清洁发展机制(CDM)

清洁发展机制(CDM)是《京都议定书》制定的三种机制之一。中国－欧盟清洁发展机制(CDM)促进项目,则是为促进这一机制的实施而由中国携手欧盟启动的,该项目也是迄今为止欧盟在中国资助的最大的CDM能力建设相关项目,总资助额达230万欧元。项目为期3年,于2007年2月启动,至2010年1月前结束。该项目旨在通过一系列的研究、能力建设、技术交流和培训活动等为中国CDM健康发展提供直接的帮助。

“对发达国家而言,他们在自己的国家减排1吨二氧化碳可能要花100美元,而他们为发展中国家提供技术和资金,减排1吨二氧化碳可能只需十几二十美元。”省环保局副巡视员邵志军介绍,发达国家是用较低成本到发展中国家购买碳指标来完成任务,而发展中国家也需要这些技术和资金支持。

环境保护部将清查钢铁水泥等行业建设项目环评引导产业持续健康发展

Environment Protection Ministry will check construction projects of such industries as steel and cement and with the environment evaluation guide sustainable and healthy development of the industry

摘自《中国环境报》 11月16日

在11月13日召开的“抑制部分行业产能过剩和重复建设,引导产业持续健康发展”第二次部门联合信息发布会上,环境保护部环评司司长祝兴祥表示,按照国家有关抑制部分行业产能过剩和重复建设引导产业健康发展的要求,环境保护部及时印发了《关于当前经济形势下做好环境影响评价审批工作的通知》,一方面对符合环保要求,涉及民生工程、基础设施、生态环境建设和灾后重建等有利于扩大内需的项目,特别是国家重点项目,开辟环境影响评价审批“绿色通道”,加快审批;另一方面要严格控制“两高一资”建设项目的环评审批,利用当前有利时机,通过环评审批,推动“两高一资”行业污染减排和结构优化调整。2009年以来,环境保护部共批复339个建设项目环评文件,投资17 210.602亿元;对47个项目不予批复、退回报告书或暂缓审批,投资1 909.867亿元,其中钢铁、化工石化、有色、电力等行业项目数量占70%以上。

祝兴祥表示,当前,我国产业发展总体向好,但产业结构调整总体进展不快,各地区、各行业不平衡,部分行业产能过剩、重复建设问题仍很突出,一些地区违法建设、违规审批、未批先建、边批边建现象有所抬头。环境保护部将通过提高环保准入门槛、加强区域产业规划环评和优化产业布局、严格建设项目环评审批及强化项目建设过程环境监管,采取严格环境管理措施,加强调控力度。2009年底前,开展“十一五”期间审批的钢铁、水泥、平板玻璃、煤化工、多晶硅、风电设备等行业建设项目环评的清查,重点调查环境影响评价、施工期环境监理、环保“三同时”验收、日常环境监管等方面情况,对存在的“批了乱建”、未落实环保“三同时”制度、“久拖不验”、未经环境保护验收或验收不合格擅自投入生产的、达不到排放标准或超过排污总量指标等突出环境问题责令限期整改。同时将通过严肃查处企业环境违法行为、建立重污染企业退出机制、严禁违规审批、严肃问责制及建立和加强环保信息发布工作等,严格落实各项保障措施。

水泥行业:全面开展能效对标

Cement industry: fully conduct energy efficiency benchmarking

摘自《经济日报》 11月19日

“2009年,我国新增水泥产能约1.45亿吨,水泥行业面临着能耗总量同比增加过快的问题。而能效对标活动能够显著降低水泥单位产品综合能耗和主要工序能耗,从而推进整个水泥行业的节能降耗工作。”在日前举行的全国水泥行业能效对标活动启动仪式上,工业和信息化部节能与综合利用司司长周长益如此表示。

数据显示,近年来,我国水泥行业节能减排取得了一定的成绩。2008年,我国水泥熟料综合能耗同比下降2.68%,吨水泥综合能耗同比下降了4.22%,新型干法水泥达到66%。今年1至7月份全国水泥产量达到了8.74亿吨,比去年同期增长了13.6%，水泥熟料产量5.91亿吨，其中新型干法熟料产量4.23亿吨，全国水泥新型干法比例达到70%，吨水泥熟料综合能耗同比下降了4.06%，吨水泥综合能耗同比下降了7.83%。由此可见，新型干法水泥生产能力的蓬勃发展和对高耗能落后生产能力的淘汰，使水泥行业的技术进步有了较大提升。

尽管如此，我国水泥行业仍面临严峻挑战。一是随着水泥生产能力快速增长，能耗总量同比增加过快，2009年新增水泥产能约1.45亿吨，而淘汰落后产能约6 500万吨，净新增产能约8 000万吨，对国家"十一五"规划提出的节能减排目标的实现构成压力；二是产品单耗与世界先进水平仍存在一定差距，行业内企业能耗水平参差不齐，仍有较大的节能潜力；三是淘汰落后产能难度较大，退出机制尚未完善。东西部地区差异较大，东部有的省市已经全部淘汰了立窑生产线，但西部地区，有的省立窑生产能力还占有较大的比例。因此，在水泥进一步加强节能减排工作尤其是能效对标活动十分必要。

所谓能效对标，通俗的解释就是企业以行业内先进的企业能效指标为标杆，通过各种管理和技术措施向标杆靠齐的节能活动。显然，企业开展能效对标活动，可以加快企业技术改造、技术创新的步伐，提升企业核心竞争力，还可以提升企业的管理水平，进一步实现精细化管理。

为了推动水泥行业能效水平对标活动的全面开展，提高水泥企业能源利用效率，中国水泥协会编制了《水泥企业能效对标指南》，并在试点的基础上，提出了一整套行之有效的推动行业能效水平对标活动的实施方案。

企业是能效水平对标活动的实施主体，如何更好地开展能效对标活动？周长益认为，企业间差别较大，标杆也不应是惟一的。各企业应根据自身的具体情况，深入地查找差距，科学地确定标杆，制定切实可行的技术管理措施，在规定的时限内达到设定的能效水平。此外，要建立以行业协会为核心、地方工业节能主管部门全力支持并积极推动、企业积极参与的能效对标管理体系。

水泥行业：大力推动整合重组　带头推进结构调整

Cement industry: vigorously push integration and reorganization, take the lead to boost restructuring

摘自《经济日报》 11月25日

"水泥行业不能再走量的扩张之路，必须进行质的提升。联合重组是解决产能过剩的重要途径甚至可以说是惟一途径。如果不是与大企业重组，浙江的众多中小水泥企业可能会在国际金融危机的冲击下陷入生存危机。"浙江水泥协会会长李章龙日前对记者说。大型国有企业中国建材集团在南方五省一市实行的大规模联合重组整合了近百家地方水泥企业，不仅提高了水泥行业的集中度，也带动水泥行业的合理布局、技术进步和节能减排，仅推行余热发电一项措施就可节约3亿千瓦时电，充分发挥了国有企业的带动力和影响力，提高了中国水泥企业的国际竞争力。

2009年以来，面对国际金融危机带来的不利影响，国有企业结构调整的力度加大。各地采取多种形式加大国有企业调整重组力度，推动国有资本向重点行业、关键领域和优势企业集中。广大国有企业通过强强联合、产业链上下游的联合、中央企业与地方企业联合等方式加快推进联合重组。中国诚通集团、国家开发投资公司等国有资产经营试点单位利用资产经营公司平台积极推进中央企业的改革、重组。众多代表着先进生产力的国有大企业在重组过程中淘汰落后产能，提升钢铁、煤炭等行业的行业集中度，优化资源配置，延伸产业链，有力地推动了我国国有经济布局的优化和产业结构的升级，为应对国际金融危机做出了积极贡献。

山西大力推进煤炭资源整合，依托煤炭基地建设，由以省属煤矿等国有大企业为代表的大型煤企兼并重组整合地方小煤矿企业，增强煤炭企业的规模控制力和核心竞争力，促进了煤炭安全生产能力的提高。吉林推进国有资本向关键领域集中，企业资产质量和整体素质显著提高。湖南、云南、宁夏、内蒙古等地国有企业积极与中央企业联合重组，实现了优势互补和资源优化配置，提高了应对国际金融危机的能力。

2009年以来，已有15家中央企业进行了合并重组，国务院国资委履行出资人职责的企业由年初的142户调整为目前的132户。中化集团围绕农业、能源、化工主业价值链进行上下游和国内外延伸，弥补资源短板，强化主营业务产业链。

"中国电信"、"中国移动"、"中国联通"3家电信企业则在做好重组整合工作的同时，大力推进基础设施共建共享，其中中国移动已建成共建共享铁塔3 072座、管道12 385公里。国有企业外部整合重组的同时也加快了内部资源的整合。神华集团将内蒙古鄂尔多斯地区4家公司整合为神东煤炭集团，实现资源共享、集约化管理、低成本运作。

广大国有企业为有效应对国际金融危机，在外部整合重组的同时还加快了内部管理体制和管理架构的改革调整。"宝钢"今年推进重组的同时实行大部制改革，总部职能部门从20个缩减到10个，职能从45项缩减到38项，管理岗位从60个缩减到33个。中铝公司大力推进管理扁平化改革，下属“中州铝业”经过合并减少处级机构18个，减少管理人员296人。“中国华能”积极推进“集团公司－区域公司－基层企业”三级管理体系建设，调整和新组建了8个区域分公司，使管理层级压缩到三级以内。“航天科工”加大压缩管理层级的力度，在去年清理223家公司的基础上，计划再清理整顿80至100家。“中国石化”则着手研究建立统一的标准化制度体系，大力推进信息化的深化应用，把ERP更好地融入各项经营管理活动。

在推进整合重组的过程中，国有企业根据市场要求和产业发展趋势，带头大力调整产品结构。东方电气集团、哈电集团在整合重组中进一步加大核电、风电、潮汐发电、太阳能光伏产业等领域的投资，不断进行技术升级和产品结构优化。“中国北车”、“中国南车”根据市场需求变化，在重组中发挥核心技术优势，进一步提高高速动车组、大功率机车等产能。中电投集团提高水电装机比例，推进“上大压小”，大力发展循环经济。“中国一重”、“中国二重”积极研发试制风电、核电等方面高精尖产品，推进产品结构转型。

面对国际金融危机带来的不利影响，众多国有企业尤其是中央企业加大改革力度，加快结构调整，把结构调整与推进产业升级、促进发展方式的转变结合起来。调整优化上水平，在企业综合素质和竞争能力进一步提高的同时，推动产业优化升级，提高经济运行质量和效益，促进我国经济发展方式由主要依靠物质资源消耗和劳动积累向依靠技术等关键要素的同步积累转变。

解析：水泥巨头走出国门难在哪里

Resolution: Where is the difficulty for cement magnate to go abroad

摘自《水泥商情网》　11月18日

几个月前，笔者曾发表过一篇文章，题为“水泥巨头们为何不到国外去扩充产能？”。意在针对国内水泥投资过度，产能即将严重过剩，但一些大型企业仍在投入巨资疯狂扩张规模，新水泥生产线建设遍地开花的不良现象，希望这些大企业不要光热衷于在国内“窝里斗”，与中小企业抢饭吃，而是应该挟雄厚实力、先进的设备与技术、强大的管理能力，大胆走出国门，到国外投资办厂，既缓解了国内水泥行业过剩严重，竞争激烈的局面，又为中国水泥产业打开一条新路。

文章发表后，在行业内引起了一些关注。据笔者得到的反馈信息，有多家水泥大型企业的高层人士读过这篇文章，并发表了一些不同的意见和看法。一家国际知名的水泥工程企业老总认为，中国的水泥企业要真正走出国门投资，远非想象的那么简单。另外一家国内知名大型水泥企业的负责人亦有相同看法，表示“谈何容易”。

是什么原因，让这些大型企业视“走出国门”为畏途，到国外投资发展到底难在哪里，笔者意欲一探究竟。

一、业内外对中国水泥企业走出国门呼声很高

几年来，针对中国水泥工业高速发展，可能导致国内产能出现过剩的态势，各个层面的行业内外人士都在探讨与呼吁国内大型水泥企业走出国门，到海外投资发展。

按中国水泥协会秘书长孔祥忠的说法，我国水泥企业走出去包括三个层面：一是水泥产品出口，二是水泥技术装备企业走出去，三是水泥制造企业在海外投资建厂。在这三个层面中，我国的水泥产品进军国际市场最早，水泥出口曾在1996年达到巅峰，当年出口水泥1 200万吨。之后历经涨涨落落，但相比我国占世界50%以上的水泥产量而言，水泥出口的比例一直很低。

而水泥技术和装备企业走出去的成果最为显著，其中特别突出的，是“中材国际”，自2003年开始，短短几年时间，其在海外的水泥生产线工程建设总承包项目，已经遍及中东、北非、东南亚的十几个国家，占到世界水泥生产线工程建设项目的35%，成为国际知名企业。

而早在2006年4月13日，国家发改委等八部委联合下达的《印发加快水泥工业结构调整的若干意见的通知》中，就把“水泥企业走出去，参与国际市场的竞争”作为水泥工业结构调整的意见之一，表明国家支持水泥企业到国际水泥市场占一席之地。

当初中国水泥协会鼓励水泥产品出口到国际市场，是有其长远考虑的。一方面，如果国内市场出现价格下滑、利润空间缩小的情况，企业可以通过出口从国际市场获得较好回报。而更为重要的是，在中国水泥出口到国际市场的过程中，国内水泥企业可以深入了解当地水泥市场的供需变化、产品标准、市场布局等，为将来走出去投资建厂做铺垫和准备。

有专家认为，目前国内市场的竞争虽然日趋激烈，但发展的空间仍然较大。但从长远看，市场饱和、产能过剩是迟早的事，在这种态势下，中国的水泥，特别是大型企业，应该勇敢地“走出去”，到海外直接投资建厂，建立当地的市场网络，参与国际竞争，在国际市场上谋求自己的份额。如果还一味地咬着本土市场不放，维持窝里斗、打内战的格局不变，则很难提高企业的综合竞争能力。

据笔者了解,目前世界水泥贸易的一个趋势是,发达国家及各大跨国公司将大规模地把水泥生产和销售引向发展中国家。国外和港台地区大型水泥(投资)公司,以及一些国际金融机构也很看好大陆水泥市场前景。法国的“拉法基”、德国的“海得堡”、瑞士的“豪西盟”、“台湾水泥”等大型水泥集团,以及一些国际金融机构,以收购股权方式或直接投资建厂,已经进入了中国市场。中国的水泥市场正在逐渐成为全球水泥巨头参与的跨国竞争,随着越来越多境外投资机构把目光投向中国水泥领域,中国的部分水泥企业将有可能面临被外资企业收购、兼并、甚至破产倒闭的局面。

在这种情势下,中国的水泥企业将面临“两种资源、两个市场”的重要课题。为获取更高的经济效益和适应国际市场大环境,中国水泥企业应主动打破自产自销为主的格局,积极谋动“走出去”,学会在两种资源中共享,在两个市场中去“赛跑”。否则,随着国外企业在华投资力度不断加大,国内水泥市场竞争日益激烈。国内水泥生产相对过剩,不积极谋求“走出去”,企业的生存空间将会越来越小。

国家信息中心经济预测部副主任祝保良认为,在国内扩大内需消化过剩产能的同时,中国也可借鉴新加坡经验,在国外建立工业园区,让部分过剩产能“走出去”。据他指出,中国此轮的产能过剩主要集中在第二产业。工信部的数据显示,仅今年前五个月,中国水泥投资同比增长近七成九,在建水泥生产线超过二百条,新增产能逾两亿吨。属典型的过剩产业。

而中国西南投资促进中心主任侯昆明近日则表示,“目前,东盟国家每年建材的进口需求额已经超过一百亿美元,中国建材企业应抓住2010年1月1日起,中国与东盟双方近七千种商品开始实施零关税的机遇,抢滩东盟国家建材市场”。实施零关税以后,中国企业不仅可以避开很多贸易壁垒,还能节约出口成本,是中国企业到东盟国家直接设厂、建立商品分销中心的难得机遇。

我国的新型干法水泥技术与设备,从引进到自己设计制造,发展与成熟的速度相当惊人,我们所掌握的生产技术与设备制造能力,目前已经达到世界先进水平,为水泥企业走出去提供了强有力的技术保证。同时,我国的部分大型水泥企业,在产能产量、管理水平以及资金实力上,完全可以跟一些世界知名的大企业媲美。因此,不管是技术、设备、管理,还是企业实力,走出去的条件应该是完全具备的。

一个显见的事实是,我国一些大型企业的产能与国际跨国公司相比并不低,如果仅仅按产能计算,能够进入世界水泥前10强的企业非止一家。但时至今日,仍然没有任何一家中国水泥企业进入世界10强,其直接原因,就是因为不够“境外水泥经营收入占集团公司水泥总经营收入20%以上”和“有两个以上的在外国直接投资的生产经营企业”这两条由欧洲水泥局发布的硬标准,对中国这样一个水泥大国而言,不能不说是一个很大的遗憾。

二、中国水泥企业“走出去”的客观条件分析

数据显示,世界水泥消费量由2001年的16.4亿吨猛增到2005年的23亿吨,增长了40%,其中亚洲和太平洋地区是世界水泥增长的重要来源。当时的水泥进口国主要是美国、孟加拉、尼日利亚、埃及、中东等国家和地区。其中美国总需求量的20%来源于进口。据权威机构估计,2006年海湾六国的水泥需求量为5 000万吨;阿尔及利亚15家国有水泥企业生产水泥不足800万吨,而市场需求为1 000万吨。2005年越南水泥需求量约2 840万吨、预计到2010年,需求量将达到近5 000万吨,2020年则将达到7 000万吨。

资料表明,进入21世纪后,不算中国水泥产量的增长,世界水泥产量平均年增长率为3.5%,与世界经济发展速度基本同步。出现了阿联酋、沙特、伊朗、也门、约旦、越南、印度、巴基斯坦、尼日利亚、加纳、阿尔及利亚、摩洛哥、南非、西班牙等水泥消费快速上升的国家。海湾地区国家水泥消费量在近几年中,以年平均13%的速度增长。

持续到今天,泰国、老挝、越南等东盟国家基础设施建设和民用住宅建设又出现了新一轮热潮,而且其建材产品大多依赖进口。而且未来几年时间里,东盟地区在基础设施的恢复、酒店业的兴建和民用房屋的重建方面将创下罕见的规模。缅甸遭遇热带风暴袭击后,需近十亿美元灾后重建资金,另外已开工投建部分线路的泛亚铁路目前也开始筹资,这些都为水泥供应商带来了巨大的商机。

笔者查阅了今年海外市场情况,发现诸如“越南南部水泥供不应求,当地水泥市场有1 200多万吨的缺口。”、“4月份印度新增水泥产能800万吨”、“哈萨克斯坦水泥价格上涨”、“吉尔吉斯斯坦水泥市场供应不足”、“越南今年1~5月建材销量大幅增长”等大量消息,说明在我国周边一些国家,水泥需求十分旺盛。

虽然水泥在西方发达国家被视作夕阳产业,但在亚洲、非洲、中东等发展中地区,因为大规模基础建设正在热火朝天开展,水泥需求量与日俱增,具有很大的市场潜力。而诸如“‘拉法基’在非洲水泥业务逆势扩张”、“西班牙公司将在波黑投资建水泥厂”、“伊朗将在国外直接建设水泥厂”这样的消息也并不少见。从一个侧面反映了海外水泥市场由于需求旺盛,新上水泥项目并不少。试想,连伊朗这样年产水泥不过3 000多万吨的国家,也要在国外投资建厂,能说中国的水泥企业在国外投资办厂的条件不具备吗?

三、中国水泥企业不愿意“走出去”的主客观因素分析

笔者听到了一些大型企业老板对“走出去”的看法,除了前述的“谈何容易”、“远非那么简单”外,其具体的观点还有那么几条:1. 在亚洲、非州、中东等水泥需求量较大而自身产能又不足的国家和地区中,虽然目前水泥需求量大,市场很好,但存在着市场需求不稳定的问题,市场变数较大。2. 法国“拉法基”、“意大利水泥”、瑞士“豪西盟”、“墨西哥水泥”、

德国“海德堡”等世界水泥10强，经过长期发展，已经形成了各自的世界市场格局，想在这些国际巨头的势力范围里去分一杯羹，难度太大。3. 在国外投资办厂，还要考虑当地货币的汇率等问题，而在一些发展中国家，汇率并不稳定，这也是一个需要面对和解决的难点问题。4. 中国企业外出投资，还有一个与当地文化、法律、政策等等的对接问题，而且一些发展中国家的国内形势也比较复杂，因此投资是有风险的。5. 一些国家对中国水泥的恐惧与抵制。

以上这些理由，虽然听起来有几分道理，但总觉得透着一些勉强。以“海螺”为例，按拥有的产能数量，“海螺”足可以在世界水泥巨头中名列前茅，管理也已接近国际先进水平，而且拥有雄厚的经济实力和强大的融资能力，国内银行对其的贷款授信动辄上百亿元，每年新投建的大型生产线就达十几条。那么以“海螺”的实力、管理、技术，到一些发展中国家去投资建厂，上述的一些问题应该不是障碍，解决起来应当不难。但时至今日，笔者印象中，好像仍然没有“海螺”在海外投资水泥项目的信息出现。

国内水泥产能在数千万吨水平的还有多家，到目前，似乎也都没有要到海外投资建厂的意思。

而同为建材行业的国内石材企业，近几年来，“走出去”的战略就十分成功。以福建、广东等地企业为代表的一批石材企业抓住机遇，以合资或独资企业的形式，在澳大利亚、埃及、西班牙、坦桑尼亚、肯尼亚、美国等国家兴建销售网点或加工点，利用国外的资源和市场，结合国内石材企业拥有的技术和管理方面的比较优势，就地取材加工生产和销售，市场前景十分看好。

条件具备，但为什么我国水泥制造企业直接到国外投资建厂，多年来却几乎没有进展呢？

笔者认为，其主要原因，还是国内水泥市场太好，导致企业缺乏走出去的意识和动力。

众所周知，中国经济的高速发展，长期以来都是以基本建设为主来拉动的。而应对国际金融危机，也是以扩大基础建设为主导。1998年的亚洲经济危机，国家以公路建设为主拉动内需，2008年的全球金融危机，中央又及时出台4万亿投资计划，成功地化解了危机对我国经济发展的影响。我国大规模的基础建设已经持续了几十年，大量新的建设项目源源不断地出现，水泥需求量一直出于增长状态，为水泥行业的快速发展奠定了坚实基础，也使中国的水泥企业日子一直相当好过。

能够走出国门投资水泥项目的，只能是大型企业。而这些企业在国内，不管是在行业中还是在市场里，都拥有足够的知名度和话语权，实力雄厚，竞争力强。与中小型企业不同的是，不管国内产能如何过剩，竞争怎样激烈，他们都并不特别担心自己的市场份额，在与中小企业的竞争中，他们的优势十分明显。因此，这些大企业在国内不愁没有饭吃。

另外，中国水泥产业发展到目前程度，产业格局调整已是势在必行，行业内部的重组兼并肯定是一个重大课题。即将到来的重组浪潮，是这些大型企业扩张规模的极好时机。大型水泥集团在这个阶段要通过重组联合、投资扩建来完成国内市场的区域划分。因此，与其承担风险到国外投资，就远不如在国内通过新线建设和兼并重组扩大势力。有一家大型企业的负责人就表示，国内的机遇都没有抓完抓实，哪有心思考虑到国外投资办厂。此话应当具有相当的普遍性。

再者，到现在为止，虽然有产能过剩的威胁存在，但目前国内水泥市场的趋势是整体向好，价格持续有小幅上涨。而预计今后两三年内，行业形势恶化的可能性并不大，企业的日子也不会太难过。

从客观上讲，中国的大型水泥企业走出国门到发展中国家投建项目，条件是具备的，并没有不可逾越的障碍。之所以不能走出去，主要原因还在于自身，在于缺乏走出去的动力、意识和决心。目前行业的日子还过得去，但今后呢，由产能过剩带来的激烈竞争将为时不远，是大家挤在一起靠拼价格打白刃战呢，还是未雨绸缪，早作打算，到国外去开辟一番新天地？笔者以为，这是值得水泥企业特别是大型企业的当家人们认真思考的一个问题。　（虞大伟）

建材工业沧桑巨变铸辉煌

Vicissitudes glory of building material industry

——访中国建筑材料联合会会长、原国家建材工业局局长张人为

摘自《中国工业报》　11月25日

人物简介

张人为，男，汉族，1940年生，江苏省太仓县人，中共党员、教授级高级工程师。现任中国建筑材料联合会会长，兼任中国硅酸盐学会理事长、中国建筑玻璃与工业玻璃协会会长。第十届全国政协委员、全国政协人口资源环境委员会副主任委员。

1963年毕业于上海华东化工学院（现华东理工大学）硅酸盐专业。1963～1978年任大连玻璃厂技术员，1978～1979

年任大连玻璃厂工程师、科研室副主任，1979～1980年任大连玻璃厂副厂长，1980～1985年任辽宁省建材局副局长，1985～1989年任国家建材局副局长，1989～1993年任国家建材局党组副书记、副局长，1994～2001年任国家建材局党组书记、局长，2001年至今任中国建筑材料工业协会会长、中国建筑玻璃与工业玻璃协会会长兼任中国硅酸盐学会理事长、同济大学顾问及兼职教授、华东理工大学兼职教授、中国建材股份有限公司独立董事。

在记者采访的当日早晨，中国建筑材料联合会会长、原国家建材工业局局长张人为一如往日，微笑着快步走进办公室，开始一天的工作。

他的办公桌上放着回顾新中国成立60年来建材工业的统计数据。数据显示，如今全球近一半的水泥、平板玻璃、建筑和卫生陶瓷都在中国生产，从1985年起，这些产品的部分指标就先后跃居世界首位；自主研发的无机非金属新材料产业，为"两弹一星"及航天事业做出贡献；拥有自主知识产权的洛阳浮法玻璃技术已成为世界三大浮法技术之一。

采访就在这样一个看似平凡的早晨开始。在这位见证我国建材工业风雨历程超过半个世纪的老者的讲述中，建材工业60年波澜壮阔、跌宕起伏的非凡历程逐步展现。

忆往昔峥嵘岁月 艰苦环境中打下良好基础

背景：

目前，我国已经成为名副其实的建材生产大国，水泥、平板玻璃、建筑陶瓷和卫生陶瓷等主要建材产品年产量均居世界首位，正在向建材强国迈进。然而，60年前，我国建材工业的基础却非常薄弱：全国水泥产量仅66万吨，平板玻璃产量仅91.2万重量箱，砖瓦、石材等地方建材工业生产极不稳定，非金属矿基本处于停产状态，还有很多建材产品都是空白。

第一个五年计划期间，建材工业开始大力发展水泥生产，积极扩大建材品种，采用新的技术装备，建设一批水泥厂、玻璃厂和砖瓦厂。根据国家建设的需要和地区的平衡，国家共安排限额以上建设项目21个。

1957年，建材工业的发展重点有：保证国家基本建设的需要；支持地方发展小型水泥厂，支援农田水利建设；大力研制和开发无机非金属新材料；扩大建材产品的代用（代替钢材、木材）范围；加强对非金属矿的管理。此后的"大跃进"使建材工业的发展一度遭受了严重挫折。直到1961年，建材工业部门开始贯彻执行中共中央关于对国民经济实行"调整、巩固、充实、提高"的方针。

经过调整，到1963年底我国建材及非金属矿企业在"大跃进"中遭到破坏的生产能力得到恢复。1965年，建材工业的生产和建设全面好转。水泥产量达到1 634万吨，平板玻璃产量达到598.5万重量箱。新兴的水泥制品工业也很快形成，仅当年就生产水泥管4 914公里、水泥电杆146.5万根、水泥轨枕326.5万根，分别节钢代木80多万吨和90多万立方米。

1965年，从事新材料研制的科研人员由原不足100人发展到500人，有7大类、300多种产品陆续研制成功并投产。

故事：

1963年的夏天，毕业的日子一天一天临近，上海华东化工学院硅酸盐专业毕业生的分配方向开始确定。经过5年的专业学习，张人为做好了去研究院所的准备。

然而，在公布方案的前一天，负责毕业分配的学校系党总支书记找到当时的班长张人为说："有一个变动，需要你到建材部的大连玻璃厂去。这是一家很好的工厂，但条件比较艰苦，我们有好几个毕业生不辞而别。希望你服从组织安排，去了以后好好工作，给我们学校争光。"在那个一切服从组织分配的年代，张人为怀揣着对祖国建材事业的满腔抱负，踏上了北上的路。

大连玻璃厂始建于上世纪20年代，虽然是当时为数不多的几家重点玻璃厂之一，但条件仍然无法与上海相比，劳动条件差、机械化程度低。同时，北方气候寒冷、南北方生活习惯差异较大，这给初来乍到的张人为带来重重困难。

张人为回忆："为了融入群众，我在工厂尽量讲普通话，虚心向工人学习和请教，工人很纯朴、很直爽，对人很真诚。我一到工厂还挺受重视的，被分配到了新产品车间，搞玻璃纤维、玻璃棉保温材料。当时，工厂生产还没有现在这么多控制环节，检测手段也没这么多，往往凭职工经验、技艺调控和处置生产问题。大连玻璃厂当时从苏联引进了一条完整的玻璃棉生产线，我跟着工人三班倒。这段经历对我十分有价值，使我积累了不少生产经验，也把书本知识运用到实践中，同时树立了正确的世界观，学会了处理好群体智慧与个人作用的关系，培养了自己雷厉风行的工作作风。"

张人为在大连玻璃厂一干就是18年。他至今深深怀念工厂环境对他人生观、思想、能力、作风等诸多方面的熏陶和培养，这段时间的历练为他日后几十年为党和人民工作打下了坚实的基础。

在这18年中，一方面，我国建材工业在四川、云南、贵州、陕西、甘肃、青海、宁夏等7省（自治区），以及山西、河南、湖北、湖南等四省，兴建了一批水泥厂、玻璃厂和无机非金属新材料工厂；另一方面，抓紧复建了"大跃进"时期停建、缓建的一些条件较好的项目，初步形成了建材工业格局。

1976年10月粉碎"四人帮"后，建材工业各级生产指挥系统和管理工作步入正轨，生产秩序逐步恢复。随着全党工作重点的转移，建材工业也迎来了加快发展的春天，为今后的发展打下了良好基础。1978年，建材工业总产值完成153.8亿元。全国水泥产量6 524万吨，平板玻璃1 784万重量箱，卫生陶瓷228万件，建筑陶瓷546万平方米，砖1 100亿块。

1978年后的惊喜 建材工业乘上高速发展的列车

背景：

党的十一届三中全会作出了改革开放的历史性抉择，国民经济开始恢复并呈现全面发展的新局面，集中迸发出对各种建筑材料的强烈需求，主要建材产品异常紧缺。

针对这种状况，国务院及时指出，要把国民经济搞上去，建材工业必须先行。国务院在1978年《关于立即着手加速发展建材工业报告》中作出批示"要把建材工业搞上去。"当年7月，国务院批转了《加速发展水泥工业报告》；12月，批转了《关于加速发展建材工业的几项措施》，要求各地加强对建材工业的领导。同时，国家增加了对建材工业的投资，尽快扩大生产能力，解决供求严重失衡的矛盾，成为这一时期建材工业的主要任务。

在国家加快投资骨干项目建设步伐以及资金十分紧张的背景下，河北"冀东"、安徽"宁国"、江苏"淮海"三大水泥引进项目的建设先后完成。

但是，只靠国家投资建设项目远远满足不了急剧增长的市场需求。1985年，在《中共中央关于经济体制改革的决定》的指引下，国家建材局制定了《建材工业发展纲要》，调动各方面积极性投资建材，扭转了水泥、玻璃等主要建材产品供不应求的被动局面。

在这期间，拥有我国自主知识产权的洛阳浮法玻璃技术通过了国家级鉴定并得到了推广。此外，引进的10余项国际先进的新型干法水泥主要设备制造技术，以及墙体材料革新工作的启动等，都为我国建材工业迈向新的发展阶段奠定了初步基础。

故事：

在1978年这个历史的转折点上，我国建材工业乘上了高速发展的列车，张人为也进入了事业的上升期。

1978～1980年，张人为先后被提拔为厂科研室副主任、技术科副科长、副厂长、代厂长。1980年8月，辽宁省提拔年轻干部，张人为被调任辽宁省建材局副局长。

回忆起当年的事，张人为感慨万千："当时我说我自感素质和水平都不够，向省委申请是否能免去我在省里的职务，希望在工厂做点事。后来省里给了正式答复——'你可以在工厂再工作一段，但是副局长任命不变'。1981年7月，辽宁省委组织部通知我到中央党校中青干部培训班学习一年。1982年7月党校毕业后，我就自觉到省里报到，开始在辽宁省建材工业局工作。"

辽宁省的建材工业在全国是数得着的，工业基础较好，拥有6家大型水泥企业，玻璃、陶瓷、耐火材料厂、新型建材厂、机械厂等不少企业。东北地区的发展，为辽宁省建材工业提供了广阔的市场空间。

但即便在这个工业基础好的省份，建材企业的情况还是很困难。大多数企业经过几十年的运行，工艺落后、装备陈旧。如果把旧生产线完全推倒新建，在没有资金的情况下不现实。这个烫手的山芋，张人为接了过来。在建材局党组领导下，张人为从水泥入手开始着力抓紧技术改造。他说："我们把省里6大水泥企业怎么进行技术改造，每个厂搞什么方案，怎么论证，认真组织起来。"就在辽宁水泥企业技改的前期工作搞得热火朝天之时，1985年张人为被调国家建材局任副局长。他回忆省局2年多的工作时深情地说："大家帮我熟悉政府部门的工作，为日后在国家局开展工作提供了帮助。"

而此时不仅是辽宁，全国的水泥企业都到了必须技改的时刻。大小水泥企业当时的比例为2∶8。国家的基础建设正处于快速发展时期，水泥特别是优质大水泥供不应求。1986年，国家建材局实行了"抢救十四个老水泥企业"的行动。通过技术改造，更新工艺和设备，使水泥企业面貌一新。

一方面水泥企业的技改需要资金，一方面为了满足日益增长的需求，国家还要新建水泥线。经过几十年的运转，不仅是水泥，其它建材企业的设备条件也到了需要改造的时候，所有的现实困难都摆在了当时的国家建材局面前。

张人为说："当时的老局长带着我们到国家有关部门、金融机构宣传建材工业面临着怎样的形势，需要什么样的帮助。"1987年，《建材工业发展纲要》简称"十二条"正式出台。《纲要》调动了各方面的积极性，倡导跨部门、跨地区、跨所有制发展建材。"过去是国家来定项目，不给钱就干不了，现在是有好项目就不怕没有钱，让市场配置资源，建材项目投资利润率要高于社会平均利润率，资源配置就会往你这边倾斜。"

跨世纪的纲领 由大变强靠新出强的发展战略

背景：

进入上世纪90年代，建材产品供需日趋平衡，同时孕育着由卖方市场向买方市场的重要转折。由于先进与落后的各种生产力并行发展，建材工业的结构性矛盾日益突出。国家建材局把"结构、节能、出口"列为"八五"计划的工作重点，并确定实施"冀东"日产4 000吨新型干法水泥生产线、泰安万吨玻纤池窑生产线国产化等4个重点建设项目，以带动全行业技术进步。制定了沿江沿海（"T"型）水泥发展战略，以满足东部地区经济蓬勃发展对水泥的需求。

根据党的十四届五中全会提出的两个根本性转变要求，国家建材局党组在认真分析建材工业实际状况的基础上明确提出：临近和进入21世纪，我国建材工业的发展要从以产量增长为主转到大力提高集约化生产程度、提高工艺技术装备水平、提高质量和配套能力的轨道上来，即以提高经济运行质量和经济效益为中心，把跨世纪的中国建材工业逐步建成具有国际竞争力的现代原材料和制品工业。

在国务院领导同志的亲自指导下，在集中行业内外专家和广大建材职工的智慧，深入剖析建材工业大而不强特征的基础上，"由大变强、靠新出强"的建材工业跨世纪发展战略被提出，成为指导行业发展的纲领。

故事：

1993年末起，张人为相继担任了国家建材局党组书记、局长，摆在他面前的既有机遇，又有挑战。当时我国已经成为建材大国，但非建材强国，张人为总结当时的行业特点是“四大五低”。

四大——产品产量大，水泥、平板玻璃、建筑卫生陶瓷和石墨、滑石等部分非金属矿产品产量居世界第一。企业数量大，全行业共有规模以上建材企业2万余家。职工队伍大，全行业职工350多万人。能源消耗大，建材工业1993年消耗能源折标准煤17 938万吨。

五低——劳动生产率低，非金属矿采选业、制品业劳动生产率分别占全国工业企业平均水平的49%和64%。集约化程度低，集中表现为生产和资源利用的集中度低。科技含量低，数量众多的小企业大部分仍采用陈旧设备，产品科技含量低。市场应变能力低。经济效益低。

综合看来，我国建材行业尽管顶着诸多项产量“第一”的光环，但还缺乏国际竞争力，跨国企业和中高档产品纷纷进入中国，一大批企业面临巨大压力。同时，落后的产业结构，土地、能源的大量占用，也对可持续发展形成挑战。

为此张人为提出了“由大变强、靠新出强”的建材工业跨世纪发展战略，成为指导行业发展的纲领。实现由大变强的目标，根本途径是靠新出强。

张人为回忆：“最难的就是这点，自主创新不够。我们怎么做呢？第一步是引导水泥向新型干法方向转变。因为当时水泥在我国建材行业中占一半以上的份额。我们提出了技术创新、设计优化、国产设备、业主负责的思路，其中业主负责特别重要。以前建新线的资金是国家和业主出，生产线的好坏由业主负责，但建设过程中的决策是设计院负责，这使很多设计考虑不到投资利用率的问题，造成水泥生产线新建投资巨大。业主负责制理顺了其中的关系，是革新的核心点。谁投资谁决策，谁受益谁担风险。”

国家建材局组织全国主要水泥设计研究单位天津院、南京院等和水泥大企业“海螺”、“山水”等在低投资、国产化上进行联合攻关，突破发展新型干法水泥项目投资过高的瓶颈。只有强力的业主才能和设计院“较劲”，切中要害提出问题。

说起那段历史，张人为记忆犹新：“建1条日产2 000吨新型干法水泥线，海南项目花了12亿元，北京项目花了8亿元，而在“海螺白马山”和“山水”日产2 000吨新型干法水泥项目上，只花了近3亿元。多么大的变化啊！”为此，国家建材局专门在安徽召开了现场会，推动低投资、国产化的广泛实施。

第二步是抓墙体材料革新。在当时召开的第二次墙体材料革新的工作会上，大家坐在一起研究怎么搞墙体材料革新，怎么发展新型墙体材料，怎么利用废渣废弃物来生产墙体材料，包括粉煤灰、煤矸石等。后来，新型墙体材料每年以1%～1.5%的比例递增，目前已达到近50%的水平。

第三推动新材料的研发，为军工、航天产业服务。“我们调整结构就是要解决建筑材料、非金属矿物和制品、无机非金属新材料这三个板块的协调发展问题，发展新型建材，将无机非金属新材料和非金属矿物材料及制品作为建材工业新的经济增长点。我们从零起步，至今实现了年产万吨玻璃纤维池窑拉丝工艺技术装备的国产化。”

新世纪的转变 管理体制变革为行业发展注入活力

背景：

进入新世纪，党的十六大明确提出，我国工业要走新型工业化道路。建材工业根据行业实际，以调整产业结构和节能减排为突破口，大力推广循环经济发展模式，沿着新型工业化道路大步前进。

行业结构调整的加快，促进了建材工业的全面发展。水泥工业由于实现了低投资、国产化，新型干法工艺得到了迅速推广，2004～2008年生产能力年均新增1亿吨，2008年新型干法水泥产量占水泥总产量的比重达到62%。2001～2008年共淘汰落后水泥能力约2亿吨。在水泥、平板玻璃、建筑卫生陶瓷、玻璃纤维等行业中，先进生产能力已占据主导地位，节能减排也由此取得明显成效。

近几年来，建材工业着力研究和推进循环经济发展模式，不但在理论上进行了深入研究，在实践上也进行了有益的探索。目前，建材工业已被国家列为发展循环经济的重点行业。北京水泥厂、乌兰水泥集团公司、亚泰水泥集团公司、蒙西高新技术产业园等成为了国家循环经济试点。

故事：

2001年2月20日，一个惊人的消息被公开，在国家经贸委召开的新闻发布会上，当时的国家经贸委主任盛华仁宣布，按照国务院批准的《国家经贸委管理的国家局机构改革和国家经贸委机关内设机构调整方案》要求，正式撤销国家经贸委管理的包括国家建筑材料工业局在内的9个委管国家局。该调整是1998年国务院机构改革的继续和深化，是推进政府机构改革，形成精简、统一、高效行政管理体制的又一重大举措。

这次撤销的委管国家局，联系和管理着近300个行业协会。按照有关规定，国家局撤销后，这些协会都要由国家经贸委负责联系和管理。其中包括中国建筑材料工业协会。

2月21日，中国建筑材料工业协会举行了隆重而简朴的揭牌仪式，张人为、雷前治、蒋明麟、邹传胜、孙向远、黄书谋等出席了仪式。协会会长张人为、副会长雷前治在热烈的掌声中为新牌匾揭幕。

体制变了，人员的思想和工作方式却不好转变，协会的行政化特点依然明显。张人为认真分析了原因：“分流到我们协会的基本是非技术类、非管理类的干部，我保留了几个骨干，并调动各方面的积极性来支持我们协会工作。”

他说：“协会是另一种转变，当年我请了在上海搞得比较好的会长、秘书长到建材工业协会来，向全体机关干部介绍协会是怎么搞的，让大家改变观念，从过去依靠行政手段进行管理，转到依靠自己的本事用服务来领导行业，为行业服务。”

在这个过程中,建材行业的管理体制从直接的、微观的、部门的转向间接的、宏观的、全行业的,管理方式也由单纯的行政手段变为法律、经济、技术、行政手段并用。

同时,国家通过计划、投资、价格、财政、金融、劳动、人事等方面的一系列改革,激活了建材工业的主体——建材企业,使其逐步成为自主经营、自负盈亏、自我发展、自我约束的富有生机和活力的整体。对外开放和建立社会主义市场经济体制,促进了建材人在思想观念上发生深刻变革,那些封闭、保守、狭隘、落后的小生产意识,被开放、竞争、法制、创新等现代意识取代,为行业的发展注入了巨大的活力。

理性发展再续辉煌 四大关键词描绘建材工业发展蓝图

故事讲到这里,已然没有了百转千回,讲述的人和听讲的人都已豪情满怀。建材工业60年来取得的辉煌成就,无法用简单的几句话或一两个故事概括,只能用几个关键词,管窥一二。

关键词一:理性发展

经过60年的发展,我国建材行业拥有了多项世界第一的桂冠。而从建材大国向建材强国转变的同时,我国建材行业也将实现理性发展。

我国的水泥、平板玻璃、建筑陶瓷和卫生陶瓷等主要建材产品年产量,从1985年起就先后跃居世界首位。2008年,我国水泥产量从1949年的66万吨快速增长到14亿吨,年均增长13.9%;平板玻璃产量为5.7亿重量箱,年均增长11.5%;陶瓷砖产量由1949年的0.2万平方米快速增长到61.9亿平方米,年均增长28.8%;卫生陶瓷由1949年的0.6万件增长到1.55亿件,年均增长18.8%。

经过60年的发展,我国建材行业产品种类日益丰富,质量和生产技术水平明显提高,配套能力显著增强,建立起了全新的运行机制,形成了多元化的投资格局,企业组织和地区结构不断优化。同时,行业技术、装备、产品全面进步,自主创新能力明显增强,主要产品、技术和装备达到或接近国际先进水平。

在坚持以市场需求为导向,接受国家产业政策和规划指导的基础上,建材行业积极关注建筑业的需求。目前,70%以上的建材产品应用于建筑业。研究表明,建筑业每增加1万元产值,将直接和间接消耗0.35万元建材产品。目前,我国的城镇化率是44.9%,低于发展中国家的平均水平,按照年均增加1个百分点计算,到2020年,我国还将有近2亿人口进入城镇。而每新增一个城镇人口至少需要配套6万元的住宅、公共设施和市政设施。这是建材工业未来的最大市场需求所在。

张人为表示,坚持以建筑业需求为主要导向的同时,我国建材行业还要注意研究包括汽车、化工、冶金、新能源、航空航天、国防军工等相关产业发展,以及国际市场给建材工业带来的需求变化、趋势和机会。"注重发现需求,挖掘需求,引导需求,以全面满足国民经济建设和人民生活水平日益提高的需要。"

实现行业理性发展,需要注意把握好速度和质量、效益的关系。进入建材行业的技术、资金门槛相对都不算太高,面对一时的需求拉动,极易导致过热发展。但过热的市场状态是不可能持久的,建材工业已不止一次地吃过重复建设的苦头。当前,我国正处于经济社会转型的新起点上,与此相适应的是,包括建材工业在内的竞争性行业在完成了从卖方市场向买方市场的过渡后,将告别过去的高增长历史,进入平稳增长时期。大企业更要立足行业全局,在引领理性发展方面发挥积极作用。

关键词二:发展循环经济

近几年建材工业在推广循环经济发展模式方面取得了可喜成果,在利用工业固体废弃物、矿山尾矿、建筑废弃物和有毒有害废弃物等方面进行了许多有益的探索。

2008年,建材工业粉煤灰的综合利用量占全国的30%以上,煤矸石的利用量占全国的50%以上,利用固体废弃物5.7亿吨,是2 000年的2倍多。水泥工业建成纯低温余热发电机组92台,总装机容量740兆瓦,年发电能力49.6亿千瓦时,相当于年节能182万吨标准煤,减排二氧化碳473万吨。实践证明,建材工业完全可以也正在朝着资源节约型、环境友好型产业的方向迈进。

原材料离不开矿产,生产离不开窑炉,矿业+窑业是建材工业的基本产业特征。过去建材工业长期存在"小、散、差"和资源能源过度消耗的问题。可以毫不夸大地说,建材工业改革开放30年的发展过程,就是一个以节能为中心的产业结构调整过程,是一个不断摸索如何推进行业节约发展的过程。

张人为介绍,建材是工业领域中较早进行发展循环经济研究的部门,在理论和行业实践的结合上做出了许多有益的实践,取得了比较显著的成果,"三个循环"有力地推动了行业实现持续发展。

"三个循环"是指建材企业自身废水、废气、余热、废渣利用等的小循环;建材企业大量使用粉煤灰、高炉矿渣等工业废渣替代天然资源作为原料,利用电厂脱硫石膏生产石膏板,利用建筑垃圾代替砂石和骨料等建材与化工、电力、建筑等行业之间的中循环;建材企业消纳、处理工业和生活废弃物、有毒有害废弃物并节省资源、利用热能等建材行业与社会之间的大循环。

目前,建材工业已经成为国民经济体系中资源综合利用的关键环节和消纳固体废弃物的主要工业部门之一。而水泥工业和墙体材料工业则是建材全行业发展循环经济的重点。

建材工业发展循环经济具有得天独厚的优势,也具有十分广阔的前景。这些前景不仅孕育于已经成功开展的降低资源、能源消耗和提高利用率方面,还孕育于广泛开展的对各种废弃物的再利用，产品质量和寿命的提高及性能的改善，以及对建筑垃圾再利用的深入推进等许多方面。此外，建材工业发展循环经济还具有遍在性特征，无论是上、中、下游还是相关领域，都有很多文章可做。

关键词三：向轻型化转变

“国务院领导同志曾经指出，过去我们讲建材工业的发展，偏重于讲生产、讲产量，重制造轻加工，重生产轻应用，建材工业要向制品业方向发展。30 年的发展成就充分证明这一指示是完全正确的。”张人为说，“建材行业的原材料重工业属性要向轻型化转变，要向制品业发展。”

目前，建材工业的内涵早已不是单纯原材料制造业的概念。无论是水泥、玻璃还是陶瓷工业，每一个产业都是一个体系，健康发展离不开自身产业链上的协调。

我国水泥工业 60 年来之所以发生了巨大变化，是与水泥粉磨、散装水泥和混凝土等产业的快速发展密不可分的，这些环节都是水泥熟料制造业延伸、衔接市场应用必不可少的环节。平板玻璃工业的发展如果没有工业技术玻璃等深加工玻璃制品业的发展支撑，就会缺乏载体甚至不可想像。

张人为表示，从行业整体的角度看，我国水泥制造业的工业增加值在建材行业所占比重之所以会告别一业独大的历史，下降到 2008 年的 30%，主要是因为建材其它产业，尤其是加工制品业的快速发展。今天建材工业的“百花园”，就是始终坚持产业协调发展的结果。

建材工业延伸产业链的结果是不仅有原材料制造业，还派生出加工制品业、物流业和商业，产业构成了比较完整的体系。在这个体系中，形成了每个行业的高、中、低端技术和产品结构，形成了大、中、小企业组织结构的相互匹配、协调发展。各有分工、各有侧重、相互配套、协调发展，构建了比较完整的建材工业体系，既较好地促进了行业协调发展，形成了良好的竞争与合作关系，又较全面满足了不同市场、不同层次消费主体的需要。

张人为表示，从原材料制造业到加工制品业是一次重大提升。一个只重视制造，忽视发展加工制品的行业，就会出现长板或者短板现象，这样的“独舞”是无法演绎出一台令人心动的大戏的。红花还需绿叶配，坚持大力发展加工制品业的产业协调理念，不仅有利于改变单纯追求规模和数量的老套路，也有利于提升行业的整体竞争优势，实现行业的协调发展。

关键词四：自主创新

近年来，我国建材主要产业在技术进步方面经历了以引进消化为主到引进和自主创新相结合，进而以自主创新为主的过程，主体技术和装备已经达到或接近国际先进技术水平，不仅满足了国内需求，还实现了出口。如坚持独立自主研发的无机非金属新材料产业，为航空航天和国防工业提供了高精尖部件。

目前，我国已经建成日产 4 000 吨级及以上新型干法生产线 241 条，其中海螺集团建成的 4 条日产万吨生产线已经成功投产运行多年。日产 4 000 ~ 6 000 吨生产线的装备国产化率达到 90%。具有自主知识产权的洛阳浮法玻璃技术日臻成熟，建成了多条日熔化 900 吨浮法玻璃生产线，在超厚和超薄浮法玻璃的生产技术方面取得重大突破。电子工业用 0.55 毫米、0.70 毫米超薄浮法玻璃产品拥有自主知识产权，产品质量达到国际先进水平。自主开发生产 7 800 吨陶瓷压砖机，打破了长期依赖进口的局面。超大超薄陶瓷板、多晶硅石英陶瓷坩锅研发成功并实现产业化。大吨位玻璃纤维池窑技术、全氧燃烧技术达到国际先进水平。新型建筑材料、树脂基玻纤增强复合材料、混凝土及制品、非金属矿材料和无机非金属材料及制品等行业，在工艺、技术和装备领域都取得了显著进步。3.0 兆瓦级风力发电机玻璃钢叶片、年产千吨级的碳纤维项目均已投产。

张人为介绍，过去我国建材工业之所以长期发展不上去，除了资金和市场等约束外，自主创新能力薄弱，工艺、技术和装备的落后也拖了行业发展的后腿。近几十年来，通过增强自主创新能力，行业工艺、技术和装备落后的瓶颈得到突破。以水泥工业为例，在引进、消化和吸收的基础上，抓住新型干法水泥投资高、效益差的主要矛盾，通过实施科技创新、设计优化、国产设备、业主负责的重大措施，实现了低投资，从而达到了加快发展的目的。

今天，我国建材主要产业已拥有许多具有自主知识产权的核心技术，使得产业结构调整和升级从梦想变成了现实。30 年的发展经验证明，坚持自主创新，实施科教兴建材的战略，是推动行业实现科学发展的关键。

一个行业能否实现科学发展，要看其是否具备自主创新能力。过去常说的建材工业大而不强，实际就是自主创新能力不强。实现由大变强，就是要通过创新工艺、创新装备、创新产品和创新观念、创新机制等来实现。自主创新能力是行业实现由大变强、科学发展的关键。

记者手记

为共和国建设添砖加瓦

对张人为的采访，艰难又顺利。艰难，是因为记者没有找到一份有关其个人的公开资料，仅有的就是一份简历，不好做访前的准备；顺利，是因为谈起多年来的沧桑巨变，张人为感慨万分，滔滔不绝，70 岁的老者，思维敏捷，口若悬河，丝毫不逊于当年。

他说：“建材工业走过了 60 年，我经历了 51 年，看到各个方面的发展和进步，心情很激动。我很少接受记者采访，但是 60 周年了，我觉得可以和工业报的同志坐在一起谈一谈了。”

沧桑甲子一轮回。当年意气风发踏进华东化工学院（现华东理工）大门的江苏小伙子踌躇满志，而今两鬓斑白的老领导回首往事感慨万千。从一个基层技术员，一步一个脚印成长为我国建材工业的领军者，张人为无疑是我国建材人艰苦奋斗、自强不息的典型代表之一。而他的成长路径，也展现了我国建材工业由小到大，由弱到强，开拓进取的辉煌篇章。

这60年中，我国建材工业走过了非凡的历程，生产力获得极大发展，产业结构不断优化，体制不断创新，活力不断增强。而在辉煌成绩的背后，是建材人前仆后继、孜孜以求的执著付出与艰辛跋涉，他们用毕生的勤劳与智慧为共和国的建设添砖加瓦。

最后，张人为特意告诉中国工业报记者："我要由衷地感谢国有企业和国企的职工们，他们承载了历史的重负，做出了贡献，不计条件，不计报酬。但由于改革原因，有些方面考虑不够，现在国家十分关心和重视这个问题的解决，要让改革成果得到分享。亚当斯密说，如果一个社会的财富不能为全体人民所享有，这个社会不会稳定。我们现在正在印证这个精神——要让改革发展的成果为全体人民享有。"

（孙郁瑶）

"过剩的帽子"怎么摘？

How to take off "the cap of excess"

——访中国建筑材料联合会会长张人为

摘自《人民日报》　11月30日

怎么看待产能过剩？

过剩的是落后产能，水泥、平板玻璃被列为过剩是"喜中之忧"

记者：在这次国务院开列的产能过剩行业中，水泥、平板玻璃榜上有名。在我们印象中，这两个行业不是第一次戴上"过剩"的帽子，您在建材行业工作了几十年，怎么看待这顶帽子？

张人为：我们并不觉得突然！产能过剩首先意味着行业取得了大发展，满足了国家建设的需要。现在被戴上过剩的帽子，应当说是喜中之忧。

本世纪以来，这两个行业发展迅猛。2008年底，全国水泥生产能力达20.95亿吨，其中先进技术——新型干法水泥产量比重由2 000年的12%提高到62%；平板玻璃总生产能力达7.5亿重量箱，其中先进技术——浮法玻璃产量占平板玻璃总产量的比例也由2 000年的72.1%增至83.5%。这是大发展的成果啊！八九年的时间，新型干法水泥比重提高了50个百分点，意味着平均每年上一亿多吨新型干法水泥项目，而过去我们在80年代、90年代时，一年能有四五百万吨增量就不得了！

记者：有数据表明，这两个行业产能过剩、重复建设等问题还在加剧。比如平板玻璃，目前已有40余条浮法玻璃生产线因市场原因停产，约占总产能的20%左右，直接损失达10余亿元。即便如此，今年上半年就又建成投产13条生产线，新增产能4 848万重量箱。照此发展速度，这两个行业将面临怎样的前景？

张人为：水泥、平板玻璃两个行业的产能过剩，首先是由落后产能造成的。不这样认识，就会殃及先进产能的发展。

以水泥为例：2008年，华东地区的水泥消费量5.32亿吨，已有水泥总产能7.73亿吨，产能过剩2.41亿吨，其中仅新型干法的水泥产能就可满足市场需求。从全国来看，虽然到今年底我国新型干法的比重将超过70%，但仍有近30%的落后水泥产能。而从各省区市的情况看，2008年立窑等落后工艺水泥熟料产量所占比重超过40%的省份多达14个。

虽然这些年我们一直在淘汰落后产能，自2001年以来，全国水泥行业已淘汰落后产能约2.6亿吨，但立窑等生产能力仍有近5亿吨左右；"小平拉"等平板玻璃落后生产能力也还有约8 000万重量箱。我们既要防止在一些区域市场先进产能项目投资过于集中，导致产需失衡、过度竞争等问题；更要继续坚持淘汰小水泥、小玻璃等落后产能，并完善落后产能退出机制。

水泥、玻璃是以内需为主的行业，也是资源能源消耗型产业。随着经济增速及发展方式的变化，需求量将从迅猛增长转入适度增长，产品结构调整、技术水平升级与组织结构调整，才是产业发展的趋势。此外，在建设资源节约型和环境友好型社会中，它们还有巨大的技术升级潜力。因此"过剩的帽子"要辩证看，我们完全可以借结构调整东风，加快产业升级。

为何重复建设屡禁不止？

需求大、门槛低、自律差、监管弱，硬发展没道理

记者：目前水泥项目实行的是省级政府投资主管部门核准制度，平板玻璃项目也实行备案制度，为什么重复建设现象仍然屡禁不止？

张人为：问题也在于企业对市场的把握不准确，地方政府又没有合理的引导。

分析建材产品产能过剩的主要原因，我认为离不开以下几个方面。

一是国民经济快速发展、市场需求的不断增加促进了产业和产品产能的快速增长。

二是资本的逐利性特点和企业追求利润的逐利行为客观存在。现在民间资本很充足,而水泥行业准入门槛不高,设备国产化后投资成本降了近2/3。虽然水泥目前的价格不高,但仍有利润,因此吸引了不少投资。甚至有些投资项目完全是属于投机性的。

三是行业缺少自律,缺乏自我纠偏、自我完善的能力。建材行业也存在“坐公交车定律”,没上车的都想挤上车,在车上的不希望有人再挤进来。很多可能不合新规的项目听到产业调整的风声,都赶在政策出台前上马。结果往往是出台一个文件,催生一批企业。生产线已建成投产,你怎么让他死?而拆的成本又往往比建设的成本还要大。

四是在市场经济条件下,我们对如何有效促进并引导行业健康发展还缺乏经验。这两个产业并非完全市场化,上项目还需要政府核准或备案,政府完全有手段进行有效调控。目前确实存在管理不到位的情况,或不知道怎么管才能管好。政府的执行力不强,协会又处于弱势。如果每一次关停、淘汰都是雷声大,雨点小,有些企业就会觉得无关痛痒,也不再害怕了。我们必须明白,有市场需求,才有产业自小变大;有结构调整,才有产业由大变强。

产业结构如何调整?

主要矛盾不是技术和产品,难点在于组织结构调整。

记者:在目前的发展状态下,水泥、玻璃怎么样才能摘掉过剩的帽子?

张人为:既然过剩的是落后产能,首要任务应该是加大力度、加快步伐淘汰落后。国务院38号文件明确要求各省必须尽快制定三年内彻底淘汰落后水泥、平板玻璃产能的时间表,我认为这是非常有远见的决策,符合产业结构调整的方向和要求。

记者:这些年水泥业产品结构调整很快,现在谈“调结构”,主要难点在哪里呢?

张人为:结构调整既有技术结构、产品结构的调整,也有组织结构的调整。技术结构、产品结构的调整我们已经轻车熟路,建材产品产量和规模的增加已不难,也不是行业发展所面临的主要矛盾。水泥、平板玻璃工业要转变增长方式,核心是调整产业结构,难点在于组织结构调整。

建材行业的产业集中度不高,全国现有水泥企业多达5 500多家,平均规模仅40万吨左右;浮法玻璃企业近90家,平均规模仅500多万重量箱。因此,除了要继续加快淘汰工艺落后、污染严重的小企业外,企业组织结构调整的任务也相当繁重,已成为产业结构调整的难点和重点。

我们调整结构要依靠大企业。建材行业如果没有一批大企业,在国民经济中的行业地位不会高,腰杆不会硬。我们重组、并购、市场有序发展也要依靠大企业,这些年建材企业也开展了很多探索性工作。比如中国建材集团成立“南方水泥”,整合了南方近百个水泥企业,对于解决市场无序、供大于求的问题和企业自身发展都有很大的好处。“冀东水泥”近年来相继并购了“松江水泥”、“大同水泥”、唐山水泥机械厂、“唐山陶瓷”,最近又把“秦岭水泥”并了,对存量与增量资产进行了盘活与优化,不断用技术改造来提升其水平。

建材工业调整的眼光要看得更远。水泥、玻璃如果只做低端的产品,谈发展就只能增加量,增加规模。我们要发展加工业,延伸产业链,提升附加值,在中高端市场也要占据一席之地。比如,过去玻璃就是透光挡风挡雨,现在出现了镀膜玻璃、光伏玻璃……性能功能多了,附加值更高!水泥工业发展到现在,以质代量是必然趋势。同样是16亿吨的产能,都是优质水泥构成,和现在还有5亿吨小水泥,是不一样的。以质代量实际上就是减量化了。

地方政府应该做什么?

制订规划、明确准入门槛、加强执行力。

记者:自2006年开始,国家相继出台了水泥工业发展规划等一系列产业规划与政策。为什么在个别地区,就连新型干法水泥都出现了过度竞争呢?

张人为:我在建材行业工作近50多年了,我看目前是国家出台的水泥政策最密集的时候,这说明国家对水泥行业很重视。

水泥、玻璃都还不是完全市场化的产业,要避免投资者在快速发展中的盲目性,充分发挥国家政策的导向作用很重要,地方政府尤其是要根据科学的市场需求预测,研究制定符合行业发展实际和趋势的地区产业规划。

目前我国只有13个省区市有水泥专项发展规划,没有规划,投资项目的决策、政府部门的核准都将是盲目的,也就谈不上产业的科学、合理、有序、健康发展。

记者:市场并不是按照行政区域来划分的,各地之间、各部门之间怎样能形成一种合力,来推动结构调整与产业升级呢?

张人为:在国家规划指引下,相关地方政府应该加强协调,合作研究制定重点区域的发展规划,建立健全市场准入体系。

当前环保总局有排放标准,质检总局有质量标准,但这些标准还没被整合成行业准入门槛。准入门槛过低或缺失,项目核准就很难科学公正,也不利于有效提高资源能源利用率,实现节能减排。在此基础上,政府应增强执行力,否则容易让企业钻空子。

产业调整并非哪个部门、哪个行业的事,而是全社会的事。水泥、玻璃产业的提升,有赖于整个产业链的升级。

比如水泥的下游是混凝土。现在高标号混凝土的需求量偏少,导致高标号的水泥市场需求并不好,企业优质的设备、先进的工艺只好用于生产低标号的水泥,优质不能优用,这实际上是一种浪费。如果发展高标号的水泥配制高标号混凝土,水泥实际用量减少,以质代量,也是对资源和环境的保护。

海螺是怎样做大做强的

How Hailuo becomes large and strong

——安徽海螺集团改革发展与自主创新纪实

摘自《经济日报》　11月30日

八百里皖江，浩荡东流，见证着一个企业巨人的成长

连云港核电站、秦山核电站、福清核电站；上海南浦大桥、南京长江三桥；京福高速公路、上海磁悬浮列车轨道梁；浦东东方明珠、金茂大厦……这些耳熟能详的重大工程，莫不与另一个名字相联系："海螺水泥"。千家万户清晨推开的那一扇扇窗，可能大多数都叫"海螺塑窗"。

这个企业巨人就是安徽海螺集团有限责任公司，一个从皖南山沟里走出来的国有水泥厂，通过不断改革创新，搏击国内外市场，坚实地走出一条中国特色工业企业发展之路，引领中国水泥工业攀登上世界水泥行业的顶峰。目前，海螺集团水泥产销量居亚洲第一、世界第三，塑钢型材产能列世界第一。《世界水泥》杂志评价说：世界水泥看中国，中国水泥看"海螺"。

今年以来，在国际金融危机持续蔓延的严峻形势下，海螺集团变市场压力为调整动力，经营发展仍然取得了较好的成绩。1月至10月，全集团熟料生产增长18%、水泥生产增长32%，实现总销量1.25亿吨，同比增长22%；全集团实现汇总（含税）销售收入394亿元，实现利税63亿元，其中利润总额36亿元，同比增长47%。

前不久，美国《福布斯》选出2009年度亚洲最佳上市公司50强，海螺集团旗下安徽海螺水泥股份有限公司名列第五。

一幅产业和资本联袂的"T"型战略，是助推迅猛扩张的"路线图"

"做企业就要做全国第一的企业，就要做领导型的企业。"这是海螺集团董事长兼总经理郭文叁的风格。海螺集团正是一步一个脚印朝着"第一"的目标在不懈地奋斗。

"海螺"展厅上列着这样一组数据：海螺集团从20世纪90年代总资产4.6亿元、150万吨产能、负债率达98%起步，跃升至现在总资产470亿元、1.2亿吨产能，控股经营"海螺水泥"和"海螺型材"两家上市公司，参股"巢东水泥"，拥有4只股票；集团下属110多家子公司，4万多名员工；2008年，实现汇总（含税）销售收入490亿元，实现利税58.8亿元，已连续16年居全国行业第一。

"海螺集团的成功，来源于其具有前瞻性、可行性的战略规划，来源于资本市场的有效运作，是产业资本与金融资本有机结合的成功范例。"工业和信息化部建材处处长吕桂新作如是评价。

战略领先给"海螺"带来的是别人无法相比的竞争优势。海螺集团副总经理纪勤应告诉记者，从1993年至今"海螺"走了"三步棋"。第一步是1993年至1999年，主要是跨地区、跨行业发展；第二步是1999年至2002年，是低成本大规模扩张、加速发展时期；第三步从2003年开始，面向全国，海螺集团实现了新的跨越。

成败的关键往往在第一步。迈出第一脚，需要眼光、胆识，需要勇担风险的气魄。1993年，海螺集团的前身宁国水泥厂领导班子大胆做出决策：走出山门，实施跨地区、跨行业发展战略，把企业做大。他们第一步就靠近长江，兼并铜陵水泥厂、芜湖白马山水泥厂，跨地区发展旗开得胜；与此同时，他们将"触角"伸进了塑钢门窗型材项目，迈出跨行业发展的坚实一步，最终打造出居世界同行之首的"海螺型材"。

如果把生产经营比作骨肉，那么资本运作就是其中流通的血液，海螺集团的发展壮大与其娴熟的资本运作能力密不可分。1997年10月，"海螺水泥"H股在香港成功上市；2002年2月，"海螺水泥"A股在上交所成功发行，"海螺水泥"因此成为建材行业首家A股+H股水泥上市公司；2 000年，"海螺型材"成功借壳"红星宣纸"上市，并于2002年3月公开增发A股成功……"海螺水泥"自1997年上市以来，从资本市场上获得了140多亿元的资金，为企业加速扩张提供了强有力的资本支撑。

海螺集团每一次融资都抓住了中国水泥产业发展的关键机会，以不断完善的现代企业制度为基础，将先进的企业管理机制和娴熟的资本运作结合起来，写就一系列兼并、重组、收购、扩张的新篇章。

海螺集团所走的第二步是一个被称为"T"型战略的规划，竖即长江，横是沿海。依据"T"型发展思路，海螺先后在沿江、沿海的宁波、南京等地并购立窑和中小水泥企业，将其改造成水泥粉磨站；同时在石灰石资源丰富的长江两岸的芜湖、铜陵、安庆、池州等地建设大型熟料生产基地,发挥长江水路运输的成本优势,快速拓展了在华东地区的市场覆盖面。这种"熟料基地 + 粉磨站"的建厂模式被行业誉为"海螺模式"。

在海螺集团总部悬挂的企业战略布局图上,我们看到,经过多年发展,"T"型战略实施完成。从江西到江苏的长江沿线所有重要港口城市,"海螺"星罗棋布地构筑起了规模达数千万吨的熟料生产基地,在"长三角"所有重要城市建立了粉磨厂和销售基地,全面完成了市场的战略整合和战略布局。

敏锐的市场洞察力和高超的区域布局能力保证了海螺集团屡战屡胜。随着在华东地区战略布点的基本完成,"海螺"开始实施第三步战略。2003 年,海螺集团将战略箭头直指华南地区,先后在广西、广东、湖南等地选址建设了大型新型干法水泥生产基地,加快了华南区域水泥产业结构的调整进程。在巩固华东、拓展华南取得阶段性胜利之后,海螺集团积极响应西部大开发战略,从 2007 年下半年开始启动西部发展战略,先后启动了在甘肃、四川、重庆、贵州、陕西等地多个项目,规划形成 3 200 万吨熟料生产能力。四川汶川特大地震发生后,海螺集团积极履行大企业的社会责任,加快了川、渝、贵等地项目的建设步伐。

海螺集团在发展过程中,先后成功完成了对江西庐山水泥厂、湖南雪峰水泥公司、张家港市水泥厂、上海奉贤水泥厂等 19 个企业的兼并重组,盘活国有存量资产 30 多亿元、各金融机构不良信贷近 20 亿元。通过技术改造、管理输出、制度移植和文化融合,使这些企业重焕生机。

在国际化征程上,海螺集团也迈出了坚实的脚步。2008 年出口水泥熟料 1 250 万吨,占我国出口水泥熟料的 50%,成为世界上最大的单一品牌出口商。"海螺"水泥远销美国等 40 多个国家和地区,"海螺"品牌在国际市场上被广泛认同,为海螺集团的全球战略实施和产业国际化奠定了基础。

一直牢牢坚持技术创新,是引领行业进步的"发动机"

中国水泥看"海螺"。因为近十几年来,中国水泥工业发展征程上的一个个丰碑,背后都有"海螺"人的影子:

"海螺"先后建成了我国第一条日产 5 000 吨新型干法熟料国产化示范线、第一条日产 10 000 吨新型干法熟料线、第一个千万吨级熟料生产基地、第一套水泥纯低温余热发电机组……

海螺集团始终紧紧扭住技术创新这个"牛鼻子",用高新技术改造传统产业,致力于发展新型干法水泥技术、节能减排技术,瞄准国际先进水平,重视产学研合作,通过引进消化吸收、自主研发、集成创新,创造了一个又一个的奇迹。

开创国产化、低投资建设日产 2 000 吨和 5 000 吨新型干法熟料线的先河,是"海螺"技术创新迈出的重要一步。建成日产万吨熟料生产线,则是"海螺"攀登上世界水泥行业最高点的标志。此前世界上仅有 3 条万吨线,海螺集团两年内即建成投产 4 条,在世界水泥工业发展史上绝无仅有。这 4 条万吨线国产化率达到 60%,工艺技术装备水平领先于世界其他同类生产线 5 年到 10 年,不仅打破了国外的技术垄断,走出了水泥大型装备"重复引进、代代引进"的怪圈,还为我国水泥装备大比例占领国际市场打下坚实基础。

"海螺"总是在技术创新中不断攀登发展的高峰。在水泥生产规模成为行业排头兵的同时,将产业链上端向水泥工艺新技术、新装备的研发和设备制造延伸;下端则围绕节能减排和降低水泥工业生产成本,研究开发余热发电技术设备制造直至工程建设等。

记者走进位于芜湖生产低温余热发电锅炉的车间,工人们忙得热火朝天。在这里,一个新兴的节能环保装备产业正在崛起。安徽海螺川崎节能设备制造公司副总经理汪宁告诉记者,海螺集团把低温余热发电技术、垃圾焚烧处理、城市污水污泥处理等节能装备制造作为新的战略重点。

海螺集团是国内水泥纯低温余热发电的最早应用者。1998 年 3 月,我国首套水泥纯低温余热发电机组在"海螺"建成投运。通过近 10 年的消化、吸收和集成创新,"海螺"自主研发了具有国际领先水平的水泥余热发电综合利用技术,解决了企业自身 60% 的用电量,减少了大量煤炭消耗和二氧化碳排放,每年创造的间接效益达 16 亿元。该余热发电技术在行业内迅速得到推广。截止至 2009 年上半年,海螺集团已承建 96 套余热发电机组,涉及国内外 155 条新型干法熟料生产线,总装机规模达到 1 325.6 兆瓦,年发电量约 100.78 亿千瓦时。按照火力发电同口径计算,每年可节约标准煤 363 万吨,减排二氧化碳 874 万吨。

在利用水泥窑处理城市垃圾上,海螺集团已率先开发出具有自主知识产权的垃圾焚烧技术和装备,再度引领水泥行业发展绿色环保产业。"海螺"在铜陵市实施的这一项目,日处理垃圾可达 600 吨,将有效解决城市垃圾填埋占用土地、污染环境的难题。

"由于海螺集团把技术创新始终放在第一位,因而取得了水泥工业技术研发与创新的主动权和主导权。"中国建筑材料联合会会长张人为表示。

多年来,海螺集团非常重视在技术研发与创新方面的投入,年平均研发投入都在亿元以上,研究人员的薪酬也高出同类人员的 3 至 4 倍,有效调动了科技人员技术创新的积极性。海螺集团技术中心是国家级企业技术中心,通过多年的探索和实践,具备了自主规划、自主设计、自主成套与研发、生产调试等综合能力,为集团的快速发展提供了有力支撑。

"以持续自主创新走中国特色新型工业化道路,是"海螺”人的不懈追求。”郭文叁告诉记者，依托技术创新，“海螺”将发展循环经济、推动节能减排作为企业可持续发展的重要组成部分，全力打造资源节约型、环境友好型企业。

2008年，海螺集团各水泥企业平均吨熟料综合能耗为107.56千克标煤，比行业平均水平低14%，比新型干法水泥参考值低17.44千克标煤；吨水泥综合能耗为86.29千克标煤，比行业平均水平低24%，比水泥全行业参考值低27.71千克标煤，达到了世界水泥行业的先进水平。“海螺水泥”各企业还消纳粉煤灰、脱硫石膏、铁、铜矿尾渣等工业废渣1 100多万吨，翻开了传统工业发展循环经济新的一页。

为进一步推动水泥产业装备升级，促进产业结构调整，经过筹划，去年“海螺”投资60多亿元，在“芜湖海螺”、“铜陵海螺”开工扩建3条全球最大规模、技术装备最先进的日产1.2万吨生产线。

一套完全适应市场竞争的体制机制，是促进持续发展的“稳定器”

海螺集团的前身是筹建于1978年的安徽宁国水泥厂。海螺集团是我国国有企业改革、发展、壮大的一个缩影。

“找准企业改革结合点，不断创新企业管理体制和经营机制，让员工享受企业改革发展的成果，是企业增加生机与活力的必由之路。”郭文叁表示。

1993年，宁国水泥厂实现达产达标，但企业产品单一、资产负债率高达98%以上，发展举步维艰。新上任的厂领导班子大胆实施以劳动人事和工资分配为突破口的五项制度改革，调动了广大干部职工的积极性和创造性。随后，围绕建立现代企业制度，将部分后勤服务部门、外围经营实体等二级单位逐步从水泥主体剥离出去，实行自主经营、自负盈亏，增强了企业活力。

随着形势发生新的变化，为促进企业更好地发展，1996年9月，安徽省委、省政府决定组建以宁国水泥厂为核心企业的安徽海螺集团有限责任公司，并授予国有资产经营权。正是在“管”与“放”之间找到了均衡点，海螺集团拥有了加速发展的空间。

为解决发展的资金问题，完善现代企业管理制度，明晰企业法人治理结构，实现管理与国际接轨，1997年9月，以宁国水泥厂、白马山水泥厂为主发起成立安徽海螺水泥股份有限公司，并于1997年10月在香港成功发行H股，开创了水泥行业境外上市的先河，海螺水泥股份有限公司由此从海螺集团脱胎而出。“海螺水泥”的诞生，标志着计划经济模式下组建的宁国水泥厂基本完成了向现代企业的过渡。

2002年2月，“海螺水泥”在上交所成功发行A股，“海螺水泥”成为建材行业首家A股+H股水泥上市公司。2007年4月，“海螺水泥”向海螺集团、海创公司定向发行共计310 754 193股A股，成为中国资本市场规范运作、提高上市公司运营质量的典范。

改革是企业发展的不竭动力。为进一步加快国有企业改革发展的步伐，活化经营机制，2002年10月起海螺集团改制工作全面展开。到2008年7月，改制任务全面完成，法人治理结构更加合理完善。通过改制，实现了员工由企业人向社会人的身份置换，形成了以产权为纽带的激励机制和约束机制，增强了企业活力。海螺集团的改制，不仅没有给政府增加一分钱负担，而且上缴省政府改制资金6亿多元。

如果说技术、资金是海螺集团的“硬实力”，那么，现代企业制度、先进的管理则是海螺的“软实力”。没有软实力的支撑，再高明的战略也难以成功实施。

“‘海螺水泥’自上市以来，不单单从资本市场上获得了巨额资金，更重要的是引进了上市公司科学的法人治理结构和先进的管理模式，为企业跨越式发展提供了恒动力。”郭文叁强调。

海螺集团建立了一套比较完整与健全的规章制度，但几乎每年都在进行管理制度创新，每年都要新制定一部分规章制度、修改一部分原有的管理制度、淘汰一部分过时的管理制度，使规章制度在企业经营和改革创新中始终起着引领、调控、协调、监督、约束的作用。针对集团公司规模不断扩大、兼并与新扩建的企业文化和制度与海螺集团之间存在差异的情况，海螺集团不失时机地将企业文化和经营管理理念融入不同地域和不同类型的企业，使远离总部的各子公司的企业管理理念和规章制度都纳入海螺集团的运行轨道中，形成了统一的价值取向和行为准则。

成功的公司往往都是相似的，都拥有优秀的经营管理团队。管理着近500亿元资产、1.2亿吨庞大产能和4万名员工的海螺集团，总部员工非常少，却担当了战略制定、政策指导、市场引领、宏观调控、选择考核经营者等职能，其卓越的经营管理水平得到一致公认。原国家建材局局长王燕谋对“海螺”管理层评价道：以郭文叁为首的领导班子很优秀，具有前瞻性、进取心、创造性，并且很团结、清正廉洁，不谋私利，为行业技术进步、结构调整和地方经济发展而奋斗。

“稳定的架构，稳定的发展，来自于“海螺”团队成员强烈的事业心，也来自于“海螺”人已经形成的共同的价值观和利益共同体。”“海螺水泥”副总经理章明静表示。

对企业与人的关系，郭文叁有一个诠释：“企业是什么？‘企’字上面是人。人一走，就停止，企业就无法发展下去。”“海螺”以激励机制鼓励各种优秀人才脱颖而出，不拘一格用人才使“海螺”留住了人、培养了人、用好了人，也使每一位员工始终都有压力和动力。“海螺”连续10多年每年接收1 000多名大学生，为企业注入了发展活力和动力。

“未来3到5年，“海螺”将继续深入贯彻落实科学发展观，继续加大结构调整力度，紧紧围绕建设节约型社会的要求和循环经济的发展模式，不断增强企业自主创新能力，做强水泥主业及新型节能、化学建材产业，将海螺集团打造成为具有较强经济实力和国际影响力的企业集团。”郭文叁向记者描绘出“海螺”未来发展的美好前景。

聚焦水泥产能

Focus on cement production capacity

摘自《中国水泥》 2009 年第 12 期

2009 年，在中央实施“保增长，扩内需，调结构”一揽子计划的刺激下，我国水泥工业克服国际金融危机的不利影响，总体保持了较好发展势头，生产快速增长，经济效益稳定提高，节能减排成效显著。与此同时，水泥行业重复建设、产能过剩的苗头也日益显现。在此情形下，国家发改委等十部门出台《关于抑制部分行业产能过剩和重复建设引导产业健康发展的若干意见的通知》（国发［2009］38 号）；11 月 21 日，工信部为贯彻落实国办发 38 号文件精神，印发《关于抑制产能过剩和重复建设引导水泥产业健康发展的意见》的通知。相关文件出台后，行业上下反响强烈，《中国水泥》杂志适时组织专家学者和企业界人士就此问题共同研究探讨。

嘉宾：

蒋明麟　国务院参事室副主任、第十一届全国政协常委

王燕谋　原国家建材局局长、中国水泥协会高级顾问

刘长发　中国建材工业规划研究院 院长

崔星太　中联水泥集团有限公司 董事长

辜成允　台湾水泥股份有限公司 董事长

庄春来　北方水泥有限公司 副董事长

高　智　中国建材工业规划研究院第一咨询部 主任

当前水泥产能情况

《中国水泥》：国发［2009］38 号文指出：“2008 年水泥产能 18.7 亿吨，其中新型干法水泥 11 亿吨，特种水泥与粉磨站产能 2.7 亿吨，落后产能约 5 亿吨，当年水泥产量 14 亿吨。目前在建水泥生产线 418 条，产能 6.2 亿吨，另外还有已核准尚未开工的生产线 147 条，产能 2.1 亿吨。这些产能全部建成后，水泥产能将达到 27 亿吨，市场需求仅为 16 亿吨，产能将严重过剩”。文件中还明确要求各省必须尽快制定三年内彻底淘汰落后水泥产能的时间表，这是非常有远见的决策，符合产业结构调整的方向和要求。

蒋明麟：38 号文明确指出水泥行业是产能过剩行业，各地要认真贯彻实施中央精神，积极实施结构调整和总量控制的政策。目前全国区域差异比较大，东西部差异比较大。某些地区水泥产能可能过剩，比如浙江，或者是某种产品过剩。但是新型干法比例仍旧要加大，还有 30% 以上的落后产能需要淘汰。有的日产 2 000 吨干法生产线同样需要改造甚至淘汰。要在调整产业结构和淘汰落后方面做到科学布局，做好区域规划。

王燕谋：我对产能计算的看法是：(1) 由于特种水泥厂生产的特种水泥数量很低，包括油井水泥、白水泥、矾土水泥和硫铝酸盐水泥等在内的特种水泥年产量约 1 000 多万吨，与 14 亿吨总量相比，甚至可忽略不计。粉磨站的产能属于熟料基地的产能，不应重复计算。因而，特种水泥与粉磨站的 2.7 亿吨不应列入总产能。(2) 38 号文规定 3 年内彻底淘汰落后产能，5 亿吨落后产能也不该列进总产能。

因此，按 38 号文中所列数字，水泥产能应当是 27 亿吨减去 2.7 亿吨和 5 亿吨，为 19.3 亿吨。历年统计结果表明，水泥产量为产能的 70% ~80%。如果按 75% 计算，3 年内新型干法产量为 14.5 亿吨，不能满足文件中指出的 16 亿吨的需求量。另外，有关单位经实地调查后得出，目前真正在建的新型干法生产线约 350 条，没有达到 418 条之多。

38 号文规定 3 年彻底淘汰落后产能。因此，2015 年 20 亿吨的水泥消费量都将由先进的新型干法生产线来提供。按中国水泥协会的数据，2008 年水泥总产量为 13.88 亿吨，其中新型干法产量为 8.81 亿吨。因此，到 2015 年新型干法产量需增加 11 ~12 亿吨。为保证达到这个产量，需增加 15 ~16 亿吨的产能，相当于增加 750 ~800 条日产 5 000 吨熟料生产线。扣除在建生产线产能，水泥新型干法生产仍有较大发展空间。从全局和长远情况看，水泥新型干法产能并不过剩。

辜成允：根据台泥内部的测算，大陆水泥市场的合理产能规模在 18 ~20 亿吨之间。现在政策要求三年不批线，就给了行业内有企图心的企业整合其他资源的空间，也要求全行业更有效地利用现有资源。

未来三年不批建新生产线，这对控制产能的无序增长是非常必要的。现在不压产能，将来产能大过剩，所有企业亏

损、资源浪费、环保不到位、企业不能大型化等一系列问题带来的损失更大。

崔星太：从上世纪90年代以来，水泥产能总体的过剩过多，这从近20年来水泥价格的变化及整个行业的效益情况可以看出。特别是近几年过剩的现象愈演愈烈，部分地区已出现水泥产能严重过剩。如果在过去落后产能比重较大情况下说产能过剩还是值得安慰的，因为这对淘汰落后是有一定益处的，那么现在新型干法产能的大量过剩则是非常可怕的。

庄春来：目前我国水泥产能区域过剩非常严重，这里所指的已不仅仅是立窑等落后产能，新型干法水泥在某些地区也存在着严重的过剩现象。

我认为，目前水泥行业的过剩问题是一个阶段性问题，我国的人均水泥累计消费量自1949年至今为12.1吨，而发达国家在水泥需求快速增长期结束时，人均水泥累计消费量普遍在20吨以上，2006年日本人均水泥的累计用量为26吨。如此看来，中国的水泥需求未来还有一定的增量空间，但考虑到从2008年开始新建水泥生产线的加速，未来两年可能是水泥供给过剩压力较大的阶段。

刘长发：根据国发[2009]38号文披露的数据，加上在建和已核准拟建水泥生产线，我国水泥产能将达到27亿吨，虽然对我国水泥需求峰值还需作深入研究后方可确定，但估计这一数字已经超过水泥需求峰值，总体上评估为绝对过剩，即使扣除即将被淘汰的落后水泥产能，恐怕也落在相对控制过剩的范围内，因此把水泥产能判定为严重过剩是有其道理的。

由于我国区域经济发展的不平衡性，区域水泥工业的发展也是不平衡的。根据2009年6月底的统计，全国各省市已有、在建和拟建新型干法水泥产能合计情况。

虽然对各地区水泥需求峰值尚需做深入研究，但根据表1反映的情况，如果不对当前新型干法水泥的建设速度进行约束，那么经过未来两年的发展，序号1、2、3范围内所列省份中一半以上水泥产能将成为绝对过剩；全国其它大多数地区可界定为相对控制过剩；仅少数地区处在合理过剩范围内，水泥工业尚有一定发展空间。

对水泥消费需求的正确认识

《中国水泥》：要明确当前水泥产能的过剩情况，应对我国目前国民经济发展对水泥的需求情况有个正确认识。

蒋明麟：首先应对国家社会经济发展现状有比较准确的估计。从总体来讲中国的工业、农业发展还要有很长的路要走。中国并没有达到工业化后期的阶段，还属于工业化中期，工业化比率还不到50%。因此，即将到来的2010年和“十二五”期间还有很多工作要做，对各种国民经济建设的基础材料需求要有明确的判断。

国家的发展依赖“三驾马车”，即固定资产投资、消费和贸易。以前出口贸易形势好，但国际金融危机发生，出口减少，靠国内投资、消费来弥补，以保持国民经济平稳、较好、较快发展。目前，扩大内需的基本格局没有改变，更要依靠固定资产投资拉动。“十二五”期间交通、铁路、水利等基础工程建设继续进行。目前，水泥固定资产每年按20%～30%速度增长，水泥需求弹性系数还会按照10%增长。建筑体系的格局不会发生大的变化，对水泥的需求仍会继续增长。

王燕谋：中国正处在经济高速发展时期，水泥消费量逐年增加。2008年水泥消费量13亿多吨，2 000年到2008年平均每年增长11.2%，2009年上半年增长了14.9%。如果今后每年增长8%，到2015年水泥需求量将增加到20亿吨，相当于27亿吨产能。

有一个说法，水泥人均最高消费量应为1吨。这种说法缺乏科学根据，不同国家和地区在不同时期的人均最高消费量会有所区别，如台湾的水泥人均最高消费量是1973年的1.3吨。大陆区域辽阔，地形复杂，人口众多，交通、水电、城镇等建设的空间特别大，2015年20亿吨水泥需求量的预测是比较符合实际的。

高智：自建国以来我国水泥消费量大概可以汇总为以下几组数据：第一组数据，全国水泥总消费量：1950年0.01亿吨，1978年0.61亿吨，1999年5.67亿吨，2008年13.74亿吨；第二组数据，人均水泥消费量：1949年全国人均水泥消费量2千克，1978年63千克，1999年450千克，2008年1 034千克；第三组数据，人均累计水泥消费量，自建国至1978年人均累计水泥消费量0.64吨，自建国到1999年是5.4吨，自建国到2008年12.1吨。

从对历史的数据分析可以看出，改革开放以来，特别是进入21世纪，大规模的经济建设使水泥消费量激增，跨入新世纪的2 000年至2008年9年间，全国水泥总消费量增长了2.4倍；人均水泥消费量增长了2.3倍；人均累计水泥消费量达到6.7吨，是之前50年累计总量的1.24倍。从2008年起，我国人均水泥消费量开始进入1 000千克时代。

辜成允：由于公共建设和民间建设的同时作用，台湾人均水泥消费有10～15年时间保持在1吨左右，最高达到1 300千克。但是在城市化建设到一定水平后，公共建设和民用建设就会是交替拉动，此时的人均消费就会保持在500～700千克。

大陆现在处于“双火车头”驱动阶段，大量基础设施在建的同时民间建设很快也跟上，预计这个阶段也需要有10～15年的时间，人均水泥消费将保持在1吨左右的高位，随后才会回落。

崔星太：由于水泥作为基础原材料，它的需求是刚性的。即生产建设一旦确定，水泥用量也随之确定。考虑到建设的阶段性和受季节的影响，为保证供应，水泥生产能力的适度过剩是合理且必要的，特别是对于中国这样一个水泥消费大国而言。我个人认为水泥实际产能应控制在超过实际需求量的10%左右。

过去10年来随着我国经济建设的快速发展，基础设施、城乡建设的大规模投资，使得水泥的需求量也快速增长，这有效缓解了产能过快增长的矛盾，但这种需求的增长不可能是无限期的。个人认为水泥需求量已接近顶点。

产能过剩的产生原因及对策

《中国水泥》：在这次国务院开列的产能过剩行业中，水泥再次榜上有名。大家来分析一下产生过剩的原因及建议对策。

刘长发：产能过剩产生的原因可归纳为：

其一，进入新世纪以来，我国进入工业化和城市化加速发展期，持续旺盛的水泥市场需求拉动了水泥投资的快速增长。

其二，通过改革开放以来全行业的共同努力，我国新型干法水泥的技术装备水平达到世界先进水平，低投资国产化成为可能，再加上国家淘汰落后生产工艺的政策取向的推动，导致新型干法水泥发展步入快车道，2003年以来年均新增新型干法水泥生产能力超过1.5亿吨。

其三，水泥投资项目核准权限下放后，由于缺少科学的水泥工业发展规划作指导，加之多头审批和许多投资者的投资热情冲动而缺少必要的对投资项目的可行性研究和论证，近五年水泥工业发展整体上处在一个非理性状态。

鉴于水泥只是单纯用作建设的基础原材料，其产能的严重过剩不仅将导致大量投资的浪费、提高经济社会发展成本，还会造成过度竞争，导致行业利益整体上受损。为贯彻落实好国发［2009］38号文精神，推动我国水泥工业在新阶段的健康、理性发展，建议政府部门应加强宏观调控，并高度重视用科学的水泥发展规划指导水泥工业的发展，并对如下事关水泥工业发展全局性问题开展深入研究。

1. 对我国整体上和分省（市、区）水泥需求的峰值及其可能出现的时间进行深入研究。

2. 对我国能够用于水泥生产的石灰石资源分布情况作全面的摸底调查。

3. 深入研究并提出分区域水泥生产力布局方案。

王燕谋：当前水泥行业应遵循现代市场经济运行规律，充分发挥市场机制配置资源的基础作用，在此前提下政府对市场进行干预。在市场机制作用下，企业会不断提高自身竞争力。为提高竞争力，水泥企业进行扩张时，必然会对市场、资源和运输等外部条件进行周密调查，会选择先进的生产技术，会进行慎重决策，力争避免盲目性。企业在市场机制作用下提高竞争力的追求是避免盲目投资和解决水泥产能过剩的根本办法。

在现代市场经济运行中，除市场机制的作用外，还须政府的干预。政府应通过金融、税收等政策进行调控，依据环保、资源、土地、能源、质量、市场准入和反对垄断等法律法规进行监管，通过发布正确信息等方法进行引导。这是解决水泥产能过剩的必要手段。

水泥项目核准是政府对项目是否符合我国有关法律法规的最终审定。将政府核准作为解决水泥产能过剩的唯一办法并对全国各地区各企业所有项目都“一刀切”的做法，显然具有浓厚的计划经济色彩。

崔星太：对于国家发改委等部门联合推出的38号文件，即关于抑制部分行业产能过剩和重复建设引导产业健康发展若干意见的通知，我们认为是非常及时和必要的，在此希望国家有关部门能够坚持把文件精神落到实处并将现有落后产能尽快淘汰掉。

庄春来：我们非常赞同国家发改委38号文件的意见，它将对水泥行业提高集中度，避免恶性竞争，减少增量，抑制部分地区盲目建设起到积极的作用。对水泥企业而言，应增强大局意识、责任意识和忧患意识，在保增长中更加注重推进结构调整，坚持产业政策导向，共同推进水泥行业的持续健康发展。

辜成允：市场和行业健康发展的最大隐患是立窑等落后产能。立窑“极其灵活”的经营方式和小规模生产严重扰乱了市场秩序。现代化大型企业需要考虑的事情要比他们多，承担的社会责任也更重，经营发展更为理性。

在淘汰落后生产方式的基础上，产业发展的下一阶段将是规模淘汰，届时大部分地区规模在600万吨上下的新型干法企业也没有生存能力，在一定区域将形成7~10家的主导企业，这是比较理想和可行的，而竞争核心将集中在定价权上。

蒋明麟：产业调整政策是水泥行业发展的契机，要采取积极的态度，扎扎实实做好自己的事情。近年来在改善环境、减少温室气体排放、废弃物处理等方面，水泥行业都有很大进展。但还要继续努力，研发创新技术，不断提高水泥质量标准，降低能耗、保护环境，合理布点，不光有投资的冲动，要真正为实现水泥工业的可持续发展做出贡献。

实现水泥行业产能过剩的宏观调整，要靠政策积极引导，还要靠市场经济调节，两手都抓，就会有成效。要增加信息透明度，做好基础研究，做好“十二五”发展规划。

目前世界性的经济复苏已经出现了征兆，石油加价，中东、北非水泥行业都非常有发展潜力，在关注海外市场方面，大企业集团做得很好。

《中国水泥》：嘉宾们的讨论仁者见仁智者见智，都有各自的道理。大家的愿望都是相同的，就是希望我们水泥行业能够持续健康地发展下去。

中国水泥产业进入资本竞争时代

Chinese cement industry enters capital competition era

——访中国水泥协会会长雷前治

摘自《中国水泥》　2010 第 2 期

记者手记：2009 年年底，在哥本哈根世界气候大会上，中国水泥产业以 2006 年～2008 年共淘汰 1.4 亿吨落后水泥产能，而被作为中国节能减排的标志性事件之一；2009 年，水泥又被国家有关部门列入了抑制产能过剩的重点产业。

在中国经济最困难的一年渐行渐远的时候，水泥产业交织和纠结着政府与市场关注与打量的目光，再一次成为聚焦的对象。

我们应该如何盘点和评价 2009 年中国水泥产业的发展轨迹，如何预测和分析 2010 年中国水泥产业的市场趋势，新年伊始，带着这些思考，《中国水泥》杂志、《中国建材报》、数字水泥网联合采访了中国水泥协会会长雷前治。

编者按：水泥是建材行业最受关注的产业。水泥通常被称为国民经济的“体温计”，人们完全可以从水泥市场的变化中触摸到政府投资和基本建设的“温度”。2009 年，在中国应对国际金融危机的过程中，我国水泥产业书写了有史以来最辉煌的篇章，年产量破纪录地达到了 16.5 亿吨，不仅保证了政府 4 万亿元刺激经济项目建设的需求，而且在水泥结构优化方面大幅度地淘汰落后产能，并创下了全行业年利润的历史新高。同时，水泥行业还在资本市场上长袖善舞、风生水起。2009 年，人们从东西南北中都可以看到海内外的资本大鳄带着大量的资本在中国水泥行业并购中大显身手。中国“水泥亿吨级俱乐部”呼之欲出。

2009 年初，为探索利用水泥窑协同处置污泥和各种废弃物，中国水泥协会会长雷前治率队访问日本；5 月又被国家发改委聘为调研组组长奔赴华东六省一市对水泥过剩问题进行调研；下半年为配合工信部修订《水泥工业产业政策》，主持召开多次座谈会，探讨水泥工业可持续发展。为准确把握水泥行业的综合信息，《中国水泥》杂志、《中国建材报》和数字水泥网记者联合采访了雷前治会长。雷会长着重对 2009 年水泥产业的发展轨迹进行了解读和分析，并对 2010 年的水泥市场前景进行了预测和研判，其专业的深度、权威的视角、前瞻的目光都非常值得读者与其分享。

在此我们全文刊发雷会长的专访稿件，以飨关心中国水泥产业的读者。

2009 年，在 4 万亿刺激经济增长举措的拉动下，水泥成为最先回暖的产业之一。2009 年中国水泥的市场表现几乎粉碎和颠覆了年初人们对水泥产业发展的预测，尤其是水泥市场的需求超过所有人的预期。对此，雷前治会长连连说了“四个没有想到”。

雷会长说第一个没有想到 2009 年的水泥市场需求那么好。初步统计结果显示，2009 年的水泥产量近 16.5 亿吨，同比增长 2.5 亿吨。这个增量不仅在中国就是在世界水泥发展史上都是史无前例的。2.5 亿吨是什么概念，就是相当于位居世界第二、第三的印度和美国水泥年产量的总和。

第二、没有想到水泥投资规模这样庞大。2009 年，水泥投资额达到 1 700 亿元，相当于“十五”期间的水泥投资总额、接近于“十一五”前三年的水泥投资总额！

第三、没有想到水泥行业的年利润还能再创新高。初步统计数据显示，2009 年我国水泥行业利润总额有望超 400 亿元，在中国经济最困难的年份，水泥行业能取得这个效益，可以说相当不容易。

第四、没有想到水泥行业的并购整合的效果提升如此显著。2009 年，春节刚过，“中国建材”携手“弘毅投资”组建“北方水泥”，着手在北方地区推动中小水泥企业的联合重组；7 月，“红狮”收购“江西华昌”，“金隅控股”“天津振兴”；9 月，“亚泰”收购“金圆”；11 月，“华润”同时收购建行海南分行和国投资产管理公司所持有的“国投海南”股权，成为“国投海南”的控股公司；进入 12 月，收购重组高潮迭起，月初，“华润”通过竞拍购买“春湾水泥”在建项目，随后，“台泥”以 38 亿元巨资收购“昌兴矿业”，紧接着“冀东”收购“秦岭”，“中国中材”控股“祁连山”。从年头到岁尾，东西南北中，几乎都能看到巨量资本在催生中国水泥大集团大潮中的清晰身影。

2009 年，不仅重组联合的战鼓擂得咚咚响，而且成效也特别显著。据“南方水泥”的报告，上半年就对分布在浙江的近 70 家水泥厂按区域位置进行整合，组建 4 个分公司，实行产供销、人财物一体化管理，对技术经济指标比较落后或产品销售不畅的生产线实现限产或停产，短短的几个月，煤的采购成本就下降 5%，流动资金总量节约 5%，吨水泥实现利润比整合前至少提高 15 元以上，我原来预计的三年初见成效提前一年就实现了，发展态势十分喜人。据“亚泰”的报告，“亚泰”与“金圆”同属长春市场，激烈的竞争造成谁也不愿冒提价带来滞销的风险，长期以来，价格低迷，企业在盈亏平衡线上走钢丝。“亚泰”重金收购“金圆”以后，销售价格迅速提高了 20 ~ 40 元/吨，企业开始有了合理的利润。联合重组收到立竿见影的效果。

水泥，站着是楼阁，躺着是桥路，凝聚着工业化文明的地面财富。水泥作为一种对投资高依赖度的产业，经济发展，水泥先行，就像一根灵敏的温度计，人们完全可以从水泥产业的冷热程度上测量出经济发展速度的“体温”。2009 年，国家拉动固定资产投资，引爆了水泥产业的发展速度，也使水泥产能过剩的矛盾凸现于市场面前。

记者：据最新数据，2009 年前 11 个月的水泥产量达 14.93 亿吨，同比增长 19.00%，预计全年水泥产量将达 16.5 亿吨，我们应该如何看待 2009 年水泥产业发展的态势？2009 年中国水泥产业为什么会出现超预期发展的局面呢？

雷会长分析说，与建筑业相关的基础建筑材料中，如钢材、水泥、木材等，水泥与其关联度最高，为 100%，即几乎所有的水泥都用在建筑业上，而建筑业跟基本建设投资的规模、速度又是呈紧密正相关的。我们可以说，基本建设“热”，水泥就“俏”。2009 年我国水泥市场超预期的好，是国家四万亿资金直接有效拉动基础建设最生动的诠释。

跟踪水泥产业发展，具有明显的周期性：以 1981 ~2010 每 5 年产量增速均值描绘的曲线呈“W”波动走势。这主要与国家经济周期，特别与固定资产投资周期密切相关。

建国六十周年来，水泥产量这种波浪式的发展，基本上是跟我国基本建设投资是联系在一起的：基本建设投资规模大，水泥的需求增长就快；基本建设投资受到控制或下滑的时候，水泥产业的日子就难过。从过去的经验来看，国家的经济发展跟水泥产业的发展是一个正相关，但这种关联，也就是说水泥的日子好过不好过，跟国民经济发展的速度、增长的快慢关联度更高：国民经济增长速度高于 6%，水泥增长就快于国民经济增长速度；当国民经济增长速度低于 6%，水泥增长就慢于国民经济增长速度；当国民经济增长速度低于 4%，水泥产业就很有可能出现负增长，甚至全行业亏损。这是我国在前 50 多年的一个规律。

进入市场经济后，尤其是近几年，这个规律可能发生了一些变化，变化在于国民经济增长对水泥拉动较大时，水泥工业就迅速膨胀：需求增长比较快时，达到 6% 以上，水泥的投入产出就高于社会投资的平均利润率；当水泥需求低于这个水平时，水泥的投入产出就低于社会投资的平均利润率。从长远来看，水泥产业本身投资的风险并不大，但在短期、某个局部，还是可能出现很大风险的。例如浙江在 2004 年、2005 年时期投资的生产线，一年半或两年就能收回投资，高水平的投资回报让各行各业的资金都向水泥行业涌动，但在这个时期开工建设的生产线，往往投产之日，就是亏损之时。

水泥销售半径决定了水泥是一个区域性的产品，但水泥的市场化又使水泥拥有国际化的资本。中国作为全球最大的建筑市场，水泥产业对资本的吸引力越来越显著。中国已经进入大企业并购的资本竞争时代。水泥虽然是一门有着百年历史的传统产业，但目前中国第一方阵的“水泥资本大鳄”却有一半都很年轻，有的水泥产业发展历史还不足 10 年。然而正是这些雄心勃勃的企业东进西出、南征北战，正在快速提升水泥产业的集中度。中国水泥产业“亿吨俱乐部”已经浮出市场的水面。

记者：近几年，融资渠道的拓宽，为水泥企业在新一轮水泥需求高潮中提供了支撑。然而大量融资，特别是通过金融市场的大手笔融资，在促进产业发展的同时，也带来问题——从投资短缺到平衡，某些地区甚至出现投资过热。

企业的发展和国家对产能控制的矛盾日益显现，国家对水泥产业的两次调控都是矛盾集中的爆发点。如何保证行业、企业发展与国家经济发展同步，是各方共同关心的问题。行业在引导企业了解国家的经济发展与产业政策、帮助国家了解企业发展中的困难和进展，有重要作用。权衡以上两个方面，请雷会长谈谈如何看待水泥投资问题？

雷会长认真地说，水泥从发明到现在已有近 200 年的历史，其性能和用途变化不大，这说明这个产品的生命周期很长，因此投资建设水泥工厂的风险不会太大。说到“产能过剩”，见证了中国水泥改革开放 30 年快速成长的雷会长说，对水泥行业来说，“产能过剩”并不是新问题，适度的产能过剩是推动产业升级的助推器。改革开发以后，中国水泥发展中明显的产能过剩有 3 次。第一次是 1995 年底到上世纪末，主要是低标号的立窑水泥发生了过剩，当年立窑水泥产量占总量的 82%，我们称之为结构性低水平过剩，市场竞争的特点是表现在小水泥企业之间的竞争，其实质是质量的竞争，竞争的结果是使国产化、低投资的新型干法窑技术与装备获得国人的认同，从而推动了以国产设备为主的中小型新型干法窑的发展；第二次是 2003 年前后，当时新型干法建设已开始兴起，但以立窑为主的各种落后产能也不甘示弱，技改、扩建、甚至还有少量新建一起上，大有与新型干法比高低，那次竞争是发生在新型干法与各种落后产能产品之间的竞争，实质上是水泥生产成本之间的竞争，竞争的结果是推动了大型化新型干法窑的高速发展和以湿法窑和立窑为代表的落后产能迅速退出市场，新型干法窑水泥的比重由 2003 年末的 22% 到 2009 年末突破 70%；第三次发生在当下，我国大型新型干法水泥产业已气势如虹，这次的竞争主要在大企业集团之间进行，已经发展为水泥资本的竞争。竞争的结果必将推动大型、特大型企业集团快速成长，生产集中度快速提升。

但是，过度投资、重复建设造成产能严重过剩，情况就不同了。列宁说，真理向前走半步就是谬误。就象前面说到的浙江 2006 ~ 2008 年出现的情况。由于产能严重过剩，价格严重背离价值，许多工厂投产就面临亏损，效益低下，全行业陷入困境。

为防止水泥行业过度投资，产能严重过剩，造成社会资源极大浪费，国家采取了一系列的措施加以引导，但关键还在于投资者。“拉法基”在美国投资建设1条日产12 000吨生产线前期工作做了8年，“海德堡”投资“广州粤堡”项目，前期工作做了6年，“CEMEX”为进入中国市场前期工作费用花了几百万美元。2009年6月，重庆市水泥协会召开年会专题讨论重庆如何避免出现“浙江现象”，我给他们的建议：一是地方政府和水泥协会要有作为，制定一个符合科学发展观的区域规划，把工业化进程与水泥市场容量及时公告社会，使广大投资者心中有数；二是设计院所在编制项目可行性报告时所圈定的销售半径要合理，计算市场容量时一定要避免互相覆盖，重复计算；三是投资者要认真研究竞争对手，只有知己知彼，才能百战不殆。在当前各地招商引资的大潮中投资者要保持清醒头脑。汶川大地震以后，灾区墙体材料奇缺，引来诸多投资者，待恢复性建设基本完成以后，墙体材料出现过剩，一些投资者找政府，难道要求政府帮助我们去推销产品？显然，一旦形成产能严重过剩，这个苦果还只有投资者自己吃。

记者：为了防止全国性的严重产能过剩，国务院已经出台了38号文，听说最近工信部还将出台包括产业政策在内的其它几个文件，请雷会长谈谈这些政策措施出台的背景与内容？

雷会长回忆说：2009年5月，温家宝总理在商务部上报的一份关于“华东地区已经出现水泥产能过剩”的简报上批示。明确提出防止水泥投资过热，要求发改委认真调研，采取相应措施。

发改委根据总理批示，迅速组成调研组奔向华东。调研组从山东经安徽、江苏到浙江，分别与各省的发改委、经信委及水泥协会或建材协会的同志进行座谈，最后在杭州又把上海、福建、江西的有关同志请来座谈，与此同时又向全国各省进行了广泛的函调。

这次调研显示：2008年末全国已经建成投产的新型干法生产线934条，熟料产能7.6亿吨，已经开工建设的新型干法生产线有418条，熟料产能6.2亿吨，已经经过核准但尚未开工的项目147个，设计熟料产能2.1亿吨，目前尚存的非新型干法的旋窑428条，产能2 500万吨，立窑还存3 430台产能3.05亿吨，加上小于日产700吨的新型干法窑，各类落后水泥窑的熟料总产能约3.74亿吨。水泥粉磨站1 679家，水泥粉磨能力5.6亿吨。基本摸清了家底。

认真研读这些数字，可以得出这样的结论：即以上海经济区为代表的上海、浙江、江苏、安徽等区域内已经出现新型干法窑水泥产能严重过剩，河南紧随其后，随着在建的418条生产线相继投产，产能逐步释放出来，落后产能在3年内基本淘汰出局，那么全国除山东、广东、黑龙江等少数几个省区市新型干法窑产能不过剩，其余大多数地区都有可能出现过剩。若已经核准尚未开工建设的这147条线全部放行，有可能出现全国性的产能严重过剩。

为防止出现全国性产能严重过剩，38号文已经出台一些政策，采取一些严厉措施，比如：暂时停止所有的项目审批；对原来下放到地方的项目审批权暂时又上收到国家投资主管部门；对已经经过核准的项目要进行清理，待清理后根据每个项目的具体情况由国家投资主管部门决定是否放行还是取消建设等等。

为进一步贯彻落实38号文，新组建的工信部已经用了将近一年的时间对2006年由国务院批准，发改委颁发的《水泥工业产业发展政策》进行修订。同时还拟制定《水泥行业准入条件》等文件。这些即将出台的文件的内容要点既是对38号文的精神更加具体化，同时为促进水泥工业产业升级和实现可持续发展又出台了许多新的鼓励政策和措施。比如：国家将在财政、金融、土地、资源等方面继续支持企业间的联合重组，为大型企业快速成长营造良好的社会环境，进一步提升大企业的国际竞争能力，提高生产集中度，到2015年，希望水泥前十强企业的熟料产能集中度达到50%；国家继续支持水泥企业自主创新，尤其围绕节能减排方面，国家将在财政税收等方面支持企业采用余热发电、各种新的节能技术和设备，把海螺集团2008年已经实现的能耗指标作为全行业2015年的奋斗目标；国家将在财政、金融和税收等方面支持水泥行业利用水泥窑消纳各种生活和工业废弃物，水泥行业一定能为低碳经济、清洁生产作出自己特殊的贡献；国家将鼓励水泥企业冲破计划经济所形成的束缚，做长产业链。等等

记者：对市场而言，有需求、有利润，就会有投资。从东、中、西三个区域分别分析：东部地区自2006年以来，产量、利润、投资占全国比重三条曲线均呈下滑趋势，这是市场的自然回归；而中部地区，产量处于上升趋势，由于利润呈下降趋势，致使投资的下滑；西部地区三个指标均处于上升趋势。华东地区随着工业化完成的情况将会出现水泥市场成熟而稳定的局面。对于“长三角”地区的拐点什么时候能出现，行业内专家存在不同观点。请雷会长谈谈的看法，如何评价东部、中部和西部水泥发展的趋势。

雷会长说作为全国水泥产业最先发展的地区，如果把华东地区市场研究透，对今后中、西部发展也会是一个很大的启迪。

用水泥产量、利润、投资三个指标的走势，可以反映工业化的不同程度。然而在水泥需求成波浪式增长的趋势中，判断还能不能反弹，一个重要的指标是人均水泥的累计消费量，即研究人均消费水泥增长规律。

可以说，一个国家或地区的工业化程度是由钢筋、混凝土堆积起来的，经济学专家在研究人均水泥消费量的过程中，将工业化进程作为一个主要的研究因素——工业化发展到何种程度，所对应的人均水泥消费量是多少，这个标准在世界各国是基本一致的。一般认为人均水泥消费量达到

1 000千克，这个国家的工业进入高速发展阶段，水泥需求大幅增加。而对人均水泥消费量进行积分计得出人均水泥累积消费量，当这个数值达到一定的程度后，拐点必然会出现。

根据其他国家的经验，美国、德国、法国等西方发达国家二战以后人均消费水泥的累积达到 12 吨时就出现消费拐点；日本大概是 15 吨；中国台湾大概是 16 吨。结合我国特殊的水泥消费结构（混合材比例较高）、水泥品种与国外存在较大差别，据许多专家预测全国水泥消费高峰可能在 2018 年前后，届时人均消费水泥的累积量将达 22～24 吨左右。

就东部地区来说，经济较早起步，基础设施建设已基本上到位，地区投资总额还在提高，但基础设施建设所占比重越来越低，高科技投资比重越来越大，从而导致万元固定资产投资对水泥的消费量还在进一步下降。这就表明拉动整个"长三角"经济发展的上海市已经基本完成工业化，从而带动华东特别是"长三角"地区水泥需求开始从顶峰回落。

对一个地区而言，人均消费水泥的水平肯定呈波浪式地上升趋势，要判断这种回落是否能够反弹，要以人均消费水泥增长规律为依据。当达到拐点后，总体消费量趋势是向下走的，即使之后会有波动，但人均消费的水平不会超过之前的出现过的最高点。尽管各个地区由于经济基础等因素的影响，最高点的点值会有所不同，但都不会违背这个发展规律。

工业化和城镇化的进程从某种意义上说，就是地面形态泛混凝土化的过程。中国水泥是中国工业化和城镇化必不可少的"助推剂"。2010 年，中国水泥产业的发展依然会伴随着中国工业化、城镇化以及消费升级的过程而快速发展。与这个过程相随相伴的还有水泥产业的结构优化、水泥行业认真贯彻落实 38 号文件的产业政策和行业准入两个重要文件、水泥产业的节能利废、水泥产业的低碳减排……

展望 2010 年的水泥市场，雷会长充满信心。他说，中央经济工作会议给我们水泥行业吃了定心丸，2010 年是继续保持经济稳定发展的一年。2009 大批新开工的基本建设项目需要延续建设，新开工的项目也都箭在弦上。如 2009 年 12 月初，国务院批复了 22 个城市地铁建设规划，总投资达到 9 000亿元，这些都是水泥产品的广阔市场。

2010 年水泥市场的走势。由于铁路、高速公路等基础设施建设对水泥需求主要集中在前期与中期，到后期的铺轨、完善设备，水泥需求并不大。国家的 4 万亿投资年内基本都要到位，重点工程对水泥需求的旺盛期可能在 8、9 月了，因此全年市场的特点可能是淡季不淡。

关于节能减排和发展低碳经济雷会长说，我国水泥产量大幅增长，目前已超过世界水泥总产量的 50%。在给国家建设做出巨大贡献的同时，也给环境发展带来压力。胡锦涛主席指出，我国将进一步把应对气候变化纳入经济社会发展规划，大力发展绿色经济，积极发展低碳经济和循环经济。减少排放将成为主流趋势。

我们要充分认识到水泥是一个高碳产品——以万元 GDP 和万元工业增加值来算的话，在众多产品中，水泥是单位排放二氧化碳量最多的。而低碳经济时代已经到来，这对水泥产业是一个非常大的挑战，如何来应对这场挑战，是大家要考虑的问题。

对广大的生产者来讲，应考虑如何提高单位原材料的利用水平，以及如何生产高质量的熟料。在排放等量二氧化碳的前提下，生产出更高质量的熟料，便可掺加更多的混合材，生产出更多、更高质量的水泥，也就是说，降低了生产单位水泥产品的二氧化碳排放量。因此，提高熟料的质量，是节能减排的一个重要途径。

然而，生产者追求更高质量的熟料、水泥，成本上升，如果没有获得相应的效益回报，就会缺乏动力。因此，我们需要在生产和消费之间，在优质与优价之间，重新找到新的平衡点，才能共同推进水泥工业最大的发展。

关于大规模并购重组，雷会长说，目前我国水泥企业仍然数目众多，集中度低，至今年年底企业平均规模大约 31.7 万吨，前 10 企业集中度为 20.8%。

宏观调控对企业发展有着重要影响。此轮国家对产能的控制以及节能减排节奏的加快，为大企业发展带来了发展机遇，行业内新一轮扩张正在展开——从已浮出台面的"亚泰"收购吉林"金圆"、"冀东"收购"秦岭"、"台泥"收购"昌兴矿业"，到现在仍在进行中的交流沟通，可以说大规模的并购重组已经来临，预计今后几年水泥产业的重组会大大加快，集中度也会迅速提高。

在当前结构调整中，大企业所应该发挥的作用应该不单单是把企业规模做大，而要承担社会责任和历史使命，要引领行、产业的整合重组和发展水平，增强整个行业与上下游谈判的能力，提高行业的整体利润水平。

对未来大企业竞争的这个态势，雷会长作出如下分析。从 90 年代的小企业间竞争，到"十五"期间的大小企业间的竞争，目前已进入了大企业之间的竞争。这个阶段是不可避免的，在产能过剩的压力下，只有经过"血淋淋"的斗争，挤压落后的产能退出，才能重新达到市场平衡。

从印度、墨西哥、非洲等国家发展的经验来看，如果前两、三家企业的市场控制力达不到一定水平（一般为 50%），这个市场就不可能进入有序竞争阶段。我们提出这样的发展目标，到 2015 年前几家大企业熟料产能比重要达到 50%，成为行业发展的带动力，以引导中小企业的发展。从目前看来，我国要迈入有序竞争这个过程可能还需要经历很长的时间。

大企业发展区域市场的概念是应该提倡的。在一个小区域内，由一家企业通过有效的整合，来合理安排销售半径，控制区域内的水泥消费，从而形成有序的竞争。那么判断一个企业的成长性，主要是看这个企业是如何去整合区域市场,形成相对的领导地位。以此判断其资产的优劣、经营的好坏、效益的预期等。而不只是一味的建线、扩大规模,却未能提高市场话语权,效益得不到更好的提升。

雷会长强调今后大企业在发展中应更注重三个方面。

一是在淘汰落后方面要有所作为。现在落后产能淘汰还单纯依靠政府推动,企业坐收渔利。而纵观国际水泥发展历史,均有大企业主动参与淘汰落后的案例,通过买市场、买资源,加快落后产能的淘汰,维护市场控制力。

二是要稳定市场价格,在提高全行业赢利能力上要起榜样作用。小企业跟大企业竞争的时代已经过去,当今时代,小企业只有在大企业激烈竞争的夹缝中求生存、求发展。为此,行业的整体利益越来越依赖大企业的理性竞争,寄希望大企业能尽更多的社会责任和义务。

三是要更多地研究消费市场。随着低碳经济的来临,水泥消费市场会发生较大变化,例如,钢铁业为争夺市场,提出用钢结构更多地替换混凝土结构,另外低碳材料、胶凝材料也会对水泥消费市场产生冲击。来势凶猛,水泥行业的发展面临着多重威胁。因此,大企业肩负着历史责任和社会责任是不仅要研究降低成本的技术,更重要的是要积极研究探讨如何拓展水泥新的消费领域。

我国水泥已进入大企业间竞争时期

Cement of our country has entered competition period for large enterprises

摘自《中国建材报》　2009 年 1 月 5 日

中国水泥协会会长雷前治在前不久举行的天津水泥年会上指出,2009 年中国水泥工业创造了 3 个“最”:

——年内水泥产量增长超过 2 亿吨,挑战 2.5 亿吨,超过世界水泥产量排名第 2 和第 3 名的印度和美国一年的产量总和。

——当年水泥投资创历史新高,有望突破 1 700 亿元,相当于“十五”期间的水泥投资总额,接近于“十一五”前三年的水泥投资总额。

——2009 年利润会达到 300 亿元左右,再上一个新台阶。

但是,中国经济发展不平衡,东部地区水泥接近零增长。中国经济在不同发展阶段,其发展的地区引领者是不同的。改革初期在“珠三角”地区;本世纪初,是以上海为龙头的华东地区;原本认为增长的第三极是在环渤海地区,但以河南为代表的京广线附近的中部地区和以西安、重庆、四川为代表的西部地区经济迅速发展起来。

水泥大企业之间已经拉开了竞争序幕,并且正在引领中国水泥工业的发展。在 2009 年国内的“海螺”论坛、成都的“C12 +3”会议上,产能超过 1 000 万吨的大企业都坐在了一起进行对话。

1992 年以前,水泥市场基本上是供不应求,1993 年邓小平同志南巡讲话推动经济发展,促进了水泥工业的发展;

1995 年 ~1996 年出现第一次产能过剩,这是低水平的过剩,当时小水泥产量占 82%,竞争是小水泥企业之间的竞争;

1997 年 ~1999 年 3 年出现亏损。随着安徽“荻港海螺”日产 2 500 吨生产线投产,我国水泥工业进入了新型干法水泥大发展的时代,2003 年新型干法水泥进入了高速发展时期。淘汰落后产能,新型干法水泥和以立窑为代表的落后工艺之间展开了竞争,是大企业和中小企业之间的竞争。浙江和河南率先全部淘汰了落后产能,现在已进入大企业之间的竞争。

水泥是“短腿”产品,哪里有工程,哪里就有利润,价格能否稳住、利润是否持续,要看供需关系、看工程落在何处,而不是遍地散花。

商务部 2009 年 5 月份有个内部简报,温家宝总理做了批示,对今后的水泥产能过剩问题给予关注,并责成发改委进行调研。发改委委托水泥协会从山东开始对华东地区进行调研,初步摸清了华东的情况,同时发改委又以调函的方式发给地方发改委,汇总生产线的建设,5 月底汇总结束。

调研的结果是:2008 年已投产新型干法生产线 1 000 条,水泥产量 8 亿多吨,在建生产线 418 条,产能 6 亿吨,核准未建 147 多条,产能 2 亿吨。目前,安徽、江苏南部、浙江、上海已出现产能过剩,河南很快也会过剩。418 条线建成后,如果落后产能淘汰工作跟不上,就会出现全国性的水泥过剩。因此,对 147 条生产线的开工建设要进行严格控制,并采取措施:1. 停止审批,对上报生产线项目进行清理,有保有压,山东、河北、广东采取等量淘汰政策,该停的停,该放的放;2. 对日产 1 000 吨的生产线采取等量置换;3. 对严重过剩的地区,要“杀”掉一批。

为此,对生产线项目的审批权收到国家发改委。工信部也会出台两个水泥政策方面的文件,即水泥产业政策和准入条件。

2006 年国家出台了水泥工业产业发展政策,主要是促进新型干法水泥快速发展,现在情况有了很大变化,新型干法水泥实际比发布的数据要高。

调研结果显示，江苏有立窑 248 台，只开了 38 台；广东有 400 多台立窑，能开起来的也不多，主要是靠退税，退税取消后就很难开成。

全国 4 000 多家水泥企业的构成中，有 600 多家隶属于大集团，由一级法人变为二级法人；在淘汰落后产能过程中有 1 500 多家转化为粉磨站；还有一些企业是用新型干法熟料生产水泥。

目前，我国国内的技术指标在世界上是最先进的，“海螺”、“中国建材”的万吨线，“华润”的日产 5 000 吨生产线，尤其是湖北武汉的亚东生产线，是世界最先进的水泥生产线，先进的水泥机械则有德国莱歇公司生产的直径 6.3 米、自重 1 000 吨的水泥立磨，以及丹麦史密斯生产的第四代篦冷机等。

新出台的水泥产业政策，主要针对目前的投资过热、产能过剩现象，鼓励大企业通过战略重组，进一步提高生产集中度。我国水泥工业已经进入到大企业竞争的时代，前 5 家企业所占比例还达不到 30%。要达到 50% 以上，使竞争从无序走向有序。从发展角度看，目前集中度还不够，要大企业坐下来谈也是不现实的。只有从竞争中走向竞合，这才是一种必然，也是一种进步，是一个必然的历史过程。

2015 年，我国水泥工业的技术指标要达到 2008 年海螺集团的水平（海螺集团 80% 的生产线是日产 5 000 吨以上规模的生产线）。要实现上述目标，全行业还要进行很大的努力，要创新，要延长产业链，还要进入混凝土搅拌站市场。

水泥专家话水泥

Cement experts talk about cement

——记《水泥工业产业政策（征求意见稿）》专家座谈会

摘自《中国水泥》 2010 年 1 期

2009 年 12 月 22 日，由工业和信息化部产业政策司、中国水泥协会组织的《水泥工业产业政策（征求意见稿）》座谈会在北京召开，征求部分老专家对文件的修改意见。会议由工信部产业政策司副司长辛仁周、中国水泥协会会长雷前治共同主持，工信部产业政策司处长袁克兰，中国水泥协会副会长曾学敏、副会长兼秘书长孔祥忠等出席了座谈会。老专家王燕谋、李明豫、蒋明麟、李俭之参加了座谈会并提出了宝贵的意见。

《水泥工业产业政策》于 2006 年 10 月颁布以来，我国水泥工业结构调整取得积极进展，产业组织结构得到优化，全行业节能减排和发展循环经济成效明显，产业政策对促进水泥工业快速发展和改善结构起到了重要推动作用。但是，当前我国水泥工业仍然存在诸多问题，主要表现在重复建设、产能过剩、区域发展不平衡、生产集中度低、落后生产能力退出相对迟缓，生产经营还比较粗放，水泥工业可持续发展面临新的挑战。为适应国内外经济形势变化，进一步发挥产业政策对水泥工业健康发展的促进作用，在广泛征求意见的基础上，在中国水泥协会的帮助下，我们组织有关方面对《水泥工业产业政策》进行了评估修订，形成了《水泥工业产业政策（征求意见稿）》。我们希望听听各位老专家的意见，希望能够使修订稿更加完善。

中国水泥协会会长雷前治：

中国水泥协会自 2009 年 3 月份开始接受工信部委托进行《水泥产业发展政策》评估修订工作，经过几十家单位、上百人次的研讨，网上公开征求意见，历经 8 个多月的艰苦工作，在工信部产业政策司组织下，协会与规划院共同完成了《产业政策评估报告》、《产业政策修订说明》、《产业政策》送审稿。水泥行业现在的发展成绩凝聚着在座老领导付出的心血与努力。今天，我们邀请建材局研究水泥的老领导来，征求你们对《水泥工业产业政策》的修改意见，希望我们的水泥行业向更好的方向发展。

第八届全国政协委员原国家建材局局长、中国水泥协会高级顾问王燕谋：

“十一五”的水泥产业政策为中国水泥行业的发展起到了重要的作用，但是根据当前的形势，修改、制定新的产业政策也是很有必要的。我认为，要制定新的产业政策，首先要认清中国现在的新形势以及中国水泥行业面临的新挑战。目前 CO_2 排放和产能过剩成为困扰水泥行业发展的两个主要问题。

众所周知，水泥行业是 CO_2 排放的大户，当前温室气体的减排对水泥行业提出了新的要求。在刚刚召开的哥本哈根世界气候大会上，中国政府承诺到 2020 年单位 GDP 二氧化碳减少 40% ~45%。为达到这个目标，政府必定会采取一系列措施，如何减排是水泥行业目前的重要任务。

2005 年我们还在大力提倡发展新型干法水泥，发展到现在，出现了产能过剩的问题。但是目前行业内对产量过剩这个问题都有不同的认识，说法不一。

要解决上面的问题，我认为要从调整结构，淘汰落后产能，装纯低温余热发电设备；提高熟料质量，调整产品结构；鼓励低碳绿色水泥的开发与推广等几个方面来解决。另外，中小企业要与落后企业两个概念分开，不能一概而论。而对大、中小企业的划分的条件也不适合当前的状况，需要重新确定新的标准。

第九、第十届全国人大常委 原国家机关党工委副书记 原国家建材局副局长 中国水泥协会高级顾问李明豫：

在工信部政策法规的领导下，协会和各省市的工业主管部门、科研院所等等都做了大量的工作，调查研究的内容也有一定的深度，修订稿的总体感觉还不错。通过仔细的阅读，我认为修订稿还应该从以下几个方面进行修改：

首先，中国政府承诺2020年单位GDP二氧化碳排放比2005年下降40%～45%，这个目标在我们水泥行业如何落实，应该在目标和技术政策内容里面有所表述；其次，在我们这个产业政策中间，如何体现市场机制在资源优化配置中起到基础性作用还不太明确；第三，政策里头新的名词和术语要有一定的说明；另外，中小企业不能和落后企业划等号，这是两个概念，要支持中小企业采用先进实用技术加快技术改造，提高技术消费水平，实行节能减排。

全国政协常委、原国务院参事室副主任、原国家建材局副局长、中国水泥协会高级顾问：蒋明麟

任何一个政策出台都得有一个环境背景，不管是过剩还是产业结构调整都要有一个大的背景。从大的环境上来说，我国正处在回升发展的阶段，特别是工业信息化部更要判断我们的工业走到了哪步，如果这个东西不明确，思想认识有分歧，那今后工作也不好搞。按照国际上判断，如果人均国民生产总值是5 000美金以下，则处于工业化加速推进阶段，如果人均达到12 000美金了，则处于工业化进一步提高质量阶段。而我国现在来看只有3 000美金左右。如果安照上述判断，我们就要吃亏了。因为我们是有中国特色的社会主义国家，我们的思想体制和政权领导完全不同于其他国家，因此必须有重化工业作为独立于世界民族之林的体能，特别是要有大型重型装备。

另一方面，我个人认为，不论是钢铁还是水泥的需求还会增长。我国人口众多，基础薄弱，因此稳定和就业是我国政府的首要任务。以此判断，GDP在今后几年内还是要保持快速的增长，这就仍然会以固定资产投资的拉动为主要手段，因此水泥和钢铁的需求还会进一步加大。

我们要通过国家宏观调控这只有形的手，成功地配合市场调节这只无形的手，推动水泥行业的健康、持续发展。

原国家建材局副局长、中国水泥协会高级顾问：李俭之

这次的产业政策修订稿比2006年的更加符合水泥行业的实际情况，有利于引导水泥工业的持续发展。我认为产业政策修订稿，一定要充分体现科学发展观，这就要看是否符合国情，是否符合水泥工业的情况，是否符合水泥区域性特点。水泥行业在当前最突出要解决的问题是，水泥产品产能过剩和节能减排。要解决这两个主要问题，产业政策的修订首先就要注意布局合理、市场匹配。在产能是否过剩的问题上，很多人都有不同的看法，我认为是水泥产品是区域性过剩，但是如果不加控制和限制，不进行有力的引导，必定导致整体过剩。

政策中还要体现公平公正的市场竞争原则。不管大中小企业、不管采用何种技术，只要是达到国家节能减排要求的，都应该鼓励，低于条件的就要进行处罚；坚持彻底地以量化的技术指标使水泥行业的标准更加科学、合理；另外，为了控制产能过剩，不应要求新型干法的比例，而是用环保、能耗、指标等方面去限制，追求技术达标；适当地对落后的产能进行技术改造，使之达到国家的标准。

重要文章

Important articles

积极应对挑战　坚定不移地推进水泥工业走新型工业化道路★

Actively cope with challenge and resolutely push cement industry to the path of new type of industrialization

◎中国建筑材料联合会会长　张人为

By Zhang Renwei - Chairman of China Building Material Coalition

各位代表、同志们：

水泥是我国建材工业最重要产业，水泥工业尤其是水泥大企业又好又快发展，实现由大变强，将决定建材工业现代化进程，也是建材工业建成资源节约型、环境友好型产业，实现可持续健康发展的关键。

进入新世纪以来，我国水泥工业取得了巨大发展和惊人进步。“海螺”等12家全国性水泥大企业（以下简称CG12）的崛起、发展和壮大；“中国建材”、“中国中材”两家中央企业对水泥工业技术进步、重组和实施“走出去”战略所作出的成绩；水泥设计研究、装备制造和建设安装单位对实现“低投资、国产化”所作出的贡献，都是迄今建材工业发展史上具有重要意义的篇章。在这里我代表中国建筑材料联合会深深感谢广大企业所创造的业绩和对行业发展的贡献。

2008年底和2009年初，我应郭文叁董事长的邀请，先后两次考察海螺集团。我为“海螺”人的发展成就感到震撼、振奋。胡总书记视察“海螺”，肯定了他们在实践走新型工业化道路方面所取得的成就和经验，并殷切期望他们继续努力，再创世界品牌。这是对“海螺”也是对全行业的巨大鼓舞。我和文叁同志商议后认为，在国际金融危机冲击还在加深的背景下，在全国深入学习实践科学发展观，努力贯彻“扩内需、保增长，调结构、上水平”方针的形势下，邀请CG12和2家央企聚会，共同就“应对危机、坚定水泥工业走新型工业化道路”进行交流是必要的。在“海螺”现场召开会议，为大家提供了零距离学习海螺经验的机会，也营造大企业间相互学习、取长补短、团结和谐、共同发展的良好氛围。这就是中国建筑材料联合会和安徽海螺集团共同举办这次论坛的由来和初衷。

本次“海螺”论坛的主题是：“水泥工业走新型工业化道路暨应对金融危机保增长”，既探讨水泥工业长远发展，如何走新型工业化道路；又着眼当前，研究如何有效克服国际金融危机冲击保增长。

下面，我讲三点意见，请予指正。

一、坚定信心，应对危机、促进建材工业平稳较快发展

2009年以来，在国家采取的一系列扩大内需、拉动经济增长的方针政策作用下，建材工业出现较好的增长苗头。1~4月份规模以上建材企业完成工业增加值1 633亿元，其中4月份当月完成503亿元，同比分别增长14.4%和15.4%。

1~4月份全国水泥产量4.29亿吨，同比增长10.2%；其中4月份当月同比增长10.8%，是自去年8月份水泥产量增速下滑以来最高同比增长率。新型干法水泥比重已达到66%。1~4月份全国水泥熟料产量3.02亿吨，同比增长8.8%，其中新型干法熟料产量2.01亿吨，同比增长17.41%。4月份全国水泥出厂价格平均每吨283元，环比上升0.6元，也是自2008年10月份以来水泥价格的首次回升。

目前建材工业特别是水泥工业经济运行出现了初步止跌趋稳的势头，这得益于中央采取的一系列宏观调控政策，拉动了对建材产品的有效需求，促进了生产增速的回升。但影响经济下行的不利因素依然存在，建材工业运行仍处于低谷期：一是1~4月份建材产品销售率为96.75%，比一季度有所回升，但比去年同期低0.3个百分点。据测算，一季度水泥制造业实现利润总额仅22.8亿元，同比下降了5%；二是占建材工业生产总量一半的东部地区建材增长缓慢。前4个月东部地区增长9.9%，低于全国平均水平4.5个百分点，其中北京、上海、浙江等省市为负增长；三是建材产品出口继续全面下降，而且没有复苏迹象。一季度建材商品出口金额30.82亿美元，同比下降20.2%，其中玻璃纤维及制品下降43.2%，水泥和水泥熟料下降48.2%，工业技术玻璃下降21.3%。

建材工业虽然也受到这次国际金融危机的冲击，但未能入围国家十大行业振兴规划之列。我的理解是：建材行业受

冲击影响相对小一点、作为投资拉动型产业利好更多一点、在经济社会发展中的地位被认同得低一点。由于未入围，行业在应对中得到国家政策支持的力度就会小一些。行业内的很多企业都担心国家在关注十大产业发展的同时，会不会影响对建材行业的支持力度。为此，我给国家发改委、工信部的领导专门写信和汇报，请他们对建材工业的发展给予更多的关心、支持。我们提出了包括制定地区水泥发展规划并据此核准项目，调控好总量；调整国家重点支持的水泥企业名单；制定企业组织结构调整规划，支持以水泥、平板玻璃等大企业为核心的并购重组工作；加大淘汰落后工作力度；调高新型干法水泥等产品的出口退税率；在继续支持水泥、玻璃余热发电项目的同时，能单列建材节能减排技改项目和资金专项等政策建议。得到了政府有关部门积极反馈和重视。

国家正在实施的4万亿投资刺激经济方案，为建材行业保持平稳较快增长提供了不可多得的机遇。逐渐"回暖"的市场需求，尤其是基础设施、保障性住房建设对水泥等建材产品的需求趋旺将成为基本的外部利好。当前我们最重要的就是要坚定信心。信心来自于把思想认识统一到中央精神上来，来自于对形势的正确判断和国家采取的正确方针、措施。我们要看到，虽然当前经济运行中仍存在较多困难和许多不确定因素，但我国经济社会发展的基本面和长期向好的趋势没有改变；还要看到，改革开放30年，尤其是进入新世纪以来，建材工业加快发展所形成的雄厚技术物质基础和生机活力，使之具有了较强的抵御风险能力。所有这一切都是我们坚定信心的依据。

当前面临的困难主要来自于市场需求的下滑。国际金融危机和行业发展中自身深层次矛盾的互相叠加，导致企业生产经营的外部环境发生了重大变化。如何将市场的压力转化为企业调整的动力？我认为，企业必须加强战略管理，及时调整发展战略和经营策略，理清发展思路，充分发挥自身优势，抢机遇、谋发展。我国水泥历来是以满足内需为主，主要是满足城市、工业、基础建设等的需求。现在情况发生了变化，在当前和今后相当长时期内，呈现出"扩大国内需求，最大潜力在农村"的新情况。我们在继续巩固原有市场的同时，需要深入研究拓展新的市场。研究如何在农房建设与改造、农田水利基础建设、病险水库的加固除险、灾后重建等方面，尤其在落后小水泥愈益加快淘汰，退出市场的情势下，以适销对路、质优价廉的产品积极开拓广阔的农村市场。可喜的是，在座的大企业为此已做了许多探索，也取得了相当的成效。

虽然建材行业面临着比较困难的经济形势，但换个角度看，当前又是一个加快结构调整优化、苦练内功，加快企业优胜劣汰的过程。大企业自觉把"压力"转化为"动力"，把"挑战"变为"机遇"，可以在提高发展的质量、效益和水平上，在新能源、新材料等新领域的开拓上大做文章。我认为在座大企业完全有这个底气，克服了这轮困难，我们将会发展得更好。

二、建材行业践行科学发展观要坚定地走新型工业化道路

当前，全国上下正在按照中央决策部署，结合应对国际金融危机冲击、保持经济平稳较快发展的实际，深入学习实践科学发展观。党的十六大提出了本世纪头20年基本实现工业化，这是我国现代化进程中艰巨的历史任务。必须坚持以信息化带动工业化，以工业化促进信息化，进而将两者融合在一起，从而实现新型工业化的目标。我国建材行业学习实践科学发展观就是要坚定地走科技含量高、经济效益好、资源消耗低、环境污染少、人力资源得到充分发挥的新型工业化道路。

海螺集团的发展为我们树立了走新型工业化道路的榜样。30年以来，"海螺"坚持以发展为主题，以科技进步为支撑，以加快结构调整为主线，始终重视企业战略管理，践行沿江沿海"T"型发展规划。他们将工业化与信息化、先进技术与精细管理、产业发展与资本运作几者关系统筹协调、相通相融。以提高资源利用效率为目的的循环经济发展模式深深印记在企业的生产活动中，企业文化建设、员工精神风貌及良好的经济效益为行业所赞许和社会公众所称道。而所有这一切的不懈努力，造就"海螺"从科技水平、节能减排、劳动生产率、经济效益等一系列指标体系上全面体现走新型工业化道路的丰硕成果，成为行业心目中不可多得的一流企业。"世界水泥看中国，中国水泥看海螺"不只是响亮的口号，它所体现的是"海螺"人对国家、对行业的责任。过去、现在和将来都鼓舞、鞭策着"海螺"人在郭文叁董事长及海螺班子的坚强领导下为之实现的宏伟目标而努力奋斗。

结合行业和"海螺"等企业的实践，我认为，加快产业结构调整，实现优化升级和发展循环经济对推动建材工业走新型工业化道路尤为重要。

（一）推动以节能减排为中心的技术结构调整、大力发展以制品业为内容的产品结构调整、加大以并购重组，提高生产集中度为重点的企业组织结构调整将加快建材工业实现新型工业化道路的进程。

原材料离不开矿产，生产离不开窑炉，"矿业加窑业"是建材行业的基本产业特征，没有资源和能源，建材行业的发展就是"无米之炊"。

坚持以节能减排为中心的技术结构调整，有力地推动了行业的节约发展。近几年来，新型干法水泥工艺在天津水泥院、南京水泥院、"山水"和海螺集团多年前成功实现"国产化、低投资"的带动下，熟料产能以年均1亿吨的规模增长，其占整个水泥熟料的比重从2000年的12%提高到2008年的61%，国际上单线规模最大的多条万吨级熟料生产线在海螺相继成功投产。我们可以设想，如果不以低能耗的大型新型干法水泥工艺替代高能耗的湿法工艺，水泥行业和企业必将在资源、能源瓶颈和市场约束下难以为继，何以谈得上节约发展。

我们尽管在节约发展的道路上取得了显著成绩,但是与世界先进水平相比,我们还存在不小差距。一些建材产品的单位能耗与世界先进水平还有明显差距。我国新型干法水泥熟料的平均热耗要比国际先进水平高10%以上。水泥总量中还有近40%的产量是由立窑等落后工艺生产的,落后小企业仍是我国水泥企业数量的主体。因此,坚持以节能减排为中心的技术结构调整将有力推动行业节约发展。要坚持用市场、经济和法律并辅之以行政手段,加快落后产能的淘汰。我们要加快建立以企业为主体、市场为导向、产学研相结合的技术创新体系,紧紧依靠自主创新,不断开发节约资源、能源的新工艺、新技术、新装备和新产品,并以此持续地对企业实施技术改造,从而提升产业技术水平。只有这样,新型工业化道路所要达到的科技含量高、资源消耗低、环境污染少的要求才能真正落到实处。

经过多年的发展,建材行业的内涵已不是单纯原材料制造业的概念。无论是水泥、玻璃还是陶瓷工业,每一个产业都是一个体系,它们的健康发展离不开自身产业链上的协调延伸。我国水泥工业产生的巨大变化,是与水泥粉磨、散装水泥和混凝土等产业的快速发展密不可分的,这些都是水泥熟料制造业延伸、衔接市场应用的必不可少的环节。从行业整体角度看,我国水泥制造业工业增加值在建材全行业所占比重之所以会告别一业独大的历史,下降到2008年的29%,主要是因为建材非耗能、低耗能产业和产品,尤其是加工制品业的快速发展。"矿业加窑业"的基本产业特征并不代表建材行业的全部内涵。我们要特别关注新产业发展对建材工业结构优化的推动作用。这几年来,光伏和风电等新能源的加速发展正极大地带动玻璃纤维、玻璃钢和工业技术玻璃等无机非金属新材料产业的加快成长。建材行业延伸产业链的结果是不仅有原材料制造业,还派生出加工制品业、物流业和商业,构成了一个比较完整的产品和产业体系,优化了建材产业结构。

从原材料制造业到加工制品业,是产品结构调整的一次重大提升。这不仅有利于改变单纯追求规模和数量的老路,也有利于提升行业在产业价值链中、高端的竞争优势,实现行业科技含量高、经济效益好的协调发展。

建材工业尤其是占最重要产业地位的水泥工业长期以来属于微利行业,在诸多造成微利的原因中,应该首推供求关系和市场秩序。要解决好区域市场的总量调控和有序竞争,唯有加快做大做强大企业,让他们挑起并购重组,提高生产集中度的重担,这是当前我国水泥工业发展的当务之急。否则,即使是代表先进生产力的新型干法水泥企业也难以实现经济效益好的成效。

(二)发展循环经济模式也将加快行业走新型工业化道路进程。

发展循环的绿色经济是实现新型工业化道路五个方面目标所必须的,对于资源能源消耗型产业的建材工业更是如此。建材是各工业部门中较早开展循环经济研究和实践的部门,其成效不仅体现在建材企业自身废水、废气、余热、废渣利用等的小循环上,还体现在建材企业大量使用粉煤灰、高炉矿渣等工业废渣替代天然资源作为原料,利用电厂脱硫石膏生产石膏板,利用建筑垃圾代替砂石和骨料等建材与化工、电力、建筑等行业之间的中循环上,更将体现在建材企业消纳、处理工业和生活废弃物、有毒有害废弃物并节省资源、利用热能等建材行业与社会之间的大循环上。这些都是我们不断探索循环经济"减量化、再利用和资源化"原则的有益实践。2008年,建材行业粉煤灰的综合利用量占全国的30%以上,煤矸石的利用量占全国的50%以上,利用固体废弃物达到5.7亿吨,是2000年的2倍多。水泥工业已建成纯低温余热发电机组263条,总装机容量1 662兆瓦,年发电能力111.4亿千瓦时,相当于年节约409万吨标准煤,减排$CO_2$1 062万吨。实践证明,建材工业正在朝着资源消耗低、环境污染少的资源节约型、环境友好型产业的绿色发展方向迈进。

目前,建材工业已经成为国民经济体系中资源综合利用的关键环节和消纳固体废弃物的主要工业部门之一,而水泥工业和墙体材料工业则是建材全行业发展循环经济的重点。

水泥行业发展循环经济具有得天独厚的优势,有着其它行业不可取代的作用,做好水泥行业的节约资源和保护环境工作,意义重大,也有着广阔的前景。这些前景不仅孕育于我们已经成功开展的降低资源、能源消耗和提高利用率的工作上,也孕育于将有广阔前景的可燃废弃物的开发利用上,以及提高产品质量、改善产品性能和延长使用寿命等体现"减量化"原则的更本质方面。建材行业的实践表明,循环经济发展模式可以使建材工业,尤其是水泥工业逐步做到少污染以至不污染环境,并且还是保护环境、美化环境不可或缺的工业部门,同时也可以求得实现企业经济效益、环境效益和社会效益三者的统一。

三、充分发挥大企业在推进行业走新型工业化道路中的引领作用

企业特别是大企业的强盛是行业乃至国家强盛的基石。进入新世纪以来,我国水泥工业取得巨大发展进步,重要原因就是崛起了一批大企业,尤其是"CG12"和两大央企。他们的成长壮大为行业带来了勃勃生机,起到了行业改革和发展的"脊梁"作用。这些年来,大企业不仅在推进行业产业结构调整优化、提高区域市场集中度、加快技术进步以及节能减排、淘汰落后产能、发展循环经济、提高经济效益等方面发挥了的重要作用,也提高了水泥工业在国民经济中的地位,改善了社会形象。

但是,我们也要清醒地看到,水泥行业和企业距离走新型工业化道路的内涵要求都还存在不小的差距。如何进一步加快大企业的发展壮大,如何充分发挥大企业在推进行业走新型工业化道路中的引领作用,是行业发展中面临的重大

课题，值得大家深入的探讨。

这次论坛上，"CG12"和 2 家央企的负责人将就此作精彩的讲演，介绍各自企业在推进企业改革发展，走新型工业化道路和应对金融危机等方面各具特色的经验体会，有望成为引领行业科学发展的宝贵财富。我想重点再强调以下几点，供大家研讨：

首先，大企业应更加重视战略管理，努力使自身的发展与市场需求、与国民经济社会发展相协调。战略决定胜负。企业发展战略正确与否，直接决定着企业的兴衰成败。对于企业领导者来说，发展战略的制定、实施和评估是全部领导工作的核心。进入新世纪以来，大多数水泥大企业又好又快的发展正是同正确把握市场需求，最大限度发挥自身优势的战略谋划密切相关的。"CG12"中的"海螺"沿江沿海"T"型战略、"中国建材""善用资源、服务建设"战略、"中国中材""五创新"（产业、企业、科技、管理、人才）战略、"山水""东进西扩，南北辐射"战略、"华新""十字"战略、"冀东""三北"战略、"金隅""大十字"战略、"祁连山""两圈一带"战略等都统领着各自企业的良性发展。他们不仅使产业规模做大、市场格局更趋合理、企业竞争力也得以提升。

当前，水泥工业发展出现了一些新的变化。一是经近六年多来的快速发展，从全国看，除中西部地区和东部个别地区尚有一些市场空间外，基本处于供求平衡或供大于求的市场态势。包括新型干法水泥以年均亿吨熟料产能的快速增长阶段也将逐步转到适度增长阶段，呈现出趋于成熟产业的特征。因此，更加重视总量调控，防止局部区域产能过剩，应该提到日程；二是随着市场竞争日益激烈，优胜劣汰将白热化，因此企业的发展方式必将从数量规模扩张为主转到更加注重发展的质量和效益；三是产业结构调整和优化升级的重点和难点将落到调整企业组织结构上。这就要求作为行业改革发展"脊梁"的大企业更加重视战略管理。要根据新情况，包括大企业间竞争合作态势的变化，对企业发展战略和规划布局作出调整和完善，努力使自身的发展同市场需求变化、同加剧的竞争态势、同国民经济社会发展相协调。

第二，大企业在推进产业结构调整，特别是在推进企业组织结构调整中起引领作用。当前水泥工业结构调整的目标还远未实现。这些年来，虽然大企业快速成长，产业集中度有所提高，但水泥企业数量却仍高达约 5 500 多家（其中含 2 000 多家粉磨站），即使扣除粉磨站，企业平均规模也仅 40 万吨左右。因此，除了要继续加快淘汰大量工艺落后、污染严重的小企业以外，企业组织结构的调整已成为产业结构调整的难点和重点。

在推进水泥产业结构调整的进程中，大企业发挥了十分重要的作用：一是在大企业的带动下，新型干法水泥得到快速发展，新型干法水泥熟料的总能力已达 8 亿吨，"十一五"水泥专项规划确定的到 2010 年新型干法水泥比例达到 70% 以上的目标可望如期实现；二是大企业在加快自身发展的同时，积极履行社会责任和义务，通过合资、合作和购并、转产等方式，积极推动各地落后产能的退出。自 2001 年以来全国已淘汰落后水泥能力约 2.6 亿吨；三是企业间加大了联合重组的力度，特别是更加注重对现有存量的重组，有效提升了产业集中度，促进了区域市场的整合。中国建材集团出于央企的社会责任和自身发展的需要，对浙江等华东几省的总规模达亿吨的水泥企业联合重组，组建了南方水泥公司，这是行业重组中的重大创举；"中材"水泥产业实施强强联合，成功重组"天山"和"赛马"两家绩优上市公司，从起步至今已形成 3 200 万吨的产能；浙江三狮集团通过跨地区、跨所有制实施兼并、重组和联营，成为省内最大的水泥龙头企业；"中联水泥"坚持资本运营和联合重组，在区域成功实施低成本扩张等都是成功的实践。2008 年"CG12"的水泥产量占全国总量的 20%，熟料产量占总量的 25%，占新型干法熟料总量的 35%。《水泥工业结构调整的若干意见》中提出的将生产集中度提高到 30% 的目标也指日可待。

目前，水泥行业对推进产业结构调整，尤其是企业组织结构调整已有共识，政府有关部门对水泥行业的兼并重组提出了明确要求，出台了一系列支持水泥企业向集团化方向发展，通过联合重组、互相参股等方式进行战略重组的政策。鉴于我国水泥工业发展已趋于成熟，现有水泥总量庞大、产量快速增长空间有限、企业分散、集中度不高的现状，对大多数水泥大企业而言，在继续寻求做强做大的商业机会中，不宜再以新建生产线为主，而应更多地注重对现有水泥企业存量资产实施并购重组和技术改造为重点的低成本扩张。

水泥大企业要加强信息沟通、业务交流与合作，以共同营造和维护良好的市场环境、发展环境。行业组织结构的调整是一个动态、不断优化的过程，也是市场配置资源的过程。今天的竞争者可能又是明天的合作伙伴。倡导既有竞争，又有合作的和谐发展，避免市场过度竞争。要大力弘扬企业社会责任，树立良好社会形象，提升竞争水平。华新水泥公司在完善发展布局、积极延伸产业链的同时，认真履行对社会的承诺，先后发布了两份企业社会责任报告，展现了大企业的高度社会责任感。

第三，大企业应在引导推进行业发展循环经济，节能减排上作出应有贡献。多年来，水泥大企业在发展循环经济，推进节能减排上取得了许多成果。"海螺"大力实施余热发电、垃圾焚烧等节能环保项目，并向国内外同业提供相应技术装备，节能减排成效显著，正全力打造生态环保型企业；吉林亚泰集团在处置工业废弃物方面收到很好的社会效益和经济效益，是水泥行业第一家国家环境友好企业；金隅集团利用水泥回转窑无害化处置城市工业废弃物、实施低温余热发电技术改造工程，为首都生态环境建设做出了积极贡献；天瑞集团通过开展系统优化和技术改造，大力推进节能减排和资源综合利用工作并取得积极成效。北京水泥厂、乌兰水泥集团公司、亚泰水泥集团公司已成为国家首批循环经济试点企业。

水泥大企业要在发展循环经济，节能减排方面着重推进以下几方面的工作，以全面实现国家产业政策和规划制定的目标：一是要继续以提高能源利用效率为核心，加快新型干法水泥窑纯低温余热发电建设进程，力争在3～5年内使全国新型干法水泥生产线余热发电配套率达到85%以上。二是要特别重视用于城市周边的水泥窑处置生活垃圾等可燃废弃物和污水污泥等技术装备的研发，同时积极推动相关政策法规的出台，以支持实施和推广。三是要加大水泥行业减排的工作力度。水泥是我国温室气体排放的主要产业之一，减排任务十分繁重。要认真贯彻国家发布的《应对气候变化国家行动方案》和排放标准，将企业的发展与适应国家环境经济政策新体系相结合，要将减排放到与节能同等重要的位置上，为发展循环经济，构筑循环型社会做贡献。四是要全面推广实施行之有效的各项节煤节电的技术措施，达到降本增效。

希望水泥大企业充分利用自身的优势，抓住发展机遇，把实践循环经济和推进节能减排这件关系水泥工业可持续发展的大事抓得更有成效。

第四，大企业在推进我国水泥工业走向世界，打造具有国际竞争能力产业的进程中起引领作用。进入新世纪以来，我国水泥工业作为充分竞争性的产业，加强了国际合作与交流，海螺集团、山水集团、“华新水泥”、亚泰集团、红狮集团等大企业在与国际产业资本、金融资本合资合作方面都作了有益的尝试并取得积极成效。

在经济全球化的今天，评价中国水泥企业的竞争力，不仅是其在国内市场环境的表现，而且还要放到国际竞争的大环境中予以考察和检验。所以水泥大企业坚定地实施“走出去”战略是企业做强的必然要求。

我国水泥商品出口贸易历史悠久，今后顺应国际市场的需求，遵循WTO规则，保持我国应有的市场份额是必要也是可能的。我国水泥工程技术装备业成为水泥行业近几年来率先实现“走出去”战略的成功典范，特别是中国中材集团，他们充分发挥集研发、设计、装备制造、工程建设和技术服务于一体的系统集成优势，通过工程总承包等形式将水泥成套技术与装备出口到欧洲、美洲、非洲及中东、东南亚等46个国家和地区，并首次以交钥匙工程方式进入欧洲市场，为我国水泥成套技术装备及工程建设服务出口占据国际市场首位立了功。

我国水泥企业走向国际还有很长的路要走。要树立两个市场的观念，要创国际品牌，要培育国际化的团队，“走出去”合资合作建厂也将是在条件成熟时的选择。我坚信，有国际竞争力的水泥大企业必将在我们在座的大企业中脱颖而出。

各位代表、同志们，今天，CG12和2家央企的一把手汇聚一堂，共同研讨水泥工业走新型工业化道路暨应对金融危机保增长这一重大问题，我希望在座的企业家们能紧紧围绕主题，充分发表意见，充分交流切磋，互相学习，取长补短。气氛要更活跃一些，在观点上碰撞出火花对论坛也会大有补益。

我十分感谢海螺集团作为主办方之一给予此次论坛的精心组织和周到服务。这次论坛也是中国建筑材料联合会为行业和企业发展服务的一次尝试。我们将虚心听取大家的意见建议，努力将这样的交流平台建设起来，抓住行业不同时期的热点和难点开展研讨，构建大企业间合作和谐的氛围，为水泥行业乃至整个建材行业又好又快的发展，实现“由大变强”做好各项服务工作。

谢谢大家！

★张人为会长在6月9日召开的“水泥工业走新型工业化道路暨应对金融危机保增长海螺论坛”上的讲话。

甲子沧桑书巨变　盛世水泥铸辉煌★

——写在中华人民共和国成立60年之际

Great change of vicissitude, cement glory in flourishing years

◎中国水泥协会　雷前治　张建新

By Lei Qianzhi and Zhang Jianxin of China Cement Association

2009年是新中国60华诞。60年，弹指一挥间。正是在这60年间，中国水泥工业在党和政府的领导下，演绎了一场波澜起伏的巨大变迁，造就出令世界瞩目的“水泥大国”。温故而知新，梳理回顾60年共和国水泥工业发展的历程，认真总结经验教训，对新时期水泥工业的健康发展大有裨益。为此，应《中国水泥》杂志之邀撰写此文，与水泥行业广大同仁共勉。

如果从1889年唐山细绵土厂土窑生产水泥算起，中国水泥已有120年的历史了；如果从1906年“启新洋灰股份有限公司”正式成立，算起，也有103年的历史了。

清朝末年，由于帝国主义的入侵，中国沦为了半殖民地、半封建社会。辛亥革命虽然推翻了腐败的清王朝，但中华民族依然处在三座大山统治之下。旧中国，始终处于腥风血雨、内忧外患的水深火热之中。中国水泥工业虽经过半个多世纪的畸形发展，但规模之小、产量之低，发展之慢，令人乍舌。1949年水泥产量只有66万吨。4亿5千万人口的大国，人均水泥不到1.5千克，中国水泥工业已远远落后于西方国家。

一、回顾历史　追寻共和国水泥工业发展的足迹

中国水泥工业的大发展是在1949年新中国成立之后的60年的时间里，特别是在改革开放后的30年里。我国水泥工业60年的发展，大体可分为两个"30年"，经历了七个发展阶段。

建国初的恢复和初步发展阶段（1949～1957）

1949年新中国成立时，我国水泥生产企业只有35家，其中东北区14家，华北区5家，华东区8家，中南区3家，西南区4家，西北区1家。新中国成立后，水泥工业的主要任务是接管国民党官僚资本企业，修复遭受战乱破坏的设备，组织恢复生产。1949～1952年间，陆续修复了东北、华北遭到破坏的哈尔滨、本溪、小屯、抚顺、锦西、鞍山、大连、牡丹江、琉璃河、太原、启新等水泥厂。华东地区恢复生产的有中国、上海、江南、光华等水泥厂，中南地区有广州、华新水泥厂，西南地区有重庆水泥厂，全国总共有18个大中型水泥厂相续恢复生产。另外还有口泉、济南、南平、辰溪、贵阳、嘉华、窑街等几个小型水泥厂也陆续恢复生产。

建国初期，政府实施的一系列政策取得了很大成功，前三年时间，水泥工业得到了全面恢复，到1952年底，全国水泥产量达到286万吨。

1953年我国国民经济发展步入了第一个五年计划。为了适应国家经济建设发展的需要，重工业部建材局决定拿出占建材投资总额78.1%的费用，从东欧的东德、罗马尼亚、捷克引进成套设备建设新厂，陆续建设了大同、永登、昆明、江油、耀县、巢湖、江山、贵州、庐山、柳州等10个厂；同时根据各地建设的需要和地区的平衡，安排扩、改建了哈尔滨、本溪、华新、中国等水泥厂。

1954年4月22日，毛泽东主席亲临启新水泥厂，视察了生料、烧成车间和8号水泥窑，听取了生产情况汇报，勉励干部群众"好好学习，好好工作"。1955年9月21日，周恩来总理为了及时掌握公私合营后的企业生产情况和工人生活状况，又专程来唐山启新水泥厂视察。

"一五"期间，水泥工业各项指标均提前和超额完成，新增水泥生产能力235.9万吨，保证了国家基本建设的需要。1957年水泥产量686万吨，比1952年增长140%。

旧中国水泥生产没有统一标准，有使用日本标准的，也有使用德国标准、英美标准的，十分混乱。由于标准不统一，给管理带来许多麻烦。建国之初，建材主管部门就组织技术人员开始研究制定自己的《水泥标准（草案）》，1952年《水泥标准草案》讨论获得通过开始试行，1956年经过修改补充，把试验方法由软练法改为硬练法，1957年10月国家正式颁布统一施行。

"一五"期间的重点是重工业建设，中央政府对包括水泥工业在内的重工业高度重视，集中人力、财力和物力，扩建、改建、新建了一批重点水泥企业，为新中国水泥的发展奠定了坚实基础。

"大跃进"的起落和经济调整阶段（1958～1965）

"二五"时期，水泥工业的基本任务是：保证国家基本建设的需要；支持地方发展小型水泥厂。"一五"期间投资建设的10个水泥厂，在这一时期陆续建成投产。水泥工业因此得到迅速发展，水泥产量1958年、1959年分别比上年增长34%和27.5%，1960年水泥生产能力达到1 100万吨。

当时全国掀起了工农业建设的新高潮，新成立的建筑材料工业部提出了"每个省市区至少建一个大中型水泥厂"的规划设想，全国计划筹建15个水泥厂，1959～1960建成的就有贵州、江山、巢湖、松江、庐山、湖州等6个水泥厂。

1958年和1959年，从丹麦和西德进口了五套设备，丹麦设备安装在四川峨嵋；西德设备安装在河北邯郸。从国外大量引进成套设备的同时，在设计部门和机械制造部门的通力合作下，广大水泥行业工程技术人员在学习、借鉴国外先进设备的基础上，奋发图强、自力更生，开发、研制了国产水泥制造设备。水泥行业基本确定了以"小屯型窑"（立波尔窑）和"华新型窑"（湿法窑）作为我国发展的主导窑型。1958年湘乡水泥厂采用了我国自行设计制造的第一台华新窑，永安水泥厂和西卓子山水泥厂是使用小屯窑型建设的最早两个工厂。湘乡、永安、西卓子山几个水泥厂的建成，改变了过去基本依靠国外装备的被动局面，我国水泥工业设计及装备制造开始走上自力更生的道路。

1961年，水泥行业开始贯彻执行中共中央关于对国民经济实行"调整、巩固、充实、提高"的方针，对基本建设项目进行了压缩，停建、缓建了一批项目，其中包括：永安、西卓子山、开远、山东以及邯郸、英德、柳州等水泥厂，湘乡、山铝水泥厂也放慢了建设速度。

在此阶段，建材部水泥局针对广大地方水泥（统称小水泥）企业存在的诸多问题进行了总结和整顿，适时推出由北京水泥工业设计院设计的3.2万吨立窑水泥厂，配备2台直径2×8米普通立窑，作为我国立窑水泥厂的定型设计方案，自此立窑在全国得到了迅速发展。

经过调整，到1963年经济开始复苏，停建的水泥厂开始复建，柳州水泥厂最先复建，随后除山东水泥厂外，上述的一些水泥项目都陆续复建、建成投产，山东水泥厂停建后改成试验厂。至此，水泥企业在"大跃进"中遭到破坏的生产能力得到恢复，到1965年，水泥工业的生产和建设开始全面好转，当年水泥产量达到1634万吨。

"三线"建设与"文革"曲折前进阶段（1966～1978）

1965年，中央做出了关于"三线"建设的战略决策，为响应国家的备战号召，国家决定在中西部地区兴建了一批水泥

厂。当时建材部决定将停业5年之久的山东水泥厂筹建处,包括领导班子及其全套丹麦进口设备,成建制地迁往四川乐山县,改名峨眉水泥厂筹建处,异地建设新厂。1970年10月,峨眉水泥厂两条¢4.4×180米的大型湿法回转窑生产线基本建成,成为当时亚洲最大的湿法窑。

水城、渡口、青海和武山等一批水泥厂作为"三线"建设的重点工程项目相继开工。1970年。赖际发部长亲临水城水泥厂工地视察,极大地鼓舞了职工士气。水城水泥厂等项目,当年开工当年点火。在此阶段,还有安徽胜利、湖北光化、湖南新化、江西万年、湖北荆门(葛洲坝)、安徽白马山、上海金山、浙江长兴等水泥厂相继建成投产。自此,湿法生产技术已经非常成熟,湿法窑成为当时水泥工业大中型企业的主力窑型,开始向辉煌的顶点迈进。经过若干年的发展,随着新型干法技术装备的日臻完善,湿法水泥窑逐步被先进的技术装备所替代。

经过1960~1965年的调整,水泥工业生产建设开始全面好转,但"文革"又打乱了良好的发展局面,大批职工卷入运动,脱离岗位,大批干部靠边站,各级管理机构瘫痪,行业生产水平和经济效益大幅下滑,严重干扰和破坏了水泥工业的生产和建设。1967年、1968年水泥产量连续两年递减30%以上,1967年大中型水泥企业的产值降低32%,全员劳动生产率也下降30%以上,生产消耗的原燃材料却普遍增加,1969年大中型水泥企业的每吨熟料多消耗10千克标煤。

"文革"时期,随着各地大办农田水利建设,我国又掀起了大办地方水泥厂的高潮。从1970年起地方水泥每年以平均21.8%的速度递增。1973年地方水泥产量首次超过了统配水泥,到1978年地方水泥达到4 253.3万吨,占全国水泥总产量的65.2%,地方水泥厂也由1970年的875家增加到3 400多家。在国家统配水泥不足的情况下,地方水泥的发展为国家农田水利建设做出了重要贡献。

1976年10月粉碎"四人帮"集团后,水泥工业各级生产指挥系统和管理工作步入正轨,生产秩序逐步恢复。

水泥工业恢复调整阶段(1979~1984)

1978年党的十一届三中全会全面拨乱反正,做出了把工作重点转移到以经济建设为中心的社会主义现代化建设上来的战略决策。当时,市场供需矛盾非常突出,国家大规模的基本建设急需以水泥为主的建筑材料。党中央、国务院领导多次开会、过问,并做了一系列批示。当时的建材工业面临着生产工艺落后,技术装备陈旧,管理松懈,科技力量散失,生产能力低下的状况。针对全国水泥工业存在的问题,1978年7月,国务院批转了国家计委《关于加速发展水泥工业的报告》,追加了对水泥工业基本建设投资。同年12月,国家建材总局提出了《关于加速发展建材工业的几项措施》的报告,国务院批转了该报告,要求各地区和各有关部门关心和大力支持建材工业的发展,主动帮助解决有关问题。

1979年4月,五届人大第七次常委会决定成立建筑材料工业部。建材工业部内设水泥局。随后全国各省、自治区、直辖市相继成立建筑材料工业局,加强了对建材工业包括水泥工业发展的集中领导。

1979年,在国家外汇非常紧张的情况下,国务院还是决定购买日本石川岛播磨重工株式会社设备,建设冀东水泥厂日产4 000吨水泥熟料新型干法生产线。这套新一代的预分解窑新型干法设备,是当时世界上最先进的水泥生产设备。

1979年下半年,又与日方签订购买三菱重工株式会社成套设备合同,建设宁国水泥厂。由于国家外汇储备紧张,为减少外汇,该项目仅进口了生料制备、熟料烧成和水泥制造等3部分设备,矿山和水泥包装采用国产设备。这套设备与冀东水泥厂的不同点是采用一台¢5×15.5米的大直径中卸式原料磨,分解炉为MFC沸腾型。

与此同时,江苏淮海水泥厂用罗马尼亚设备建设了一条悬浮预热窑新型干法生产线,设计年产水泥100万吨。这三个引进项目,是我国改革开放初期首批引进的成套项目,为逐步提高我国水泥工业技术水平奠定了基础。

改革开放初期,建材部立即着手,把下放到各地的科技人员聚拢起来,加强了水泥工业的科研设计队伍的建设。陆续组建了天津水泥工业设计院、合肥水泥研究院、南京水泥设计院、成都建材设计院等科研、设计单位。

这一阶段,建材部在太原召开全国大中型水泥企业老厂技术改造座谈会,提出用新型干法预分解新工艺改造现有湿法老厂的技术路线;在江苏常州召开全国小水泥质量改造会议,讨论修改了《小水泥质量管理规程(草案)》,制定了水泥质量升级规划;在湖北黄石召开了全国水泥工业增产节约现场会,推动水泥健康发展;国家正式颁布实施了水泥新标准,将水泥分为五类,即硅酸盐水泥、普通水泥、矿渣水泥、火山灰水泥和粉煤灰水泥;水泥强度标号检验方法也由原来干硬性胶砂的硬练法改为塑性胶砂的软练法。回转窑的运转率是水泥企业管理与效益的重要标志,1982年全国回转窑运转率为83.94%,比1977年提高了10.31个百分点,达到了当时较好水平。

1984年,国家建材局在制定《建材工业技术政策要点》中明确提出,水泥工业要发展预分解窑新型干法,一般情况下不再扩建和新建湿法和老的干法生产线。自此,结束了长期以来水泥界的"干湿"之争,指明了中国工业发展的方向。

这一阶段,水泥行业的管理体制得到了恢复和健全,科研队伍逐步开始合拢,技术力量得到加强,引进国外先进技术装备的政策得到落实,水泥新标准和产品质量规范开始实施,为下一步水泥工业的蓬勃发展打下了良好的基础。

水泥工业蓬勃发展阶段(1985~1995)

1985年,国务院转发国家建材局的《建材工业发展纲要》。《纲要》以改革的思维,率先冲破条块分割和部门界限,在全国掀起了各行各业投资办建材的热潮,"大家办建材"的方针得到了国务院的肯定。这一方针对调动各方面的积极性，促进生产发展，缓解供需矛盾发挥了重要作用，迅速扭转了水泥等主要建材产品长期供不应求的被动局面。

水泥行业开始由"单轨制"（统配）改为"双轨制"（统配加市场）。为促进"双轨制"的实施，国家逐年减少企业统配水泥的数量。"双轨制"到1992年被取消，水泥工业告别了计划经济体制，市场经济给水泥工业发展带来了生机与活力。

1986年，江西水泥厂日产2 000吨水泥熟料新型干法生产线建成投产，这条生产线是我国自行设计，主要采用国产设备建成的第一条日产2 000吨熟料预分解窑新型干法生产线。它的建成投产并通过国家级验收，是水泥科技攻关的重大成果，是中国水泥工业发展史上的一个里程碑。我国日产1 000吨、2 000吨的窑外分解技术基本自给，其主要技术经济指标已达到国际70年代末的水平。从此在大中水泥厂建设中，结束了以湿法华新窑为代表的时代。

1990年，围绕国家建材局组织实施的"综合节能工程"，水泥企业组织实施了水泥厂技术改造工程和散装水泥推广系统工程。其中大中型水泥厂技术改造工程包括：14家老水泥企业及邯郸、湘乡水泥厂的"抢救"；部分水泥厂"湿改干"的技术改造；单项节能技术改造。小型水泥厂技术改造包括：用15项成熟的节能技术对600台机械化立窑进行综合性改造；对小型回转窑进行示范性改造。

"七五"期间，国家建材局将日产2 000吨熟料窑外分解窑生产线列入国家重大消化吸收的12条"龙"之中。"一条龙"管理方法，就是把攻关、开发、引进、技术改造、基本建设有机结合起来，把人财物统筹管理，集中众多科研设计单位及设备制造厂家分工合作，共同攻关。1994年，吉林双阳水泥厂日产2 000吨生产线将"一条龙"的13项开发成果应用上去并取得成功，建成投产后3个月内就达产达标，它标志着中国自主开发的预分解窑技术已经成熟。

1993年10月8日，四川金顶（集团）股份有限公司在上海证交所上市。这是我国水泥行业第一支上市的股票。此后有20多支水泥企业先后陆续在沪深交易所和香港交易所上市，水泥企业开始通过股票市场融资扩大生产规模，加速企业的发展。

"八五"期间，水泥工业积极开展"双引进"，引进资金，引进技术装备，并取得了很好的成效。尤其是小平同志南巡讲话之后的几年里，是外商来华直接投资建设水泥厂的最活跃时期，以外国政府及国际金融组织贷款、合资、独资的方式，建设了"铜陵"、"烟台"、"三德"、"泗水"、"顺昌"等一批项目，利用外资总额近20亿美元。在这阶段由中央批准建设的大中型水泥项目中，90%以上是"三资"企业，外资在沿江沿海建成了一批中外合资的大型预分解窑生产企业。当时引进外资主要目的，一是解决发展新型干法水泥资金短缺的问题；二是引进先进的技术装备，消化吸收，促进新型干法水泥装备的国产化；三是引进先进的管理经验，推动国内水泥企业上水平。

1985～1995年，是水泥工业蓬勃发展期，11年间纯增长水泥产量32 996万吨，平均每年纯增加约3 000万吨。1995年全国水泥产量达47 591万吨，完全满足了市场需求，从此告别了长达45年之久水泥供不应求的历史。

这一阶段，国民经济高速发展，水泥供求关系矛盾十分突出，但国家缺乏资金投入，在这种情况背景下，地方水泥异军突起，各行各业、各级政府、民间集资办水泥厂的积极性空前高涨，立窑得到爆发性的发展，中央投资只是围绕确保国家重点工程所需水泥，建设了为数不多的一些大中型水泥厂。1995年立窑水泥产量达到38 491万吨，占水泥总产量82%，成为我国水泥工业数量的主体。立窑水泥是在我国特定的环境中应运而生和发展壮大的，对国民经济发展作出了不可磨灭的贡献。

水泥工业结构调整部署阶段(1996～2000)

1996年，中国水泥工业进入了结构调整部署阶段。国家建材局确定了"由大变强、靠新出强"的跨世纪发展战略，提出建材行业要实现从数量规模型向质量效益型、从传统原材料工业向现代化建筑材料与制品工业的两大转变，并制定了"三步走"的发展目标和措施。

1996年，八届人大四次会议批准的《国民经济和社会发展"九五"计划和2010年远景目标纲要》中，建材工业首次与建筑业一起被并列为国民经济支柱产业。

建国以来，国内水泥长期供不应求，直到1995年开始逆转。但市场急需的旋窑水泥仍然短缺，水泥总量中立窑水泥占81%，结构性矛盾十分冲突。国家建材局提出要从"产量效益型"向"质量效益型"转变，随后针对立窑制定了"限制、淘汰、改造、提高"的方针，得到吴邦国副总理和国家有关部委的肯定和支持，国务院、国家计委、经贸委围绕水泥工业结构调整制定出台了一系列的方针政策，各省市也纷纷采取相应的措施。1996年，上海市政府根据上海缺乏生产水泥的资源的实际情况，决定逐步退出水泥制造业，率先提出要淘汰立窑，并对入沪水泥采用"准用证"的办法控制立窑水泥涌入上海，为水泥工业结构调整开了先河。

1996年，江泽民同志考察冀东水泥厂，并亲自为我国自行研发的第一条日产4 000吨干法水泥熟料生产线投产点火。

1997年亚洲发生金融危机波及到国内，水泥行业由于产能过剩，市场需求不足、水泥出口也大幅减少，企业经济效益下滑，全行业出现亏损，整个行业陷入了困境。1998年水泥行业开始从低谷中爬坡，增长速度逐年提高。

1999年，国务院办公厅转发了国家经贸委关于清理整顿小玻璃厂、小水泥厂意见，从中央到地方，各级政府加大了关闭淘汰落后生产工艺的力度。截止到2000年底，全国累计关闭、淘汰直径小于2.5米的小窑3 108条，压缩落后生产能力6 336万吨，淘汰小水泥工作显著。同年，国家决定将发展新型干法窑列入国债贴息项目予以重点支持。2001 年就有 30 条生产线建成投产,新增生产能力 1 540 万吨。

过去由于投资高,建设周期长,达产达标慢,造成了许多项目投产之时就是企业亏损之日。从 1996 年起,国家建材局组织新型干法"低投资"、"国产化"工作,试图通过技术创新、优化设计、国产设备、业主负责等措施和工作,实现不降低项目技术水准前提下的低投资,更好体现技术和经济的圆满结合。

2000 年海螺集团在荻港建设的两条日产 2 500 吨熟料生产线,总投资仅 3.7 亿元,这标志着水泥技术装备"国产化""低投资"基本实现,大力推广预分解窑的在经济上的条件已经成熟。1995 年新型干法水泥 2 583 万吨,仅占总产量的 6%。2000 年上升到 7 188 万吨,占总产量的 12%。

这一阶段,水泥市场出现了供过于求的局面,亚洲金融危机又雪上加霜,此时国家建材局科学分析形势,适时提出了水泥工业"上大改小"和"限制、淘汰、改造、提高"的方针,为水泥工业的结构大调整作出了部署;新型干法水泥生产线的投资大大降低,由原来的吨投资 1 000 ~ 1 200 元降低到 400 左右元,从而为新世纪水泥工业加快发展奠定了坚实基础。

新型干法窑高速发展阶段(2001 ~2009)

2001 年,按照国务院机构改革方案,撤销了国家建材局等 9 个工业口委管国家局,重组了中国建筑材料工业协会等行业中介组织,建材行业的管理体制实现了新的转变。重组后的建材协会、水泥协会,成为企业、行业、政府之间沟通的桥梁与纽带,并在加强行业自律、保护企业合法权益、维护市场公平竞争秩序、大力发展先进生产力、协助政府实施行业管理等发面,发挥了积极作用。

2001 年,中国水泥协会在安徽芜湖市召开新型干法水泥技术改造高级管理人员研讨会,近 40 家企业的百余名代表参加了会议。会议提出新型干法水泥技术的先进性和在机构调整中的不可替代性;希望水泥企业要抓住机遇,认真组织好新型干法水泥"国债"贴息项目与"双高一优"计划项目的实施,学习"海螺"发展经验,练好内功,优化设计,为产业结构调整做贡献。这次会议具有非常重要意义,可以说是一次思想动员会,从此我国的新型干法水泥驶上了快车道,水泥工业结构调整迎来了一个"黄金时代",新型干法水泥生产线建设出现前所未有的高潮。

这一阶段是水泥工业发展的关键时期,国家有关部门高度关注,颁发的文件和出台的政策也是最多的时期。这些政策和文件起到了宏观指导作用,加快了水泥工业淘汰落后,发展了新型干法,推动了行业结构调整,提高产业集中度,促进了行业健康、快速发展。

在国家宏观调控与新型干法水泥高速发展这一关键阶段,中国水泥协会作为政府与企业之间的桥梁和纽带发挥了积极作用,配合政府有关部门做了大量调查研究,把行业和企业的呼声传递给政府,得到了政府的理解和支持,为国家制定宏观政策"有保有压、区别对待"提供了依据。为国务院 103 号文对水泥投资热提法的关键词是"关于防止"而不是"关于制止"付出了努力,这也为后几年新型干法的进一步发展提供了良好政策环境。随后中国水泥协会又与中国建材联合会、国家发改委有关司局联合调研,呼吁国家出台政策,培育和支持一批大企业集团,通过重组兼并,加快调整水泥行业组织结构调整,提高生产集中度。此建议随后得到有关部委的肯定,60 家国家重点水泥企业名单公布,并明确了相关支持的政策和措施。这项政策的出台,对水泥行业组织结构的调整将产生深远的历史意义。

2004 年 5 月,"铜陵海螺"万吨生产线一次点火成功,这是国内第一条万吨线,随后"海螺水泥"相继又建成投产了 3 条万吨级水泥生产线。这不仅是"海螺"人的骄傲,也是全中国水泥人的骄傲,它在中国水泥发展史上具有里程碑的意义。

伴随着水泥工业快速发展,我国的水泥技术装备产业发展也突飞猛进。水泥装备技术在经历了引进关键技术、消化吸收再创新、集成创新等阶段后,进入了自主创新。并拥有国际先进技术的自主知识产权的时代。在满足为国内建设服务的同时,中国水泥研究设计、装备制造和工程公司在国际市场上异军突起,在国际市场上与最强的公司同台竞争,已具备了相当的竞争能力,中国的成套水泥技术装备也伴随国际水泥工程项目总承包开始大量出口,水泥装备率先实现国产化并出口成套装备。此间,中国的水泥技术装备工程公司以国际水泥工程项目总承包进军国际高端市场,以先进的技术水平、成本优势、可靠的质量、优质的服务和工期控制能力形成了很强的全球竞争优势,目前已经占超过 40% 的市场份额。目前,全球 15 条万吨级水泥生产线中,有 11 条是由中国人建设的。

2008 年 1 月 12 日,胡锦涛总书记亲临海螺集团视察,肯定了"海螺"所走过的道路就是新型工业化道路,称赞"海螺"的发展是顺应时代潮流的发展,要求"海螺"要努力创建国际知名品牌。2009 年 2 月 11 日,正在沙特访问的胡锦涛总书记又视察了"中材国际"承建的利雅得水泥公司,鼓励企业要继续实施"走出去"的发展战略,用先进的技术和先进的管理占领市场,大力开拓国际市场份额,不断提高国际市场竞争力。胡锦涛总书记两次视察水泥企业,既体现了对水泥行业关怀,也对全行业科学发展寄托了无限希望,这是对水泥行业取得发展成就的肯定,同时也对行业的科学发展提出了更高的希望。

2001 年以来,水泥工业以科学发展观为指导,新型干法高速发展,结构调整成效显著;全国水泥年产量从 2000 年的 5.97 亿吨提高到 2008 年的 13.88 亿吨;新型干法水泥占总产能的比重从 2000 年的不足 12% 提高到 2008 年的 61%,新型干法成为行业的主流;到 2008 年底,全国新型干法生产线达到 922 条,熟料产能达到 7.57 亿吨,预计 2009 年新型干法的比例将达到70%，提前完成"十一五"预定的目标。

"十一五"期间，国家政策力度加大，落后工艺快速淘汰，淘汰的水泥落后产能超过2亿吨，每年淘汰都在5 000万吨以上；通过管理创新、技术创新，我国日产5 000吨、10 000吨大型新型干法水泥成套装备出口和水泥项目工程总承包已具备很强的国际竞争力，产生了良好的经济效益、社会效益和环境效益，大大增强了水泥行业的国际竞争力；大型企业集团迅速成长，产业集中度逐步提高。2000年前，中国没有一个企业生产规模能达到1 000万吨，而如今企业集团通过兼并重组、建设新线、扩大规模，已有10多家企业集团超过了千万吨规模，其中安徽海螺集团、中国建材集团水泥产能均上亿吨。前12家水泥企业产量占总产量的比例由2000年的4.4%上升到2008年的24%，形成了一批有明显竞争优势的水泥企业集团，中国水泥已经进入大企业集团主导的时代。

进入新世纪，中国水泥工业以"科学发展观"为指导，加快了发展建设，实现了跨越式大发展，取得了举世瞩目的辉煌成就。

二、分析总结，探索水泥工业健康发展之路

60年的发展历程是几代水泥人勇于奉献、不断探索、艰苦奋斗、开拓进取的60年；是中国水泥工业书写巨变、跨越发展，铸就辉煌的60年。中国水泥工业60年的发展道路并不平坦，它充满了曲折和艰辛，经历了各种困难和严峻挑战，成功实现了由小到大的跨越式发展；实现了从计划经济体制到社会主义市场经济体制的转变；从产品短缺到产量、消费量均居世界第一的转变；从主要技术装备依赖进口到国产技术装备出口并占国际市场份额30%以上的转变。

60年的巨变，60年的辉煌，水泥工业作出了自己的贡献，在共和国国民经济中具有重要的战略地位，水泥工业不仅是中国原材料工业的重要组成部分，而且也是中国未来经济社会可持续发展的重要的物质基础。60年来，我国水泥工业不仅取得了巨大成就，也积累了宝贵经验和有益启示，概括起来主要有：

从国情实际出发，走有中国特色的水泥工业发展道路

新中国成立后，由于我国特定的国情和水泥工业基础的极端薄弱，决定了水泥工业必定要走一条曲折发展的道路。

建国之初，我国仅有35家水泥厂，年产水泥66万吨，远远不能满足国家大规模基本建设的需要。"一五期间"，国家从东欧一些国家进口了成套设备建设了一批新厂，奠定了水泥工业的基础。但随后几十年，由于国家底子薄、资金短缺，对水泥工业长期投资不足，水泥一直短缺、供不应求，直到1995年才告别了水泥短缺的时代。正是由于这种基本国情，水泥工业从50年代就实行了洋法和土法生产并举、大中小企业并举，中央和地方并举的建设方针。60年间，立窑水泥出现了几次发展高潮，这是由于当时社会需求、市场拉动所致。立窑水泥对国民经济发展和城乡建设发挥了重要的作用，做出了历史的贡献。立窑水泥的快速发展，也给水泥工业造成了结构性的矛盾，立窑水泥产量最高时，竟占全国水泥总产量80%多。进入新世纪后，随着新型干法水泥技术的日臻成熟，大型装备的国产化、低投资，新型干法窑的优越性充分体现，淘汰立窑等落后产能才提上议事日程。北京、上海、浙江、河南等省市目前已经完全淘汰了立窑水泥厂，其他省市也在加快淘汰落后产能的步伐。新型干法水泥产量已经从2000年的不足12%，提高到2008年的63%。随着国力的增强，人民生活水平的提高，环境保护、节能减排政策的逐步落实，落后产能将会逐步退出历史舞台。

60年的发展实践证明，水泥工业发展得益于中国经济的持续高速增长；得益于工业化、城市化的全面推进；得益于城乡大规模的基本建设。我们要充分认识水泥工业在国民经济中的地位及其先行性，要按照超前发展的规律，水泥工业与国民经济其他部门之间存在内在有机联系，水泥工业只有与国民经济其他部门保持协调发展，才能实现持续快速发展。

体制机制的转变，是水泥工业发展的强大动力

新中国成立，发生了翻天覆地的变化，社会制度进行了变革，人民当家做了主人，极大地激发了水泥工作者的热情，迸发出社会主义建设的干劲，水泥工业快速发展。

1978年，党中央决定改革开放，把工作重点放到经济建设上。随后经历了计划经济体制内部引入市场机制改革、发展有计划的商品经济、建立社会主义市场经济体制、完善社会主义市场经济等四个阶段的转变。从统配水泥的单轨制到双轨制，进而完全取消双轨制。1992年，邓小平同志南巡讲话和同年10月召开的党的十四大，确立了社会主义市场经济体制的改革目标，进而明确大力发展混合所有制经济，确立股份制是公有制的主要实现形式，水泥企业由清一色的国有资本逐步向多元化发展，从放权让利、利改税，到承包经营责任制、租赁经营责任制、股份制等改革；从公司治理结构的改革，到产权明晰建立现代企业制度。1988年9月峨眉水泥厂向社会公众公开发行股票，这是水泥行业第一家发行股票的公司；1993年7月28日尖峰集团在上海证券交易所上市，这是水泥行业第一家上市公司。根据国家关于放开搞活国有小企业和大型企业产权制度改革的方针，水泥企业基本上实现了产权结构多元化。在改革开放中，中国水泥工业不仅引进了国外的技术装备，同时也引进了国外的投资。如"拉法基"、"豪瑞"、"海德堡"、"意大利"、"CRH"、"太平洋"等七家世界水泥排名前10强进入中国市场，以独资、合资、参股、控股多种方式参与中国的水泥工业，我国水泥市场已经成为国际水泥市场的重要组成部分。

所有这些体制和机制上的改革，都极大地激发了企业的活力，成为了推动水泥工业发展的强劲动力。

先进技术与装备的自主研发是实现水泥工业现代化的关键所在

实现水泥工业现代化是我国几代水泥人的梦想。从"一

五期间”由东欧引进先进技术装备，到消化吸收、开发出中国国情的“华新窑”；从上世纪70年代研究开发预分解窑技术，到引进国外先进的新型干法技术装备，直至研发具有自主知识产权的技术装备，出口到世界各地。我国水泥工业基础薄弱，实现水泥工业的现代化是一项十分艰巨的任务。历史上的“土洋结合”、“大小并举”、“调动中央地方两个积极性”等政策是国情所致。水泥工业既承担着立窑水泥的发展、改造提高的任务，又承担着进行新型干法水泥技术创新的任务。历史的经验告诉我们，在国家实力不强，外汇储备不足的情况下，完全靠引进国外先进技术装备是不现实的，一定要走引进与自主研发相结合的道路。

新型干法水泥之所以在2000年以前发展缓慢，有技术装备水平和投资项目审批制等诸多因素，但最主要的原因是由于当时建设新型干法生产线投资高、建设周期长、达产达标慢，造成了投产之时，就是企业亏损之日，从而使建线可望而不可及。针对这种情况，1996年年国家建材局根据国家产业政策和建材工业“由大变强、靠新出强”的跨世纪战略的要求，提出要大力发展以新型预分解技术为主，具有规模经济的大中型水泥项目。为此而制定的“低投资、国产化、大型化”原则。水泥工业一直坚持把自力更生与引进国外先进技术相结合，加快技术进步，缩短与世界先进水平之间的距离。在国家建材局组织实施的水泥工业“日产2 000吨一条龙”、“日产4 000吨一条龙”技术装备基础上，“九五期间”，通过建设示范线，有效解决了国产化、低投资、提高建设水平、缩短建设周期等制约新型干法水泥发展的瓶颈问题。中国水泥协会及时与有关政府部门在海螺水泥集团组织召开了现场交流会，邀请几大水泥设计研究院各拿出日产1 000吨、2 000吨、4 000吨几种规模的“国产化、低投资”优化设计方案。这些方案在“优质、高产、低消耗”的前提下，实践“国产化、低投资”的突破，达到了项目建设工期短、工程质量好、投资省、达标达产快的目标。基建投资得以大幅度降低，由1 000元/吨以上降低到300～400元//吨，这为新型干法生产线的普及推广奠定了坚实的基础。加上“海螺白马山”日产2 500吨、华新水泥日产5 000吨等水泥企业已建成项目的情况介绍，新型干法水泥生产技术迅速在全国得到推广。

实践证明，水泥行业走到今天，离不开设备研发、制造产业等相关机构和单位的共同努力。技术装备是水泥工业发展的基础，没有技术装备的研发创新，水泥工业不可能向前发展。技术装备的研发创新是尽快改变我国水泥工业的落后面貌，实现现代化的突破口。

科研队伍建设和人才战略，是水泥工业持续发展的重要保证

振兴水泥工业，人才是保证。建国初期，水泥行业就非常重视专业科研队伍的建设，先后设立了专业科研设计院所、地质勘探、施工安装、机械制造队伍。虽然文革期间这支队伍被分散下放，但1978年前后建材部就决定迅速恢复和新建了几大水泥专业设计研究院，把分散下放的科技人员聚拢起来，发挥出他们的聪明才智。如今，以天津、合肥、南京、成都、“凯盛”为代表的科研设计队伍，以“中材国际”为代表的水泥生产线工程总承包集成服务商成为中国水泥工业的“脊梁”，为中国水泥工业的发展作出了突出的贡献。

60年来，水泥工业通过大专院校，培养了成千上万名水泥及相关专业毕业生，这些人才陆续成为水泥行业中设计、科研、教学和生产的骨干力量，许多人还走上了各级领导岗位。改革开放以来，水泥行业培养和造就了一大批高级管理者和科技领军人才，典型代表有：宋志平、郭文叁、、谭仲明、李叶青、张才奎、王伟……等，他们不仅在国内行业中具有很高的威信，在国际上也有很高的知名度，完全具备担当行业发展的领军大任。目前中国水泥工业具有国际水平的科技人才队伍迅速成长，为水泥工业可持续发展提供了强有力的智力和科技支撑。坚持人才战略是振兴水泥工业的重要保证。

结构调整、提高集中度，是推进水泥工业可续发展的必然要求

由于特定的历史原因，我国水泥工业长期以来存在着技术结构和组织结构的严重缺陷。主要表现在，在技术结构上立窑水泥比例过高，在组织结构上，产业集中度过低。技术结构这一问题目前已经基本解决，通过大家共同的努力，新型干法水泥比例大幅提高，成为行业的主导，但仍有30%多的落后产能有待淘汰，还需要政府加大力度，全行业通力合作，采用市场的手段和行政的手段，来实现预期的目标。组织结构问题表现为水泥企业规模普遍偏小，截止到2008年，15家大型企业集团水泥生产总能力占市场份额仅为全国市场的24%。由于水泥企业数量众多，集中度低，市场恶性竞争，竞相压价，造成水泥利润低下，企业缺乏发展后劲。而在国际上，“拉法基”、“豪西盟”两大集团水泥产能均已达到1.5亿吨以上，世界排名前10位水泥企业水泥产量占全球总量比例超过50%。中国水泥工业组织结构调整任重道远。

近年来，在国家产业政策的指导下，国家有关部委公布了重点支持的60家企业名单，我国水泥行业加大以并购重组和提高生产集中度为重点的企业组织结构调整，“海螺”通过成功收购“铜陵”、“白马山”、“中国”、“新化”等水泥厂，使企业迅速做大做强；中材集团收购“天山”、“赛马”，“拉法基”与“瑞安”联合收购“腾辉”、“双马”等……为水泥行业重组联合积累丰富的经验。特别值得一提的是中国建材集团在从上海到长沙的铁路沿线这一广大的区域里，进行大规模重组联合，组建起了一个产能上亿吨的“南方水泥”。“南方水泥”的组建过程是一个创新的过程。在体制上是以资本为纽带形成利益共同体，即“中国建材”主要以现金投资，一家独大，其他加盟企业既可以以现金，也可以以资产经评估、变卖所获的资金入股，数量不限。采取国家资本与民营资本相结合，国企与民企相结合，国营企业家与民营企业家相结合的方式，形成以央企为龙头、诸多中小企业参加的利益共同体。在短短不到一年时间里，有近百家企业参加，近亿吨的产能联合组成了一个新企业，这在世界水泥发展史上是一个奇迹，也是一个独创。

这些大型公司通过兼并收购获得了市场份额及区域控制能力的快速提升。企业迅速扩张发展，不仅使产业规模做大、市场格局更趋合理，企业竞争力也得以提升。特别值得一提的是“中国建材”、“海螺”水泥产能已接近1亿吨，不仅是中国水泥行业的“航空母舰”，在世界也已经进入产能的前10强。他们集中了水泥产业先进的管理和技术，具有人才、资金的优势，再加上金融界的支撑和政府的支持，得以迅速发展壮大。

60年的辉煌成就，倾注着党和国家历届领导人的亲切关怀。毛泽东、邓小平、江泽民和胡锦涛等几代中央领导都曾亲临视察水泥企业，为水泥工业战线的广大干部职工增添了无穷的力量。这些成就的取得是党中央、国务院的正确领导的结果，是几代水泥人艰苦卓绝、奋力拼搏的结果，它凝聚着全体水泥人的心血、汗水。

三、展望未来积极推进水泥工业实现现代化

60年来，尤其是改革开放和进入新世纪以来，我国水泥工业取得了辉煌业绩，新型干法高速发展，结构调整成效显著，环境资源得到重视，落后产能加快淘汰，科研开发取得突破，自主创新跃上台阶，节能利废成绩斐然，循环经济彰显活力，企业集团迅速成长，国际竞争力逐步增强，中国已成为全球最大的水泥生产国和消费国。

中国水泥工业60年时间走过了西方发达国家上百年发展的历程，我国水泥产量从1949年的66万吨增长到2008年的14亿吨，年平均增长13.9%；2008年全国1天的产量是1949年全年产量的5.8倍；1949年我国人均水泥产量1.2千克，2008年人均水泥产量达到1 054千克，年平均增长12.2%；1976年全国新型干法水泥生产线基本是空白，而到2008年全国已有912条新型干法生产线在运转，其中日产4 000吨以上生产线有241条。

水泥工业作为基础性原材料行业，与国民经济整体发展水平关联度较高。随着工业化、城镇化和社会主义新农村建设进程加快，城乡居民住房水平升级，基础设施建设进一步发展，水泥消费需求将保持一定增长，但增速逐年放缓，还期望像过去10年一样的高速增长，是不可能的，我们一定要把需求“增量”研究透，把握好发展的“度”。当前，中国水泥工业正处于结构调整、产业转型的关键时期和重要关口，机遇和挑战并存，我们要对当前的形势和今后的任务有清醒的认识和冷静的思考。

首先，从全国的角度看，产业发展不平衡。中西部地区，受国家基本建设投资和经济刺激计划的拉动强劲增长，但沿海和经济发达地区60%的省份产能已经出现饱和，接近产能增长曲线的拐点，在峰值顶点起伏波动。目前如不及时采取有效措施，产能过剩必将出现。

其次，虽然近年来在国家产业政策的促进下，大企业重组兼并加快，但行业组织结构矛盾仍然突出，小企业数量众多，产业集中度与国外水泥发达国家相比差距较大。局部区域水泥产能过剩，造成市场恶性竞争，价格战频发，多数企业处于微利和亏损的边缘，行业和企业都很难达到规模经济的要求。

第三，尽管我国的水泥技术装备水平已达到国际先进水平，但许多企业还是粗放经营，单纯追求数量增长扩张，整体发展水平粗放，行业整体效益低下，不符合新型工业化“科技含量高、经济效益好、资源消耗低、环境污染少、人力资源优势得到序分发挥”的要求。

第四，虽然国内水泥市场已经国际化，外国水泥诸多大企业进入，但中国做为世界“水泥大国”，按照国际“游戏规则”却国际化水平不高，没能进入世界水泥前十强排序。我国虽然水泥产品出口、技术装备出口、工程总承包走向国际市场，并占有相当大的市场份额，但水泥企业没有到国外投资建厂，真正走进国际水泥资本市场，我们还没有与国际水泥界的“游戏规则”接轨，在国际同行中的话语权不高，与水泥大国的地位不相称。

在未来的10年中，中国水泥工业的目标应该是：

到2020年，中国水泥工业组织结构进一步优化，通过兼并收购、重组联合，企业数量从目前的5 000多家减少到1 000多家，生产集中度提高到50%左右，形成若干家在国际上有竞争能力的大企业集团；企业技术经济指标、包括吨水泥熟料热耗和环保指标达到同期国际先进水平；行业、企业经济效益整体显著提高，吨水泥平均利润争取达到5～10美元左右。

要想实现上述目标，中国水泥业必须实现三个转变：

第一，实现由“数量增长型”向“质量效益型”转变。面对水泥产能趋于饱和的形势，大企业要调整自己的发展战略，改变单纯建设新的生产线扩张的方式，向重组联合、兼并收购的发展方式转变。建设新线，增加产能会进一步加剧水泥市场的恶化，重组兼并则会稳定、减少产能，整合市场，给各方面都带来益处。中国建材集团组建“南方水泥”，可以说是中国水泥工业结构调整、重组兼并的典范。中国建材集团充分发挥央企在行业中的带头作用，推动了行业的健康发展，使很多企业走出了困境，走上了良性发展的轨道。另外，山水集团、海螺集团、冀东集团等大企业集团都有成功的系列并购案例。

第二，实现由“粗放型”管理向“精细化”管理转变。面对市场激烈的竞争，企业要改变单纯依靠生产要素的大量投入，通过建设新线，增加劳动力等来实现的经济增长，转向推动现有生产线的技术改造提高，广泛采用高效粉磨、电机变频、余热发电、城市垃圾和工业废弃物处理等节能环保技术，特别要在水泥窑处置废弃物并替代原燃材料方面，加大研究、勇于实践，利用水泥生产过程的特性，发挥水泥厂的水泥

产品制造功能、能源转换功能和废弃物消纳处理及再资源化功能，努力降低生产成本，利用科学技术和先进管理方法，提高企业在市场上的竞争力。

第三，从以国内市场为主，向国内、国外两个市场转变。随着中国水泥工业的快速发展，国产技术装备日臻完善，我国水泥技术装备和工程总承包已经占国际市场份额的40%，中国水泥企业走向世界的条件已经逐步成熟，水泥企业国际化问题摆在我们面前。在经济全球化的今天，水泥工业是不分国界的，外国企业可以进入国内，中国企业也要打入国际。水泥企业不仅要在国内市场展开竞争，而且还要开拓国际市场，合作合资或直接投资建厂，向国际化经营方向发展，参与国际水泥资本市场的竞争。

未来10年，将是中国水泥工业发展的关键时期。要实现中国水泥工业由大变强和可持续发展，必须全面贯彻落实科学发展观，加快结构调整，切实转变经济增长方式。我们要以胡锦涛主席视察海螺集团的讲话精神为指导，向海螺集团学习，技术创新，精细化管理，走新型工业化道路；水泥工业面临的任务艰巨而紧迫，我们肩负的责任重大而光荣。让我们坚定必胜信心，全行业团结一致，勇敢面对挑战，承担社会责任，创造出辉煌的新业绩，推动行业持续、健康发展，实现中国水泥工业现代化。

★该篇文章发表于2009年第9期《中国水泥》杂志。

新时期中国水泥工业的历史使命与责任★

Historic mission and duty of Chinese cement industry in new epoch

◎国务院中央企业监事会主席　乔龙德

By Qiao Longde – Chairman of State Council Central Enterprises Board of Supervisors

中国的水泥工业受整个国民经济持续快速发展的拉动，随着自身工艺、设备的不断提高和建设方案的不断优化，使技术进步和经济效能有效地统一，进而得到了快速的发展与提高。截止至2008年，全国水泥总产量达到14.24亿吨，其中新型干法水泥的产量已达到8.8亿吨，占总量的62.8%，成为世界第一的水泥生产大国。由一个总量不足的供不应求的产业变为结构性供大于求、欣欣向荣的产业，几十年的发展历程其基本经验归纳起来，就是实现了六个转折：

一是由一个产量规模小、供不应求的短缺产业转折为当今总量大、发展速度快、结构性供过于求并不断升级的产业；

二是由传统的以相对落后的工艺和设备为主体的生产经营格局转折为以先进的新型干法水泥工艺为主体的生产经营格局，由此形成并进入了由先进的生产力引领中国水泥工业发展的新时期；

三是由水泥工业主要的技术装备由依靠引进发达国家的为主要来源转折为主要技术装备都实现了国产化，由此实现了由靠引进、消化、吸收他国的技术转折为向兄弟国家输送技术、装备并承揽工程建设，仅“中材国际”一家企业就向近五十个国家输送技术并承揽了水泥工业设计、设备和工程建设项目；

四是由多数水泥企业的资源、能源消耗高和排放污染比较严重的粗放型经营管理方式，转折为以节能减排为经营管理重心的经营管理模式，由此真正迈入了可持续发展的轨道，一大批国内比较先进的水泥企业与国际先进水泥企业的差距越来越小，有的已达到国际先进水平，由此使成本不断降低，市场竞争力不断增强；

五是由单条水泥生产线产能小、生产集中度低的不经济的经营布局，转折为单线能力不断提升、企业经营规模不断扩大的生产基地和专业化的水泥集团公司发展模式，改变了水泥工业“小、散、落后”的经营格局，目前国内仅海螺集团已有日产8 000～10 000吨的泥生产线4条，全国日产4 000吨以上生产线已有241条，形成产能500万吨以上的水泥企业已有57家，千万吨以上水泥企业18家，日产4 000吨以上的水泥工业生产线已经成为水泥工业发展的主旋律；

六是开始由水泥生产大国向水泥强国发展转折，已经着手把技术创新、提升整体技术水平以及设备配套能力、制定新的节能减排标准、提高水泥熟料标号、提高混凝土耐久性和促进建筑设计对高标号水泥熟料等要求作为向水泥强国发展的必备条件和发展方向。同时对日产4 000吨以下的生产线建设，节能减排不能达到新的标准要求的、布局不合理的新上水泥项目进行调控与适当限制。

由于实现了六个方面转折，使中国水泥工业有了一次又一次的进步与提升，不仅满足了改革开放以来中国经济快速发展的需要，而且积累了其成功的经验，这就是：

（一）把技术创新和提升技术装备水平，增加自主知识产权作为推进水泥工业发展的根本，由此成为开拓国际国内市场的前提与基础。

（二）把节能减排作为水泥工业可持续发展的方向，把降低物耗能耗、减少污染、治理环境、有利于人类文明和社会进步作为水泥工业发展必须坚持的准则，坚持科学发展观，才能在经济社会发展中站稳脚跟，发展才能得到国家和社会各界的支持，发展才有依靠。

（三）把深化改革，调整结构，不断探索资源重组和优化资源配置，推进产业结构优化和升级，作为一条主线，是水泥工业整体素质提高的基本途径，也是中国水泥工业彻底改变落后面貌，不断求得新的发展的正确道路。

这些是中国水泥工业在长期发展中形成的基本经验，也是今后发展必须继续坚持的原则。

但是，从根本上说，中国的水泥工业不过是个水泥生产大国，还不是水泥工业的强国。虽然水泥大国本身也是强的表现形态，但它毕竟距水泥强国还有明显的差距，目前全国相对落后工艺的产能和产量仍占有相当的比例；即便是新型干法水泥也有一部分生产线的生产设备和配套设备已经相对落后；在各种不同的水泥工艺中都有一部分企业不同程度地存在着物耗、能耗和粉尘排放不达标；其万元产值能耗、设备运转率、人均产量、劳动生产率和企业管理水平、获利能力等指标都有待于提高的问题，由此说明中国水泥工业仅是数量占全球50%的大国，但还不是真正的水泥生产强国。

作为拥有十三亿多人口的中国，作为年水泥产量世界第一的水泥生产大国，在全球水泥工业的发展中，应该有所作为，应该在新的历史时期承担起世界水泥工业发展的水泥大国的责任，应该在世界水泥工业发展的历史进程中做出应有的引领和推进作用。因此，必须毫不犹豫地、响亮地提出中国水泥工业必须由水泥生产大国向水泥强国发展的历史转变，让中国水泥工业真正成为全球水泥工业发展需要的、中国经济社会发展期待的、人类文明进步向往的、为子孙后代负责的、生态友好型的、资源节约型的、环境经济型的、减碳减尘型的、吃废利废型的多方位具有能力的水泥生产强国。为此，必须实现以下六个突破与跨越：

一是突破以增量和平行推广现有技术为主的发展模式，实现以节能减排和质的提高为重心的发展跨越。虽然我国众多的水泥界朋友和政府有关部门都已经认识到，我国水泥产量在占世界第一的基础上，必须朝着水泥强国的目标迈进，但是，目前水泥强国的战略目标和达到的标志、必须具备的条件都尚未清晰，由大转强的路径和措施还尚未完整地设计，为此，应在建材工业由大变强发展战略的基础上，研究与延伸实现水泥强国的战略目标和实施途径，用以引领与提升新时期水泥工业的发展，从而使中国水泥工业从目前以增量和平行推广现有成熟技术为主的发展模式转变为节能减排、以低碳低尘、质量效益为中心的发展轨道，实现发展方式的转型。

二是将技术装备进一步创新提升与挖掘现有水泥企业的潜能作为实现水泥强国的主要目标和手段，以提升技术水平和挖掘潜能双轨并举，在提升资源质量和优化潜能释放方面有所突破，实现现有的生产力潜能最大效能的跨越。近十年是中国的水泥工业发展最好、最快的时期，新型干法水泥成为发展的主旋律和排头兵，由此带动了产业结构的调整和水泥工业整体水平的提高。但是，就发展的形态来看，过多地集中在对成熟工艺技术和成熟的国产化装备的推广，以增加新的生产线作为发展的主要路径，而新一代的技术创新和更高层面的技术提升显得缓慢，因而形成增量扩张快，自身技术提升相对慢的局面。有一部分工艺相对落后的水泥企业，也包括一些早期建成的新型干法生产线的物耗、能耗和排放指标仍不能达产达标，获利能力较低，经济效益较差，竞争力已明显减弱，它们不仅不能在实现水泥强国中起积极作用，反而会拖后腿。由此说明，新型干法水泥的发展是我国水泥工业发展的主旋律，是正确的，但也不能只是推广型的，应该做到技术提升和推广相结合，一张图纸不能多年使用，三五年要再上一个新的台阶。对于还有将近40%的其他工艺的水泥生产能力来说，有一部分不仅仅是工艺相对落后的问题，而按照市场经济的规则要求，参与国际竞争的条件尚未真正具备，其生存的标准仅仅定位在能够养活自己，标准实在太低，而一般的企业也必须做到三条：产品质量满足社会需求、节能减排要达到国家标准、经济效益达到高于银行利率。因此即使是新型干法水泥也要进一步提升技术水平和管理水平，使其资源利用效能最大化。同时，必须在提升技术和管理水平的同时，充分挖掘与释放现有资源的潜能，才能从整体上提高水泥企业经济实力和市场竞争力。因此，把提升技术与挖掘资源潜能作为真正实现水泥企业资源效能最大化，作为未来发展的重点。

三是将政策法规、技术、管理三大资源进行有效组合与运用，实现水泥企业节能减排的飞跃性突破，实现行业全面达标的跨越。能否实现节能减排达标，是衡量水泥工业能否进入水泥强国的重要标志。虽然近几年不少企业把生产指标和效益目标当作硬任务，节能减排当作软任务的心态有所改变，但是不少企业仍然把它视为政府和行业的要求，并非是自身发展的需要，因而缺乏主动性和自觉性，其现状仍然与经济社会发展的要求不相适应。为此，首先要从认识上把被动的认为是受制于政策法规的要求，变为企业自身发展与提高的必然要求；其次，又要在政策法规的执行与责任追究方面要严肃并有力度，行业和社会舆论做到不护短。敢于揭露并制止节能减排不达标的企业的生产经营；再次，把技术创新、设备研发重点转向节能减排，尤其要把提高节能减排的水平视为水泥设计研究院的主要责任和对其考核的主要依据。同时，应制定出节能减排的《管理条例》，以法规的形式做出必要的硬性规定和限期达标的定量指标，在这个问题上不能再由企业经营者的重视程度去左右，要有确保达标的规定性的管理流程和内容，奖罚严明。政策、技术、管理三轨齐下，使之形成节能减排迈上新台阶的三轨合力，实现其全面达标的跨越。

四是将推进结构调整为主线的产业升级和以资源配置为纽带的重组兼并，作为产业升级的突破点，实现生产力布局调整的新跨越。中国水泥工业无论有较快的发展速度还是产业的不断升级和整体素质的提高，都是在结构调整中实现的。要实现水泥强国的目标，必须持久地推进技术、产业、产品和企业组织等结构调整，才能真正达到水泥强国应有的产业结构优化的、合理效能的水泥工业体系。只有进一步实施资源优化配置有积极意义的重组联合,才能优势互补,扬长避短,增强实力,才能提高生产的集中度并形成布局合理的、运营经济的、符合市场经济规律的新的生产力布局。为此,必须改变目前技术水平多层次、经营规模多级次、优劣都能共存的局面,通过一系列的持久地结构调整与资源有效整合,形成产业升级目标清晰的、经营规模效益型的、在国际上有竞争力的水泥工业新格局。

目前,水泥工业发展总体上仍是一个结构性供过于求的现状,解决的途径不能用简单控制的办法,而要因地制宜地调控,简单的控制不利于结构优化和产业升级,有进有退、优胜劣汰是伴随结构调整的长期任务,新的、先进的不发展,落后的就难以退出。不管什么时候,也不管什么工艺,凡是落后了,都要受到限制甚至淘汰;同样不管什么情况下,先进的新技术的推广,凡是利废的、节能的或减碳的、有利促进水泥工业进步和产业升级的都应大力支持与发展。这样结构调整的目标才能实现。一会儿一个调子,走走停停是不利于结构调整和产业升级的。

五是积极构筑企业信息化管理和文化建设的新平台,突破传统的管理手段和方法,实现企业现代化管理跃上新平台的跨越。一部分水泥企业长期处于用传统的管理方式经营管理企业,为此,必须进行制度创新和管理创新。信息化管理是用现代化管理知识和现代的经营理念提升企业管理的重要途径和手段,只有突破传统的、习惯的、经验式的管理和由企业领导人的性格和责任程度左右企业管理的做法,现代化的管理才有落脚之地。企业文化是企业发展过程中形成的以企业精神和经营理念为核心、凝聚激励经营者和员工归属感、积极性和创造性的人本管理的理念,是企业的灵魂和精神支柱。一旦形成,就会对整个经营管理起指导和定向作用。要改变一些企业发展时好时坏、指标时高时低、员工缺乏向心力和凝聚力、企业缺乏竞争力的状况,必须把企业员工的思想和行为统一在具有时代进取精神的核心价值观和行为准则上,这样,企业的持久发展就有牢固的思想基础,而且管理才能真正做到公开、透明、效能和科学。

六是进一步攻克与提高水泥工业关键技术和配套技术作为新的突破点,实现水泥技术装备和工程承包的国际市场由现在的发展中国家为主,变为发展中国家和发达国家并举的跨越。随着水泥产品、设备技术及工程建设进入国际市场以来,中国水泥工业的设计、装备、工程建设得到了越来越多的兄弟国家的认可。但作为水泥强国的标志,不仅装备技术与工程建设市场能够进入发展中国家,而且也必须进入发达国家的市场。为此,不能满足于现有的工艺技术和装备水平,包括一些配套设备和部件在内的一些关键技术都应继续有计划地组织研发攻关和有目标的提升,进而在目前劳动力成本相对低的优势基础上继续扩大技术优势,增强国际竞争力和扩大国际市场的占有率,这是实现水泥强国的又一个必须实现的跨越。

总之,中国水泥工业在新时期的历史使命和责任是创新提升,是在改革开放的旗帜下站在国际水泥工业发展的高度和时代进步对水泥工业要求的新起点上,实现新的突破和跨越。中国水泥工业发展的前景十分光明,但任务也任重而道远!

★国务院中央企业监事会主席乔龙德于10月21日在香港洲际大酒店召开的,在2009国际水泥大会会上做的报告。

引导我国水泥产业科学发展★

Guide scientific development of cement industry in our country

◎中国建材股份有限公司董事局主席　宋志平

By Song Zhiping, Chairman of directorate of China Building Material Co. Ltd.

水泥工业作为一个重要的基础原材料产业,伴随着我国的改革开放和经济发展,实现了自身的快速成长,也为我国近年来的基础设施建设和城乡发展做出了突出贡献。特别是随着新型干法水泥技术的大规模推广应用,水泥工业在积极探索新型工业化道路,推动产业升级和技术进步,努力实现经济与资源、环境协调发展方面,付出了艰苦努力,取得了突出成绩。

但我们也应清醒地认识到,我国水泥工业发展到今天,规模虽然足够大,但大而不强的局面还没有根本改变。近几年来,各地加大了对小水泥等落后产能的淘汰力度,新型干法水泥技术应用比重逐年提高,产业结构得到一定优化,行业内大企业的联合重组也推动了集中度的提高,但从整体而言,产业布局不合理、产能过剩、企业分散、集中度低、恶性竞争等诸多问题依然严重制约着水泥产业的健康发展,使得水泥价格长期在低位运行,企业效益难以提升,行业价值难以体现,这种状况着实堪忧。

有一组数据很能说明问题:10多年前水泥价格是煤炭价格的2倍左右,现在煤炭价格反过来是水泥价格的2倍。国际上钢铁与水泥的价格比一般是3:1,而中国是10:1,高的时候甚至达到15:1。国外水泥价格一般在每吨70~100美元,而我国水泥价格多年来一直徘徊在每吨 40 美元左右。这说明我国水泥行业的价格结构长期处在严重失衡的状态。

究其原因,一是由于近年来水泥产业发展的盲目性、非理性化,片面追求以新建为主的规模扩张,对资源、环境和产业造成了很大伤害。据统计,今年前 7 个月,全国完成水泥投资 880 亿元,同比增长 66%。投资规模比去年同期净增 350 亿元,净增值已经超过 2003 年全年的投资总额,全年水泥新增产能将大大超过 2008 年。与迅猛增长的水泥投资相对应的是,水泥的产能利用率非但没有提高反而大幅降低,这无疑是资源的浪费。二是不少地方和企业新线建设热情极高,统筹规划不够,没有把合理布局和市场调节有机结合起来,极大地影响了水泥行业的健康发展。

水泥作为一种重资产投资的资源类原材料行业,如果不能发挥应有的效益,将会造成资源的巨大浪费。水泥又是一种区域性的"短腿"产品,如果围绕同一座矿山,山前山后都建有水泥厂,将会造成区域内产能过剩、市场混乱、无序和恶性竞争。

事实上,和许多加工制造业不同,水泥这种资源类行业,如果不能引导全行业进行区域的合理布局,这种无序竞争的状态就不可能从根本上解决。科学合理布局是使市场竞争有序的有效方法,是维持水泥行业可持续发展的关键。

对于未来水泥工业的发展,我们有两个基本观点:一是水泥需求是刚性的。我国正处在工业化中期阶段,农村城镇化建设还有相当长的一段路要走,在一定时期内基本建设对水泥产品依然会有旺盛的需求。二是水泥总量已没有大的增长空间。虽然我国的基础建设方兴未艾,一段时间内投资拉动还有广阔前景,但从水泥产业发展规律看,水泥的产量不可能无限制增加。从 1 ~ 8 月份数据来看,今年中国的水泥产量将达到约 16 亿吨,超过多数发达国家人均消费 1 000 千克的历史记录,由此我们认为,我国水泥产量的增长已经达到或接近拐点。

因此,我国水泥工业应该实现三个转变:一是从单纯追求以新线建设的方式进行扩张,向以联合重组的方式来实现企业发展转变;二是从追求量的增加向追求价值的增长转变,通过推动市场的健康发展来提高自身的价值;三是从单一水泥产品生产向延长产业链转变。

从全球温室效应来看,水泥生产制造过程是一个大量排放二氧化碳的过程。在建设"两型"社会过程中,水泥产业应该逐渐走减量化发展的道路。此外,水泥工业也应逐渐走向商混化、高标号化、特种化和制品化,实现延伸产业价值链的内涵式发展。这样不仅水泥产业能走上一条科学发展的道路,也能减少对资源的浪费和环境负荷。

"中国建材"的水泥业务发展,走的是一条以现有企业在区域市场进行联合重组,实现存量优化的道路。作为大型建材央企,近年来,在国资委的正确领导下,中国建材集团抓住国家支持大企业以区域性为主,构筑大型水泥企业集团的政策机遇,针对水泥行业过度分散的现状,以推进产业结构调整、推动行业健康发展为己任,聚焦水泥业务,锁定淮海区域、南方区域和北方区域,迅速推进联合重组,打造了对区域市场具有主导权的三大水泥集团,总产能达 1.5 亿吨。

"中国建材"的基本做法是:首先选择区域推进大规模联合重组。我们选择水泥市场竞争激烈、市场化程度高的区域,如浙江、江苏等东南区域,在这一类地区可以相对降低联合重组成本。其次对重组企业实施深度管理整合,以"对外对标、对内优化"为主要方法,采取"五化"(一体化、模式化、制度化、流程化、数字化)、"五集中"(财务集中、市场营销集中、采购集中、技术集中、投资决策集中)和五类 KPI(财务成本关键指标)管理。在此基础上构建两类核心区———一类是核心利润区,使企业盈利能力有效提升;另一类是协同利润区,通过与区域内的兄弟企业合作推动市场健康,稳定区域价格,提升企业效益,实现多赢共赢。再次对企业进行技术结构调整和技术优化,如为企业全部配套余热发电。最后是推进产业结构调整,按照资源有效配置的原则进行区域内的合理布局,淘汰落后,比如"中国建材"在山东全力推动淘汰小立窑,建设了新型干法水泥生态工业园。

中国建材集团所走的基于存量重组与存量优化的发展道路,符合国家产业政策,符合水泥产业发展规律,符合区域内广大企业的诉求,引导了我国水泥工业的科学发展,因而十分顺利。"中国建材"的联合重组受到国家发改委、国资委和所在区域地方政府的肯定与支持,也获得了被重组企业的拥护。

近期国家出台的关于水泥产业的一系列政策措施非常及时和必要,无论是正在征求意见中的《水泥行业准入条件》,还是即将于明年起实施的《水泥工业大气污染物排放标准》,都将对抑制产能过剩和重复建设,推进节能减排,促进水泥产业健康发展,起到至关重要的作用。国家将重点从三个方面引导水泥行业健康发展:一是严格市场准入,加强项目审批管理;二是按照"等量淘汰"原则,加快淘汰小立窑,为新型干法水泥腾出市场空间缓解压力;三是以国际通用的人均产能为水泥产能饱和衡量标准,严控产能,扼制新增规模,实现总量控制。

在这些政策执行过程中,有一个问题应该引起足够的重视,那就是产业健康发展应该有全局观,如果仅仅是某一区域努力健康发展,而相邻各区域采取不同的政策,会导致结构调整在区域间的不均衡,从而可能引发结构调整做得好的区域受到结构调整不到位区域产品的挤压,形成不合理、不公平的局面。

在这场全新的产业发展格局调整中,大企业应该责无旁贷地成为行业科学发展的引领者。以水泥为核心业务的中国建材集团,将会认真贯彻落实科学发展观,充分发挥主力军作用,进一步调整自己的发展战略,在水泥产业结构调整和联合重组中勇挑重担,引领水泥市场健康发展。

★该篇文章发表于 2009 年 11 月 6 日《经济日报》。

以贯彻落实国务院38号文件为契机推进水泥平板玻璃工业实现又好又快发展★

Take the implementation of Document No. 38 of State Council as the chance to promote the better and faster development of cement and plate glass industry

◎中国建筑材料工业联合会会长　张人为　副会长　陈国庆

By Chairman Zhang Renwei and vice Chairman Chen Guoqing of China Building Material Industry Coaliton

为抑制部分行业的产能过剩和重复建设，引导新兴产业有序发展，2009年9月26日，国务院以国发［2009］38号批转了国家发展改革委等十部门《关于抑制部分行业产能过剩和重复建设引导产业健康发展若干意见的通知》。《通知》中点名指出了包括水泥、平板玻璃在内的六大产能过剩、重复建设较为严重的产业，提出了正确把握抑制产能过剩和重复建设的四项主要原则、各产业政策导向，以及严格市场准入、强化环境监管、依法依规供地用地、实行有保有控的金融政策、严格项目审批管理、做好企业兼并重组工作、建立信息发布制度、实行问责制度和深化体制改革等九大对策措施。

国务院38号文件是在当前我们国家应对国际金融危机，全面贯彻落实党中央、国务院确定的“扩内需、保增长；调结构、上水平；抓改革、增活力；重民生、促和谐”政策，经济出现了企稳向好的背景下出台的，对建材行业，尤其是水泥、平板玻璃产业的发展具有十分重要的指导作用。这里，我们就水泥、平板玻璃产业结构调整情况、产能过剩和重复建设产生的成因，以及如何贯彻落实好38号文件精神，引导行业持续健康发展等问题，谈几点感受和体会。

一、当前水泥、平板玻璃工业发展及结构调整情况分析

此次产能过剩问题的突现，外在的诱因有国际金融危机的因素，内在的原因应归结于目前行业的发展方式尚未实现根本转变，是由于发展中存在的盲目、无序和过度所造成，也是一个长期积累的过程。应该说，这次国务院38号文件中将水泥、平板玻璃归类到过剩产业之中，我们虽有忧虑，但也并不感到太突然。因为在建材工业发展历程中，我们已经经历了多次类似的情况。

过剩与否，经济学家、行业专家及企业领导等的认识、观点可能并不完全一致。仅从建材工业生产领域来说，产品的过剩还是普遍存在的。计划经济容易造成短缺，市场经济则容易导致过剩。水泥、平板玻璃今天戴上“过剩”的帽子，也可以说是一种“喜中之忧”。所谓“喜”是指我们在国民经济持续快速健康发展的强劲拉动、国家相关政策的正确指引和全行业的共同努力下，水泥、平板玻璃产业获得迅猛发展，取得了前所未有的成就；所谓“忧”是讲行业目前的发展中仍存在着许多与科学发展观要求不相符合的成分。我们若不注重发展的质量和效益、不注重调整结构、不切实转变发展的方式，行业的发展就不可能健康持续。

此次产能过剩是在水泥、平板玻璃产业实现了大发展的背景下产生的。进入新世纪以来，我国水泥、平板玻璃产业取得了可喜成就，产业结构不断优化，自主创新能力不断增强，技术装备水平不断提高，节能减排取得积极进展，大型企业集团成长迅速并在行业中的主导地位和作用日益显现。这一时期是我国水泥、平板玻璃产业自新中国成立60年来发展最快、最好的阶段。

自进入新世纪以来，我国的新型干法水泥保持了高速增长，在上世纪90年代成功实现“国产化、低投资”的带动下，2004年以来熟料产能以年均1亿吨的规模增长，国际上单线规模最大的多条万吨级熟料生产线相继成功投产。新型干法水泥产量比重由2000年的12%提高到2008年的62%，增长了50个百分点，并以其所具有的技术、经济、规模优势，主导着水泥工业的发展；新型干法水泥技术在预分解窑节能煅烧工艺、大型原料均化、节能粉磨、自动控制和环境保护等方面，从设计到装备制造都迅速赶上世界先进水平，在国际水泥行业赢得了地位；产业集中度不断提高，2008年，年生产规模在1 000万吨以上的水泥企业（集团）16家，其水泥熟料产量占全国水泥熟料产量的32%；淘汰落后取得积极进展，自2001年以来全国共淘汰落后水泥能力约2.6亿吨。

我国浮法玻璃产量的比重也逐年增长，由2000年的72.1%增至2008年的81.3%，上升约9个百分点。洛阳浮法技术不断提高，日臻完善。超厚和超薄浮法玻璃的生产技术取得突破，已生产供电子工业用0.55毫米、0.70毫米超薄浮法玻璃，质量达到国外同类产品的先进水平。超白浮法玻璃、在线低辐射镀膜玻璃问世，赢得了较为广泛的市场。深加工玻璃比重逐年增加。2008年，16家年产量在1 000万重量箱以上的大型玻璃企业平板玻璃产量占全国平板玻璃总量的60%，浮法玻璃产量占全国浮法玻璃总量的72%。

我国水泥、平板玻璃行业在全国制造业中已率先实现了从产品出口向大型成套技术装备出口的跨越，其先进性、可靠性和优异的性价比得到国际业界的好评。我国水泥企业

承接了在经济发达的欧美和中东等国家的大型新型干法水泥项目的工程总承包;中国洛阳浮法玻璃成套技术装备也出口东南亚、中东、非洲、欧洲等地区。这是我们行业实施"走出去"战略、国际竞争力得到增强的重要体现。

但是在肯定我国水泥、平板玻璃行业取得巨大成就的同时,我们不能不清醒地看到,目前这两个产业发展的模式总体上还是粗放型的,存在着不依据资源禀赋条件、不依据经济发展水平或远超市场需求容量,盲目求大求快、无序发展的现象,重复建设倾向较为严重。一些地区仍然存在着违规下放审批权、多头审批,未批先建、边批边建等现象。从水泥、平板玻璃这两个产业来看,2008 年,我国水泥产能 20.9 亿吨,其中新型干法水泥熟料产能 8.1 亿吨,目前在建水泥生产线 418 条,产能 6.2 亿吨,另外还有已核准尚未开工的生产线 147 条,产能 2.1 亿吨;全国平板玻璃 2008 年产能 6.54 亿重量箱,2009 年上半年又新投产 13 条浮法玻璃生产线,还有 30 余条在建和拟建生产线。这些生产线若全部建成,产能将严重过剩。产能的盲目扩张和重复建设屡禁不止,不仅会引发恶性竞争,影响行业的健康发展,也会造成资源能源、社会财富的浪费和环境的破坏。

此外,从产业结构的角度来看,两个产业的结构调整和优化升级的目标还远未实现,水泥行业落后工艺仍占近 30%;平板玻璃总量中仍有近 8 000 万重量箱落后的小玻璃产能。从产业集中度的角度来看,生产规模小、技术装备落后、劳动生产率低,且资源能源浪费严重、环境污染较大的小水泥、小玻璃企业,至今仍在这两个产业中占据企业数量主体。大企业集团近几年虽然发展迅速,但与国际先进水平相比,还存在明显的差距。需要特别指出的是,企业组织结构的优化将是今后相当长时期内产业结构调整的艰巨任务。

二、水泥、平板玻璃产业产能过剩重复建设的成因分析

判断一种工业产品的产能是否过剩,要与市场需求相对照,与国民经济发展的大背景相联系。工业产品产能的相对过剩在全国工业领域是普遍存在的共性问题。从国家统计局公布的今年我国经济增长的指标分析,经济增长主要是靠投资拉动的。作为服务于基础设施、基本建设的产业,建材工业先于其他行业获益于内需的增加和投资的高速增长是显而易见的。但我们看到,在建材工业获益的同时,也出现了产能过剩和盲目重复建设等问题。这足以引起我们的重视和深思。虽然目前还没有为大家所公认的判断产能过剩的统一标准,但从建材工业的水泥和平板玻璃两个主要产业来说,现有的生产能力加上在建、拟建的生产能力已远超市场需求,产能过剩或潜在过剩的趋势已十分明显。因此,水泥、平板玻璃工业戴上"过剩"的帽子是有根有据的。如果这时候我们不发出警示,不对产能过剩、重复建设问题加以控制,就会导致文件中所指出的:市场的恶性竞争、经济效益下降、企业倒闭或开工不足、人员下岗失业、银行不良资产大量增加等一系列问题,而且将严重影响国家扩大内需一揽子计划的实施效果和错过推动结构调整的历史机遇。因此,国务院提出抑制六大产业产能过剩和重复建设问题是完全正确和十分及时的。

造成产能过剩、重复建设反复出现、屡禁不止的原因错综复杂,既有历史根源,也有现实问题;既有外部因素,也有内在原因。从水泥、平板玻璃这两个产业分析,我们认为,造成产能过剩和重复建设的主要原因有以下几方面。

一是国民经济持续快速发展、强劲市场需求促进了产业发展和产品产能的快速增长,但也萌生了发展中的盲目性。特别是对水泥、平板玻璃这样的以内需为主的建材产品来说,基础设施建设、建筑房地产等相关产业发展的拉动作用更为明显突出。但是,行业的发展得益于市场的拉动,而行业发展中所面临的困境也源于对市场需求把握的盲动上。我们要看到资本所具有的逐利性特点和企业追求利润最大化特性的客观存在。只要具备适当的利润率,资本就必然会介入,企业就可能进行投资。但或是由于信息不充分,资本和企业无法对未来市场发展趋势予以准确把握、掌控,投资行为就会存在盲目性、冲动性,最终导致市场资源配置的失衡;或是由于信息不对称,从单个企业角度看可能符合市场需求、是理性的,但由于多方介入,形成局部区域产能的急剧增长,导致供求倒挂、产能失衡。

二是要看到我国对在社会主义市场经济条件下,如何有效促进并引导行业健康发展等方面,还缺乏丰富的经验和成熟的做法。政府部门在项目投资管理等方面还有待完善。以水泥和平板玻璃产业为例,目前这两个产业投资管理并非完全市场化,水泥建设项目还需省级投资主管部门核准、平板玻璃建设项目还需投资主管部门备案,均还属于政府管辖范畴,政府完全有手段可以进行有效调控。但现实结果表明,目前确实存在管理不到位的情况。由于现有的政绩考核体系不够科学和投资体制不完善等原因,造成中央政府与地方政府对发展的利益判断不一致。中央政府更多考虑的是全国、全社会的总体利益,地方政府出于区域发展或自身政绩的考虑,更为关注局部利益、地方利益,易片面追求 GDP,千方百计吸引各方投资进入能带动经济增速的产业,在引进投资激励政策的作用下,项目建设多多益善,加上多头审批,权限下放,必然产生建设项目的无序、盲目,进而导致产能过剩和重复建设。

三是在水泥、平板玻璃行业中缺少自律,缺乏自我纠偏、自我完善的能力。特别是对拥有 5 000 多家水泥企业、500 多家平板玻璃企业这样庞大企业数量群体的产业,很难推行有效的行业自律管理,也缺少相应的办法和手段。当然这之中我们行业协会也负有一定责任,行业协会在项目建设情况、供求分析、市场走势预测等信息发布引导方面做得还不够,在推进行业自律、促进行业理性发展方面的作用和效果发挥得也不够好。

四是水泥、平板玻璃相关产业政策执行不到位，一些投资项目的准入门槛还较低。近些年来，为引导并促进水泥、平板玻璃行业的健康发展，国务院及中央政府有关部门已先后制定出台了一系列政策、标准等规范文件，水泥行业先后出台了《关于加快推进产能过剩行业结构调整的通知》（国发[2006]11号）、《水泥工业发展专项规划》（发改委令2006年第40号）、《水泥工业产业发展政策》（发改委令2006年第50号）、《关于加快水泥工业结构调整的若干意见》（发改运行[2006]609号）、《关于公布国家重点支持水泥工业结构调整大型企业（集团）名单的通知》（发改运行[2006]3001号）、《关于做好淘汰落后水泥生产能力有关工作的通知》（发改办工业[2007]447号）及《水泥单位产品能源消耗限额国家标准》等一系列文件；平板玻璃行业也先后制定发布了《关于促进平板玻璃工业结构调整的若干意见》（发改运行[2006]2691号）、《平板玻璃单位产品能源消耗限额国家标准》、《平板玻璃行业准入条件》（国家发展改革委公告[2007]52号）、《关于做好淘汰落后平板玻璃生产能力有关工作的通知》（发改办运行[2007]1959号）等多项文件。应该说，这些文件的颁布实施是十分及时和正确的，而且数量如此之多、范围如此之广、发布时间如此密集，均为历史所罕见，所颁布的文件对项目建设的能耗、环保、产品质量、技术水平、生产力布局等均有规范，但或是执行不力，或是文件制定发布后，后续的贯彻落实缺少一以贯之的部门和人员，政策实施效果受到影响。

同时我们也要看到，与国际先进水平相比，目前国内水泥、平板玻璃投资项目的准入指标还有一定的差距，因此出现一些企业，甚至外行业的企业，不顾建设条件是否具备，原料矿山是否有保证，有无市场空间，纷纷进入水泥、平板玻璃产业的情况。

当然，造成产能过剩、重复建设的原因还有很多，包括与当前所处的经济发展阶段、政策配套完善与否、管理体制改革进程、市场机制的调节作用发挥程度及资金流动性过剩、生产集中度低等均有关系。行业、企业和政府部门都应对产生这些问题的根源进行认真分析，并有针对性地采取相应对策措施，促进行业走可持续健康发展之路。

三、要以贯彻落实国发38号文件为契机，努力促进水泥、平板玻璃工业实现又好又快的发展

贯彻落实好国发38号文件对引导并促进包括水泥、平板玻璃行业在内的建材行业健康发展，推进结构调整，提升建材工业整体质量和水平都具有十分重要的意义。

第一，全行业都应认真学习、深入领会文件精神，把思想认识统一和提高到国发38号文件中的提法要求上来。无论从应对国际金融风暴，促进我国经济平稳发展的层面，还是从推进建材工业结构调整，实现持续健康发展角度，全行业都必须认真学习领会国发38号文件精神，并以此为指导，切实把我们的思想和行动统一到党中央、国务院的决策部署上来，认真贯彻落实科学发展观，切实转变经济发展方式，坚持产业政策导向，更加注重推进结构调整，提高发展的质量和效益，将坚决抑制部分水泥、平板玻璃产业产能过剩和重复建设作为当前建材行业结构调整的重点工作抓紧抓好，促进并引导水泥、平板玻璃产业持续稳定健康发展。

国发38号文件颁布后，行业中的同志既有欣喜，也有忧虑，主要担心会不会因此影响企业的发展和产业结构调整进程，这是可以理解的。我们必须从正面的角度、以积极的态度去全面认真贯彻落实国发38号文件。贯彻落实好国发38号文将会有力地促进水泥、平板玻璃工业先进生产力的发展、促进大企业集团的成长、促进产业结构优化调整步伐的加快。当然能不能实现这个目标，关键在于我们能不能正确认识、切实贯彻落实好文件精神和要求，在于我们能不能将国务院的要求自觉转化为行业和企业自身的实际行动。行业上下为此要形成共识，少讲个性、局部利益，多讲共性和全局利益，努力提高执行文件的自觉性。

第二，要加大力度、加快步伐淘汰落后产能。国发38号文中明确提出：各省（区、市）必须尽快制定三年内彻底淘汰落后水泥、平板玻璃产能的时间表。这是非常有魄力、有远见的决策，符合产业结构调整的方向和要求。

目前，人们对如何判断和把握市场经济条件下的“过剩”问题尚有分歧。从宏观经济学的角度来看，产能过剩可以分为有效竞争下的过剩、周期性过剩、结构性过剩和长期性过剩四种类别。从总体而论，绝大多数建材产品都存在供大于求现象。如果说水泥、平板玻璃产业出现了产能过剩，它所体现出来更多的是结构性过剩，是落后产能的过剩。因此，若不分区域、不予区别地将所有水泥和平板玻璃工艺、技术、产品都简单笼统地戴上“过剩”的帽子，对产业的长远发展是很不利的。虽然到今年年底我国新型干法水泥的比重将超过70%，但仍然还有30%的落后水泥产能。2008年立窑等落后工艺水泥熟料产量所占比重超过40%的省份多达14个，包括经济较为发达的广东、山东等省；平板玻璃也还有近8 000万重量箱格法平拉等落后工艺产能。因此，对列入产能过剩的水泥、平板玻璃产业，我们应该加上一个前置：“首先是落后产能造成了水泥、平板玻璃的产能过剩。”不以这样观点去分析产能过剩，就会殃及先进产能的发展，影响区域和全国产业优化升级的总体推进。

我们既要关注和防止在一些区域市场新型干法水泥、浮法玻璃等先进生产力项目投资过于集中，造成产需失衡、过度竞争的问题，更要继续坚持淘汰小水泥、小玻璃等落后的生产能力，要研究如何建立完善落后产能的退出机制，要坚决防止在抑制产能过剩的掩护下，去保护落后产能，致使新型干法水泥、优质浮法玻璃等先进生产力发展受限等问题的发生。

第三，抓住机遇，加快推进建材工业结构调整。建材工业的发展步伐与国民经济发展快慢紧密相关，建材工业的发展也必须与国民经济发展和社会进步相适应，以努力满足国

民经济发展和基本建设、建筑房地产等的市场需求。目前，我国城镇化率还不高，仅有45%左右。按每年提高1个百分点来分析，20年后，我国的城镇化率也仅相当于国际平均水平。而城镇化率的提高意味着城市基础设施建设、建筑房地产市场需求的增长，这种需求是长期的、刚性的。因此，在今后相当长的一个时期内，建材工业将依然还是一个充满朝气、有稳定发展前景的朝阳产业。

从水泥、平板玻璃产业的发展历程和未来发展趋势看，当前只有紧紧抓住结构调整这条主线，才能促进其又好又快发展。结构调整既有技术结构、产品结构的调整，也有组织结构的调整。在技术结构、产品结构的调整方面，我们已积累了相当的经验，通过水泥工业的"低投资、国产化"、完善提高中国洛阳浮法玻璃生产技术装备水平。我国水泥、平板玻璃产业的技术装备水平都已接近或达到国际先进水平，目前产品产量和规模的增加已不是这两个产业发展的难点，也不是行业发展所面临的主要矛盾。此外，国际金融危机的爆发，对世界经济格局和我国的进出口贸易都产生了重大影响，过去依靠大量出口拉动经济增长的模式将难以为继。与此相对应，建材工业高增长的时代已经成为过去，取而代之的将是平稳增长。这就要求建材工业要适应内需，着眼于调整结构。因此，水泥、平板玻璃工业要实现又好又快、可持续健康发展，成为与经济发展相适应的资源节约型、环境友好型产业，关键还是要转变增长方式，核心是调整产业结构，难点在于组织结构的调整。

这些年来，虽然大企业快速成长，产业集中度有所提高，但水泥企业数量却仍高达5 500多家(其中含2 000多家粉磨站)，即使扣除粉磨站，企业平均规模也仅年产40万吨左右。平板玻璃企业近550家，企业平均规模仅120万重量箱。因此，除了要继续加快淘汰大量工艺落后、污染严重的小企业以外，企业组织结构调整的任务还相当繁重。

因此，我们在坚决贯彻国发38号文件的同时，要防止"一刀切"现象的发生，避免影响水泥、平板玻璃先进生产力的发展和结构调整的进程，努力做到有保有控，积极推动以大企业集团作为核心的联合重组，促进水泥、平板玻璃大企业集团的发展；要积极主动地配合政府有关部门尽快调整或明确国家重点支持的水泥、平板玻璃大企业(集团)名单，使其在上市增发、债券融资、项目建设等方面，继续得到更多更有力的支持，以利加快企业组织结构调整，促进优胜劣汰，推进产业整体水平的进步与提高。

第四，要充分发挥好国家政策的导向作用。水泥、平板玻璃产业的快速发展得益于市场的拉动，而发展中存在的盲目性也在于各方对市场的估计不足或错误判断。因此我们必须通过国家制定的政策导向，去引导行业和企业的行为，尤其是要根据科学的市场需求预测，研究制定符合行业发展实际和趋势的产业规划。制止重复建设，首要的依据就是要有一个以市场为导向、科学合理的产业发展规划，在规划的指引下，确定产业发展的目标、布局。缺少规划的指引，就是无本之木、无源之水，抑制产能过剩、重复建设就无从谈起。以作为区域性产品的水泥为例，不仅要制定全国的发展规划，还应在国家规划的指导下，研究制定省市发展规划，更应制定重点区域的发展规划。虽然国家已制定出台了"水泥工业'十一五'发展规划"，但只有约13个省市制定了相应规划，区域规划更是无从谈起。没有规划的指引，投资项目的决策、政府部门的审批都将是盲目的，更谈不上产业的科学、合理、有序、健康发展。在规划制定和实施过程中，各地企业和协会都要配合政府部门积极参与、主动配合。

第五，要努力转变经济增长方式，坚持以节能减排为中心的发展思路。要提高企业乃至整个行业抵御经济风险的能力，取得可持续发展，关键是要坚定不移地加快转变经济发展方式。包括水泥、平板玻璃产业在内的我国建材工业属于国民经济中资源、能源依赖型原材料工业。其产业基本特征是原料离不开矿物，生产离不开热工窑炉，所以兼具"矿业"加"窑业"的特征。这样的产业特征就要求我们无论从当前治标的角度要保持平稳增长，还是从中长期治本的角度，都必须推动经济发展方式的转变，必须把节能减排、发展循环经济和低碳建材工业始终作为未来产业发展的中心课题。

我国政府已经宣布到2020年单位国内生产总值二氧化碳排放要比2005年下降40% ~45%的目标。这标志着我们已进入了碳总量控制时代，一系列相关市场和监管体系将随之建立。因此，我们不但要关注减少二氧化硫、氮氧化物的排放，从长远看，还要关注温室气体的排放问题，大力发展低碳的建材工业。现在行业中还有相当多的企业并不太关注自身的环境治理，在环保问题上存在着内部成本外部化的现象。这是短视和不负责任的行为。建材企业若不尽早将环境治理问题放到重要议事日程，不超前着手研究二氧化碳减排相关技术装备等问题，不加快循环经济的发展，一旦国家实行更高环保标准和执法执行力度，企业所面临的约束和压力将会十分沉重。

水泥工业是发展循环经济的重点行业，具有得天独厚的优势，有着其他行业不可取代的作用，做好水泥行业的节约资源和保护环境工作意义重大，也有着广阔的前景。这些前景不仅孕育于我们已经成功开展的降低资源、能源消耗和提高利用率的工作上，也孕育于将有广阔前景的可燃废弃物的开发利用上，以及提高产品质量、改善产品性能和延长使用寿命等体现"减量化"原则的更本质方面。实践表明，循环经济发展模式可以使水泥工业逐步做到少污染以至不污染环境，并且还是保护环境、美化环境不可或缺的工业部门，同时也可以求得实现企业经济效益、环境效益和社会效益三者的统一。

这些年来，包括水泥、平板玻璃产业在内的建材工业，通过积极推进以节能减排为中心的技术结构调整，以发展低耗能、非耗能产品产业和延伸产业链，发展深加工制品为内容的产品结构调整，发挥大企业核心作用的并购重组，加快组织结构的调整和优化。所有这一切都正在逐步改变建材行业"两高一资"的社会形象,资源节约型、环境友好型产业最终将会表征未来的中国建材工业。

引导并促进行业实现可持续健康发展也是我们行业协会义不容辞的职责。国发 38 号文件中明确要求行业协会在引导行业健康发展中要充分发挥作用。各级行业协会都要根据国务院的要求,积极配合各地政府贯彻落实好文件精神。既要密切关注文件执行过程中出现的问题和情况,及时向有关部门充分反映行业、企业的意见,以利文件精神更好的贯彻执行,又要努力为企业提供信息服务,引导企业和投资者落实国家产业政策和行业发展规划,加强行业自律,提高行业整体素质。我们相信,在全行业上下的共同努力下,水泥和平板玻璃产业一定能实现更好更快的发展,迎来更加辉煌灿烂的明天。

★该篇文章发表于 2009 年 12 月 1 日《中国建材报》。

中国水泥工业的当前问题★

The current problems facing Chinese cement industry

◎中国水泥协会秘书长　孔祥忠

By Kong Xiangzhong, Secretary General of China Cement Association

各位女士、先生们:

首先我要感谢世界水泥可持续性倡议行动(CSI)组织为中国水泥代表团的到来所安排的欢迎仪式!

这是自 CSI 成立 10 年来,中国水泥企业首次走进世界水泥活动组织,共同分享世界水泥可持续发展经验与信息,我要为加入 CSI 的中国水泥企业而高兴。

从 1985 年起,中国水泥产量 1.46 亿吨成为世界第一,2008 年中国水泥产量 14 亿吨,占全球水泥总量的 49%。但是,中国水泥工业的发展从技术层面上走过了一个漫长的历史,一度以小型立窑、中空窑技术生产水泥,其产量占到了国内绝对地位。从 80 年代末,中国开始引进技术、引进装备,新型干法水泥技术才在中国得以应用。近 10 年来,中国水泥工业新型干法水泥技术得以迅速发展,到 2008 年末,新型干法水泥窑有 935 条,水泥熟料产能 8 亿吨,新型干法水泥的比重占全国总量的 63%,2009 年末将达到 70% 以上。推广新型干法水泥技术是中国政府国民经济发展第十一个五年计划中对水泥工业结构调整的重点任务。在未来的第十二个五年计划中该指标将修订为 90%。

从 2006 年～2008 年期间,中国淘汰了落后水泥产能 1.8 亿吨。中国政府为关闭的小企业提供了经济补偿,并妥善安排了关闭企业的转产和职工再就业。目前尚有 3 亿吨落后水泥产能有待淘汰。政府正在采取措施,希望今后 3 年内基本淘汰落后水泥产能。

为了减少水泥工业的二氧化碳排放,中国政府出台政策,鼓励水泥企业应用余热发电技术、节能粉磨技术。截止到 2008 年底,全国已投运的余热发电站 193 台,涉及水泥生产线 263 条,总装机容量 1 662 兆瓦,可减少粉尘排放 11 357 吨,减排 CO_2 约 665 万吨,节约标煤 465 万吨。

国家鼓励水泥企业利用废渣,2008 年中国水泥工业综合利用废渣约 3.5 亿吨。

中国水泥企业数量众多,平均规模小。2008 年,前 10 家大型水泥企业水泥产量仅占全国总量的 21%,今后 5 年,政府将通过鼓励企业重组联合的结构调整政策,要求前 10 家水泥企业的水泥产量比重达到全国的 35% 以上。

中国部分大型企业的能源消耗指标已达到世界先进水平。如"海螺水泥"、"CNBM"的"中国联合水泥"、"亚洲水泥"、"华润水泥"等企业的日产万吨生产线与部分日产 5 000 吨生产线的熟料热耗 106 千克标煤/吨,熟料综合能耗 101 千克标煤/吨(扣除余热发电回收的能量),吨水泥电耗 85 千瓦时,水泥综合能耗 80 千克标煤/吨(扣除余热发电回收的能量)。到 2015 年,全国水泥工业的能源消耗指标将修订为:单位熟料热耗小于 109 千克标煤/吨,综合能耗小于 117 千克标煤/吨(扣除余热发电回收的能量);吨水泥综合电耗小于 86 千瓦时,单位水泥综合能耗小于 88 千克标煤/吨(扣除余热发电回收的能量);吨水泥综合能耗水平比 2009 年下降 20% 以上。

今后,中国水泥工业发展的重点是:

1. 加快推进企业兼并重组,提高市场集中度,淘汰落后水泥产能,增强企业竞争能力。

2. 鼓励水泥企业延伸产业链,发展商品骨料、预拌砂浆、预拌混凝土和水泥混凝土制品。

3. 推广精细化管理,加强产品质量管理,注重环境保护、安全生产、清洁生产,保障职工合法权益,增强企业社会责任,全面提高企业管理水平和经济效益。

4. 提高水泥工业对外开放水平,鼓励企业参与国际竞争与合作,支持企业参与世界水泥可持续发展倡议行动(CSI)组织活动,推动行业可持续发展。

中国水泥协会作为世界最大的水泥行业协会,我们致力于中国水泥工业的可持续发展。我希望加入 CSI 组织的中国企业能在这个组织中通过交流提高,为这个组织发挥更大的作用。中国水泥协会正在中国企业中进行 CSI 工具应用培训工作。中国水泥协会每年三月末在北京举行国际水泥峰会,我们欢迎 CSI 参与。我们支持 CSI 到中国多开展活动,与更多的中国企业进行交流。我相信,有中国水泥企业参加的 CSI 组织将会为全球发展做出更大的贡献。

★在瑞士日内瓦 CSI 总部的讲话(12 月 8 日上午欢迎仪式上 10:15 发言稿)。

余热发电为水泥工业再创辉煌★

Achieve glory again for cement industry By power generation with remnant heat

◎中国水泥协会常务副会长　曾学敏

By Zeng Xuemin, vice standing Chairman of China Cement Association

改革开放三十年来,水泥工业取得了举世瞩目的成绩。新型干法水泥技术装备进入世界先进行列;科学发展、技术创新、节能减排成为全行业实际行动:水泥结构调整成绩斐然,到 2008 年底新型干法水泥比例突破了 60%;世界知名水泥公司在我国落地生根;水泥工程总承包足迹遍及全球,带动机械装备大量出口。这些成绩的取得,为水泥工业的发展创造了辉煌。与此同时,"十一五"期间水泥纯低温余热发电,实现了跨越式发展,截止到 2008 年有 263 条新型干法熟料生产线装有余热利用电站,装机总容量达到 1 662 兆瓦。到 2010 年水泥行业余热发电装机总容量将是近 2 个葛洲坝电站总装机容量,余热发电为水泥工业再次创造了辉煌。

一、水泥工业余热发电的发展历程

我国水泥窑余热电站始建于大连水泥厂,1922 ~ 1923 年该厂扩建第二条直径 3 米 ×60 米干法中空窑时,同时配套建设了高温余热发电机组,称为"水泥干法中空余热发电窑"。新中国水泥窑余热发电技术的发展从第一个五年计划开始起步,经过半个多世纪的发展,水泥窑余热发电技术的研究、开发、推广、应用工作经历了四个阶段。

表 1　干法中空窑高温余热发电系统主要参数

主蒸汽温度(℃)	蒸汽压力(MPa)	余热锅炉	装机容量(MW)	吨熟料发电量(kWh/t)
400	2.45	卧式	3.0	90 ~ 110
450	3.82	卧式	4.5	130 ~ 150
450	3.82	立式	6.0	170 ~ 180

第一阶段为 1953 ~ 1989 年,这 30 多年主要工作是开展了中空窑高温余热发电技术及装备的开发、推广、应用工作。首先参照上世纪 30 年代日本引进德国技术在我国东北、华北地区建设的中空窑高温余热发电技术装备,对老厂进行改造,同时在老厂扩建中得到应用。共投运了约 290 条中空窑余热发电系统。形成了不同主蒸汽参数、余热锅炉形式、装机容量的高温余热发电系统(见表 1)。为我国开展水泥窑中低温余热发电技术及装备的研究开发奠定了坚实基础。

第二阶段为 1990 ~ 1996 年。"八五"期间,国家安排了水泥行业科技攻关课题,其一是:"带补燃锅炉的中低温余热发电技术及装备的研究开发",主要内容为采用国产标准系列汽轮发电机组,回收 400℃以下废气余热进行发电。该课题在 1996 年完成了攻关工作,形成了"带补燃锅炉的水泥窑中低温余热发电技术";这项技术的研究、开发、推广、应用,为我国开发水泥窑纯低温余热发电技术及装备工作积累了丰富的经验;其二是"水泥窑纯低温余热发电工艺及装备技术的研究开发";其三是"纯低温余热发电技术装备——螺杆式膨胀机研究开发"。根据带补燃锅炉的水泥窑中低温余热发电技术应用的经验,以日本 KHI 公司为宁国水泥厂日产 4 000 吨水泥窑提供的 6 480 千瓦纯低温余热电站的建设为契机,基本形成了我国水泥窑纯低温余热发电工艺技术装备体系。

第三阶段为 1997 ~ 2005 年。推广、改进"带补燃锅炉的水泥窑中低温余热发电技术"和"水泥窑纯低温余热发电技术"。截止到 2005 年底,利用"带补燃锅炉的水泥窑中低温余热发电技术",国内有 23 个水泥厂 36 条日产 1 000 ~ 4 000 吨预分解窑生产线上安装了 28 台带补燃锅炉的中温余热发电机组,总装机为 45.36 兆瓦。与此同时,分别于 2001 年、2003 年利用我国自主研发的技术和国产设备,在日产 2 000 吨、日产 1 500 吨水泥窑上投运了装机容量分别为 3 兆瓦、2.5 兆瓦的纯低温余热电站。2001 ~ 2005 年,我国水泥行业利用国产设备和技术在 12 条新型干法窑上,配套建设了装机容量分别为 2.0 兆瓦、3.0 兆瓦、6.0 兆瓦、7.0 兆瓦的纯低温余热电站。

第四阶段为 2005 年以后。由于水泥窑纯低温余热发电技术装备已经成熟,进入了蓬勃发展阶段。大量的工程实践机会,给技术不断创新提供了最佳的机遇。随着纯低温余热电站投入运行数量的增多,实践应用的同时也促进了工艺技术装备的提高,使我国水泥窑纯低温余热发电技术装备更加成熟可靠,给我国这项技术达到世界先进水平提供了机遇。

二、我国水泥窑纯低温余热发电技术装备

1. 余热发电的基本原理。

将工业生产中排出的大量废气通过余热回收装置——

余热锅炉将废热进行热交换回收，产生过热蒸汽推动汽轮机实现热能向机械能的转换，从而带动发电机发电。

在水泥熟料生产过程中，水泥窑的窑头和窑尾产生大量废气（废热），在废气排出的地方安装余热锅炉，分别称为AQC锅炉（窑头炉）和SP锅炉（窑尾炉）。在余热锅炉内，废气与水进行热交换，使水产生一定温度和压力的过热蒸汽，过热蒸汽进入汽轮发电机组进行发电。

2. 纯低温余热发电技术及主要参数。

目前，我国水泥工业纯低温余热发电技术的核心内容是热力循环系统，热力循环方式主要有单压系统、闪蒸系统、双压系统三种基本模式，以及由此衍生的复合系统构成。理论和实践表明，以上三种热力系统的选择，应依据企业的具体情况来选择合适的系统，采用哪种方式最合理，应依据热平衡计算、生产线规模、企业管理水平、投资高低等实际情况，进行综合比较后确定。

纯低温余热发电主要设备及主要技术参数，以一般日产5 000吨水泥熟料生产线为例进行说明。规模相当的生产线可利用窑头、窑尾余热资源，建设一套装机容量为9兆瓦的纯低温余热电站。主要设备有凝汽式汽轮机、发电机、SP余热锅炉和AQC余热锅炉，其主要技术参数指标见表2。

表2　纯低温余热发电主要设备及技术参数

序号	设备名称	数量	主要技术参数指标 l 凝
1	凝汽式汽轮机	1	额定功率：9MW 额定主汽压力：1.25MPa(a) 额定排汽压力：0.008MPa(a) 额定主汽温度：325℃ 额定转速：3 000r/min 额定汽耗率：5.2kg/kWh
2	发电机	1	额定功率：9MW 额定转速：3 000r/min 频率：50Hz 效率：96.5%
3	SP余热锅炉	1	入口废气量：340 000m³/h(标况) 入口废气温度：330℃～340℃ 出口废气温度：220℃ （生料粉磨用风要求温度） 漏风率：3% 额定主汽：1.35MPa(a) 额定主汽温度：310℃ 主汽流量：25t/h
4	AQC余热锅炉	1	入口废气量：240 000m³/h(标况) 入口废气温度：350℃～360℃ 出口废气温度：100℃ 漏风率：2% 额定主汽：1.35MPa(a) 额定主汽温度：330℃ 主汽流量：18t/h

主要技术经济指标

序号	技术名称	指标	备注
1	装机容量（MW）	9	
2	平均发电功率(kW)	8 020～8 710	
3	吨熟料余热发电量（kWh/t）	35～38	按照5 500t/d计算
4	水泥熟料烧成标煤耗（kg/t－cl）	106～110	
5	年平均发电成本(元/kWh)	0.10～0.16	
6	工程总投资（万元）	6 000～7 000	
7	投资回收期（年）3～4		

三、我国纯低温余热发电机组建设及运行

1. 选择余热利用方式及原则。

企业是否建设纯低温余热发电系统，应根据熟料生产线的实际情况而定。生产线规模较小，当地电价较低，如青海地区小规模生产线，建设余热电站效益就不高；生产线利用污泥进行配料，需要大量废热对污泥进行烘干，经济效益很好；利用废热供暖、制冷，造福一方百姓，也是不错的选择。不管废气如何利用，经济账一定要算。哪种废热利用方式效益最好，就是企业的最终选择。实践证明，已建设纯低温余热发电系统的企业经济效益均很好。

水泥窑纯低温余热发电的建设和设计应遵循以下原则。

——条件允许时，企业应对生产线进行系统热工标定，对运行数据的稳定性及原因进行系统分析；

——在满足水泥生产工艺自身余热的需要、不影响水泥窑的热工操作、不增加水泥熟料烧成热耗及电耗的前提下，最大限度获取利用余热资源；

——合理梯级利用不同品位余热，充分发挥余热的作功能力；

——根据企业的实际情况，通过性价比分析，确定热力系统循环方式；

——在建设新生产线设计中，不同步建设余热发电系统时，应在窑头和窑尾留有建设余热发电系统的余地。

2. 水泥余热发电建设模式。

水泥余热发电建设模式有三种。第一种为传统模式，由设计单位提供技术方案和电站设计，企业自己安排建设和管理。设计单位只承担设计，工作量较大，利润较薄，一些设计单位不愿意提供这种模式的服务。由于目前余热发电建设是买方市场，这种服务模式的比例逐年下降。

第二种为EPC模式，即工程总承包模式。目前水泥余热发电建设采用EPC（总承包）模式比较普遍，市场占有率大约60%左右。采用这种模式主要原因是水泥余热发电市场比较火爆，技术供应商希望以工程总承包方式承接任务；另一

方面水泥生产企业对水泥余热发电的设备采购、技术管理比较生疏,这方面正是技术供应商的优势。一般采用 EPC 模式时将土建工程拿出去,由业主自行招标。

第三种模式为 BOT 模式。是一种由出资方建设——运营——转交的模式,也是今后的发展方向。采用这种模式,水泥企业利用拥有废气资源优势,由电站的承建方全部投资进行建设和管理。企业可以解决资金短缺造成的窘迫,近期可以获得优惠电价,最终可以获得电站。投资方依靠资金、技术、配套、CDM、管理等方面的优势,可以有效规避投资风险和取得短期较好经济效益。这种模式目前应用不够普遍,大概占 10% 左右。这种模式双方合作的条款是比较灵活的,关键是条款的内容双方均能接受。

后两种模式总体经济性评价是双赢的,可以说以优势克服弱势,双方盈利。

3. 已投运的纯低温余热发电机组及生产线。

1997～2005 年近十年间,水泥行业建设投运的纯低温余热发电新型干法生产线仅为 13 条、机组 14 台、装机容量 50 兆瓦;进入"十一五",水泥纯低温余热发电的建设快速发展,每年呈几何级数上升。2006 年投运了 15 条生产线、14 台机组、装机容量 65.5 兆瓦;2007 年投产的余热发电生产线 86 条、安装发电机组 59 台、装机容量 571 兆瓦:2008 年投运的余热发电生产线 149 条、安装发电机组 106 台、装机容量 975.2 兆瓦;2009 年预计投运的余热发电生产线 232 条、安装发电机组 181 台、装机容量 1 677 兆瓦:预计 2009 年投运的余热电站装机总容量将超过历年的总和(见表 3)。

表 3　截止到 2008 年年底已投入运行的纯低温余热电站

年份	生产线(条)	机组(台)	装机(兆瓦)	熟料设计产能(万吨/年)
1997～2005	13	14	50	1 119
2006	15	14	65.5	1 460
2007	86	59	571	10 109
2008	149	106	975.2	15 899
小计	263	193	1 661.7	28 587
2009 预计	232	181	1 676.8	2 767

4. 承接的国外水泥余热发电项目。

我国纯低温余热发电技术经过十几年的开发、研究和实际运行经验,其技术装备水平无论是热力循环系统还是国产化设备都已成熟。由于投资成本低,综合服务能力强,使中国水泥窑余热发电综合技术装备水平处于国际先进行列,在国际市场上有明显竞争优势,近几年水泥余热发电技术迅速普及到亚洲各国。

2008 年,中材节能公司在泰国 SCG 的 3 条生产线上投运了 2 台发电机组,总装机为 27 兆瓦;海螺集团亦在泰国暹罗 SKK 工厂 6 号生产线上投运了装机为 9.1 兆瓦的发电机组,从此开创了我国余热发电技术的国外市场。值得一提的是,"拉法基"、"海德堡"等知名水泥公司在国外建厂,均选择我国公司承担建设余热发电系统。继"中材节能"和"海螺"以后,"大连易世达"、"中信重机"、"杭州中科节能"、"昆明阳光基业"均承接了国外工程。国际水泥余热发电市场潜力很大,发展速度很快,预计 2009 年投运的国外余热发电工程装机达 247.8 兆瓦,是 2008 年的 8 倍(见表 4)。目前"中材节能"在埃及、希腊、韩国、马来西亚等国家均洽谈了余热发电工程。

表 4　2009 年拟投运的国外水泥余热发电工程

国 别	生产线(条)	机组(台)	装机(兆瓦)	熟料产能(年/万吨)
泰 国	9	6	102.2	1 819
巴基斯坦	9	4	52.6	1 001
印 度	7	5	48	880
越 南	2	2	22.5	388
土耳其	2	1	18	310
菲律宾	1	1	4.5	78
合 计	34	22	247.8	4 476

表 5　余热发电生产线运行指标汇总

指标项目	熟料热耗(kg/t)	吨熟料余热发电量(kWh/t)	余热发电供电成本(元/kWh)	外购电价(元/kWh)
目前设计		37～42	0.12～0.16	0.5～0.6
安徽运行数据	115.5	37.35	0.06～0.08	0.51～0.64
浙江运行数据	120.48	29.91	0.09～0.25	0.54～0.66
山东运行数据	112.92	28.57	0.167～0.228	0.57～0.67

5. 余热发电机组运行情况。

中材节能公司受国家发改委委托,对余热发电机组的实际运行情况进行了调研,调研数据统计结果表明,已投运的余热发电机组实际运行效率和设计值尚存在一定距离。以海螺集团为主的安徽企业余热发电运行管理水平较高,电站的运转率也较高,基本反映目前我国余热发电现状和技术水平;浙江省余热发电机组相对投运较早,设计及装备水平和目前相比,存在一定差距,因此平均发电量水平较低。但大部分企业实际熟料产量均比设计产量高出 10% 以上,相对烧成热耗也较高(见表 5)。

四、纯低温余热发电效益测算

1. 经济效益。

采用国产技术与装备纯低温余热发电项目投资,每千瓦装机约 6 500 ~ 7 000 元左右。纯低温余热发电的供电成本通常在 0.12 ~ 0.16 元/千瓦时之间(其中折旧费占 37% ~ 39%,维修费占 25% ~ 28%,其他费用占 18% ~ 22%)。外购电价与供电成本的差价就是效益。余热发电的供电可满足水泥生产用电的三分之一到四分之一,吨水泥成本可降低 12 ~ 15 元。投资回收期在 3 ~ 4 年之间。

根据中国建材联合会信息部统计,2008 年建材企业电力购进价格平均比 2007 年上涨 4 分钱,即电力购进价格平均为 0.63 元/千瓦时。余热发电的供电成本平均按 0.14 元计算,每千瓦时电的利润为 0.49 元。

2008 年余热发电创造的经济效益可以按装机容量和吨熟料余热发电量两种方法进行计算。若 2008 年投运的机组能力发挥率按 30% 计算,机组的运转时间按 7 000 小时计算,2008 年余热发电量为 71 亿千瓦时,创造的经济效益为 34.8 亿元;若吨熟料余热发电量按 36 千瓦时计算,2008 年投运的发电机组相对应熟料生产能力的发挥率仍按 30% 计算,熟料生产能力为 17 947 万吨,发电量为 64.7 亿千瓦时,创造的经济效益为 31.7 亿元。

按第一种方法计算,机组实际运转时间高于 7 000 小时,一般发电机组和水泥窑运转率基本相当,可达到 7 400 小时左右;按第二种方法计算,熟料实际生产能力超过设计能力 10% 左右,所取的熟料值偏低,但吨熟料实际发电量平均达不到 36 千瓦时。综合各种因素,2008 年余热发电创造的经济效益为 33 亿元不会太离谱。

截止到 2008 年 11 月水泥全行业利润总额为 270 亿元,预计全年利润总额 285 亿元。余热发电创造的经济效益占全行业利润总额的 11.6%。

2. CDM 效益。

利用清洁发展机制项目(CDM)企业可获得额外的收入,例如一条日产 5 000 吨生产线配套建设 9 兆瓦余热发电机组,每年约减排 2 万多吨的 CO_2,按目前国际平均价格 10 欧元计,每年可给企业增收约 150 ~ 200 万元人民币。

截止到 2008 年 11 月 26 日,国家发改委审批的 CDM 项目共 1 749 个,其中水泥项目 123 个,共减排 1 771 万吨 CO_2。目前约有 20 个项目获 EB 审批,减排 29 万吨 CO_2。按交易价格 10 美元计算,每年给行业增收 2 200 万元人民币左右,这个数目每年会成倍增长。

3. 环境效益。

纯低温余热发电的余热锅炉的降尘作用及窑头冷却机余热锅炉炉前配置的预除尘装置,进一步提高了收尘效果,具有一定的减排作用。经计算日产 5 000 吨规模窑头余热锅炉减排粉尘约为 50.05 吨/年,窑尾余热锅炉减排粉尘为 11.45 吨/年,合计每年减排粉尘为 61.50 吨。也就是说 9 兆瓦机组的两台锅炉的降尘作用,使水泥窑年减排粉尘为 61.50 吨。由此推算,2008 年因余热发电的投运,使水泥窑废气粉尘排放量年减少了 11 357 吨。

水泥窑利用余热发电满足生产线部分供电需求,相当于减少了燃煤发电量,等于减少了燃煤产生的 SO_2、CO_2、NOx 等有害气体对大气的污染。2008 年水泥行业利用余热发电量按 71 亿千瓦时计,火力发电按 360 克标煤/千瓦时计,水泥行业余热发电相当减排 $CO_2$665 万吨;利用废气经余热锅炉进行热交换后,排入大气的温度大幅度降低,从而减小了对周围环境的热污染。

五、余越发电市场潜力

据初步统计,截止到 2008 年底,已投产的新型干法熟料生产线为 909 条,熟料生产能力为 74 101 万吨。其中,2008 年投产的生产线为 107 条,熟料生产能力为 12 843 万吨。截止到 2008 年底,安装余热发电机组的生产线 263 条,另有 3 条生产线供热和制冷,总计利用废热的生产线为 266 条。

"十一五"期间是新型干法熟料生产线发展最快时期,也是余热发电发展最快时期。预计 2009 年投产的熟料生产线仍为 100 条左右,2010 年有 50 条左右,届时投产的新型干法熟料生产线预计为 1 050 条左右,熟料生产能力为 8.6 亿吨左右。这两年投运电站的生产线每年按 250 条计,届时投运电站的生产线预计为 760 余条,装机容量达到 5 200 兆瓦。水泥余热发电装机相当于 1.9 个葛洲坝电站的总装机容量。

新型干法熟料生产线中约有 200 条左右不宜配套建设余热电站,有 100 条熟料生产线建设余热电站的任务将在"十二五"完成。"十二五"期间,新型干法熟料生产线和余热发电建设高峰已经过去。但是,随着余热发电技术装备的不断创新,水平不断提高,老机组的技术改造任务将不断增多,余热利用的方式和用途也不断增多,届时不宜建设余热发电的生产线将会找到自己的用武之地,余热利用仍然有一定潜在市场。

值得关注的是国际水泥余热发电市场,除日本和我国台湾以外,其他国家水泥余热发电的普及率并不高,我国水泥余热发电打入国际市场才刚刚起步,努力开拓国际市场,必然会带来丰厚的收益,同时为保护地球做出贡献。

近年来提供水泥余热发电技术的设计公司,在废热利用上创新了技术,积累了经验,服务对象不应只是水泥行业。"中材节能"在钢铁、化工、焦炭行业均承担了余热利用电站的建设;杭州"中科节能"利用玻璃窑炉余热、垃圾废气进行发电亦承担了很多项目。行业外市场潜力很大,是值得大力开发的市场。

六、余热发电建设存在问题及建议

1. 行业自身问题。

企业为追求发电效益,要求技术供应方(设计单位)尽量提高发电量,并以吨熟料发电量指标的高低确定合作方。设计单位为迎合企业的意愿,在废气取气点上做文章,其途径和手段是和三次风争风或获取其它水泥生产用的高温气体。这种做法虽然可以提高一些发电量,但是造成单位熟料热耗随之提高。

目前吨熟料发电量大多数在35～38千瓦时之间，与理论计算值38～42千瓦时还有较大的差距，应进一步研究提高纯低温余热发电系统热效率的途径和措施，在不增加熟料单位热耗的前提下，谋求从篦冷机、预热器和窑头胴体等处获取少量高温气体来提高吨熟料余热发电能力，进一步提升余热发电技术水平，提高余热发电系统热效率。

利用余热的方式均集中在余热发电上，欠缺对余热利用的其他方式的研究，造成所有生产线的余热利用，不管规模大小，都拥挤在一条通道上。企业可以根据自身实际情况，择优选择利用废热方式，供气、供暖、制冷、烘干、出售等。

2. 政策问题。

2006年国家发改委发文要求，新建新型干法水泥生产线同时配套建设余热发电。据此重庆市政府要求，新建新型干法水泥生产线，都要同时配套建设余热发电装置，否则不予批准。这种绝对的要求，其实欠科学和合理。余热发电是利用窑头和窑尾的废热，锅炉和发电机组的选择是根据废气量和温度量身定制的。扩建生产线时，可参照原生产线运行情况和热工标定资料，完全新建只能参照同规模生产线进行确定，由于设备选型、原燃料条件、管理水平的不同，可能造成不匹配，影响效率的发挥。何时建设余热发电不应一刀切，由企业视具体情况而定更科学。

水泥余热发电是非常有效的节能减排途径，因此国家给予节能财政奖励。但是2006年以后建设的生产线配套余热发电，其节能不予奖励，在政策上有失公允。

有些省份相关政府主管部门，担心企业变相用煤发电，规定按企业生产线规模批准发电机组装机容量，但是有些早期投产的生产线窑头、窑尾废气温度较高由于装机容量不足，造成废气利用率不高。

水泥余热发电是我国十大节能工程之一。水泥厂余热发电原则是并网不上网，所发电量全部自用。目前水泥厂余热发电并网仍然是老大难问题，有的企业甚至将并网问题反映到省长，依然得不到解决。此问题基本上可以定性为普遍存在的问题。国家发改委应统筹协调解决，制定余热发电并网（审批、管理费、优惠政策等）管理办法。

为规范水泥厂余热发电的设计工作，《水泥工厂纯低温余热发电设计规范》正在编制之中，针对业内以吨熟料发电量评价发电技术的现象，还应抓紧编制余热发电技术评价方法与标准。

★该篇文章发表于2009年第二期《中国水泥》。

调整结构　化危为机　促进水泥工业健康可持续发展★

——在“2009中国国际水泥峰会”上的致辞

Turn crisis to opportunity By restructuring and promote healthy and sustainable development of cement industry

◎工业和信息化部副部长　欧新黔

By Ou Xinqian, vice Minister of Industry and Information Ministry

水泥工业是国民经济建设重要的基础产业。近年来，中国政府加大水泥工业结构调整力度，并取得明显成效。水泥产业结构不断改善。2008年通过拆除生产线淘汰落后水泥产能5 300多万吨，超额完成当年淘汰任务。新建成投产新型干法水泥生产线120多条，产能1.4亿吨。目前新型干法水泥产量比重已占总产量的61%以上。一批大企业集团通过并购重组产能迅速扩张，产业集中度明显提高。节能减排成效喜人。2008年底共有263条新型干法水泥生产线利用水泥窑配套建成投产了193台余热发电机组，总装机容量1 661.7兆瓦。利用水泥窑协同处理利用工业废弃物、城市污泥、垃圾等生产水泥技术改造也取得积极进展，水泥工业单位综合能耗水平继续降低。重大关键技术和装备国产化取得新的进展。去年天津水泥设计研究院和合肥水泥设计研究院自主研发的为日产5 000吨水泥熟料生产线配套的大型立磨先后投入生产使用，技术性能优异，运行状况良好。我国水泥工艺技术和装备已越来越多走出国门，出口到世界多个国家，占国际市场份额40%以上。经济效益继续提高。2008年1～11月份水泥工业企业盈亏相抵后实现利润261亿元，同比增长31%，利润总额较上年同期净增加61亿元。预计全年水泥行业实现利润总额超过280亿元，再创历史新高。尤其这是面对国内罕见的自然灾害、能源大幅涨价和国际金融危机日渐加深的影响下取得的，是全行业贯彻落实科学发展观、克服困难、努力拼搏的结果。

在看到成绩的同时，我们必须清醒地认识到，我国水泥工业整体水平还不高，离水泥产业结构调整目标和国际先进水平还有较大差距。特别是近年来由于需求的拉动和投资回报率的提高，局部地区水泥盲目投资、重复建设问题又有所抬头。当前国际金融危机影响尚未见底，对水泥工业的滞后影响也逐渐显现。面对这种复杂形势，国内水泥行业如何才能化危为机？这的确是摆在我们大家面前一个需要解决好的重大课题。

不久前召开的中国全国人大十一届二次会议上通过的《政府工作报告》，明确今年要把保持经济平稳较快发展作为经济工作的首要任务，加强和改善宏观调控，着力扩大国内需求特别是消费需求，着力转变发展方式、加快经济结构战略性调整。为实现这一宏伟目标，中国政府将全面实施促进经济平稳较快发展的一揽子计划。因此，作为国民经济重要基础产业的水泥工业，今年仍面临较大的发展机遇。当前国内水泥行业要在金融危机影响下化危为机，根本出路还是要抓住当前各方面全力贯彻落实中央“保增长、扩内需、调结构”战略方针的有利时机，加速水泥工业结构调整，强筋壮骨，增强全行业抵御国际金融风险的能力。

工业和信息化部作为工业行业主管部门，将继续推动有关方面认真贯彻落实好水泥工业结构调整、产业发展规划和产业发展政策等宏观调控政策措施，一如既往地支持行业协会、大型企业集团继续推进水泥行业转变发展方式，加快淘汰落后产能。支持优势企业并购重组落后企业和困难企业，鼓励强强联合和上下游一体化经营，提高产业集中度和资源配置效率。支持大力发展水泥余热发电和协同处理利用工业废弃物、城市污泥及垃圾生产水泥等符合循环经济模式的技术改造，促进节能减排，实现水泥行业的节约发展、清洁发展和可持续发展。

女士们、先生们，抵御金融危机是全世界面临的共同课题。希望大家在这次峰会中，围绕“机遇与挑战”这一主题，就水泥工业健康和谐发展的理念和实践，进行广泛的交流和研讨，共同分享应对危机好的经验，从而达到相互借鉴，增进合作，共谋发展。我相信，中国水泥行业一定能够与国际同行共克时艰、共度难关，在新的起点和新的高度得到更大的发展，为建设和谐美好的世界做出更大的贡献。

坚定信心　鼓劲提气　群策群力　健康发展★

——在“2009 中国国际水泥峰会”上的致辞

Unconventional encouragement with firm confidence, healthy development By pooling the wisdom and efforts of every one

◎中国建筑材料联合会会长　张人为

By Zhang Renwei – Chairman of China Building Material Coalition

各位来宾、女士们、先生们：

在这风景宜人，万象更新的季节，2009 中国国际水泥峰会在北京隆重召开，我代表中国建筑材料联合会向大会表示热烈的祝贺！向国内外的来宾表示热烈的欢迎和诚挚的问候！

2008 年中国水泥工业在自然灾害和经济危机的不利影响下，依然作出了不俗的成绩。2008 年全国水泥产量达到 14 亿吨，新型干法水泥占到了 62%。水泥行业整体运行质量提高，实现利润 280 亿元，创历史新高。

2009 年是机遇与挑战并存的一年。民惟邦本，本固邦强。根据中央经济工作会议精神，“保增长、扩内需、调结构”、“深化改革”和“促民生”被确定为 2009 年工作的重点。积极的财政政策和宽松的货币政策是对投资拉动经济增长最重要的保证，只要有了资金，我国的基本建设和保民生项目的空间很大，这无疑会打开建材包括水泥的需求增长空间。在投资成为阻止经济下滑最主要手段的情况下，经济下滑越快，用投资拉动经济的力度就会越大，水泥需求越大。2009 年水泥的需求与固定资产投资的关联度将比以往更强，同时宏观经济形势的变化使新增产能释放的速度放缓，而淘汰落后的力度加大，这奠定了 2009 年是供需矛盾相对缓和的一年。

温家宝总理在 2009 年的政府工作报告提出，“把保持经济平稳较快发展作为经济工作的首要任务”“着力转变发展方式、加快经济结构战略性调整”。在外部经济纷纷出问题的时候，我们既需要打“强心剂”，又需要”营养液“；既需要拉动经济增长，又需要让经济肌体更加健康。这考验着决策者和企业家们的智慧。

我们应该清醒地认识到，水泥工业在发展中已经遇到了总量控制问题；投资过度集中的问题；局部区域市场供需失衡问题，推广节能减排技术时遇到了政策法规和行业之间利益问题；淘汰落后产能遇到完善退出机制问题等等。面对这些问题，我们必须坚定不移地贯彻科学发展观、积极推进以联合重组为主题的行业结构调整，促使水泥工业的健康、可持续发展。

各位来宾，本次水泥峰会是站在改革开放 30 年的新起点上，谋划 2009 年水泥行业发展大计，面对尚未见底的金融危机侵扰，汲取民智，共克时艰的盛会。让我们携起手来，共同面对挑战，掌握机遇，迎接行业更加辉煌灿烂的明天！

最后，祝愿2009中国国际水泥峰会圆满成功！

2009年交通建设带动基建水泥大幅增长★

Traffic construction pushed great growth of cement in capital construction in 2009

◎银河证券分析师　洪亮　郝飞飞

By Hong Liang and Hao Feifei, analysts of Yinhe Securities

一、机场建设

2008年，民航业全年完成固定资产投资600亿元，年初圈定的22个重点项目均进展顺利，全年新增的8个民用运输机场，大部分位于中西部地区和东北地区。2009年，民航固定资产投资总规模将达800亿～1 000亿元，较上年增长33%以上，民航总局计划新开工成都、西安、广州等枢纽和干线机场工程，及延安、吕梁、淮安等40多个支线机场工程，其中涉及重点项目22个，主要包括：天津滨海机场飞行区扩建、上海虹桥机场扩建、乌鲁木齐地窝堡机场扩建工程三个竣工项目，昆明新机场、合肥新机场等九个续建项目，以及广州白云机场扩建，深圳宝安机场扩建等十个新开工项目。2010年，民航部门计划新开工上海浦东、成都、武汉、南京等枢纽和干线机场，以及稻城、亚丁等20多个支线机场建设。

根据北京、上海等地机场的建设方案，机场建设每投资1亿元，将带动水泥需求1.5万吨。按照2009年800～1 000亿的机场投资，预计将拉动水泥需求1 200～1 500万吨。

二、城市轨道交通：

截止至2008年底，我国只有9个城市拥有城市轨道交通系统，运营线路网总长度为763公里，城市轨道交通建设速度难以跟上经济发展的步伐。在全国9个拥有城市轨道交通系统的城市中，已有包括北京、上海及天津等6个城市，正在或计划扩建现有的地铁网络。

目前，全国共有25个城市已经制定了城市轨道交通建设方案。截止至2007年底，其中已有15个城市提交了超过60条线路，将近1 800公里的城市轨道交通发展规划，计划投资总规模超过6 200亿元。（见表1）

随着轨道交通建设的不断进展，最终投资额有望超过8 000亿元。在未来10～15年，随着这些项目的相继动工，我国城市轨道交通发展将进入全面建设期。

目前，北京、上海等城市都将加快轨道交通建设作为拉动投资的重要工作。2009年，北京市规划的地铁线路15号线、房山线、昌平线和西郊线将全部开工建设；地铁4号线将建成通车，全年新增轨道交通通车里程30公里，北京市累计通车里程达到230公里。

城市轨道交通主要涉及地铁和轻轨两部分，平均下来每投资1亿元，将带动水泥2万吨。由于轨道交通建设进度与投资数据无法准确统计，简单估算下来，全国2009年轨道交通投资将来的1 800万吨水泥需求。

表16　15个城市轨道交通发展规划

城市	建设周期	线路条数	建设长度（公里）	总投资（亿元）
北京	2006～2015	15	447.4	1 636
上海	2005～2012	10	389	1 439
广州	2005～2010	7	127.66	487.01
深圳	2003～2010	5	120.7	364.3
南京	2004～21015	3	97.6	368.3
杭州	2004～2010	2	82.2	355.7
重庆	2004～2012	3	82	242
武汉	2004～2010	3	59.74	237.22
成都	2004～2013	2	54.18	197.18
天津	2003～2010	2	51.1	209.7
西安	2006～2015	2	50.3	179.5
苏州	2003～2010	2	47.4	165
哈尔滨	2004～2013	2	45.53	163
沈阳	2004～2010	2	40.85	171.8
长春	2003～2010	2	37.5	38.98
合计		62	1 733.16	6 234.59

资料来源：《我国城市轨道交通行业发展现状与对策》，作者：孙宁

三、铁路

2008年，我国铁路部门完成固定资产投资4 144.49亿元，同比增长62.4%，其中铁路基本建设投资为3 371.59亿元，同比增长高达88.4%。2009年1月，我国铁路投资实现开门红，铁路部门完成固定资产投资185.64亿元，同比增长179.2%，其中基本建设投资152.72亿元，同比增长134.4%。

2009年，铁路部门计划完成基础设施投资6 000亿元，与2008年相比增长接近一倍，主要任务包括：新线铺轨5 148公里；复线铺轨3 462公罩；投资新线5 849公里；复线4 662

公里;电气化铁路5 606公里。

根据2008年调整后的《中长期铁路网规划》,到2020年全国铁路营业里程达到12万公里以上,复线率和电化率分别达到50%和60%以上,主要繁忙干线实现客货分线,基本形成布局合理、结构清晰、功能完善、衔接顺畅的铁路网络。

未来我国铁路建设工作的重点将主要放在三方面:

(一)客运专线建设

主要包括:“四纵”、“四横”、城际客运系统建设,共1.6万公里

1.“四纵”客运专线。

(1)北京—上海客运专线,包括蚌埠—合肥、南京—杭州客运专线,贯通京津至长江三角洲东部沿海经济发达地区。

(2)北京—武汉—广州—深圳客运专线,连接华北和华南地区。

(3)北京—沈阳—哈尔滨(大连)客运专线,包括锦州—营口客运专线,连接东北和关内地区。

(4)上海—杭州—宁波—福州—深圳客运专线,连接长江、珠江三角洲和东南沿海地区。

2.“四横”客运专线

(1)徐州—郑州—兰州客运专线,连接西北和华东地区;

(2)杭州—南昌—长沙—贵阳—昆明客运专线,连接西南、华中和华东地区;

(3)青岛—石家庄—太原客运专线,连接华北和华东地区;

(4)南京—武汉—重庆—成都客运专线,连接西南和华东地区。

同时,建设南昌—九江、柳州—南宁、绵阳—成都—乐山、哈尔滨—齐齐哈尔、哈尔滨—牡丹江、长春—吉林、沈阳—丹东等客运专线,扩大客运专线的覆盖面。

3. 城际客运系统

在环渤海、长江三角洲、珠江三角洲、长株潭、成渝以及中原城市群、武汉城市圈、关中城镇群、海峡西岸城镇群等经济发达和人口稠密地区建设城际客运系统,覆盖区域内主要城镇。

(二)完善路网布局和西部开发性新线建设

以扩大西部路网规模为主,形成西部铁路网骨架,完善中东部铁路网结构,涉及规划建设新线约4.1万公里。

(1)新建中俄通道同江—哈鱼岛段,中吉乌铁路喀什—吐尔尕特段,改建中越通道昆明—河口段,新建中老通道昆明—景洪—磨憨段、中缅通道大理—瑞丽段等,形成东北、西北、西南进出境国际铁路通道。

(2)新建太原—中卫(银川)、临河—哈密线,形成西北至华北新通道。

(3)新建乌鲁木齐—哈密—兰州、库尔勒—格尔木、龙岗—敦煌—格尔木、喀什—和田、日喀则—拉萨线,研究建设和田—狮泉河—日喀则线,形成新疆至甘肃、青海、西藏的便捷通道。

(4)新建兰州—重庆、哈达铺—成都线,研究建设张掖—西宁—成都、格尔木—成都线,形成西北至西南新通道。

(5)新建拉萨—林芝、大理—香格里拉线,研究建设成都—波密—林芝、香格里拉—波密线,形成四川、云南至西藏的便捷通道。

(6)新建太原—侯马—西安—汉中—绵阳线,研究建设郑州—重庆—昆明线,形成华北、中原至西南新通道。

(7)新建重庆—贵阳、乐山—贵阳—广州、南宁—广州线,形成西南至华南新通道。

(8)新建向塘—莆田(福州)、合肥—福州、阜阳—六安—景德镇—瑞金—汕头线,形成内陆腹地至东南沿海地区新通道。

(9)新建北京—张家口—集宁—呼和浩特—包头线,形成北京至内蒙古呼包鄂地区便捷通道。

(10)新建内蒙古中西部、山西中南部煤运铁路,形成?“三西”地区煤炭外运新的大能力通道。

(11)新建乌鲁木齐—富蕴—北屯、哈密—若羌、二连浩特—锡林浩特—乌兰浩特、正蓝旗—虎什哈、昭通—攀枝花—丽江、昆明—百色、柳州—肇庆、南宁—河池等铁路,研究建设安康—恩施—张家界等铁路,完善西部地区铁路网络。

(12)新建哈尔滨—佳木斯、青岛—连云港—盐城、南通—上海—宁波、广州—湛江—海口—三亚、上海—江阴—南京—铜陵—安庆、怀化—衡阳—赣州、九江—景德镇—衢州、浦城—建宁—龙岩等铁路和福州—厦门货运线,完善东中部地区铁路网络。

(三)路网既有线路改造

主要涉及规划既有线增建二线1.9万公里,既有线电气化2.5万公里。

(1)在建设客运专线、完善路网布局和西部开发性新线的基础上,对既有线进行扩能改造,在大同(含蒙西地区)、神府、太原(含晋南地区)、晋东南、陕西、贵州、河南、兖州、两淮、黑龙江东部等十个煤炭外运基地和新疆地区,形成大能力煤运通道。重点强化“三西”地区煤炭下海和铁路直达中南、华东内陆地区通道,以及新疆地区煤炭外运通道等。

(2)结合客运专线、完善路网布局和西部开发性新线的建设,对“五纵五横”综合运输大通道内既有铁路干线进行复线建设和电气化改造。

(3)按照综合交通枢纽布局和城市发展规划,加强主要客货枢纽建设,注重与城市轨道交通等公交系统以及公路、民航和港口等其他交通方式的衔接,实现旅客运输“零距离换乘”、货物换装“无缝衔接”和交通运输一体化。以北京、上海、广州、郑州、武汉、西安、重庆、成都等枢纽为重点,调整编组站,改造客运站,建设机车车辆检修基地,完善枢纽结构,使铁路点线能力协调发展。

(4)建设集装箱中心站,改造集装箱运输集中的线路,开行双层集装箱列车。

根据阶段目标,到2010年,全国铁路营业里程达到9万公里以上,其中客运专线约7 000公里,复线、电化率均达到45%以上,主要涉及:

①进一步建设客运专线,新建北京—上海高速铁路,北京—广州—深圳、天津—秦皇岛、哈尔滨—大连、上海—宁波—深圳、徐州—郑州—西安—宝鸡、石家庄—济南、南京—武汉—宜昌、蚌埠—合肥、南京—杭州、柳州—南宁、绵阳—成都—乐山、哈尔滨—齐齐哈尔等客运专线。

②进一步扩大路网规模,新建兰州—重庆和成都、贵阳—广州、南宁—广州、丽江—香格里拉、蒙自—河口、拉萨—日喀则、重庆—利川、西安—平凉、西小召(包头)—甘其毛道、乌兰浩特—锡林浩特、黄骅—大家洼、前进—抚远、上海—南通、南京—安庆、阜阳—六安、宿州—淮安、衡阳—井冈山、赣州—韶关铁路,内蒙古中西部、山西中南部煤运铁路,东北东部铁路,集包第二双线等。

③进一步提高既有线能力,实施西安—合肥、西安—安康、长治—邯郸—济南、石门—长沙、遂宁—重庆等铁路增建第二线,以及大同—秦皇岛、神木—朔州—黄骅、集宁—通辽、衡阳—柳州、金华—温州、广通—大理、赣州—龙岩等铁路扩能改造工程。

2009—2010年,我国铁路将新建线路300条以上,主要包括:

①京沪高铁、北京一石家庄一武汉、哈尔滨一大连、天津一秦皇岛、宁波一温州一福州一厦门、南宁一上海等客运专线。

②包头一西安、太原一中卫(银川)、准葛尔等运煤通道项目

③贵阳一广州、南宁一广州、兰州一重庆、和田一喀什等资源开发性西部干线铁路项目按照概算标准进行测算:铁路每投资1个亿,对应的水泥需求(消耗)在2万吨。2009年,铁路部门计划完成基本建设投资6 000亿,2010年将在6 000亿以上。以此推算,2009—2010年铁路建设投资,所需的水泥需求量(年均)在1.2亿吨以上。

四、交通建设对水泥需求的拉动

2008年,交通部门完成公路水路基础设施建设投资7 930亿,其中公路建设完成投资6 645亿元,同比增长2.4%;沿海港口建设完成投资759亿元,同比增长5.5%;内河建设完成投资181亿元,同比增长9%。据交通运输部统计,到2008年底,全国公路总里程达到368万公里,新增公路10万公里,新扩建沿海港口泊位154个,内河泊位282个,并改造了94公里内河航道里程。

根据交通部门的介绍,2009年交通基础设施建设主要集中在五个方面。

(1)加快高速公路建设,特别是6 000多公里省间“断头路”的建设。

(2)新改建农村公路30万公里,确保2010年全国乡镇基本实现通沥青水泥路。

(3)加强对四川交通基础设施灾后恢复重建工作。

(4)统筹加快交通基础设施建设,包括机场、邮政设施建设等。

(5)综合运输枢纽基础设施建设。

2009年,交通运输部门计划投资1万亿元用于公路,沿海港口、内河港口航道以及交通运输枢纽等附属设施的建设。除中央和地方资本金投入外,这1万亿元的资金还包括社会资金、信贷,民间资本甚至外资。这1万亿元的投资中,农村公路建设投资约2 000亿元,内河港口航道投资约200亿元,沿海港口投资约700亿元,剩下的资金主要投资以高速公路为主的公路建设(高速公路在4 000~5 000亿元)。根据《国家高速公路网规划》,我国国家高速公路网采用放射线与纵横网格相结合布局方案,由7条首都放射线、9条南北纵线和18条东西横线组成,简称为“7918”网,总规模约8.5万公里,其中主线6.8万公里,地区环线、联络线等其他路线约1.7万公里。具体路线是:

1. 首都放射线。

7条:北京—上海、北京—台北、北京—港澳、北京—昆明、北京—拉萨、北京—乌鲁木齐、北京—哈尔滨

2. 南北纵线。

9条:鹤岗—大连、沈阳—海口、长春—深圳、济南—广州、大庆—广州、二连浩特—广州、包头—茂名、兰州—海口、重庆—昆明

3. 东西横线。

18条:绥芬河—满洲里、珲春—乌兰浩特、丹东—锡林浩特、荣成—乌海、青岛—银川、青岛—兰州、连云港—霍尔果斯、南京—洛阳、上海—西安、上海—成都、上海—重庆、杭州—瑞丽、上海—昆明、福州—银川、泉州—南宁、厦门—成都、汕头—昆明、广州—昆明。

此外,国家高速公路网还包括辽中环线、成渝环线、海南环线、珠三角环线、杭州湾环线共等5条地区环线,2段并行线和3 7段联络线。

到2010年,我国将建成5~5.5万公里高速公路,占总里程的60%左右。其中,东部地区约1.8~2.0万公里,中部地区约1.6~1.7万公里,西部地区约1.6~1.8万公里。到2010年,从国家高速公路网实现的效果上看,可以基本贯通“7918”当中的“五射两纵七横”14条路:

五射是:北京—上海、北京—福州、北京—港澳、北京—昆明、北京—哈尔滨

两纵是:沈阳—海口、包头—茂名

七横是:青岛—银川、南京—洛阳、上海—西安、上海—重庆、上海—昆明、福州—银川、广州—昆明

到 2010 年,国家高速公路网总体上将实现“东网、中联、西通”的目标。东部地区基本形成高速公路网,长江三角洲、珠江三角洲、环渤海地区形成较完善的城际高速公路网络;中部地区实现承东启西、连南接北,东北与华北、东北地区内部的连接更加便捷;西部地区实现内引外联、通江达海,建成西部开发八条省际公路通道。

根据 2007 年《公路水路交通行业发展统计公报》数据显示,全国有铺装路面和简易铺装路面公路里程 177.6 5 万公里,占公路总里程的 49.6%,其中沥青混凝土路面 40.16 万公里,水泥混凝土路面 84.88 万公里,占比分别为 32.1 2% 和 67.89%。从全国有铺装路面的公路来看,水泥混凝土路面占比约为 70%。另一方面,从目前高等级高速公路构成看,沥青混凝土路面占比超过 80%,但沥青混凝土公路的路基部分的仍需要 3% ~7% 的水泥。

我们按照这样的比例计算,目前,高速公路每公里所需水泥 4 000 至 12 000 吨,需沥青平均 1 900 吨。按照全部公路计算,平均每公里的水泥消耗在 9 000 吨 ~1.8 万吨/公里。

我们按照 2009 年交通运输部对公路、港口的投资比例计算,1 万亿元的投资将带来 1.5 亿吨的水泥需求。

2009 年,我国铁路、公路等交通建设带来的水泥投资将达到 3 亿吨根据我们之前的测算,2009 年机场、轨道交通、铁路、交通(公路、港口)带动的水泥需求将分别达到 1 200 – 1 500 万吨、1 800 万吨、1.2 亿吨、1.5 亿吨,分部加总后交通建设拉动的水泥总需求将达到 3 亿吨。

根据 2009 年投资规划,机场新增投资在 200 ~ 400 亿元、轨道交通增量将达到 350 亿元、铁路投资增量在 3 000 亿元,交通(公路、港口)投资增量在 2 000 亿元。按照各种交通投资对水泥的消耗量测算,2009 年新增交通基础设设施将增加水泥需求 7 750 万吨。

★该篇文章发表于 2009 年第 4 期《中国水泥》杂志。

关于中国水泥消费峰值的探讨★

Discussion about the peak consumption value of Chinese cement

中国建材规划研究院原院长　昃向祯

By Ze Xiangzhen, former Dean of China Building Material Planning and Research Institute

对于中国水泥未来需求的预测和水泥消费峰值的探讨,始终是业界人士关注的课题,诸多专家在不同时期从不同角度提出了各自的见解和判断。然而这些见解和判断,总是“雾里看花”,使这一课题变得更加“扑朔迷离”。人们由于受当时客观经济环境和主观认识的局限,后来势态的发展和实际统计数据每每都突破人们的预期,甚至与人们的预期大相径庭。在经济环境处于“热态”时,人们的判断往往过于乐观;在经济环境处于“冷态”时,人们的判断又往往过于谨慎。例如去年下半年,在国际金融危机重创下,我国水泥增长速度迅速下降,证券界有些评论文章向人们发出警示:“水泥消费饱和点到了”、“需求回落预示拐点来临”等等,说明对未来预期的判断,随机性变化很大。

说实在的,对于这一课题的探讨,笔者也是“雾里看花”,只是有兴趣作了一点研究,抛出一点拙见,作为“引玉之砖”罢了。

一、水泥消费峰值的概念及其研究意义

(一)峰值的概念

顾名思义,在工业化和城镇化进程中,水泥消费的最大值或最高值即为水泥消费的峰值,它的一阶导数应该是为 0 的那一点。需要澄清的是:在概念上不能把“拐点”、“饱和点”与“峰值”混为一谈。笔者在以前的文章中曾说过,峰值≠拐点≠饱和点(或平衡点)。“拐点”本来是高等数学专用术语,它是指改变函数图形凹凸方向的转折点,即二阶导数为 0 那一点。“拐点”的左右两侧符号相反,其几何意义是反映函数上升或下降速率的变化。后来在经济界也泛用或滥用“拐点”这一术语,表示经济周期转折点。但水泥界业内人士用“拐点”的称谓来预测水泥消费的“最高点”是绝对不合适的,也是不科学的。在实际中,水泥消费峰值出现的时间不是一个点,而是在此水平上持续一段时间,不像数学图形上的倒“V”形那样,而是倒“U”形。根据国外发达国家的变化规律是:水泥消费量达到“峰值”持续几年后,工业化、城镇化进程基本进入后期,这时建设高峰期已过,水泥消费开始回落,当回落到实现动态平衡时,这才是真正的“饱和点”或“平衡点”,由此水泥消费进入动态平衡的稳定期,水泥消费量已不再随 GDP 的增长而改变。

(二)究竟峰值的意义

1. 有利于总量控制。

众所周知,水泥消费量 = 产量 + 上年库存量 + 进口量 – 当年库存量 – 出口量。上年与当年的库存量可以抵消;我国水泥进口很少,可以忽略不计;出口占的比重也不大,一般在 2% 以下。因此,从宏观上看,我国水泥产量大致反映了我国水泥的消费量。如果我们对峰值的大小和出现的时间预先能作出比较准确的判断,那么在宏观调控上就可以做到“心中有数”了,总量控制就能恰到好处。

2. 有利于结构调整。

我国幅员辽阔，各地区经济和社会发展差异较大，各地区水泥消费峰值的大小和出现的时间不尽相同。因此，在布局结构、规模结构及技术结构调整上，不能一刀切，而要有的放矢地提出针对性较强的分类指导意见。

3. 有利于防止后期存量资产过大。

根据先行工业化国家的经验，进入工业化后期，水泥消费峰值过后，水泥消费量会有较大幅度的下降。这时如果水泥生产能力过大，必然有相当一部分产能因过剩而被关闭。日本国在上世纪80年代相继削减了两千多万吨生产能力就是一例。所以，应避免由于盲目重复建设，造成届时由于存量资产过大而被废弃的损失。

二、水泥消费峰值影响因素的关联性探讨

一个国家或地区影响水泥消费峰值大小和出现时间的因素是多方面的，影响程度也有所不同。但只要抓住直接和间接主要关联因素进行研究，就能发现其内在联系的规律性。

（一）水泥消费峰值与城镇化水平具有最直观的规律性

由于世界各国的国情不同，峰值出现的时间和水泥消费量的关系也不尽相同。但有一条共同规律，那就是峰值出现的时间大多在城镇化率达到70%以后（见表1）。

表1　部分国家（地区）水泥峰值出现的时间与城镇化率对照

国家或地区	峰值出现的年份	人均水泥消费量（千克/人年）	城镇化率（%）
美国	不明显	300～400	73.6(1970)
德国	1972	680	80.0(1970)
法国	1972	566	70.4(1970)
日本	1973	715	72.1(1970)
韩国	1997	～1 000	79.6(2000)
台湾地区	1993	1 332	78.0(1993)

（二）城镇化水平与水泥人均累积消费量具有内在的关联性

苏州科技大学韦保仁教授根据我国1980～2004年人均水泥累积消费量和城镇化率统计数据，采用Engle－Granger两步法，对城镇化率和人均水泥累积消费量的因果关系进行协整检验，发现城镇化率与人均水泥累积消费量之间存在着明显的协整关系。其协整关系回归为下式：

$$CCPC(i)=0.320\,5\times UR(i)-6.114\,4$$

式中CCPC(i)—第i年人均水泥累积消费量（吨）

UR(i)—第i年城镇化率（%）

由上式可知，城镇化率每上升1%，就需要增加人均累积消费量0.32吨水泥作支撑。用该公式测算得出的结果，充分显示出人均水泥累积消费量与城镇化率内在的关联性，见表2。

表2　人均水泥累积消费量测算数据

单位：吨

UR(%)	CCPC(i)	UR(%)	CCPC(i)
40	6.71	65	14.72
45	8.31	70	16.31
50	9.91	75	17.92
55	11.51	80	19.53
60	13.12		

由表2可以直观地看出城镇化率与人均水泥累积消费量之间的协整关系。

发达国家水泥消费当出现峰值时，其人均水泥累积消费量一般在20吨左右。

（三）城镇化水平与经济发展水平具有高度相关性

世界城镇化的历史表明，城镇化发展的宏观动力来源于社会经济的发展。城镇化水平与经济发展水平的关系最为密切。经济发展水平越高，城镇化水平越高；经济发展水平越低，城镇化水平越低。北京大学周一星教授通过对1977年世界157个国家和地区的资料进行统计分析，除了20个国家因特殊原因影响外，其余137个国家和地区的城镇化率与经济发展指数符合对数相关关系（见表3）。

其数据回归的结果为：

$$y=40.62\lg x-75.6 \qquad \text{（公式1）}$$

式中：y—城镇化率（%）

x—人均GNP，可以大致视为人均GDP（美元/人）

（相关系数R=0.907 9，标准差S=9.8）。

有学者曾对国内1978～1994年上述两项指标的关系散点图进行处理，表明中国的城镇化水平与经济发展水平接近自然对数关系，回归分析的结果为：

$$y=4.623\,8\ln x-8.011\,4 \qquad \text{（公式2）}$$

（相关系数R=0.968 2，标准差S=13.49）。

表3　城镇化水平与人均GDP的关系

城镇化率（%）	国家（地区）	人均GDP（美元）
60以上	34	3 858
40～59	43	2 155
20～39	39	700
19以下	41	310

（四）出现水泥消费峰值时，单位GDP与水泥消耗量存在规律性标志

国际统计数据表明，人均GDP达到1 000～3 000美元

时，是工业化和城镇化加速推进的阶段，在这一阶段水泥消费量增长最快。当水泥消费出现峰值时，各国单位 GDP 水泥消耗量存在着数字相近的规律性标志。峰值出现之前和峰值之后，单位 GDP 对水泥的消耗量就不具有这种规律性标志，而且差别较大。例如法国、英国、韩国、德国、日本水泥消费当出现峰值时，1 万美元 GDP 水泥消耗量分别为 1.24 吨、1.10 吨、1.27 吨、1.65 吨、1.90 吨，基本在 1.1 ~ 1.9 吨之间，平均 1.43 吨。而这些国家现在则大大低于此数，而且各国之间差别很大。这就为考察峰值是否出现，提供了一种辅助性参考手段。

三、中国水泥消费峰值差异性分析

笔者曾用上述的协整关系式验算过中国城镇化率与人均水泥消费量之间的关系；也用过对数关系式（公式 1、公式 2 验算过城镇化率与人均 GDP 的关系。测算的结果都比实际数字偏低，这说明外国的经验我们不能照搬照套。就其规律而言，中国水泥消费峰值与国外有其"共性"的一面，这种"共性"体现于上述的四条内在联系的特征。但也有"个性"的一面，这种"个性"，造成与国外的差异。

（一）国情不同使中国水泥消费峰值偏大

1. 建筑模式和建材偏好不同。

美国城市建筑钢结构占有相当比重，例如在"9·11"事件中被催毁的纽约世贸大厦就是钢结构建筑；美国农村建筑砖木结构占有相当比重，所以美国的水泥消费水平较低，基本没有峰值出现。欧洲除了有一定的钢结构、砖木结构外，还有石头结构，许多中世纪建筑基本都是花岗石、砂岩、大理石或石灰石建成的。起源于法国的哥特式建筑，是 13 ~ 15 世纪流行于欧洲的一种建筑风格，它是以石材为主要建筑材料，主要见于教堂建筑，也影响到世俗建筑。哥特式建筑以其高超的技术和艺术成就，在建筑史上占有重要地位，可是那时还没有波特兰水泥出现，其胶凝材料主要是玉石灰和石膏。中国解放以前也很少用水泥盖房子，砖石结构、土坯木结构相当普遍，胶凝材料也多以石灰为主，所以到 1949 年全国解放时水泥产量仅有 66 万吨。可是到后来尤其改革开放以来，水泥用量越来越大，钢筋混凝土结构成为主流建筑模式。

2. 新建比重和更新周期不同。

中国由于房屋建设历史欠账较多，百废待兴，新建房屋比重较大，而且存量建筑物、构筑物更新周期较短，道路路面寿命更是短得惊人！所以水泥消费量大大高于别国。在欧美国家则很少看到建筑工地，18 世纪以来的建筑巍然屹立，甚至许多中世纪建筑还保留完好，譬如意大利佛罗伦萨圣玛利亚大教堂（1499 年建成）、比萨斜塔（1062 年建成）、法国巴黎圣母院（13 世纪）、德国科隆大教堂（12 世纪）等一大批旅游胜地，都是中世纪建筑，至今吸引游人赞口不绝，可是都不是用水泥建成的。

3. 水泥标准和品种结构不同。

我国现行的国标（GB）是《通用硅酸盐水泥》标准，与欧洲水泥标准的一致性程度为"非等效"。我国水泥中混合材的掺加量一般比国外多，国外以波特兰水泥为主，混合材掺加量较少。据有的专家统计，2007 年中国、德国、日本和美国生产的水泥中，混合材的平均掺加量分别为 27.5%、14.1%、13.3% 和 6.0%。如果计入缓凝剂石膏的掺加量（约 5%），则每吨熟料分别生产 1.33 吨、1.19 吨、1.18 吨和 1.11 吨水泥。我国的水泥混合材掺加量一般比国外高出 20% ~25% 左右。

4. 单位 GDP 水泥消耗量不同。

中国靠固定资产投资（FAl）拉动 GDP 的增长所占比重比国外要大得多。例如中国 2006 年 FAl 对 GDP 的贡献率为 52.47%，资本形成率远运高于国外。表 4 反映出 GDP 按支出法中国与外国的差异。按支出法资本形成率所占 GDP 的比重分别为：世界平均 21.4%、美国 19.2%、日木 22.7%、德国 17.2%、法国 20.2%. 英国 16.8%、意大利 20.9，而中国则达 40.7%。

表 4　2006 年部分国家 GDP 构成及资本形成率

国家	人口（万人）	GDP（亿美元）	人均 GDP（美元）	GDP 构成（%）			按支出资本形成率（占 GDP%）
				第一产业	第二产业	第三产业	
中国	131 448.0	26 681	2 030	11.7	48.9	39.4	40.7
美国	29 898.8	132 018	44 155	1.3	21.9	76.7	19.2
日本	12 756.5	43 401	34 023	1.7	30.2	68.1	22.7
加拿大	3 255.6	12 515	38 441	2.2	31.4	66.4	20.9
德国	8 241.1	29 067	35 271	0.9	29.7	69.4	17.2
英国	6 036.1	23 450	38 850	1.0	26.2	72.8	16.8
法国	6 103.8	22 307	36 546	2.2	20.9	76.9	20.2
意大利	5 857.1	18 447	31 495	2.3	26.9	70.9	20.9
墨西哥	10 422.1	8 392	8 052	3.9	26.7	69.4	22.0
印度尼西亚	22 304.2	3 645	1 634	11.9	41.7	46.3	24.0

续　表

国家	人口(万人)	GDP(亿美元)	人均 GDP(美元)	GDP 构成(%)			按支出资本形成率(占 GDP%)
				第一产业	第二产业	第三产业	
马来西亚	2 576.7	1 489	5 779	8.3	51.6	40.1	18.7
泰国	6 472.4	2 062	3 186	9.8	45.8	44.4	29.1
新加坡	439.3	1 322	30 093	0.1	34.7	65.2	18.8
韩国	4 841.8	8 880	18 340	3.2	39.6	57.2	29.8
印度	110 981.1	9 063	817	17.5	27.7	54.7	33.3
巴西	18 869.4	10 680	5 660	5.1	30.9	64.0	16.8
俄罗斯联邦	142 36.8	9 869	6 932	5.6	38.0	56.4	20.9
世界总计	651 776	482 449	7 402	3.4	27.5	69.0	21.4

2006 年世界人口 65 亿,水泥产量 25 亿多吨,人均占有量 385 千克;我国水泥产量 12.4 亿吨,占世界水泥总产量的 49%,人均占有量 940 千克,是世界人均占有量的 2.4 倍。当然我国正处在工业化、城镇化进程高速发展阶段,水泥峰值尚未出现,而发达国家已过了水泥消费高峰期,水泥消费已大幅回落,进入动态平衡期,水泥消费与 GDP 的增长已无多大联系。但是有一点可以判定,当我国水泥消费出现峰值时,要比发达国家当时出现峰值时单位 GDP 平均水泥消耗量要高。尽管今后我国将走一条科技含量高、经济效益好、资源消耗低、环境污染少的新型工业化路子,单位 GDP 水泥的消耗量有降低的趋势。

(二)地区差异使峰值出现的时间不同步

1. 城镇化率西部与东部差距较大

我国东部、中部、西部及全国平均城镇化水平分别由 2000 年的 47.3%、33.0%、28.3%及 36.2%增长至 2008 年的 56.2%、43.4%、38.3%及 45.7%,分别上升了 8.9、10.4、10 及 9.5 个百分点,西部与东部相差 18 ~ 19 介百分点,东高西低至少有 15 年以上的差距。最近建设部权威人士讲,要完成我国城镇化目标至少还需要 30 ~ 35 年。东、中、西三区域的梯度变化见表 5 和图 1。

表 5　东、中、西部城镇化率历年梯度变化(%)

年份	2000	2001	2002	2003	2004	2005	2006	2007	2008
全国	36.2	37.7	39.1	40.5	41.8	43.0	43.9	44.9	45.7
东部	47.7	49.1	49.5	51.2	52.1	53.3	54.5	55.1	56.2
中部	33.0	34.0	35.3	36.5	37.8	39.1	40.4	41.6	43.4
西部	28.3	29.2	29.9	31.5	32.5	34.5	35.7	36.9	38.3

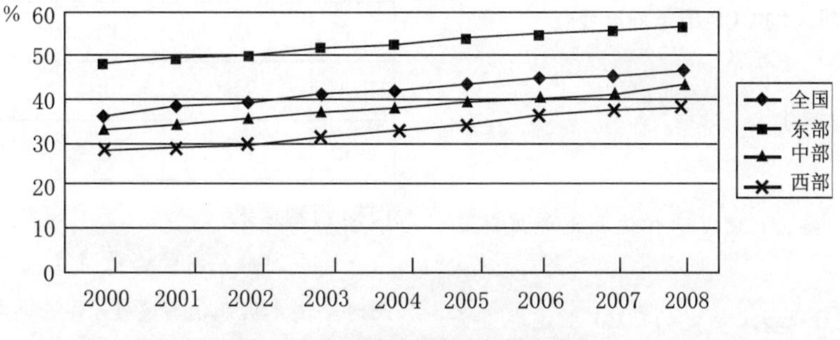

图1　东中西城镇化率历年梯度变化

2. 人均水泥累积消费量西部与东部差距明显

人均水泥累积消费量的计算一般先设定起始年份,人均水泥消费量达到 100 千克以上时,作为人均水泥累积的起始年份。由统计数据计算可知,东部、中部、西部及全国平均的起始年份分别为:1980 年(人均 102 千克)、1984 年(人均 106 千克)、1985 年(人均 106 千克)及 1983 年(人均 105 千克)。至 2008 年底,东、中、西及全国的人均水泥累积消费量分别达到了 15 562 千克、9 009 千克、7 915 千克及 11 285 千克。本部地区和东部地区相差 7 647 千克。表 6 和图 2 显示出东、中、西各部的梯度变化。

表6 东中西人均水泥累积消费量梯度变化(千克/人)

年份	1980	1984	1988	1992	1996	2000	2004	2008
全国		223	874	1 725	3 180	4 951	7 448	11 285
东部	102	528	1 404	2 568	4 672	7 125	10 552	15 562
中部		106	686	1 399	2 574	3 967	5 787	9 009
西部			476	1 000	1 967	3 269	4 999	7 915

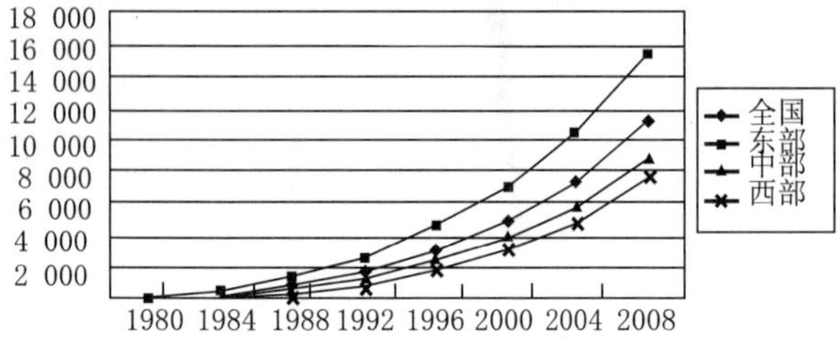

图2 东中西人均水泥累积消费量梯度变化kg

3. 东西部差别很大的根本原因是经济水平差距大。

2008年东部(包括京、津、沪、辽、冀、鲁、苏、浙、闽、粤及琼11省市)、中部(包括黑、吉、晋、皖、赣、豫、鄂及湘8省)、西部(包括内蒙、桂、川、渝、黔、滇、藏、陕、甘、宁、青及新12省市区)人口分别占39.2%、32.9%、27.9%;而经济总量(GDP)分别占58.3%、23.9%、17.8%。东部地区39%人口产生约60%的经济总量,几乎是中西部经济总量的1.5倍。东、中、西人均GPP差距较大,2008年分别为36 504元/人、18 542元/人、15 952元/人。如果今后经济发展速度平均按7%递增,中部和西部人均GDP要达到东部现在的水平,分别需要10年和12年。近些年东中西人均GDP梯度变化详见表7和图3。

表7 东中西人均GDP历年梯度变化(元/人)

年份	2000	2001	2002	2003	2004	2005	2006	2007	2008
全国	7 086	7 651	8 214	9 111	10 561	13 944	15 931	18 665	22 640
东部	1 1678	12 815	14 156	16 309	19 391	23 137	26 729	31 302	36 504
中部	5 940	6 426	6 989	7 820	9 427	11 071	11 921	15 310	18 542
西部	4 609	5 008	5 493	6 219	7 428	9 142	10 870	13 073	15 952

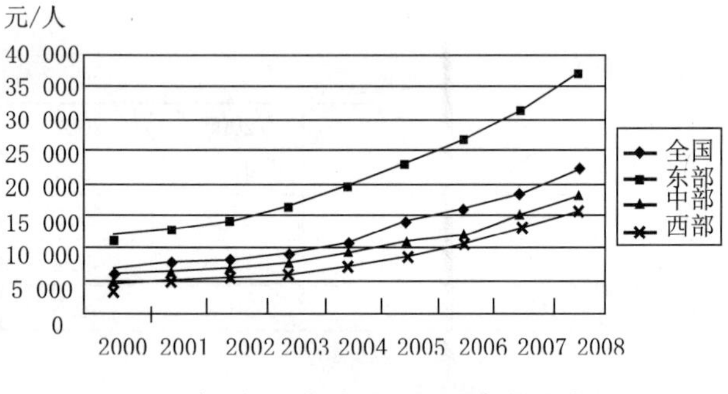

图3 东、中、西部人均GDP历年梯度变化

四、中国水泥峰值预测

(一)预测依据

1. 邓小平"三步走"战略,21世纪中叶达到中等发达国家水平。

2. 党的:"十六大"、"十七大"确定的2020年建成全面小康社会。

3. 国内发展历史资料并借鉴国外发展经验。

(二)设定条件

1. 所有数据以2008年为基数,GDP以美元计(2008年平均汇率1美元=6.948元人民币)。

2. 人均GDP增长率:2020年前按7%递增,2020年后按5%递增。

3. 城镇化增长率:按每年增长1个百分点左右。

4. 人口自然增长率:按5.55%递增,控制2030年15亿左右。

5. 人均水泥配置递增率:

	2008~2010	2011~2020	2021~2025	2026年之后
全国	5%	2%	1%	0,-
东部	3%	1%,0	-	-
中部	7%	4%	2%	0,-
西部	7%	4%	2%	2%,0,-

(三)预测结果

1. 中国水泥消费峰值将在人均达到1 350千克时出现,此时全国水泥总消费量19.7亿吨左右。

2. 峰值出现的条件:城镇化率达到60%以上;人均GDP8 000美元左右;人均累积水泥消费量在30吨左右。

3. 全国水泥消费峰值在2025年之前出现。

由于地区差异,东部地区峰值出现较早,大约在2015年之前;中西部地区峰值出现较晚,约迟于东部地区10~15年。(详见表8及图4)

表 8　水泥峰值预测表

年份		2008	2010	2015	2020	2025	2030	2035
全国	城镇化率(%)	45.7	48	53	58	63	68	73
	人均 GDP(美元)	3 258	3 689	5 033	6 866	8 524	10 583	13 139
	人均水泥(千克)	1 054	1 149	1 234	1 325	1 354	1 317	1 218
	人均累积水泥(水泥)	11 285	13 488	19 445	25 842	32 539	–	–
东部	城镇化率(%)	56.2	58	63	68	73	78	83
	人均 GDP(美元)	5 254	5 949	8 116	11 073	13 747	17 067	21 189
	人均水泥(千克)	1 275	1 338	1 368	1 330	1 230	1 094	958
	人均累积水泥(水泥)	15 562	18 175	24 940	–	–	–	–
中部	城镇化率(%)	43.4	46	51	56	62	67	72
	人均 GDP(美元)	2 667	3 019	4 120	5 621	6 979	8 665	10 758
	人均水泥(千克)	958	1 085	1 284	1 519	1 631	1 586	1 467
	人均累积水泥(水泥)	9 009	11 052	16 974	23 981	31 856	–	–
西部	城镇化率(%)	38.3	41	46	51	56	61	66
	人均 GDP(美元)	2 296	2 598	3 547	4 839	6 008	7 459	9 260
	人均水泥(千克)	876	992	1 174	1 389	1 491	1 601	1 557
	人均累积水泥(水泥)	7 915	9 783	15 198	21 605	28 805	36 535	–

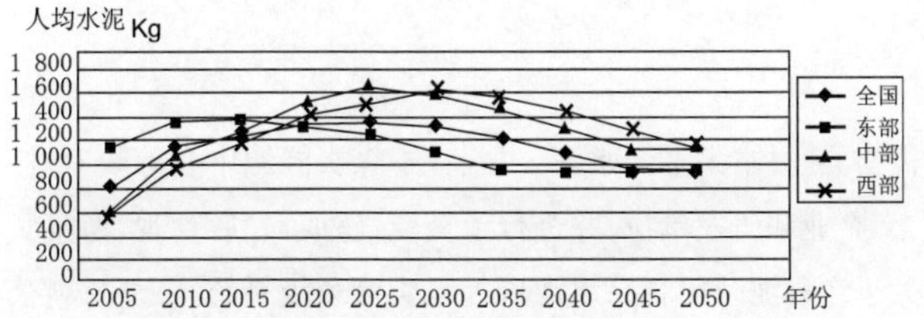

图4 预测峰值走势图

(四)讨论

1. 峰值的大小问题。

由表 8 可知,测得的人均峰值高于国外,引发峰值高的因素如前所述。综合诸影响因素,比国外高出约 30% 左右。如果扣除这些因素,全国实际人均峰值 950 千克左右,人均累积量 25 吨左右,全国总消费量 13.8 亿吨左右。

2. 峰值与相关因素的规律性问题。

——与城镇化率的关系很有规律。

峰值基本都在城镇化率大于 60% 时出现,比发达国家出现峰值时低约 10 个百点。低的原因之一是我国农业人口比重大,城镇化水平起点基数低;另一原因是我国工业化进程大大快于城镇化进程。

——与 GDP 的关系也很有规律。

峰值出现时人均 GDP 大约在 8 000 美元右(如东部及全国平均),此时 1 万美元 GDP 消耗约 1.7 吨水泥,与国外相仿。

3. 中西部峰值失真被扭曲问题。

由表 8 可以发现,中西部峰值和人均累积量偏高原因之一是人为配置造成的,因为考虑到东部地区今后面临产业结构转型及能源、资源紧缺的因素,东部水泥产能配置除个别省份需要适度扩能外,一般不主张再新建更多的项目,而把中西部地区作为产能配置的重点,以便以西补东;另一原因是中西部地区起步时城镇化水平很低,要达到 60% 以上的目标,需要的周期更长(约需 40 ~ 45 年),人均累积量自然很大。

4. 由峰值到动态平衡稳定期回落的幅度问题。

峰值出现持续约 5 ~ 6 年后,开始回落,回落的幅度因国情不同而异,先行发达国家一般回落 15% ~ 20%。考虑到我国因增速过猛的惯性,可能要回落 30% 左右。实现动态平衡稳定期的时间大约在 2045 年前后。那时人均水泥消费量可能在 950 千克左右,总量 13.7 亿吨左右(未扣除影响中国水泥消费偏高的因素)。

五、结论与建议

(一)结论

1. 水泥消费"峰值"的概念不同于"拐点"、"饱和点",三者不能混淆;研究水泥消费峰值对指导宏观调控意义重大。

2. 水泥消费峰值与城镇化水平、人均水泥累积消费量、GDP 等因素存在密切的关联性。从这些因素研究入手,可以发现其内在的规律性。

3. 由于国情不同和地区差异较大,使得中国水泥消费峰值偏高,各地峰值出现的时间不同步。

4. 预测中国水泥消费峰值将达到 19.7 亿吨,人均水泥消费量 1 350 千克以上,全国峰值出现的时间大约在 2025 年之前。由于地区差异,东部峰值出现较早:大约在 2015 年以前;中西部峰值出现较晚,大约分别迟于东部 10 年和 15 年。

（二）建议

1. 宏观调控要控制产能增长空间。

截止到2008年底，新型干法生产线在产和在建总数已达到1 131条（其中在产923条，熟料产能78 686万吨；在建208条，熟料产能24 177万吨）熟料产能约10亿吨，折合水泥产能14亿吨，已能满足当前需求。考虑到今后需求的增长，距峰值尚有5.7亿吨水泥的差距，折合熟料4亿多吨的增长空间。（虽然在实际运作中，产能与产量不能等同视之，过去老的生产工艺产量达到产能的80%以上就算不错了，然而当今新型干法工艺几乎100%实现设计的产能。）届时，即使小水泥全部被淘汰，新型干法水泥也只有5亿多吨的发展空间。因此，控制新型干法熟料总量14亿吨，是宏观调控的底线。否则，峰值过后将造成大量存量资产报废。

2. 今后新增产能的布局重点应在中西部。

东部地区11个省市，2008年人口占全国39%，水泥产量占全国48%，有些省市如北京、上海、浙江、河北、山东、广东已出现负增长。东部地区能源、资源紧缺，产业结构将向技术密集型转移。今后东部除个别省份结合淘汰小水泥适度配置外，一般不宜再新上项目。中西部应作为布局的重点，以补充东部将来的不足。

3. 改革统计口径。

为确切掌握真实产量，避免重复统计，建议建立熟料、水泥两种口径分别统计的制度，以利于数据比较和宏观调控。

参考文献（略）

★该篇文章发表于2009年5期《中国水泥》杂志。

利用水泥窑处置工业废弃物与城市垃圾的战略思考与建议★

Strategic reflection and suggestion about utilizing cement kiln to treat industrial waste and city garbage

◎中国水泥协会

China Cement Association

近年来，我国水泥行业认真贯彻落实胡锦涛总书记提出的要把循环经济的发展理念贯穿到经济工作中的要求，通过引进与消化吸收相结合、自主开发与科技攻关相结合的方式，在消纳工业废弃物与生活垃圾方面取得了长足的进步。随着社会对水泥工业发展循环经济的期望越来越高，水泥工业和企业在利用水泥窑处置工业废弃物与城市垃圾的技术装备等方面的投入也越来越大，但与日本水泥工业相比，差距甚大，这也意味水泥行业在节能减排和利废方面还有很大的潜力。甚至目前存在着一些如国家的相关支持、配套的政策却显得相对滞后，现有的支持水泥工业发展循环经济的体制、机制尚不完善，甚至出现有的水泥企业投巨资建成污泥处置系统并投入运行后，出现污泥的供应数量与质量得不到保证的现象，甚至有些部门还把污泥当作资源控制起来，严重挫伤了水泥企业利废的积极性。

为促进我国水泥行业发展循环经济，特别是推进利用水泥窑协同处置污泥和城市垃圾产业的进步与发展，2009年4月，中国建筑材料联合会和中国水泥协会会同中国驻日本大使馆经济参赞处共同组成联合考察团，专程赴日考察日本有关水泥行业节能减排与利废政策制定及实施情况。在日本日中经济协会的大力支持与精心安排下，代表团先后拜访了日本经济产业省制造产业局窑业课、环境省废弃物与循环利用对策部、北海道环境生活部环境局、琦玉县日高市市民生活部环境课、日高市环境经济部环境课、琦玉县横濑町、日本新能源与产业技术综合开发机构（NEDO）、日本节能中心、日本水泥协会、日本太平洋水泥公司、日本煤炭能源中心等政府、协会、企业和研发单位，并进行了交流、座谈，先后参观、考察了太平洋水泥公司日高水泥厂处置生活垃圾系统、三菱材料公司横濑水泥厂处置污泥和废塑料生产线、神奈川县川崎市垃圾处理焚烧厂和川崎市垃圾填埋场。日中经济协会还组织了由经产省、环境省、日中经济协会、日本水泥协会、水泥企业和节能环保设备厂商、日本媒体和中国驻日使馆经参处等单位近百名代表参加的报告会，雷前治会长到会作了《中国水泥工业现状和发展趋势》专题报告，重点介绍了中国水泥行业发展现状及趋势，并根据胡锦涛总书记在2008年日本G8会议上的讲话精神，提出了中日两国在水泥与水泥环保等领域扩大与加强合作的建议。中国建材联合会与日中经济协会就联合促进两国建材企业界的交流与合作达成共识。

本次访问考察由于得到了日中经济协会的鼎力相助和被访单位热情友好的支持，因此，虽然时间不长，但相关资料收集比较完整，现场参观考察也较全面、仔细，印象、体会深刻。现将考察报告如下：

第一部分 日本循环型社会建设概况

一、循环型社会的职能建设

日本自推进循环型社会建设以来，从立法着手，赋予了各级政府明确的管理职能，教育并动员全社会和全民自觉参与，节能减排与各类废弃物的处置情况成效显著，主要表现为：

（一）法律体系健全，可操作性强

2001年日本组织制定和实施了《循环型社会形成推进基本法》，明确提出要控制各类废弃物的产生以及对废弃物进行合理的循环利用、处置，减少天然资源的消耗，尽可能减轻环境的负荷。并以此为蓝图，修订了《废弃物处理法》和《资源有效利用促进法》，制定了《容器包装循环再利用法》、《家电循环再利用法》、《食品循环再利用法》、《建筑废材循环再利用法》、《汽车循环再利用法》、《有关增进环保意愿以及推进环保教育的法律》和《绿色采购法》等多部法律，形成了构建循环型社会的法律体系。

这些法规具有体系健全、操作性强的特点。尤其以垃圾分类体系方面的法律、法规，其操作性之强、民众参与之广令人感叹。

（二）政府责职明确

日本《循环型社会形成推进基本法》出台后，循环经济发展的管理体系得到统一，监管力度加强。中央各部门、都道府县和市町村三级政府责任明确。

1. 中央政府形成统一管理部门，结束多头管理体制。

环境省：2001年，日本政府将分散在厚生劳动省等部门有关废弃物管理的职能集中起来，在环境省新设立了废弃物与循环利用对策部，下设7个处室、职员达100多人。专门负责管理制定国家关于工业废弃物、家庭垃圾和循环利用方面的基本方针政策，设定设施基准、委托基准、处理基准，制定废弃物处理设施建设计划，以及技术开发和收集信息等。

经济产业省：为保证各行业切实达到目标，经济产业省自1998年起对26个产业实施了跟踪监管，并于2007年扩大到了39个行业。

产业协会：负责制定本产业节能减排利废规划目标，在得到经济产业省认可后在全行业组织实施。

2. 地方政府对废弃物管理实施“一把手”工程。

都道府县知府负责审订处理设施许可和能力、进行排放监测、征收相关报告、现场检查、发布改善命令和措施命令，监管、审查的对象包括排放企业、产业废弃物处理业者、生活垃圾和产业废弃物处理设施设置者等。

市町村长负责制定相应区域内生活垃圾处理计划并组织设施。

日本基层政府市町村自治体管理本辖区生活垃圾，大多从上世纪70年代开始垃圾分类，自2000年以来制定了各自的近期或中期垃圾减量化规划和行动指南，提出明确的减量化目标，分类要求趋向更加细化和严格，资源化比例越来越高，垃圾产生量减少。经分类后收集到的可燃垃圾比例高，为资源化打下牢固基础。

地方政府向每个家庭发放《垃圾收集日历》宣传海报，对每周收取垃圾的种类、时间和对各类垃圾细分要求和注意事项进行详细说明。地方政府长官还在环保宣传上亲历亲为，成为环保大使，垃圾分类的说明上往往有地方政府长官签署的倡议。

3. 环保部门和国家的执法部门联合进行环境执法。

据环境省官员介绍，地方政府的环保部门与警察部门建立了沟通机制，有的还在环保部门派驻警察机构，进行联合执法。对工业部门，地方政府环保部门有权进行入厂检查，如果发现存在环境违法，则打电话报警，警察出动执法。而对非法抛弃垃圾，同样由警察出面执法。例如，若有人不按规定在路边扔掉一台旧电视，其结果可能是遭到拘捕并处10万日元的罚款。

4. 对废弃物处理业者实行“许可证”制度进行管理。

日本在江户时代（17～19世纪）就制定了禁止丢弃垃圾的规定并指定垃圾的处置公司，构架了由废弃物处理业者在规定场所集中处置垃圾的体制。废弃物处理业者应取得废弃物处理业者许可证，废弃物处理设施设置者应取得废弃物处理设施许可证，在取得后者之前必须事先进行生活环境影响评价。

（三）动员全民，全民参与

东京一般家庭的垃圾回收系统是在厨房里设有4～5个垃圾桶及粉碎机，按照东京都港区政府发的《垃圾收集日历》上注明的垃圾分类方法与要求每周清除不同种类的垃圾。日本各地对垃圾分类与回收垃圾要求不尽相同，一般分为可燃垃圾、不燃垃圾、资源垃圾、粗大垃圾和特别管理的垃圾（即危险废弃物）五大类，而相应又分为若干小类，还对每个小类有详细要求。每个家庭都按照要求进行垃圾分类，经分类的垃圾要定点和定时投放，普通百姓一般每周2次或3次定时把可燃垃圾送到指定的处理厂或收集点。

建设循环型社会从小学教育抓起，环保作为德育教育的一部分从娃娃教育抓起。日本的废弃物处理厂敞开大门给民众提供科普教育机会，有的还专门设计出方便参观的安全设施和硬件条件。水泥厂成为环保教育基地，每周都有工厂开放日，接待学生与社会各界人士，让参观者身临其境地感受水泥厂如何利用垃圾、污泥、废塑料和废轮胎等作为水泥生产的原燃料，如何控制污染物排放，教育和提醒参观者如何进行垃圾分类。这种教育形式和效果让人们印象非常深刻。

在法律规范与教育宣传的引导下，从2001年起，日本用了整整几年的时间强化国民养成了对垃圾分类的习惯。日本垃圾分类体系的建立是资源化的基础。按照这样分类的垃圾，可燃成分的含水率降低，热值提高，大大提高了垃圾的可利用价值。

此外，日本政府的高效管理体制、社会各界对环保的执著、企业界对温室气体减排的郑重承诺和实际行动、产业废弃物的票单制管理制度和环境化设计理念也促进了日本水泥行业处置废弃物的发展，都给我们留下深刻印象。

二、废弃物的处置概况

日本把废弃物分为两大类，即产业废弃物与一般废弃物。产业废弃物主要指工业垃圾。1990年以后，产业废弃物排放量比较稳定,一直徘徊在 4 亿吨上下,2006 年的排放量为 4. 18 亿吨。一般废弃物主要指家庭垃圾。2000 年以来,一般废弃物的排放量逐年减少,2006 年的排放量为 5 204 万吨,比 2000 年减少 5. 1%。人均日排放量从 2000 年的 1 185 克下降到 2006 年的 1 116 克,下降 5. 8%。

在采用一系列强有力的措施以后,各类废弃物的处置情况明显改善:

(一)填埋量大幅减少

产业废弃物的填埋量从 1993 年的 8 400 万吨减少到 2006 年的 2 200 万吨,减少 74%;一般废弃物的最终填埋量从 1997 年的 1 200 万吨下降到 2006 年的 681 万吨,减少 43%。

(二)填埋场数量快速下降

产业废弃物填埋场新设立数由 1988 年度的 136 个减少到 2004 年度的 38 个、2005 年度的 32 个。

(三)循环利用率迅速提高

产业废弃物再生利用率从 1993 年的 39% 稳步上升到 2006 年的 51. 4%。一般废弃物的再生利用率从 1993 年的 8. 0% 一路提升到 2006 年的 19. 6%。

三、水泥行业是废弃物循环再利用的功勋产业

据日本环境省介绍:水泥行业不仅属于向社会提供工业产品的动脉产业,同时是废弃物循环利用的静脉产业,是日本构建循环型社会的重要一环。

(一)环境省与经产省对水泥工业处置各类废弃物中的特殊作用给予充分肯定和高度评价

日本环境省与经产省在给我们的资料中是这样描写的:

无二次废弃物污染的产生。在水泥厂各种废弃物、副产品的成分全部利用作生产用的原料、热能,因此不会产生二次废弃物。

得到无害化处理。进入水泥厂的废弃物与其他水泥原料一起在 1 450℃高温下煅烧,几乎不会产生二噁英。

可以消减天然原料的使用。水泥厂主要以石灰石、黏土、硅岩以及氧化铁为主要原料生产水泥,通过将废弃物、副产品作为水泥原料循环再利用,可以消减相应天然原料的使用量。

可以消减温室气体排放量。在水泥厂接收废塑料、废木材等含有热能的废弃物,作为热能源加以利用,可以节约煤炭,还消减了温室气体的发生量。

为构筑地区循环型社会做贡献。通过接收城市垃圾焚烧灰渣、城市垃圾,为延长生活垃圾填埋场使用寿命做贡献。

(二)国家制定一系列经济补偿政策调动水泥工业利废积极性

为调动水泥厂协同处置城市垃圾与污泥的投资积极性,政府与企业签订了具有法律效力的长期处置协议,规范了政府和企业的责任和义务,增加了政府与水泥厂之间的互信,水泥厂不用担心废弃物的长期稳定供应和处置费的落实,政府也不用担心水泥厂随意停止处置。

处置垃圾和污泥的价格由地方政府与水泥厂协商确定,政府负责支付废弃物处置费。

(三)日本水泥行业利用废弃物成就斐然

日本是位居中国、印度和美国之后的世界第 4 大水泥生产国,共有 18 家公司 32 座工厂 57 条回转窑。2007 年度水泥产量是 7 060 万吨。

2000-2007年度日本水泥行业废弃物和副产品使用量变化

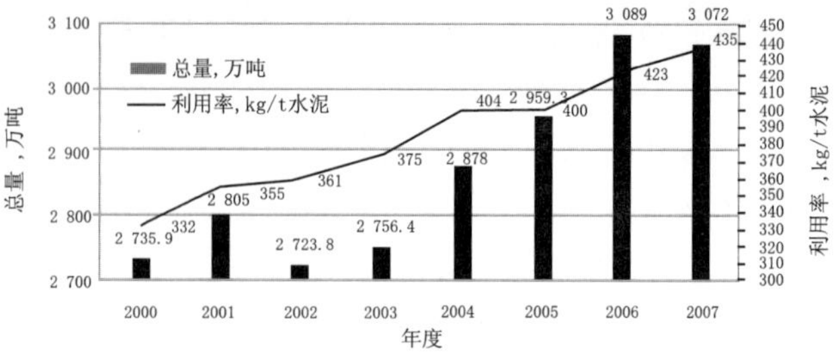

1996 年 12 月,日本水泥协会根据经产省的要求,制定行业节能自愿协议,目标是到 2010 年水泥综合能耗要比 1990 年下降 3. 8%。

为实现上述目标,各水泥企业纷纷开展研究和技术攻关,努力扩大利用废弃物的范围和比例。据"太平洋"和"三菱"的工厂介绍,他们不仅把废弃物作为生产水泥的混合材,而且在将废弃物作为生产水泥的替代原料和燃料方面取得了重大的突破,2004 年,日本吨水泥利用各类废弃物已经达到 400 千克,2007 年达到 436 千克。日本水泥工业年利用废弃物的总量已达 3 072 万吨,其中污水处理厂污泥、建设发生土和粉煤灰增长最快,其中污泥已成为水泥行业利用的第三大废弃物种类。2007 年水泥行业处置污泥 317 万吨,比 2000 年增加 66. 6%。此外,日本水泥工业还利用了 62% 的高炉矿渣、62% 的粉煤灰和 16% 的废轮胎,约占日本废弃物总量 7%,占再生利用量的 14%。从 1990 年到 2007 年日本水泥工业接收的废弃物和副产品累积量高达 3. 351 亿立方米,水泥厂接收处置的产业废弃物年容量达 2 200 万立方米,延长了填埋场寿命 3. 7 年。

目前,日本中央政府正与水泥行业制定下一轮废弃物和副产品利用计划,目标初步拟定在每吨水泥利用废物和副产品 500 千克,比现有水平提高 15%。

第二部分　政策建议

自上世纪 90 年代以来,为促进资源综合利用,国家颁布了一系列鼓励政策。水泥行业在利用工业废弃物方面取得了长足进步,每年利用粉煤灰、矿渣各类工业废弃物已超过 4 亿多吨,吨水泥的利用率已超过 300 千克,成为我国利用工业废弃物的主导产业。但与日本水泥工业相比差距甚大,这也意味水泥行业在节能减排和利废方面还有很大的潜力。为了充分发挥水泥行业在发展循环经济中的作用,尤其是充分利用水泥窑在处置生活垃圾和污泥时"无二次废弃物污染

产生，使生活垃圾与污泥得到无害化处理，可以削减天然原料的使用，可以削减温室气体排放量”等独有的功能，提出以下政策建议：

一、由国家经济综合管理部门牵头；制定利用水泥窑处置工业废弃物、生活垃圾与污泥的战略发展规划，建立以执行国家法律规定与市场化运作结合的长效机制

建议由国务院经济综合管理部门总体牵头，设立专门的机构（或联席会议）一体化管理，组织协调相关的政府职能部门与行业协会按照职责分工管理与实施；根据国家《循环经济法》与《节能法》及相关规定，国家应在修订《水泥工业产业政策》和制定《水泥工业“十二五”发展专项规划》时，根据法律法规强制实施垃圾无害化处理与资源化利用；明确水泥行业利用废弃物和减少 CO_2 排放的目标，并制定相应的技术与经济政策，到 2015 年年末，中国吨水泥利用废弃物在 2008 年的基础上提高 30% 以上。

表 1　2003～2007 年度日本水泥行业利废种类和数量统计（单位：千吨）

种类	主要用途	2003	2004	2005	2006	2007
高炉矿渣	原料、混合材	10 173	9 231	9 214	9 711	9 304
粉煤灰	原料、混合材	6 429	6 937	7 185	6 995	7 256
污水处理厂污泥	原料	2 413	2 649	2 526	2 965	3 175
建设发生土	原料	629	1 692	2 097	2 589	2 643
脱硫石膏	原料（添加材）	2 530	2 572	2 707	2 787	2 636
有色金属矿渣	原料	1 143	1 305	1 318	1 098	1 028
铸造型砂	原料	565	607	601	650	610
钢渣	原料	577	465	467	633	549
废白土	原料、燃料	97	116	173	213	200
动物骨粉	原料、燃料	122	90	85	74	71
废轮胎	原料、燃料	230	221	194	163	148
灰渣、飞灰和粉尘	原料、燃料	953	1 110	1 189	1 098	1 028
木屑	原料、燃料	271	305	340	372	319
煤矸石	原料、燃料	390	297	280	203	155
废塑料	燃料	255	283	302	365	408
废油	燃料	173	214	219	225	200
再生油	燃料	238	236	228	249	279
其他	–	378	452	468	615	565
合计	–	27 564	28 780	29 593	30 890	30 720
废弃物利用量，kg/t 水泥	–	375	401	400	423	436

二、完善鼓励水泥行业利用废弃物的经济政策

建议对现有的资源综合利用政策作进一步修改：建议财政部、国家税务总局扩大享受优惠税收政策的废弃物种类，既要鼓励水泥行业利用废弃物替代天然原料，也要鼓励水泥行业利用废弃物和各类副产品替代天然燃料，明确把处理、处置工业废弃物、城市垃圾、垃圾焚烧飞灰和底渣列入水泥窑利用废弃物的税收优惠范围。

明确各级地方处理城市垃圾和污泥的责任，本着“谁投资处理谁受益”的原则，地方政府要主动与投资建设处置城市垃圾和污泥设施的水泥企业签订长期合作合同，并直接予以经济补贴。补贴标准在国家尚未明确规定前，可根据各地的具体情况协商解决，直接处置费的参考价格：每吨城市垃圾补贴 150～300 元，每吨污泥补贴 200～400 元（不含运输和管理费）。

三、科技部门要组织开展科技攻关

由于中国的城市垃圾与发达国家相比，无论是成分还是发热量都存在较大的差异，比如上海垃圾的发热量仅有德国的 1/2、日本的 2/3，因此对处置城市垃圾和污泥的技术与装备应该走引进、消化吸收、科技攻关、自行开发的道路。建议国家财政部和科技部设立水泥窑处置污泥和垃圾专项科研经费，支持相关的技术研究、科研开发与装备制造。国家可另设专款，鼓励集中引进国外适宜技术与装备，再创新后推

广于国内水泥企业。

四、制定相关产业与技术标准

建议政府综合管理部门协调政府各相关职能部门会同行业协会制定相关产业与技术标准(包括废弃物分类回收、无害化处理等)、市场准入条件;制定利用水泥窑处置与利用工业废弃物、垃圾与污泥等的环境与排放标准、处置技术路线、技术规范、所涉及的水泥与建材产品标准、资源综合利用与原燃材料替代的研究、评估体系与方法。

五、建设一批示范生产线

建议在生活垃圾发热量相对比较高,并能简单分类管理的中心城市,如北京、上海、广州、重庆等地,选择日产5 000吨或以上规模的老厂进行改造,或者以焚烧生活垃圾或污泥为主要目的新生产线建设,建议中央政府给予技术攻关补贴,对建设贷款能给予财政贴息。同时,要组织研究、制定从垃圾自收集、运输到处理的管理办法和相关的配套政策措施;研制和开发适用处置我国城市垃圾及污泥的技术与装备。

从我们在日本考察访问中的所见所闻和收集到资料说明,日本发展循环经济、建设循环性社会已经取得明显成效,日本的经验值得我们学习与借鉴。

以上报告仅供有关部门和领导参考。

考察组成员

团长:雷前治　中国建筑材料联合会副会长
　　　　　　　中国水泥协会会长

陈国庆　中国建筑材料联合会副会长
牛建国　中国驻日本大使馆经济参赞
肖宪民　中国建材联合会国际合作部副主任
王郁涛　中国水泥协会副秘书长、技术中心主任
李春光　中国驻日本大使馆经参处二秘
李　茜　中国驻日本大使馆经参处二秘
王益民　中国建筑材料科学研究院副院长
俞为民　天津水泥工业设计研究院总工程师
包　玮　合肥水泥工业设计研究院总工程师
王新春　建材技术情报所副总工程师
辛美静　南京水泥工业设计研究院工程师
刘砚秋　天津水泥工业设计研究院翻译

★该篇文章发表于2009年7期《中国水泥》杂志。

红色警报　川渝水泥投资过热★

Red alarm, overheat of cement investment in Sichuan and Chongqing

◎重庆市水泥协会　马泽民

By Ma Zemin of Chongqing Municipal Cement Association

自2007年第四季度起,行业内外对川渝水泥形势议论纷纷。议论的主要内容:投资过度、总量过剩、价格狂降、前景堪忧。笔者针对议论内容谈些个人见解,仅供政府、企业的决策者和管理者参考。

一、市场引诱投资过度

2007年四季起,成都市(7个区县)淘汰"二圈"内的小水泥生产能力400余万吨。顿时,成都市场水泥脱销。2008年5月12日,汶川发生了震惊中外的8级地震,从而加剧了成都水泥市场供不应求的局面。灾后重建所需水泥尽管受到了价格临时干预,但水泥价格仍在高位运行,川渝水泥利润特别丰厚。

表1　川渝水泥产能预测

单位(万吨)

地区	2008年水泥产能(万吨)	其中新型干法(万吨)	在建线(条)	投资额概算(亿元)	新增水泥产能(万吨)	合计(万吨)	2010年预测(万吨)
四川	8 000	2 672	62	240	8 000	16 000	14 800
重庆	4 000	1 960	25	120	4 000	8 000	7 400

资本追逐利润,投资追求回报。在大地震前后的半年时间里,国内水泥巨头——"海螺"、"中材"、"冀东"、"华新"、"红狮"、"昌兴"等招之即来、来之即投,斥巨资建设水泥项目。与此同时,扎根川渝大地的水泥企业——"拉法基"、

"亚东"、"利森"、"峨胜"、"金顶"、"川威"、"小南海"、"科华"、"富皇"、"富丰"、"天助"、"金九"、"金江"、"润江"、"茂田"、"三磊"、"新嘉南"、"南特"、"弘扬"、"山拔尔桑"等投资者不甘落后纷纷投资建新线。

在两年左右的时间内，两股力量叠加强势扩能建新线，政府集中核准，业主集中投资、集中建设、集中投产、集中释能使得水泥产能剧增，市场消化困难，都与投资过度有关。川渝水泥产能预测和川渝水泥消费量预测分别详见表1、表2。

2009年1～5月川渝水泥投资继续猛增，与去年同期相比分别增长3倍和2.5倍。为啥投资增幅如此之大？这与短期投资回报率丰厚紧密相关。

表2　川渝水泥消费量预测

单位(万吨)

地区	年度			
	2009年	2010年	2011年	2012年
四川	9 000	10 600	11 200	11 600
重庆	3 800	4 250	4 800	5 400

表3　中国水泥控制总量目标与产量对比表

单位(万吨)

年度		水泥总量控制目标			水泥总量控制目标		
		水泥总量目标	其中		实际产量	其中	
			新型干法	新型干法比重(%)		新型干法	新型干法比重(%)
"九五"结束2000年		53 000	13 250	25.00	59 700	8178	13.70
"十五"结束2005年		60 000	13 600	21.67	106 000	47 211	44.54
"十一五"期间		120 000	84 000	70.00			
其中	2006年				124 000	60 065	48.44
	2007年				138 000	75 014	54.36
	2008年				138 838	88 055	63.42

表4　2001年～2008年中国水泥产量，新型干法水泥产量增长及占比情况表

单位(万吨)

年份	水泥总产量	水泥总产量同比增长(%)	新型干法水泥产量	新型干法水泥产量同比增长(%)	新型干法水泥产量占比(%)
2001	66 400		9 400	14.16	
2002	72 500	9.19	12 400	31.91	17.10
2003	86 200	18.90	19 000	53.23	22.04
2004	97 000	12.53	31 600	66.32	32.58
2005	106 000	9.28	47 200	49.37	44.53
2006	124 000	16.98	60 100	27.33	48.47
2007	138 000	11.29	75 000	24.79	54.35
2008	138 800	0.58	88 100	17.47	63.47

二、总量过剩值得慎思

面对川渝水泥强势增加产能态势,笔者认为:

1. 川渝水泥总量属阶段性严重过剩。

在两年左右的时间,新增水泥产能超亿吨,且产能集中释放,似洪水般冲击市场。市场消化不良,企业短兵相接,价格血拼在所难免。

2. 川渝水泥总量是否属中长期严重过剩还要用时间来检验。

①川渝水泥消费峰值(在川渝工业化和城镇化进程中,水泥消费的最大值或最高值)出现的时间段还不明朗;②川渝水泥总量中还有7 000万吨左右属落后水泥产能,何时退出市场不得而知;③所有在建生产线是否都能建成投产,日产1 000吨左右的生产线何时淘汰等还充满着变数。

3. 水泥总量属阶段性适当过剩(15%左右)反而有利于企业之间竞争。

节能降耗、减排增效、提高效率、促进技术进步和淘汰落后产能。

4. 特别说明。

"控制水泥总量"相当困难,是一项极其复杂的系统工程。例如国家为水泥工业调整结构,控制总量,多次提出过阶段性控制目标,但难以实现。水泥工业在贯彻执行"调整结构,控制总量"的方针中却走进了"总量越控越多,越控越大"的怪圈。其根源在于国家未能分年度、分省、市(自治区)提出控制总量指标和硬性考核办法,省、市(自治区)核准水泥项目又过于宽松,致使造成水泥投资过度,水泥产能过剩。

三、供大于求　价格狂降

从2007年第四季度至2009年第一季度,川渝水泥处于供不应求的局面。但是随着一批新型干法线建成投产,外地水泥大量入川,房地产市场继续低迷,水泥需求不旺,市场供求关系发生较大变化。四川有话语权的水泥企业本能地反应,为了维护自己的市场份额,采取"让利不让市"的策略,多次主动降价,降幅达30%左右。重庆水泥紧跟其后,也连续降价,以维护自己的市场份额。

笔者可以预见,随着供给的继续增加,今后水泥价格还有下降空间。

四、面对现实　转危为机

川渝水泥遇到了空前的危机——原有市场平衡被打破,新的市场格局还在建立之中。水泥投资过度、产能阶段性过剩、价格狂降、血拼在即皆成定局。但思路决定出路,出路决定生路。日子难过年年过,办法总比困难多,这是被实践证明了的真理。

为转危为机,笔者呼吁:

1. 政府要把好"核准关"。

希望省级政府主管投资的部门把好水泥项目核准关(投资严重过度是造成水泥总量严重过剩的根源)。重庆市人民政府对重庆水泥投资过度,产能过剩已高度重视。2008年12月15日,《重庆市人民政府办公厅转发市经委关于促进水泥工业结构调整实施意见的通知》即渝办发〔2008〕353号文件,明确提出了"严格控制新核准建设水泥项目"。①优化区域布局,1小时经济圈内,主城9区不再核准新型干法水泥项目,其他14个区县2009年12月31日前暂停核准新型干法水泥项目,以后根据市场需求及全市水泥产能情况确定是否新核准项目,渝东南、渝东北各区县(自治县)要结合本地市场和资源条件,合理布局新型干法水泥。②落实淘汰落后产能,只能以淘汰落后产能的方式发展新型干法水泥,不新铺摊子。原则上淘汰落后产能规模应占新上项目规模的50%以上,达不到50%的不予核准。对本行政区域或本企业淘汰落后产能达不到50%的,可以通过市场赎买落后水泥产能指标的方式来满足要求。③严格核准资料要求。项目单位在报送核准申请时,须附可行性研究报告,规划选址意见书,用地预审意见,环境影响评价批复文件,节能评估批复文件,水泥行业管理意见及35%以上资本金的资信证明,银行贷款承诺,满足项目开采30年以上的石灰石及配料资源保证和开采许可证,淘汰落后产能方案的资料等。

2009年6月17日,市政府领导在重庆市水泥协会(代为9家大型水泥企业起草,并经法人代表签字同意的)《致市领导的公开信》上又明确批示:"此信反映的问题是确切的,重庆水泥产能过剩,不能再大规模扩张。市政府对此也发了文件,但执行中似没落实到位,请市经委、市发展改革委务必管好这件事。国土房管部门、环保部门也要启动闸门,不给新建水泥厂土地或环境空间,市政府金融办要控制新建水泥厂的贷款。总之,要有一套具体刹车办法。"市级有关部门正根据市领导的"批示"精神,紧锣密鼓地制订"刹车"方案。行业人士高兴地说:"重庆水泥工业科学发展大有希望了。"

2. 投资要有理性。

对水泥项目(含粉磨站)要加强论证,做到科学决策、科学布局、防止盲目性。

3. 大中型企业要有社会责任感。

水泥企业执行同一个产业政策,面对同一个大市场,商者无域、相融共生。要在实践中建立协商沟通机制,制订一些行约,约束自己行为,保证布局、投资更科学,保证投资有个合理回报。

4. 有核心竞争力的大型企业走出"国门"做大做强。

抢占国际市场资源,为川渝中小企业留些空间。

5. 大中型水泥企业联合重组。

为做大做强、调整企业组织结构做出新贡献。

6. 政府行业主管部门、大型企业、大专院校、科研单位、行业协会要加强对川渝水泥消费峰值的研究和探讨。

对加强宏观调控适时提出阶段性控制水泥总量,调整结构及防止后期存量资产过大关系重大。根据先行工业化国家的经验，进入工业化后期，水泥消费峰值过后，水泥消费量将大幅下降。例如日本在上世纪七八十年代，经济高速发展拉动水泥工业高速发展，但到2008年日本只有57条窑，熟料产能0.68亿吨，与1980年相比，分别下降了70.3%和46%。日本现在每吨水泥尽管利用工业废弃物达到436千克、燃料利用废弃物达到8%，但每吨水泥利润只有10多元人民币。

日本的经验教训很深刻，在经济高速增长时，我们不能把水泥的总量搞得过大，严重地供过于求将后患无穷，应加强水泥消费峰值的研究和探讨，未雨绸缪，防患于未然，避免盲目重复建设，防止水泥投资严重过度已经迫在眉睫。

★该篇文章发表于2009年第8期《中国水泥》杂志。

学习实践科学发展观，加速调整水泥工业结构★

Study and carry out scientific outlook of development and speed up cement industry restructuring

◎中国国际工程咨询公司专家委员会顾问、原国家建材局局长　王燕谋

By Wang Yanmou, advisor of Experts Committee of China International Engineering Consultation Co. and former dean of National Building Material Bureau

科学发展观，是以胡锦涛同志为总书记的党中央对马克思主义的最新发展，是建设中国特色社会主义的基本理论，也是我国经济和社会发展的重大战略决策。水泥工业惟有践行科学发展观，才能健康快速地发展。

进入新世纪以来，在各级政府、企业和相关单位的共同努力下，中国水泥工业取得巨大进步。受国际金融危机影响后，在国家投资的拉动下，水泥生产已经复苏，前景乐观。然而，结构性问题仍很突出，落后生产方法的产量占较大比重。以先进生产方法取代落后生产方法为核心内容的结构调整是水泥工业走新型工业化道路必须首先解决的问题，也是创建资源节约型、环境友好型社会的基本措施。

当前，全党、全国正在开展学习实践科学发展观活动。胡锦涛总书记指出，开展学习实践科学发展观活动，“党员干部受教育是基础，科学发展上水平是核心，人民群众得实惠是目的”。水泥行业应把加速调整结构作为学习实践科学发展观的核心，以把握正确发展方向，推动水泥工业继续进步。

一、水泥工业结构现状

据中国水泥协会核定的数据，2008年水泥总产量13.88亿吨，其中先进的新型干法产量8.81亿吨，占总产量的63%；以立窑为主的落后方法产量5.07亿吨，占总量的37%，从全局看，落后方法产量仍占较大比重。

从核定的统计数据中还可看到，新型干法产量占总量的比例，在各省、市、自治区之间有很大差别。河南、浙江等省新型干法产量比例达96%以上，有20个省、市、自治区在全国平均水平63%以下，还有一些经济发达省份低于50%，可见，全国新型干法生产发展不平衡，各地区尚存在较大差距。

水泥新型干法虽是当前的先进生产方法，但它有一个在规模上从小到大、在技术上由低到高的发展过程。20世纪80年代，我国最早自主开发的新型干法技术是日产700吨熟料和日产1 000吨熟料规模的。开发成功后，全国各地陆续建设了一批这类生产线。20世纪90年代，技术水平较高的日产2 000吨熟料生产线开发成功，取代日产700吨熟料和日产1 000吨熟料生产线在全国普遍推广。进入21世纪后，技术水平更高的日产5 000吨熟料生产线又开发成功，掀起了我国新型干法技术蓬勃发展的新高潮。在日产2 000吨和日产5 000吨熟料生产线迅速发展的进程中，有些中、小企业由于受资金、资源等条件所限，又建设了一批日产700吨熟料到日产1 800吨熟料的小型生产线。由于技术经济指标差、生产成本高、市场竞争力弱，这些小型生产线虽然未被政府部门列为淘汰对象，但正在被市场所淘汰，东部沿海地区大部分已经停产。这是水泥工业结构调整中出现的新情况。据资料显示，2008年我国日产700吨熟料到1 800吨熟料的小型新型干法生产线有345条，熟料产能共11 871万吨，占新型干法熟料总产能76 197万吨的近16%，数量不小。

二、调整结构的重要性

水泥工业结构通常是指技术结构。调整结构就是用先进的新型干法，淘汰立窑等落后的生产方法。在结构现状中可看到，水泥生产总量中有37%落后方法生产的水泥；在新型干法水泥中，尚有一部分落后的小型生产线生产的水泥。上述两者相加，须淘汰的水泥总量估计有5~6亿吨，数量很大。落后方法生产水泥，能耗高、环保差、产品质量次、矿山资源浪费大、社会经济效益低下，其数量又如此之多，调整结构刻不容缓。

在水泥总量中，各地区落后方法生产的水泥比例有很大差别，除少数省、市外，大部分省、市、区都高于37%的全国平均水平，有些经济大省甚至高于50%。我国大部分地区调整水泥工业结构的任务很重，必须加大调整的力度。

近期，一些业内、外人士提出了水泥总量过剩问题。对

这个问题要具体分析。现在水泥总量中包含了数量巨大的落后方法生产的水泥，要发展新型干法将其淘汰，须用新型干法的增量填补落后方法淘汰后腾出的产量空间。所以，从目前全国总体情况看，新型干法产量并不过剩，对大多数省、市、区而言，目前不过剩，估计近期也不会过剩。笼统地说水泥总量过剩将影响淘汰落后，阻碍新型干法的正常发展，减缓调整结构的速度。现在有些地区在发展新型干法过程中存在一定盲目性，少数省、市、区新型干法产能有可能过剩，这些都应在调整结构的框架内解决。从调整结构的指导思想、方针政策和具体措施等多个层面，解决水泥行业在近期发展中出现的问题。调整结构应当是水泥行业当前的首要任务和工作总纲。

在国家关于“扩内需、保增长、调结构、重民生、促和谐”的方针指引下，我国经济已走出低谷，正在复苏，水泥工业是最早复苏的产业之一。目前水泥业的市场看好、发展前景乐观、建设资金充足、先进技术应用自如，与20世纪末发展新型干法缺乏资金、缺乏技术的窘境相比，形成鲜明对照。我们要十分珍惜当前的大好形势，科学发展新型干法，加速调整水泥工业结构，为我国经济健康、快速发展作出应有的贡献。

三、如何调整结构

科学发展观是调整水泥工业结构的指导思想。按科学发展观理念，水泥行业作为充分竞争性行业，在社会主义市场经济条件下调整结构必须遵循现代市场经济规律，要用现代市场经济理论指导科学发展新型干法，加快淘汰落后生产方法。

（一）遵循现代市场经济规律

从总体上讲，市场经济的发展，经历了两个阶段。第一个阶段称古典市场经济，从80世纪下半期到20世纪30年代；第二个阶段称现代市场经济，从20世纪30年代开始，直到现在。

古典市场经济是按自由放任的经济理论进行运作的市场经济。该理论主张自由贸易、自由竞争，反对国家干预经济，认为自由竞争形成的价格机制能恢复市场上出现的社会产品供求不平衡。英国经济学家亚当·斯密是自由放任市场经济理论的创始人。他提出了所谓“看不见的手”的理论，“看不见的手”就是指自由竞争形成的价格机制。从19世纪20年代起，自由放任的市场经济在运作过程中大约每隔十年左右就会发生一次生产过剩的危机。由于当时生产力水平较低，自由竞争形成的价格机制经过一段时间运行后尚能使社会产品供求关系恢复平衡，所以危机并未能动摇人们对这个理论的信念。

现代市场经济是按国家干预的市场经济理论进行运作的市场经济。1929～1933年发生了世界性的经济大萧条，产品大量过剩，工人大批失业，自由竞争形成的价格机制已无法修复社会产品的供求平衡，充分显示出自由放任的市场经济体制已不适应当时较高生产力水平的状况。就在这个时候，产生了国家干预的市场经济理论，其创始人是英国经济学家凯恩斯。他认为，有效需求是决定社会生产量和就业量的关键因素，需求不足引发经济危机和严重失业；主张国家对经济进行干预，通过政府采购提高有效需求，实现充分就业。以美国总统罗斯福为代表的西方国家政府领导人都采纳了凯恩斯理论，扩大政府职能，增加国家投资，政府管理的事业越来越多，国家经营的产业占经济总量的比例迅速提高到30%，有些国家甚至达到40%～50%。西方国家终于走出了危机的困境。这标志着自由放任的古典市场经济的终结，国家干预的现代市场经济的开端。

20世纪70年代，出现了新自由主义市场经济理论。倡导这个理论的是由1976年诺贝尔经济学奖得主、美国经济学家弗里德曼领军的芝加哥学派。他们认为国家干预引发了高通胀，同时使经济发展缓慢；反对政府监管、高额税收和国家投资公共产品；推崇不受管制的金融市场和劳动力市场，以及自由修复市场。美国总统里根和英国首相撒切尔夫人执政后，积极推行新自由主义市场经济理论，实行国有资产私有化，降低税收，撤销金融监管。新自由主义市场经济在西方国家风云一时。

西方国家推行新自由主义市场经济后，危机不断。1987年的股市崩盘，1994年的墨西哥金融危机，1997年的亚洲金融危机和2000年的互联网泡沫破裂。到2008年下半年，发生由美国次贷危机引发的世界性金融危机，并迅速扩展成全球经济危机。危机充分暴露了新自由主义市场经济理论的缺陷，无法自行修复市场，无法克服经济危机，无法控制人的道德风险。为应对危机，各国政府重拾国家干预的市场经济理论。收购金融不良资产，防止金融体系崩溃；增加政府投入，刺激消费；修订法律法规，加强对金融体系的监管。至今，世界经济已终止恶化，部分国家已开始复苏。2008年诺贝尔经济学奖颁给了凯恩斯学派的美国经济学家克鲁格曼。

20世纪30年代以来，由凯恩斯理论到弗里德曼理论，又回到凯恩斯理论，这个周转过程说明，现代市场经济运行规律是：市场机制发挥着配置社会经济资源的基础作用，在运行过程中国家对经济生活进行干预。市场配置资源就是，由在法制条件下平等竞争形成的价格机制，对社会产品的供求进行平衡，优化资源配置，不断提高社会生产力水平。国家干预是市场机制配置资源的必要条件。政府在市场上必须承担维护产权与契约权益的责任和保护公众利益的责任，在关键时刻必须采取措施，干预市场，确保市场机制发挥积极作用，加快社会经济发展。但是，国家干预要在问责框架下实施，必须以市场在资源配置中起基础性作用为前提。超越了这一点就会削弱市场经济，甚至变为计划经济（注1）。

为遵循现代市场经济规律，水泥行业调整结构要充分发挥市场机制作用，在此前提下，政府对市场进行干预。

（二）科学发展新型干法

水泥新型干法尚有较大发展空间。中国正处在经济发展阶段,2008 年水泥消费量约 13 亿吨,今后会逐年增加。2000 年到 2008 年水泥消费量平均每年增长 11.2%,2009 年上半年消费量增长了 14.9%。如果今后水泥需求量按每年增长 8% 计算,五年内需求量将增加 6 亿吨,加上淘汰落后生产方法腾出的需求量,新型干法水泥需求量将增加 11 ~ 12 亿吨。为此,要建 550 ~ 600 条日产 5 000 吨熟料生产线,扣除在建的生产线,仍有较大空间。如果考虑我国水泥产能利用率多年来一直是 70% ~ 80% 的实际情况,发展空间就更大。由于经济水平和结构现状的差别,各地新型干法发展空间有所不同。

水泥工业属充分竞争性行业,发展新型干法首先考虑的应是利用市场机制,在市场竞争中优胜劣汰,合理配置资源,不断进步。现代市场经济要求市场主体对自己的行为负责。在市场机制配置新型干法发展的过程中,作为市场主体的水泥企业必须不断提高自己的竞争力。为提高竞争力,企业围绕改进产品和降低成本进行管理创新和技术创新。可以看到,竞争力强的水泥企业都非常重视战略管理。扩张时首先对目标项目分析研究其矿山资源、原燃材料运输和产品市场与竞争对手,因为工厂外部条件直接影响到生产与销售成本和利润率。此外,这些企业在管理创新中建立了现代企业制度和有效的激励机制与约束机制。现代企业制度保证了决策的民主化和程序化,可在最大程度上减少企业发展中的盲目性;激励机制与约束机制从根本上保证企业取得最大效益。要做到这些,企业须根据自身条件进行深化改革,特别是产权制度的改革。还可看到,进入新世纪以来,竞争力强的企业在技术创新上都取得了巨大进展。在生产线规模方面,由日产 2 000 吨熟料发展到日产 5 000 吨熟料,在此基础上发展到日产 10 000 吨熟料,现在正向日产 12 000 吨熟料的方向迈进。在节能减排方面,新型干法生产线上已设置低温余热发电,在此基础上正在开发利用二次燃料,同时处置城市废弃物。技术创新和管理创新一样,大幅度降低了成本,增加了效益,提高了企业的竞争力。在现代市场经济中,市场竞争是优化资源配置的基本动力,提高市场竞争力是企业的第一要务。

发展新型干法在充分利用市场机制的基础上,要由国家对市场进行干预。政府通过金融、税收等政策进行调控;依据环保、资源、能源、质量和反垄断等法律法规进行监管;通过发布信息等进行引导。水泥项目核准是政府对项目是否符合我国有关法律法规的最终审定,是监管的重要内容之一。对国有资本项目叫批准,对混合资本和民营资本项目叫核准。如果将项目核准像投资体制改革前的批准那样,作为控制新型干法发展的唯一手段,那就退到了计划经济。同样,如果发展新型干法单靠市场竞争,那就退到了新自由主义经济,两者都不可取。为正确核准项目,可考虑实行政府问责制。

水泥产品略有过剩是市场竞争形成的价格机制在平衡供求关系过程中出现的一种正常现象,只是达到过度的过剩时才成为问题。产品过度的过剩是盲目发展的结果。为解决发展水泥新型干法过程中出现的盲目性和产量过度过剩问题,要遵循现代市场经济规律。在市场机制的作用下,企业为在市场竞争中取胜,必然会努力克服盲目性,不断提高竞争能力。国家的调控、监管和引导,会促使企业不能盲目发展。核准并不是克服盲目性的唯一手段。通过市场机制作用和国家干预,克服了盲目发展,也就解决了产品的过度过剩问题。

发展新型干法还须提高企业集中度。水泥工业结构除技术结构外,还有规模结构、流通结构和组织结构。经过多年的发展,水泥工业结构调整已取得巨大进展。流通结构由袋装、铁路运输转为散装与袋装、水运与陆运相结合的模式;组织结构由全能厂转为熟料基地——水泥粉磨站与全能厂相结合的模式。这两种模式已基本适应我国经济发展的要求。技术结构和规模结构虽已取得长足进步,但尚存在很大问题。在调整技术结构的同时,必须调整规模结构。目前水泥企业还有 4 000 多家,其中主要是落后的小型立窑企业。为了调整规模结构,不仅要淘汰数量众多的立窑企业,还须提高新型干法企业的集中度。提高集中度属企业的市场行为,通过优化生产要素,实现企业资源的最佳配置,从而增强企业竞争力,提升企业综合效益水平。优势企业集中度的不断提高是市场经济中的一个发展趋势。提高集中度有两条途径:一是新建生产线;二是企业重组。两条途径各有优缺点:新建对企业整合较容易,但扩张速度较慢;重组对企业扩张较快,但重组后的企业整合非常困难。选择何种途径应由企业根据自身条件和市场情况自主决策,在任何情况下都应避免浮躁和投机取巧的心态,防止盲目从事。重组可激活资本存量,具有社会效益,得到政府鼓励,最近已列出重组贷款专项。显然,调整规模结构也要采取市场配置与政府调控相结合的手段。

水泥新型干法须进一步发展。在发展中,政府在充分利用市场机制前提下进行干预,企业在政府干预的条件下进行竞争,企业与政府既各司其职又密切配合,共同使水泥生产建设又好、又快、又省,实现新型干法的科学发展。

(三)加快淘汰落后生产方法

水泥行业淘汰落后生产方法的任务仍很艰巨。从内容上看,要淘汰的主要是立窑,其余是湿法窑、立波尔窑和中空干法窑,还有日产 2 000 吨熟料以下的小型新型干法生产线;立窑企业和一些水泥粉磨站使用的 φ2.4 米及其以下的小型磨机,电耗高、效率低,达不到法定能效指标,也要淘汰;立窑企业和小型新型干法企业都没有自备矿山,收购民采石灰石作原料,民采石灰石矿都进行野蛮开采,造成生态环境严重破坏、矿山资源巨大浪费,必须取缔。从数量上看,须淘汰的产量约占 2008 年总产量的 37% ~ 43%。此外,有些目前已停产的落后生产线,一旦出现合适的市场条件,它们还将恢复生产。从多方面看,淘汰落后生产方法的任务,依然很重。

淘汰落后生产方法应充分发挥市场机制优化资源配置的作用。在市场竞争中,质量好、价格低的产品要淘汰质量次、价格高的产品;先进的生产方法要取代落后的生产方法。根据这个原理,只有通过增加日产 2 000 吨熟料规模以上的新型干法水泥的市场供应量,才能从根本上淘汰立窑等落后生产方法。这就要求新建足够数量的新型干法生产线。为使业已停产的落后生产线不能复产,也必须增加新型干法水泥的市场供应量,而且,其供应量要适度超过总需求量,使价格保持在落后生产方法企业无法承受的较低水平上。所以,在淘汰落后的一段时间里,水泥价格不会太高,新型干法水泥企业为取得较高利润,只能在降低成本方面寻找出路。实践表明,利用市场机制淘汰落后生产企业,基本上不会引起市场的大起大落,不会导致发展新型干法的一哄而起和盲目投资,对社会压力较轻、影响较小,淘汰成本较低,应当是一个首选。

淘汰落后生产方法,还需要政府强有力的监管和调控。可以看到,依据环保法淘汰落后水泥生产方法十分有效,许多立窑企业由于环保原因而被勒令停产。不少省、市实施关于重要工程不得使用立窑水泥的规定,有力地推动了立窑企业的淘汰。有关政府部门正在依据能源、资源和质量等法律法规制订政策,进一步淘汰落后生产方法。有些省、市政府采取财政补助的办法,引导立窑企业淘汰,取得良好效果。国家关于利用工业废渣的税收政策有力地促使立窑企业走向淘汰。近期淘汰水泥落后生产方法的实践表明,淘汰落后的进程与地方政府监管与调控的力度密切有关,力度愈大,进程愈快。政府的监管和调控对淘汰落后水泥生产方法十分重要。

水泥行业淘汰落后生产方法的任务非常艰巨。为加快淘汰落后,一方面要利用市场机制的作用,不断增加新型干法水泥的市场供应量;另一方面要加强政府的监管和调控。两方面都很重要,缺一不可。

中国水泥行业要在科学发展观思想的指引下,遵循现代市场经济规律,加速调整结构,早日全面实现新型工业化目标。

注 1:《社会主义市场经济概论》,全国干部学习读本,人民出版社,2001 年 7 月 15 日。

★该篇文章发表于 2009 年 8 月 12 日《中国建材报》。

提高集中度路在何方★

Where is the way to increase concentration?

◎山水集团市场调研部

By Market Research Department of Shanshui Group

2009 年以来,“产能过剩”成为水泥行业聚焦的一个话题。在“海螺”论坛、都江堰圆桌会、产业政策修订会等数次重大会议上,各大集团态度非常一致:国家要严格控制、提高门槛,防止新型干法过快增长。“海螺”论坛之后,有的新闻媒体曾打出了“产能过剩在全国蔓延”的题目。

其实,产能过剩问题,早些年也出现过。2003 年,受固定资产投资、第二产业、建筑业及房地产业投资高速增长的拉动,水泥行业投资增长 121.9%,高于钢铁行业 99.6%、电解铝行业 92.975% 的增幅,更远远高于全国固定资产投资增长 26.7% 的平均水平。这一轮投资高峰,有两个现象值得注意:一是有些地方继续新建或扩径改造落后立窑,立窑总量不降反升;二是以浙江为代表的部分区域,新型干法水泥开始一哄而起。两种工艺的水泥“齐头并进”,也就必然地出现了产能过剩。就在这一年的 11 月 21 日,发展改革委、财政部、国土资源部、建设部、环保总局顶检总局下发了《关于防止水泥行业盲目投资加快结构调整的若干意见》,也就是栽们行业内熟知的 103 号文。

2003 年包括此前也曾出现的产能过剩,主要是一种结构性过剩。立窑水泥由于投资少、见效快,结果遍地开花,并在水泥总量当中占据绝对比重。“九五”末期,新型干法水泥比重为 10%,即便到了 2003 年,新型干法水泥比重也只有 25% 左右。我们也注意到,国家出台的 103 号文旨在“防止水泥工业盲目投资和低水平重复建设,促进水泥工业健康发展”。其中,除了严控立窑水泥死灰复燃之外,要求各地统筹考虑本地资源、能源、市场需求等情况,认真做好水泥工业规划和布局。

继 103 号文之后,2004 年国家打出了诸如严格土地审批、银行信贷等宏观调控的“组合拳”,加之上游的煤电供需矛盾凸显、价格上涨,导致水泥投资大幅下降。2004 年当年,水泥行业固定资产投资增长 43.3%,与 2003 年相比下挫 78.6 个百分点,2005 年、2006 年陷入负增长。前一轮“投资热”恶果也逐渐显现出来,2005 年水泥行业利润同比下降 38.7%,其中,浙江水泥尤为惨重,出现全行业亏损,亏损面达 60%,成为全国共知的“浙江现象”。

水泥工业要往何处去? 2006 年,可以称得上政策出台最为集中的一年。4 月 13 日,国家发改委等八部委下发《关于加快水泥工业结构调整的若干意见》、10月17日，国家发改委下发《水泥工业产业发展政策》、《水泥工业发展专项规划》、12月31日，国家发展改革委、国土资源部、中国人民银行下发《关于公布国家重点支持水泥工业结构调整大型企业（集团）名单的通知》；2007年2月28日国家发改委下发《关于做好淘汰落后水泥生产能力有关工作的通知》。

在以上政策文件当中，第一次提出并强调了“提高集中度”概念。国家之所以公布60强名单，支持12家全国性和48家区域性大企业，初衷就是“突出重点、有保有压、区别对待、扶优限劣”，充分发挥大企业（集团）在水泥工业结构调整中的带头和示范作用，加快兼并重组，提高产业集中度，解决重复建设、竞争无序、效益低下、能源资源浪费严重等问题。

2000年，10大水泥集团的生产集中度不到4.4%，2005年提高到13.3%。在产业政策的指引下，以12大集团为主导的投资、重组风起云涌，产业集中度不断提高。按照国家八部委《关于加快水泥工业结构调整的若干意见》要求，到2010年“新型干法水泥比重提高到70%”，水泥产量前10位企业“生产集中度提高到30%”，实际上2008年新型干法水泥比重已超过60%，前10位大企业的产能已占到总产能的30.3%。

然而，这一轮的投资与重组热潮，以及国家淘汰落后产能、提高产业集中度，却带来一个新的问题：部分区域先进水泥产能面临新的过剩。除了以浙江、江苏为代表的“长三角”外，安徽、河南、湖北、云南等省份，以及此前一向行情耀眼的甘肃、青海、宁夏等西北地区，均出现了新型干法水泥产能过剩的趋势。像青海、甘肃等地，目前的人均产能竟然已达1.5吨左右。据悉，2008年全年，全国水泥投资额共计1 051亿元，同比增长了60.67%；2009年上半年全国水泥的投资增长率高达67.01%。特别是四川，2008年发生大地震后，大批企业涌入蜀地，获得政府相关部门批准建设的水泥生产线就达70多条，如果全部投产后，再加上原有产能，总产能已经达到2亿吨。而据专家估算的，灾后水泥需求每年在1亿吨，也就是说过剩产能1亿吨！很显然，四川将步“浙江现象”后尘，自食盲目投资的恶果。

难道“提高集中度”解决不了过剩问题？

我们先看看本轮的产能过剩是如何造成的。第一，不可否认，作为投资拉动型产业，国家“保增长、扩内需”的4万亿投资计划，直接刺激了水泥投资。这就不难理解，在金融危机背景下，诸多行业收缩投资，而水泥投资却一路高歌猛进。第二，不甘落后的“做大”情结，使得一家行动、全体行动。有的企业甚至到处跑马圈地、大小通吃，似有“不当全国第一誓不罢休”的架势。这也不难理解，大家都鼓噪“严防产能过剩”，但却没有一家企业愿意主动停下来。第三，金融危机背景下，有些地方政府再燃招商热“，恰好与水泥企业的”投资热“一拍即合，审批一路绿灯，助长了新型干法产能过剩。第四，最近几年宏观经济政策由松到紧、由紧到松，在一定程度上培养了企业的“机遇意识”，以至于国家的政策稍微一放宽，就可能重新掀起一轮投资高峰，水泥行业也不例外。

那么，怎么解决产能过剩？我们认为，还是要回到“集中度”这个问题上来，探究什么叫“集中度”，什么才是我们所需要的、所希望看到的“集中度”。

我们不妨看看山东省的做法。山东是全国水泥大省曾经也是全国的立窑大省，立窑水泥的技术、管理水平全国最高，因此该省结构调整的难度也是最大的。然而，数年后的今天，山东省却成了全国水泥结构调整最平稳的地区。他们非常重要的一条，就是严格执行“总量控制、等量淘汰”，逐年按计划稳步推进。2003年前后，在新型干法水泥出现“投资热”的时候，山东省始终坚持“等量淘汰或超量淘汰”原则，从根本上防止了新型干法水泥盲目投资现象。期间，培育出了“山水”、“中联”两大水泥企业，这两家企业已占据全省水泥产能的半壁江山。正因为如此，山东省水泥的供求关系、水泥价格始终保持相对稳定，其中，山水集团沿胶济铁路“东进西扩、南北辐射”，科学布局，理性发展，实现了规模、效益稳步增长。截止到目前，“山水”在山东省内的十几个市均建有自己的企业，不仅具备了市场话语权，而且在一定程度上又助推了立窑水泥的淘汰。在提高自身集中度时“山水”也曾收购了多家企业，但他们不单纯是为了扩大规模，而是十分注重企业的外部条件，必定选择市场、资源和运输条件好的企业作为并购对象，在签订并购协议后，随即向被并购企业派出优秀干部和员工，利用自己在管理、技术和文化上的优势，对其进行革新和融合，使企业效益很快发挥出来。

山东省及山水集团的做法，有两条是值得借鉴的。第一，政府严格执行“总量控制、等量淘汰”，凡是不符合政策、不符合规划的项目，均不予审批；第二，大企业要保持理性，科学发展。由此，再回到“集中度”这个话题，我们认为，对于“集中度”应该厘清几个认识：

1.“集中度”不是形式的集中，而是内在的集中。

也就是说，集中起来的不能是“混合物”，而必须是“化合物”。在我们水泥行业，这两种集中形式都存在，但效果却完全不同。国家重点支持的12家水泥企业，除个别的被“集中”外，其他的都扩大了，也就是集中度大大提高了。但是我们看到，“化合物”型的集团无论在管理、技术、经营理念、方法手段等方面，都已经不啻于世界同行业大集团了，显示出无限的生命力，成为推动行业结构调整的中坚力量。而“混合物”型的集中，只停留在统一统计的水平上，资源未作优化，管理止步不前，售价自相残杀，市场不能整合，甚至落后的工艺仍在保留，结果出现了规模越大、亏损越严重，因此在竞争对手面前根本没有“亮剑”的资本。

2.“集中度”重在质量型集中，不能单纯地搞数量型集中。

当初，国家提出“集中度”这一概念时，很多人片面地理解成只要12家或60家大型水泥企业划分好区域，诸侯割剧，独霸一方，就有了所谓的“话语权”，因而水泥价格就上来了，效益也就上来了。今天看来，这种认识太浮浅了。市场的规律告诉我们，“集中度”并不看你集中多少量，还要看如何集申，集中的“质”究竟怎么样。质量型集中，如海螺、山水等企业，重视市场的深度分析，这就保证了建设或收购一个企业，很快就有效益。而数量型集中，只是简单地把企业归拢起来，并没有解决各自为政的问题，出现了“1 + 1 < 2”、“1 + 1 = 0”甚至为负数的现象。按照市场竞争机制，本应该淘汰的企业，反而因为有了靠山，活得悠哉悠哉。这样的集中，是没有任何意义的，而且客观上加剧了产能过剩。

3.“集中度”要靠市场来集中，而不能靠政府的行政手段。

现代市场经济是政府指导下的市场经济体制，在这个体制下政府和企业各有各自的职能。政府的职能，应该是出规划、出政策，设定准入条件，创造公平有序竞争环境，制止盲目投资等。当前，有两种情况需要引起注意：一是，政府的“招商热”应该降温。实践证明，只顾 GDP 的增长，却忽视了经济规律、行业发展规律，导致重复建设，项目建成后不能发挥应有效益；二是，一些企业为了自身发展的需要，与地方政府签署了所谓的“战略伙伴关系合作协议”，协议中明确该地区只能由该企业进入，兴建项目、并购企业、整合市场，而其他企业则“严禁入内”。这种做法，严格来说是错误的，违犯了《反垄断法》破坏了市场竞争秩序。倘若按这种做法推理，哪里还有公平的竞争？“优胜劣汰”又从何而来？企业和整个行业还能进步吗？对于以上两种情况，笔者认为，政府应该把精力放在优化投资环境上，放在研究产业规划上，放在制定准入条件、优化产业结构上，政府和企业都需要保持理性。

根据以上理解，通过提高“集中度”，解决产能过剩问题，也就有了路子：

第一，国家和省市政府应在遵循经济规律、行业发展规律的前提下，进一步修订产业规划和政策，既要防低水平重复建设，更要严防高水平重复建设。

第二，坚持总量控制，提高市场准入门槛。学习山东省的经验，严把审批口子，确保增量有序进入、淘汰稳步推进，不能因为“保增长、扩内需”就随便放开审批的口子。特别是对于新型干法水泥的产能过剩区域，坚决不予审批新的水泥投资项目。

第三，大企业要理性投资。其一，要依据自身的资源、条件，审慎决策，合理布局，避免扎堆现象。其二，收购项目也要考虑是否在自己的市场范围之内、该企业是否具有收购的价值，防止“饥不择食、大小通吃”，这样的集中没有意义。

第四，提高集中度，也包括技术、管理、市场、资源、文化、组织结构、体制机制的优化提升。如果收购和新建的企业，不能在原有基础上有所提高，这种数量的集合，并不是真正意义的集中。

第五，我们倡导“物竞天择，优胜劣汰”，但应该考虑市场整合的成本，因此，政府的招商既要为结果负责，更要为后果负责，加强投资引导，避免盲目投资。

在本文即将完稿之时，笔者读到了原国家建材局长王燕谋先生发表的《学习实践科学发展观，加速调整水泥工业结构》。文章认为，“从目前全国总体情况看，新型干法产量并不过剩，对大多数省、市、自治区而言，目前不过剩，估计近期也不会过剩。现在有些地区在发展新型干法过程中存在一定盲目性，少数省、市、自治区新型干法产能有可能过剩，这些都应在调整结构的框架内解决”。笔者在此提醒，文中说的不过剩，指的是“新型干法水泥产能”不过剩，指的是“全国新型干法水泥总量”不过剩，不同于笔者本文所谈的包含新型干法、立窑在内的“产能过剩”概念。如果有些人因为拜读了王燕谋局长的文章，把笔者前面的分析与建议忘却了，盲目快上、失去理智，那么新型干法水泥产能的过剩之虞，也要引起警惕了。

★该篇文章发表于 2009 年第 9 期《中国水泥》杂志。

中国水泥工业致力于减排 CO_2 的现状和展望★

Status quo and expectation of Chinese cement industry committing to reduce the emission of CO_2

◎原国家建材局局长、中国水泥协会高级顾问　王燕谋
By Wang Yanmou, senior advisor of China Cement Association
and former dean of National Building Material Bureau

环境恶化、气候变暖，是当今人类社会面临的大问题。水泥工业排放二氧化碳量占总排量的比例较大，减排二氧化碳是在未来发展中必须承担的社会责任。

国家主席胡锦涛同志 2009 年 9 月 22 日在联合国气候变化峰会开幕式上发表讲话，中国要争取到 2020 年单位 GDP 二氧化碳排放比 2005 年有显著下降。减排二氧化碳将是我国水泥工业今后发展中的一项重要任务。

中国水泥工业积极致力于减排二氧化碳，已取得明显成

效,但今后尚有许多工作要做。减排二氧化碳的工作主要有以下四个方面。

一、调整结构

中国水泥工业结构通常是指技术结构,调整结构就是用先进的新型干法取代落后的生产方法。新型干法是指包括预分解窑烧成、现代粉磨、物料均化和计算机集散控制等技术在内的生产方法。落后生产方法是指立窑、湿法窑、立波尔窑和中空干法窑等生产方法。2008 年落后方法产量中,立窑产量占 95% 以上。

1. 各种生产方法的煤耗。

各种生产方法的煤耗列于表 1。新型干法是最省煤的生产方法;落后生产方法的煤耗都高于新型干法,其中产量占 95% 以上的立窑的煤耗要高出 29%。

表 1 水泥各种生产方法的煤耗比较

生产方法	熟料热耗 kJ/kg	熟料标准煤耗 kgce/t	相对值%
新型干法	3 260	111	100
立窑	4 180	143	129
立波尔窑	4 096	140	126
中空干法窑	5 434	186	168
湿法窑	5 852	200	180

2. 新型干法发展状况。

进入新世纪后,我国新型干法技术趋于成熟,水泥企业改革深化到位,在国务院有关部门和各级政府的支持下,自 2002 年起全国掀起新型干法生产线建设高潮,2003 年后新型干法产量开始迅速增长。21 世纪我国水泥新型干法产量增长情况如表 2 所示。自 2004 年起,新型干法产量每年以 1 亿吨以上的速度递增;2007 年开始,新型干法产量占总产量的比例超过 50%,2008 年达 62%,这是水泥工业结构调整的重大突破。2001 年到 2008 年间,我国水泥新型干法的发展非常迅速。

表 2 水泥新型干法产量增长情况

年份	水泥总产量万吨	新型干法产量万吨	新型干法与上年相比增量万吨	占总量比例%
01	66 400	9 372	-	14
02	72 500	12 341	+2 969	17
03	86 200	18 965	+6 624	22
04	97 000	31 630	+12 665	33
05	106 000	47 270	+15 640	45
06	124 000	60 208	+12 938	49
07	136 000	71 489	+11 281	53
08	138 800	85 812	+14 323	62

3. 落后生产方法淘汰状况。

进入新世纪后,落后方法产量增减情况示于表 3。2008 年落后方法产量比上年减少了近 1.2 亿吨,在总产量中的比例下降到 38%。近几年我国煤价暴涨,湿法窑等高煤耗生产线大都难于维持生计,纷纷停产。2006 年以来,从中央到地方各级政府加大了淘汰立窑的力度,大批立窑企业倒闭,浙江和河南两省的立窑企业几乎全被淘汰。2008 年落后方法产量大幅下降,淘汰落后生产方法的工作取得很大进展。

表 3 落后生产方法产量的增减情况

年份	水泥总产量万吨	落后干法产量万吨	落后干法与上年相比增量万吨	占总量比例%
01	66 400	57 028	-	86
02	72 500	60 159	+3 131	83
03	86 200	67 235	+7 076	78
04	97 000	65 370	-1 865	67
05	106 000	58 730	-6 640	55
06	124 000	63 792	+5 062	51
07	136 000	64 511	+719	47
08	138 800	52 988	-11 523	38

4. 通过结构调整减排二氧化碳。

根据表 2 的新型干法产量增长情况和表 3 的落后方法产量增减情况,可以得出,进入 21 世纪后我国水泥工业总量的增长和相应的结构调整,主要依靠新型干法的迅速发展。在结构调整中,低煤耗新型干法产量比例的提高与高煤耗落后方法产量比例的降低,使水泥单位产品煤耗下降,熟料标准煤耗由 2001 年的 150 千克标煤/吨下降到 2007 年的 126 千克标煤/吨。2008 年近 1.2 亿吨落后方法产量由新型干法产量所取代,此项调整节省了 369 万吨标准煤,减排二氧化碳 959 万吨。

从表 3 可以看到,2008 年我国水泥工业还有约 5.3 亿吨落后方法产量,通过调整结构减排二氧化碳的任务仍很重。政府有关部门最近提出要在 3 年内淘汰水泥落后生产方法。

二、发展低温余热发电

1. 低温余热发电的含义。

在中国,利用水泥回转窑排出的气体进行发电已有 76 年的历史,按气体温度不同,分以下三种类型:

第一类是高温,即利用水泥中空干法窑窑尾 900℃ ~ 1 000℃高温气体进行发电。这是我国水泥工业早期的,现已被淘汰。

第二类是中低温,这是利用水泥预分解窑排出的低温气体与补燃锅炉烧成的高温气体混合成中低温气体进行发电。20 世纪 90 年代,一些新型干法企业曾采用此类。现在,中国政府不主张推广中低温。

第三类是低温，其不同点是利用水泥预分解窑窑尾300℃～400℃和冷却机150℃～200℃的低温气体进行发电。我国政府提倡和鼓励低温。这类已成为水泥企业降低成本和减排二氧化碳的主要手段之一。

2. 发展状况。

自1998年海螺集团宁国水泥厂建设中国第一个低温装置以来，此项技术已被国人逐渐掌握；近期煤价暴涨，低温的经济效益突现显著；水泥行业减排二氧化碳的社会责任已被广大企业领导和职工所认同。在这样的形势下，水泥窑低温在全国被迅速推广，发电装机容量猛增。近年我国低温装机容量增长情况示于表4。

表4　低温装机容量增长情况

年份	生产线条	机组台	装机容量 MW
1998～2005	13	14	50
2006	15	14	65.5
2007	86	59	571
2008	149	106	975.2
合　计	263	193	1 661.7

根据我国能源情况，低温可设置在日产2 000吨熟料及其以上规模的生产线上。2008年中国有水泥新型干法生产线935条，其中可设置的生产线有590条。在表4上看到，2008年我国已有263条水泥新型干法生产线安装了低温装置，占可设置生产线总数的45%，已有相当大的规模。从表4还看到，水泥新型干法生产线上已有193台发电机组，装机总容量达约1 662兆瓦，水泥工业低温的推广速度非常快。

3. 通过发展低温减排二氧化碳。

利用水泥烧成系统的低温余热进行发电，不需燃煤，因而不会排放二氧化碳，减少了燃煤发电的二氧化碳排放总量。2008年我国水泥工业低温余热发出的电量总计71亿千瓦时，相应减排二氧化碳665万吨。

从目前低温的发展趋势看，可以预料，在余下55%可设置的现有新型干法生产线上，很快都将全部增添。此外，低温将作为一个重要工艺环节在新建生产线时配套建设。

三、实施多品种多等级通用水泥产品结构模式

中华人民共和国成立前，全国没有统一的水泥国家标准，北方水泥企业用日本标准、南方水泥企业用美国标准或英国标准。这些标准虽然在许多方面有所差异，但其产品结构都属单一品种、不分等级的模式。新中国成立后，在人民政府有关部门领导下，中国建材研究院前任副院长、水泥专家黄大能同志负责制订全国统一的水泥国家标准。他一改过去而选用了多品种、多等级产品结构模式，这为水泥工业利用废渣、少用熟料、节能减排创造了条件，这样的选择是非常正确的。我国水泥国家标准虽几经修订，但一直保持着多品种多等级的模式。

1. 通用水泥国家标准。

现行通用水泥国家标准GB175—2007关于水泥组分的规定示于表5。我国通用水泥有：P.；P.O；P.S；P.F和P.C等6个品种，这些品种都允许掺入一定量的工业废渣，而且，有些品种允许掺入的数量可波动在一个较大范围内。

表5　国家标准GB175—2007关于水泥组分的规定

品种	代号	组分				
		熟料+石膏	粒化高炉矿渣	火山灰质混合材料	粉煤灰	石灰石
硅酸盐水泥	P.Ⅰ	100	–	–	–	–
	P.Ⅱ	≥95	≤5	–	–	–
		≥95	–	–	–	≤5
普通硅酸盐水泥	P.O	≥80且<95	>5且≤20	–		
矿渣硅酸盐水泥	P.S.A	≥50且<80	>20且≤50	–	–	–
	P.S.B	≥30且<50	>50且≤70	–	–	–
火山灰质硅酸盐水泥	P.P	≥60且<80	–	>20且≤40		–
粉煤灰硅酸盐水泥	P.F	≥60且<80	–	–	>20且≤40	–
复合硅酸盐水泥	P.C	≥50且<80	>20且≤50			

2. 水泥企业2008年的品种结构。

XX大型新型干法水泥企业在2008年6月1日实施新标准后销售的产品结构示于表6。XX省立窑水泥企业实施新标准后销售的产品结构列于表7。从表6看出，该新型干法企业的产品结构主要是：P. O 42. 5、占41. 5%；P. C 32. 5、占41. 2%；P. S 32. 5、占15. 3%。从表7看出，该省立窑水泥企业的品种主要是P. C、占90%。可见，我国当前销售的水泥品种主要是P. O 42. 5和P. C 32. 5。

表6　XX大型新型干法水泥企业在2008年产品结构

品种与等级	硅酸盐水泥		普通水泥	矿渣水泥	复合水泥
	P. I	P. II	P. O 42. 5	P. S 32. 5	P. C 32. 5
销量比%	1. 4	0. 6	41. 5	15. 3	41. 2

表7　XX省立窑水泥企业2008年产品结构

品种与等级	普通水泥	矿渣水泥	复合水泥
	P. C 32. 5	P. O 42. 5	P. S 32. 5
销量比 %	7	3	90

3. 水泥企业各品种水泥的混合材掺量。

XX大型新型干法水泥企业熟料质量为3天抗压强度31兆帕、28天62兆帕，其水泥品种的混合材掺量示于表8。XX省立窑水泥企业熟料平均质量为3天抗压强度25兆帕、28天49兆帕，其水泥品种的混合材掺量示于表9。表8显示，该新型干法企业主要品种P. O 42.5的工业废渣掺量为19. 8%，P. S 32. 5为49. 2%，P. C 32. 5为33. 3%、另掺石灰石15. 6%。表9显示，该省立窑企业主要品种P. C 32. 5的工业废渣掺量为32%，另掺石灰石5%。这些数据表明，新型干法企业和立窑企业生产的主要水泥品种中都掺入大量工业废渣和石灰石。

表8　XX大型新型干法企业水泥品种混合材掺量

品种	矿渣%	粉煤灰%	石灰石%
P. O 42. 5	19. 8		
P. S 32. 5	49. 2		
P. C 32. 5	12. 6	20. 7	15. 6

表9　XX省立窑企业水泥品种混合材掺量

品种	矿渣%	粉煤灰%	石灰石%
P. O 42. 5	15		
P. S 32. 5	38		
P. C 32. 5	22	10	5

4. 通过实施多品种多等级产品结构减排二氧化碳。

生产1吨水泥熟料要产生近1吨二氧化碳，实施多品种多等级产品结构，可利用工业废渣和石灰石取代部分熟料，从而减少二氧化碳排放。我国水泥工业每年用作混合材的工业废渣和石灰石为4亿多吨，减排的二氧化碳量相当可观。

在生产实践中得出，提高熟料1兆帕3天抗压强度，一般可增加2%混合材掺量。据30个大型水泥企业的统计，其熟料3天抗压强度平均为30. 5兆帕，28天为58. 9兆帕，我国大型新型干法企业有着改善熟料质量的很大余地。为了减排二氧化碳和降低成本，许多企业须要在提高熟料质量方面狠下功夫。

早在20世纪90年代，中国工程院院士、混凝土专家吴中伟同志曾提出关于提高混凝土等级、减少水泥用量、减排二氧化碳的建议，这是一个很有远见的提议，具有现实意义。

根据表6、表7和其他资料估计出，我国通用水泥销售总量中，32. 5等级的占50% ~ 60%、42. 5等级的占30% ~ 40%、52. 5及其以上等级的比例很小，说明工程上普遍使用的水泥等级较低。有关资料介绍，国际上工业发达国家普遍使用的水泥混凝土等级为C50 ~ C60，而我国普遍使用的水泥混凝土等级是C30 ~ C40。提高混凝土使用等级，在工程上可缩小建筑构件断面尺寸，降低水泥用量；对水泥工业要求生产更多高等级水泥、优化产品结构，同时可降低水泥生产总量，从而减少二氧化碳排放。为提高混凝土使用等级，最关键措施是修订各种工程的设计和施工规范。这项工作涉及面广、工作量大，须由政府部门和有关单位进行积极推动和精心组织。这是当前我国水泥和建筑业界非常有意义的工作，具有很高经济与社会效益。

可以预见，在全国工程建设提高混凝土使用等级的引导下，中国水泥工业必将优化产品结构，降低水泥总产量，实现大幅度减排二氧化碳。

四、开发低钙水泥新品种

20世纪70年代，中国研究院成功开发出硫铝酸盐水泥。这是一种CaO含量较低的新品种水泥。

1. 硫铝酸盐水泥熟料组成。

硫铝酸盐水泥熟料矿物组成和化学组成分别列于表10和表11。从表10看到，硫铝酸盐水泥熟料矿物组成主要是和C_2S，与硅酸盐水泥熟料有很大区别。从表11看到，硫铝酸盐水泥熟料CaO含量较低，比硅酸盐水泥熟料低24%。

表 10　硫铝酸盐水泥熟料矿物组成

熟料品种		C_3S	C_2S	C_3A	C_4AF
硅酸盐水泥	–	45～60	15～35	5～14	10～16
硫铝酸盐水泥	55～75	–	25～37	–	3～10

表 11　硫铝酸盐水泥熟料化学组成

熟料品种	S_iO_2	Al_2O_3	Fe_2O_3	CaO
硅酸盐水泥	21～25	4～8	2～4	64～67
硫铝酸盐水泥	3～13	30～38	1～3	38～45

2. 硫铝酸盐水泥的应用。

与硅酸盐水泥相比，硫铝酸盐水泥具有初期水化热高、早期强度高、抗渗性好、耐腐蚀性好、有可控膨胀性和水化液相碱度较低等特种性能。开发成功后曾应用于下列工程。

（1）冬季施工工程：103 米高的沈阳电信工程大楼、北京长城饭店、佳木斯火车站、南极长城考察站……等房屋建筑工程。

（2）快速施工工程：北京东三环燕莎立交桥、首都机场停车坪、首都钢铁公司矿业公司道路……等市政工程。

（3）防水工程：天津市研究所地下实验室、唐山新区污水处理池、沈阳菲菲乐园地下工程……等。

（4）海洋工程：福建东山岛南门海堤、青岛黄岛防砂堤、天津汉沽盐场铁路桥涵……等。

（5）水泥制品：水泥压力管、水泥排水管、高强预应力混凝土桩、玻璃纤维增强水泥（GRC）……等。

自 1979 年 2 月北京长安街、复兴门、原国家海洋局大楼进行施工起，硫铝酸盐水泥已有 30 年应用历史。

3. 通过开发低钙水泥新品种减排二氧化碳。

生产硫铝酸盐水泥时，由于熟料 CaO 含量较低，原料中石灰石配比下降，因石灰石分解排出的二氧化碳量相应减少。硫铝酸盐水泥熟料烧成时，烧成温度比硅酸盐水泥熟料低 100℃，煤耗较低，由燃煤而排出的二氧化碳量也就减少。因此，硫铝酸盐水泥生产比硅酸盐水泥可减排二氧化碳约 30%。

近几年硫铝酸盐水泥的年使用量一直保持在 200 万吨左右，数量较小，其原因是至今尚未制订出硫铝酸盐水泥混凝土工程设计与施工规范。有关研究单位和生产单位要与各使用单位密切协作，争取政府部门的支持，从速制订出该项规范，以大幅度扩大硫铝酸盐水泥使用量和生产量，为减排二氧化碳取得更大成效。

目前有关科研、学校和生产单位正在开发其他低钙水泥新品种：如硫铝酸钙改性硅酸盐水泥、贝利特硅酸盐水泥等等。开发低钙水泥新品种是今后减排二氧化碳的重要技术措施之一。

除上述四个方面外，企业管理，特别是能源管理和环保管理等，也是减排二氧化碳工作的重要方面。

展望未来，减排二氧化碳的潜力很大，任务很重。中国水泥行业将坚持科学发展，不断创新，为进一步节能减排作出新贡献。

★该篇文章发表于 2009 年第 11 期《中国水泥》杂志。

苦练内功　夯实基础　振兴我国水泥混凝土产业★

Practice hard internal work, consolidate foundation and revitalize cement and concrete industry of China

◎中国水泥协会高级顾问　高长明

By Gao Changming, senior advisor of China Cement Association

近期在建材工业的许多媒体上，凡涉及我国水泥产业的各种报道、纪实、专访、侧记等文章中屡见“国际领先”、“名列榜首”、“全球首创”等褒扬之词。对我国水泥产业近年来在国内外所取得的长足进步，笔者深感欣慰，衷心祝贺同志们几十年艰辛努力的硕果，这些硕果的确来之不易，应该宣传，以利再接再厉，更上一层楼。但是我们必须清醒地认识到，在综合实力、盈利能力、长期绩效和抗风险能力等诸多方面，我国水泥产业的龙头企业集团与国际上著名的跨国集团相比依然存在相当的差距。这些差距不仅表现在水泥与商品混凝土的生产领域，在水泥技术装备制造与研发领域中的差距可能还更大一些。

对我国水泥与混凝土产业的崛起，从长计议，笔者倾向于低调的宣传，这会使我国的龙头企业集团更主动地面对未来或风险，更有利于我国水泥产业的真正崛起。

本文主要介绍一些国际上第一流的跨国水泥集团近年来的总体情况，旨在增进我国水泥界对国际水平及其发展趋势的了解，以便从中发现一些差距，瞄准更高目标，不懈努力，扎扎实实地提高核心竞争力和可持续发展能力。

联合国世界可持续发展工商理事会（WBCSD）下设的水泥可持续发展促进会（CSI）2008 年中发表的一份报告称，该促进会现有 19 家会员，由世界一流的瑞士 Holcim 公司、法国 Lafarge 公司、墨西哥 Cemex 公司、意大利 Italcementi 公司、葡萄牙 Cimpor 公司和日本 Taiheiyo 公司及巴西、印度、美国、泰国的 10 余家水泥公司所组成。这些公司的熟料总产能 2007 年为 5.8 亿吨，约占世界总量的 24%。其中各种窑型熟料产能的分布为：新型干法窑（PC）57%，悬浮预热器窑（SP）20%，半干法窑（Semi－dry）5%，带有其他型式预热器旋窑 9%，湿法窑 6%，干法长窑 3%。这里有近 20% 属于淘汰之列，另 20% 也需进行升级技改。这就是当今水泥生产技术的国际一般水平，和我国现在的情况相近，只是我国需淘汰的窑型是以立窑为主，而国际上则是其他各种落后的旋窑。

表 1 列举了 2007 年国际五大水泥公司的重要运营指标，因为它们是各公司在全球所有水泥企业的总平均值，只能相当于国际中等稍偏上水平，并非国际先进水平。

表 1　2007 年世界 5 大水泥公司重要运营指标

项目	瑞士 Holcim	法国 Lafarge	德国 Heidelberg	墨西哥 Cemex	意大利 Italcementi
1. 销售量					
水泥（百万吨）	149.6	136.4	87.9	87.4	64.6
商品混凝土（百万立方米）	45.2	42.2	32.7	80.4	20.5
集料（百万吨）	187.9	259.2	179.6	222.7	56.3
2. 吨熟料的污染物排放					
CO2（kg/t）	640	648	667	694	733
SO2（g/t）	320	865	616	599	638
NOx（g/t）	1 220	2 334	1 521	1 704	1 584
粉尘（g/t）	110	208	162	219	187
重金属（mg/t）	20	29	空缺	空缺	29
二噁英（ng/t）	40	61	空缺	空缺	18
3. 单位熟料热耗（kj/kg）★	平均 3 448（变化范围 3 260 ~ 3 632）				
水泥综合电耗（kWh/t）★	平均 96.7（变化范围 91 ~ 105）				
4. 替代原料占总原料（%）	10.9	11.4	12	12.8	5.9
5. 替代燃料占总燃料（%）	11.4	9.8	17	7	4.2
6. 水泥中熟料平均含量（%）	72.6	73.0	79.0	78.5	72.6
水泥中混合材平均掺入量（%）	23	22	16	17	22
7. 原料矿山复垦比例（%）	90	75	72	94	74
8. 原料矿区执行生态或生物多样性重建的比例（%）	25	22	17	69	21
9. 吨水泥的水资源消耗（kg/t）	340	343	356	403	490
10. 百万工时工伤人次数★	3.74（变化范围 0.14 ~ 17.9）				
11. 万名直接雇员工伤死亡人数★	平均 1.44（变化范围 0 ~ 5.32）				
12. 直接雇员人均年营业额	平均 22 万欧元（变化范围 16 万 ~ 30 万欧元）				
直接雇员人均年创纯利	平均 2.7 万欧元（变化范围 1.8 万 ~ 4.0 万欧元）				

注：★是 CSI 所属 19 家会员水泥公司的平均值及其变化范围。

附录：丹麦史密斯公司 2006 年人均营业额 24 万欧元，人均创纯利 2.2 万欧元，净利率 9.8%。

从表 1 可以看出，我国现今龙头水泥企业集团与国际跨国水泥巨头之间的差距最主要表现在 4 个方面。第一是对原料矿山复垦和矿区生态重建工程几乎还是空白，尚未列入社会责任范围之内。急需补做，逐步还清历史欠账。第二是对水泥产业上下游产业链的建立，完善水泥—混凝土大一统产业应抓紧进行，不能局限于生产水泥，为建筑业特别是房地产业做嫁衣裳。第三是水泥产业的盈利能力偏低，人均年利润更低，大都只有跨国公司的 1/5 ~ 1/10。冰冻三尺，非一日之寒，要扭转水泥价格（利润）太低的历史遗留问题，所有的水泥企业还得继续付出相当长一段时期的代价。第四是安全生产与员工健康保障制度。这显然与国情的关联性更大，水泥产业工伤情况因缺乏较准确统计，无从比较。表中第10项和第11项两项数据可供我国重点水泥集团参照。

在吨熟料的污染物排放及单位能耗方面，我国龙头水泥集团应该比这些跨国水泥集团占有优势。因为跨国水泥集团经营水泥产业已有上百年了，分布在世界各地的水泥厂也有近百家，不可避免地还会有一定数量的落后旋窑仍在生产运转中；不像我国许多龙头集团那样拥有清一色的新型干法窑，而且都是近年刚投产的，能耗指标和排放指标理应优于跨国公司的总平均水平。现在应该立即做的是：我们必须及时持续地监测并公布这些能耗与排放数据，积累资料，以待厚积薄发。

至于替代原料和替代燃料的应用，我国水泥工业仍处于后进状态，尤其在替代燃料的研发与投入上差距很大，有些瓶颈尚需全社会和各省市政府的全面引导与支持才能突破。希望国家主管部门加强引导和协调。

所谓水泥中熟料平均含量，即混合材平均掺入量，我国水泥企业对多掺混合材一贯是很积极的，尤其是那些“小水泥”。这里必须说明的是，所谓混合材是指经过深加工以后，适量掺入熟料中对水泥某些性能将有所提高或改善，可以部分替代熟料而不至有损水泥品种与性能的各种工业废渣或废料，但我国有些“小水泥”企业，以降低成本和增加水泥产量为主要目的，只是作为填充料而掺于水泥中来替代熟料而已。对于这种行为，有关部门应当采取各种措施加以制止。

综上所述，归结到一件事，笔者呼吁了多年，我国的龙头水泥集团要跻身国际舞台，必须向世界公众认真地提交年度环境报告和节能报告。这是起码的准入门槛，否则这将会对提升我国水泥品牌的国际影响力产生负面作用，造成不利影响。目前，国际水泥界还看不到我国媒体的这类专业性文章，即使偶尔看到也没有什么人真正能看得懂这样的中文表述，所以对一些我国媒体宣传水泥企业的溢美之词，国际上没有任何反应。

笔者重申，殷切期望我国的国家级大型重点水泥企业集团在2009年能向世界公众提交各自的年度环境报告与年度节能报告。这在提升品牌声誉方面的作用远比扩张几百万吨的产能要显著得多。时至今日，我国水泥企业的客观条件已基本具备，事在人为，只要决策层重视，环境报告应指日可待。

关于我国水泥装备制造与成套水泥生产线工程承包企业，虽然我们已经能够生产制造更多的先进关键装备，胜任现代水泥工程承包项目，甚至在国际一流的竞争中多有中标，但同样也要清醒地看到，毕竟我们进入国际市场的时间不长，涉世不深，经历的各种正反事情不多，这并不意味着今后就一帆风顺。事实上，我们还没有完全通过“中国制造”和“中国工程”长期严格的考验；中国品牌在国际上的认可度和知名度尚需继续巩固与提升，要坚持不懈地努力。首先要大幅提高科技创新的投入，确保中国装备的品质稳步提升，增强竞争力。其次在国际商贸活动中要把好经济和法律两大关，充实专业力量，尽可能减少合同谈判和执行过程中的经济或法律风险。所以，我国水泥企业的当务之急是扎扎实实地练好内功，加强自身建设，夯实基础。面对国际第一流的水泥成套装备供应商，他们的综合实力、研发和金融等优势是积累了近百年的经营磨炼而形成的。事实上，我们在短期内还不具备超越他们的实力，特别是在抗风险能力和盈利能力方面更是薄弱。所以我们不要被自己短期内所获得的较多的合同订单所迷惑，应居安思危。可以说，我国在水泥成套装备及工程总承包项目的国际市场上已经跨出了关键的一大步，而且取得了不俗的业绩，奠定了中国品牌分享国际市场份额的坚实基础。但是要把它继续做好做大，提升品牌，增强盈利能力，以期在国际舞台上成为具有较大影响力的中国公司的话，仍然任重而道远，乐观地估计，可能还需要10年左右的努力，建议认真编制一个中长期战略发展规划为佳。

总之，我们现在应苦练内功，夯实基础，自尊自律，营造良好的市场氛围，早日实现我国水泥混凝土产业的振兴。等到功成之日，享受丰收的硕果，也是一份美好的回报。如此，则吾心足矣。

★该篇文章发表于2009年2月24日《中国建材报》。

水泥窑用耐火材料的现状和发展前景★

Status quo and development prospect of refractory material used in cement kiln

◎瑞泰科技股份有限公司　曾大凡

By Zeng Dafan of Ruitai Technology Co. Ltd.

目前，新型干法水泥生产技术相对传统水泥生产技术有了极大的提高。水泥生产线的核心装备——水泥回转窑也在提高效率、降低能耗、改善产品质量等方面取得了很大进步。由于广泛采用了提高燃烧强度、强化传热效果、减少散热损失和降低环境污染等一系列的新技术，新型干法水泥窑的水平被提升到了一个崭新的阶段。然而，生产过程中需要承受更急剧的温度变化、以及更强烈的化学侵蚀和更严酷机械应力的作用，水泥新型干法生产装置更加需要优质的耐火材料的支撑。只有综合配套应用各种新型优质耐火材料，水泥新型干法窑才能正常工作，才能发挥出其高效、节能、环保的优越性。因此，新型优质耐火材料是关系水泥工业技术进步的关键性材料。

一、水泥窑用耐火材料的技术现状

改革开放后，我国的“冀东”、“宁国”、“柳州”等企业引进了新型干法水泥生产线。然而，新型干法水泥生产线所需的8类20多个品种的耐火材料全部需要进口。以1984年的价格为例，每进口1台窑要花费200多万美元购买2 300多吨耐火材料。生产线投产以后，每年还需花费50万美元去国外采购耐火材料。如果不能解决水泥窑用新型耐火材料的国产化问题，势必要花费大量的外汇资源。这样，不仅会显著增加新型干法水泥的成本，还会影响到整个国民经济建设。所以，“六五”至“九五”期间国家重点科技计划支持了新型干法水泥窑用耐火材料的研发。

中国建筑材料科学研究总院承担了这些国家科研项目，通过科研攻关，研究并解决了新型干法水泥窑用耐火材料的一系列技术问题，成功制造了直接结合镁铬砖、方镁石镁铝尖晶石砖、低铬、无铬碱性砖、抗剥落高铝砖、复合碱性砖、系列耐碱砖、系列耐碱浇注料，低水泥耐火浇注料、硅酸钙板和系列高强隔热砖等几十种新型优质耐火材料。研制出来的新型耐火材料在“冀东”、“淮海”、“柳州”、“新疆”、“邛县”、“萍乡”、“绥化”、“茂名”、“太原”等企业的水泥预分解窑中得到了成功应用。随后，一些厂家利用国家贷款建设了新型优质耐火材料生产线，转化了上述科技成果，形成了配套供货能力，基本解决了水泥窑用新型耐火材料立足国内的问题，支持了水泥干法生产技术的发展。由此，我国奠定了水泥窑用耐火材料的基础，水泥窑用耐火材料也从此步入了快速发展轨道。

近年来，水泥窑用耐火材料又有了新的发展，国产耐火材料已经具备全面替代进口耐火材料的能力。一方面，国家加大了对传统产业科技进步的支持力度，瑞泰科技股份有限公司（以下简称“瑞泰科技”）在“十五”和“十一五”期间承担了“水泥窑用环境友好碱性耐火材料”、“无铬碱性砖万吨级规模制备”和“水泥窑用长寿命、多功能系列不定形耐火材料”等国家“863”计划科技项目。另一方面，一些中资耐火材料企业大量采购先进装备，通过提升耐火材料制造水平，大幅改善了耐火材料的质量。例如，“瑞泰科技”旗下子公司“河南瑞泰”的二期工程中配套采用了全自动配料系统、Laise2000吨全自动液压压砖机、电动程控压力机和燃气超高温隧道窑等装备。见图1。

图1　“河南瑞泰”进口的2000吨全自动液压砖机

采用Laise压机后，大幅提升了砖坯的质量和产量。从质量方面讲，采用Laise压砖机后大幅减少摩擦压砖机所制砖坯的缺棱、掉角、飞边、麻面、层裂和扭曲等产品缺陷，从而明显提高了所制耐火材料的质量。表1反映了Laise压砖机生产的砖坯和普通摩擦压力机生产的砖坯的指标对比：

表1　Laise压机和普通摩擦压机所制砖坯质量对比

压机	Laise	摩擦压砖机
飞边	≤0.2～0.3 mm	宽≤0.5 mm
麻面	≈0	≤该面积1/10，数量1－2处
扭曲	≤0.1 mm	≤0.5 mm
层裂	≈0	有
尺寸误差	≤0.5 mm	≤1.0 mm

从表1可知：采用Laise压机后不仅明显改善了砖坯的飞边、麻面、扭曲和层裂等产品缺陷，且提高了砖坯的尺寸精度。砖坯的飞边和麻面影响砖的外观质量。但是，层裂和扭曲不仅是影响外观质量。也是造成废品的主要原因，如果漏检则会影响砖材的使用寿命，因而危害更大。

从产量方面讲，Laise压机采用静压成型，模具采用特殊钢材制作，模具的加工精度也很高。因此，磨具的损坏速度较慢，一套Laise压机的模具造坯量大约为40 000～50 000块，模具使用寿命平均为6～9天。相反，普通摩擦压机采用动压冲击成型，磨具损耗较严重。一套摩擦压砖机的模具造坯量大约为3 000～5 000块，使用寿命平均为1～3天。这样，用 Laise 压机取代摩擦压砖机成型就可以减少因模具磨损、频繁更换而影响所制砖坯产量和质量。

由于采用了先进装备，“河南瑞泰”的耐火材料的生产水平得以迅速提高。两年来，“河南瑞泰”生产的镁铁尖晶石砖成功地在华润集团旗下的“贵港”、“平南”、“封开”、“上思”、“南宁”子公司的10余台日产5 000～6 000吨新型干法窑，“永州莲花”、“江西圣塔”、“安徽广德三狮”、“江西高安红狮”、“洛阳黄河同力”、“蕉岭鑫达”、“新广州”、“浙江常山”的近10台日产5 000～6 000吨和多台日产日产2 500吨新型干法窑的使用，获得了10个月以上的寿命。

由于采用了先进技术，“瑞泰科技”旗下另一家子公司“安徽瑞泰”所生产的水泥窑用系列耐磨浇注料具有良好的性能，在“海螺”、“华润”、“中联”、“冀东”等公司的余热发电设施上获得了3年以上的使用寿命，成为水泥窑余热发电设施的标准用材。由于采用合理的结构，“安徽瑞泰”所制的三次风管闸板获得了3年以上的使用寿命，远远超出一般闸板半年到一年的使用寿命。图2是“安徽瑞泰”所制三次风管闸板的结构：

图2　风冷式闸板结构和外形

一般情况下，水泥窑三次风管闸板两面受热，平衡状态下闸板内外几乎没有温差。因此，耐热钢的温度和耐火材料的温度一样，耐热钢的膨胀系数几乎等于耐火材料的两倍。这样，耐热钢和耐火材料间就会产生产生巨大的膨胀差。在膨胀差产生热应力的作用下，耐火材料就很快损坏。由图2看出风冷式闸板采用中空结构，通过鼓风冷却降低金属内衬的热膨胀，使金属材料内衬的膨胀等于耐火材料外套的膨胀，就消解了耐火材料受到的拉应力，延长了闸板的寿命。

二、水泥窑用耐火材料的市场分析

改革开放以来，我国水泥工业飞速发展。从1984年以来，我国水泥产量已连续20多年位居世界第一。目前，我国水泥的产量已占世界总水泥产量的6成左右。

2009年，全国水泥产量达到16.3亿吨。至2009年底，全国已有1 113条新型干法水泥生产线，年设计熟料产能95 859万吨。其中，日产5 000吨及以上生产线设计水泥熟料产能占总新型干法水泥熟料产能的比重为45.27%，新型干法水泥产量已占水泥总产量的76.88%。2010年，全国水泥产量又将达到创纪录的18.6亿吨。据中国水泥协会统计，2010年全国新投产新型干法水泥生产线203条，年新增设计水泥熟料产能2.43亿吨。其中日产4 000吨及以上生产线115条，占新增水泥熟料总产能的72%。至此，新型干法水泥生产线已达1 316条之多！

如果达到正常管理水平，新型干法水泥窑的耐火材料单耗在每吨0.40千克以下。但是，由于一些企业的管理水平有待提高，耐火材料的品质也有待改善，估计全国水泥回转窑用耐火材料单耗约在每吨0.55千克的水平。其中，碱性耐火材料约每吨0.35千克，铝硅质耐火材料约0.20千克。若全国水泥回转窑熟料产量以12亿吨计，年需耐火材料66万吨，其中碱性耐火材料约40万吨。

三、水泥窑用耐火材料的发展前景

随着我国工业化、城镇化的发展，建筑工业和建材工业都面临良好的发展机遇，为之服务的耐火材料行业也将从中受益。但是，耐火材料的生产模式必须改变，要限制规模小、装备差、产品质量低、浪费资源和污染环境的耐火材料企业，鼓励那些拥有自主知识产权、工艺先进、装备精良，整合能力强的企业发展。面对新的形势，耐火材料企业要努力作好以下工作：

1. 提高配套技术水平和综合服务能力。

因原燃料、设备、工艺和产品不同，不同厂家的新型干法水泥窑对耐火材料的要求也不相同。甚至，同一台新型干法窑的不同部位，或同一部位的不同时期的生产条件都有很大变化，耐火材料的损毁机理有很大的差别，因而，需要使用不同的耐火材料。为了最大限度地满足水泥回转窑高产、优质、低消耗和长期安全运转的要求，除了要生产出品质优良的耐火材料，还要提高耐火材料的配套水平，以期达到最佳窑龄匹配和经济效果。此外，耐火材料的使用效果还和砌筑质量、窑炉烘烤以及使用维护有很大关系。因此，耐火材料企业除了为水泥企业提供优质产品之外，还需为客户提供周到的售前、售中和售后服务。

加快行业整合，提高制造的集中程度。

中国的耐火材料行业要尽快提高产业集中度，改变“小、多、散”的现状，形成以具有国际竞争力的大集团主导行业的局面。西方国家的经验说明，扩大企业规模具有以下明显好处：

资源共享。一批企业组成大型集团后，可以共享技术诀窍、管理经验、供销渠道、产品品牌，从而避免了为获得这些资源进行重复性的工作，大幅度降低了企业运营成本。

降低采购成本。大型企业集团可以通过采用统一采购、统一配送、统一储备和计划维修等手段，降低单位产品的制造成本。

稳定市场价格。大型企业具有巨大的产能，对市场价格具有很大的控制力，由此才能避免恶性竞争引起的不必要损失。

所以，中国的耐火材料行业要加快淘汰落后生产能力的步伐，鼓励耐火材料企业组成若干大型集团。只有进行重组，才能扩大企业规模；只有增大了企业规模，才能获得规模效益；只有具有了效益，才能更快发展技术、更新装备和赶超世界先进水平。

3. 搞好节能减排，发展绿色耐火材料产业。

发展低碳经济，对于以制造业为主的中国尤为重要，也是耐火材料工业义不容辞的责任。耐火材料企业必须提高技术水平，采用先进装备，使用清洁能源，尽量减少生产过程中对环境的污染，为客户提供品种齐全、性能稳定的新型优质耐火材料产品。与此同时，耐火材料企业还要开发废旧耐火材料综合利用，生产过程中余热利用，增加不定形耐火材料的份额，大力发展无铬碱性耐火材料技术，为解决水泥工业六价铬污染的问题做出贡献。

4. 放眼全球，提高企业国际竞争力。

我国的水泥窑用耐火材料由大量进口到基本自给，大大降低了水泥生产的成本，推动了水泥工业的发展。目前，我国的一些大型中资耐火材料企业已经具备与发达国家耐火材料跨国公司竞争的能力。我国的耐火材料在满足国内需求的同时，积极参予国际竞争，取得了良好的业绩。目前，国产耐火材料不但被东南亚、中东等地的发展中国家广泛应用，也大量出口到欧美等发达国家。

为开辟国际耐火材料市场，“瑞泰科技”建立了一支懂外语、懂商务、懂技术的营销队伍，以诚信、务实的服务赢得了国外顾客的好评。目前，“瑞泰科技”已与世界著名的公司如丹麦“史密斯”等建立了密切合作关系，在国外市场上发展了一批具有长期合作关系的客户，产品已大量出口到美国、英国、法国、德国、澳大利亚、比利时、俄罗斯等十几个国家和地区。

面对未来，中国耐火材料企业应该实施走出去的战略，在不断提高产品质量和服务能力的同时，培养国际化经营管理人才，逐步开拓国际市场，为不断提高中国在世界的影响力和话语权做出贡献。我们坚信，中国的水泥窑用耐火材料行业必将迎来美好灿烂的明天！

参考文献（略）

水泥工业对循环经济的贡献及展望★

Contribution and expectation of cement industry to circulating economy

◎中国水泥协会高级顾问　高长明

By Gao Changming, senior advisor of China Cement Association

水泥工业消纳利废的途径有3种方式，即将各种合适的废弃物或经适当加工预处理的废弃物分别用作水泥的替代原料，或用作水泥窑的替代燃料，或用作掺于水泥中的混合材。相对而言，这3种利废方式中用作混合材是最简便易行的，来源也多；用作替代原料的往往具有一定的技术难度，来源较有限；用作替代燃料的难度最大，但各种可燃废物的来源却在日益扩大，数量也呈上升之势。

一、各国水泥中混合材平均掺入量的比较与分析

按照各国水泥协会或代表性水泥集团公司公布的统计资料，2007年中国、德国、日本和美国生产的各品种水泥中，其中混合材的全国平均掺加量分别为27.5%、14.1%、13.3%和6.0%，如果计入缓凝剂石膏用量，则每吨熟料生产水泥的数量，在美国约为1.11吨，在德国和日本分别为1.22吨和1.21吨，在中国则达1.45吨。中国水泥中的平均混合材何以会掺加如此之多，表面上似乎是与各国水泥的标准不同有关。但究其真正原因，我们必须对国际水泥界的普遍质询——究竟是中国水泥工业科学利废质量高，还是片面追求水泥产量高这个问题作出应有的回应。这的确也是长期以来我国水泥科技工作者应该思考的一个问题。

半个多世纪以前，在欧美日等地不掺混合材的纯波特兰水泥几乎一统水泥工业的时代，我国水泥工业在前苏联的指导下，开始在磨制普通硅酸盐水泥时允许往熟料中掺入15%适宜的工业固体废渣用作活性混合材（水泥标准101－52，GB175－62）。藉此，在不显著影响水泥力学性能的前提下（有时或者还可以稍稍改善水泥混凝土的某些施工性能），达到增加水泥产量的目的。同时还能消纳处置一部分工业固体废弃物，主要是钢铁厂的高炉矿渣和火电厂的粉煤灰等。实践表明，矿渣和粉煤灰的确很适于用作水泥的混合材，可谓“物有所用”。只要生产出来的水泥能全面符合国家规定的水泥标准就是合理合法的，因此，当时我国的做法应该说是科学的、正确的。

然而，在随后我国立窑水泥占全国水泥总产量80%左右的20多年间（上世纪八九十年代），混合材的大量掺加，特别

是矿渣，却变成了挽救立窑熟料性能缺陷的“救命稻草”。于是往熟料中多掺混合材，不仅能多生产水泥，多得利，而且还能遮盖或冲淡立窑熟料的性能缺陷，便于销售。大批的立窑水泥厂趋之若鹜，争相采取这一十分利好的“窍门”。于是他们就把有一定限度地掺加混合材的原则抛于脑后，甚至无视国家水泥标准的起码要求乱掺加，最后变成了“谁掺混合材越多，谁就能牟利越多”的潜规则。在超标多掺混合材的同时，他们还“开发”了不少其他种类的工业废料，扩大了混合材的来源。一时间，水泥工业似乎变成了一个可以大量吞食工业废渣的“大口袋”，国内少数几家水泥质检机构疲于奔命也无从应付成千上万的立窑水泥厂，加之某些地方主义的保护，最终铸成了我国水泥中混合材多掺滥掺的陋习，致使上世纪八九十年代我国立窑水泥质量终于遭到了国际水泥界的严重质疑。

进入21世纪以后，随着我国新型干法水泥的快速发展，立窑水泥的逐步淘汰，以及各级水泥质检部门的努力监管，许多过去肆无忌惮多掺滥掺混合材的行径有所收敛或被遏制。但是大部分立窑水泥仍然因技术、经济原因，或政策性误导难以从超标掺加混合材的陋习中解脱出来。

根据中国建材联合会信息部对2003～2007年水泥生产经营统计资料的计算，全国吨水泥利润平均为9.88元，其中国家财政对水泥企业利用固体废物的补偿为4.34元，竟然占水泥行业总利润的44%。由此可见，这个利废政策对水泥企业的“经营”和生存多么重要。然而一些大型水泥集团，凭借其先进的生产技术和科学的经营管理，其吨水泥的平均利润远高于9.88元(约3倍～8倍)，所谓利废收入在利润中所占的比例很小。相反地，越是落后的小水泥企业对这个利废政策的依赖程度越大，利废政策对这些企业而言，犹如一根不可缺失的“救命稻草”。这种情况很可能是我们当初始料未及的。所幸2008年国家财政部和税务总局终于发了156号文，宣布取消对立窑水泥的这项优惠政策，实属明智之举。

近年来，混凝土外加剂和水泥助磨剂行业正在我国兴起，新办的这类企业已有百余家，因行业门槛低，企业之间良莠不齐在所难免。原来外加剂的功能就是为了改善混凝土的某些性能，助磨剂则是为了提高水泥的粉磨效率，降低单位电耗，而且它们的用量都很少，仅占水泥量的1%左右，理论上应该和水泥工业的利废量没有直接关系。

然而在有些广告中却出现了诸如“采用本厂的外加剂或助磨剂以后，利用一吨熟料就能生产出两三吨环保节能高性能生态水泥”之类的宣传。这类广告语对于本文前述的许多小型立窑水泥企业是颇具诱惑力的。首先因其知识水平所限，缺乏起码的判断力，容易被迷惑；其次他们对于“一吨熟料生产多吨水泥”的“窍门”非但不陌生，而且可以说是比较老道。现在听说竟然还能生产出时髦的“生态水泥”来，何不利用这个时髦的词藻牟取更多的钱财？这种广告对某些特定群体或水泥企业的误导作用是十分有害的，必须予以澄清。

多年来，欧美日已经反省了纯波特兰水泥的不足，在采用经过一定深加工的混合材生产混合水泥方面开展了一系列的科研开发工作，取得了一定的进展，同时又都修订了各自的水泥标准（DINEN197－1：2 000；JISR5210－1997；ASTMC150：2004）。

2000～2007年水泥中混合材的平均掺入量，日本变化最大，由7%上升到12.3%，德国由11%上升到14.1%，美国由4%上升到6%，比较缓慢。但国际上的总趋势是今后混合水泥的比例将日益增加，着力于混合材潜在性能的深度研发和加工，以期使混合材能如质如量地替代水泥熟料，提高利废质量。

我国的问题是水泥中混合材掺入量超标太多，而且大都作为填充料机械地掺入。今后必须严格监督执行国家标准（GB175－2007），坚决制裁超标或滥掺混合材的行径，加强发掘混合材活性的研发工作，从单纯追求数量转向提升质量的轨道上来。

二、各国水泥工业应用替代原料和替代燃料的比较与分析

我国从上世纪五六十年代开始就进行了诸多利用工业废渣作为替代水泥天然原料资源的研究工作，现已取得一定成绩。应该说，我国水泥工业消纳利用赤泥和电石渣是较成功的。但是所消纳的数量仍不抵其增长量，主要原因是湿法水泥窑产能低，消纳量少，本身又属淘汰之列。

替代原料在我国水泥工业最广泛地应用于将硫酸渣或炼铜渣等替代水泥生料中的铁质原料，以及将磷石膏或脱硫石膏等替代水泥缓凝剂天然石膏。两者的利废量大致为水泥产量的7%，几乎所有的水泥企业都是这样做的。加上其他少数的水泥企业额外利用一些赤泥、淤泥、矸石、电石渣等，我国水泥工业替代原料的利废总量始终停留在水泥产量的10%左右，与美国水泥工业的情况相近，而与德国、日本的差距较大。

美国水泥企业就觉得利用铸造砂、下水污泥等比较麻烦，对各州政府来说，可能因其空地较多，以为把这类废物一埋了之或许更简单，看来其长期的环保理念还有待加强。我国的情况与美国的有些相似，各级政府好像尚未顾及到位，水泥企业则限于资金和生产成本竞争，对扩大替代原料的应用积极性不高。不过最近有迹象表明，政府和有些大型水泥集团已经开始启动了下水污泥、淤泥等利废项目。

在水泥工业利用替代燃料方面，美国是起源最早的。上世纪70年代美国有不少水泥企业就开始利用废汽车轮胎作为替代燃料。这是美国这个“车轮上国家”的特殊情况，迫使其必须缓解废轮胎堆积之患，加之废轮胎热值高，在水泥窑内也较便于燃烧利用，因而在美国水泥工业中首先开始采

用。不过其主要目的是为了处置废轮胎，并非寻求水泥工业的替代燃料，仅此而已。

德国水泥工业的理念与美国的完全不同，其原动力首先就是为了全社会的环保和利废，其次是扩大水泥工业的替代燃料来源。因此不论何种可燃废物、数量多寡、燃烧难易或预处理过程繁简等各项因素，他们都很重视研发与应用。1990年前后开始起步，到2000年德国水泥工业全国平均吨水泥替代燃料利用量已达43千克，相当于按全国熟料热耗计的燃煤替代率30%；2007年则分别上升到77千克和58%，成效显著。德国尤其是在拓展城市生活垃圾和各种可燃危险废物等用作替代燃料兼替代黏土质原料方面进展较大，值得我国借鉴。

日本水泥工业在替代燃料应用方面，上世纪90年代时没有德国那么主动积极。主要因其在1987年前后全国新建了2 000多台废料（含生活垃圾）焚烧炉，几乎将全社会的各种可燃废物都置于其中"消纳处置"了，所以水泥工业也就无需承担烧废料的任务了，于是就只有少数消纳下水污泥的水泥企业。因污泥中含有一定的可燃成分，按其热值换算成若干数量的替代燃料，2000年日本水泥工业全国吨水泥替代燃料平均利用量仅为6千克。

但是自从上世纪末期，日本陆续发生废料焚烧炉灰渣填埋场渗漏的二次污染事件后，为了根治垃圾焚烧炉灰渣填埋的隐患，日本不得不逐渐将消纳可燃废料的数量转移到水泥窑上来。2007年日本水泥工业用作替代燃料的利废量上升到吨水泥49千克，相当于按熟料平均热耗计的燃煤替代率约30%，这是一个重要的技术路线改变。实际上是日本吸取了教训，改变了过去试图单纯依赖废料焚烧炉全部解决消纳利废问题的路线，重新认识到必须适当发挥水泥窑利废特点的重要性。

三、水泥工业利废前景展望

如前所述，水泥工业利废只有3个途径，即把各种废料分别用作替代原料或替代燃料，或两者兼而有之，还有就是用作混合材。显然生产每吨水泥所需要的各种天然原料和天然燃料的数量在理论上是有其限量的，即使我们100%地利用废料替代天然原料和天然燃料，水泥的单位利废量也是有限度的。

假设水泥的平均组成为熟料：石膏：混合材＝76 ：4 ：20，则每吨水泥所需的理论物料量为原料（生料＋石膏）约1.2吨、混合材0.2吨，再加上烧制0.76吨熟料所需的标煤约0.082吨，合计约1.482吨。这就是说，吨水泥利废总量的最大理论值为1.482吨。

随着科技不断创新、混合材最新品种的开拓及其潜质的深加工研发，在保证水泥总体性能不变，甚至有所提升的前提下，利用混合材替代熟料的比例应该是逐渐提高的，即水泥中混合材的最佳掺入量将呈上升趋势。现有工程实践证明，将矿渣粉磨到比表面积勃氏450平方米/千克，就可以替代50%的熟料，制成熟料：矿渣＝1： 1的矿渣水泥，其性能与纯波特兰水泥相同。这里必须指出的是，这种采用混合材深加工，增加水泥中替代熟料比例的技术发展趋势，与我国水泥工业长期以来那种在水泥中超标多掺滥掺混合材的做法完全是两回事，两种意图截然不同，切勿混淆。

从长远来看，混合水泥将取代纯波特兰水泥是一个发展方向。如果有朝一日，水泥中所剩熟料的比例仅为1/5或1/10，那么届时水泥这种胶凝材料或将退出历史舞台而被新型的胶凝材料所取代。对此我们完全没有必要抱住水泥不放，相反地应该对科学的新生事物、新材料采取欢迎的态度。

现在国际水泥界多数学者和专家认为，在可预见的将来（约50年以内），水泥混凝土仍将是一种主要的价廉物美的大宗建筑材料；全球水泥消费量中混合材替代熟料的比例可能达到60%（现在除中国大陆以外全球的比例约为10%）。如果按60%计算，届时吨水泥混合材利废量将为600千克。

按前述计算相应调整后，当水泥中混合材掺入量为60%时，吨水泥利废的替代原料量最大为0.6吨（含生料和石膏），替代燃料量最大为0.1吨，再加上替代熟料的混合材利废量0.6吨，三者共计1.3吨。即使现在水泥工业利废领先的德国也仅为0.41吨，可见还有不少改进的发展空间。

毫无疑问，今后天然燃料、天然铁质原料、天然黏土质原料和天然石膏的利废替代率均能达到100%，并且混合材替代熟料率达到60%也是可能的。但是试图利用钙质废渣替代天然石灰石原料，则因钙质废渣的来源有限，因此对水泥工业总体来说，钙质原料利废替代率将不可能达到其他的原燃料那么高。

现阶段我国水泥工业利废用作钙质原料替代石灰石的主要来源是电石渣，它是电石（CaC_2）水解生成乙炔（C_2H_2）后的残渣（$Ca(OH)_2$）。乙炔是PVC和氯碱等石化行业不可或缺的主要原料。我国至今仍沿用的电石法制乙炔的工艺，消耗大量石灰石和焦炭作为原料，而且用电弧炉生产电石的电能消耗与成本都很高，现在发达国家都已采用石油直接裂解获得乙炔的先进方法，而摒弃了电石法，这就是为什么发达国家少有电石渣的原因。相信我国今后也将逐渐由电石法转向石油裂解法生产乙炔，电石渣的比例将呈下降趋势，我们水泥工业也应适当地预见到这一情况。

最后我们认为，水泥工业不仅是全社会发展循环经济的重要产业之一，而且在安全、经济、高效地利用各种工业废弃物、城市生活垃圾、处置有毒有害的危险废弃物等方面取得了显著的成绩和进展，今后在发展循环经济的利废领域中还将有更广阔的发展空间，可以担负起更多的社会责任，为循环经济发展打造出一条绿色通道。

★该篇文章发表于2009年3月31日《中国建材报》。

水泥工业盈利能力的再探讨★

Further discussion about profit making ability of cement industry

◎中国水泥协会　孙　铃

By Sun Qian of China Cement Association

2007 年 4 月，数字水泥网发表了“中国水泥工业能力探讨”一文（中国建材报《2007 中国水泥工业要览》特刊同时刊载）。时隔两年，文中的一些观点如今已经形成共识，水泥工业的盈利能力也上了一个新的台阶，2008 年利润总额达到 2006 年的两倍左右，吨水泥利润比 2006 年增长了近 70%。但当前，由于几十年不遇的世界性经济危机的发生，使我国的经济发展面临着严峻的考验和挑战。

水泥工业的盈利能力和经济效益无疑会受到经济发展大势的影响，但是事物发展总是具有它的两面性，收益和风险同在，挑战和机遇并存。在被许多经济学家认为中国经济将见谷底的 2009 年，对于周期性的水泥产业来说前景会如何，能否延续上一年的稳健发展态势？水泥产业能否化解又一轮新增产能集中释放的冲击，保持适度的盈利水平？这些问题再次把我们引入了水泥工业盈利能力的探讨之中。

一、2008 年水泥工业利润逆市上扬

2008 年，美国的次贷危机已经演变成为金融海啸殃及全球，无论是发达国家、发展中国家还是新兴经济体几乎无一幸免。对我国来说，目前既面临金融海啸的强烈冲击，也面临多年高速发展之后一些中长期因素对经济调整的压力。但改革开放 30 年的快速发展已使我国的经济实力显著增强，又有国家“保增长，调结构，促发展”一系列强有力的政策应对，因此，既便是在 2008 下半年经济出现较大回落的形势之下，仍然有诸多让我们引以为豪的新亮点。其中，水泥行业在需求增速下降的形势下仍然保持了效益的高增长，在风雨飘摇中傲然屹立，2008 年 1 至 11 月全行业利润总额达到 261.35 亿元（见图 1），同比增长 30.8%，超过了 2007 年全年的水平。

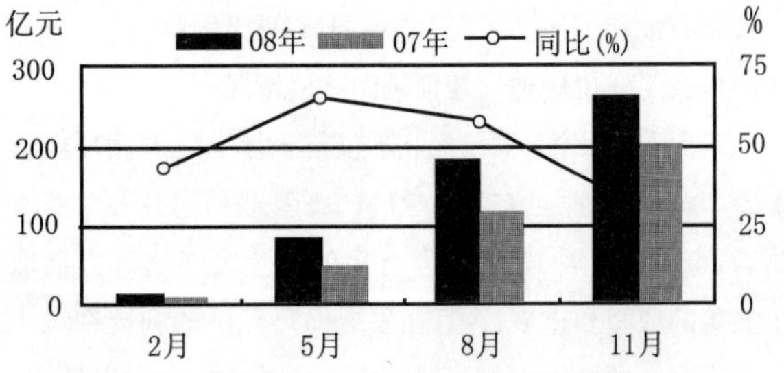

图1　2008年水泥工业利润总额

来源：数字水泥

水泥产量保持了适度的增长，2008 年达到 13.88 亿吨，同比增长 5.20%。在需求增速下滑的情况下，水泥工业的经济效益超过了 2003 年，达到了本世纪的最好水平。图 2 示出了主要原材料工业和制造业 2008 年 1～11 月的利润增速。水泥工业不仅实现了利润总额再创新高，而且增速居原材料各行业之首，这不仅在近几十年不曾有过，在水泥发展史上也是罕见的。

图2. 2008年1至11月各行业利润增速

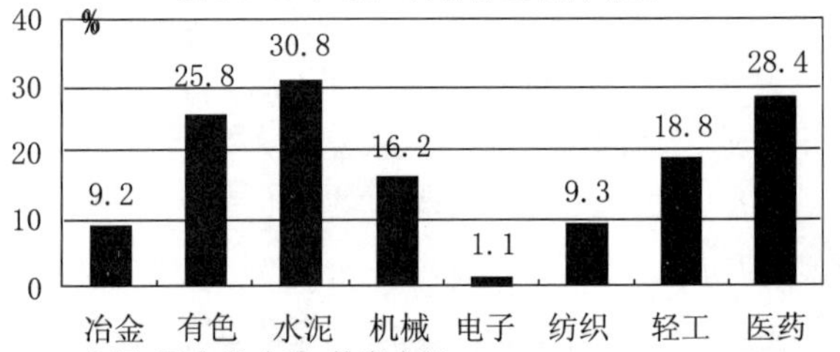

来源：国家发改委，数字水泥

在我们探讨水泥工业未来的盈利空间之前，首先回顾一下在不寻常的 2008 年，水泥和钢铁这两大原材料工业运行的大抵状况并对二者进行初步的比较。

二、水泥的价格和效益近来比钢铁坚挺

作为国家基本建设应用最广泛的两大基础原材料，水泥和钢铁的发展既有许多共同点，也有明显的差异。从产销量规模来说，都早已成为世界之最，2007 年我国水泥产量 136 000万吨，占世界水泥总产量的 49.1%；钢材产量 48 966 万吨，占世界钢材总产量的 36.4%。两个行业都是固定资产投资拉动型的周期性行业，由于近年出现产能过剩又同时成为国家宏观调控的重点行业。

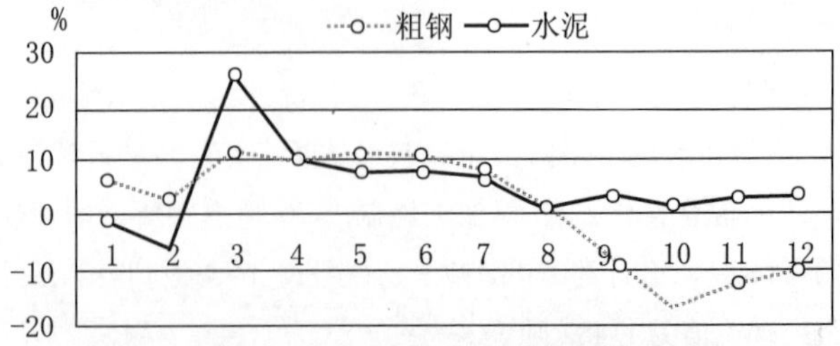

图3　2008年钢材和水泥产量同比增速

来源：数字水泥

但是水泥的价格和产业的效益远不能和钢铁相比。世界钢材和水泥的价格比大约在 5 左右，而我国在上世

纪 80 年代,钢材和水泥的价格比就超过 10 并且在不断上升,2006 年达到 16,2008 年 5 月达到了 23。由于水泥价格长期在低位徘徊,其经济效益与钢铁的差距越来越大,2007 年水泥价格经过两年恢复性增长后,平均吨利润也只达到同年钢材的 6% 。

然而在 2008 年下半年,当我国经济调整下行显现、并且国际金融危机加深对我国实体经济的影响之后,情况发生了很大变化。钢铁产量从 7 月到 11 月连续 5 个月大幅下降,粗钢产量降幅达到了 25% 。与此同时,钢铁价格以更大的幅度下跌,截至 11 月底,国内钢材价格比 6 月末下跌了 40% ,11 月份钢铁企业处于全行业亏损的境地。相比之下,一直处于弱势的水泥倒是坚挺得多,虽然需求增速下滑旺季不算旺,但产销量仍保持了小幅增长,除 2、3 月正常的季节波动外,走势基本平稳。更为难得的是,水泥业一改往年完全受制于上下游产业的被动地位,在逆境中取得了良好的经济效益。

三、水泥工业的盈利能力处于恢复性增长阶段

水泥工业的盈利能力从 1994 年开始大幅下滑,在 1997 年降至谷底后开始复苏。2000 年摆脱了全行业亏损的局面后,吨水泥利润呈现出逐步上升的趋势,如图 4 所示。进入本世纪以来,一方面由于经济的快速发展对水泥需求大幅增长,另一方面水泥工业的技术进步和结构调整使水泥工业生产成本降低、劳动生产率提高。在这样的条件下,水泥工业效益的提高是顺理成章的。但上述两大利好因素对效益的贡献大多被上下游产业所吸收,并没有使水泥工业的盈利能力得到应有的提高。因此,当 2005 年市场形势一有波动,水泥工业的盈利状况立刻出现较大的下滑,当年利润总额下降 38.7% 。

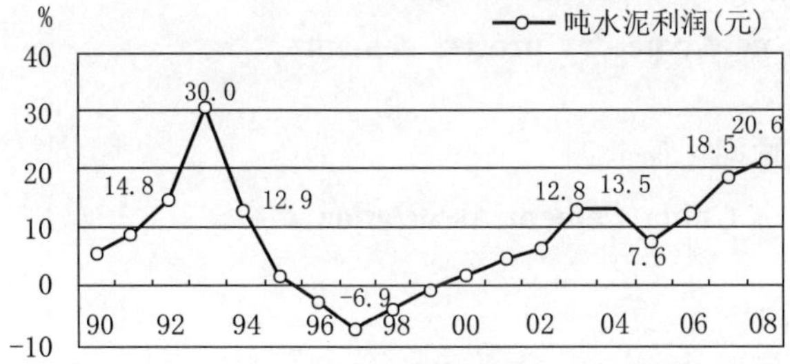

图4　吨水泥利润走势

来源:数字水泥

2006 年以后,水泥工业的利润水平又进入逐步上升的轨道,首先是连续三年利润总额和吨利润水平逐步上升;第二是越来越多的企业家对水泥长期以来的低价格、低利润的原因和应对策略形成了一定的共识,维护市场稳定发展的意识增长,水泥行业对上游产品价格上涨的传递能力增强;第三,在 2008 年国际经济衰退和我国经济调整下行的双重压力下,水泥工业需求增速下降而利润总额和平均吨水泥利润保持上升,与 2005 年水泥需求增长近 10% 但水泥利润增速大幅下滑形成鲜明的对照。以上,说明至 2008 年水泥工业的盈利能力处于恢复性增长的阶段。

四、地区差异及变迁

2008 年 1 ~ 11 月份,全国平均每吨水泥的利润达到 20.63 元,同比增长 23% 。在全国各省区中,吨利润在全国平均水平以上的省区有 14 个,包括华北的河北和内蒙;东北的吉林;华东的安徽和山东;中南的河南和海南;西南的重庆、四川和西藏;西北的甘肃、青海、宁夏和新疆。如表 1 所示。

表 1　水泥吨利润超过全国平均水平的省区

省(区)区	河北	内蒙	吉林	安徽	山东	河南	海南
吨利润(元)	25.97	29.48	23.98	33.82	27.49	28.19	57.68
省(区)区	重庆	四川	西藏	甘肃	青海	宁夏	新疆
吨利润(元)	29.71	30.80	49.86	30.66	51.48	47.52	56.29

比较来看,江西、湖北、广西三省吨利润水平均与本地区 2007 年水平相近,但随着全国水平的提高,已滑落到平均线以下。而重庆、四川、甘肃、青海四省市吨利润水平 2007 年还在全国平均水平以下,2008 年则较大幅度地超过了全国平均水平。安徽、吉林两省吨利润分别接近 2007 年的较高水平,但均略有回落。

若再对比 2006 年,最为明显的差别是当年吨利润水平名列前茅的云南省在 2007 年大幅下滑到全国后几位,2008 年全行业亏损吨利润沦为负值。其次是江苏省 2006 年吨利润水平高于全国平均水平,2007、2008 两年已不复再有。安徽、河南、吉林吨利润的位次后移。

五、盈利能力上升空间的探讨

进入本世纪,我国新型干法水泥生产发展十分迅速,2001 年新型干法水泥占水泥总产量的比重还只有 14.1% ,2008 年已经达到了 61.8% 。技术的进步、结构的优化使投资和运行成本大幅度降低,为企业提供了非常大的利润上升空间。但是这个空间绝大部分没有被水泥行业所利用,而是由于内部的无序竞争拱手让上下游产业所挤占。2008 年这种情况略有一些改善,使得水泥工业在外部环境很不利的情况下保持了效益的提高。但是我们要看到,2008 年吨利润的平均水平仍然不足 1993 年的 70% ,这样的盈利水平和社会的进步、行业的进步极不相称。

和钢铁工业相比,除水泥出口比例很小,2008 年仅为 1.88% ,因此国外需求的快速下滑对我国的水泥产业冲击较小之外,还有几点是值得我们研讨的。首先,钢铁要消化高价购入的大量铁矿石库存,因而伴随需求的波动效益也出现大幅回落。而水泥企业的主要原料如石灰石、粘土等都是在

建厂时解决的。没有高价购入大宗原料的问题，相反倒是在成本中没有把资源的升值充分反映出来。第二，钢铁价格涨得快，遇到冲击后自然也会跌得快。有报道说某地一种钢材2008年7月份的市场价格比2月初每吨上涨1 300元，幅度达28%。而水泥的价格长期处于低水平，利润比上下游产业微薄得多，几乎没有再被压缩的空间。第三，也是十分重要的一点，通过结构调整、整合重组，大企业迅速崛起，特别是近来产业集中度有了较大的提高，2001年前十家大水泥企业的集中度只有4.0%，2008年已上升到21.5%，这对于区域性产品的水泥市场来说，大企业的影响力、控制力无疑会有显著的增强。在这样的情况下，水泥行业逐渐具有了向下传递上游产业涨价因素的能力，在产业链的价值传递中开始有了一定程度的话语权。

对于地区盈利的差异和各地起伏的变化，可以总结提炼出这样的规律：一是地区水泥的需求和发展要受全国经济的大形势，即经济周期的影响。二是地区水泥的需求和发展还要受地区经济发展节拍的制约，各地区依照当地的资源、财力等条件和规划的要求，在不同的年份其经济发展特别是固定资产投资规模往往会有较大的差别。例如浙江2003年固定资产投资增速由2002年的22.7%提高到36.3%，拉动水泥需求快速增长，水泥价格攀升，生产线的建设大干快上。但是2005年固定资产投资增速只有12.8%，两年下降了23.5个百分点。而生产线建设和产能释放仍在上冲。结构调整了，但是供大于求，把市场搞坏了，浙江的吨水泥利润也由2003年的36.3元下滑到2005年的1.18元。云南的情况同样如此，固定资产投资增速已经下降了，水泥投资还在加大，终于落得全行业亏损的境地。因此，水泥的发展若与当地经济发展同步，盈利的空间还很大，反之会适得其反。

我国水泥工业的巨大进步，毫无疑问应当使企业盈利能力不断提高。然而本世纪的最好的吨水泥利润指标与1993年还有不小的差距，如果考虑价格指数的变化，实际上这个差距还要更大。图2所示水泥工业在被列出的几个行业中只是利润增速最高，而利润总额的绝对值却在这些行业中最低，水泥工业以外最低的纺织工业利润总额也是水泥的2.8倍。水泥长期的低价格和低效益使得其上涨的空间很大而难有再下降的余地。面对着资源和能源的涨价压力，随着我国改革开放和水泥工业逐步与国际接轨，随着水泥产业集中度的不断提高和企业界维护市场稳定发展意识的增强，预计水泥的价格和效益恢复性增长的步伐将会加快。按照国家发改委组织制定的“建设项目经济评价方法与参数”中水泥投资利润率的一般要求，水泥工业的利润总额还应当有翻番的发展空间。

当然，有盈利能力上升的空间和实际达到的盈利水平是两个概念。2009年我国经济的发展仍然有一定的不确定性，水泥产业又面临着投资增长过快的压力。但无论如何，水泥工业盈利的前景是光明的，只是这光明到来的早晚而已，而这，可以说是掌握在水泥行业自己的手中。

★该篇文章发表于2009年3月31日《中国建材报》。

对新型干法水泥几个热议问题的思考★

Reflection of several hot issues about new type dry process cement

◎中国水泥协会高级顾问　高长明

By Gao Changming, senior advisor of China Cement Association

随着我国新型干法水泥的发展，近年来在我国水泥界出现了一些新事物或新倾向，引起业界同仁的广泛关注和议论。笔者思考良久，感觉有必要表明自己的观点，与同仁们共探讨。

一、关于水泥窑余热发电的吨熟料发电量问题

评价水泥窑余热发电效率时，吨熟料净发电量，即扣除发电系统自用电以后实际回收的电量固然是一项重要的指标，但它必须在一定的前提下，也就是各方面都一致认同的水泥窑基本生产操作参数的条件下，所获得的吨熟料净回收电量。这样才具有一个科学的可比的共同基础。

以日产5 500吨熟料的水泥窑为例，其应该遵循的前提条件是：熟料热耗≤750×4.18千焦/千克；窑尾预热器废气参数369 000标立方米/时，330℃；窑尾烘干用废气温度210℃；窑头篦冷机总废气302 600标立方米/时，290℃。其中必须满足的是熟料热耗一定不能超过750×4.18千焦/千克，否则水泥窑就有可能掺杂有火力发电用锅炉的部分功能了。

所以，在熟料真实热耗不透明的情况下，突出地展示吨熟料发电量高达50千瓦时以上，对于企图说明其余热发电效率很高的做法是不可取的，没有意义的。

理论计算证明，在上述前提条件下，水泥窑余热发电系统现今的实际最大吨熟料发电量为46千瓦时。我国目前最

先进的指标实际为40千瓦时左右，一般约为35千瓦时，还有一定的提升空间，值得期待。相信在各方共同创新研发的努力下，我国将吨熟料发电量普遍提高到40千瓦时以上，并不会太遥远。

然而换一个视角，如果水泥企业单纯从经济效益来考量，在当前我国煤价和电价的具体情况下，为了要增加余热发电系统的发电量，宁愿抽取一部分三次风借以提高废气温度，这样将会增加熟料热耗。

假设，标煤价每吨600元，电价每千瓦时0.55元。按我国目前水泥窑余热的一般水平为例，在熟料热耗750×4.18千焦/千克时，吨熟料净发电量平均为32千瓦时（已扣除了发电系统的自用电8%，下同），吨熟料回收电费17.6元，吨熟料消耗的煤费为64.2元，煤电费用相抵消以后吨熟料的费用为46.6元。反之，如果抽取部分三次风后熟料热耗上升到900×4.18千焦/千克，但因进入发电系统废气温度的提高，吨熟料净发电量则随之增到55千瓦时左右。煤电相抵后吨熟料的费用为44～45元，吨熟料比维持熟料热耗750×4.18千焦/千克的节省2元。应该说明，以上的假设和计算只是一个示意性质，仅作参考，具体数据将视不同地区不同企业而异。

作为水泥企业要考虑经济效益最大化，这是无可非议的，但是如果把利用三次风的措施拔高为“余热能级重组及梯级利用理论”，在熟料热耗不透明的情况下，单纯地强调吨熟料净发电量达到50千瓦时以上，这种说法有失公允。更有甚者，竟然把它与卡琳娜循环的余热发电系统混淆在一起，这就太不科学了。笔者赞成和支持我国水泥界研发试验卡琳娜循环，并且期望能有所突破。但是科学技术工作必须尊重事实，必须尽可能实事求是地反映事物的真实面目，不能混淆概念和前提。

二、关于立磨水泥的“性能”问题

水泥的生产工艺过程主要是二磨一烧，每生产1吨水泥就需要粉磨近3吨的生料、燃料、熟料和混合料等，水泥工业无愧于被称为粉磨专家。水泥工业的发展史在相当程度上反映了粉磨装备的演变史。近30年来的发展历程，展现了现代立式辊磨（简称立磨）正经历着一个逐步全面取代已使用了百年的球（管）磨的进化过程。生料粉磨方面由球磨进化为立磨，欧美水泥工业在上世纪八九十年代已经完成，我国则始于本世纪初，现已趋于普及。但在水泥粉磨方面，这样的进化，欧美始于上世纪末，而我国则刚开始提到议事内容中。

水泥立磨之所以最终将会取代球（管）磨，其主要优点在于：粉磨效率高，粉磨水泥的单位电耗比球磨的低30%～40%；集烘干、粉磨、选粉作业于一体，结构紧凑、占地面积小；运转时噪音小、震动小、无粉尘。立磨自身作为一个整体装备，很少辅助设备，无需厂房，适应室外全天候环境，节省土建费用；粉磨作业中对钢材（耐磨件）的消耗少，仅为球磨每吨水泥单位钢材（球磨、衬板等）消耗30克的1/6～1/3，节约钢材。立磨对水泥比表面积和颗粒组成的调控简捷、准确、及时，改变水泥品种更方便，仅需3～5分钟就可完成，不像球磨那样至少需要20分钟；运转可靠性高、故障少，耐磨件寿命长，维护费用少，年运转率可达90%以上。所有这些优越性都是经过国内外几十年实践的考验后得出来的。因而水泥工业中立磨的演变的确已经进化到了取代球磨的新阶段了。

笔者调研，2005～2008年，世界新建水泥生产线约360条（除中国大陆外），水泥产能达4.4亿吨，共采用各种水泥粉磨装备600余台套，其中水泥立磨的选用率由2005年的45%上升为2008年的61%，而水泥球磨的选用率则相应地由50%下降为27%。这充分表明国际上水泥立磨取代水泥球磨已成为普遍潮流。同时，生料立磨的选用率已达90%以上，立磨在生料粉磨领域中已成为首选装备。相信10年以后，立磨在水泥粉磨领域中也将会达到这样的地位。15年以后（2024年），球磨或将基本退出水泥工业的历史舞台。

水泥立磨在我国的推广应用，目前所遇到的思想障碍，集中到一点，就是因立磨水泥的颗粒组成及颗粒形貌稍有别于球磨水泥而引起的所谓立磨水泥的需水量稍大、混凝土流动性和坍落度稍差，尤其是与现有外加剂的相容性欠佳等所表现出来的“性能”问题。

这里首先应该明确指出，立磨水泥的各项性能是没有问题的，是完全符合国家标准GB175－2007规定的各项性能指标要求的。上述的所谓问题只在某些指标数值上与球磨水泥可能有少许差异，用户和水泥生产企业之间需要有一个相互适应、逐步磨合的过程。经过双方的交互协调，一段时间后就能建立起新的供求习惯和生产施工习惯，所谓的立磨水泥“性能”问题也就迎刃而解了。2006年，云南昆明东骏水泥公司的（FLS OK磨）立磨水泥由初进市场直到颇为市场青睐的过程就是一个现实的例证。

其实在水泥粉磨技术装备及其粉磨系统的几次重大演变进化转型的过程中，国际上曾探讨过类似上述的水泥“性能”问题。例如上世纪四五十年代小球磨向大型管磨的转型；1970年前后开流管磨向圈流球磨的转型；以及1990年左右圈流球磨向立磨的转型等。历史事实多次证明，上述水泥“性能”问题都已妥善解决。我国水泥工业在上世纪六七十年代也曾经历过这样的研究和辩论，同样亦跨过了这道坎，顺利地推广了圈流球磨在水泥粉磨领域中的应用。笔者坚信，当今在推广水泥立磨的进程中，经过各方面的共同研究改进，相互调整适应，这个“老问题”是不难解决的，决不可能阻碍水泥立磨在我国的推广应用。

事实上，2005年以来，我国钢铁行业已经先后从欧洲厂商采购了近80台大型矿渣立磨，共耗资近5亿欧元，这种采购至今仍在继续中。今年国产的各种大型立磨也已研发成功，相继问市。这对于我国水泥工业全面推广应用立磨无疑是一个重大的支撑与推动。

三、关于水泥窑协同处置城市垃圾和下水污泥的问题

近10年来,我国水泥界有识之士曾到处奔走呼吁利用水泥窑协同处置城市生活垃圾和下水污泥,向中央政府主管部门、地方省市政府、各大水泥企业集团宣传水泥厂在城市环境保护、处置城市弃废物、发展循环经济等方面可以发挥作用的优越性及潜力,尤其是在消除二次污染、保证环境安全和充分利用现有水泥窑节省基建投资方面的优势更日渐显着。

许多水泥企业一方面积极进行各项技术准备,另一方面与当地政府和环保部门沟通,争取政策上的支持,体现了这些水泥企业的环保意识和社会责任感。

目前,一些省市政府及主管部门开始认同水泥厂处置城市废弃物的优越性。有的水泥公司已经自筹数千万元资金建成了处置污泥的生产线。但意想不到的是,原本是污染源的垃圾和污泥竟然变成某些部门的"摇钱树",致使水泥企业非但未能享受到应有的政府扶持,反而陷于没有足够污染物供应水泥厂协同处置的尴尬境地。

笔者认为,对于这种怪象,地方政府及其主管部门应该负起责任来,要有所作为,不能听之任之。

相信不用等太久,许多省市政府就会把城市垃圾和污泥的妥善处置问题列入重要议事日程,因为客观上垃圾污泥围城之势,已经十分严峻,不容再迟疑了。这里最大的瓶颈就在于一些地方政府如何看待长远的环保责任和协调解决各部门之间的利益分配问题。

四、关于需要澄清的两种说法

1."水泥不是烧出来的,而是磨出来的"。

这句话的潜台词是"请大家都来用我这种磨机来磨水泥吧"。

企业推销自己的产品很正常。但上述说法却涉及了一个观点,那就是我们应该对各种具有水硬性或胶凝性的混合材(或废弃物)进行深加工,充分挖掘其潜力,多用混合材替代熟料,少用熟料甚至不用熟料来生产水泥。这个观点基本是正确的,是符合水泥科学发展的大方向的。不过今天我们还没有生产出高品质的无熟料水泥,何时能做到,还难以预测。

就当今世界水泥生产工艺的最高水平来说,这种说法是完全错误的。无论用什么磨机,没有熟料是磨不出水泥的,因而这种说法除了混淆将来或许会发生的事情与实际现实情况之外,就仅是追求一鸣惊人的效果,与其刻意想推销的那种磨机毫无关系,反而是弄巧成拙之败笔。

2."水泥既不是烧出来的,也不是磨出来的,而是勾兑出来的"。

其潜台词是"只要采用我的外加剂或助磨剂,你就能勾兑出高性能环保型绿色生态水泥"。

本来推销外加剂或助磨剂也是正常事,然而这种说法与前几年的"凝石"何其相似。物极必反,正因为你把那个"剂"说得太玄了,事与愿违,无人敢问津,更谈不上什么推销了。

五、关于水泥产能过剩的问题

2008年,我国熟料产能已达13亿吨,水泥粉磨产能为21亿吨。目前,200多条新型干法水泥生产线正在兴建中,其水泥产能约3.5亿吨,将在今明两年陆续投产。然而2008年我国水泥消费为13.8亿吨,其中熟料约9.6亿吨,水泥产量为14亿吨,水泥产能利用率约71.9%,已经接近了产能过剩的警戒线。所以水泥产能过剩的问题必须引起高度重视,工信部2009年9月公布了《水泥行业准入条件》征求意见稿,拟采取一系列的有力措施,抑制重复建设,避免产能严重过剩,促进水泥工业的健康发展。笔者同意并支持这些措施的出台,希望能得到真正的贯彻执行,兹提出一些看法与建议,仅供参考。

首先,维持产能适当过剩是正常的、必要的,这有利于竞争和提高,实现优胜劣汰。一般认为水泥产能年利用率在80%(70%~90%)左右是适宜的。其次,鉴于立窑水泥畸型发展的历史原因,至今在我国总产能中尚残留约4.9亿吨的以立窑为主的落后熟料产能,以及约8.4亿吨的以小球磨为主的落后水泥粉磨产能。这些半个多世纪以前就该淘汰的极其落后的水泥生产方式(尽管期间也有些改进,但均无济于事)至今仍然分别占有我国熟料和水泥总产能的38%和45%。

面对水泥产能过剩的预警,我们应该抓紧新型干法水泥大发展的时机,一鼓作气,争取尽可能多地淘汰掉这些落后的产能,用现代化的技术装备来取代它们,完成跨越式的发展。

因而,我们不必拘泥于"十一五"原规划的新型干法水泥与落后水泥之比达到70:30的目标,完全可以而且必须适度提高淘汰落后水泥的力度,例如要求2012年年底全国平均残存的落后熟料产能限制在10%以下,个别省份或地区的份额也不能超过20%。现在看来,只要方针政策明确一致,经过中央和各地方政府的共同努力,这样的目标是可以实现的。

加大淘汰落后水泥的力度,适当控制建设新型干法水泥生产线的数量,就可以基本把握好水泥产能增长的度,更重要的是大幅提升水泥产能和产量的品质。这对于节能减排、节约资源、保护环境具有深远的意义。

按照笔者研发的预测数学模型计算。

笔者的主要看法和建议是:

(1)2009~2012年需新增新型干法水泥熟料产能(13.5亿-8.1亿)=5.4亿吨,相当于日产5 000吨生产线360条,与2009年年底前后将投产的200条线及最近刚破土拟建的近200条线的产能大致吻合。因而政府的引导是保证这些新线的合理布局和高技术水平,避免低水平的"扎堆"现象。

(2)与此同时需新建现代水泥粉磨产能(17 亿 - 11.6 亿) = 5.4 亿吨,相当于年产 200 万吨的水泥粉磨站 270 座。

(3)2012 年年底以前必须淘汰落后熟料与落后小球磨水泥粉磨产能共计各 3.4 亿吨,即(4.9 - 1.5)和(8.4 - 5.0)亿吨。届时,落后熟料和落后水泥粉磨产能仍分别残留有 1.5 亿吨和 5 亿吨,相应地分别占总量的 10% 和 23%,尚待日后继续淘汰。

(4)必须坚决地实施这样的力度来淘汰落后生产方式,才能为新型干法水泥创造较顺利的发展条件,才能彻底扭转技术结构畸形的格局,才能较好地驾驭水泥产能过剩问题。下表中维持水泥总产能稳定于 22 亿吨,产能利用率逐年上升就是我们的目标。水泥产量的增长,新增产能的建设及淘汰落后的数量基本符合我国的实际需求与可能,期望值比较现实可行,经过努力是可以达到的。

2008 ~ 2012 年水泥工业产能及产量技术结构优化预测

单位:亿吨

	产　能				产　量			
年　份	2008	2009	2010	2012	2008	2009	2010	2012
水泥总量	21	22	22	22	14	15.5	16.5	18.0
其中:熟料总量	13	13.4	14.5	15.0	8.98	10.85	11.55	12.61
新干熟料	8.1	9.4	11.5	13.5	5.75	7.75	9.28	11.6
落后熟料	4.9	4.0	3.0	1.5	3.23	3.10	2.27	1.01
现代水泥粉磨	11.6	13.4	15.4	17.0	8.58	10.2	11.96	14.4
落后水泥粉磨	8.4	8.6	6.6	5.0	5.24	5.85	4.54	3.6
修正后产能利用率(%)	72.0	76.1	81.0	88.3				

注:1. 2008 年数据源于中国建材数量经济监理会(2009.7.30《中国建材报》)

2. 因产能是按当年年底前点火的全部生产线总数计算的,比实际产能偏大,故需修正。

★该篇文章发表于 2009 年 11 月 20 日《中国建材报》。

对水泥集团强势扩张的理性思考★

Rational reflection about strong expansion of cement group

◎重庆水泥协会会长　马泽民

By Ma Zemin, Chairman of Chongqing Cement Association

近几年来,重庆、四川、陕西、河南、内蒙古等省区市固定资产投资快速增长,拉动水泥需求旺盛。就在本土企业建设新型干法水泥线的热情高涨之际,中西部地区掀起了一股水泥集团强势扩张的狂潮,仅国家重点支持的 12 家全国性大型水泥企业中就有 9 家争先恐后地进入中西部地区投巨资建大线、收大厂,打破了本地水泥市场平衡,致使本地水泥产能叠加增长,市场消化不良呼声大起。水泥产能过剩,为何水泥集团还要强势扩张?

笔者重温了国家近几年出台的有关水泥工业发展的大政方针,分析和研究了国内外水泥工业发展趋势,调查了重庆及其相邻省份接壤区域的水泥发展现状,并查阅了大量资料,对水泥集团为何要强势扩张终于悟出了原由,故以此文抛砖引玉,献给同行同仁。

水泥集团强势扩张的三大背景

背景之一:

西部大开发和中部崛起两大战略的大机遇

1. 党中央、国务院高度重视我国中西部地区协调发展。

实施西部大开发战略,加快中西部地区发展,是我国现代化战略的重要组成部分。为实施西部大开发,国务院于2000年12月26日、2005年8月9日、2009年9月30日,分别发出了《国务院关于实施西部大开发若干政策措施的通知》、《国务院关于进一步推进西部大开发的若干意见》、《国务院办公厅关于应对国际金融危机保持西部地区经济平稳较快发展的意见》等重要文件,温家宝总理在2004年3月的政府工作报告中首次提出"促进中部地区崛起",2006年5月19日《国务院办公厅关于落实中共中央国务院关于促进中部地区崛起若干意见有关政策措施的通知》出台,2009年9月23日国务院常务会议又原则通过了《促进中部地区崛起规划》。实施西部大开发、促进中部地区崛起是党中央、国务院的重大战略部署,是贯彻落实科学发展观、构建社会主义和谐社会的必然要求,对扩大国内需求、挖掘发展潜力、拓展回旋空间、促进全国区域协调发展,具有重要的战略意义。10年实践证明:西部大开发已取得成效,西部12个省区市GDP年均增长11.42%,比全国平均水平高2个百分点。2009年上半年,西部地区GDP增长11.8%(比全国平均水平高4.7个百分点),新增公路里程88.8万公里,其中高速公路1.39万公里,新增铁路营运里程8 000公里。同时,退耕还林、退牧还草、天然林保护、国土整治重点生态工程、环境综合治理初见成效。

2. 我国东部与中西部地区经济发展差异较大。(见表1)

国家统计资料分析表明:东部地区11省区市(京、津、沪、辽、冀、鲁、苏、浙、闽、粤及琼)、中部地区8省(黑、吉、晋、皖、赣、豫、鄂及湘)、西部地区12省区市(蒙、桂、川、渝、黔、滇、藏、陕、甘、宁、青及新),幅员面积分别占全国的11.12%、17.52%、70.05%;人口分别占全国的39.2%、32.9%、27.9%;而经济总量(GDP)分别占全国的58.3%、23.9%、17.8%;人均GDP分别为5 254美元、2 667美元、2 296美元;城镇化率分别为56.2%、43.4%、38.3%;人均累积水泥消费量分别为15 562千克、9 009千克、7 915千克。

表1 2008年全国及东部、中部、西部有关指标比较表

项 目	全 国	东 部		中 部		西 部		重 庆	
			占比%		占比%		占比%		占比%
幅员面积(万 m^2)	960	106.74	11.12	168.2	17.52	672.5	70.05	8.2	0.85
常住人口(万人)	132 082	52 028.4	39.2	43 691.9	32.9	37 051.7	27.9	2 839	2.14
城镇人口(万人)	60 690.5	29 240	48.2	18 962.3	31.2	14 190.8	23.4	1 419.09	2.34
GDP(亿元)	300 760	175 291	58.3	71 860	23.9	53 519	17.8	5 097	1.7
城镇比率(%)	45.7	56.2		53.4		38.3		49.99	
人均GDP(元)	22 640	36 504		18 542		15 952		17 950	
人均GDP(美元)	3 258	5 254		2 667		2 296		2 583	
人均水泥(kg)	1 054	1 275		958		876		1 104	
人均累积水泥(kg)	11 285	15 562		9 009		7 915		9 770	

可知,西部地区幅员面积是东部、中部总和的2.45倍,而东部地区经济总量是中、西部总和的1.4倍;中部和西部人均GDP要达到东部现有水平,大约需要10年及以上的时间;城镇化率西部与东部相比差距更大,东高西低至少有15年以上差距;人均累积水泥消费量东部地区与西部地区相差7 647千克。

综上所述:实施西部大开发、中部崛起战略,实现区域协调发展,必将缩小西部与东部差距。国家要加快中、西部地区经济和社会事业发展,必然要增加基础设施投资,加快铁路、公路、机场、水利工程、灾后重建并推进城镇化、工业化,无疑水泥需求量大。国内大型水泥集团盯住中、西部水泥小而散和供不应求的局面,实施强势扩张时机已经成熟。

背景之二:

产业政策和发展规划两大政策的大扶持

2006年4月13日,国家8部委联合发出的《关于加快水泥工业结构调整的若干意见的通知》即发改运行[2006]609号,10月17日国家发改委公布的《水泥工业产业发展政策》和《水泥工业发展专项规划的通知》即第50号令,12月31日国家发改委、国土部、人民银行联合发出的《关于公布国家重点支持水泥工业结构调整大型企业(集团)名单的通知》即发改运行[2006]3001号等文件,是加快发展新型干法水泥和扶优扶强的催化剂。现将有关政策规定简述如下(见表2):

表2　有关政策简述表

结构调整指导意见	发改运行[2006]609号文件提出:①支持大企业集团发展,加快提高产业集中度;②水泥前10户集中度"十一五"末要达到(30%,前50户集中度要超50%)
产业政策目标	1. 推动重组联合,向集团化方向发展,提高生产集中度和竞争力。 2. 到2010年,新型干法水泥比重达到70%以上。 3. 到2020年,企业数量由5 000家减少到2 000家,3 000万吨以上和500万吨以上企业分别达到10家和40家。 4. 2008年底,要淘汰各种干法中空窑和湿法窑;进一步削减机立窑生产能力,有条件地地区要淘汰全部机立窑,要依法关停并转规模小于20万吨环保或水泥质量不达标的企业。
产业发展重点	国家鼓励地方和企业淘汰落后产能方式发展新型干法水泥,重点支持在有资源的地区建设4 000t/d及以上水泥项目,建设大型熟料基地;在靠近市场的地区建设大型水泥粉磨站
产业技术政策	发展大型新型干法水泥工艺,推动水泥工业结构调整和产业升级,坚持循环经济和可持续发展; 新建水泥生产线必须有可开采30年以上的资源保证,规范设计,合理开采,采后矿山必须进行复垦,保持生态环境; 鼓励大企业采用先进技术和设备将小企业改造为水泥粉磨店,新建水泥粉磨站规模必须大于60万吨。
产业组织政策	水泥工业产业组织结构调整的重点是,进一步提高企业集中度,促进水泥工业的企业集团化,生产专业化、管理现代化。
水泥工业发展的基本原则	坚持资源保护和综合利用,走循环经济道路; 坚持技术进步和保护环境,树立科学发展观; 坚持结构调整和淘汰落后,培育优势大集团; 坚持合理布局和发展西部,统筹地区发展。
国家重点支持60家企业	重点支持符合产业政策和发展规划布局且企业较大、区域市场调控能力较强,发展 前景好,并有较强社会责任感的大型企业(集团);重点支持的目的;鼓励大型水泥企业兼并、重组、联合,迅速提高生产集中度;60户大型企业(集团)中,安徽海螺集团等12户为全国性重点企业,内蒙乌兰集团等48户为区域性重点企业。 凡列入重点支持的大型水泥企业开展项目投资、重组兼并、在项目核准、土地审批、信贷投放等方面予以优先支持。

上述政策从字里行间可以看出:国家就是要对资源消耗高、能源消耗高的水泥行业,鼓励发展新型干法大型水泥企业,提高生产集中度,扶大扶强,实现集约化和资源合理配置。

背景之三:

由西向东和由东向西两大转移的大趋势

1. 世界水泥中心市场正由西向东转移。

2008年,我国和亚洲的水泥产量已分别占到世界水泥总量的50%和65%以上;我国东部地区水泥产量约占全国产量的50%,且水泥市场已进入相对成熟期。

2. 国家两大战略促进两大投资由东向西转移。

国家实施西部大开发、促进中部崛起战略的加速推进,城镇投资已由东向西转移(见表3),水泥投资也由东向西转移(见图1)。

表 3 城镇投资已由东向西转移

年 份	全 国		东部地区			中部地区			西 部地区		
	投资额（万元）	同比增长（%）	投资额（万元）	同比增长（%）	占全国比重（%）	投资额（万元）	同比增长（%）	占全国比重（%）	投资额（万元）	同比增长（%）	占全国比重（%）
2005	75 096	27. 2	40 627		54. 1	16 907		22. 5	15 920. 4		21. 2
2006	93 472. 36	24. 5	48 966. 5	20. 6	52. 4	22 503. 04	33. 1	24. 1	20 020. 8	25. 9	21. 4
2007	117 413. 9	25. 8	59 069. 76	21	50. 3	30 126. 91	34	25. 7	25 769. 33	28. 2	21. 9
2008	148 167. 3	26. 1	71 687. 9	21. 3	48. 1	40 158. 16	33. 5	27. 1	32 664. 52	26. 7	22
2009（1 - 10）	150 709. 8	33. 1	70 571. 9	27. 7	46. 8	41 491. 72	38. 4	27. 5	35 984. 93	38. 8	23. 9

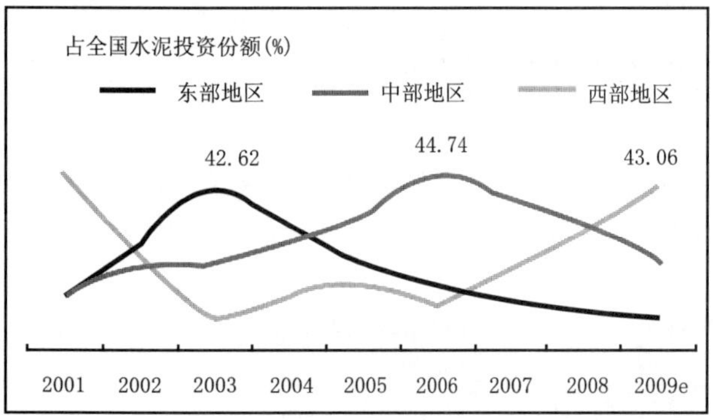

图 1 水泥投资由东部向中西部递延

可以看出：地区城镇投资从 2006 年 ~ 2009 年 10 月东部地区占全国投资比重年均下降 1 个百分点以上，中西部地区城镇投资占全国投资比重年均增长 1 个百分点以上。

可以看出：东部地区水泥投资高峰期为 2002 ~ 2004 年；中部地区水泥投资高峰期为 2005 ~ 2008 年；西部地区水泥投资高峰期为 2008 ~ 2010 年。

水泥集团强势扩张的三大动力

动力之一：

抢抓机遇用活政策，调整结构加快发展

国家将安徽“海螺”等 12 家、内蒙古“乌兰”等 48 家水泥企业分别列入全国性和区域性大型企业，属于国家重点支持的对象。60 家大型企业是我国水泥工业的排头兵和脊梁，身负调整结构、淘汰落后、提高集中度、发展循环经济和清洁生产的重任。从 2006 年起，这些大企业抢抓机遇，用活政策，调整结构，大手笔、大发展，为国家水泥工业提高生产集中度和集约经营做出了巨大贡献。全国大型企业（集团）年度新增新型干法熟料产能的情况（见表 4）。

表 4 全国大企业集团年度新增新型干法熟料产能 单位：万吨

	2001	2002	2003	2004	2005	2006	2007	2008 在建	合计产能	比重（%）
全 国	8 391. 7	3 509. 2	8 345. 2	12 751. 85	10 713. 6	8 366. 9	9 155	24 269. 9	85 503. 35	
海 螺	895. 9	775	821. 5	2015	775	775	1 333	1 395	8 785. 4	10. 27
冀 东	341	108. 5	449. 5	232. 5	310		232. 5	1 139. 5	2 813. 5	3. 29
中 联	269. 7		77. 5	480. 5		496	1 240	155	2 718. 7	3. 18
华 新	248		210. 8	263. 5	403	434	310	527	2 396. 3	2. 8
山 水	161. 2	77. 5	558	542. 5	279	124	269. 7	124	2 135. 9	2. 5
中 材		77. 5				843. 2	393. 7	744	2 058. 4	2. 41
天 瑞			77. 5	310	403	465	573. 5	1 829	2. 14	
拉法基瑞安	74. 4						1 168. 7	325. 5	1 588. 6	1. 83

续　表

	2001	2002	2003	2004	2005	2006	2007	2008 在建	合计产能	比重(%)
华　润			77.5	155	155	403	310	465	1 585.5	1.83
红　狮		77.5	77.5	310	310	77.5	232.5	294.5	1 379.5	1.61
亚　泰	201.5		155	37.2	77.5		145.7	620	1 236.9	1.45
金　隅	201.5		34.1		99.2		756.4	77.5	1 168.7	1.37
三　狮		108.5	310	604.5					1 023	1.2
祁连山	62		93		77.5	62	83.7	93	471.2	0.55
集团年度增	2 455.2	1224.5	2941.9	4 640.7	2 796.2	3 617.7	6 940.9	6 533.5	31 150.6	
占全国比重(%)	29.23	34.89	35.25	36.39	26.1	43.24	75.82	26.92	36.43	

动力之二:

名牌企业受标率高,回报社会和谐发展

相当多的水泥集团企业诚信度高、实力强大、资金雄厚、人才荟萃,企业管理、物资采购、物流运输堪称一流,有的集团还集设计科研、设备制造、建设安装于一体。这些企业是各级政府的"抢手货",即招商对象,一旦接受招标,可以做到"招之即来、来之能投、投之能建、建必成功"。为回报社会、和谐发展,企业要交出4份满意答卷:

首先,要为招商引资的当地政府国税、地税部门主动纳税,以表达对当地政府"招商、稳商、扶商、富商"所做贡献的回报;

其次,要为就业百姓提供良好的物质和精神环境,为爱岗敬业、遵纪守法、创造社会财富的职工予以回报;

再次,要为股东及广大投资者负责,每年要取得收益和回报;

第四,要用节能减排、循环经济、可持续发展的业绩向祖国回报。

动力之三:

把握趋势做大做强,遵循规律科学发展

全球经济一体化、产业国际化,这是一个大趋势。其标志就是:以跨国公司、大企业为载体,以信息化管理为手段,打破了本地企业在某一区域、某一行业发展的局限性。我国水泥集团企业正借鉴国际经验,走出本土,扩大区域发展,并已成一种趋势。

1. 水泥行业做大做强并购浪潮风起云涌。

中国中材集团公司控股宁夏"赛马实业"(600449)和"天山股份"(000877),参股"祁连山"(600720),出资18.8亿元收购"乌兰水泥"(8条线800万吨),同时投资5亿元在蒙古国建日产2 500吨生产线(这是中国水泥走出国门第一条线);法国拉法基集团收购"四川双马"(000935),并成功登陆国内A股市场,他们在2个直辖市、3个省共有21个工厂和1万多名员工,水泥年产能力2 400万吨;"HOLCHIN. B. V"增持"华新水泥"A股,"华新"现有产能5 300万吨,在建项目产能1 300万吨;德国"海德堡"(HeidelbergAG)入股"冀东水泥"(000401)的子公司;"海螺水泥"(600585)牵手昌兴矿业投资有限公司入股"巢东股份"(600318),并参股"冀东水泥";"徐州海螺"以9.61亿元现金,并承担2.3亿元银行借款担保的代价转让给中国建材集团;北京金隅集团以2.4亿元,受让"太行水泥"(600553)50.84%的股权;爱尔兰CRH公司购买亚泰集团(600881)所属全部企业26%的股权;"中国建材"合并天津设计院与"江西水泥"(000789)联手;浙江尖峰集团(600668)、虎山集团、浙江水泥公司等企业于2007年联手组建南方水泥集团(水泥产能10 000万吨,2009年产量8 700万吨);"冀东水泥"(000401)2009年11月28日以1.29亿元,持有ST"秦岭"29%(含原斥资3.34亿元拿下"秦岭"9.48%)的股权,跃居第一大股东,3月9日控股收购在建的重庆金桥公司2条日产3 200吨生产线55%的股份;高盛公司注资1.2亿美元参股"红狮";"摩根士丹利"、鼎辉公司、世界银行投资1.5亿美元参股"山水";台湾水泥集团2009年11月30日宣布,通过香港子公司台湾国际公司,将以40亿元港币收购港资昌兴矿业公司1 600万吨产能(包括广东英德4条线、云南1条已投产线1 000万吨,同时包括在建的重庆、贵阳和辽宁的3条线600万吨),加上"台泥"已有产能将达到4 000万吨,从而在华南、西南、西北地位突显。

总之,并购方式多种多样,既有内资并购也有外资并购,既有大集团企业并购小企业,也有大企业之间的转让,还有联合设立新公司。并购案值越来越高,随着对重点水泥集团扶持力度的加大,淘汰落后产能加速,水泥行业兼并重组的力度也将加快。水泥集团壮大,产业集中度也随之提高。

2. 提高水泥生产集中度同样是一种大趋势(见表5)。

表5　水泥生产集中度情况表

<table>
<tr><td colspan="6">2007 年世界水泥除中国外的有关情况</td></tr>
<tr><td></td><td>水泥产量(亿吨)</td><td colspan="2">企业数量(家)</td><td colspan="2">前 10 强生产集中度(%)</td></tr>
<tr><td>项　目</td><td>14.03</td><td colspan="2">1 100</td><td colspan="2">占 60</td></tr>
<tr><td>印　度</td><td>1.64</td><td colspan="2">417</td><td colspan="2">前 5 强占 56</td></tr>
<tr><td>日　本</td><td>0.706</td><td colspan="2">18</td><td colspan="2">前 2 强占 42</td></tr>
<tr><td colspan="6">中国水泥产量及前 10 强集中度情况</td></tr>
<tr><td>年　份</td><td>2005 年</td><td colspan="2">2008 年</td><td colspan="2">预测 2015 年</td></tr>
<tr><td>水泥产量(亿吨)</td><td>10.4</td><td colspan="2">14</td><td colspan="2">18.5</td></tr>
<tr><td>前 10 强生产集中度</td><td>9.80%</td><td>21%</td><td>占新干熟料产能 41.3%</td><td>35</td><td>占新干熟料产能 50% 以上</td></tr>
</table>

3. 水泥集团已由点布局正向区域布局拓展。

"海螺"的"T"字战略、"冀东"的"三北与领先战略"、"华新"和"金隅"的"十"字型战略、"山水"的"一"字型区域控制战略、"华润"的"西江和两广"战略、"拉法基瑞安"的"西南"控制战略、"中国建材"、"南方"、"北方"的"区域整合"等战略布局还在实施中,有的集团企业还会继续调整区域布局,从而增强了区域和国内竞争力。为进行区域整合、提高集中度(水泥行业前 10 家集中度"十一五"末要达到 30%,前 50 户集中度要超过 50%)、减少企业数量打下坚实基础,2008 年部分水泥集团企业在各地区分布情况(见表6)。

表6　2008 年部分水泥集团在各地区分布情况表

序号	企业简称	在东部 11 省市中分布有几个省市	在中部 8 省市中分布有几个省市	在西部 11 省市中分布有几个省市	合计	2008 年熟料产能(万吨)
1	海　螺	6	5	5	16	8 785
2	南　方	3	2		5	4 712
3	中　联	3	2	1	6	2 719
4	山　水	4			4	2 136
5	华　新	1	3	4	8	2 396
6	冀　东	4	2	3	9	2 814
7	中　材	2	2	2	6	2 058
8	拉　骑	1		4	5	1 569
9	亚　秦		2		2	1 237
10	天　骑	1	1		2	1 829
11	华　骑	1		1	2	1 566
12	金　隅	2	1		3	1 169
13	亚　东		2	1	3	761
14	台　泥	3		1	4	1 736
15	红　狮	2	1	1	4	1 380
16	祁连山			2	2	471
总　计		33	23	25	81	37 358

综上所述:三大背景三大动力,天时、地利、人和铸就了水泥集团强势扩张,我们应予充分理解和尊重。同样,我希望大型企业要对我国中小水泥企业如何转变发展和增长方式多给些关注和支持,以利社会稳定和谐。

★该篇文章发表于 2010 年 1 月 5 日《中国建材报》。

水泥市场供需波动下的盈利模式★

——从水泥需用求、投资、利润指标分析市场供需关系及盈利能力

Profit making mode under the supply and demand fluctuation of cement market

刘作毅　马钢　沈利利

By Liu Zuoyi, Ma Gang and Shen Lili

中国水泥工业伴随国家经济高速发展取得了瞩目的成绩,特别2009年的发展,需求、产量、利润等各方面都超出了此前预期。站在2010年的门槛上,数字水泥延续以"数字"为分析基础的精髓,以水泥需求(产量)、利润、投资三指标为切入点,围绕这几个指标的变化,既分别展现了单独指标运行的轨迹,又剖析它们之间的互动关系,希望通过这组数字,透视水泥工业,探索水泥工业发展中的问题,并寻求未来发展的走向。

一、水泥需求

水泥是不宜储存的材料,且由于运输受区域半径限制,就全国和区域(东、中、西部地区或六大行政区)范围来讲,我们可将水泥产量视为水泥需求量。

受国家4万亿投资拉动,从1~11月份全国水泥产量估测,2009年全国全年的水泥产量将达到16.5亿吨,增速18%,急剧扭转了自2006年以来的增速下滑趋势,成为继2003年之后的第二增速高值。

4万亿投资拉动,在保持国家经济一定发展速度方面所取得的效果是明显的,但这种拉动是将资源、资金聚集起来,在短时期内爆发,最终终究要回到正常的市场成长轨道上,透支的投资必然也会回归。

根据以往的数据跟踪规律,2010年的产量增速会有所下降,2011年可能还会继续向下。据估测,2010年虽仍然处于水泥产量的上升阶段,预计全年水泥产量将冲击18亿吨,增速在10%~12%之间。

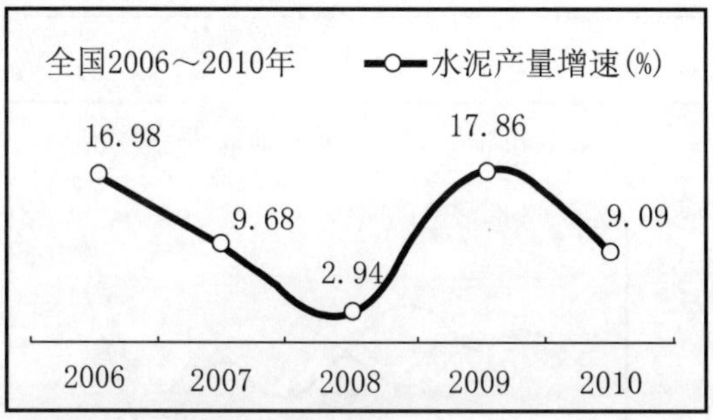

中国地域辽阔,经济发展不平衡,水泥工业的发展伴随国家经济的发展由东向西转移。下面对水泥产量从多角度分析地区的走势。

首先,我们根据传统的东、中、西部地区划分分析:

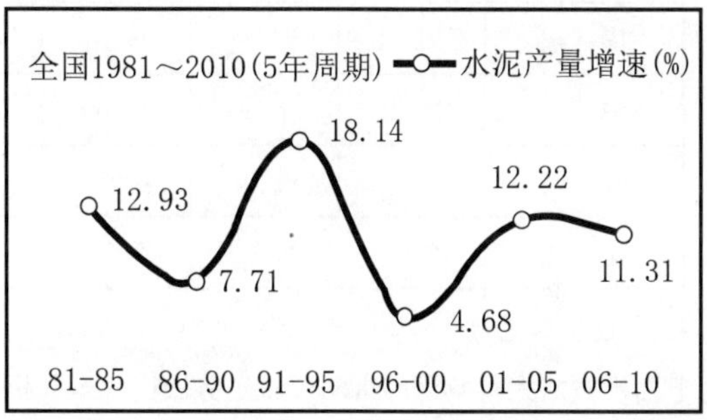

东部地区2005年水泥产量占全国比重的55.33%,此后逐年下降,至2009年下降至44.71%,4年间共下降近11个百分点;2008年首次出现负增长,产量低于2007年,2009年受国家4万亿投资拉动,预计同比增长11%,但仍远低于全国18%的水平。(表1、表2)

中西部地区的产量比重逐年上升,西部地区近几年发展势头领先,增速比中部地区更快,。2009年受国家4万亿投资拉动,中西部地区同比增长均超过20%。

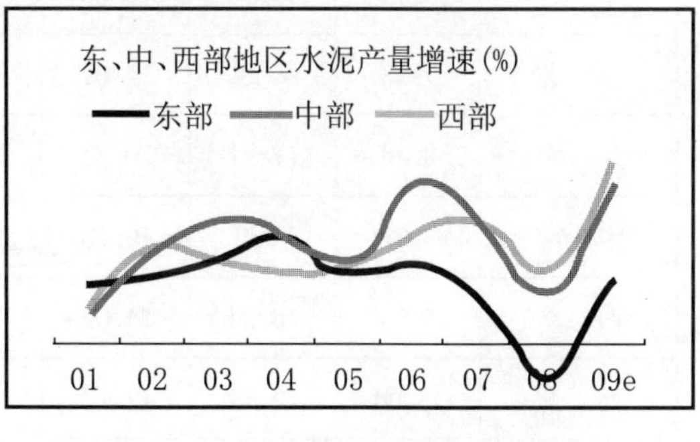

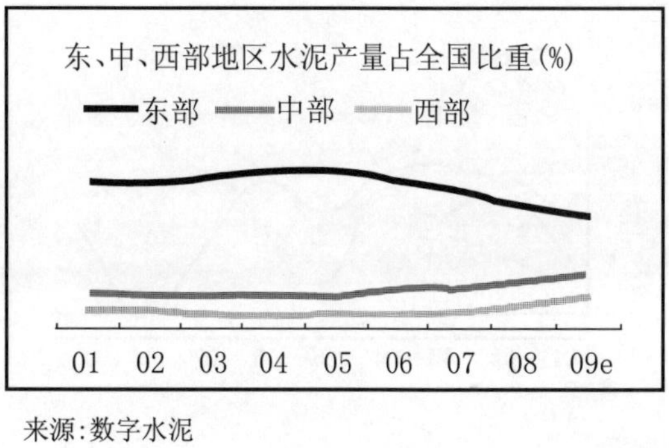

来源:数字水泥

表1　全国东、中、西部地区水泥产量占全国比重　　　　单位:%

地　区	2001	2002	2003	2004	2005	2006	2007	2008	2009e
东　部	53.03	53.37	54.62	55.29	55.33	53.59	51.14	47.97	44.71
中　部	26.02	25.40	24.75	24.80	24.68	26.29	27.62	28.99	30.10
西　部	20.95	21.22	20.63	19.90	19.99	20.11	21.24	23.04	25.19

来源:数字水泥

表2　全国六大行政区水泥产量占全国比重　　　　单位:%

地　区	2001	2002	2003	2004	2005	2006	2007	2008	2009e
华　北	12.84	13.12	12.87	13.50	13.45	12.09	11.95	11.43	12.12
东　北	6.29	5.67	5.61	5.33	5.13	5.97	6.27	6.21	7.34
华　东	36.11	37.54	39.31	40.34	40.96	41.67	39.86	38.35	35.72
中　南	28.28	26.86	25.69	25.06	24.99	24.81	25.87	27.12	26.48
西　南	11.00	11.08	10.96	10.12	10.23	10.45	10.72	11.01	12.10
西　北	5.48	5.72	5.56	5.64	5.24	5.01	5.33	5.89	6.25

来源:数字水泥

下面再对六大行政区的水泥产量走势做进一步分析:

从水泥产量占全国的比重走势上看,华东地区水泥产量占全国的比重走出了一个从上升至回归的过程,且比重下降趋势逐步加快,2009年较2008年下降2.63个百分点,较2006年下降了5.95%。但这种下降趋势是否已经见底各方意见不一,还待观望;

中南地区水泥产量占全国的比重在2008年达到最高,为27.12%,2009年下降至26.48%。

东北、西南、西北地区自进入"十一五"以来,这三个地区占全国比重处于持续上升通道。

表3　全国六大行政区水泥产量增速

地　区	2001	2002	2003	2004	2005	2006	2007	2008	2009e
全　国	6.62	13.41	15.30	15.00	11.20	15.97	12.46	2.53	18.22
华　北	4.70	15.93	13.06	20.61	10.86	4.22	11.13	-1.95	23.33
东　北	7.98	2.22	14.07	9.27	7.03	31.98	18.01	1.65	35.11
华　东	8.86	17.91	20.73	18.03	12.88	18.00	7.58	-1.37	11.07
中　南	3.71	7.72	10.28	12.19	10.87	15.13	17.27	7.49	16.41
西　南	5.66	14.24	14.02	6.23	12.41	18.38	15.40	5.27	31.03
西　北	13.00	18.39	12.12	16.66	3.20	10.98	19.63	13.24	21.37

来源:数字水泥

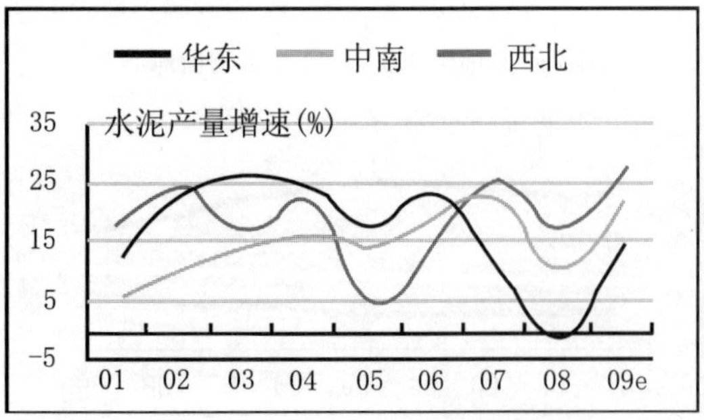

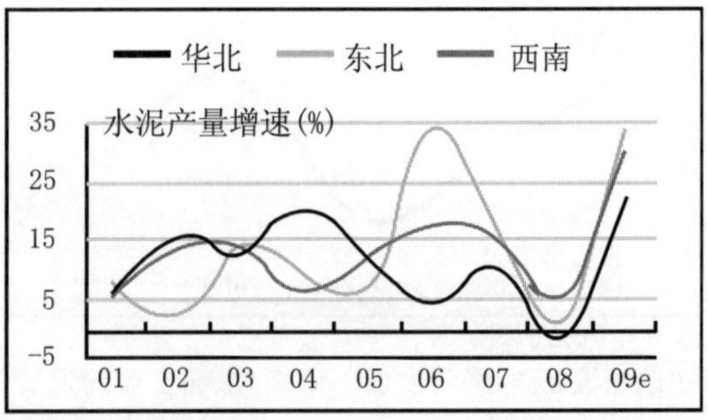

来源:数字水泥

华北占全国比重处于一个区间波动状况。

从水泥产量增速看,2009 年的水泥产量受 4 万亿的拉动突发性增长,具有全区域、急增之势,尤以华北、东北、西南突出,这是在特定条件下产生的,在长期内是不可持续的(表 3)。

2010 年仍然是建设高潮期,尽管对房地产市场分歧意见很大,但分歧主要是表现在房价和政策层面上,房地产的开工面积要比 2009 年好,对水泥的需求应该要乐观于今年。

二、水泥利润

进入本世纪,我国水泥利润表现最好的时期是在"十五"初期,但 2005 年,市场供过于求,利润出现大幅负增长,同比下降了 41%;2009 年水泥产量预计增长 18%,但毛利率增长没有超过 1%,这说明增产并不意味着增收,2009 年是水泥生产史上的大年,高达 2.5 亿吨的增量并没有带来相应的利润,而是被去年释放出的新增产能"消化"掉了(表 4)。

全国东、中、西部三地区近 10 年利润额在全国的比重走势有非常大的差别(表 5):

东部地区由高走低,在 2003 年达到最高 63.32%,此后持续下降,预计 2009 年仅 30% 出头,与 2003 年相差 31 个百分点;

中部地区相对平稳,2007 年摸高 35.66%,2009 年较 2007 年下降近 8 个百分点;

西部地区处于上升期,预计 2009 年上升至 40%,高出 2004 年 32 个百分点。利润高位的主要原因是得益于市场需求。

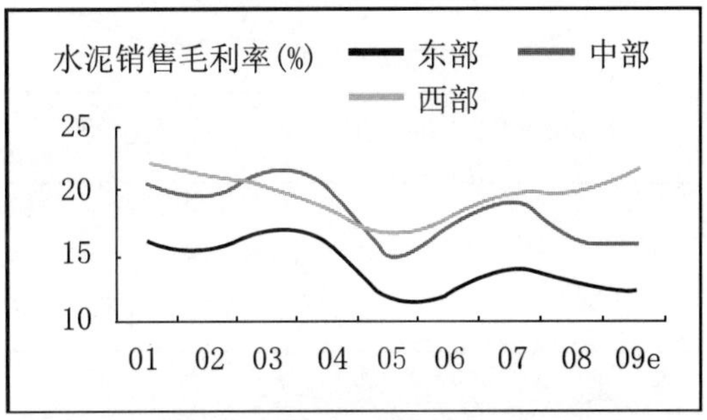

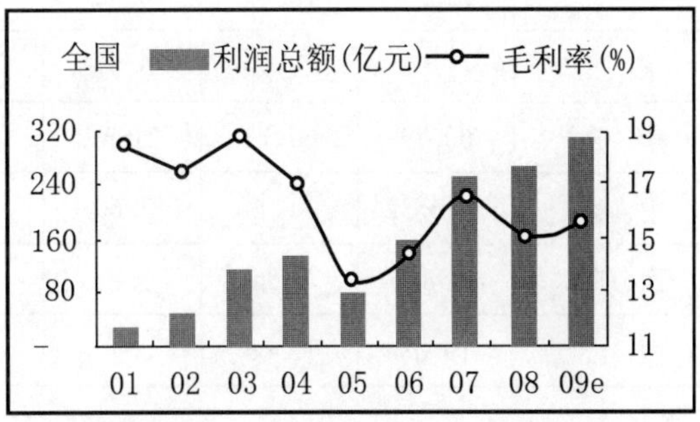

来源:数字水泥

表 4　全国水泥利润、销售毛利率

指　标	2001	2002	2003	2004	2005	2006	2007	2008	2009e
毛利率(%)	18.34	17.45	18.77	17.06	13.30	14.40	16.61	15.17	15.40
利润总额(亿元)	29.64	46.13	136.23	80.50	150.38	251.16	261.35	310.00	

来源:数字水泥

表 5　各地区利润额占全国比重

地　区	2001	2002	2003	2004	2005	2006	2007	2008	2009e
东　部	59.15	59.05	63.32	62.43	57.83	47.71	45.65	39.00	32.28
中　部	23.32	26.25	26.29	29.89	25.80	33.94	35.66	30.28	27.22
西　部	17.53	14.74	10.39	7.68	16.37	18.35	18.69	30.72	40.50

来源:数字水泥

下面对六大行政区的水泥利润进行比重走势分析(见表 6):

华东地区水泥利润在 2003 年达到了顶峰,占全国比重 71.39%,此后占比逐年下降,至 2009 年为 23.65%,下降了 48 个百分点;

中南地区水泥利润在 2001 年为负值,此后逐渐恢复,至 2007 年上升至 31.26%,随后下调,2009 年降到 20.05%;

反之,西南、西北、东北地区自 2004 年开始进入上升期,其中西北地区上升最快,2009 年较 2004 年上升 12 个百分点。

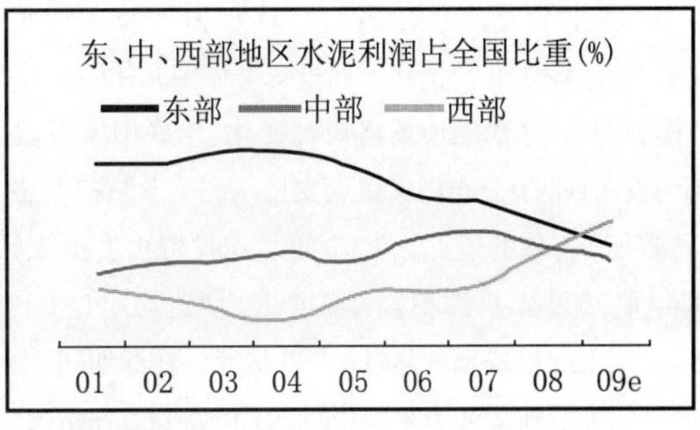

来源:数字水泥

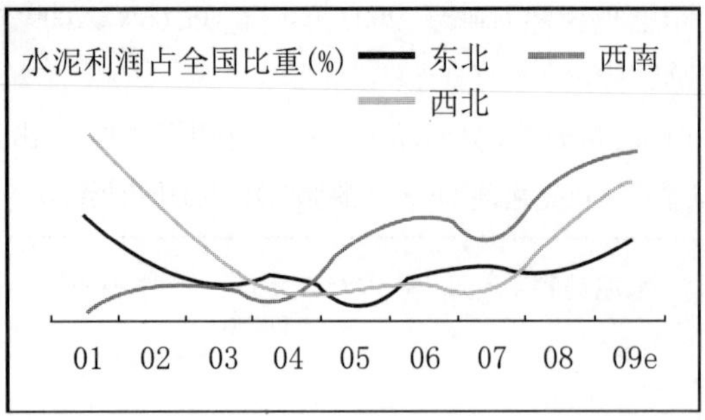

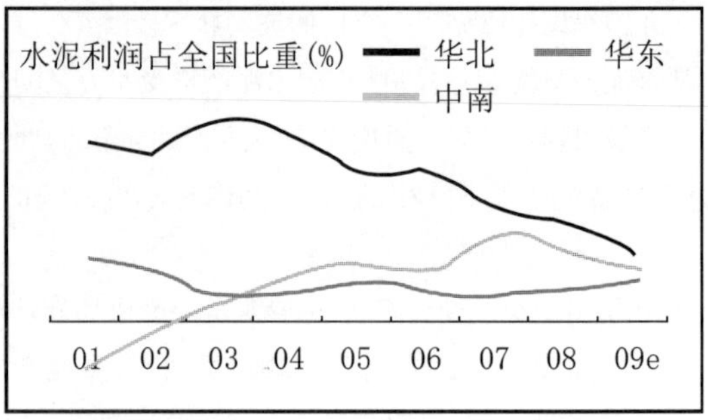

来源:数字水泥

表6　全国六大行政区水泥利润占全国比重项目　　单位:%

年　度	2001	2002	2003	2004	2005	2006	2007	2008	2009e
华　北	22.58	18.15	8.92	9.85	14.29	10.21	11.23	11.52	16.25
东　北	11.02	6.18	3.51	4.29	1.34	5.18	5.40	5.01	8.43
华　东	62.79	60.15	71.39	65.74	51.02	51.90	40.42	34.60	23.65
中　南	-16.32	-0.68	7.60	15.47	21.98	18.16	31.26	24.63	20.05
西　南	0.85	3.55	2.81	2.28	8.43	10.99	8.48	14.94	17.12
西　北	19.08	12.66	5.77	2.36	2.94	3.56	3.22	9.30	14.50

来源:数字水泥

三、水泥投资

自“十五”以来,水泥投资出现过两次高潮,同时也两次撞了“红线”,招致政府对其“亮红灯”。不妨作如下回顾:

第一次是在“十五”期间,当时水泥产业面临着技术结构调整,用新型干法水泥生产工艺替代、淘汰落后水泥生产工艺,采用“市场+政策”的办法来解决,鼓励发展新型干法生产线,先立(建新线)后破(迫使落后产能出局)——从而也导致产能过剩。这种过剩是结构性的过剩。

2003年,由于水泥行业产能增长过快,局部地区新上项目过于集中,水泥产业完成投资321亿元,增长101%,大大高于全国固定资产投资增长26.7%的平均水平,引起国家的高度关注。2003年12月23日国务院办公厅转发发展改革委《关于制止钢铁电解铝水泥行业盲目投资若干建议的通知》(国务院[103]号文),对水泥投资实施宏观调控,停止对产业政策明确淘汰产品和工艺技术装备项目的信贷支持,2004年水泥投资增速开始下降,2005年和2006年两年出现负增长,使水泥企业开始意识到投资渠道多元化的重要性。

随着2006年水泥市场格局的变化,年底国家发改委等三部门发布《关于公布国家重点支持水泥工业结构调整大型企业(集团)名单的通知》,2007年水泥投资再度出现转机,2008年和2009年水泥投资迅猛增长,增速均超过60%,预计2009年水泥投资预计超过1 700亿元。在此期间,由于市场的好转,尤其国家4万亿投资的拉动,吸引了各路投资者,纷纷进入低门槛的水泥业,特别是大企业集团资金渠道的拓宽,发展迅猛,纷纷进行跨区域的大规模扩张,同时从地方政府而言,需要招商引资的“业绩”,水泥项目成了香饽饽,多多益善,市场、企业、银行、政府,这几方积极性的叠加,引发了市场布局重叠,不少地区发出了“产能过剩”的呼声。(表7)

表7　全国水泥投资　　单位:亿元

年　度	水泥投资	增速(%)
2001	113.97	
2002	159.58	40.02
2003	321.07	101.20
2004	562.25	75.12
2005	531.04	-5.55
2006	501.17	-5.62
2007	654.07	30.51
2008	1,051.46	60.76
2009e	1,700.00	61.68

来源:数字水泥

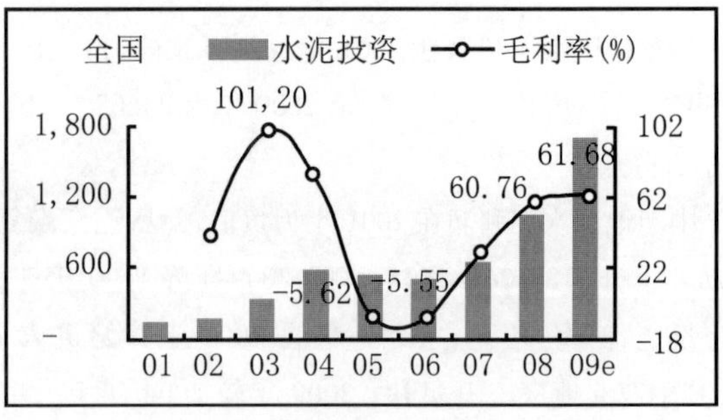

2009年5月,根据浙江信函指出浙江地区水泥产能严重

过剩问题,温家宝总理责成发改委对水泥产能过剩情况进行调研,在调研完成后,于2009年10月,国务院以"38号文"转发了发改委等部门《关于抑制部分行业产能过剩和重复建设引导产业健康发展若干意见的通知》,再次对水泥等产业亮起红灯。

中国地域辽阔,经济发展不平衡,水泥工业的发展伴随国家经济的发展由东向西传递,水泥投资同样也是这个规律,根据处于不同发展周期,各地区水泥投资的高峰期分别为(表8):

1. 东部地区:2002年~2004年;
2. 中部地区:2005年~2008年;
3. 西部地区:2008年~。

这说明水泥投资和地区的经济发展关系十分密切。

再对六大行政区的水泥投资进行分析,也是遵循这一规律:

2009年与2004年相比,华东地区水泥投资占全国比重由49.57%下降到18.56%,共下降了31个百分点(表9);

中南地区水泥投资2006年达到顶峰后,逐步下滑,占全国比重从37.34%下降到24.18%,下降了13个百分点;

反之,西南、西北、华北地区正处于上升期,其中西南地区上升最快,2009年较2005年占全国的比重上升了17.25个百分点。

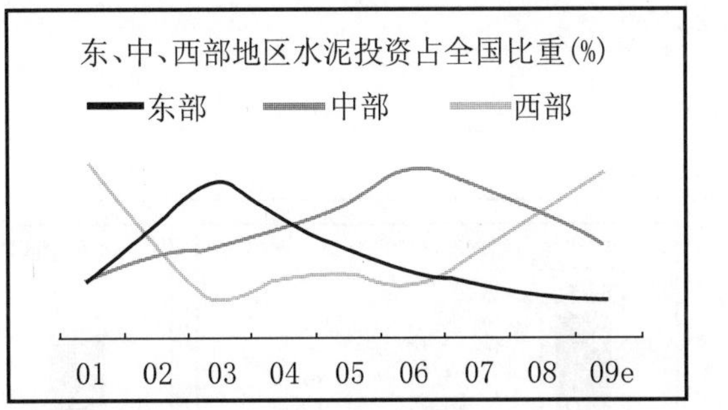

来源:数字水泥

表8　全国东、中、西部地区水泥投资占全国比重　　单位:%

地　区	2001	2002	2003	2004	2005	2006	2007	2008	2009e
东　部	27.53	34.97	42.62	37.14	32.41	28.65	27.34	25.58	24.49
中　部	27.47	31.51	32.51	35.33	38.63	44.74	41.43	37.59	32.45
西　部	44.99	33.52	24.88	27.53	28.96	26.61	31.24	36.82	43.06

来源:数字水泥

表9　全国六大行政区水泥投资占全国比重　　单位:%

年　度	2001	2002	2003	2004	2005	2006	2007	2008	2009e
华　北	15.57	14.79	13.92	8.23	10.01	10.61	10.11	12.53	14.40
东　北	8.15	7.47	7.10	4.58	8.19	10.03	11.32	8.39	7.16
华　东	22.47	34.96	43.79	49.57	34.12	24.94	21.48	20.45	18.56
中　南	14.63	14.61	14.16	22.01	34.02	37.34	34.60	32.39	24.18
西　南	19.80	14.72	12.64	10.15	9.22	13.19	17.10	19.31	26.47
西　北	19.38	13.44	8.38	5.46	4.44	3.89	5.39	6.92	9.23

来源:数字水泥

产量、利润、投资综合分析

将水泥产量(消费量)、利润、投资三张比重图走势关联起来,明显看出:市场需求走高,供需关系改善,提升利润空间,这就必然吸引投资,而一旦过度投资又导致产能过剩,利润走低。

(一)按地区归类:分析各地区发展趋势

东部地区:21世纪初,东部地区市场开始启动,2003~2005年进入发展高峰期,水泥市场产量比重占到全国55%左右,利润也同步上升,2003年摸高至63%。利润的驱动必然引发水泥投资增长,2003年水泥投资比重冲高到42.62%;2005年后市场需求下滑,而此前新增的产能逐渐释放,导致利润下滑,从2003年的高位下降至2009年的32%,6年间下降31个百分点,平均每年下降5个百分点之多。笔者认为这一趋势并未见底,从东部三大指标综合图更清晰可见,三项指标都在下降通道,是市场发展的回归,根本问题是供需关系所致。

中部地区:中部地区市场的启动晚于东部,2006年市场需求进入上升通道,比重从2005年的25%上升到2009年的30%,利润也随之走高,在2007年达到顶点35.66%。水泥投资从2003年开始发力,随着市场需求走势更加强劲,2006年和2007年都超过了40%。投资增加必然增加水泥市场的供给量,2007年后供给增速大于需求的增速,利润开始走低。与东部地区不同的是,中部地区的市场需求仍在上升通道,但供给的增长高于需求的增长导致利润的下滑,投资也开始降温。

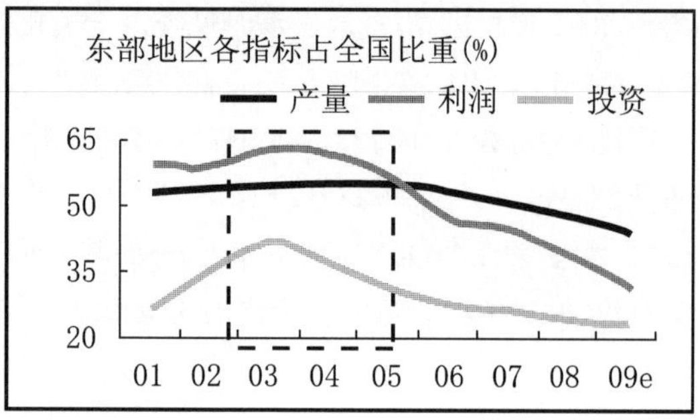

来源:数字水泥

、西部地区:西部地区的市场启动又晚于中部地区,2008年市场刚进入启动初期。国家4万亿投资,最受益的当属西部地区,利润快速上升、市场放大,吸引了众多投资者,投资指标处于上升通道,2009年水泥投资较2006年上升16.46个百分点。目前西部地区的三大指标均处于加速上升阶段,说明西部地区水泥正进入上行快车道。

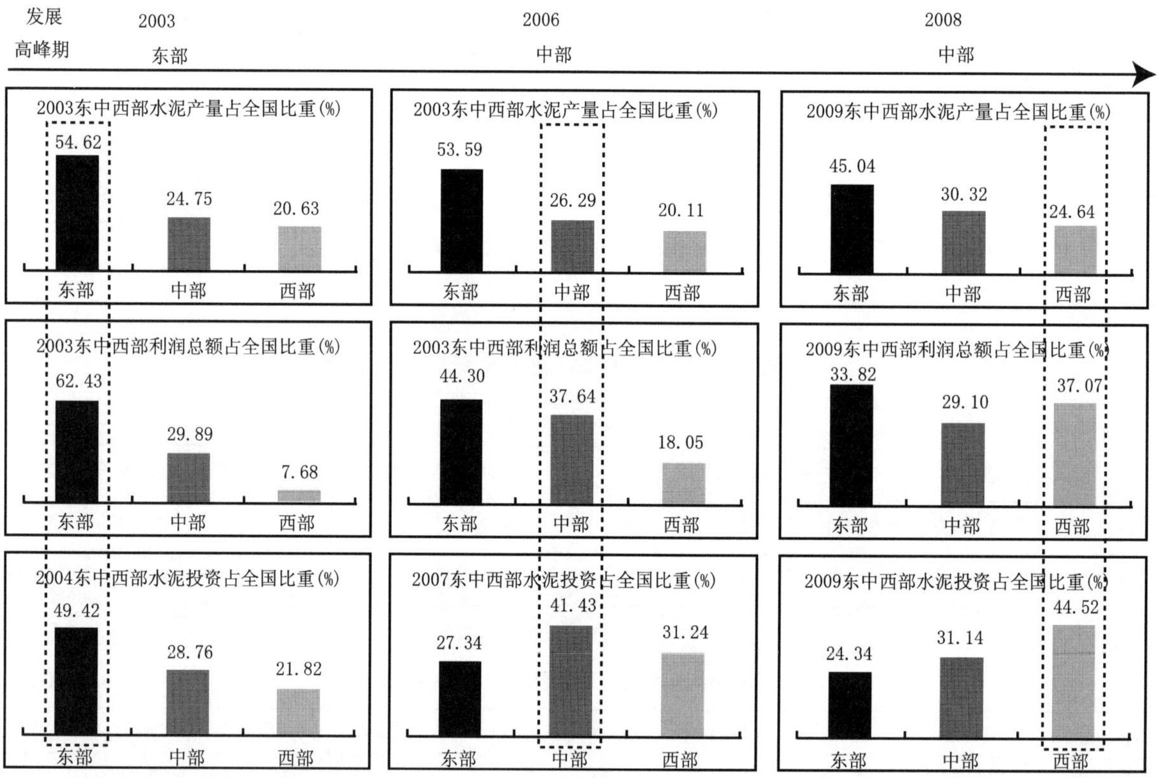

来源:数字水泥

三大指标综合图

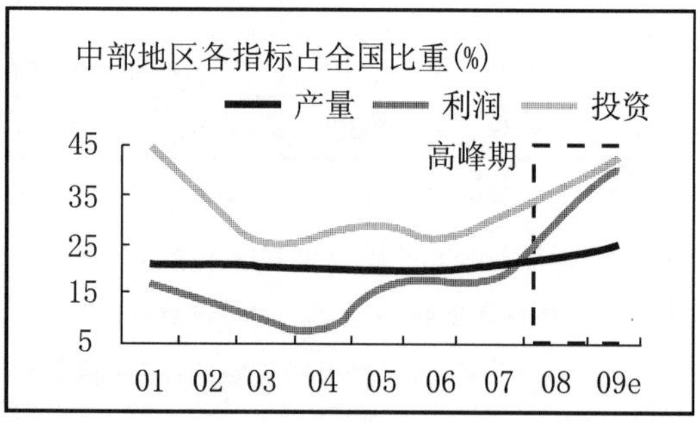

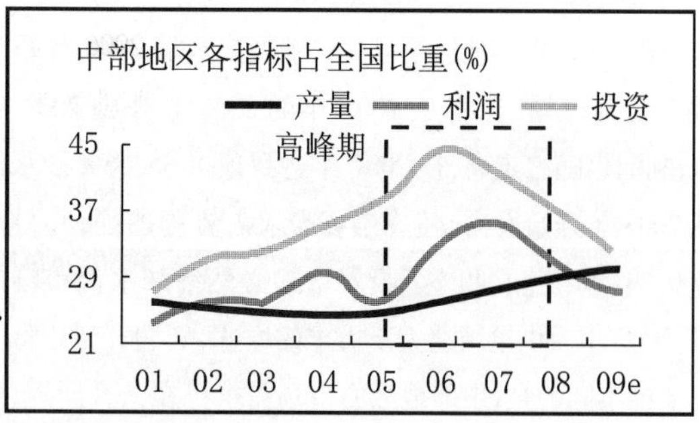

来源:数字水泥

(二)按指标归类:对比东中西部发展

作为投资主体的企业决策者,当然会十分关注需求、利润和投资,特别是三者密切而又制约的关系,而需求、利润、投资三个指标占全国比重的走势又非常形象地解析了市场需求的导向作用。

对比东中西发展趋势,我国水泥产业从东部率先启动,到中部崛起,再到西部大发展,形成从东到西的梯级跨越趋势。东部地区是最先启动地区,高潮时期,利润的贡献率(即占全国比重)高于产量的贡献率8个百分点;中部地区在高潮时期,利润的贡献率(即占全国比重)高于产量的贡献率11个百分点;西部地区在高潮时期,利润的贡献率(即占全国比重)高于产量的贡献率13个百分点。投资看似是主动行为,但最终仍取决于市场需求与利润,屈从于市场的发展——市场需求的增长、价格的趋高,必然吸引投资者。

应当说,市场这只无形的手左右了水泥工业发展的走势,需求旺盛，供需关系良好，利润就高，投资就旺盛；而国家采取的一系列宏观调控措施，旨在市场经济运行的过程中，消除结构性的矛盾和周期性波动给水泥企业带来的损害，引导和帮助企业快速成长，使产业发展得更健康。因此，研究产业的发展就要研究市场，市场是企业生存、发展最终的决定者。

四、问题

（一）利润与突飞猛进的结构调整并不同步

水泥利润和中国水泥工业所取得的成绩相比，显然非常不协调。

进入“十五”，水泥工业技术结构调整取得了决定性的胜利，2000年新型干法水泥比重不足14%，2009年预计会超出70%，提前实现“十一五”的目标；进入“十一五”，组织结构调整逐渐成为主旋律，大企业集团迅速跨区域扩张。用新型干法生产工艺替代落后生产工艺、大集团迅速崛起，都大大提高了劳动生产率、降低运行成本，可以说空前提高了企业的盈利空间。

但是水泥业的技术装备的巨大进步、产业结构调整的重大成果并没有在效益中体现出来，而是被每年释放出的新增产能所“消化”。反映在市场上，就如我们大家所看到的：水泥的上下游产品都在几倍地提价，而水泥价格原地踏步，十多年来依旧是老面孔，水泥全行业的利润率至今达不到上世纪90年代初的水平。产量过快地增长还把利润率下降披上了一层“利润总额创新高”的漂亮外衣，使增产不增收成为司空见惯。我们只能自我安慰地说：水泥行业为社会做出了贡献，为上下游做出了贡献。但扪心自问，这完全是我们的本意吗？

笔者并不奢望能够一下子找到提升利润的办法，只希望通过本文对水泥利润指标这几年演变过程的分析，碰撞出思想火花，抛弃“降价”、“甩货”、“赊账”导致利润走低的传统作法，转向摸索提升利润发展空间的新思维。

（二）企业发展和国家调控的博弈如何协调

国家对水泥行业的两次亮红灯，都是源于产能过剩，所以投资过度致使产能过剩、供需失衡一直是高悬在水泥行业头上的一把利剑。

水泥是受经济拉动的产业，产业发展源于国家和地区的经济发展，而经济发展的规模与速度都是依据国家与地区的经济发展规划，规划中被实施的项目决定了经济发展对水泥产业的需求规模。水泥的投资从计划经济体制转轨为市场经济体制时，投资的主体由国家转变为企业法人，水泥企业为保证国家与地区经济发展的供给，扩大生产规模。这就是国家与企业的关系，也是市场需求与供给的关系。两者间关系脱节，就会出现供不应求或产能过剩。

“十一五”期间，水泥市场旺盛，从政府行业管理的角度来说，希望大企业在推动结构调整中，要多承担一些社会责任，而更为重要的是要防止产能出现严重过剩，一再鼓励大企业并购重组落后企业，提高产业集中度；企业从投资成本、回报率和管理等角度出发，认为在市场需求快速膨胀的背景下，新建比收购更容易见效。

可以说在不同时期，水泥产业、企业在发展中如何把握国家的经济发展周期，又如何避免碰撞国家控制产能这条红线，是水泥产业发展中必须研究的重大课题，这将延长产业的景气周期，提高产业的利润，提升和上下游产业的谈判能力。因此，如何使国家和企业在正常发展和控制产能之间的博弈保持在合理范围，形成和谐关系，是我们应当共同关注的问题。笔者以为，无论从国家支持大型水泥企业集团的初衷还是从寻求提高企业的利润率的途径，都可以找到国家和企业二者的结合点。

（三）华东市场发展预判 其他地区发展的先行者

华东水泥产业发展走在了全国其他区域的前列：经济高速发展，基础设施、房地产率先大规模启动，水泥需求爆发，正是在这样的背景下，使有胆识的企业家独领风骚，成就了一大批我国最优秀的水泥企业。

随着区域的基础设施、房地产都进入成熟期，且农村建设也较中西部地区要进步得多，自2004年以来，华东市场发展增速显现趋缓趋势，随之水泥利润、投资相继下降，成为水泥价格洼地，尤以“长三角”更为明显。

“浙江现象”经常被业内外提起，以警示不要走“市场下滑，产能过剩”之路，但“浙江现象”正不断被克隆。目前西部地区正处于高速发展期，尽管启动原因、启动模式可能与华东地区存在差异，但与华东市场在启动初期的市场表现相同的是，“需求膨胀＋利润高涨＋投资旺盛”，随着经济发展，基础设施建设的逐渐完成，需求回落，未来也有可能进入华东目前的发展阶段。

对华东市场的需求空间下滑，不应太过恐慌，这是市场发展周期的不同阶段，但寻求解决、突破是当前最急迫的课题。笔者认为研究华东市场在发展高峰期与回落期极大反差的成因、发展、未来，不仅对水泥产业有着巨大的现实意义，也将对今后水泥工业发展具有指导意义。

成熟市场应该用成熟市场的思维对待。华东这个成熟市场如何寻求在需求增速减缓背景下新的盈利空间？对市场的走向进行认真的研判，形成共识，提升产业的赢利能力，使水泥产业在国家经济的产业链中具有一定的话语权和生存空间，这将是在市场上迅速成长的大企业所面临的历史使命。解析、破解“浙江现象”意义非凡，但真正破解“浙江现象”的应该是有超胆略的水泥企业家所为。

五、发展方向思考

市场是检验企业实力的标准，而“实力”不仅仅是规模的堆积，它是多元素的累加。最简单的一例，西南地区最差的企业要比华东地区最好的企业利润要好，这样的举例也许是太简单化了，但却揭示了这样道理：市场是最重要的！

合理、稳定的利润，根本的基础在于市场供需关系——把握经济发展周期，控制市场供需关系是产业健康发展的重要条件。在市场需求变化的前提下，控制产能是产业在市场上和上下游产业链博弈的杀手锏，然而企业的规模扩张又是企业家的主动行为，在目前大家都要做大的背景下，谁又能调节好市场的供需关系？

国家正处在经济的快速发展期，但各区域正经历不同的发展阶段。当前，水泥大企业集团都迈出了自己的原生地，进行了跨区域的发展，所面临的环境要复杂得多，包括以下几大必须考虑的要素条件：

◆企业自身的发展规模

◆竞争对手的重叠市场和对市场的控制力

◆区域市场的经济发展阶段

◆国家政策（发展与调控）

对当前的中国水泥市场特别是华东市场，笔者认为有一点是需作出先决判断的：目前产能过剩的市场是否会熬过一段时间，起死回生，迎来新的局面；还是需求持续不旺，出现拐点？

对正在高速发展的中国水泥工业，日本水泥同行的经验曾告诫过我们：1986～1992 年是日本水泥工业发展的高峰期，而此后，便是一蹶不振，不断地停线关窑，水泥的废弃物处理也是市场环境逼迫水泥企业的一条生存出路。世界水泥巨头在市场上运作的特点：一是分散市场，克服经济周期影响；二是主控市场，减少区域内竞争。发达国家所走过的水泥发展之路值得我们借鉴。

然而，中国水泥市场要走到这一步需要多少时间，要付出多少代价，还不得而知。但笔者认为，在经济高速建设过后，需求逐步放缓，已一步一步向我们走来，一个地区接一个地区地逐步完成了市场成长期的过程，而留下来的产能并未随之而去，其代价就是“牺牲”利润换取自有产能的“发挥”，这在我国已不是个别省份的现象。

雷前治会长近期在中国水泥协会会长会上指出：有些地区过度投资或投资过热，重复建设等造成了目前有些地区已经出现产能过剩；现在还有 418 条线在建，这些生产线投产后可能出现全国性的产能过剩；还有那核准的 147 条线，假如这些线都建成，将出现全国性的严重产能过剩。因此我们对产能过剩的判断分为三个阶段：即部分地区的产能过剩——全国性的产能过剩——全国性的严重产能过剩。雷会长的这段话无疑道出他对产业发展的担忧，他希望避免出现产能过剩造成水泥产业的危机，不要把产能搞得过大，使产业过量无利。

“海螺”和“中国建材”是当今我国水泥业最具产量规模的企业，他们的成长模式不同，市场运作也不同，各有长短。市场是变化的，不完全是由水泥企业来打造的，而是有其自身规律。认识市场的发展规律，并借助这个规律为企业发展助力，这样的企业将是胜者。

“海螺”“十五”初期进入“长三角”，当时市场高企，水泥价格高位，缺乏强势企业，落后产能淘汰空间大，“海螺”长驱直入获取了丰厚利润，而随之市场需求下滑，纷纷进入市场的企业只咽下了一些残羹冷饭，曾有过骄人业绩的三狮水泥集团是水泥市场下滑、产能过剩最大的牺牲者。而此时，“海螺”已背着“钱袋”南下两广了。异曲同工，“海螺”又下一城，“长三角”、“珠三角”市场成就了“海螺水泥”。

2007 年“中国建材”凭借对国内水泥市场的敏感性，依靠国内的产业政策，借助央企的背景，获取资本市场的资金，大步直取国内水泥核心市场，组建“南方水泥”，涉入浙江、江西、湖南，进一步扩展到上海、安徽和江苏。

两大实力集团在同一地区的出现，引起了业内乃至资本市场的极大关注，在 2009 年 5 月举办的“海螺论坛”上不难看出两者对市场的意见相佐，其关键在于对市场的认识和解决的办法。对产能过剩的市场，是优胜劣汰还是通过并购整合形成新的市场供需关系，企业的状况和理念不同所采取的策略也就不一。

对于产能过剩的市场，必然是让过剩产能出局达到新的市场供需平衡。但要解决这个问题，在市场上又谈何容易，维护市场的供需平衡，仅靠一家企业之力是难以实现的。因此增强企业间的对话，尤其是大企业间的对话是非常必要的。2009 年的两次水泥高峰对话（“海螺会议”与“拉法基会议”），交流与碰撞使大家有了面对面的机会。

笔者在跟踪市场的轨迹时，也是有案例可借鉴，条件虽然不同，但都是从竞争走向竞合，新疆的“天山”和“青松”，山东的“山水”和“中联”。这两个案例的启迪就是，通过市场整合，共同维护市场是企业做大做强的根本，“中联”10 年漫长的历程，使“中联”稳住了淮海区域，又向新的区域迈进，更是为“中国建材”的“南方水泥”、“北方水泥”积累了收购经验。“山水”稳住了山东核心市场，挥师挺进辽宁市场，在辽宁市场收购、新建并举，进行熟料基地 + 市场粉磨站多点布局，形成区域资源、规模、物流、品牌与市场优势。

笔者用以往常说的一段话作为本文的结束语：好的市场可以造就好的企业，好的企业拉动不了市场。

★该篇文章发表于 2010 年第 3 期《中国建材》杂志。

促进中国水泥工业低碳经济发展★

——在2010年中国国际水泥峰会上的发言

Promote low carbon economic development of Chinese cement industry

◎国家发展改革委产业协调司 刘明

By Liu Ming of Industrial Coordination Department of National Development and Reform Commission

一、中国水泥产业发展的现状

(一)产量增长,投资增速、出口下降

2009年,全国水泥产量为16.5亿吨,同比增长17.86%;水泥产业固定资产投资完成额为1 521亿元,同比增长57.7%,增速有所回落;水泥及水泥熟料出口1 561万吨,同比下降40%,出口金额6.9亿美元,同比下降37.5%。

(二)水泥产业节能增效显著

2009年水泥产业利用工业废渣5亿多吨。到2009年底已有498条新型干法水泥生产线配套建成投产了余热发电机组,总装机容量超过3 316兆瓦。2009年节省标煤800多万吨,增效近70亿元。

(三)新型干法水泥熟料比重超过70%

2009年全国新投产水泥新型干法生产线176条,新增熟料生产能力1.95亿吨(折合水泥生产能力2.7亿吨),5 000吨/日以上规模新型干法水泥生产线69条,占新增能力的56.47%。全国水泥熟料产量10.79亿吨,比上年增长10.42%;其中新型干法熟料产量7.79亿吨,比上年增长26.05%;立窑等落后工艺熟料产量2.99亿吨,比上年下降16.52%。新型干法水泥熟料产量比重72.25%,比上年增长8.96个百分点,提前完成"十一五"规划目标。

(四)联合重组步伐加快,产业集中度明显提高

现有规模以上水泥熟料生产企业3 077家,比上年减少713家;水泥粉磨企业1 846家,比上年增加312家;水泥生产企业4 923家,比上年减少401家。年生产能力在300万吨以上水泥企业(集团)65家,水泥熟料产量占全国总量51.91%,产量集中度比上年提高7.61个百分点。其中年生产能力在1 000万吨以上水泥企业(集团)20家,水泥熟料产量占全国总量38.82%,比上年提高了7.14个百分点,并有2家企业集团水泥产能超过1亿吨,联合重组取得突破。

(五)淘汰落后进展顺利

2009年全国共关停水泥熟料生产能力9 421万吨(折合水泥能力约1.2亿吨),其中关停立窑等落后熟料生产能力8 359万吨,早期建设的缺乏竞争力的小型新型干法熟料生产能力1 062万吨。

(六)产能过剩得到抑制

从目前情况看,国发[2009]38号文件的出台,对抑制水泥产能过剩起到了很好的作用,地方投资主管部门对水泥项目不再核准,企业投资冲动得到了抑制。

二、发展中存在问题

(一)落后水泥产能明显过剩

全国共有水泥产能20.2亿吨,其中新型干法水泥生产线产能约13.7亿吨,落后水泥产能约3.9亿吨,水泥粉磨站能力5.6亿吨,其中落后粉磨能力2.4亿吨。

全国在建的项目全部建成后,将新增水泥产能6.2亿吨。加上已有产能,全国新型干法水泥产能达到17.2亿吨。预计2010年水泥消费量16~18亿吨,新型干法水泥能满足经济建设发展需要。如果不全部淘汰现有落后产能及小型粉磨站,落后水泥产能过剩明显。

(二)新建水泥项目依然很多

据各地报来的项目清理结果,全国除北京、上海、天津三市没有在建和拟建水泥项目外,其他28个省区市在建水泥生产线248条,合计水泥产能3.5亿吨。初步估算,全国在建项目投资规模超过1 200亿元。

(三)产业布局失衡加剧

目前,华东地区已有水泥产能7.39亿吨,当年消费量5.14亿吨,产能已过剩2.25亿吨。目前还有在建新型干法水泥项目78个,全部建成后,形成产能1.67亿吨。华东地区现有落后产能2.26亿吨,即使全部淘汰,水泥产能仍过剩1.6亿吨。

产能过剩现象在中南、西南地区也比较突出。据统计,中南、西南分别有在建新型干法水泥项目95个、127个,产能分别为1.03亿吨、1.09亿吨,合计水泥生产能力2.12亿吨,这些项目建成后,中南、西南区域也将形成产能过剩,产业布局失衡加剧。

三、水泥产业发展低碳经济途径

水泥产业可以通过调整技术结构减少二氧化碳排放;通过调整水泥企业组织结构减少二氧化碳排放;通过延伸水泥产业链减少二氧化碳排放;通过技术创新减少二氧化碳排放。

促进中国水泥工业低碳经济发展,对我们水泥产业来说,要加速结构调整,对现有生产线进行节能升级,企业要按照水泥产业三种国际通用工具:CO_2排放统计工具(CSI工

具)、对标和节能工具(BEST 工具)以及工艺热耗评估工具(PHAST 工具)对工厂能效与排放进行量化评估、对标与诊断,找出差距,发现潜力,针对性采取节能减排措施。

可以预期一下,通过这几年建设大型新型干法水泥生产线,加大力度调整结构,淘汰落后产能,执行严格的能效和排放标准,现有日产 2 000 吨以下规模的近 300 条新型干法水泥生产线,如不通过改造提高,在今后十年时间内也会被市场逐步淘汰。到 2020 年的时候,中国新型干法水泥生产线有可能全部为日产 2 000 吨以上规模,水泥熟料烧成热耗达到 105 千克标煤/吨熟料,水泥综合电耗小于 90 千瓦时/吨水泥。那样的话,我国水泥产业将达到世界先进水平。完成这些目标,对水泥产业来讲,既是挑战又是机遇。

(一)做好节能升级工作

1. 建设余热发电生产线。

截止到 2009 年,已经配套建成余热发电生产线近 500 条,到 2010 年的十年间,还有 1 000 条新型干法水泥生产线要配套建余热发电装置,每套余热发电装置投资 6 000 万元,需 600 亿元。

2. 发展循环经济。

通过发展循环经济,利用水泥窑协同处置工业废弃物、有毒有害废弃物、城市污泥、生活垃圾等,实现水泥产业绿色发展。全国有 660 个城市,在每个城市周边选择一家新型干法水泥企业,利用现有水泥生产线协同处置工业废弃物、生活垃圾、污泥、有毒有害废弃物,每套装置投资 1 ~ 1.5 亿元,需要投资 660 ~ 990 亿元。

3. 对电机、磨机及收尘系统进行节能改造。

采用变频电机对现有大功率电机进行改造,需要投资约 150 亿元左右。采用节能粉磨技术,对年产 60 万吨以上规模粉磨系统进行改造,需要投资约 800 亿元。采用节能环保的开凿设备改进矿山开采,需要投资 50 亿元。按新的排放标准,对收尘系统进行达标改造,需要投资 200 亿元。

以上节能减排方面投资估算需要 2 800 亿元左右,水泥低碳经济发展有非常大的空间。水泥产业要实现节能减排目标,任重道远。

(二)做好彻底淘汰落后水泥工作

落后水泥是指落后工艺生产的水泥和所谓的采用的是新型干法先进工艺但规模达不到产业政策要求、技术指标不先进的生产线生产的水泥。主要是立窑、干法中空窑、湿法窑、立筒预热器窑、小型新型干法窑。

目前,全国有湿法窑 30 台,水泥熟料产能 417 万吨。中空窑 398 台,熟料产能 2 030 万吨,其中用来生产特种水泥的 200 台。立窑 3 430 台,水泥熟料产能 2.69 亿吨。按照国发[2009]38 号文要求,各地必须尽快制定三年内彻底淘汰落后产能时间表。上述落后产能除生产特种水泥 200 台中空窑,根据需要可以暂时保留,但也要采用新工艺新技术进行改造,其他落后产能必须在三年之内彻底淘汰。只有通过重组联合,淘汰落后产能,提高产业集中度,才能实现水泥产业结构调整。尽快彻底淘汰落后水泥产能是实现水泥产业结构调整的需要,也是水泥产业走低碳经济发展道路的必要。

(三)延长产业链提高水泥附加值

通过上下游延伸,延长产业链,使水泥企业由销售水泥向销售商品混凝土转变,一吨水泥可以生产 3 立方米商品混凝土,一吨水泥和一立方米商品混凝土价格差不多,产业链延伸可使吨水泥产生三倍附加值,水泥产业单位 GDP 二氧化碳排放指标也会降低。

(四)通过技术创新减少碳排放

水泥产业发展低碳经济要明确技术路线,规范好节能减排标准。对每项技术的投资、减排空间进行逐一分析,要以节能增效为原则,谋求最高效率的可持续发展。

1. 通过自主创新与国际合作相结合,研发新的窑炉煅烧和分解技术、新的破碎和粉磨技术,采用先进适用技术,提高各工艺环节能效。

2. 通过回收水泥生产过程中产生的二氧化碳,使其成为生产其他化学品的原料,减少二氧化碳排放。

3. 通过调整水泥品种结构,减少熟料生产过程产生的二氧化碳排放。

4. 提高替代原料、燃料比例,减少石灰石和化石燃料的消耗。

水泥产业低碳经济发展作为一种新的经济发展形态,其本质就是可持续发展。其主要原料石灰石也是不可再生的,煤、电消耗也不是可以无限制地增长的,要在资源和环境允许的前提下,满足我国全面建设小康社会对水泥的需求,真正把水泥工业建设成资源节约型环境友好性产业,促进我国水泥产业低碳经济发展!

孔祥忠在工信部召开的 JT 窑技术座谈会上的讲话★

Speech of Kong Xiangzhong at the JT Kiln Technical Symposium held By Industry and Information Ministry

今天我只以一个从事水泥研究和管理近 30 年的专家身份来谈谈对 JT 窑技术的认识与看法。

一、JT 窑技术是在立窑基础上通过大量利用废渣做原料、改进煅烧工艺、引进新型干法水泥的均化技术、有效控制粉尘排放、增加自动化操作和监控等系列技术改造而成的。对于原有的立窑生产技术来说是一大进步。它对现阶段尚存的部分立窑企业改善环境保护、增加废渣利用量来说，是一个较好的应用技术。

二、缪建通董事长多年倾心钻研、投入巨资在自己的立窑生产线上不断实践，并将自己的成功经验在其它企业推广应用。对缪董事长呕心沥血地进行立窑改造的执著精神，我本人对他非常敬重。

中国水泥企业毕竟存在着规模的大中小，从过去的国家建材局到现在的中国水泥协会，对中小水泥企业的发展一直给予关注和支持。缪建通董事长是我们中国水泥协会的副会长，我要说明的是，他不是代表立窑企业的副会长，他是代表中小型水泥企业的副会长，这是从行业协会层面考虑的因素。

所谓的大中小水泥企业，其规模在不同时期的数量级是不一样的。过去的年产 60 万吨就是大型企业，今天 200 万吨才能算上，尤其集团化后是按 1 000 万吨以上来考虑大型企业的，100 万吨以下都是小企业了。

三、今天的座谈会不可避免地要涉及到水泥工业产业政策与 JT 窑的问题。产业政策对淘汰落后产能的界定是生产规模、工艺、环保、质量几个要素，当水泥行业都在讨论产能过剩、重组联合、节能减排、淘汰落后产能的发展问题时，而单单把 JT 窑技术问题提到政府研究产业政策的层面来讨论是不适宜的。

JT 窑技术是立窑的先进技术代表，但它不是未来水泥工业技术发展的代表；国家产业政策要提及的鼓励技术只能是未来先进技术。因此，我个人不赞同将 JT 窑技术改造写进国家产业政策里，如果是这样，那新的产业政策就是在 2006 年政策基础上的倒退。

四、从 1824 年诞生立窑煅烧技术，到 1877 年发明回转窑煅烧技术，期间已经经历了中空窑、立波尔窑、湿法窑、预热器窑到预分解窑的五代煅烧技术，沸腾煅烧等更新的窑炉煅烧技术正在研制中。除了中国，其他国家已少有立窑水泥厂了。

中国在九十年代之前对水泥工业的投入偏少，也不掌握新型干法水泥技术，为满足经济建设的需要，不得已上了大量的立窑，这是国情。但到了九十年代中期后，通过引进国外新型干法水泥技术和装备，中国人很快掌握了新型干法水泥技术，大型装备的研发制造国产化已经完成。今天的中国水泥工业，从技术、装备、安装、施工方面已是全球最大的出口国。从早年的日产 700 吨规模到今天的日产 12 000 吨规模生产线，全是中国人自己设计、施工。因此，规模的大型化是技术发展的趋势。

因此，从技术进步来讲，立窑煅烧技术的退出是科技发展的自然属性。

五、所谓落后产能涉及到立窑、湿法窑、中空窑、小型粉磨站生产方式，它们整体上确实存在着环境污染严重，能源消耗高的问题。专家运用生命周期评价方法对不同煅烧工艺对环境影响进行的系统研究，所得结论是：“不同水泥煅烧工艺具有不同的环境污染综合指标，预分解窑对环境的影响最小，其次为机立窑和预热器窑，湿法长窑对环境的影响最大。”到今年年底，中国水泥占全世界总量的 50% 以上，也就是说，因水泥生产而产生的环境污染中国占全球一半以上，更何况，中国水泥工业整体技术经济指标还不高，政府在国际上承受着巨大的减排压力。近几年，以北京水泥厂、乌兰水泥厂、广州“粤堡水泥”、安徽“海螺”等一批新型干法水泥厂，利用大型回转窑进行城市垃圾、危险废弃物和城市污泥的处置，为城市发展和建设，从可替代原燃料入手大大地降低了环境负荷，这是落后产能企业难以做到的。从国家层面上来说，工业的发展要做到资源利用的最大化，要在环境负荷许可内去操作。国家要支持先进生产力发展，提出淘汰落后水泥产能的政策是必然的。

因此，从环保和资源利用来讲，立窑等落后产能的退出也是科技发展的社会属性。

六、水泥工业是讲究规模经济的，需要淘汰的落后产能企业在规模上都处于劣势。产能规模越大，再加上集团化，它对市场的覆盖率就大，它的劳动生产率就高。大企业利用资金、技术、管理、信息上的优势，在市场上的竞争力自然就强。市场发展证明，是凡大型新型干法水泥市场覆盖到的地方，落后产能的生存都非常艰难。

水泥工业也是讲究资源占有率的，那些没有自己石灰石资源的日产 2 000 吨规模以下的新型干法水泥企业，没有成本优势，也在市场竞争中显现劣势，有些已经停产和自动关闭。更不用说我们落后产能的企业基本都没有自己的矿山资源，在未来的市场中如何谈竞争力。

落后产能的退出虽有政策引导的因素，但更多的是市场竞争的结果。虽然目前在局部边远地区落后产能还有一段生存空间，利用 JT 窑技术改造还是可行的，但应清楚地认识到，退出的时间已为时不远。

因此，从企业竞争力来说，立窑等落后产能的退出也是科技发展的市场属性。

七、综上所述，我也不赞成将 JT 窑的技术经济指标与新型干法水泥进行对比。因为对比的边界条件设定就不确定，不能只用几个主要指标来进行比较。比如说，各自排放废气的有害成分是多少？水泥的质量的工程性能如何？矿山开采的利用率多少？这些指标是否应该包含？这样对比的结果和意义是什么呢？未来水泥技术的发展一定是规模化、自动化、更环保节能、劳动生产率更高。在哥本哈根会议上，中国政府已正式对外公布控制温室气体排放的行动目标，决定到 2020 年单位国内生产总值二氧化碳排放比 2005 年下降 40% ~45%。水泥工业将面临着更严峻的节能减排任务，水泥工业如何在国家低碳经济发展中发挥更大的作用，这是政府和企业急需关注和落实的事。

世界最先进的水泥技术已在我们中国，我们更应该去关注水泥先进技术的应用和如何让她国际化、参与国际竞争问题。

★2009年12月23日，中国水泥协会秘书长孔祥忠在南京召开的JT窑技术座谈会上的讲话。

2009年水泥工业发展与技术进步★

Cement industry development and technical progress in 2009

◎中国水泥协会秘书长　孔祥忠　◎中国建筑材料联合会　周清浩
By Kong Xiangzhong, Secretary General of China Cement Association
and Zhou Qinghao of China Building Material Coalition

一、前言

2009年中国水泥工业坚持自主创新、重点突破、自主研发了一系列涉及水泥工业发展的关键技术与装备，支撑了水泥工业可持续发展，取得了一批关系到水泥行业国际竞争力、可持续发展能力、标志着我国水泥行业科技发展的重大成果和具有自主知识产权的专利。许多科研成果、新技术、新装备达到国际先进水平。

从上世纪80年代开始，中国水泥工业科技工作者通过技术创新，使新型干法水泥生产技术在我国得到了广泛推广和应用。我国水泥工业技术装备与世界先进水平的快速接轨，也给世界水泥工程市场带来了生机与活力。

随着社会进步和资源环境压力的加大，全球水泥工业正面临着严峻挑战，水泥工业在造福人类的同时，其对自然资源和能源的消耗及水泥生产过程中粉尘、氮氧化物、硫化物、温室气体等有害物的排放，愈来愈受到国内外有关部门的关注。水泥工业要实现可持续发展，必须不断节能减排，最大限度降低对能源、资源的消耗和对环境的影响，走低碳经济之路，促进社会的文明和进步，成为造福于人类的环保型产业。

二、围绕水泥工业的技术进步和结构调整，国务院及有关部委相继出台了一系列政策、法规及标准

1.《关于抑制部分行业产能过剩和重复建设引导产业健康发展的若干意见的通知》(国发[2009]38号)出台。

2009年11月10日，根据国务院批转《关于抑制部分行业产业产能过重复建设引导产业健康发展的若干意见的通知》(国发[2009]38号)，国家发展和改革委办公厅发布了《关于水泥、平板玻璃建设项目清理工作有关问题的通知》，将对水泥现有在建项目和未开工项目进行认真清理。

为贯彻落实国务院38号文件精神，2009年11月21日工业和信息化部印发《关于抑制产能过剩和重复建设引导水泥产业健康发展的意见》的通知(工信部原[2009]575号)，要求继续加大淘汰落后工作力度，认真贯彻执行《关于印发节能减排综合性工作方案的通知》(国发[2007]15号)规定，确保完成“十一五”期间淘汰落后水泥产能2.5亿吨的工作目标，抓紧制定2010～2012年三年内彻底淘汰不符合产业政策和环保、能耗、质量、安全要求的落后水泥产能时间表。支持企业开展技术改造，重点支持企业通过上大压小、等量或减量转换落后产能、开展综合利用、推进节约生产、清洁生产等有利于节能降耗、减排治污、提高质量为主要内容的技术改造，推动淘汰落后。主要包括水泥余热发电，粉磨系统节能改造、粉尘治理和利用工业废弃物、垃圾、城市污泥生产水泥等一批具有示范和带动作用的技术改造项目，推进水泥行业结构调整和产业升级。国家将在技术改造专项中适当安排部分资金，重点支持符合上述领域的技术改造项目。

2.《关于鼓励技术出口的若干意见》发布。

商务部与科技部联合发布了《关于鼓励技术出口的若干意见》，从政策扶持、加强国际合作、完善管理和服务等3个方面提出了政策措施，支持企业积极出口成熟的产业化技术。

《关于鼓励技术出口的若干意见》提出，在落实好现行政策的基础上，积极提供金融保险支持，推动科研机构承接境外研发业务，鼓励科技型企业“走出去”，利用各种促进平台，组织举办技术出口推介和洽谈会，宣传我国优势技术。推动技术出口服务体系建设，加强对知识产权的管理和保护。商务部将会同有关部门，积极推动《关于鼓励技术出口的若干意见》的实施。通过完善财政、金融和税收政策，推动知识产权管理和保护，建设技术出口服务体系和交易平台，为企业开拓国际市场营造良好的政策环境。

3.《水泥工业产业发展政策》修订。

受国家工业和信息化部委托，中国水泥协会牵头组织对2006年版的《水泥工业产业发展政策》开展评估修订工作。该项工作根据我国水泥行业发展现状与趋势，围绕技术进步、节能减排、提高产业集中度，增强水泥企业竞争能力，促进水泥工业结构调整和可持续发展等展开。2009年是《水泥工业产业发展政策》、《关于加快水泥工业结构调整的若干意见》和《水泥工业发展专项规划》(3个文件以下合并简称《产业发展政策》)实施的第三年。为掌握《产业发展政策》实施的进展情况，促进各项任务和目标顺利实现，推动水泥

工业持续健康发展，在国际金融危机对我国经济发展产生影响的不利因素背景下，适时对《水泥工业产业发展政策》进行客观评估和修订已非常必要，这将为水泥工业中长期发展提供有力的政策保障。

4.《水泥行业准入条件》（征求意见稿）出台。

工业与信息化部以原材料司函［2009］117 号，公布了《水泥行业准入条件》（征求意见稿），为抑制水泥行业产能过剩和重复建设，加快结构调整，引导行业健康发展，工业与信息化部原材料司委托中国水泥协会在开展调查研究和相关工作基础上拟定了《水泥行业准入条件》（征求意见稿）。

5. 水泥工业清洁生产标准 2009 年 7 月实施。

国家环境保护部于 2009 年 5 月公告，批准《清洁生产标准 · 水泥工业》标准为国家环境保护标准，并予以发布，该标准于 2009 年 7 月 1 日起实施。《清洁生产标准 · 水泥工业》规定了在达到国家和地方污染物排放标准的基础上，根据当前的行业技术、装备水平和管理水平，水泥工业企业清洁生产的一般要求。该标准分为三级，一级代表国际清洁生产先进水平，二级代表国内清洁生产先进水平，三级代表国内清洁生产基本水平。随着技术的不断进步和发展，该标准将适时修订。标准将水泥工业清洁生产指标分为 6 类，即生产工艺与装备要求、资源能源利用指标、产品指标、污染物产生指标、废物回收利用指标和环境管理要求。标准适用于水泥工业通用硅酸盐水泥，矿渣硅酸盐水泥制造及水泥生产配套石灰石矿山开采企业的清洁生产审核、清洁生产潜力与机会的判断、清洁生产绩效评定和清洁生产绩效公告制度，也适用于环境影响评价和排污许可证等环境管理制度，该标准属首次发布。

6. 水泥工业大气污染物排放新标准实施。

我国水泥行业新的《水泥工业大气污染物排放标准》于 2010 年 1 月 1 日起开始实施。标准规定：现有水泥窑及窑磨一体机排气筒中的颗粒物排放浓度不得超过 50 毫克/标立方米，单位产品排放量不得超过 0.15 千克/吨，烟尘排放浓度不得超过 30 毫克/标立方米。利用水泥窑处理城市垃圾及固体废弃物，其尾气排放标准将不同于普通水泥生产线的标准，而其窑尾收尘必须采用布袋除尘器。新标准的实施，原有粉尘排放未能达标的水泥企业的环保技术设备升级、改造变得更加迫切。

7.《水泥矿山工程设计规范》（报批稿）完成。

受国家住房和城乡建设部及行业的委托，由天津水泥工业设计研究院有限公司作为主编单位完成的《水泥矿山工程设计规范》（报批稿）完成并将于 2010 年批准，2011 年年初实施。该设计规范通过大纲审查，在相关媒体、网站上征求意见，通过专家审查，现已形成送审稿。该《规范》力求体现了当代水泥矿山设计水平，贯彻了国家节能减排方针，并提出了绿色环保要求，是今后指导水泥矿山可持续发展的规范性纲领。同时，该规范充分体现技术进步、经济合理，可操作性强、并与其他规范、标准协调一致。

8. 我国正式确定温室气体减排目标。

为应对气候变化的严峻挑战，努力控制温室气体排放，中国政府已承诺：到 2020 年我国单位国内生产总值二氧化碳排放比 2005 年下降 40% ~45%，作为约束性指标纳入国民经济和社会发展中长期规划，并制定相应的国内统计、监测、考核办法。对于水泥工业来说，控制温室气体排放面临巨大压力和特殊困难，实现上述行动目标需要付出艰苦卓难解难分的努力。只有立足于技术进步，提高能源使用效率、减少污染排放，增加可替代原、燃材料的利用，走低碳经济之路。

近年来，我国经济快速发展带来了水泥市场需求大幅增长，2009 年，中国水泥产量已超过世界水泥总产量的 50%，在给国家建设做出巨大贡献的同时，也给环境发展带来压力。水泥是一个高碳产品——以万元 GDP 和万元工业增加值来计算，在众多产品中，水泥是单位排放二氧化碳量较多的产品。如何应在随产量增长带来的温室气体排放的压力，是水泥行业广大科技工作者非常紧迫的课题。

三、2009 年水泥行业科技进展

1. 国家科技支撑计划——新型干法水泥生产线节能减排技术与装备研究项目正式启动。

由天津水泥工业设计研究院有限公司牵头组织的国家科技支撑计划——“新型干法水泥生产线节能减排技术与装备研究”项目于 2009 年 3 月 27 日启动。项目主要包括新型干法烧成系统优化、提高技术及装备的研究；高效纯低温余热发电技术及装备研究；工业及城市废弃物在水泥窑中的处置技术及装备研究；城市生活垃圾在水泥窑中的处置技术与装备研究；电石渣制水泥规模化应用技术及装备研究；新型干法水泥生产节能减排测试技术与评价方法研究 6 个课题。项目通过技术优化和创新，将重点突破水泥行业节能减排、环保、资源综合利用等关键技术，降低水泥生产的能源消耗，提高我国水泥工业协同处置废弃物的技术水平，为水泥工业走循环经济道路起到示范的作用。

该项目涵盖了水泥生产和装备制造的基础研究、工程技术研究以及测试技术、关键装备开发等方面。项目将重点突破 5 项水泥行业节能减排集成技术和减少环境污染、资源综合利用关键技术，建立 4 条中试生产及应用示范线，促进水泥行业节能减排、循环经济发展，建立水泥工业循环经济的技术示范模式，建设以企业为主体、产学研结合的技术创新体系。

2. 国家重点基础研究发展计划（“973”计划）——水泥低能耗制备与高效应用基础研究项目启动。

由中国建筑材料科学研究总院承担的国家重点基础研究发展计划（973’计划）——“水泥低能耗制备与高效应用的基础研究”项目启动。

该项目以提高水泥性能和节能减排为中心，围绕水泥组成和结构优化、制备过程中节能与水泥高效应用的重大基础性问题深入系统地开展研究，完善或建立水泥低能耗制备和高效应用的系列理论。研究对实现高胶凝性熟料性能的优化设计，实现熟料形成过程最佳能量配置，指导新型高效节能粉磨技术和装备的研发，提高水泥应用效能，显著促进水泥科学由经验描述或半定量描述和预测向精确描述方面发展，研发水泥制备和应用的创新技术。项目将围绕水泥生产和应用过程的各个环节开展提高水泥性能和节能减排的基础研究，实现水泥科学理论和技术的重大创新，促进水泥工业产品结构调整，提高使用效能，提高能源与资源利用效率。项目拟解决四个关键科学问题，一是高价位阿利特微结构调控与高胶凝性熟料相匹配；二是熟料分段形成动力学；三是离心力场中的粉磨动力学与能量传递；四是水泥优化复合与结构稳定性。

3. 广州越堡水泥有限公司建设大型环保水泥产业基地。

广州越堡水泥有限公司利用水泥窑“规模化、无害化、资源化”处置污泥项目投入运行，这是目前我国最大的水泥窑协同处置污泥项目，设计处置能力达每年18.6万吨（日处置量为600吨）。广州市目前产生市政污泥的50%以上可通过该项目实现无害化、规模化处理。这对传统水泥产业结构的调整升级、城市生态环境的治理改善具有重要意义，标志着广州市探索建设大型环保水泥产业基地迈出了重要的一步。

越堡水泥公司日产6 000吨新型干法水泥生产线的窑系统在设计之初就预留了处置城市废弃物的空间与能力。公司自行投资7 000多万元配套建设的水泥窑处置污泥项目，利用水泥窑的废气余热烘干污泥，干化后的污泥进入水泥窑焚烧处理，既可替代部分原料和燃料，又可实现污泥的彻底无害化处置。项目由天津水泥工业设计研究院有限公司采用该院自主知识产权技术开发设计，被广东省环保局列为省水泥窑协同处置固体废弃物试验的试点示范工程，被国家“十一五”科技支撑计划列为工业及城市废弃物在水泥窑中的处置技术及装备研究攻关项目，同时也是中德双方在工业和环保领域的技术合作交流项目。

4. 金隅集团琉璃河水泥有限公司被列为北京市首批循环经济试点单位。

多年来，北京琉璃河水泥有限公司一直致力于发展循环经济，大力推进节能减排工作。该公司具有自主知识产权的创新型低温余热发电技术，利用窑头、窑尾排放的废气余热发电，公司还利用余热对50万平方米的房屋提供采暖。该项新技术获得了国家实用新型技术专利和国家发明专利。

公司每年平均消纳石灰石尾矿、铁矿尾矿、脱硫石膏等固体废弃物近40万吨，2008年处置污染土5.61万吨。琉璃河水泥有限公司以打造生态友好型企业为目标，在利用水泥窑资源化、无害化处置城市生活垃圾和处理水厂污泥的新技术方面取得初步成功的同时，公司处理城市垃圾焚烧废弃物的飞灰中试线项目已经竣工并通过验收，具备了生产能力，目前可日处理飞灰30吨，该项目具有自主知识产权，填补了国内在飞灰无害化处置领域的空白，为下一步进行大规模的工业化处置奠定了基础。“垃圾焚烧飞灰水洗中试线”是北京市科委2008～2009年度重点研究攻关的“生活垃圾焚烧飞灰制备水泥”项目的核心技术。由北京金隅集团组织的项目攻关小组.克服了多项技术难关，解决了飞灰中重金属、二噁英等危险废物的有效处置和达标排放问题。飞灰通过中试线处理后，再经过水泥窑高温煅烧对其进行彻底无害化处置。

北京琉璃河水泥有限公司被列为北京市首批循环经济试点后，将得到政府对试点单位给予的政策、资金、税收、土地申请、政府采购等多方面支持。

5. 北京建筑材料科学研究总院被授予“固体废物处理处置科技创新研发基地”。

“固体废物处理科技创新研发基地”是以北京建筑材料科学研究总院为牵头单位，以北京建筑材料科学研究总院和北京机电院高技术股份有限公司两家单位为依托，汇聚和整合北京地区固体废物处理处置企业、科研院所、高校等科技资源、产业资源，共同建设的开放、共享、高效的科技创新研发基地。北京建筑材料科学研究总院将承担起北京地区固体废物处理处置领域科技资源的优化组合，通过研发基地的建设，充分发挥政府引导与市场化运作相结合的优势，以项目为纽带，开展环保固体废物处理处置领域重大、关键技术的研究，解决北京市环保固废领域污染的突出问题。为环保行业发展和政府决策提供技术支撑，并作为政府公共服务职能的延伸，成为政府科技工作的有力支撑和重要力量。

6. 广西首家新型干法水泥工程技术研究中心落户鱼峰集团。

作为广西水泥行业的老字号国有企业，鱼峰集团也是广西首家使用余热发电的企业。该企业拥有一支技术水平较高的工程技术人员队伍，能够独立承担工程试验任务，在水泥行业技术领域内具有雄厚的科研实力，再加上企业领导具有强烈的市场意识、创新意识及对技术创新的重视，这些优势都成为了水泥工程技术研究中心落户鱼峰集团的“亮点”。中心获准建立，既是广西自治区对鱼峰集团承担区内重大科研攻关项目能力的信任和肯定，也是对企业增强创新能力的促进和推动。中心建立后，在2009年完成了集团的工业废渣资源化的研究开发利用，计划在2015年完成对电石渣、废轮胎、城市垃圾、城市污泥等废弃物的开发利用，将把“鱼峰水泥”建成广西区建材行业循环经济的典范，填补广西建材产业循环发展研究领域的空白，也将为广西水泥行业企业创新发展工作起到示范带动作用。

7. 北京金隅集团“新北水”处置污泥生产线竣工投产。

国内首条拥有自主创新技术，依托水泥窑干化及资源化利用污水厂污泥——新北水水泥公司处置污水厂污泥生产线2009年竣工投产。新北水水泥公司处置污水厂污泥工程是北京金隅集团打造循环经济示范基地的重点项目。该生产线为我国第一条污泥干化及最终处置与水泥新型干法工艺相结合的示范项目，日处置污泥700吨，年处置能力达22万吨，占北京市生活污泥产生总量的1/4。生产线按照“国内一流、国际先进”的标准进行设计和建设，其成功运营不仅可以实现城市生活污泥连续、稳定、安全地处置，而且有助于水泥生产过程的节能降耗，更为城市无害化、减量化处置生活污泥发挥借鉴和示范作用。

8. 世界单线生产能力最大水泥熟料生产线在河南荥阳投产。

由天瑞集团投资的日产1.2万吨新型干法水泥熟料生产线在河南荥阳投产。该生产线技术先进，采用了国际领先的新型干法水泥预分解生产新工艺、新技术，几乎可以实现“零污染”，从矿石进厂到水泥成品出厂全封闭运行，项目同时配套建设18兆瓦发电机组利用余热发电。项目正式投产后，每年可生产高标号水泥450万吨，年余热发电量1.15亿千瓦时，每天可消耗粉煤灰、硫酸渣等各种工业废渣7 400吨，每年可减少粉尘排放1.6万多吨、二氧化硫30多吨。

9. 亚洲产能最大的白水泥生产线投产。

亚洲单线规模最大的新型干法白水泥生产线项目——阿尔博波特兰（安庆）有限公司年产40万吨白水泥熟料生产线于2009年11月28日在安徽省安庆投产，该项目的建成投产标志着中国白水泥制造技术达到世界先进水平。该项目为安徽省861项目，工程总投资6亿元人民币，由天津水泥工业设计研究院有限公司总承包，工程以建设资源节约型、环境友好型企业为目标，创新运用新工艺、新材料、新技术，为国内乃至亚洲首创。该生产线年产40万吨熟料，生产优质白水泥60万吨，白度90度（亨特值）以上，能耗较中国其他现有白水泥工厂低30%，是亚洲单线规模最大的新型干法白水泥生产线项目，也是目前亚洲装备最好、技术最新、工艺最优、能耗最低、产能最大的白水泥生产基地，将为我国及远东市场客户提供世界级标准的白水泥产品。

10.《HKM4800大型生料立式磨粉磨技术的研究与装备开发》通过行业鉴定。

由合肥水泥研究设计院中亚建材装备有限责任公司研制的HRM4800型立式磨，可满足日产5 000吨级水泥熟料生产线配套要求，替代进口设备。

合肥院长期以来致力于水泥粉磨技术的研究和装备的开发工作。自2003年成功开发出HRM3400型立式磨用于日产2 500吨新型干法水泥熟料生产线后，又开发出HRM4800型原料立式磨，并于2008年成功应用于“南方水泥”浙江虎山集团日产5 000吨水泥熟料生产线上，经过不断的完善和改进，合肥院的HRM4800型原料立式磨解决了有些立式磨对原料易磨性不适应，遇到难磨物料产量就下降的难题。

HRM4800型原料立式磨在浙江虎山集团有限公司日产5 000吨水泥熟料生产线上长期运行表明：在原料的粉磨Bond功指数为15.21千瓦时/吨，产品细度（R0.08毫米）在13.7%时，产量平均达450吨/时以上，立磨系统单位产品电耗13.53千瓦时/吨，设备整体结构合理，技术先进，控制简单，易于操作，运行稳定可靠，维修方便，主要技术经济指标达到国际先进水平。

11. TRM5341生料立式辊磨的研制与应用通过行业鉴定。

由天津水泥工业设计研究院有限公司完成的TRM5341生料立式磨，经辽宁富山水泥有限公司日产5 000吨水泥熟料生产线一年多来使用表明：在粉磨中等易磨性原料时，台时产量440吨以上，折算细度R=12%、系统电耗15.5千瓦时/吨，辊套和衬板的吨生料磨耗约4.5克。该装备实现了日产5 000吨级水泥熟料生产线生料立式磨国产化，主要技术经济指标达到国际先进水平。

该装备技术已被117家水泥企业采用，替代进口并已出口到国外，对推动我国粉磨装备技术的发展和水泥工业的节能减排、结构调整起到了重要作用，经济社会效益显著。

12. 德国著名立式磨机企业——莱歇公司进入我国水泥立磨市场。

莱歇碾磨机械制造（上海）有限公司于2009年9月23日在上海开业，标志着具有百年历史的德国莱歇产品在中国建成生产基地，为我国水泥装备行业注入新的活力。德国莱歇公司1906年成立于柏林，是一家由业主管理以出口为主的专门从事立式磨机研发、设计、制造及相关技术服务的家庭企业。莱歇碾磨自公司开创起就在全球享有很高的声誉，其独创的立式磨工艺技术早在1928年就获得专利，这项技术成为莱歇公司先进工程技术的象征。

目前，莱歇碾磨机械（上海）制造有限公司拥有厂房达5 000平方米，各类加工设备10余套，主要经营设计、生产碾磨机械设备及其零部件，并提供相关的技术咨询和技术服务。

13. 首台为日产4 000吨水泥熟料生产线配套的第四代冷却机成功应用。

江西圣塔集团日产4 000吨水泥熟料生产线采用了由天津水泥工业设计研究院有限公司自主研发设计和制造的全国首台第四代冷却机，经过1年多的实际运转，这条生产线连续稳定生产，实现了预期目标，这标志着天津水泥工业设计研究院有限公司在新型干法水泥关键、重大技术装备的开发与应用方面上了一个新台阶。其后，河北省燕赵水泥有限公司日产4 000吨水泥熟料生产线也采用了该冷却机，并获得成功，成为国内水泥界关注的焦点。

据报道，第四代篦冷机也已在成都建材工业设计研究院、江苏瑞泰公司等单位研制成功。其中，江苏瑞泰公司制定了第四代水泥熟料冷却机企业标准，规定了相关技术指标：吨水泥熟料配风电耗≤6.5千瓦时，每千克熟料冷却配风量≤1.9标立方米等技术性能指标。

14. 新型干法水泥熟料生产线窑尾高温风机专用变频调速系统得到广泛应用。

广州“智光电气”经过4年多来在水泥行业高压变频器应用与推广，推出了“水泥生产线窑尾高温风机专用变频调速系统”，采用自主研发的“瞬态尖峰负荷差分控制技术”，从设备的硬件设计、软件控制设计等多方面对高温风机的不定期的尖峰负荷运行进行全方位针对性的研发，使水泥生产线达到节能增效，降低电机、风机设备故障率，为水泥企业安全、经济生产提供了保证。

15. 波特兰科氏力秤解决高水分煤粉计量难题。

合肥水泥研究设计院完成的高水分煤粉计量秤（科氏力秤）在内蒙古乌兰水泥集团、辽宁富山水泥有限公司、山东沂州水泥有限公司3条日产5 000吨新型干法水泥熟料生产线上成功投入运行。投产1年多来各项技术指标均达到用户要求，使用效果理想，生产线全部顺利达标，波特兰科氏力秤得到用户好评。

内蒙古乌兰水泥集团、辽宁富山水泥有限公司投入运行的日产5 000吨新型干法水泥熟料生产线煤粉水分偏高，通常维持在4%以上，有时高于8%，其原因是原煤挥发分过高，曾发生煤粉在仓内自燃和煤磨袋收尘器烧袋事故。为了防止煤粉自燃、爆炸，保证收尘器运行安全和平衡煤磨产能，煤磨工段很难将水分控制在<1%的设计范围内。为满足用户工艺要求，适应高水分煤粉特性，合肥水泥研究设计院波特兰公司采取多项措施，通过给料与计量设备的结构优化和助流技术的应用，成功实现科氏力秤煤粉计量系统用于日产5 000吨新型干法水泥熟料生产线高水分煤粉准确计量与控制的目标。波特兰在该方面取得的突破，有力提升了科氏力秤煤粉计量系统技术水平，比进口设备具有更强的性价比和方便的售后服务。

16. NC型辊式筛分喂料机的开发应用。

现代水泥工业原料粉磨广泛采用立磨系统，对入磨碎石粒径要求从原来管磨系统的25毫米放宽到了100毫米左右，此时原有破碎系统的入料中就含有更多粒径已经符合要求的物料。与传统的不带预筛分喂料装置的石灰石破碎系统相比，采用预筛分喂料技术可对矿山开采的矿石进行预处理，满足工艺产品粒度要求的细小物料在进入破碎机之前就筛分出来，不进入破碎机破碎，这样既减少系统电耗，又提高系统产量，同时还延长破碎机易损件的寿命，对提高石灰石破碎系统的产能、节能降耗和经济效益具有重要意义。

由南京水泥工业设计研究院研发的NC型辊式筛分喂料技术与装备，输送能力达1 000～1 200吨/时，最大进料粒度可达1 500×1 250×1 000毫米，可以输送石灰石、砂岩、页岩、泥岩及其混合料等；在破碎机负荷不变的情况下，系统产量提高20%～30%。；破碎机锤头寿命延长30%～40%；系统电耗降低显著。该产品已实现了系列化、国产化，属国内首创。该系统已在“台泥”（英德）二期2条日产6 000吨新型干法水泥生产线的石灰石破碎系统成功应用两年以上，经过对“台泥”（英德）一、二期两套系统的使用情况的测试，以及对投产以来一年多的生产成功应用。

17. 无铬耐火材料在新型干法水泥企业投入使用。

随着我国对环境保护工作的重视和“绿色制造”在众多领域的应用，耐火材料在使用后带来的环境污染逐步提到议事日程。以水泥行业为例，目前每年需用镁铬砖30万吨，镁铬砖在使用中会生成剧毒和致癌的六价铬，年产生六价铬的残砖约12万吨，造成年排放六价铬约360吨。使用后的残砖可以污染相当自身重量5万～25万倍的地下水，严重地破坏了环境并威胁着人们的身体健康。近10年来，国内外耐火材料界在寻找镁铬砖的替代材料方面作了大量工作，但效果均不十分理想。在国家“863”计划的支持下，北京瑞泰公司科技人员成功研制出具有良好抗热震性和挂窑皮性能的新型镁质复相材料。在此基础上，在“十一五”期间又一次针对水泥行业用不定形耐火材料低寿命的突出问题进行科技攻关，同时再一次得到国家“863”计划的立项支持。通过科技攻关，水泥行业新型干法水泥窑炉用无铬耐火材料的研制取得了可喜成果，获得4项国家发明专利，并已在山东“宝山水泥”、“华润水泥”、河南“天广水泥”、河南“大地水泥”和焦作“千业水泥”等成功使用，获得了良好的经济效益、社会效益和环境效益。

四、我国水泥工业技术、装备及工程总承包在国际市场上独树一帜

1. 河南“中材环保”在国际市场上大显身手。

由河南中材环保有限公司承接的海德堡集团乌克兰KRYVYRIH水泥厂除尘系统改造工程总承包项目获得全面成功。“中材环保”完善的改造方案、优质的产品质量、过硬的技术经济指标和良好的售后服务达到了国际先进水平，受到业界和用户的高度赞扬，这也标志着“中材环保”在角逐国际环保除尘市场中又迈出了坚实步伐。

2008年河南中材环保有限公司实现在国内日产5 000吨新型干法水泥生产线和国外日产10 000吨新型干法水泥生产线环保除尘市场占有率达分别达到50%，坚定了“走出去”战略的决心和信心，这次承接的海德堡集团乌克兰KRYVY RIH水泥厂除尘系统改造工程总承包项目，是该公司继与法国维佳公司合作在塞内加尔境内SOCOIM水泥厂除尘系统工程总承包项目成功之后，坚持“走出去”的又一成果。截止至目前，该系统运行稳定，袋收尘器的阻力始终保持在1 000帕左右，因为采取了在线清灰功能，阻力波动保持在100帕的范围之内。

2. 合肥水泥研究设计院沙特项目全面投产。

沙特NAJRAN水泥公司一、二期项目共建设两条新型干法水泥生产线：2007年建成一条日产6 000吨生产线（一期），2008年建成一条日产3 000吨生产线（二期），为了树立

中国水泥人在国际工程建设中的良好形象，合肥水泥研究设计院克服了气候酷热及施工现场的诸多困难，投入大量的人力物力，项目全体人员加班加点，经过不懈努力，在2009年3月20日生产出合格的水泥。另外，合肥院沙特粉磨站项目，从2008年3月15日开工到2009年3月5日投产，用了不到一年的时间就完成了建设工作，比合同工期提前了9个月，大大缩短了沙特水泥工程建设的周期。

合肥水泥研究设计院从2001年进军国际水泥市场以来，从技术改造到工程承包，从水泥成套设备出口到交钥匙工程，国际化进程不断加快，在工程承包中，不断总结经验，工程管理水平不断提高，市场份额不断扩大，NAJRAN水泥公司一期和二期工程全面完工，标志着合肥水泥研究设计院水泥工程建设及管理水平达到了一个新的历史高度。

3.“中材国际”工程股份有限公司国外总包项目成绩喜人。

2009年10月“中材国际”与尼日利亚Dangote集团子公司签署了两条日产3 000吨水泥生产线总承包合同，合同总金额达19.67亿元人民币。该合同是全球金融危机爆发后一年来签订的全球最大的水泥生产线总承包合同，也是Dangote集团2008年11月推迟10条水泥生产线建设后，再次与“中材国际”携手在非洲建设的大型水泥生产线。该合同的签署.再次显示了“中材国际”在全球水泥技术装备与工程服务市场领先的强大竞争实力。中材集团是全球最大的水泥技术装备与工程服务供应商，在国内占有80%以上的市场，海外市场占有率2008年跃居世界首位，占到34%以上，2009年占到40%以上。中材集团水泥技术装备板块凭借在全球水泥技术装备与工程服务领域领先的竞争优势，在国际金融危机中的业务发展不仅未受影响，反而利用危机带来的机遇，进一步扩大了与竞争对手的竞争优势。

这两条生产线均采用国际通行的EPC模式，合同范围包括从石灰石破碎至水泥包装发运的整条生产线，包括工程设计、设备供货、土建施工、设备安装、试车和竣工验收等一系列工作。此前，由中材国际工程股份有限公司承担的南非Sephaku水泥有限公司日产5 100吨水泥生产线工程总承包建设项目也已正式签约，Sephaku项目合同额为2.737亿美元，包括新建一条水泥生产线和一座水泥粉磨站，“中材国际”将承担工程设计、设备采购、土建工程、机电设备安装、培训、调试等工作。另外，2009年3月“中材国际”与刚果民主共和国Cilu水泥公司又签约了一条规模为日产3 300吨新型干法水泥熟料生产线，合同总金额1.38亿美元，项目建设方式采用国际通行的EPC模式，工程的全部技术及超过90%的装备由“中材国际”提供。

五、我国水泥行业科技发展方向

过去的一年，在国际金融危机的背景下，我国率先实现经济回升向好，保持了社会和谐稳定。温加宝总理在国家科学技术奖励大会上指出，我们应对国际金融危机的一条重要经验，就是立足当前，着眼长远，把加强科技支撑作为一揽子计划的重要组成部分，在财政极为困难的情况下，大幅度增加科技投入，推动技术改造，加快实施重大科技专项，超前部署，大力培育战略性新兴产业。这些措施对遏制经济下滑势头、培育新的经济增长点发挥了十分重要的作用。历史告诉我们，最终战胜危机，实现经济复苏要靠科技的力量。科技创新不仅是应对国际金融危机的强大武器，也是经济持久繁荣的不竭动力。我们要始终坚持把自主创新作为经济结构调整和发展方式转变的中心环节，着力突破带动技术革命、促进产业振兴的前沿科学问题，突破增强国际竞争力。我国经济能够率先实现回升向好，科技发挥了重要的支撑和引领作用，不断提高的自主创新能力为应对国际金融危机提供了强有力的保障，也验证了只有自主创新才能牢牢掌握发展主动权。

2009年，中国水泥行业实现了产量快速增长、结构调整成效显著，经济效益大幅提高、大企业实力明显增强、节能减排完成进度指标。但是成绩只能说明过去，水泥行业要在科学发展观统领下走新型工业化道路，又好又快发展，从而实现由大变强的目标。

1. 坚持自主创新，加快经济发展方式的转变。

企业要进一步提高自主创新能力，加快建立以企业为主体、市场为导向、产学研相结合的技术创新体系。确立企业在技术创新中的主体地位，是提高企业自主创新能力的根本途径。目前，因为发展模式、市场条件、政策和体制环境等多方面原因，不少企业技术创新能力不强、热情不高。必须从各个方面加大企业自主创新的外在压力和内在动力，促使企业把创新作为自身发展的头等大事。企业除了科技创新，也要注重管理创新。胡锦涛总书记曾指出：“要始终把科学管理作为推动科技进步和创新的重要环节，不断提高科学管理水平”。管理创新，其目的就是要不断让科学的、现代化管理的新观念、新方法贯穿整个企业管理的全过程。管理创新要与制度创新并举，管理创新要与技术创新协调，只有这样才能促进企业持续、平稳、高效、快速发展。让自主创新成为水泥行业可持续发展的强大引擎。

2. 坚持循环经济发展模式，把水泥工业建设成为环境友好型产业。

水泥工业总体上是资源能源消耗型产业，但进入新世纪以来，产业结构的优化升级和循环经济模式的有力推进，促进了它向节约型产业和环境友好型产业转变。水泥工业每年消纳近5亿吨工业固体废弃物和其他有害废弃物。今后随着循环经济的发展，消纳规模还会有更大的增长，水泥工业应该是一个有利于改善环境的重要产业，不久的将来，它应该成为我国城乡居民生活环境的净化器，在可预见的未来，其地位不是其他产业所能替代的。

3. 加强知识产权的保护工作。

知识产权和科技创新是对经济社会最具安全性、竞争力和可持续发展的重要因素.是克服经济困难的根本力量；也是增强产业、产品和企业竞争力的不竭动力。正如温家宝不久前在湖南调研时所指出的:应对国际金融危机,归根结底要靠科技、靠人才、靠发明创造、靠专利产品。

水泥工业要尽快形成一批拥有自主知识产权的产品和品牌,引导企业及时将新的水泥科研成果、核心技术和名优产品申请知识产权,特别是鼓励具有市场前景的先进技术到国外申请知识产权,扩大中国水泥技术和装备的自主知识产权、自主品牌产品的国际市场份额。历史经验告诉我们,持续的技术创新、产业结构升级和相应的制度变迁,是现代社会经济长期增长和可持续发展的驱动力。实施大规模经济结构调整,知识产权是基础而且是关键的要素。

4. 注重人才队伍的培养与建设。

坚持从中国水泥工业发展实际需求出发,尊重科技人才成长和科技人才队伍建设规律,努力造就世界一流的水泥科学家和科技领军人才,注重培养创新人才和青年科技人才。

中国水泥工业的快速发展和巨大的产品市场,为水泥的基础研究、装备研发、企业管理、工程管理、国际交流等方面的人才培养和实践提供了极好的历史机遇。大专院校和研究机构应加强水泥的基础理论和品种研究;企业要为未来水泥产品的延伸做好人才培养;要为中国水泥走向世界加强国际化人才的培养。

成功在于坚持,希望在于努力。我们更应该深刻认识到,危机是传统模式之危,科学发展之机。特别是在经济全球化背景下,国际竞争不断加剧,国内一些行业和企业还屡屡面临核心技术受制于人的挑战,我们应该清醒地认识到——水泥人任重而道远。

5. 广大水泥企业要迎战"低碳时代"的到来。

对我国广大水泥企业来说,2009年底国务院宣布的减少碳排放具体目标,既牵涉生存问题,也意味着巨大的商机。低碳的生产生活方式将是大势所趋。有专家认为,实现到2020年中国单位GDP碳排放量比2005年减少40% ~45%的目标,虽然差不多相当于一些西方发达国家二三十年前的标准,但对仍处于工业化时期的中国来说,已经是很不容易的目标,将是相当艰巨的任务。在2009年底召开的中央经济工作会议上明确指出:开展低碳经济试点,努力控制温室气体排放,严格控制对高耗能、高排放产业和产能过剩行业的贷款。在实现碳减排目标的过程中,最受负面影响的将是中国的高能耗产业,而现在碳减排40% ~45%的目标无疑会提高这些产业的技术门槛。

在实现未来的碳减排目标过程中,我国水泥企业的准备还明显不足,重复建设情况仍然存在,一些企业的发展战略和经营模式明显不能适应低碳经济发展的要求。

我国"低碳经济"的发展首次以量化标准将被纳入国民经济和社会发展中长期规划之中。削减单位GDP碳排放意味着作为节能减排主体的中国企业,必将在未来的发展中兼顾提升经济效益和提高能效利用率,部分企业已开始尝试通过科技创新,推动节能减排项目形成自主知识产权。这一做法在提高了循环经济效益的同时,也将为"低碳经济"时代的到来做好必要的技术储备。

6. 提升利用水泥窑处置工业废弃物与城市垃圾的核心技术。

自上世纪90年代以来,为促进资源综合利用,国家颁布了一系列利用废弃物的鼓励政策,水泥行业已做到年利用废渣5亿吨,充分发挥水泥行业在发展循环经济中的作用。尤其是近年尝试利用水泥窑无害化处置生活垃圾和污泥达到了削减温室气体排放的目的。为此,水泥行业的科研院所、高等院校、水泥企业要在对利用水泥窑处置工业废弃物、生活垃圾和污泥等进行科技攻关,走自主创新、引进消化吸收和集成创新的道路,为水泥工业充分利用、消纳工业废弃物、生活垃圾和污泥提供技术、装备支撑。

★文章发表于2010年第3期《中国水泥》杂志。

对当前水泥质量状况的简要分析★

Brief analysis of current cement quality status

◎中国建材联合会标准质量部　田延平

By Tian Yanping of Standard Quality Department of China Building Material Coalition

水泥工业是我国国民经济的重要基础产业,改革开放后得到快速发展。目前我国水泥产量已经达到14亿吨,占世界水泥总产量的50%以上。作为重要的安全性产品,水泥产品质量的好坏不仅影响到建筑工程的质量和安全,而且也与建筑工程的使用寿命息息相关。质量是企业的生命,关系到企业的生存和发展,关系到人民群众的切身利益,关系到国家的形象。因此,提高产品质量是企业质量臂理永恒的主题。木文对当前水泥产晶的质量状况作了简要分析,仅供参考。

一、部分企业质量统计分析

根据2008年对全国31家大型水泥企业(主要是新型干法水泥企业)质量年报的统计分析(见表1),水泥熟料3天抗压强度最大值为36.9兆帕、最小值为26.0兆帕、平均值为30.5兆帕,28天抗压强度最大值为64.1兆帕,最小值为50.1兆帕,平均值为57.9兆帕,硅酸钙含量平均值为76.5%,3天抗压强度比2005年的统计结果(见表2)提高1.9兆帕,28天抗压强度提高1.2兆帕,除少数水泥企业由于受当地原燃材料等自然条件限制导致水泥熟料强度较低外,很多新型干法水泥企业的熟料28天抗压强度都已经能够接近或达到60兆帕。

表1　2008年部分水泥企业熟料和矿物组成、强度情况

矿物组成(%)				抗压强度(兆帕)	
C_3S	C_2S	C_3A	C_4AF	3d	28d
55.62	20.89	7.81	10.47	30.5	57.9

2008年生产较多的水泥产品品种主要有普通42.5强度等级、复合32.5强度等级水泥,6月1日以前还有大量的普通32.5强度等级水泥生产。其他品种、强度等级水泥生产的数量相对较少。其中2008年的水泥强度统计结果与2005年的统计结果比较见表3、表4,P·I52.5R、P·Ⅱ52.5R、P·O52.5R、P·O52.5、P·O42.5R等高强度等级水泥28天抗压强度都有不同程度增长,P·O42.5、P·O32.5R、P·O32.5、P·S32.5、P·C32.5等低强度等级水泥28天抗压强度不同程度有所降低。由此看出,企业对照产品标准和用户使用用途的不同要求制定了相应的产品内控质量指标,也更加注重在水泥生产过程中对生产制造成本的控制。

表2　2005年部分水泥企业熟料的矿物组成、强度情况

矿物组成(%)				抗压强度(兆帕)	
C_3S	C_2S	C_3A	C_4AF	3d	28d
54.39	21.03	8.05	10.80	28.6	56.7

表3　2008年部分企业通用水泥强度情况

水泥品种	P·I 52.5R	P·Ⅱ 52.5R	P·O 52.5R	P·O 52.5	P·O 42.5R
3天强度(MPa)	32.5	33.7	35.2	28.0	29.0
28天强度(MPa)	62.5	61.0	60.5	59.4	52.6
水泥品种	P·O42.5	P·O32.5R	P·O32.5	P·S32.5	P·C32.5
3天强度(MPa)	26.0	21.5	19.4	16.2	18.9
28天强度(MPa)	50.8	42.4	40.7	41.7	39.9

表4　2005年部分企业通用水泥强度情况

水泥品种	P·I 52.5R	P·Ⅱ 52.5R	P·O 52.5R	P·O 52.5	P·O 42.5R
3天强度(MPa)	32.2	34.1	32.4	27.5	28.1
28天强度(MPa)	61.3	59.4	59.2	59.4	51.6
水泥品种	P·O42.5	P·O32.5R	P·O32.5	P·S32.5	P·C32.5
3天强度(MPa)	25.0	22.1	19.6	17.0	19.1
28天强度(MPa)	51.7	44.3	42.9	42.1	41.7

通过对水泥企业质量年报的统计分析,产品质量较优的企业质量意识较高,有比较完善的质量保证体系和较高的产品质量内控指标,并通过了GB/T 19001质量管理体系认证和水泥产品认证,管理人员素质较好,企业重视化验室的建设和管理,检测手段先进,生产过程质量控制严格、稳定。生产中各项品质指标力求做到均质稳定。特别是对于进厂原燃材料的质量控制非常严格,水泥熟料煅烧的关键——进厂原煤的实际热值能达到25 000千焦/千克以上;产品实物质量稳定,28天抗压强度保证系数高,标准偏差小,产品使用性能更加符合用户的需求。

二、水泥产品质量抽查状况

2008年第3季度国家水泥质量监督检验中心、四川省产品质量监督检验检测院、甘肃省产品质量监督检验中心以及陕西省产品质量监督检验所共同对地震受灾地区(四川、陕西、甘肃)的大部分水泥企业进行了专项抽查。同时还对重庆、福建、浙江、上海、河北、黑龙江、吉林和辽宁的少数企业进行了抽查。全国共抽查242个水泥生产企业的242个样品。经检验237个抽检样品符合国家标准,抽查产品合格率为97.9%。

部分省(直辖市、自治区)也分别安排了省级水泥产品质量监督抽查。北京市、浙江省等地产品抽查合格率为100%。广东省抽查合格率为99.4%。广西共抽查380个样品,合格320个,不合格60个,抽查合格率为84.2%。河南省第4季度对除郑州、南阳、驻马店、洛阳市以外的安阳、焦作、新乡等14个市地的水泥粉磨企业进行了抽查,104家企业的117个批次水泥样品,经检验合格的有100个批次,抽样合格率为

85.7%。

经对抽查结果进行分析,问题比较集中的不合格项目有水泥强度、氯离子含量、水泥包装袋重、混合材品种及掺加量。从主要不合格项目上看,有低强度等级产品充当高等级产品出厂,造成强度不合格;缺斤少两,造成包装袋重不合格;大量掺加混合材,造成强度和烧失量超标,以及掺加标准不允许使用的工业废渣。此外安定性、凝结时间、三氧化硫、氧化镁、烧失量等项目也出现了不合格。

从水泥品种上看,合格率较高的依次为硅酸盐水泥、粉煤灰水泥、复合水泥、普通水泥和矿渣水泥。从强度等级上看,同一品种水泥中高强度等级合格率要高于低强度等级。说明生产高强度等级水泥的大中型企业产品质量较好,出现问题的主要是一些生产低强度等级水泥的小型企业。

三、水泥质量提高的原因

近几年,随着我国水泥产业结构调整步伐的加快、行业集中度和装备技术水平的显著提高,以及水泥新标准的贯彻实施,推动了我国水泥行业总体质量水平的提升。

一是,大型新型干法水泥企业逐渐在市场中占据主导地位,优质新型干法水泥在市场中的份额不断扩大,落后水泥产能逐渐退出,促进了行业整体水泥质量的不断提高。

二是,近几年通过对 ISO 法水泥胶砂强度检验方法、水泥产品标准的修订实施,对提高水泥质量起到了很大的促进作用。

三是,重大关键技术和装备国产化取得新进展,日产 4 000 ~6 000 吨水泥成套装备国产化率超过 90%,日产 10 000 吨新型干法水泥生产线也基本实现了国产化,装备国产化的突破性进展,不仅使我国的水泥生产工艺水平得到了明显提升,而且也为我国水泥产品结构和实物质量的提高提供了保证。

四是,一些重点建筑工程如交通、能源、水利以及城市基础设施等重点建设工程对商品混凝土和水泥制品的质量要求不断提高,比如高标号商品混凝土、管桩、大型预制构件等对水泥的实物质量及性能要求越来越高,促使企业提高内控质量指标,改进产品性能,努力适应用户需求。

五是,由于水泥产能急剧扩张,市场竞争日趋激烈,促使企业更加注重品牌效应,通过制定较高的企业产品标准,充分利用企业自身的质量优势,增强产品市场竞争力和影响力。

六是,水泥产品认证和质量管理体系认证促进了水泥企业质量管理水平的提高,大多数企业建立了符合 GB/T19001—2 000 的质量管理体系,为持续稳定地生产符合要求的产品,提供了质量保证。

七是,有相当数量的水泥企业在生产水泥过程中除符合水泥标准要求外,更加注意水泥性能的优化,更加关注水泥在混凝土中的使用性能。为此许多水泥企业还建立了混凝土试验室,开展了混凝土试验,改善水泥与外加剂的相容性,从而使得混凝土的耐久性有了较大改善。

四、目前存在的主要差距

尽管近几年我国水泥产品质量有了很大提高,但仍有部分企业质量意识不高,质量责任不落实,重效益轻质量,产品质量存在较大的差距。主要表现在:

(1)到目前为止我国尚有近 40% 的水泥是由立窑等落后工艺生产的,一些企业由于生产工艺设施不完备,配料和煅烧不稳定,水泥质量波动较大,不仅强度低,而且水泥安定性、抗侵蚀性、水化热、抗冲击性、耐磨以及耐久性都相对较差。

(2)企业在生产控制过程中不能严格执行《水泥企业质量管理规程》的规定,检测控制项目不全、频次不足,对比验证检验不规范,难以保证量值传递的科学性。在制定 28 天抗压强度目标值时不考虑增加 3 倍标准偏差的要求,水泥 28 天强度变异系数大。部分企业由于原燃材料供应紧张或单纯为降低水泥生产成本,原燃材料进厂把关不严,甚至降低企业控制质量指标采购,导致质量控制难度大,过程质量控制指标波动大。另外,在普通水泥中超量掺加混合材,使用标准中不允许掺加的工业废渣,严重影响了水泥品质。

(3)在水泥生产中超量掺加助磨剂,水泥中氯离子含量大量超标。河南 2008 年产品质量抽查结果显示,全省水泥粉磨企业不合格的项目主要集中在氯离子含量指标上。17 个不合格批次中就有 16 个属于氯离子指标不合格。在 16 个批次中,氯离子最大的为 0.329%,超出标准规定值 4 倍以上。

(4)无生产许可证企业仍在生产,严重干扰了正常的水泥生产和销售秩序。流通领域监督抽查合格率明显低于生产领域的抽查合格率。如广东省对水泥生产企业的抽查合格率为 99.4%,近 5 年对重点工程、大型楼盘的抽查平均合格率为 86.2%,而对水泥经销点等流通领域进行的抽查合格率仅为 42.9%。

(5)我国目前混凝土标号大部分为 C30、C40,而国外多为 C50、C60,由于混凝土标号低,造成高强度等级水泥应用受阻,有些施工单位为片面追求降低建筑造价,致使建筑工程包括高速公路等重点工程大量使用低强度等级水泥,直接影响工程质量,造成频繁维修、大量浪费。

(6)随着近几年大型企业、企业集团的快速发展,新型干法水泥生产线急剧增加。有些企业关键技术管理岗位人员出现短缺,尤其缺乏有经验的质量管理专业人员。部分企业从业人员文化素质较低,企业内部各岗位主要技术管理人员流动大,致使企业质量管理不到位。

五、提高产品质量的建议

我国目前是世界的水泥生产大国,更应该成为水泥生产强国。水泥行业应继续加大产业结构调整力度,采取有效措施坚决淘汰落后水泥产能。通过重新修订并发布《水泥企业质量管理规程》等三个行业规章,切实规范企业的质量管理。

水泥企业应牢固树立“质量是企业的生命”和“质量第一”的观念，充分认识到企业的质量主体地位，重视并采取有效措施加强水泥生产过程质量控制，严把产品质量关。政府有关部门应进一步加大质量奖惩力度，出重拳打击假冒伪劣，严厉查处不具备生产许可证生产要求的水泥产品，强化行业质量监督与管理，努力形成政府各有关部门、行业协会和质检机构协同配合的工作机制，联手从生产源头到流通、使用环节共同采取整治行动，强化对生产、经销以及使用不合格产品的惩处力度，共同促进水泥行业整体质量水平的提高。

★该篇文章发表于2009年第9期《中国水泥》杂志。

正确判断市场需求　科学发展水泥工业★

——浅谈对国发【2009】38号文的看法

Judge market demand correctly and develop cement industry scientifically

◎中国国际工程咨询公司　左振军

By Zuo Zhenjun of China International Engineering Consultation Co.

2009年9月26日，国务院以“国发【2009】38号出台了对包括水泥工业等在内的”抑制部分行业产能过剩和重复建设引导产业健康发展若干意见的通知（下称“38号文”），在业内引起一定的反响。笔者曾参与了有关水泥工业的部分基础性工作，现就了解的一些情况和对“38号文”中一些内容的理解，谈一些个人看法。

一、关于一些基础数据和政府部门对水泥工业判断

首先，近年来有关部门对水泥工业的统计（包括经济普查）情况看，统计的水泥生产能力均为包括粉磨站在内的总水泥生产能力（如，第二次全国经济普查中21亿吨的水泥生产能力就包括1 645家水泥粉磨企业的6.5亿吨水泥生产能力）。由于统计是按照各工厂的产品进行统计（如，对没有配备水泥粉磨能力的熟料生产线或所谓的“熟料基地”只统计熟料产能而不统计水泥产能），因此不应存在对水泥生产能力的重复统计。当然，如果若是按企业（集团）为统计对象，可能会存在因集团企业数量较多、跨省份经营造成部分重复统计的可能，但不会对统计数据产生太大的影响。“38号文”中截至2008年底全国水泥产能18.7亿吨这一数据是各省按照规范统计方法上报的最新数据，将特种水泥与粉磨站产能2.7亿吨计入水泥产能是合适的，不存在重复计算问题。从2008年的熟料、水泥产量情况分析，“到2008年底全国水泥产能18.7亿吨”这一数据也是基本可信的。

其次，“38号文”中采用的截至2008年底已经建成、（2009年1月1日后）在建（418条）、已核准尚未开工（147条）新型干法生产线，是国家投资主管部门组织行业协会、有关单位，采取现场及广泛问卷调查方式，自下而上由各级政府部门按照各地掌握的情况，通过正规渠道历时数月，花费大量精力完成的，具有相当的工作基础。考虑到我国现有2 800多个县（市、区），数据虽不“精确”，但相对单一企业或个人所做的调查，还是具备相当准确性的，其数据的权威性和可信度更高。

第三，从文字逻辑上，笔者理解，“38号文”在一开始提出的“水泥产能将达到27亿吨”，是在如果不淘汰目前落后的水泥产能，在建、已核准尚未开工项目一旦形成产能的情况下，产能将严重过剩，是对的。实际上，上报的新型干法水泥生产线中，有相当一部分是按照当初为了规避环保审批权限及其他原因而缩小核准规模计算产能的生产线，若按照回转窑的实际规格计算设计产能，则仅在建、已核准尚未开工项目的新型干法水泥产能将增加到9.8亿吨左右，如果全部投产，不淘汰落后，届时全国水泥将达到28.5亿吨。就算5亿吨落后产能全部淘汰，全国水泥生产能力也将达到23.5亿吨。所以国发【2009】38号文才提出了后面的“等量淘汰落后产能”、“严格控制新增水泥产能”、“进行一次认真清理”等政策导向和一系列对策措施。实际上，近年来在业内产生的“浙江现象”、“四川现象”、“重庆现象”已经为我们揭示了盲目重复建设造成产能过剩带来的危害。如果等到全国范围内发生“浙江现象”再去宏观调控，为时已晚。因此，“38号文”对水泥工业“产能过剩”的判断是正确的，所提出的“需要抑制水泥工业产能过剩，引导产业健康发展”和出台的时机是正确、及时的。

值得指出的是，“38号文”对水泥工业的发展的提法，一直围绕“严格控制新增水泥产能，执行等量淘汰落后产能的原则”，而并没有像以往那样简单采取“三年停止核准项目”的“一刀切”做法，体现了有保有压、为行业负责、实事求是的务实工作作风。

二、对我国水泥消费需求量的分析

据笔者掌握的资料,近10年全球人均水泥消费如表所示:

年份	1997	1999	2001	2002	2003	2004	2005	2006
人均水泥消费(千克/人·年)	263	266	274	290	307	335	356	393

2008年,我国人均水泥消费量已突破1 000千克,达到1 040千克/人·年左右,预计2009年人均水泥消费量有可能达到1 200~1 300千克/人·年。对于我国何时出现水泥消费"拐点",届时水泥消费总量、人均水泥消费量能够达到多少,是多年来国内各机构、专家一直试图解开的谜底,虽然做了大量的工作,可惜自"九五"至今都没能做出准确预测。笔者也没有能力预测所谓的"拐点消费量"及由"拐点"回落进入平稳消费期后的人均水泥消费量。但笔者一直认为研究在文化、生活方式等方面与我国大陆相近的日本、我国台湾、韩国的水泥消费趋势,对研究我国水泥消费具有一定的借鉴意义。

日本的水泥消费总量、人均消费量均在1991年达到历史最高,分别为8 650万吨和697千克/人·年。所谓"高峰期"只持续了3~4年。之后人均消费量更是降到500千克/人·年以下。2007年的人均水泥消费量只有445千克/人·年,与历史最高峰值相比下降36%。水泥窑数量也从1991年的80条减少到2007年的57条,减少了29%。详见图1。

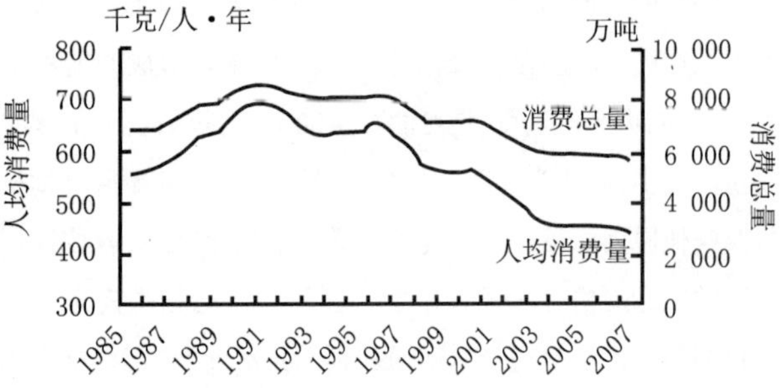

图1 日本历年水泥消费及人均消费量

我国台湾省同样经历了类似的过程。1993年水泥消费总量、人均消费量均达到历史最高,分别为2 797万吨和1 332千克/人·年。所谓"高峰期"也仅持续了3年左右,之后水泥消费总量、人均消费量开始下降。1996年人均水泥消费量降到1 000千克/人·年左右。到2008年,水泥消费总量下降到1 179万吨,人均水泥消费量下降到515千克/人·年,与历史最高峰值相比分别下降57.85%和61.34%。详见图2。

韩国水泥消费量最高峰发生在1997年,当时水泥消费总量达到6 175万吨,人均水泥消费量1 343千克/人·年。1998年水泥消费总量一下跌落至4 462万吨,人均水泥消费量964千克/人·年。2001水泥消费总量、人均水泥消费量又有所回升,分别达到5 000万吨、1 057千克/人·年。自1997年的消费量最高峰之后,韩国人均水泥消费量在1 100/千克人·年以上的时期只有2年,其余是在1 000千克/人·年上下波动。2008年韩国水泥消费量为5 063万吨,人均水泥消费量1 042千克/人·年。详见图3。尽管与日本、中国台湾相比,韩国水泥1 000千克/人·年左右人均消费量比较高,且保持了比较长的一段时间,但按照这一消费水平与其历史最高峰值相比也下降了25%左右。

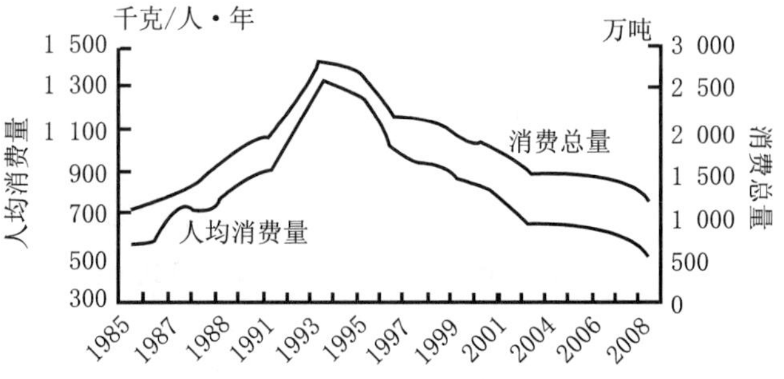

图2 中国台湾历年水泥消费及人均消费量

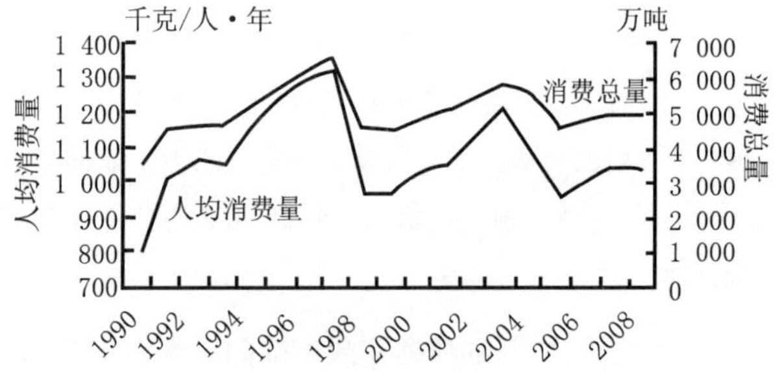

图3 韩国历年水泥消费及人均消费量

从上述分析可以看出,没有哪个国家或地区能够把其人均水泥消费量中长期(5年以上)维持在其历史最高峰。因此,笔者认为,考虑到我国的人均耕地稀少,城市化率的提高只能通过提高城市土地的容积率来实现。同时,由于我国水泥工业完全可实现自我发展,因此人均水泥消费量可能比世界平均水平高得多,也不否认我国水泥消费总量的峰值到20亿吨(甚至更高一点)是有可能的,但如果按照2015年达到这一峰值、届时我国人口按照14亿估算,人均消费量将达到1 428千克/人·年以上。对于中国这样幅员辽阔的大国,笔者认为不太可能长期保持这么高的消费强度。即使按照将来稳定消费总量16亿吨计算,人均消费量也将达到1 100~1 200千克/人·年。如果能够长朝、稳定保持这一消费强度,也是一个了不起的奇迹。如果按照20亿吨左右的峰值消费总量估算来配置建设水泥窑的数量及水泥产能,带来的将是投资的浪费,一些水泥企业也会最终吞食盲目发展的苦果。

★该文章发表于2010年第1期《中国水泥》杂志。

第二篇

综　述

各省水泥工业概况

各省水泥工业概况

Cement Industry Profile in Each Province

北京市

Beijing

【概况】

1. 为北京水泥行业"三高"退出进言献策。

根据国家发改委关于水泥行业的产业政策和加快淘汰落后生产能力以及节能、降耗、减排的总体要求，为深入贯彻北京市人民政府《关于发布本市第十五阶段控制大气污染措施的通告》和北京市工业促进局等部门"关于印发《北京市关于加快退出高污染、高耗能、高耗水工业企业的意见》的通知"的精神，为加快淘汰本市落后水泥生产能力，有序退出"三高"小水泥企业，在对北京水泥行业进行能耗、水耗调研的基础上，由协会提出初步意见，经过市工业促进局、市发改委、市环保局等多个部门与有关专家共同研究，于2009年2月完成了北京市水泥行业"三高"退出方案的上报稿。经市政府批准，2009年3月30日由北京市工业促进局、北京市发展和改革委员会等七个委办局联合发布《关于印发"关于北京市'高污染、高耗能、高耗水'小水泥企业有序退出的实施意见"的通知》京工促发【2009】76号。2009年重点退出燕山水泥有限公司等11家水泥企业。此项工作得到了市有关部门的高度评价。

2. 完成水泥生产企业化验室合格证的换证工作。

依据《水泥企业化验室评审考核管理办法》的要求，北京水泥行业协会组织北京市水泥产品质量监督检验站成立了北京市水泥企业化验室评审考核小组。于2008年11月27日开始，到2009年4月10日，对全市19家（含60万吨以上）水泥生产企业的化验室按新的国家水泥标准，通过现场考核、抽样检验等进行了综合评审考核；并在中国建材联合会标准质量部的领导下，对北京市琉璃河水泥有限公司等60万吨以上的大型水泥企业进行了现场评审考核。

3. 联合北京节能环保中心完成水泥企业能效对标工作。

协会按照北京工业信息化委员会（原工促局）的要求，联合北京节能环保中心，开展了对10家新型干法水泥企业的能效对标工作。从10家企业能效对标调研的结果看：高于全国先进水平的只有一家，高于全国平均水平四家，低于全国平均水平的五家。这个结果说明北京的水泥企业节能降耗工作任务还很艰巨。

4. 继续做好节水方案，提前完成节水目标。

2009年北京水泥企业通过采取节水措施3项，有序退出3家企业，节水31.6万吨。（从2006年至2008年北京水泥行业共节水115万立方米，减去余热发电新增用水33万立方米，净节水82万立方米，收到了较好的效果）到2009年底北京水泥行业与2005年总用水量相比，可节水169.1万立方米，比2005年北京水泥行业总用水量减少30%，可提前完成2009年节水计划指标。

5. 开展北京水泥行业安全生产审计抽查工作。

2009年10月26日北京水泥行业协会受北京市安监局委托，对北京水泥企业进行安全审计抽查。协会根据《水泥行业安全审计有关事项》要求和北京水泥行业的具体情况，从20家水泥生产企业中选出4家有代表性的企业进行检查。从现存安全管理专家库中抽选8名专家，组成管理、工艺、机电设备、特种作业及职业健康4个专业组负责抽检。市安监局一处领导和所属区县安监局负责同志对安全生产审计抽查高度重视，亲自带队深入现场参加了审计工作。

本次安全生产审计抽查得到了北京市安监局的充分肯定，并表示要依靠协会推动行业性安全质量标准化活动。

6. 继续开展职业技能培训，竞赛取得优异成绩。

27名化验室管理人员经过培训、理论考核、实际操作和论文答辩合格后，获得了国家劳动部颁发的建材化学分析工和物理检验工技师资格证书。

通过近年来的职工技能培训工作，在北京水泥行业造就了一批技术骨干。在2009年北京水泥行业化验室化学分析工、物理检验工抽样大对比竞赛中，取得竞赛前10名（化学分析工、物理检验工各5名）的优胜者，全部是企业中经过职工技能培训的人员。

2009年这批骨干力量，由协会和金隅集团工会共同推荐代表北京水泥行业，参加由中国机冶建材工会全国委员会、中国建筑材料联合会共同组织的"CTC杯"全国水泥行业化学分析工和物理检验工技能竞赛，并取得了历史性的突破，有7人分别获得物理检验工和化学分析工一、二、三等奖的优异成绩（全国只有31人获奖）。

大赛组委会向获奖代表颁发了奖金和证书，并为他们晋升一级技能等级。大赛组委会还为北京水泥行业协会颁发了优秀组织奖。

7. 加强协会集体领导的力量推动协会工作上新水平。

根据行业发展形势的变化，为更好地促进北京水泥行业协会的发展，按照协会《章程》规定和程序，对协会部分领导进行了调整、增选。调整河北太行水泥股份有限公司等4个单位的副会长人选；增选天津金隅混凝土有限公司经理刘信奎等7同志为副会长，并按程序报上级主管部门批准备案。各位副会长对协会工作给予热情积极支持，踊跃参加协会活动，积极交纳会费，使协会工作具有了很强的凝聚力、推动力和新的活力。

记 事

1月18日 北京水泥行业协会在北京门头沟龙泉宾馆召开了第七届五次会长扩大会暨北京地区第七次水泥营销例会。

4月30日 鹿泉市金隅鼎鑫日产4 000吨熟料生产线点火庆典仪式在鹿泉鼎鑫公司举行。

5月14日 希腊社会党国际主席乔治·安德烈亚斯·帕潘德里欧先生一行参观考察北京新北水水泥有限责任公司。

5月26日 金隅集团“走出去”项目日产4 000吨水泥熟料生产线开工奠基仪式举行。集团党委书记、董事长蒋卫平、党委副书记、副董事长段建国、党委常委、工会主席王建国、金隅股份公司总裁姜德义、集团党委常委、纪委书记石喜军等领导，保定市市委书记宋太平、保定市人民政府副市长刘宝玲、曲阳县县委书记王义民及相关人员参加仪式。

6月16日 北京琉璃河水泥有限公司获北京市首批24家循环经济试点单位集体授牌。

7月31日~8月1日 北京水泥行业协会在四川成都召开2009年年度会员大会。

9月15日 在由中国机冶建材工会、中国建筑材料联合会共同举办的全国水泥行业化学分析工、物理检验工技能大赛中，北京金隅科技学校李海红获得物理检验组一等奖；王艳辉、吴瑞敏、赵宁、李晓腾获二等奖；赵玥、刘文增获得三等奖。

10月1日 北京水泥行业协会副会长北京通达耐火技术有限公司总经理冯运生和北京新北水水泥有限责任公司总经理付秋涛代表北京建材行业参加了国庆60周年彩车游行。

10月28日 北京新北水水泥有限责任公司处置污水厂污泥工程项目竣工投产仪式在“新北水”举行。该项目达产后日处置生活污泥700吨，每年为北京市处置污水处理厂污泥22万吨，占北京市生活污泥产生总量的1/4（以2008年产量计算）。

12月18日 北京市经济和信息化委员会主任朱炎一行来到北京新北水水泥有限责任公司现场调研。

北京水泥行业协会简介

北京水泥工业协会于1986年11月16日成立。相继于1989年、1992年、1994年、1998年、2005年、2007年召开第二届、第三届、第四届、第五届、第六届、第七届北京水泥工业协会会员大会。20年来，协会严格按国家有关法律、法规、协会章程和北京市社团办有关规章，开展各种活动，依法纳税、勤俭办会，对北京水泥行业的发展起到了积极的作用。

根据市场经济发展的需要，为更好地为企业服务，于2005年4月7日召开的北京水泥工业协会六届三次会员大会上提出并通过，经北京市民政局2005年4月22日批准，将北京水泥工业协会更名为北京水泥行业协会。业务主管单位是北京市经济和信息化委员会（原北京市工业促进局），挂靠北京金隅集团。

北京水泥行业协会的宗旨是：坚持以邓小平理论和“三个代表”的重要思想为指导，坚持科学发展观，深入实际、与时俱进，加强自身建设，为企业服务、为政府服务，成为连接企业和政府之间的桥梁，发挥纽带作用。为水泥行业的可持续发展做出贡献。

协会的主要业务是：宣传贯彻党和国家的方针、政策和政府有关管部门颁发的法规，及时反映本行业的成就、问题、建议和要求；承担政府有关部门委托办理行业管理方面的工作任务；开展行业调查积极向政府有关部门提出本行业技术进步的中、长期发展规划的建议；整顿规范水泥市场，加强行业自律；开展技术咨询服务，提供国内外有关水泥行业的技术经济资料和市场信息；组织技术经验交流，为会员单位提供各种服务，帮助解决企业生产经营活动中的有关问题；建立和发展国内同行业及相关单位的联系和友好合作；维护会员单位的合法权益。

为了更好地为水泥行业、会员单位及相关企业做好服务，欢迎各水泥企业及相关单位加入北京水泥行业协会，在北京地区共谋发展。

会　长：胡中甲

秘书长：姜英武

地　址：北京市西城区宣武门西大街129号金隅大厦配楼B座105室

邮　编：100031

联系电话：66417347

电子邮箱：snxiehui@ bbmg. com. cn

天 津 市

Tianjin

【概况】 天津市现有水泥生产企业23家,其中年产能60万吨的水泥粉磨企业占16家,在前几年淘汰落后产能基础上,2008年通过关停取缔等措施,又淘汰了落后立窑水泥生产线12条,淘汰产能125万吨。现还有3家企业将在2010年底前全部停产。使天津的落后产能淘汰问题基本解决。目前,天津水泥企业规模偏小,资源缺乏,所有生产原料和水泥成品多半都必须由周边地区运进。随着原材料的疯涨、能源价位的上调、运输限载等问题,我市的水泥厂将面对巨大的压力。

市场竞争已经从小企业乱战过渡到大企业之间的对垒。随着北京"金隅水泥"控股天津"振兴水泥",同时其旗下的"金隅混凝土"成功收购"天材"等10余家主流混凝土企业,"金隅水泥"对天津市场的控制力已经大幅提升,并且实现了整个销售网络的本地化。从2010年开始,天津水泥市场将形成"河北冀东"、"北京金隅"主导市场的局面,"金隅"每年向天津供应水泥200万吨、"冀东"供应水泥500万吨,预计2010年两家企业的市场份额之和将达到45%~50%。目前在静海、津南、大港这个三角地带,山东崇正集团、山东山水集团、"大连天瑞"正规划分别建成200万吨、200万吨、400万吨的粉磨站,这将大大提高天津市水泥的生产能力。未来随着在建粉磨站的投产,天津水泥市场由"金隅"和"冀东"为主导这一格局将会被改变,进入大企业的竞争时代。

另外,天津水泥市场大企业形成规模后,中小企业的份额将会越来越小,市场竞争也会更加有序。高峰时唐山地区有近200家企业进入天津市场,而在大企业建成后,这些水泥也就没有市场空间了。大企业之间的竞争还是比较理性的,比小企业乱打市场好很多,十年前的水泥市场都是"商标自选、袋重自定、价格面议",这些情况都是通过大企业的成长而慢慢改变的。

【市场走向】 产量下降需求上升。2009年天津水泥产量全年为640万吨,较上年继续呈现下滑势头,下降幅度为8%;同期全年市场需求预计将突破2 000万吨,同期增幅达到11%;全年散装水泥使用率突破70%。2010年市场需求预计在2 200~2 500万吨。

新型产业形成规模。天津市自2007年起开始干混砂浆的推广工作,到2009年已经初见成效。干混砂浆产能今年末可达500万吨,2010年末可达1 000万吨。天津市自2010年开始对于施工现场使用干混砂浆由推广变为强制,并且普通干粉不允许使用袋装。可以预见,2012年以后,袋装水泥基本将从城市建设领域消失。

从年中开始,天津市对货运机动车实行交通限载,12月1日起实行计重收费,所以天津市场的水泥价格高于全国平均水平。高峰时突破400元/吨(P. O42.5),进入年末已回落到340元/吨,但仍高于全国平均水平。预计2010年还将保持此态势,全年水泥价格在340元/吨~370元/吨区间运行。

【政府举措】 针对天津水泥市场发展形势,天津建设管理部门从加大市场监管力度、支持大型水泥企业建设、深入开展企业诚信自律等方面入手,进一步规范水泥市场,维护正当的水泥市场竞争秩序。

1. 采取水泥市场准入制管理。

根据进津企业备案情况,对水泥厂生产状况进行普查。对不符合条件的中小型企业,一律不准许进津备案。

2. 以相关管理制度规范使用水泥的企业。

规定在建筑结构中一律禁止使用立窑水泥,并以发布可使用的旋窑水泥生产企业名单为准进行监管。

3. 加大市场检查力度进行管理,每年进行两次市场抽检。

一经发现违规或质量不达标产品,给予相应处罚,直至取消备案资格,不准进入天津市场。以此来保证天津水泥市场的良性发展。

4. 提高水泥企业平均生产规模,支持建设年产60万吨以上的水泥粉磨站。并根据本市资源情况,发展大型干法水泥项目。

5. 鼓励有实力的水泥企业采取多种形式,特别是可以通过联合重组来扩大规模。

6. 坚持节能减排,发展循环经济,实现节能及降耗,增强市场竞争力。

7. 加大抽查力度,不定期地对工地上使用的产品进行抽检,并加大对供应使用不合理产品企业的处罚力度。

8. 充分发挥协会上通下达的优势,并积极地靠近企业,为企业说话,成为企业和政府之间的真正纽带。

记 事

1月18日 天津市建材业协会水泥专委会秘书处协同"振兴水泥"共同参加北京水泥行业协会第七届五次会长扩大会暨北京地区第七次水泥营销例会。

3月11日 重点工程相继开工,京津水泥市场"放量"。

9月14日 通知河北省水泥产品生产企业凡进入天津市场必须向河北省建材工业协会提出申请,由河北省建材工业协会审核推荐,由天津市建材业协会审核确认备案,方可在天津市场销售。

11月12日 启动抽检工作，与21站配合，一起对进入天津市场的外埠水泥进行抽检。

12月16日 为加快产业发展，提高产业集中度，完善市场监管体系，2009天津水泥年会在帝景温泉度假村胜利召开。来自北京、河北、山东、天津的近200名代表汇聚一堂。

河北省

Hebei Province

【概况】 2009年河北省入统水泥企业完成水泥产量11 070万吨，同比增长15.3%；完成水泥熟料产量5 096万吨，同比增长10.94%。其中，新型干法水泥熟料产量3 605万吨，同比增长29.47%，新型干法水泥熟料比重达到70.8%，同比提高近20个百分点。新型干法水泥熟料产量和比重的快速提升表明，河北省水泥工业淘汰落后产能工作取得明显成效，产业结构进一步优化。

2009年，河北省水泥工业累计完成工业总产值399亿元，同比增长20.4%；完成工业增加值123亿元，同比增长12.6%；累计产销率为98%，高于上年同期1.1个百分点；实现利润36.9亿元，同比增长71.8%；实现利税50.1亿元，同比增长42.7%。

记　事

年初 省建材协会下发了在全行业开展能效对标活动的通知，号召全省建材企业开展能效对标活动，并随通知下发了各分行业的能效对标基准。

省建材协会与美国能源基金会开展合作，对我省水泥企业进行了能效对标和节能减排技术培训活动，邀请了国内外知名水泥专家和能源专家对本省重点水泥企业进行了节能减排和对标技术培训。6月，省建材协会召开了能效对标总结会议，并完成了最终工作报告，顺利地完成了能效对标项目。

2009年 省建材协会承担了本省水泥项目前期审查工作。对其是否符合国家产业政策，是否符合省市发展规划，工艺措施和环保措施是否先进，经济效益和社会效益是否明确等提出审查意见，通过审查才能获得省发改委的核准。在水泥项目核准前期审查工作的基础上，省建材协会又承担了《河北省水泥工业布局和结构调整的实施意见》的撰写工作。

4月1日 省建材工业协会委托省建材质检站召开了《水泥化学分析方法》、《水泥取样方法》、《用于水泥中的粒化高炉矿渣》等新标准宣贯培训会议。

4月24日 在石家庄召开了2009年河北省建材工业协会首次会长会议，会议通过了2009年协会工作安排意见。

5月~7月 省建材协会顺利完成了本年度水泥企业化验室年度评审考核的工作。

为了提高水泥企业检验水平，规范企业检验操作，促进产品质量不断提高，省建材协会委托省建材质检站开展了2009年河北省水泥品质指标检验大对比工作。这次大对比工作共评出全优单位64个，优良单位50个。省建材协会对获得“全优单位”和“优良单位”荣誉称号的企业给予了表彰。

10月20日 在河北省武安市召开第二次会长会议，对协会2009年的工作进行了回顾以及讨论2010年的工作安排等。

11月17日 省建材协会组织召开了《水泥包装袋》等新标准宣贯培训会议暨《水泥企业质量管理规程》征求意见会议。

省建材协会完成了全国“CTC”杯水泥行业化学分析工、物理检验工技能竞赛的组织工作。

河北省建材工业协会简介

河北省建材工业协会成立于1989年，主要工作是调查研究、咨询服务、信息交流、化验室合格证管理，帮助企业解决生产、技术、管理、销售等方面的问题，并协助政府部门加强行业管理、提高企业管理水平、水泥产品生产许可证审查、贯彻产品新标准、推荐名牌优质产品、著名商标等工作，坚持为发展河北省的建材工业服务，为会员单位服务，为政府服务。

会长：葛旭东

副会长：曹田平　张增光　王惠文　范国良　王长林
陈　鹰　李延明　王树林　赵秉龙　李竹林
宋社平　胡玉振　赵卷英　申庆山　武增海
许汉兴　梁占绪　江俊永　蔡汝强　赵士军
赫孟合　田海奎　杨拥民　田　文

监事会主席：冯志宏

秘书长：武增海（兼）

副秘书长：陈新顺　王铁军　武建伟　彭拥军

地址：河北省石家庄市合作路129号

邮政编码：050051

电话：（0311）87042331（兼传真）/85020038/85020039

山西省

Shanxi Province

【概况】 2009年,面对全球金融危机的严峻挑战,山西省部分建材产品和企业受到较大的冲击影响。但全省建材工业系统广大职工迎难而上,奋力拼搏,深入贯彻落实科学发展观,狠抓新型材料工业的调整与振兴,大力推进产业结构调整,保证了全行业的平稳发展。

省统计的151户规模以上水泥企业水泥产量2 175.5万吨(全社会约2 900万吨),同比下降3.56%,其中新型干法水泥1 116万吨,同比增长1.9%。规模以上企业水泥完成2 700.8万吨(全社会约3 600万吨),增长12.37%,其中新型干法水泥产量1 597.4万吨,占水泥总产量的59.2%;水泥熟料1 596.2万吨,增长6.68%,其中预分解窑熟料1 064.9万吨,增长16.66%。

【经济运行的主要特点】 2009年,全省建材工业产品销售率完成95.13%,同比下降0.47个百分点,比全国建材工业平均水平低2.26个百分点。主要是受市场低迷的制约影响,部分产品产销衔接不够理想,占全省建材行业总产值近40%的水泥制造业为93.22%。

一是恶性竞争,利润缩水。全省水泥等建材产品主要由于产能阶段性过剩及外省产品低价的冲击影响,许多地区均出现区域性的低价竞争,许多企业处于接近零利润的水平,如临汾、运城及长治等地部分水泥企业32.5强度等级水泥每吨平均售价普遍只有200元,太原、吕梁等地同样等级的水泥平均售价普遍也只在240元/吨左右。近几年售价较高的大同、朔州等地的吨水泥售价也普遍由350元以上下降至不足300元,甚至一些小型企业为了在竞争中立足,价格降得更低。全省部分小型企业在激烈的竞争环境中因无利润可赚,只好停产、限产。

二是煤企整合,成本增加。山西省进行大规模的煤炭资源整合,关闭了大量的小煤矿,致使水泥等企业的煤炭供应出现紧张,煤炭购进价也明显提高,部分企业只好从陕西、内蒙等地购煤,加大了煤炭购进的成本。

三是钢铁限产,成本增大。2008年受钢铁等企业普遍停限产影响,水渣购进价普遍升高,部分企业的水渣进厂价甚至超过100元/吨,较正常年份提高5倍以上,甚至连粉煤灰、煤矸石等废渣也出现供应紧张,进厂成本大幅上升。

经济运行质量不高,行业处于徘徊不前的状况。

2009年以来,主要由于产品产销衔接不理想,导致全省行业产成品资金占用比上年同期增长20.7%,产成品达28亿元;应收帐款净额也同比增长7.3%,总额达32亿元。而管理费用、财务费用、利息支出等费用均大幅度增长,全行业负债总计232亿元,比上年同期增长17.1%。流动资金平均余额也出现大幅增长,建材企业流动资金普遍紧张,少部分企业由于资金严重短缺,呈停产或半停产状态。加上不少建材产品市场销售价格偏低,成本上升,挤压利润,致使经济效益普遍下滑。全省建材行业亏损企业总数为170户,亏损面达40.7%,其中水泥行业亏损59户,亏损额3.3亿元。

【推进结构调整,实现可持续发展】 认真组织贯彻实施国家及本省围绕水泥、平板玻璃、墙体材料等产业结构调整和优化升级出台的一系列宏观调控政策措施,加大政策引导和监管工作力度。产业结构的调整和优化升级关键要有先进的生产工艺设备的支撑。一年来,协会全身心地关注重点工程项目的建设,深入现场了解情况,提一些建议,帮助协调解决企业面临的实际问题,发挥了积极作用,保证一些项目的顺利实施。

2009年全省建材工业完成固定资产投资107.5亿元,比上年增长67.84%。在国家产业政策及调整与振兴规划的贯彻实施中,水泥、墙材、玻璃、耐火材料、建筑陶瓷、高岭土等行业都加大了固定资产投资力度,上大压小,每年都有一批落后企业被淘汰出局,加快经济结构调整已形成共识。可喜的是,河北"冀东"、浙江"金圆"、湖北"吉港"水泥集团入驻本省,以及煤电企业投资建材,为本省建材工业的结构调整打了强心针,"十一五"的目标任务提前完成。

2009年全省水泥工业完成固定资产投资53.7亿元,同比增长89.8%,为历史上山西水泥工业投资建设规模最大的一年。全年建成4条日产2 500吨和2条5 000吨新型干法水泥熟料生产线,已开工在建的有8条日产4 000吨以上和6条2 500吨的水泥熟料生产线。到2009年底,全省新型干法水泥总产能达到2 200万吨(当年新增产能300万吨),新型干法水泥产量占规模以上企业总产量的比重达到54.5%。当年淘汰落后水泥工艺设备65台套,淘汰落后水泥产能351万吨。按照目前的发展态势,未来三年新增水泥产能将达5 000万吨。智海水泥集团、"新绛威顿"、"冀东海天"配套的低温余热发电项目顺利建成投产运营,大大降低了生产成本,引领着水泥工业节能减排的发展方向。

【加大落后工艺产能淘汰力度,积极推进节能降耗】 根据《山西省水泥行业淘汰落后实施方案》和国家及全省对"十一五"期间淘汰落后工作的总体规划,严格执行政策规定,认真落实目标任务,严格考核奖惩,限期淘汰。同时发挥部门联动机制，密切配合，落实差别电价及停电、停水、停汽、停运、停贷等行政措施，协调落实淘汰落后补偿资金及时到位，综合运用经济、法律、行政等多种手段，积极推进淘汰落后工作。全年共淘汰落后水泥工艺设备65台套，淘汰落后水泥产能351万吨。

推进节能降耗，提高资源的综合利用，重点抓了宣传推广节能新技术、新设备的运用和省政府奖励政策的落实工作，同时还不断强化节能评价考核体系的建设，建立固定资产投资项目节能评估和审查制度。

配合省经信委认真贯彻落实省政府对节能减排、资源综合利用、循环经济发展项目的资金和税收优惠政策；宣传、引导鼓励企业广泛推广运用节能新技术、新设备，扶持重点企业快速发展。

目前，在本省水泥行业采用纯低温余热发电技术的企业有：山西中条山新型建材有限公司、智海企业集团有限公司榆次水泥分公司、山西省新绛威顿水泥有限责任公司，三户企业总装机容量达19.8兆瓦，全年可发电1.3亿千瓦时，供电1.2亿千瓦时，节约标煤4.5万吨，减少二氧化碳排放量8.1万吨。其自供电量占企业需求电量的1/3，扣除发电成本，供电价按0.35/千瓦时计，吨熟料降低电费约11.4元，即三年收回余热电站投资，具有较好的经济效益、社会效益和环境效益。

新绛威顿水泥公司通过采用变频器技术和伺服电源控制系统等节能新技术，使熟料热耗低于800千卡/千克，达到国内先进水平。

潞城市卓越水泥有限公司以年销售收入的5%作为专用基金，用于节能技术研发，真正做到应用一代，储存一代，研发一代。通过新技术的应用，在确保水泥质量的前提下，提高混合材掺入比例，发展循环经济和低碳经济，单位水泥综合能耗仅为68.9千克标煤/吨，"卓越水泥"已成为长治市乃至全省水泥行业节能减排示范标兵企业。

【积极开展招商引资工作】 面对行业调整与振兴的大好发展形势与机遇，我们加大招商引资工作力度，有针对性地组织建材企业参加境内外的招商引资考察、洽谈活动，以发达地区大型企业集团和省内煤焦、电力、冶金等企业集团为重点，引进技术、引进人才、引进装备，不断提高招商引资水平，扩大招商引资规模。继续扩大"河北冀东"、"湖北吉港"等集团在山西省的投资建设，积极促成山水水泥集团入驻山西省投资建设，积极引导本省煤炭转型企业投资建材。总的看，成效明显。

【加强行业管理，提高产品质量】

1. 认真组织宣贯实施国家新标准。

山西省是金属镁生产大省，同时也是镁渣排放大省，我们围绕《镁渣硅酸盐水泥》和《水泥包装袋》新标准的制订出台，举办了一期新标准培训班，邀请中国建材科学研究总院水泥科学与新型建材研究所物理室主任、标准主要起草人江丽珍同志主讲，通过对新标准在技术要求、用料选样、力学性能指标等方面的详细讲解和答疑，使与会的100多户企业代表较全面、系统地掌握了新标准的要求，激发了各企业研究、使用镁渣的积极性，达到了预期的目的。省建材质检中心举办了《煤工业分析方法》、《天然石膏》等与水泥相关检验标准的培训班。协会、质检中心还派出人员深入部分企业，督促、指导、帮助企业围绕新标准的贯彻实施和水泥产品生产许可证的换发证，加强企业的各项硬件设施建设和制度建设及工艺技术的配套与完善。

根据要求，我们组织编印发放了2009版水泥质量原始记录和台帐，进一步规范企业的化验室质量管理，及时掌握质量动态，提高管理水平。2009年底，又组织省建材质检中心和部分水泥企业人员，对受工业和信息化部委托由中国建材联合会修订的《水泥企业质量管理规程》（修订初稿）进行了认真的讨论研究，提出了我省的意见和建议。

2. 开展水泥企业化验室监督检查。

按照规定要求，我们组织对新建的8户水泥企业化验室进行了现场评审考核，对符合条件的化验室颁发了《水泥企业化验室合格证》和检验报告专用章。为加强水泥企业化验室年度检查工作，我们采取就近各市交叉互检的办法，这样更有利于相互学习、相互交流、共同促进和提高。对266户水泥企业化验室进行年度监督检查，有233户企业年度检查合格，11户企业基本合格，14户企业不合格，并对已经关闭、长期停产和列入省2009年度淘汰落后水泥企业名单予以淘汰的8户企业注销其化验室合格证和检验报告专用章，在媒体上对全社会予以公告，接受社会监督。通过这次年度监督检查，进一步促进了水泥企业化验室的规范化管理。对通过年检涌现出来的41户水泥企业化验室管理优秀单位和43名化验室管理优秀工作者通过这次大会进行表彰。

3. 加强建材产品的监督抽查工作。

我们继续督促有关单位做好水泥的检查工作，确保产品的质量。

一是加强水泥监督检验。本省建材质检中心等三家机构承担全省水泥检测任务，基本做到了全部定期检验。

二是强化水泥对比验证检验。根据《山西省水泥企业产品质量对比验证管理办法》规定，省建材质检验中心与245户企业进行了对比验证检验，与224户企业进行了水泥性能检测与化学分析大对比。为保证水泥企业生产工艺控制测试和产品检验数据传递体系的正常运转，省建材质检验中心与国家水泥质检中心坚持进行规范的对比验证，通过对比验证、对比检查，有效推动了全行业检测条件、检测质量以及检验人员工作水平的稳步提高，促进了水泥产品实物质量的不断提高。

4. 提高职工队伍素质。

在提高产品质量的同时，更注重提高职工队伍的素质，举办了水泥企业化验室主任培训班、建材行业质量管理知识讲座、熟料煅烧工和中央控制室操作员上岗培训班、特有工种职业技能鉴定。同时,为激励动员全省广大建材战线职工努力拼搏、钻研科学技术,对全省建材行业改革开放30年来的代表人物和年度先进单位、先进工作者进行了大力表彰,很好地营造了一个比、学、赶、帮、超的良好和谐氛围。

5. 积极推广新技术,开展技术革新,促技术进步。

①加强企业各类人员的培训。积极推进建材科技人才和高技能人才队伍建设,加大对建材行业从业人员的职业技能教育培训。根据全省各地部分水泥企业化验室主任变换频繁的情况,我们在6月份举办了一期水泥企业化验室主任培训班,134名水泥企业的化验室主任经过系统的理论知识、业务及管理知识的学习和严格的考核,获得了化验室主任资格证书。为配合水泥产品生产许可证换发证工作,我们又采取集中培训和深入企业实地培训相结合的方式,对全省210名熟料煅烧工和中央控制室操作员进行了理论知识和操作技能培训,经考试合格取得了岗位操作上岗证书。省建材质检中心也按要求在临汾组织了一期水泥企业化验员上岗培训班,为减轻企业负担,还深入冀东海天水泥闻喜有限责任公司、太原金圆水泥有限公司等企业进行现场培训,共培训人员近200人。

②积极开展建材行业特有工种职业技能鉴定工作。按照《山西省建材行业特有工种职业技能鉴定实施办法》及相关要求,积极开展建材行业特有工种职业技能鉴定工作。先后组织进行了九批建材行业特有工种职业技能鉴定工作,共有熟料煅烧工、中央控制室操作员、化学分析工等五个工种176人经过理论知识和技能操作考核合格,分别获得国家人力资源和社会保障部颁发的初、中、高级职业技能等级证书。

③组织行业岗位职业技能竞赛活动。6月份,行管办会同省劳动和社会保障厅、省总工会、共青团省委,共同举办了全省建材行业"综职院杯"水泥化学分析、物理检验岗位职业技能竞赛,69名选手通过三天的紧张比赛和大赛评审组认真、公平、公正的考评裁定,决出两个工种前6名共12名优秀选手,评选出晋中市经委等7个优秀组织奖单位,进行了大会表彰。李彦岗(山西综合职业技术学院)和李志敏(山西亚美建筑工程材料有限责任公司)荣获"山西省五一劳动奖章"称号。

组织4名选手参加由中国建材联合会与中国机冶建材工会全国委员会共同举办的"CTC杯"全国水泥化学分析工、物理检验工技能竞赛,经过理论知识和现场实际操作考核,来自山西亚美建筑工程材料有限责任公司的贾彬丽同志获得了全国水泥化学分析工三等奖,并为其晋升一级技能等级。

为参加这次全国大赛,我们做了精心筹划和积极的准备,提前20多天组织参赛选手集中培训,聘请老师从理论到实践进行系统辅导,从严要求,整体而言,取得了比较好的效果。

④做好网站建设和会讯出版工作。网站和会讯是我们对外的两个窗口。2009年我们投入较大精力进行网站建设,从网页设计、内容更新,到通讯员队伍建设,都进行了周密的安排,并在相机等硬件设施上进行了适当配备。到现在网络内容有了较大的变化,服务功能更强。

2009年全年出刊《山西省建材工业协会会讯》六期,及时将国家及省有关的方针、政策和行业动态、科技发展动态等各种信息予以发布、刊登,为各级领导和广大会员提供行业信息资料,积极开展信息服务,受到有关部门和广大会员单位的好评。

2009年度全省主要水泥企业水泥产量　　单位(吨)

序号	单　位	地理位置	全年产量	占全省产量(%)
1	太原狮头集团有限公司	太原、朔州	1 471 236	5.45
2	太原智海集团有限公司榆次水泥分公司	晋中	973 430	3.61
3	阳泉煤业集团有限责任公司	阳泉	924 385	3.42
4	太原市广厦水泥有限公司	太原	855 670	3.17
5	新绛县威顿水泥有限公司	运城	828 758	3.07
6	长治钢铁(集团)瑞昌水泥有限公司	长治	661 625	2.45
7	冀东海天水泥闻喜有限责任公司	运城	622 754	2.31
8	山西晋牌水泥集团有限公司	长治	611 869	2.27
9	闻喜县第二水泥有限责任公司	运城	563 411	2.10
10	潞城市卓越水泥有限公司	长治	525 135	1.95
11	河南孟电集团陵川水泥有限公司	晋城	463 713	1.72
12	太原北白水泥制造有限公司	太原	461 848	1.72
13	西山煤电集团公司	太原	459 800	1.71
14	山西华宝集团潞洲水泥制造有限公司	长治	433 085	1.60
15	山西中条山新型建材有限公司	临汾	419 707	1.56
16	山西广灵精华化工集团有限公司	大同	394 992	1.46

续 表

序号	单　位	地理位置	全年产量	占全省产量(%)
17	中阳县桃园水泥有限责任公司	吕梁	392 170	1.45
18	山西双良水泥有限公司	太原	391 627	1.45
19	山西汾西矿业(集团)有限责任公司	晋中	350 000	1.30
20	天脊煤化工集团股份有限公司	长治	291 452	1.18
21	大同市兴旺集团公司	大同	278 804	1.06
22	山西川东水泥有限公司	吕梁	261 000	0.97
23	山西省运城市清华水泥厂	运城	260 553	0.96
24	山西东义集团特种水泥有限公司	吕梁	260 000	0.96
25	山西中盛新型建筑材料集团有限公司	吕梁	247 202	0.92
26	山西中条山有色金属集团有限公司	运城	247 082	0.92
27	山西铝厂水泥厂	运城	231 055	0.86
28	曲沃县盛源建材有限公司	临汾	229 769	0.85
29	大同市永和新荣水泥有限责任公司	大同	228 975	0.84
30	襄汾县鸿达集团水泥建材有限公司	临汾	220 962	0.82
合计			14 314 950	53.93

2009 年底机构情况简介

山西省建筑材料工业行业管理办公室(简称省建材行业办)

主要职责:

1)负责全省建材行业的规划、协调、管理与服务。

在省经委的领导下,贯彻落实国家和省有关方针、政策、法规;根据省经委确定的总体发展规划,研究拟定建材行业专业发展规划,促进行业结构调整,规划引导行业合理布局;组织制订行业规章和技术标准;协调行业内部关系,维护公平竞争秩序;研究行业发展中的重大问题,向有关部门提出政策建议;掌握和分析行业生产动态,汇集、分析和发布行业经济技术和市场信息,提供信息咨询服务;促进建材资源综合利用,负责全省墙体材料革新与推广、管理工作,推进新型建材及制品的开发和推广应用;指导国有企业改革和组织结构调整。

2)省建材行业办下设 2 个部:综合部、行业管理部。

3)核定省建材行业办行政编制 6 名。(略)

4)设置建材离退休人员管理处,负责原建材局机关离退休人员的管理和服务工作,并对本行业离退休人员管理工作进行指导、协调、督促、检查。

(据山西省机构编制委员会晋编字[2000]8 号《关于省经贸委行业管理办公室机构编制的通知》)。

(据山西省人民政府办公厅晋政办发[2004]63 号《山西省人民政府办公厅关于印发山西省经济委员会职能配置内设机构和人员编制方案的通知》)。

山西省建筑材料工业行业管理办公室主任:郭世刚

副主任:顾俊忠

离退休人员管理处处长:张玲俐

地址:山西省太原市红沟路 129 号

邮政编码:030013

电话:0351-4427640

传真:0351-4425718

网址:www.sxjcw.gov.cn

内蒙古自治区

Inner Mongolia Autonomous Region

【概况】 2009 年,全区规模以上建材企业 229 户,全区建材工业完成增加值 113.3 亿元,同比增长 34.7%;销售收入 279.8 亿元,增长 86.5%。实现利润 25.53 亿元,同比增长 107.8%;税金总额 12.98 亿元,同比增长 18.5%。主要建材产品产量:水泥产量 4 275.5 万吨,同比增长 48.1%;平板玻璃 1 550.9 万重量箱,增长 6.3%;水泥排水管 221.8 千米,增长74.53%；水泥压力管172.2千米，增长59.24%；商品混凝土600万立方米，增长54%；水泥电杆58.4万根，增长40.6%；水泥混凝土桩6.9万米，增长267.8%；砖（折标砖）22.7亿快，增长48.9%；瓦14.15万片，增长-2.48%；天然大理石板材137.5万平方米，增长26.5%；天然花岗石板材1 259.5万平方米，增长32.1%；瓷质砖1 443.6万平方米，增长1 526.7%；陶瓷砖71.8万平方米，增长-44.4%；耐火材料制品39万吨，增长213.4%；石墨及碳素制品147.3万吨，增长25.3%。

2009年内蒙古自治区淘汰落后水泥产能368万吨，超额完成国家下达的淘汰落后水泥产能任务。

记　事

9月10～11日　工业和信息化部原材料工业司组织召开的全国建材行业管理工作座谈会在内蒙古呼伦贝尔市召开。这是工信部成立以来召开的首次全国性的建材行业管理工作会议。来自全国各省、自治区、直辖市、计划单列市工业管理部门建材处长和有关行业协会的负责人参加了会议。

会议传达了李毅中部长在近期全国工业和信息化主管部门主要负责同志座谈会上的讲话，分析了当前建材行业面临的形势，针对当前建材行业水泥、玻璃产能过剩，以及建材行业节能减排和淘汰落后产能工作进行安排部署。一是抓结构调整，促进产业优化升级；二是控制总量，优化存量，淘汰落后。特别是要认真学习贯彻国务院即将下发的抑制部分行业产能过剩的指导意见，把抓好淘汰落后产能工作与节能减排、结构调整和抑制产能过剩结合起来；三是抓好“十二五”建材工业发展的重大研究。重点抓好水泥、玻璃、新型建材和非金属矿行业规划和可持续发展问题；四是抓好2010年建材行业管理工作的目标、思路和技术改造；五是抓好建材工业的两化（工业化和信息化）融合。

2009年　内蒙古自治区经济委员会王进国副主任参加了会议，并向与会代表介绍了内蒙古工业经济和建材行业发展情况。

2009年　内蒙古蒙西集团4条日产5 000吨水泥熟料生产线相继开工建设，预计在2010年下半年陆续投产。

内蒙古西水创业股份有限公司日产5 000吨熟料生产线、内蒙古冀东水泥有限公司日产5 000吨熟料生产线于2009年下半年陆续投产。

辽宁省
Liaoning Province

【概况】　2009年，在面对国内外宏观经济环境复杂多变的情况下，全行业广大干部职工一道，审时度势，趋利避害，万众一心，克服和化解了由于多变形势和各种增支减利因素的影响，保持了生产、销售、投资、效益较快增长。

2009年，全省水泥工业增加值完成57.34亿元，比上年增长15.82%；实现销售产值176.87亿元，比上年增长25.6%，营业收入完成177.55亿元，比上年增长25%；利税总额实现15.47亿元，比上年增长23.36%；利润总额实现8.5亿元，比上年增长56.1%。水泥产量4 693万吨，比上年增长15.3%；占全国总产量的2.88%；在全国各省区水泥行业中产量位居到第15位。

【结构调整】　全省水泥工业按照“总量控制，上大压小，等量淘汰”的基本思路，大力发展新型干法水泥，通过产业政策扶持及辅以相应的经济和法律手段，加速落后产能的退出。全行业结构调整步伐加快，产业、产品和组织结构进一步优化。

2009年全省水泥行业由高耗能型结构正逐步向节能型转变。全省新型干法水泥比重超过75%，“山水”、“天瑞”、“冀东”和“金刚水泥”已初步完成在辽宁的布点建线，以“铁新水泥”和“大鹰水泥”为代表的辽宁水泥企业近几年也得到了快速发展，大连、辽阳、本溪、铁岭等地已成为全省重要的水泥熟料生产基地，占全省新型干法水泥熟料总产量的70%，全年淘汰各种落后水泥产能近千万吨，企业生产集中度进一步提高。在不断提高工艺技术装备水平的同时，企业规模化、集团化进一步提升。大型企业集团竞争格局已现雏型，形成了一批知名的如“铁新水泥”、“山水工源”等一批具有一定竞争能力的大型企业集团。同时这些大企业集团也在不断发挥自身优势，实施跨地区的企业兼并和重组，进一步推动全行业集约化程度的提高。

【固定资产投资】　由于国内大型水泥集团的进入并迅速建线布点，水泥行业固定资产投资大幅增长，发展势头强劲。2009年水泥行业固定资产投资近60亿元，比上年增长66.78%，是历年来项目最多、投资额最大的一年，本年仅新型干法水泥就有十几条生产线开工建设或投产，其中一批采用纯低温余热技术利用余热发电的项目也相继开工建设或投产，对水泥行业实现节能减排意义重大。

全年辽宁省财政共投入资金1.9亿元，用于水泥、造纸、火电、冶金等行业淘汰落后生产能力。

记 事

1月 先后多次在沈阳召开了辽宁中部城市水泥生产企业销售经理座谈会。

6月11日 中国水泥协会在沈阳召开了“水泥工业产业发展政策评估修订会议”。中国水泥协会雷前治会长、国家工业和信息化部产业政策司袁克兰处长等40人参加了会议。会议由中国水泥协会副会长兼秘书长孔祥忠主持。

6月29日 大连水泥集团公司召开处以上管理人员会议,传达董事会二届八次会议决议,任命王英军为新一任公司总经理。

7月12日 辽宁本溪市长江瑞会见山东水泥集团董事、副总经理孙建国、赵永魁等客人时表示,本溪市将全力以赴促进山水集团在本溪进一步发展壮大。双方深入研究了本溪水泥厂搬迁、新厂址环评及相关政策落实等事宜。

9月3日 美丽的鸭绿江迎来了来自全国各省地的水泥协会秘书长及全国60家水泥企业的70多名代表。大家齐聚辽宁省丹东市,参加一年一度的全国各省市区水泥协会秘书长联席会议。

11月27日 河南天瑞集团水泥有限公司年产400万吨的水泥粉磨站项目正式落户辽宁抚顺东洲。抚顺市委书记刘强出席了签约仪式。签约仪式上,辽宁抚顺东洲区政府常务副区长邵光辉与河南天瑞集团水泥有限公司总经理郭志伟在协议书上签字。项目计划总投资3.5亿元,占地300亩,计划2010年3月开工,建成后预计可实现年产值5.4亿元,实现利税9 450万元,安置就业150人。

12月 大连水泥集团公司生产的A、G级油井水泥采用国际标准进行了现场验收,结论为合格,从而证实了公司生产的特种水泥产品品质达到了国际先进水平。

12月24日 辽宁铁岭铁新水泥公司8兆瓦纯低温余热发电项目正式并网发电,成为辽宁省第二家应用纯低温余热发电技术成功并网发电的水泥企业。该项目投入运行后,预计年可发电4 900万千瓦时,年供电量约4 508万千瓦时,可节约标准煤1.76万吨,每年可减排二氧化碳4.4万吨。

黑龙江省

Heilongjiang Province

【概况】 2009年是金融危机对世界经济造成重大冲击的一年,也是中国投入巨额资金“调结构、促内需、保增长”取得重大成果的一年。在这一年里,投资拉动型的黑龙江省水泥工业经济运行呈现出良好发展态势,与2008年同期相比,生产和销售增速较快,行业整体经济效益较好,工业增加值、工业总产值、销售收入和利税同比都呈两位数增长,创出历史最好水平。

1. 经济运行基本情况。

统计口径内83户水泥企业中有14户亏损,亏损面16.87%,比去年同期下降48.05%,亏损企业亏损额0.94亿元,同比下降47.55%。水泥行业实现利润6.33亿元,同比增加154.22%。全省水泥行业主要经济指标完成情况见下表:

2009年黑龙江省水泥行业主要经济指标完成情况表

	单位	水泥行业	
		实际	同比±%
工业增加值	亿元	30.39	33.30
工业总产值	亿元	88.82	35.60
销售产值	亿元	85.01	32.80
产品销售率	%	95.71	-2.08
主要业务收入	亿元	84.07	34.15
主营业务成本	亿元	70.01	25.74
利润总额	亿元	6.33	154.22
利税总额	亿元	12.48	62.08
产成品	亿元	3.92	-15.00
应收账款净额	亿元	7.70	11.82
三项费用	亿元	8.87	20.19

从上表可以看出,工业增加值、工业总产值、销售产值增幅均在30%以上,主营业务收入、利润、利税增幅较大,分别同比增长34.15%、154.22%和62.08%。产成品同比下降15.0%,应收账款净额、三项费用略有增加,分别同比增加11.82%和20.19%。资产负债率变动幅度不大,水泥行业资产负债率66.23%,比上年同期的62.64%增加3.59个百分点。

2. 水泥及熟料产量完成情况。

全省统计口径83户水泥企业累计生产水泥2 619万吨,同比增长26.4%,高于全国平均水平(15.9%),增幅在全国排名第6位。45户水泥熟料生产企业累计生产水泥熟料1 245万吨,同比增长18.7%,增幅在全国排第16位,其中15户预分解窑熟料生产企业累计生产预分解窑熟料899万吨,同比增长19.1%。具体完成情况见下表:

黑龙江省2009年水泥及熟料产量表

单位:万吨

水泥			水泥熟料			预分解窑熟料			分解窑熟料所占比例%
1～12月	同比±%	全国排序	1～12月	同比±%	全国排序	1～12月	同比±%	全国排序	
2 619	26.4	6	1 245	18.7	16	899	19.1	21	72.21

3. 黑龙江省水泥行业经济运行形势分析。

2009年水泥产量和行业整体经济效益水平双双创出历史最好水平,主要是贯彻实施"调结构、促内需、保增长"政策的结果。

1)固定资产投资增长拉动水泥需求。2009年我省出台十大举措保增长,加大公路、铁路、机场等扩大内需项目投资。全省固定资产投资达5 029亿元,比上年同期增长37.6%。促使水泥产量再创新高,全省83户水泥生产企业累计生产水泥2 619万吨,较去年同期增加651万吨,同比增长26.4%,增幅高于全国平均水平。工业总产值比上年同期增长35.6%,与固定资产投资增长成正比。

2)结构调整促进水泥产能增长。本省水泥产业结构进一步优化,大型企业集团发展迅速,产业集中度有所提高。2008～2009年以来随着"亚泰哈水新明"日产5 000吨、"黑河关鸟河"、北疆集团"龙江水泥"、牡丹江"天马水泥"日产2 500吨、鸡西"城海水泥"日产2 000吨等一批新型干法水泥熟料生产线陆续投产,新型干法水泥产能增加550万吨,146万吨落后水泥产能退出市场。2009年新型干法熟料产量增长19.15%,新型干法水泥熟料产量899万吨,占全省熟料总产量的比例达到72.21%;产量位居前五位的企业生产水泥915万吨,占全省水泥产量的34.94%,水泥产业集中度得到进一步提高。

3)水泥需求增长价格稳中有升。由于基础设施建设项目的全面开工,使水泥市场需求旺盛。水泥出厂价格稳中有升,全省水泥市场销售形势普遍好于2008年,吨水泥价格提升40～60元,其中哈尔滨地区仍然是全省水泥价格较低的区域。进入5月以后,水泥销售趋旺,大部分企业供不应求,价格也随之增加,经济效益好于上年。

从盈利企业可以看出,规模效益体现更加明显。2009年,水泥企业盈利过千万的企业有14户,共盈利6.28亿元。其中新型干法水泥企业10户(占全省新型干法企业户数的66.67%),盈利5.71亿元,占90.92%;产量位列前五的5家企业实现盈利4.52亿元,占水泥行业盈利总额的71.41%;盈利最多的企业是宾州水泥公司,233万吨的产量创造2.6亿元的利润,创下了全国同型生产线盈利较高水平。亏损企业有13户,亏损额为0.94亿元,其中立窑、粉磨站共10户,亏损额为0.40亿元,占42.55%。

4)管理改善盈利水平。2009年年初,水泥企业的原燃材料购进价格开始回落,尤其是煤炭价格一直保持平稳态势,进入生产旺季后,煤炭价格小幅上扬,不同区域每吨煤炭价格上涨20～50元,电力购进价格在全国平均水平以上,由于各企业努力节能降耗挖潜,提高管理水平,使企业盈利增加。水泥行业实现销售收入84.07亿元,同比增长34.15%;实现利润6.33亿元,同比增长154.22%。产成品首次出现下降15.0%的局面。

【结构调整】 新型干法水泥快速发展。2008年投资建设的"亚泰哈水"日产5 000吨、牡丹江"天马水泥"日产2 500吨、北疆集团"龙江水泥"日产2 500吨、鸡西"城海水泥"日产2 000吨新型干法水泥生产线分别于2009年投产。新增新型干法水泥生产能力530万吨。2009年开工建设的新型干法水泥生产线有:"宾州水泥"日产5 000吨、"浩良河水泥"日产5 000吨、佳木斯"北方水泥"日产5 000吨、哈尔滨"小岭水泥"日产2 500吨、鹤岗"鑫塔水泥"日产2 500吨五条生产线开工建设,并将于2010年投产。投产后将新增新型干法水泥生产能力880万吨。

到2009年末,全省水泥生产能力4 780万吨,其中:新型干法水泥产能1 893万吨,其他落后窑型水泥(机立窑、预热器窑)517万吨,粉磨站产能2 370万吨。新型干法熟料产能占总熟料产能的比例为78.55%,新型干法熟料产量899万吨,占熟料总产量(1245万吨)的比例为72.21%。新型干法水泥比重逐年提高,但结构仍不够合理。水泥结构性矛盾突出,过剩水泥生产能力比例45.21%;粉磨站产能严重过剩,受多种因素影响,粉磨站产能居高不下,且无熟料基地,粉磨站水泥产能占总产能比例达到49.6%。

企业兼并整合稳步推进。2009年3月中国建材集团"北方水泥"成功整合了佳木斯鸿基集团并更名为佳木斯北方水泥有限公司,2009年12月成功整合了牡丹江水泥制品有限公司。当前正在运作整合其他大中型水泥企业的前期工作。黑龙江省西林钢铁集团成功整合了浩良河水泥有限公司。

淘汰落后水泥生产能力工作进展顺利。2009年超计划完成了国家下达淘汰101万吨落后水泥产能指标任务,共淘汰落后水泥产能150多万吨。

【散装水泥】 2009年实现散装水泥供应量994万吨,同比增加201万吨,增长20.2%;水泥散装率39.79%,同比略有下降;预拌混凝土659.6万立方米,同比增加259.6万立方米,增长39.35%。

2009年散装水泥工作取得新突破。1. 散装水泥配套政策措施取得新进展,齐齐哈尔市、佳木斯市、双鸭山市政府分别颁发了"促进散装水泥发展规定或管理办法"。2. 散装水泥专项资金征收创历史新高,2009年全省散装水泥专项资金征收2 262万元,其中:生产环节1 003万元,市场环节1 259万元。3. 立法工作有新进展,经努力工作,《黑龙江省促进散装水泥发展条例》已经纳入省人大2010年一类立法计划，2011年有望发布实施。4. 预拌混凝土、预拌砂浆推广应用工作上新台阶，哈尔滨等地市组织开展预拌混凝土企业资质审查工作，同时开展企业信用等级评价工作，同时哈尔滨市散办与市公安局交警支队联合印发了《关于加强预拌混凝土车辆管理的通知》，并对混凝土专用运输车驾驶员进行培训，有700余名参加培训考试，取得了从业资格证书。2009年，齐齐哈尔、大庆、佳木斯、鸡西市预拌混凝土企业数量、产能增加，确保了市场供应。预拌砂浆试点工作在哈尔滨和大庆两市进行，先后新建三条干粉砂浆生产线、产能60万吨，填补全省空白。4. 农村推散工作稳步开展，哈尔滨市投入了价值30多万元的农村推散设施，密山市在通乡公路建设中，大量使用散装水泥的经验作法为农村全面推散工作开展积累了经验。

存在问题：散装率、专项资金征收率偏低，农村推散工作还存在一定局限性，预拌混凝土和砂浆的整体水平还有待提高，哈尔滨、大庆等城市预拌混凝土产能过剩，价格恶性竞争问题开始显现。优化布局、制止盲目重复建设，抑制预拌混凝土严重过剩问题应摆上工作日程。

【水泥产品出口】 受金融危机影响，出口俄罗斯水泥数量明显减少。2009年全省出口水泥5.5万吨，同比减少73.6%，出口金额421.4万美元，同比下降69.1%。

记 事

2月25日 由省建材行业协会组织的全省水泥企业化验室工作会议在哈尔滨市召开。全省100多家水泥企业化验室主任参加了会议，省工信委原材料处派员参加了会议。会议由陈育群副会长主持，副会长魏杰作了全省水泥工业发展现状、2010年发展趋势及预测、企业应采取措施的讲话。陈育群副会长通报了全省水泥工业经济运行情况，李迎春副秘书长对2008年水泥企业化验室工作进行了总结，并对2009年工作进行了布置。会上对优秀水泥化验室及化验室主任进行了表彰。

4月30日 省建材行业协会在哈尔滨市组织召开了2009年一季度水泥经济运行分析研讨会。全省22家大中型重点水泥企业主要领导参加了会议。会议由于灵彦会长主持，陈育群副会长通报了2008年及2009年1～3月份水泥行业经济运行的情况。各水泥企业交流了2008年及2009年1～3月份经济指标完成情况，2009年生产经营计划指标，2009年以来水泥销售价格及价格走势；魏杰副会长通报了辽宁、吉林省2009年以来水泥及熟料价格情况，全省水泥行业面临的形势及应采取的对策措施；于灵彦会长作了总结讲话。

5月18日 宾州水泥有限公司日产5 000吨熟料（二线）项目开工建设。“宾州水泥”在原有日产5 000吨新型干法水泥生产线基础上，利用资源和市场优势，再新建1条日产5 000吨新型干法水泥熟料生产线，项目总投资3.5亿元，计划建设期10个月，2010年6月份投产。

6月9日 省委常委、常务副省长杜家毫到宾州水泥有限公司考察。杜副省长在省市有关部门领导陪同下，到宾州水泥有限公司检查安全生产工作，听取了企业生产经营情况，安全生产工作的汇报。杜副省长对2008年和2009年以来企业取得的成绩，特别是安全生产取得的成绩和作法予以肯定，并提出确保生产和新线建设安全，要把安全生产摆到重要日程。杜副省长一行还参观了水泥生产线、新线建设现场。

6月25日 省建材特有工种职业资格鉴定中级工培训班开班。来自全省水泥中央控制室操作工、建材化学分析工、建材质量控制工、建材物理检验工四个工种的49名特有工种工人参加了中级工培训班。经过培训和考试考核，全部取得了中级职业资格证书。

8月18日 哈尔滨市市长张效廉一行到哈尔滨“亚泰哈水”日产5 000吨新型干法水泥项目建设现场考察。张效廉市长在“亚泰哈水”阿城平山日产5 000吨项目建设现场考察期间，听取了项目建设情况的汇报，参观了施工现场，对项目建设进度、工程质量予以肯定，对项目建设中存在的电力等方面存在的问题，高度重视，并当场责成有关部门限期解决项目建设中存在的问题，确保生产线年内投产。

9月5日 全国总工会黑龙江调研组到“亚泰哈水”调研“改制企业职工队伍稳定情况”。调研期间，调研组对“亚泰哈水”改制后，企业为稳定职工队伍所采取的作法表示赞同，对企业为稳定职工队伍所采取的一系列的措施予以肯定，认为“亚泰哈水”在亚泰集团兼并整合哈尔滨水泥有限公司后，企业快速发展做大做强，稳定职工队伍，以人为本，提高工资及各种福利待遇的作法值得有关企业借鉴。

9月12日 王玉普副省长一行9月12日到宾州水泥有限公司考察。考察期间，听取了“宾州水泥”2008年各项经济指标完成情况，2009年生产经营情况和日产5 000吨新型干法水泥项目建设情况，参观考察了生产线生产及项目建设现场。对企业生产经营和项目建设取得的成绩表示满意。并提出，高起点完成项目建设，要在发展低碳经济，转变经济发展方式上，再上新台阶，为建材行业转变经济发展方式积累新经验。

10月18日 栗战书省长在省市有关领导陪同下到“宾州水泥”考察。听取工作汇报和现场参观考察后，对“宾州水泥”快速发展，做大做强的作法予以肯定，对“宾州水泥”2008年及2009年生产经营取得优异成绩表示祝贺。并对企业发展和日产5 000吨项目建设提出要求，栗省长要求宾州水泥公司要在新形势下，加快转变经济发展方式，发展低碳水泥，彻底摘掉水泥工业高能耗、高污染的帽子，为全省水泥工业健康快速发展做出贡献。

10月28日 鹤岗市鑫塔水泥有限公司日产2 500吨新型干法水泥节能技术改造项目开工建设。鹤岗鑫塔水泥公司地处鹤岗市市区内,根据市政府城市发展规划,决定该企业进行异地搬迁改造。拆除原日产600吨小型新型干法水泥生产线,在市政府的工业开发区新建1条日产2 500吨新型干法水泥生产线。鹤岗市水泥市场年消耗量约100~120万吨,属全省口岸城市,与俄罗斯相毗邻。根据资源和市场,省发改委2009年8月对该项目予以核准,10月28日正式开工建设。

11月17日 全省重点水泥企业经济运行分析研讨会召开。来自全省23家重点骨干企业的主要领导参加了会议。会议由于灵彦会长主持,会上协会通报了2009年第三季度建材工业经济运行情况,并对全年经济运行情况进行预测分析,同时对2010年水泥工业面临的形势、价格走势进行了分析和预测;通报了吉林等省冬储水泥及熟料的价格情况;各企业交流了2009年生产经营指标完成情况,2010年主要经济指标计划情况,冬储水泥价格及销售量;于灵彦会长作了总结讲话,他提出:一是要统一思想和认识,科学制定冬储水泥价格和销售数量。二是抓住机遇加快发展,抓住2010年市场机遇,开足马力,创历史最好水平。三是节能减排,发展低碳经济,降低能耗和成本,提高市场竞争力和经济效益。四是转变经济发展方式,淘汰落后水泥生产能力。

12月6日 "亚泰哈水"日产5 000吨熟料生产线竣工投产。"亚泰哈水"在阿城平山石灰石矿新建日产5 000吨新型干法熟料生产线正式投产。该生产线投产后,"亚泰哈水"熟料生产能力270万吨,成为全省熟料产能最大的企业。水泥生产能力接近400万吨。

12月8日 佳木斯"北方水泥"日产5 000吨熟料生产线开工建设。佳木斯"北方水泥"前身是佳木斯鸿基水泥公司,2008年被"中国建材"的下属公司"北方水泥"兼并整合。同时在桦南矿山新建1条日产5 000吨熟料生产线,以满足市场需求,增强企业市场竞争能力。佳木斯"北方水泥"日产5 000吨熟料线建成投产后,熟料产能将达到264万吨,水泥生产能力达到380万吨。企业市场占有率和市场竞争能力将大大增加。

12月20日 中国建材集团北方水泥公司成功完成对牡丹江水泥制品有限公司的整合。整合前的牡丹江水泥制品有限公司由俄罗斯一家企业经营。俄罗斯企业收购原牡丹江水泥公司后,更名为牡丹江水泥制品有限公司。2009年中国建材集团北方水泥公司在成功兼并整合佳木斯鸿基水泥集团后,运作收购俄罗斯企业经营的牡丹江水泥制品有限公司,2009年12月20日兼并整合成功。"中国建材""北方水泥"入主牡丹江水泥制品有限公司,该企业正式成为"北方水泥"下辖企业。该企业有2条日产2 000吨新型干法水泥生产线。

12月25日 全省水泥化验室工作会议召开。全省有生产许可证水泥企业化验室主任及其主管领导参加了会议。会议由建材行业协会通报了2009年全省水泥企业生产经营及产品质量情况;宣贯GB175-2007《通用硅酸盐水泥》国家标准第1号修改及GB9774《水泥包装袋》新标准;水泥质量管理规程修订情况及行业发展动态;部署了2010年水泥企业化验室复查验收工作;讲解新版2010年水泥企业化验室质检记录及台账。会议由陈育群副会长主持,国家水泥标准所姜丽珍同志对水泥新标准的修订情况及存在问题进行了解读。建材行业协会副会长魏杰对全省水泥行业发展现状,2010年面临形势,国家水泥新的产业政策对我省水泥行业发展的影响,水泥企业产品质量及质量管理中存在的问题,应采取的对策措施进行了分析;省工信委原材料处副处长王毅参加了会议。

(黑龙江建筑材料行业协会 供稿)

上海市

Shanghai

【概况】 上海水泥生产厂家有12家,熟料生产厂家4家,中转水泥厂家约11家。

2009年中国经济呈V形走势,完成GDP 335 353亿元,同比增长8.7%,全社会固定资产投资达224 846亿元,同比增长30.1%,增速比上年加快4.6个百分点。2009年进出口总额达22 073亿美元,同比下降13.9%,全年出口12 017亿美元,下降16%,进口10 056亿美元,下降11.2%。2009年"长三角"地区实现GDP59 711亿元,比2008年增加了5 000多亿元,占全国的比重达17.8%,从板块看:上海超过1.4万亿元,江苏沿江8市超过2.7万亿元,浙江7市超1.7万亿元,从城市看:16个城市中超过千亿元的有15个。从增速看:江苏板块明显高于浙江板块。16个城市2009年度共完成全社会固定资产投资额2.85万亿元,同比增长18.3%,增速比2008年提高了4.7个百分点,水泥是对投资高依赖度的产业,国家拉动固定资产投资,对水泥是直接的利好。2009年本市完成GDP14 900.93亿元,增长8.2%。完成全社会固定资产投资总额5 273.33亿元,同比增长9.2%,其中建设改造投资3 384.31亿元,增长11.2%;房地产开发投资1 464.18亿元,增长7.1%;工业投资1 420.27亿元,增长0.2%。在全社会固定资产投资总额中,城市基础设施投资2 113.45亿元,同比增长21.9%,增幅同比提高3.7%,据悉今年固定资产投资不会因世博明显减弱。2009年上海出让住宅地块共79幅,合计547.43万平方米,其中嘉定区推出22幅地块,成为推地大户。28个重大项目基本完成,世博项目按计划完成工作量。

2009年本市生产水泥834.23万吨,同比减少8.68%(其中配制水泥累计0.25万吨,同比减少95.75%)。熟料产量151.02万吨;同比减少14.43%。外省市进沪水泥1 872.06万吨,同比增加26.59%。中转水泥122.30万吨,同比减少25.33%。销售粉煤灰174.83万吨,同比减少16.24%。销售矿粉176.71万吨,同比增加24.95%。

记 事

1月14日 协会组织召开本市水泥类(含中转企业、粉煤灰企业、矿粉企业)化验室主任及统计员会议。宣贯沪建交[2008]第974号文件,布置"上海市水泥生产企业固体废弃物利用情况"统计工作。

1月17日 协会会长诸葛培智参加浙江水泥协会可持续发展咨询会。

1月18日 协会会长诸葛培智与太平洋公司讨论污泥处理技术。

2月23日 协会根据沪建安质监(07)第70号文"关于对在沪建筑材料生产企业开展"质量诚信考核"的通知"要求,将"2008年上海市建筑材料水泥生产企业质量诚信考核表"资料汇总后上报市安质监总站。

2月25日 协会常务副会长楼淑慧参加市行政法制研究所召开的"专项资金对水泥、墙材行业节能减排补贴办法"调研课题会。

2月27日 协会受上海建材集团公司委托,在浦东淳大万丽酒店召开"上海建材资源综合利用示范基地项目"专家咨询会。

2月26日 协会会长诸葛培智、常务副会长楼淑慧分别参加第五届余热发电论坛。

4月1~2日 协会会长诸葛培智参加中国国际水泥峰会并作报告。

4月10日 协会会长诸葛培智参加广州国际金融中心高效混凝土专家技术鉴定会。

4月17日 协会与市场管理科赴南汇散装办商讨"南汇区进一步推动建筑工地商品砂浆使用对策研究"调研课题相关事宜。

5月4日 协会将2009年一季度"上海市水泥生产企业固体废弃物利用情况"汇总后上报给市场管理总站。

宝田公司"科瑞克斯冶炼废渣粉混凝土掺合料项目"荣获"华源铝塑杯"技术革新一等奖。

上海水泥公司"1#水泥磨节能改造项目"荣获"华源铝塑杯"技术革新二等奖。

万安企业"矿渣烘干机系统环保节能改造项目"荣获"华源铝塑杯"技术革新三等奖。

7月3日 协会赴南汇散办参加"南汇区进一步推动建筑工地预拌砂浆使用的对策研究"课题预审会。

7月8日 协会会长诸葛培智、常务副会长楼淑慧、副秘书长余斌接待了市建委政策法规处陈健萍先生,汇报了协会的工作情况及换届相关问题。

协会会长诸葛培智参加了国家工业信息化部关于修定国家水泥工业产业政策的研究。

8月13日 协会赴南汇参加"南汇区进一步推动建筑工地预拌砂浆使用的对策研究"课题结题会。

9月8日 协会会长诸葛培智、常务副会长楼淑慧、副秘书长余斌赴上海海螺销售中心拜会章明静董事长,并就水泥市场、上海水泥结构调整等进行探讨,学习了海螺集团发展模式,了解了海螺集团发展构思。

10月15日 应住友大阪株式会社邀请,协会常务副会长楼淑慧与副秘书长余斌参加特种水泥交流活动,并对中日双方水泥的技术装备进行广泛交流,同时参加的有建材设计院沈春国工程师、双鹤特种水泥的陈国亮主任等

10月23日 协会常务副会长楼淑慧、副秘书长余斌接待日本大阪株式会社上海办事处社长等2人,就日本特种水泥生产应用情况进行深入交流。

11月2日 协会常务副会长楼淑慧、副秘书长余斌赴上海南方水泥有限公司了解上海海豹水泥(集团)有限公司节能减排和固体废弃物综合利用情况,得到了南方公司相关领导薄蕾和海豹水泥(集团)有限公司杨国华副总经理的热情接待和大力支持。

11月5日 协会常务副会长楼淑慧、副秘书长余斌赴"上海海螺"了解该企业在节能减排利废工作的情况,得到柳擎峰总经理、陈秀贵副书记的大力支持和热情接待。

11月12日 协会五届五次理事会在上海建材集团公司会议室召开,会议通过了协会工作报告及明年工作打算,会议决定聘任余斌同志为协会秘书长;决定协会延期换届等内容。会议决定于2009年12月9~10日召开协会五届五次会员代表大会．理事会在充分发表意见和热烈的讨论中园满结束。

11月16日 协会常务副会长楼淑慧、秘书长余斌拜访了普莱克斯(中国)投资有限公司,并和该公司应用技术市场拓展总监王成林、应用技术经理任晓雪,就富氧技术在水泥窑消纳城市废弃物时的应用技术进行了研讨。

12月10日 协会五届五次会员代表大会顺利召开,市城乡建交委负责行业协会的领导和市市场管理总站、市安质监总站、市受理服务中心的领导出席了会议,并就进一步做

好水泥行业的监管工作提出了要求。会议上代表们通过了五届四次会员大会以来的工作总结和明年的工作打算等议程;普莱克斯(中国)投资有限公司介绍的富氧技术在水泥窑消纳城市废弃物时的应用、诸葛培智会长所作的“长三角水泥行业面临新一轮的结构调整”的报告,均引起了代表们的很好反响。

会议期间与会代表还参观了第八届上海国际袋式除尘技术与装备展览会。

12 月 11 日 上海市发展和改革委以沪发改产〔2009〕111 号印发了《关于上海白龙港建材资源综合利用示范基地项目核准工作专题会议纪要》。

12 月 15 日 协会会长诸葛培智、常务副会长楼淑慧、秘书长余斌接待了住友大阪水泥株式会社的代表,就上海及“长三角”地区特种水泥的合作和发展前景进行了探讨。

12 月 15 日 协会常务副会长楼淑慧、秘书长余斌在市建工集团总公司,与市建工材料公司总工程师吴德龙、市石材行业协会砂石分会秘书长陈克平,就本市水泥和沙石料供应混凝土搅拌站的现状和发展前景等进行了研讨。

12 月 16 日 协会秘书长余斌会同市六家相关协会秘书长参加了由市城乡建设和交通二委有关部门召开的专题会议,主要研讨筹建相关协会联合党支部,使党建工作在行业协会做到全覆盖。

12 月 16 日 协会会长诸葛培智、常务副会长楼淑慧、秘书长余斌会同太平洋水泥株式会社的代表,就上海及“长三角”地区的水泥发展前景进行探讨。

12 月 21 ~ 22 日 协会秘书长余斌会同本市各协会负责人一起参加了“上海市经济工作会议”,聆听了上海市市委书记俞正声、市长韩正同志的重要讲话,并就如何贯彻落实会议精神进行了分组讨论。

8 月 ~ 12 月 协会受市建筑建材业市场管理总站,上海宝田新型建材有限公司和上海金山、奉贤、宝山、松江区散装水泥办公室的委托,承担了“上海水泥企业节能减排资源综合利用途径研究”课题。协会听取了课题各委托单位提出的修改意见,完成了该课题。

江苏省

Jiangsu Province

【概况】 2009 年,全省水泥产量 14 570 万吨,企业数 303 家,其中立窑企业数仅有 20 家(其中有 4 家企业已采用 JT 窑生产技术),新型干法企业数 29 家,特种水泥企业 4 家。2009 年,全省水泥工业总产值 454 亿元,完成投资总额 23.8 亿元,年利润 21.7 亿元。

(一)熟料产能分布

2009 年,全省水泥熟料产量 6 761 万吨,其中新型干法水泥熟料占熟料总量的 81.13%。受石灰质资源储量的影响,水泥熟料产能主要集中在南京、无锡、常州、镇江、徐州五个市,其产能占全省水泥熟料总产能的 90% 以上。2009 年,新增熟料生产线 2 条,产能 341 万吨。经核准已开工建设的熟料生产线 6 条,设计年产能 1 240 万吨,全部建成投产后,全省新型干法熟料可达 6 832 万吨。

熟料产能主要分布在“江苏金峰”、“南方水泥”、“中联水泥”、“天山水泥”、“句容台泥”、“中国海螺”、“常州盘固”、“镇江鹤林”等 8 家企业,其产能集中度在 78% 以上。其中“江苏金峰”、“南方水泥”、“中联水泥”、“天山水泥”4 家企业新型干法熟料产能集中度在 54% 以上。

(二)水泥粉磨产能分布

2009 年全省现有水泥粉磨能力约 23 900 万吨,产能释放率大约 62%。其中年产能 60 万吨(含)以上的企业数大约 48%,其中无锡、徐州、盐城、常州、苏州五个市的年粉磨能力分别超过2 000万吨以上,占全省粉磨能力的 62%。粉磨能力最高的是无锡市,达 3 500 万吨,水泥产量最高的市是徐州市,达 2 654 万吨。产能最高的企业是“海螺水泥”,产能为 2 253 万吨,产量为 2 085 万吨。

2009 年全省实际运行生产的水泥企业 280 家,平均生产规模 84 万吨。年粉磨能力达 100 万吨(含)以上的企业占企业总数的 25.71%,200 万吨(含)以上的企业占企业总数的 10.36%。粉磨产能主要集中在“海螺水泥”、“江苏金峰”、“江苏磊达”、“中联水泥”、“南方水泥”、“盘固水泥”、“天山水泥”,粉磨产能集中度约 34%,产量集中度约 42%。

2009 年,全省出口水泥 288.69 万吨,主要集中在苏州、南京、无锡、镇江地区,其中:苏州 97.5 万吨、南京 43.34 万吨、无锡 41.56 万吨、镇江 25 万吨。

(三)技术与装备水平

2009 年,全省现有新型干法水泥熟料生产线 53 条,总产能 5 863 万吨,其中日产 4 000 吨及以上生产线 23 条,日产 2 500 ~ 4 000 吨(不含)生产线 17 条,日产 2 500 吨(不含)以下生产线 13 条。有 75% 的新型干法水泥熟料生产线已采用纯低温余热发电技术。已采用JT技术进行了改造的立窑16座,熟料产能约300万吨,尚存传统立窑10座,熟料产能约100万吨。

全省有水泥磨630余台,其中直径3.0米(含)以下水泥磨数量大约占62%,其产能约8 600万吨。从全省水泥磨直径分布看,直径3.0以上磨主要以直径3.2米、直径3.8米、直径4.2米为主,占直径3.0米以上磨总数的92%。

(四)产业组织结构

2009年,新型干法水泥熟料生产企业3家,其产能占熟料总产能的6.4%以上;同时生产新型干法水泥熟料及水泥的企业25家,其熟料产能占总产能的90%;水泥粉磨企业244家,其水泥产能占总产能的69%。水泥生产"长流程"、"全能型"单一生产模式正在向"短流程"、"专业型"方向转变。

以央企为代表的"南方水泥"、"中联水泥"在江苏收购企业的步伐在加快。

记事

1月18日 徐州中联水泥有限公司二期日产10 000吨水泥熟料生产线带配套纯低温余热发电项目正式开工。该项目建成投产后,"徐州中联"水泥熟料生产能力将达650万吨以上。

1月下旬 徐州市龙山水泥厂日产5 000吨新型干法水泥熟料生产线开工建设。该企业在淘汰原有立窑基础上新建,预计2010年投产。

1月15日 由江苏省发改委核准的金湖县山河水泥有限公司(后改名为"江苏山河水泥有限公司)年产60万吨水泥粉磨生产线进入主机设备安装阶段,这标志着金湖县没有水泥企业的历史宣告结束,该企业立志将成为苏北首家花园式水泥企业。

3月6日 江苏磊达股份有限公司与安徽淮北矿业集团联手建立水泥熟料基地签字仪式在东台市磊达商务会所进行,这意味着长期困扰磊达公司石灰石资源不足的问题能够基本解决。在今后的几年里,磊达公司有意建3条日产5 000吨水泥熟料生产线,可年新增水泥熟料500万吨。

3月11日 中国建材集团江苏南方水泥有限公司(以下简称"江苏南方")在江苏省常州市注册成立,一期注册资本10亿元人民币。"江苏南方"下属溧阳市汉生特种水泥有限公司(含"溧阳华峰"、"溧阳茅山"两家企业)、江苏蛟桥水泥有限公司、宜兴市双龙水泥有限公司、宜兴市天盛水泥有限公司、吴江市洲龙建材有限公司等五家水泥熟料及水泥生产基地。目前有日产5 000吨新型干法水泥熟料生产线2条,日产2 500吨熟料生产线3条,日产1 500吨熟料生产线1条,年产水泥熟料600万吨,另有年产450万吨水泥的粉磨能力。

4月8日 江苏省建材工业协会以苏材水协〔2009〕7号下发"关于开展2009年全省水泥企业质量自律检查的通知",检查由省协会统一组织,各市协会在企业自查的基础上,依据《江苏省水泥企业产品质量自律检查细则》对企业进行检查,有278家企业参加了检查。通过检查,促进了企业间的交流,为提高企业产品质量和管理水平产生了积极作用。

4月18日 "2009年中国水泥工业粉磨技术高层论坛"在南京国际会议大酒店召开。中国水泥协会副会长曾学敏到会,并做了"水泥粉磨技术及能效对标"的报告,江苏省建材工业协会聂长兰理事长到会致辞。

5月8日 "第二届中国水泥企业总工程师论坛暨水泥总工程师联合会年会"在南京钟山宾馆召开。中国水泥协会会长雷前治、副会长孔祥忠到会,江苏省建材工业协会理事长聂长兰致辞。会上表彰了一批2008年全国水泥企业优秀总工程师,雷前治会长介绍了赴日本水泥工业城市废物利用考察情况。

5月9日 江南小野田水泥有限公司日产4 000吨熟料生产线配套7.2兆瓦余热发电机组成功并网发电,年发电量能力约5 400万千瓦时,相当于节约标准煤19 450吨;

6月1日 江苏信宁新型建材有限公司日产4 800吨新型干法水泥熟料生产线及余热发电项目开工建设,预计2011年3月投产;

6月28日 江苏金峰水泥集团新金峰水泥有限公司两条日产4 500吨新型干法水泥熟料生产线及余热发电项目开工建设,预计2010年底投产。该项目建成后,江苏金峰水泥集团拥有新型干法水泥熟料生产及余热发电线9条,年熟料生产能力1 500万吨;

6月28日 淮海中联水泥有限公司与南京三龙水泥有限公司正式签订重组协议。为实现资源优化配置,南京三龙水泥有限公司以部分优质资产与淮海中联水泥有限公司重组,成立南京中联水泥有限公司,重组后,淮海中联水泥有限公司占南京中联水泥有限公司90%股权。南京中联水泥有限公司近期将在南京三龙水泥有限公司原址建设1条日产4 500吨新型干法水泥熟料生产线。到2012年,"中联水泥"在江苏的熟料产能将达1 100万吨以上。

7月 江苏金峰水泥集团收购江阴市月城水泥有限公司90%股份,金峰集团在江阴市月城水泥有限公司原址投资1.8亿元建设200万吨水泥粉磨生产线,这标志着江苏最大的民营水泥集团开始实施水泥粉磨扩能战略。

7月3日 由国家发改委组织,以中国水泥协会雷前治会长为组长的华东六省一市水泥工业发展情况调研组一行六人到达江苏。在南京组织召开座谈会，江苏省发改委、经贸委以及省建材工业协会参加会议，会议针对江苏近几年水泥结构调整和项目核准情况进行了座谈。

7 月 28 日　为推动全省水泥技术装备的进步，促进水泥工业节能减排工作的深入发展，加速科技成果产业化进程，提高全省水泥技术与装备的整体水平，江苏省建材工业协会以苏材协〔2009〕19 号文，向广大水泥企业及客户推荐以江苏鹏飞集团有限公司“大型水泥煅烧关键节能技术装备”为代表的江苏 10 项先进水泥技术与装备。

8 月 1 日　由常州盘固水泥集团有限公司在安徽省和县投资建设的盘景水泥有限公司 2 条日产 4 500 吨水泥熟料生产线暨 18 兆瓦余热发电项目第二条生产线一次性点火成功。

11 月 10 日　18 兆瓦余热发电机组通过安徽省巢湖供电公司、和县供电公司组织的专家验收，并顺利并网发电。这意味着盘固水泥集团有限公司在和县投资建设的 2 条日产4 500吨水泥熟料生产线已基本建成。

8 月 10 日　江苏省建材工业协会水泥分会在溧阳天目湖，针对江苏省水泥市场价格一直偏低的情况，组织召开了江苏水泥市场分析会，会议代表围绕如何稳定江苏水泥市场进行了热烈的讨论，充实和调整了省水泥行业自律领导小组，提出了当前实施自律工作的具体措施，为加强苏南水泥市场自律，促进市场稳定发挥了积极作用。

9 月 18 日　江苏磊达股份有限公司 3 号线日产 4 500 吨新型干法水泥熟料生产线项目举行开工仪式。该项目总投资 4.8 亿元，项目建成后，该公司在东台市拥有新型干法水泥熟料生产线 3 条，年熟料生产能力 440 万吨。

9 月 22 ~ 26 日　江苏省建材工业协会在武汉组织召开全省水泥企业质量管理研讨会，针对江苏省新型干法水泥工业和粉磨技术的发展，邀请著名水泥专家林宗寿教授讲课，采用授课和交流、答疑相结合的形式，为代表们解决了许多实际问题，深受与会代表的欢迎和好品。有 160 个企业，175 名代表参会。

9 月 28 日　江苏省建材工业协会以苏材协〔2009〕28 号下发“关于开展江苏省水泥企业优秀化验室、优秀化验室主任评选的通知”，组织全省水泥企业优秀化验室、优秀化验室主任评选活动。授予华新金猫（苏州）水泥有限公司等 24 家水泥企业化验室为“2008 ~ 2009 年度江苏省水泥企业优秀化验室”，丛远达等 28 名化验室主任为“江苏省水泥企业优秀化验室主任”。

10 月 17 日　镇江鹤林水泥有限公司日产 2 500 吨和日产 5 000 吨熟料生产线纯低温余热发电技改项目投入运行。公司投入 8 000 多万元，建设 15 兆瓦余热发电机组，年利用余热可发电 1 亿千瓦时，可节约 3.5 万吨标准煤。

10 月 28 日　中材集团在江苏溧水投资 4.5 亿元新建的江苏天山水泥集团汉天水泥有限公司日产 4 500 吨熟料生产线点火，这是江苏天山水泥集团在江苏的第四条新型干法水泥熟料生产线，已拥有年熟料产能 550 万吨。

11 月 3 日　中国建材集团旗下的“中国联合水泥”核心企业“淮海中联”1#窑熟料生产线节能降耗环保综合技改项目竣工庆典在徐州隆重举行。中国水泥协会会长雷前治、中国建材集团总经理姚燕分别在仪式上发表讲话。“中国联合水泥”于 2007 年 12 月，率先淘汰素有“亚洲第一大窑”之称的“淮海中联”日产 3 700 吨干法水泥生产线，并在此基础开工建设日产 5 000 吨节能降耗环保综合技改生产线及配套余热发电项目。12 月 17 日“句容台泥”二期日产 6 000 吨水泥熟料生产线点火成功，“台泥”在江苏年水泥熟料产能已接近 400 万吨。

江苏省镇江市

Zhenjiang City, Jiangsu Province

【概况】　2009 年度，对本市水泥行业来讲，是进入新世纪以来最严酷、艰苦的一年，皆因受到全球金融海啸引发的经济危机及水泥行业过渡投资造成产能大量过剩的影响，导致全市的中、小水泥企业生产停滞，产品滞销，进而导致少量企业停产、关闭进入恶性循环，如“丹阳嘉山”，“江苏联合”停产，其他中小企业亦时开时停，呈现极不正常的景象。我会在中国水泥协会及江苏省建材工业协会水泥分会的指导下，及时贯彻国务院，国家发改委的产业政策，大力开展节能减排，坚决淘汰落后生产力，积极进行环境治理，引导全市水泥企业，淘汰落后的机立窑生产线，采取各种措施，节能、节电，千方百计降低生产成本，维持生产的延续，等待时机，迎接水泥行业持久、平稳发展的新局面。

2009 年镇江辖区内，水泥总产量与 2008 年持平，总量约在 1 100 万吨左右。主要是“江苏联合水泥”，自 2009 年 8 月至今停产，“丹阳嘉山”下半年已关闭，“镇江金山”关停两台机立窑，停产三个多月至 12 月份开始改建成粉磨站．“江苏远东”的日产 1 500 吨熟料生产线关停，其他如“黄山”停直径 3.2 机立窑 1 台、“雩山”直径 2.9 * 10 米立窑 1 台、“丹阳永兴”直径 3.4 * 10 米立窑 1 台、“船山二水”直径 2.9 * 10 米 1 台、“北固水泥”四台直径 3.0 * 10 米机立窑。因此，目前全市已经淘汰机立窑 40 条生产线，2 条湿法生产线，2 条日产 600 吨生产线，1 条日产 1 500 吨生产线，总共有 500 万吨水泥生产线被淘汰。虽然“江苏鹤林”2009 年度增产 200 多万吨水泥，但总量基本持平，出口水泥 25 万吨，散装水泥总量为 90%。

2009 年度水泥价格已降至 200 元/吨左右（32.5 等级），

42.54等级价格在210元/吨左右，但10月份以后稍有回升。32.5等级在195～205元/吨；42.5等级在215～230元/吨左右。比上年同期下降20～30元/吨左右。中小型水泥企业苦不堪言，粉磨站受到熟料价格上涨，水泥价格大幅度下降的双重打击。

【协会工作】 年初，在总结2008年工作的基础上，结合国家省有关产业发展的政策、法规及行业有关规定，总结2008年的协会工作，布置2009年度的工作。春节后，直接发至所有理事单位（以书面材料），指导和帮助企业开展日常工作。

4月3日 参加省水泥协会秘书长会议后，召开全市水泥企业化验室主任会议，布置水泥化验室合格证复查及省水泥产品质量自律检查的各项自查及准备工作。

大力开展淘汰落后生产力，坚持科学发展观，做好节能、减排工作．至2009年底，又淘汰关闭机立窑12条。全年少用原煤30万吨左右，大大减少CO_2的排放及粉尘污染，提前一年完成淘汰落后生产力和节能、减排工作的要求。

按照国家产业政策的导向，做大做强的要求，“句容台泥”第二条新型干法线日产6 000吨已建成试产，“江苏鹤林”三线已准备开工，如期完成后这两家企业规模均超过年产600万吨。2009年这两家企业分别投入1.9亿、1.2亿建成纯低温余热发电系统，大大节约能源消耗，按每吨熟料发电20千瓦时的话，全年可节约1亿多千瓦时电，并且大大降低大气污染和排放。

【水泥产品质量管理】 根据江苏省建材工业协会水泥分会2009年度第7号文件精神，我会从5月10日至5月21日，组织8人分两组对23家水泥生产企业进行了全省水泥企业质量自律检查和化验室合格证的复查，历时十二天进行认真细致的检查，咨询及辅导工作，促使企业在仪器设备保养、人员操作水平、日常统计管理、台账、记录方面做到较大提高。出厂水泥合格率、富裕强度合格率均达100%送省里的抽检样也达到全部合格。

积极组织水泥生产企业参加省建材质检站的水泥品质指标和化学分析大对比活动。在活动中有4家水泥企业受到化验室检验先进单位表彰，即：“江苏鹤林”、“江苏远东”、“江苏北固”及“丹阳永兴”。参加2009年底化学分析大对比的获优胜单位8家：“江苏联合”、“江苏鹤林”、“江苏远东”、“镇江江源”、“丹阳永兴”、“镇江雩山”、“句容台泥”、“镇江润扬”。获全合格单位2家：“镇江金山”、“镇江光华”。参加2009年度水泥品质指标大对比获优胜单位5家：“江苏远东”、“句容银鹏”、“镇江船山二水”、“句容水泥”、“丹阳盘隆”。满意结果单位1家：“江苏北固”。全合格单位4家：“江苏鹤林”、“江苏美联”、“镇江润扬”、“丹阳红垒”。

继续做好水泥生产企业的化验室台账、记录的供应工作，并为混凝土公司及管桩公司提供相应的记录、台账。

【表彰】 江苏省建材改革开放三十年代代表人物：“江苏鹤林”吕永忠经理、“江苏联合”杨富全总经理、镇江水泥协会会长周汉清。

评为省优秀化验室：江苏鹤林水泥有限公司、江苏北固水泥有限公司、句容台泥水泥有限公司。

评为省优秀化验室主任：丁峰（江苏美联水泥有限公司）、洪斌（江苏远东水泥有限公司、陆为民（江苏联合水泥有限公司）。

镇江市节能和资源综合利用先进集体：江苏鹤林水泥有限公司、句容台泥水泥有限公司。

镇江市散装水泥工作先进集体：江苏鹤林水泥有限公司、江苏美联水泥有限公司。

【资讯】 句容台泥水泥有限公司位于江苏省句容市，厂区占地面积1 000余亩，矿山占地面积4 700多亩。一期投资总额3.61亿美元，于1997年12月投产建成一条国际先进的新型干法短窑水泥熟料生产线，主机设备由德国洪堡公司进口，全部生产过程均由中央控制室透过PRODUX系统自动控制，日产熟料6 800吨，拥有3.2亿吨储量的优质石灰石矿场及16.4公里的皮带廊输送系统。公司建有五万吨级的码头两座，五千吨级的辅助码头及五百吨级的板桩码头各一座。公司已取得ISO9001质量体质认证及产品质量认证、ISO14001环境管理体系认证、外商投资先进技术企业证书、国家环境保护百佳工程及产品质量国家免检称号。2006年12月列入国家重点支持的60家水泥工业结构调整的企业名录。2007年公司又投资10亿元人民币的二期工程包含一条日产6 000吨熟料生产线及发电效能20 000千瓦的余热发电系统，其中二期生产线已于2009年底投入试运行，余热发电项目将于2010年9月并网发电。公司正积极进行三期工程筹备，未来以期形成年产1 000万吨高标号水泥的生产基地。

江苏美联水泥有限公司作为丹阳市最大的水泥制造企业系江苏天坤集团公司下属核心工业企业之一。2009年企业为适应国家产业政策的发展，实现全面协调可待续发展的要求，实现节能减排的目的，公司自行淘汰了1条直径2.2＊7米年产10万吨生产线，新建了1条直径3.8＊13米带辊压机系统年80万吨生产线，加之原有的直径3＊9米年产30万吨生产线使企业年总产能达110万吨，新线项目总投资8 550万元。项目采用目前国内较为先进的一套直径3.8＊13米带辊压机系统水泥磨粉生产线工艺，生产水泥80万吨，散装率达90%．项目建成后，可新增销售17 145万元，利润1 265万元，并能处理丹阳兴联热电厂，谏壁电厂及镇江周边其他电厂每年产生的大量粉煤灰，脱硫石膏等工业废渣，总计达19.4万吨。

江苏鹤林水泥有限公司地处丹徒区高资镇，创立于2003年9月，注册资金2亿元，占地33.5公顷，现有2条新型干法水泥生产线及配套的纯低温余热电厂、铁路专用线和长江码头等。

2004年12月28日，首条（日产2 500吨熟料）水泥生产线点火；2007年6月28日，第二条（日产5 000吨熟料）水泥生产线开工奠基；2008年5月18日，15兆瓦纯低温余热电站工程奠基；2008年11月18日，第二条（日产5000吨熟料）水泥生产线点火；2009年10月18日，15兆瓦纯低温余热电站工程竣工投产。

浙 江 省

Zhejiang Province

【概况】 2009年，受国际金融危机的严重影响，我国政府采取果断政策措施，克服困难，取得积极成效。浙江省水泥工业在这一年里出现产量下落、价格下跌、效益下滑的局面；下半年在经济趋稳回升情况下，水泥销售逐步增长，价格回升。2009年共生产水泥10 796万吨，同比增长7.2%，扭转了上年度水泥产量负增长的情况。全年生产熟料5 766万吨，同比下降0.9%。全年利润13.44亿元，同比增长18.4%。水泥产量增长幅度和单位利润均低于全国平均水平。

自水泥工业产业结构调整以来，历年的水泥产量、新型干法水泥产量情况如表：

年　份	2001	2002	2003	2004	2005	2006	2007	2008	2009
水泥产量（万吨）	4 791	5 793	7 168	8 773	9 129	9 947	10 546	10 207	10 796
增长速度（%）	12.5	20.9	23.7	22.4	4.1	12.4	6.0	-3.2	7.2
新型干法水泥产量（万吨）	154	780	2 394	5 032	7 860	9 606	10 371	10 077	10 784
新型干法水泥比例（%）	3.2	13.5	33.3	61.4	89.0	96.6	98.3	98.7	99.9

水泥产量列江苏、山东、河南之后，居全国第四位。

2009年散装水泥量7 792万吨，列全国第三位，散装率71.82%，在全国各省、区中排名第一。

2009年全省预拌混凝土产量8 431万立方米，同比增长6.7%，产量居全国各省市第二位。

2009年浙江省常住人口5 180万人，人均水泥产量达到2 084千克。年净出省水泥量约600万吨，由此计算，人均水泥消费量约1 968千克。

建国以来累计水泥产量116 991万吨，以现有人口计算的人均累计消费量达到22.58吨。

2009年主要经济指标如下：

指标	2009年实绩	同比增长%
销售产值	319.93亿元	-2.97
主营业务收入	325.23亿元	-2.76
主营业务成本	293.55亿元	-6.02
利润总额	13.44亿元	18.40
税金总额	12.99亿元	-18.11
企业家数	240家	2.13
亏损企业数	63家	1.61
全部职工平均人数	41 778人	0.35

【结构调整与生产能力】 浙江省在2007年已淘汰全部机产窑，2009年淘汰了仅剩的2台生产通用水泥的干法中空窑。通用水泥生产已全部是新型干法水泥。年末有4台生产白色硅酸盐水泥的小型干法窑。

2009年内，浙江新都水泥有限公司淘汰2台干法中空窑，建成日产2 500吨新型干法水泥生产线1条。浙江巨泰建材有限公司建成用干法电石渣作原料的日产1 600吨新型干法水泥生产线1条。

2009年内，拆除浙江声威建材有限公司日产1 300吨新型干法水泥生产线1条。

2009年，共有新型干法水泥生产线89条，生产线规模、数量、产能如表：

生产线规模	条数	设计产能万吨/年	实际产能万吨/年	产能比重%
2 000吨/日以下	33	1 147.0	1 376.4	16.12
2 500吨/日	35	2 712.5	3 255.0	38.13
5 000吨/日	21	3 255.0	3 906.0	45.75
合计	89	7 114.5	8 537.4	100

设计产能按设计日产、年生产310天计算。目前普遍超产，实际产能按设计产能的120%计算，所以熟料产能为8 537万吨。

水泥粉磨能力1.61亿吨，其中新型干法水泥企业粉磨能力7 820万吨，粉磨企业粉磨能力8 371万吨。

现有水泥磨机533台。按磨机直径分类如表：

直径(m)	4.2	4.0	3.8	3.5	3.2	3.0	2.6	2.4	2.2	1.8
数量(台)	36	2	46	2	102	100	14	108	106	17

磨机中直径3.00米及以下的345台，占总台数的64.7%，淘汰小型磨机的任务很重。

全省各市熟料、水泥的产能和2009年的产量如表：

地　区	生产线数量（条）	熟料设计产能（万吨）	熟料实际产能（万吨）	熟料产量（万吨）	水泥磨数量（台）	水泥产能（万吨）	水泥产量（万吨）
全省	89	7 114.5	8 537.4	5 766	533	16 100	10 796
杭州市	17	1 798.0	2 157.6	1 689	89	2 679	1 830
湖州市	21	1 816.6	2 179.9	1 436	88	2 300	1 336
嘉兴市	7	310.0	372.0	202	91	2 258	1 700
绍兴市	10	554.9	665.9	578	51	1 885	1 185
金华市	13	1 004.4	1 205.3	778	86	2 070	1 431
衢州市	20	1 553.1	1 863.7	954	76	2 900	1 888
宁波市	1	77.5	93.0	103	27	1 170	944
台州市					7	308	247
丽水市					8	395	219
舟山市					2	75	10
温州市					1	60	6

【控制产能】 浙江省水泥工业出现明显的产能过剩。2009年熟料生产线的产能利用率仅67.5%，熟料生产线和水泥磨的运转率都低于60%。控制产能，保持行业的健康发展成为全行业的紧迫任务。省水泥协会曾向省政府有关部门提出控制产能的专项报告，业内专家也曾向省政府咨询委员会提出控制产能，停止审批增加水泥产能项目的建议。

2009年1月17日，省水泥协会邀请行业内知名专家召开"浙江省水泥工业可持续发展专家研讨会"，中国水泥协会会长雷前治、工信部运行司吕桂新处长等和省有关部门领导出席研讨会。会议认为浙江省水泥行业在全国率先完成了工业技术结构调整，在全国率先走出了一条靠重组联合实现企业规模高速扩张的道路，但也出现了水泥产能发展过度的情况。专家们建议浙江省应坚决停止再上新项目，停止增加新产能。研讨会纪要报送给省政府有关部门，得到了重视。

6月9日，省政府办公厅转发了省经信委、省发改委《关于进一步推进我省水泥工业转型升级工作的意见》，要求推进企业联合、兼并、重组，严格项目审批，控制产能扩张，加快淘汰落后产能。

为贯彻国务院领导同志指示精神，国家发改委组织调研组到有关省市调研水泥产能和项目情况。7月4日，调研组抵浙江调研，省发改委、省水泥协会和部分企业负责人参加汇报。

各市已制订了淘汰直径2.4米以下水泥磨的计划，杭州市规定淘汰的磨机为直径2.9米以下。

【提高行业集中度】 南方水泥有限公司在浙江省的兼并重组取得显著成效。2009年内，"南方水泥"在浙江成立五个分公司，管理各地的水泥、熟料企业。"南方水泥"在浙江共有45家企业，有熟料生产线43条，其中日产5 000吨13条，日产2 500吨16条，设计熟料年产能3 745万吨，实际熟料年产能（按设计产能120%计）4 494万吨，熟料产能占全省的52%。水泥年产能约4 600万吨，占全省产能的29%。

红狮控股集团在浙江有8家企业，熟料生产线8条，其中日产5 000吨4条，日产2 500吨3条，设计熟料年产能893万吨，实际熟料年产能1 071万吨。水泥年产能约1 000万吨。

海螺集团在浙江省有5家企业，有日产5 000吨的熟料生产线1条。设计熟料年产能155万吨/年，实际熟料年产能186万吨/年。水泥年产能约1 100万吨。

水泥的生产集中度提高较快。2009年前4家产量的集中度为45.7%，前10家产量的集中度为59.2%。

【市场销售与行业自律】 上半年，市场需求不旺，产能过剩严重，从年初起，水泥和熟料的价格一直处于低位，企业亏损严重。直至5月末，全行业仍亏损0.73亿元，亏损企业占企业总数的43.6%。从6月起，在经济趋稳回升情况下，水泥产量逐步增长，四季度，国家应对金融危机增加的四万亿元投资项目逐步开工，促使水泥产量较快增长，价格略有回升。省水泥行业自律工作领导小组全年召开13次会议，协调、稳定水泥和熟料价格，商定销售淡季实行节能限产，平衡市场。一年内共实行三次全省性的限产停窑计49天，一次地区性的限产停窑12天。春节期间是工程施工淡季，也是水泥销售淡季，停窑限产综合效果很好，既缓和了供过于需的矛盾，杜绝恶性竞争，还利于节能减排，减轻春运压力，企业也得到年度设备检修的机会。几年来的自律工作取得了一些经验，除在销售淡季实行节能限产外，企业间对同一销售地区进行市场细分，与省外周边地区水泥企业协调，避免省际企业的恶性竞争。

【质量管理】 2009 年内召开两次水泥企业化验室主任会议。一次以宣贯新的水泥包装袋标准、总结上年度质量工作为主题；一次以介绍《水泥企业质量管理规程》修订工作情况为主要内容。

年初，开展年度水泥质量调查，统计汇总后编印了《2008 年浙江省水泥质量调查资料》。

2009 年起开始在全省水泥企业中使用第四版本修订版的《浙江省水泥质量统一表式》。由于表式是按浙江省水泥工业结构调整后的情况修订的，内容符合当前企业质量管理工作的要求，企业的化验室使用后普遍反映良好。

【节能减排】 新型干法窑纯低温余热发电是水泥企业效果最显著的节能项目。一年来，余热发电得到继续推广。在 89 条生产线中，已有 64 条建成余热发电项目，装机容量 294.5 兆瓦。其余 25 条生产线中，大部分是日产 1 000 吨的小型生产线，有的已经停产，不再考虑建设余热发电；其他凡有条件建设的以及近期投产的生产线已在建设余热发电项目。

水泥磨配置辊压机的技术改造已得到企业的重视。调速设备采用变频装置正在普及。

浙江水泥工业 2009 年的能耗指标：

熟料标准煤耗 kg/t	熟料综合电耗 kWh/t	熟料综合能耗 kg 标煤/t	水泥综合电耗 kWh/t	水泥综合能耗 kg 标煤/t	粉磨企业水泥电耗 kWh/t
111.0	65.1	117.6	79.5	80.7	35.5

能耗指标较上年度略有下降。

【资源综合利用】 水泥生产中利用各种废渣量逐年增加。2009 年利用废渣约 3 700 万吨。其中脱硫石膏、磷石膏、氟石膏等工业石膏约 190 万吨。作水泥混合材使用的废渣主要有石煤渣、煤矸石、粉煤灰和炉渣。石煤渣是浙江存量丰富废渣资源，一年使用 800 万吨以上。

用水泥窑处理废弃物有了进展。宁波科环新型建材有限公司以日产 2 500 吨生产线，年处理电镀、不锈钢酸洗产生的含重金属废渣约 3 万吨，解决了宁波市电镀、不锈钢企业的废渣处理问题。

【教育与培训】 继续开展新型干法水泥特有工种职业技能培训鉴定工作。在 7 月份培训鉴定了 24 名，其中技师 6 名，高级工 18 名。

6 月份举办全省水泥企业统计员培训班，宣贯《统计违法违纪行为处分规定》，进行水泥行业能源统计培训。参加培训的统计员共 120 人。经考试合格领到“浙江省水泥行业统计员证”的 49 人，持证统计员获继续教育注册的 71 人。

【协会建设与其他工作】 一年内共召开两次理事会、两次常务理事会，研究控制产能、行业发展、行业自律等工作。协会在省民政厅的监管和省经信委的指导下，依靠会员，积极开展工作，取得一定成绩，被省经信委评为“2008 年度先进协会”。

年初，浙江省民政厅进行全省性行业协会评估工作试点，省水泥协会被评估为 4A 级行业协会。

省民政厅举办“社会组织与社会建设论坛”，崔小明秘书长参加会议，论文《改革完善管理体系，发挥协会应有作用》被录入论文集发表。

中国水泥协会助磨剂分会 2009 年年会在杭州召开，水泥行业能效对标东部片区宣贯会在杭州召开。浙江省水泥协会支持这些活动，组织企业参加会议。

省水泥协会参加浙江省科协的各项活动，申报立项重点学术活动一项，是“混合材品种、掺量对水泥质量的影响研讨会”，申报节能减排项目一项，是“利用水泥回转窑处理工业重金属废弃物”。两个项目在省科协支持下都已完成。

省水泥协会去衢州、诸暨等水泥协会调研地方协会工作；到多家水泥企业进行新线投产后的生产经营、电石渣生产水泥、能耗统计、环保监测、市场销售等方面的调研。

受省经贸委和省统计局委托，省水泥协会承担行业统计工作。完成了 2008 年年报和 2009 年逐月的定期报表，并按要求增设能耗统计，加强了价格统计。

为彻底改进统计报表的网络上报工作，委托杭州宏德电子有限公司编制了“浙江省水泥协会统计报表管理系统”，将从 2010 年起使用，替代原来的“浙江省水泥统计专用网”进行报表的上报、汇总和管理。

12 月份召开全省水泥工业统计工作会议，布置 2009 年统计年报和 2010 年定期统计报表，宣贯“浙江省水泥协会统计报表管理系统”，总结工作，表彰 10 名优秀统计工作者，表扬 20 家统计工作做得较好的企业。

在安全生产工作方面，省水泥协会参加了省安全生产监督管理局组织的《水泥企业安全生产基本要求（试行）》在三狮水泥股份有限公司的试点考核；参加了省质量技术监督局组织的《水泥企业安全生产基本要求》地方标准的审定。

年初，财政部、国家税务总局发出《关于资源综合利用及其他产品增值税政策的通知》，调整享受增值税优惠政策的废渣目录，广大企业要求把浙江省利用量很大的石煤渣、石煤、煤渣继续列入目录。省水泥协会支持这一合理要求，分别向中国水泥协会和省经信委提出报告，现在煤渣和石煤渣在资源综合利用认定中已得到认可。

记　事

1月4日　浙江省水泥协会应企业的要求，向省经贸委提出报告，要求对水泥生产中利用石煤、石煤渣等继续实行免税政策。

1月17日　省水泥协会召开“浙江省水泥工业可持续发展专家研讨会”，中国水泥协会会长雷前治、工信部运行司吕桂新处长、上海市水泥协会诸葛培智会长等应邀出席会议，省发改委等部门领导也出席了会议。

1月22日　应省建材冶金煤炭行业管理办的要求，省水泥协会提交了浙江省水泥工业转型升级规划的材料。

2月6日　全省回转窑水泥企业从2月6日至3月1日节能限产停窑25天，应对春节水泥销售淡季的市场情况，达到节能、平衡市场和设备检修的综合要求。

2月10日　省水泥协会召开常务理事会、省水泥行业自律工作领导小组联席会。

2月23日　浙江省民政厅星级协会评估组到省水泥协会进行星级协会评估试点。

3月6日　省水泥协会召开五届七次理事会。

3月10~11日　省安全生产监督局对三狮水泥股份有限公司进行水泥行业安全要求试点考核，省水泥协会参加考核工作。

3月17~18日　省水泥协会去衢州市调研巨泰建材公司干法电石渣生产水泥项目建设情况，调研“常山水泥”、“江山何家山”、“龙游青龙山”和“浙江杜山”4家水泥企业的生产经营情况。

3月22日　浙江省工业经济联合会召开会长会议，省水泥协会李辛龙会长参加会议，提出关于浙江省水泥行业转型升级的意见。

3月25日　浙江省经贸委召开行业协会工作会议，省水泥协会获得2008年度先进行业协会表彰。

3月　省水泥协会和省内主要水泥企业两次向省交通厅等部门反映高速公路实施计重收费且企业面临的困难。

4月1日　省水泥协会到绍兴市兆山建材有限公司调研质量管理信息化工作。

4月2日　2008年《浙江省水泥质量调查资料》编印完成。

4月9日　省水泥协会向省经贸委提出推荐的浙江省龙头骨干企业名单。

4月16日　省水泥协会召开全省水泥企业化验室主任会议，总结2008年水泥质量，邀请中国建材总院水泥所物理室江丽珍主任宣贯修订的《GB9774水泥包装袋》标准。

4月21日　浙江省水泥协会召开五届八次理事会、省水泥行业自律工作领导小组联席会议。

4月28日　省水泥协会召开地市水泥协会工作会议，传达省经贸委行业协会工作会议精神，探讨市场形势、交流工作经验。

4月29日　省水泥协会编写《浙江省水泥工业竞争力发展报告》，提交省经贸委、省工业经济联合会，供汇编出版《2009年浙江省工业产业竞争力发展报告》专集。

5月5日　省水泥协会去“绍兴三狮水泥”、绍兴市“兆山建材”两企业了解能耗统计、环保监测工作，对绍兴市“兆山建材”小型新型干法生产线的余热发电、生产经营、经济效益进行调研。

5月14日　工信部召开工业产品质量工作电视电话会议，省水泥协会参加浙江中心会场的会议。

5月18日　省水泥行业自律工作领导小组召开会议，应对梅雨、高温季节工程量减少、水泥需求下降的情况，决定从5月28日起回转窑节能停产12天。

5月22日　中国水泥协会在杭州举办《水泥企业能效对标指南》东部地区宣讲会，浙江省水泥协会会长李辛龙到会祝贺，作题为《节能降耗，浙江水泥工业的必然选择》的发言。

6月2日　浙江省人民政府办公厅公布浙江省工业行业龙头骨干企业名单，红狮控股集团被列入名单中。

6月9日　浙江省人民政府办公厅发出通知，转发省经信委、省发改委《关于进一步推进水泥工业转型升级工作的意见》。

6月10~12日　省水泥协会举办水泥企业统计员继续教育培训班，宣贯《统计违法违纪行为处分规定》，培训能源统计知识。

6月14日　浙江省质量技术监督局召开《水泥企业安全生产基本要求》地方标准审定会，省水泥协会参加审定。

6月19日　国家知识产权局、工信部到浙江调研工业行业专利工作情况，省水泥协会参加由省经贸委、省知识产权局组织的座谈会，汇报了专利工作情况。

7月2日　中国水泥协会了解水泥企业矿业形势和税负情况，省水泥协会调查后，向有关部门反映了矿山税负过重的意见。

7月27~31日　浙江省新型干法水泥企业特有工种职业技能鉴定培训委员会组织新型干法水泥特有工种的技能鉴定培训，共培训24人，其中技师6名，高级工18名。

7月31日　浙江省人大十一届常委会第12次会议通过《浙江省促进散装水泥发展和应用条例》，从2010年1月1日起施行。

8月30日　省民政厅征集有关民间组织工作的论文，省水泥协会提交了题为《行业协会在市场经济中的地位和作用》的论文。

9月4日　省水泥协会崔小明秘书长去丹东参加中国水泥协会召开的各省市水泥协会秘书长联席会议。

9月5日　全国工经联在杭州召开全国500强企业名单发布会暨高层论坛，省水泥协会参加会议。

9月9日　中国水泥协会助磨剂分会2009年年会在杭

州召开，浙江省水泥协会会长李辛龙到会致词祝贺。

9月24日　省民政厅公布试点的首批星级行业协会名单，浙江省水泥协会被评为"四星级行业协会"。

9月26日　南方水泥有限公司召开成立二周年座谈会。

11月3日　省水泥协会到宁波科环新型建材有限公司调研日产2 500吨水泥生产线处置含重金属废弃物的情况。

11月12日　省水泥协会到诸暨市水泥协会调研，与水泥企业座谈，了解生产经营情况，征询对限制产能、控制运转率的意见。

11月19～20日　省水泥协会参加浙江省科协工科学组会议，汇报讨论重点学术活动项目、节能减排科技项目的进展情况。

11月24日　四川省水泥协会成学军秘书长来浙江考察，同浙江省水泥协会交流行业情况与协会工作经验。

12月14～16日　全省水泥工业统计工作会议召开，总结经验，布置年报、月报，宣贯新的统计报表管理网络。

12月24日　召开全省水泥企业化验室主任会议，介绍《水泥企业质量管理规程》修订情况，发放2010年度的《浙江省水泥质量统一表式》。

浙江省水泥行业主管部门简介

机构名称：浙江省经济信息委员会建材冶金煤炭行业管理办公室

工作职责：组织拟订并实施建材、钢铁、有色金属、黄金、稀土、煤炭行业产业政策、发展规划和技术规范；做好本行业经济运行分析和产业信息发布，协调行业发展中的重大问题和事项；组织实施行业准入；落实本行业淘汰落后生产能力工作；协同培育本行业企业大集团、行业龙头和重点骨干企业，参与本行业重大工业建设项目投资的有关工作；负责煤炭生产、经营企业资质管理。

主任：李军

地址：浙江省杭州市体育场路479号

邮编：310007

电话：0571－87058227

传真：0571－87058139

安徽省
Anhui Province

【概况】　水泥产业是安徽省的优势产业，具有良好的发展前景。安徽省沿江流域蕴藏有上百亿吨的水泥用石灰石资源，为安徽省大力发展新型干法水泥，在沿江建设大型新型干法水泥熟料基地提供了条件。2009年，全省水泥产量7 250万吨，同比增长19.5%；水泥商品熟料产量9 663万吨，同比增长14%；水泥排水管869千米，同比增长164%；水泥压力管615千米，同比增长176%；水泥混凝土桩283万米，同比增长63%；商品混凝土1 880万立方米，同比增长26.4%；完成散装水泥3 557万吨，同比增长24.8%，列全国第六位，中部地区第二位，比上年净增706.77万吨，全省水泥散装率50.4%，同比提高了6.8个百分点，列全国第七位，中部地区第一位，领先全国平均散装率4.14个百分点，同比提高2.23个百分点，全省提前一年全面达到散装水泥"十一五"发展目标。按2009年全省散装水泥供应量计算，节约标准煤81.72万吨，减少粉尘排放35.74万吨，减少二氧化碳排放212.47万吨，减少二氧化硫排放0.69万吨；综合经济效益16.01亿元。为促进节能减排，发展低碳经济，建设生态安徽作出了积极贡献。

安徽省是水泥生产大省，"十一五"期间国家下达水泥淘汰落后产能1 200万吨。安徽省认真贯彻国家水泥产业结构调整政策，大力淘汰机立窑等落后水泥产能，同时严格按照产业政策，有计划地发展新型干法水泥生产线，促进了全省节能减排目标任务的完成。据统计，到2009年第三季度，全省淘汰落后水泥产能已经超过1 200万吨，提前完成国家下达淘汰落后水泥产能任务。到年底，已完成2 224.6万吨，占国家下达任务的185%。

【重点水泥生产线项目建设】　2009年，全省建成投产7条新型干法水泥熟料生产线（巢东股份水泥公司日产5 000吨、安徽盘景水泥公司日产4 500吨、铜陵上峰水泥公司日产5 000吨、枞阳海螺水泥公司2条日产4 500吨、龙元建设安徽水泥公司日产4 500吨、"阿尔博波特兰—安庆白水泥"日产1 200吨）；新增水泥商品熟料生产能力963.6万吨。至2009年底，全省累计建成新型干法水泥熟料生产线77条，形成水泥熟料生产能力9 273万吨。2月27日，"芜湖海螺"三期2条日产12 000吨水泥熟料生产线暨36兆瓦余热发电项目开工。"海螺"2条日产12 000吨特大型水泥熟料生产线，是目前世界上规模最大、技术最先进的生产线，项目总投资约30亿元。项目以"海螺"多年自主研发和集成创新的经验为基础,选用了当今世界最先进的工艺,各项能耗指标、环保指标均达到国际领先水平,装备国产化率达90%以上,规模经济效益显著。11月28日,亚洲单线规模最大的年产白水泥60万吨的新型干法白水泥生产线在安庆投产,其能耗比现有白水泥厂低30%,标志安徽省白水泥制造技术达到世界先进水平。

【处理生活垃圾】 2009年,生活垃圾无害化处理项目在铜陵海螺公司点火运行。利用水泥工业新型干法旋窑技术处理生活垃圾,在我国属首例。铜陵无害化生活垃圾项目成功点火运行,标志着我国在城市生活垃圾处理领域探索出了一条发展循环经济的新路子。填埋、堆肥、焚烧等是我国目前处理城市生活垃圾的主要方式,但都存在二次污染的风险。铜陵市委、市政府经过认真研究,并在海螺集团公司的大力支持下,最终确定利用铜陵海螺新型干法旋窑技术处理生活垃圾。项目主体工程全部由铜陵海螺公司自筹资金建设。

水泥工业新型干法旋窑处置生活垃圾工程项目分垃圾处理系统和垃圾收运系统。垃圾处理系统利用水泥工业新型干法预分解生产中的原理和高温煅烧工艺,将垃圾中的一部分热量用于燃烧,将剩余的可燃成分作为可燃气体从炉中导出,通过将这种可燃气体及垃圾燃烧后产生的粉灰投入水泥窑,燃烧后的成分作为水泥烧成燃料使用,粉灰作为水泥制造原料加以利用。垃圾焚烧时产生的有害成分通过在水泥窑中的高温分解,最终达到无害,实现城市生活垃圾“减量化、无害化、资源化”,符合环保、节能和国家大力发展循环经济的需要。铜陵生活垃圾无害化处理项目,也即利用水泥工业新型干法旋窑技术处理生活垃圾项目由市政府和海螺集团公司签署,项目总投资2.47亿元,总规模为日处理城市生活垃圾600吨(2条日产300吨处理线),年处理生活垃圾总量为19.8万吨。垃圾焚烧后的煤气产品可折抵1.82万吨原煤。2010年1月4日,中国水泥协会发布2009年我国水泥行业十件大事,铜陵利用水泥技术进行生活垃圾无害化处理项目被列入其中。

【获建筑材料科技奖的项目】

1. 项目名称:大型烘干机及脱硫消烟系统的研究开发

完成单位:合肥水泥研究设计院

完成人员:杨刚、刘恩容、张永龙、郑青、石雅军、田野、金维志、葛骏浩、王宝平、万海山

获奖等级:科技进步类二等奖。

2. 项目名称:垃圾焚烧炉尾气、废渣一体化处理系统设备的开发研究。

完成单位:合肥水泥研究设计院、安徽盛运机械股份有限公司。

完成人员:吴善淦、沈玉祥、开晓胜、吴刚、王键、穆璐莹、沈晋国、舒玲、谢萌、余学飞。

获奖等级:科技进步类二等奖。

3. 项目名称:新型无中心柱水泥熟料库屋盖结构关键技术研究。

完成单位:安徽海螺建材设计研究院、中国建筑科学研究院。

完成人员:周贤葆、田素勤、李家发、陈业松、李俊。

获奖等级:科技进步类三等奖。

4. 项目名称:利用水泥回转窑处置城市生活垃圾焚烧技术及装备的研究。

完成单位:合肥水泥研究设计院、四川广旺能源发展(集团)有限责任公司。

完成人员:袁文献、毛志伟、彭毅、何宏涛、喻孝斌。

获奖等级:技术发明类三等奖。

记 事

1月29日 中共中央政治局委员、国务院副总理回良玉在安徽省委书记王金山,省委副书记王明方,省委常委、秘书长詹夏来,芜湖市委书记陈树隆、芜湖市市长杨敬农等省、市领导陪同下,视察了安徽海螺集团。

2月2日 安徽省政府正式颁布《安徽省促进散装水泥和预拌混凝土发展办法》(省政府令第216号),于2009年3月1日起正式施行。这是安徽省继1996年出台《安徽省散装水泥管理办法》(省政府令第74号)之后,又一次以省政府令出台的促进散装水泥事业发展的政府规章,充分体现了省政府对发展散装水泥工作的高度重视。

2月27日 “芜湖海螺”两条日产12 000吨熟料生产线及36兆瓦余热发电项目在繁昌县开工。安徽省委书记王金山宣布工程开工,省长王三运发表讲话。省委常委、秘书长詹夏来,省政府副省长黄海嵩,以及省政府秘书长方宁,省直有关部门、芜湖市主要负责同志出席了开工仪式。

4月19~20日 中国建材联合会会长张人为一行到安徽海螺集团考察调研。张人为对海螺集团近年来各方面取得的成绩给予了高度评价,并就建材行业贯彻落实科学发展观、发展循环经济作了专题讲话。中国建材联合会副会长孙铁石,副秘书长、行业工作部主任刘建华等陪同考察。

5月11日 中国水泥能效对标试点企业考察评估会议在安徽省淮南市召开。出席会议的有中国水泥协会、中国终端能效项目办公室、省水泥协会、淮南市发改委、经委、淮南市建材协会领导及国家发改委能源研究所、“中材国际”、天津设计院、河南“同力”、山东“中联鲁南”等单位的专家参加。会议由中国水泥协会副会长曾学敏主持。

7月2日 由中国水泥协会会长雷前治为组长、国家发

改委产业协调司副处长刘明为副组长、中国建材联合会副会长陈国庆、中国水泥协会秘书长孔祥忠、中国建材工业规划研究院院长刘长发等7人组成的联合调研组到安徽合肥就安徽水泥产能和项目情况进行调研。安徽省发改委、安徽省建材工业协会的有关领导就安徽省水泥产能和项目的情况作了汇报。

7月3日　中共中央政治局常委、全国人大常委会委员长吴邦国在全国人大常委会副委员长、秘书长李建国，全国人大常委会法律委员会主任胡康生，全国人大常委会财经委员会主任石秀诗，全国人大常委会环境资源委员会主任汪光焘，安徽省委书记王金山，安徽省委常委、政法委书记徐立全，安徽省委常委、秘书长詹夏来，安徽省人大常委会副主任任海深等的陪同下视察了安徽海螺集团。

7月18日　国家部委联合调研组组长、国家发改委副主任杜鹰和随行的国家发改委地区司副司长刘苏社等，在安徽省委书记、省人大常委会主任王金山，省委常委、秘书长詹夏来等省领导和芜湖市委书记陈树隆、市长杨敬农等市领导的陪同下，到安徽海螺集团考察调研。海螺集团董事长、总经理郭文叁及集团领导班子成员热情接待了调研组一行。此次由国家22个部委组成的联合调研组，深入安徽主要城市、深入省骨干企业实地调研，目的是推进皖江城市带承接产业转移示范区规划编制工作，加快中部崛起、促进区域经济协调发展。

10月16日　中共中央政治局常委李长春在中宣部副部长、文化部部长蔡武，人民日报社社长张研农，新华社社长李从军，中宣部副部长孙志军，国家广电总局副局长赵实，新闻出版署副署长蒋建国，经济日报社社长徐如俊，安徽省委书记王金山，省委常委、政法委书记徐立全，省委常委、宣传部部长臧世凯，省委常委、秘书长詹夏来等领导陪同下，视察了安徽海螺集团。

11月8日　中国建材集团旗下的合肥水泥研究设计院与宁国市新马耐磨材料有限公司联合重组暨年产5万吨耐磨材料生产线项目签约仪式在宁国市举行。

11月19日　中国水泥协会副会长曾学敏、国家发改委能源研究所能源环境与气候变化中心副研究员胡晓强及其助手翟丽华博士一行三人在海螺集团技术中心副主任杨培林的陪同下到铜陵海螺公司调研节能减排情况。

11月28日　中共中央政治局常委、国务院副总理李克强视察海螺集团，卫生部部长陈竺，国务院副秘书长尤权，科技部党组书记李学勇，国家发改委副主任刘铁男，财政部副部长王军，环保部副部长张力军等国家部委领导，安徽省委书记王金山，省长王三运，省委常委、常务副省长孙志刚，省委常委、省政法委书记徐立全，省委常委、省委秘书长詹夏来等省领导陪同视察。

12月20日　正在安徽考察工作的中央政治局委员、书记处书记、中组部部长李源潮视察了海螺集团。对近年来“海螺”坚持改革发展不动摇，着力推进水泥工业技术进步和结构调整，大力发展循环经济、加大节能减排所作出的突出贡献给予高度评价，称赞“海螺”是“创业创新创优的模范”。

安徽省水泥工业主管部门机构情况简介

机构名称：安徽省建材工业协会。

主要职责：

（1）建立行业信息统计网络，开展行业统计调查，进行整理分析和研究，提供统计信息。

（2）参与行业规划、重大技术改造、技术引进、利用外资、投资与开发项目的前期咨询论证。

（3）参与本行业企业集团组建和改革方案的调研、编制、论证工作，以及本行业大型企业集团管理方面的咨询、诊断、指导，帮助企业改善和加强管理。

（4）配合有关部门参与质量管理与质量监督工作，在本行业内开展产品质量的改进和提高活动，收集或反馈质量信息，为提高产品质量提供诊断、咨询服务。

（5）承担制定本行业贯彻国家行业标准的具体实施办法，报政府有关部门批准后组织实施。

（6）受有关部门委托，参与本行业新产品鉴定、产品认证和质量体系认证。

（7）受有关部门委托，参与行业生产、经营许可证发放，出口配额、进口许可证管理，行业职业技能鉴定及专业资质评定等有关工作。

（8）承担省经信委和有关部门委托的其他工作和任务。

协会领导：

分党组副书记、副会长（主持工作）：申晓林，联系电话：0551—2621787。

内设机构：协会内设机构3个（综合处、经济监测管理处、经济技术合作处）。

（1）综合处。处长：李江北，电话：0551—2621482；副处长：胡兵，电话：0551—2622423。

（2）经济监测管理处。副处长：刘功顺，电话：0551—2622524。

（3）经济技术合作处。处长：刘成信，电话：0551—2621786。

办公地址：安徽省合肥市益民街17号富华大厦五楼。

联系电话：0551—2621516（值班室）、2621482（传真）。

邮政编码：230001。

（安徽省建材工业协会李江北　供稿）

福建省

Fujian Province

【概况】 2009年福建省水泥行业全面贯彻《国务院关于支持福建省加快建设海峡西岸经济区的若干意见》，按照科学发展观的要求，着力保增长、扩内需、调结构，以市场需求为导向，以产业结构调整为主线，以控制总量、节能减排、淘汰落后、企业重组、技术改造、优化布局为重点，进一步转变发展方式，推进水泥产业优化升级和产业集中度的提高。

（一）行业运行平稳，生产较快增长

2009年全省规模以上水泥工业总产值174亿元，增长19.3%；完成销售产值172亿元，增长15.9%；实现利润3 594万元，税收6.5亿元；水泥产量5 446万吨，增长25.3%，其中新型干法水泥3 034万吨，增长45.7%，散装水泥产量2 152万吨，增长21.77%，水泥散装率39.55%，提高0.55个百分点；产销率98.52%，提高0.32个百分点。

（二）结构调整步伐加快，提前完成淘汰任务

福建省进一步全面贯彻和落实《福建省人民政府关于批转省发改委省经贸委关于加快水泥结构调整促进水泥工业发展的指导意见》（闽政文[2005]358号）、《福建省人民政府批转省经贸委发展改革委关于加快水泥工业结构调整实施意见的通知》（闽政文[2006]608号）和《福建省人民政府办公厅关于加强总量控制引导水泥行业健康发展的通知》（闽政办[2008]89号）精神，加强水泥产业结构调整，加速淘汰落后机立窑水泥，推进产业升级。2009年全省新建成投产新型干法水泥生产线6条，新增水泥产能600万吨，淘汰落后机立窑水泥360万吨，累计淘汰落后机立窑水泥2 156万吨，新型干法水泥产能比重达到65%。提前超额完成国家和省政府下达淘汰落后水泥产能的目标任务。产业集中度进一步提高，百万吨级以上水泥企业迅速发展，已达16个。我省加快水泥工业结构调整的主要措施：

1. *建立落后水泥产能退出机制，加大结构调整力度。*

一是制定落后水泥产能淘汰计划。各设区市政府提出年度淘汰目标计划，确定本地区2009年年度淘汰现有落后水泥产能生产线及企业名单并对外公布。同时，还制定了水泥结构调整的配套政策和措施，妥善处理淘汰落后产能企业的善后工作。

二是对落后水泥产能企业实行“差别电价”。凡列入2010年之前淘汰的落后水泥产能生产线，其电价在原来执行的电度电价基础上，加价0.20元；其他落后水泥产能的生产线其电价在原来执行的电度电价的基础上加价0.05元。

三是对淘汰落后水泥产能的企业给予补助。补助资金主要来自：省经贸委每年从部门预算专项资金中安排资金，“以奖代补”补助给相关市，用于淘汰落后水泥企业；“差别电价”加价增加的电费收入全额用于支持全省水泥行业的结构调整，补助给淘汰落后水泥产能的企业；各设区市安排的其他资金；中央财政安排的部分资金。

2. *加强政策指导，严格市场准入。*

一是严格水泥生产许可证管理，加大依法查处力度，坚决取缔无证生产水泥企业。按照国家产业政策和水泥生产许可证实施细则，根据省里确定的淘汰计划，实施水泥生产许可证的换发证审查。对不符合要求的企业一律不予换发证，对新建机立窑、新增机立窑的企业在水泥生产许可证换（发）证审查中不予通过并核实关闭，严格把好市场准入关。

二是严格执行混凝土结构设计标准和规范，提高建设、建筑工程应用水泥的准入标准，依据不同工程的需求选择水泥类型和品种。禁止立窑水泥进入高速公路、机场、港口、桥梁、涵洞等重点建设工程和建筑物主体结构工程。推广高性能混凝土的应用，大力发展预拌砂浆和商品混凝土。禁止商品混凝土搅拌站使用立窑水泥。

3. *培育大企业集团。*

遵循市场经济规律，鼓励省属集团公司、有实力的外商投资企业、民营企业采取兼并、重组、联合等规模化发展，提高产业集中度，重点培育大型骨干企业。鼓励有实力的新型干法水泥企业通过兼并重组等方式淘汰现有落后水泥产能生产线，有关部门在项目核准、土地审批、资金贷款、资金补贴以及环保、规划、生产许可证发放等方面给予支持，提高大型水泥骨干企业的市场占有率。

4. *加强矿山资源管理，提高资源开发利用水平。*

加强石灰石矿产资源管理和建设项目审批。建设水泥生产线必须有可开采30年以上的资源保证，矿山生产能力、服务年限要与矿产资源储量相匹配。

（三）加强技术创新，推动产业发展

以提高产品质量、节能减排、综合利用为重点，加强新技术、新工艺、新装备、新产品的研究、开发与应用。引导我省企业、科研部门和高等院校进一步加强行业关键技术和共性技术的研究，应用信息技术改造提升水泥产业，用先进生产工艺取代落后生产工艺，促进产业升级。继续完善新型干法水泥采用无烟煤燃烧技术，研究先进的节能降耗、余热发电、烟尘治理等新技术。

(四)合理规划布局,提高产业集中度

以市场需求为导向,以产业结构调整为主线,以资源为基础,合理规划产业布局,科学发展水泥产业。支持按有关城市规划、产业布局、资源储备要求等规定核准的新型干法水泥项目加快建设步伐,尽快建成投产,在产业规模化、装备大型化方面上新台阶。贯彻实施《福建省促进散装水泥发展条例》,支持龙头骨干企业在市场集中区域建设水泥中转库,扶持散装水泥配送体系建设,推广应用干混砂浆、预拌砂浆和预拌混凝土等水泥深加工产品,积极发展水泥制品业,抓好城市城区禁止现场搅拌混凝土和农村散装水泥网点建设。

记　事

9月27日　福建省人大常委会颁布施行《福建省促进散装水泥发展条例》。

12月24日　福建省人民政府发布《关于印发福建省建材产业调整和振兴实施方案的通知》。

(福建建筑材料工业协会　供稿)

福建省龙岩市

Longyan City, Fujian Province

【概况】　受国际金融危机对我国经济带来的严重冲击所波及,福建和龙岩市水泥工业在2008年8、9月起至2009年3、4月间的生产、营销也受到较大的影响。但由于国家制定的一揽子刺激经济计划的实施,加上国务院发布关于支持福建省加快建设海峡西岸经济区若干意见以及支持原中央苏区加快建设等政策的贯彻落实,有效地拉动了水泥市场需求,促使了水泥行业的复苏。2009年龙岩市水泥工业运行呈现以下几特点:

1. 水泥产量呈逐季上升势头,全年增长率重上较高幅度。

2009年全市水泥产量2 776万吨,比上年增长24.49%,大大高出预期。从全年分季度增长情况看,呈逐季提升趋势。一季度产量同比增长仅1.34%(其中1、2月份负增长),到上半年同比增长提升到9.35%,三季度则上升至17.65%,全年跃升到24.49%。而2008年本市水泥产量增幅仅7.1%,充分显示出经济刺激政策措施对水泥工业的拉动效应。

2. 新型干法水泥比重大幅增长,大企业产值、利税贡献率显著。

在全市水泥产量中,新型干法水泥产量1 800万吨,占65.7%,比2008年增加42%。全市水泥工业实现产值85.4亿元,比增36.7%,占全市建材总产值的80.5%,为当年本市建材产业破百亿目标的实现做出了重要贡献,其中产值2亿元以上的“龙麟”、“春驰”、“闽福建材”、“漳平红狮”、“蓝田”、“三德”、“国产实业”、“合丰”、“振鸿”、“福建塔牌”等10家重点企业完成产值53.96亿元,占全市行业产值的67.2%,上交税金2.9亿元,占全市建材缴税额的65%,重点企业的行业贡献率显著。

3. 产业结构调整继续深化,成效显著。

在2008年已完成省下达淘汰任务基础上,2009年增列淘汰12家落后产能企业,251万吨落后产能。累计淘汰1 357万吨,完成省政府下达龙岩市‘十一五’淘汰计划的147.9%。当年建成投产“漳平红狮”二线和“福建塔牌”一线2条日产5 000吨项目,全市新型干法水泥实际产能已超过2 000万吨,占全市水泥总产能比重66%,比2005年提高了40个百分点。水泥企业数由2005年130家减少到73家,平均产能由18万吨上升到40万吨,出现了年产200万吨以上规模企业7家,其中1家规模400万吨。全市有7家新型干法企业建成投产纯低温余热发电厂,装机容量合计72.5兆瓦,年发电量5.22亿千瓦时,有效地实现了节能减排。全市供售散装水泥900万吨,比上年增长20%,完成省下达发散任务的138.5%。

4. 市场供大于求影响水泥产能发挥和水泥价格,导致行业效益不佳。

由于华东和粤东都是我国水泥产能过剩地区,加上水泥产品的销售区域性特征的影响,福建省自产水泥基本靠省内销售。而“海螺”和浙江、江西等外省水泥仍不断入闽争市场,因而尽管2009年福建省水泥需求量比上年增长,但全年水泥销售一直呈现供过于求、竞争激烈、价格低迷状况,即使在四季度旺季,水泥价格仍无法上调。导至企业平均年开工率不足80%,当年煤电上涨的成本增长无法消化,企业行业效益欠佳。

记　事

1月14日　福建省人民政府印发《关于进一步减轻企业负担促进经济发展的若干意见》,帮扶企业应对金融危机影响。

2月3日　龙岩市委市政府召开2009年全市民营企业家新春恳谈会,市委书记张健出席听取民企意见建议,市水泥同业商会全体常务理事参会。

2月12日　福建省经贸委派出多个调研组赴全省各设区市了解工业企业节后复工及应对危机情况,省经贸委冶金建材行办主任陈斌率一组到龙岩市调研,市水泥同业商会秘书长黄毓荣出席调研座谈会,反映了本市行业的困难和建议。

2月18日　龙岩市发改委、经贸委联合印发《龙岩市市级政府投资项目钢材水泥等主要材料甲供实施办法》,帮助水泥企业开拓市场。

3月中旬　龙岩市政府印发《关于推进建材产业破百亿实施意见》,下达了2009年全市水泥工业完成产量2 600万吨，销售收入82亿元任务。

3月中旬 省经贸委公布“2009～2011年度福建省百家重点工业企业”名单，我市永定县闽福建材（水泥）有限公司列入名单。

3月20日 龙岩市委常委、统战部长、总工会主席黄海英到市水泥同业商会调研。

年初至3月27日 省发改委、省经贸委共同核准龙岩市3个新型干法水泥新建项目，分别是：福建龙麟集团、国产实业（福建）水泥有限公司、福建春驰集团三家企业各建设1条日产5 000吨熟料带9兆瓦纯低温余热发电水泥生产线项目。

4月30日 福建省高速公路建设总指挥部行文公布本省高速公路建设项目钢材水泥甲供材料供货生产商名单，龙岩市10家旋窑企业列入名单。

5月11日 龙岩市永定县国产实业（福建）水泥公司与台湾澎湖地区签订的3年供散装水泥1.8万吨合同启动，首批散泥（150吨）从厦门东渡码头启运直航澎湖，这是福建省散泥在厦门口岸的首次出口。

5月13日 商会配合福建省建材工业协会在龙岩召开“全省水泥甲供工作座谈会”，省协会李恭洲副会长主持会议。

5月14日 国务院发布《关于支持福建省加快建设海峡西岸经济区的若干意见》。

5月下旬 龙岩市漳平红狮水泥有限公司二期和福建塔牌一期各1条日产5 000吨熟料水泥生产线点火投产。

6月1日 龙岩市政府副市长郑如占出席市水泥同业商会常务理事会，听取本市水泥企业的意见和建议，鼓励水泥企业树立信心，在市委市政府支持下攻艰克难，为实现建材产业破百亿多做贡献。

6月30日 龙岩市立窑企业成功转产先例——上杭县畲山福利水泥厂通过参加福建省第三届项目成果交易会成功利用当地黄金冶炼厂副产品浓硫酸和当地氟矿石生产氟化氢化工产品，新建1条年产1.5万吨无水氟化氢生产线投产，年产值超3 000万元。

7月1日 由福建省建材工业协会制定的“福建省新型干法水泥企业出厂水泥管理导则”开始实施。

7月2～3日 由福建省水泥质量监督检验三站主办、我会协办的《水泥化学分析方法》新标准贯标培训班在我市举办。全市70家水泥企业80余名化验室负责人参加培训，新标准起草人之一、国家水泥质检中心教授级高工王瑞海负责授课。

7月24～26日 龙岩市水泥同业商会在市委党校培训厅举办二期“全市水泥行业新型干法水泥生产技术管理提升培训班”，南京水泥设计研究院总工季尚行教授应邀前来授课。

8月8日 商会召开常务理事会，研究筹备成立水泥行业担保公司。

8月25日 商会响应上级号召，动员组织水泥企业为台湾8.8特大台风受灾同胞奉献爱心，共有11家水泥企业合计捐增善款31.3万元。

10月中旬 龙岩市水泥同业商会组织水泥企业负责人20余人组团赴台湾参观考察。在台期间，参观了位于花莲县的台湾水泥公司和平水泥厂，并与台湾区水泥同业公会总干事裴传忠和台泥有关负责人进行了会谈，还与台湾国产实业建设集团有关负责人进行了会谈。

10～11月 市水泥同业商会分别召开旋窑和立窑企业座谈会，学习、宣贯国务院38号文件精神。

10月下旬～11月上旬 龙岩市经贸委分管水泥工业领导李聪贤、廖洪振在市水泥同业商会秘书长陪同下，走访全市在建和已核准拟建新型干法水泥项目企业，宣讲国务院38号文件。

10月～12月 市水泥同业商会在市劳动部门支持下，在全市率先开展行业高技能人才（技师、高级技师）审核认定工作，全市61名职工申报。

11月29日 龙岩市水泥重点企业路达水泥厂总经理黄荣章获评“福建省优秀青年企业家”称号。

12月20日 商会第二届会长、福建龙麟集团董事长许沂炎荣获“第13届福建省优秀企业家”称号。

12月21～22日 由福建省硅酸盐学会主办，龙岩市水泥同业商会协办的“福建省硅酸盐学会第13届学术年会”在龙岩成功举办。

12月23日 正在施工中的龙（岩）厦（门）铁路象山隧道工程发生岩溶湧水地质灾害，引发福建春驰集团新丰水泥公司和龙岩玉鹭水泥厂部分生产线、办公楼、宿舍、食堂等建筑物发生下沉、裂缝，成为危房。31日新丰水泥公司2条日产2 500吨熟料生产线因灾情扩大被迫停产。

（龙岩市水泥同业商会 供稿）

江西省

Jiangxi Province

【概况】 2009年，江西省水泥产量6 100万吨，同比增长18.8%；完成工业增加值70.2亿元，同比增长18.8%；实现主营业务收入200.5亿元，同比增长12.0%；实现利税23.2亿元，同比增长4.5%；实现利润

13.1 亿元，同比增长 14.7%。

【水泥产业结构继续优化】 2009 年，江西省水泥产能达到 6 234 万吨，其中，新型干法水泥产能达到 5 221 万吨，新型干法水泥占全省水泥生产能力的比重达到 82%，位居全国前列。现有新型干法生产线 44 条，其中，日产小于 1 000 吨熟料新型干法生产线 2 条，日产 1 000 吨 ~2 000 吨熟料新型干法生产线 13 条，日产 2 000 吨 ~4 000 吨熟料新型干法生产线 20 条，日产大于 4 000 吨熟料新型干法生产线 8 条，合计日产水泥熟料 10.7 万吨。

【水泥大企业兼并重组步伐加快】 2009 年，江西省水泥行业经过联合、兼并和重组已形成以“江西万年青”等大型水泥企业集团为主的发展格局。“江西万年青”水泥产能达到1 200万吨；江西南方水泥有限公司产能达到 1 000 万吨；“海螺”水泥产能 700 万吨；“亚东”水泥产能为 600 万吨。上述四家企业总产能达到 3 500 万吨，占全省水泥产能的 57.3%，江西省水泥产业生产集中度进一步提高，有利于推进江西省内及邻近区域市场水泥整合和结构调整，提高产业集中度，通过发挥协同效应，改变无序竞争的状况，促进地方水泥行业的健康发展。

【节能减排成效显著】 2009 年以来，江西省采用纯低温余热发电的新型干法生产线由 2008 年的 12 条增加到 25 条，建立并投入使用的余热发电站由 2008 年的 11 座增加到 19 座，总装机容量由 2008 年的 66.5 兆瓦增加到 165 兆瓦，每年可发电 11.9 亿千瓦时，节约能源 49.2 万吨标煤。

【淘汰落后水泥产能积极推进】 2009 年，江西省拆除落后水泥生产线 28 条，淘汰落后水泥产能 250.4 万吨，“十一五”期间累计拆除落后水泥生产线 98 条，淘汰落后水泥产能 849.4 万吨，完成“十一五”期间国家下达江西省淘汰落后任务 955 万吨的 89.0%。

记　事

2 月　组建江西省工业和信息化委员会，将原省经济贸易委员会、原省信息产业厅、原省经济贸易委员会综合行业管理办公室、原省有色金属行业管理办公室四部门职责整合划入工信委。江西省工信委内设建材工业处，负责全省建材行业的管理工作。

3 月　在南昌召开了全省水泥企业化验室主任工作会，会上颁发了全省水泥企业化验室合格证，公布了第一批全省水泥企业化验室获证企业名单，通报了全省水泥企业化验室分级评审考核基本情况。

4 月　完成了江西省水泥行业的“四率”摸底工作及与全国同行业水平的比较，在此基础上提出了近几年的发展思路和发展目标及提高本省“四率”水平的要求和措施；开展了 2008 年度建材行业四率的评选工作，一个企业被评为四率标兵单位，三个企业被评为四率先进单位。

5 月　积极配合省经济责任审计工作，全面、客观、真实、及时地反映近年来本省淘汰落后水泥情况。形成了本省“十一五”前三年淘汰落后水泥产能的报告，和淘汰水泥工业目标执行情况分年度的情况说明，并将《关于“十一五”前三年江西省淘汰落后水泥产能的报告》上报国家工信部。

7 月　邀请省直有关部门和大型水泥企业对《水泥工业产业发展政策》进行评估，并形成江西省对《水泥工业产业发展政策》的修改建议和意见，上报国家工信部。

8 月　邀请省直有关部门和大型水泥企业对《水泥行业准入条件》（征求意见稿）进行评估，并形成江西省对《水泥行业准入条件》（征求意见稿）的修改建议和意见，上报国家工信部。

11 月　召开了贯彻落实国家工信部《关于抑制产能过剩和重复建设引导水泥产业健康发展的意见》的座谈会等会议，对不符合国发[2009]38 号文规定的水泥项目进行了清理，坚决停止违法违规项目的建设，继续加大淘汰落后水泥产能工作力度的要求。推进本省水泥产业结构调整优化升级和可持续发展，防止水泥行业产能过剩和重复建设。

山东省
Shandong Province

【概况】 2009 年山东省规模以上水泥企业 358 家，生产水泥 1.427 亿吨，同比增长 1.95%；实现工业增加值 180.42 亿元，同比增长 9.17%；主营业务收入完成 588.55 亿元，同比增长 8.06%；实现利税 73.85 亿元，同比增长 11.84%；利润总额 43.76 亿元，同比增长 15.19%；出口水泥 338.13 万吨，同比降低 26.32%，创汇 1.60 亿美元，同比降低 25.22%；出口熟料 107.63 万吨，同比降低 39.41%，创汇 3 767.09万美元，同比降低 44.43%。固定资产投资完成

44.34亿元，同比增长127.55%。

结构调整和产业优化升级有了新进展。各地继续贯彻控制总量、上大压小的方针，以淘汰落后为重点，加大了结构调整工作的力度。淘汰落后产能800多万吨，“十一五”期间累计淘汰近4 000万吨，完成目标任务的80%。全年又有6条新型干法水泥生产线建成投产，新增产能1 000万吨。2009年新型干法水泥产量完成约9 336万吨，占水泥总量的65.42%，新型干法水泥比重同比增长7.42个百分点。

节能减排工作取得了新成绩。综合能耗继续下降，水泥单位综合能耗达到93.94千克标准煤/吨，同比降低5.35%，降幅提高0.85%。2009年全省发展散装水泥总量8 391.39万吨，居全国第二位，水泥散装率达到59.78%。山东省已经提前完成了国家“十一五”规划中水泥散装率55%的目标，节能减排效果显著：节约能源折合标煤192.8万吨，减少粉尘排放84.33万吨，减少二氧化碳排放501.28万吨，减少二氧化硫排放1.64万吨，创综合经济效益37.76亿元。

科技进步和自主创新能力有了新的增强。2009年度获得山东省科学技术进步奖的建材项目有8个，其中与水泥行业有关的项目5个，分获一、二等奖各1项，三等奖3项。

记事

2月27日 全省建材工作会议在济南召开。山东省建筑材料工业协会会长王福江作了《积极作为 科学务实 保持我省建材工业经济平稳较快增长》的工作报告。

3月5日 沂水山水水泥有限公司日产5 000吨熟料生产线投产。

3月18日 山东泉兴水泥有限公司日产5 000吨水泥熟料生产线点火。

5月 山东山水水泥集团有限公司收购山东里能水泥有限公司，山水集团新增一条日产2 500吨水泥熟料生产线。

7月2日 山东山水水泥集团有限公司开通全国统一客服电话4008167779。

8月 山东蔚阳集团有限公司水泥厂日产4 000吨熟料生产线投产。

9月10日 枣庄中联水泥有限公司日产5 000吨熟料生产线投产。

9月16日 山东省建材工业建国60周年暨改革开放30周年纪念大会在济南召开。中国建筑材料联合会副书记、副会长叶向阳出席会议并致贺词。会议全面回顾山东省建材工业60年特别是改革开放三十年来的发展历程和辉煌成就，同时表彰了改革开放30周年功勋企业家17名、优秀企业家37名、优秀企业47个，其中水泥行业功勋企业家6名、优秀企业家15名、优秀企业19个。

9月28日 山东省水泥质量工作会议在济南召开。中国建材联合会副会长、中国水泥协会会长雷前治致贺词。省建筑材料工业协会会长王福江作了题为《践行科学发展观加快水泥行业新型工业化道路进程》的工作报告。会议隆重表彰了80个质量管理先进单位、88个优秀化验室、87名质量管理先进个人和78名优秀化验室主任，首次发布了山东省水泥行业质量报告。

10月18日 淄博鲁中水泥有限公司日产5 000吨熟料生产线竣工。

11月10日 全国农村散装水泥推广工作现场会在济南举行。商务部商贸服务司司长邸建凯作重要讲话，山东省经信委主任郭述禹出席会议并讲话。

12月12日 淄博华银特种水泥有限公司日产1 500吨特种水泥生产线投产。

12月29日 山水集团董事长张才奎荣获2009年度山东省省长质量奖。

12月31日 《山东省促进散装水泥发展规定》经省政府第60次常务会议通过，以省政府令（山东省人民政府令第219号）的形式发布。

【资料】

2009年度山东省科学技术奖获奖项目（水泥行业）

项目名称	完成单位	完成人	获奖等级
JB 2009－1－8 硫酸铝钡钙水泥基修补材料的研制及工程应用	济南大学	常　钧、叶正茂、周宗辉、芦令超、黄石风、程　新	一等奖
JB 2009－2－49 脱硫石膏制硫酸联产水泥技术研究与工程示范	山东鲁北企业集团总公司	冯久田、冯怡生、刘希岗、冯永田、冯淑华、张　涛、冯立田、翟洪轩、赵　华	二等奖
JB 2009－3－56 低环境负荷水泥制备技术	山东宏艺科技有限公司	赵洪义、朱化雨、陈新中、李海涛、刘龙、宋南京	三等奖
JB 2009－3－57 大型水泥涡流式选粉机的开发	中天仕名（淄博）重型机械有限公司	由守志、张　帆、谷东升、徐兴国、师留刚、王洪波	三等奖
JB 2009－3－58 基于数字图像处理技术的水泥回转窑烧成带温度场测量及可视化应用的研究	淄博矿业集团有限责任公司、山东东华水泥有限公司、山东建筑大学	王少林、董凤波、王进虚、陈佩茹、韩曙光、张德军	三等奖

（山东省建筑材料工业协会　供稿）

河南省

Henan Province

【概况】

（一）水泥产量和利润大幅增长

2009年河南水泥产量11 957万吨，同比增长16.4%，继江苏（145 70万吨）、山东（14 271万吨）之后，位居全国第三位。

2009年1～12月水泥企业完成工业总产值425.60亿元，比上年同期增长23.90%；工业增加值155.52亿元，同比增长25.85%；销售产值417.19亿元，同比增长22.60%；产品销售率98.05%；投资完成额94.49亿元，同比增长11.84%；1～11月水泥行业累计利润总额30.45亿元，同比增加21.49%，继山东（39.25亿元）、四川（38.06亿元）、河北（34.33亿元）之后，位居全国第四位；亏损企业亏损额2.71亿元，同比增加108.53%。

2009年1～12月各市水泥产量表　单位：万吨

地市名称	本月产量	本月增长率（%）	累计产量	累计增长（%）	企业个数
郑州市	222.62	32.15	2 197.79	14.46	48
开封市	3.43	0.33	27.89	-36.75	2
洛阳市	66.52	26.26	636.56	5.83	14
平顶山市	83.60	10.41	1 096.36	23.64	15
安阳市	112.84	30.55	1 114.44	11.9	23
鹤壁市	63.14	1.59	578.39	10.39	13
新乡市	75.40	-12.1	1 092.57	38.9	24
焦作市	42.69	-11.27	549.53	6	11
濮阳市	14.10	4.83	103.61	3.39	1
许昌市	34.00	21.91	403.52	36.53	11
漯河市	2.89	7.34	30.06	1.48	2
三门峡市	44.05	5.16	541.53	2.38	10
南阳市	169.99	63.84	1 519.14	37	30
商丘市	40.78	110.53	348.67	13.54	6
信阳市	52.60	-1.81	599.57	36.9	13
周口市	13.87	-39.42	182.00	-5.24	5
驻马店市	44.96	-58.65	497.44	-4.86	18
合 计	1 123.08	9.88	11 956.66	16.36	251

（二）产业集中度明显提高。

2009年，河南省水泥工业兼并重组和联合重组步伐进一步加快，天瑞集团、“中联”河南管理区、河南“同力”、河南“孟电”、安阳“湖波”五个水泥集团的熟料产能已经分别达到1 628万吨、1 054万吨、760万吨、341万吨，248万吨，合计产能共3 782万吨，占全省熟料总生产能力的61%，产业集中度明显提高。

2009年全省主要水泥企业水泥产量汇总表

序号	单位名称	产量（万吨）
1	天瑞集团	1 353.5
（1）	天瑞集团汝州水泥有限公司	176.0
（2）	天瑞集团水泥有限公司	120.0

续 表

序号	单位名称	产量(万吨)
(3)	卫辉市天瑞水泥有限公司	120.0
(4)	平顶山瑞平石龙水泥有限公司	
(5)	禹州市中锦水泥有限公司	87.4
(6)	天瑞集团周口水泥有限公司	183.3
(7)	郑州天瑞水泥有限公司	172.0
(8)	商丘天瑞水泥粉磨站	159.0
(9)	南召天瑞水泥有限公司	69.8
(10)	许昌天瑞水泥有限公司	101.5
(11)	光山天瑞水泥有限公司	102.0
(12)	鲁山安泰水泥有限公司	29.1
(13)	天瑞集团郑州水泥有限公司	33.4
2	中联水泥河南运营管理区	1 010.0
(1)	中国联合水泥集团南阳分公司	279.6
(2)	南阳卧龙中联水泥有限公司	129.6
(3)	郏县中联天广水泥有限公司	186.7
(4)	淅川中联水泥有限公司	121.5
(5)	登封中联登电水泥有限公司	34.6
(6)	郑州中联水泥有限公司	128.0
(7)	河南海皇益民旋窑水泥有限公司	130.0
(8)	西峡中联水泥有限公司	48.9
3	河南同力水泥集团	781
(1)	河南省同力水泥有限公司	135.2
(2)	河南省豫鹤同力水泥有限公司	
(3)	驻马店市豫龙同力水泥有限公司	113.9
(4)	驻马店市豫龙同力水泥有限公司信阳粉磨站	117.2
(5)	洛阳黄河同力水泥有限责任公司	206.8
(6)	新乡平原同力水泥有限责任公司	104.3
(7)	濮阳同力水泥有限责任公司	103.6
4	安阳湖波水泥集团	587.0
(1)	安阳湖波水泥有限责任公司	448.3
(2)	安阳市新天河水泥有限责任公司	138.7
5	河南孟电水泥有限公司	362.1
6	河南省大地水泥有限公司	198.0
7	义马煤业集团腾跃水泥有限责任公司	197.9
8	华新水泥(河南信阳)有限公司	165.5
9	焦作千业水泥有限责任公司	151.4
10	河南锦荣水泥有限公司	117.1
11	焦作市岩鑫水泥有限责任公司	117.1

续 表

序号	单位名称	产量(万吨)
12	焦作市中晶水泥有限责任公司	104.1
13	新乡市振新水泥有限公司	101.6
14	南阳天泰水泥有限公司	94.5
15	永煤集团汇龙水泥有限公司	87.5
16	信阳金龙水泥有限责任公司	82.0
17	洛阳新黄河水泥有限责任公司	81.7
18	泰隆水泥集团	80.2
19	内乡县泰隆建材有限公司	51.3
20	唐河泰隆水泥有限公司	28.9
(1)	驻马店市龙山水泥厂	78.4
(2)	河南省豫南水泥有限责任公司	76.7
21	济源市五三一水泥有限公司	75.7
22	登电水泥有限公司	71.7
23	新野县航天水泥有限公司	71.3
24	确山双龙股份有限责任公司	70.5
25	河南淅川县水泥有限公司	70.1
26	平煤集团天元有限责任公司	70.0
27	河南省香山水泥集团	69.0
(1)	河南省香山水泥有限责任公司	35.2
(2)	洛阳中合祥水泥有限公司	33.8
28	安阳县许家沟海皇水泥有限责任公司	68.5
29	汤阴县银河水泥有限责任公司	66.8
30	中国长城铝业公司	62.2
31	河南省安阳县益民水泥厂	65.7
32	焦作坚固水泥有限公司	64.7
33	洛阳新安电力集团有限公司	62.2
34	登封市宏昌水泥有限公司	60.1
35	安阳县许家沟黄口水泥厂	57.5
36	河南隆鑫水泥有限责任公司	54.6
37	原阳县同力水泥有限公司	54.0
38	郑州永华水泥有限公司	53.9
39	河南省偃师市水泥二厂	53.9
40	洛阳市天源集团有限公司	53.3
41	河南许昌中电龙源水泥有限公司	51.3
42	安阳中海水泥有限责任公司	50.7
43	河南金驹实业有限公司	50.4

（三）结构调整成效显著

2005～2007年三年期间，河南省水泥工业大力推进结构调整，全省累计拆除水泥机立窑510座，淘汰落后水泥产能5 500万吨，产业结构得到优化升级，新型干法水泥比重从2000年的6.67%提高到100%，形成了以新型干法水泥生产工艺为主的产业格局。水泥生产装备和工艺技术基本达到世界先进水平，节能降耗成绩突出，走在全国前列，接近国际先进水平。水泥行业同时实现了产量和效益的稳步增长，2001年全行业实现利润仅有1.81亿元，2009年1～11月全行业实现利润30.45亿元，是2001年的16.82倍，在全国水泥行业中排名第四位。

2001～2009年河南省水泥工业主要经济指标表

经济指标	2001年	2002年	2003年	2004年	2005年	2006年	2007年	2008年	2009年
水泥产量（万吨）	4 200	4 481	4 723	5 395	6 487	7 347	9 271	10 227	11 957
企业个数（个）	286	282	260	253	255	253	226	230	251
利润（亿元）	1.81	2.32	1.44	4.30	6.52	14.58	27.0	25.83	30.45
税金总额（亿元）	4.64	5.20	4.82	7.08	8.76	27.04	44.0	42.09	48.22
平均人数（万人）	10.99	10.41	9.89	8.93	9.23	7.46	6.94	6.63	5.71
劳动生产率（吨/人）	382	430	478	604	703	985	1 336	1 556	2 094
吨水泥利润（元）	4.31	5.18	3.05	7.97	10.05	19.84	29.12	25.03	25.47
企业年均规模（万吨）	14.69	15.89	18.17	21.32	25.44	29.04	41.02	44.86	47.64
固定资产投资（亿元）	2.11	4.00	9.45	27.70	40.79	60.11	78.83	84.49	97.31

（四）发展中存在的主要问题分析

1. *产能过剩，供大于求。*

截止到2009年底全省拥有日产1 000吨以上新型干法水泥生产线68条，其中日产1 000～1 500吨22条，日产2 500～3 000吨20条、日产5 000吨24条、日产6 000吨1条、日产12 000吨1条，熟料产能6 820万吨，不考虑外购湖北、安徽、河北等熟料，仅新型干法水泥产能超过1亿吨。2010年全省开工建设的新型干法水泥生产线有15条日产5 000吨水泥熟料生产线，其中有10条日产5 000吨水泥熟料生产线将在2010年陆续建成投产，预计可新增水泥产能2 500万吨，水泥产能增长的速度远远超过了市场需求的增长速度，新乡、南阳、平顶山等地区水泥产能严重过剩，供大于求，2009年市场竞争更加激烈。

2009年建成投产新型干法水泥生产线

序号	企 业 名 称	建设地	规模（t/d）	投产日期
1	新乡振新水泥有限公司	新 乡	3 000	2009.02.
2	郑煤龙力水泥有限公司	新 密	5 000	2009.06
3	天瑞集团荥阳水泥有限公司	荥 阳	12 000	2009.07
4	登电中联水泥有限公司	登 封	5 000	2009.07
5	春江集团水泥有限公司二线	卫 辉	4 000	2009.08

2. *企业布局重叠，市场无序竞争激烈。*

全省18个省辖市、15个都建有水泥熟料生产线，其他3个缺乏资源的地区建有大型水泥粉磨站。从布局上看，水泥熟料生产线主要集中在靠近资源的京广铁路沿线及豫西地区，天瑞集团、同力集团、"河南中联"等大企业集团各地区布局重叠，你中有我，我中有你，未能形成区域销售优势，造成市场竞争激烈，水泥价格低位徘徊，企业效益低下，有的个别企业甚至处于亏损边缘或限产状态。

3. *粉磨站众多，产品质量堪忧。*

全省水泥粉磨站盲目发展现象严重，已备案的百万吨水泥粉磨站多达200家以上，个别企业出厂水泥管理不严，少检、漏检甚至不检现象严重。总能力已超过2亿吨。部分水泥粉磨站不按国家标准掺兑混合材，掺加量达到50%以上，即一吨熟料生产2吨水泥，有的甚至购入42.5级水泥再掺兑矿渣和混合材后出售。

（五）河南省水泥工业健康发展的建议

1. *加快联合重组步伐，实现又好又快发展。*

2010年是"十一五"规划的最后一年，也是水泥工业实现战略上重大转变和企业重组重要的一年。2009年产量11 957万吨，企业个数251家，企业平均规模47万吨，河南省水泥工业发展到现在，产能规模已足够大，但产能过度分散，行业集中度低，导致市场无序竞争，已成为制约水泥行业健康发展的重要障碍，省政府已意识到问题的严重性，多次批示加快省内大企业集团的联合重组，重点支持天瑞集团、同力集团、"河南中联"等三大企业集团，通过参股、控股、兼并重组等方式，整合全省的水泥工业，力争2～3年内打造河南区域年产能5 000万吨以上、销售收入100亿元水泥航母，引领行业健康发展势在必行。

2. 加强企业内部管理，加大技术创新和节能减排力度。

随着水泥人几十年的努力，工业废渣如粉煤灰、矿渣等已从过去一文不值到现在每吨几十元，供不应求。水泥企业资源综合利用要转变观念，城市周边水泥企业主动服务于市政，水泥窑要协同处理城市垃圾和污泥，"金隅"和海螺集团在这方面走在了发展的前列，"金隅股份"副总裁付秋涛提出"水泥产能不增一吨，年利润增长40%"，这些做法值得河南省水泥企业家关注和借鉴，期待今年水泥企业在资源综合利用方面取得新的突破，成为水泥企业效益新的增长点。

3. 加强企业文化和品牌建设。

"品牌"是一种无形资产，是知名度，有了知名度就具有凝聚力，就成为企业发展的动力。今后省内水泥企业在环保、资源利用、能源消耗等方面能有几个代表世界一流水平的生产线，以一流的技术、管理、效益，建设一批创新绩效型、资源节约型、环境友好型、社会责任型的的大企业集团，让企业文化建设迈上一个新台阶。同时，加强人才队伍的建设，完善创新体系，提高自主创新能力，为新一轮发展提供智力支持和人才保证。

记　事

3月20日　在辉县召开了全省重点水泥企业座谈会，与会十几家重点水泥企业领导就河南省水泥工业生产经营、发展建设、市场销售等问题进行了认真、热烈、坦率的发言和讨论。协会呼吁各地区重点水泥企业不要盲目单纯追求水泥产量，以不亏损为目标"限产保价"，提高行业整体运行水平。与会代表一致认为，面对金融危机，水泥市场需求下降，大家一定要树立信心，多沟通，多交流，友好协商，自觉规范市场经营行为，保护行业稳定发展。

4月22～24日　河南省建材工业协会联合信阳灵石科技有限公司在信阳举办了GB9774《水泥包装袋》国家标准报批稿学习培训班。全省水泥制造及水泥包装袋生产企业180多人参加了会议。

7月7～9日　河南省冶金建材工会、河南省建材工业协会和河南省同力水泥股份有限公司联合在洛阳理工学院举办了"同力杯"河南省水泥化学分析工和物理检验工职业技能竞赛。来自全省20多家重点水泥企业及有关单位150多人参加了启动仪式，118人参加了技能竞赛。经过两天严格的基础知识考试、实际操作考核，一批优秀选手脱颖而出，河南"同力水泥"和"天瑞水泥"分别获得物理检验工、化学分析工团体第一名和个人第一名。

8月19～20日　组织取得"同力杯"河南省水泥化学分析工和物理检验工职业技能竞赛各工种成绩前10名的参赛选手，在"鹤壁同力"进行了第二轮理论及实操考试，通过此次选拔赛，结合洛阳竞赛的成绩以及个人心理素质，综合考虑，选拔出了化学分析工和物理检验工各6名，组成河南"同力"队，代表河南，参加"CTC杯"全国技能竞赛。

9月12日　来自全国110家企业的207名水泥行业技术工人云集北京，争夺"CTC杯"全国水泥行业化学分析工、物理检验工技能大赛桂冠。经过三天激烈角逐，河南同力水泥焦艳红和陈伟群分别获得了"CTC杯"全国水泥行业技能竞赛化学分析工二等奖、物理检验工三等奖，河南省冶金建材工会和河南省建材协会获得了优秀组织奖。

11月21～28日　河南省建材工业协会组织省内20家水泥企业的二十多位专业人士赴台湾考察交流，参观了台湾远东集团亚洲水泥花莲制造厂。

（河南建筑材料工业协会　供稿）

湖北省

Hubei Province

【概况】　2009年，湖北省水泥工业克服国际金融危机不利影响，总体保持了平稳快速增长，行业整体经济效益稳步提高，固定资产投资持续增加，节能减排和结构调整取得新进展，提前一年全面实现《湖北省建材工业"十一五"发展规划》所制定的主要经济指标。截止至上年底，全省水泥工业规模以上企业173家，资产总额425.99亿元，从业人数50140人。全年完成工业总产值290.56亿元，同比增长17.64%，完成工业增加值98.91亿元，同比增长14.56%，实现利润25.84亿元，同比增长57.32%。

【主要水泥品种及产量】　全省水泥总产量7 017万吨，增长16.06%，居全国第10位，居中部6省第4位；水泥熟料产量4 360.27万吨，同比增长14.49%，水泥熟料生产企业102家；其中预分解窑熟料产量3 652.69万吨，增长35.38%，占水泥熟料总产量的83.77%。强度等级42.5水泥产量714.19万吨，增长62%；强度等级52.5水泥产量6.33万吨，增长98.68%；强度等级42.5以上水泥产量占水泥总产量的10.27%。水泥产量排前5位的市：黄石市1 202.69万吨；荆门市1 017.17万吨；宜昌市955.79万吨；武汉市874.3万吨；鄂州市517.82万吨。

【经济运行的主要特点】

一是全省水泥工业总体保持平稳增长势头，但增势趋缓。2009年，全省建材工业增加值增长率为27.81%，水泥工业增加值增长率为14.56%，低于建材行业平均增长率13.25个百分点。全省建材工业总产值增长率37.12%，水泥工业总产量增长率17.64%，低于建材行业平均增长率19.48个百分点。

二是产销衔接水平逐渐回升。2009年，全省水泥工业产品销售率97.27%，略高于建材行业平均水平，呈逐季回升走势，上半年产销率95.51%；三季度产销率提高到96.31%；年底产销率达到97.27，几乎每季度提升1个百分点。

三是水泥价格波动下行。年初受国家4万亿投资的拉动，淡季不淡，但随着全省水泥产能的集中快速投放和周边省份的冲击，价格快速下滑，进入9月份，受华东和周边省份水泥价格上升的影响，湖北水泥价格略有回升，但全年吨水泥均价比上年同期下降20元以上，水泥行业1～12月实现利税38.83亿元，同比增长13.29%，低于全省建材行业平均增幅12.57个百分点。

【固定资产投资】 2009年，全省水泥工业累计完成固定资产投资81.78亿元，同比增长22.73%，低于全国水泥工业平均水平35个百分点，表明湖北水泥工业大规模产业升级已进入新阶段，以新型干法水泥生产线为主的技术改造接近完成。

【重点企业发展】 2009年，湖北建材企业的一批大项目相继投产，重点企业发展态势良好。“华新水泥”襄樊日产4 000吨、秭归日产4 000吨；“葛洲坝水泥”嘉鱼日产4 800吨、宜城日产4 800吨、老河口日产4 800吨、当阳日产5 000吨；“亚东水泥”阳逻日产4 200吨等17条新型干法孰料生产线相继投产，为重点企业发展注入新动力。2009年，“华新水泥”实现产值78.89亿元，增长12.36%；水泥产量2 814万吨，增长11.89%。“葛洲坝水泥”实现产值23.54亿元，增长75.28%；水泥产量975万吨，增长90.43%。

【产业结构调整】 2007年至2009年，湖北省加大了淘汰落后水泥产能力度，共计淘汰落后水泥产能2 700万吨，其中：2009年关闭71条“小水泥”生产线，淘汰落后水泥产能1 291.6万吨。当年投产新型干法水泥熟料生产线17条，新增水泥熟料产能1 860万吨，有力地促进了产品结构优化升级。截止到2009年年底，全省投产的新型干法生线53条，新型干法水泥熟料产能达到5 200万吨，新型干法水泥产能达到7 000万吨，新型干法水泥产能比重达到85%，比上年提高20个百分点，比全国高出15个百分点。全年湖北省新型干法水泥熟料产量3 653万吨，同比增长35.38%，高于水泥熟料增幅20.89个百分点；新型干法的水泥熟料比重达到83.78%，同比上升18.91个百分点。产业集中度进一步提高，2009年全省统计的规模以上水泥企业173家，同比减少18家。“华新水泥”、“葛洲坝水泥”、“湖北亚东”、京兰集团在湖北的水泥产能达到4 500万吨，约占全省水泥产能比重55%以上。湖北前十家水泥企业水泥产能达到5 500万吨，占全省水泥产能比重约65%。

【节能减排与资源综合利用】 2009年，经省发改委核准的全省建材企业余热发电项目共23个，其中新型干法水泥生产线纯低温余热发电项目20个，总装机容量186兆瓦，总投资14.26亿元，全部建成后年发电量可达122 370万千瓦时，年节约标煤可达47.42万吨。“华新水泥”为湖北建材行业余热发电项目建设起到带头和示范作用，在省内已建成和在建的余热发电项目7个，总装机容量85.5兆瓦，总投资5.3亿元。

7月6日，省发改委公布《湖北省2009年上半年资源综合利用产品（工艺）名单》，全省有21家水泥企业榜上有名，占所公布利废企业总数的24.14%，综合利用的项目包括化工废渣、电炉渣、粉煤灰、高炉炉渣、磷渣、硫酸渣、脱硫石膏等10余种，年工业固体废弃物利用量达到1 800万吨，成为最大的利废行业。

【水泥产能过剩初露端倪】 2009年，湖北省水泥行业竞争激烈，水泥出厂价持续下滑。9、10月份，水泥价格比上年同期下降约80～100元/吨；1～12月，全省水泥产量同比增长16.06%，利税总额同比增长仅12.29%；亏损企业亏损额同比增长57.32%，形成增产不增效的局面。主要原因：一是新建成的新型干法水泥生产线短期内集中投产，全年新增水泥生产能力2 400万吨；二是水泥粉磨站发展过快过猛，全年由周边省份输入的水泥熟料超过600万吨。

【协会工作】 2009年12月18日 湖北省水泥工业协会第五届会员大会在武昌召开，省建材行业协会秘书处秘书长周豫鄂当选会长，湖北钟厦水泥股份有限公司董事长王开平、湖北金龙水泥公司董事长陈志连、华新水泥股份有限公司办公室主任张嗣礼等10人任副会长，省建材行业协会秘书处副秘书长李燕萍任秘书长。

记　事

4月28日 湖北省政府发布《关于表彰湖北省劳动模范的决定》，沙洋秦江水泥有限公司职工付迎春（女）、华新水泥（武穴）有限公司职工王福元、崇阳慧安水泥有限公司职工倪四清荣获湖北省劳动模范称号。

6月8日 湖北省委书记罗清泉一行视察华新水泥（赤壁）有限公司，听取了董事长陈木森关于公司发展的情况介绍，对企业先进的管理模式和在节能减排方面取得的优异成绩给予充分肯定。

6月17日　湖北省水泥工业协会以《关于我省水泥工业结构调整的情况报告》为题，向省发改委提出3条建议：一是为抑制水泥产能过剩苗头，暂停审批新的水泥项目；二是由省发改委收回已下放市、州的水泥建设项目审批权；三是进一步完善水泥项目审批程序和审批制度。省发改委据此组成专题调研组开展调研，基本采纳了省水泥工业协会的建议，自7月起暂停审批新的水泥项目。

9月1日　葛洲坝集团水泥公司在宜城和嘉鱼的两条日产4 800吨熟料新型干法水泥生产线同时投产，使该公司水泥总产能达到2 000万吨，稳居湖北省水泥企业两强之列。

9月5日　由湖北省总工会和湖北省建材工业协会联合举办的“2009年度‘鑫凌云杯’全省水泥行业化学分析工、物理检验工技能竞赛”落下帷幕。华新水泥股份有限公司职工向琼等18名选手荣获“鑫凌云杯”全省水泥行业化学分析工、物理检验工一、二、三等奖；宜昌花林水泥有限公司等3家企业荣获团体总分奖；中国葛洲坝集团股份有限公司水泥厂等3家企业荣获优秀组织奖；武汉鑫凌云水泥有限公司荣获企业冠名奖。

10月26日　华新水泥（武穴）公司在国内首次采用的“水泥窑协同处置农药废弃物”项目正式运行。12月，又分别在华新水泥（宜昌）公司和华新水泥（武穴）公司开工建设“水泥窑协同处置污泥项目”、“水泥窑协同处置生活垃圾项目”。2009年，固体废弃物已占“华新水泥”原料的30%以上。

11月5日　“华新水泥”总裁李叶青当选由湖北省企业家协会和湖北日报联合评选的“荆楚功勋—企业界60年60人”。

12月10日　湖北省总工会、湖北省人力资源和社会保障厅、湖北省科学技术厅印发了《关于表彰湖北省第四届职工职业技能大赛获奖个人和单位的决定》（鄂工发〔2009〕28号），华新（集团）公司职工向琼、袁莉荣获“湖北省五一劳动奖章”；中国葛洲坝集团股份有限公司水泥厂职工余建军、湖北亚东水泥有限公司职工刘丽华等10名建材行业职工荣获“湖北省行业技术能手”称号。

（湖北省水泥工业协会姚曦　供稿）

湖南省

Hunan Province

【概况】　水泥工业是湖南省建材工业的重要组成部分，其产值约占全省建材工业总产值的40%。2009年全省水泥工业实现总产值260.4亿元，同比增长22.1%；完成工业增加值77.4亿元，同比增加29.2%；水泥行业实现利润12.4亿元，同比增长39.2%。2009年全省水泥产量7 661万吨，同比增长23.1%，占全国水泥总产量的4.65%，居全国第8位；生产水泥熟料5 154万吨，增长29.6%，其中：新型干法水泥熟料2 672万吨，增长60.7%，占全部水泥熟料产量的51.8%。水泥制造业完成投资96.7亿元，增长40.8 %，完成投资总额在全国排第二位；年内我省建成投产新型干法水泥生产线15条，新增水泥产能2 293万吨，目前我省新型干法水泥生产线已达到44条，形成熟料产能3 990万吨，水泥产能5 187万吨，年增长超过60%；全省水泥工业在年内出现了新的转机，一改过去立窑水泥一统天下的局面，开始走上了以新型干法水泥为主导的新型工业化道路，水泥产业结构发生了质的变化。

“十一五”以来，湖南省新型干法水泥发展迅速，产业结构调整取得了很大成效。截止到2009年底，全省已投产新型干法水泥生产线44条，新型干法熟料产能由2005年的555万吨迅速提高至3 990万吨（折合水泥产能5 187万吨）；行业技术结构、组织结构、区域布局得到优化，整体素质正在提高。随着我国水泥工业产业结构调整向中西部地区的推进，湖南省正成为国内大型水泥集团争相投资的热点地区，包括海螺集团、中国建材集团、中材集团、“华新水泥”、“冀东水泥”、“台湾国产实业”等一批知名企业以及省内的湖南金大地股份有限公司、湖南印山实业集团、湖南武冈云峰水泥公司等正在积极布局、迅速扩张。

发展散装水泥是水泥工业节能减排的重要途径。2009年全省散装水泥供应量达3 042万吨，占全国总量的40.4%，居全国第十位。“十一五”以来，全省散装水泥工作不断推进，散装水泥供应量年均增长速度达到了31.4%，水泥散装率由2005年末的30%提高到2009年的40%。散装水泥的重点应用领域——预拌混凝土获得空前发展，已由地级市城区向县城区推广，农村散装水泥市场培育初显成效；预拌砂浆推广应用开始起步。

湖南省新型干法水泥发展情况

时　间	生产线（条）	新增熟料产能（万吨）	累计熟料产能（万吨）
2005年以前	8		555
2006年	5	465	1 020
2007年	8	487	1 507
2008年	8	719	2 226
2009年	15	1 764	3 990

尽管近年来湖南省水泥工业持续快速发展，但由于基础差、起步晚，其新型干法水泥比重仍远落后于全国平均水平。2009年本省统计在册的水泥生产企业338家，平均水泥产量22.67万吨，远低于全国平均水平(34.36万吨)。其中：新型干法水泥生产企业31家，生产水泥3 218万吨；水泥粉磨企业34家，生产水泥822万吨；机立窑及其他窑型生产企业273家，生产水泥3 621万吨，占全省水泥产量的47%。2009年全省新型干法熟料产量为2 672万吨，占全部熟料产量的51.84%，比全国平均水平(72.49%)低21个百分点。以立窑为主体的大量落后产能的存在，使得湖南水泥工业“大而不强”，增长方式粗放，能耗大，资源利用率低，粉尘污染严重，与贯彻落实科学发展观的要求尚存在很大距离。

记　事

1月20日　由湖南省水泥协会起草的《湖南省水泥企业安全生产管理规范》经湖南省质量技术监督局正式发布实施。

3月3日　湖南浏阳南方水泥有限公司启动10兆瓦纯低温余热电站工程项目建设，11月3日全线进行联机试车。

3月12日　湖南岳阳南方水泥有限公司100万吨粉磨站土建开工。

3月16日　双峰海螺水泥有限公司第二条日产5 000吨熟料新型干法水泥生产线在双峰县三塘铺建成投产。

3月20日　国务院国资委监事会主席崔世安到湖南宁乡南方水泥有限公司视察工作。

3月27日　九嶷骄阳水泥股份有限公司日产2 500吨熟料新型干法水泥生产线在永州市冷水滩区仁湾镇建成投产。

3月30日　雪峰海螺水泥有限公司日产5 000吨熟料新型干法水泥生产线在新化县西河镇建成投产。

4月19日　湖南耒阳南方水泥有限公司二期日产5 000吨熟料生产线奠基，中国建材集团董事长宋志平等出席。

5月3日　湖南金磊南方水泥有限公司余热发电二期竣工投产。

5月4日　时任省长周强视察湖南韶峰南方水泥日产5 000吨熟料生产线技改项目。

5月　湖南金大地材料股份有限公司第二条日产2 500吨熟料新型干法水泥生产线在怀化市中方县建成投产。

6月10～12日　湖南省建材行办在长沙枫林宾馆组织召开了全省水泥工作会议，传达国家、省有关会议精神和国家产业政策，交流近年来省内外水泥企业在技术进步、新技术新设备应用、环保设备改造、资源综合利用和加强企业管理、提高产品质量等方面的经验，宣贯国家《水泥单位产品能源消耗限额》、《水泥工业单位产品能耗限额及统计方法》等标准。

6月19日　湖南宁乡南方水泥有限公司日产3 200吨熟料生产线竣工投产。

6月29日　临澧冀东水泥有限公司日产5 000吨熟料生产线在常德临澧县新安镇沙堤村点火投产。

7月22日　湖南省副省长陈肇雄视察“金磊南方”。

8月8日　总投资8.5亿元的“常德南方”日产5 000吨新型干法水泥生产线正式开工建设。

8月11日　湖南省委副书记梅克保视察湖南韶峰南方水泥有限公司。

9月18日　南方水泥集团与安仁县委、县政府在郴州举行安仁县日产2 500吨熟料新型干法水泥项目合同签定仪式。

9月21日　湘西天源建材公司日产2 500吨熟料新型干法水泥生产线在吉首工业园点火投产。

9月25日　湖南“安仁南方”日产2 500吨熟料生产线一期工程开工。

10月18日　长沙河田白石建材有限公司日产2 500吨熟料新型干法水泥生产线在长沙县江背镇点火投产。

10月28日　湘潭中材牛力水泥有限公司日产5 000吨熟料新型干法水泥生产线在湘潭县响塘乡建成投产。

11月6日　湖南省委常委、纪委书记许云昭等一行来湖南韶峰南方水泥有限公司考察。

11月25日　湖南宁乡南方水泥有限公司12兆瓦纯低温余热发电项目投产运行。

11月26日　湖南南方水泥集团有限公司与浏阳市政府在浏阳市举行高坪项目签约仪式。

12月5日　华新水泥(郴州)有限公司日产5 000吨熟料新型干法水泥生产线在郴州市北湖区保和乡点火投产。

12月18日　益阳东方水泥公司三线日产5 000吨熟料新型干法水泥生产线在桃江县灰山港点火投产。

12月18日　湖南韶峰南方有限公司日产5 000吨水泥熟料生产线顺利投入试生产。

12月19日　华新水泥(株洲)有限公司日产5 000吨熟料新型干法水泥生产线在株洲县白莲塘村点火投产。

(湖南省水泥协会秘书长冯刚　供稿)

湖南省水泥行业主管部门机构简介

领导变更情况：

领导：樊家生　主　任　党组书记

姚建洲　副主任　党组成员

易汉文　副主任　党组成员

陈同力　副主任　党组成员

单位地址：长沙市劳动西路499号(6楼)

邮政编码：410007

办公室电话：0731－85530126

传真：0731－85535183

广东省

Guangdong Province

【概况】 2009年，全省共有水泥生产企业329家。其中，水泥熟料生产企业277家，水泥熟料生产能力9 946万吨，其中，新型干法水泥熟料生产能力5 236万吨，占水泥熟料总生产能力的52.64%。水泥粉磨生产企业52家，水泥生产能力4 200万吨。

2009年广东省水泥熟料产量为7 780万吨，在全国排第三位。其中新型干法水泥熟料产量5 178万吨，占熟料总产量的66.56%。

2009年，广东省水泥产量为10 067万吨，在全国排第六位。

2009年全省共消耗水泥约11 500万吨，珠江三角洲地区水泥消费量约占全省总消费量的70%；外地水泥输入广东约1 500万吨，主要来源于广西自治区。产品结构主要以32.5等级的通用硅酸盐水泥为主，占总消费量的60%以上。全省水泥销售总额398.4亿元，出口交货值1.5亿元。

2009年全省继续淘汰落后水泥产能1 069万吨，“十一五”前四年已累计完成5 184万吨。

记　事

1月8日　广东清新水泥有限公司18兆瓦纯低温余热发电工程通过省发展改革委组织的专家评审。

2月16日　广东省水泥行业协会四届理事会第五次会长办公会议暨2009年第一次常务理事会在云浮市召开，协会四届理事会常务理事、正副会长等28位代表出席会议，省经贸委工业处梁荣英副处长参加会议。会议议题主要对2008年协会工作总结，提出2009年工作计划，协会财务报告和全行业经济运行情况分析，讨论协会五届理事会的换届方案和协会成立20周年庆典活动等事项。

3月9日　国内目前最大规模的利用新型干法水泥窑无害化、资源化处置污泥项目在广州越堡水泥有限公司举行试运行仪式。广州市越堡水泥有限公司投资7 000多万元，与天津水泥工业研究设计院合作，配套建设了越堡水泥窑处置污泥项目，设计处置能力达600吨/天，年处理污泥量达18.6万吨，相当于处理广州市一半以上的污泥。

3月23～28日　国家工业与信息化部会、中国工程院和广东省政府首次组织的“工业节能减排院士专家咨询活动”。本次“工业节能减排院士专家咨询活动”按专业共分为综合、钢铁、建材、石化、造纸和纺织等六个组，建材调研组由中国工程院院士、西安建筑科技大学校长徐德龙教授任组长，成员有中国建材工业协会信息部周鸿锦副主任、中国建材科学研究总院廖惠仪教授、西安建筑科技大学材料学院院长薛群虎教授、西安建筑科技大学陈延信老师、华南理工大学曾令可教授、广东省建材协会陈环副会长、广东省水泥行业协会秘书长许日昌高工等。

5月10日　广东省财政厅、省经贸委联合印发《广东省淘汰落后水泥生产能力省财政补助资金管理办法》的通知。

6月2日　中国建筑材料联合会张人为会长、叶向阳专职副会长一行三人到广州越秀水泥集团的越堡水泥有限公司和珠江水泥有限公司实地考察污泥处置项目和可燃废弃物替代燃煤项目。

6月13日　怀集三威水泥有限公司年产150万吨水泥熟料生产线项目奠基。

6月18日　青洲水泥（云浮）有限公司日产4 500吨熟料水泥生产线纯低温余热发电工程通过省发展改革委组织的专家评审。

6月23日　中材天山（云浮）水泥有限公司《水泥行业应用低品位石灰石原料综合利用示范项目》通过了由我会组织的专家论证。

7月10日　台泥（英德）水泥有限公司在英德举行“台泥”品质服务中心揭幕仪式。“台泥水泥”董事长辜成允致欢迎词，中国水泥协会副会长兼秘书长孔祥忠致贺词，清远市、英德市政府领导分别讲了话。“台泥”还发布了“磐石级”品质和“鸡尾酒式”服务的标识。

7月21日　省水泥协会召开了换届会员代表大会，会上通过无记名投票选举产生了第五届协会领导机构，徐惠明同志再次当选会长，同时还选举出副会长22人、常务理事28人、理事32人、监事1人。

7月22日　隆重举行广东省水泥协会成立二十周年纪念活动，表彰为广东水泥做出突出贡献的企业和个人，评出广东水泥行业二十强企业，出版《工业发展历程纪念专辑》和《二十周年庆典纪念邮册》，举办“广东水泥工业二十周年光辉历程回顾图片展”等系列活动。

7月22日　首次两广大型水泥企业高层领导水泥市场研讨会在广州召开，会议主要内容有两广水泥工业经济运行情况、产业现状和发展趋势，专家作两广水泥市场分析报告，分析探讨两广水泥市场的合作前景。中国水泥协会副会长兼秘书长孔祥忠、广西区经贸委重工处陈洪韬处长应邀出席会议。

7 月 23 日 广东省水泥行业协会、"广东塔牌"、"广州珠江"、"广州越堡"、广州石井水泥公司、广州石井水泥厂、"英德龙山"、"四会骏马"、"韶关昌山"、"广信青洲"、"蕉岭龙腾"、"罗定宏宝"等水泥企业共 12 个单位被广东省人民政府评为 2007 年度广东省节能先进单位，我会的陈跃勋等 11 名同志被评为广东省节能先进个人。

8 月 28 日 广东油坑建材有限公司日产 4 500 吨熟料生产线暨 9 兆瓦余热发电技改项目动工。

9 月 1 日 英德市仁科资源综合利用有限公司 2 条日产 4 500 吨熟料水泥生产线 18 兆瓦纯低温余热发电项目通过省发展改革委组织的专家评审。

9 月 8 日 举行广东省首届"建龙杯"水泥行业职业技能大赛，决出化学分析工一等奖 2 名、二等奖 3 名、三等奖 5 名，物理检验工一等奖 2 名、二等奖 3 名、三等奖 5 名。

9 月 9 日 河源市金杰环保建材有限公司日产 4 500 吨熟料生产线 9 兆瓦纯低温余热发电项目通过省发展改革委组织的专家评审。

9 月 11 日 一连 8 天，"通达水泥万里行"活动在广东站走访了广东塔牌集团股份有限公司、广州越秀水泥集团、华润水泥（封开）有限公司、英德海螺水泥有限责任公司、台泥（英德）水泥有限公司等五大企业，协会许日昌秘书长全程陪同。

10 月 6 日 "华润水泥控股"在香港联交所主板挂牌上市，代码 01313。

10 月 15 ~ 16 日 2009 年广东水泥与混凝土行业联合年会在三水召开。

10 月 16 日 广东水泥与混凝土行业的骨干企业的第一次信息交流座谈会在三水召开。为两个行业的沟通合作开个好头。

10 月 17 日 由广东省水泥行业协会起草的《广东省水泥工业发展专项规划》通过省经贸委组织的专家论证。

11 月 2 日 经广东省社会组织党工委批准，正式成立了广东省水泥行业协会党支部，许日昌秘书长为协会党支部第一届书记。

11 月 18 日 "海螺"广东清新日产 5 000 吨熟料生产线投产。

11 月 19 ~ 20 日 省政府在广州白天鹅宾馆举办 2009 广东经济发展国际咨询会，11 月 20 日 同时举办以"低碳经济与广东制造业发展"为主题的制造业专题论坛。

11 月 30 日 "台泥国际"购买了香港"昌兴矿业"旗下的英德龙山水泥公司的全部资产。

12 月 4 日 2009 年中国水泥协会会长会议在广东东莞召开。

12 月 28 日 "华润水泥"广东封开项目一期一条日产 5 000吨新型干法水泥生产线点火投产。

广东省水泥行业协会

到 2009 年 10 月起，广东省水泥行业主管部门改为广东省经济和信息化委员会原材料工业处。

联 系 人：梁荣英副处长

联系地址：广州市吉祥路 100 号

邮政编码：510030

电　　话：020 - 83133292　传真 020 - 83135886。

（广东省水泥行业协会　供稿）

广西壮族自治区

Guangxi Zhuang Autonomous Region

【概况】 2009 年广西水泥工业坚持以科学发展观为指导，认真贯彻国家产业政策，取得良好的效果。

2009 年全区水泥总产量 5 675.4 万吨，比上年增长 21.39%，其中旋窑水泥产量 4235.77 万吨（含粉磨厂产量 270.68 万吨），比上年增长 34.40%，占 2009 年水泥总产量的 73.38%（旋窑水泥产量占水泥总量比例创新高）；比例比上年提高 8.38%，立窑水泥产量 1 536.22 万吨，比上年增长 1.39%，占 2009 年水泥总产量的 26.61%（立窑水泥产量占水泥总量比例明显萎缩）。熟料总产量 5 295.51 万吨，比上年增加 27.11%，其中旋窑熟料产量 4 198.01 万吨，比上年增加 41.78%，占 2009 年熟料总产量的 79.27%；立窑熟料产量 1 097.5 万吨，比上年下降 8.93%，占 2009 年熟料总产量的 20.72%。水泥区外销量 1 256 万吨，出口销量 4.1 万吨。

1. 出厂水泥质量。

随着新型干法水泥生产线的投产和立窑水泥生产新技术的不断推广和应用，广西壮族自治区出厂水泥质量有了较大的提高。企业抓管理、重质量，按照《水泥企业质量管理规程》及 GB175 - 2007 要求，严格控制水泥的各项质量指标，从而确保了出厂水泥的实物质量。2009 年，全区出厂水泥质量合格率和 28 天抗压强度合格率分别达到了 100 % 和 99.98 %；强度等级 42.5 以上高标号水泥产量为 3 986.07 万吨，占全年出厂水泥总量的 70.23%，比上年略有下降。

2. 能源消耗及废料综合利用。

水泥企业是能源消耗大户之一，国家提出“节能减排”的工作要求，使全区水泥企业，尤其是立窑水泥企业面临着较为严峻的形势。面对这种情况，水泥企业采取了设备技术改造和掺入外加剂等应对措施来提高产量、质量和降低能耗，并取得了一定成效。今年的能耗统计首次要求按照GB16780－2007标准统计，从统计结果看，2009年，全区旋窑企业平均可比熟料综合煤耗106.48千克标煤/吨，可比水泥综合电耗88.82千瓦时/吨，可比水泥综合能耗95.33千克标煤/吨，接近GB16780－2007标准能耗限额先进值。全区水泥企业平均可比熟料综合煤耗120.48千克标煤/吨，可比水泥综合电耗81.47千瓦时/吨，可比水泥综合能耗104.67千克标煤/吨。符合GB16780－2007标准能耗限额限定值要求。

在工业废料综合利用方面，全区水泥企业严格按国家政策和标准要求，在保证产品质量的前提下，合理利用工业废料，全年共计使用各种废料994.18万吨，占全年水泥掺量的17.51%，比上年提高2.21%。极大缓解了我区工业废料排放带来的压力，为社会环境治理做出了应有的贡献。

3. 经营状况。

2009年，全区水泥企业经营状况有所改善，实现销售收入151.7646亿元；利润总额16.357亿元；利税总额22.9957亿元，各项指标均比上年有较大幅度的提高。但从检查结果看，各市之间、各企业之间存在着较大的差异，旋窑企业普遍经营情况良好，而立窑企业举步维艰，有的企业甚至亏损严重。

2009年广西名牌产品（水泥企业的名牌产品）

产品名称	产品商标	产品规格	生产企业名称
普通硅酸盐水泥	西普牌	P·O42.5R	广西西普南雁水泥有限公司
普通硅酸盐水泥	古庙牌	42.5	广西华宏水泥股份有限公司
水泥	海螺牌＋图形	P·O42.5P·C32.5	兴业葵阳海螺水泥有限责任公司
水泥	海螺牌	P·O42.5P·C32.5	北流海螺水泥有限责任公司
复合硅酸盐水泥	鱼峰牌	P·C32.5复合硅酸盐水泥	广西鱼峰水泥股份有限公司
硅酸盐水泥	鱼峰牌	P·Ⅱ42.5硅酸盐水泥	广西鱼峰水泥股份有限公司
普通硅酸盐水泥	鱼峰牌	P·O42.5普通硅酸盐水泥	广西鱼峰水泥股份有限公司
普通硅酸盐水泥	右江牌	P·O52.5P·O42.5	广西东泥股份有限公司
普通硅酸盐水泥	绿宝石牌	P·O42.5	浦北县绿宝石水泥有限公司
普通硅酸盐水泥	天荣牌	P·O42.5	广西四合工贸有限责任公司
水泥	红水河牌	P·O42.5	广西华润红水河水泥有限公司

2009年广西参加全国水泥品质指标检验大对比

本次大对比广西有46个单位参加，其中全优单位2个，全合格单位15个，具体如下：

全优单位

1. 广西建材产品质量监督检验站
2. 广西鱼峰水泥股份有限公司

全合格单位

1. 广西华宏水泥股份有限公司
2. 广西武宣东田建材有限公司
3. 南宁狮座建材有限公司
4. 南宁市八鲤建材有限公司
5. 扶绥新宁海螺水泥有限责任公司
6. 兴业葵阳海螺水泥有限责任公司
7. 广西四合工贸有限责任公司
8. 桂林独秀水泥总厂
9. 桂林东昌建材有限公司
10. 东兰县水泥厂
11. 广西西普南雁水泥有限公司
12. 兴安海螺水泥有限责任公司
13. 广西东泥天等水泥有限公司
14. 玉林市第一水泥厂
15. 河池广驰水泥有限责任公司

2009年度广西企业100强名单（水泥企业）

名次	企业名称	营业收入（万元）
62.	广西鱼峰水泥股份有限公司	86 777
81.	广西华润红水河水泥有限公司	59 117
85.	兴业葵阳海螺水泥有限责任公司	56 712
91.	北流海螺水泥有限责任公司	53 086

广西派人参加“TCT 杯”全国水泥行业化学分析工物理检验工技能竞赛

2009 年 9 月 11 日广西选出的五位竞赛能手(广西建材产品质量监督检验站梁超、华润水泥(平南)有限公司玉华、广西华宏水泥股份有限公司秦飞娟、广西登高集团田东水泥有限公司农庭高、广西建材产品质量监督检验站陆克勤)赴北京参加“CTC 杯”全国水泥行业化学分析工物理检验工技能竞赛。

竞赛结果:梁超获全国物理检验工二等奖,荣获荣誉证书。其余人员均荣获技师资格证书。

记 事

1 月 华润水泥(南宁)有限公司第二条日产 5 000 吨新型干法线项目正式投产。

1 月 华润水泥(武宣)有限公司 2 条日产 4 500 吨项目一期工程在广西武宣正式开工。

3 月 华润水泥(平南)有限公司第三、四条日产 5 000 吨新型干法线项目正式投产。

3 月 桂林兴安海螺水泥有限公司第二条日产 5 000 吨新型干法线项目正式投产。

6 月 广西金鲤水泥有限公司年产 600 万吨水泥项目第一条日产 5 000 吨新型干法线在广西横县开工。

7 月 北流海螺水泥有限责任公司第二条日产 5 000 吨新型干法线项目正式投产。

8 月 广西壮族自治区科技厅正式公布了同意组建的第五批自治区级工程技术研究中心名单,全区首家批准成立的新型干法水泥工程技术研究中心落户广西鱼峰集团。

9 月 广西四合工贸有限责任公司日产 4 000 吨新型干法旋窑水泥熟料技改项目在隆安开工建设。

9 月 广西崇左市政府市长黄克、副市长黄统高、扶绥县政府县长吴强等市、县领导在广西区域管理委员会主任、扶绥海螺总经理席河的陪同下拜访了海螺集团,双方就扶绥三期项目建设情况进行了交流,并签署了第三条日产 5 000 吨生产线项目协议。

12 月 广西凌云通鸿水泥有限公司第一条日产 4 500 吨熟料新型干法旋窑水泥生产线项目正式投产。

(广西水泥协会 供稿)

海南省
Hainan Province

【概况】 2009 年,全省规模以上建材企业数为 44 家,其中水泥制造企业 19 家,海南省主要建材生产企业有华盛水泥有限公司、华润水泥有限公司等。2009 年全省生产水泥 925.69 万吨,比 2008 年增长 54.4%。

【国际旅游岛建设拉动建材市场】 2009 年国务院下发了《国务院关于推进海南国际旅游岛建设发展的若干意见》(国发[2009]44 号),推动了全省房地产业的快速发展,从而拉动了建材市场,特别是水泥市场,全省水泥用量从 2008 年的约 700 万吨增加到 1 100 万吨,增长 57%。

【节能减排再上新台阶】 海口、三亚加大现场搅拌混凝土的管理,扫除余角。全省散装水泥供应量 325 万吨,散装率达到 35%,使用量 470 万吨,比上年增长 62%;商品砼量由上年的 350 万立方米,提高到 1 200 万立方米,比上年增长三倍多。华盛水泥厂三期继二期生产线后再上一台 9 000 千瓦纯低温余热发电机组,每年节省标煤 3 万吨,减排温室气体二氧化碳 10 万吨左右。

【重点项目进展顺利】 2008 年“华盛”三期、“叉河”一期等二条新型干法水泥生产线顺利投产。

【建材行业大事项】 海南省长罗保铭于 2009 年 7 月 4 日,考察了华盛水泥厂和国投水泥厂;3 月 3 日,海南叉河水泥厂第一条日产 2 500 吨水泥熟料新型干法生产线建成投产;9 月,国投水泥厂三期日产 5 000 吨水泥熟料新型干法生产线建成投产。

(海南省建材工业协会 供稿)

重庆市
Chongqing City

【概况】 2009 年,在国家 4 万亿投资拉动内需、四川灾后重建和国家颁布一系列保增长鼓励政策影响下,“五个重庆”建设开始实施,水泥需求增加,重庆水泥保持平稳增长,部分经济指标继续看涨。但是,重庆水泥在新增产能大幅增加凸现产能过剩和市外水泥入渝的双重压力下,全市产销表现平稳,水泥价格与2008年相比虽波动起伏较大,但全市水泥行业仍处在收获的“秋季”。全年水泥产量3 660万吨,同比增长10.2%;其中,新型干法产量2 200万吨左右,同比增长23.6%,占水泥总产量的60.1%;其他窑型水泥产量1 460万吨,占水泥总产量的39.9%。其他各项经济指标有升有降:全年完成工业总产值110.08亿元,同比增长11.7%;销售收入108.25亿元,同比增长11.84%;主营业务收入108.24亿元,同比增长9.44%;实现利润7.65亿元,同比下降17.7%;上缴税金6.87亿元,同比下降12.8%。

2009年重庆市水泥行业运行特点。

(1)水泥产量增幅放缓。2009年重庆水泥产量稳步增长,达到3 660万吨,增长10.8%。增长步伐比去年同期放缓,究其原因:

一是市外水泥入渝,冲击了重庆传统市场。据统计,2009年沿江以及贵州、重庆周边的四川入渝水泥500万吨左右,水泥熟料超过100万吨,重庆水泥市场受到极大冲击。而影响较大的长江沿线的库区水泥企业,承受着较大的压力,部分企业以减产和限产来维护正常生产。而重庆销往市外的水泥主要是成都方向,全年约为350万吨,进大于出,从而影响全市水泥大幅增产。

二是新增产能开始释放,抢占水泥市场份额。近两年投资水泥和急于扩张企业建设的水泥生产线陆续竣工投产,并开始产能集中释放,凸现水泥产能过剩,打破了年初水泥产销基本平衡的局面。根据统计分析,2009年水泥产能利用率仅为68.8%。

三是无证企业非法生产,与守法企业“叫板”。巫溪、奉节、彭水、南川等区县许多无证企业以低投入、低品质、低成本、低费用、低价格的水泥产品,与遵纪守法企业“叫板”,挤占水泥市场,严重影响规范企业的正常生产。

四是重庆房地产回暖缓慢。新楼盘开工不足,影响水泥需求。

五是固定资产投资中工业投资增长,同样影响水泥需求。

2009年,全社会固定资产5 318亿元;其中基础设施建设、工业、房地产开发分别为1 542.6亿元、1 793.1亿元、1 239亿元分别占固投比重为29.0%、33.7%、23.3%。投资结构调整影响水泥需求。

(2)调整取得重大突破。一是新型干法产能大幅增产。2009年底,全市水泥产能达到5 200万吨,比上年提高16个百分点。其中,新型干法产能为3 200万吨,占全市总产能的61.54%(提前一年实现了重庆市“十一五”水泥发展规划目标),比上年增加22个百分点。2009年,新型干法线竣工投产10条,(“弘扬”、“山拔尔桑”、“三磊”二期、“富皇”二期、“万科”二期、“新嘉南”、“润江”二期、“金九”二期、“金桥”、“富丰”二期)新增产能达到1 200万吨,是重庆市历年新型干法竣工投产最多、最集中一年。

二是淘汰落后步伐明显加快。最后运转的3条湿法窑生产线,产能60万吨已寿终正寝,全部淘汰退市;主动淘汰立窑水泥企业,荣昌县政府开了一个好头。荣昌县政府出台了淘汰落后水泥产能的补偿政策,在全市率先淘汰全部立窑企业和生产线。

(3)大企业生力军作用明显。全市百万吨以上水泥企业集团13家(“拉瑞”、“科华”、“小南海”、“富丰”、“富皇”、“润江”、“天助”、“金九”、“金江”、“茂田”、“三磊”、“弘扬”、“嘉南”),水泥产能3 450万吨,占全市水泥总产能的66.35%。2009年,水泥产量2 350万吨左右,占全市水泥总产量64.2%,比上年提高近13个百分点,水泥集中度相对提高。同时有5家企业(“拉瑞南山”、“特水”,“天助”、“金九”、“万科”)7条水泥生产线余热发电达到18 273万千瓦时,仅此一项全年减少温室气体排放近20余万吨,节约原煤72 407吨。

【协会工作】 2009年,全市水泥产量3 660万吨,同比增长10.8%;新型干法水泥产量2 200万吨,占水泥总产量的60.1%,同比增长23.6%,节能降耗、资源综合利用比上年成效更加显著。2009年,重庆市水泥协会为抑制水泥产能过剩,节能减排,认真履行职能,在反映行业诉求,维护行业利益上,引导行业健康发展,尽心服务,用心办事。

1. 主动反映诉求维护行业利益。

(1)针对重庆水泥产能过剩,主动反映行业呼声。重庆2007年、2008年、2009年分别核准了新建新型干法线12条、16条和12条。若这些生产线全部建成,将新增产能6 710万吨。加上原有产能,重庆水泥产能将超过10 000万吨。为防止重复建设,继续核准项目,协会用“四招”服务政府和企业。

一招:引导企业撰写致市领导的公开信。

针对《重庆市人民政府办公厅转发关于促进水泥工业结构调整的实施意见的通知》即渝办发[2008]353号文件,贯彻落实不到位的情况,秘书处引导9家大型企业法人撰写了致市领导的公开信——《为何渝办发[2008]353号文件成为一纸空文?》摆事实,讲道理,对市投资主管部门不执行渝办发[2008]353文件的行为,进行了阐述。6月17日,常务副市长黄奇帆同志在《为何渝办发[2008]353号文件成为一纸空文?》的诉求信上批示:吴冰同志:此信反映的问题是确切的,重庆水泥产能过剩,不能再大规模扩张,市政府对此也发了文件,但执行中似没落实到位,请市经信委、市发展改革委务必管好这件事。国土房管部门、环保部门也要启动闸门,不批给新建水泥厂土地或环境空间,市政府金融办要控制新建水泥厂的贷款。总之,要有一套具体刹车办法。7月9日,由市经信委投资处主持召开了有规划、国土、环保、建委、发改委、市金融办有关部门领导同志参加的座谈会，并达成了一定要控制水泥总量的共识。

二招：主动撰写论文大造舆论引起政府关注。

从2009年2月起，重庆市水泥协会连续撰写了《川渝经济区水泥发展与需求的探讨》、《川渝水泥慎防过度投资》和《成渝经济区慎防水泥产能严重过剩》等论文，以大量的数据和事实，指出了重庆产能严重过剩的现状和危害，提出了抑制过剩的办法建议，不但在“2009·中国国际水泥峰会”和“2009第三届中国水泥营销论坛暨西部水泥峰会”上发言，而且，分别相继在《中国水泥》、《中国建材报》、《中国数字水泥网》、《水泥商情网》、《西部水泥》等报刊和网站上发表，并通过各种渠道呈送到市政府有关部门和领导手中，引起了政府对水泥行业的关注。

三招：主动向新华社反映，寻求媒体呼吁抑制产能过剩。

重庆市水泥协会多次向重庆新华社记者反映重庆水泥产能严重过剩现状和危害，并撰写文稿《重庆水泥消化不良抑制过剩刻不容缓》供记者参阅。文稿旗帜鲜明地指出：“2 900万常住人口的重庆水泥供给将达1亿吨。”其内容：忆昨天——重庆水泥供给需求基本平衡；看今朝——重庆水泥过度投资产能过剩；观四川——包围重庆发展水泥热火朝天；话建议——重庆水泥抑制过剩刻不容缓。新华社记者很快撰稿《重庆水泥行业产能过剩亟待控制投资规模》，并拟以新华社名义刊发。

四招：主动为政府当参谋进行宣传。

2009年借端午节即将到来之际，邀请了具有立项、核准权的市有关部门的领导，参加“汇报暨联谊会”，协会用投影视频向与会领导展示了重庆水泥企业布局及规模不合理的现状，明确提出了“产能过剩，将灾害无穷”。

（2）抵制乱收费行为、维护企业利益。2009年国庆节前后，协会接到十多户水泥企业电话投诉，某局执法大队带着没有发文时间、编号的《国务院关于加强食品等产品安全监督管理的特别规定》，赴沙坪坝、九龙坡区去执法安全监督水泥企业，并一一开出“处罚、监封”决定，会员企业怨声载道。重庆市水泥协会通过了解和核实，专门为企业代拟了“申请复议书”并及时向市有关部门和领导作了反映，还以书面形式写出了“针对企业‘安全监督’反映的问题的建议”，得到及时回应。协会用电话或口头明确告知企业：只要产品质量、袋重合格和编织袋合格，某局执法大队开的罚款单是不合理的，协会维护了企业利益。

（3）为企业解疑，积极向政府反映企业心声。2008年12月9日，财政部、国家税务总局下发的财税[2008]156号《关于资源综合利用及其他产品增值税政策的通知》。协会针对立窑企业不理解、新型干法企业对掺兑废渣比例计算公式需调整的看法，市水泥协会于2008年12月19日向市财政局、国税局反映立窑企业产量大，银行不贷款，企业运行困难，建议退还2008年产品增值税和重新修订掺兑废渣比例计算公式的建议；2009年2月4日重庆市水泥协会又分别向中国水泥协会和国务院参事室提出向国务院反映企业的呼声和要求。强烈呼吁终于得到回应，全市绝大多数立窑企业均享受了国税部门3个月至一年不等的返还增值税成果；2009年12月29日，财政部和国家税务总局联合以地税[2009]163号文件下发了“关于资源综合利用及其他产品增值税政策的补充的通知”，将废渣、掺量计算公式进行了修改和调整，这将使新型干法水泥企业和粉磨企业广泛收益。

2. 坚持产销分析引导企业正确应对。

2009年，新增产能集中释放和异地水泥入渝，导致全市水泥市场呈现马鞍型趋势，水泥价格两头高，中间低，时间长达7个月之久。协会为了引导企业，冷静应对市场，认真组织企业，特别是大企业搞好产销市场分析，积极引导行业自律和促进健康发展。

2月17日，协会组织相关企业一边进行产销分析，一边学习讨论《反垄断法》，分析并预测2009年水泥产量和价格走势，重点分析了全市水泥需求增加的因素，增强企业抓时机、抓市场、抓管理、抓成本的决心。并通过水泥市场一些典型案例，讨论明确了“反垄断的6种行为”、“被禁止的横向、纵向垄断的6种行为”以及“维护市场竞争秩序的3种行为”等，维护市场秩序，搞好行业自律与垄断的区别，增强了企业主动搞好自律的自觉性。

2009年4月开始，水泥市场骤变，在产量下降，销售下滑，价格下跌，产能增长快于需求增长，企业好日子快要见底的形势下，协会为引导企业正确认识形势，维护市场秩序，应对水泥市场即将到来的激烈竞争，于5月20日组织主城具有“话语权”的15户大型企业的法人代表和营销负责人齐聚长寿湖山庄，共同分析市场，互相交流信息，寻求应对策略。

根据历年水泥市场规律，每年4季度进入销售旺季，但2009年10月没有“旺”的信息，直到11月上旬才有所“抬头”，比往年整整延后了一个月，而且“抬头”的幅度还不大。12月中旬，协会又组织主城区大企业的法人和销售负责人，共同分析产能严重过剩下水泥市场变化的新特点、新变化和新趋势，讨论应对办法。

3. 掌握新线建设动态。

首先摸清本市建设项目情况，本市从2007年到2009年核准了新型干法水泥生产线共计40条，总产能6 710万吨左右。为摸清进度，协会秘书处深入每个项目建设工地，看现场、听介绍、搞评议，基本掌握了全市开工项目的情况，2009年、2010年将分别有10条和16条线投产，新增产能4 000万吨左右，不言而喻，重庆水泥消化不良，所获情况及时向市经信委作了报告。摸清重庆周边发展情况及对本市水泥市场的影响；摸清淘汰落后情况；摸清立窑企业的心声及在转型发展中的典型。

4. 针对性搞培训服务企业节能。

节能降耗，是企业永恒的主题，也是协会服务企业的重中之重。为了提高企业磨机台时产量,降低电耗,4月24日,协会组织了全市立窑企业分管生产、工艺、设备等管理人员80余人,在北碚海旭花园酒店召开了推广节能、高效滚式破磨机和节电变频器应用现场培训会。

9月14日,由重庆市水泥协会,与中国水泥协会联合举办了"2009年全国水泥立磨技术和装备研讨会。"除"重庆同力"的立磨企业外,还有全国立磨专家6人参加授课和现场答疑。重庆大型企业的工艺、设备、技术20余人参加了培训。培训中分别以中国水泥工业粉磨技术的发展与国内装备的新进展和中控立磨、辅机和耐磨材料新进展组织的两次互动对话活动,拉近了培训人员与专家、学者的距离,大家就立磨以及耐磨材料科研、制造和应用过程中的诸多问题进行了交流和沟通,效果非常明显。

5. 受政府委托办好急难大事。

8月17日,重庆金江水泥公司二期工程熟料库顶板改建工程发生脚手架坍塌事故,造成重大人员伤亡事故,市政府有关领导明令:"二线建设停工,查明事故真相、责任和整改,一线停产查事故隐患。"8月18日,市安监局主要领导点名由市水泥协会秘书长任专家组长,组织专家专门对一线进行拉网式安全排查。专家组实事求是,不唯书,不唯上,只唯实,经过现场核查,明确指出:一线无重大安全隐患,同时书面提出了10条小事故隐患,一线可边生产边整改。9月16日,专家组再次到现场查验,在肯定成绩的同时,又提出了新的安全措施,使企业度过了最困难时期。为此,协会秘书处的工作得到市、县有关部门高度认可,得到企业一致好评。

6. 搞好行业调研配合政府搞好化验室核查。

2009年度的行业调研工作,配合政府与化验室核查工作紧密结合,集中20多人,分为6个组,深入六个片区,历时三个多月,掌握了解了全行业产能和产量真实数据;掌握了解了企业设计熟料产能、主机设备增减、技改等相关情况;掌握了解了企业环境治理、资源综合利用、质量管理情况;掌握了解了企业节能降耗采取的措施、设施及效果,以及今后的思路;掌握了解了行业在结构调整新型干法在建、拟建准确数据;掌握了解了企业培训需求、生产经营存在的主要问题及解决建议等,使协会掌握了第一手资料,增强了协会的知情权和发言权。此次行业调研具有三个特点:

一是发文早,企业准备充分;二是调研内容集中,目的明确;三是调研与企业化验室核查结合,减少企业负担。

7. 搞好换届改选创建高效协会。

2009年上半年,第二届协会五年任期届满,为了做好换届改选的准备,协会起草和撰写了五年来的工作报告;财务决算报告;协会章程修改报告;会费缴纳标准及管理办法的报告;第三届理事、常务理事单位建议名单;第三届协会会长、副会长、秘书长候选人建议名单以及简历介绍;第三届理事、常务理事、秘书长、副会长、会长选举办法的说明;第二届协会优秀会员单位建议名单等。

1月8日,在重庆小南海水泥厂生态园,召开了第二届九次理事会、七次常务理事会,在经过充分讨论基础上,根据部分理事单位的建议,协会秘书处对部分报告和建议名单进行了修订,于3月6日,在重庆小南海水泥厂招待所召开了会员大会,通过了4个报告和人选,产生了第三届理事、常务理事和协会领导班子。

为使新一届协会工作更加精干、高效,协会秘书处在总结、述职、测评基础上,对驻会人员进行了适当调整,协会秘书处平均年龄有所下降,人数有所减少。同时,对秘书处各项制度重新进行了充实和修订,秘书处人员面貌有所改观,服务企业有所加深,工作效率有所提高。

协会认真履行职能,尽心服务企业,注重实际效果,得到有关部门认可,被市经信委授予"2009年度重庆市工业经济和信息化系统优秀社会团体"荣誉,秘书长马泽民被授予"2009年度重庆市工业经济和信息化系统社会团体先进个人"称号。

【2009年重庆水泥的亮点和热点】

2009年重庆水泥的五大亮点:

亮点一:销售收入再过百亿。其销售收入约占全市建材行业总收入的三分之一,依然是建材行业的排头兵。

亮点二:节约能源再创佳绩。在重庆市74户重点用能企业节能目标任务考核中,被考核的17户水泥企业节能量占了节能目标总量的23%。

亮点三:调整结构重大突破。①新型干法水泥产量已占全市总产量的60%,提前一年实现了《重庆市水泥工业"十一五"发展规划》目标;②10条新型干法线竣工投产,净增产能1 200万吨,创年增产能新高;③在市场机制作用下,耗能特别高的湿法窑生产线全部退出历史舞台;④荣昌县政府在制定激励政策和县财政资金补助的引导下,全县3户(其中国有1户,另2户系国有、乡镇企业改制的)立窑企业(设计能力50万吨、职工700余人)享受了"光荣诞生、尊严退出"的待遇。

亮点四:在建新线创历史之最。有23条(其中:日产5 000吨、日产3 200吨和日产2 500吨线各有18条、1条和4条)在建新型干法生产线,若全部建成投产又将增加水泥产能4 150万吨。

亮点五:五家全国名企落户。在全国水泥企业前10名中有"海螺"、"台泥"(昌兴)、"冀东"、"华新"等4家以及全国民营企业500强中的"东方希望"分别落户忠县、合川、璧山、江津、涪陵、丰都投资建厂。

2009年重庆水泥浮现三大热点:

热点一:缺乏科学扎堆布局。企业空间布局涉及生死存亡的大事,布局决策失误是最大的失误。重庆水泥企业借黄金水道运输和石灰石资源的优势,在"三江"(长江、乌江、嘉陵江)沿线布局本无可厚非。但布局的密度和建设规模值得探讨。

在长江从万州到长寿6个区县(万州、石柱、忠县、丰都、涪陵、长寿):布置了16条生产线(其中12条属日产5 000吨),将形成2 600万吨产能。

在乌江从涪陵到酉阳4个区县(涪陵、武隆、彭水、酉阳):布置了7条生产线,将形成1 000万吨产能。

在嘉陵江从北碚到合川2个区:布置了9条生产线,将形成1 200万吨产能;特别是在合川区的盐井、草街两个镇布置了6条线,将形成1 000万吨产能。

水泥属于资源、能源消耗型产品,也属运输半径有限、同质、同区域消费型产品。在全国像重庆这样高密度、大规模地扎堆布局水泥企业实属罕见。

热点二:不宜争论产能过剩。国发[2009]38号文件,讲得十分清楚——水泥产能过剩。若争论不休就要耽误一心一意、集中精力抓好抑制产能过剩、调整结构、转变发展方式的时间,重庆水泥产能确实过剩了。既不是市场经济条件下的合理过剩(供给大于需求20%以内)、也不是水泥产能的可控过剩(供给大于需求30%以内)而是超控过剩(供给大于需求30%以上)。

热点三:盼出政策淘汰落后。淘汰落后产能可谓水到渠成,水泥先进生产力已包围落后生产力。重庆现有合法生产的落后水泥企业123户,产能1 800万吨,职工17 000余人。它们是国有和集体企业的历史产物,为国家建设和发展做出过重大贡献,现在成了淘汰对象也是历史的必然,但如何使淘汰企业(或生产线)及员工享受到"光荣的诞生、尊严地退出"的待遇这是一道社会经济的大课题,职工如何妥善安置?必要的补偿资金从何而来?以利企业稳定和社会和谐,呼唤尽快出台激励政策淘汰落后产能。

【2009年10条水泥生产线建成投产】

(以竣工投产时间为序)

4月9日 重庆市黔江弘扬建材集团1条日产2 500吨新型干法水泥熟料生产线竣工投产;

5月7日 重庆市武隆山拔尔桑水泥有限责任公司1条日产2 500吨新型干法水泥熟料生产线竣工投产;

6月8日 重庆市万州科华水泥有限公司二线日产4 800吨新型干法水泥熟料生产线竣工投产;

6月10日 重庆市秀山武陵三磊水泥有限公司二线日产2 500吨新型干法水泥熟料生产线竣工投产;

6月18日 重庆市北碚富皇水泥集团公司二线日产2 500吨新型干线水泥熟料生产线竣工投产;

7月8日 重庆市南川嘉南水泥集团公司1条日产2 500吨新型干法水泥熟料生产线竣工投产;

10月15日 重庆市长寿润江水泥有限公司二线日产4 800吨新型干法水泥熟料生产线竣工投产;

11月17日 重庆市合川金九水泥有限公司二线日产2 500吨新型干法水泥熟料生产线竣工投产;

12日23日 冀东江津水泥有限公司一线日产3 200吨新型干法水泥熟料生产线竣工投产;

12月28日 重庆市合川富丰水泥集团公司二线日产4 500吨新型干法水泥熟料生产线竣工投产。

【荣获先进集体和个人名单】

1月 重庆小南海水泥厂荣获"全国文明单位"称号。这是重庆市水泥行业第一次也是惟一荣获这一称号的企业。

9月25日 重庆小南海水泥厂厂长邱沛阳荣获"重庆市第二届道德模范"殊荣。

11月4日 重庆金九水泥有限公司董事长、总经理荆安平荣获重庆市首批"杰出青年"称号。

记 事

1月5日 协会有关人员参加重庆市经信委召开的关于节前工作部署会议。

1月7~8日 协会第二届九次理事会暨七次常务理事会在重庆小南海水泥厂生态园召开。参会理事、常务理事单位代表64人和39人,分别占应到单位代表的98%和91%。会议审议通过了协会2008年的工作报告和第二届理事会(2004~2008年)工作总结报告,以及修改章程的报告、财务决算报告、会费缴纳标准及管理办法、协会第三届理事、常务理事、秘书长、副会长、会长候选人名单、表彰先进会员企业名单等,为召开年会(会员大会)和换届改选作好准备。

1月12日 协会相关部门和人员与重庆金九水泥公司周总一行3人共同讨论和协商企业节能减排、资源综合利用和企业发展项目及措施。

2月1日 协会技术人员会同水泥行业有关专家共同讨论、论证、撰写"资源综合利用科学计算公式",并向国务院参事室和市经信委分别写出报告。

2月8日 协会与重庆拉法基瑞安水泥公司及其下属五大水泥工厂主要负责人进行座谈和沟通,畅通协会服务渠道。

2月10日 秘书处召开学习办公会,学习国家和市政府有关产业政策,理清近期几项工作,并分工实施,为开好一年一度的会员大会(年会),作好一系列准备工作和资料。

2月15日 《重庆水泥》2009年第一期出刊发行。

2月17日 由协会主办、"拉瑞"承办在渝中区中天大酒店举行学习"反垄断法学习培训会",有24户企业共40余人参加。

2月26~27日 协会领导参加市经信委召开的2007~2008优秀社团组织总结评比大会,并作大会发言。水泥协会被授予优秀社团称号,马泽民被评为优秀个人,受到表彰。

3月5~6日 协会第二届六次年会暨第三届一次会员大会在小南海水泥厂招待所召开。会议审议通过了协会工作报告、财务决算报告、协会章程修改报告、会费缴纳和管理办法的报告;大会选举邱沛阳为会长、马泽民等21人为副会长、马泽民为秘书长(法人代表);大会表彰了第二届先进会员单位30个。

3月18日　协会开展2007~2008年工作述职,然后进行测评,以激励驻会人员爱岗敬业和无私奉献。经过测评:驻会人员6人合格以上档次,1人不合格下岗(离会)。

3月22日　马秘书长、陈启和、熊科赶赴铜梁"金江水泥"二线生料罐垮塌事故现场进行现场指导和调查,并与企业共商改进措施。

3月27~29日　马秘书长率领12个企业老总一同赴大连参加以水泥工业粉磨系统国际领先工艺、装备技术为主要内容的《全国水泥企业高峰论坛》会议。

4月1~2日　马秘书长赴京参加中国水泥协会召开"国际水泥峰会",并在大会上以"川渝经济区水泥发展与需求探讨"为题作了专题发言。

4月6日　市水泥协会、市水泥质检站、重庆嘉南水泥集团公司,共同商讨重庆大量的"赤泥"能否作为水泥混合材,挖掘重庆混合材的潜力,为企业降低生产成本探索新课题。并委托水泥质检站作好相关材料的检测,提出科学依据。

4月15日　协会主要领导一行3人参加市经信委有关部门召开的共商召开全市水泥行业工作会议的时间、地点、内容、议程以及需要协会配合的工作等。并委托协会拟订了"关于表彰水泥企业管理优秀、良好单位的决定"共计72户(优秀32户、良好40户)。

同日《重庆水泥》2009年第二期出刊发行。

4月16日　协会以重水协[2009]7号发出《关于表彰水泥企业管理优秀、良好单位的决定》。

4月17日　协会马秘书长等一行6人,受邀赴重庆电子工程职业学院,用视频投影的形式,专题宣讲了水泥专业知识课,激励学院培养更多的高级水泥工业专业人才,鼓励学生学水泥、钻水泥,水泥工业大有作为。

4月21日　协会委托市水泥质检站对南川"嘉南水泥"提出的利用"赤泥"作为水泥混合材进行分析和化验,并结合有关数据,配方的出台,邀请全国、全市有关专家进行论证和实验,千方百计为水泥企业拓展资源、降低成本办实事。

4月22日　协会以重水协[2009]08号发出《关于协会开展2008年度行业调研的通知》。

4月23~24日　由协会主办、重庆富丰水泥集团公司承办、成都新力机器制造公司协办,有50余户水泥企业,共80余人参加的《节能、高效滚式破磨机应用现场会》在北碚海旭花园酒店召开,并赴"富丰"现场参观使用高效破磨机后提高台时产量、降低电耗、提高企业经济效益的实际效果。培训取得显著成效。

4月27~28日　协会全部驻会人员,参加市经信委在重庆兰箭宾馆召开的《重庆市水泥行业工作会》。何红处长以《贯彻科学发展观,促进全市水泥健康有序发展》为题作了大会报告;帅斌副处长部署了全市水泥企业化验室合格证的换(发)工作;水泥质检站站长钟树林通报了全市水泥企业2008年水泥产品质量工作;协会马秘书长用视频投影形式,以《水泥既是基本材料又是特殊商品,期盼强化管理确保实物质量》为题通报了行业调研情况;协会邱会长宣读了《关于表彰水泥企业管理优秀、良好单位的决定》,并为先进企业颁奖。

5月4~6日　为参加市资源综合利用汇报会,协会集中力量,撰写了"重庆水泥企业贯彻执行《关于资源综合利用及其他产品增值税政策的通知》(财税[2008]156号文件)精神有关情况的反映汇报材料"。

5月7日　武隆县"山拔尔桑"日产2 500吨新干法生产线竣工点火。

5月15日　在重庆小南海水泥厂召开全市建材行业重点企业座谈会。重庆市经信委确定水泥企业11户为重点企业,占建材行业重点企业的37%。

5月20日　协会组织主城区15户大型企业法人代表和营销老总40余人,集中到长寿湖山庄,共同分析水泥市场形势,引导企业沉着应对,维护市场秩序,搞好行业自律的产销形势分析会,并达到了统一共识的目的。

5月22日　冀东重庆水泥公司2条日产4 600吨在重庆合川盐井镇开工,协会有关人员见证了这一历史时刻。

5月26日　协会邀请市经委、市发改委,有关水泥项目审批权力的投资处、建材处、工业处的领导共计16人,在协会会议室举行"汇报暨联谊会",马泽民秘书长以投影形式,并以题目《重庆水泥整体过热,兵临城下前景堪忧》,汇报了重庆水泥的现状和趋势,得到与会领导认可。并共同表示了控制总量,淘汰落后,严格执行353号文件的决心和讲话,充分肯定了协会服务政府、服务行业、服务企业,并以行业发展为己任的做法和经验,对协会搭建政府两委间面对面交流、协商平台给予了充分肯定。

6月4~5日　为维护行业利益,协会为动员本市大型水泥企业集团的老总,联合向市政府反映有关部门乱批水泥项目,造成水泥产能过剩,以两天时间代撰出"给市政府领导的诉求信",其标题是《为何渝办发[2008]353号成为一纸空文?》

6月6日　协会组织9大水泥企业集团的法人代表,汇聚重庆小南海水泥厂,对"诉求信"的内容、用词进行讨论和修改,并获得一致通过,参会的9名法人代表亲自签下自己名字。

6月8日　重庆"万州科华"总投资4.7亿元人民币建设的第二条日产5 000吨新型干法水泥熟料生产线竣工点火,成为重庆第二条日产5 000吨水泥熟料的生产线。

6月9~10日　"武陵三磊"二期日产2 500吨新型水泥熟料生产线竣工点火仪式。

6月10~12日　协会陈启和副秘书长与市经信委建材

处何红处长，共赴沈阳参加中国水泥协会召开的"水泥专项规划"讨论会议。

6月12日 协会邀请市政协副秘书长周群、提案委员会副主任余仲伟等2人进行座谈，向他们汇报了重庆水泥投资过热，产能将严重过剩的实况，并委托他们将由9大水泥企业集团老总联合签名的"诉求信"转交市政协主席邢元敏。

6月15日 协会为给企业办实事，有9户企业法人签名的给市领导的公开信"为何渝办发[2008]353号文成为一纸空文?"分别送到市人大、市政府相关领导手里。

同日《重庆水泥》2009年第三期正式出刊发行。

6月17日 收到市政府办公厅4处处长杨琳同志电话通知，黄奇帆副市长对协会公开信作了批示，内容是"吴冰同志:此信反映的问题是确切的，重庆水泥产能过剩，不能再大规模扩张，市政府对此也发了文件，执行中没落实到位，请市经信委、市发展改革委务必管好这件事，国土房管部门、环保部门也要启动闸门，不批给新建水泥厂土地或环境空间，市政府金融办要控制新建水泥厂的贷款。总之，要有一套具体刹车办法。"

6月18日 北碚重庆富皇水泥集团公司新建二线日产3 200吨新型干法水泥熟料生产线竣工点火。

6月20~22日 马泽民秘书长会同建材处帅副处长和重庆天助水泥公司黎长华副总一行4人，深入四川灾区对水泥生产线进行考察和调研。

6月23~26日 马秘书长带领全市10户新型干法水泥企业有关领导和技术人员共计12人参加由中国水泥协会在四川省峨眉山市举办的"余热发电研讨培训班"。

6月29~30日 为配合市经委搞好水泥企业化验室主任培训，马秘书长为此撰写《关于水泥企业质量管理规程》的讲课稿，并以投影形式进行制作，热心和尽心为企业服好务。

7月2~3日 由协会协办、重庆市经信委主办，在重庆嘉陵宾馆举办了《水泥企业化验主任和评审员培训班》，约150人参加培训。马泽民秘书长以视频投影形式宣讲了《水泥企业管理规程》，与会人员反响较大，纷纷要求给企业法人进行宣讲。

7月8日 重庆南川"新嘉南"日产2 500吨新型干法熟料生产线竣工投产。

8月1~2日 重庆市水泥协会第三届二次常务理事(扩大)会议在小南海水泥厂温泉度假村召开。来自全市水泥行业的副会长、常务理事、理事单位的代表70人参加会议。中国水泥协会会长雷前治亲自参加会议并讲话。会议由邱会长主持，马秘总结了上半年工作，提出下半年工作建议;邱会长对上半年水泥产销价格和形势进行了全面分析，提出了正确应对4条措施。会议增补了协会陈启和为副秘书长，雷前治作了《水泥工业形势和政策走向》的报告。

8月11日 荣昌县政府以荣昌府办发[2009]169号颁布了《关于印发荣昌县政府淘汰落后水泥生产企业产能实施方案的通知》，开创了重庆市整体淘汰落后产能的先例。政策出台后，两月内辖区的3户企业全部拆除，实现了政府和企业"双赢"。

8月17日 协会与彭水县经委共商该县"十二五"建材工业发展规划，并主动承担为全县建材工业发展规划撰写研究报告。

同日铜梁金江水泥公司二期工程熟料库顶板改建工程发生脚手架坍塌事故，造成7死7伤重大事故。

8月18日 协会马秘书长与市经委建材处领导赶赴铜梁金江二期事故现场，了解事故真相，查找事故原因，并受市政府、县政府委托，担任专家组长，对一期工程进行公证评估，查找10条事故隐患，并提出限期整改的时间要求，受到政府和企业好评。

同日协会会同市经委、市水泥质检站共同对抽出的20名评审员进行培训，并分为6个小组，将全部水泥企业分成6个片区，对水泥企业化验室换发合格证进行核查和行业调研进行分工和部署。

8月21~22日 协会马秘书长和熊科携《成渝经济区慎防产能严重过剩》论文，参加在成都召开的2009年第三届中国水泥营销论坛暨西部水泥峰会，重庆水泥协会的论文对成渝经济区产能过剩发出了警示，开出了药方，受到会议好评。

8月24日~9月28日 协会陈启和副秘书长带领4个企业化验室专业人员，赶赴万州、开县、云阳奉节、巫山、巫溪六区县25户水泥企业进行行业调研，并对化验室合格条件进行了核查。

8月25日 协会受邀参加市节能中心工作会议，汇报了协会近年来"节能降耗，勇当参谋"的经验，收到实实在在的效果。发言材料，被市《重庆节能》杂志刊用。

8月27~28日 协会参加在小南海水泥厂由市安监局、市经委联合召开的市水泥行业安全生产工作会。市安监局一处曹处长对"8.17"金江水泥公司坍塌事故进行了通报;市安监局付局长谢光才作了《吸取教训，强化监管，努力实现本质安全型水泥企业》的讲话;邱沛阳会长以《行业安全形势严峻，期盼安全会议唤醒》为题作了发言;马泽民秘书长以《吸取教训，警钟常鸣》为题作了发言，提出了协会要在"大排查，大执法，大整治"活动中服务企业"帮忙不添乱"，为企业出主意，当参谋!

9月2~5日 马泽民秘书长赴辽宁丹东参加一年一度全国水泥行业秘书长联席会议，并发表了《川渝水泥警防投资严重过度乃当务之急》讲话，听取了中国水泥协会通报的《水泥工业产业发展政策》和《水泥行业准入条件》修改稿。

9月7日 协会与开县经委共商该县水泥工业的淘汰与发展，提出积极支持重庆开州水泥公司新建1条日产2 500吨新型干法线的建议，弥补该县无高端水泥的空白。

9月9日~10日 协会一行3人赴丰都"东方希望"水泥项目、"万盛南桐特种"、"綦江科华"新线建设现场进行调研,共商加快建设的办法和措施,了解南川"新嘉南"投产线遇到的困难,并共商解决办法。

9月12~14日 协会全力以赴协助中国水泥协会在重庆万友康年大酒店召开的"2009全国水泥立磨技术和装备研讨会"。来自全国立磨企业的专家和管理人员近200人参加会议。

9月16日 马泽民秘书长赴铜梁金江水泥公司,对一期生产线验收和事故隐患整改进行检查。

9月25日 "重庆与拉法基集团建立战略伙伴关系"协议签订仪式召开,启动"重庆土壤修复计划"。

10月9日 协会召开秘书长办公会,集体学习胡锦涛总书记在国庆阅兵大会上的讲话;学习国发[2009]38号文件;讨论第四季度的工作。根据行业实际和企业要求,计划在国家颁布"水泥准入条件"后,举办一期企业负责人培训班,把国家相关的新政策梳理后传达下去,引导企业用好政策、用活政策. 今年还要结合"磨子"、"窑子"、"助磨剂"、"耐磨材料"等新技术、新材料,进行培训和推广。

10月15日 重庆润江水泥公司二线日产4 800吨新型干法水泥熟料生产线竣工投产,成为全市今年投产的第7条新型干法生产线。

10月19~20日 相继接到九龙坡区、沙坪坝区等8户水泥企业反映:"重庆市质监局执法大队乱罚款、乱封产品、乱用执法权"的投诉,协会立即向有关领导和相关部门写出了《针对企业"安全监督"反映的问题的建议》,并为企业代拟写出了"申请复议书",尖锐地提出了"行政执法程序不合法"的书面意见。

10月28日 马泽民秘书长受政府有关部门委任为专家组长,组员有市级部门的安监、环保、质监、经信委、建科院以及铜梁县政府有关部门和人员,对重庆金江水泥公司二期日产5 000吨生产线安全整改验收进行大检查,最后作出复产的决定。

11月17日 重庆金九水泥公司二期日产2 500吨新型干法水泥熟料生产线正式竣工点火,成为重庆2009年第8条竣工投产生产线。

11月22日 金九水泥公司二期日产2 500吨新型干法线竣工庆典。

12月3~5日 马泽民秘书长参加在深圳召开的中国水泥协会会长会议,讨论由中国水泥协会修订准备送审的《水泥行业准入条件》,讨论如何抑制水泥产能过剩。

12月7日 协会召开秘书长办公会 学习薄熙来书记在重庆市委二届六次会议上痛批9种"干部病"的讲话;马秘书长传达参加中国水泥协会会长会议的精神,重点传达张张人为、雷前治的讲话;研究了本月下旬召开常务理事扩大会议的资料准备和文字准备工作。

12月23~24日 协会第三届三次常务理事(扩大)会议在小南海生态园举行,常务理事、理事和企业分管市场营销工作的代表共计100余人参加了会议。市经信委建材处何红、帅斌参加会议并讲话。会议由邱会长主持,马秘书长重点传达了中国水泥协会会长会议主要精神。对"水泥集团强势扩张的必然趋势"进行阐述;会议还侧重讨论和分析了2010年水泥市场的走势,形成了"自律"共识。

(重庆市水泥协会 供稿)

四川省

Sichuan Province

【概况】 2009年,四川省认真贯彻省委"止滑提速,加快发展"的工作基调,全力推进灾后恢复重建,四川省经济实现了加快发展、科学发展、又好又快发展。2009年全省生产总值14 151.3亿元,比上年增长14.5%,增速比上年提升3.5个百分点;全社会固定资产投资快速增长,全年完成12 020.7亿元,增长58.1%,比上年快28.3个百分点。由此拉动水泥需求持续快速增长,水泥行业产销两旺,价格高位运行,全年销售收入和利润大幅增长,经济效益高于全国平均水平。

1. 在转变发展方式、调整产业结构上取得了实质性进展。

2009年,四川省投产新型干法水泥生产线33条,年新增熟料产能2 935.7万吨,年新增水泥产能3 816万吨。2009年四川省有新型干法水泥生产线68条,年熟料产能5 062万吨,年水泥产能6 644万吨,占全省水泥总产能(不含粉磨站)11 974万吨的55.5%,比2008年新型干法水泥比重33%提高了22.5个百分点,为淘汰落后产能提供了前提,为全省水泥工业"十一五"期间新型干法水泥比重达到70%以上提供了保证,为"十二五"期间我省水泥工业基本实现现代化打下了扎实的基础。

2. 产量。

2009年,全省水泥产量8 887万吨,同比增长52.68%,占全国水泥总产量的5.46%,比上年度提高了1.09个百分点,位居全国第7位,排名提升了1位。产量高速增长,减轻了水泥供不应求状况,保障了国民经济建设和灾后重建的需要。四川省主要城市2009年水泥产量如下表:

四川省主要城市 2009 年水泥产量

地　区	2009 年产量（万吨）	企业数（个）	平均产量（万吨）	同比增长（%）
乐山市	1 367	35	39. 06	42. 00
内江市	887	28	31. 68	49. 01
成都市	830	8	103. 75	75. 52
德阳市	627	29	21. 62	113. 91
达州市	585	18	32. 50	30. 02
眉山市	557	22	25. 32	45. 22
广安市	542	14	38. 71	14. 15
宜宾市	527	27	19. 52	15. 55
凉山州	420	19	22. 11	57. 13
绵阳市	389	23	16. 91	40. 10

3. 经济效益。

2009 年，全省 324 户规模以上水泥生产企业销售收入 269 亿元，比上年增加 46 亿元，增长 20. 63%；盈亏相抵后的利润总额为 16. 63 亿元，增长 11. 47%；利税总额 23. 52 亿元，增长 17. 14%。全省企业数 324 个，每个企业平均年产量 27. 43 万吨，同比提高 45. 59 个百分点。生产总能耗 1 042. 83万吨标煤，同比增长 23. 52%，增速低于产量增速 29. 16 个百分点，节能降耗成效显著。

4. **大企业快速成长，企业集中度明显提升。**

到 2009 年末，全省水泥产能上百万吨的企业（集团）27 户，比上年增加了 19 户。27 户企业年产能 5 598 万吨，占总产能 46. 9%。年产能 300 万吨以上企业 7 户，其中峨胜公司产能 920 万吨，名列首位。

记　事

1 月 22 日　在达州市大竹县石河镇，“达州海螺”水泥项目开工。该项目投资额 15 亿元，建成可年产水泥 440 万吨，第一条生产线预计 2010 年 1 月投产。

2 月 13 日　四川省水泥协会二届二次理事长会议在成都市成都军区新华宾馆召开。出席会议的有理事长、副理事长或副理事长的代表、秘书处负责人共 17 人。会议由李川理事长主持。

与会代表听取了李川理事长关于调整协会理事长、法人代表事宜说明，与会代表一致同意推荐熊建华同志为协会理事长（法人代表）人选。会议责成协会秘书处用通讯理事会方式落实理事长变更事宜。

会议议定：在未选举产生协会秘书长之前，协会秘书处工作临时由刘道君、成学军同志负责，成学军同志主持秘书处日常工作。

根据会议议程安排，成学军代表协会秘书处作《四川省水泥协会 2008 年度工作总结和 2009 年度工作安排的报告》。会议审议并原则上同意这一报告。

2 月 16 日　四川北川中联水泥公司日产 4 500 吨熟料水泥生产线举行土建开挖仪式。

2 月 18 日　总投资 7 亿元的“华新万源”年产 300 万吨新型干法水泥生产线在万源市官渡镇破土动工。一期为日产 2 500 吨熟料新型干法生产线和配套 4. 5 兆瓦吨低温余热发电项目。

2 月 26 日　四川宜宾海丰和锐有限公司电石渣综合利用水泥项目开工，项目总投资为 3. 2 亿元，年产水泥 60 万吨，预计 2010 年元月份投产。

3 月 23 日　四川省水泥协会发出“关于熊建华同志当选为理事长（法人代表）的公告”，根据《四川省水泥协会关于选举理事长（法人代表）的通知的通知》（川水泥协【2009】2 号），经四川省水泥协会全体理事选举，熊建华同志当选为四川省水泥协会理事长（法人代表）。

4 月 1 日　四川省经济委员会发出《关于同意四川省水泥协会对本省水泥企业化验室合格证换（发）证工作的批复》，四川省水泥协会在 2009 年开展四川省水泥企业化验室换（发）证工作。换（发）证工作从 2009 年 5 月份开始，于 11 月份基本结束。全省有 360 个水泥企业化验室申请参加评审考核，对提高全省水泥企业化验室素质和水泥产品质量起到重要作用。同时，增强了协会的凝聚力，为进一步搞好协会工作打下了基础。

4 月 7 日　四川南威水泥有限公司日产 2 500 吨熟料新型干法生产线竣工。该生产线总投资 3. 5 亿元，年水泥产能 100 万吨。

4 月 26 日　四川广旺集团卢家坝水泥厂日产 2 500 吨熟料新型干法水泥生产线竣工投产。四川省副省长李成云，广元市市委书记罗强、市长马华参加了投产仪式。该生产线标志着四川省广元市第一条新型干法水泥生产线正式建成。

5月20日　四川省省长蒋巨峰视察"达州海螺"建设工地。海螺集团公司董事、副总经理纪勤应向蒋省长汇报了集团近年来的发展情况。在听取"达州海螺"工程建设情况汇报和视察了建设工地之后，蒋省长对项目建设进度和质量表示满意。

5月21日　四川省省长蒋巨峰在广安市委书记王建军、四川省川煤集团总经理曹善华等负责人陪同下，考察了四川省川煤集团广能华蓥山水泥公司年产200万吨新型干法水泥生产线建设工地。蒋省长在听取了项目建设进度情况的汇报后，对项目建设进展情况表示满意。

5月25日　四川嘉华水泥股份有限公司日产2 000吨熟料新型干法特种水泥生产线在乐山市沙湾区嘉农镇竣工投产。该项目投资2.1亿元，年特种水泥生产能力80万吨。

6月18　中国水泥协会会长雷前治、副会长兼秘书长孔祥忠一行赴四川省水泥协会调研。四川省水泥协会会长熊建华等向雷会长一行介绍了四川省水泥行业当前的状况和存在的问题。雷会长向四川省同仁介绍了全国水泥行业运行状况及对今后水泥行业发展的看法。

6月24日　"2009全国水泥窑低温余热发电技术高级研修班"在峨眉山市正式开班并成功举行。中国水泥协会副会长兼秘书长孔祥忠、四川省水泥协会会长熊建华等出席了研修班开班仪式。

6月28日　四川金顶(集团)峨眉山特种水泥有限公司日产4 500吨熟料新型干法生产线竣工投产。该项目总投资5.9亿元，年水泥生产能力200万吨。

7月9日　安县中联水泥有限公司日产4 500吨熟料新型干法水泥生产线在绵阳市安县桑枣镇开工建设。该项目总投资7亿元，年水泥生产能力200万吨。

7月21日　四川沽竹水泥有限公司日产2 500吨熟料生产线在达州市大竹县竣工投产。该项目总投资1.98亿元，年水泥产能100万吨。四川省水泥协会秘书长成学军应邀出席投产典礼。

7月21日　四川唯鼎水泥有限公司日产2 500吨熟料新型干法生产线在资阳市雁江区丰裕镇竣工投产。该项目投资2.86亿元，年水泥生产能力100万吨。

7月31日~8月1日　"2009年西部水泥产业可持续发展研讨会"在成都市望江宾馆举行。来自西部地区300多位代表参加了研讨会。中国水泥协会雷前治会长、工信部袁克兰处长到会作了专题报告。省水泥协会熊建华会长参会并致辞。

9月5日　四川省水泥协会向省经委作了《关于四川省水泥工业现状、发展趋势及工作建议的汇报》。汇报了省水泥工业基本情况和省水泥工业发展趋势，并就如何防止产能过剩，推动淘汰落后产能，加快企业走新型工业化道路和适时启动省水泥工业"十二五"专项发展规划编制提出工作建议。汇报材料得到省经委高度重视，焦伟侠主任作出批示，肯定汇报内容值得关注。

9月20日　达州利森水泥有限公司日产4 000吨熟料新型干法水泥生产线在达州市大竹县双拱镇点火投产。该项目总投资6亿元，年水泥产能160万吨。

10月22日　在四川省峨眉山市举行的峨眉山市工业发展表彰大会上，四川峨胜水泥股份有限公司获得峨眉山市委、市政府1 000万元奖励，是对峨胜公司支持灾后重建贡献突出、快速做大做强企业的鼓励。峨胜公司用这笔奖金设立"峨胜创新基金"，并每年注入200万元增加基金积累，用于奖励企业发展中在技术创新和管理创新方面做出突出贡献的员工。

10月26日　凉山州乃托水泥有限公司日产2 500吨熟料新型干法水泥生产线在凉山州越西县竣工投产。该生产线投资2.37亿元，年水泥生产能力100万吨。

10月28日　四川远威水泥有限公司日产2 500吨熟料新型干法水泥生产线竣工投产。该项目年水泥生产能力100万吨。

11月12日　川煤集团广能蓥峰水泥公司日产4 000吨熟料新型干法生产线在华蓥山市举行投产庆典，四川省副省长李成云参加了庆典。

11月13日　华新水泥(渠县)有限公司日产4 000吨熟料新型干法水泥生产线在达州市渠县竣工投产。该项目投资6.5亿元，年水泥生产能力160万吨。

12月28日　北川中联水泥有限公司日产4 500吨熟料新型干法水泥生产线在北川羌族自治县擂鼓镇隆重举行竣工点火仪式。中国建材联合会张人为会长，中国水泥协会雷前治会长等500余人参加竣工仪式。该项目是中国建材集团积极响应党中央、国务院号召，在灾区迅速启动的第一个灾后重建的大型工业项目，从破土动工到竣工投产仅用了十个月时间，成为北川灾后重建具有里程碑意义的重点投资项目。

12月28日　四川峨胜水泥股份有限公司第四条日产4 600吨熟料新型干法水泥生产线竣工投产，这是该公司建成投产的第六条新型干法水泥生产线，企业年水泥产能达到920万吨。该生产线总投资6.5亿元，年水泥生产能力200万吨，自2009年4月正式开工建设，创造了9个月建成投产的业内高速度。

12月28日　邻水红狮水泥有限公司日产4 000吨熟料新型干法生产线在广安市邻水县竣工投产。该项目总投资5亿元，年水泥生产能力160万吨。

四川省水泥协会联系方式：
地址：成都市锣锅巷67号二楼(原省建材局办公楼二楼)
电话和传真：028－86750301
邮编：610017
邮箱：scssnxh@163.com

(四川省水泥协会成学军　供稿)

贵州省

Guizhou Province

【概况】 经历了多年的沉寂和蓄势，贵州省水泥工业从2009年起，步入了发展的快车道。新型干法水泥高速发展，大型企业纷纷落户，节能降耗新技术迅速推广，贵州省水泥工业正在发生深刻变化。

2009年全省水泥产量为2 665万吨，与2008年的2 049万吨相比，增幅达30%，是贵州省历史之最。

截止到2009年底，全省水泥产能4 597万吨，其中新型干法产能占总产能的份额，由2008年的32%左右上升到51.66%；2009年内点火的新型干法水泥生产线有12条，产能1 200万吨，一年内增加的新型干法产能，超过2009年前历年建设的新型干法产能合计量（1 175万吨）。贵州水泥工业的结构调整迈出了一大步。

2009年底，全省水泥产能分布及在建新型干法生产线产能分布如下：

单位：万吨

窑型 / 地区	机立窑	湿法窑	小旋窑	新型干法窑	在建新型干法窑
贵阳市	512	80	15	240	820
六盘水市	58	30	0	400	300
遵义市	344	20	2	440	1 020
铜仁地区	123	20	0	380	200
黔西南州	172	0	0	235	120
毕节地区	205	22	20	0	1 020
安顺市	189	0	0	140	400
黔东南州	153	22	10	300	0
黔南州	197	28	0	240	1 020
合　计	1 953	222	47	2 375	4 900

【市场动态】 2009年，全省水泥市场持续产、销两旺局面。

由于2009年底前投产的新型干法生产线，规模不大，建设期、调试期较长，达产达标慢，2009年点火的新线大部份在第四季度烘窑，新增产能跟不上需求的增加，全省水泥市场出现供不应求的状况。

贵州周边的省、市、自治区，云南、广西、湖南和重庆进入贵州的水泥及熟料约350万吨，以广西运来的量最大。从2007年开始，贵州每年从广西购买的水泥及熟料均在100万吨以上。

鉴于在建新型干法生产线产能超过现有产能，2010年，贵州的水泥市场必然出现产量大增后的价格回落现象。外省入黔水泥及熟料也会大幅度减少。

贵州全省人口三千九百多万，2009年人均GDP1 500美元，还不到全国人均数的一半；2009年全省人均消费水泥近800千克，人均累计消费水泥不足7吨。贵州省经济发展所带动的水泥需求，还有较大空间。

记　事

3月8日　贵州博宏实业有限公司（水钢水泥）日产2 000吨水泥熟料生产线点火。

3月12日　省经贸委和省水泥工业协会召开“全省资源综合利用工作座谈会”，全省各地、州、市经贸委分管负责人和旋窑水泥企业的代表参加了会议；省水泥工业协会在会上讲解了在生产原料中掺兑废渣比例的计算公式，得到了政府部门和企业的好评。该公式与2009年12月29日　财政部国家税务总局下发的财税[2009]163号文《关于资源综合利用及其它产品增值税政策的补充的通知》完全一致。

6月2~5日　省水泥工业协会组织了以水泥生产企业为主的13个单位,22位代表到安徽海螺集团参观、考察、学习。

6月29日　凤岗县西部水泥有限公司日产3 200吨水泥熟料生产线点火。

7月10日　贵州省水泥工业协会组织编制《贵州省水泥生产企业节能考核及评分标准》和《编制说明》完毕,送审稿交省经贸委节能办。

7月29日　盘县三合水泥有限责任公司日产3 200吨水泥熟料生产线点火。

9月13日　贵州凯里瑞安建材有限公司日产2 500吨水泥熟料生产线点火。

9月17日　仁怀市建台水泥厂日产2 000吨水泥熟料生产线点火。

9月29日　贵州省松桃高力水泥实业有限公司日产2 500吨水泥熟料生产线点火。

10月1日　麻江明达水泥有限公司日产2 500吨水泥熟料生产线点火。

10月28日　贵州超宇水泥有限责任公司日产2 500吨水泥熟料生产线点火。

11月1日　贵州资兆建材有限公司(德江县乌江水泥厂)日产2 500吨水泥熟料生产线点火。

11月26日　省水泥工业协会向省国土资源厅上报《关于请求调整水泥用灰岩矿产资源补偿费指导价的报告》。

12月12日　省水泥工业协会以黔水协字[2009]第010号文,向省国土资源厅上报《关于请求调整水泥用灰岩矿产资源补偿费指导价的请示》。省国土资源厅认真听取了省水泥工业协会的意见,对开展矿山储量动态监测工作的水泥厂自备矿山,大幅下调了相关费用。

12月28日　印江县梵净山金顶水泥公司日产2 000吨水泥熟料生产线点火。

12月28日　贵州都匀豪龙水泥有限公司日产3 200吨水泥熟料生产线点火。

12月31日　镇远东立水泥厂日产2 500吨水泥熟料生产线点火。

(贵州省水泥工业协会　供稿)

云南省
Yunnan Province

【概况】　云南水泥工业行业认真践行科学发展观,坚持新型工业化发展方向,积极调整产业结构,大力淘汰落后产能,先进生产力得到较快发展。2009年,全省拥有水泥生产企业(含粉磨企业)257户,总生产能力7443万吨,其中,新型干法水泥生产企业52户,分布于全省16个州市中的12个州市。新型干法水泥生产线70条,生产能力占全省水泥生产能力的73.05%。

在机遇与挑战并存的2009年,全省水泥行业在省委、省政府的正确领导下,紧紧把握扩大内需,促进经济增长为水泥行业发展带来的良好机遇,鼓干劲,迎挑战;强管理,稳运行;调结构,上项目,有效化解生产经营中的各种困难和矛盾,全力以赴确保各项基础设施、重点工程和民生项目建设对水泥产品的需求。经过全行业的共同努力,产业结构进一步优化,生产实现高速增长,经济运行质量稳步提高,经济效益大幅增长,全行业呈现出质量、速度、结构、效益协调统一的良好态势。

1. 水泥产量。

2009年以来,云南水泥产量持续大幅增长,每月增幅始终保持两位数以上的纪录,月均增幅高达30.05%,一举突破5 000万吨大关,达5 046.45万吨,较2008年净增1034.47万吨,增量创历史之最。产量同比增长25.78%,增幅同比提高12.48个百分点,增速高于全国平均水平9.88个百分点。其中新型干法水泥产量3 611.15万吨,较上年净增1 264.62万吨,占全省水泥总量的71.56%,增幅同比提高13.07个百分点。

散装水泥供应量1 304.3万吨,同比增长44.47%;散装率达25.85%,增幅同比提高3.35个百分点。

出口水泥21.46万吨,同比增长21.19%。

全省16个州市中,有13个州市的水泥产量较上年增长。其中,增幅超过全省平均水平的有昆明市、玉溪市、丽江市、红河州、大理州、德宏州和怒江州。水泥产量占全省比重超过10 %以上的4个州市依次为:

昆明市858.75万吨,同比增长32.75%,占全省比重17.02 %;

曲靖市851.66万吨,同比增长20.66%,占全省比重16.88 %;

玉溪市717.62万吨,同比增长27.80%,占全省比重14.22 %;

大理州685.35万吨,同比增长33.15%,占全省比重13.58 %。

2009年云南省各州市水泥产量 （单位：万吨）

8 州	产 量	增长率	8 市	产 量	增长率
大 理	685.35	33.15	昆 明	858.75	32.75
红 河	396.91	39.71	曲 靖	851.66	20.66
文 山	253.26	11.37	玉 溪	717.62	27.8
德 宏	137.30	35.45	昭 通	295.59	16.29
楚 雄	120.78	2.83	丽 江	235.79	76.41
西双版纳	39.67	21.32	普 洱	194.88	-0.05
怒 江	11.39	228.07	保 山	186.24	17.54
迪 庆	7.61	-55.24	临 沧	53.65	-7.83

单一企业中，生产规模并列全省第一的安宁昆钢嘉华水泥公司一路高歌，以水泥产量超200万吨，商品熟料销售近20万吨的佳绩，创造了云南水泥工业历史上单一企业年产量最高纪录，成为实至名归的行业领跑者。同为全省单一企业产能首位的红塔滇西水泥股份公司不甘示弱，以生产水泥近160万吨，销售商品熟料近50万吨，合计超过200万吨的业绩继续领跑。产量在100～140万吨的跟跑企业5户，依次为华新水泥（昭通）公司、瑞安东骏水泥公司、云南远东水泥公司，保山昆钢嘉华水泥公司、大理水泥集团公司，合计产量638.99万吨，占全省比重的12.6％。产量在60～100万吨的助跑企业7户，合计产量570.70万吨，占全省比重的11.31％。产量排名前10位的单一企业合计生产水泥1 275.62万吨，同比增长33.52%，占全省比重的25.28％。

集团公司产量超过150万吨的3户企业依次为：云南国资水泥红河有限公司、宣威宇恒水泥有限公司、丽江永保水泥有限公司，合计产量534.57万吨，同比增长24.01%，占全省比重的10.59％，同比提高0.52个百分点。

国家重点支持水泥工业结构调整的云南瑞安建材投资有限公司和云南昆钢水泥建材集团有限公司合计产量1 237.21万吨，占全省比重的24.52％，同比提高5.75个百分点。

2. 经济指标。

在水泥产量持续增长的同时，全行业经济运行质量不断提升，经济效益稳步上扬，盈利水平大幅提高，主要经济指标一路飘红。全省全部主营业务收入在500万元以上独立核算水泥工业企业累计完成工业总产值（现价）137.98亿元，同比增长30.38%；工业增加值46.58亿元，同比增长47.05%；产品销售产值134.37亿元，同比增长28.20%；产品销售率97.92%，同比提高1.77个百分点；主营业务收入130.80亿元，同比增长30.64%。利税总额18.08亿元，同比增长68.48%。利润7.95亿元，同比增长182.92%。其中，上半年实现2.99亿元，下半年实现4.96亿元，环比增长65.89%。

实物劳动生产率人均1 251吨，比上年提高243吨，增长24.11%。

3. 产品价格。

水泥需求持续旺盛拉动水泥产量直线上升，产量直线上升的同时，全省水泥出厂价格受地理位置、市场需求、品种等级、产能发挥诸多因素影响导致有起有伏。一季度基本维持上年底的价格水平，二季度末达到全年最高值，三季度与一季度大体相同，四季度降至全年最低价。

以昆明为中心的滇中市场需求有增无减，平均出厂价格走势基本平稳，略有起伏。滇西市场总体供大于求，地区之间价格差距较大，每吨价格高低相距70元左右。特别是大理地区价格持续下行，年末与年初相比，降幅达15%左右。滇西北市场运行整体较好，局部与四川接壤地区受之影响，价格自四季度以来下调明显，平均出厂价格每吨下降近50元。滇南市场价格走势尚好，局部区域有所上扬。滇东北市场上半年持续坚挺，平均出厂价格领先全省。下半年价格之冠被西双版纳州取代。

上半年全省水泥平均出厂价格（含税）297元/吨，同比降低15元。下半年平均出厂价格（含税）292元/吨，同比降低8元。全年平均出厂价格294元，同比降低15元。其中，立窑水泥均价274元/吨，同比降低18元；回转窑水泥均价314元/吨，同比提高2元。

低于全省水泥平均出厂价格的州市有昆明、玉溪、曲靖、楚雄、大理、文山等。全省价格最高地区与最低地区的差价年初在120元左右，四季度缩小为85元上下。

水泥出口价格61.54美元/吨，比上年提高5.96美元/吨，同比增长10.72%。创汇1 320.53万美元，同比增长34.18%。

2009 年云南水泥产品各月平均出厂价格(含税)

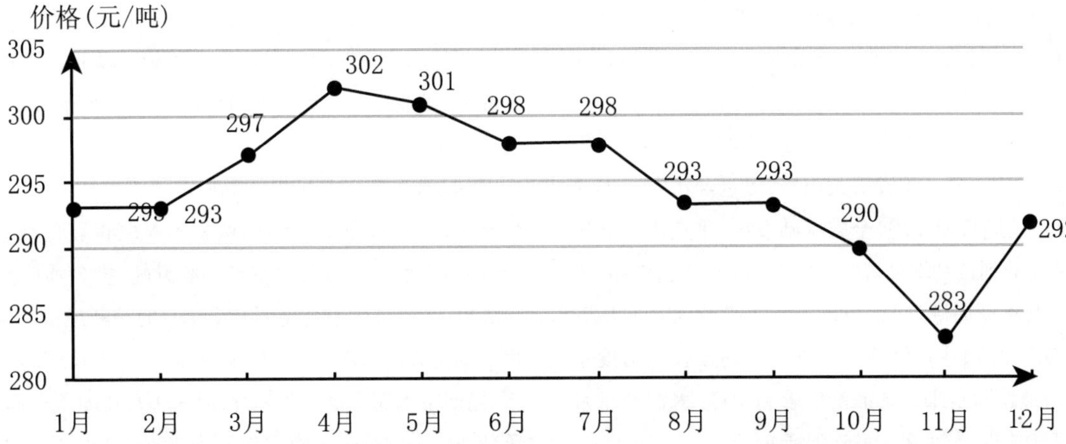

4. **结构调整。**

随着水泥工业结构调整步伐进一步加快,多元化投资主体在全省水泥工业行业的固定资产投资再创新高,全年累计完成固定资产投资 52.10 亿元,同比增长 42.78%,有力地推动了水泥工业结构调整步伐。

2009 年,先后有 11 条日产 1 000 吨~4 000 吨生产线在滇中、滇西、滇南和滇东北等不同区域竣工投产,新增新型干法水泥熟料生产能力 697 万吨,成为行业新的增长点。其中,引人注目的亮点一是昆钢水泥建材集团在曲靖市师宗县建设日产 4 000 吨生产线顺利投产,使云南现有最大吨位生产线增至 4 条。二是水泥浙商布局红河州州府蒙自县建设日产 2 500 吨生产线如期点火运行,使该州新型干法水泥生产企业增至 2 户,拥有 3 条生产线,边疆民族地区的产业结构调整取得新的成绩。

按照全省 2009 年淘汰落后水泥产能的目标任务和时间进度,在各级建材工业主管部门和企业的共同努力下,9 州市 31 户企业的 47 条生产线按要求关停拆除,淘汰落后水泥生产能力 376 万吨,产业结构进一步优化。

由于全行业卓有成效的努力,2009 年云南新型干法水泥生产能力大幅增长,比重由上年的 64.27% 增加至 73.05%,提前一年实现国家产业政策规定"到 2010 年新型干法水泥比重达到 70% 以上"的发展目标。

5. 技术进步。

伴随着水泥工业持续、快速发展,行业技术进步取得新的成绩。2009 年,全省水泥行业共申报科技成果和科研攻关项目 8 项。其中,云南国资水泥红河有限公司《无能耗粉尘呼吸收尘装置》荣获"中国中材杯"全国建材行业技术革新奖二等奖。获得云南省建材工业技术革新奖的一等奖 1 项、二等奖 2 项、鼓励奖 1 项。3 个科研课题分别被纳入云南省科技厅科技攻关项目和院所专项计划重点项目,并获得经费支持。

在新一轮云南省名牌产品评选中,14 户水泥企业的品牌被评为省名牌产品。分别为上登牌、石林牌、红河牌、红山牌、壮山牌、野象牌、共创牌、老君山牌、星星牌、兴建牌、同乐牌、红塔牌、祥龙牌和滇东牌。

利用新型干法水泥窑炉废气余热进行纯低温余热发电节能技术在全行业进一步得到推广运用。云南红塔滇西水泥股份有限公司 6 兆瓦余热发电系统顺利投入使用,节能减排效果明显。此外,全省多条余热发电建设项目开始启动,为全行业节能减排工作起到了积极的推动作用。

6. 排名对比。

2009 年,云南水泥工业行业产量增长,效益增加,行业发展呈现喜人局面。水泥工业增加值在全国同行业排名第 19 位,西部排名第 5 位,排名较上年双双上升 1 位。工业总产值在全国同行业排名第 17 位,西部排名第 5 位,排名与上年双双持平。水泥行业投资在全国同行业排名第 12 位,西部排名第 7 位,排名较上年双双下降 1 位。水泥产量在全国同行业排名第 14 位,西部排名第 3 位,排名较上年双双上升 1 位。

2009 年云南省在西部各省水泥产量、增加值和投资的排名

排序	水泥工业增加值(亿元)		水泥工业投资(亿元)		水泥产量(万吨)	
	省份	增加值	省份	投资额	产量	省份
1	四川	141.79	四川	202.70	四川	9 117
2	内蒙古	72.49	重庆	82.07	广西	6 471
3	陕西	67.20	内蒙古	72.41	云南	5 046
4	广西	66.69	广西	67.19		
5	云南	41.46	陕西	66.72		
6			贵州	65.10		
7			云南	52.10		

7. 行业特点。

在国际国内经济形势变幻的影响下，2009年云南工业领域整体经济运行发生了较大变化，水泥工业生产经营也显露出新的特点：

（1）扩大内需的拉动作用日益增强。2009年以来，特别是进入二季度以来，中央和省扩大内需，促进经济增长的政策效应和投资效应日渐显现，全省基础设施、重点工程和民生项目建设投资到位情况良好，开工率较高；交通、铁路、机场、水利、水电建设高潮迭起；房地产开发投资项目遍地开花，投资额节节攀升；小城镇建设和新农村建设投入力度不断加大，有力地拉动了水泥产品的需求和生产，水泥产量月月增幅高达30%以上，水泥产量连创新高。

（2）经济运行支撑条件明显改善。进入2009年，水泥工业生产所需能源要素保障进一步提高，煤炭平均到厂价格在年初比上年四季度直降60元左右的基础上，前三季度保持小幅下降趋势，环比分别下降10.48%、1.84%和2.05%。四季度虽然略有反弹，但涨幅较小。煤炭价格相对稳定的同时，电力供应充足。为保工业增长，省有关部门出台政策，对符合国家产业政策和环保要求，由统调电网直供的水泥企业，于一季度在全国率先实行枯水期执行平水期"特殊电价"政策，其生产性用电每千瓦时电价在平水期电度电价的基础上下调0.06元。虽然自11月下旬起，全省工业用电平均提价0.228元，但水泥企业有效运用价格杠杆，进行错峰让峰生产，较好地保证了生产的稳定运行。相对充足的能源，较为宽松的价格，为水泥企业拓市场、增效益、降成本提供了有利的外部条件。

（3）多项主要经济指标比重下降。"水泥工业一业独大"是云南建材工业行业长期不争的事实。"十五"以前，水泥工业整体经济指标在全省建材工业行业的占比一直维持在82%～85%之间，个别指标甚至高于85%以上。"十一五"以来，在国家产业政策的指导下，通过调结构、上项目；抓改革、促发展，全省建材行业结构调整取得了显著成效，非水泥工业行业产业布局更趋合理，整体实力不断加强，各项经济指标占比逐年加大。2009年，水泥工业行业主要经济指标除工业增加值外，主营业务收入、工业总产值和产品销售产值等指标在全行业的比重首次降至80%以下。其中，主营业务收入、工业总产值和产品销售产值分别下降1.37、4.31和4.03个百分点。

（4）水泥生产格局再行调整。经过"十一五"以来的不懈努力，云南水泥工业结构调整不断取得新的成绩。2008年，曲靖市水泥产量首次突破700万吨，排名连升两位跃居全省第一，打破了省会昆明几十年来的垄断地位。昆明市由历年的老大退居次席，2009年，在固定资产投资的强力拉动下，昆明市水泥产量一路飙升，以859万吨的历史最高纪录，重新回归全省第一。曲靖市发展先进生产力速度进一步加快，当年新增日产4 000吨和2 000吨生产线各1条，全市新型干法水泥熟料生产能力超过700万吨，取代大理州成为全省新型干法水泥生产企业最多，生产能力最大的地区。

记　事

9月18日　云南省新型干法水泥窑纯低温余热发电及项目投融资交流会在昆明召开。本次交流会由云南省硅酸盐学会和云南省节能技术服务中心牵头举办。来自省内外的30余家企业40多名代表参会。交流会由云南省建材协会行管办师红处长主持。

交流会上中信重工机械股份有限公司代表介绍了我国新型干法水泥窑纯低温余热发电技术，装备现状和最新动态。金隅集团琉璃河水泥厂代表应邀和与会企业们分享了琉璃河水泥厂成功实施余热发电技术经验和技术创新的成果。中信环保股份有限公司代表作题为"水泥企业纯低温余热发电项目的融资模式"的报告，介绍了合同能源管理模式和BOT模式在相关项目建设中发挥的优势及相关案例，详细说明了在BOT模式水泥企业纯余热发电项目上的实施过程。

（云南省建材工业行业协会师红时晓初　供稿）

西藏自治区

Tibet Autonomous Region

【概况】　2009年底，西藏自治区建有各类水泥工业生产企业12家，从业人员4 500余人，设计年生产能力共计369万吨，其中新型干法水泥设计年生产能力210万吨，占总设计产能的56.9%。2009年全区水泥产量190万吨，同比增长16.6%，实现产值11.3亿元、利润2.2亿元。

【水泥产业结构调整和淘汰落后产能情况】　自治区高度重视水泥工业结构调整，采取积极有效措施加快水泥产业结构调整和淘汰落后产能工作。

一是在加快用先进技术改造传统产业的同时，对重点产品的总量提出了阶段性控制目标。淘汰拉萨周边小水泥生产线取得实质性进展，西藏日喀则地区雪莲工业贸易公司及"拉萨远大"、"金哈达信通"、"堆龙东嘎"四家水泥厂已积极开展原有立窑生产线关闭和产品转型准备工作，四家水泥厂拟新建一条60万吨和一条120万吨的新型干法水泥生产线,现正在向有关部门申报,同时积极准备关闭湿法窑4座,淘汰落后产能100万吨。

二是通过支持新型干法水泥生产线建设,加大新型干法水泥产能布局,充分发挥市场机制和产业政策的合力作用,加快淘汰落后产能。鼓励现有的两家新型干法水泥生产线建设余热发电项目,开展节能降耗、降低生产成本、减少废气排放。

三是广泛应用科技进步成果、新工艺、新技术,重点开展了新型干法预分解窑水泥生产线的应用,使新型干法工艺技术水平的应用达到国内同等行业先进水平,使改扩建新型干法水泥生产线投资从900元左右/吨降到500元左右/吨,采用新型干法水泥工艺的企业在产品质量、规模效益、环境保护方面具有了明显的竞争优势。

四是企业组织结构得到明显改善,国有企业改革步伐加快,2009年成立了西藏高新建材集团有限公司。建材工业经济运行质量和效益明显提高,国有企业改革与脱困目标正在逐步实现。

【主要产品生产情况】 西藏地区水泥产品目前主要有硅酸盐水泥和普通硅酸盐水泥两大类,年生产能力369万吨,2009年实际产量190吨,其中新型干法水泥产量为123万吨,约占65%。

全区采用新型干法回转窑生产线生产工艺的水泥企业有两家,分别是原西藏高争建材股份有限公司(现西藏高新建材集团拉萨分厂)和原华新水泥西藏有限公司(西藏高新建材集团山南分厂)。其中拉萨水泥分厂设计产能120万吨、山南水泥分厂设计产能90万吨。其他水泥生产企业均为立窑生产线,绝大部分已纳入西藏自治区建材行业"十二五"淘汰落后产能规划中,将按照"等量置换"、"减量置换"原则,在适度建设新型干法水泥生产线的同时,逐步淘汰落后产能。全区水泥企业产品在建筑工程上的占有率超过70%。散装水泥的使用率较低,不足8%。

记 事

7月 完成了西藏区内部分水泥厂化验室合格证换发和人员培训工作。

9月 西藏高新建材集团有限公司成立。由华新水泥股份有限公司(A、B股上市公司)、西藏天路股份有限公司(A股上市公司)、西藏高争(集团)有限责任公司、西藏信托投资有限公司、西藏兴业水泥厂5家企业出资组建。注册资金2亿元。西藏高新建材集团有限公司主营水泥生产及水泥制品投资销售;建材行业投资;建材骨料、包装物料制造及销售;机械加工、制造与销售;城市垃圾及工矿废弃物处理技术与服务。西藏高新建材集团有限公司下设拉萨水泥分厂(原西藏高争建材股份有限公司)、山南水泥分厂(原华新水泥西藏有限公司)、日喀则水泥分厂(原日喀则地区雪莲工业贸易公司)、商品混凝土公司(原西藏高争商品混凝土有限公司)等多家企业;公司2009年生产水泥123万吨,占西藏水泥产量的65%。

行政管理机构

2009年1~11月,西藏水泥主管部门是西藏自治区经济委员会建材轻工处。

2009年12月,因机构改革,西藏自治区工业和信息化厅成立,水泥主管部门调整为西藏自治区工业和信息化厅原材料工业处。

主要职责:承担钢铁、石油化工、煤化工、有色、黄金、建材、装备、民爆等行业的行业管理工作,拟订相关行业发展规划、政策并组织实施;指导企业加强安全生产管理,参与重大安全生产事故的调查、处理;按照国家和自治区规定,承担有关项目行业准入管理(预核准)、结构调整和产业升级、规定权限内的项目审核、核准和备案工作;拟订重要原材料年度生产指导性或指令性计划等。

地址:拉萨市娘热路20号

邮编:850000

电话:0891-6322722(传真)、6324102

(西藏自治区工业和信息化厅 供稿)

陕西省

Shanxi Province

【概况】 2009年,陕西省水泥产量4 511万吨,同比增长25%。其中,关中地区占75.2%,陕南占21.4%,陕北占3.4%。全年累计生产熟料3 232万吨。其中:预分解窑熟料2 492万吨,占77.1%。实现工业总产值156亿元,同比增长41.7%;工业增加值67亿元,同比增长49.8%。

【淘汰落后水泥产能】 近几年,陕西省淘汰落后产能工作力度不断加大,为新型干法水泥产业发展创造了空间。2009年全省共淘汰落后水泥产能543.7万吨,涉及企业41

户。由于水泥行业淘汰落后力度不断加大，使水泥行业产业结构调整步伐明显加快，发展方式不断优化。

【企业改革与重组】 2009年，陕省水泥行业通过继续深化改革，加快企业兼并、重组步伐，水泥产业集中度进一步提高，大型水泥企业集团得到了快速发展。如："冀东水泥"重组"秦岭"、"尧柏水泥"收购陕南商洛"秀山水泥"等。

【技术进步】 2009年，全行业积极落实陕西省委、省政府提出的项目带动战略，调动多方积极性，加快新型干法水泥产业发展。尤其是以淘汰落后、节能减排、技术改造为手段，积极支持省内大型水泥企业加快发展，做大做强。具体项目有："尧柏水泥"分别在汉中洋县和勉县开工建设日产2 500吨新型干法生产线并与12月竣工投产；铜川声威集团二期日产5 000吨熟料新型干法水泥带低温余热发电工程项目于7月份投产；陕西满意水泥有限责任公司日产4 500吨新型干法生产线于3月点火投产；铜川市药王山水泥公司二期日产2 500吨熟料新型干法水泥项目于年内投产；陕西安康江华集团水泥有限公司日产2 500吨新型干法生产线于3月投产；宝鸡众喜水泥有限公司在宝鸡陈仓区建设的日产4 500吨熟料新型干法生产线于10月投产；宝鸡众喜水泥有限公司乾县日产4 500吨熟料新型干法水泥生产线于5月奠基开工。海螺集团千阳县日产4 500吨熟料新型干法生产线于10月开工；陕西声威建材集团凤县百万吨水泥生产线于7月开工建设；冀东水泥股份有限公司(凤翔)日产5 000吨熟料新型干法水泥带低温余热发电工程项目于元月开工建设。这些项目的建设极大地促进了全省水泥产业结构的调整优化和布局。

【行业管理】 2009年，陕西省政府机构改革方案出台，陕西省成立了工业和信息化厅。新成立的省工信厅作为政府组成部门，是全省工业的主管部门。省工信厅原材料工业处具体负责全省建材工业的行业管理。

12月23日，陕西省水泥协会成立大会暨第一届第一次会员代表大会在西安举行。省水泥协会是经省民政厅批准成立的社团组织，其业务接受省工信厅的指导。陕西尧柏特种水泥有限公司董事长张继民被选为会长，省工信厅原材料工业处副处长宋亚朝被选为秘书长。协会还邀请了中国工程院院士、西安建筑科技大学校长徐德龙、省工信厅副厅长王虹安、省建材协会会长苗高社为协会名誉会长。

【散装水泥】 2009年，全省共完成散装水泥供应量1 684.23万吨，同比净增562.32万吨，同比增长47.97%，散装率达到37.26%，比2008年提高了4.78个百分点，实现社会经济效益5.89亿元。散装水泥设施设备能力有了新提高。2009年，全省新增专用汽车53辆，累计达到1 290辆，新增散装水泥储存罐236台，累计达到2 242台。商品混凝土的较快发展促进了散装水泥的发展。2009年，全省共完成商品混凝土2 800万立方米，使用散装水泥840万吨，占到了全部散装水泥总量的49.87%。

记 事

2月17日 国家工业信息部原材料司建材处处长吕桂新、调研员高秀英、陕西省建材行业管理办公室副主任兰建文等一行四人来到陕西声威建材集团有限公司"泾阳声威"进行工作考察和调研，并对声威集团的发展和工作进行了指导。

集团董事长赵顺湖、董事长助理章佰灵、"泾阳声威"总经理刘春杰陪同视察了"泾阳声威"水泥生产线。

吕处长等一行在考察了"泾阳声威"水泥生产线后，对声威集团在短短的几年里，快速的发展和合理的企业布局表示赞赏。对声威集团按照自己所制定"十一五"规划的目标稳步迈进给予了充分的肯定。

最后，吕处长等领导表示支持声威集团在陕西继续发展，勉励企业做强做大，也对声威集团未来的发展前景充满了信心和期待。

7月6日 陕西省环保厅开始为期20天的水泥行业环保专项执法检查，检查人员将特别关注水泥矿山对生态的破坏情况及当地水泥企业生产过程中是否影响到居民生活。

据陕西省环境监察局副局长龚国明介绍，该省目前共有163家水泥企业，此次将首先对宝鸡、铜川、咸阳和渭南83家水泥企业进行检查，以控制水泥行业的大气污染物排放，严处水泥行业的环境污染问题。剩余80家将在明年开展的第二阶段检查中进行。

检查人员将主要关注各地政府是否对列入淘汰落后水泥生产能力的企业按期进行了淘汰关闭，水泥企业是否存在未批先建问题，水泥企业污染防治设施运行、污染物排放情况及排污许可证制度和主要污染物排放总量控制落实情况。

8月31日 陕西省宝鸡市首家纯低温余热发电项目在陕西社会水泥有限责任公司并网发电。

10月 经国家发展改革委员会批准，由国家财政下拨250万元专项资金、社会水泥公司投资3 800万元，开始建设公司的纯低温余热发电项目。

社会水泥公司日产2 500吨新型干法水泥熟料生产线投产后，年产销水泥160万吨，生产中可充分利用回转窑窑头、窑尾废气的热能转换发电，有效缓解了企业的用电压力。据悉，余热发电每年可实现发电量3 240万千瓦时，为实现企业环保节能、增产增效创造了有利条件。

10月15日 中国水泥协会副会长、秘书长孔祥忠一行来到位于秦岭脚下西安市境内最大的水泥生产线——蓝田尧柏水泥公司进行考察调研。

孔祥忠一行在陕西尧柏特种水泥股份公司张继民董事长的陪同下，参观了生产线、中央控制室及低温余热电站，深入细致了解了水泥生产工艺流程和余热发电、环保治理等情况。张继民董事长就陕西尧柏特种水泥股份公司发展概况及蓝田尧柏水泥生产运营情况向孔祥忠做了详细介绍。

在现场，孔祥忠秘书长仔细询问了生产经营情况后，对企业能够在英国上市，募集资金发展中国西部水泥工业表示钦佩，对目前企业的发展情况表示满意。孔祥忠秘书长与张继民董事长就如何实现水泥产业与环保产业紧密结合，资源开发与循环利用并举，进而实现可持续发展进行了深入细致的探讨和交流。

12 月 15 日　《声威水泥科技论文集》由陕西科学技术出版社出版。中国工程院院士、西安建筑科技大学校长徐德龙教授为本论文集题写书名。

这一论文集共收集水泥科技论文 64 篇，30 多万字，其中包括水泥工艺、生产及使用、水泥装备与自动化、水泥质量、检验及品牌建设、水泥节能减排及环境保护和其他共五个部分组成。这些论文有的出自长期从事水泥事业的老专家和高级工程师，有的来自生产一线的工程技术人员和员工，也有的是西安建筑科技大学的教授和学者撰写的论文。他们孜孜不倦地刻苦钻研，将自己的研究战果和实践经验奉献给水泥事业。

《声威水泥科技论文集》是声威集团科技创新、科技兴企的重大成果和经验总结，是企业发展史上的一件大事。它不仅限于声威集团，对于整个水泥行业都具有很高的学术价值和实践意义。

12 月 22 日　陕西省水泥协会成立大会暨第一次会员代表大会在西安举行。陕西尧柏特种水泥有限公司董事长张继民被选为陕西省水泥协会会长，陕西省工业和信息化厅原材料处副处长宋亚朝为秘书长。

新成立的陕西省水泥协会还聘请了中国工程院院士、西安建筑科技大学校长徐德龙，陕西省工业和信息化厅副厅长王虹安，陕西省建材行业协会会长苗高社为陕西省水泥协会名誉会长。工业和信息化部原材料司、中国水泥协会、国家水泥质量认证中心、西安建筑科技大学等单位发来贺电和贺信，对陕西省水泥协会的成立表示祝贺。

（陕西省工业和信息化厅　供稿）

甘肃省

Gansu Province

【概况】　水泥工业是甘肃省建材工业的主导产业，工业增加值占全省建材工业增加值 70% 以上。2009 年水泥熟料生产能力 2 100 万吨，其中新型干法水泥熟料生产能力 1 025 万吨，占全省水泥熟料生产总能力的 49%。2009 年，甘肃省水泥工业得益于国家及时采取的保增长扩内需调结构的宏观调控政策措施，增加铁路、公路和机场建设，加大民生工程和基础设施建设投资，全省开工项目达 4 800 多项，实现全社会固定资产投资 2 340 亿元，同比增长 40%。全省固定资产投资增长直接拉动了市场需求，带动全省建材工业尤其是水泥工业的快速增长。水泥市场需求呈现出持续增长，水泥工业经济效益继续稳步提高，利润大幅上升，固定资产投资高速增长，结构调整快速推进的良好态势。同时促使全省建材工业产值首次突破百亿元。

1. 新型干法水泥得到进一步发展，水泥产能保持基本合理。

2006 ~ 2008 三年甘肃省没有新型干法水泥生产线建成投产，2009 年在建和拟建项目迅速增多，水泥工业发展势头强劲，项目规模扩大。酒钢宏达建材有限责任公司、兰州甘草环保建材股份有限公司、金昌水泥（集团）有限责任公司、平凉海螺公司、中材天水公司、陇南润基水泥公司 6 条新型干法水泥生产线建成投产，新增 450 万吨熟料生产能力，全省水泥孰料生产能力达到 2 100 万吨，其中包括 1 000 万吨落后生产能力，还有 10 多条线在建。2009 年甘肃水泥市场需求旺盛，价格稳中有升，水泥工业保持有序发展，未出现水泥产能过剩的问题。

2. 水泥工业实现快速增长，经济效益大幅提高。

2009 年水泥产能产量同步增长，产能增长 22%，水泥产量增加到 1 839 万吨，同比增长 11.4%。全省规模以上建材工业企业实现工业总产值 107.37 亿元，增长 39.79%；实现工业增加值 42.34 亿元，同比增长 26.07%，实现利税 18 亿元，同比增长 48%，其中利润总额 11.3 亿元，同比增长 85%。其中水泥工业实现工业增加值 28.3 亿元，同比增长 18.64%，实现利税 15 亿元，同比增长 54%，其中利润总额 9.8 亿元，同比增长 93%。在国际金融危机的影响下，全省经济出现下滑，但建材工业仍保持了较高的增长速度，整体盈利大幅增加，成为我省经济发展的亮点之一。

3. 结构调整取得明显成效。

2009 年新型干法水泥熟料生产能力占水泥熟料总能力的比重提高到 49%，技术装备水平取得进步，水泥工业已经从小、弱、散、落后的产业形态向以新型干法为主且单条生产线能力大幅度提高的方向发展。甘肃祁连山水泥集团形成永登、天水、平凉、青海四大生产基地，祁连山集团势力进一步壮大，水泥生产能力由 2005 年的 500 万吨增加到 800 万吨，综合效益明显提高，大企业的市场主导作用日益明显。

2009年,"中材"、"海螺"等国内大企业纷纷登陆甘肃水泥市场,加上"祁连山"快速扩张,使甘肃水泥行业集中度进一步提高,大企业对水泥市场的控制力和话语权明显加强。兰州宏建建材集团公司做大做强混凝土建材制品主业和其他新型建材制品,发展速度迅速,企业实力不断增强,成为全省最大的建材制品生产企业;酒钢宏达建材有限责任公司、金昌水泥(集团)有限责任公司、饮马实业集团公司、王岘水泥厂、寿鹿山水泥有限公司、金龙化工建材有限公司、平凉新世纪建材有限公司等一批建材骨干企业继续稳健成长,不断壮大。

4. 节能减排取得积极进展,资源综合利用成效明显。

全行业节能减排意识提高,建材工业增加值单位能耗、水泥产品单位能耗继续下降,水泥生产造成的粉尘及CO_2、SO_2排放下降。水泥和墙体材料企业年大约消纳矿渣、钢渣、煤矸石、粉煤灰等工业固体废料700万吨。水泥企业利用余热发电和节能减排技术、兰州蓝天浮法玻璃公司采用富氧燃烧、实施窑炉余热发电,建材企业在节能减排、发展循环经济上迈出了实质性步伐。

2009年分地区水泥产量

	本月产量(吨)	本月增长率(%)	累计产量(吨)	累计增长率(%)	企业个数
合　计	1 371 632.94	38.86	18 389 991.04	14.87	80
兰州市	395 511.45	16.39	5 160 494.73	5.99	11
嘉峪关市	13 523.35	-25.7	1 344 101.7	28.66	5
金昌市	68 064	-26.44	1 473 428	17.95	2
白银市	345843	80.42	2 436 528.13	18.56	14
天水市	141 926.04	17.81	2 125 530.06	19.26	8
武威市	36 112	9.49	479 652.48	10.23	5
张掖市	50 915	-17.34	1 190 372.5	7	10
平凉市	83 952.31	181.18	1 555 379.9	8.54	5
酒泉市	96 727.79	0	707 110.5	138.28	4
庆阳市	0	0	160 536.1	19.03	1
定西市	24 126	-31.13	451 057	8.69	4
陇南市	42 650	799.03	213 970	13.96	5
临夏回族自治州	21 164	-5.68	249 775.94	-7.33	4
甘南藏族自治州	32 040	234.66	613 122	23.43	2

2009年甘肃水泥制造业主要财务指标　　金额单位:万 元

指　标	本　期	上年同期	增长率(%)
企业单位数(个)	84	79	5
亏损企业数(个)	13	13	0
企业亏损率(%)	15.5	16.5	-1.0
工业总产值	659 255	469 579	40.39
工业增加值	283 177	204 056	18.64
主营业务收入	616 323	460 096	33.96
主营业务成本	424 316	325 958	30.18
营业费用	38 175	32 740	16.60
主营业务税金及附加	5 101	5 286	-3.51

续　表

指　　标	本　期	上年同期	增长率(%)
管理费用	63 447	48 706	30.26
财务费用	14 541	15 794	-7.93
利息支出	14 157	14 844	-4.63
利润总额	97 997	50 714	93.24
亏损企业亏损额	97 997	50 714	93.24
应交增值税	45 367	40 460	12.13
利税总额	148 465	96 460	53.91
流动资产平均余额	288 921	269 551	7.19
应收帐款净额	56 540	67 022	-15.64
产成品	30 094	37 071	-18.82
固定资产净值平均余额	357 035	320 277	11.48
资产总计	1 010 577	685 019	47.53
负债总计	526 091	420 517	25.11
从业平均人数(人)	24 606	24 916	-1.24

甘肃省新型干法水泥生产线项目表

2009年12月30日

序号	项　目　名　称	投产时间	已建成新型干法能力		
			熟料（万吨）	水泥（万吨）	熟料（t/d）
	合计生产线(条)		24	24	24
	合计生产能力		1 100	1 430	36 800
1	永登祁连山水泥股份有限公司2 000T/D新型干法水泥生产线	2001.12.16	75	86	2 500
2	永登祁连山水泥股份有限公司2 500T/D新型干法水泥生产线	2002	75	86	2 500
3	平凉祁连山2 500T/D新型干法水泥生产线	2004.12.28	75	86	2 500
4	武山水泥厂一号立筒预热器窑改1 500T/D预分解窑生产线	2003	45	52	1 500
5	大通河水泥股份有限公司1 000T/D新型干法水泥生产线	2001	30	35	1 000
6	金昌水泥集团公司1 000T/D新型干法水泥生产线	2001	30	35	1 000
7	山丹水泥化工集团1 000T/D新型干法水泥生产线	2001.11.16	30	35	1 000
8	兰州甘草水泥集团公司1 000T/D新型干法水泥生产线	2002.1.18	30	35	1 000
9	金城水泥有限公司1 000T/D窑外分解水泥生产线综合节能技改工程	2002	30	35	1 000
10	甘肃寿鹿山水泥有限公司1 000T/D新型干法水泥生产线	2003	30	35	1 000

续　表

序号	项　目　名　称	投产时间	已建成新型干法能力		
			熟料（万吨）	水泥（万吨）	熟料（t/d）
	合计生产线(条)		24	24	24
	合计生产能力		1 100	1 430	36 800
11	酒钢宏达建材有限公司 1 000T/D 新型干法水泥生产线改造工程	2003	30	35	1 000
12	大通河水泥股份有限公司 1 000T/D 新型干法水泥生产线	2002.4.28	30	35	1 000
13	甘肃西部水泥股份公司 1 000T/D 新型干法水泥熟料生产线	2005.10.18	30	35	1 000
14	夏河安多水泥股份公司 1 000T/D 新型干法水泥生产线	2005.9.18	30	35	1 000
15	大通河水泥股份有限公司 700T/D 新型干法水泥生产线	1989	20	23	700
16	陇东水泥有限责任公司综合利用废渣 300T/D 特种水泥生产线	2003	20	23	700
17	甘谷祁连山水泥有限责任公司 700T/D 新型干法水泥生产线	2003	20	23	700
18	贡马水泥有限公司 700T/D 新型干法水泥生产线技改工程	2003	20	23	700
19	酒钢宏达建材有限公司 2 000T/D 新型干法水泥生产线改造工程	2009.3	60	69	2 000
20	兰州甘草水泥集团公司 1 000T/D 新型干法水泥生产线	2009.5	30	35	1 000
21	金昌水泥集团公司 2 500T/D 新型干法水泥生产线	2009	75	86	2 500
22	平凉海螺水泥公司 4 500T/D 新型干法水泥生产线	2009.10.31	135	155	4 500
23	中材天水水泥公司 2×2 500T/D 新型干法水泥生产线	2009.12.28	75	86	2 500
24	陇南润基水泥公司 2 500T/D 新型干法水泥生产线	2009.12.13	75	86	2 500

记　事

3 月 1 日　甘肃祁连山水泥集团股份有限公司和天水祁连山水泥有限公司签署《股权转让协议》，甘肃祁连山水泥集团股份有限公司受让天水祁连山水泥有限公司所持甘肃天水鸳鸯水泥销售有限公司 100% 的股权。转让总价款为 191 万元人民币。

3 月　甘肃寿鹿山水泥有限责任公司将已经停产 8 个月的甘肃青龙水泥公司兼并，实施产能整合，在恢复生产的同时，通过技改建成水泥生产粉磨站，新增就业岗位 300 个，年增利税 300 万元。

3 月 9 日　甘肃祁连山水泥集团股份有限公司为整合天水及陇东南区域市场，决定对全资子公司甘谷祁连山水泥有限公司增资 9 000 万元，在厂区北面建设一条日产 3 000 吨新型干法水泥生产线。

3 月 29 日　甘肃张掖巨龙建材有限公司日产 2 500 吨新型干法水泥项目开工奠基。

3 月 27 日　甘肃省委书记陆浩在兰州会见了中国中材集团公司总经理、"中材股份"董事长谭仲明一行，双方就全面务实推进、深化产业战略合作等进行了充分的交流与探讨。

甘肃省副省长石军、甘肃省经委主任李平、甘肃省国资委主任马艾武，中材水泥公司董事长王广林、中材股份公司副总裁隋玉民等参加了会见。

4 月 15 日　甘肃祁连山水泥集团股份有限公司非公开发行股票申请经中国证券监督管理委员会发行审核委员会审核通过。

4 月 22 日　"祁连山"公布一季报。报告期内，公司实现主营业务收入约 4.5 亿元，同比大幅增长 102.8%；实现净利润约 4 752 万元，其中归属母公司所有者的净利润约为 4 725万元，同比大幅增长；实现基本每股收益为 0.119 元，2008 年同期为 -0.003 元。

5 月 8 日　甘肃省白银市"引强入银"的重点项目——中材集团白银日产 4 500 吨新型干法水泥项目完成总图设计、窑、预热器、原料立磨、蓖冷机等主机设备招标定货，完成投资 5 300 万元。预计 11 月份安装设备，争取 2010 年 3 月底建成投产。

6月　中国水泥协会会长雷前治赴青海、甘肃考察调研。他先后来到青海互助金圆水泥有限公司、甘肃祁连山水泥集团所属青海祁连山水泥有限公司、永登祁连山水泥有限公司。

6月3日　祁连山水泥集团股份有限公司和漳县年产200万吨新型干法水泥生产线建设项目正式签约。

6月13日　"永登祁连山"日产5 000吨新型干法水泥生产线开工。永登日产5 000吨项目是甘肃省生产规模最大的水泥生产线之一，是祁连山集团首条开工的日产5 000吨水泥生产线。

6月30日　伴随着阵阵鞭炮声，由"苏州中材"承建的"平凉海螺"日产4 500沌熟料生产线窑尾框架顺利封顶。

7月15日　甘肃祁连山水泥集团股份有限公司投资4.7亿元建设的漳县年产200万吨水泥项目一期工程奠基仪式在漳县盐井乡隆重举行。全国人大常委会副委员长、全国妇联主席陈至立，全国妇联党组书记、副主席孟晓驷，甘肃省委副书记刘伟平，甘肃省人大常委会副主任崔玉琴，甘肃省副省长张晓兰，甘肃省妇联主席韩克茵，全国妇联发展部部长崔郁，甘肃省政府国资委主任马艾武，甘肃省属国有企业第二监事会主席刘祖和，甘肃省环保厅副厅长董光国等领导出席仪式并为项目奠基培土。

7月30日　"祁连山"发布2009年中报，公司2009年上半年实现营业利润17 545.62万元，同比增长209.06%；利润总额21 748.34万元，同比增长161.11%；净利润15 966.87万元，同比增长234.28%；每股收益0.403元。

9月11日　水泥行业能效水平对标活动启动仪式暨《水泥企业能效对标指南》西部区宣讲会在甘肃兰州举行，工信部节能与综合利用司司长周长益，甘肃省人大常委会副主任孙效东，兰州市人民政府副市长姚国庆，甘肃工信委副主任温隆家，中国终端能效项目管理办公室辛升，祁连山水泥集团董事长杨皓，兰州电机总经理马永和，青海互助金圆水泥公司总经理陈勤等出席，中国水泥协会副会长曾学敏主持会议并宣读水泥行业能效对标实施意见。

来自全国各省市工信委及节能系统的代表和中西部地区水泥企业和为水泥企业节能服务的设备企业以及《经济日报》、《中国建材报》、《中国工业报》、《数字水泥网》、《中国水泥》杂志等新闻媒体200多人参加了会议。

10月31日　海螺集团西北地区首条生产线——"平凉海螺"一期日产4 500吨水泥熟料生产线点火仪式在甘肃平凉海螺公司一期现场隆重举行。

11月20日　瑞雪纷飞、寒梅待放，"平凉海螺"员工掩不住收获的喜悦。经过公司各部门齐心协力，克服天气寒冷多变等困难，顺利实现了首批熟料的对外销售，集团西部战略结出硕果。

11月25日　甘肃省文县"玉丰"日产2 500吨新型干法水泥生产线项目前期工作全部结束，已转入三通一平及厂房等土建工程。

11月30日　甘肃乡镇建材行业的先行者和示范性企业——白银市王岘水泥有限公司，在走过40年风雨历程后，迎来了建厂40周年的喜庆时刻。当日，在白银区委、区政府的主持下，来自省内外的500多名各界领导和嘉宾，汇聚一堂，隆重庆祝企业40华诞，共话企业沧桑巨变。

12月13日　甘肃陇南市润基水泥有限责任公司日产2 500吨新型干法水泥生产线投产。该项目是近年来武都区最大的招商引资工业项目，也是陇南市灾后重建重大项目之一。由四川金旗水泥有限责任公司和安徽润基水泥有限责任公司合作兴建，总投资3.2亿，日产熟料2 500吨，并配套建设4.5兆瓦的纯低温余热发电站，实现了资源综合利用和节能减排的最大化。

谭仲明董事长与甘肃省副省长石军
代表双方签署战略合作协议

12月27日　中材集团与甘肃省政府在兰州签署新的战略合作协议，中材集团董事长谭仲明透露，到2013年，中材集团在甘肃省的总投资将超过50亿元。在第一份战略合作协议取得积极成效的基础上，中材集团与甘肃省政府的战略合作进一步巩固和升级。

12月28日　位于甘肃省天水市秦州区关子镇的"天水中材"年产200万吨新型干法水泥生产线项目一期工程点火投产。

该项目为满足"5.12"地震灾后重建的需要，中国中材集团分别与天水市人民政府、秦州区人民政府、天水永固水泥有限公司签署合作协议，在天水投资建设2条日产2 500吨新型干法水泥熟料生产线。项目总投资6.2亿元，项目达产达标后，预计可实现销售收入9亿元，利税2亿元，年消化利用粉煤灰、铅锌矿渣等工业废渣50多万吨。

甘肃省政协副主席黄选平，中材集团公司董事长、党委副书记谭仲明，天水市市委书记、市人大常委会主任张景辉共同启动生产线。甘肃省工信委主任李平，天水市市委副书记、市长李文卿分别代表省委、省政府和市四大组织向天水中材新型干法水泥生产线的建成投产表示祝贺。中材集团公司党委常委、中材股份公司总裁周育先介绍了天水2条日产 2 500 吨新型干法水泥熟料生产线项目基本情况。

甘肃省政协副主席黄选平，中材集团公司董事长、党委副书记谭仲明，天水市委书记、市人大常委会主任张景辉共同按乾坤球启动生产线

甘肃省建材工业协会联系方式

地址：甘肃省兰州市广场南路 51 号统办一号楼 10 层

邮政编码：730000

电子邮箱：gsjcxbb@ 126. com

办公室电话

刘志强　副会长(0931)8850667

秘书处(0931)8960233

行业工作处(0931)89602358850622

综合处(0931)8850541

青 海 省
Qinghai Province

【概况】 2009 年，全省全部工业增加值 471. 34 亿元，比上年增长 10. 2%。规模以上工业增加值 440. 10 亿元，比上年增长 11. 0%。在规模以上工业中，四大支柱产业增加值 290. 84 亿元，比上年增长 10. 1%；四大优势产业增加值 62. 32 亿元，增长 13. 4%。规模以上工业企业产品销售率为 95. 7%，比上年提高 0. 6 个百分点。

全省建材行业工业总产值 35 亿元，比上年增长 7. 8%。销售产值 32 亿元，比上年增长 30. 1%。工业增加值 16 亿元。比上年增长 20. 71%。产品销售率达到 92. 75%，比上年下降 0. 37 个百分点。主要产品产量保持增长。

全省固定资产投资 800. 51 亿元，比上年增长 37. 5%。在 50 万元以上(含 50 万元)固定资产投资中，四大支柱产业固定资产投资 268. 33 亿元，比上年增长 25. 7%。四大优势产业固定资产投资 53. 57 亿元，比上年增长 38. 3%。

2009 年四大优势产业固定资产投资额及增长速度

金额单位：万 元

指标名称	2009 年	比上年增长(%)
四大优势产业	53. 57	38. 3
冶金业	15. 96	14. 8
医　药	3. 01	101. 6
建　材	29. 94	48. 4
畜产品加工	4. 67	47. 5

2009 年也是青海省建材工业持续、稳步、健康发展的一年，全行业以国家政策为导向，以建筑业需求为主要市场，将建材工业的发展与治理环境污染、资源综合利用和本省建材工业节能减排相结合，大力发展新型干法水泥，全省建材产业结构得到进一步优化。

2009 年，全省规模以上水泥企业共有 7 户，资产总额约 45 亿元。全省已投产的水泥设计能力 980 万吨，年实际生产水泥 610 万吨，比 2008 年增长 33. 5%。水泥产销两旺，价格基本稳定，经济效益得到提高。全省水泥散装率达到 21. 1%。

【水泥结构调整】 青海省水泥工业通过技术改造，淘汰落后生产工艺，发展新型干法水泥，提高了行业技术水平和产品质量。2000 年青海省新型干法水泥年生产能力 30 万吨，还不到当时全省水泥生产能力的 10%。截止到 2009 年底，新型干法水泥年生产能力达到 630 万吨，占到全省水泥生产能力的 64%。淘汰总量 50 万吨。年内四条新型干法水泥生产线点火投产，一批水泥项目获得核准或准许开展前期工作，全省水泥行业步入快速发展阶段。

2009 年青海省建材工业主要产品产量

产品名称	单　位	全年产量	比上年增长(%)
石棉	万吨	15. 52	1
水泥	万吨	610	33
平板玻璃	万重量箱	102	-1

记　事

4 月 18 日　青海祁连山水泥有限公司日产 2 500 吨熟料新型干法水泥生产线点火投产。

5 月 13 日　青海互助金圆水泥有限公司日产 3 200 吨熟料新型干法水泥生产线项目点火投产。

9 月 28 日　青海海西化工建材股份有限公司日产 2 500

吨熟料新型干法水泥生产线点火投产。

12 月 27 日　青海新型建材工贸有限公司日产 2 000 吨熟料新型干法水泥生产线点火投产。

（青海建材工业协会　供稿）

宁夏回族自治区

Ningxia Hui Autonomous Region

【概况】　2009 年，在中央实施“保增长，扩内需，调结构”“一揽子计划”以及自治区保增长，促投资各项经济措施的刺激下，全区重点项目进度加快，高速公路等基础建设投入加大、新农村建设不断深入，宁东基地加快建设步伐，拉动建材行业快速增长，水泥、砖瓦、陶瓷、石膏等建材产品的市场需求持续旺盛，使得建材行业持续保持良好的产销形势。水泥行业持续高速增长，各项经济指标创历史最好水平。

1～12 月份，全区建材行业累计完成增加值 23.2 亿元，增长 25.7%，全年增速始终在 20% 以上。全行业实现利润 10.3 亿元，增长 84.6%。全区水泥行业有 46 家水泥企业，其中熟料生产企业 27 家，水泥年产能 1 456.8 万吨，比 2003 年翻一番。全区水泥产能中，新型干法产能占总产能的 77%，高于全国平均水平；日产 2 000 吨以上熟料生产线共 8 条，产能 880 万吨，占总产能的 60%。水泥产量 1 064.5 万吨，增长 19.8%；销售收入 34 亿元，增长 45.7%；散装水泥供应 349.6 万吨，增加 79.7 万吨，同比增长 29.5%；水泥散装率为 33.3%，同比提高 2 个百分点。2009 年，全区预拌混凝土依然保持了强劲发展势头，实现预拌混凝土供应 469 万立方米，同比增加 113 万立方米，增幅为 31.7%，提前一年完成“十一五”规划 400 万立方米的目标。

1. 日产 5 000 吨水泥熟料生产线开工建设。

2009 年 8 月 10 日　宁夏瀛海建材集团下属的子公司宁夏瀛海天琛建材有限公司总投资 4.5 亿元的日产5 000吨水泥熟料新型干法生产线开工仪式在银川市闽宁镇举行。宁夏明峰萌成建材有限公司日产5 000吨水泥熟料新型干法生产线也在三季度开工。这两条生产线的开工，填补了全区没有大型熟料生产线的空白。日产5 000吨生产线生产规模大，能耗水平低，环保设施先进，有利于全区水泥行业结构调整，将为满足全区沿黄城市带建设和重点工程提供充足的水泥。

2. 宁夏建材集团调结构扩产能。

6 月 18 日，宁夏建材集团青铜峡水泥股份有限公司日产 2 500 吨新型干法水泥生产线及配套 4.5 兆瓦纯低温余热发电项目建成投产，该集团在吴忠市太阳山日产 2 000 吨新型干法油井水泥生产线及配套 4.5 兆瓦纯低温余热发电项目、在银川市贺兰山套门沟日产 2 500 吨新型干法水泥生产线及配套 9 兆瓦纯低温余热发电项目同日开工建设。宁夏建材集团水泥产量占全区产量一半以上。集团不断上大压小，先后淘汰 7 条立窑生产线和 2 条湿法回转窑生产线，使公司的水泥全部改为新型干法生产工艺。此次投产和开工的 3 个项目总投资 11 亿元，全部投产后每年可增加新型干法水泥产能 300 万吨。纯低温余热发电项目，每年可减少二氧化碳等温室气体的排放量 14 万吨，年发电量为 1.2 亿千瓦时。

3.“中宁赛马”6 兆瓦纯低温余热电站项目并网发电。

经中卫供电局检查验收，宁夏中宁赛马水泥有限公司 6 兆瓦纯低温余热电站项目实现并网发电。该项目投资 5 000 万元，采用四炉一机生产工艺，充分利用该公司日产 1 000 吨熟料生产线和日产 1 200 吨熟料生产线产生的废气，年设计发电量 3 231 万千瓦时；自用电率为 6%；年供电量 3 037 万千瓦时；吨熟料发电量为 40 千瓦时/吨；电站自行运转效率 > 95%。该电站具有明显的环保和经济效益。稳定运行后，每年可节约标准煤 4 000 吨左右，减少 CO_2 排放 1.2 万吨，增加利润近千万元。

【资源综合利用认证】　2009 年，全区水泥行业共利用粉煤灰、煤矸石、炉渣、脱硫石膏、硫酸渣等工业废渣 380 万吨，资源综合利用率约为 35%。约占全区工业废渣总利用量的 50%。宁夏成为西北地区第一个开展预拌混凝土资源综合利用认证工作的省份。2009 年，全区有 8 家商品混凝土企业通过资源综合利用认证，占到了全行业企业个数的 40%（不包括 2009 年新建企业），认证产品年销售额接近 7 亿元人民币。全区散装水泥减少水泥粉尘排放 5 万吨，减少二氧化碳排放 22 万吨，减少二氧化硫排放 780 吨，节约综合能耗 7.7 万吨标准煤。

【投资快速增长】　2009 年全区水泥行业投资 13.6 亿元，增长 3.3 倍。中卫胜金水泥公司、中宁瀛海天祥有限公司、青铜峡水泥股份有限公司、宁夏萌成明峰建材有限公司、宁夏赛马实业股份有限公司共 5 条日产 2 500 吨熟料生产线陆续投产。宁夏建成建材有限公司、赛马实业股份有限公司宁东粉磨站二期、石嘴山金力有限公司、银川百力德建筑工程公司阅海水泥分公司粉磨站等纷纷建成投产。此外，还有 1 条日产 2 500 吨熟料生产线进入建设末期。2 条日产 2 000 吨熟料生产线进入建设中期。2 条日产 5 000 吨熟料生产线进入建设初期。宁夏亿丰建材有限公司等一批粉磨站也抓紧建设。2009 年，预拌混凝土行业固定资产投资 2.5 亿元，新建混凝土生产企业 8 户（包括在建尚未投产的企业），增加预拌混凝土生产线15条,增加产能500万立方米。

【"中材"控股"赛马实业"】 中国中材股份有限公司出资4.4亿元收购宁夏建材集团30.4%的股权。同时,"中材股份"出资5.7亿元现金对宁夏建材进行增资。收购及增资完成后"中材股份"共持有宁夏建材集团50.06%的股权,宁夏建材集团其余49.94%的股权由"中材股份"的大股东中材集团持有。中材股份成为宁夏建材集团绝对控股股东,同时也成为宁夏赛马实业股份有限责任公司的实际控制人。

记 事

5月8日 宁夏建材行业管理办公室召开全区建材行业信息化及统计工作会议。会上,自治区经济委员会副主任赵小平开通了宁夏建材网,该网站由宁夏建材行办主管,宁夏水泥工业协会主办,网址为www.nxjcw.com。该网站开通后,不仅成为建材行业主管部门做好行业统计监测、形势分析、政策宣传的平台,而且为企业提供行业资讯、信息交流、宣传等多种服务。

6月8日 经自治区党委、政府批准,原宁夏建材行业管理办公室撤销,将原宁夏石化行业管理办公室、宁夏冶金行业管理办公室、宁夏建材行业管理办公室合并成立宁夏经济和信息化委员会原材料工业处。

6月18日 宁夏自治区党委书记陈建国在银川会晤了前来参加宁夏建材集团青铜峡项目投产仪式的中材集团董事长谭仲明一行,双方就深化合作、共同发展充分交换了意见。

陈建国首先肯定了中材集团在宁夏项目的快速发展,他说,中材集团承诺的在宁夏的项目都在顺利开工建设,做得很扎实,发展稳健;两年前,宁夏自治区把区内建材行业的龙头企业——宁夏建材集团无偿划拨加入中材集团这样的"国家队",就是为了发展壮大国有经济,增强国有经济的影响力和控制力;建材行业发展很快,但需要加大集中度,宁夏自治区党委和政府支持区域龙头企业进一步做强做大。陈建国表示,鼓励宁夏建材集团"走出去",到甘肃、陕西、内蒙古等省区发展。

谭仲明感谢宁夏自治区党委和政府对中材集团的支持和信任,给中材集团在宁夏的发展创造了很好的条件。谭仲明表示,中材集团有信心在宁夏发展壮大,将进一步加大投资力度,扎扎实实地落实好承诺的事情。谭仲明说,宁夏建材集团加入中材集团后发展良好,目前已成为跨区域发展的龙头企业,协同效益收到了实效。

双方认为,在宁夏基础设施建设日趋完备的情形下,以水泥制造为切入点,在其他资源领域进一步深化合作、共同发展具有广阔前景。

9月25日 中国水泥能效对标试点企业考察评估会议在宁夏银川赛马实业股份有限公司召开。出席会议的有中国水泥协会、中国终端能效项目办公室、省水泥协会、国家发改委能源研究所、天津设计院、河南同力等单位的专家参加。

宁夏赛马实业股份有限公司通过集团视频会议系统与旗下的子公司共同参加了本次会议。

10月12日 在全区节能和循环经济工作会议上,自治区政府奖励了全区节能降耗先进企业,宁夏赛马实业股份有限公司被授予"2008年度宁夏回族自治区节能降耗先进企业"",并获得一等奖,奖金100万元。宁夏建材集团董事长王广林被中国建材联合会评为2008年度全国建材行业十大新闻人物之一。

宁夏回族自治区自治区经济和信息化委员会原材料工业处

原材料工业处,将原冶金行业管理办公室、石化行业管理办公室、建材行业管理办公室的职能划入原材料工业处,同时接收了自治区发改委承担的自治区稀土工业办的职能。

联系方式:750001 银川市解放西街361号623室
处长:朱洪军
电话:0951-603815813995084160
建材行业管理工作人员:赵德海
电话:0951-603825513895098880
邮箱:nx6880@163.com

(宁夏建材行业管理办公室 供稿)

新疆维吾尔自治区

Xinjiang Uygur Autonomous Region

【概况】 2009年,全区水泥年产能2 033万吨,同比增长21.52%;实现利润11.85亿元;新型干法水泥比重63%,增长8个百分点;水泥散装率达39.52%,增长1.92%。循环经济和资源综合利用取得新进展,4条电石渣水泥生产线运行正常,全年生产水泥200万吨。全行业年利用各类固体废渣900万吨,比上年多利用150万吨左右。全年出口水泥86 382吨,比上年增长-77.95%,出口金额803.66万美元,比上年增长-66.5%。

【重点项目建设】

投产水泥项目:伊犁南岗建材有限公司日产2 000吨项目、天山多浪水泥股份有限公司日产2 000吨项目、"天山水泥股份"塔什店项目日产2 500吨项目、克拉玛依市天盾水泥有限公司日产1 000吨项目。

新开工项目："鲁岳山川"日产2 500吨新型干法水泥生产线、天山水泥股份有限公司电石渣二期2＊2 000吨新型干法电石渣水泥生产线、巴州青松绿园焉耆水泥有限公司日产2 500吨新型干法水泥生产线、喀什疏勒新森水泥有限公司日产2 500吨新型干法水泥生产线、哈密天山日产2 500吨新型干法水泥生产线、昌祥水泥有限公司60万吨粉磨站项目、阿勒泰哈巴河阿山水泥有限责任公司日产2 500吨新型干法水泥生产线、新疆天山水泥股份有限公司哈密日产2 500吨熟料新型干法水泥生产线、阿克苏天山多浪水泥有限责任公司日产3 200吨熟料新型干法水泥生产线、吉木萨尔县天宇华鑫水泥开发有限公司2条日产3 000吨新型干法水泥生产线、阿克苏天山多浪水泥有限责任公司喀什分公司年产90万吨水泥生产线。

【名牌产品】 2009年新取得"名牌产品"称号的5家企业8个品牌：新疆青松建化集团股份公司"青松"牌水泥、新疆天山水泥股份有限公司"天山"牌水泥、新疆南岗建材集团有限公司"黄鸭"牌水泥、新疆屯河水泥有限责任公司"屯河"牌水泥、阿克苏天山多浪水泥有限公司"多浪"牌水泥。

【技术进步】 伊犁南岗建材（集团）获得2009年度"中国中材杯"全国建材行业技术革新奖技术改造类三等奖。

举办了水泥行业检验人员职业技能竞赛并组团参加了国家比赛，4名选手获全国建材行业职业技能竞赛二、三等奖，潞安新疆煤化工集团刘莉、屯河水泥公司蒋秀芳获得"新疆技术能手"称号。

【产业结构调整】

新增加新型干法水泥产能352万吨，淘汰落后产能96万吨，涉及12家企业。

【节能减排】

起草了《新疆水泥行业能效对标工作暂行办法（征求意见稿）》，准备在新疆各行业率先开展能效对标工作。

2009年建成投产生产线

项目序号	企业名称	熟料规模 t/d	年生产能力（万吨） 熟料	水泥	所在地区
1	克拉玛依龙盛建材有限公司	1 200	36	40	克拉玛依
2	伊犁南岗建材有限责任公司	2 000	60	70	伊宁县
3	天山多浪喀什水泥厂	2 000	60	70	喀什
4	天山塔什店水泥有限公司	2 500	75	85	塔什店
5	哈密南岗建材有限责任公司	2 000	60	70	哈密
	合　计		291	335	

2009年度建材行业技术革新奖获奖情况

伊犁南岗建材（集团）有限责任公司申报的新型干法水泥生产线烧成系统节能减排新技术的创新及应用获得2009年度"中国中材杯"全国建材行业技术革新奖三等奖。

记　事

1月8日　自治区2009年重点工程建材需求衔接会议在乌鲁木齐召开。自治区政协副主席、经贸委党组书记、主任王永明出席会议并作重要讲话。自治区经贸委、发改委、建设厅等相关部门、重点工程建设单位、重点建材（水泥、钢材）企业代表共计86人参加了会议。

2月23日　自治区建材行业工作座谈会在乌鲁木齐召开，会议认真总结了本区建材行业2008年取得的骄人成绩，客观分析了当前面临的困难和机遇，对2009年行业工作进行了全面部署。自治区经贸委（厅长级）副主任任光华、自治区发改委副主任李洪波出席会议并讲话，中国建筑材料联合会副会长、中国建材工业经济研究会会长、中国建材规划院院长刘长发作了题为《中国建材工业的发展方向》专题讲座。新疆建材行办党委书记、主任吕志坚作了题为《坚定信心，抢抓机遇，确保实现建材行业平稳较快发展》的讲话。来自自治区、新疆生产建设兵团各有关部门、各地州市及部分县（市）建材主管部门、银行等金融机构以及重点建材企业代表260余人出席了会议。

3月20～24日　由自治区人民政府徐观斌副秘书长带队前往伊犁，就经济运行和内外贸情况进行了调研，行管办副主任柳奇、规划发展处处长孟宪平参加了此次调研活动。行管办重点对该地区建材行业的经济运行、外贸情况进行了专题调研。调研组先后到伊犁南岗建材（集团）有限公司、新汶矿业集团泰山阳光新型建材有限公司、新疆金龙水泥有限公司的生产经营情况以及伊犁地区在建的大型建材项目的建设进展情况进行了深入了解。调研组认为：伊犁河谷建材行业整体经济运行正常；建材产品出口严重受阻，对建材企业影响较大；企业融资、政策落实有困难；企业普遍对加强行业自律、规范市场呼声较高。

4月7日　为确保2009年自治区重点工程建材产品（水泥、钢材）供应，自治区重点工程建材产品供需衔接办公室（以下简称建材供需衔接办）成立，办公地点设在自治区建材行办。新成立的建材供需衔接办由自治区经贸委、自治区建材行办、新疆钢铁协会领导和部分工作人员组成。主要职责任务：一是为重点工程单位及时提供水泥、钢材等建材产品信息服务，指导建材生产企业合理安排生产计划，视情况调整产品品种结构，确保重点工程建材供应渠道畅通。二是及时了解掌握重点工程开工建设情况和主要建材需求情况，以及重点建材企业生产销售和市场价格变化情况，并通过新疆建材行业网及时予以发布。对自治区重点工程紧缺的建材产品，及时协调生产单位抓紧组织生产，确保建材产品供应不断线。为确保信息畅通，要求重点工程主管部门及重点建材（生产、经销）企业每月28日前向建材供需衔接办报送下月需求计划及生产销售计划。

4月21～22日 自治区建材行办组织召开的自治区首届水泥行业质量工作会议在乌鲁木齐举行。这是国内省（市、自治区）由政府部门主办的第一次水泥行业质量工作会议。会议全面总结了水泥行业质量管理工作，认真分析了我区当前水泥行业质量管理方面存在问题的原因，提出了对策；重点水泥企业交流了水泥行业标准质量管理和化验室工作经验；国家水泥质检中心高级工程师崔健讲解了近两年发布的国家标准、行业标准和标准相关的知识；进行了水泥产品生产许可证换发工作的培训。会议要求水泥企业严格执行国家产业政策及相关法律法规，提高质量认识，狠抓质量管理，确保水泥产品的质量，用优异的水泥质量保障新疆经济增长和国家重点工程的建设。来自全疆70家水泥企业的100余名质量管理负责人和化验室主任参加了会议。会议期间，还举行了“新疆水泥质量问题专题研讨会”，就如何加强我区水泥质量管理进行了研究讨论。新疆天山水泥股份有限公司、伊犁南岗建材集团有限责任公司南岗水泥厂、屯河水泥有限责任公司特种水泥厂、屯河金波水泥有限责任公司、新疆青松水泥有限责任公司等5家水泥企业化验室被评为2008年度水泥行业优秀化验室，尹丽娟、袁晖、周维华、魏四花、孙振斐、虞侦海、马成继、曹燕、唐光强、杜艳萍10位同志被评为质量管理工作先进个人。

5月31日～6月3日 自治区建材行业第二十二次质量管理小组代表会议在库尔勒市召开，来自全区建材行业的14家企业51名代表参加了会议。会议对近两年我区建材企业质量管理小组活动情况进行了总结；通报了我区建材企业2008年度在全国、全国建材行业及自治区的获奖情况；会议代表通过演讲、介绍等方式发布了自己的QC成果。本次会议共发表32项QC成果，是历年来最多的一年。

7月8日 全国建材工业第二十四次质量管理活动代表会议在乌鲁木齐煤炭宾馆开幕，会议由中国建筑材料联合会标准质量部部长、国建联信认证中心主任武庆涛主持，中国建筑材料联合会党委书记、常务副会长孙向远，新疆建材行办党委委员、副主任柳奇出席会议并讲话，来自全国46家重点企业的65名代表参加了会议。

7月24日 为进一步搞好乌鲁木齐、昌吉、石河子三地水泥工业产业结构调整，合理产业布局，坚持可持续发展。新疆建材行办在乌鲁木齐市主持召开了“乌、昌、石地区水泥工业可持续发展座谈会”。自治区经济和信息化委员会、自治区发展和改革委员会、兵团发展和改革委员会、乌鲁木齐市经济委员会、乌－昌发展和改革委员会、昌吉州经济贸易委员会等部门参加了会议。

9月2～5日 自治区建材行业第一次职业技能大赛（水泥行业）在乌鲁木齐举行。这次由自治区建材行办与人力资源和社会保障大共同举办、由天山股份公司冠名支持的职业技能大赛历时3天。参加这次职业技能大赛的84名技术出色的技能选手，是从新疆80多家水泥企业的1 400多名参赛者中择优选出的。

新疆维吾尔自治区建筑材料行业管理办公室简介

主要职责：

（一）研究拟定自治区建材工业发展战略和行业规划，提出发展自治区建材行业的方针、政策；推进行业结构调整，引导行业合理布局。

（二）研究提出自治区建材工业的行业法规，组织制定行业管理规章、技术标准；汇集、分析和发布行业经济技术信息，提供信息咨询服务。

（三）协调行业内部关系，维护公平竞争秩序；掌握、分析自治区建材行业生产动态，向有关部门提出政策建议；促进建材资源综合利用，推进新型建材及制品的开发和推广应用；组织有关的自治区建材行业经济技术合作与交流。

（四）指导直属国有建材企事业改革和结构调整，指导自治区国有建材企业扭亏解困、减员增效和实施再就业工程。

（五）负责自治区发展散装水泥、新型墙材和建筑节能工作；协助有关部门做好自治区非金属矿资源勘察、开采的监督管理工作。

（六）承办自治区人民政府和自治区经济贸易委员会交办的其他事项。

地址：新疆乌鲁木齐市光明路26号建设广场写字楼11楼
邮编：830002
电话：0991－8860708 传真：0991－8860713

（新疆维吾尔自治区建筑材料行业办公室 供稿）

第三篇

标准、专利、科技成果

水泥标准

水泥专利

科技成果

水泥标准

Cement standard

2009年

环境保护部公告

Bulletin of Environment Protection Ministry

2009年 第17号

关于发布《清洁生产标准 水泥工业》等三项国家环境保护标准的公告

为贯彻《中华人民共和国环境保护法》和《中华人民共和国清洁生产促进法》，保护环境，提高企业清洁生产水平，现批准《清洁生产标准 水泥工业》等三项标准为国家环境保护标准，并予以发布。标准名称、编号如下：

一、清洁生产标准 水泥工业(HJ 467－2009)

二、清洁生产标准造纸工业(废纸制浆)(HJ 468－2009)

三、清洁生产审核指南制订技术导则(HJ 469－2009)

以上标准自2009年7月1日起实施，由中国环境科学出版社出版，标准内容可在环境保护部网站(bz. mep. gov. cn)查询。

特此公告

二〇〇九年三月二十五日

关于第二批工业行业标准复审结论的公示

Bulletin of the reexamination conclusion of the second batch of industrial standards

根据中华人民共和国工业和信息化部2009年工业标准化工作的总体安排，我们组织开展了工业行业标准复审工作。经标准化技术组织评审、专家审查等环节，确定了化工、石化、建材、有色、钢铁、稀土、轻工、纺织、包装、机械、汽车、船舶等第二批工业行业标准复审结论，共9 417项(详见附件1、2、3)。其中继续有效的2 608项，修订的5 734项，废止的1 075项。

按照工业和信息化部《行业标准制定管理暂行办法》的规定，现予公示，如有异议，请于2009年12月5日前反馈科技司。

地址：北京市西长安街13号工业和信息化部科技司

邮编：100804

联系电话：010－68205253

电子邮件：KJBZ@ miit. gov. cn。

附件：

1、化工、石化、建材、稀土、钢铁、有色等行业标准复审结论(节选水泥部分)

2、机械、汽车、船舶等行业标准复审结论(略)

3、轻工、纺织、包装等行业标准复审结论(略)

二〇〇九年十一月二十四日

附件1：化工、石化、建材、稀土、钢铁、有色等行业标准复审结论(节选水泥部分)

序号	标准编号	标准名称	复审结果	备注
1	JC/T804－1987(1996)	水泥窑用陶粒轻质耐火混凝土砌块	废止	随着技术进步和产业的升级,该产品目前已退出市场,已不再生产和使用,建议将该标准废止。
4	JC/T214－1996	自应力铝酸盐水泥	废止	随着技术进步和产业的升级,该产品目前已退出市场,已不再生产和使用,建议将该标准废止。
5	JC/T314－1996	快凝快硬硅酸盐水泥	废止	随着技术进步和产业的升级,该产品目前已退出市场,已不再生产和使用,建议将该标准废止。
6	JC/T579－1995	水泥吨装袋	废止	GB/T10454《集装袋》已覆盖该标准技术内容。建议将该标准废止。
7	JC/T659－2003	低碱度硫铝酸盐水泥	废止	GB20472《硫铝酸盐水泥》已覆盖该标准技术内容。建议将该标准废止。
8	JC476－2001	混凝土膨胀剂	废止	本标准有 GB23439－2009 建议行业标准(JC476－2001)限期至 2010 年 3 月 1 日废止。
11	JC900－2002	无机防水堵漏材料	废止	本标准有国家标准 GB23440－2009《无机防水堵漏材料》。建议行业标准,限期至 2010 年 3 月 1 日废止。
20	JC/T450.3－95	辊式细碎机产品质量分等	废止	根据国家规定 2002 年后取消分等标准
21	JC/T831－98	水泥工业用回转烘干机产品质量分等	废止	根据国家规定 2002 年后取消分等标准
22	JC/T832－98	水泥工业用回转窑产品质量分等	废止	根据国家规定 2002 年后取消分等标准
23	JC334.2－94	水泥工业用管磨机产品质量分等	废止	根据国家规定 2002 年后取消分等标准
31	JC/T853－1999	硅酸盐水泥熟料	废止	已有国标 GB/T21372－2008
32	JC/T913－2003	铝酸盐水泥中全硫的测定艾什卡法	废止	GB/T205《铝酸盐水泥化学分析方法》已覆盖该标准技术内容。
34	JC/T420－1991	水泥原料中氯的化学分析方法	废止	GB175－2007《通用硅酸盐水泥》涵盖。
42	JC/T722－1982(1996)	水泥物理检验仪器 胶砂搅拌机	继续有效	
43	JC/T912－2003	水泥立窑用煤技术条件	继续有效	
44	JC933－2003	快硬硫铝酸盐水泥、快硬铁铝酸盐水泥	继续有效	

续表

序号	标准编号	标准名称	复审结果	备注
45	JC473－2001	混凝土泵送剂	继续有效	
49	JC901－2002	水泥混凝土养护剂	继续有效	
50	JC/T906－2002	混凝土地面用水泥基耐磨材料	继续有效	
51	JC/T909－2003	混凝土界面处理剂	继续有效	
104	JC357－94	水泥工业用机械立窑	继续有效（限用）	
106	JC/T669－97	水泥工业用旋流式立筒预热器	继续有效（限用）	
107	JC/T825.1－2001	水泥工业用自动控制预加水成球装备－双管螺旋喂料机	继续有效（限用）	
108	JC/T825.2－2001	水泥工业用自动控制预加水成球装备－盘式成球机	继续有效（限用）	
109	JC/T825.3－2001	水泥工业用自动控制预加水成球装备－双轴搅拌机	继续有效（限用）	
110	JC/T825.4－2001	水泥工业用自动控制预加水成球微机自动控制系统	继续有效（限用）	
111	JC/T826－1988(96)	水泥工业用盘式成球机	继续有效（限用）	
132	JC/T403－91(1996)	水泥工业用旋风式分离器	修订	计划2009年修订
133	JC/T404－91(1996)	水泥工业用通过式分离器	修订	计划2009年修订
134	JC/T445－91(1996)	水泥工业用立轴锤式破碎机	修订	计划2010年修订
135	JC/T581－95	固定式水泥包装机	修订	计划2009年修订
141	JC/T842－1999	水泥工业用单筒冷却机	修订	计划2009年修订
142	JC/T880－2001	水泥工业用耐热钢铸件	修订	计划2010年修订
143	JC/T916－2003	建材工业用滑槽式固体流量计	修订	计划2010年修订
144	JC/T917－2003	建材工业用带式定量给料机	修订	计划2010年修订
145	JC/T918－2003	建材工业用滑槽式固体流量给料机	修订	计划2010年修订
146	JC/T919－2003	水泥工业用链条技术条件	修订	计划2010年修订
148	JC/T922－2003	水泥工业用破碎机技术条件	修订	计划2009年修订
166	JC/T661－97	建材机械产品分类及型号编制方法	修订	计划2010年修订
167	JC/T355－2001	水泥机械产品型号编制方法	修订	计划2010年修订

中华人民共和国工业和信息化部公告

Bulletin of PRC Industry and Information Ministry

工科[2009]　第66号

工业和信息化部批准《水处理剂阻垢性能的测定方法 鼓泡法》等485项行业标准(标准编号、名称、主要内容及起始实施日期见附件一),其中化工行业标准140项、石化行业标准30项、有色金属行业标准212项、黑色冶金行业标准54项、建材行业标准44项、稀土行业标准5项;批准《镁合金MgZnCu光谱标准样品》等57项行业标准样品,其中有色金属行业标准样品4项、黑色冶金行业标准样品53项(标准样品目录见附件二、标准样品成分含量见附件三和附件四),行业标准样品自公布之日起实施,现予公布。

以上化工行业产品类标准由化工出版社出版,化工行业工程建设类标准由中国计划出版社出版,石化行业标准由中国石化出版社出版,有色金属行业标准和稀土行业标准由中国标准出版社出版,黑色冶金行业标准由冶金工业出版社出版,建材行业标准由建材工业出版社出版。

附件:1、485项化工、石油化工、有色金属、黑色冶金、建材、稀土行业标准编号、名称、主要内容及起始实施日期(节选水泥部分)

2、57项有色金属、黑色冶金行业标准样品目录(略)

3、4项有色金属行业标准样品成分含量表(略)

4、53项冶金行业标准样品成分含量表(略)

中华人民共和国工业和信息化部

二〇〇九年十二月四日

附件1:16项水泥标准

	建材行业(节选水泥部分)					
序号	标准编号	标准名称	标准主要内容	代替标准	采标情况	实施日期
1	JC/T 1099 - 2009	硫铝酸钙改性硅酸盐水泥	本标准结构与GB175 - 2007《通用硅酸盐水泥》对于普通硅酸盐水泥的要求基本一致,同时针对其微膨胀性等增加了相应的限定要求,并在改性硅酸盐水泥的组成及材料要求、强度等级、技术要求(如三氧化硫含量、细度、凝结时间、安定性、强度、线膨胀率等)以及相关试验方法及检验规则等做出全面规定。			2010 - 06 - 01
2	JC/T 312 - 2009	明矾石膨胀水泥化学分析方法	本标准规定了明矾石膨胀水泥的化学分析方法。本标准适用于明矾石膨胀水泥。	JC/T 312 - 2000	ISO 680: 1991(E), NEQ	2010 - 06 - 01
3	JC/T 313 - 2009	膨胀水泥膨胀率试验方法	本标准规定了水泥膨胀率试验方法原理、材料、仪器设备、试验条件、试验步骤、结果的计算及处理。本标准适用于具有膨胀性能的水泥和指定采用本方法的水泥。	JC/T 313 - 1982		2010 - 06 - 01

续表

	建材行业(节选水泥部分)					
序号	标准编号	标准名称	标准主要内容	代替标准	采标情况	实施日期
4	JC/T 850－2009	水泥用铁质原料化学分析方法	本标准规定了配制水泥生料用铁质校正原料的化学分析方法。本标准中对二氧化硅、三氧化二铁、三氧化二铝和三氧化硫等四种化学成分的测定包含基准法和代用法两种方法,可根据实际情况任选。在有争议时,以基准法为准。	JC/T 850－1999		2010－06－01
5	JC/T 874－2009	水泥用硅质原料化学分析方法	本标准的主要内容包括1、二氧化硅,三氧化二铁,三氧化二铝,氧化钙四种主要配料成分的测定方法;2、氧化镁,三氧化硫,二氧化钛,氧化钾,氧化钠五种配料限制成分及烧失量共十种成分的测定方法;3、各成分分析结果的验收方法,即确认结果有效的方法和最终结果的确定方法	JC/T 874－2000		2010－06－01
6	JC/T 668－2009	水泥胶砂中剩余三氧化硫含量的测定方法	本标准规定了水泥胶砂中剩余三氧化硫含量测定方法的原理、仪器设备、材料、试验室温度和湿度、试验胶砂制备和养护、水泥胶砂溶出液的制备、溶出液的分析、结果计算及结果处理。本标准适用于硅酸盐水泥、普通硅酸盐水泥以及指定采用本标准的其他品种水泥。	JC/T 668－1997	ASTMC 265,NEQ	2010－06－01
7	JC/T 731－2009	机械化水泥立窑热工测量方法	本标准规定了生产硅酸盐水泥熟料的各类型机械化立窑系统的热工测量方法。本标准适用于生产硅酸盐水泥熟料的各类机立窑系统的热工测量。	JC/T 731－1984(1996)		2010－06－01
8	JC/T 732－2009	机械化水泥立窑热工计算	本标准规定了生产硅酸盐水泥熟料的各类型机械化立窑系统(以下简称机立窑)的热工计算方法。本标准适用于生产硅酸盐水泥熟料的各类型机械化立窑系统的热工计算。普通立窑的热工计算也可参照本标准进行。	JC/T 732－1984(1996)		2010－06－01
9	JC/T 455－2009	水泥生料球性能测定方法	本标准规定了水泥生料球的水分、料球级配、耐压力、堆积密度、表观密度、生料密度、堆积空隙率、孔隙率、高温爆破率、冲击破损率、干球磨损率、高温收缩率的测定方法和生料球性能评价。标准规定了料球强度仪和改制维卡仪两种测定料球强度的方法,有争议时以专用料球强度测定仪方法为准。本标准适用于半干法水泥生产工艺中生料球性能的测定。	JC/T 455－1992		2010－06－01

续表

	建材行业(节选水泥部分)					
序号	标准编号	标准名称	标准主要内容	代替标准	采标情况	实施日期
10	JC/T 578-2009	评定水泥强度均质性试验方法	本标准规定了评定某一时期单一品种水泥强度匀质性试验的取样、步骤、结果计算及评定准则和某一时期单一编号水泥强度均匀性试验的取样、步骤和结果计算。本标准适用于通用水泥、中、低热水泥和抗硫硅酸盐水泥等具有28d抗压强度的水泥以及规定采用本方法的其他品种和龄期的水泥。	JC/T 578-1995		2010-06-01
11	JC/T 452-2009	通用水泥质量等级	本标准规定了通用水泥质量等级的评定原则和划分,水泥实物质量等级的技术要求和水泥质量等级评定。本标准适用于符合GB175《通用硅酸盐水泥》规定的各品种水泥和采用本标准的其他品种水泥的产品质量等级评定和质量认证。	JC/T 452-2002	EN197-1:2000, NEQ	2010-06-01
12	JC/T 2000-2009	油井水泥物理性能检测仪器	本标准主要是针对油井水泥检验过程中所使用到的主要仪器的构造、技术要求、检验条件、检验用仪器、检验步骤和检验频次做出了规定。		APISpec 10A, 23rd), NEQ	2010-06-01
13	JC/T 418-2009	用于水泥中的粒化高炉钛矿渣	本标准规定了粒化高炉钛矿渣的术语与定义、技术要求、试验方法、检验规则、运输与贮存。本标准适用于用作水泥混合材料的粒化高炉钛矿渣。	JC/T 418-1991		2010-06-01
14	JC/T 742-2009	掺入水泥中的回转窑窑灰	本标准规定了掺入水泥中的回转窑窑灰的术语和定义、技术要求、试验方法、检验规则等。本标准适用于作为混合材料掺入水泥中的回转窑窑灰。	JC/T 742-1984(1996)		2010-06-01
15	JC/T 602-2009	水泥早期凝固检验方法	本标准规定了水泥早期凝固检验方法的术语和定义、仪器设备、试验室温度和材料、操作、结果计算和试验报告。本标准试验方法有水泥净浆法和砂浆法两种,判定原则以水泥净浆法为准。本标准适用于硅酸盐水泥、普通硅酸盐水泥及指定采用 本标准的其他品种水泥。	JC/T 602-1995	ASTMC 451 ASTMC359, NEQ	2010-06-01
16	JC/T 601-2009	水泥胶砂含气量测定方法	本标准规定了水泥胶砂含气量测定方法的方法原理、仪器设备、材料、试验室温度和湿度、胶砂组成、胶砂实际容重的测定、胶砂理论容重的计算、水泥胶砂含气量的计算。本标准适用于硅酸盐水泥、普通硅酸盐水泥以及指定采用本标准的其他品种水泥。	JC/T 601-1995	ASTMC 185-2001, NEQ	2010-06-01

水泥专利

Cement patent

2009年水泥专利

Cement patent in 2009

200910005044 水泥码袋机
200910008913 干法水泥生产线节能减排实时量化的监控方法
200910012371 一种采用合金炉渣制造铝酸钙水泥的方法
200910012797 一种高效水泥复合助磨剂及其生产方法
200910013474 一种炉渣环保节能水泥
200910013475 一种钢渣环保节能水泥
200910014798 全自动燃煤燃烧器
200910015450 一种水泥收尘风机
200910016215 一种锶钡水泥煅烧复合矿化剂
200910016253 水泥窑用复相氧化铝陶瓷挂板的制备方法
200910017072 一种硅酸盐水泥熟料的生产方法
200910019391 一种防渗水水泥
200910020114 一种水泥助磨增强剂的合成方法
200910023939 基于振动试验法的抗裂型水泥稳定碎石配合比设计方法
200910026220 水泥窑尾低压段调节锅炉
200910028193 一种梳形接枝共聚物水泥分散剂
200910028194 一种梳形共聚物水泥分散剂
200910029994 半干法大直径多塔篦立筒式水泥熟料烧成窑炉
200910030986 环保无熟料水泥和其制备方法
200910031040 链篦机篦床余热回收方法和装置
200910033246 复合工业废渣矿化剂水泥熟料及其制备方法
200910033473 水泥在线计量装置
200910034779 一种适用于粉煤灰的无氯型粉体水泥助磨剂及其制备方法
200910034963 梳形接枝共聚物水泥分散剂及复合水泥分散剂
200910034964 梳形接枝共聚物水泥分散剂
200910035414 水泥风选预粉磨做半终粉磨工艺及其装置
200910037598 利用铝废渣生产的低钙硅酸盐水泥及其制备方法
200910038560 一种回转窑煅烧过程的反馈控制方法
200910038739 一种X光显影性磷酸钙骨水泥及其制备方法与应用
200910038825 抗溃散的磷酸钙骨水泥及其制备方法与应用
200910038988 一种利用花岗岩粉生产的低钙硅酸盐水泥及其制备方法
200910040062 电石渣制造水泥主料和添加料合成水泥的方法
200910040063 一种用电石渣制造的硅酸盐高碱水泥的方法
200910041206 电石法PVC与制造水泥主料和辅料配套合成水泥的方法
200910041214 用电石法聚氯乙烯的废渣制造水泥项目配套的方法
200910043011 一种以铅锌尾矿为主要原料制备水泥熟料的方法
200910043331 一种高效活化水泥助磨增强剂及其制备工艺
200910043490 回转窑高温反应区不接触测温度装置
200910043912 一种以铅锌尾矿和电解锰压滤渣为主要原料制备水泥熟料的方法
200910044213 一种适应低活性水泥混合材的水泥助磨剂及其制备方法
200910044487 一种以铅锌尾矿与石煤提钒渣或石煤为主要原料制备水泥熟料的方法
200910044489 一种以铅锌尾矿和酸浸电解锰渣为主要原料联产水泥、硫酸和石膏的方法
200910044490 一种改性低碱度硫铝酸盐水泥
200910049704 一种生物活性骨修复水泥材料
200910051143 水泥熟料冷却机余热热水器
200910058461 用工业废渣磷石膏生产水泥添加剂的方法
200910058703 毒重石水泥及其制品
200910059451 用有机垃圾替代部分燃煤生产水泥的工艺

200910060376 电化学阻抗法评价固井水泥化学渗流的方法
200910060408 一种抗裂型碱激发生态水泥
200910060526 一种水泥窑用无铬碱性砖及其制备方法
200910060792 一种铝酸盐水泥及其制备方法
200910061573 特种隔热水泥
200910062292 低碱型复合多功能水泥助磨剂及其制备方法
200910062458 镁橄榄石和硅酸钠高温下除去回转窑结圈方法
200910062934 一种用弱磁性铁矿石生产铁精粉和水泥的方法
200910063583 回转窑用复合多孔隔热砖
200910065158 水泥窑预热器内筒用重结晶碳化硅挂板及制备方法
200910065159 水泥窑预热器内筒用反应烧结碳化硅挂板及制备方法
200910065330 水泥窑预热器用复合氮化物结合碳化硅挂板及烧制方法
200910065584 一种水泥回转窑处理城市生活垃圾的工艺系统
200910065946 一种回转窑的煅烧生产方法
200910066215 一种水泥窑用煤粉助燃剂
200910066216 高效复合水泥助烧剂
200910066274 钢纤维增强耐磨砖的生产方法
200910066275 高荷软、抗剥落高铝砖的生产方法
200910066276 镁铝尖晶石砖的生产方法
200910066278 一种高强度浇注料
200910067359 一种内螺旋筒式回转窑炉
200910070349 一种新型水泥回转窑自位托轮支承装置
200910071764 一种抗腐蚀、不收缩的固井水泥及其制备方法
200910072633 利用立窑水泥生产线处理城市生活垃圾的方法
200910074290 一种生态水泥的制造方法
200910076431 一种合成聚合物类油井水泥降失水剂及其合成方法和应用
200910078837 一种钢渣粉、粒化高炉矿渣粉和钢铁渣复合粉激发剂及其制备和应用
200910079523 一种镁渣硅酸盐水泥及其制造方法
200910086737 一种油井水泥高温缓凝剂
200910087460 高强水泥熟料及其生产方法
200910088243 利用制革污泥生产水泥的方法
200910088824 一种水泥窑高温带用镁钙锆砖及其使用方法
200910089548 一种篦冷机用传动系统及传动结构和篦冷机
200910089561 一种水泥窑高温带用镁铁铝尖晶石砖及其使用方法
200910090389 一种500千克级节能隔热衬里材料及其制备方法
200910090390 一种600千克级节能隔热衬里材料及其制备方法
200910090391 一种700千克级节能隔热衬里材料及其制备方法
200910090392 一种800千克级节能隔热衬里材料及其制备方法
200910091508 使用磷石膏在水泥窑外分解系统上生产水泥熟料联产硫酸
200910091509 利用原生态城市垃圾煅烧优质水泥熟料
200910092847 一种循环分流水泥粉磨方法及系统
200910093652 含酰胺多胺结构单元的水泥分散剂的制备方法
200910094681 一种节能与提高锌挥发回转窑窑衬寿命的方法
200910095684 机立窑用复合砖及其制备方法
200910096198 一种多功能水泥调凝剂及其制备方法
200910096538 三次风管闸板专用耐火浇注料
200910096539 一种耐火浇注料
200910096540 莫来石耐火喷涂料
200910099672 一种高纯抗爆浇注料
200910099673 一种高纯窑口浇注料
200910100117 一种在水泥生产中协同处理污泥的方法
200910101889 具有自稳能力的三级配风低 NOx 煤粉燃烧器
200910102068 利用水泥厂回转窑辐射热干化污泥与污泥烧制水泥的方法
200910102069 利用水泥厂烟气余热干化污泥与污泥烧制水泥的方法
200910103613 一种纳米石墨导电水泥
200910105054 利用不锈钢冷轧脱水污泥配料生产水泥熟料的方法
200910105151 无氯化钠环保型水泥专用节煤助燃剂
200910114490 生活垃圾新型干法水泥回转窑焚烧方法
200910116139 水泥窑喷煤管浇注料
200910116151 对电石渣进行预烘干方法
200910116152 立式磨烘干电石渣方法
200910116153 电石渣干烧制水泥熟料的工艺方法
200910116238 一种聚羧酸类高效水泥减水剂的合成方法
200910116441 水泥窑体内部维护修理工艺及其维护修理设备
200910117573 利用多种工业废渣生产的水泥熟料

200910119156　一种新型液体水泥助磨剂流量的控制方法及装置
200910132247　一种水泥助磨剂
200910144715　水泥熟料卸车系统
200910144716　水泥熟料库
200910144717　水泥粉磨生产线降噪系统
200910152619　利用水泥厂回转窑辐射热的污泥干化系统
200910157479　一种利用高碱原料生产低碱水泥的方法
200910157480　一种利用高碱原料生产低碱水泥的方法
200910157534　新型回转窑
200910163073　一种白水泥的增白方法及专用装置
200910165361　一种回转窑双向挡轮装置
200910166208　一种窑炉耐火砖衬里喷涂修复方法
200910170693　固定式多嘴水泥包装机
200910172334　一种生产白水泥熟料的冷却工艺
200910172343　回转窑窑头护板的改进加固方法
200910172396　一种用聚水解马来酸制备的水泥增强助磨剂
200910172685　一种水泥防水剂及其制备方法
200910175218　水泥混凝土路面找平用树脂水泥
200910175219　一种粉体复合水泥助磨剂及其制备方法
200910175220　一种液体复合水泥助磨剂及其制备方法
200910175247　烧结莫来石高铝质耐火砖
200910175279　一种回转窑托轮控制装置
200910176269　回粉中进式闭路粉磨系统
200910178800　水泥烧成设备的排气处理方法和处理系统
200910180221　耐火衬里构件
200910182741　工业炉燃烧器多参数自动控制的方法
200910183396　梳形共聚物水泥分散剂
200910184133　一种利用CFBC脱硫灰生产的粉煤灰硅酸盐水泥
200910186081　白色硅酸盐水泥熟料冷却漂白生产工艺
200910187622　一种多功能水泥外加剂
200910188075　水泥强度检测管控一体化系统及方法
200910190833　一种回转窑壳体水冷装置和方法
200910192186　石化废白土提取汽柴油与电石渣联产矿渣水泥的方法
200910192310　一种增强型水泥复合助磨剂
200910193434　用于水泥余热发电系统的篦冷机抽风温度控制方法及装置
200910199160　一种游离氧化钙体积安定剂及其制备和应用
200910205682　一种链篦机驱动轮
200910206876　一种复合高效液体水泥助磨剂
200910206877　一种复合高效环保型粉体水泥助磨剂
200910212645　硅酸盐水泥熟料中硫铝酸钙矿物二次合成方法
200910212646　硅酸盐水泥熟料中阿利特晶型调控工艺
200910213949　立窑轴承冷却系统
200910215265　一种水泥输送道侧三通两路换向阀
200910215465　水泥窑头废气粉尘分离器及其废气粉尘分离方法
200910219364　节能型水泥熟料速烧增强剂
200910219859　一种新型齿圈防护罩
200910224077　回转窑上料喂料方法及装置
200910224230　一种具有二次进风的燃烧器
200910226631　新型酸性炉衬耐火材料
200910227681　用盐石膏生产水泥缓凝剂的方法
200910229271　耐高温油井水泥缓凝剂
200910229272　耐高温抗盐油井水泥降失水剂
200910229285　一种新型快硬钢渣水泥
200910232147　半干法脱硫灰与矿渣复合掺合料及其制备方法
200910232348　一种碱－矿渣水泥组成物及其配制工艺
200910233486　液体水泥助磨剂
200910233569　耐火模块及其制造方法
200910234992　梳形水泥分散剂的制备方法及梳形水泥分散剂
200910236339　一种回转窑结构件的维修方法
200910236340　一种回转窑支承托轮轴承组修理方法
200910237339　一种新的窑工况控制工艺方法
200910242197　一种熟料窑双端喂料方法
200910249551　余热回收及布袋除尘系统
200910263025　提高致密重质耐火制品力学性能及抗热震性方法
200910263934　快速测量和判断回转窑类设备中心线的方法
200910272652　一种镁橄榄石轻质砖及其制备方法
200910272910　以莫来石质辊棒废料为原料的轻质砖及其制备方法
200910300302　水泥厂用电系统单产电耗指示方法
200910300617　磷石膏部分转化制硫铝酸盐水泥副产硫酸铵的方法
200910302580　水泥回转窑多介质多通道离散式低NOx煤粉燃烧器
200910302650　甜菜废醪液复合物和高效复合水泥助磨剂及其生产方法
200910303433　甜菜废醪液复合物高效复合矿渣助磨剂及其生产方法
200910303512　大掺量粉煤灰水泥及其制备方法
200910304794　能够处理带可燃物生料的水泥窑外预分解窑尾系统

200910310954 高温低密度水泥及其应用
200910311266 水泥熟料、大坝防渗墙用水工水泥及其应用
200910312569 一种液体水泥助磨剂
200920001053 水泥包装袋
200920004529 干法水泥生产线节能减排实时量化的监控装置
200920005333 球磨机的可调旋向筛分隔仓装置
200920012349 一种带有球形自动调节阀的篦冷机充气篦板
200920012350 一种水泥工业用篦冷机上的连杆摆式支承装置
200920012351 一种篦冷机固定篦板装置
200920012615 干法水泥熟料烧成装备
200920014488 适用于篦冷机篦床驱动的液压油缸装置
200920014745 红外扫描测温仪在回转窑筒体温度测量上的安装支架
200920014844 一种回转窑主减速油流监控装置
200920015888 回转窑双翻板式进料阀门
200920015891 带测温装置的回转窑托轮轴支承装置
200920015892 大型回转窑窑位检测装置
200920015895 回转窑组合式固定筛
200920018245 悬吊式水泥包装机
200920019122 四通道燃烧器
200920020934 一种立磨分离器轴承润滑装置
200920023768 旋转式水泥包装机挂袋装置
200920024082 水泥干法生产线新型燃烧器保护管
200920024083 水泥生产线新型组装式篦冷机通道
200920024714 新型压差式双级注水泥器
200920025021 封口加密水泥包装袋
200920026220 一种水泥收尘风机
200920030016 散装水泥运输半挂车
200920033146 除氧器/汽包一体化的水泥余热发电装置
200920036741 环形套筒窑烧嘴防脱火装置
200920037508 水泥熟料冷却机的防漏料篦板
200920037509 行进式冷却机篦板单元
200920037510 行进式冷却机篦板支撑梁
200920037511 行进式冷却机传动装置
200920037512 冷却机热端固定篦床供风装置
200920041309 半干法大直径多塔篦立筒式水泥熟料烧成窑炉
200920041464 预混式燃烧器
200920042370 管磨机的分体式隔仓出料装置
200920042371 管磨机的外盖式磨门
200920042730 一种新型高效篦板
200920042731 单根抽出式篦条
200920042732 一种弯头
200920042733 突扩型旋风筒
200920042747 水泥在线计量装置
200920043296 一种物料粉磨系统
200920047469 自动调节式煤粉分配器
200920047771 尾气再循环煅烧窑
200920047954 煤粉燃烧器用弯头防磨板
200920047955 一种煤粉燃烧器用浓缩器
200920047956 煤粉燃烧器用浓缩器
200920047957 煤粉燃烧器中心部件的支撑
200920047958 一种旋流煤粉燃烧器
200920048035 篦冷机控制流圆孔篦板
200920048036 控制流斜头篦板
200920048037 三次风浇注料闸板
200920048039 预热器内筒挂板
200920048040 组合式耐磨高阻力篦板
200920048041 新型篦冷机低温圆孔篦板
200920048042 篦冷机两面用护板
200920058890 热风氧化正压烧成新型窑炉
200920065179 水泥厂煤粉灰喂料计量新式组合系统
200920065297 燃烧器用多功能全自动安全点火器
200920069938 强制循环型水泥窑余热锅炉
200920072375 应用于回转式空预器的接触式密封结构
200920083097 水泥窑喷煤管
200920083244 水泥包装机流量控制装置
200920086124 矿石烧成窑熟料余热回收利用装置
200920086269 窑炉燃气燃烧器
200920086629 用于回转窑耐火材料的铆固件
200920088751 闭路粉磨循环系统中用回粉密封控制卸料除铁输送装置
200920091463 一种多旋流多风道煤粉燃烧器
200920091464 一种富氧送风高效煤粉燃烧器
200920091823 一种热管和热管空气预热器
200920092358 一种用于高粘度物料的高温回转下料锁风装置
200920092359 一种用于高粘度物料的回转窑喂料装置
200920095804 海洋石油钻井平台粉体水泥回收设备
200920096646 篦冷机的栅板
200920096728 二次增强旋流水泥燃烧器
200920101253 一种煤粉制备系统
200920101255 一种工业炉窑的煤粉喷供系统
200920102651 一种水泥筒体齿轮传动转胎
200920102836 回转窑托辊在线修复装置
200920104140 一种炉窑的烟气余热集中利用装置
200920105260 一种磨煤机用动环
200920105781 一种球磨机筒体用衬板
200920106295 一种管磨机用隔仓板

200920106753　一种预分解窑用六级预热器
200920109193　一种篦冷机用冷却系统及其篦冷机
200920111393　水泥装载无线测控装置
200920112723　机立窑用复合砖
200920122027　立磨磨辊轴承密封装置
200920122028　立磨支架
200920122029　立磨进风道导料机构
200920127550　三次风管高温耐磨陶瓷阀板
200920128547　一种回转窑滑动支承装置的球面瓦
200920133223　可调式水泥电阻器
200920137299　篦冷机堆积物料清除装置
200920137742　干法水泥生产线中温中压余热利用发电装置
200920137869　一种高精度水泥地上衡
200920139908　垃圾发电锅炉水泥清洁生产的装置
200920141564　一种球磨机端盖衬板
200920142331　防喷灰塑编水泥包装袋
200920142938　水泥预分解系统撒料装置
200920143343　改进的水泥熟料库
200920143564　一种水泥窑筑炉拆砖破碎锤
200920143565　一种干法式水泥旋窑筑炉和维护修理铲斗
200920143566　一种水泥窑体内部维护修理设备
200920143850　一种长寿命水泥回转窑窑口
200920149395　链篦机－回转窑系统的窑头卡口结构
200920163465　新型回转窑
200920166458　篦式冷却机传动装置
200920169246　一种水泥辊压减速箱
200920174252　一种改进的双级泵水泥包装机输料装置
200920176563　射吸式烟气预热高效燃烧器
200920177518　一种改进的水泥包装机螺旋推进器
200920179031　水泥磨温度自动控制机
200920187185　一种水泥熟料卸车系统
200920187186　一种水泥熟料库
200920187187　一种水泥粉磨生产线降噪系统
200920192866　一种具有自稳能力的三级配风低 NOx 煤粉燃烧器
200920195812　用于富氧助燃节能系统的射流喷嘴
200920195966　用于富氧助燃节能系统的预热器热增压装置
200920197376　利用水泥厂回转窑辐射热的污泥干化装置
200920203026　立窑水泥用玻璃纤维机织滤布
200920203184　回转窑两段煅烧石油焦的系统
200920203185　回转窑余热热媒锅炉不间断提供热媒油的系统
200920217054　水泥包装机闸板控制机构
200920220472　用于水泥助磨剂的雾化装置
200920223202　一种水泥生产线废气处理的水冷却器装置
200920223203　一种干法水泥生产线空气预热装置
200920232635　工业炉窑专用蓄热装置
200920232697　水泥包装机的离心叶轮式送灰机构
200920233298　行进式冷却机
200920233299　稳流冷却机
200920234079　水泥编织包装袋自动切袋封口新工艺切刀
200920234183　一种分级燃烧分解炉
200920235881　一种组合式粉体筛分装置
200920236321　水泥风选预粉磨做半终粉磨装置
200920236372　混合型水泥发货装置
200920236373　水泥行业的新型贮料库
200920282441　一种立磨摇臂轴承的定位装置
200920282442　一种新型预粉磨立磨
200920301402　水泥回转窑多介质多通道离散式低 NOx 煤粉燃烧器
200920301405　物料导流分布板
200920303023　干法水泥生产线上煤磨和余热锅炉在篦冷机上取废气结构
200920305636　一种工业窑炉烟气二次燃烧装置
200920306840　水泥窑外预分解窑尾系统
200920310033　熟料烧结窑冷却机进料端结构

科技成果

Technical achievement

2009年

Year 2009

2009年度建筑材料科学技术奖获奖项目(水泥部分)

Award winning items of building material technical prize in 2009 (cement division)

基础研究类

序号	项目名称	建议等级	主要完成单位	主要完成人
3	水泥基压电复合材料的制备、性能及其在混凝土结构监测中的应用	二	济南大学	黄世峰、叶正茂、秦　磊、王守德、程　新
4	煤矸石作为水泥基材料性能调节组分的研究	三	中国建筑材料科学研究总院 南京工业大学	张文生、李东旭、张　雄、陈益民、王宏霞

技术发明类

序号	项目名称	建议等级	主要完成单位	主要完成人
1	利用水泥回转窑处置城市生活垃圾焚烧技术及装备的研究	三	合肥水泥研究设计院 四川广旺能源发展(集团)有限责任公司	袁文献、毛志伟、彭　毅、何宏涛、喻孝斌

科技进步类

序号	项目名称	建议等级	主要完成单位	主要完成人
6	水泥厂窑尾高层钢管混凝土塔架结构的研究及应用	一	天津水泥工业设计研究院有限公司、天津大学	陈志华、王兆明、尹　越、赵苗跃、韩庆华、吴芝堃、李　顺、游启枝、闫翔宇、王　军、潘延东、陶从喜、李振强、苗纪奎、唐　杰
7	水泥窑用环境友好碱性耐火材料	二	中国建筑材料科学研究总院、瑞泰科技股份有限公司	袁　林、王杰曾、曾鲁举、刘锡俊、赵洪亮、陈雪峰、曾大凡、曹变梅
9	大型烘干机及脱硫消烟系统的研究开发	二	合肥水泥研究设计院	杨　刚、刘恩睿、张永龙、郑　青、石雅军、田　野、金维志、葛骏浩、王宝平、万海山
14	NC型辊式筛分喂料机的开发应用	二	中国中材国际工程股份有限公司南京水泥设计院	詹旺明、张　岩、刘世端、耿　昊、马祖生、易建荣、韩雪峰、杨万纲、艾　晨

续表

序号	项目名称	建议等级	主要完成单位	主要完成人
15	垃圾焚烧炉尾气、废渣一体化处理系统设备的开发研究	二	合肥水泥研究设计院、安徽盛运机械股份有限公司	吴善淦、沈玉祥、开晓胜、吴　刚、王　健、穆璐莹、沈晋国、舒　玲、谢　萌、余学飞
20	辊压机水泥半终粉磨系统技术开发	三	天津水泥工业设计研究院有限公司	柴星腾、赵怡德、樊佳磊、郭天代、高景文
27	水泥窑用高性能耐磨耐碱浇注料的研发与应用	三	北京通达耐火技术股份有限公司	冯运生、陶贵华、范　泳、郝　瑞、姚维东
28	水泥基复合保温材料关键技术研究及工程应用	三	中国建筑材料科学研究总院	王武祥、崔　琪、宋　颖、曹蓓月、翁跃进
31	《用于水泥和混凝土中的粉煤灰》国家标准修订	三	中国建筑材料科学研究总院、水利部长江水利委员会长江科学院	江丽珍、杨基典、王述银
32	新型无中心柱水泥熟料库屋盖结构关键技术研究	三	安徽海螺建材设计研究院、中国建筑科学研究院	周贤葆、田素勤、李家发、陈业松、李　俊

注:根据《中国建筑材料联合会·中国硅酸盐学会建筑材料科学技术奖管理办法》的规定,现将经评审委员会评审通过的2009年度"中国建筑材料联合会·中国硅酸盐学会建筑材料科学技术奖"建议授奖项目进行公示,其中基础研究类二等奖3项、三等奖1项;技术发明类三等奖1项;科技进步类一等奖6项、二等奖13项、三等奖13项。

2009年度"中国中材杯"全国建材行业技术革新奖获奖项目公告(水泥部分)

Bulletin of award winning items of "China Zhongcai Cup" national building material industry technical innovation prize in 2009 (cement division)

A类:技术改造类

序号	项目名称	主要完成单位及证书编号	主要完成人及证书编号
一等奖			
1	高效钢丝胶带提升机结构优化和绿色制造	合肥水泥研究设计院(2009-A1-01-D01)	陈苏琦(2009-A1-01-G01) 周　啸(2009-A1-01-G02) 贾桂森(2009-A1-01-G03) 李新跃(2009-A1-01-G04) 魏　铸(2009-A1-01-G05) 李　杰(2009-A1-01-G06) 黄庆华(2009-A1-01-G07)

续表

序号	项目名称	主要完成单位及证书编号	主要完成人及证书编号
二等奖			
5	FCS 现场总线控制系统在水泥余热发电中的应用	中材节能发展有限公司 (2009 - A2 - 05 - D01)	董兰起(2009 - A2 - 05 - G01) 刘　强(2009 - A2 - 05 - G02) 魏连友(2009 - A2 - 05 - G03) 王　林(2009 - A2 - 05 - G04) 胡希栓(2009 - A2 - 05 - G05)
三等奖			
1	600t/d 熟料生产线综合节能改造	南阳市天泰水泥有限公司 (2009 - A3 - 01 - D01) 合肥水泥研究设计院 (2009 - A3 - 01 - D02)	余　强(2009 - A3 - 01 - G01) 曾跃进(2009 - A3 - 01 - G02) 王春广(2009 - A3 - 01 - G03)
2	5 000t/d 窑头系统改造	鲁南中联水泥有限公司 (2009 - A3 - 02 - D01)	王克东(2009 - A3 - 02 - G01) 葛全伟(2009 - A3 - 02 - G02) 于维明(2009 - A3 - 02 - G03)
3	SHW3222 型篦冷机技术改造	天瑞集团水泥有限公司 (2009 - A3 - 03 - D01) 河南省新型干法水泥工程技术研究中心 (2009 - A3 - 03 - D02)	郭志伟(2009 - A3 - 03 - G01) 贾华平(2009 - A3 - 03 - G02) 李法伸(2009 - A3 - 03 - G03)
4	2 000t/d 回转窑喂煤控制系统改造	陕西秦岭水泥(集团)股份有限公司 (2009 - A3 - 04 - D01)	柯　耀(2009 - A3 - 04 - G01) 王　涛(2009 - A3 - 04 - G02) 刘军荣(2009 - A3 - 04 - G03)
5	新型干法水泥生产线烧成系统节能减排新技术的创新及应用	伊犁南岗建材(集团)有限责任公司 (2009 - A3 - 05 - D01)	杨国伊(2009 - A3 - 05 - G01) 王　炎(2009 - A3 - 05 - G02) 李新福(2009 - A3 - 05 - G03)

B 类:技术开发类

序号	项目名称	主要完成单位及证书编号	主要完成人及证书编号
一等奖			
2	辊压机水泥生料终粉磨系统技术研发	成都市利君实业有限责任公司 (2009 - B1 - 02 - D01)	何亚民(2009 - B1 - 02 - G01) 魏　勇(2009 - B1 - 02 - G02) 徐智乎(2009 - B1 - 02 - G03) 孟　明(2009 - B1 - 02 - G04) 尹　红(2009 - B1 - 02 - G05) 陈　雷(2009 - B1 - 02 - G06) 刘忠安(2009 - B1 - 02 - G07)

续表

序号	项目名称	主要完成单位及证书编号	主要完成人及证书编号
4	水泥窑尾电收尘器改为袋收尘器技术开发与应用	中天仕名科技集团有限公司（2009－B1－04－D01）	李志军（2009－B1－04－G01） 张晓梅（2009－B1－04－G02） 王作杰（2009－B1－04－G03） 肖家祥（2009－B1－04－G04） 靳　爽（2009－B1－04－G05） 喻宏祥（2009－B1－04－G06） 郭志伟（2009－B1－04－G07）
二等奖			
4	一种干法卧式水泥旋窑修筑新装备和新工艺	芜湖众鑫工程机械有限责任公司（2009－B2－04－D01）	孙国平（2009－B2－04－G01） 孙　亮（2009－B2－04－G02） 汪胜忠（2009－B2－04－G03） 唐华峰（2009－B2－04－G04） 吴　刚（2009－B2－04－G05）
8	NC 大直径圆筒半球无壁柱预均化库结构技术	中国中材国际工程股份有限公司南京水泥设计院（2009－B2－08－D01）	司马德义（2009－B2－08－G01） 田加杰（2009－B2－08－G02） 吉同宁（2009－B2－08－G03） 周贤葆（2009－B2－08－G04）
11	水泥生产中煤燃烧特性评价方法的研究与应用	天津水泥工业设计研究院有限公司（2009－B2－11－D01）	刘瑞芝（2009－B2－11－G01） 钱秋兰（2009－B2－11－G02） 时玉珍（2009－B2－11－G03） 孙金亮（2009－B2－11－G04） 王　伟（2009－B2－11－G05）
12	高效、节能型预分解窑生料制备均化链的研发	中材天山（云浮）水泥有限公司（2009－B2－12－D01）	武新贤（2009－B2－12－G01） 王军梅（2009－B2－12－G02） 沈　欣（2009－B2－12－G03） 姚旭明（2009－B2－12－G04） 方　婉（2009－B2－12－G05）
13	新型干法水泥工艺利用电石渣生产熟料的研究及应用	天瑞集团汝州水泥有限公司（2009－B2－13－D01）	李法伸（2009－B2－13－G01） 周建奇（2009－B2－13－G02） 张海涛（2009－B2－13－G03） 袁启亮（2009－B2－13－G04） 刘玉霞（2009－B2－13－G05）
17	煅烧高结晶硅石灰石生产水泥熟料	宁夏赛马实业股份有限公司（2009－B2－17－D01）	李卫东（2009－B2－17－G01） 马占海（2009－B2－17－G02）
20	水泥回转窑诊断与控制专家系统的研究与应用	山东东华水泥有限公司（2009－B2－20－D01）	王少林（2009－B2－20－G01） 董凤波（2009－B2－20－G02） 韩曙光（2009－B2－20－G03） 王进虚（2009－B2－20－G04） 陈佩茹（2009－B2－20－G05）

续表

序号	项目名称	主要完成单位及证书编号	主要完成人及证书编号
21	篦冷机防结料辅助推动装置的研制与应用	山东东华水泥有限公司 (2009-B2-21-D01)	任思国(2009-B2-21-G01) 胡庆银(2009-B2-21-G02) 韩曙光(2009-B2-21-G03) 王　勇(2009-B2-21-G04) 王进虚(2009-B2-21-G05)
24	新型水泥企业集团 ERP 技术研发及应用	河南同力水泥股份有限公司 (2009-B2-24-D01)	张浩云(2009-B2-24-G01) 蔡志端(2009-B2-24-G02) 孔德强(2009-B2-24-G03) 刘国忠(2009-B2-24-G04) 王　刚(2009-B2-24-G05)
		三等奖	
4	JL 高效冷却机的改进	河北省冀东水泥集团有限责任公司 (2009-B3-04-D01)	于宝池(2009-B3-04-G01) 朱凤春(2009-B3-04-G02) 李晓梅(2009-B3-04-G03)
9	改造中温中压机组用于 2 500+5 000t/d 水泥窑纯低温余热发电技术研究	天瑞集团水泥有限公司 (2009-B3-09-D01) 河南省新型干法水泥工程技术研究中心 (2009-B3-09-D02)	郭志伟(2009-B3-09-G01) 李法伸(2009-B3-09-G02) 曹国钊(2009-B3-09-G03)
23	一种抗冻融水泥及其生产方法	内蒙古西水创业股份有限公司 (2009-B3-23-D01)	祁文明(2009-B3-23-G01) 杨建民(2009-B3-23-G02) 介武军(2009-B3-23-G03)
25	矿山深孔爆破中空气间隔器开发应用	陕西秦岭水泥(集团)股份有限公司 (2009-B3-25-D01)	李朝鼎(2009-B3-25-G01) 王光荣(2009-B3-25-G02) 孙东印(2009-B3-25-G03)
27	窑系统优化控制降低能耗	山东山水水泥集团有限公司 (2009-B3-27-D01)	白代生(2009-B3-27-G01) 范江飞(2009-B3-27-G02) 夏安营(2009-B3-27-G03)

C 类:技艺工法类

序号	项目名称	主要完成单位及证书编号	主要完成人及证书编号
		一等奖	
1	优化水泥窑用燃烧器提高低热值煤适用性	北京市琉璃河水泥有限公司 (2009-C1-01-D01)	郭玉全(2009-C1-01-G01) 唐　明(2009-C1-01-G02) 张明忠(2009-C1-01-G03)
		二等奖	
4	无能耗粉尘呼吸收尘装置	云南国资水泥红河有限公司 (2009-C2-04-D01)	王树铭(2009-C2-04-G01) 李波文(2009-C2-04-G02) 吴　许(2009-C2-04-G03) 杨　勇(2009-C2-04-G04) 刘　颖(2009-C2-04-G05)

续表

序号	项目名称	主要完成单位及证书编号	主要完成人及证书编号
5	FU350 型拉链输送机技术改造	河南孟电集团水泥有限公司 (2009－C2－05－D01)	范光辉(2009－C2－05－G01) 王　刚(2009－C2－05－G02) 赵光辉(2009－C2－05－G03)
6	节煤助燃剂在水泥生产中的应用	河南省豫鹤同力水泥有限公司 (2009－C2－06－D01)	冯士国(2009－C2－06－G01) 赵子良(2009－C2－06－G02) 朱瑞琴(2009－C2－06－G03) 孙建勇(2009－C2－06－G04) 郭玉昌(2009－C2－06－G05)
三等奖			
2	生料配料中板岩、煤矸石的综合利用	黑龙江省宾州水泥有限公司 (2009－C3－02－D01)	杨新华(2009－C3－02－G01) 蔡昌峰(2009－C3－02－G02) 孙俊刚(2009－C3－02－G03)
3	优化熟料配料方案，实现矿山资源综合利用的有效途径	宁夏青铜峡水泥股份有限公司 (2009－C3－03－D01)	王常军(2009－C3－03－G01) 朱学军(2009－C3－03－G02) 杜小平(2009－C3－03－G03)
4	二线窑尾高温废气冷却处理	天津振兴水泥有限公司 (2009－C3－04－D01)	牛海龙(2009－C3－04－G01) 王学民(2009－C3－04－G02) 许焕鹏(2009－C3－04－G03)
7	一种低碱水泥的生产方法	内蒙古蒙西水泥股份有限公司 (2009－C3－07－D01)	张耀华(2009－C3－07－G01) 张永辉(2009－C3－07－G02) 侯达川(2009－C3－07－G03)
11	一种用 DSC 测量煤发热量的方法	天津水泥工业设计研究院有限公司 (2009－C3－11－D01)	时玉珍(2009－C3－11－G01) 钱秋兰(2009－C3－11－G02) 刘瑞芝(2009－C3－11－G03)
17	回转窑大齿圈润滑机理的研究和应用	山东东华水泥有限公司 (2009－C3－17－D01)	贾　忠(2009－C3－17－G01) 张世伟(2009－C3－17－G02) 李明良(2009－C3－17－G03)

注：根据全国《建材行业技术革新奖管理办法》的规定，现将经评审委员会评审通过的《2009 年度"中国中材杯"全国建材行业技术革新奖》建议获奖项目进行公示，其中技术改造类：一等奖 3 项、二等奖 7 项、三等奖 5 项；技术开发类：一等奖 16 项、二等奖 24 项、三等奖 27 项；技艺工法类：一等奖 2 项、二等奖 7 项、三等奖 22 项。

建材行业第八次优秀工程咨询成果奖
项目、单位和主要人员获奖名单表(水泥部分)

Award winning list of the eighth excellent project consultation achievement prize items, units and main staff in building material industry (cement division)

(一等奖 10 项)

序　号	申　报　单　位	项　目　名　称	主要人员名单
2	天津水泥工业设计研究院有限公司	水泥企业能效对标指南	曾学敏、俞为民、胡芝娟、刘继开、陶从喜、柴星腾、刘瑞芝、任永刚
3	天津水泥工业设计研究院有限公司	广州水泥厂环保迁建工程处理工业、生活污泥配套(设施)项目申请报告	高　文、胡芝娟、尹卫平、陈冬珍、何卫红、洪　卓、郭丽荣、岳润清

续表

序　号	申　报　单　位	项　目　名　称	主要人员名单
5	中国中材国际工程股份有限公司	芜湖海螺水泥有限公司三期 2×12 000t/d 水泥熟料生产线项目申请报告	夏　晖、吕文平、王　宏、程千里、陈　燕、吕满根、杜　黎、陶　琍
6	中国中材国际工程股份有限公司	全椒海螺水泥有限责任公司 2×4 500t/d 熟料新型干法水泥生产线项目申请报告	熊建华、励忠琪、徐旻昊、马建英、周二动、王桂凤、胡观利、严　冰
9	安徽海螺建材设计研究院	铜陵市利用水泥工业新型干法窑处置城市生活垃圾工程可行性研究报告	郭文叁、余　彪、张长乐、周金波、汪克春、梅世江、江　斌、李群峰
10	安徽海螺建材设计研究院	芜湖海螺水泥有限公司二期 36MW 水泥窑纯低温余热发电工程项目可研报告	郭文叁、张长乐、夏贤清、周金波、梅世江、李大明、陈　园、周正友
13	成都建筑材料工业设计研究院有限公司	新疆米东天山水泥有限责任公司 150 万吨/年(2×2 000t/d)电石渣制水泥综合利用工程可行性研究报告	金志胜、张洪涛、高　敏、黄　敏、高荣玖、陈文卓、唐　伟、睢菊蓉
14	北京凯盛建材工程有限公司	山东泰丰矿业集团有限公司 4 000t/d 新型干法水泥熟料生产线可行性研究报告	马明亮、王统寿、佟贵山、王业华、姜敬宝、武　力、赵九如、王　琪
16	南京凯盛水泥技术工程有限公司	冀东海天水泥闻喜有限责任公司资源综合利用 4 500t/d 熟料水泥生产线工程项目申请报告(兼可行性研究)	朱晓彬、徐　文、翁福洲、刘晓娜、高　辉、毛丽娟、吴志根、孙小萌
17	南京凯盛水泥技术工程有限公司	徐州中联水泥有限公司二期 10 000t/d 熟料生产线带配套纯低温余热发电综合工程项目申请报告(兼可行性研究)	朱晓彬、王　安、王　东、冯　琴、胡小庆、吴军夫、曾　剑、孙小萌

(二等奖 17 项)

序　号	申　报　单　位	项　目　名　称	主要人员名单
2	河南建筑材料研究设计院有限责任公司	天瑞集团光山水泥有限公司 4 500t / d 熟料新型干法水泥生产线项目环境影响报告书	查少翔、程　浩、鲁然英、张伟伟、张　波、李蕾蕾、于景民、孙华琦
3	合肥水泥研究设计院	湖南印山实业集团 2×2 500t/d 熟料水泥生产线纯低温余热电站工程(10MW)可行性研究报告	阮宏松、姚　强、曹隆祥、曹百言、黄　臻、吴和香、刘万常、李伟明
4	合肥水泥研究设计院	阿尔博安庆白水泥有限公司白鹿山白水泥用石灰岩矿矿产资源开发利用方案	武青山、张　翔、吴恒金、孙　蓉、项小芳、陆树标、方文国、乔　芳
5	天津水泥工业设计研究院有限公司	陕西省天柱水泥制造有限责任公司资源综合利用 4 500t/d 水泥生产线技改工程(带 9MW 余热电站)项目申请报告	高　文、王万生、梁晓琳、王　伟、肖秋菊、黄东方、赵苗跃、于浚哲
6	天津水泥工业设计研究院有限公司	黄冈亚东水泥有限公司武穴制造厂第一条水泥熟料生产线建设工程(4 200t/d)项目申请报告	高　文、王建平、袁玉兰、梁太平、刘　涛、吴振华、侯龙华、张万昌

续表

序 号	申 报 单 位	项 目 名 称	主要人员名单
8	中国中材国际工程股份有限公司	怀宁上峰水泥有限公司 2×4 500t/d 熟料水泥生产线项目申请报告	李连君、吕文平、顾昌贵、徐旻昊、赵大千、刘　华、温广进、祁彦立
9	中国中材国际工程股份有限公司	北川中联水泥有限公司 4 800t/d 熟料水泥生产线项目可行性研究报告	秦以保、吕文平、王　宏
11	安徽海螺建材设计研究院	贵阳海螺盘江水泥有限责任公司 1×4 500t/d 熟料水泥生产线工程项目申请报告	张长乐、周金波、司家年、周　鑫、凌庭生、张中建、李东祥、周贤葆
12	安徽海螺建材设计研究院	巢湖海昌水泥有限公司 18MW 水泥窑纯低温余热发电工程	张长乐、夏贤清、孔园园、罗霜燕、屈　军、倪和平、李晓娟、考传利
13	安徽海螺建材设计研究院	象山海螺水泥有限责任公司 440 万 t/a 水泥粉磨站工程项目申请报告	张长乐、戎　斌、田文刚、刘明同、李永志、岳　鑫、余　生、李家发
14	安徽海螺建材设计研究院	礼泉海螺水泥有限责任公司 2×4500t/d 熟料水泥生产线工程可行性研究报告	张长乐、周金波、司家年、张中建、戎　斌、徐　刚、李东祥、张春辉
20	成都建筑材料工业设计研究院有限公司	四川芙蓉集团筠连水泥制造有限公司 4 000t/d熟料新型干法水泥生产线工程项目申请报告	杜秀光、王　林、任　刚、谷胜余、赵建涛、邓　臣、苟嘉黎、黄　平
21	北京凯盛建材工程有限公司	铜川凤凰建材有限公司 4 500t/d 熟料新型干法水泥生产线项目可行性研究报告	马明亮、王统寿、佟贵山、赵玲彩、王　琪、齐溪浙、杨临风、聂　臻
24	南京凯盛水泥技术工程有限公司	黑龙江浩良河水泥有限责任公司 4 000t/d 熟料新型干法水泥生产线工程项目申请报告	李东风、邱贤枣、方　华、曾　剑、吴志根、徐　文、袁正军、周　喆
25	南京凯盛水泥技术工程有限公司	广西金鲤水泥有限公司 4 500t/d 熟料新型干法水泥生产线并配套纯低温余热发电工程项目申请报告	冯建华、李东风、倪永明、张辉江、吴军夫、侯宾才、王　安、孙小萌
26	武汉建筑材料工业设计研究院 中材节能发展有限公司	桐庐红狮水泥有限公司低温余热电站工程（9MW）项目申请报告	董兰起、魏连友、罗志兰、祝　强、刘　军、侯　英、张晶莹、董春玲
28	内蒙古建筑材料工业科学研究设计院	清水河县蒙西水泥有限公司 4 500t/d 新型干法熟料生产线建设工程可行性研究报告	王景平、闫俊斌、陈君峰、王美英、李俊清、樊　磊、姜彦海、郝德全

2009 年中国建材工程建设优秀工程勘察奖获奖单位和个人名单表(水泥部分)

Award winning unit and individual list of excellent project survey prize of Chinese building material project construction in 2009 (cement division)

一等奖:(2 项)

序 号	单位名称	获奖项目名称	参加人员名单
9	建材广州地质工程勘察院	英德海螺水泥有限责任公司 4×4 500t/d 水泥熟料生产线岩土工程详细勘察	吴超源、成华雄、邱东平、刘志鹏、张　海

续表

序　号	单位名称	获奖项目名称	参加人员名单
10	建材广州地质工程勘察院	广东省肇庆市封开县华润水泥(封开)有限公司长皮带廊基础控制测量	陈浩光、郭　定、张学明、林海峰、刘洋宏

二等奖:(5 项)

序　号	单位名称	获奖项目名称	参加人员名单
5	建材哈尔滨地质工程勘察院	黑龙江省宾州水泥有限公司 5 000t/d 水泥生产线岩土工程勘察	石宝龙、彭　强、李雨阳、高程珍、孙　莉
8	建材昆明地质工程勘察院	三德集团鹤庆 2 500t/d 水泥生产线岩土工程地质详勘	周先银、杨金明、陈正学、苏祖昆、李方治
9	建材乌鲁木齐地质工程勘察院	天山股份公司多浪水泥厂喀什分公司 2 000t/d 水泥熟料生产线扩建	苟忠民、唐　敏、周　龙、李文胜、王学海
10	合肥建材地质工程勘察院	安徽枞阳海螺水泥股份有限公司专用码头三期岩土工程勘察报告	张学应、肖天阳、刘国忠、黄生伍、桂　鹏
15	建材广州地质工程勘察院	广东省肇庆市封开县华润水泥(封开)有限公司白沙水泥用石灰岩矿区测量	陈浩光、林海峰、陈树祥、程　宇、侯世新

三等奖:(1 项)

序　号	单位名称	获奖项目名称	参加人员名单
5	建材乌鲁木齐地质工程勘察院	新疆天山股份公司利用工业废渣建设 1 500t/d 水泥熟料生产线	李文胜、周　龙、苟忠民、王学海、石桂菊

第四篇

先进集体及先进个人

2009年先进集体及先进个人

2009 年先进集体及先进个人

Advanced Collective and individuals in 2009

2009 年全国五一劳动奖状获得单位（水泥部分）

Diploma wining units of National May Day Labor Prize in 2009（cement division）

温州海螺集团有限公司

中国建材国际工程有限公司

夏河安多投资（水泥）有限责任公司

2009 年全国工人先锋号（水泥部分）

National worker pioneer titles in 2009（cement division）

中材国际工程股份有限公司 SCC 项目部

浙江虎山集团熟料车间中控班组

湖北钟厦水泥股份有限公司化验室

张掖市山丹水泥集团公司旋窑生产线中控室

2009 年全国五一劳动奖章获得者（水泥部分）

Medal winners of National May Day Labor Prize in 2009（cement division）

林玉泉　唐山冀东水泥股份有限公司技术开发中心电气室主管

张国斌　牡丹江建设水泥制品有限公司检修队队长

杨　琼　云南国资水泥昆明有限公司制成车间工人

2009 年全国水泥企业优秀总工程师名单（水泥部分）

List of excellent chief engineers of national cement enterprises in 2009（cement division）

中联水泥集团有限公司总工程师　袁亮国

合肥水泥研究设计院副总工程师　朱大来

中国中材国际工程股份有限公司执行副总裁　季尚行

南方水泥有限公司副总工程师　陈幼荣

北京琉璃河水泥有限公司副经理　关生林

赞皇金隅水泥有限公司党委书记兼常务副总经理　魏卫东

（金隅）天津振兴水泥有限公司副经理　韩晓光

甘肃祁连山水泥集团股份有限公司集团公司董事　李生钰

山西晋牌水泥集团有限公司副总工程师　白高利

天瑞集团有限公司总工程师　贾华平

智海企业集团有限公司技术总监　韩铁宝

河南同力水泥股份有限公司集团生产技术部主任　任永刚

焦煤集团千业水泥有限责任公司董事长、党委书记　和南方

云南红塔滇西水泥股份有限公司副总经理　杨兴辉

南阳市天泰水泥有限公司总工程师　曾跃进

上海建材集团水泥有限公司总工程师　马　勇

上海联合水泥有限公司总工程师　郁伟华

亚泰集团哈尔滨水泥有限公司副总经理　高景文

唐山冀东水泥股份有限公司副总工程师　崔信明

四川峨胜水泥股份有限公司副总工程师　叶心田

江西玉华集团质量总监　曹　勤

伊犁南岗建材集团有限责任公司董事长、总工程师　杨国伊
新疆天业集团有限公司副总经理　孔祥林
吉林亚泰(集团)股份有限公司经理兼总工程师　吴宝升
中材汉江水泥股份有限公司总工程师　王生平
临沂中联水泥有限公司副总经理　杨伟臣
新疆天山股份有限公司总工程师　包文忠

国家水泥质量监督检验中心权威发布 2009年全国水泥品质指标检验大对比获奖名单

National Cement Quality Supervision and Testing Center authoritatively issues award winning list of national cement quality and index testing and comparison in 2009

名次	单 位 名 称	奖 项
1	云南国资水泥昆明有限公司	全优
2	甘肃省建筑材料产品质量监督检验站	全优
3	陕西声威建材集团有限公司	全优
4	汉中市汉江水泥厂	全优
5	抚顺水泥股份有限公司	全优
6	山东山铝水泥有限公司	全优
7	湖北省建材产品质量监督检验站	全优
8	云南省建筑材料产品质量监督检验站	全优
9	陕西省建筑材料工业设计研究院建材检测中心	全优
10	华新水泥(宜昌)有限公司	全优
11	湖北金龙水泥有限公司	全优
12	新疆青松水泥有限责任公司	全优
13	广东三马水泥有限公司	全优
14	陕西铜川声威特种水泥有限公司	全优
15	驻马店市豫龙同力水泥有限公司	全优
16	华新水泥股份有限公司黄石分公司	全优
17	葛洲坝武汉水泥有限公司	全优
18	阿荣旗蒙西水泥有限公司	全优
19	郏县中联天广水泥有限公司制成包装二工段	全优
20	大连水泥集团有限公司大连水泥厂	全优
21	华新水泥(赤壁)有限公司	全优
22	安康市尧柏水泥有限公司	全优
23	淮南市八公山水泥厂	全优

续表

名次	单 位 名 称	奖 项
24	鹿泉东方鼎鑫水泥有限公司一分公司	全优
25	大连小野田水泥有限公司	全优
26	河源和兴水泥有限公司	全优
27	包头蒙西水泥有限责任公司	全优
28	华新水泥(阳新)有限公司	全优
29	贵州凯里瑞安水泥有限公司	全优
30	福建省龙岩市产品质量监督检验所	全优
31	广东省水泥质量监督检验站广州站	全优
32	大连市建材产品质量监督检验站	全优
33	武汉武钢华新水泥有限责任公司	全优
34	云南红塔滇西水泥股份有限公司	全优
35	西安蓝田尧柏水泥有限公司	全优
36	射阳县水泥制造有限公司	全优
37	涟源市白云旋窑水泥有限公司	全优
38	湖南省建筑材料质量监督检验授权站	全优
39	大冶尖峰水泥有限公司	全优
40	贵州水泥厂	全优
41	华新水泥(武穴)有限公司	全优
42	安阳市新天河水泥有限责任公司	全优
43	鹿泉东方鼎鑫水泥有限公司第二化验室	全优
44	江西玉山万年青水泥有限公司	全优
45	湖南石门特种水泥有限公司	全优
46	海拉尔蒙西水泥有限公司	全优
47	江西万年青水泥股份有限公司万年水泥厂	全优
48	天水祁连山水泥有限公司	全优
49	河南省水泥质量监督检验站	全优
50	武汉亚东水泥有限公司	全优
51	华新水泥(武汉)有限公司	全优
52	河南省豫南水泥有限公司	全优
53	四川省建材产品质量监督检验中心	全优

续表

名次	单 位 名 称	奖 项
54	辽宁省建筑材料监督检验院	全优
55	天津市天辉水泥有限公司	全优
56	重庆拉法基水泥有限公司	全优
57	荻港海螺水泥股份有限公司	全优
58	丹寨县金华水泥有限公司	全优
59	焦作市中晶水泥有限责任公司	全优
60	浙江仙都水泥有限公司	全优
61	福建水泥股份有限公司炼石水泥厂	全优
62	湖南华新湘钢水泥有限公司	全优
63	四川峨胜水泥股份有限公司	全优
64	浩良河水泥有限责任公司	全优
65	郑州天瑞水泥有限公司	全优
66	东莞市东田粉磨站	全优
67	福建省南平天平水泥有限公司	全优
68	新疆库车青松水泥有限责任公司	全优
69	新疆维吾尔自治区建材非金属产品质量监督检验站	全优
70	农业部建材产品质量监督检验测试中心(泰安)	全优
71	邢台中联水泥有限公司	全优
72	江西省建材产品质量监督检验站	全优
73	郑州顺宝水泥股份有限公司	全优
74	河南省南阳市天泰水泥有限公司	全优
75	东莞市茶山水泥厂	全优
76	贵州省建筑材料行业产品质量监督检验站	全优
77	鄂尔多斯市蒙西建材有限责任公司	全优
78	四川省安县浮山水泥有限公司	全优
79	唐山市丰润区红旗水泥厂	全优
80	大庆油田水泥有限责任公司	全优
81	福建省建阳海螺水泥有限责任公司	全优
82	浙江申华水泥有限公司	全优
83	河北省建材产品质量监督检验站	全优

续表

名次	单 位 名 称	奖 项
84	利川市豹盾水泥有限责任公司	全优
85	濮阳同力水泥有限公司	全优
86	北京新北水水泥有限责任公司	全优
87	北京市水泥质量监督检验站	全优
88	华新水泥(河南信阳)有限公司	全优
89	湖北钟厦水泥股份有限公司	全优
90	金刚(集团)白山水泥有限公司	全优
91	浙江三源集团有限公司	全优
92	郏县中联天广水泥有限公司	全优
93	内蒙古蒙西水泥股份有限公司	全优
94	华新水泥(恩施)有限公司	全优
95	重庆腾辉特种水泥有限公司	全优
96	沙洋秦江水泥有限责任公司	全优
97	新乡平原同力水泥有限责任公司	全优
98	新乡中电龙源水泥有限公司	全优
99	湖北世纪新峰雷山水泥有限公司	全优
100	唐山冀东水泥股份有限公司	全优
101	六盘水市红果水泥厂	全优
102	安徽宣城海螺水泥有限公司	全优
103	宜良县蓬莱水泥厂	全优
104	衡阳市帅府水泥有限公司	全优
105	河南省产品质量监督检验院	全优
106	湖北亚东水泥有限公司	全优
107	贵州奇峰工贸有限责任公司	全优
108	华新水泥(昭通)有限公司	全优
109	北京兴发水泥有限公司	全优
110	鹿泉市曲寨建材厂	全优
111	大连金刚天马水泥有限公司	全优
112	大连金山水泥制造有限公司	全优
113	徐州中联水泥有限公司	全优

续表

名次	单　位　名　称	奖　项
114	福建春驰集团新丰水泥有限公司	全优
115	广东省水泥产品质量监督检验站梅州站	全优
116	四川利森建材集团有限公司	全优
117	宿迁中联水泥有限公司	全优
118	安徽省池州海螺水泥股份有限公司	全优
119	福州台泥水泥有限公司	全优
120	焦作市岩鑫水泥有限责任公司	全优
121	北京太行前景水泥有限公司	全优
122	贵州新蒲瑞安水泥有限公司	全优
123	建德一石实业有限公司	全优
124	河南孟电集团水泥有限公司	全优
125	泰山水泥集团有限公司	全优
126	陕西秀山水泥有限公司	全优
127	江西瑞金万年青水泥有限责任公司	全优
128	上海联合水泥有限公司	全优
129	衢州方圆检测有限公司	全优
130	惠州市宝湖建材制造有限公司	全优
131	浙江常山水泥有限公司	全优
132	辽宁恒威水泥集团有限公司	全优
133	河南省豫鹤同力水泥有限公司	全优
134	新疆青松建材化工(集团)股份有限公司新型干法水泥分公司	全优
135	辽宁省辽阳市建筑材料产品质量监督检验站	全优
136	洛阳中合祥水泥有限公司	全优
137	淮海中联水泥有限公司	全优
138	祥云县建材(集团)有限责任公司	全优
139	青岛市水泥质量监督检验站	全优
140	英德市南山水泥厂	全优
141	北京天维水泥有限公司	全优
142	福建龙岩合丰水泥有限公司	全优
143	贵州桐梓华林水泥有限公司	全优

续表

名次	单 位 名 称	奖 项
144	福建省水泥产品质量监督检验中心(三明)	全优
145	广东省水泥质量监督检验站韶关站	全优
146	湖南恒宇建材有限公司	全优
147	湖南省湘维有限公司	全优
148	荥阳隆鑫水泥有限责任公司	全优
149	四川双马水泥股份有限公司	全优
150	河北凤达水泥有限公司	全优
151	山西省建筑材料质量监督检验测试中心	全优
152	鄂尔多斯市东胜蒙西水泥有限公司	全优
153	葛洲坝股份有限公司水泥厂	全优
154	湖南金大地材料股份有限公司	全优
155	广西鱼峰水泥股份有限公司	全优
156	重庆铜梁共和水泥有限责任公司	全优
157	浙江省建筑材料科技有限公司建材质量检测中心	全优
158	宜良金珠水泥有限公司	全优
159	南京江南水泥有限公司	全优
160	云南省丽江水泥有限责任公司	全优
161	黑龙江省建筑材料质量监督检验站	全优
162	安徽海螺水泥有限公司宁国水泥厂	全优
163	浙江杜山集团有限公司	全优
164	永登祁连山水泥有限公司	全优
165	伊犁南岗建材(集团)有限责任公司霍城水泥厂	全优
166	北京市琉璃河水泥有限公司	全优
167	江山市虎啸水泥有限公司	全优
168	国投新登郑州水泥有限公司	全优
169	江苏省建材产品质量检验站	全优
170	吉林省建筑材料产商品质量监督检验站	全优
171	唐山六九水泥有限公司	全优
172	龙口市泛林水泥有限公司	全优
173	新疆天山水泥股份有限公司	全优

续表

名次	单 位 名 称	奖 项
174	贵州水城瑞安水泥有限公司	全优
175	浙江省水泥质量检测站	全优
176	广州石井水泥公司	全优
177	河源旋力水泥有限公司	全优
178	华新水泥(西藏)有限公司	全优
179	河北奎山水泥集团有限公司	全优
180	辽宁山水工源水泥有限公司工源水泥厂	全优
181	康达(山东)水泥制成品有限公司	全优
182	连云港中联水泥有限公司	全优
183	山东申丰水泥集团有限公司	全优
184	贵州省咸宁草海水泥有限公司	全优
185	青海省产品质量监督检验所	全优
186	华新水泥(襄樊)有限公司	全优
187	河源市龟峰水泥有限公司	全优
188	宁海强蛟海螺水泥有限公司	全优
189	焦作坚固水泥有限公司	全优
190	广西壮族自治区建材产品质量监督检验站	全优
191	上海市建筑材料及构件质量监督检验站	全优
192	东莞华润水泥厂有限公司	全优
193	重庆市水泥质量监督检验站	全优
194	四川省金沙水泥股份有限公司	全优
195	山东省水泥质量监督检验站	全优
196	英德市英马水泥有限公司	全优
197	洛阳黄河同力水泥有限责任公司	全优
198	海南省产品质量监督检验所	全优
199	江南-小野田水泥有限公司	全优
200	贵州省遵义瑞安水泥有限公司	全优
201	北京市平谷区水泥二厂有限公司	全合格
202	鞍山冀东水泥有限责任公司	全合格
203	台州海螺水泥有限公司	全合格

续表

名次	单 位 名 称	奖 项
204	杭州富阳钱潮水泥有限公司	全合格
205	金昌水泥(集团)有限责任公司新型干法水泥厂	全合格
206	江苏磊达股份有限公司	全合格
207	浙江上峰水泥集团有限公司	全合格
208	安阳中海水泥有限责任公司	全合格
209	河南省偃师水泥厂	全合格
210	茂名市油城牌水泥有限公司	全合格
211	贵阳利尔建材有限公司	全合格
212	湖南省韶峰南方水泥有限公司	全合格
213	湖南宁乡南方水泥有限公司	全合格
214	伊犁南岗建材(集团)有限责任公司南岗水泥厂	全合格
215	浙江金华南方尖峰水泥有限公司	全合格
216	新乡市振新水泥有限公司	全合格
217	惠州市光大水泥企业有限公司	全合格
218	无锡天山水泥有限公司	全合格
219	浙江虎鹰水泥有限公司	全合格
220	新疆青松建材化工(集团)股份有限公司水泥厂	全合格
221	浙江振大水泥有限公司	全合格
222	广西华宏水泥股份有限公司	全合格
223	天津振兴水泥有限公司	全合格
224	内蒙古西水创业股份有限公司	全合格
225	烟台山水水泥有限公司	全合格
226	云南国资水泥东骏有限公司	全合格
227	北京立马水泥有限公司	全合格
228	辽宁省盘锦金山水泥有限公司	全合格
229	广西武宣东田建材有限公司	全合格
230	云南永保特种水泥股份有限公司	全合格
231	新疆天辰化工有限公司	全合格
232	北京市顺义特种水泥厂	全合格
233	天津冀东水泥有限公司	全合格

续表

名次	单 位 名 称	奖 项
234	安徽怀宁海螺水泥有限公司	全合格
235	重庆华林水泥(集团)有限公司	全合格
236	平凉祁连山水泥有限公司	全合格
237	宁夏中宁赛马水泥有限公司	全合格
238	张家港海螺水泥有限公司	全合格
239	天瑞集团周口水泥有限公司	全合格
240	抚顺金刚水泥有限公司	全合格
241	惠州环球水泥有限公司	全合格
242	乌海蒙西水泥有限公司	全合格
243	中材天山(云浮)水泥有限公司	全合格
244	湖北省水泥基材料质量监督检验站	全合格
245	冀东水泥丰润有限责任公司	全合格
246	烟台三菱水泥有限公司	全合格
247	福建炼石水泥有限公司福州粉磨站	全合格
248	长沙碧螺建材有限公司	全合格
249	中铁五局集团六盘水水泥有限责任公司	全合格
250	甘肃省九连山水泥有限责任公司	全合格
251	内蒙古自治区建材产品质量检验所	全合格
252	广州市珠江水泥有限公司	全合格
253	黔西南州泰安水泥有限责任公司	全合格
254	浙江兆山建材集团诸暨第二水泥有限公司	全合格
255	浙江中开源水泥有限公司	全合格
256	山东水泥厂有限公司	全合格
257	昌乐山水水泥有限公司	全合格
258	广东广信青洲水泥有限公司	全合格
259	四川金顶(集团)峨眉水泥厂	全合格
260	广东亨达利水泥厂有限公司	全合格
261	新疆和田青松建材有限责任公司	全合格
262	安徽芜湖海螺水泥有限公司	全合格
263	淮南强大水泥有限公司	全合格

续表

名次	单　位　名　称	奖　项
264	浙江钱潮控股集团股份有限公司	全合格
265	平阴山水水泥有限公司	全合格
266	伊力特北屯建材有限责任公司	全合格
267	永州市九嶷骄阳水泥有限责任公司	全合格
268	冀东水泥滦县有限责任公司	全合格
269	黑龙江省佳木斯鸿基集团有限公司	全合格
270	句容台泥水泥有限公司	全合格
271	浙江牛石水泥有限公司	全合格
272	浙江新都水泥有限公司	全合格
273	山西广灵精华化工有限公司绿川建材	全合格
274	淄博双凤山水水泥有限公司	全合格
275	济源金龙水泥有限公司	全合格
276	思茅建峰水泥有限公司	全合格
277	大理水泥(集团)有限责任公司	全合格
278	大连新虎水泥企业集团有限公司	全合格
279	英德龙山水泥有限责任公司	全合格
280	南京三龙水泥有限责任公司	全合格
281	北京新港水泥制造有限公司	全合格
282	北京顺发拉法基水泥有限公司	全合格
283	营口金地球水泥有限公司	全合格
284	上海海螺明珠水泥有限责任公司	全合格
285	建德海螺水泥有限责任公司	全合格
286	浙江上峰建材有限公司	全合格
287	冀东海德堡(泾阳)水泥有限公司	全合格
288	冀东水泥磐石有限责任公司	全合格
289	黑龙江北疆集团股份有限公司齐齐哈尔水泥厂	全合格
290	兆山新星集团诸暨兆山水泥有限公司	全合格
291	巢湖恒源建材有限公司	全合格
292	南宁狮座建材有限公司	全合格
293	辽宁富山水泥有限公司	全合格

续表

名次	单 位 名 称	奖 项
294	蕉岭恒基建材有限公司	全合格
295	云南国资水泥红河有限公司	全合格
296	辽阳千山水泥有限责任公司	全合格
297	浙江科华集团有限公司	全合格
298	重庆市富丰水泥集团有限公司	全合格
299	贵州开阳宜宏股份合作公司	全合格
300	云南云维股份有限公司	全合格
301	遵义华峰水泥有限责任公司	全合格
302	肥城米山水泥有限公司东厂	全合格
303	新疆伊犁南岗建材集团伊犁水泥厂	全合格
304	武安市华冶水泥有限责任公司	全合格
305	辽宁渤海水泥(集团)有限责任公司	全合格
306	苏州天山水泥有限公司	全合格
307	平煤建工集团天元水泥有限公司	全合格
308	广州石井德庆水泥厂有限公司	全合格
309	中材亨达水泥有限公司	全合格
310	云南省活发集团刘总旗水泥有限公司	全合格
311	宁夏青铜峡水泥股份有限公司	全合格
312	大连天瑞水泥有限公司	全合格
313	枣庄山水水泥有限公司	全合格
314	株洲韶峰水泥有限责任公司	全合格
315	山东山水水泥集团有限公司青岛分公司	全合格
316	云南三江水泥有限公司	全合格
317	宁夏赛马实业股份有限公司	全合格
318	邵阳长城集团龙须塘水泥有限公司	全合格
319	天津市水泥实业公司	全合格
320	唐山冀东水泥三友有限公司	全合格
321	湖南万安达集团普华实业有限责任公司	全合格
322	华新南通水泥有限公司	全合格
323	贵州省平塘县龙马水泥建材有限公司	全合格

续表

名次	单　位　名　称	奖　项
324	福建水泥股份有限公司建福水泥厂	全合格
325	冷水江晨峰水泥有限责任公司	全合格
326	济南世纪创新水泥有限公司	全合格
327	河南省同力水泥有限公司	全合格
328	本溪水泥厂	全合格
329	浙江省常山江山虎水泥有限公司	全合格
330	福建水泥股份有限公司漳州水泥厂	全合格
331	郴州市建筑材料行业产品质量检测所	全合格
332	湖南新邵云岩水泥有限公司	全合格
333	辽源金刚水泥(集团)有限公司	全合格
334	湖南省煤业集团白沙建材有限公司	全合格
335	贵州江葛水泥有限责任公司	全合格
336	杭州云峰水泥有限公司	全合格
337	安徽省巢湖恒信水泥有限公司	全合格
338	即墨市双春水泥有限公司	全合格
339	南宁市八鲤建材有限公司	全合格
340	内蒙古亿利冀东水泥有限责任公司	全合格
341	淮南舜岳水泥有限责任公司	全合格
342	云南昆钢嘉华水泥建材有限公司	全合格
343	建德三狮水泥有限公司	全合格
344	保山昆钢嘉华水泥建材有限公司	全合格
345	扶绥新宁海螺水泥有限责任公司	全合格
346	龙元建设安徽水泥有限公司	全合格
347	兴业葵阳海螺水泥有限责任公司	全合格
348	广西四合工贸有限责任公司	全合格
349	湖南金磊南方水泥有限公司	全合格
350	贵州畅达瑞安水泥有限公司	全合格
351	冀东水泥吉林有限责任公司	全合格
352	浙江申河水泥有限公司	全合格
353	梅县恒塔旋窑水泥有限公司	全合格

续表

名次	单 位 名 称	奖 项
354	辽宁省海城市第四水泥厂	全合格
355	四川金顶(集团)峨眉山特种水泥有限公司	全合格
356	浙江四明山水泥有限公司	全合格
357	广东塔牌集团股份有限公司	全合格
358	宝鸡众喜水泥有限公司	全合格
359	河北太行水泥股份有限公司	全合格
360	易县华宇大地水泥制造有限公司	全合格
361	都江堰拉法基水泥有限公司	全合格
362	贵州省清镇市新发水泥有限公司	全合格
363	兰州红古祁连山水泥股份有限公司	全合格
364	遵义市天宝水泥有限责任公司	全合格
365	江山市何家山水泥有限公司	全合格
366	安徽海螺水泥有限公司白马山水泥厂	全合格
367	天瑞集团汝州水泥有限公司	全合格
368	梅州金塔水泥有限公司	全合格
369	湖南省新邵县强力水泥有限责任公司	全合格
370	广州市建筑材料工业研究所有限公司	全合格
371	广州市嘉华南方水泥有限公司	全合格
372	昆明崇德水泥有限公司	全合格
373	重庆天助水泥(集团)有限公司	全合格
374	蚌埠海螺水泥有限责任公司	全合格
375	桂林独秀水泥总厂	全合格
376	北京强联水泥有限公司	全合格
377	宜兴市天盛水泥有限公司	全合格
378	桂林东昌建材有限公司	全合格
379	云南国资水泥海口有限公司	全合格
380	长兴小浦众盛水泥有限公司	全合格
381	河南世纪新峰水泥有限公司	全合格
382	贵州福泉军民水泥厂	全合格
383	河北金牛能源股份有限公司水泥厂	全合格

续表

名次	单　位　名　称	奖　项
384	山西省新绛威顿水泥有限责任公司	全合格
385	湖南省新生水泥厂	全合格
386	娄底市娄星水泥制造有限公司	全合格
387	重庆市参天水泥有限公司	全合格
388	新田县南峰水泥有限公司	全合格
389	呼和浩特金山特种水泥有限责任公司	全合格
390	山东省东营市胜利水泥厂	全合格
391	浙江长兴水泥有限公司	全合格
392	英德金鹰水泥有限公司	全合格
393	四川省星船城水泥股份有限公司	全合格
394	临沂中联水泥有限公司	全合格
395	永州市中大特种水泥有限责任公司	全合格
396	牡丹江建新水泥制品有限公司	全合格
397	山东沂源鲁山水泥有限公司	全合格
398	福建紫金建材集团有限公司	全合格
399	甘谷祁连山水泥有限公司	全合格
400	浙江山鹰水泥有限公司	全合格
401	鲁南中联水泥有限公司	全合格
402	甘肃高崖金城水泥有限公司	全合格
403	浙江桐星水泥有限公司	全合格
404	湖南省云峰水泥有限公司	全合格
405	淮北矿业(集团)水泥有限责任公司	全合格
406	广州市越堡水泥有限公司	全合格
407	河北仙翁水泥股份有限公司	全合格
408	济源市五三一水泥有限公司	全合格
409	广东塔牌集团股份有限公司惠州龙门分公司	全合格
410	沈阳冀东水泥有限公司	全合格
411	枣庄市建材产品质量检验中心	全合格
412	中国水泥厂有限公司	全合格
413	邵东县龙成水泥有限公司	全合格

续表

名次	单 位 名 称	奖 项
414	宁夏回族自治区建筑材料产品质量监督检验站	全合格
415	淄博鲁中水泥有限公司	全合格
416	广州市石井水泥厂	全合格
417	华新金猫水泥(苏州)有限公司	全合格
418	四川省利万步森水泥有限公司	全合格
419	邵东县峦峰水泥有限责任公司	全合格
420	梅州市华山水泥有限公司	全合格
421	淄博山水水泥有限公司	全合格
422	杭州南山水泥有限公司	全合格
423	内蒙古赤峰哈河水泥有限责任公司	全合格
424	石河子开发区青松天业水泥公司	全合格
425	山东沂源沂阳水泥有限公司	全合格
426	山东山水水泥集团有限公司日照分公司	全合格
427	兆山新星集团浙江云石水泥有限公司	全合格
428	山东沂州水泥集团	全合格
429	安徽大江股份有限公司	全合格
430	肥城米山水泥有限公司西厂	全合格
431	东兰水泥厂	全合格
432	枣庄中联水泥有限公司	全合格
433	泉州三德建材有限公司	全合格
434	广西西普南雁水泥有限公司	全合格
435	大理红山水泥有限责任公司	全合格
436	海盐秦丰水泥厂	全合格
437	贵阳金龙水泥有限公司	全合格
438	安徽长丰海螺水泥有限公司	全合格
439	北京红旗水泥公司	全合格
440	安徽瀛浦金龙水泥有限公司	全合格
441	长沙五江建材实业有限公司	全合格
442	浙江裕廊水泥有限公司	全合格
443	湖南省冷水江波月水泥有限公司	全合格

续表

名次	单位名称	奖项
444	台泥(英德)水泥有限公司	全合格
445	湖南印山实业集团印山台水泥有限公司	全合格
446	河北曙光强兴水泥有限公司	全合格
447	阿克苏天山多浪水泥有限责任公司库车矿化水泥厂	全合格
448	唐山冀东水泥股份有限公司丰润三期	全合格
449	遵义县双虎水泥厂	全合格
450	山东莒州水泥有限公司	全合格
451	宁波科环新型建材股份有限公司	全合格
452	兴安海螺水泥有限责任公司	全合格
453	浙江中新源水泥有限公司	全合格
454	保定太行和益水泥有限公司	全合格
455	大宇水泥(山东)有限公司	全合格
456	湖南省祁东洪城水泥有限公司	全合格
457	卫辉市天瑞水泥有限公司	全合格
458	中国水泥发展中心物化检测所	全合格
459	内蒙古冀东水泥有限责任公司	全合格
460	三德(中国)水泥股份有限公司	全合格
461	上海崛荣实业有限公司	全合格
462	浙江省诸暨市福利水泥有限公司	全合格
463	遵义市鹰盾水泥有限公司	全合格
464	马鞍山海螺水泥有限责任公司	全合格
465	重庆科华建材(集团)有限公司	全合格
466	南京海螺水泥有限公司	全合格
467	桐乡市峰磊水泥有限公司	全合格
468	梅县恒发建材有限公司	全合格
469	国产实业(福建)水泥有限公司	全合格
470	漳平红狮水泥有限公司	全合格
471	山西省运城市清华水泥厂	全合格
472	广西东泥天等水泥有限公司	全合格
473	江西锦溪水泥有限公司制造一厂	全合格

续表

名次	单 位 名 称	奖 项
474	贵州毕节瑞安水泥有限公司	全合格
475	新疆屯河富蕴水泥有限责任公司	全合格
476	辽宁省铁岭市铁新水泥有限公司	全合格
477	中煤第一建设公司建筑材料厂	全合格
478	福建漳平振鸿水泥有限公司	全合格
479	潍坊山水水泥有限公司	全合格
480	福建省永成水泥(南靖)有限公司	全合格
481	新疆屯河特种水泥厂	全合格
482	新疆阿克苏天山多浪水泥有限责任公司	全合格
483	玉林市第一水泥厂	全合格
484	福建省水泥质量监督检验站	全合格
485	西安楼台水泥制造有限公司	全合格
486	中国长城铝业水泥公司水泥厂	全合格
487	新疆屯河水泥有限责任公司头屯河水泥厂	全合格
488	中材汉江水泥股份有限公司	全合格
489	新疆屯河金波水泥有限责任公司	全合格
490	河池广驰水泥有限责任公司	全合格
491	新疆屯河额敏水泥分公司	全合格
492	新疆屯河古城水泥分公司	全合格
493	新疆屯河沙湾五宫水泥分公司	全合格
494	四川华蓥山广能集团蓥峰特种水泥有限责任公司	全合格
495	淮南巨石水泥有限公司	全合格
496	浙江双狮建材有限公司	全合格
497	河南禹州灵山水泥有限公司	全合格
498	河北省抚宁县信合水泥厂	全合格
499	新疆屯河布尔津水泥分公司	全合格
500	浙江虎山集团有限公司	全合格
501	福建中达水泥有限公司	全合格

优秀组织奖

贵州省建筑材料行业产品质量监督检验站；

湖南省建筑材料质量监督检验授权站；

河南省水泥质量监督检验站；

浙江省建筑材料科技有限公司建材质量检测中心；

广西壮族自治区建材产品质量监督检验站

国家水泥质量监督检验中心

2009 年 11 月 4 日

第五篇

企业篇

企 业 篇

Enterprises

企业明星录

Record of star enterprises

建材领域最具可持续发展的公司——拉法基瑞安水泥有限公司

The most sustainable developing company in building material field – Lafarge Ruian Cement Co. Ltd.

【企业概况】 拉法基瑞安水泥有限公司(下称“拉法基瑞安”)于2005年11月9日正式成立,它集合了世界建筑材料行业的领袖企业拉法基集团和香港瑞安建业有限公司各自在中国的水泥资产,从而成为中国西南地区水泥行业新的领军企业。

公司总部位于北京,下属重庆、四川、贵州和云南4个运营单位,拥有20家水泥厂、3 000万吨年生产能力及约10 000多名员工。

“拉法基瑞安”自成立以来,始终坚持以客户为中心、重视员工的成长、以各利益相关方及股东共同发展为首要原则。凭借拉法基集团优秀的工业体系、先进的研发和生产技术、管理经验,“拉法基瑞安”将为飞速发展的中国市场构筑一道厚重的建筑基石。

【“拉法基瑞安”的行动与承诺——可持续发展】 “拉法基”认为,只有走可持续发展之路,真正关注环境并得到公众的认可,才能不断取得成功。为此,拉法基集团在近180年的发展中,始终坚持在可持续发展战略的基础上寻求发展,实现企业发展与环境保护的和谐统一,“拉法基”也因此连续6年上榜“全球百家最具可持续发展公司”,这也是建材领域唯一一家获此殊荣的公司。2007年,拉法基集团在全球开始推行“2012可持续发展远景”,包括致力于在中国坚持可持续发展。一脉相承拉法基集团在可持续发展方面的理念,“拉法基瑞安”始终将实现经济效益、社会责任、资源利用以及环境保护的协调一致作为公司可持续发展的核心。与拉法基集团“2012可持续发展远景”一致,“拉法基瑞安”在可持续发展方面有六个关键领域——关注安全、员工发展、节能减排与矿山恢复、优化生产、以客户为中心及关注利益相关方,并在每个方面都提出了明确目标,对每个环节进行了全面细致的规划。“拉法基瑞安”希望通过在以上六个关键领域的努力工作成为中国建材行业内坚持可持续发展的典范。

主要关注点:

一、关注安全

安全是“拉法基瑞安”的核心价值,是重中之重,是企业文化的基石,也是公司实现可持续发展的首要任务。所有“拉法基瑞安”工作的员工都有权获得安全、健康的工作环境,同时也必须为营造这一环境负责。

自公司成立以来,“拉法基瑞安”始终将安全放在首位,零事故是所有工厂应予实现的目标。公司对所有工厂进行了安全评估,建立了包括总部、分公司及工厂等各个层面在内的安全管理团队,并制定了一套完整而详细的安全规则加以实施。“拉法基瑞安”还为每个员工配备了个人安全防护用品及安全手册,并针对所有员工进行了大量的安全培训以提高他们的安全技能和安全意识。自2005年成立至今,公司在安全方面取得了显著的成效,事故发生率降低幅度超过84%。旗下21个工作场所均实现了连续一年无“损工时事故”,其中7个工作场所已经取得了连续三年无“损工时事故”的好成绩。

为了提高员工的安全意识,加强安全文化,“拉法基瑞安”从2008年起将每年的6月份定为集团的“健康安全月”,在全球业务范围内开展健康和安全文化推广活动。在2008至2010年连续三年的健康安全月期间,“拉法基瑞安”以“我关注我们的健康与安全”为主题,在所有工作场所(包括工厂、分公司和总部)组织了形式多样、丰富多彩的各种活动,共有约10 000多名员工以及员工家属、合同方、合作伙伴、政府相关部门和其他利益相关方参与了公司“健康安全月”的相关活动,通过参与各种活动,公司的利益相关方对“拉法基瑞安”的安全理念和安全价值观有了更深层次的理解。

拉法基瑞安水泥公司健康安全月期间
开展了全国性安全知识竞赛

为安全成绩优秀的工厂颁奖

拉法基瑞安水泥公司员工参加健康安全月活动

二、员工发展

员工是“拉法基瑞安”最珍贵的财富，具有专业技能和能动性的员工团队是“拉法基瑞安”成功的关键。秉承拉法基集团多元本土化管理的理念，“拉法基瑞安”大力启用本地管理人员（其中包括工程师和技术人员），各分公司的主要管理人员中本土人才的比例更是达到90%以上。本土人才对本土市场和文化背景的深度理解，为公司带来了业务发展上的优势。公司还为员工创造在相互信任、尊重、对话和团队合作的基础上全面参与、互相支持的工作环境，并赋予员工激励性、挑战性的责任。

为了促进员工的职业发展和集团业绩的增长，“拉法基瑞安”一直以来将培训看作是公司的长期投资，在提高员工工作技能的同时，加强员工适应外界迅速变化的能力，最终培养“拉法基瑞安”的未来领导人。“拉法基瑞安”提供的培训项目丰富多样，如获得集团“最佳员工参与项目”奖的“融入集团”、“集团人才库最佳贡献奖”的“学校工厂”等，这些培训带动了管理人员、技术人员以及一线员工工作技能的提高和发展，同时也增强了员工的积极性。自成立以来，公司为员工提供了超过150万小时的培训，用于培训的费用更是超过2 000万元人民币。

2009年，“拉法基瑞安”凭借其在人力资源管理和培训管理方面的杰出表现，在由国内知名人力资源服务商“前程无忧”举办的“2009最佳100人力资源典范企业”评选中脱颖而出，获得了最佳人力资源管理典范企业的称号及“2009最佳企业培训典范”奖项。“拉法基瑞安”也是上榜的100家企业中惟一一家建材行业企业。

拉法基瑞安水泥公司多元本土化的员工团队

“拉法基瑞安”荣获人力资源奖项

三、节能减排和矿山恢复

作为连续六年当选“全球可持续发展百佳企业”的拉法基集团旗下的公司之一，“拉法基瑞安”自成立以来一直秉承拉法基集团将创造价值、保护环境和自然资源、节约能源与专业技术相结合的战略方针，致力于成为中国水泥行业中可持续发展的典范，积极贯彻中国政府节能减排政策，发展循环经济，努力为减缓气候变化做贡献，保护自然，并在“2012可持续发展远景”中设立了具体的环境管理目标。

为了实现节能减排、减缓气候变化、发展循环经济、保护环境和人类健康的承诺，2005～2010年间，“拉法基瑞安”共关闭了41条高耗能、高污染的立窑、湿法窑落后生产线，同时投资61亿元人民币用于技术更新和兴建新型干法生产线。按照中国《循环经济促进法》和《应对气候变化国家方案》对水泥工业的要求，积极发展新型干法窑外分解技术，采用节能粉磨设备和余热发电技术，利用可燃废弃物替代矿物燃料，综合利用工业废渣和尾矿，积极协助地方政府利用水泥窑协同处置市政污泥。目前，“拉法基瑞安”已有8个工厂建设并成功运行余热发电项目，每个项目平均投资6～9千万元人民币，平均年减排二氧化碳7～9万吨。随着公司业务的发展，“拉法基瑞安”将为今后所有的新线配套余热发电设施。

市政污水处理厂的污泥处置是城市环境保护一大难题。在重庆市环保局和重庆市市政委员会的大力支持下，“拉法基瑞安”重庆分公司依靠拉法基集团在全球工业生态领域的丰富经验和雄厚的技术研发实力，经过多次试验与评估，于2008年8月在南山工厂实现了对市政污泥的协同处置，年处理城市污水厂污泥3万余吨，不仅解决了填埋相应污泥的占地难题，而且避免了专门焚烧的投资、煤耗和二噁英污染，并减少了相应的二氧化碳排放，得到了当地政府和社区的好评。2009年9月，“拉法基集团”与重庆市政府签订战略合作协议，将在更多的领域与重庆市开展合作，尤其是在固体废物的处置和利用方面开展更深层次的合作，包括城市污泥利用、污染土壤综合利用、脱硫石膏利用等项目，同时积极推广“绿色建筑”节约能源，提高资源利用率。

2005～2009年期间，“拉法基瑞安”中国区工厂在产能提高30%的同时，粉尘、二氧化硫和氮氧化物的年排放总量分别削减了87%、71%、34%，吨熟料粉尘、二氧化硫和氮氧化物的排放强度分别降低了90%、78%和49%。1990～2009年期间，吨熟料的二氧化碳排放削减了29%。提前并超额完成了集团分解给中国区的减排任务。单位产品能耗平均值达到并超过了GB16780－2007《水泥单位产品能源消耗限额》推荐执行的先进水平。2010年被工信部评选为全国首批“文化融合促进节能减排试点示范企业”。

“拉法基瑞安”的矿山恢复计划，是让矿山在开采后依然可以恢复到原有的自然状态，重新焕发勃勃生机。“拉法基瑞安”承诺到2010年，为85%的矿山制订矿山恢复计划，在严格执行拉法基集团标准的同时，主动征求地方政府的意见，并根据计划每年预留相应的资金用于该计划的实施。

拉法基瑞安水泥公司《都江堰工厂矿山生态恢复计划》50年后效果图

拉法基瑞安水泥公司都江堰工厂2009年矿山生态恢复现状

四、优化生产

改造落后生产设备，采用新技术，不仅能够节约资源（燃料、电力等），还能对生产过程中产生的粉尘、废气、废水等实现有效控制，是实现可持续发展的关键点。

“拉法基瑞安”通过技术改进以优化生产，一方面是为了进一步满足市场需求，另一方面也为公司履行企业社会责任、贯彻节能环保的可持续发展理念提供了坚实的基础。

提高干法窑运转率是优化生产的一个重要指标。与传统的回转窑和立窑技术相比，新型干法窑具有生产能力大、自动化程度高、产品质量高、能耗低、工业废弃物利用量大等优点。干法窑能够实现余热发电，这与“拉法基瑞安”注重节能环保的理念不谋而合，是“拉法基瑞安”打造可持续发展的企业模式的再次体现。

据统计，从2006年到2009年，“拉法基瑞安”的干法窑可靠性系数从91.5%提高到了98.5%。在能耗方面，共节省标准煤13 974吨，节约用电10 300万千瓦时。

五、以客户为中心

“拉法基瑞安”不仅承诺为客户提供可靠的、创新的、高性价比的产品，同时希望成为客户的合作伙伴，与他们一同关注安全和环境保护。

“拉法基瑞安”良好的品牌美誉度来自于产品的高标准和高品质，其产品的稳定性、耐久性、适应性等指标始终是同类产品的翘楚。为了保障这些优势的一贯性，“拉法基瑞安”特别成立了业界首家混凝土实验室，产品出厂不但做水泥的相关试验，还要做混凝土试验，以预见在预拌混凝土时产生的波动，并及时通知客户调整配合比。此外，“拉法基瑞安”还是国内第一家设立技术支持经理职位的企业。通过分享拉法基跨国集团的技术、服务及经验，经过多年的运作经营，“拉法基瑞安”已在国内确立了良好的品牌知名度，参与了诸多大型项目的建设，包括天安门广场改造，北京 2008 奥运会主会场——鸟巢工程，中央电视台新办公楼，北京电视台新办公楼，四川省紫萍铺大坝，重庆希尔顿酒店等。

“拉法基瑞安”旗下的所有分公司每年还为客户举办一次安全研讨会，与客户探讨安全的重要性。公司还通过每年一次的“客户满意度”了解客户需求以及对公司的期望。与此同时，公司还不断帮助客户认识和使用能够在生产过程中较多利用混合材的水泥产品，并积极进行产品研发，与客户共同进行新产品测试和应用探讨。

六、关注利益相关方

作为一个负责任的企业社会公民，“拉法基瑞安”致力于建设更美好的社区，同时将公司的最佳实践及经验与我们的利益相关方分享，通过为公众提供更加安全、舒适和高质量的生活环境推动当地经济的增长，同时支持社会、教育和文化的发展，为创造和谐社区做出贡献。

2009 年 6 月，拉法基集团和中国水泥协会组织了第一次“中国大型水泥企业 CEO 圆桌会议”。会议期间，在中国水泥协会的倡议下，与会水泥企业签署了“中国大型水泥企业可持续发展宣言”，这是中国大型水泥企业共同订立的第一个可持续发展共同规划和承诺。会后，“中国建材”、中材集团、天瑞集团、华润集团和亚泰集团加入了水泥可持续发展倡议行动组织，这是一个全球领先水泥企业参加的国际组织，其成员企业的水泥产量占全球总产量的 40%。

C12 +3 圆桌会议

与此同时，“拉法基瑞安”还积极参与各项公益活动，通过各种方式支持各项公益事业，如连续 5 年为四川龙溪虹口大熊猫基地捐款、连续三年赞助重庆大学生绿色夏令营、出资数百万举办“就业与再就业培训班”，为下岗职工提供培训，资助当地学校校舍重建，为贫困地区修建道路等等。自 2005 年成立至今，“拉法基瑞安”用于捐赠/赞助的费用超过 2 000 万元人民币。

除了积极参与社会公益事业之外，公司还关注女性管理人员的比例以及员工的健康等方面，如将女性高级管理人员的比例在五年内增加一倍，为员工建立综合职业健康计划等。

七、创新，发展的原动力

创新是企业不断发展的原动力，只有创新才能使“拉法基”在行业和市场上始终处于领先的地位。

建在法国里昂的研发中心是拉法基集团的技术智囊所在，同时拉法基集团在马来西亚首都吉隆坡设有亚洲技术中心。目前“拉法基”已在北京建立了亚洲技术中心的分支机构，能够将最新的研究成果第一时间传递到中国，提供最新的产品研发信息，满足市场需求。亚洲技术中心的北京分支机构充分体现了“拉法基”对创新的不懈追求，以及对中国市场及用户的高度重视与承诺。

企业社会责任—修建校舍

“拉法基瑞安”将坚持在中国市场的长期发展，同时将尊重当地文化和为社区做贡献作为发展的前提。“拉法基瑞安”还承诺将秉承创造价值、保护环境、保护自然资源、节约能源与专业技术相结合的战略方针，致力于企业与社会、环境的和谐发展。公司的目标是成为员工首选的公司、客户首选的供应商以及受社区欢迎的伙伴。

花园工厂

在行业发展中起骨干和示范引领作用的央企——中国中材集团有限公司

Central enterprise playing the role of backbone and leader in industrial development - China Zhongcai Group Co. Ltd.

【企业概况】 中国中材集团有限公司(简称:中材集团)组建于1983年,是国务院国有资产监督管理委员会直接管理的中央企业,是我国惟一在非金属材料业拥有系列核心技术和完整创新体系的集科研、设计、制造、工程建设、国际贸易于一体的科技型、产业型、国际型企业集团。中材集团为国务院首批56家大型试点企业集团之一,在国家计划内实行单列,连续多年位居中国企业500强。

中材集团拥有"三大主导产业"——非金属材料制造业、非金属材料技术装备与工程业、非金属矿业。

支撑集团产业发展的有"六大系列核心技术"——玻璃纤维技术、复合材料技术、人工晶体技术、工业陶瓷技术、新型干法水泥生产工艺及装备技术、非金属矿深加工工艺与装备技术。这些技术代表着中国在该领域的最高技术水平,部分技术在世界上处于领先地位。

中材集团现有直属单位及控股公司69家(其中1家H股和6家A股上市公司,国家级科研设计院所13家),分布在全国各地,在美国、欧洲、日本、中东和非洲等国家和地区设有分支机构。拥有5个国家级工程研究中心,5个国家级产品质量监督检验中心,8个国家级计量认证测试单位,9个国家标准化技术委员会及标准技术归口单位。

中材集团拥有一支素质较高的员工队伍,在市场竞争中具有人才优势。各类专业技术人员占32.4%,现有中国工程院院士2名,全国工程设计大师3名,国家有突出贡献的中青年专家、享受国务院特贴专家及教授级高级工程师500多名。

2009年,中材集团积极应对金融危机、加强管理、降本增效、着力提升核心竞争力,把握机遇,加快发展,全面落实集团"五大任务五大目标",加强内部整合、提升系统管理和抗风险能力,出色地完成了年度各项工作任务。主营业务得到进一步快速发展,实现营业收入同比增长21.7%,实现利润总额同比增长34.9%,中材集团总体经济规模取得了新突破。

技术装备与工程服务业积极应对全球市场变化,充分发挥品牌、成本、工期、质量、服务等比较优势,大力开拓国内外市场,国际市场占有率进一步提升,由2008年的34%攀升到40%以上,进一步拉大了与国际对手的竞争优势。2009年,"中材国际"一大批海外项目相继竣工投产,有7个海外项目获得了5项最终验收证书和3项临时验收证书,为历年之最。

水泥制造业坚持区域龙头战略,准确把握时机,不断扩大产能,成功入股"祁连山",新增水泥产能1 000万吨,集团控制的水泥产能已超过5 000万吨。

节能环保产业发展得到大力推进,全年完成余热发电装机容量357兆瓦,年均二氧化碳减排量137万吨。

中材集团以"创新、执着、团结、领先"的企业精神,愿与各界进行广泛的交流与合作,互惠互利,共同发展。

【社会责任】 1月7日,集团所属中国中材股份有限公司和中国中材国际工程股份有限公司获列"国有上市企业社会责任榜"百强。当日在广州发布的评选结果显示,"中材股份"列第56位,较2008年该榜单的第76位上升20位;"中材国际"列第22位,较2008年第53位大幅提升。在慈善公益分榜中,"中材国际"高居第11位。

"国有上市企业社会责任榜"课题是由《南方周末》报社和中华全国总工会、全国工商联、北京大学战略研究所、复旦大学管理学院、南开大学跨国公司研究中心等单位合作研究,2008年进行首次评选,是在《南方周末》举办多年的"中国(内地)民营企业创富榜"和"世界500强在华企业贡献榜"的基础上建立起来的,此评估体系主要包含"经营状况"、"社会贡献"、"社会责任"、"公众形象"等方面的综合指标评比。

一直以来,"中材股份"、"中材国际"无论是援建新疆希望小学还是心系汶川,进行慈善捐款、灾后重建;还是在水泥行业节能减排新典范亦或是生产经营新突破,都在节能减排、公益慈善、职工发展以及企业价值实现等方面做了大量的工作,社会责任榜的积极履行得到了国资委以及社会各界的肯定。此次社会责任榜的排名也说明了中材集团在践行央企责任、维护社会文明发展方面所做的贡献。

中材集团致力成为:

全球知名高品质非金属材料供应商

世界一流材料工程系统集成服务商

高效非金属矿探采加工产品开发商

【发展历程】 1983年政府机构改革,部属非金属矿局、装备局、对外援助合作局分别改制为公司,集团母体公司成立,形成对全行业具有影响力的全国最大的非金属矿工业公司。

1987年经国家批准在国家计划中实行单列,更名为"中国非金属矿工业总公司”。

1991年进入国家第一批大型试点企业集团行列。

1998年中央直属的建材行业最强的工程建设企业全部划入集团。

1999年中央直属的非金属材料领域最强的一批科研单位划入集团,中国非金属矿工业总公司从国家建筑材料工业局转由中央大型企业工委管理。

2000年中央直属的一批最强的建材与非金属矿勘察设计单位划入集团。

2001年中央直属的建材地质勘查单位全部划入集团。

2003年成为国务院国资委直接管理的中央企业。

2003年11月24日更名为“中国材料工业科工集团公司”。

2007年1月25日更名为“中国中材集团公司”。

2009年5月11日更名为“中国中材集团有限公司”,集团被国资委确定为董事会试点企业。

【中材股票】

中材股份—香港(01893)

中材国际—上海(600970)

中材科技—深圳(002080)

天山股份—深圳(000877)

赛马实业—上海(600449)

国统股份—深圳(002205)

祁连山—上海(600720)

【成员单位】

中国中材股份有限公司

中国中材国际工程股份有限公司

中材科技股份有限公司

新疆天山水泥股份有限公司

泰山玻璃纤维有限公司

宁夏赛马实业股份有限公司

中材高新材料股份有限公司

中材节能发展有限公司

中材地质工程勘查研究院

中国中材国际工程股份有限公司(南京)

天津水泥工业设计研究院有限公司

成都建筑材料工业设计研究院有限公司

苏州中材建筑建材设计研究院有限公司

中材建设有限公司

邯郸中材建设有限公司

苏州中材建设有限公司

中国建材装备有限公司

浙江中材工程设计研究院有限公司

河南中材环保有限公司

上饶中材机械有限公司

中国联合水泥集团有限公司

China United Cement Group Co. Ltd.

【企业概况】 中国联合水泥集团有限公司(以下简称“中国联合水泥”)成立于1999年。是中国建材股份有限公司(香港证券交易所H股上市公司)的核心业务板块,集水泥熟料、水泥粉磨、商品混凝土生产为一体。是国家重点扶植的大型水泥集团之一,2009总资产超过200亿元,年产能规模达6 000万吨以上,产能排名中国第三。

公司战略:“中国联合水泥”秉承“中国建材”“善用资源,服务建设”的核心理念,走“联合重组为主,新线建设为辅”的发展道路,专注于水泥和相关行业,从成立之初仅有一家年产130万吨的水泥企业,成长为跨越山东、江苏、河南、河北、安徽、四川、内蒙、山西等省,拥有代表世界先进水平的日产10 000吨级和多条代表国内先进水平的日产6 000吨级、日产5 000吨级新型干法水泥生产线,60余家分、子公司的大型水泥企业。

企业文化:“我们生产凝聚力”是“中国联合水泥”核心文化理念,实施“五化”(一体化、模式化、制度化、流程化、数字化)+“KPI”(净利润、售价、成本费用、现金流、资产负债率)管理模式;推行“对外对标,对内优化”持续创新管理理念;强化管理整合培训,推行辅导员制,加速文化融合,在持续提高企业及员工经济收益的同时,努力降低区域环境成本及地球环境成本。

品牌建设:所属企业以统一的“CUCC”中联品牌和一体化的质量、环境、安全、计量认证标准,向客户提供一致性的产品品质和服务,并更好地为股东创造价值。

公司愿景:全球优秀的水泥及混凝土制造商。“中国联合水泥”愿与国内外有识之士一起,致力于人与自然的和谐统一,愿与更多的客户、供应商、科研设计方和行业同仁在多个领域合作,多赢共赢,推动水泥行业的发展,服务于经济建设,携手并进,共同开创我们更加美好的未来。

“中联水泥”2009年记事

2月4日,山东省政府节能办主任、省经贸委副主任郑晓光,省政府节能办循清处处长史佩钊,省政府节能办资源节约处处长伍剑峰,在枣庄市政府副秘书长王琪琳等一行的陪同下到“枣庄中联”调研生产经营和节能减排工作情况。

省经贸委领导深入现场,查看生产车间、余热发电和项目建设情况,省经贸委领导对“枣庄中联”面对世界金融危机带来的需求下滑等不利因素影响，狠抓内部管理，大力开拓市场，积极推进项目建设所取得的成绩给予肯定和赞扬，并希望“枣庄中联”要紧紧抓住国家扩大内需的良好机遇，苦练内功，改进管理，全力抓好生产经营和节能减排工作，为促进地方经济发展做出新的贡献。

3月11日，四川省委常委、常务副省长魏宏、省政府副秘书长薛康带领省政府各部门主要领导，绵阳市委书记谭力，市委副书记、市长曾万明等一行到“北川中联”施工现场考察指导工作。

“北川中联”董事长蒋全松、总经理朱长城向各位领导详细介绍了公司日产4 800吨熟料水泥生产线工程建设情况。绵阳市委书记谭力向魏宏副省长介绍了“北川中联”项目环保高标准、投资高规模、推进高速度的“三高”特点。参观领导深入现场，查看现场施工和项目建设情况。在视察完现场，了解了项目建设情况后，魏宏副省长对“北川中联”的工作给予了肯定，并希望“北川中联”按期投产，早出水泥，出好水泥。魏宏副省长同时对中国建材集团和“中国联合水泥”表示感谢。希望“北川中联”要紧紧抓住灾后恢复重建、扩大内需的良好机遇，苦练内功，改进管理，狠抓安全，全力抓好项目建设进度，早日投产，为促进地方经济发展做出新的贡献。

3月15日，“中国联合水泥”荣获2009年第四届中国水泥信息化与自动化高峰论坛“十佳水泥信息化标杆企业”三等奖。

3月，在河北省召开的表彰2008年度散装水泥和散装水泥先进工作者大会上，“邢台中联”被授予“2008年度河北省发展散装水泥先进单位”称号，公司总经理楚建华被授予“2008年度河北省发展散装水泥先进工作者”称号。

4月17日，中共四川省省委副书记李崇禧带领省各厅主要领导在绵阳市市委书记吴靖平，绵阳市市委常委、北川县县委书记陈兴春，县长经大忠的陪同下来到“北川中联”施工现场考察指导工作。“北川中联”董事长蒋全松、总经理朱长城，副总经理周波接待了各位来宾。

“北川中联”总经理朱长城向李崇禧书记介绍了公司日产4 800吨熟料水泥生产线工程建设情况及该项目“环保标准高、投资大、推进速度快”的特点。

领导深入施工现场，查看施工和项目建设情况。李崇禧书记亲切询问了“北川中联”投产后的原材料供应及市场销售方向，同时对“北川中联”的工作给予了极高的评价，称赞“北川中联”项目不但投资规模大而且环保标准高、预期效益好。李崇禧书记同时要求“北川中联”要紧紧抓住西部开发扩大内需的机遇，在保证工程安全和质量的前提下加快工程建设进度，早日投产，早出效益，同时也希望“北川中联”为北川灾后重建、解决当地就业等方面贡献力量。

5月22日，山东省政协常委、人口资源环境委员会主任张凯一行，到“枣庄中联”视察循环经济发展情况。

“枣庄中联”总经理赵绪礼向山东省政协领导汇报了公司循环经济发展和节能减排工作情况，省政协领导对公司在循环经济发展和节能减排工作中所取得的成绩给予高度赞扬，并希望“枣庄中联”进一步学习实践科学发展观，加大科技创新力度，全面做好循环经济发展和节能减排工作，为建设大而强富而美新的山东贡献力量。

5月20日，平邑中联水泥有限公司日产4 500吨新型干法水泥项目投资协议签约仪式在平邑县沂州酒店隆重举行。

签约仪式上“中国联合水泥”总经理张金栋作重要讲话，他指出，“中国联合水泥”将一如既往地支持所属企业在山东更好更快地发展，在“中国建材”的正确领导下，搞好企业经营，以优异的业绩回报股东、回报社会，希望能够继续与各级政府和部门密切协作，共同推动中国水泥行业的健康成长，为地方经济和社会发展做出新的、更大的贡献。

临沂市委常委、常务副市长杜德昌在讲话中说，平邑项目是“中国联合水泥”在临沂市的第三个项目，充分说明了“中国联合水泥”对临沂市的信任，项目的实现对于推动临沂市水泥产业调整，促进水泥行业理性发展都具有十分重要的意义，临沂、平邑两级政府一定会创造良好的投资、经营环境，为项目建设保驾护航。项目的签约只是合作的开始，希望合作双方抓紧工作，有关部门靠上服务，实现早开工、早投产、早见效。

5月22日，“中国联合水泥”与即墨双春水泥有限公司合作项目在即墨市政大厦隆重举行签约仪式。

签约仪式上，即墨双春水泥有限公司董事长王学锋介绍了合作项目前期工作情况，合作项目所在地刘家庄镇党委书记毛军响致辞，“中国联合水泥”总经理张金栋作重要讲话，他说，即墨作为山东省经济建设快速发展的县域经济之一，大力调整建材产业结构，支持企业自主创新和淘汰落后生产力，促进了旅游业的崛起、工业经济及投资发展环境引人瞩目。希望合作后的青岛即墨中联水泥有限公司能够尽快与“青州中联”、青岛分公司、“日照中联”、日照中联港口，以及山东区域各水泥企业融为一体，充分利用“中国联合水泥”先进的管理经验和技术优势，实现又好又快发展，为“中国建材”的做大做强和即墨地方经济社会发展做出应有的贡献。

即墨市副市长闫丕云在讲话中说，合作项目的实现对于推动即墨水泥产业结构调整，促进青岛市水泥行业理性发展都具有十分重要的意义，即墨市政府一定会提供良好的投资环境，市直各部门、刘家庄镇政府要为项目建设打开“绿色通道”，确保项目早日开工建设。随后，合作双方代表签署了项目合作协议。

6月1日，“宿迁中联”二期工程投资合作签约仪式在宿迁市经济开发区管委会会议室举行。

签约仪式上，“中国联合水泥”副总经理刘彬发表了热情洋溢的讲话，宿迁市经济开发区管委会主任徐勤忠代表宿迁经济开发区对项目的投资扩建表示热烈的欢迎，并承诺给予最优惠的政策,同时要求有关部门按“一站式、保姆式”的要求服务到位,争取使项目早日开工建设,早日建成投产,为抵御金融风暴,提升宿迁发展做出实质性的贡献。徐勤忠、刘彬、刘越洲分别代表宿迁经济开发区、“淮海中联”、“宿迁中联”在合作协议上签字。

“宿迁中联”二期工程预计总投资1.1亿元,建成投产后“宿迁中联”将达到年产“中联“牌优质水泥200万吨,成为宿迁市规模最大、装备最先进的水泥生产基地。

6月22日,山东人大法制委员会副主任委员李建军一行9人,在枣庄市有关领导的陪同下,到“枣庄中联”调研节能工作情况。

调研组深入“枣庄中联”余热发电车间和项目建设现场,详细了解余热发电运营和项目建设进展情况,公司总经理赵绪礼向调研组汇报了公司节能减排工作情况。调研组对“枣庄中联”在调整产品结构、淘汰落后产能,利用余热发电、发展循环经济等方面取得的成绩给予高度赞扬,希望“枣庄中联”要进一步学习实践科学发展观,加大科技创新力度,大力发展循环经济,努力降低能耗,在节能减排上取得新业绩,为建设资源节约型、环境友好型社会做出新的更大贡献。

7月16日,“中国联合水泥”所属的平邑中联水泥有限公司日产4 500吨水泥熟料生产线项目奠基仪式在山东平邑县举行。

“中国建材”副总裁、“中国联合水泥”董事长崔星太,“中国联合水泥”总经理张金栋,临沂市委常委、市政府常务副市长杜德昌,市政协副主席颜廷瑞,平邑县县委书记王林山,以及“中国联合水泥”有关部门和山东区域各企业负责人、临沂市直有关部门负责人,平邑县级领导班子成员、县直有关部门负责人,有关乡镇负责人,“平邑中联”项目人员等400余人参加了奠基仪式。

奠基仪式由平邑县委副书记、县长陈一兵主持,冯耀银、王林山、张金栋、杜德昌在仪式上先后讲话。

平邑中联水泥有限公司日产4 500吨水泥熟料生产线及配套余热发电项目,是由“中国联合水泥”和山东省平邑归来庄金矿共同投资建设,是平邑县历史上最大的单体招商引资项目。该项目采用国际先进的新型干法水泥生产工艺,项目总投资为6亿余元,建设工期12个月。项目建成投产后,可年产优质熟料150万吨、水泥200万吨,发电6 000余万千瓦时。

“平邑中联”日产4 500吨水泥熟料生产线及配套余热发电项目的开工建设,对于推动“中国联合水泥”实施的“大水泥、区域化”战略、改善山东水泥工业结构调整、实现产业升级,进一步提升和增强“中国联合水泥”在山东的产能规模和市场竞争力,促进临沂市地方经济又好又快发展都具有十分重要的意义。

9月4日,尼日利亚奥贡州州长李珈·丹尼尔率团到“曲阜中联”进行参观访问。“曲阜中联”董事长孙建成、总经理贾正玉等领导同志热情接待了来访客人。

孙建成董事长向来访代表团介绍了“中国联合水泥”及“曲阜中联”的基本情况,并陪同他们参观了公司的余热发电车间和旋窑生产线现场。代表团成员对公司先进的现场管理和科学的生产设备、生产流程表示赞赏。奥贡州州长李珈·丹尼尔对公司的热情招待再次表示感谢,并对开展交流与合作寄予厚望。

9月16日,在山东省建材工业协会组织召开的全省建材工业系统建国60周年暨改革开放30年纪念大会上,“鲁南中联”、“泰山中联”、“曲阜中联”、“山东东华”荣获“改革开放30年山东省建材工业最具影响力企业”光荣称号;“中国联合水泥”副总经理、“鲁南中联”董事长冯耀银、“曲阜中联”董事长孙建成荣获“改革开放30年山东省建材工业功勋企业家”光荣称号;“鲁南中联”总经理佟立金、“泰山中联”总经理丁本立、“日照中联”总经理盛春德荣获“改革开放30年山东省建材工业优秀企业家”光荣称号。

10月23日,国务院国有资产监督管理委员会、中国建筑材料集团有限公司在北京组织召开了《中国联合水泥集团有限公司联合重组徐州海螺水泥有限责任公司后评价报告》(以下简称为“评价报告”)专家论证会,这也是国务院国有资产监督管理委员会在中央企业开展项目后评价试点工作以来,第一个联合重组项目评价专家论证会。

来自国务院国有资产监督管理委员会、中国水泥协会、中国石油天然气集团公司、中国有色矿业集团有限公司、中国国际工程咨询公司等单位的7名专家参加了评价论证。

在专家论证会上,中国建材集团首先进行了评价报告汇报。联合重组前,“徐州海螺”的市场与“淮海中联”完全重叠,且其抢占市场的主要策略为低价销售,恶性竞争,造成两家企业价值不断下降和区域市场不能健康发展。联合重组后,“中联水泥”将淮海市场区域内最大的竞争对手变为旗下企业,区域一体化管理、尤其是区域市场营销一体化管理得到有效实施,在淮海地区高端市场占有率提高到70%以上,极大地优化了区域市场的竞争格局,企业盈利能力稳步提升,成为“中国建材”水泥业务板块的核心利润区之一,也推动了区域水泥市场健康发展。当前“徐州中联”强化生产线管理,生产线运转率不断提升,产能利用率从2005年的106.02%提高到2008年的118.06%;2007年还配套建设了纯低温余热发电系统,降低了生产成本,促进了节能减排。

与会专家和代表认真听取了评价报告汇报,并对评价报告进行了深入和细致的讨论。专家组一致认为,《中国联合水泥集团有限公司联合重组徐州海螺水泥有限责任公司后评价报告》符合国家相关产业发展政策及相关法律规定,时机选择适宜,组织运作规范,程序合规,各项手续齐全,在短时间内较好地完成了重组工作。重组后有效提高了产业集中度及竞争力,完成了企业技术升级,避免了同业不良竞争,实现了企业平稳过渡,达到了预期的重组目标。评价报告符合国家及行业后评价工作相关规定要求，总结的经验对同类项目具有一定的借鉴意义。此外，与会专家针对评价报告中的不足提出了切实可行的建议，使“中国建材”的联合重组项目后评价工作进一步完善。

10 月 28 日，经中国建筑材料企业管理协会审核推荐，中国企业新纪录办公室审定，“曲阜中联”下属企业山东金鲁城工程材料有限公司的“直径 3.0 × 48 米窑外分解窑（RSP）国内首创成功生产出硫铝酸盐水泥熟料”、“2009 年吨硫铝酸盐水泥熟料标煤耗为 120 千克，创国内同类设备标煤耗最低”和“曲阜中联水泥有限公司所属 9 兆瓦纯低温余热电站，创国内水泥窑同等规模纯低温余热电站月发电量新纪录”三项技术成果入选 2009 年第十四批中国企业新纪录。三项技术成果获此殊荣，标志着曲阜中联产学研相结合的技术创新管理模式得到同行业的认可和肯定，证明了公司在此三项技术创新与管理上达到了国内一流水平。

11 月 3 日，“中国建材”旗下的“中国联合水泥”的核心企业“淮海中联”1 号窑熟料生产线节能降耗环保综合技改项目竣工庆典在江苏徐州隆重举行。中国水泥协会会长雷前治、中国建材集团总经理姚燕和中共徐州市委书记曹新平为生产线点火（下图）。

“中国联合水泥”于 2007 年 12 月，率先淘汰了素有“亚洲第一大窑”之称的“淮海中联”日产 3 700 吨干法水泥生产线，并在此基础开工建设日产 5 000 吨节能降耗环保综合技改生产线及配套余热发电项目。此项目的竣工点火，是“中国联合水泥”实践科学发展观、发展循环经济、促进节能减排、淘汰落后产能的又一次标志性举措，走到了落实产业政策的前列。同时，对于促进国内水泥产业树立新的技改思路与方式、将水泥产品结构调整和技术结构调整向低消耗、低成本、少污染方面转变，也具有极其重要的意义。

“中国联合水泥”董事长崔星太、总经理张金栋、中国建材集团党委副书记郝振华、工会主席熊吉文，“中国建材”副总裁李谊民，徐州市市政协主席庄华平、中共徐州市委常委、市委秘书长夏文达，徐州市人大常委会副主任李文顺，江苏省建材工业协会会长聂长兰，徐州市政府副秘书长王琦，“中国联合水泥”常务副总经理王茂田，南京凯盛水泥技术工程有限公司总经理冯建华，及中国建材集团、“中国联合水泥”有关部门负责人，徐州市铜山县、鼓楼区党政领导、“淮海中联”历任老领导共 300 余人出席了庆典仪式。

10 月 27 日，“曲阜中联”—济南大学“特种水泥研究所”暨“产学研基地”揭牌仪式在“曲阜中联”隆重举行。

济宁市人民政府副秘书长丁冲，济宁市科学技术局副局长秦咸瑞，济南大学校长程新，曲阜市委书记、市人大常委会主任朱庆安等出席仪式。曲阜市副市长褚福梅主持了仪式。曲阜市委、市政府、市科技局、市经贸局、市科学技术协会有关人员，济南大学材料学院教授专家、“曲阜中联”部分干部职工 200 余人参加了此次活动。

仪式上，曲阜市委常委、副市长陈鲁起、“中国联合水泥”副总经理冯耀银先后致辞；孙建成董事长、杨波副校长分别讲话；各位领导在讲话中，对“曲阜中联”与济南大学再次强强联合、设立产学研基地和特种水泥研究所给予肯定，并表示祝贺。

济南大学副校长杨波与“曲阜中联”董事长孙建成在“‘曲阜中联’—济南大学产学研基地合作协议”上签字；程新校长与朱庆安书记为“济南大学产学研基地”揭牌；秦咸瑞副局长与冯耀银副总经理为“特种水泥研究所”揭牌。

11 月 10 日，以山东省经信委党组成员、省节能办主任郑晓光为组长的省委、省政府节能减排专项督查组一行 8 人，在枣庄市副市长吴承鉴，市政府副秘书长王琪琳，市经贸委主任徐建民，市经贸委副主任、节能办主任王慎祥，市环保局副局长王伟等陪同下，到“枣庄中联”检查指导节能减排工作。

省节能减排督查组深入公司生产车间和生态园建设现场，详细了解节能减排情况，对公司认真贯彻国家节能政策，积极淘汰落后产能，建设新型干法水泥生产线、余热发电、生态园项目给予高度评价，希望“枣庄中联”进一步加大工作力度，坚持科学发展，努力把公司打造成为节能、环保、生态型企业，为实现山东经济又好又快发展做出新的更大贡献。

11 月 24 日，山东建材工业办公室副主任胡伟一行 5 人到“鲁南中联”就公司淘汰落后产能情况进行调研，“鲁南中联”总经理佟立金、副总经理颜棣陪同了此次调研。

座谈会上，“鲁南中联”总经理佟立金向胡伟副主任等领导介绍了公司近期的整体经营情况以及当前的水泥市场与水泥价格形势。胡伟副主任认为“鲁南中联”认真贯彻落实国家产业政策，积极在上新和技改项目中，用先进产能置换落后产能，促进了生产要素向先进产能的转移，对公司的发展和在节能降耗上所做的工作给予了充分肯定。

12 月 4 ~ 5 日，“中国联合水泥”在曲阜中联召开了“‘中国联合水泥’科技创新管理工作会议”。

在会上，“曲阜中联”董事长孙建成致欢迎辞，曲阜市委常委、副市长陈鲁起，中国建材集团副总工程师、科技部总经理同继峰，“中国建材”副总工程师、科技部总经理解小平分别做重要讲话。

会议期间，“中国联合水泥”所属50多家企业的代表就如何加大科技创新管理经行了充分的经验交流。“曲阜中联”总经理贾正玉做了《提高自主创新能力，促进稳步健康发展》的交流报告。

许致纲副总经理宣讲了“中国联合水泥”科技创新成果管理、专利管理等办法；赵金平副总经理等介绍了“北新建材”近年来的科技创新、专利技术管理、知识产权保护的基本情况，并对参会代表作了相关的知识培训。

“中国联合水泥”总工程师袁亮国在总结讲话中要求：一是企业领导人员要进一步增强责任感和紧迫感，明确目标任务，加快本企业创新工作的步伐；二是全面贯彻落实集团创新管理精神，认真学习和宣贯相关制度，按照制度要求做好创新管理工作并完成集团下达的任务；三是做好引进技术与自主创新的结合，以提高生产率、降低生产成本为目标，着重加强新方法、新工艺的研发和引进；四是大力开展形式多样的创新活动，在推进大型科技创新活动的同时，组织好小改革、小发明、小创造等员工个人创新活动的开展；五是优化人才成长环境，建立健全人才激励机制，加快科技拔尖人才培养，组建一支科研能力强的人才队伍。

11月30日，“中国联合水泥”与内蒙古电力集团在北京“中国联合水泥”本部举行内蒙古“乌兰水泥”股权转让协议签字仪式。

仪式上，“中国联合水泥”董事长崔星太与内蒙古电力集团副总经理高野分别在“乌兰水泥”股权转让协议上签字。

“乌兰水泥”加盟“中国联合水泥”，标志着“中国建材”、“中国联合水泥”吹响了进军内蒙水泥市场的号角，联合重组“乌兰水泥”集团后，为“中国建材”、“中国联合水泥”开发内蒙古市场以及开拓外蒙等国际市场创造了有力条件。乌兰水泥集团熟料产能近500万吨，水泥近300万吨，直接影响和控制水泥产能约600万吨，这对提升“中国联合水泥”产能和拓展“中国联合水泥”市场将起到重大的支持和推动作用。

12月28日，北川中联水泥有限公司日产4 800吨水泥熟料生产线竣工点火仪式隆重举行。该工程是2008年“5·12”特大地震发生后，中国建材集团积极响应党中央、国务院号召，在灾区迅速启动的第一个支持灾后重建的大型工业项目。工程从破土动工到竣工投产，仅用了10个月的时间，创造了同类型生产线建设的新纪录，成为北川灾后重建具有里程碑意义的重点投资项目。

中国建材联合会会长张人为，中国建材联合会副会长、中国水泥协会会长雷前治，中国建材集团董事长兼党委书记、中国建材股份有限公司董事局主席宋志平，中国建材集团外部董事、国务院重点大型国有企业监事会原主席姜均露，国家发改委产业协调司司长熊必琳，工信部原材料司司长陈燕海，国务院国资委规划发展局副局长白英，我国驻日本国大使馆公使参事官牛建国，绵阳市委副书记、市长曾万明，四川省政府副秘书长蔡竞，国务院国资委收益管理局处长冯凌，国务院国资委国有重点大型企业监事会第25办处长孙建萍，国家发改委产业协调司处长余东明，工信部原材料司处长吕桂新等出席了竣工点火仪式。张人为、宋志平、陈燕海、白英、曾万明、蔡竞为北川生产线点火。仪式由北川羌族自治县县长经大忠主持。

雷前治在讲话中表示，该生产线的建成投产，不但对保

证北川灾后重建水泥的供应发挥重要作用，而且对绵阳市水泥工业的结构调整将起到积极的推动作用。

宋志平在讲话中说，“北川中联”水泥熟料生产线项目是中国建材集团积极履行中央企业社会责任的体现。

“北川中联”日产4 800吨水泥熟料生产线项目总投资7.9亿元，采用目前最先进的新型干法窑外分解工艺，年产高标号水泥200万吨，并引进国内一流、世界领先的节能环保设备，配套建设9兆瓦的纯低温余热发电系统，利用窑头和窑尾的废气余热进行发电，每年可节省标煤约2.07万吨，减少二氧化碳排放量5.75万吨，年发电量6 188万千瓦时。

国内首家耐火材料上市公司——瑞泰科技股份有限公司

The first domestic refractory company listed in market - Ruitai Technology Co. Ltd.

瑞泰科技股份有限公司（下称：“瑞泰科技”）成立于2001年，2006年在深圳证券交易所成功上市，成为国内首家以耐火材料为主业的上市公司（股票简称：瑞泰科技，股票代码：002066），是集研发、生产、销售和技术服务为一体的高新技术企业。

“瑞泰科技”是国内惟一能生产水泥窑用耐火材料全部品种的企业，旗下有“安徽瑞泰”、“河南瑞泰”、“浙江瑞泰”和“郑州瑞泰”4个子公司，生产水泥窑用碱性耐火材料、铝硅质耐火材料和不定形耐火材料等品种，可为水泥工业提供配套优质耐火材料及全方位技术服务，公司的综合实力、产品质量及服务水平均居同行业领先水平。

一、水泥窑用耐火材料技术发源地

瑞泰科技股份有限公司的前身——原中国建筑材料科学研究院耐火所早在“六五”~“九五”期间就承担了几乎全部国家或行业的建材耐火材料的重点科技攻关项目，从预分解水泥窑用耐火材料的研制入手，完成了烧成带用烧结合成直接结合镁铬砖，用于过渡带的合成镁铝尖晶石砖，用于预热系统的普通耐碱砖和普通耐碱浇注料，用于绝热保温的高强隔热砖，用于前后窑口的高强耐火浇注料等品种的研制工作，并初步建立起耐火材料配套体系。所从事的“水泥窑用配套耐火材料的开发研究”项目成果荣获国家级科技进步二等奖。之后，国家攻关专题“日产2 000吨窑外分解工艺线配套耐火材料”研究任务的完成，进一步完善和丰富了配套品种，进一步提高了耐火材料的技术水平和配套能力以及材料的技术水平和质量，缩小了与国外先进水平的差距。

“十五”到“十一五”期间“瑞泰科技”承担多项国家“863”计划项目、国家科技支撑计划项目、国际科技合作项目、科研院所技术开发研究专项资金项目等。其中针对水泥窑用耐火材料开展了一系列科技创新，随着“水泥窑用长寿命多功能系列不定形耐火材料的研究”、“无铬碱性砖万吨级规模制备”和“水泥窑用环境友好碱性耐火材料”等项目的相继完成，为中国水泥工业的技术进步提供了保障，也为“瑞泰科技”打造水泥窑用耐火材料供应基地奠定了基础。几十年来“瑞泰科技”在水泥窑用耐火材料科研领域不遗余力，硕果累累，是当之无愧的水泥窑用耐火材料技术的发源地。

二、科技创新保障水泥工业节能减排

随着水泥工业新型干法水泥工艺技术和装备的升级，特别是节能减排政策的大力推广，对水泥窑用耐火材料提出了更高的要求。瑞泰科技充分发挥科技优势，研制出一批拥有较高技术含量的新产品，为水泥工业的技术进步和节能减排做出突出贡献。

水泥工业镁铬残砖的污染严重，排放的C_r^{6+}严重污染地下水资源，直接威胁人民身体健康，“瑞泰科技”的技术人员通过研究，在耐火材料中发挥复相物质的增韧作用并优化材料的综合物理化学性能，研制出镁铝砖、镁铁砖、镁铝铁、镁铝锆、镁铝锆镧、镁钙锆等多种环境友好无铬碱性耐火材料，可以取代水泥窑用镁铬砖的使用，产品在“海螺”、“华润”、“中联”、“南方”等多家知名水泥企业推广使用，每年可减少大约2吨六价铬离子排放，随着环保呼声高涨，环境友好碱性耐火材料市场空间前途广阔。针对水泥窑长期受高温含尘气流冲刷、磨损严重等部位耐火材料使用寿命短的问题，“瑞泰科技”研制出水泥窑用长寿命多功能系列不定形耐火材料，该材料能够抵抗高温及含尘气流冲刷，耐侵蚀性能优良，解决了水泥回转窑窑口等部位材料寿命低下的问题。水泥窑余热发电将不定形耐火材料用于余热发电管道内部耐磨衬里，该产品现场施工方便，养护周期缩短，具有强度高、耐高温、抗冲刷、耐磨等特性，为水泥企业降低电耗，节约成本，提高经济效益做出了贡献。硅莫砖、硅莫红砖是“瑞泰科技”的特色产品，具有导热系数低以及优良的抵抗水泥熟料侵蚀、热震稳定性和抗机械磨损性能，不仅可以大大延长水泥窑使用寿命，同时降低窑炉散热损失，降低能源消耗。

三、倾力打造优质耐火材料供应基地

在完成一系列科技创新，取得丰硕科技成果的同时，“瑞泰科技”没有忘记科技成果只有转化为生产力才能真正为自身和为之服务的行业创造经济效益。为此，“瑞泰科技”积极打造水泥窑用优质耐火材料产业化基地，将“863”计划等国家项目形成的科研成果，在旗下子公司“安徽瑞泰”、“河南瑞泰”、“浙江瑞泰”实施产业化，并充分发挥资本市场融资功能，投巨资进行技术改造，引进先进装备。目前，“瑞泰科技”建设有年产10万吨不定形耐火材料自动化生产线，碱性耐火材料生产线引进LAEIS2000自动双向液压机、国内首条以清洁天燃气为燃料的高温隧道窑、计算机自动控制配料系统等装备，这些装备自动化程度高，满足清洁生产要求，极大地促进了耐火材料生产工艺的优化，提高了生产效率，降低了员工的劳动强度，所生产的高效、长寿、节能、环保新型水泥窑用不定形、碱性及铝硅质耐火材料性能达到国际先进水平，也成为了国内惟一可以为水泥窑提供优质配套耐火材料的高新技术企业。瑞泰科技不仅成功为国内大型水泥企业提供配套产品，还与国际知名企业FLSmidth公司建立了长期合作关系。“瑞泰科技”倾力打造的水泥窑用优质耐火材料供应基地为水泥行业的技术进步、节能减排、产业升级提供了良好的保障。

【企业社会责任】 8月31日下午，在宁国市会议中心隆重举行安徽瑞泰新材料科技有限公司“爱心助学”、“见义勇为”百万基金捐赠仪式。

2009年8月份，宁国市受“莫拉克”台风侵袭，普降暴雨，并造成罕见洪涝灾害。在“莫拉克”台风灾害抢险抗灾中，宁国好儿女曹军、卢帅舍己救人的英勇事迹感动了整个山城人民！也深深打动了“瑞泰”人！

“安徽瑞泰”时刻不忘肩负的社会责任，回报社会是“瑞泰科技”企业文化的一个重要核心价值观。为此，在宁国市委政府向全市发出向英雄学习之际，决定捐资100万元，建立“瑞泰见义勇为”基金和“爱心助学”基金。

曾大凡董事长在捐赠仪式上致辞，并与受捐同学合影留念。宣城市委常委、宁国市委书记孙正东致词并倡议全市各界向安徽瑞泰学习发展不忘回报社会的精神。

参加仪式的有市委常委、市委副书记李孝云，市委常委、组织部长耿鹏，副市长刘见君、市人大副主任胡兰芳、市政协副主席吴春耕等市领导、市直各单位负责人及贫困大学生代表。

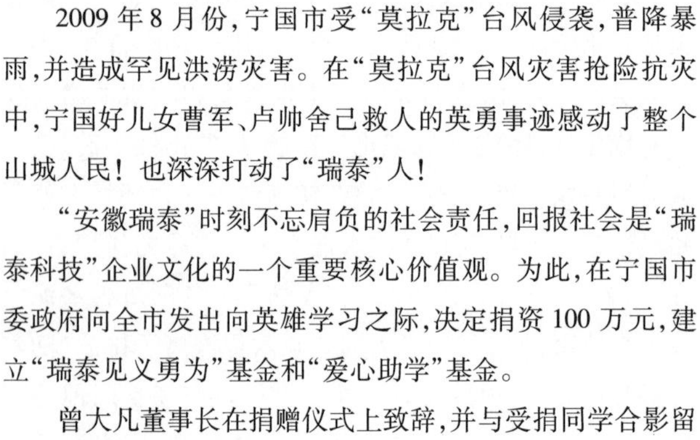

曾大凡董事长在捐赠仪式上致辞

曾大凡董事长为受助学生颁发爱心助学金

【科技技术成果】 7月中旬，瑞泰科技股份有限公司的两项科学技术成果通过中国建筑材料联合会的评审鉴定。这两项科学技术成果分别是“电熔 α－β 氧化铝砖外观颜色的控制”和“优质节能模具研究开发”。

鉴定委员会的专家经过审阅材料，听取工作报告、研究报告、经济社会效益分析报告及专家现场考察报告，经质询和讨论，形成了鉴定意见，认为该两项成果所提供的材料齐全，证据可信，技术成果推动了行业技术进步，填补了我国熔铸耐火材料制造技术的空白，两项成果的整体水平国内领先，达到了国际先进水平。

中国建筑材料集团公司2009年度科学技术进步奖评选中，中国建筑材料科学研究总院与“瑞泰科技”共同上报的项目《水泥窑用环境友好碱性耐火材料》荣获一等奖，“瑞泰科技”上报的《JP系列超高强耐火浇注料》和《熔铸耐火材料生产线专用高效除尘系统研究与应用》两个项目同获三等奖。

2009年度“北新杯”技术革新奖获奖项目揭晓，“瑞泰科技”《熔铸锆刚玉砂型工艺的改进》荣获一等奖。

“瑞泰科技”将再接再厉，为实施科技创新战略做出更大的贡献。

【新闻人物】 曾大凡“瑞泰科技”董事长，1984年毕业于武汉钢铁学院，2005年获北京工业大学硕士学位。现任中国建筑材料科学研究总院副院长、党委委员，兼任中国建筑玻璃与工业玻璃协会副会长、中国建材工业协会耐火材料分会理事长、中国硅酸盐学会耐火材料分会理事长等职。为享受国家政府特殊津贴的专家。

多年来，曾大凡同志一直从事耐火材料的科研、开发、成果产业化、企业经营管理等工作。先后参加“六五”至“九五”4个五年计划的国家科技攻关项目，并担任“七五”科技攻关项目第一负责人，取得多项科技攻关成果，其中“水泥窑用耐火材料的开发研究”项目获国家技术进步二等奖。瑞泰公司改制成立后，曾大凡先后担任总经理、董事长，在国内外市场竞争日趋激烈的情况下，他带领员工创造了销售收入持续高速增长的业绩，生产规模逐步扩大，产品质量不断提高，并成功并购两家子公司，在行业中产生了巨大的影响。公司于2006年在深交所上市，成为首家以耐火材料为主业的上市公司。

曾大凡同志具有坚实的专业理论基础和勇于开拓的创新精神，为我国耐火材料工业的科技进步、科技成果产业化、参与国际竞争以及整个行业的发展做出了突出贡献。先后获得了"中央企业十大杰出青年"提名奖、"中央企业劳动模范"、"全国建材行业企业管理优秀工作者"、"全国建材行业优秀企业家"等光荣称号。2009年，被评为中国建材行业2009年十大新闻人物。

"瑞泰科技"2009年记事

3月31日，河南瑞泰耐火材料科技有限公司二期工程成功奠基。奠基仪式由翟耀杰总经理主持，袁林董事长致辞。新郑市委、市政府人大及各部门领导、薛店镇党委前来祝贺并表示将一心一意为企业谋取良好的发展环境，不遗余力地为企业办实事、解难题，用最优质的服务、最优惠的政策支持企业发展。

曾大凡董事长对二期工程奠基投建极为重视，指出"二期工程是"河南瑞泰"加快企业建设中又一个喜讯，要高标准、高质量"。此前，中国建材集团副总经理许金华、中国建筑材料科学研究总院副院长姜宏、"中联水泥"耐火材料专家颜棣等莅临"河南瑞泰"。各级领导的关怀指导、集团兄弟单位的鼎力支持是"河南瑞泰"快速发展不可或缺的条件。"河南瑞泰"的健康快速发展，为"瑞泰科技"扩大经营规模、成为国内耐火材料龙头企业打下坚实基础。

3月31日，在"瑞泰科技"成功定向增发股票的资金支持下，国家"863"计划项目"水泥窑用环境友好碱性耐火材料"科技成果产业化生产基地在河南瑞泰耐火材料科技有限公司开工奠基。该生产线引进德国LAEIS2000吨全自动液压机，采用天然气为燃料的超高温隧道窑，是国内技术水平最高、工艺装备最先进的高档碱性耐火材料生产线。

5月，在全球金融危机的大环境下，"瑞泰科技"逆势定向增发股票获得巨大成功，对于"瑞泰科技"的快速发展有着重大意义。该项目3月获得中国证监会发行审核委员会审核有条件通过。2009年4月，中国证监会核发《关于核准瑞泰科技股份有限公司非公开发行股票的批复》，核准公司非公开发行新股不超过3 000万股。2009年5月依据《上市公司证券发行管理办法》、经过发出邀请、询价、认购等程序，结合本次发行募集资金投资项目的资金需要量，确定本次非公开发行股票的发行价格为9.99元/股，向9名特定投资者发行2 550万股，募集资金净额超过2.4亿元。

公司本次募集资金主要用于高档熔铸锆刚玉耐火材料生产基地和"863"计划科技成果产业化——环境友好碱性耐火材料生产基地的建设。这为实现公司做大做强熔铸耐火材料、保持熔铸耐火材料技术和生产规模国内领先地位，加快资源整合扩大公司的产品领域和服务范围，更好地开展水泥窑、玻璃窑等耐火材料成套业务，使"瑞泰科技"发展成为国内最大的、世界一流的科技型耐火材料企业的战略目标奠定了基础。

5月22日，"瑞泰科技"非公开发行股票成功发行答谢酒会在北京隆重举行。参加这次答谢酒会的领导有中国建筑材料联合会会长张人为先生、中国建筑材料集团公司董事长宋志平先生、中国建筑材料集团公司总经理兼中国建筑材料科学研究总院院长姚燕女士、安信证券股份有限公司董事长牛冠兴先生，以及参与本次发行的中介机构、投资者、股东代表、瑞泰科技高管层等。

"瑞泰科技"董事长曾大凡先生致答谢词，他表示瑞泰科技从一个改制的科研院所，成长为一个经营业绩良好的科技型上市公司，是科技与资本市场结合的典范，这首先应该感谢投资者对瑞泰科技的青睐，感谢行业领导的支持，感谢中介机构的良好合作。"瑞泰科技"将继续秉承回报股东、回报员工、回报社会的经营宗旨，尽快建设好本次非公开发行股票募集资金的投资项目，为中国的高温工业发展做出自己的贡献。

7月，公司投资设立了佛山仁通贸易公司，这是公司首次把触角伸向了上游产业，形成新的经济增长点，更重要的是为公司熔铸耐火材料生产提供原材料保证。

8月24日，瑞泰科技股份有限公司与冷水江市中孚耐火材料有限责任公司签订《合作投资协议》，合资设立湖南瑞泰硅质耐火材料有限公司。

"湖南瑞泰"将建设成为"瑞泰科技"的硅质耐火材料生产基地，既扩大了"瑞泰科技"的产品领域和服务范围，又实现玻璃熔窑三大主要耐火材料的配套供应，进一步增强了竞争实力，巩固和加强了公司在行业中的地位。

10月14日，瑞泰科技股份有限公司曾大凡董事长组织召开了安徽瑞泰新材料科技有限公司2009年第一次股东会会议，会议选举戴长友为"安徽瑞泰"董事，金烈火不再担任"安徽瑞泰"董事。

随后召开了"安徽瑞泰"新材料科技有限公司第一届董事会第六次会议，审议张金龙总经理所做的关于2009年度第三季度工作报告，并选举戴长友担任"安徽瑞泰"董事长。

下午大家对"安徽瑞泰"快速发展存在的问题提出了自己的看法，进行了热烈的讨论。最后，曾大凡董事长做重要讲话，强调要打造一个和谐、高效的董事会和经营班子，发扬团队精神，发挥每个人的潜能以推动企业的发展。曾大凡董事长还对"安徽瑞泰科技"的营销、技术创新、生产、内部管理提出了具体建议，希望充分发掘"安徽瑞泰"巨大的潜力，共同打拼，将"安徽瑞泰科技"建成"生态优美、环境洁净、效益优良、人文和谐"的现代企业。

11月14日，湘潭瑞泰特优硅砖生产基地奠基典礼隆重举行。

湖南瑞泰硅质耐火材料有限公司2009年9月1日成立，在曾大凡董事长的领导下，冯中起总经理的具体指挥下，不到70天时间，就完成了湘潭生产基地项目选址、土地征用、项目立项、环保评审、工程设计、工程招标等一系列工作。

特优硅砖生产线建设，将运用“瑞泰科技”承担的国家科技支撑重大项目，“特优硅质耐火材料的研究开发”这一研究成果，作为“湖南瑞泰”的拳头产品，推向市场，在扩大“湖南瑞泰”生产能力的同时，使“湖南瑞泰”的产品迈上了一个新台阶。这标志着“瑞泰科技”已基本实现第二大战略目标——成为耐火材料的配套供应商，标志着公司“十一五”发展目标的全面实现。

11月26日，挂靠“瑞泰科技”开展工作的中国建筑材料联合会耐火材料分会和中国硅酸盐学会耐火材料分会理事会分别于2009年完成理事增补和换届工作，并在北京联合召开两分会理事会工作会议。中国建筑材料联合会副会长陈国庆和中国硅酸盐学会秘书长晋占平出席并发表讲话。来自全国各地的玻璃、水泥、耐火材料企业、研究设计院和高校的理事代表出席了会议。

会议由新当选的中硅会耐火材料分会副理事长冯中起主持。与会代表听取了中硅会耐火材料分会秘书长成洁关于两分会理事会增补理事和换届工作的说明以及两分会上届理事会的工作汇报。两分会理事长曾大凡代表两分会理事会在会上发表讲话，表示将结合行业实际情况，做好下一届理事会的工作计划，积极开展行业学术交流、信息交流，促进行业自律，使两分会的桥梁和纽带作用得以充分体现。

代表们围绕玻璃、水泥窑炉用耐火材料的发展方向、耐火材料行业的节能降耗、耐火材料行业标准的制定、如何筹办2011年举行的由耐火材料分会承办的第六届耐火材料国际会议、如何发挥两分会的桥梁作用以及如何办好耐火材料行业惟一技术期刊《建材耐火技术》等问题展开讨论。

12月1日，安徽省人大常委会副主任郭万清率省人大专门委员会及省直相关部门领导一行莅临“安徽瑞泰”进行考察调研。“安徽瑞泰”总经理张金龙陪同郭万清副主任一行参观了自动化生产线、研发中心、二期工程建设现场，并详细介绍了生产运营情况和企业资源综合利用、节能降耗等方面的情况。省领导对“安徽瑞泰”通过推动技术进步，提高企业生产力；通过节约资源、节能降耗降低成本，提高市场竞争力的做法给予了充分肯定，并希望“安徽瑞泰”在资源综合利用、节能降耗方面取得更大的成绩，成为宁国市绿色新兴产业的排头兵。

12月3～4日，台湾地区耐火材料工业同业公会理事长王俊登、秘书长吴明燮，应瑞泰科技股份有限公司的邀请，访问了“瑞泰科技”北京总部。“瑞泰科技”董事长、中国建筑材料科学研究总院副院长、中国建筑材料联合会耐火材料分会理事长曾大凡亲切会见了王俊登理事长一行，对他们的造访表示热烈欢迎。

曾大凡理董事长回顾了十年前去台湾拜访同行业的愉快经历，双方就两岸耐火材料行业现状，合作前景，深入交换了意见。就“瑞泰科技”扩大台湾及东南亚玻璃企业用耐火材料市场，进行了诚挚的交流，达成了相关领域的合作意向。

12月16日，河南省委常委、郑州市委书记王文超在新郑市委书记吴忠华陪同下视察了河南瑞泰耐火材料科技有限公司，在听取了总经理翟耀杰关于企业发展规划、项目建设和生产运营情况的汇报后，王文超书记一行视察了“河南瑞泰”我国第一条采用天然气为燃料、实现无污染排放的超高温隧道窑和建设中的第二条环境友好碱性耐火材料生产线。王书记还参观了即将投入使用的国家发改委、工信部“高新技术产业振兴计划”专项资金支持的研发中心。

王文超书记对“河南瑞泰”为新郑市经济社会跨越式发展做出的贡献给予了高度评价，并对“河南瑞泰”提出四点期望：1. 扩大规模创品牌；2. 科技创新求发展；3. 清洁生产美环境；4. 开拓市场增效益。

2009年全国投产新型干法水泥生产线（按规模排列）

New type dry process cement production line put into production in China in 2009 (arranged per scale)

经中国水泥协会秘书处与各省市自治区水泥（建材）协会、各大型水泥设计院所共同汇总、核实，2009年全国实际有176条新型干法水泥生产线投产（见附表）。这是中国水泥协会首次向社会公布新线投产统计数据，目的是为了贯彻落实国务院办公厅（2009）38号文件精神，加强社会监督，告之企业行情。

中国水泥协会希望数据的公布对于那些瞒报、漏报数据的企业起到社会监督的作用，能真实反映行业现况，为政府决策、企业发展规划、行业研究分析提供真实数据服务。同时，也恳请行业人士对数据的错误之处给予及时纠正。

据中国水泥协会统计，2009年全国新建投产新型干法水泥生产线176条，年新增设计水泥熟料产能1.95亿吨。其中日产5 000吨及以上生产线69条，占新增总产能的56.47%。

2009年四川省新增31条生产线，新增年设计熟料产能3 091万吨；湖北省新增17条，新增年设计熟料产能1 860万吨；湖南省新增15条生产线，新增年设计熟料产能1 851万吨；重庆市新增10条，新增年设计熟料产能1 020万吨；安徽省新增8条生产线，新增年设计熟料产能1 122万吨。

经调查核实，截止到2009年底全国已有1 113条新型干法水泥生产线在运行，年设计熟料产能95 859万吨。其中日产700吨～900吨生产线41条；日产1 000吨生产线151条；日产1 100～1 400吨生产线99条；日产1 500～1 800吨生产线53条；日产2 000吨生产线76条；日产2 500吨生产线324条；日产3 000～3 500吨生产线53条；日产4 000～4 200吨生产线46条；日产5 000吨及以上生产线270条。日产5 000吨及以上生产线设计水泥熟料产能占总新型干法水泥熟料产能的比重为45.27%。

浙江省新型干法水泥生产线90条，设计熟料年产能7 155万吨；安徽省新型干法水泥生产线76条，设计熟料年产能8 953万吨；山东省新型干法水泥生产线70条，设计熟料年产能6 448万吨；河南省新型干法水泥生产线68条，设计熟料年产能6 674万吨；四川省新型干法水泥生产线60条，设计熟料年产能5 224万吨。

在本次核查全国新型干法水泥生产线过程中，中国水泥协会得到了有关省市自治区水泥协会（建材协会）以及各设计院所的大力配合，在此向各兄弟单位表示衷心感谢。

注：该统计不包括个别行业外部投资水泥生产线，有所偏差，请综合参照“新建项目”内容。

2009年全国投产新型干法生产线（按规模排列）

总序号	序号	企业名称	建设规模（t/d）
	一	日产5 000吨规模及以上	
1	1	天瑞集团荥阳水泥有限公司一线	12 000
2	2	句容台泥水泥有限公司二线	6 000
3	3	山东泉兴水泥公司三线	6 000
4	4	国投海南水泥有限公司三线	6 000
5	5	河北燕赵水泥有限公司	5 000
6	6	鹿泉金隅鼎鑫水泥有限公司	5 000
7	7	河北宙石水泥有限公司	5 000
8	8	冀东海天水泥有限公司一线	5 000
9	9	大同冀东水泥有限公司一线	5 000

续 表

总序号	序号	企业名称	建设规模(t/d)
10	10	内蒙古西水创业股份有限公司	5 000
11	11	辽阳山水水泥公司一线	5 000
12	12	本溪山水水泥公司一线	5 000
13	13	大连山水水泥有限公司	5 000
14	14	铁岭铁新水泥有限公司三线	5 000
15	15	辽宁昌庆水泥有限公司一线	5 000
16	16	吉林德全金刚水泥集团股份有限公司一线	5 000
17	17	江苏天山汉天水泥有限公司一期	5 000
18	18	江山虎集团(常山水泥)有限公司三线	5 000
19	19	盘景水泥有限公司二线	5 000
20	20	铜陵上峰水泥股份有限公司三线	5 000
21	21	枞阳海螺水泥股份有限公司四期 A 线	5 000
22	22	枞阳海螺水泥股份有限公司四期 B 线	5 000
23	23	龙元建设安徽水泥有限公司二线	5 000
24	24	安徽广德中广源水泥有限公司	5 000
25	25	安徽珍珠凤阳中都水泥有限公司	5 000
26	26	漳平红狮水泥有限公司二期	5 000
27	27	福建塔牌水泥有限公司一期	5 000
28	28	福建金牛水泥有限公司三线	5 000
29	29	福建红火水泥有限公司一期	5 000
30	30	枣庄中联水泥有限公司三线	5 000
31	31	山东淄博鲁中水泥有限公司	5 000
32	32	郑煤集团龙力水泥有限公司	5 000
33	33	中联登电水泥有限公司	5 000
34	34	登封市宏昌水泥有限公司	5 000
35	35	当阳葛洲坝水泥有限公司	5 000
36	36	老河口葛洲坝水泥有限公司	5 000
37	37	嘉鱼葛洲坝水泥有限公司	5 000
38	38	宜城葛洲坝水泥有限公司	5 000
39	39	武汉亚东水泥有限公司一线	5 000
40	40	娄底雪峰海螺水泥公司一线	5 000
41	41	双峰海螺水泥有限公司(二期)二线	5 000
42	42	华新株洲水泥有限公司一线	5 000
43	43	华新郴州水泥有限公司	5 000
44	44	湘潭中材牛力水泥有限公司	5 000
45	45	湖南益阳东方水泥有限公司三线	5 000
46	46	湖南韶峰南方水泥有限公司一线	5 000
47	47	冀东水泥临澧有限公司一期	5 000
48	48	江华创普水泥工程项目一期	5 000
49	49	广东清新海螺水泥有限公司一线	5 000
50	50	华润水泥(封开)有限公司一期	5 000

续　表

总序号	序号	企业名称	建设规模(t/d)
51	51	广西桂林兴安海螺水泥有限公司二线	5 000
52	52	广西平南华润水泥有限公司三期四线	5 000
53	53	广西平南华润水泥有限公司三期五线	5 000
54	54	广西北流海螺水泥有限公司二线	5 000
55	55	重庆万州科华水泥有限公司二线	5 000
56	56	重庆富丰水泥有限公司二线	5 000
57	57	四川金顶峨眉山特种水泥公司	5 000
58	58	四川峨胜水泥有限公司 5 000 ×5 三期	5 000
59	59	四川峨胜水泥有限公司 5 000 ×5 四期	5 000
60	60	川煤集团广能蓥峰水泥有限公司	5 000
61	61	华新水泥(渠县)有限公司一线	5 000
62	62	北川中联水泥有限公司	5 000
63	63	四川联鸿建材有限公司	5 000
64	64	四川邻水红狮水泥有限公司一期	5 000
65	65	陕西满意水泥有限公司	5 000
66	66	陕西铜川声威建材公司二线	5 000
67	67	陕西宝鸡众喜金陵河水泥有限公司	5 000
68	68	耀州水泥有限公司二线	5 000
69	69	平凉海螺水泥有限公司一期	5 000
		69 条生产线	
	二	**日产 4 000 吨规模及以上**	
70	1	唐山飞龙水泥有限公司	4 000
71	2	冀东水泥呼和浩特武川有限公司二期	4 000
72	3	卫辉春江水泥有限公司二线	4 000
73	4	华新襄樊南漳水泥公司二线	4 000
74	5	华新秭归水泥有限公司	4 000
75	6	黄石成美建材有限公司	4 000
76	7	京兰集团金龙水泥有限公司二期	4 000
77	8	兆山新星湖南水泥公司三线(宁乡)	4 000
78	9	梅州宁江建材水泥有限公司	4 000
79	10	重庆润江水泥有限公司二线	4 000
80	11	四川达州利森水泥有限公司	4 000
81	12	四川国大水泥有限公司一期	4 000
		12 条生产线	
	三	**日产 3 000 吨规模及以上**	
82	1	江西玉兔水泥有限公司	3 000
83	2	新乡振兴水泥有限公司	3 000
84	3	重庆富皇水泥有限公司二线	3 200
85	4	冀东重庆江津水泥有限公司一线	3 200
86	5	四川远威水泥有限公司一期	3 200
87	6	丽江永保水泥有限公司四线	3 000

续 表

总序号	序号	企业名称	建设规模(t/d)
88	7	祁连山青海水泥有限公司一线	3 000
89	8	青海互助金圆水泥有限公司一期	3 200
		8 条生产线	
	四	**日产 2 000 ~2 500 吨规模**	
90	1	山西吉港宝石水泥有限公司二线	2 500
91	2	内蒙古恒卓水泥有限公司	2 500
92	3	兴安盟全兴水泥制造有限公司一线	2 500
93	4	内蒙哈达图水泥有限公司	2 500
94	5	冀东水泥阿巴嘎旗水泥工程一期	2 500
95	6	内蒙天皓水泥有限公司一期	2 500
96	7	锡林浩特市金河水泥有限公司一线	2 500
97	8	金隅四平水泥有限公司	2 500
98	9	黑龙江北江集团龙水公司	2 500
99	10	浙江新都水泥有限公司	2 500
100	11	恩施州腾龙水泥公司	2 500
101	12	湖北房县钻石水泥有限公司	2 500
102	13	兴山葛洲坝水泥有限公司	2 500
103	14	湖北白兆山水泥有限公司	2 500
104	15	湖北竹溪县瑞城水泥公司	2 500
105	16	湖北武当水泥有限公司	2 500
106	17	湖北崇阳昌华实业有限公司	2 500
107	18	怀化金大地水泥公司二线	2 500
108	19	湖南省天源建材一线	2 500
109	20	长沙河田白石建材有限公司	2 500
110	21	海南昌江鸿启叉河水泥一线	2 500
111	22	重庆武隆县 100 万吨水泥项目	2 500
112	23	重庆武陵三磊水泥有限公司	2 500
113	24	重庆新嘉南水泥有限公司	2 500
114	25	重庆金九实业(集团)公司二期	2 500
115	26	重庆黔江弘龙水泥有限公司	2 500
116	27	中铁二十三局川东水泥生产线技改	2 500
117	28	四川南威水泥有限公司	2 500
118	29	川煤广旺集团旺苍卢家坝水泥一期	2 500
119	30	川煤广旺集团剑阁水泥生产线	2 500
120	31	资中川威集团新船城项目二线	2 500
121	32	大竹县沽竹水泥有限公司	2 500
122	33	四川治权集团特种水泥公司	2 500
123	34	四川洪雅雅森水泥有限公司一期	2 500
124	35	四川省盐源金冠水泥有限公司	2 500
125	36	成实天鹰水泥有限公司	2 500
126	37	四川唯鼎水泥有限公司	2 500

续 表

总序号	序号	企业名称	建设规模(t/d)
127	38	四川乃托水泥有限公司	2 500
128	39	四川犍为宝马水泥有限公司	2 500
129	40	绵竹市盘龙化建有限公司澳东水泥	2 500
130	41	金顶仁寿建宝水泥有限公司	2 500
131	42	四川泰昌建材集团有限公司	2 500
132	43	大邑显明西岭水泥有限公司	2 500
133	44	贵州博宏水泥分公司	2 500
134	45	遵义赛德水泥有限公司一线	2 500
135	46	贵州凤冈县西部水泥公司	2 500
136	47	贵州松桃高力水泥公司一线	2 500
137	48	贵州凯里瑞安水泥有限公司	2 500
138	49	贵州德江资兆水泥有限公司	2 500
139	50	贵州东立水泥有限公司	2 500
140	51	蒙自瀛洲水泥有限公司	2 500
141	52	陕西汉中洋县尧柏水泥有限公司一期	2 500
142	53	陕西安康江华集团水泥有限公司一线	2 500
143	54	陕西汉中胶东水泥有限公司	2 500
144	55	陇南市武都区水泥厂	2 500
145	56	中材集团天水项目一期	2 500
146	57	宁夏胜金水泥有限公司	2 500
147	58	青铜峡水泥股份公司	2 500
148	59	宁夏赢海天祥建材有限公司	2 500
149	60	宁夏明峰萌成水泥有限公司二线	2 500
150	61	中材宁夏赛马实业水泥有限公司三线	2 500
151	62	阿克苏天山多浪水泥公司喀什分公司	2 500
152	63	河南方城宛北水泥有限公司	2 000
153	64	湖南永州市九嶷骄阳水泥公司一期	2 000
154	65	荣县自力水泥有限公司	2 000
155	66	四川嘉华企业(集团)特水公司一期	2 000
156	67	四川泸定山盛水泥有限公司	2 000
157	68	云南澄江华荣水泥有限公司一线	2 000
158	69	云南瑞安富民有限公司	2 000
159	70	云南富源宏发水泥有限公司	2 000
160	71	云南宣峰水泥有限公司	2 000
161	72	绥江烟囱坝浙浦水泥有限公司	2 000
162	73	云南镇雄县三和建材公司	2 000
163	74	云南盈江允罕水泥有限公司	2 000
164	75	云南定华能源建材有限公司	2 000
165	76	金昌金泥集团水泥有限公司	2 000
166	77	青海新型建材工贸有限公司	2 000
167	78	新疆天山水泥塔什店分公司	2 000

续 表

总序号	序号	企业名称	建设规模(t/d)
168	79	伊犁南岗建材有限公司	2 000
169	80	屯河水泥有限公司布尔津线分公司	2 000
170	81	青松建化哈密南岗建材有限公司	2 000
		80 条生产线	
	五	**日产 1 200 ~1 600 吨规模**	
171	1	浙江巨化股份有限公司	1 600
172	2	湖北金凤建材责任公司	1 500
173	3	阿尔博波特兰安庆白水泥公司	1 200
174	4	湖南省湘维有限公司	1 200
175	5	云南南磷集团	1 200
176	6	克拉玛依龙盛特种水泥有限公司	1 200
		6 条生产线	
总计		**176 条生产线**	

新建项目

Newly built projects

"华润水泥"(武宣)2条日产4 500吨项目开工建设

1月12日,华润水泥(武宣)有限公司2条日产4 500吨项目一期工程在广西武宣正式开工。该项目总投资约13.5亿元人民币,项目分两期建设2条日产4 500吨新型干法水泥熟料生产线配套余热发电工程。其中一期工程投资约7亿元,建设1条日产4 500吨水泥熟料生产线,并配套建设6兆瓦纯低温余热发电项目;在具备资源和市场条件的前提下,规划建设同等规模的二期工程。

"峨胜"三期日产5 000吨水泥生产线回转窑顺利合龙

1月12日,四川峨胜水泥股份有限公司三期日产5 000吨水泥生产线工程回转窑筒体顺利合龙。2008年,"峨胜"项目部积极应对四川汶川5.12特大地震灾害,不畏艰难,圆满完成了业主要求二期工程如期投产的紧迫任务。

"徐州中联水泥"二期日产万吨生产线奠基

1月18日,徐州中联水泥有限公司二期日产万吨熟料生产线带配套纯低温余热发电综合工程项目奠基仪式,在徐州中联水泥有限公司举行。二期日产万吨熟料生产线带配套纯低温余热发电综合工程,采用国产化自行开发、设计、优化,项目总投资11.5630亿元,项目建成后可年产水泥熟料310万吨以上,总节能量达8.24万吨标准煤。

重庆九鑫集团年产300万吨新型干法水泥项目开工建设

1月21日,重庆九鑫集团年产300万吨新型干法水泥生产项目在酉阳县龙江重工业园区正式开工建设。该项目总投资10亿元,占地400亩,项目建成后,将可实现年产值12亿元,创利税2亿元。

四川省"达州海螺"2条日产5 000吨水泥生产线开工建设

1月21日上午,达州海螺公司2条日产5 000吨新型干法水泥项目开工奠基仪式隆重举行。"达州海螺"2条日产5 000吨新型干法水泥项目计划投资15亿元,第一条生产线2009年10月底建成投产。第二条生产线建成后,年产熟料新型干法水泥可达440万吨,可实现年产值16亿元,利税2.4亿元。

湖北房县"钻石水泥"日产4 000吨熟料生产线点火

1月21日,由汉江集团投资3.8亿元建设的湖北房县钻石水泥公司日产4 000吨新型干法水泥熟料生产线在化龙堰镇西川村点火投产。十堰市副市长刘学勤、汉江集团董事长何晓东等出席点火仪式。房县钻石水泥公司日产4 000吨水泥熟料生产线2007年10月26日动工建设,项目主机设备全部采用当今国际国内先进的节能型设备,可确保污染物排放达到国家标准。项目可实现销售收入约3.2亿元,创造利税3 000万元,并提供近200个就业岗位。

甘肃张掖日产5 000吨水泥项目签约

1月21日,甘肃省张掖市日产5 000吨水泥项目合作签约仪式隆重举行。

该项目的实施既抓住了国家扩大投资、扩大内需的政策机遇,又符合国家产业政策,处于国家政策支持、融资支持的最佳时期,为张掖市淘汰落后生产工艺、调整产业结构赢得了主动占领市场的先机。该项目建设恰逢兰新铁路第二双线、兰州至张掖客运专线、军民合用机场、火电二期等重大项目开工建设,大量的水泥需求将为企业带来良好的回报。该项目合作签约,标志着张掖市水泥工业将步入规模化、集约化发展之路。

该项目总投资估算6.5亿元,由"黑河水电"、山泥集团等6家股东单位共同合作建设,项目包括建设年产172万吨石灰石矿,建设1条日产3 000吨、1条日产2 000吨新型干法水泥生产线,年产水泥150万吨;辅助建设一座装机容量9 000千瓦余热发电厂,年发电量5 832万千瓦时。项目建成后,可实现年销售收入4.3亿元,实现利润约8 000万元,年缴税金5 000万元以上。

内蒙古乌拉特后旗新型干法熟料水泥生产项目开工建设

2月6日,内蒙古巴彦淖尔市乌拉特后旗引进新技术,充分利用当地资源,建设新型干法熟料水泥生产项目开工建设,项目总投资4 600多万元,年底建成投产,年生产水泥280万吨。

广西绿宝石水泥有限公司60万吨粉磨站项目开工建设

2月6日,总投资4 500万元,项目建成后年创产值1亿元、创税收350多万元的广西绿宝石水泥有限公司60万吨粉磨站项目在浦北县寨圩工业园开工建设,标志着该县工业园区经济建设翻开新的一页。

贵州省省级重点项目"安顺昌兴水泥"落户平坝

2月9日,落户平坝县的安顺昌兴水泥有限责任公司2条日产4 000吨水泥熟料生产线一期工程正式开工建设。项目分两期规划建设,总投资12亿元。一期工程投资6.3

亿元,新建1条日产4 000吨新型干法水泥熟料生产线及纯配套9 000千瓦低温余热发电工程,建成后年产优质水泥200万吨。项目全部建成投产后,将年产优质水泥400万吨,实现年销售收入16亿元,利税3亿元。

“北川中联”日产4 800吨熟料水泥生产线开工建设

2月16日,四川省北川中联水泥有限公司举行日产4 800吨熟料水泥生产线土建开工仪式。北川县副县长李斌,“中国联合水泥”副总工程师张小虎,云南建工第四建设有限公司项目主管领导,绵阳市电视台、北川县电视台的记者参加了开工仪式。仪式由北川中联总经理朱长城主持。

“华新水泥”年产300万吨新型干法水泥生产项目开工建设

2月18日,总投资7亿元的华新水泥年产300万吨熟料新型干法水泥生产项目在四川省万源市官渡镇正式开工。该项目一期工程将建设1条日产2 500吨新型干法熟料水泥生产线和配套4.5兆瓦纯低温余热发电项目。该项目是万源自建市以来投资金额和建设规模最大的项目。项目建成后,将填补万源周边日产1 000吨以上水泥熟料生产线的空白,对地方经济建设和发展循环经济将起到积极促进作用。

“亚泰”年产2 300万吨水泥扩建一期工程竣工投产

2月20日,国家振兴东北重点项目、中国500强企业亚泰集团年产2 300万吨水泥扩建一期工程在双阳竣工投产。该工程包括:1条日产5 000吨新型干法水泥熟料生产线、一套年产120万吨水泥粉磨系统、14座大型水泥钢板储库等。

国内规模最大的全废渣制水泥项目开工建设

2月26日,四川宜宾海丰和锐有限公司一项变废为宝的环保项目——全电石渣综合利用制水泥项目正式开工建设。项目总投资约3.2亿元,年产60万吨水泥,预计2010年1月份建成投产,是目前国内规模最大的全废渣制水泥项目。该项目属国家产业政策鼓励“三废综合利用及治理工程”项目,被列为四川省2009年开工建设重点推进项目。

电石渣是“电石法”聚氯乙烯生产过程中产生的主要排放物,遗弃后严重污染环境。宜宾海丰和锐公司的这条水泥生产线可以将公司生产过程中产生的40万吨电石渣、煤渣等工业废渣全部利用,不但降低了水泥生产成本,而且减少了环境污染。

全电石渣综合利用制水泥项目是宜宾海丰和锐有限公司积极应对国际金融危机,加快自主创新和扩张发展的战略性投资。项目建成投产后,将开创电石-聚氯乙烯行业全电石渣干法制水泥技术工业化生产先河,有利于促进四川省电石-聚氯乙烯行业健康发展,加快环保治理和资源综合利用。该项目生产工艺技术在国际、国内尚无先例,项目建成后将发展成为国内技术最先进、规模最大的全废渣制水泥企业,为宜宾海丰和锐公司可持续发展、跨越式发展提供强有力的支撑。

“芜湖海螺”2条日产12 000吨生产线开工建设

2月27日,芜湖海螺2条日产12 000吨熟料生产线暨36兆瓦余热发电项目开工庆典仪式隆重举行。此次开工的2条目前世界上规模最大、技术最先进的日产12 000吨熟料生产线及配套的36兆瓦余热发电项目,总投资30亿元,建成后芜湖海螺水泥有限公司单产规模、竞争实力和经济效益将得到大幅度提升,成为当今世界最大的水泥熟料生产基地,成为科技创新、节能减排、和谐发展的示范企业,将对推动安徽省水泥工业结构调整、技术进步、加大节能减排和繁荣地方经济发挥巨大的示范作用。

天瑞集团河南“周口水泥”二期扩建项目开工建设

3月5日,2009年河南省十五项重点工业项目之一——天瑞集团河南周口水泥有限公司二期扩建项目开工建设。

天瑞集团周口水泥有限公司二期扩建项目年产400万吨水泥,投资2.2亿元,预计8月中旬竣工投产。天瑞集团周口水泥有限公司一期工程于2005年3月开工,同年12月建成投产,截至2008年底累计生产水泥580多万吨,利用粉煤灰200万吨,实现生产总值超过16亿元,利税1.5亿元,安置当地民工1 200多人就业,为周口市经济发展、资源循环利用、促进就业做出了积极贡献。

“冀东江津水泥”二期工程奠基

3月9日,“冀东水泥”重庆江津有限责任公司合资合同签订暨2条日产3 200吨熟料新型干法水泥生产线二期工程奠基仪式隆重举行。

“冀东水泥”采用现金出资方式与“金桥水泥”组建合资公司,投资8.5亿元,完成2条日产3 200吨水泥熟料生产线及2×6兆瓦纯低温余热发电站、矿山机械化开采生产线等项目建设。

湖南“临湘海螺”日产5 000吨水泥熟料生产线开工建设

3月11日,“临湘海螺”日产5 000吨新型干法水泥项目开工庆典仪式隆重举行。

临湘市市长毛知兵、市人大主任王关明、市政协主席李静美、市委副书记任茂辉、市发改委、市林业局、市经贸委、市财政局、市国资委、市国土资源局等领导与江西区域委员会主任刘宏春,副主任杨开发及区域各子公司负责人参加了庆典仪式。

仪式上,临湘市市委副书记任茂辉发表了重要讲话。任书记说,项目能在当前严峻经济形势下如期开工,充分体现了海螺集团知难而进、迎难而上的胆识和勇气,这个项目的建成必将有力地推动临湘经济社会更好更快地发展。他要求各有关部门要按照与市委、市政府签订的目标责任制狠抓落实,继续发扬不畏艰难、连续作战的精神,想业主之所想,急业主之所急,真正做到举全市之力,为项目建设创造更为有利的环境和条件,确保项目顺利推进,按期建成投产。

内蒙“黄河工贸”2条日产4 800吨水泥生产线开工建设

3月12日,黄河工贸集团2条日产4 800吨水泥熟料生产线项目正式开工。该项目采用五级旋风预热窑外分解技术带低温余热发电系统生产工程，设计规模为年产熟料300万吨，配套建设两套9 000千瓦发电机组项目，年发电量1.2亿千瓦时。项目总投资9亿元，占地8万平方米，建设期为18个月。

湖北"五晶水泥"日产2 500吨新型干法水泥项目破土动工

3月13日，宜昌骏王集团湖北五晶水泥有限公司年产百万吨新型干法水泥生产线项目正式破土动工。该项目由宜昌骏王集团有限公司在湖北五峰工业园区投资兴建，新建1条日产2 500吨的生产线，项目计划总投资2.1亿元，项目用地面积152 652平方米。

"双峰海螺"又1条日产5 000吨水泥熟料生产线投产

3月18日，安徽海螺集团在双峰县三塘铺镇投资7亿元，日产5 000吨新型干法水泥生产线点火投产。该生产线配套的废料利用、灰尘过滤回收和1台1.8万千瓦的废气余热发电机组等装置也同时启动，实现了资源综合利用和节能减排。至此，双峰海螺水泥有限公司拥有了2条日产5 000吨新型干法水泥生产线，成为湖南省水泥行业第一家日产万吨新型干法水泥、年消化废料120万吨、废气26万吨、余热发电1.6亿千瓦时的大型企业。

四川自力水泥公司日产2 000吨生产线投产

3月18日，总投资1.9亿元的四川荣县自力水泥公司日产2 000吨熟料新型干法旋窑水泥生产线正式投产。该项目自2008年4月动工建设到点火投产，仅用了11个月。

新疆哈巴河县阿山水泥有限公司日产2 500吨生产线开工

新疆哈巴河县阿山水泥有限公司日产2 500吨新型干法水泥生产线以及配套3兆瓦余热发电项目经自治区经贸委核准于2009年3月18日动工建设。该项目总投资2.59亿元，建设周期一年。

山东淄博"山水宝山水泥"新型干法水泥熟料项目奠基

3月21日上午，淄博山水宝山水泥有限公司日产4 500吨新型干法水泥熟料项目奠基仪式举行。区领导李淑湘、陈涟远、王召槐、司衍会出席并为项目奠基。

区委常委、副区长王召槐在致辞中说，宝山旋窑水泥项目的奠基，标志着岭子镇在优化产业结构、扩大优质增量方面又迈出了坚实的一步，这对于推动产业结构优化升级、促进地方经济社会发展必将起到积极的推动作用。希望宝山公司抢抓机遇，加快发展，尽快做大做强，为推动全区经济社会发展做出更大贡献。区里将继续提供优惠的政策、优质的服务、宽松的环境，全力支持企业发展壮大。

国产首条年产15万吨白水泥熟料新型干法水泥生产线开工建设

3月26日，国产首条年产15万吨白水泥熟料新型干法水泥生产线在浙江长兴新明华化工建材有限公司举行开工典礼。"长兴新明华"年产15万吨熟料白水泥生产线是目前国人投资的最大规模白水泥生产线，由洛阳水泥工程设计研究院承担设计和关键装备成套。设计规模为年产熟料15万吨，白水泥20万吨，总投资1.2亿元，采用新型干法预分解工艺，于2009年底投产。

江西玉华集团旋窑水泥生产线开工建设

3月26日，江西"宏盛玉华水泥"日产4 200吨熟料新型干法旋窑水泥生产线开工仪式在吉安市举行。该生产线计划于2010年4月份建成投产，可年产水泥200万吨，实现产值7亿元，税收6 000万元。项目建成后，玉华集团将全部淘汰立窑生产线，100%采用带纯低温余热发电的新型干法旋窑生产工艺。这将是江西省第一家从全部采用立窑生产工艺转变为全部采用新型干法旋窑生产工艺的水泥企业，将为吉安市乃至江西省的水泥产业结构调整和经济社会发展做出重要贡献。

四川巴中日产2 500吨水泥熟料生产线项目竣工点火

3月26日，四川巴中市南江县由四川省川威集团有限公司和四川南江矿业集团有限公司共同出资建设的日产2 500吨熟料新型干法水泥生产线竣工点火。该项目总投资2.9亿元，总用地面积216亩。项目建成投产后，年生产水泥能力达120万吨，年创产值3.5亿元。

陕西"满意水泥"日产5 000吨水泥熟料生产线在铜川投产

3月26日，陕西满意水泥有限责任公司5 000吨水泥熟料生产线点火投产。该项目总投资4.18亿元，配套建设9兆瓦纯低温余热电站。项目投产后，年生产水泥熟料180万吨，水泥200万吨，年发电量6 480万千瓦时，年营业收入可达2.3亿元，创利税7 000万元。

江西"南方水泥"永丰日产4 500吨水泥熟料项目奠基

3月27日，江西"南方水泥"永丰日产4 500吨水泥熟料项目在永丰县陶唐乡谢坊村隆重奠基开工。该项目建成后销售收入可达4亿元，利税1亿元。

湖南永州市"九嶷骄阳水泥"日产2 500吨新型干法水泥生产线投产

3月27日，湖南省永州市九嶷骄阳水泥有限责任公司日产2 500吨新型干法水泥生产线在冷水滩区点火开工。该生产线项目总投资4.6亿元，分两期建设，其中一期总投资2.2亿元。项目投产后，可年产熟料77.5万吨、水泥110万吨。

江西"南方水泥"上高日产4 500吨水泥熟料项目奠基

3月28日，由江西南方水泥有限公司投资兴建的上高日产4 500吨水泥熟料项目在上高县墨山垦殖场隆重举行奠基仪式，这标志着江西省又一家大型的现代化水泥厂开工建设。项目总投资约5.5亿元。

海南昌江县“鸿启水泥”2条日产2 500吨项目二期动工

3月29日，海南昌江县“鸿启水泥”总投资4.82亿元的2条日产2 500吨项目二期动工。二期工程包括1条年产100万吨水泥的干法水泥生产线和1座年发电量5 184万千瓦时的纯低温余热发电厂，项目预计2010年7月竣工投产。

甘肃张掖巨龙公司日产5 000吨新型干法水泥项目开工

3月29日，甘肃张掖巨龙建材有限公司日产5 000吨新型干法水泥项目开工奠基。该项目集水泥生产、销售、运输、矿山开采、纯低温余热发电、水泥制品加工为一体，计划年产水泥100万吨，并开发建设年产150万吨石灰石矿山和1座装机容量为4 500千瓦余热发电厂，年发电量3 000万千瓦时，可满足本企业30%以上的生产用电。估算总投资3.5亿元，项目预计建设期18个月，力争2010年底建成投产。年可实现销售收入2.6亿元，实现利税6 600万元以上。

“兴安海螺”二期日产5 000吨熟料生产线顺利点火投产

3月29日，广西省兴安海螺公司第2条日产5 000吨水泥熟料生产线竣工投产。二期生产线点火投产后，“兴安海螺”已达到年产熟料360万吨，水泥450万吨的产能规模。

“湖南海螺”日产5 000吨熟料生产线点火投产

3月30日，“湖南海螺”日产5 000吨熟料生产线隆重点火。“湖南海螺”日产5 000吨熟料生产线是在原厂址拆除4条湿法窑生产线的基础上，技改建设的，并新建年产120万吨水泥粉磨和9 000千瓦余热发电项目。

湖北宝峰水泥公司日产4 000吨熟料生产线奠基

3月30日，湖北宝峰水泥有限公司日产4 000吨新型干法水泥生产线项目在黄石市铁山区正式奠基开工。该项目总投资2.8亿元，建设工期一年，预计2010年3月建成投产，建成后可实现年销售收入4.5亿元，利税4 000万元。项目建成投产后，铁山将关闭3家立窑水泥生产线，淘汰立窑水泥产能150万吨。

湖北省“兴山葛洲坝”日产2 500吨新型干法水泥项目竣工投产

3月30日，三峡库区最大新型水泥项目葛洲坝兴山水泥厂日产2 500吨新型干法水泥生产线竣工投产。据了解，该项目总投资3.1亿元，建成投产可实现年产熟料77.5万吨和年产水泥100万吨，项目建设还将预留4 500千瓦纯低温余热发电系统，并配套建成年产石灰石100万吨矿山一座。同时还可每年消化兴发集团工业废磷渣80万吨左右。

四川巴中“顶坚伟业”100万吨水泥粉磨厂建设项目开工建设

4月1日，四川省巴中市巴州区委、区政府确定的2008年重点建设项目——100万吨水泥粉磨厂建设项目在兴文镇正式开工建设。项目建设单位为四川省顶坚伟业建材有限公司，总投资4 000万元，工厂占地37亩，建设工期6个月，10月1日前竣工投产。工程完工后即可形成生产能力，预计年产优质水泥100万吨，实现工业产值35 000万元，税金2 240万元，提供就业岗位200个。该项目选用旋窑生产工艺，采取布袋静电脉冲和高速旋风收尘器处理粉尘污染，属于国内先进生产技术，生产的水泥产品其强度是普通水泥的2倍，每吨水泥耗电比传统工艺节省50%，厂区粉尘排放量完全达到国家二类地区排放标准。项目责任单位区招商局专班、专人、专程跟踪服务，主动帮助企业跑省跑市，办理相关建设手续，积极协助投资者做好选址、用地、环评、立项等工作，经过半年时间的不懈努力，终于使项目顺利落户建设。

吉林省“德全金刚水泥”二期工程开工建设

4月2日，吉林省德全金刚水泥集团年产600万吨水泥生产线暨二期工程开工。该项目由吉林德全水泥集团与辽源金刚水泥集团共同出资，工程总投资8.5亿元，分两期建设，建成后可年产水泥600万吨，实现产值18亿元，税金2亿元。二期工程预计总投资4亿元。

四川“南威水泥”日产2 500吨新型干法水泥熟料生产线竣工点火

4月7日，位于四川省南江县东榆镇大沙坝的南威水泥有限公司日产2 500吨新型干法水泥熟料生产线顺利点火投产。南威水泥有限公司是由四川星船城水泥公司和南江矿业集团有限公司出资组建的股份制企业，项目总投资3.5亿元，年生产水泥120万吨，年创产值5亿元，年实现利税总额1.5亿元。该项目投产后，将新增产值6亿元、利税1亿元以上，并将带动当地运输、矿山等相关产业的发展，实现经济效益和社会效益双丰收。

山西“金圆水泥”年产400万吨新型干法生产线奠基

4月10日，金圆控股集团有限公司所属山西金圆水泥股份有限公司年产400万吨新型干法熟料水泥生产线一期项目在山西朔州开工奠基，2条7.5兆瓦纯低温余热发电工程同期开工。项目总投资10亿元，建成后可年产优质低碱高标号水泥400万吨，将实现年销售收入12亿元，新增利税1.8亿元。该项目的奠基是金圆集团发展循环经济、实施中西部发展战略目标迈出的坚实一步，标志着山西省特别是朔州市水泥结构调整步入了“快车道”。

黑龙江“浩良河水泥”日产4 000吨熟料生产线扩建工程开工建设

4月11日，黑龙江伊春市西林钢铁集团浩良河水泥有限公司日产4 000吨熟料新型干法水泥生产线扩建工程正式开工。该项目总投资7.2亿元，组织实施二线工程改造，计划于2010年6月初投产。

“南方水泥”湖南“耒阳东兴”日产4 000吨生产线开工建设

4月19日，由中国建材湖南南方水泥集团追加投资6亿元的耒阳东兴水泥厂二期工程动工建设。

该项目将建设1条日产4 000吨熟料新型干法水泥生产线，并配套建设13.5兆瓦低温余热发电机组及年产110万吨水泥粉磨系统。项目建成后，可年产水泥近150万吨，年创产值4.5亿元，使“东兴水泥”成为省内第二大水泥生产企业。它的建设，将有力推动耒阳建材工业结构调整和节能减排工作，对促进劳动力就业、加快地方经济发展产生积极作用。

内蒙古“巴彦包特水泥”日产2 500吨生产线奠基

4月12日，巴彦包特水泥有限责任公司150万吨水泥生产线项目在赤峰市阿鲁科尔沁旗双胜镇正式奠基。该项目投资1.6亿元，将建设1条日产2 500吨预分解窑干法水泥熟料生产线，新生产线采用国内先进的新型干法窑外分解窑工艺，实现自动化生产控制，产品质量达到国内先进水平。项目建成后，年可实现产值4.5亿元，上缴税金4 500万元。该项目全部工程2009年年底前建成试车。

新疆“大唐鼎旺水泥”日产3 500吨熟料水泥生产线开工

4月12日上午，新疆奇台县大唐鼎旺水泥公司日产3 500吨熟料水泥生产线破土动工。此次一期项目日产3 500吨熟料水泥生产线，预计总投资4.5亿元，工期9个月，其中土建工程6个月，安装调试3个月，预计2010年3月投产使用。

“中材国际”子公司与“新峰水泥”签署2条日产4 800吨生产线总包合同

4月15日，“中材国际”控股子公司成都材料工业设计研究院有限公司和武安市新峰水泥有限责任公司签署了2条日产4 800吨水泥熟料生产线工程建设总承包合同书。合同总金额80 588万元人民币，一期工程总承包合同价48 600万元人民币，二期工程总承包合同价31 988万元人民币。合同期限为武安新峰正式提交场平后，双方验收合格的施工场地并收到预付款起至工厂安装完毕具备点火条件止15个月。

巴中年产100万吨新型干法水泥窑点火

4月15日，位于巴州区兴文镇的巴中水泥厂正式点火投产。这是巴中市首家采用新型干法旋窑水泥生产技术的厂家。

巴中水泥厂系四川顶坚伟业建材有限公司投资的下属股份有限公司，2008年3月破土动工，总投资5 000多万元，占地约37亩。采用当今先进的新型干法旋窑水泥生产技术生产，采用布袋静电脉冲技术和高速旋风收尘器处理粉尘。

该厂年可生产100万吨优质干法旋窑水泥，实现工业产值3.5亿元，实现税金1 000余万元，提供就业岗位200余个。

河北唐县“冀东水泥”一期工程奠基

4月16日，冀东水泥集团所属唐县冀东水泥有限责任公司2条日产4 500吨新型干法熟料水泥生产线一期工程奠基仪式在河北革命老区唐县隆重举行。项目预计总投资15亿元，分两期建设，一期7.5亿元建设1条日产4 500吨新型干法熟料水泥生产线，年产水泥220万吨，项目由冀东水泥集团自行设计。项目同步配套建设9兆瓦纯低温余热发电机组，年发电1.2亿千瓦时将全部用于水泥生产。

“燕赵”日产5 000吨节能减排示范线点火

4月17日上午，河北燕赵水泥有限公司锣鼓喧天，红旗招展，我国首条日产5 000吨级新型干法熟料水泥节能减排示范线点火仪式在这里举行。

该示范线集成了天津水泥院自主研发的大型生料辊式磨、第三代窑尾预分解系统、二档短窑、第四代行进式稳流冷却机、变频调速五大风机、纯低温余热发电等最新技术和装备。该示范线与上一代新型干法水泥生产线相比，年可节约标煤1.15万吨，节电约1 200万千瓦时，余热发电6 500万千瓦时，减排二氧化碳3.75万吨，综合利用工业废渣40万吨。该示范线被中国建材联合会专家评定为新型干法水泥生产节能减排示范线，它的建成投产必将为我国水泥工业发展循环经济、实现可持续发展产生深远影响和积极的推动作用。

辽宁大鹰水泥集团日产4 000吨熟料生产线奠基

4月17日，辽宁大鹰水泥集团揭牌暨日产4 000吨新型干法水泥熟料生产线奠基仪式在阜新市大鹰水泥制造有限公司厂区隆重举行。项目总投资3.9亿元，计划于2010年上半年建成投产。项目达产后，可新增产值2.8亿元，利税1亿元，安排就业150人。

祁连山水泥公司日产5 000吨新型干法水泥生产线奠基

4月18日，甘肃祁连山水泥集团股份有限公司青海公司日产3 000吨新型干法水泥一线竣工暨日产5 000吨新型干法水泥生产线二线开工奠基仪式，在青海省湟中县隆重举行。该项目总投资7.5亿元左右，投产后年可实现销售收入4.86亿元，利税1.75亿元，生产能力将达到380万吨。是目前甘、青、藏地区单线规划最大的新型干法水泥熟料生产线。

“中盐”吉兰泰公司百万吨水泥项目开工建设

4月20日，中国盐业总公司泰吉兰盐化集团有限公司40万吨/年聚氯乙烯二期工程106万吨/年水泥项目开工建设。

“中盐”吉兰泰公司106万吨/年水泥项目，是40万吨/年聚氯乙烯工程的配套项目，也是“中盐吉兰泰”发展盐化工循环经济产业链的重要组成部分。据初步测算,40万吨/年聚氯乙烯工程(项目)每年将产生约70万吨电石渣,可生产出75万吨水泥熟料,掺进占水泥总量25%的自备电厂干排粉煤灰,可生产出106万吨粉煤灰水泥。

新疆库尔勒“鲁岳三川建材”日产2 500吨熟料新型干法水泥生产线开工建设

4月25日,山东三川集团库尔勒鲁岳三川建材有限公司经新疆自治区发展改革委核准,在库尔勒塔什店镇建设1条日产2 500吨熟料新型干法水泥生产线正式开工建设,项目计划投入2.1亿元。计划2010年3月1日建成投产,建设期11个月。

新疆莎车年产100万吨新型水泥生产线奠基

4月25日,2002年就通过招商引资落户莎车并投产的莎车县隆基水泥有限责任公司,又计划投资3.5亿元新建年产100万吨新型干法水泥生产线奠基仪式,在莎车县重工业园区内隆重举行。

目前莎车县隆基水泥有限责任公司公司固定资产已达4 000万元,年生产水泥15万吨,2008年公司实现产值3 300万元,上缴利税200余万元。这次该公司计划投资3.5亿元,建设年产100万吨新型干法水泥生产线,经过科学论证,新型生产线的开工建设,符合国家产业政策和新疆水泥“十一五”发展规划,符合保护生态环境、加快建设资源节约型、环保友好型的科学发展要求,工程建成投产后,可解决400人就业,年产水泥可达到100余万吨,年产值可达到3亿元,年上缴利税可达5 000余万元。

四川川煤集团200万吨旋窑水泥一期工程竣工投产

4月28日,川煤集团广旺能源发展(集团)有限责任公司投资5.5亿元的旺苍县灾后恢复重建重点项目200万吨旋窑水泥一期工程竣工投产仪式在该县白水镇卢家坝举行。

天津院设计供货的“华润南宁”400万吨水泥工程竣工投产

4月30日,华润水泥(南宁)有限公司年产400万吨水泥工程竣工仪式在南宁隆重举行。该项目由天津水泥院有限公司设计并提供主要装备(含大型破碎机、预热器及分解炉、行进式稳流冷却机、DCS系统集成等新装备),分两期建设。一线于2007年12月26日点火,全年运转率达93.32%,平均日产熟料达5 410吨;二线于2009年3月投料,通过一个多月的运行,平均日产熟料达5 688吨。

乾县400万吨生产线等6个项目集中开工建设

5月8日,总投资26亿元的众喜陕西省咸阳市乾县400万吨水泥生产线等6个项目在乾县阳峪镇集中开工,这对于进一步优化该县产业结构、壮大工业经济,实现争先进位目标具有重要的推动作用。

乾县众喜水泥有限公司是宝鸡众喜水泥有限公司的子公司,计划投资20亿元建设年产400万吨水泥生产线,其中一期建设年产200万吨水泥生产线,建成后预计年产值7亿多元,形成税金6 000多万元,创造就业岗位500多个,对于带动乾县的运输业、餐饮业、服务业的发展必将产生积极的影响。同时开工的5个项目还有与水泥生产线项目配套的110千伏变电站项目,投资3.2亿元的雅尔艾服装加工生产线项目,投资1.7亿元的刨花板生产线项目,投资1.1亿元的银河织袜生产线项目和投资4 875万元的纺织工业园区基础设施建设项目。

四川“雅森水泥”200万吨干法水泥项目一期点火

5月9日,四川省洪雅雅森水泥有限公司200万吨干法水泥一期生产线点火仪式举行。

雅森200万吨干法水泥项目,由四川禾森电力有限责任公司投资建设,总投资5.8亿元,是四川省灾后重建重点项目和重点技改项目。该项目分两期建设,由中材南京院进行设计,一期工程投资3.2亿元,2008年4月动工。

内蒙古巴彦淖尔市“恒旺热电”2条日产2 400吨生产线奠基

5月9日,恒旺热电综合利用青山水泥有限责任公司2条日产2 400吨熟料新型干法水泥生产线项目开工奠基仪式,在内蒙古巴彦淖尔市乌拉特后旗隆重举行。

恒旺热电综合利用青山水泥有限责任公司2条日产2 400吨熟料新型干法水泥生产线项目填补了乌拉特后旗水泥行业缺乏先进生产设备的空白,恒旺公司是在综合利用热电联产项目废渣和乌拉特后旗丰富的石灰石资源的基础上,实施资源转化战略,全面发展循环经济。

河北抚宁“信合水泥”二期开工建设

5月10日,抚宁县信合水泥厂投资1.64亿元的二期工程正式开工建设。两期工程投产后,年产水泥熟料155万吨,产高品质水泥200万吨,年可实现销售收入5亿元。

云南兴建水泥有限公司二期日产4 000吨水泥生产线项目开工

5月10日,云南兴建水泥有限公司二期日产4 000吨水泥生产线项目开工。工程概算总投资41 450万元,设计生产能力年产熟料124万吨,年产水泥150万吨。

“华新水泥”(西藏)二期日产2 000吨生产线开工建设

5月10日,单体投资最大的援藏性质经贸项目——华新水泥(西藏)有限公司二期在西藏山南地区开工建设。该项目投资3.5亿元,将扩建1条年产60万吨带余热发电系统的新型干法水泥生产线项目,带动矿产、电力、运输、建筑和服务等相关产业的发展。

青海“互助金圆”日产3 200吨新型干法生产线投产

5月13日,世界高海拔地区最大的新型干法熟料生产线——青海互助金圆水泥公司日产3 200吨新型干法熟料生产线点火仪式在青海互助土族自治县举行。二期工程日产4 000吨新型干法熟料生产线正在完善相关手续,随后也将奠基开工。

中国水泥协会会长雷前治，工业和信息化部建材处高秀英，青海省经委副主任董璞，海东地委委员、互助县委书记车军平，海东行署副专员阎宝亮，互助县县长师存武，金圆控股集团董事长赵璧生，青海互助金圆水泥公司董事长邱永平等出席仪式。

"永登祁连山"日产5 000吨生产线开工建设

5月15日，甘肃祁连山水泥集团股份有限公司永登日产5 000吨新型干法水泥生产线开工仪式，在永登祁连山水泥有限公司隆重举行。该项目是祁连山集团首条开工的日产5 000吨新型干法水泥生产线，也是甘肃省产能规模最大的水泥生产线之一。中国水泥协会会长雷前治代表中国建材联合会、中国水泥协会，向祁连山集团首条日产5 000吨新型干法水泥生产线的开工建设表示最衷心的祝贺。

黑龙江省宾州水泥有限公司二期工程奠基

5月16日，黑龙江省宾州水泥有限公司二期工程在宾西开发区奠基。黑龙江省宾州水泥有限公司是由浙江省海运集团投资建设的大型水泥生产企业，总投资22亿元，设计生产能力为年产水泥600万吨。一期工程于2005年8月建成投产。已开工建设的二期工程计划投资5.4亿元，生产规模为日产4 500吨熟料和年产水泥250万吨。项目预计2010年底建成。

河北"宙石水泥"日产4 500吨生产线投产

5月18日，河北宙石水泥有限公司日产4 500吨熟料生产线举行竣工剪彩仪式。中国水泥协会会长雷前治出席了庆典。该生产线总投资4.7亿，年产熟料140万吨，年可实现销售收入3.5亿元，实现利税1.4亿元。该项目将成为晋冀豫三省交界最大的熟料生产基地。

"福建塔牌"日产5 000吨熟料线点火投产

由"中材建设"承建的福建塔牌日产5 000吨项目安装工程实现回转窑一次性点火成功，火焰伴随着鞭炮声和掌声熊熊燃起。袋装水泥于2009年5月20日09时08分顺利投产。

"冀东水泥"合川日产4 600吨熟料生产线工程奠基

5月22日，冀东水泥股份有限公司合川项目一期工程日产4 600吨熟料带纯低温余热发电水泥生产线奠基仪式在美丽的山城——重庆市举行。合川项目总投资15亿元。规划建设2条日产4 600吨水泥熟料生产线。其中一期投资7.5亿元，建设1条日产4 600吨熟料带纯低温余热发电水泥生产线，年产熟料140万吨，年产水泥200万吨。项目同步配套建设10兆瓦纯低温余热发电机组，年发电6 200万千瓦时。

江西"抚州红狮"200万吨水泥项目开工建设

5月25日，江西抚州红狮水泥有限公司年产200万吨水泥项目正式开工建设。这是红狮集团为实现江西省内总体布局，继投资高安11亿元建设高安红狮后，取得的又一阶段性进展。该项目总投资2.5亿元，利用"高安红狮"优质的熟料，年产高标号水泥200万吨。项目投产后，可实现销售收入5亿元，上缴各项税收3 000多万元，为当地解决剩余劳动力100多人，同时可积极地带动当地汽车运输等相关产业的发展。

"天瑞南召水泥"日产5 000吨生产线开工建设

5月25日，天瑞集团南召水泥有限公司日产5 000吨新型干法水泥生产线项目开工奠基仪式如期举行。南阳市、南召县以及项目所在地白土岗镇各级政府领导、天瑞集团水泥有限公司领导、天津水泥设计院领导、建设单位领导出席开工奠基仪式。

天瑞集团南召水泥有限公司日产5 000吨新型干法水泥生产线项目总投资7.15亿元，计划建设日产5 000吨水泥熟料生产线、9兆瓦低温余热发电系统和100万吨水泥粉磨站系统，建成达产后，可年产水泥熟料180万吨，配套水泥粉磨能力100万吨，销售熟料110万吨。项目建设工期预计8个月，计划2010年一季度建成投产。

"巴州青松"日产2 500吨熟料新型干法水泥生产线项目破土动工

5月29日，青松集团"巴州青松绿原建材"日产2 500吨熟料新型干法水泥生产线配套4.5兆瓦纯低温余热发电项目破土动工。该项目位于库尔勒市塔什店，总投资35 000万元，其中建设资金33 000万元，流动资金2 000万元。合资公司注册资金16 000万元，青松集团公司占百分之65%的股份，农二师绿原国有资产经营有限公司占百分之35%的股份。

四川"世纪新峰"200万吨水泥粉磨项目投产

5月26日，总投资1亿多元、占地60亩的四川省南部县"世纪新峰"200万吨水泥粉磨项目竣工投产。

该项目2008年9月开工建设，其设计年生产能力为200万吨，是目前川北最大的水泥生产项目。该项目竣工投产后，年产值近10亿元，税收上千万，不仅可解决南部县200人就业，而且将有效解决川北地区水泥采购难、运输远、成本高等问题。

中达集团日产5 000吨干法水泥熟料生产线开工建设

6月6日，河北中达集团日产5 000吨干法水泥熟料生产线正式开工建设。该项目总投资5亿元，占地381亩，建设周期1年。项目投产后可年产150万吨水泥熟料，同时可年发电5 000万千瓦时。届时，项目年收入可达3.4亿元，实现利税6 000万元。

内蒙古"蒙西水泥"年产700万吨生产线开工建设

6月8日，内蒙古蒙西水泥股份有限公司清水河年产500万吨熟料生产基地暨200万吨水泥粉磨生产线一期工程开工奠基仪式在清水河县举行。据了解，该项目总投资35亿元，分三期建成，建成投产后，可形成年产500万吨熟料和700万吨水泥的生产能力。

广西"金鲤水泥"年产600万吨水泥项目开工建设

6月8日，广西金鲤水泥有限公司年产600万吨水泥项目在广西横县开工，项目总投资额25亿元人民币，占地约1 300亩。该公司是由澳门水泥厂有限公司（中国中信集团一级子公司）投资的外商独资公司。一期计划投资67 957万元人民币，建设规模为日产4 500吨熟料的水泥生产线，及配套余热发电站和专用码头工程，建设期约16个月，预计在2010年1月份建成投产。在第一条生产线开工建设后，第二条线的前期工作也将立即启动，力争尽快开工建设。

重庆万州科华200万吨水泥生产线点火

6月8日，重庆市万州科华水泥有限公司投资4.7亿元兴建的年产200万吨新型干法旋窑水泥生产线正式开始点火烘窑，这标志着万州科华在三峡库区的300万吨新型干法水泥（熟料）生产基地已经基本建成。该项目于2007年5月开工。

该基地属浙江对口支援三峡工程建设项目，总投资7亿元，自2003年开工建设以来，历经5年多，共分两期建成。

陕西"社会水泥"岐山2条日产4 800吨生产线开工

6月15日，陕西社会水泥有限责任公司2条日产4 800吨新型干法水泥熟料项目开工仪式在陕西省岐山县建材工业园隆重举行。该项目总投资12亿元，同时，配套9兆瓦纯低温余热发电项目。

太阳山日产2 000吨与贺兰山套门沟日产2 500吨新型干法水泥生产线同时开工建设

6月18日，甘肃省吴忠市太阳山日产2 000吨新型干法油井水泥生产线及配套4.5兆瓦纯低温余热发电项目和银川市贺兰山套门沟日产2 500吨新型干法水泥生产线及配套9兆瓦纯低温余热发电项目同时开工建设。

内蒙古商都县"民宇水泥"2条日产2 500吨水泥熟料生产线开工建设

6月18日，内蒙古商都县民宇水泥有限责任公司，总投资2.4亿元日产2条日产2 500吨的水泥熟料生产线项目开工，预计2010年春节前投入运营。

四川自贡"金龙水泥"日产4 600吨项目开工建设

6月18日，总投资5.3亿元的自贡金龙水泥公司日产4 600吨熟料新型干法水泥生产线项目开工建设。项目总投资5.3亿元，工艺上采用国际先进的新型干法旋窑水泥生产线技术，日产熟料4 600吨，年产水泥200万吨。

"东方希望"重庆水泥公司年产1 000万吨水泥项目奠基

6月20日，东方希望重庆水泥有限公司年产1 000万吨新型干法水泥生产线项目奠基。

据悉，东方希望重庆水泥有限公司由东方希望集团旗下的东方希望集团有限公司和上海重工实业有限公司投资组建。项目总投资30亿元，建设年产1 000万吨新型干法水泥生产线，其中一期投资14亿元，建设2条日产4 800吨新型干法水泥熟料生产线，年产水泥熟料298万吨，水泥400万吨，同步建设18兆瓦低温余热发电站一座。一期工程建成后，可实现年税收1.9亿元，解决558人就业。

山西"吉港水泥"二期2条日产2 500吨项目投产

6月22日，山西吉港水泥有限公司2条日产2 500吨新型干法水泥生产线二期工程投产庆典仪式，在山西省文水县开栅镇隆重举行。该工程投资5亿元，分两期建设，一期日产2 500吨熟料生产线已于2007年5月竣工投产。

"天瑞"10亿投辽阳日产5 000吨熟料线点火

6月22日，"辽阳天瑞水泥"第1条日产5 000吨新型干法水泥生产线正式点火。该生产线是辽阳工业重点项目之一，工程自2007年12月开工至今，总投资超过10亿元。

四川金顶峨眉山特种水泥日产5 000吨水泥生产线投产

6月28日，四川金顶（集团）峨眉山特种水泥有限公司日产5 000吨新型干法水泥生产线正式竣工投产。据了解，该生产线于2008年4月开工建设，总投资5.9亿元。

贵州凤冈西部水泥公司60万吨新型干法水泥生产线投产

6月28日，贵州凤冈县总投资2.5亿元、年产60万吨的熟料新型干法水泥生产线项目建成投产仪式在西部水泥有限责任公司举行。该项目于2007年3月动工。

"华新水泥"秭归公司日产4 000吨水泥熟料生产线点火投产

6月30日，华新水泥（秭归）有限公司日产4 000吨水泥熟料生产线点火投产。该工程于2007年12月26日动工，选址于湖北省秭归县郭家坝镇，总投资5.93亿元，采用新型干法预分解生产工艺，建设1条带7 500千瓦纯低温余热发电的日产4 000吨水泥熟料生产线，年产熟料124万吨，年产水泥及商品熟料粉145万吨，年发电量为4 896万千瓦时，年供电量为4 504万千瓦时。

重庆南川"嘉南水泥"百万吨干法水泥生产线投产

7月8日，重庆南川区首条百万吨级干法水泥生产线点火投产。该项目的业主是重庆嘉南水泥有限公司，项目总投资2.9亿元，工期18个月，投产后每年可实现销售收入3.1亿元。

该条生产线最大的特点是环保，每年可节约标煤5.1万吨，减排二氧化硫3 000多吨、粉尘1万多吨。综合利用南川区域内工业废渣30～45万吨。

呼和浩特"金山特种水泥"100万吨粉磨生产线投产

7月8日，呼和浩特金山特种水泥厂年产100万吨粉磨生产线投产，该项目于2008年10月27日开工，按照设计，每年可消化利用粉煤灰等工业废渣23万吨。

四川安县"中联"日产4 500吨熟料新型干法水泥

生产线开工建设

安县中联水泥有限公司日产4 500吨熟料新型干法水泥生产线项目7月9日上午在四川省安县桑枣镇开工，该项目总投资7亿元人民币。

"祁连山"漳县年产200万吨水泥项目奠基

7月15日，甘肃祁连山水泥集团股份有限公司投资4.7亿元建设的漳县年产200万吨水泥项目一期工程奠基仪式在漳县盐井乡隆重举行。

甘肃定西漳县是一个资源大县、资源富县，特别是矿产资源十分丰富，目前已探明的岩盐储量达3.5亿吨，红柱石远景储量达1亿吨，石灰岩储量达80亿立方以上，发展盐化工等产业前景广阔，潜力巨大。这次签约的漳县年产200万吨干法水泥生产线建设项目，总投资达8.8亿元。一期工程规划投资4.6亿元，2010年9月建设投产后可实现年利税8 000万元。

中联登电集团日产5 000吨水泥线点火

河南登封中联登电集团水泥有限公司日产5 000吨水泥生产线建设项目，经过两年的艰苦奋战，于7月15日点火试运行，7月22日投料试生产。

该项目是国家综合利用基地的示范工程，河南省"十一五"规划项目，郑州市、登封市重点建设工程，是登电集团热电公司的环保配套项目，年可利用工业废渣100万吨，生产规模为年产水泥220万吨。

贵州"恒达隆庆"日产3 200吨新型干法水泥项目签约

7月16日，贵州恒达隆庆水泥有限公司与浙江中材重型机械制造有限公司正式签约新建日产3 200吨水泥熟料生产线合作协议。项目总投资为4.44亿元，预计2010年9月可全线建成投产。

陕西凤县声威集团百万吨水泥项目开工建设

7月16日，陕西宝鸡市凤县声威集团百万吨水泥建设项目在凤州现代科技产业园开工。据了解，该项目投资3亿元，将于2010年3月建成投产。

"平邑中联"日产4 500吨水泥熟料生产线项目奠基

2009年7月16日，"中联水泥"所属的平邑中联水泥有限公司日产4 500吨水泥熟料生产线项目奠基仪式在山东平邑县举行。项目总投资为6亿余元，建设工期12个月。建成投产后，可年产优质熟料150万吨、水泥200万吨。

内蒙古"恒卓水泥"2条日产2 500吨熟料生产线一期工程成功点火

7月18日，内蒙古鄂尔多斯市棋盘井镇鑫宇集团恒卓水泥公司建设工期近一年的2条日产2 500吨新型干法熟料水泥生产线一期工程点火。该项目累计投资共计3.9亿元，于2008年7月开工建设。

"冀东水泥"湘潭2条日产4 500吨水泥项目签约

7月18日，湘潭县人民政府与唐山冀东水泥股份有限公司正式签订建设2条日产4 500吨新型干法水泥熟料生产线项目合作协议。项目总投资15亿元。

安徽池州"长江水泥"80万吨粉磨站项目投产

7月18日，安徽省池州市长江水泥制造有限公司80万吨粉磨站项目在贵池区正式投产。该项目总投资3 800万元，一期投资2 800万元，新建1条自动化程度高的直径3.2米×12米高细磨水泥粉磨生产线。

该项目自2009年2月正式开工建设后，4月份机械设备进厂，6月份点火试机一次成功，在短短4个月内实现了试生产。项目达产后可年产水泥80万吨，其中包括42.5级普通硅酸盐水泥30万吨和32.5级复合硅酸盐水泥50万吨，填补了贵池区高标号水泥生产的空白，预计实现营业收入2亿元，利税超1 200万元，成为贵池区最大的水泥生产企业，并将有力带动当地经济发展。

四川资阳"唯鼎水泥"年产150万吨项目点火

7月21日，四川唯鼎水泥有限公司年产150万吨干法水泥生产线项目建成，在资阳市雁江区丰裕镇隆重举行竣工投产点火仪式。该项目于2008年7月启动，投资2.86亿元。

四川达州"沽竹水泥"日产2 500吨水泥熟料生产线投产

四川沽竹水泥日产2 500吨新型干法水泥熟料生产线7月21日正式竣工投产。该项目于2007年7月开工，投资近1.98亿元。

内蒙古"同达建材"日产4 500吨水泥熟料项目奠基

7月22日，总投资4.2亿元的内蒙古同达建材有限责任公司日产4 500吨水泥熟料项目在巴彦淖尔市前旗奠基。

该项目建设期为14个月，预计2010年9月投产。项目建成后，该公司年生产水泥熟料150万吨，销售收入将达3.5亿元，可实现利税1.2亿元，新增就业岗位1 000多个。该项目的实施，填补了巴彦淖尔市前旗西部地区无大型新型干法水泥生产线的空白。

"华新水泥"(秭归)日产4 000吨水泥项目正式投产

7月23日，在湖北秭归县郭家坝镇，"华新水泥"(秭归)日产4 000吨新型干法水泥生产线正式投产。该项目于2007年12月26日动工，总投资近8亿元。项目除了建成年产180万吨水泥生产线外，还将配套建设纯低温余热发电系统和三峡漂浮物处理生产线。

湖北武当170万吨水泥项目在郧西县点火投产

7月26日，由成都蓉联股份有限公司投资兴建的湖北武当年产170万吨干法水泥项目在湖北郧西县正式投入生产。

湖北武当水泥有限公司百万吨新型干法水泥项目于2008年3月9日正式开工，位于郧西县城关大岭山，占地

255 亩，采用世界上最先进的新型干法旋窑工艺。该项目计划投资 2.6 亿元，年可产水泥 170 万吨、实现产值 3.5 亿元。

世界单线生产能力最大熟料水泥生产线在荥阳点火投产

7 月 27 日，世界上单线生产能力最大、技术最先进、建设周期最短的熟料水泥生产线，在位于河南省荥阳市的天瑞集团郑州水泥有限公司点火投产。

这条日产 1.2 万吨熟料新型干法水泥生产线创造了 3 项"世界纪录"：1. 产能最大。2. 技术最先进。3. 建设周期最短。

"淮南舜岳"日产 4 500 吨新型干法水泥熟料生产线开工建设

7 月 28 日，安徽淮南舜岳水泥公司日产 4 500 吨新型干法水泥熟料生产线暨 2 条年产 120 万吨水泥粉磨项目技改（一期）工程开工仪式在公司厂区内隆重举行。

声威集团铜川第二条日产 5 000 吨水泥熟料生产线点火试生产

2009 年 7 月 28 日，声威集团铜川声威第二条日产 5 000 吨水泥熟料生产线建成，并开始点火试生产。该项目 2007 年 9 月开工，目前已累计投资 4 亿多元。

"天山股份"米东电石渣制水泥项目二期开工建设

8 月 1 日，新疆天山水泥股份有限公司在乌鲁木齐市米东区工业园举行了"米东循环经济 2 条日产 2 000 吨电石渣制水泥综合利用工程"开工剪彩仪式。该项目总投资 5.5 亿元，采用预分解新型干法生产工艺，100% 利用电石渣替代石灰石。

四川铁路集团 200 万吨水泥项目开工建设

8 月 2 日上午，四川省铁路集团水泥厂年产 200 万吨新型干法水泥生产线，在广安华蓥市溪口镇开工奠基。该项目总投资 6.7 亿元，预计 2010 年 10 月底前投产。

"千阳海螺"2 条日产 4 500 吨水泥项目开工建设

亚洲第一、世界第三水泥生产企业——安徽海螺集团投资 20 亿元在陕西省兴建的第一个投资项目 8 月 6 日在千阳开工。

地处关中西陲丘陵地区的千阳县，境内探明优质石灰石储量 150 亿吨以上，质地优良，易于开采，可保证 100 万吨水泥企业生产百年以上。"千阳海螺"新型干法水泥生产项目是安徽海螺集团在陕西省兴建的第一个投资项目，总投资达 20 亿元，建设 2 条日产 4 500 吨水泥熟料生产线和 18 兆瓦纯低温余热发电项目，年产水泥 440 万吨，发电量约 1.6 亿千瓦时，首条生产线将于 2010 年 5 月建成投产，每年可实现销售收入 12 至 15 亿元。

"建德海螺"二期日产 4 000 吨生产线项目开工建设

8 月 8 日，"建德海螺"二期日产 4 000 吨新型干法水泥熟料生产线和配套余热发电项目开工。该项目总投资约 6 亿元，包括日产 4 000 吨水泥熟料生产线、年产 200 万吨水泥粉磨站和 9 000 千瓦余热发电项目。

黑龙江"北疆水泥"日产 2 500 吨生产线投产

8 月 8 日，北疆集团龙水公司日产 2 500 吨熟料水泥生产线及纯低温余热发电节能改造项目正式竣工投产。北疆集团先后投资 2.4 亿元，对龙水 1 号、2 号窑进行了技术改造，仅用 14 个月便全线投入试生产，正式投产后，龙水公司年水泥产量将达到 120 万吨。

河北唐山"圣龙水泥"日产 4 000 吨生产线项目奠基

8 月 8 日，由中冶京唐公司承建的唐山圣龙水泥有限公司在遵义市党峪镇金山工业园区开工奠基，项目预计总投资额达到 7.5 亿元，项目建成以后可年产 155 万吨水泥熟料、250 万吨水泥。

宁夏瀛海集团日产 4 500 吨水泥生产线落户永宁县

8 月 10 日，瀛海集团日产 4 500 吨水泥生产线在宁夏永宁县闽宁镇开工奠基。该项目总投资 4.9 亿元，计划 2010 年 10 月建成投产。建成后每年将为宁夏及周边地区供应优质高标号水泥 150 万吨。

"北流海螺"二期日产 5 000 吨水泥熟料生产线投产

8 月 10 日上午，北流海螺水泥项目第二条日产 5 000 吨水泥熟料生产线正式点火投产。项目于 2009 年 6 月开工建设，总投资 15 亿元。第二条生产线的投产，使"北流海螺"的生产能力可实现年产 360 万吨熟料及 160 万吨水泥。

海螺集团陕西礼泉千万吨水泥生产线开工建设

8 月 12 日，总投资额达 43 亿元人民币的安徽海螺水泥集团礼泉项目基地在该县烟霞镇正式开工建设。该项目建成后年产水泥 1 000 万吨，分两期建设。一期项目建设日产 5 000 吨新型干法优质水泥熟料生产线 2 条，项目建设期 1 年。二期建设日产 12 000 吨新型干法优质水泥熟料生产线 1 条，计划 2010 年春开工，2011 年春建成投产。

辽宁铁岭"铁新水泥"三期日产 5 000 吨扩建项目投产

8 月 12 日，辽宁铁岭铁新水泥有限公司三期扩建工程暨日产 5 000 吨熟料生产线正式点火投产。这是铁岭铁新水泥有限公司建成投产的第三条新型干法水泥熟料生产线。中国水泥协会秘书长孔祥忠、辽宁省政府工信委建材处处长王世明以及辽宁省有关方面的领导、铁岭市委及市政府的领导出席了庆典仪式，并为项目投产剪影。

这条水泥熟料生产线是辽宁省政府 2008 年确定的 100 个重大工业项目之一，采用的是新型干法预分解生产工艺并带 9 兆瓦纯低温余热发电工程。年产商品熟料 148.50 万吨；年发电量为 $6\,048 \times 10^4$ 千瓦时，年供电量为 $5\,564 \times 10^4$ 千瓦时。

**湖北咸宁"昌华实业"日产 2 500 吨水泥熟料生产

线投产

8月15日，湖北咸宁崇阳昌华实业有限公司日产2 500吨熟料干法水泥旋窑生产线竣工投产。据悉，该项目自2008年6月开工，共计投资1.9亿元。投产后，可年产高标号水泥120多万吨，产值3.5亿元。

湖北“白兆山”160万吨水泥项目投产

8月15日，湖北白兆山水泥有限公司年产160万吨新型干法水泥熟料生产线正式建成投产。该项目由安陆市引进广州电力设备有限公司，投资2.5亿元于2008年3月建设。项目占地200亩，建成后，每年产值可达3亿元，将成为湖北孝感市规模最大、生产水平最先进的水泥生产基地。

湖南邵阳“南方水泥”日产4 500吨生产线开工建设

8月18日，邵阳南方水泥有限责任公司日产4 500吨生产线开工建设。该项目选址于湖南省邵阳县谷洲镇决荣、黄坳村交界处，首期工程总投资预计达6.6亿元。

四川内江“成实天鹰”日产2 500吨生产线点火投产

8月26日，四川成实天鹰水泥有限公司新建的新型干法水泥生产线正式投产。项目于2008年9月初正式开工建设，总投资3.6亿元，日产2 500吨。项目二期工程将利用回转窑废气余热建设4 500千瓦的纯低温余热发电站，年发电量2 800万千瓦时。

湖北“京兰水泥”日产4 800吨水泥生产线奠基

总投资7亿元的湖北京兰水泥集团日产4 800吨水泥熟料生产线，8月27日在湖北省京山县永兴镇盘堰村奠基。项目建成投产后，公司水泥年总产量将达1 100万吨。

蒙西水泥集团二期日产4 500吨水泥熟料生产线开工奠基

8月28日，内蒙古蒙西水泥集团500万吨熟料基地二期日产4 500吨水泥熟料生产线在蒙西高新技术工业园区奠基。二期项目投资5亿元，计划于2010年8月建成投产。

铜陵上峰水泥股份有限公司三线竣工成功点火

8月29日，安徽省铜陵市上峰水泥三线日产5 000吨新型干法熟料生产线成功点火。铜陵上峰水泥公司第三条生产线项目总投资3.5亿元，于2008年6月正式建设。

“葛洲坝”嘉鱼、宜城2条日产5 000吨水泥生产线正式投产

9月1日，葛洲坝控股子公司葛洲坝嘉鱼水泥有限公司和葛洲坝宜城水泥有限公司分别投资兴建的日产5 000吨熟料新型干法水泥生产线同时正式投产。嘉鱼水泥项目位于湖北省咸宁市嘉鱼县高铁岭镇。该项目概算总投资7.3亿元。宜城水泥有限公司投资兴建的水泥熟料新型干法水泥生产线项目概算总投资6亿元。到目前为止，中国葛洲坝集团水泥板块产能已接近2 000万吨，产值达50亿元。

“枞阳海螺”四期首条日产5 000吨水泥熟料生产线点火投产

9月5日，枞阳海螺四期工程第1条日产5 000吨水泥熟料生产线正式点火投产。“枞阳海螺”四期工程规划建设2条日产5 000吨熟料生产线及配套18兆瓦余热发电机组，并同步配套建设5 000吨级和3 000吨级码头，总投资达20亿元。四期工程在年底前建成投产。

新疆“业泰能源”年产240万吨水泥项目在托克逊开工建设

9月7日，新疆业泰能源股份有限公司投资的水泥厂在吐鲁番市托克逊县工业园区开工。水泥厂计划用3年时间建成，建成后每年可生产240万吨高标号的特种水泥，主要适用于铁路、机场、水利大坝、高速公路、油井、冶金等行业的建设需求。

广西隆安“四合工贸”日产4 000吨水泥技改项目开工建设

9月8日上午，在广西隆安县南圩镇的广西四合工贸有限责任公司内，总投资额达4.1亿元的日产4 000吨新型干法旋窑水泥熟料技改项目开工。该项目还配套9兆瓦纯低温余热发电机组。预计到2010年8月项目竣工投产。

河北涞水“冀东水泥”日产4 000吨生产项目奠基

9月9日，冀东水泥在河北保定涞水县投资7.8亿元新建的日产4 000吨水泥生产线项目正式开工奠基。生产线同时配套建设9兆瓦纯低温余热发电机组，年发电6 000万千瓦时将全部用于水泥生产。建成投产后，年生产熟料160万吨，水泥200万吨。

“枣庄中联”日产5 000吨水泥熟料生产线投产

9月10日，随着中国建材集团属下的山东枣庄中联水泥公司日产5 000吨水泥熟料生产线点火投产仪式的启动，全国最大的水泥生态园建设工程进入实质性实施阶段。枣庄中联计划利用三年的时间，于2010年建成国内最大规模、占地达1.5万亩的生态型水泥生产企业，项目建成后，“枣庄中联”将成为山东省最大的生态水泥生产企业。

四川“广能蓥峰”年产200万吨水泥生产线成功点火

9月12日，广能蓥峰水泥公司年产200万吨水泥生产线技改项目开始点火试运行，定于本月底前全面投产。该项目总投资15亿元分两期建设，一期投资7.5亿元、年产200万吨水泥生产线于2008年9月6日开工建设。

凯里“瑞安水泥”年产100万吨生产线试产

9月13日，贵州凯里市瑞安水泥有限公司年产100万吨新型旋窑干法水泥生产线正式投料试产。

瑞安水泥有限公司年产100万吨新型旋窑干法水泥生产线项目是凯里市实施“退二进三”战略，对城区工业企业进行异地搬迁技改的重点工业项目之一。该项目由香港瑞安集团投资4亿元新建，自2008年4月开工建设，历时15个月后全面建成投产，每年可实现产值4亿元，创利税5 000万元。

湖北郧县“金龙水泥”180万吨水泥生产线点火投产

9月16日，湖北金龙水泥有限公司投资3.5亿元建设的第二条180万吨水泥生产线点火投产。湖北金龙公司于2004年落户郧县，2005年建成十堰市第1条年产100万吨的干法水泥生产线。2006年12月28日动工兴建第二条生产线，至此，该公司年产280万吨的新型干法水泥项目全线投产。

湖南“石门海螺”二期日产4 500吨水泥项目开工建设

9月17日，总投资4.3亿元的“石门海螺”二期项目正式开工建设。“海螺二期”项目包括日产4 500吨新型干法水泥生产线及纯低温余热发电项目。“石门海螺”水泥项目总投资12亿元，于2006年9月签定投资协议，一期工程在2007年6月开工建设，2008年9月17日点火投产。二期工程于2010年6月正式投产。

毕节“江天水泥”日产3 200吨生产线项目奠基

9月17日上午，贵州毕节江天水泥有限公司日产3 200吨水泥熟料生产线项目奠基仪式在毕节市梨树镇红菠萝村隆重举行。

该项目是由遵义江天水泥有限公司投资4.7亿元人民币新建，系毕节市重点招商引资及循环经济项目，被贵州省发展和改革委员会列入2009年第三批拉动内需项目。项目建成后，年实现销售收入4亿多元，实现税收4 000多万元。该生产线项目目前是全区较大的水泥生产项目之一，项目实施将对毕节试验区建材产业的发展起到积极的推动作用。

“江苏磊达”日产5 000吨水泥熟料新型干法线开工建设

9月18日，江苏磊达股份有限公司旋窑水泥3号线项目项目开工仪式在东台市梁垛镇举行。项目总投资4.8亿元，日产5 000吨水泥熟料。

“华润水泥”(富川)2条日产4 500吨项目开工

9月19日上午，华润水泥(富川)有限公司项目开工仪式在贺州市富川瑶族自治县莲山镇隆重举行。“华润水泥”(富川)项目位于富川白沙镇，规划建设2条日产4 500吨水泥熟料新型干法水泥生产线，项目分两期完成。生产线采用国际上最先进的窑外分解生产工艺，建成后将是一座年产400万吨高标号水泥的现代化环保型工厂，是桂东地区最大的水泥生产企业。“华润水泥”(富川)项目不仅可以开发贺州市丰富的石灰石资源，把资源优势转化为经济优势、产业优势，而且通过与电力项目优势互补，充分利用电厂发电副产品，形成电力水泥循环经济效应，将产生良好的经济效益和社会效益。

达州“利森水泥”日产4 000吨水泥生产线投产

9月20日，公司位于四川省达州市大竹县的日产4 000吨项目正式点火。总投资6亿元。项目投产后年产销水泥150万吨，实现年销售收入5亿元，年利税7 000万元，为当地提供就业岗位200余个，并带动采矿、运输、维修及第三产业使1 000余人受益。

广东茂名“大地水泥”120万吨水泥生产线竣工投产

9月21日，广东茂名市大地水泥有限公司120万吨水泥生产线竣工投产庆典在茂南区公馆镇举行。

茂名市大地水泥有限公司位于茂名市茂南区公馆镇，是一家环保型园林式现代企业。据悉，大地水泥公司是茂名地区第一家由省核准建设的超百万吨级大型水泥生产企业，年生产能力120万吨，总投资1.3亿元。公司生产线采用目前国际领先地位的挤压联合粉磨工艺和磨内筛分技术，是全国首家采用“大辊压机粉磨”新工艺的水泥厂家，实现了国产辊压装备和辊磨配置的重大突破。

湘西“天源建材”日产2 500吨水泥熟料项目投产

9月21日，经过一年多时间的紧张施工，湘西天源建材有限公司投资2.6亿元，年产120万吨的新型干法水泥生产线正式点火试投产。该项目位于吉凤经济开发区，占地面积200亩，项目同期规划建设配套余热发电工程和开发储量5 000吨以上的石灰石矿区，使水泥生产达到了自动化、绿色、环保的要求。整个项目达产后，天源建材有限公司日产水泥2 500吨，可实现年销售收入3.5亿元，实现年利税5 000万元，税收3 500万元，带动近500人实现就业。

内蒙古锡盟“哈达图”日产2 500吨水泥熟料线投产

9月21日，哈达图有限责任公司日生产2 500吨熟料新型干法水泥生产线正式点火。该项目位于内蒙古锡林郭勒盟，于2007年9月开工建设，规模年产熟料77.5万吨，产成品水泥60万吨。采用五级旋风预热器分解炉系统回转窑新型干法生产技术，主要生产矿渣硅酸盐水泥和普通硅酸盐水泥。同时该项目拟采用低温余热发电技术，建设1套4.5兆瓦纯低温余热发电系统，年发电量为$3\ 200\times10^4$千瓦时，年供电量为$3\ 000\times10^4$千瓦时。投产后年可实现产值1.8亿元，利税3 140万元。

“华新迪庆”日产2 000吨熟料水泥生产线开工建设

9月23日上午，华新水泥(迪庆)有限公司日产2 000吨熟料水泥生产线项目举行隆重的开工仪式。该项目投资2.5亿元，在云南香格里拉县上江乡建设日产2 000吨的新型干法水泥熟料生产线，预计2010年8月实现竣工投产。

“冀东水泥”滦县公司二期工程奠基

9月26日，冀东水泥滦县有限公司二期工程日产4 000吨熟料水泥生产线奠基。项目同步配套建设9兆瓦纯低温余热发电机组，年发电6 000余万千瓦时。

江西圣塔集团二期日产4 000吨熟料生产线暨9兆瓦余热发电站生产线竣工投产

9月28日，江西圣塔集团二期日产4 000吨熟料生产线暨9兆瓦余热发电站生产线竣工投产。项目总投资3.8亿元，位于信丰工业园。该项目的建成投产标志着圣塔集团的发展进入了一个新的时期，该企业现已发展成为江西省最大的民营水泥生产企业，年产水泥300万吨。项目建成投产后，每年将新增产值43 825万元、利润2 500万元、税收2 100万元。项目配套建设9兆瓦余热发电站，工艺、环保性能设计优化，年发电量6 300万千瓦时，是低热耗、低排放新型干法水泥生产线。

湖南靖州金大地日产3 000吨新型干法水泥生产线开工建设

10月9日，湖南靖州金大地材料股份有限公司日产3 000吨新型干法水泥生产线开工建设，同时配套4 000千瓦纯低温余热发电项目。项目位于湖南怀化市靖州县，占地面积254亩，总投资4.28亿元，预计2010年12月竣工投产。

陕西宝鸡"众喜金陵河"日产5 000吨水泥生产线投产

10月20日，由宝鸡市众喜金陵河水泥有限公司总投资12亿元、首期投资6亿元、日产5 000吨水泥熟料的新型干法水泥生产线项目竣工。该项目于2008年11月份开工建设，位于宝鸡市陈仓区安台村张家沟。

福建"红火水泥"日产5 000吨新型干法熟料生产线点火投产

10月28日，位于福建省清流县的福建红火水泥有限公司日产5 000吨熟料新型干法水泥生产线点火投产。该项目被列入福建省重点项目，总投资6亿多元，全部建成投产后，可年产水泥250多万吨，实现销售收入6亿多元，年创税收5 000多万元，安排就业300多人。

中材集团在湘苏两地总计年产400万吨水泥线投产

10月28日，中材集团旗下湘潭中材牛力水泥有限公司首条日产5 000吨熟料生产线和江苏天山水泥集团汉天水泥有限公司日产5 000熟料生产线分别在湖南湘潭和江苏溧水建成投产。湘潭中材牛力水泥项目总投资12亿元，已投入资金7.1亿元，项目同步配套纯低温余热发电技术；汉天水泥日产5 000吨熟料生产线总投资4.5亿元，于2008年2月开工建设。该项目建成了目前国际上技术先进的日产5 000吨新型干法水泥生产线，并且配套了低温余热发电技术，成为湘潭县首个节能环保、低耗高效的新型工业化项目。

云南蒙自新型干法水泥生产线点火试产

10月28日，云南蒙自瀛洲水泥有限公司日产2 500吨新型干法水泥生产线在蒙自县南郊成功点火试生产。

该项目总投资达4亿元，设计年产水泥能力达120万吨。该生产线采用当前国际先进的水泥生产工艺技术，以节能、低耗、环保为标准配置生产装备，原料端为全封闭的石灰石均化库和联合储库，生产过程全部通过计算机DCS集散控制系统进行自动控制。该项目的点火投产，不仅结束了蒙自没有新型干法水泥的历史，也标志着蒙自生态工业经济的发展由此迈入一个崭新的时期。项目达产后，年新增销售收入可达4亿元，利润8 000万元。

广西鱼峰混凝土项目竣工投产

10月28日，广西鱼峰混凝土项目竣工投产。广西鱼峰集团充分发挥企业50多年发展历程中积累下来的资源及品牌优势，7月份决策投资兴建了广西鱼峰混凝土项目。项目从决策到竣工投产，仅仅用3个月时间，其建设速度创造了国内同行新纪录，这也表明了鱼峰进军混凝土产业的信心和决心。鱼峰混凝土公司目前有2条混凝土生产线，每小时可生产300多方混凝土，拥有60万方的年生产能力，足以满足任何工地的需求。

项目分两期工程建设，第一期投资3 000万元建设1条生产能力为30万立方米商品混凝土站一座，第二期投资2 500万元建设同等规模生产线一条，两线建成后产能规模达60万立方米，年销售收入1.5亿元以上。

"成美建材"实现升级换代新型干法水泥生产线投产

10月30日，湖北省黄石成美建材有限公司新型干法水泥生产线（旋窑）项目工程竣工投产。此项目于2008年1月经湖北省发改委核准批复，2008年9月开工建设。建成投产后，将年新增250万吨熟料（一期125万吨），新增高标号水泥350万吨（一期175万吨）。

"平凉海螺"一期日产4 500吨水泥熟料生产线点火试生产

10月31日，海螺集团西北地区首条生产线——平凉海螺一期日产4 500吨水泥熟料生产线点火仪式在在甘肃平凉海螺公司一期现场隆重举行。平凉海螺于2008年9月13日在甘肃省平凉市崆峒区开工建设，是海螺集团在西北地区的首条生产线。项目总投资15亿元，同步规划2条日产4 500吨新型干法水泥熟料生产线，并配套建设20兆瓦纯低温余热发电组及配套水泥磨粉系统。其中首期投资9亿元，建设1条日产4 500吨新型干法水泥熟料生产线，并配备年产200万吨的水泥磨粉系统和10兆瓦纯低温余热发电组。

福建金牛公司日产5 000吨水泥生产线投产

11月2日，福建金牛水泥有限公司第三条日产5 000吨新型干法水泥生产线正式投产。该项目总投资6亿元，配套建设10兆瓦纯低温余热发电系统。

达州"利森水泥"日产4 000吨生产线正式投产

11月4日，达州利森水泥有限公司日产4 000吨新型干法水泥熟料生产线正式竣工投产，项目总投资6.5亿元。

"华新水泥"（渠县）有限公司日产4 000吨生产线成功点火投产

11月13日，华新水泥（渠县）有限公司日产4 000吨熟料生产线顺利点火投产。该项目是华新水泥在四川省建设的第一条生产线，于2008年7月正式开工建设，项目一期投资为6.5亿元。项目主机设备为华新自主研发，整个生产工艺已达到世界先进水平。

广东"清新海螺"日产5 000吨水泥生产线点火

11月18日，由安徽海螺集团总投资28亿元的广东清新水泥有限公司举行首条日产5 000吨的水泥熟料生产线点火仪式。

广东清新水泥有限公司是安徽海螺集团公司在广东省继"英德海螺"、"江门海螺"、"湛江海螺"之后投资的一家大型水泥熟料生产基地，区位和交通条件优良，于2008年3月26日与清新县人民政府签订投资协议，当年7月18日开工建设，规划建设4条日产5 000吨新型干法水泥熟料生产线、年产400万吨粉磨系统和2套18兆瓦纯低温余热发电项目，计划总投资28亿元，首条生产线计划8月投产。

"龙元建设""安徽水泥"日产5 000吨新型干法熟料水泥生产线点火

龙元建设控股子公司安徽水泥日产5 000吨新型干法熟料生产线项目按既定计划顺利建设完成，日产5 000吨旋窑熟料生产线已于11月19日正式点火投产。该项目使用龙元建设募集资金及安徽水泥自筹资金合计约3亿元。

重庆"金九水泥"二期300万吨项目点火投产

2009年11月22日，重庆金九水泥有限公司年产300万吨新型干法水泥生产线二期工程点火庆典仪式隆重举行。

河北"基弘水泥"日产2 500吨熟料生产线24日点火

位于河北蔚县南杨庄乡九辛庄村北的河北基弘水泥有限公司日产2 500吨熟料生产线于11月24日正式点火。该项目投资3.1亿元。

"葛洲坝"子公司水泥粉磨站项目投产

11月24日，葛洲坝控股公司控股52%子公司葛洲坝汉川汉电水泥有限公司、控股98.3%子公司葛洲坝潜江水泥有限公司分别投资扩建的年产100万吨水泥粉磨站项目(项目概算总额分别为12 000万元、9 000万元)点火投产。

亚洲产能最大白水泥生产基地投产

亚洲单线规模最大的新型干法白水泥生产线项目——阿尔博波特兰(安庆)有限公司年产40万吨熟料/白水泥生产线，于11月28日在安庆投产，该项目的建成投产标志着中国白水泥制造技术达到世界先进水平。

该项目为安徽省861项目和安庆市3231重点工程，工程总投资6亿元人民币。工程以建设资源节约型、环境友好型企业为目标，创新运用新工艺、新材料、新技术，为国内乃至亚洲首创。工程于2008年5月29日开工，建设工期1年半，2009年11月28日正式投产。

宁夏"赛马"2条日产2 500吨水泥熟料生产线投产

由苏州中材建设有限公司总承包的宁夏赛马实业股份有限公司2条日产2 500吨水泥熟料生产线技改项目二期工程于2009年12月06日上午10点顺利点火投产，苏州中材副总经理刘文乐应邀出席了点火仪式。该项目于2009年4月开工建设，工期十分紧张。在整个项目建设进程中，"苏州中材""赛马"二期项目部精心组织，统筹安排，克服了施工周期紧、施工场地狭窄、施工气候恶劣等各种困难，充分展示了"苏州中材"人"特别能吃苦、特别能战斗、特别能奉献"的优良作风，以"高质量、高标准、高速度、零事故"完成了整条生产线建设任务，工程质量和施工进度也得到业主的好评。

湖南益阳"东方水泥"日产5 000吨线投产

12月10日，湖南益阳东方水泥有限公司投资7亿余元建设的日产5 000吨新型干法水泥熟料生产线及纯低温余热发电项目点火投产。这是该公司兴建的第三条新型干法水泥生产线。该生产线的成功投产，使公司水泥年总产量达400余万吨，标志着作为湖南本土龙头水泥企业的益阳东方在水泥工业新型产业化道路上迈出了更加坚实的步伐。

陇南"润基水泥"日产2 500吨生产线投产

12月14日，甘肃陇南市润基水泥有限责任公司日产2 500吨新型干法水泥生产线投产。

该项目由四川金旗水泥有限责任公司和安徽润基水泥有限责任公司合作兴建，总投资3.2亿，日产熟料2 500吨，并配套建设4.5兆瓦的纯低温余热发电站，实现了资源综合利用和节能减排的最大化。

该项目是陇南市武都区近年来最大的招商引资项目，也是陇南市灾后重建重大项目之一。投产后，将为兰渝铁路、兰海高速等国家重大建设项目和陇南灾后重建提供有力的水泥保障，同时，还将缓解周边市县水泥供应紧张局面。

湖南韶峰"南方水泥"日产5 000吨技改项目投产

12月18日，湖南韶峰南方水泥有限公司日产5 000吨水泥熟料技改工程项目竣工投产。这是中国建材南方水泥有限公司在湖南兴建的第1条日产5 000吨新型干法水泥生产线，也是对韶峰水泥这一湖南老水泥工业基地进行彻底改造的一项标志性工程。该项目的竣工投产，不仅使湖南韶峰南方水泥公司水泥熟料日产能力达到1万吨，成为湖南南方水泥有限公司最大水泥熟料生产基地，而且可年减排二氧化碳近6万吨，对推动湖南省水泥产业新型工业化进程将产生深远影响。

该项目总投资5.3亿元，兴建1条日产5 000吨新型干法水泥生产线，并且配套兴建纯低温余热发电项目，还拆除了原湖南韶峰水泥集团5条湿法旋转窑生产线，淘汰落后产能200多万吨，是湖南省水泥产业实现新型工业化的一个样板工程。

"大同冀东"新型干法水泥生产线一期投产

12月18日，大同冀东水泥有限责任公司一期日产5 000吨新型干法水泥生产线竣工点火。

大同冀东公司投资15亿元建设2条日产5 000吨新型干法水泥熟料生产线，一期技改项目总投资7.7亿元，在淘汰2条湿法水泥生产线的基础上，新建成1条日产5 000吨水泥熟料生产线，年产熟料160万吨、水泥200万吨，实现年产值约6亿元，年均利润1.17亿元。该项目充分利用当地石灰石剥离物、粉煤灰、钢渣等工业废料，实现综合利用；将同步配套建设9兆瓦纯低温余热发电机组，生产自供电率达到30%以上，年可减少二氧化碳排放量5.66万吨，节约标煤2.38万吨。该工程实际建设期只有207天，实现了项目建设安全优质、快速高效的目标。

“重庆海螺”首条4 500吨熟料生产线大窑顺利合龙

12月23日，重庆海螺公司一期首条熟料生产线大窑胴体顺利合拢，标志着该条生产线进入点火前冲刺阶段。公司副总经理王深成、总经理助理李顺森和张爱民、邯郸中材公司、马鞍山迈世纪监理公司及部分施工单位的负责人参加了合龙仪式。

“铜陵海螺”建日产1.2万吨生产线

12月24日下午，总投资约15亿元的特大型新型干法水泥熟料生产线——铜陵海螺水泥公司日产12 000吨新型干法水泥熟料生产线扩建项目补充协议签约仪式在市天井湖宾馆举行，标志着铜陵海螺水泥公司即将成为拥有全球最大的单条水泥熟料生产线企业，也标志着铜陵市与海螺集团携手合作、共谋发展进入一个新的发展阶段。

湖北“老河口水泥”日产4 800吨生产线投产

12月26日，“老河口”4 800吨水泥熟料新型干法水泥生产线正式点火投产。此举标志着葛洲坝集团股份公司投资的6条先进水泥生产线全部完成建设任务，葛洲坝集团水泥产能跻身全国十强行列。

“葛洲坝老河口”日产4 800吨水泥熟料生产线的建成，充分展示了企业与地方优势互补、合力发展的勃勃生机，将为地方经济和葛洲坝集团实现又好又快发展注入强劲动力。

青海日产2 000吨特种水泥熟料生产线竣工投产

12月27日，青海省新型建材工贸有限责任公司日产2 000吨特种水泥熟料生产线竣工投产。

青海新型建材工贸公司投资2.876亿元，建设日产2 000吨特种水泥熟料生产线，并配套建设4.5兆瓦纯低温余热发电工程，形成年产百万吨水泥生产规模，品种有抗盐卤、抗硫、道路等特种和高标号水泥。

甘肃“天水中材”水泥项目投产

12月28日，位于秦州区关子镇的“中材”水泥项目——“天水中材”年产200万吨新型干法水泥生产线项目点火投产仪式在这里隆重举行。

2008年6月，为满足“5.12”地震灾后重建的需要，积极响应甘肃省实施“工业强省”战略以及推进与中央直属企业合作的号召，中国中材集团分别与天水市人民政府、秦州区人民政府、天水永固水泥有限公司签署合作协议，在天水投资建设2条日产2 500吨新型干法水泥熟料生产线项目。该项目总投资6.2亿元，于2008年12月28日奠基，2009年5月22日破土动工，经过200多天的紧张施工，具备了点火投产条件，创造了同类型新型干法水泥生产线建设国内最好水平。项目达产达标后，可实现销售收入9.0亿元，利税2.0亿元，年消化利用粉煤灰、铅锌矿渣等工业废渣50多万吨。该项目为甘肃省天水市最大的工业项目之一，也是天水市灾后重建的第一条点火投产的新型干法水泥熟料生产线。

“北川中联”水泥日产4 800吨生产线投产

12月28日，北川中联水泥有限公司日产4 800吨水泥熟料生产线竣工点火，该项目位于四川省北川羌族自治县，是2008年“5·12”特大地震发生后，中国建材集团积极响应党中央、国务院号召，在灾区迅速启动的第一个支持灾后重建的大型工业项目，从破土动工到竣工投产仅用10个月的时间，创造了同类型生产线建设的新纪录，成为北川灾后重建里程碑意义的重点投资项目。

“华润水泥”（封开）百亿元项目首期400万吨生产线投产

12月28日，广东封开县备受瞩目的华润水泥（封开）项目首期400万吨生产线正式点火投产。

“华润水泥”（封开）项目是封开县有史以来投资规模最大、效益最好、环保措施最好的项目，总投资60亿元。拟兴建6条日产4 500吨新型干法旋窑水泥生产线，设计年生产能力达到2 000万吨规模，配套建设10个2 000吨级深水码头、6座0.9万千瓦余热发电站、48公里的皮带运输线。一期项目年生产能力400万吨，产值达10亿元，可创税约1.6亿元。

“峨胜水泥”日产5 000吨线点火

12月28日，四川峨胜水泥股份有限公司第四条日产5 000吨新型干法熟料水泥生产线成功点火试生产。这是该公司建成投产的第六条新型干法熟料水泥生产线，企业年产能达到920万吨。

该线是峨胜水泥公司着力打造千万吨级水泥基地的重要项目，总投资6.5亿元，自2009年4月正式开工建设以来，公司与承建单位密切合作，创造了9个月时间建成投产的业内奇迹。

与该线同步建设的第五条日产4 600吨新型干法水泥熟料生产线也进展顺利，计划于2010年2月8日点火投产。届时，峨胜水泥公司生产规模将突破1 100万吨，成为四川首个年产能达千万吨的水泥企业，该公司也将成为西南地区规模最大、集中度最高的水泥生产基地。

“邻水红狮”一期日产5 000吨生产线投产

12月28日上午10时，邻水红狮水泥有限公司隆重举行一期日产5 000吨新型干法水泥生产线点火投产仪式。

“邻水红狮”规划建设2条日产4 000吨新型干法生产线，总投资10亿元，分二期实施。其中一期建设1条日产4 000吨生产线及配套的纯低温余热发电项目，建成后可年产水泥150万吨，实现销售收入5.5亿元，利税1.5亿元，将成为邻水县工业经济重要支柱之一。

“汉中尧柏”日产4 000吨水泥熟料生产线点火

12月31日,陕西汉中尧柏水泥有限公司日产4 000吨熟料水泥生产线一期工程点火仪式在陕西洋县隆重举行。

该项目是陕南第一批灾后重建项目中的重点项目之一,也是2009年省、市、县三级重点建设项目,项目总投资7亿元,预计年产值4亿元左右,实现利税1亿元。该项目规划设计科学、设备领先、工艺技术先进、建设速度快、建设环境好,创造了公司发展史上的新纪录。它的建成投产,有利于调整优化汉中市的水泥产业结构和加快地震灾后重建的步伐,必将拉动洋县县域矿产业、运输业、服务业等相关产业的蓬勃发展。

广东梅州“宁江建材”日产4 000吨生产线投产

12月下旬,广东梅州宁江建材有限公司日产4 000吨干法旋窑水泥生产线点火投产。该项目总投资4.58亿元,占地500亩。项目位于广东省梅州市平远县大柘镇田心村,于2007年11月正式开始土建工程。

该项目全面投产后,年可生产水泥140万吨,年产值可达4.8亿元,税收3 000万元。

重组联合

Reorganization and merging

2009 年中国水泥企业十大并购事件

Top ten merging incidents of Chinese cement enterprises in 2009

2009 年在中国政府扩大内需、拉动经济各项措施的全面实施之际，受惠于国家扩大内需拉动经济政策带来的良好发展机遇，市场前景被广为看好的水泥行业再掀波澜，企业并购、市场整合、提高产业集中度，已经成为中国水泥行业健康发展的必然之路。2009 年是“并购整合风暴”年，注定要在中国水泥发展史上留下浓墨重彩的一笔。

我们无法全部呈现 2009 年度企业精彩并购、重组联合的全部内容，只能梳理事件发生的焦点和背景，在历史的长河中留下一串微观的记录。

2009 年水泥界最大产能并购——“台泥”巨资收购“昌兴”水泥

人物：台湾台泥集团董事长辜成允

事件：12 月 11 日，“台泥”与“昌兴”签署 38 亿港元的收购协议。据此，“台泥”购买“昌兴”在大陆地区除安徽“巢东水泥”之外的全部水泥产业，涉及已建成产能 1 000 万吨，在建产能 600 万吨。根据协议，“台泥国际”将向“昌兴国际”购买旗下水泥子公司“昌兴矿业”在中国大陆地区除安徽“巢东水泥”之外的全部水泥产业，收购资金达 38 亿港元，涉及水泥产能 1 600 万吨。“台泥国际”向昌兴矿业买下在大陆的所有水泥厂，项目包括广东英德 4 条水泥生产线、云南省 1 条生产线共 5 条已投产的生产线，年产能 1 000 万吨。此外，“昌兴”在中国还有 3 条仍在建造中的生产线，分别位于重庆、贵阳及辽宁，年产能共计 600 万吨。此次收购“昌兴水泥”后，“台泥”原本在大陆的1 450万吨产能加上昌兴的 1 600 万吨产能，总产能一举扩充到 4 000 万吨以上。“台泥”收购“昌兴水泥”后，改变了华南地区水泥市场格局，“台泥”在华南地区的市场占有率将超过 30%，替代“海螺”而一跃成为华南地区最大的水泥业者。

此次并购中最主要部分就是广东“英德海螺”水泥厂内 7 条线中的 4 条，后者为“昌兴矿业”所有。据了解，4 条线均为日产 5 000 吨，年产能共 800 万吨。由于经营管理全权由“海螺”负责，因此，一直以来外界将这 7 条线都看作是“英德海螺”所有。

背景：明修栈道，暗渡陈仓。据了解，台泥集团，不仅在台湾水泥市场占据着 50% 以上的垄断地位，还涵盖电力、环保、物流、化工、电信、有线电视等数十个产业，是台湾最大的企业集团之一。

“确立以水泥为核心主业，坚决处理非核心产业”是“台泥”的发展思路。因此，“台泥”在刚进入大陆的时候就提出了第一个五年计划——从 2004 年到 2008 年，在大陆的生产能力超过 2 000 万吨。现在，“台泥”的第二步计划是，到 2012 年，在大陆的生产能力超过 4 000 万吨，再加上台湾大约 1 100 万吨，在总体产能超过 5 000 万吨。

“台泥”和“昌兴”最早的接触始于 8 月底，8 月 27 日至 9 月 3 日期间，“台泥”主席辜成允对“昌兴水泥”进行了为期一周的考察。当时，其对“昌兴”各方面的条件都非常赞赏。随后在 11 月，双方进行了正式的沟通，“其间甚至没有讨价还价”，双方就正式达成了一致意向。11 月 30 日，“台泥国际”与“昌兴国际”同时发布公告，称双方签订了一份与潜在收购有关的谅解备忘录。10 天后，12 月 11 日，双方在港签署了正式收购协议。

点评：这是水泥业时间最快，产能最大，资金最多的收购案，充满神秘色彩。“昌兴”长期潜伏水泥业，本要浮出水面，突然抽身抛卖家底变现，猜疑可能与产能过剩、宏观调控有关。英德基地“连体婴儿”如何抱养？是摆在“台泥”面前的难题。但无论如何，刷新纪录的并购，使辜成允一跃成为 2009 年水泥业的并购“达人”。

人物简介：辜成允，1954年11月出生台湾台北市，祖籍福建省惠安县，为前海基会董事长辜振甫之次子，台湾企业家。今任台湾水泥股份有限公司董事长。2008年6月，《富比士》公布辜成允身价净值12.5亿美元，高居台湾第十九名。

1977年于美国华盛顿大学会计系毕业，1981年获美国宾州大学华顿学院企管硕士学位。次年回国，加入台湾水泥股份有限公司，专职负责规划及执行全公司业务与管理系统的信息化。1985年升任企划室主任，1988年因业绩卓著获聘为副总经理，主管财务调度、投资规划与执行研考业务。1991年升任总经理。2003年获董事会推选担任董事长，同时兼任总经理迄今，并负责"台泥"企业团所属13家附属企业之联合发展。

最大雄心的联合——"中国建材"布局形成

人物："中国建材股份"董事长宋志平

事件：3月6日，中国建材股份有限公司、"辽源金刚"产业在京与"弘毅投资"签署协议，合资设立北方水泥有限公司。"北方水泥"的成立，标志着"中国建材"向打造3亿吨水泥产能的目标又迈进了一大步，并对北方地区水泥工业结构调整和持续健康发展产生促进作用。

据"中国建材"公告显示，"北方水泥"注册地在北京，注册资本为10亿元人民币，"中国建材"和"辽源金刚"各出资4.5亿元人民币，分别占45%的股权；"弘毅投资"出资1.0亿元人民币，占10%股权。

6月，"佳木斯鸿基"签约加盟"北方水泥"。"北方水泥"力争三年内水泥产能达到5 000万吨，目标是覆盖东北和内蒙市场。北方水泥有限公司的成立，标志着"中国建材"整合北方水泥市场的新开端，必将有利于促进北方地区水泥市场积极而有序的竞争，实现水泥产业的环保、节能、高效发展和核心竞争力的不断增强。至此"中国建材"南中北三大集团区域布局基本形成，联合重组大戏演绎更加精彩。

背景："中国建材"在港上市后，"南方水泥"吹响集结号，横扫华东市场，重组并购上百家企业，产能过亿吨；"中联水泥"在淮海区域战绩辉煌，控制中原辐射京津并布局四川，新近又将"乌兰水泥"划入，产能大超4 000万吨；"北方水泥"成立，标志着向既定目标又迈进了一大步。与"南方水泥"和"中联水泥"绝对控股不同的是，"北方水泥"将与更多的产业资本和金融资本合作，共享北方地区水泥联合重组的盛宴，采取分步增资的方式滚动发展，力争三年内使水泥产能达到5 000万吨。"中国建材"将把"南方水泥"打造为超大型水泥企业；将"中国联合水泥"打造为大型水泥企业；将"北方水泥"打造为北方地区的中大型水泥企业，从而完成"中国建材"在全国的水泥整体布局。

点评：财富是重组的结果。宋志平的"并购为主，新建为辅"和"联合重组带来双赢、多赢和共赢"的理念符合国家产业政策，倍受业界和媒体推崇；面对被收归麾下的这140多家企业，管理整合、价格协同乃成败关键。前景看好，困难不少。

人物简介：宋志平，1956年10月出生，男，汉族，中共党员。1979年毕业于河北大学化学系，1995年获得了武汉理工大学工商管理硕士学位，2002年获华中科技大学管理工程博士学位。1979年9月大学毕业分配到北京新型建筑材料总厂工作，历任技术员、处长、副厂长等职务，1993年1月任厂长；1995年9月任中国新型建筑材料公司副总经理兼任厂长；1996年3月总厂改制后任公司董事长、党委书记兼总经理，1997年6月兼任北新集团建材股份有限公司董事长。1998年任中国新型建筑材料（集团）公司常务副总经理（兼）。2002年任中国新型建筑材料（集团）公司总经理。同时担任中国建材工业协会副会长、首都企业家俱乐部常务副理事长兼主任、全国MBA教育指导委员会委员、武汉理工大学管理科学与工程专业博士生导师。现任中国建筑材料集团公司董事长。

宋志平是党的十五大代表，1994年被评为全国优秀青年企业家，1998年荣获全国优秀企业家"金球奖"，2003年被评为中国创业企业家，2004年被列入中国企业联合会、中国企业家协会联合论证的首批高级职业经理，2009年出任国药集团董事长。

控股祁连山——中材集团成就西北霸业

人物："中国中材股份"董事长谭仲明

事件：12月27日，中材集团旗下中国中材股份有限公司与甘肃省国有资产管理委员会在兰州签署股权受让协议，成为上市公司——甘肃祁连山水泥集团股份有限公司的实际控制人。这标志着中国中材集团有限公司成功完成2009年业内最大一宗收购。

本次“中材股份”采取增资扩股并受让股权的方式获得“祁连山控股”51%股权，采纳以现金1亿元的交易对价向“祁连山控股”增资的一揽子方案，即由“中材股份”向甘肃祁连山建材控股有限公司现金增资，增资后持有“祁连山控股”15.33%股权；同时，甘肃省国资委将其持有的“祁连山控股”增资扩股后的35.67%股权以2.33亿元转让给“中材股份”。

此前“祁连山控股”为“祁连山股份”的第一大股东及实际控制人，持股比例12.78%，“中材股份”为“祁连山股份”的第二大股东，持股比例11.88%。“中材股份”成为“祁连山控股”的绝对控股股东后，上述两部分股份合并计算，“中材股份”合计持有“祁连山股份”的股份比例达到24.66%，从而成为“祁连山股份”的实际控制人。

背景：“中国建材”、“海螺水泥”等都曾看好“祁连山”，并有过短暂“恋爱史”，无果而终。“中材”在“祁连山”2009年6月的定向增发中，以5亿人民币拿下5 500万股，占“祁连山水泥”发行后股本的11.58%，跃居为第二大股东，距第一大股东12.78%仅差1.2个百分点。

西北地区是目前中国水泥需求持续增长最快的区域。此前，中材集团旗下已拥有“天山股份”、“赛马实业”两家上市公司，分别占新疆40%及宁夏60%左右的市场份额，是西北地区最大的水泥生产商。

注重长期经营战略的中材集团，希望掌控新疆、青海、甘肃和宁夏区域市场，并发挥其最大的话语权。在这样的战略眼光下，“祁连山水泥”成为中材集团突破西北水泥市场的关键目标。“祁连山”地理位置优势明显，连接新、青、蒙、陕、川五地，辐射能力强。受益西部基础设施建设的加速，效益极佳。对中材集团来说，控制“祁连山”势在必行，东可抵御“海螺”，西可进攻青海和西藏。由此，中材集团完全打通了西北市场。

目前，“祁连山水泥”总产能超过1 000万吨，占甘肃省水泥总产能的40%以上，其中新型干法水泥产能为920万吨，稳占区域领先地位，竞争优势非常突出。

点评：将“祁连山水泥”纳入麾下，中材集团可就此拓展西北区域水泥市场，通过整合、提高区域产业集中度、做大做强水泥业务，稳固自身在该区域的战略布局。一步妙棋，满盘皆活。中材集团旗下西有“天山股份”，东有“赛马实业”，但中间被“祁连山”隔断。西部地区得益于国家政策优势，水泥价格居高，市场利润丰厚。中材集团控股“祁连山水泥”，有利于后者整合甘肃省内资源，提高甘肃水泥的集中度和行业技术装备水平，优化产业结构，避免无序竞争，做大做强水泥主业。

人物简介：谭仲明，男，汉族，1953年8月出生，中共党员，毕业于南京化工学院水泥专业、硕士研究生、博士学位。现任中国材料工业科工集团公司总经理兼党委副书记，中国非金属材料总公司董事长兼总经理。

1978年10月至1982年7月就读于南京化工学院水泥专业，1982年7月就职于山东潍坊水泥厂，历任技术干部，车间副主任，车间主任，常务副厂长。

1990年1月至1995年7月先后任山东潍坊市建材工业公司副经理、山东鲁南水泥厂厂长助理、常务副厂长。1995年7月就职于国家建材局，历任生产协调司负责人，司长，建材协会常务副会长，机关党委书记，行业管理司司长。2000年10月至今历任中国材料工业科工集团公司总经理、党委副书记、中国非金属材料总公司总经理、董事长。享受国务院政府特殊津贴，2005年被评为全国劳动模范。兼任中国建材工程建设协会会长、中国建筑材料联合会副会长、中国施工企业管理协会副会长。

最为期待的布局——“华润水泥”入主“国投海南”

人物：“华润水泥”董事长周俊卿

事件：12月6日，“国投海南”更名为“华润昌江”；于此同时，“华润水泥”以人民币1.9亿元成功竞拍购买广东阳春春湾水泥厂在建的日产2 500吨新型干法水泥熟料项目。入主“海南国投”，收购“春湾水泥”项目仅仅是进军海南、整合粤西市场的开始，“华润水泥”又在并购市场上迈出了一步。

背景：10月，“华润水泥”在香港二度挂牌上市获得成功。目前，“华润水泥”发展速度加快，市场覆盖粤、桂、琼、闽、港地区，拥有广东，广西，福建，海南4个基地，基地集中且连成一片。

“华润水泥”入主“国投海南”水泥，采用先后收购建设银行海南省分行持有的29.30%股份和国投资产管理公司持有的34.14%股份的方式。

收购“春湾水泥”项目是“华润水泥”进军粤西市场的重大战略行动，“华润水泥”的沿江沿海布局优势和华南水泥市场的行业领导地位将更加稳固。“华润水泥”的目标是要在华南市场谋取20%～25%的市场份额，产能达到5 000万吨。

点评："华润水泥"拥有国企、外资双重身份，融资能力极强，是业界看好和值得期待的企业。如果说第一次"华润水泥"上市实际上就是一个公关手段的话，当时集团并没有做大做强水泥业务的初衷；那么，第二次上市则显示了"华润水泥"真心想做大整个水泥产业的意图。"华润水泥"组建了自己的西江船运公司，建设了水泥专用码头，进一步巩固加强水运物流条件，在区域竞争优势凸显。

人物简介：周俊卿，女，汉族，1953年10月出生，中共党员，毕业于清华大学电子工程系无线电专业，现任华润水泥控股有限公司董事长，华润集团副总经理。

曾供职于国家对外经济贸易部，1986年加入华润集团，先后任华润机械五矿集团有限公司总经理助理、副总经理等职务。2003年6月，担任华润水泥控股有限公司副总经理。2006年9月，担任总经理。2008年2月至今，获委任为华润水泥控股有限公司董事长。2010年2月至今，获委任为华润集团副总经理。

最为低调的扩张——"金隅"收"振兴"平天津

人物：金隅集团董事长蒋卫平

事件：7月29日，香港主板市场，运筹近4年之久的"金隅"整体上市计划终于如愿以偿，成为2009年以来首家在香港成功IPO的内地地产企业。8月6日，"金隅"与"中国信达"订立协议，以3.95亿元控股天津振兴水泥有限公司60.64%的股权。

背景：2009年4月，中国信达资产管理公司在北京产权交易所进行挂牌，欲转让其持有的天津振兴水泥有限公司60.64%股权，挂牌价格为3.95亿元。挂牌时，信达资产管理公司要求意向受让方条件需要是国有或国有控股企业法人，并且要是《国家重点支持水泥工业结构调整的大型企业(集团)名单》中全国性大型水泥企业(集团)，注册资本不低于8亿元人民币。其资料显示，该公司注册资本5.58亿元，2008年资产总额11.41亿元，净资产6.26亿元。

始建于1996年的"振兴水泥"是由5家股东投资的国有股份制企业，坐落在天津北辰经济开发区，紧邻京津公路和京津塘高速公路。现有两条日产2 500吨新型干法熟料生产线，年产高标号低碱水泥180万吨，是目前天津市最大的水泥生产企业。

此收购作用不言而喻，为下一步将天津水泥厂揽入怀中创造了条件。由于市场与水泥巨头"冀东"部分重合，"金隅"采取低调扩张，在控股"太行"，整合北京市场后，目标放在了天津市场和华北的京广沿线一带，实施大十字战略。金隅集团的规划，到2010年其水泥产能将达3 000万吨，商品混凝土产能500万方。

点评：低调扩张是"金隅"一贯的风格，自从2007年成功收购"太行水泥"以来，"金隅"按照立足京津、辐射华北的"大十字"战略，在环渤海西岸低调经营，稳步推进。国家对水泥产能实施控制后，大规模建设新线计划势必将受到影响，扩张路线以并购为主。金隅欲完成2010年底超过3 000万吨的目标，还需在华北放手一搏。横在京津，竖是京广沿线，掌握市场的企业才是赢家。

人物简介：蒋卫平，男，汉族，1954年10月出生，中共党员，研究生学历，高级经济师，现任北京金隅集团有限责任公司党委书记、董事长，北京金隅集团有限责任公司董事局主席。2009年1月当选中国建筑材料联合会第四届理事会副会长。

最具发展的更名——"冀东"扩张发展无限

人物：冀东发展集团董事长张增光

事件：10月27日，"冀东水泥"宣布更名为冀东发展集团。9月28日，唐山陶瓷集团公告，国务院国资委同意将唐山市城市建设投资有限公司和唐山建设投资有限责任公司分别持有的4 411.304 0万股和2 376.538 1万股公司股份无偿划给河北省冀东水泥集团有限责任公司。

此次股权划转后，公司总股本为2.27亿股，其中冀东水泥集团持有6 787.842 1万股有限售条件流通股份，占总股本的29.9%，为公司控股股东，"唐山城投"持有295.1万股有限售条件流通股份，占总股本的1.3%。使之控股"ST唐陶"；8月23日，"冀东水泥"与陕西省耀县水泥厂签订了《陕西省耀县水泥厂与唐山冀东水泥股份有限公司关于陕西秦岭水泥(集团)股份有限公司的股份转让协议》，以协议转让的方式拟收购陕西省耀县水泥厂持有的"秦岭水泥"

62 664 165 股，每股转让价格为 5.33 元，交易总价款为 3.34 亿元。该笔股权占当前“秦岭水泥”总股本的 9.48%。11 月，“冀东水泥”同意受让“S T 秦岭”的 1.29 亿股，如果加上此前已经收购的股份，占比达到 29%，将成为“秦岭水泥”第一大股东。

背景：“冀东水泥”曾经先与“海螺”、“中国建材”，后与“中国中材”，欲重组联合等传言，曾成为轰动一时重磅新闻。然而“冀东水泥”不置可否，埋头发展，大规模建新线，并连续参与几家水泥上市公司的并购，包括介入“ST 大水”，控股“奎山”，收购“ST 秦岭”，重组“ST 唐陶”，企业已遍布京、津、冀、吉、辽、陕、蒙区域，并向晋、湘、渝、鲁等地拓展，已经成为主业突出、多元化发展、产能达 6 000 万吨的大型集团。

点评：发展是硬道理。一个可能被重组的企业，却连续成功参与了三家水泥上市公司重组并购，“大同水泥”、“秦岭水泥”、“唐山陶瓷”均为行业原重量级企业所建生产线，均与西、北部地区沾边，市场盈利极强；突出主业，多元化发展，装备制造注入 ST“唐陶”，产业链延伸，可称之最具发展的更名。

人物简介：张增光，男，汉族，1959 年 10 月出生，毕业于燕山大学，中共党员，研究生，高级工程师。1981 年加入河北省冀东水泥厂，先后担任河北省冀东水泥厂副厂长、冀东水泥集团有限责任公司副总经理、总经理、党委副书记、党委书记，唐山冀东水泥股份有限公司副总经理、总经理、党委副书记、党委书记。

2002 年 3 月至今先后担任河北省冀东水泥集团公司党委书记，唐山冀东水泥股份有限公司党委书记、总经理、董事长。

最高海拔的整合——“华新水泥”整合西藏市场

人物：“华新水泥”股份总裁李叶青

事件：12 月 10 日，“华新水泥”为整合西藏水泥市场，已与西藏天路股份有限公司、西藏高争（集团）有限责任公司、西藏自治区投资有限公司、山南兴业水泥厂签署协议，共同投资组建西藏高新建材集团有限公司。新组建的西藏建材集团注册资本 2 亿元人民币，“华新水泥”出资 8 600 万元占股 43%，为第一大股东，其余 4 家企业分别占比 30%、10%、10% 和 7%。

背景：“华新水泥”主要市场在中南，西南也有部分产能。2008 年底，公司已在全国 10 省区，建有 30 余个水泥生产基地，水泥生产能力约 3 800 万吨。此次“华新水泥”挥师进藏，是继“华新水泥”在四川布局生产线以后，又一次在西部地区实施大作为，对“华新水泥”意义重大。整合思路十分清晰，即首先成立合资公司，然后“华新水泥”托管西藏境内 4 条新型干法生产线，并实现注资；最后，成为运营管理西藏境内惟一一家新型干法生产线的水泥公司。“华新水泥”在西藏的水泥总产能将由 150 万吨（已有 50 万吨，在建 100 万吨）增加至 350 万吨。

点评：“华新水泥”通过此次整合，基本确定了在西藏的龙头地位，即除西藏昌都地区外，“华新”的水泥销路已遍及西藏的山南、拉萨、那曲、日喀则、阿里地区。另辟蹊径，整合西藏水泥市场，“华新”从而成为西藏高原的水泥老大。“华新水泥”荣获中国公司治理论坛“典型并购重组案例奖”，当之无愧！

人物简介：李叶青，男，1964 年 2 月出生，高级工程师。华中理工大学博士。1984 年 7 月毕业于武汉工业大学水泥专业。1993 年 6 月毕业于武汉工业大学工程技术经济专业，工学硕士。1984 ~ 1987 年，武汉工业大学硅工系教师、团委副书记。1987 ~ 1993 年，先后担任华新水泥厂中心化验室助理工程师、石灰石矿副矿长、扩改办副主任、扩建指挥部技术处处长。1993 年，任华新水泥厂副厂长。1993 年 11 月至今，先后任公司董事兼副总经理、公司董事、总经理。

最爽快的埋单——“亚泰”收“金圆”不差钱

人物：亚泰集团副董事长徐德复

事件：9 月 22 日，亚泰集团发布公告，根据建材产业发展规划，鉴于吉林金圆水泥有限公司重要的战略位置和良好的发展前景，将斥资 3.1 亿元收购吉林金圆水泥有限公司 100% 股权，亚泰集团在区域整合中再下一城。此次收购将竞争对手变为子公司，将显著提高其在“长—吉经济带”的水泥市场掌控能力，进一步巩固其主导地位。

背景：年初，爱尔兰 CRH 公司 21 亿元资金到账。充沛的资金使“亚泰”并购整合“操刀”游刃有余。收“农安电联”、“通化特水”，并“哈新世纪”，组“珲春水泥”，“亚泰”兼并重组提速，进入快速扩张期。随着“金圆水泥”并购的完成，“亚泰”在吉林和黑龙江形成了明显优势，分别占据70%长春市场，40%哈尔滨市场的市场份额。“亚泰”还拟在辽北收购产能400万～500万吨，占有辽宁10%～20%的市场份额。

点评：“吉林金圆”是“亚泰”的老对手，双方在市场上曾进行过激烈的价格战，乃一颗难拔的钉子。现在，一个要市场，一个要现金，各得其所，两全其美。将“吉林金圆”揽入怀中，将显著提高“亚泰”在水泥区域市场的调控能力，主导地位得到进一步巩固。

人物简介：徐德复，男，汉族，1953年2月出生，中共党员，研究生，高级经济师；

1976年～1984年，吉林松江水泥厂团委书记，机修车间主任、副矿长；

1984年～1996年，长春双阳水泥厂筹建处副主任，副厂长、厂长；

1996年～1997年，长春双阳水泥（集团）有限责任公司董事长、总经理；

1997年～2000年，吉林亚泰（集团）股份有限公司副总裁、水泥公司总经理；

2000年至今，吉林亚泰（集团）股份有限公司副董事长、副总裁；

2002年至今，中国水泥协会第五届理事会副会长。

最为艰难的重组——“金顶”停产坐等救赎

人物：原“金顶水泥”董事长、华伦集团掌控人陈建龙

事件：12月16日，“ST金顶”（600678）发布公告称，受公司第一大股东财务危机影响，四川金顶（集团）股份有限公司流动资金严重短缺，生产成本极高，企业亏损持续扩大，导致公司现金流断裂，由于无法支付当前电费并已欠缴电费高达900余万元，无法支付生产所必需原燃材料，母公司全部4条水泥生产线已于2009年12月15日7时50分全线停产，公司董事会关于应急状态应对预案已启动，董事会要求公司经营层尽快完成所授权的租赁方案制定和实施工作。从6月30日“戴帽”特别处理，到全线停产，“ST金顶”债务缠身，官司不断。

背景：2003年，“金顶”期望股权转让引进战略投资者，做大做强。在“拉法基”、“摩根”、“海螺”、“双马”等23家企业的公开招标中，“华伦”、“华立”联手以每股0.004元的微弱优势，胜出控股“金顶”。此后“金顶”盲目扩张，2007年在股市的高点，“华伦”击败“冀东”和“海螺”，“天价夺宝”，以6.3亿元的高价拿下“ST秦岭”1.33亿股份。随后“华伦”资金链开始断裂，陷入经济危机，违规担保犹如多米诺骨牌，“秦岭”没下，“金顶”也被拖入泥潭。

点评：自大股东华伦集团身陷债务泥沼以来，ST“金顶”就一直麻烦不断。从戴帽到高管频繁更替，再到被查出未披露担保事项等“四宗罪”，受华伦集团债务黑洞的拖累，“ST金顶”经营方面举步维艰，如今又全线停产，ST“金顶”坐等救赎。

人物简介：陈建龙，男，汉族，中共党员，浙江富阳人，1963年9月出生，中央党校函授学院经济管理专业大专毕业，经济师，1980年10月参军，1993年加入中国共产党。1983年1月至1986年8月创办杭州富阳虎山农机制造厂并任厂长；1986年8月至1989年9月任富阳县物资局开发总公司经理；1990年7月至今，先后创办杭州富春江通信电缆二厂、华伦集团有限公司等企业，任华伦集团有限公司执行董事、党委书记；2003年12月至今任华伦集团有限公司董事长，其中，2004年10月至2005年12月兼任华伦集团有限公司总经理。

最多反复的谈判——“大水”婚嫁一波三折

焦点：大同国资委、“南京美强”、“山西国信”

事件：9月2日，山西省高等法院通知“南京美强”重新履行重组“ST大水”工作，要求“南京美强”必须在10日以内将购买“ST大水”公司股权1.06亿元资金打入指定账户内，否则将按自动弃权处理。十万火急，“ST大水”面临退市风险。

背景：2007年12月20日，“ST大水”在停牌近一个月后发布公告称，每股价格为1.04元，南京美强公开拍得10 240万股“大水”股份，因职工家属闹事，导致重组受阻搁浅，股权一直未过户。一年后，大同国资委拟由“山西国信”买壳重组，并将1.06亿元股权竞买款退还“南京美强”。事情一波三折，再过一年，“山西国信”退出，随后就出现上述一幕。

“南京美强”认为在合法拍得股权后，大同市擅自处置“大水”资产，没有谈判，无法打款。

10 月 22 日，“ST 大水”发布三季报指出，因本公司所属生产线均属高能耗、高污染落后湿法工艺，根据国家相关产业、环保等政策要求，上述生产线已于 2008 年 8 月 1 日全面停产。作为山西省第四家上市公司，水泥板块的第二家上市公司，“ST 大水”尴尬地沦为了一家不能生产水泥的水泥类上市公司。

点评：早知如今，何必当初。公开拍卖嫁女形式欠妥，悔婚退婚复婚考虑不周；当年“南京美强”蹊跷介入令人意外，中途拉郎配“山西国信”买壳一厢情愿；由于矿山已被“冀东”收购并拆老线建新线，安置了职工，ST“大水”已沦为空壳。老牌国企待嫁窘境，“大水”命运何去何从？破镜难圆，谈判艰难，只能择婿再嫁。

国外建设项目

Foreign construction projects

2009年,中国水泥技术装备在海外的市场占有率继续稳步攀升。中材集团是全球目前最大的水泥技术装备与工程服务供应商,一直占有国内80%~90%的市场,海外市场占有率2008年亦跃居世界首位。2009年,中材集团水泥技术装备板块凭借其在全球水泥技术装备与工程服务领域领先的竞争优势,在国际金融危机中业务发展不仅未受影响,反而利用危机带来的机遇,进一步扩大了与竞争对手的竞争优势。中材国际在沙特、越南、老挝、柬埔寨、摩洛哥、土耳其、坦桑尼亚等国家的8个海外项目获得了最终验收证书或临时验收证书,也门、越南、印度、南非等地的多个重点项目顺利投产。尤其是全球最大的沙特SCC双万吨线项目最终验收证书的获得,使中材国际品牌的国际影响力进一步提升。2009年,中材集团该板块结转合同额已超过520亿元。

该栏目还收录了部分中国建材集团海外建设项目及其他企业海外建设项目。

"中材国际"签约刚果、南非两条水泥生产线项目

3月5日,"中材国际"在北京与刚果民主共和国Cilu水泥公司举行了Cilu日产3 300吨水泥熟料生产线总承包项目签约仪式,合同总金额约1.38亿美元;3月28日,由中材国际工程股份有限公司承担的南非Sephaku水泥有限公司日产5 100吨水泥生产线EPC(工程总承包)建设项目在南京签约,项目合同额为2.737亿美元。项目在当时金融危机加剧,全球经济形势严峻的形势下签订,显示了中材集团的信心。

"中材国际"沙特SPCC—TAHAMAH项目圆满竣工

3月23日,沙特南方省水泥公司(SPCC)在SPCC—TAHAMAH现场举行了项目竣工典礼,中国中材国际股份有限公司执行总裁武守富代表公司出席典礼,沙特迈加地区行政长官王子Halid Al fyer、沙特各地代表、SPCC公司董事长、总裁等共计800人参加了竣工典礼,会上武总裁发表了热情洋溢的讲话,王子Halid Al fyer向武总裁颁发了精美的纪念品。

"中材国际"与南非水泥公司签署2.74亿美元总承包合同

3月27日,"中材国际"和南非SEPHAKU水泥公司签署了日产5 100吨水泥生产线EPC工程总承包合同。合同总金额273 700 000美元,合同范围包括从石灰石破碎至水泥包装发运的整条生产线,包括工程设计、设备供货、土建施工、设备安装、试车和竣工验收等一系列工作(不含南非境内所有进口设备和材料的运输)。

天津院越南EPC项目首袋水泥如期下线

4月30日,由天津院有限公司承建的越南西宁日产4 000吨水泥生产线首袋水泥如期下线。越南西宁日产4 000吨总包项目是越南第一个外国公司承包的国家EPC项目,也是天津院有限公司承担的第一个完整的由国际工程咨询公司监理的国外工程。此项目的签约在越南及东南亚地区影响很大,越南建设部领导希望将此项目建设成为一个标志性工程。项目于2006年11月26日开工。2008年12月20日15时58分实现了回转窑一次性点火成功。2008年12月26日晚正式投料,并于当晚成功生产出第一批熟料。

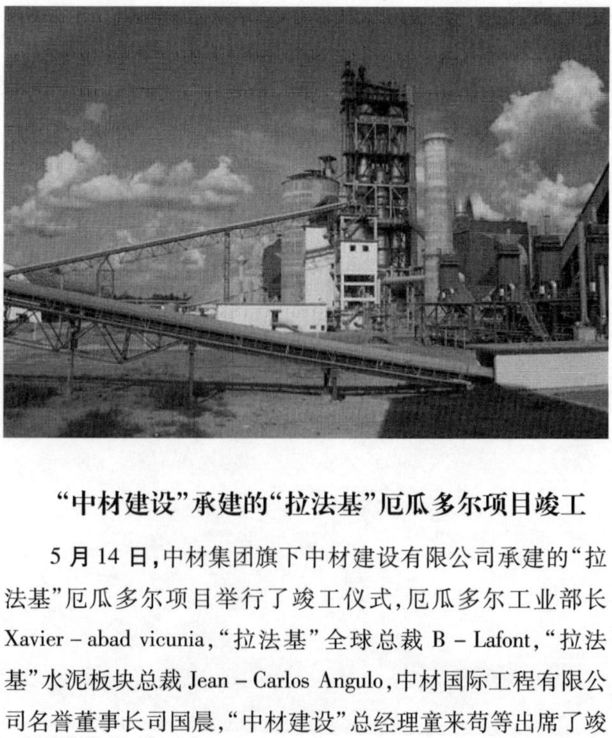

"中材建设"承建的"拉法基"厄瓜多尔项目竣工

5月14日,中材集团旗下中材建设有限公司承建的"拉法基"厄瓜多尔项目举行了竣工仪式,厄瓜多尔工业部长Xavier - abad vicunia,"拉法基"全球总裁B - Lafont,"拉法基"水泥板块总裁Jean - Carlos Angulo,中材国际工程有限公司名誉董事长司国晨,"中材建设"总经理童来苟等出席了竣工仪式。

该项目日产水泥熟料1 500吨,年产水泥55万吨,位于厄瓜多尔印巴布拉省奥特瓦罗镇,距离首都基多110公里,

由法国拉法基集团投资，而项目的设计、土建、设备供货、安装、调试由“中材建设”总承包。回转窑、管磨机、堆取料机、预热器等主机设备由中材集团旗下唐山中材重型机械有限公司制造。

沙特 RCC 二线回转窑顺利合龙

5 月 24 日，沙特 RCC 二线窑筒体顺利合龙。在正式破土动工整整一年之际，经过“中材国际”人的不懈努力，RCC 二期工程又竖立了一个重要的里程碑。业主代表 siddique 先生、项目经理费向野、副经理张秀德、“苏州中材”项目经理单树林等参加了回转窑合龙仪式。

“苏州中材”伊拉克 SCP 项目窑尾框架封顶

5 月 30 日，由苏州中材建设有限公司总承包的伊拉克日产 5 300 吨水泥生产线（SCP）窑尾框架封顶。窑尾框架是伊拉克 SCP 项目最醒目的建筑之一，主体为钢结构，最高点 105 米，总重 1 400 吨，全部钢结构构件均由苏州中材装备分公司在国内制作。3 月 25 日，钢结构构件运抵施工现场，由项目部在现场进行预热器制作及框架安装。

伊拉克 SCP 项目窑尾框架的顺利封顶是“苏州中材”海外总承包项目从设备制造、设备运输及现场安装完成的一次成功案例。

越南公清一期生产线获得业主颁发的最终接收证书

6 月 3 日，由中国中材国际工程股份有限公司（南京）总承包的越南 Cong Thanh 一期日产 2 500 吨熟料生产线获得了业主颁发的最终接收证书（FAC）。

Cong Thanh 一期日产 2 500 吨项目合同于 2006 年 10 月 27 日签订，于 2007 年 5 月正式开工，经过一年多的努力，生产线于 2008 年 6 月点火投产，并于同年 8 月顺利通过各项考核，2008 年 9 月获得业主颁发的临时接收证书（PAC）。业主对公司后期服务也表示满意。2009 年 6 月 3 日，业主董事长 Nguyen Cong Ly 先生签署了最终接收证书并提前释放了质保保函。至此，中材国际（南京）公司承接的越南 Cong Thanh 一期日产 2 500 吨熟料生产线已全部按合同履约完成。

“中材国际”与 Dangote 水泥公司签署《合同转让协议》和《框架协议的变更协议》

6 月 9 日，中国中材国际工程股份有限公司与 Dangote 集团下属的 Dangote Cement Works Limited 签署了《合同转让协议》、《框架协议的变更协议》。

双方同意将 2008 年 12 月签署的《框架协议》中涉及的 Senegal 项目转移到尼日利亚的 Obajana 地区（位于尼日利亚首都阿布加以南 230 公里）执行，项目为 1 条日产 6 000 吨水泥生产线 EPC 工程总承包合同，同时对合同范围和金额进行了变更。由 Dangote Cement Works Limited 代替 Dangote Senegal SA 履行合同，合同转让即日生效。

“中材建设”承建 TPCC 项目获临时接收证书

2009 年 7 月 8 日，由中材建设有限公司承建的坦桑尼亚 TPCC 水泥厂扩建项目获得业主签署的 Section1 熟料线临时接收证书，业主方操作人员及岗位工逐步接管全厂的生产。

2007 年 3 月，“中材建设”与德国“海德堡”集团签署了坦桑尼亚 TPCC 水泥厂扩建项目合同。TPCC 项目位于坦桑尼亚首都达累斯萨拉姆以北 30 公里处，合同范围为新建 1 条日产 2 500 吨的水泥生产线，包括熟料生产线和水泥磨及包装系统，其中涵盖工程设计、设备采购运输，制造，质量控制，地质勘探，土建，安装调试，人员培训，质保期的缺陷责任修复等。

2007 年 4 月，“中材建设”组建了坦桑尼亚项目工作小组，2007 年 5 月，第一批先遣工作组赴坦桑尼亚开展项目前期工作；2007 年 6 月，“中材建设”坦桑尼亚分公司在坦桑尼亚注册成立；2007 年 9 月 28 日，TPCC 项目开工；2008 年 10 月 31 日，获得业主签署的 Section2 水泥磨和包装车间临时接收证书；2009 年 2 月 21 日，实现熟料线一次性点火成功。

“中材建设”承建“拉法基”南非 RAINBOW 项目点火成功

7 月 16 日，由中材建设有限公司承建的“拉法基”南非 RAINBOW 水泥扩建项目熟料线回转窑一次点火成功。

RAINBOW 项目工程由 1 条日产 2 000 吨熟料生产线和一个年产 100 万吨水泥粉磨站的产能扩大项目组成，由“中材建设”以 EPC 形式承建。熟料线位于南非西北的 Lichtenburg，粉磨站位于约翰内斯堡的 Randfontein。合同工期为熟料线25个月，粉磨站17.5个月；合同金额为设计和设备采购64 800 100美元，现场施工服务148 700 000兰特。

拉法基南非项目全景

据了解，RAINBOW水泥扩建项目于2007年2月1日签约，同年6月18日开工。熟料线回转窑点火成功标志着“拉法基”南非总承包项目安装阶段顺利完成，开始全面进入生产调试阶段。

天津院在越南签近亿美元合同

8月10日，天津水泥工业设计研究院有限公司和越南DONG LAM CEMENT JOINT STOCK COMPANY在越南河内签署了日产5 000吨水泥生产线工程EP合同。天津院有限公司董事长兼总经理于兴敏和越南DONG LAM公司总经理PHAN LE DUNG代表双方在合同上签字。

该项目位于越南中部顺化省。合同范围包括从石灰石破碎至水泥包装发运的整条生产线，合同金额为8 119万美元加915万欧元，合同内容包括工程设计、设备供货、调试和人员培训等。合同履约期限为自开工日起26个月，其中设备交货期为20个月，调试及安装指导6个月。

这是天津院继“幸福水泥”、“西宁项目”、“雄王项目”、“观潮项目”等一系列项目之后，在越南市场的又一个日产5 000吨水泥生产线项目，对进一步巩固越南市场，特别是进一步开拓越南高端客户具有深远的影响。

“中材国际”沙特SCC项目获最终验收证书

8月11日，“中材国际”沙特阿拉伯SCC项目最终验收证书签署仪式在北京举行，这是“中材国际”继RCC、CCC、SPCC后又获得的两个最终验收证书，至此“中材国际”在沙特总承包的4个项目5条生产线（3条日产5 000吨，2条日产10 000吨）全部获得了业主颁发的最终验收证书，创造了世界水泥工程史上的一个奇迹。“中材国际”总承包（EPC）的沙特SCC项目于2005年底签约，包括2条日产10 000吨水泥生产线，由沙特水泥公司投资，是目前世界上日产量最大的水泥生产线。这两条万吨生产线投产以来运行稳定，经性能测试，各项技术指标均达到或超过合同约定。

“泰国水泥”（二期）余热发电项目并网

8月11日，中材节能发展有限公司“泰国水泥”（二期）LP余热发电（WHG）总包（EPC）项目成功并网，实现了全线投产发电。

“中材节能”此次承建的是泰国南邦水泥厂（SCG Lampang）的余热发电项目，该水泥厂隶属于泰国水泥公司（Siam Cement），坐落在泰国北部风景秀丽的南邦市。该纯低温余热发电项目采用日产5 500吨的新型干法生产线规模，设计装机容量为9 000千瓦，经过10个多月的建设，目前全线并网发电运行，日发电达到项目设计要求。

“泰国水泥”（二期）LP新型干法回转窑纯低温余热发电作为“中材节能”又一个成功并网运行的海外EPC总承包项目，对公司进一步开拓泰国等东南亚市场具有重要意义。“中材节能”通过项目建设积累了丰富的海外EPC总承包管理经验，展现了负责、高效、高端的良好企业形象。

“中材国际”也门AYCC项目点火

也门当地时间8月28日上午10时30分，“中材国际”总承包阿拉伯也门共和国AYCC水泥有限公司日产4 000吨水泥生产线工程顺利点火。

AYCC项目是“中材国际”在也门的第一个总承包项目，也是也门水泥建设史上第一个建成并投产的规模最大、自动化程度最高的现代化水泥生产线，该项目的建立将改变也门木卡拉地区长期依赖从周边国家进口水泥的局面，对也门当地的经济增长将产生重要意义。点火成功标志着AYCC项目实现了重要的一步，为下一步项目的性能考核和竣工打下了基础。

“中材国际”母公司完成厄立特里亚吊装第一钩

9月1日，“中材国际”母公司“邯郸板块”承建的厄立特里亚格代姆水泥厂（日产 1 000 吨）水泥生产线窑尾框架吊装第一钩顺利完成。窑尾塔架第一钩的吊装完成，标志着机电设备安装工程开始启动，该项目将从以土建工程为主开始转为以安装工程为重点的阶段。

天津院土耳其项目获 PAC 证书

9 月 3 日，由天津水泥院有限公司总承包（EP）的土耳其 Tracim（日产 5 000 吨）项目获得业主正式颁予的预验收证书（PAC），标志着该项目为获得最终的 FAC 迈出了关键的一步。

2006 年 3 月 15 日，天津水泥院有限公司与土耳其 Tracim 水泥公司签订了项目总承包（EP）合同。Tracim 项目位于土耳其伊斯坦布尔西北 140 公里处，合同范围为新建一条日产 5 000 吨的水泥生料线，包括熟料生产线和水泥磨及包装系统，其中涵盖工程设计、设备采购运输、制造、人员培训、质保期的缺陷责任修复等。这是天津院第一次在欧洲区域承揽总包项目。水泥粉磨系统和熟料生产线分别于 2008 年 9 月 15 日和 2008 年 12 月 21 日正式投料生产。此次颁发的 PAC 水泥粉磨系统和熟料生产线质保期分别从 2008 年 10 月 15 日和 2009 年 1 月 15 日开始计时。天津水泥院有限公司 Tracim 项目经理部及所有相关人员对该项目所付出的巨大努力，受到了业主的好评和充分的肯定。

该项目的建设成功，充分展示了中材集团在水泥行业领先的技术水平、优良的技术设备和精湛的技术服务，为集团进一步开拓欧洲市场奠定了坚实的基础。

“苏州中材”伊拉克签 1.125 亿美元合同并首次涉足发电厂工程

9 月，苏州中材建设有限公司和伊拉克 MASS IRAQ 投资公司签署了库尔德自治区苏莱曼尼亚水泥厂（日产 5 300 吨）二线 EPC 合同，合同金额为 1.125 亿美元。

该项目位于库尔德地区苏莱曼尼亚，合同范围包括原料破碎至水泥包装发运的整条生产线（不含桩基工程、伊拉克境内运输、业主采购部分设备）；承包方式为包括设计、采购、土建、安装、调试试生产的 EPC 总承包方式；合同自“苏州中材”开出预付款保函并且收到业主预付款 1 000 万美元之日生效；竣工时间为合同生效期起 24.5 个月。对于汇率变化和现场用水泥、钢筋以及国内供应的板材、钢结构、管材的价格变化引起的成本变动将通过补偿协议约定补偿机制。

“苏州中材”与伊拉克 MASS IRAQ 投资公司还达成建设发电厂初步协议。工程地点为伊拉克库尔德自治区都胡克省；工程内容为 50 万千瓦的天然气发电厂的土建工程及钢结构安装；合同价格为综合单价计算，初步预算价格为 2 000 万美元；合同工期为 8 个月。如协议实施，则标志中材集团在水泥技术装备产业链发展成熟之后，将其业务模式向其他相关领域复制。

天津院阿曼再签一水泥粉磨站 EPC 合同

9 月，天津水泥工业设计研究院有限公司和阿曼莱苏特水泥有限公司在天津签署了莱苏特水泥 5 号粉磨站（100 吨/时）工程总承包合同（EPC），合同金额为 1 130 万美元。

该项目位于莱苏特水泥公司现有厂址内，由天津院承担

设计、供货、安装、培训、调试在内的所有工作。这是天津院与阿曼莱苏特在成功合作了粉磨站3线和4线项目之后，双方在阿曼水泥市场的又一次合作。

天津院交钥匙工程——柬埔寨KCC项目获FAC证书

9月，天津水泥院有限公司交钥匙(EP)工程——柬埔寨KCC(日产2 500吨)项目获得业主正式颁予的最终验收证书(FAC)。这是天津水泥院有限公司海外总承包项目获得的又一张FAC证书。

柬埔寨KCC水泥厂(日产2 500吨)建设项目是天津水泥院有限公司与泰国最大的水泥集团——SIAM水泥集团首次合作建设的项目，同时也是泰国SIAM水泥集团在海外投资建设的第一个项目，为柬埔寨第一个大型的水泥工厂。

2005年10月27日，泰国SIAM水泥集团与天津水泥院有限公司在曼谷正式签署柬埔寨Kampot日产2 500吨水泥生产线工程设计、设备供货、技术服务交钥匙工程合同。该项目于2006年初开始动工建设，2007年7月24日窑点火开始试运转，2008年1月14日举行了正式投产庆典，柬埔寨国家总理洪森亲自出席了庆典活动并对该项目给予高度的评价。

天津水泥院有限公司KCC项目经理部通过对项目质量、进度的严格控制与管理和优质的技术服务，使合同项下的任务圆满完成并得到了业主的充分的肯定。该项目的成功建设并顺利通过一年质保期，充分展示了天津水泥院有限公司国际领先的技术与装备水平和优良的服务，为天津水泥院有限公司总承包项目积累了新的经验，为天津水泥院有限公司乃至中材集团在东南亚地区赢得了良好的声誉，为进一步发展东南亚地区的市场奠定了坚实的基础。

天津院设计供货的印度"拉法基"二线点火

9月，由天津水泥工业设计研究院有限公司设计供货的印度"拉法基"Sonadih二期日产5 000吨熟料生产线一次性点火成功。熊熊的火焰照亮了业主的笑脸，也照亮了天津院驻场组工程师们欣慰的笑容。

这是天津院与"拉法基"在印度合作的第一个项目，项目组全体员工坚持"高端品质，继承创新，诚信服务，发展共赢"的理念，用优质的服务得到了业主充分肯定。

天津院首进伊朗签近亿美元总承包合同

9月，天津水泥工业设计研究院有限公司和伊朗Tooyeh Darvar水泥公司签署了日产3 300吨水泥生产线工程总承包合同，合同金额为92 424 706美元，这是天津院在伊朗市场上的第一个总承包项目。天津院国际业务部部长曾年明和伊朗Tooyeh Darvar水泥公司董事会主席Kalantari Gholamhossain分别代表双方在合同上签字。

该项目位于伊朗北部的Damghan市，合同范围包括从石灰石破碎至水泥包装发运的整条生产线，合同内容包括工程设计、设备供货、安装、调试和人员培训等。合同履约期限为自开工日起39个月，其中设备交货期为22个月。

天津院设计供货的越南松涛项目点火

9月24日，由天津院设计和供货的越南国家重点工程——松涛水泥有限公司日产2 500吨熟料水泥生产线点火投产。LILAMA总包公司和业主领导、相关人员以及天津院现场调试组全体人员参加了点火仪式。

据了解，在设计方面，该项目采用窑外分解新型干法水泥生产工艺，具有单机生产能力大、热效率高、产品质量高、环保、节能等特点；全线采用集散型控制系统，自动化水平高。该项目的投产，将对加快推进区域内水泥工业结构调整和节能减排起到重要的作用。

"中材国际"与尼日利亚Dangote集团再签近20亿元大单

10月9日，中材集团旗下A股上市公司"中材国际"宣布，与尼日利亚Dangote集团子公司签署了两条日产3 000吨水泥生产线总承包合同，合同总金额为人民币19.67亿元。该合同是全球金融危机爆发后近一年来签定的全球最大的水泥生产线总承包合同，也是在Dangote集团2008年11月推迟10条水泥生产线建设后再次与"中材国际"携手在非洲建设大型水泥生产线。该合同的签定再次显示了“中材国际”在全球水泥技术装备与工程服务市场领先的强大竞争实力，同时也表明，海外水泥生产线建设市场已经开始逐步走出金融危机的影响，进入恢复阶段，新的建设高潮即将开始。

根据公告，本次“中材国际”与 Dangote 集团签署的塞内加尔日产 3 000 吨水泥生产线和赞比亚日产 3 000 吨水泥生产线总承包合同，仍采用美元兑人民币锁定汇率，此举将使“中材国际”有效规避汇率变动所带来的风险，提高项目盈利的可靠性。

这两条生产线均采用国际通行的 EPC 模式，合同范围包括从石灰石破碎至水泥包装发运的整条生产线，包括工程设计，设备供货，土建施工，设备安装，试车和竣工验收等一系列工作。这两个项目分别位于塞内加尔首都达喀尔附近和赞比亚首都卢萨卡附近。

装备公司越南奠边项目竣工投产

10 月 1 日，中国建材装备有限公司总承包的越南奠边日产 1 000 吨水泥生产线项目竣工典礼在奠边项目现场举行。越南副总理张永重、奠边省委书记卢氏梅贞、省政府主席丁进勇、农行行长潘登流，装备公司总经理方芳和项目部人员，业主、咨询公司及越南各界人士共 400 余人参加了典礼。

奠边项目是装备公司在越南市场的第一条全线总承包工程，业主方为越南奠边水泥股份公司，合同范围包括设计、设备、土建、安装以及技术服务等全部内容，属于典型的 FIDIC 新黄皮书对应的“生产设备和设计－施工”的类型。项目所在的奠边地区地处越南西北边陲，东距港口 700 公里。

据介绍，奠边项目于近期一次性点火成功，各项指标均达到或优于合同规定，生产的水泥还通过了 ISO 国际质量体系认证，得到了业主及越南政府的高度认可和赞扬，被越南官方称为“越南西北地区的一颗明珠”！越方在典礼致辞中表示：中国建材装备有限公司在工程建设过程中付出了辛勤的努力，为越南奠边地区的经济发展做出了卓越的贡献！

奠边项目的竣工投产，为中越两国人民的友谊写下了浓重的一笔，同时也巩固了装备公司在越南市场的地位，并为其进一步拓展东南亚市场打下了良好的基础。

天津院老挝项目获最终验收证书

10 月，天津水泥工业设计研究院有限公司承建的老挝水泥工业有限公司日产 2 500 吨熟料水泥生产线建设工程获得业主颁发的最终验收证书（FAC）。该项目是天津院在海外执行的第一个 EPC 总承包合同。

该项目于 2004 年 11 月 26 日开始建设，项目包括从场地排雷、森林砍伐到设备调试、工程验收等生产线的建设全过程，于 2007 年 6 月 14 日进入质保期。按照合同规定，经两年时间正常生产运营后，项目通过了业主组织的中国建筑材料联合会科技教育委员会与中国建材装备有限公司组成的联合验收组的验收。为此，业主向总承包方天津院颁发了 FAC，并付清了项目余款。

据天津院方面介绍，通过该项目的实施，天津院锻炼了一批高素质的项目管理队伍，提高了在国际市场中的影响力，促进了中国人民与老挝人民的友谊，取得了预期的经济效益和社会效益。

天津院越南西宁总承包项目获 PAC 证书

10 月 17 日，天津水泥院有限公司总承包的越南西宁日产 4 000 吨熟料水泥生产线项目获得业主颁发的预验收证书（PAC），标志着该项目已正式移交业主投入商业运行。

越南西宁项目是天津院承担的第一条完整的由国际工程咨询公司监理的国外日产 4 000 吨的水泥生产线，也是越南第一个由外国公司总承包、由国家融资的大型 EPC 项目，于 2006 年 11 月 26 日开工建设，2009 年 4 月 30 日第一批袋装水泥下线，8 月 28 日，熟料烧成系统历经 72 小时性能考核，达到或超过合同规定指标。

“中材国际”境外项目获“鲁班奖”

10 月 30 日，中国建筑业协会公布了 2009 年度中国建筑工程鲁班奖（境外工程）评选结果，“中材国际”旗下“苏州中材”总承包的越南福山水泥公司日产 5 000 吨熟料生产线工程荣获“鲁班奖”。

中国建筑工程鲁班奖创立于 1987 年，以我国古代建筑方面的杰出人才和能工巧匠鲁班命名，作为全国建筑行业工程质量的最高荣誉奖，每年颁奖一次，授予创建一流工程的企业。多年来，鲁班奖已成为广大施工企业争创精品工程的目标，得到社会各界的广泛认可。

越南福山水泥公司日产 5 000 吨熟料生产线位于越南海洋省金门县金泰河与汉姆河交汇处，西距河内 70 公里，东距海防 55 公里。该项目是建设一条日产 5 000 吨熟料生产线，年产水泥熟料 155 万吨，水泥 180 万吨，由台湾幸福水泥股份有限公司在越南投资建设。

该项目是中国水泥行业在海外第一个日产 5 000 吨水泥工程总承包项目，是第一条主要采用中国装备，由中国人设计并担任工程总承包商并采用中国标准进行验收的水泥工程项目。该项目由“中材国际”旗下天津水泥工业设计研究院承担设计，苏州中材建设有限公司承担施工总承包。项目于 2003 年 10 月开工，2005 年 5 月 17 日顺利点火，并一次投料成功，12 月 21 日最终验收，投料后生产线生产一直稳定在日产 5 500 吨以上，截止到 2009 年 5 月 30 日已累计生产合格熟料 630 多万吨，熟料热耗 3 032 千焦/千克，操作稳定，各项参数正常，在同类生产线中均处于领先水平。

在一年多的工程建设过程中，公司先后克服了“非典”影响、施工条件恶劣以及国际建材价格大幅上涨等诸多困难，采用先进的施工技术，加强管理，严把工程质量，经过中越双方近千名工程建设者的艰苦奋战，终于优质、高效地完成了工程建设任务，谱写了一曲中越友谊之歌。全厂完成设备安装 13 000 吨，钢结构制作安装 15 000 吨，土建混凝土 120 000 立方米，钢筋 12 000 吨。业主对工程进度和质量非常满意。

该生产线采用了“中材国际”自主知识产权的新型干法工艺技术，主要采用中国优质水泥成套设备，并结合少量欧美设备，设计和生产工艺均达到国际先进水平。

福山项目的成功建成，标志着我国大型水泥成套设备和水泥工程施工工艺均达到一个新高度，也改变了越南人对中国水泥技术的偏见，为我国水泥行业进一步拓展越南市场奠定了坚实的基础，对以“中材国际”为首的中国水泥工程建设业快步走向国际市场产生了积极影响，具有里程碑的意义。

天津院承建越南关潮项目进入安装阶段

11 月 21 日，天津水泥院有限公司承建的第一个以联合体（EP + M）形式签订的越南关潮项目开始进入安装阶段。

关潮项目于 2009 年 3 月 23 日动工，由复兴、百腾两家土建单位参建，施工工人达 400 余人，几乎所有主要车间子项均已开工建设，且部分车间设备基础（如原料磨、水泥磨、黏土破碎车间的齿辊式破碎机以及板喂机、部分风机等）已完工并交付 Lilama 69 - 1 安装公司。

关潮水泥生产线位于越南太原省，合同范围包括石灰石破碎至水泥包装车间的工程设计、设备供货、设备安装、土建施工，技术服务及生产调试等，合同总工期为 24 个月。

该合同是以联合体形式签订的总承包合同，由越南 Bach Dang 建筑公司、越南 Phuc Hung 建筑公司、越南 Lilama 安装公司分别负责土建施工和安装工作，天津院作为承包商的总代表负责工程设计、设备供货、技术服务以及管理工作，各个承包商分别直接对业主负责。通过这一合作形式可以最大限度降低目前国际汇率波动和材料价格上涨带来的风险，并缓解越南经济不稳定所造成的压力。联合体形式的总承包项目是天津院在 EP 及 EPC 项目模式的基础上，针对现有经济形势所尝试采用的新型合作模式，开拓了工程项目承揽的新形式。

"中材建设"签署8 547.54万美元水泥生产线合同

"中材国际"下属"中材建设"和葡萄牙SECIL LOBITO水泥公司签署日产1 500吨水泥生产线PDB合同，合同金额为8 547.54万美元，运费据实结算。

"中材国际"12月26日发布公告称，公司全资子公司中材建设有限公司和葡萄牙SECIL LOBITO水泥公司签署日产1 500吨水泥生产线PDB（采购、发运和建设）合同。

该项目位于安哥拉的洛比托市，合同范围包括从原料破碎到最终水泥发运系统的工程设计、设备供货、设备安装及调试以及土建工程。合同金额为85 475 360美元（不包括运输费以及在安哥拉发生的增值税及其他税费），运费据实结算。

中越日产1 500吨水泥厂EPC合同签字仪式在河口举行

2月19日，中国云南河口瑞达经贸有限公司与越南永福省水泥有限公司日产1 500吨水泥厂EPC合同签字仪式在河口县举行。据了解，中越日产1 500吨水泥厂EPC合同项目总投资4 033.7万美元，由越南永福省水泥有限公司全额出资，在越南永福省立石县山东乡实施，由河口瑞达经贸有限公司采取EPC的形式进行总承包。

合肥院在巴基斯坦首个水泥窑纯低温余热发电项目顺利签约

2月19日，合肥水泥研究设计院与巴基斯坦菲克多水泥有限公司6兆瓦水泥窑纯低温余热发电工程承包合同签约仪式在合肥希尔顿酒店隆重举行。徐宁院长、巴基斯坦菲克多水泥有限公司主席Mr. Fecto代表双方在合同上签字。

合肥院沙特项目全面投产

4月8日，沙特当地时间14时，NAIRAN水泥公司、NESMA工程公司、"中国建材"合肥水泥研究设计院共同在Ncc粉磨站现场成功举办了沙特NA—IRAN水泥公司年产200万吨水泥工程投产庆典仪式。

NAIRAN水泥公司一、二期项目共建设两条水泥生产线。一期为一条日产6 000吨生产线，2007年建成；二期为一条日产3 000吨生产线，2008年建成。由于场地原因，NAIRAN水泥公司二期年产200万吨水泥粉磨站工程推迟到2008年3月15日才正式开工建设。

"十七冶"承建越南和苹熟料水泥生产线开工

6月22日，由中国冶金科工集团中国十七冶承建的越南和苹水泥日产1 500吨熟料生产线正式开工。这是"十七冶"2008年底承建越南缘何日产5 000吨产水泥生产线工程之后承建的第二项越南水泥工程项目，项目的顺利承接继续扩大了"十七冶"越南水泥工程建设市场。和苹水泥厂日产1 500吨熟料生产线工程位于越南和苹省，距越南首都河内约60公里。"十七冶"承建该工程的土建部分、室内给排水及电气照明工程。目前，中国"十七冶"已完成项目部组建，生产大临、生活大临建设也已完成，确保该项目顺利开工建设。

合肥院设计约旦（AMCP）日产6 000吨水泥项目顺利投产

6月30日，由合肥院承担设计的约旦（AMCP）日产6 000吨项目点火成功，7月7日顺利实现一次性投料成功，实际运行指标达到或超过设计指标要求。该项目采用了合肥院开发设计的回转窑，开发设计并成套供货的预分解系统、全套收尘装备、高低压电控系统、DCS自动化控制系统等，在生产线中均得到了很好的使用。

7月1日，项目总承包单位——中建材国际装备公司约旦AMCP项目部给合肥院发来喜报，表达了合肥院领导及参与该项目的所有工程设计人员的衷心感谢。

中国建材国际装备有限公司中标突尼斯比塞大水泥厂改造项目

6月底，中国建材国际装备有限公司中标突尼斯比塞大水泥厂改造项目，成为该行业首次成功打入突尼斯市场的国内企业。

中国建材国际装备有限公司为国资委下属企业中国建筑材料集团子公司，专门从事建材、技术装备出口和工程承包。突尼斯比塞大水泥厂（LesCimentsdeBizerte）是突尼斯惟一一家国有水泥厂，建于1956年，目前年产量为90万吨，经过此次改造，年产量将增至135万吨。该项目合同金额约为1.07亿美金，项目内容包括设计、采购、土建、培训、安装调试和试运营，总工期为24个月。

中国建材国际装备有限公司自2008年10月开始参与此改造项目的国际招标，在技术评标中，战胜多家欧洲竞争对手，受邀参加商务标投标，并最终以较大优势成功中标。此次项目中标对提高该企业国际竞争力、加强与突尼斯经贸关系，将发挥重要作用。

合肥水泥院与俄罗斯签订3亿美元合作协议

10月13日，合肥水泥研究设计院与俄方签署了价值3亿美元的合作协议。据介绍，合肥水泥研究设计院与俄罗斯RATM集团就该集团位于新西伯利亚年产130万吨水泥生产线项目签署了价值3亿美元的合作协议。

"北方国际"与俄方签署6.1亿美元水泥项目合作协议

"北方国际"10月15日公告称，公司与俄罗斯达吉斯坦共和国政府在北京签署了《建设苏尔古特里海有限公司水泥厂的承包合同协议书》。公司将设计、建造苏尔古特里海有限公司年产量为360万吨硅酸盐水泥厂总承包项目,合同协议价格约为6.1亿美元。

中国"十七冶"承建越南缘何水泥厂日产5 000吨生产线点火

12月17日,由中冶集团所属中国十七冶建设有限公司承建的越南缘何水泥厂日产5 000吨水泥生产线工程顺利点火投产。

该项目在越南属于较大的水泥生产线项目。越南政府对此十分重视,对项目建设给予大力支持。十七冶项目部从2008年12月12日土方开挖起,克服国外施工的重重困难,历时一年,优质、高效、安全地完成了他们在越南的第一个项目,展示了中国企业的形象、信誉和项目管理水平。

2009年部分余热发电项目

Partial electric power generating projects with remnant heat in 2009

江西“日江水泥”和中国“森源电气”日产2 500吨余热发电项目签约

1月12日,中国森源电气有限公司和江西日江水泥制造有限公司日产2 500吨水泥生产线余热发电项目签约仪式在江西萍乡举行。项目将于2009年2月开工,11月正式投产发电。

湖南省“石门海螺”18 000千瓦余热发电机组成功并网运行

1月15日,湖南省石门海螺公司首条余热发电机组成功并网发电。该项目投产运行大大降低了公司生产成本,有力地提升了“海螺水泥”在常德区域的市场竞争力,对推进节能减排、发展循环经济具有积极意义。

“池州海螺”三期首台18 000千瓦纯低温余热发电项目顺利通过环保验收

2月12日,安徽省环境保护局在“池州海螺”专家公寓二楼会议室主持召开“池州海螺”三期首台18 000千瓦纯低温余热发电项目竣工环保验收会。专家组通过认真察看现场,并听取了“池州海螺”和环境监测单位有关18 000千瓦余热发电机组环境保护执行情况和监测情况汇报之后顺利通过了环保验收。

安徽“芜湖海螺”2条日产12 000吨熟料生产线暨余热发电项目开工建设

2月27日,由安徽海螺集团公司投资兴建的芜湖海螺公司三期2条日产12 000吨熟料生产线及配套的36兆瓦余热发电项目正式破土动工。该项目总投资30亿元,配套的36兆瓦余热发电项目,建成投产后,芜湖海螺公司熟料总产能将突破1 500万吨,余热发电能力将增加到6亿千瓦时,成为当今世界最大的水泥熟料生产基地。同时,对加速安徽省水泥工业结构调整、推进节能减排、增加社会就业、繁荣地方经济,发挥重要作用。

“天瑞光山水泥”余热发电项目正式开工建设

3月5日,天瑞集团光山水泥有限公司9兆瓦余热发电项目举行开工建设仪式。仪式现场,伴着滚滚热浪和轰轰机器声,县委书记柴明贵宣布:天瑞集团光山水泥有限公司9兆瓦余热发电项目正式开工。县长文宗锋,天瑞集团水泥有限公司总经理郭志伟分别致辞。

广西“鱼峰水泥”4号生产线余热发电技改项目土建工程开工建设

3月18日,广西鱼峰集团4号水泥生产线余热发电技改项目土建工程正式开工,鱼峰集团董事长韦宁、总经理杨义等领导参加了开工仪式。4号生产线余热发电技改项目总投资约3 800万元,计划年内建成并网发电,建成后可实现年发电量3 350万千瓦时,实现收入1 500万元。

邢台“中联水泥”4.5兆瓦纯低温余热发电工程开工建设

3月18日,河北省“邢台中联”日产2 500吨新型干法水泥生产线4.5兆瓦水泥窑纯低温余热发电工程开工。内邱县县委书记杨爱国、县长刘飚,“邢台中联”董事长申庆山、总经理楚建华,南京凯盛公司董事长屠正瑞及有关企业负责人等出席了仪式,仪式由内邱县副县长常青主持。

“华新阳新”余热发电成功并网发电

4月12日,由大连易世达设计承建的总承包项目“华新(阳新)”水泥余热发电工程,经过7个昼夜的调试和参建各方的共同努力,顺利并网发电。设计保证发电功率为8 600千瓦,实际运行发电功率超过9 200千瓦,最高已达10 500千瓦。

“葡诚(山东)水泥”余热发电并网成功

葡诚(山东)水泥有限公司2条日产2 500吨熟料新型干法水泥生产线纯低温余热电站于2009年4月13日首次并网,目前,发电功率高达9 400千瓦。

广西“兴安海螺”二期余热发电成功并网运行

4月15日,“兴安海螺”二期余热发电成功并网运行。运行中机组所带负荷已升至15 000千瓦,各主、辅机设备运行稳定。“兴安海螺”两条熟料生产线配套的余热发电机组总装机容量为18 000千瓦。一期熟料生产线余热发电已于2008年10月初并网,二期余热发电施工与二期熟料线同步进行。

江西省“高安红狮”二线余热电站正式运行

4月18日,“高安红狮”二线余热电站宣告正式运行。该项目总投资4 959万元,年设计发电量可达4 991 $\times 10^4$千瓦时,年供电量4 617 $\times 10^4$千瓦时,相当于年节约标准煤17 388吨,减少58 018吨CO_2的排放量。

“双峰海螺”二线余热发电成功并网运行

5月11日,双峰海螺公司二线余热发电一次性成功并网运行。双峰海螺公司两条熟料生产线规划配套总装机容量为18 000千瓦的余热发电机组。一期熟料生产线余热发电已于2008年9月底顺利并网发电。

德州"中联大坝水泥"余热发电项目动工

经多方努力，德州中联大坝水泥公司水泥窑余热发电项目批复及评价、设备招标、桩基工程等前期工作准备充分，5月底正式破土动工。该项目按装机容量9兆瓦设计建设，年可发电5 645万千瓦时，能满足1/4企业用电，年可节约电费支出2 000多万元，年可节约标煤近2万吨，年可减少二氧化碳排放量5.5万吨，具有非常显著的经济效益和社会效益，对于水泥行业降低生产成本，减少环境污染，实现环保节能，都具有重要意义。

"中材太阳山"项目与"贺兰山套门沟"项目配套余热发电项目开工建设

6月18日，甘肃省吴忠市太阳山日产2 000吨新型干法油井水泥生产线及配套4.5兆瓦纯低温余热发电项目和银川市贺兰山套门沟日产2 500吨新型干法水泥生产线及配套9兆瓦纯低温余热发电项目同时开工建设。

"贵港台泥"首台余热发电机组竣工发电

7月3日，贵港台泥公司首台纯低温余热发电机组竣工运行，这台15兆瓦发电机组，总投资1.7亿元人民币，于2009年初开工建设，年可供电9 936万千瓦时，相当于年节约标煤3.6万吨。

"华新水泥"余热发电项目赤壁投产

7月19日，华新水泥赤壁有限公司余热发电工程在赤壁市正式投产，这一项目利用废气建成余热发电站，每年可少购电量4 000万千瓦时，相当每年节约1.6万吨标准煤。

浙江"中开源水泥"余热发电项目成功并网发电

8月8日，浙江中开源水泥有限公司建设的2 000千瓦的纯低温余热发电系统正式并网运行。每年可发电1 333万千瓦时，可节约标煤5 103吨。该余热项目是从2008年12月开始兴建的，总投资2 000万元。

广东"韶关昌山水泥"余热发电项目动工

位于乐昌市的韶关昌山水泥厂有限公司余热发电项目于7月30日正式破土动工，意味着水泥企业以前直接排放到大气中的生产废气将能转化为清洁能源，粤北在发展循环经济、提高资源综合利用方面迈出了新步伐。

据介绍，韶关昌泥建材有限公司是韶关市最大水泥生产企业，采用目前国际上最先进的新型干法转窑生产技术，年生产水泥100万吨，产值45 000万元，也是目前广东省八大旋窑水泥企业之一。该公司目前正在大力开展的节能清洁生产，将充分利用水泥生产过程中的低温余热，引进先进技术建设低温余热发电项目。该项目建成后，年产值1 500万元，可实现利润600多万元。

安徽庐江首家余热发电项目并网发电成功

8月28日，安徽大江水泥股份有限公司首期4兆瓦水泥余热发电项目经过两年建设，并网发电一次性投运成功；这标志着安徽省庐江县首家余热发电项目并网发电成功。

宝鸡首家纯低温余热发电项目启动发电

8月31日，陕西省宝鸡市首家纯低温余热发电项目在陕西社会水泥有限责任公司并网发电。该项目于2008年10月开始建设，由国家财政下拨250万元专项资金、社会水泥公司投资3 800万元。

"中材节能"签约天瑞集团3条水泥线余热发电项目

9月4日，中材节能发展有限公司与河南天瑞集团水泥公司在天津签订了平顶山瑞平石龙水泥公司(2条日产5 000吨)和辽阳天瑞水泥公司二线(日产5 000吨)配套的余热发电工程的设计和主机装备供货合同。"中材节能"将为天瑞集团所属3条水泥熟料生产线配套余热电站的设计和供货服务。

浙江诸暨"八方水泥"余热发电项目运行

9月12日，浙江诸暨八方水泥有限责任公司余热发电项目投入运行。该项目总投资3 800余万元，可年发电3 300万千瓦时，节约标煤1万余吨。八方水泥有限责任公司现有2条日产1 100吨熟料的新型干法回转窑生产线，采用国内较为成熟的带窑外分解炉的五级旋风预热回转窑生产工艺。该公司利用2条回转窑生产线窑头、窑尾的余热资源，新增4台余热锅炉，配置容量为4.5兆瓦的纯低温余热发电机组。该项目通过回收水泥生产过程中产生的大量余热进行发电，发出的电力回用于水泥生产，在大幅度降低生产成本的同时，节约了能源，保护了环境。

"中材节能"与"中材汉江"签定余热发电项目BOT合同

9月29日，"中材节能"与"中材汉江"在北京举行中材汉江水泥熟料生产线纯低温余热电站工程BOT合同签字仪式。"中材汉江"余热发电项目将利用该公司两条水泥熟料生产线废气余热，由"中材节能"投资建设装机7.5兆瓦的余热电站。

"易世达""广信青洲"日产2 000吨余热发电工程并网发电

10月14日，由大连易世达承揽的广东广信青洲余热发电BOT项目(日产2 000吨—5.0兆瓦)正式并网发电，平均发电功率4 500千瓦，为国内同类型窑先进水平。

盘景水泥有限公司18兆瓦余热发电机组顺利并网发电

11月10日，经过安徽省巢湖供电公司、和县供电公司专家对并网接入系统和发电机组的验收，盘景水泥有限公司18兆瓦余热发电机组顺利并网发电。

"金牛水泥"双压纯低温余热发电机组投入运行

11月22日，冀中能源集团金牛股份公司水泥厂双压纯低温余热发电机组在该厂正式投入运行。

2007年年底，金牛股份公司投资5 000多万元建设水泥厂余热发电项目，充分应用两条熟料生产线窑头、窑尾排放的废气余热资源进行发电。该项目总装机容量9 000千瓦，年发电5 600万千瓦时，年供电量5 200万千瓦时。该项目并网运行后，使水泥能源应用率进步到95%以上，每年可节约标煤2万多吨，减排二氧化碳5万吨，创效益1 000多万元，被国家发改委列为资源勤俭和环境维护重点项目。

中国水泥厂公司24兆瓦余热发电技改项目通过质监及竣工验收

12月7~8日，中国水泥厂公司24兆瓦余热发电技改项目启动试运及竣工验收质量监督检查会议在公司顺利召开，江苏省电力质监站领导汪建玉等专家组一行10人分别从土建、锅炉、汽轮机、电气、热控、化环等方面对公司24兆瓦余热发电项目投入试运后进行质量监督检查，帮助公司不断完善余热发电机组安全运行流程。

参加现场质量监督检查的各位专家分组现场查验的设备运行情况，对机组高效运行的成绩给予了高度评价。中国水泥厂公司24兆瓦余热发电机组经过近一年的试运行，机组运行稳定，机组随机运转率连续多月实现100%，吨熟料发电量达到42千瓦时，各项技术指标不仅达到设计要求，而且部分指标处于国内先进水平。

河南郏县“中联天广”9兆瓦余热电站开工建设

12月7日，河南郏县中联天广水泥有限公司9兆瓦纯低温余热电站项目正式开工建设。

河南郏县“中联天广”9兆瓦纯低温余热发电项目总投资6 694万元，项目建设规模为一套9兆瓦低温余热电站系统。包括：水泥窑窑头二台AQC余热锅炉、窑尾二台SP余热锅炉；锅炉给水处理系统；汽轮发电机系统；电站循环水系统；站用电系统；电站自动控制系统等。通过余热锅炉将废气中热能转化为高温过热蒸汽，推动汽轮发电机组发电。项目建成后可望年发电量61 200 × 10^3千瓦时，年供电量56 920 × 10^3千瓦时，年折合节约标准煤2.26万吨，年减少CO_2排放量6.5万吨。所发电量完全供应本公司日产4 500吨熟料水泥生产线使用，实行并网不上网。

项目建设周期为10个月，项目的实施，不但可以利用余热发电，同时也能节能减排、降低生产成本、改善环境，提高企业综合经济效益。符合国家节能减排、资源综合利用的产业政策。

重点企业集团动态

New move of key enterprise groups

亚泰集团成功引资21.32亿元

1月8日，备受关注的亚泰集团与爱尔兰"CRH"公司合资合作项目，终于划上圆满句号。按照双方签订的战略合作协议，"CRH"中国东北水泥投资有限公司购买吉林亚泰（集团）股份有限公司的全资子公司——吉林亚泰集团水泥投资有限公司26%的股权，对价总值为人民币21.32亿元，并合资经营。亚泰集团持有吉林亚泰集团水泥投资有限公司74%的股权，爱尔兰"CRH"公司持有吉林亚泰集团水泥投资有限公司26%的股权。

吉林亚泰集团水泥投资有限公司的成立是中国500强企业与世界500强企业共同发挥聪明才智，本着"相互尊重、相互平等、优势互补、互惠共赢"的原则，历经3年的磋商谈判所取得的丰硕成果。它标志吉林省又一个大型中外合资企业的诞生，也是又一个世界500强企业落户吉林省。同时也标志着东北地区建材行业进入了一个新的发展阶段，具有里程碑意义。

双方合作成功是吉林省、长春市招商引资工作所取得的又一重大成果，是吉林省、长春市近两年来利用外资一次性到位最大的合作合资项目。爱尔兰"CRH"公司在全球经济不景气的背景下进入中国市场，是对未来中国经济发展前景的认可，是对吉林省、长春市投资环境的认可，同时也更加坚定了战胜经济危机，保持经济平稳较快发展的信心。

目前，吉林亚泰集团水泥投资有限公司总资产为27.43亿元，有8家子公司，拥有4座储量为17.8亿吨的石灰石矿山，10条新型干法窑外分解熟料生产线，32条水泥粉磨生产线，水泥、熟料年产能2 300万吨，占东北三省水泥熟料总产量的五分之一，是东北三省最大的水泥熟料生产企业。该公司产品包括石灰石、水泥熟料、水泥、商品混凝土、水泥包装制品五大类30多个品种；经过多年培育，已形成了一个中国驰名商标"鼎鹿"牌，两个省级著名商标"天鹅"牌和"龙潭山"牌。

股权交割仪式的成功，标志着双方合作的正式启动。

我国自主成套装备万吨线在徐州中联奠基

1月18日，徐州中联水泥有限公司二期日产10 000吨熟料生产线配套纯低温余热发电综合工程奠基仪式隆重举行。江苏省副省长、徐州市市委书记徐鸣，中国建筑材料联合会副会长、中国水泥协会会长雷前治，中国建筑材料集团公司董事长、党委书记兼中国建材股份有限公司董事局主席宋志平，徐州市委常委、常务副市长李荣启，徐州市委常委、秘书长夏文达，"中国建材"副总裁、中国联合水泥集团有限公司董事长崔星太等出席奠基仪式。

"徐州中联"二期日产10 000吨熟料生产线配套纯低温余热发电综合工程是根据中国建材集团与徐州市人民政府签订的战略合作协议，经江苏省经贸委核准的重点工程项目。该项目由南京凯盛水泥设计院设计，并由中国建材集团所属企业提供国产化成套装备，采用国产化自行开发、设计优化、更为适用的双系列五级旋风预热器，带在线双喷腾式分解炉的新型干法熟料生产线，并同步配套建设年供电量11 308万千瓦时的纯低温余热发电系统。项目建成后，将年产商品熟料310万吨以上，总节能量将达到8.24万吨标准煤。

中材集团徐州公司新厂项目开工

1月21日，徐州经济开发区12个重点项目集中开工典礼在被设为惟一主会场的天津院中天仕名徐州公司新厂建设工地隆重举行。徐州公司节能环保水泥装备制造项目被列为第一个重点项目，同时举行开工典礼。

江苏省副省长、徐州市委书记徐鸣，徐州市人民政府市长曹新平，徐州市政协主席庄华平，徐州市委常委、徐州经济开发区主任秦景安等领导同志出席开工典礼。中国中材国际工程股份有限公司总裁王伟，天津水泥工业设计研究院有限公司董事长兼总经理于兴敏，天津水泥工业设计研究院有限公司副总经理、中天仕名科技集团有限公司总经理隋明洁，中天仕名（徐州）重型机械有限公司总经理傅强等领导应邀参加开工典礼，并在主席台就座。徐州公司300余名职工穿着整齐的工作服，列队参加了开工典礼。

亚泰集团将在通化市投资10亿元启动水泥等项目建设

2月2日，亚泰集团与通化市人民政府在长春签署合作协议，按照协议，到2011年，亚泰集团将在通化地区投资10亿元，启动水泥、医药、煤炭等一系列重大项目建设。

当日上午，亚泰集团董事长宋尚龙与通化市市长隋忠诚共同签署了合作协议。根据协议，亚泰集团将以投资收购通化特水集团为基点，在收购完成后，投资建设1条日产5 000吨的水泥熟料生产线，并通过技术改造，使"通化特水"成为年产500万吨熟料、水泥的大型水泥生产企业。

四川“峨胜水泥”产能将突破千万吨

从四川峨胜水泥股份有限公司获悉，随着该公司四期、五期2条日产4 600吨新型干法水泥熟料项目的开工建设，到2009年年底，该公司水泥产能将达到1 100万吨，成为四川省首个在同一区域形成千万吨级的企业。

早在2000年，四川峨胜水泥公司在进行立窑环境综合治理时就拆除了一台小口径机立窑，淘汰落后产能10万吨；2006年又拆除了1条机立窑生产线，淘汰落后产能10万吨。2007年10月30日，拆除3台机立窑，淘汰落后产能35万吨。

据该公司董事长、总经理熊建华介绍，新开工的2条日产4 600吨新型干法水泥熟料项目位于峨眉山市罗目镇高枧村，总投资13亿元，设计产能400万吨；配套建设的23兆瓦纯低温余热发电站，年可发电1.6亿千瓦时。项目在2009年年底建成投产后，新增水泥年产能400万吨，年新增销售收入18亿元、利税5亿元。

“中国建材”获“中国建行”108亿元授信支持

2月13日，“中国建材”与中国建设银行战略合作协议以及“中国建材”与中国建设银行北京分行并购贷款框架协议签字仪式在京举行。原建设银行行长、“中国建材”独立董事周道炯，国务院国有重点企业监事会主席崔世安，中国建材集团公司外部董事姜均露，中国建材集团董事长、“中国建材”董事局主席宋志平，中国建设银行副行长朱小黄，中国建设银行集团客户部总经理章更生、业务副总监张力铮等出席签字仪式；宋志平、朱小黄分别致辞，周道炯作重要讲话；中国建材集团董事、中国建材总裁曹江林，中国建设银行批发业务总监顾京圃，中国建设银行北京市分行副行长龚毅代表各方在协议上签字。

根据协议约定，中国建设银行将在5年内向“中国建材”提供合计108亿元人民币的授信额度，以及相关的金融服务。中国建设银行北京分行授予“中国建材”的20亿元并购贷款额度。据了解，108亿授信将主要用于“中国建材”重大联合重组、投资、生产经营等。

“山水水泥”产能将增2 000万吨

作为山东省大型水泥企业，面对当前的金融危机，“山水水泥”董事长张才奎在山东两会上透露，“山水水泥”将在整个行业低迷期，加快重组兼并的步伐。2008年以来，“山水水泥”投资30亿元开工18个项目，2009年确保全部建成后将新增产能2 000万吨。

2008年，山水集团的熟料和水泥总产量4 585万吨，同比增长47%；销售收入115亿元，同比增长70%。2009年，其总体思路“三保一降”，即保利润、保增长、保市场、降成本。对外，是开展市场攻坚年；对内，是开展管理转型年；对未来，是开展项目发展年。重点做好四件大事：加快项目建设和兼并重组；开拓市场、提高销量；继续“蹲马步”，练好管理基本功；内部捂紧“钱袋子”，保持健康的现金流。

张才奎认为，“保增长、扩内需”的政策让其感觉“山水水泥”面临四大有利条件。首先，国家出台的“十条措施”和4万亿元投资计划后，山东省也出台8 000亿元投资计划，该省2009年投资将不低于1.6万亿元。张才奎表示，随着国家和省市投资计划的启动，最先拉动起来的行业就是水泥行业。其次，增值税改革有利于企业降低投资成本。再次，山东省2009年将淘汰1 025万吨立窑水泥，这将为新型干法水泥腾出新市场，新型干法水泥产能在该省的比重已超过50%。最后一个有利条件就是各种原材料，特别是煤炭价格趋于平稳，减少了成本压力。

张才奎表示，2009年山水集团不裁员、不降薪，而且还要增长15%左右，坚决履行好自己的社会责任。

瑞安集团获“农行”130亿元授信

瑞安集团2月12日在上海与中国农业银行股份有限公司签署战略合作协议。根据协议，农行将为“瑞安”提供总额高达130亿元的3年期意向授信额度，其中80亿元将用于“瑞安”房地产项目发展，另外50亿元将用于“拉法基瑞安水泥”及“中华汇”的项目发展。

该协议的签署进一步表明银企双方对整体市场长远发展充满信心；同时“瑞安”将通过与“农行”长期深入的合作关系进一步扩大行业领先优势，为投资者和客户创造更多的价值。

瑞安集团主席罗康瑞表示：“农行给予“瑞安”旗下综合业务发展高额信贷的支持，充分表明对“瑞安”卓越实力和优质信誉的认可。我们始终着眼于市场的长远发展前景.在目前全球经济的调整阶段也继续推进各项业务的发展，“农行”的支持将给予我们更强大的发展动力。相信随着市场逐渐回暖，广大投资者和消费者将会体验到瑞安更全面的优质服务，我们长远的增值服务价值也将更加凸显。”

各行业目前都面临全球范围的金融危机，而“瑞安”秉承着优质、卓越及创新的品牌理念，积极开拓进取，旗下各公司运营良好。集团2008年水泥业务产能达到2 400万吨，2009年增加600万吨。

亚泰集团水泥熟料产能迈上新台阶

2月21日，亚泰集团年产2 300万吨扩建一期工程在吉林双阳正式竣工投产。该工程竣工投产后，将使“亚泰”熟料产能达到2 600万吨，标志着亚泰集团水泥产业综合实力进一步提升、企业发展后劲明显增强，对巩固亚泰集团水泥产业在全国水泥10强和东北地区同行业第一的优势地位、推进区域水泥结构优化调整、拉动地方经济发展、振兴东北老工业基地，具有重要意义和深远影响。吉林省省委书记王珉，省长韩长赋，省委常委、长春市市委书记高广滨，省委常委、省委秘书长房俐，长春市副市长肖万民等出席竣工投产仪式并剪彩。

亚泰集团年产2 300万吨水泥扩建一期工程包括一条日产5 000吨新型干法水泥熟料生产线、一套年产120万吨水泥粉磨系统、一套石破碎及输送系统、一套9兆瓦纯低温余热发电系统和14座大型水泥库，兼具矿石开采、熟料生产、水泥生产、余热发电、水泥仓储五大功能，实现了经济效益、环保、循环发展的和谐统一。

该项目在东北地区首次采用了国产化大型水泥生料立磨，一举改变了国内大型水泥生料立磨需要从国外引进的局面。该大型立磨在技术和成本方面具有明显优势，与同规格进口立磨相比，每台节约一次性投资1 700万元；与管磨相比，每吨生料可节约用电10千瓦时（吨水泥节约用电15千瓦时以上），给企业带来了明显的成本优势。

该项目配套的纯低温余热发电系统在熟料烧成系统运行平稳后也将并网投入运行。这套配套纯低温余热发电系统采用日本川崎重工技术，吨熟料发电量可达到40千瓦时以上，预计投产后"亚泰水泥"双阳公司可年新增发电量6 840万千瓦时，将进一步推动该公司的节能减排和资源综合利用工作。

该项目配套建设的14座钢板水泥储库，每座钢板库高35米、直径28米、可储水泥2万吨。

2009年，按照"在资源地建熟料生产线、在市场地建粉磨站"、"一线、两带、北进南扩"的发展战略，亚泰集团将继续发挥管理、品牌、资金、资源和规模等优势，积极加大项目建设力度，在长春双阳等地再扩建若干条日产5 000吨熟料生产线和水泥粉磨系统，稳步推进水泥产业的低成本扩张，进一步整合东北三省水泥企业，整合煤炭等上游资源，发展水泥深加工等高附加值产品，不断提高水泥生产的集中度、市场调控能力和市场占有率。

"南方水泥"签订湖南高速公路300万吨水泥供货合同

"中国建材"旗下湖南南方水泥有限公司与湖南省高速公路管理局广信投资有限公司签订全面战略合作协议。根据协议，湖南省即将开工建设的所有高速公路所需水泥将全部由"湖南南方"提供。2009年1月起，广信公司向"湖南南方水泥"的首批采购水泥合同为300万吨，该批供货合同于2009年完成。

资料显示，湖南高速公路管理局2008年已开工建设11条高速公路，2009年还将开工建设18条高速公路，2010年规划开工16条，投资总额达3 500亿元。根据规划，到2012年，湖南省将建成高速公路5 800公里。未来2至3年，湖南省高速公路工程的水泥需求量将超过3 000万吨。

"华新水泥"荣膺中国优秀诚信企业

1月10日，在由中国企业家联合会、中国企业家协会举办的2009年全国企业诚信建设大会上，"华新水泥"等企业被授予"2008年度中国优秀诚信企业"称号。"华新水泥"总裁李叶青等2家企业代表在大会上作了典型经验发言。

李叶青说，公司将继续以诚信经营直面金融危机，奋力开创新百年。"十一五"末，公司水泥年产能将达8 000万吨，继续保持规模、技术、环保、效益在全国同行业的领先地位，努力成为具有国际竞争力的水泥航母企业，并向国际水泥著名品牌迈进。

"海螺"加速进军大西南

新年伊始"海螺水泥"发布公告，变更募集资金投向，新的方向主要投资于西部区域的项目。考虑到市场原因和支持地震灾后重建，满足水泥市场需求，公司决定加快推进四川、重庆地区的项目进程。

公司拟变更的投资项目：(1)"宣城海螺"2×18兆瓦余热发电项目中的第2套18兆瓦余热发电项目；(2)"英德海螺"2×18兆瓦余热发电项目；拟改变募集资金用途的资金和节余的募集资金总额为120 123万元。

西部的四川和重庆地区，随着灾后重建的加速推进，未来3～5年对水泥的需求将会明显增加。此外，西部地区落后水泥产能比例还很高，未来淘汰的空间还非常大，所以在西部发展新型干法水泥市场前景将非常广阔。

"中国建材"成功配股筹资逾21亿元

"中国建材"通过配股筹集逾21亿元资金，成为2009年首只成功配售集资的H股。

"中国建材"宣布，已完成按每股7.85元配售3亿股H股，集资23.44亿元，净额20.94亿元，将主要用作偿还债务、收购及投资的资金，余款作一般营运资金。配股包括2.73亿股H股来自"中国建材"，以及由国有股东向社保基金转发相同数目之现有国有内资股兑换而成之2 582.78万股H股。

此次配股成功有效地降低了"中国建材"的负债率，并保证了"中国建材"的资金链。

陕西尧柏水泥公司两个项目签约

2月19日，陕西尧柏特种水泥有限公司与苏州中材建设有限公司，在西安就汉中尧柏水泥有限公司（洋县）日产5 000吨熟料水泥生产线一期工程建设和汉中勉县尧柏水泥有限公司日产2 500吨熟料水泥生产线工程建设项目总承包举行签约仪式。陕西尧柏特种水泥有限公司董事长张继民和苏州中材建设有限公司董事长沈军出席签约仪式并致辞。

"日照中联"成功签订水泥出口协议

为积极应对全球金融危机，弥补国内市场低迷的不足，2009年以来，"日照中联"凭借临海近港的独特优势和过硬的产品质量，全面启动国际贸易，取得了明显成效。继春节期间完成4万吨水泥出口后，2009年2月14日，又与客户签订了全年30万吨水泥出口大单和首批2.5万吨水泥出口合同。

"芜湖海螺"两条日产12 000吨生产线开工

2月27日,"芜湖海螺"两条日产12 000吨熟料生产线暨36兆瓦余热发电项目开工庆典仪式隆重举行。此次开工的两条目前世界上规模最大、技术最先进的日产12 000吨熟料生产线及配套的36兆瓦余热发电项目,总投资30亿元,建成后芜湖海螺水泥有限公司单产规模、竞争实力和经济效益将得到大幅度提升,成为当今世界最大的水泥熟料生产基地,成为科技创新、节能减排、和谐发展的示范企业,将对推动安徽省水泥工业结构调整、技术进步、加大节能减排和繁荣地方经济、助推安徽崛起发挥巨大的示范作用。

"冀东水泥"与重庆"金桥"组建水泥公司

3月9日,"冀东水泥"与重庆金桥水泥有限责任公司约定共同出资在重庆市江津区油溪镇组建冀东水泥重庆江津有限责任公司。项目投产后,将形成年产新型干法水泥300万吨生产能力,项目预计投资总额约为8.5亿元。

"祁连山"增资9 000万新建水泥生产线

"祁连山"3月9日公告,为有效整合天水及陇东南区域市场,公司决定对全资子公司甘谷祁连山水泥有限公司增资9 000万元,在厂区北面建设一条日产3 000吨新型干法水泥生产线。

该项目以甘谷祁连山水泥有限公司为主体建设,总投资45 468万元。该项目有效建设期12个月,项目建成后预计年可实现销售收入3.15亿元,年可实现利润9 582万元,投资利润率21.07%。目前该项目已经开工建设。

另外,公司还以自筹资金出资191万元收购全资子公司天水祁连山水泥有限公司所持甘肃天水鸳鸯水泥销售有限公司100%的股权。

"华新"年产300万吨新型干法生产线在四川开工

2月18日上午,总投资7亿元的"华新水泥"年产300万吨熟料新型干法水泥生产项目在四川省万源市官渡镇正式开工。该项目一期工程将建设一条日产2 500吨新型干法熟料水泥生产线和配套4.5兆瓦纯低温余热发电项目。

中材集团获民生银行90亿元授信

4月7日,中材集团与中国民生银行在北京签署了战略合作协议,根据协议,民生银行将为中材集团提供总额90亿元的授信额度,以支持中材集团的发展,包括在北方的并购重组以及加强在西北地区的市场控制力。

中国建材集团与光大银行签署战略合作协议

4月8日,中国建材集团与中国光大银行100亿元战略合作协议、南方水泥有限公司与中国光大银行杭州分行50亿元综合授信协议在杭州西湖国宾馆签署。

此次中国建材集团与中国光大银行银企合作协议的签定,是在国家4万亿投资拉动经济增长的利好刺激下,促进银行和企业互惠合作、共赢发展的有力举措;是在国际金融危机背景下强化经济金融合力发展,保增长、促发展、促进产业升级和结构调整的实际行动。

中材集团获光大银行百亿元授信

4月13日,中材集团与中国光大银行在北京签署战略合作协议。根据协议,光大银行将为中材集团提供总额100亿元的授信额度。

中材集团总经理、"中材股份"董事长谭仲明,光大银行行长郭友代表双方在合作协议上签字。

"祁连山"定向增发终获通过

甘肃祁连山水泥集团股份有限公司非公开发行股票申请于2009年4月15日经中国证券监督管理委员会发行审核委员会审核通过。

"海螺水泥"在祁阳投资15亿元建水泥生产线

4月26日,在合肥举行的皖湘籍企业座谈会上,安徽"海螺"湖南祁阳500万吨水泥厂项目也正式签约。按约定"海螺水泥"将投资15亿元在永州祁阳兴建日产5 000吨新型干法水泥生产线。

"赛马实业"6.7亿上马两条水泥生产线

"赛马实业"4月22日晚公告,董事会同意两子公司斥资6.7亿元分别建设2条水泥生产线及相关配套设施。其中,"赛马实业"全资子公司乌海赛马水泥有限责任公司("乌海赛马公司")在内蒙古乌海市利用工业废渣建设1条日产2 500吨新型干法水泥生产线,同时配套建设一座装机容量为4.5兆瓦纯低温余热发电站;该项目预计总投资为35 010.49万元;包括建设投资31 610.49万元,正常年项目所需流动资金为3 400万元。

该项目建设期一年,2009年5月开工建设。该项目建成并稳定生产产品后,预计年产熟料77.5万吨,年产水泥100万吨。年发电量为2 945 $\times 10^4$ 千瓦时,年供电量为2 717 $\times 10^4$ 千瓦时,年销售收入29 170万元。

另外,"赛马实业"控股子公司宁夏青铜峡水泥股份有限公司("青水股份")在宁夏吴忠市建设2条日产2 000吨新型干法油井水泥生产线及配套2×4.5兆瓦纯低温余热发电项目一期工程,即建设1条日产2 000吨新型干法油井水泥生产线及配套4.5兆瓦纯低温余热发电项目。该项目预计建设总投资为31 954.37万元,建设期1年,也计划于2009年5月开工建设。该项目建成并稳定生产产品后,预计年产熟料62万吨,年产水泥65万吨,年发电量为3 062 $\times 10^4$ 千瓦时,年供电量为2 817 $\times 10^4$ 千瓦时,年销售收入26 000万元。

"华新"西藏二期项目全面启动

5月10日，华新水泥(西藏)有限公司二期日产2 000吨新型干法熟料水泥生产线项目全面启动，目前工程土建施工及设备制造等工作正稳步进行，预计项目于2009年底基本建成，2010年正式投产。

华新西藏公司一期工程于2005年8月正式投产，项目建成后，公司淘汰了能耗高、污染严重、产品质量差的立窑企业，每年削减污染物排放量2 000吨，大大地改善了当地的环境，提高了产品档次和工程建设质量，有力地推进了西藏水泥工业结构调整的进程，实现了良好的社会效益和经济效益。

该公司二期日产2 000吨新型干法熟料水泥生产线项目为西藏自治区2009年重点工业建设项目，设计产能是年产熟料60万吨，年产水泥80万吨，项目建成投产后，华新水泥(西藏)有限公司生产能力将达到120万吨以上，届时将对优化整个西藏水泥工业格局和进一步促进地方经济建设将起到积极作用。

"象山海螺"年产440万吨水泥粉磨项目一期主体工程顺利开工

4月28日，"象山海螺"年产440万吨水泥粉磨站项目一期主体工程开工仪式在"象山海螺"厂区隆重举行。

浙江省宁波市委常委、副市长余红艺、市政府副秘书长陈炳荣、市发改委副主任谢月娣、宁波市建材局原局长鲍新才、地方政府班子成员、海螺集团副总经理李顺安、区域常务副主任汪纯健、区域副主任刘庆生及地方政府相关职能部门，项目监理施工单位、浙江区域各公司班子及"海螺"员工共500余人参加了开工仪式。

"中国建材"整体部署管理整合工作

5月15日，中国建材股份有限公司(以下简称"中国建材")在上海召开管理整合工作会议。中国建材集团董事长、"中国建材"董事局主席宋志平高度肯定了"中国建材"过去一年来管理整合取得的成果，对今后管理整合提出了新的要求。"中国建材"总裁曹江林对管理整合工作做了整体部署。

"山水"、"中联"将整合山东水泥企业

5月24日从山东省建设部门获悉，根据《山东省建材工业调整振兴指导意见(2009－2011年)》，"山水"、"中联"两大水泥集团将通过兼并重组、联合等方式对全省水泥企业进行整合，到2011年，两大企业集团年生产能力均达到5 000万吨左右。

据悉，2008年山东省水泥产量1.39亿吨，位居全国第一。今后，山东省将实施名牌战略和标准化战略，依靠技术进步，加快结构调整，推进节能减排，发展循环经济，保持建材工业平稳较快发展。山东省确定，到2011年建材工业实现销售收入4 500亿元，年均增长15%以上，效益指标继续保持全国建材行业领先地位。基本淘汰立窑水泥生产线，逐步淘汰日产1 000吨以下的干法水泥生产线。同时，建立国家级企业技术中心2个、省级企业技术中心8个。争创中国名牌10～15个、山东名牌100个。

山东省要求，控制总量，优化布局，形成集中生产熟料、合理配套粉磨的生产格局。根据各地资源禀赋、交通运输条件、环境保护要求和城市发展规划，在控制全省水泥熟料生产能力的前提下，进一步优化熟料生产线布局，打造枣庄、临沂等六大新型干法水泥熟料生产基地。合理布局水泥粉磨站，鼓励"山水"、"中联"两大水泥集团，充分发挥技术、管理、资金、市场优势，通过兼并重组、联合等方式对全省水泥企业进行整合。

杭州水泥企业5月28日起集体停窑12天"停产保价"

面对市场竞争，浙江水泥价格战愈深愈烈。省内大部分水泥企业目前都处在盈亏平衡点以下。2006年底，浙江省成立了水泥行业自律协会，区域企业根据库存量和市场需求通过协调停产限产来保住价格。2009年年初，浙江就曾有过近一个月的集团"限产保价"措施。为了避免价格战开打，杭州地区水泥企业不得不再度举起"停(限)产保价"的旗幡，从5月28日集体停窑12天。价格低迷的背后是浙江水泥产能过剩。有关数据显示，浙江目前水泥产能约为1.4亿吨，2008年在全省水泥仅开工七成，产销量约为1亿吨，造成4 000万吨的供需缺口。

"华新水泥"2008年企业社会责任报告发布

5月18日，"华新水泥"2008年企业社会责任报告发布会在武汉举行，这是"华新水泥"第二次发布社会责任报告。"华新水泥"党委副书记纪昌华在发布会上表示：大型水泥企业在公司发展过程中必须承担自己的企业社会责任，在承担责任的过程中也将促进企业做大做强。

"华新水泥"2008年在中国水泥行业首次公开发布企业责任报告，报告从可持续发展、服务社会和保护员工权益等方面阐述了公司的社会责任，初步建立了合资公司企业社会责任报告的模式，分别包括科学发展、员工发展、环保和节能减排、安全生产、服务社会、科技创新、沟通交流等。

"鱼峰水泥"：捐赠水泥支援边远地区

5月28日，"鱼峰水泥"为支持位于柳州边远贫困地区侗乡少数民族经济的发展，策划了本次活动，捐赠水泥500吨(价值人民币20万元)，此次活动得到了中国水泥协会的热烈支持，中国水泥协会会长雷前治指出："鱼峰水泥"这次活动对水泥行业很有影响，是企业承担社会责任感的具体表现，尤其是在当前金融风暴下，这次活动更有其意义。

中材集团与安徽省结成长期战略伙伴

5月17日，中材集团在合肥与安徽省政府签署了战略合作协议，双方一致同意建立长期战略合作关系，并透

露了高达 100 亿元的合作意向。安徽省省委副书记、省长王三运出席签字仪式并致辞；中材集团总经理、中国中材股份公司董事长谭仲明与安徽省副省长黄海嵩代表双方在战略合作协议上签字；签字仪式由安徽省政府秘书长方宁主持。

"中材国际"入选 2009 中国上市公司市值管理百佳榜

5 月 24 日，第三届中国上市公司市值管理高峰论坛暨 2009 中国上市公司市值管理百佳榜颁奖盛典在北京举行。会上揭晓了 2009 年度中国上市公司市值管理百佳榜，中国中材国际工程股份有限公司入选百佳榜，排名第 44 位。

高峰论坛同时还发布了 2009 年度中国最佳创富领袖奖、中国最佳创富 IR 奖、中国最佳创富创新奖和中国最佳创富服务奖。"中材国际"总裁王伟获 2009 年度中国最佳创富领袖奖，"中材国际"副总裁兼董事会秘书蒋中文获 2009 年度中国最佳创富 IR 奖。王伟代表获奖嘉宾在高峰论坛发表了即兴演讲。

2009 中国上市公司市值管理百佳榜是由国内权威的上市公司市值管理的研究机构——中国上市公司市值管理研究中心和《经济观察报》联合发布的。本次评选采用中国上市公司市值管理研究中心研发的上市公司市值管理绩效评价体系，结合全部中国 A 股公司的 2008 年经营业绩和市值表现，从价值创造、价值实现和价值关联度 3 个方面，对上市公司市值管理绩效进行综合分析，最后根据客观得分产生上市公司市值管理排名。

"台泥"600 万吨粉磨站落户东莞

6 月 3 日，从广东东莞望牛墩镇传来招商喜讯，首期投资 1 亿美元、总投资额 15 亿元人民币、年生产能力将达到 600 万吨的熟料水泥磨粉项目正式落户该镇，而这也是东莞迄今引入的首期投资额最大的外资项目。台泥国际集团目前在广东、安徽、福建和广西等地均设有水泥厂。上述项目完全投产后，年生产能力将达到 600 万吨。据悉，该公司还计划将其旗下的物流企业、电子项目等进驻该镇，并初步有意向在该镇建设台泥华南地区总部。

"同力水泥"增发方案通过

5 月 19 日，"同力水泥"公告称，公司向大股东河南投资集团的增发方案获得有条件通过，并开始进入程序阶段。这是距离年初增发方案意外被否 3 个多月后，"同力水泥"增发终于获得通过。

中材集团董事会试点全面启动

经国资委决定并报国务院同意，中国中材集团公司进行董事会试点，公司名称变更为中国中材集团有限公司。6 月 8 日，中材集团召开干部大会，国务院国资委企业领导人员管理二局局长姜志刚、副局长张志强出席会议。

张志强在会上宣读了国务院国资委和国资委党委的任职通知：谭仲明任中国中材集团有限公司董事长，于世良任副董事长，刘志江任董事，杨育中、张来亮、张秋生任外部董事；于世良任中国中材集团有限公司党委书记，谭仲明任副书记，张江任副书记、纪委书记，刘志江、张海、李建伦、于国波、周育先、徐卫兵任党委常委；推荐刘志江为总经理人选，张海、李建伦、于国波为副总经理人选，徐卫兵为总会计师人选。

姜志刚随后发表重要讲话。他在讲话中充分肯定了中材集团近年来改革发展、生产经营、党建工作和班子建设所取得的成绩，介绍了中央企业试点工作的情况，阐述了董事会试点工作的重要意义，并代表国资委和国资委党委对中材集团新一届领导班子提出三点希望和要求：一是要充分认识开展董事会试点工作的重要意义。国资委决定在中央企业进行国有独资公司建立和完善董事会的试点工作，这是具有全局性和根本性的一项重大改革，是国资委认真贯彻党的十六大、十七大精神，进一步深化国有企业改革，完善法人治理结构，加快建立现代企业制度的重大举措。试点企业从体制上发生了根本性变化，必将对发展产生重大的影响。要理解国资委推进试点工作的信心和决心，建立有效的规章制度和运行规则。二是要深入贯彻落实科学发展观，推动企业又好又快发展。要以建设具有国际竞争力的大企业集团、进入世界 500 强为目标，发挥国有经济的控制力、影响力。要理顺管理体制，抓基础、练内功，在生产经营、自主创新、基础管理、人才培养、文化品牌塑造等方面体现"国家队"的实力，引导行业发展。三是要以"四好班子"建设为目标，提高领导班子凝聚力、战斗力。要进一步加强领导班子思想建设、能力建设、组织建设和作风建设，把各级领导班子建设成为"政治素质好、经营业绩好、团结协作好、作风形象好"的坚强领导集体。要讲政治、讲大局，团结协作，清正廉洁，坚持民主集中制原则，科学决策，民主决策，引领企业科学发展、又好又快发展。

"中国建材"获中国银行北京分行 120 亿元综合授信

6 月 15 日，"中国建材"与中国银行北京分行全面战略合作协议签字仪式在京举行。这是继与中国建设银行、中国民生银行缔结战略合作伙伴关系之后，中国建材股份有限公司（以下简称"中国建材"）又成为中国银行北京分行的战略合作伙伴。中国建材集团董事长、"中国建材"董事局主席宋志平，中国银行北京分行行长董建岳致词。"中国建材"总裁曹江林、中国银行北京分行行长助理臧新军代表双方在协议上签字。

按照协议，中国银行北京分行与"中国建材"将共同探讨新的金融服务产品和新的服务领域，并积极进行金融创新。中国银行北京分行承诺，成立专门的服务团队，开辟绿色通道，按照"中国建材"的战略规划，为其提供个性化服务，并提供120亿元综合授信和融资金额，且在符合规定前提下给予优惠利率。

5亿元入股"祁连山"中材集团稳步推进北方战略

6月16日，中材集团旗下中材股份有限公司发布公告称，已与甘肃祁连山水泥股份有限公司签署股份认购协议，出资5.010 5亿元，以每股9.11元的价格认购"祁连山股份"5 500万股，占"祁连山"发行后股本的11.58%，成为"祁连山"第二大股东。

"祁连山"本次非公开发行7 900万股，对象为不超过10名的特定投资者，募集资金主要用于在甘肃和青海建设2条水泥生产线及1条余热发电生产线。

"祁连山"是中国西北地区主要水泥生产企业之一，是甘肃省最大的水泥生产企业，水泥年产能800万吨。2008年"祁连山"实现销售收入18亿元，归属于母公司所有者的净利润1.76亿元。

"中材股份"看好中国西北地区的水泥市场，长期以来潜心布局西北，目前在西北地区，旗下已拥有"天山股份"、"赛马实业"两家上市公司，在西北控制的产能超过1 800万吨，目前已经占有新疆40%的市场和宁夏60%的市场，是西北地区最大的水泥生产商，"中材股份"在西北地区正在实施的产能扩张计划也极为庞大，在建和拟建的产能超过1 400万吨。

"祁连山"的业务区域主要集中于甘肃、青海和西藏地区，与"中材股份"在新疆、宁夏、陕西的原有布局形成有力互补，"中材股份"此次大手笔入股"祁连山"，是落实其北方水泥战略的重要步骤，将使其在西北的发展占据更有利的位置，进一步促进西北地区水泥市场的健康发展。

"冀东水泥"拟投20亿推进沧州建材工业结构调整

7月16日上午，河北沧州市政府与河北冀东水泥集团有限责任公司签订了战略合作框架协议，协议商定：未来3到5年，冀东水泥集团将在沧州市投资近20亿元，发展水泥、商品混凝土、水泥制品等产业，推进该市建材工业结构战略性调整。

按照协议，冀东水泥集团将结合沧州市化工、钢铁等产业发展状况，在该市分期建设年产600万吨水泥粉磨站和熟料生产线项目，消纳钢渣、粉煤灰等固体废弃物，促进沧州水泥产业结构调整，推动循环经济产业发展；此外，集团还将在沧州延伸水泥产品，发展商品混凝土、水泥制品等新型建材。

"金隅水泥"收购天津振兴水泥公司

即将赴港上市的北京"金隅水泥"(简称"金隅")于7月22日截止了公开认购，市场数据显示，"金隅"此次公开发售获得了223倍超额认购，冻结资金达到1 327亿元。

目前，立足京津、辐射华北，实施"大十字"战略的"金隅"已收购了天津最大的水泥公司天津振兴水泥有限公司60.64%的股权。

"拉法基"瑞安都江堰厂向地震灾区捐赠水泥

7月16日，为帮助四川省政府进行灾区安置工作，改善灾区人民的居住条件，尽快让受灾人民住上永久性住房，"拉法基瑞安"四川分公司下属都江堰拉法基水泥有限公司向邛崍市人民政府捐赠水泥1 000吨(约合人民币50万元)。捐赠签字仪式在邛崃市的鲁川小区举行，四川省国土资源厅副主任汪友平、邛崃市人民政府副市长骆良云和"拉法基瑞安"四川分公司总裁王铁国出席了捐赠签字仪式。

"天山股份"、"天山建材"向民族团结互助基金捐款

7月16日，驻新疆大企业大集团、自治区国有企业向乌鲁木齐"7·5"事件无辜受害者捐助民族团结互助基金仪式在乌鲁木齐昆仑宾馆举行。"天山股份"、天山建材公司及员工向乌鲁木齐"7·5"事件无辜受害者捐助民族团结互助基金款共计138万元，其中"天山股份"捐款110万元，"天山建材"捐款28万元。

"益阳海螺"日产5 000吨项目签约

7月24日上午，安徽海螺水泥股份有限公司与湖南益阳安化县人民政府合作建设新型干法水泥项目投资协议签约仪式在安徽省芜湖市举行，标志着海螺水泥集团正式落户安化县。

海螺集团将在安化县仙溪镇规划建设2条日产5 000吨新型干法水泥熟料生产线，并配套建设年产500万吨水泥粉磨和装机50兆瓦纯低温余热发电项目。该项目占地800亩，总投资16亿元人民币。

山水集团拟在辽建设2条日产5 000吨生产线

7月12日，辽宁本溪市长江瑞会见山东水泥集团董事、副总经理孙建国、赵永魁等客人时表示，本溪市将全力以赴促进山水集团在本溪进一步发展壮大。

山水水泥集团是国内第二大专业水泥企业，目前已经在本溪市投资6亿元，建成投产一座日产5 000吨环保型水泥生产企业。他们对本溪的资源优势和各方合作非常满意，作出了继续在本溪市投资14亿元，整体搬迁本溪水泥厂，在高台子再建两条日产5 000吨环保型水泥生产线的决策。此次来溪是为了与本溪市政府深入研究本溪水泥厂搬迁、新厂址环境评价及相关政策落实等事宜。

"山水"与"IFC"签署5 000万美元贷款协议

7月22日，山水集团与国际金融公司(IFC)在济南山东大厦举行5 000万美元贷款签约仪式。"IFC"向山水集团提供5 000万美元贷款，支持山水集团的临朐、枣庄、胶州、威海4个水泥项目的建设。这是国际金融公司继2006年之后第二次向山水集团提供贷款。山东省商务厅巡视员孟建新、济南市副市长张宗祥等应邀出席签约仪

式。“IFC”驻华代表处处长瑞沛霖，山水集团董事长、总经理张才奎分别在协议上郑重签字。

世界单线生产能力最大熟料水泥生产线在荥阳点火投产

7月27日，世界上单线生产能力最大、技术最先进、建设周期最短的熟料水泥生产线，在位于河南省荥阳市的天瑞集团郑州水泥有限公司点火投产。

这条日产1.2万吨熟料新型干法水泥生产线创造了3项“世界纪录”：1.产能最大。目前世界其他水泥单线日产能力一般在1万吨以下；2.技术最先进。生产线采用国际领先的新型干法水泥预分解生产新工艺、新技术，几乎可以实现“零污染”，从矿石进入生产线到水泥生产出来全封闭运行，粉尘被充分利用到产品中去。项目同时配套建设1套18兆瓦纯低温余热发电机组，利用成品余热发电。该项目正式投产后，每年可生产熟料310万吨、高标号水泥450万吨，年余热发电量1.15亿千瓦时，同时每日可消耗粉煤灰、硫酸渣等各种工业废渣7 400吨，每年可减少粉尘排放1.6万多吨、二氧化硫30多吨，年产品销售收入将达12亿元、利润2.2亿元、税金1亿多元；3.建设周期最短。在当地各级党委、政府的大力支持下，天瑞集团统筹安排，科学施工，项目从动工到竣工历时7个月零27天，而这样的万吨级生产线建设工期一般需要14～16个月。

“南方水泥”与国家开发银行签署100亿元开发性金融合作协议

8月5日下午，南方水泥有限公司与国家开发银行股份有限公司在上海浦东香格里拉大酒店签署开发性金融合作暨银团贷款协议，协议总金额100亿元，其中由国家开发银行上海分行、广东发展银行北京分行、渤海银行上海分行参与的银团贷款7.5亿元将用于“南方水泥”余热发电综合利用项目。

中国建材集团董事长宋志平，中国建材股份有限公司总裁、南方水泥有限公司董事长曹江林，国家开发银行副行长高坚，国家开发银行行务委员高建军，广东发展银行党委委员、北京分行行长张庆修，渤海银行上海分行行长周德勇等出席签约仪式。

“中材国际”沙特SCC等四个项目获得最终验收证书

8月8日，中国建筑材料联合会会长张人为代表“中材国际”从沙特水泥公司（SCC）首席执行官Al－Garni手中接过SCC两条日产万吨新型干法熟料水泥生产线项目接收证书。这是“中材国际”继RCC、CCC、SPCC后又获得的两个最终验收证书。至此，“中材国际”为沙特承建的4个项目的5条水泥生产线全部获得业主颁发的最终验收证书，这在世界水泥工业技术装备及工程建设史上具有划时代的意义。中材集团总经理兼“中材国际”董事长刘志江，“中材国际”总裁王伟，“中材国际”名誉董事长司国晨等出席了在北京举行的证书签署仪式，共同见证这一重大的历史时刻。

“苏州中材”与“赛马实业”签订4.2亿经营合同

“中材国际”公告，控股子公司苏州中材建设有限公司拟签署两项总承包合同，合同总价款共计4.2亿元。

“苏州中材”与“赛马实业”拟签署赛马实业总承包合同。合同具体承包工程为“赛马实业”日产2 000吨水泥熟料生产线窑炉节能技术改造项目、纯低温余热发电工程、年产200万吨水泥粉磨站项目二期工程，合同涉及总价款为13 200万元。

“苏州中材”与“宁夏赛马”之控股子公司宁夏青铜峡水泥股份有限公司拟签署“青水股份”总承包合同。项目建设地点位于宁夏吴忠市，“青水股份”总承包合同具体承包工程为“青水股份”日产4 000吨（2条日产2 000吨）新型干法油井水泥生产线项目一期工程等，合同总价款为29 350万元。

山水集团签约山西阳高日产2 500吨水泥生产线项目

投资2.5亿元的山东山水集团有限公司建设日产2 500吨新型干法水泥生产线项目落户山西阳高龙泉工业园区，9月20日，阳高县政府与山东山水集团有限公司举行了签字仪式。这次签约的项目总投资2.5亿元，占地260亩，规划建设1条日产2 500吨熟料生产线及配套余热发电和生产100万吨水泥粉磨生产线，该项目建设成后，可消化山西合成橡胶集团有限公司生产的全部工业废渣，对阳高循环经济的发展将起到积极的推动作用。

冀东发展集团获中国银行138亿意向性融资

10月28日，冀东发展集团有限责任公司与中国银行股份有限公司在石家庄签署战略合作协议。中国银行总行副行长陈四清、河北省人民政府副省长孙瑞彬、省长助理兼金融办主任江波、中国银行河北省分行行长张志勇、唐山市人民政府副市长辛志纯、冀东发展集团有限责任公司董事长张增光、总经理王晓华等出席了签字仪式。

根据协议，中国银行将向冀东发展集团提供各类意向性融资138亿元。中国银行还将充分利用资源和业务优势，在全国范围内向冀东发展集团提供包括传统商业银行业务、银行业务和保险业务领域在内的全面和优质的金融服务。

中材集团获华夏银行100亿元授信

10月21日，中材集团与华夏银行在北京签署银企合作协议。根据协议，华夏银行将为中材集团累计提供100亿元的授信额度，以支持集团在水泥制造、节能减排、清洁能源等领域的战略部署和快速稳健发展，进一步增强中材集团在优势区域市场的控制力。至此，中材集团2009年从各商业银行获得的授信额度已累计超过700亿元。

中材集团董事长谭仲明和华夏银行行长樊大志在签约仪式上致辞。签约仪式由中材集团党委书记于世良主持。中材集团总经理刘志江和华夏银行行长樊大志代表双方在协议上签字。

"冀东水泥"建厂30周年庆并更名挂牌

10月27日，上午建厂30周年庆典暨冀东发展集团揭牌仪式在唐山举行，来自中国建材联合会会长张人为、副会长陈才来；中国水泥协会副会长、秘书长孔祥忠；河北省建材协会会长葛旭东、省监事会主席陈朝群、省金融办副主任甘中达；唐山市市长陈国鹰，市人大常委、市总工会主席于大中，市政协委员于冬青，以及市政府有关管领导、集团离退休领导、有关企业领导出席了当天的庆典仪式，"冀东水泥"职工代表1 000多人也参加了庆典活动。庆典和揭牌仪式由唐山市副市长辛志纯主持，市长陈国鹰代表政府对冀东水泥建厂30年表示祝贺，张人为会长代表中国建材联合会和中国水泥协会对"冀东"庆典和揭牌仪式进行了热情洋溢的致辞。张人为会长和陈国鹰市长共同为"冀东发展集团有限责任公司"揭牌。集团党委书记、董事长张增光带着兴奋和激情在仪式上回顾了"冀东水泥"发展的30年历史。

"葛洲坝"跻身大型水泥集团前列

"葛洲坝"位于湖北省内的2条日产4 800吨新型干法生产线于9月1日同时投产。至此，公司水泥总产能达到2000万吨，实现年内翻番，并跻身全国大型水泥集团前列。水泥板块是葛洲坝的重要支柱产业之一，在公司构建"大建安"格局中发挥着重要作用，也是其完整产业链条中不可或缺的一环。目前，公司水泥产业主要包括葛洲坝水泥厂和12家水泥分公司，初步形成了以湖北为中心，辐射湖南、四川等地的水泥生产、销售网络。2008年，根据国家水泥产业政策，公司及时抓住湖北水泥产业结构调整良机，先后在该省荆门、当阳、兴山、宜城、嘉鱼、老河口等地投资建设了6条水泥生产线。今年3月，当阳、兴山生产线正式投产，此次投产的为宜城、嘉鱼生产线。目前，老河口生产线以及汉川、潜江两个百万吨级水泥粉磨站也在按进度顺利推进。公司此前披露的半年报亦显示，上半年公司水泥业务收入大幅增长，盈利显著改善，是增长最快的主营业务，也成为公司营业收入大幅增长的主因。数据显示，上半年公司生产水泥同比增长72.7%，水泥业务实现同比增长106.8%，远超基建业务37%的增速。而公司水泥业务收入比重自此也由5.8%升至8.3%。同时，公司水泥业务毛利率为18%，高于基建主业毛利率13%，对综合毛利率形成正面拉动。

中材集团越南福山项目荣获鲁班奖

10月30日，中国建筑业协会公布了2009年度中国建筑工程"鲁班奖"（境外工程）评选结果，中材集团旗下"苏州中材"总承包的越南福山水泥公司日产5 000吨熟料生产线工程荣获"鲁班奖"。

越南福山水泥公司日产5 000吨熟料生产线位于越南海洋省金门县金泰河与汉姆河交汇处，西距河内70公里，东距海防55公里。该项目是建设一条日产5 000吨熟料生产线，年产水泥熟料155万吨、水泥180万吨，由台湾幸福水泥股份有限公司投资建设。

该项目是中国水泥行业在海外第一个日产5 000吨水泥工程总承包项目，是第一条主要采用中国装备、由中国人设计并担任工程总承包商，而且采用中国标准进行验收的水泥工程项目。该项目由中材集团旗下天津水泥工业设计研究院承担设计，苏州中材建设有限公司承担施工总承包。项目于2003年10月开工，2005年5月17日顺利点火，并一次投料成功，12月21日最终验收。投料后生产线生产一直稳定在日产5 500吨以上，截止到2009年5月30日，已累计生产合格熟料630多万吨，熟料热耗3 032千焦/千克，生产线运行稳定，各项参数正常，各项指标在同类生产线中均处于领先水平。

中国建筑工程"鲁班奖"创立于1987年，为全国建筑行业工程质量的最高荣誉奖，每年颁奖一次。多年来，"鲁班奖"已成为广大施工企业争创精品工程的目标，得到社会各界的广泛认可。

合肥水泥院获招商银行5亿元免担保授信

11月份，合肥院与招商银行合肥四牌楼支行正式签署了总额5亿元人民币的授信协议，该授信为全额信用免担保，可用于合肥院办理各类保函、资金贷款、银行承兑汇票和贸易融资等。

该授信协议的签署，是合肥院遵循集团公司借款及担保业务政策指引，争取信用授信所取得的成果，是合肥院与金融系统深层次合作的又一体现，也是合肥院经济快速稳步发展得到社会认可的体现。协议生效后，中国建材集团之前为合肥院在招商银行获得授信提供的担保将自动解除。截至目前，合肥院已获得银行免担保授信达10亿元，与多家银行的免担保授信洽谈也在积极推进之中。这些授信额度的获得给予合肥院业务快速发展强有力的金融支持，成为银企合作双赢共进的典范。

"金隅股份"与两大银行签署全面合作协议

12月6日、8日，北京金隅股份有限公司分别与交通银行北京分行和北京银行在京签署全面合作协议。一周之内连获国内两大银行巨额授信支持，说明"金隅股份"健康快速发展势头受金融界青睐。

此次合作，北京银行将向"金隅股份"提供意向性授信160亿元，并签署50亿元综合授信合同，全力支持"金隅股份"在水泥、新型建材、普通商品房开发、节能环保等产业领域的发展。此次合作标志着"金隅"与两大银行的合作又迈上了一个新台阶，必将有利于提升有关各方在各自领域的品牌优势和竞争优势，必将在战略合作与共同发展中取得新的辉煌业绩。

中材集团获浦发银行百亿元授信

12 月 16 日，中材集团与上海浦东发展银行在北京签署战略合作协议。根据协议，浦发银行将为中材集团提供一揽子全面金融服务和 100 亿元人民币的授信额度，以支持中材集团做大做强，尤其在低碳经济、节能减排、清洁能源等领域的战略部署和快速稳健发展。至此，中材集团今年从各商业银行获得的授信额度已近 1 000 亿元。

"中国建材""金华南方"水泥开业

12 月 29 日，中国建材旗下南方水泥有限公司八大战略性区域子公司之一的金华南方水泥公司在浙江金华市举行开业仪式。

金华南方水泥公司的成立是"南方水泥"深入贯彻"中国建材""联合重组、合理布局、市场协同、技术进步、管理整合"20 字方针，深入实践以"成本领先、区域化、市场拓展"为核心的"CRM"经营战略，大力实施区域生产经营一体化管理的最新成果。

金华南方水泥公司注册资本 20 亿元，目前下辖"南方尖峰"、"虎山集团"、"常山光宇"、"立马水泥"、"建德三狮"、"三源水泥"、"虎鹰水泥"、"三狮松涛"、"天马水泥"、"龙游红三界"、"安徽徽石"这 11 家水泥熟料生产和水泥粉磨企业，年产水泥可达 2000 万吨。

"海螺水泥"董事长郭文叁出席福布斯颁奖典礼

12 月 3 日晚，福布斯 2009 年度亚洲最佳上市公司 50 强颁奖典礼在香港四季酒店举行，"海螺水泥"董事长郭文叁、副总经理章明静应邀出席。来自福布斯、香港投资推广署、汇丰银行，以及中国大陆、中国台湾、中国香港、日本、澳大利亚、韩国、印度、新加坡、泰国等国家和地区的获奖公司代表约 200 多人应邀出席。

主持人宣读了"海螺水泥"颁奖词：总部位于安徽芜湖的海螺水泥有限责任公司，是中国产量最大的水泥生产商，并在中国政府大量基础项目工程建设中快速发展。"海螺水泥"与 2009 年同比收益增长了 38%，利润增长了 13%，而且"海螺"已经发展到了中国水泥价格较高的西部地区，在这 50 家获奖企业中未来最具竞争力，所以"海螺水泥"被我们选入了 50 强，并名列第五。

颁奖典礼前，福布斯副总裁 Christopher · Forbes、上海分社社长范鲁贤热情接待了郭董事长一行，祝贺"海螺水泥"登榜福布斯。郭董事长感谢福布斯给予"海螺"的荣誉，表示这不仅是对"海螺水泥"的认可，也是对中国建材行业和中国制造业的认可；"海螺水泥"将继续努力，积极响应中国政府节能减排、发展低碳循环经济的号召，大力发展节能环保产业，形成产业链、创造新的利润增长点。

"中联水泥"与内蒙古电力集团签订"乌兰水泥"股份转让协议

11 月 30 日，"中国联合水泥"与内蒙古电力集团在北京"中国联合水泥"本部举行内蒙古"乌兰水泥"股权转让协议签字仪式。

仪式上，"中国联合水泥"董事长崔星太与内蒙古电力集团副总经理高野分别在"乌兰水泥"股权转让协议上签字。

"乌兰水泥"加盟"中国联合水泥"，标志着"中国建材"、"中国联合水泥"吹响了进军内蒙水泥市场的号角，联合重组乌兰水泥集团后，对"中国建材"、"中国联合水泥"开发内蒙古市场以及开拓外蒙等国际市场创造了有力条件。乌兰水泥集团熟料产能近 500 万吨，水泥近 300 万吨，直接影响和控制水泥产能约 600 万吨，这对提升"中国联合水泥"产能和拓展"中国联合水泥"市场将起到重大的支持和推动作用。

"华新水泥"拟投资组建西藏高新建材集团

"华新水泥"关于投资组建西藏高新建材集团发布公告。"华新水泥"与"西藏天路"、西藏高争（集团）有限责任公司、西藏自治区投资有限公司、山南兴业水泥厂签署协议，拟共同投资组建西藏高新建材集团有限公司（西藏建材集团）。拟组建的西藏建材集团注册地在拉萨市。注册资本总额 2 亿元，"华新水泥"出资 8 600 万元，占注册资本的 43%；"西藏天路"出资 6 000 万元人民币，占注册资本的 30%；西藏高争（集团）有限公司出资 2 000 万元，占注册资本的 10%；西藏自治区投资有限公司出资 2 000 万元，占注册资本的 10%；"山南兴业"水泥厂出资 1 400 万元，占注册资本的 7%。

"金隅"1.06 亿增持"鼎鑫水泥"

北京"金隅"12 月 27 日宣布，以 1.06 亿元人民币增持"鼎鑫水泥"13.38% 股权。完成收购后，"金隅"于"鼎鑫水泥"的股权将增至 98.46%。

"金隅"表示，收购将为公司整合旗下水泥业务的内部资源及公司架构提供绝佳机会，从而提升管理效率及效能。该公司更预计，收购将使其水泥业务产生更高的回报率。相关收购代价将于 12 月 30 日以现金支付。

"鼎鑫"主要从事制造及销售水泥及熟料业务，"金隅"原本持有其 77.7% 股权。"金隅"上市前曾与"鼎鑫水泥"的另一大股东签订股权转让协议，今次为行使相关认购期权。完成交易后，除了"金隅"持有的 98.46% 股权外，"鼎鑫"另外 1.54% 的股权由"中国中材"（01893）母公司中国中材集团持有。

尖峰集团将出售两项股权资产

12 月 10 日公布了出售两项股权的消息。公司将出售海南尖峰置业有限公司的 75.33% 股权给嘉利房产公司，依据置业公司经审计的资产情况,双方确定股权成交价格为4 636.80万元;同时,尖峰集团子公司浙江尖峰水泥有限公司将其持有的浙江金华尖峰水泥销售有限公司50%股权出售给公司关联方浙江金华南方尖峰水泥有限公司,尖峰集团董事蒋晓萌、虞建红同时也是"金华南方"的董事,双方谈判确定交易价格为50万元。

"冀东水泥"有条件受让1.29亿股"ST秦岭"

"ST秦岭"12月10日公告,《陕西秦岭水泥(集团)股份有限公司重整计划草案》(包括出资人权益调整方案)已经获得通过。据相关规定,在公司债权人会议表决通过重整计划草案、出资人组表决通过本出资人权益调整方案,且获得人民法院批准后,"秦岭水泥"才能避免破产清算。

据重整计划草案,控股股东陕西省耀县水泥厂无偿让渡所持"ST秦岭"股份的43%用于重整,共计7 048万股;其他股东无偿让渡所持"ST秦岭"股份的21%用于重整,共计1亿股。全体股东让渡的股份中有4 586万股按照重整计划的规定用于清偿债权,1.29亿股由重组方"冀东水泥"有条件受让。"冀东水泥"为北方最大水泥企业,在本次方案中,配以资产重组,增添了出资人及债权人对"ST秦岭"未来的信心。

"台泥"收购"昌兴水泥"

台湾水泥公司11月30宣布,以40亿港元收购港资昌兴矿业公司在大陆投产的水泥厂。由于这家水泥厂年产能约为1 600万吨,"台泥国际"在华南地区的市场占有率将有望超过30%,从而取代"海螺水泥"成为华南地区最大的水泥生产企业。

第六篇

记事篇

中国水泥协会发布2009年水泥行业十件大事

2009年大事记

环球信息

中国水泥大事记

Memorabilia of China Cement

中国水泥协会发布2009年水泥行业十件大事

China Cement Association releases top ten events in cement industry in 2009

一、水泥工业成长业绩得到党和国家领导人充分认可

2月，胡锦涛主席在沙特访问期间，视察"中材国际"承建的沙特利雅得水泥公司，鼓励企业要继续实施"走出去"的发展战略，用先进的技术和先进的管理占领市场，大力开拓国际市场份额，不断提高国际市场竞争力。

7月，吴邦国委员长视察海螺集团，为"海螺"题字"循环经济大有可为"。

9月，吴邦国委员长在北京展览馆举行的"辉煌60年——中华人民共和国成立60周年成就展"上，察看"中材国际"沙特SCC两条日产万吨水泥生产线模型，饶有兴致地询问生产线情况，对中国水泥走向世界的业绩予以肯定。

10月、11月，李长春、李克强分别视察海螺集团，对海螺集团取得的成绩给予肯定。

二、水泥新政抑制产能过剩淘汰落后行业健康发展

9月26日，国务院国发〔2009〕38号文转发国家发展和改革委等部门《关于抑制部分行业产能过剩和重复建设引导产业健康发展若干意见的通知》。随后，国家发改委办公厅发出《关于水泥、平板玻璃建设项目清理工作有关问题的通知》；工业和信息化部发出《关于抑制产能过剩和重复建设引导水泥产业健康发展的意见》和《关于报送水泥和平板玻璃淘汰落后产能2009年计划及三年计划的通知》。为保障水泥行业健康发展，对当前出现的水泥投资增长过快，实施抑制预期产能过剩、加速淘汰落后产能的宏观调控。

三、协会参政实力不断加强企业政府沟通桥梁畅通

由国家发改委组织、以中国水泥协会雷前治会长为组长的华东六省一市水泥工业调研工作，为国务院国发(2009)38号文件中抑制水泥产能过剩提供了政策建议。

中国水泥协会接受工信部委托进行水泥产业政策和准入条件起草工作。协会发动全行业参与研讨，网上公开征求意见，最终牵头完成了《水泥产业发展政策评估报告》、《水泥产业发展政策修订说明》、《水泥产业发展政策》、《水泥行业准入条件》送审稿。

本着反映会员诉求、维护行业利益原则，协会向政府有关部门先后提交了《重点支持60家大型水泥企业发展运行情况报告》、《关于修订水泥投资项目核准权的建议》、《关于财税(2008)156号文中修改水泥废渣计算方法的建议》、《关于利用水泥回转窑进行城市废物处理的政策建议》、《关于水泥生产余热发电享受国家财税优惠政策的建议》等，很多政策建议已得到了政府部门的采纳。

四、投资拉动市场超预期新增产能释放添压力

在国家4万亿投资计划拉动下，伴随着基础建设投资计划的实施，尤其是重点建设项目的开工，水泥市场需求持续回升，2009年全国水泥产量达到16.5亿吨，同比增长18%左右。行业利润总额创历史新高，达370亿元，同比增长39%。

据不完全统计，全年水泥投资近1 700亿元，同比增长仍高达60%；新生产线投产至少180条，新增熟料设计产能大于2.3亿吨，2010年产能压力将从东部向中西部蔓延。

五、大企业参与国际交流两央企海外业绩突出

中国水泥协会和拉法基集团组织首次"中国大型水泥企业领导人圆桌会议(C12 +3峰会)"，共同探讨中国水泥走向世界议题，15家企业领导和代表签署了《中国大型水泥企业可持续发展宣言》。12月，中国建材集团和中国中材集团的水泥公司以及天瑞水泥公司正式加入世界水泥可持续发展倡议行动组织(CSI)；中国水泥协会成为该组织的交流合作伙伴。CSI在瑞士日内瓦总部为中国水泥代表团举行欢迎仪式。

亚太地区清洁生产和大气合作组织(APP)中国水泥工作组，在国内大企业中进行CSI工具使用的培训工作，并与美国政府合作运用CSI等能效工具开展40多条水泥生产线的能效评估工作，这为中国水泥工业实施低碳经济与国际同行开展交流提供了基础条件。

在国际金融危机背景下，"中材国际"完成海外销售收入90亿元人民币，继续成为世界第一大水泥技术、装备、工程服务商；中国建材集团海外销售收入36亿人民币，同比增长8%。

六、重组联合速度加快结构调整重心转移

中国建材集团顺风北上组建北方水泥公司，以期早日完

成三大水泥业务板块;中国中材集团入主"祁连山水泥",形成大西北的一统天下;"冀东水泥"接手"秦岭水泥",名副其实稳坐陕西老大;"台泥国际"购买"昌兴矿业"在中国大陆地区水泥产能,爆出年内最大并购新闻;与"CRH"联手后的"亚泰水泥",发力收购重组,稳控吉、黑市场;"金隅股份"收购"太行水泥"、平定"天津振兴",必与"冀东"分享京津唐市场;"华润水泥"在广东、海南、福建、山西开始并购,揽江海物流筑华南市场;"红狮"收购江西"华昌水泥",迈出整合第一步;"华新"整合西藏市场、拟收购"京兰水泥";山水集团进入山西,欲扬鞭牧兰草原……。

在国家宏观调控和产业政策影响下,水泥行业结构调整重心转移,重组联合的进程必然带来未来水泥区域市场的细分,市场集中度将进一步提高。

七、延伸水泥产业链增强企业竞争力

2009年10月,"冀东水泥"在举行的建厂30周年庆典时同时举行"冀东发展集团"揭牌仪式。未来的冀东集团将推进"突出主业、相关多元"发展战略:做大水泥主业、做强装备制造和工程建设,建立混凝土业务、涉足房地产建设、入主"ST唐陶"。"海螺水泥"、"华新水泥"通过自身发展也在打造自己的装备加工基地;"华润水泥"在厦门收购混凝土业务;"金隅水泥"投入水泥助磨剂和混凝土减水剂业务……未来企业发展重点将是通过延伸产业链,增强企业竞争力。

八、水泥生产线大型化取得新进展

9月,天瑞水泥有限公司投资建设的国内单线规模最大,世界上第二条日产12 000吨新型干法水泥熟料生产线投产。12月"海螺水泥"日产12 000吨生产线也进入投资建设阶段。

11月28日,亚洲单线规模最大的年产白水泥60万吨的新型干法白水泥生产线在安徽安庆投产,其能耗比现有白水泥厂低30%,标志着中国白水泥制造技术达到世界先进水平。

九、水泥窑协同处置工业废弃物和城市垃圾带来环保新概念

中国建材联合会张人为会长和中国水泥协会雷前治会长联名向国家发改委、工信部、环保部、财政部提交书面建议,开展利用水泥回转窑处置工业废物和城市垃圾,工信部复函给予支持。财政部、税务总局、国家发展改革委已将利用水泥窑协同处置工业废弃物、有毒有害废弃物、生活垃圾、污泥项目列入环境保护、节能节水项目企业所得税优惠目录。国家环保部门正在制定水泥窑协同处置工业废弃物和城市垃圾的相关法规。

行业内利用水泥窑处置污泥和垃圾项目已纷纷启动。"金隅"北京水泥厂具有自主知识产权的污泥处理生产线投产;广州"越堡水泥"、重庆"拉法基瑞安水泥"投资实施无害化处置城市污泥项目;"华新水泥"处置葛洲坝下游漂浮物;"海螺水泥"与安徽铜陵市政府合作投资2.5亿元,兴建日处理600吨城市垃圾设施。

随着技术的完善和政策的到位,诸多在城市周围的水泥企业将成为城市垃圾和工业废物的处置中心。

十、水泥生产线大型主机装备实现国产化

2009年,为日产5 000吨水泥生产线配套的国产化大型原料立式磨,已由合肥水泥研究设计院和天津水泥工业设计研究院分别研制成功,并投入批量应用,其主要技术经济指标达到国际先进水平,其产品先后通过中国建材联合会组织的技术鉴定。国产化大型原料立式磨的研制成功,不仅可替代进口装备,满足日产5 000吨级水泥熟料生产线配套要求,对我国水泥工业结构调整和节能减排具有重要作用,经济社会效益十分显著。

2009年大事记

Memorabilia in 2009

一月

1日　由全国人大审议通过的《中华人民共和国循环经济促进法》正式开始实施。其中,第二十一条、第二十二条、第二十三条和第三十二条等条例涉及到了水泥行业。

法规第二十二条规定,水泥等相关企业在开采矿产资源的时候,应当统筹规划,制定合理的开发利用方案,采用合理的开采顺序、方法和选矿工艺;第二十三条则规定,国家鼓励利用无毒无害的固体废物生产建筑材料,鼓励使用散装水泥,推广使用预拌混凝土和预拌砂浆;第三十二条还规定,国家支持和鼓励水泥企业采用先进或者适用的回收技术、工艺和设备,对生产过程中产生的余热、余压等进行综合利用。

8日　备受关注的亚泰集团与爱尔兰CRH公司合资合作项目,终于画上圆满句号。按照双方签订的战略合作协议,"CRH"中国东北水泥投资有限公司购买吉林亚泰(集团)股份有限公司的全资子公司——吉林亚泰集团水泥投资有限公司26%的股权,对价总值为人民币21.32亿元,并合

资经营。亚泰集团持有吉林亚泰集团水泥投资有限公司74%的股权，爱尔兰CRH公司持有吉林亚泰集团水泥投资有限公司26%的股权。

15日　建材行业形势分析分会在京举行。孔祥忠秘书长代表中国水泥协会发言，他汇报了2008年水泥工业取得的成绩，着重谈到了行业发展中遇到的新矛盾和新问题。孔秘书长在发言中就2008年新上生产线过快，水泥投资的增长过快、淘汰落后产能和有关节能减排的政策和资金支持等水泥企业非常关注的问题提出了相关建议。这些问题和矛盾企业要重视，也更需要政府部门的关心和支持。重视和解决这些矛盾，行业才能继续健康发展。

18日　徐州中联水泥有限公司二期日产10 000吨熟料生产线配套纯低温余热发电综合工程奠基仪式隆重举行。

“徐州中联”二期日产10 000吨熟料生产线配套纯低温余热发电综合工程是根据中国建材集团与徐州市人民政府签订的战略合作协议，经江苏省经贸委核准的重点工程项目。该项目由南京凯盛水泥设计院设计，并由中国建材集团所属企业提供国产化成套装备，采用国产化自行开发、设计优化、更为适用的双系列五级旋风预热器，带在线双喷腾式分解炉的新型干法熟料生产线，并同步配套建设年供电量11 308万千瓦时的纯低温余热发电系统。项目建成后，将年产商品熟料310万吨以上，总节能量将达到8.24万吨标准煤。

19日　中国建材集团与浦发银行总行、“长江养老保险”在上海签订银企战略合作协议及年金业务协议。根据协议，双方将积极致力于金融领域的建设性业务合作，建立战略联盟，实行信息共享、业务联动、功能互补，浦发银行将为集团公司提供优惠的金融服务和支持，并对集团公司及所属企业提供70亿元人民币综合授信额度以及财务顾问服务等。

29日　“中材股份”(01893)宣布，全资附属“中材水泥”与“正大水泥”订立股权转让协议，“中材水泥”以约1.52亿元人民币购买“中材萍乡”39%股本权益，收购代价以现金支付。

“中材萍乡”从事水泥及水泥产品的生产、销售及运输，属“中材”拥有51%权益的非全资附属企业，而卖方原来持有“中材萍乡”49%股权。“中材萍乡”于2008年12月5日经审核资产净值为3.88亿元，而2009年全年未经审核纯利约36.3万元。“中材股份”表示，增持“中材萍乡”权益可巩固集团对“中材萍乡”的控制权，并可于“中材萍乡”日后获得盈利时为其带来更高回报。

二月

1日　亚泰集团下属公司吉林亚泰明城水泥有限公司决定收购李国昌等189名股东持有的吉林省通化特种水泥集团股份有限公司共计约2 424.8万股股权，占“通化特水”总股本的50.825%，转让价格为每股3元，总价款约为7 274.3万元。

公开资料显示，“通化特水”注册资本为4 770.8万元，截止至2008年12月31日经审计的净资产为1.2亿元，亚泰集团表示，公司经营班子决定以每股3元的价格继续增持“通化特水”的股权，最终持股比例不超过99.9%。

2日　亚泰集团与通化市政府签署了经济发展合作协议，亚泰集团将尽快完成对“通化特水”收购和重组工作，在2009年内启动“两渣一灰”项目、环保改造项目和大型散装水泥设施建设项目，建设大型石膏生产基地，并适时在医药产业、房地产等方面进入通化地区发展。同时，公司进入通化市后，将被列为市政府重点支持企业，享受有关招商引资优惠政策。

5日　“中国建材”在香港联交所向全球配售近3亿股H股，募集资金23.4亿港元。根据计划，此次募集的资金主要用于支持主营业务的进一步发展。

“中国建材”此次配股是继2006年3月在香港上市、2007年8月闪电配售之后，在资本市场的又一次力作，3次直接融资共募资金70.8亿港元。此次配售是2009年中国公司在香港资本市场规模最大的新股发行融资项目。

8日　中国建筑材料研究总院召开了国家“973”计划水泥低能耗制备与高效应用的基础研究项目启动会，标志着中国建材总院主持的第二个国家“973”计划项目已进入全面实施阶段。

9日　中共中央在人民大会堂举行晚会，欢庆中华民族的传统节日元宵节。胡锦涛、吴邦国、温家宝、贾庆林、李长春、李克强、贺国强、周永康等党和国家领导人同来自首都文艺、科技、教育、理论、新闻等知识界代表欢聚一堂，共庆佳节。中国建材集团公司总经理姚燕作为科技界代表应邀参会。晚会气氛热烈祥和，胡锦涛等党和国家领导人与各界代表亲切握手交谈。姚燕与胡锦涛总书记同坐一席，一同品尝元宵，共话祖国发展。

元宵晚会体现了党和国家对知识、科学的高度重视和对知识分子的尊重。姚燕总经理受邀参会，充分凸显了中国建材集团和中国建材总院在行业及全国的影响力，传递出党和国家领导人对大力进行科技创新，发展我国建材事业的殷切希望。

10日　俄罗斯联邦驻华商务代表处别洛诺戈夫(Mr. Belonogov)首席专员拜会了中国水泥协会孔祥忠秘书长，双方就中国企业在俄境内共同开展水泥厂项目的问题进行了沟通和交流。

11日　正在沙特访问的中国国家主席胡锦涛，当地时间上午10时20分抵达中材集团旗下“中材国际”总承包建设的沙特利雅得水泥厂(RCC)参观。胡主席详细询问了工厂的技术水平及生产情况，对中材集团的发展表示充分肯定，并勉励“中材”要继续坚持科技创新，发挥自身优势，扩大海外市场份额。考察结束时，胡锦涛主席欣然为“中材”题词：“深化务实合作，造福两国人民。”

13 日 “中国建材”在京分别与“中国建行”及“建行”北京分行签订了战略合作协议、并购贷款框架协议。中国建材集团董事、“中国建材”总裁曹江林，中国建设银行批发业务总监顾京圃、中国建设银行北京市分行副行长龚毅代表双方在协议上签字。

根据协议约定，“建行”将在 5 年内向“中国建材”提供 108 亿元的授信额度，以及相关的金融服务。“建行”北京分行授予“中国建材”的 20 亿元并购贷款额度含在 108 亿元的授信额度中。据了解，108 亿授信将主要用于“中国建材”重大联合重组、投资、生产经营等。

14 日 由中国中小企业协会、中国光华科技基金会、国家落后产能转产推进委员会共同主办，在“同一个世界，同一片蓝天”的旗帜下，以扶持、促进落后产能企业转产和推动碳排量、SO_2、COD 等排放权交易为目的的“企业转产中国行落后产能企业排查行动”（简称“企业转产中国行”）在北京正式启动。

“企业转产中国行”将在全国范围内分区域、分行业、以点带面对落后产能企业进行系统排查，了解并收集其资金、资产、人员状况；对已关停和即将关停的企业进行数据统计和分析，包括煤耗量、煤含硫量，闲置资产、土地状况和下岗员工实情等等；摸清核实“十一五”期间通过关、停、并、转落后产能企业而产生的节能和碳、SO_2、COD 等排放数据；对我国节能减排工作难题和热点问题进行系统的调查研究；探索产业结构调整、升级转移的最佳方式，为推进我国节能减排工作提供基础数据。

16 日 拉法基瑞安水泥有限公司宣布，姜祥国先生（Mr. SangKang）即日起接替华顾思先生（Mr. CyrilleRagoucy）担任该公司的首席执行官，而成功为“拉法基瑞安”开拓了中国市场的华顾思将回到拉法基集团法国总部担任新的职务。

27 日 由中国水泥协会数字水泥网主办的金融海啸背景下的中国水泥市场论坛在上海举行。中国水泥协会会长雷前治、副会长兼秘书长孔祥忠、副会长曾学敏，国家发改委投资研究所原所长张汉亚，国家发改委综合运输研究所研究员郭文龙，国际煤炭市场研究专家黄腾，以及国家重点支持的 60 家水泥企业代表、中小型水泥企业代表、资本市场分析师等近 300 人出席论坛。论坛由数字水泥网总裁刘作毅主持，与会代表针对水泥行业未来发展的热点、难点问题进行了讨论。

27 日 芜湖市举行省“861”行动计划重点工程——“芜湖海螺”三期 2 条日产 12 000 吨水泥熟料生产线暨 36 兆瓦余热发电项目开工庆典。

据介绍，“海螺”2 条日产 12 000 吨特大型水泥熟料生产线，是目前世界上规模最大、技术最先进的生产线，项目总投资约 30 亿元。项目以“海螺”多年自主研发和集成创新的经验为基础，选用了当今世界最先进的工艺，各项能耗指标、环保指标均达到国际领先水平，装备国产化率达 90% 以上，规模经济效益显著。项目建成后，芜湖海螺公司的熟料总产能将突破 1 500 万吨，余热发电能力将增加到 6 亿千瓦时，成为当今世界最大的水泥熟料生产基地。

三月

4 日 中国建筑材料联合会和中国机冶建材工会全国委员会与中国中材集团公司旗下的天津水泥工业设计研究院有限公司在天津举行 2009 年度全国建材行业技术革新奖“中国中材杯”冠名签字仪式。中国建材联合会副会长徐永模，中国机冶建材工会全国委员会建材工作部部长毛迎春，天津水泥工业设计研究院有限公司董事长兼总经理于兴敏分别在“冠名协议书”上签字。

5 日 “中材国际”在北京上东商贸酒店与刚果民主共和国 Cilu 水泥公司举行了“Cilu”日产 3 300 吨水泥熟料生产线总承包项目签约仪式。

“中材国际”本次所签订项目的投资方是民主刚果 Cilu 水泥公司，规模为一条日产 3 300 吨水泥熟料的新型干法水泥生产线，项目位于民主刚果 LUKALA 地区，合同总金额约 1.38 亿美元。工期自工程开始起 30 个月，项目建设方式采用国际通行的 EPC 模式。工程的全部技术及超过 90% 的装备由“中材国际”提供。

6 日 中国建材股份有限公司、辽源金刚水泥（集团）有限公司与“弘毅投资”产业一期基金（天津）（有限合伙）在京签署出资协议，共同出资设立北方水泥有限公司（以下简称“北方水泥”）。“中国建材”总裁曹江林代表“中国建材”在协议书上签字。“北方水泥”的成立，标志着“中国建材”向打造 3 亿吨水泥产能的目标又迈进了一大步，同时，对北方地区水泥工业结构调整和持续健康发展产生积极的促进作用。

“中国建材”公告显示，“北方水泥”注册地在北京，注册资本为 10 亿元人民币，其中，“中国建材”和“辽源金刚”各出资 4.5 亿元人民币，分别占 45% 的股权；“弘毅投资”出资 1.0 亿元人民币，占 10% 股权。

6 日 中国水泥协会孔祥忠秘书长出席重庆市水泥协会第二届六次、第三届一次会员大会，在大会上发表了即席演讲，他讲到：“十一五”行业结构调整任务中的新型干法水泥 70% 比例有望提前完成；并购重组使得行业集中度迅速提高，目前前 20 家大型水泥集团的熟料产量将占到全国总产量的 50%；工业废渣的综合利用和城市垃圾的处置更显水泥工业在循环经济中的重要地位；面对国际金融危机，中国政府的振兴计划将继续拉动水泥市场向好，行业利润稳步提高；在经济增长、项目投资的背景下，水泥板块上市公司将在股票市场受到追捧；下半年的区域市场竞争开始激烈。

9日　广州越堡水泥有限公司处置污泥项目试运行正式启动。广州市常务副市长苏泽群，中国水泥协会雷前治会长，中国建材联合会徐永模副会长，国家发改委刘明处长，工信部吕桂新处长，中国水泥协会副会长兼秘书长孔祥忠等领导，以及来自广东省、广州市各级政府有关部门及建材、环保等行业协会的领导，国内外知名研究机构的技术专家等150余人应邀参加了该项目的启动仪式。“越堡”污泥处置项目是利用水泥窑的废气余热烘干污泥，干化后的污泥进入水泥窑焚烧处理，既可替代部分原料和燃料，又可实现污泥的彻底无害化处置。

9日　“祁连山”公告称，甘肃祁连山水泥集团股份有限公司和天水祁连山水泥有限公司于3月1日签署了《股权转让协议》，受让天水祁连山水泥有限公司所持甘肃天水鸳鸯水泥销售有限公司100%的股权。转让总价款为191万元人民币。

16日　“冀东水泥”与河北省平泉县人民政府签署项目协议，约定公司拟在河北省平泉县注册成立新公司，筹备建设2条日产2 500吨熟料带纯低温余热发电水泥生产线，分两期建设，项目总投资7亿元，一期投资3.5亿元。

18日　刚刚上任的“拉法基瑞安”新任首席执行官姜祥国拜访中国水泥协会。中国水泥协会会长雷前治、副会长兼秘书长孔祥忠、副会长曾学敏等参加会见。姜祥国表示：“中国水泥协会给“拉法基”很大的支持，特别是感谢雷会长对“拉法基”在中国展开工作给予了很大支持。我的前任华顾思向我介绍，在他在任期间和水泥协会一直保持了非常好的关系，我希望继续保持这样的友好关系。”

22日　中国建筑材料联合会四届六次理事会在美丽海滨城市厦门召开。中国建筑材料联合会会长张人为，党委书记、常务副会长孙向远，专职副会长徐永模、陈国庆、叶向阳，副会长谭仲明、王惠文、姚燕、姚季鑫、邱兴祝、王刚、李新华、吴一岳、王福江、刘长发，特邀嘉宾及理事单位代表250余人出席会议。

孙向远副会长向大会作了理事会工作报告。大会通过无记名投票方式选举增补联合会秘书长孙铁石为专职副会长兼秘书长，增补北京金隅集团董事长蒋卫平、华新水泥股份有限公司总裁李叶青、云南建材协会会长马列等6人为副会长。张人为会长在总结讲话中指出要保持建材工业的可持续发展，关键是坚定不移加快经济发展方式，抓住提高科技创新能力、实施结构调整这条主线不动摇。当前要继续坚持淘汰落后产能。联合会将继续做好各项服务工作，灵活审慎地向政府提出政策建议，努力使企业多受益，促进行业更好更快发展。

23日　“水泥试点企业能效对标考察评估会议”在“河南同力”召开，此次会议对河南同力水泥集团作为中国终端能效项目的试点企业进行考察评估。

“评估考察会议”由曾学敏主持，国家发改委环资司王敬波介绍了节能形式和任务；中国终端能效办公室辛升介绍项目进度情况；同力水泥集团介绍能效对标工作的实施情况、效果及经验。

23日　中国建材股份有限公司香港上市3周年庆典暨“北方水泥”成立揭牌仪式在京隆重举行。国务院国有资产监督管理委员会副主任邵宁，工业和信息化部副部长欧新黔，吉林省副省长王祖继，黑龙江省副省长孙尧，中国建材联合会会长、“中国建材”独立董事张人为，国务院国有重点大型企业监事会主席路耀华，原中国证监会主席、“中国建材”独立董事周道炯，中国建材集团高级顾问、原国家建材局局长王燕谋，中国建材联合会副会长、中国水泥协会会长雷前治，原国务院国有重点大型企业监事会主席、中国建材集团外部董事姜均露，国资委规划局局长王晓齐，吉林辽源市市委书记马明，中国建材集团董事长、“中国建材”董事局主席宋志平，中国建材集团总经理姚燕，中国建材集团董事、“中国建材”总裁曹江林出席庆典和揭牌仪式，并为“北方水泥”成立揭牌。

邵宁在讲话中对“中国建材”香港上市以来积极探索靠存量联合扩大规模、靠管理协同创造价值的成长方式，实现跨越式发展给予充分肯定。他说，当前，中央企业正在大力开展深入学习实践科学发展观活动，希望中国建材集团以科学发展观为指导，按照国资委调整优化上水平的要求，一如既往地积极与地方政府协调沟通，充分发挥自身在资本运作、科技研发、建材制造、综合服务等方面的优势，抓住国家4万亿扩大内需的历史机遇，在行业和产业的资源整合中发挥更好、更大作用，以扎实的业绩，回报股东和广大投资者，回报地方政府和社会各界的关怀和厚爱。

欧新黔在讲话中肯定了近年来我国水泥工业结构调整取得的优异成就，她坦承行业中还存在着企业总体数量多、平均规模小、运行粗放、能源消耗高、企业组织结构不合理的矛盾。她说，温家宝总理在2009年政府工作报告中明确提出，要加大企业组织结构调整和兼并重组，提高产业集中度，优化资源配置。

张人为在讲话中充分肯定了“中国建材”香港上市3年来取得的良好业绩。他希望“中国建材”等大企业集团在应对金融危机，调节构、保增长、促发展中继续发挥自身优势，抓机遇、练内功，为推动建材行业健康发展做出新贡献。他还寄语“北方水泥”，借鉴中国建材集团成功的重组经验和企业文化，推动北方地区水泥产业形成更加良好的发展和竞争格局。

24日　中国水泥协会雷前治会长、孔祥忠秘书长会见了来访的菲律宾驻华大使馆商务参赞希梅翁·赫尔南德斯(SimeonL·Hernandex)先生和菲律宾水泥协会会长奥都莱兹(ErnestoM·Ordonez)先生。双方对东盟水泥市场的发展前景问题以及中国水泥出口情况进行了交流与探讨。

雷会长向菲律宾客人介绍了目前中国水泥业的现状和发展，菲律宾客人介绍了世界金融危机给菲律宾带来的影响以及菲律宾政府是如何应对经济危机的。

双方还就中国水泥的消费结构、销售渠道、运输模式等问题进行了探讨。

最后，雷会长与菲律宾水泥协会会长奥都莱兹先生都表示，双方各层面上的交流，对于两国水泥行业未来的加强合作有着巨大的意义。

25 日 环境保护部告示，批准《清洁生产标准·水泥工业》等3项标准为国家环境保护标准，并予以发布，该标准于7月1日起实施。

《清洁生产标准·水泥工业》规定了在达到国家和地方污染物排放标准的基础上，根据当前的行业技术、装备水平和管理水平，水泥工业企业清洁生产的一般要求。该标准分为三级，一级代表国际清洁生产先进水平，二级代表国内清洁生产先进水平，三级代表国内清洁生产基本水平。随着技术的不断进步和发展，该标准将适时修订。该标准将水泥工业清洁生产指标分为6类，即生产工艺与装备要求、资源能源利用指标、产品指标、污染物产生指标、废物回收利用指标和环境管理要求。

该标准适用于水泥工业通用硅酸盐水泥、钢渣硅酸盐水泥制造及水泥生产配套石灰石矿山开采企业的清洁生产审核、清洁生产潜力与机会的判断、清洁生产绩效评定和清洁生产绩效告示制度，也适用于环境影响评价和排污许可证等环境管理制度。

26 日 第五届纯低温余热发电国际峰会在上海召开。峰会主要议题有：纯低温余热发电在生产线上的稳定运行、维护和管理；中国水泥纯低温余热发电技术走向国际市场；纯低温余热发电技术在钢铁、玻璃等其他行业里的应用。

27 日 由中国中材国际工程股份有限公司承担的南非Sephaku水泥有限公司日产5 100吨水泥生产线EPC（工程总承包）建设项目在南京正式签约。

Sephaku项目是南非水泥行业的重大项目，也是“中材国际”在南非的重点水泥工程项目，对双方而言都有着重要意义。

27 日 国务院国资委规划发展局在天津举行“十一五”国家科技支撑计划项目启动会，宣布国家科技支撑计划——新型干法水泥生产线节能减排技术与装备研究项目正式启动。

该项目将重点突破5项水泥行业节能减排集成技术和减少环境污染、资源综合利用关键技术，建立4条中试、生产及应用示范线，促进水泥行业对国家节能减排循环经济的技术示范模式，建设以企业为主体、产学研结合的技术创新体系。

31 日 安徽省水泥标准化技术委员会揭牌仪式在合肥市举行。安徽省质监局副局长张文静，淮北市副市长朱斌出席揭牌仪式，共同为安徽省水泥标准化技术委员会揭牌，并向主任委员、副主任委员和秘书长、副秘书长及委员颁发聘书。水泥标准化技术委员会的成立，为安徽省水泥行业标准化工作构建了一个统筹指导、协调沟通及合作交流的平台。

安徽省水泥标准化技术委员会是在省质监局广泛征求意见和公示的基础上，于2008年8月第一批审查通过并发文公布的19个省级专业标准化技术委员会之一，主要负责安徽省水泥生产领域标准化制定和技术指导工作。淮北市质监局是其业务指导单位，“淮北矿业”相山水泥公司是秘书处承担单位。

据悉，来自合肥水泥研究设计院、安徽理工大学、安徽建筑工业学院、安徽建材工业设计院、巢东水泥集团、皖维高新材料公司等科研院所、高等院校及省内有关企业的25名技术专家出席揭牌仪式，并在当日参加了第一次全体委员会议，讨论通过了《安徽省水泥标准化技术委员会章程》草案和2009年工作计划。

30～31 日 中国水泥协会六届二次理事大会在北京首体宾馆隆重召开。本次大会主题为“推进结构调整应对金融危机”，到会的有中国水泥协会会长雷前治、副会长兼秘书长孔祥忠、副会长曾学敏以及“海螺水泥”、“中联水泥”、“拉法基”、“山东山水”、“浙江三狮”、“华新水泥”、“冀东水泥”、“金隅集团”、“亚泰集团”、“河南天瑞”、“浙江红狮”、“甘肃祁连山”、“广东塔牌”、“广西鱼峰”、“浙江金峰”、“乌兰水泥”、“天山水泥”等副会长单位代表。本次会议得到了“智光电气”、“同力水泥”、“华润水泥”的赞助支持。

会上，国家发改委工业协调司刘明在总结“十一五”以来我国水泥产业发展整体面基础上，为今后水泥产业规划和发展提出方向；国家工信部产业政策司袁克兰介绍了经济形势变动下的水泥工业产业政策调整，国家财政部经济建设司李成介绍了水泥工业节能减排的财政奖励和支持政策，中国水泥协会会长雷前治回顾了水泥产业发展，提出通过联手应对危机，合作创造共赢。

同时，理事大会上，孔祥忠秘书长对中国水泥协会2008年工作和2009年工作向会员做了报告，“拉法基瑞安”高级副总裁周海红、红狮控股集团董事长章小华代表中国水泥协会秘书处宣读了变更天瑞集团和鱼峰集团副会长人选，增补“华润水泥”、“同力水泥”和中国建材股份公司为副会长单位，修订协会会费，提名王郁涛同志为副秘书长等5项提案，并通过了理事大会投票表决。

31 日 北京金隅集团年产30万吨干混砂浆环保示范生产线在北京建材总院窦店产业基地正式竣工投产。该生产线的投产，使北京建材总院干混砂浆生产总规模将达到50万吨，产量规模和产品品种在全国位居前列。生产线规划总占地面积25 000平方米，总建筑面积12 000平方米，产品定位主要以水泥为主要原材料的特种干混砂浆和部分散装普通砂浆产品，可生产5大类、20个系列、60余种产品。

四月

1日　由中国水泥协会、中国国际贸易促进委员会建筑材料行业分会主办，中国建材股份有限公司协办的水泥盛会——“2009中国国际水泥峰会”在北京新世纪日航饭店隆重开幕。峰会的主题是：金融危机背景下水泥行业的机遇与挑战。

工业和信息化部副部长欧新黔、中国建筑材料联合会会长张人为、中国水泥协会会长雷前治、国家发展和改革委员会协调司副司长熊必琳到会并致贺词。出席本次峰会的有政府主管部门、国内外大型水泥企业集团高管、知名科研设计院所领导以及水泥行业著名学者等600余位代表。峰会由中国水泥协会副会长兼秘书长孔祥忠主持。

张人为会长在致词中说：“2009年是既有机遇又极具挑战的一年，作为建材行业最重要的水泥工业，在促进国民经济平稳并较快发展、实现‘保八’的艰巨任务面前，虽有4万亿经济刺激方案所带来的需求‘回暖’、‘趋旺’等市场利好，有多年来产业技术、产品和企业组织结构调整优化而增强了克服困难的底气和条件，但是我们也应该清醒地认识到，水泥工业在发展中还存在一些值得关注的问题需要解决。我衷心希望本次论坛成为坚定信心、鼓劲、提气的论坛，集思广益、群策群力、落实‘保增长’的论坛”。

欧新黔在讲话中特别指出，与其他行业相比，水泥行业近几年的结构调整是做得最好的。工信部下一步将重点支持优势企业集团并购重组落后的、困难的企业，提高行业集中度。

峰会集中探讨了“金融危机下水泥行业的机会和挑战”、“全球金融危机给世界经济和水泥工业带来的影响”、“中国水泥市场走势及预测”、“金融危机对宏观调控的影响和发掘新兴市场”等热点问题。

1日　由中国国际贸易促进委员会建筑材料行业分会和中国水泥协会共同主办的“第十届中国国际水泥技术及装备展览会”（CEMENTTECH2009）在北京展览馆隆重开幕。

中国建筑材料联合会会长张人为，中国水泥协会会长雷前治，中国建筑材料联合会副会长、粉体技术分会会长徐永模，中国建筑材料联合会科教委名誉主任黄书谋，中国水泥协会副会长、秘书长孔祥忠等出席开幕式。中国国际贸易促进委员会建材行业分会常务副会长胡幼奕主持开幕式。

2009年的中国国际水泥技术及装备展览会呈现出几大特点，主要表现在展出面积大，特装展台多，国外参展企业数量增加。

中国国际水泥技术及装备展览会的成功举办，一方面给中国水泥带来了发展平台，激发了中外企业的创新意识，另一方面又让广大企业充分感受到中国国际水泥技术及装备展览会的潜力。如今，中国国际水泥技术及装备展览会（CEMENTTECH）已经逐渐成为国际知名的行业盛会，并将在主办方和广大设备商的共同努力下继续作为水泥行业的交流、贸易立体化平台为国内外水泥相关企业提供广阔、高效、优质的综合服务。

2日　唐山冀东水泥股份有限公司发行“唐山冀东水泥股份有限公司2009年度第一期短期融资券”。本次发行面值3亿元人民币短期融资券，期限365天。经大公国际资信评估有限公司综合评定，本期融资券的主体信用等级为AA-，评级展望为正面，债项信用等级为A-1。

7日　中国建设银行与海螺集团《战略合作协议》签约仪式在芜湖市海螺国际会议中心隆重举行。根据协议，中国建设银行将为海螺集团未来的发展提供不低于300亿元的资金支持。

7日　中材集团与中国民生银行在北京签署了战略合作协议，根据协议，民生银行将为中材集团提供总额90亿元的授信额度，以支持中材集团的发展，包括在北方的并购重组以及加强在西北地区的市场控制力。

8日　中国建材集团与中国光大银行100亿元战略合作协议、南方水泥有限公司与中国光大银行杭州分行50亿元综合授信协议在杭州西湖国宾馆签署。

此次中国建材集团与中国光大银行银企合作协议的签定，是在国家四万亿投资拉动经济增长的利好刺激下，促进银行和企业互惠合作、共赢发展的有力举措；是在国际金融危机背景下强化经济金融合力发展，保增长、促发展、促进产业升级和结构调整的实际行动。

浙江省副省长王建满，省政府副秘书长丁敏哲，中国建材集团董事长宋志平，中国建材股份有限公司总裁、南方水泥有限公司董事长曹江林，中国光大银行行长郭友，浙江省国资委副主任张效清，浙江省经贸委副主任王素娥、浙江省银监局局长杨小苹等出席签约仪式。

8日　中国建材联合会党委发出通知，追授国家建筑材料展贸中心贸易开发部经理牟传祝同志中国建材联合会系统“优秀共产党员”称号。

牟传祝同志，男，四川成都人，1981年10月31日出生，汉族，大学文化，2007年12月入党，2004年参加工作，生前任国家建材展贸中心开发部经理、西藏湿地花园酒店总经理。2009年3月20日，在率队赴西藏阿里地区进行工作考察途中，因意外车祸不幸以身殉职，年仅28岁。

《通知》指出，为弘扬共产党员积极进取，勇于开拓，不怕困难，乐于奉献的精神，经中国建材联合会党委研究决定，追授牟传祝同志“优秀共产党员”称号。

12～21日　应日本日中经济协会、日本水泥协会、韩国水泥协会的邀请，中国水泥协会会长雷前治率中国水泥循环经济技术考察团赴日本、韩国考察调研，学习研究日、韩水泥企业以节能化、资源化、环境保护为中心，大力发展循环经济的先进技术和管理经验以及日、韩政府对水泥工业开展循环经济的政策和法规。

13日　由中国水泥协会主办，"中信重工"和吉林"亚泰水泥"承办的"中信重工原料立磨"新闻发布会在吉林长春召开。

会议由中国水泥协会副会长兼秘书长孔祥忠主持。中国建材联合会副会长徐永模、国家工业与信息化部原材料司高秀英处长、"亚泰水泥"总经理徐德复、"中信重工"书记徐风歧以及来自"海螺"、"山水"、"三狮"、"冀东"、"天瑞"、"金隅"、"红狮"、"祁连山"、"中联"等全国大型水泥企业的代表、中央主流媒体和产业媒体200多人参加了新闻发布会。

13日　天津水泥院与金圆控股公司举行"青海金圆"项目设计装备合同签字仪式。此次签订的"青海金圆"日产5 000吨项目设计装备项目，为目前国内高海拔地区规模最大的新型干法水泥生产线。

13～14日　中国建材联合会会长张人为一行在海螺集团公司董事长、总经理、党委书记郭文叁等的陪同下到海螺集团考察调研。考察期间，张人为对"海螺"近年来各方面取得的成绩给予了高度评价。

在座谈会上，张人为就建材行业贯彻落实科学发展观、发展循环经济作专题讲话，并赞扬了海螺集团的改革发展经验对行业的贡献。张人为说："海螺集团取得了很大成绩，发展得很好，积累了大量宝贵的改革发展经验，很多成绩都是具有开创性的。胡锦涛总书记视察海螺集团时给予了充分肯定，他希望"海螺"的同志们继续努力，把"海螺"建成国际知名品牌。这是我们行业的财富。"

在谈到建材行业如何贯彻落实科学发展观时，张人为强调，一方面要始终坚持在科学发展观的指导下牢牢抓住结构调整主线不放松；另一方面要大力发展循环经济，进一步加强对各类工业废弃物的利用，这是我们当前实践科学发展观的重要途径和节能减排的潜力所在。

15日　"中材股份"在香港披露年报：实现营业收入252.45亿元，同比增长21.76%；净利润为15.2亿元，同比增长30.48%；资产总额为446.45亿元，同比增长41.06%，继续保持健康快速增长，水泥技术装备与工程服务国际市场占有率跃居全球第一。

16日　冀东水泥集团所属唐县冀东水泥有限责任公司2条日产4 500吨新型干法熟料水泥生产线一期工程奠基仪式在河北革命老区唐县隆重举行。项目预计总投资15亿元，分两期建设，一期7.5亿元建设1条日产4 500吨新型干法熟料水泥生产线，年产水泥220万吨，项目由冀东水泥集团自行设计。项目同步配套建设9兆瓦纯低温余热发电机组，年发电1.2亿千瓦时将全部用于水泥生产。

17日　辽宁大鹰水泥集团在辽宁省阜新市正式成立。这是辽宁省第一家由24户企业整合而成的集团公司。该集团二期工程日产4 000吨新型干法水泥熟料生产线同时奠基。

辽宁大鹰水泥集团是以阜新市大鹰水泥制造有限公司为母公司，以资本为主要连接纽带，以集团章程为共同规范的企业法人联合体。集团总资产11亿元，占地面积60万平方米，有职工3 500余人，其中专业技术人员800余人，年生产水泥600万吨。由24家企业加盟的集团公司，囊括了采矿、运输、生产、销售及与之相配套的服务产业。

21日　中方APP水泥工作组成员：国家发改委产业协调司刘明处长、中国建筑材料科学研究总院副院长隋同波和中国水泥协会孔祥忠秘书长在中国水泥协会会见了美国国家环保署官员Suzanne Giannini-Spohn女士和美国劳伦斯国家实验室LynnPrice女士，双方就中国水泥工业节能减排及可替代原燃料的利用（中美合作项目）的进一步合作事宜展开了讨论。同时对国内外水泥行业的现状和发展交换了意见和看法。双方商定项目在2009年6月份启动。

22日　中国建材股份有限公司发布2008年度业绩报告，向市场及投资者汇报2008年度经营情况。

2008年度，"中国建材"实现营业收入264亿元，同比增长151%；净利润15.12亿元，同比增长66%；每股盈利0.68元，增长58%。

27日　北京金隅股份有限公司（"金隅股份"）经国家发展和改革委员会批准，圆满完成簿记建档工作后，正式对外公开发行"2009年北京金隅股份有限公司债券"（简称"09金隅债"）。这是"金隅股份"作为发行主体首次公开发行企业债券。

"09金隅债"期限为7年，总额为19亿元，最终发行票面利率为4.32%。

"金隅股份"拟将"09金隅债"募集资金用于首都循环经济项目建设以及"两限"商品房项目及经济适用住房项目的投资和补充营运资金，其中主要投资三大重点项目：处置污泥工程项目、海淀区清河小营"两限"商品房项目和朝阳区东柳居住组团经济适用房项目。

28日　安徽海螺水泥股份有限公司与广东阳春市人民政府签署广东"阳春海螺"水泥项目投资协议。集团公司副总经理余彪、阳春市市长胡广海分别代表双方签约。

"阳春海螺"项目选址广东省阳春市春湾镇，总体规划建设3条日产5500吨新型干法水泥熟料生产线，配套水泥粉磨和纯低温余热发电项目，项目建成投产后将会对地方经济建设和行业结构调整做出积极的贡献。

29日　从海南省发改委获悉，为充分发挥市场配置资源的作用，促进水泥行业健康发展，经海南省政府同意，省价格主管部门下发通知，从2009年4月28日起，解除对水泥价格的行政干预政策。

29日　由中国中材集团公司成都建筑材料工业设计研

究院自主独立研发与制造的 CRM3604 立磨在位于四川省广安市广安区桂兴镇的“广安桂兴”日产 2 500 吨水泥生产线技改工程中成功投运。

五月

8 日　第二届中国水泥企业总工程师论坛暨水泥总工程师联合会年会在南京江苏省会议中心胜利召开。会议由中国水泥协会、中国建筑材料联合会科技部联合主办，阿特拉斯·科普柯公司承办，其目的是为了表彰总工程师在企业技术创新和节能减排方面所做出的贡献和业绩，探讨和交流水泥企业节能减排、走循环经济和可持续发展道路的经验。

10 日　单体投资最大的援藏性质经贸项目——投资 3.5 亿元的“华新水泥”(西藏)有限公司二期在西藏山南地区开工建设。

13 日　世界高海拔地区最大的新型干法熟料生产线——青海互助金圆水泥公司日产 3 200 吨新型干法熟料生产线点火仪式在青海互助土族自治县举行。二期工程日产 4 000吨新型干法熟料生产线正在完善相关手续，随后也将奠基开工。

中国水泥协会会长雷前治，工业和信息化部建材处高秀英，青海省经委副主任董璞，海东地委委员、互助县委书记车军平，海东行署副专员阎宝亮，互助县县长师存武，金圆控股集团董事长赵璧生，青海互助金圆水泥公司董事长邱永平等出席仪式。

20 日　由中国水泥协会、淄博市科技局主办，山东圣川陶瓷材料有限公司和淄博鲁中耐火材料有限公司共同承办的“全陶瓷预热器内筒应用技术鉴定研讨会”在淄博宾馆隆重召开。原国家建材局副局长李俭之，中国水泥协会副会长兼秘书长孔祥忠，淄博市科技局、淄博市发改委、淄川区科技局局长等代表到会。全国水泥企业相关领导和技术人员一百余人参加了会议。

21 日　中国水泥协会和中国终端能效项目管理办公室联合召开了水泥企业能效对标指南新闻发布会和宣贯会。

对高耗能产业开展能效对标是国家提出的要求，现在水泥行业已把能效对标作为行业自觉的行动；节能减排作为一项国家对高耗能产业提出的要求，水泥行业也自觉把节能减排作为行业的奋斗目标。

22 日　日本国际金融中心(JCIF)亚洲第一部长松本龙夫和主任研究员任大川来京拜访中国水泥协会。中国水泥协会副会长、秘书长孔祥忠热情地向日本客人介绍了中国水泥工业的发展和现状以及中国水泥工业为应对国际金融危机所采取的措施，并就日本客人所关心的问题一一予以详细解答。中国水泥协会副秘书长、技术中心主任王郁涛一同参加了会见。此次会晤是自 2009 年 4 月开展中日水泥行业友好交流的一次延续，对进一步加深中日水泥行业间的相互了解和共同发展有着重要意义。

27 日　商务部办公厅、住房和城乡建设部办公厅联合下发了《关于开展 2009 年全国散装水泥宣传周活动的通知》。这份下发给各省、自治区、直辖市散装水泥主管部门、住房和城乡建设主管部门、散装水泥办公室的通知，是为贯彻党的十七大及中央经济工作会议精神，深入学习实践科学发展观，建设资源节约型与环境友好型社会。根据发改委、商务部、住房和城乡建设部等有关部门关于节约能源宣传活动的总体部署，决定于 2009 年 6 月 14 日至 20 日，开展“2009 年全国散装水泥宣传周”活动，并提出具体了要求。

这是商务部、建设部首次联合发出开展散装水泥宣传周活动的通知。通知中提出了 2009 年全国散装水泥宣传周主题为“发展散装水泥，促进科学发展，构建和谐社会”，并指出宣传周期间，要围绕主题，以发展循环经济战略方针为指导，全面贯彻落实科学发展观，促进节能减排。

28 日　中国水泥协会会长雷前治一行在广西调研，在与鱼峰水泥集团中层干部座谈时雷前治指出，未来 10 年将视不同地区出现不平衡发展，但总体上看还会保持低速增长。

六月

8 日　由中国建筑材料联合会和海螺集团联合主办的《水泥工业走新型工业化道路暨应对金融危机保增长“海螺”论坛》在安徽“海螺”国际会议中心隆重召开。

本次论坛的主题是“水泥工业走新型工业化道路暨应对金融危机保增长”，既探讨水泥工业长远发展，如何走新型工业化道路；又着眼当前，研究如何有效克服国际金融危机冲击保增长。来自“海螺”，“华新”等 12 家全国性水泥大企业及“中国建材”，“中国中材”两家中央企业的高层领导出席了本次论坛，国内水泥行业巨头首次聚集一堂，会议规模盛况空前。

芜湖市委书记陈树隆发表热情洋溢的的欢迎辞，充分肯定海螺集团所取的优异成绩和对社会做出的突出贡献，对大会的召开表示热烈祝贺。中国建材联合会会长张人为发表了题为《积极应对挑战，坚定不移的推进水泥工业走新型工业化道路》的主题演讲。

8 日　经国资委决定并报国务院同意，中国中材集团公司正式进行董事会试点，公司名称变更为中国中材集团有限公司。

11 日　中国水泥协会在沈阳召开了“水泥工业产业发展政策评估修订会议”。中国水泥协会雷前治会长、国家工业和信息化部产业政策司袁克兰处长，辽宁省经信委谭成旭副主任，王世明处长，孙丽君副处长，辽宁省水泥协会会长、辽宁中北水泥集团总经理王友春，铁岭铁新水泥公司张玉林董事长，王印臣总经理和来自 26 个省市自治区政府行业管理部门、水泥协会领导，以及科研院所专家、媒体等 40

人参加了会议。会议由中国水泥协会副会长兼秘书长孔祥忠主持。

本次会议是按照中国水泥协会2009年008号文件《关于开展水泥工业产业发展政策评估修订工作方案的通知》要求召开的。依照评估修订工作方案中的步骤,这是评估修订意见收集阶段的第一次会议。

与会代表们充分肯定了2006年颁布的《水泥工业产业发展政策》,对推动水泥工业结构调整所发挥的巨大作用。仅仅三年不到的时间,中国水泥工业发生了太大的变化,出现了新的行业发展问题,及时对政策进行修订非常必要。

与会代表对部分省市自治区水泥项目多家核准反映强烈,认为这是政府对行业调控不力的表现。对发展政策中的技术定义问题,提出了很好的建议。雷前治会长要求:会后协会配合袁克兰处长抓紧收集有关数据,为政策修订工作提供数据支撑。

15日　法国拉法基集团董事长兼首席执行官乐峰(Bruno Lafont)在北京拜见了国家发展和改革委员会副主任解振华先生。

乐峰先生向解振华副主任介绍了拉法基集团这一拥有170多年历史的世界建材企业领袖的可持续发展理念、承诺、实践与表率作用,汇报了"拉法基瑞安水泥"在淘汰落后产能、节能减排、循环经济、矿山生态恢复方面取得的显著成效。同时,乐峰先生还向解振华副主任介绍了他此次中国行的另一个主要目的,即应邀参加6月17日由中国水泥协会和拉法基集团在四川共同举办的"中国大型水泥企业CEO圆桌会议"。

15日　继与中国建设银行、中国民生银行缔结战略合作伙伴关系之后,中国建材股份有限公司又成为中国银行北京分行的战略合作伙伴。"中国建材"与中国银行北京分行全面战略合作协议签字仪式在京举行。按照协议,中国银行北京分行将按照"中国建材"的战略规划,为其提供个性化服务,并提供120亿元综合授信和融资金额,且在符合规定前提下给予优惠利率。

17日　由中国水泥协会、拉法基集团共同主办的中国水泥大型企业领导人圆桌会议(简称C12+3会议)在四川都江堰召开。这是我国大型水泥企业领导首次聚在一起,共同探讨可持续发展及中国水泥工业国际化的话题,来自国家重点支持的12家大型水泥企业和包括"拉法基瑞安水泥"、"台湾水泥"、"华润水泥"3家特邀大型水泥企业的领导参加了会议。此次会议以"中国水泥走向世界"为主题,对我国水泥产业发展有着重要的意义。

中国建材联合会会长张人为,中国建材联合会副会长、中国水泥协会会长雷前治,拉法基集团董事长兼首席执行官乐峰,中材集团董事长谭仲明,"海螺水泥股份"总经理任勇,山水集团副总经理于玉川,"华新水泥"总裁李叶青,"南方水泥"总经理姚季鑫,"冀东水泥"副总经理李占军,"中国建材股份"总裁曹江林,"中联水泥"董事长崔星太,"吉林亚泰"副董事长徐德复,中材股份公司副总裁隋玉民,"北京金隅股份"总裁姜德义,天瑞集团董事长李留法,"红狮控股"董事长章小华,"祁连山水泥"执行副总裁许仪纯,"台泥国际"总经理吴义钦,"华润水泥"董事长周俊卿,"拉法基瑞安"首席执行官姜祥国,中国水泥协会副会长兼秘书长孔祥忠出席了会议。此外,还有部分企业的代表,共计40多人出席会议。

会议期间,与会的各位领导积极、热烈地就可持续发展发表了自己的观点。主办单位向代表提供了《"拉法基瑞安"2008可持续发展报告》。

会议最后,孔祥忠宣读了圆桌会议各代表签署的《中国大型水泥企业可持续发展宣言》,并讨论了下一届会议的计划。

当日来自国家发改委、国土资源部、中国人民银行2006年12月31日确定的12家全国大型水泥企业和"拉法基瑞安"、"台湾水泥"、"华润水泥"3家特邀企业领导及委托代表,在可持续发展宣言上签字。

17日　黑龙江省委副书记、省长栗战书,常务副省长杜家毫,副省长孙尧与中国建材集团党委书记、董事长宋志平一行亲切会见,并共同出席了中国建材集团与佳木斯市人民政府战略合作协议签约仪式。

在随后举行的一年一度的洽谈会上,"北方水泥"副董事长张传军代表北方水泥有限公司与佳木斯鸿基集团董事长、总经理赵君签署了合资合作协议,鸿基集团将成为"中国建材"旗下"北方水泥"的重要成员企业。在佳木斯期间,宋志平一行还参加了鸿基集团百万吨水泥粉磨站的竣工仪式。

17日　佳木斯市人民政府与中国建材集团战略合作框架协议在第二十届洽谈会上签署。作为双方战略合作的重要组成部分,"中国建材"与佳木斯鸿基集团签署了联合重组战略合作协议,并考察探索其他建材新项目,扩大合作领域。

18日　中国水泥协会会长雷前治、副会长兼秘书长孔祥忠一行,在四川水泥协会理事长熊建华陪同下赴成都市利君实业有限责任公司进行调研。公司董事长何亚明、总经理魏勇热情欢迎雷会长一行的到来。

"成都利君"作为一个生产装备的企业,与其他装备企业不同的是,形成了以自身研发为主导的研发-生产-销售体系。从而取得了市场的竞争优势。目前,成都利君的水泥辊压机在中国以及亚洲市场上都占据了牢固的市场份额。

对"成都利君"务实的态度雷会长表示赞赏,认为在为水泥行业服务的民营企业中,"成都利君"是做得比较早也比较成功的,充分肯定了其成就。

23~27日　中国水泥协会在四川峨眉山市举办"2009全国水泥窑低温余热发电技术高级研修班",旨在引导企业合理配置余热发电系统,传播成功企业经验,交流、讨论实际生产中解决问题的方法。

25日 在蒙古国国家宫，中共中央政治局常委、中纪委书记贺国强与蒙古国总理桑·巴雅尔共同出席了中国建筑材料集团公司投资蒙古国年产100万吨水泥项目签约仪式。中国建材集团董事长宋志平与蒙古国道路、运输、建筑和城市建设部部长巴图图拉嘎、国家开发银行股份有限公司内蒙古自治区分行行长马健分别代表中国建材集团、蒙古国和国家开发银行在投资意向书上签字。

此次中国建材集团投资建设年产100万吨水泥生产线项目，不仅能解决蒙古国水泥短缺问题，而且对增进中蒙两国友谊，加强经济合作发展将会起到积极的促进作用。

中国建材集团投资建设的年产100万吨水泥项目距乌兰巴托58公里，由中国建材集团所属内蒙古乌兰水泥集团有限公司承建。该项目的建设标志着中国建材集团水泥投资业务走出国门。

28日 中国联合水泥集团有限公司成立10周年庆典在北京人民大会堂举行。国务院国有资产监督管理委员会副主任邵宁，国务院国有资产监督管理委员会监事会主席崔世安，中国建筑材料联合会会长张人为，全国政协常委、国务院参事室副主任蒋明麟，国务院国有资产监督管理委员会监事会主席乔龙德，中国水泥协会会长雷前治，中国建筑材料集团公司董事、总经理姚燕，中国建筑材料集团公司董事、中国建材股份有限公司总裁曹江林等500多名嘉宾到场祝贺。中国联合水泥集团总经理张金栋主持庆典仪式。

10年来，中国联合水泥在"中国建材"发展战略的指引下，秉承"善用资源，服务建设"的核心理念，积极倡导"精细管理，创造绩效"的经营文化，历经10年发展，年产能规模由130万吨增长到近5 000万吨，销售收入由23亿元增长到74亿元；实现净利润由不足50万元增长到近6亿元，已经跻身行业三甲之列。成为国家重点扶植的大型水泥企业集团，实现了企业又快又好的发展。

29日 由国家发改委组织的"水泥产能和项目情况调研组"一行7人动身前往山东省会济南市。

调研组此行主要是对华东地区开展调研工作，将与各省政府主管部门和行业协会进行座谈，所收集意见和建议将与其他省市自治区情况反馈内容合并，拿出调研报告后将会同有关部委和行业专家提出针对水泥行业的下一步宏观调控政策意见。

调研组成员由国家发改委产业协调司、中国建材联合会、中国水泥协会、中国建材规划院的领导和专家组成。调研组由中国水泥协会雷前治会长和产业协调司刘明处长负责。

山东省发改委副主任赵金星，省发改委工业处处长刘鹏、副处长王海林、省经信委徐铎善，省建材协会会长王福江、副会长胡伟，省建材规划发展部处长刘连台等就当前山东水泥产能和项目的情况作了汇报。

30日 河北奎山水泥集团淘汰落后产能工作顺利通过政府环保部门核查，该集团已关停并拆除6座年产10万吨水泥机立窑、改建年产160万吨水泥粉磨站，每年可削减SO_2排放量720吨，减少烟（粉）尘排放量187吨，节能971吨标煤。至此，奎山集团淘汰了全部机立窑，取得了结构性减排的重大成果。

七月

2日 由中国水泥协会会长雷前治为组长、国家发改委产业协调司副处长刘明为副组长、中国建材联合会副会长陈国庆、中国水泥协会秘书长孔祥忠、数字水泥网陈柏林、中国建材工业规划研究院院长刘长发、所长高智7人组成的联合调研组到安徽合肥就安徽水泥产能和项目情况进行调研。

安徽省发改委工业处处长郑斌，调研员严嵘、李莉，安徽省建材协会刘功顺等就当前安徽省水泥产能和项目的情况作了汇报。

2日 在港交所展开上市聆讯的全球大型建筑材料生产商北京"金隅股份"，预料会在短期内过关，赶及7月招股上市，有望成为本月惟一一只在市场集资的新股；更是2009年以来首只在港挂牌的H股。

3日 中共中央政治局常委、全国人大常委会委员长吴邦国在全国人大副委员长、秘书长李建国，全国人大法律委员会主任胡康生、全国人大财经委员会主任石秀诗、全国人大环境资源委员会主任汪光焘，安徽省省委书记王金山，省委常委、副省长徐立全，省委常委、秘书长詹夏来，省人大常委会副主任任海深等领导陪同下来到安徽海螺集团公司。

吴邦国对水泥纯低温余热发电非常关注，详细了解了余热发电关键技术的有关情况，对"海螺"推广实施余热发电新技术等方面所做的工作十分满意。

7日 中美政府合作项目"中国水泥工业节能减排和替代原燃料利用综合项目"启动仪式暨第三期"中国水泥工业节能减排与清洁发展国际通用工具培训研讨会"在北京隆重举行。来自中国、美国的政府代表，国际机构世界资源研究所、世界可持续发展工商理事会专家，国内水泥行业大型水泥生产企业技术负责人以及有关媒体等近百名代表参加了会议。

这是一个旨在制定、实施并传播全面提高中国水泥工业能效、增加可替代原燃料使用以及减少排放的中美政府共同执行的综合项目。目标是提高中国42家大型水泥生产企业改进能效和减少排放的能力，在选定的水泥厂中建立替代原燃料利用示范线，以示范其环境效益和经济效益，并将成果总结推广，提高整个中国水泥工业的节能减排和清洁生产能力。

9日 "水泥工业产业发展政策评估修订工作会议"在北京召开。本次会议由中国水泥协会主办、北京金隅集团有限责任公司承办。

参加会议的有：中国水泥协会会长雷前治，国家工业和信息化部产业政策司袁克兰处长、高秀英处长，中国水泥协会副会长兼秘书长孔祥忠，中国建材联合会行业工作部及全国工业产品生产许可证办公室副主任高原，海螺集团发展部部长杨培林，“中联水泥”高级工程师常虹，“南方水泥”副总裁张剑星，中材株洲水泥有限公司总经理路同增，“拉法基瑞安”副总裁周海红，金隅集团总经理范国良、总经济师刘素敏，“冀东水泥”副总经理龚天林，“华新水泥”发展部部长刘云霞，山水集团常务副总经理李延民，亚泰集团副董事长徐德复，“天瑞水泥”副总经理张照坤，“同力水泥”副总经理杨旭，“祁连山水泥”资产发展部部长脱利成，“台泥”水泥总工程师王建全，“塔牌水泥”发展部副部长曾文忠，“金峰水泥”副总经理花亚中，“上海水泥”总经办主任徐世琳，“建通水泥”董事长缪建通等。

本次会议是继第一次在沈阳召开的评估修订意见收集阶段后的第二次会议，会议重点收集部分水泥企业代表的意见，根据我国水泥工业发展现状及趋势，围绕技术进步、节能减排、提高产业集中度，增强企业竞争力，促进水泥工业结构调整和可持续发展等内容，组织专家开展工作，争取8月完成初稿。

12～15日　亚太地区清洁发展和大气合作组织(AsiaPartnershiponCleanDevelopmentandClimate)APP第七次水泥工作组会议在韩国首尔召开。

来自美国、加拿大、日本、韩国、中国、印度、澳大利亚的政府代表和观察员，以及美国波特兰水泥协会(PCA)、日本水泥协会(JCA)、欧盟水泥(CEMBUREAU)、澳大利亚水泥工业协会(ACIF)、加拿大水泥协会(CAC)、中国水泥协会(CCA)、韩国水泥工业协会(KCIA)、巴西国家水泥工业协会(BNCIA)、印度水泥协会(ICA)、世界水泥可持续发展倡议组织(CSI)、国际能源机构(INA)、欧盟水泥研究所(ECRA)的代表和观察员，共60多人参加了会议。

中国参会代表团由中国水泥协会孔祥忠秘书长和中国建筑材料科学研究总院隋同波副院长2名APP中国水泥工作组成员，和“拉法基瑞安”(北京)技术服务有限公司高级副总裁周海红、“豪西盟”北京代表处市场总监王焕忠、天津水泥设计研究院沈序辉和中国建筑材料科学研究总院李娟4位观察员组成。

14日　国家工业和信息化部副部长欧新黔因病去世，中国水泥协会向国家工业和信息化部发送唁电以表示对欧新黔副部长的深切衷悼！电文如下：

国家工业和信息化部：

惊悉第十一届全国政协委员、经济委员会副主任、工业和信息化部副部长、党组成员欧新黔女士不幸去世，深感悲痛，不胜惋惜。

欧新黔女士毕其一生，为我国社会主义建设与发展勤奋工作，无私奉献，鞠躬尽瘁，堪称后人楷模。她非常重视水泥工业的健康发展，她力主加快行业结构调整，发展新型干法水泥，支持大水泥企业集团，提高产业集中度。中国水泥工业快速健康发展，她功不可没。

2009年4月，欧新黔副部长百忙之中，应邀抱病参加了“2009中国国际水泥峰会”，并在会上做了重要讲话，给中外水泥界人士留下深刻印象，并获得广泛的赞誉。

欧新黔女士睿智的思想，广博的知识，谦虚的品德给我们留下了深刻的印象，她虽然已经离去，但她对水泥工业发展的指导，对水泥工业发展的支持，我们永远不会忘怀。

在此，我们谨代表全国水泥企业的广大员工向欧新黔女士表示深切的哀悼！并请代我们向她献上花圈以托哀思！

17日　受国家发改委委托由中国水泥协会主办的全国水泥试点企业能效对标评估考察会议第三站——鲁南中联水泥有限公司，在山东滕州召开。国家发改委环资司、能源研究所、中国终端能效项目管理办公室、中国水泥协会、山东省水泥协会、枣庄市人民政府节能办、天津水泥设计院的领导、专家以及能效对标评估水泥试点企业代表参加了会议。中国水泥协会副会长曾学敏主持了会议。

鲁南中联水泥有限公司总工魏锦强向与会代表介绍了“鲁南中联”开展能效对标工作的进展与实施效果。与会代表既肯定了“鲁南中联”在开展能效对标工作中所取得的成绩，又提出了问题，并给出了具有建设性的建议。

22日　为庆祝广东水泥行业协会成立20周年，广东水泥协会在广州鸣泉居举行了一系列庆典活动，表彰为广东水泥产业做出突出贡献的企业和个人，评出行业20强企业，出版《广东省水泥工业发展历程纪念专辑》和《20周年庆典纪念邮册》，举办“广东水泥工业20周年光辉历程回顾图片展”。广东省水泥行业协会会长徐惠明致欢迎词，广东省水泥行业协会常务副会长李黎做了行业发展回顾总结的主题报告。

中国水泥协会会长雷前治、秘书长孔祥忠出席大会并讲话。省民政厅、省经贸委、省发改委、省建设厅、省安监局、省技监局等各级政府领导参加了会议，对协会成立20周年表示热烈的祝贺。参加当天活动的还有业界德高望重的老领导和专家们、广东水泥企业的管理者、来自兄弟协会的代表和水泥科研设计院以及水泥设备企业的代表约300人。不少单位和个人都为协会庆典送来了贺词、贺电和贺信，凝聚了对广东水泥界的关怀和情谊。

27日　“天瑞”投产的国内最大日产12 000吨生产线在郑州荥阳点火，该条生产线不仅创下世界规模之最，而且建设周期之快也令人惊叹，于2008年12月1日开工，建设周期仅8个月，可以说“天瑞”不仅在向规模挑战，也在向时间冲刺。

该条线的建设对“天瑞”来说，是“天瑞水泥”发展史上的里程碑，郑州是河南最大的水泥消费市场，而郑州一直没有大规模的生产线，直到2008年才投产1条日产5 000吨生产线，而郑州水泥市场主要从豫北的新乡、焦作和豫中的平顶山运入水泥和熟料。郑州是"天瑞"的核心市场，"天瑞"在新乡2条日产5 000吨生产线；在平顶山汝州1条日产5 000吨，距郑州近在咫尺；"许昌中锦"也是一步之遥；可以说"天瑞"在对郑州"围城"的基础上，又加强了火力，中心开花，这将更具影响力。

29日　世界记录，中国骄傲——中国中材张健横渡队冠名仪式发布会在北京香格里拉饭店举行。中国中材集团成为我国横渡运动首家冠名企业。

29日　北京金隅股份有限公司在香港联交所主板正式挂牌上市。上市当日，"金隅股份"H股报收9.97港元，逆势上涨56%，成交金额超过76亿港元。

7月31日~8月1日　北京水泥行业协会2009年年会暨七届六次会长会在四川成都胜利召开。

会议由北京水泥行业协会胡中甲会长主持，北京建材行业协会陈志达常务副会长出席会议并讲话，北京市建委建材办马汉生副主任发来了书面发言材料，协办单位"拉法基瑞安水泥"（北京地区）李全华总裁致欢迎词，34家副会长单位和会员单位的45名代表出席了会议。

八月

4日　江西亚东水泥有限公司董事长张才雄一行先后拜会了中国水泥协会会长雷前治、副会长兼秘书长孔祥忠。张才雄董事长介绍了公司目前的情况，协会领导对"亚东水泥"先进的管理理念和设备技术表示了肯定，并赞赏其在矿山植被绿化方面所作的努力。

5日　在中国水泥协会的倡导和拉法基瑞安水泥有限公司的协助下，水泥可持续性发展倡议组织（以下简称CSI）代表EamonGeraghty先生与CarolineTwigg女士在"拉法基瑞安"中国区总部组织召开了首期CSI介绍会。中国中材集团、中国建材集团、河南天瑞集团、"华润水泥控股"、"华新水泥股份"以及中国建材研究总院均派代表出席了此次会议。中国水泥协会副会长、秘书长孔祥忠出席会议并致词。

会议期间，EamonGeraghty先生向参会者详细地介绍了CSI的历史、背景、成立动机、工作目标以及工作内容。CarolineTwigg女士就CSI的组织章程、入会条件、会员的义务和权利、入会申请流程等具体问题以及CSI目前的八大工作小组内容，即：气候保护、替代性原燃材料、员工健康安全、减排、社区关系、内外交流、混凝土的循环利用和混凝土的可持续性作了耐心细致的讲解。此外，两位专家还就各个企业所关心的问题进行了逐一解答，同时诚挚地邀请与会企业加入CSI，并参加8月底在巴西圣保罗召开的第三届CSI论坛，让国际上更多的人听到中国水泥企业的声音。

孔祥忠秘书长希望此次会议能够让与会企业代表全面地了解CSI，并期望在国际水泥行业组织中早日见到中国水泥企业的身影，这也是中国水泥企业走向国际化、实践可持续发展的重要途径。

5日　南方水泥有限公司与国家开发银行股份有限公司签署开发性金融合作暨银团贷款协议，协议总金额100亿元，其中由国家开发银行上海分行、广东发展银行北京分行、渤海银行上海分行参与的银团贷款7.5亿元将用于"南方水泥"余热发电综合利用项目。

中国建材集团董事长宋志平，中国建材股份有限公司总裁、南方水泥有限公司董事长曹江林，国家开发银行副行长高坚，国家开发银行行务委员高建军，广东发展银行党委委员、北京分行行长张庆修，渤海银行上海分行行长周德勇等出席签约仪式。

7日　《水泥行业准入条件》审议会在陕西省西安市禹龙国际大酒店召开。会议的主要内容是对《水泥行业准入条件》（初稿）进行审议。参加会议的人员分别来自：国家工业和信息化部原材料司、辽宁省经信委、陕西省工信厅、重庆市经信委、水泥许可证办、中国建材联合会、江苏省建材协会水泥分会、山东省建材工业协会、陕西省建材工业协会、四川省水泥协会、云南省建材工业协会、安徽海螺集团、山东山水集团、中国联合水泥集团、中材水泥有限责任公司、"冀东水泥"、"华新水泥"、"拉法基瑞安水泥"、"陕西声威"、天津水泥院、合肥水泥院、部分省市政府行业主管部门、行业协会、大企业集团代表。

此次会议受国家工业和信息化部原材料工业司委托，由中国水泥协会牵头组织，由陕西声威建材集团承办。中国水泥协会副会长、秘书长孔祥忠主持了会议。中国水泥协会会长雷前治、国家工业和信息化部原材料工业司吕桂新处长分别为会议致辞并针对此次《水泥行业准入条件》进行了发言。

8日　中材节能发展有限公司与武汉建筑材料工业设计研究院有限公司经战略重组，投资2.4亿元、占地面积110亩、规划建筑面积近7万平米的研发与制造基地落户武汉东湖新技术开发区凤凰产业园并举行了开工典礼奠基仪式。

8日　中国建筑材料联合会会长张人为代表"中材国际"从沙特水泥公司（SCC）首席执行官Al-Garni手中接过SCC2条日产万吨新型干法熟料水泥生产线项目接收证书。这是"中材国际"继RCC、CCC、SPCC后又获得的两个最终验收证书。至此，"中材国际"为沙特承建的4个项目的5条水泥生产线全部获得业主颁发的最终验收证书，这是"中材国际"在世界水泥工业技术装备及工程建设史上具有划时代意义的手笔。中材集团总经理兼"中材国际"董事长刘志江，"中材国际"总裁王伟，"中材国际"名誉董事长司国晨等出席了在北京举行的证书签署仪式，共同见证这一重大的历史时刻。

10日　中国建筑材料集团公司与合肥市人民政府在合肥签署《战略合作框架协议》，双方将在新能源、新材料、新型房屋建设等领域开展全面务实的合作，并就如何积极促进合作项目早日落地达成了共识。

16日　四川6个重灾市(州)水泥产能已经出现过剩，四川省已经下发紧急通知，要求及时采取措施。目前，各地有许多水泥项目已经省级有关部门核准在建或同意开展前期工作，对条件不具备的项目要主动上报省级有关部门予以撤销；暂停申报新上水泥项目。

18日　山东“申丰水泥”9条年产能共90万吨的立窑生产线爆破拆除。爆破后，每年可减少粉尘排放6 900吨，减少二氧化硫排放900吨。为推动节能减排，淘汰落后产能，枣庄市峄城区将对30条300余万吨产能的立窑水泥生产线实施拆除，其余21条立窑水泥生产线将在年底之前拆除完毕。

18日　APP工作组成员Daniel Mascarenhas与受APP委托审查项目的英国科进(WPS)集团Christopher Hazen赵建新女士拜访了中国水泥协会。孔祥忠秘书长与中国建筑材料科学研究总院隋同波副院长与来访的APP组织客人进行了亲切友好的会谈。

此次APP工作组来访是对APP水泥工作在中国开展的旗舰项目进行审核调查。孔祥忠秘书长和隋同波副院长对我国APP水泥最佳范例中心(CoE)项目与“亚泰”、“秦岭”、“天瑞”三个集团的水泥生产线能效对标项目情况进行了详细介绍。双方还就APP成员国之间的交流、水泥工业的节能减排方案和建议以及APP项目对水泥企业的影响进行了讨论。

20日　“中国平安”宣布向在汶川地震及后续系列余震中遭受重创的拉法基瑞安水泥有限公司赔付7.2亿元人民币，这是截止到目前汶川地震最大保险赔案。

25日　由中国硅酸盐学会水泥分会和中国建筑材料科学研究总院主办，河南理工大学承办的中国硅酸盐学会水泥分会首届学术年会在河南理工大学召开。

26日　国务院常务会议将钢铁、水泥、平板玻璃、煤化工、多晶硅、风电设备六大行业确定为产能过剩行业，并提出将协调产业、环保、土地和金融政策，运用必要的行政手段等，对其进行调控和引导。

28日　国际水泥大会网(http://www.sinoicc.com)经过前期紧张的设计开发工作正式开通上线。国际水泥大会网定位于国际水泥大会的综合信息平台，其宗旨是加强国际交流与合作，促进世界水泥工业持续、协调发展。

九月

4日　各省市区水泥协会秘书长联席会议在辽宁丹东的鸭绿江大厦召开，来自全国各省市的水泥协会秘书长及全国60家水泥企业的代表70多人参会，会议由中国水泥协会副会长兼秘书长孔祥忠主持，会议中有关各省市就本省市上半年水泥工业经济运行情况作了通报，会议中各省市普遍就未来产能的过剩表示担忧，中国水泥协会向各省市协会和企业通报了目前正在起草的“水泥行业准入条件”的相关情况，并对2009年上半年全国水泥市场运行情况作了报告。中国水泥协会会长雷前治作了会议总结发言。

5日　中国企业联合会、中国企业家协会根据各企业上年营业收入进行排名，公布2009年中国企业500强。中国建筑材料集团公司、安徽海螺集团有限责任公司、中国中材集团公司、北京金隅集团有限责任公司、吉林亚泰(集团)股份有限公司入围中国500强榜。

从上榜的企业来看，中国建筑材料集团公司逆势扩张、联合重组取得了重大进展，各项经营指标均实现大幅增长，名列“中国企业500强”第85位，较2008年度的148位提升了63位，同时也是建材类企业第一次入围前百强。

吉林亚泰(集团)股份有限公司立足东三省，在专注区域经营的基础上，水泥产业发展与金融业务双轮驱动，经营业绩优异，名列“中国企业500强”第362位，较2008年度的470位有了大幅提升。另外上榜的三家企业名次也都较2008年度有了稳步提升，其中安徽海螺集团有限责任公司名列144位，中国中材集团公司名列208位，北京金隅集团有限责任公司名列355位。

正在积极推进赴港上市事宜的“华润水泥”其母公司华润(集团)有限公司以1 218.24亿元营业收入名列第46位。

7日　工信部下发了《水泥行业准入条件(征求意见稿)》(下称《条件》)，对水泥行业准入设置了较高的门槛。

根据《条件》，各地政府将“严格控制新建水泥项目”，其中，对水泥熟料年产能超过人均1 000千克的省份，一律停止核准新建水泥(熟料)生产线项目——这意味着安徽、浙江等水泥生产大省今后将不会出现新的水泥(熟料)生产线项目。

而对于水泥熟料年产能低于人均1 000千克的省份，则按照“等量淘汰”的原则核准——即新上马的水泥项目必须是新型干法水泥生产线，且产能与淘汰的立窑、湿法窑等落后水泥产能保持一致。对于新型干法水泥比例已经高于70%的省份，则要求每年新增水泥产量应控制在本省上年水泥总产量的10%以内。

9日　2009中国水泥协会水泥助磨剂分会年会在杭州维景大酒店召开。参加此次年会的有来自百余家会员单位以及有关高校、科研院所、相关企业的代表近400名。

中国水泥协会副会长、秘书长孔祥忠在会上阐述了我国水泥工业的发展现状，指出了水泥助磨剂企业面临的机遇与挑战，倡导有实力的水泥助磨剂企业通过兼并重组等方式做大做强。浙江省经贸委建材行业管理办公室副主任黄勇、浙江水泥协会会长李辛龙分别介绍了浙江省水泥工业及水泥助磨剂产品在浙江水泥企业的应用情况。国家水泥质检中心副主任王雅明介绍了水泥助磨剂产品质量认证与检验大对比方面的情况；全国水泥标准化技术委员会刘晨介绍了推荐性国家标准《水泥助磨剂》的制定情况。

10日　中国联合水泥集团与山东省腾州市人民政府在

腾州市政务中心举行战略合作框架协议签字仪式，由“中国联合水泥”重组位于腾州市关庄镇的山东金顶山水泥有限责任公司。

11日　由国家工业和信息化部节能与综合利用司、中国终端能效项目管理办公室、中国水泥协会主办的水泥行业能效水平对标活动启动仪式暨《水泥企业能效对标指南》西部区宣讲会在甘肃兰州举行。

在水泥行业能效水平对标活动启动仪式上，工信部节能与综合利用司司长周长益就我国水泥工业的节能减排工作和能效对标实施提出建议。中国水泥协会副会长曾学敏在宣读水泥行业能效对标实施意见时指出，通过开展能效对标活动，使水泥企业能源管理及计量水平有较大幅度提高；水泥单位产品综合能耗、主要工序能耗有较大幅度下降；部分企业的能效水平达到同行业国际先进水平或国内领先水平；全行业能效水平有较大幅度提高，到2010年全行业水泥单位产品综合能耗达到98千克标煤/吨（考虑余热发电节能抵扣），比2005年下降23%。

13日　“水泥生产、立磨制造、耐磨材料企业高端对话会”在重庆市举行。此次对话会是在中国水泥协会、中国建材机械工业协会、中国机械工程学会磨损失效分析与抗磨技术委员会倡议下召开的。在水泥生产、立磨制造、耐磨材料企业之间将建立一种新型的沟通机制，以协会、学会组织搭建平台，不定期地举行“高层对话会”促进水泥生产、立磨制造、耐磨材料企业加强了解，增进友谊；推动装备制造企业和耐磨材料企业根据水泥生产的需要，不断研发创新，提供更好、更适用的装备和耐磨材料，为水泥行业的健康、快速发展做出贡献。

14日　由中国水泥协会、中国建材机械协会、中国建材联合会科技部联合主办，重庆水泥协会和中国建材机械工程学会磨损失效分析与抗磨技术委员会协办的2009全国水泥立磨技术和装备研讨会在山城重庆召开。此次会议得到了天津水泥工业设计研究院、莱歇碾磨机械（上海）有限公司、合肥水泥研究设计院、重庆同力重型机械制造有限公司的赞助支持。来自水泥生产、立磨制造和耐磨材料等行业的150多名代表参加此次研讨。

18日　奎山冀东水泥有限公司签约仪式暨奎山冀东水泥有限公司揭牌仪式在河北石家庄举行。百余位嘉宾共同祝贺“冀东水泥”、“奎山水泥”强强联合，推动河北水泥产业整合重组迈出重要一步。中国建材联合会副会长、中国水泥协会会长雷前治与河北省副省长孙瑞彬为合资公司揭牌并讲话。

雷前治会长说，此次“冀东水泥”与“奎山水泥”合作，既实现了优势互补、强强联合，又能够为河北省水泥产业结构调整、产业健康快速发展起到推动作用。

18日　“云南省新型干法水泥窑纯低温余热发电及项目投融资交流会”在昆明召开。

云南省硅酸盐协会李兴仁秘书长作大会总结发言。他表示云南省的水泥企业纯低温余热发电属于起步阶段，全省目前只有3条生产线已经配套了余热发电系统，还有1条正在建设中。肯定了余热发电技术在帮助水泥企业降低成本、提高竞争力上发挥的显著作用。

22日　北京金隅集团琉璃河水泥有限公司“垃圾焚烧飞灰水洗中试线”通过北京市科学技术委员会组织的专家验收。

“垃圾焚烧飞灰水洗中试线”是北京市科委2008～2009年度重点研究攻关的“生活垃圾焚烧飞灰制备水泥”项目的核心技术。由北京金隅集团组织的项目攻关小组，克服了多项技术难关，解决了飞灰中重金属、二噁英等危险废物的有效处置和达标排放问题，其中二噁英排放指标比欧洲标准还低一个数量级。据悉，该中试线可日处理飞灰30吨。

25日　中国水泥能效对标试点企业考察评估会议在宁夏银川赛马实业股份有限公司召开。出席会议的有中国水泥协会、中国终端能效项目办公室、区水泥协会、国家发改委能源研究所、天津水泥工业设计研究院、“河南同力”等单位的专家。

宁夏赛马实业股份有限公司通过集团视频会议系统与旗下的子公司共同参加了本次会议。

会议由中国水泥协会副会长曾学敏主持，她介绍了能效对标试点企业考察工作的进展情况，试点企业的评估已经到了最后一站“宁夏赛马”，“河南同力”是第一站，“安徽淮南”是第二站，“山东鲁南”是第三站，第四站就是“宁夏赛马”。10月份计划召开整个能效对标项目的总结会。

26日　南方水泥有限公司成立两周年座谈会在浦东香格里拉大酒店举行。

仅用两年时间，“中国建材”实施完成了一个让世人瞩目、让全球水泥业界震撼的世纪并购案例，通过对东南五省一市水泥企业的联合重组，使“南方水泥”产能快速扩张到1亿吨，先后吸引了100家水泥企业加盟，组成了一支庞大的联合舰队，创造了世界水泥发展史上联合重组的奇迹、企业扩张的范例。

26日　国务院批准发改委等10部委《关于抑制部分行业产能过剩和重复建设引导产业健康发展的若干意见》（“38号文”）并印发。

27日　国家建材工业标准定额站在天津水泥工业设计研究院有限公司组织召开了《水泥矿山工程设计规范》（征求意见稿）审查会。参会单位有全国建材标准委员会、天津水泥工业设计研究院有限公司、中材国际南京水泥工业设计研究院、成都建筑材料工业设计研究院有限公司、南京凯盛水泥技术工程有限公司、合肥水泥研究设计院、武汉理工大学资源与环境学院、冀东水泥集团、亚泰集团、中国非金属矿业公司。

会议由国家建筑材料工业标准定额总站施敬林副站长

主持。天津水泥工业设计研究院有限公司副总经理王芳协到会并致欢迎辞。会议推举全国建材标准委员会曾学敏主任为专家审查组组长。

与会专家认为该《规范》体现了当代水泥矿山设计水平，贯彻了国家节能减排方针，并提出了绿色环保要求，是今后指导水泥矿山可持续发展的规范性纲领。同时，与会专家提出了许多建设性修改意见。经过一天的认真审查讨论，会议最终通过了对《水泥矿山工程设计规范》（征求意见稿）的审查。

主编单位天津院有限公司表示将根据本次会议精神对《规范》做进一步修改，力争在2009年11月底前形成送审稿，最终圆满完成国家标准的编制工作。

十月

1日　中国建材装备有限公司总承包的越南奠边日产1 000吨水泥生产线项目竣工典礼举行，向新中国成立60周年庆典献上了一份特殊的礼物。

竣工典礼在越南奠边项目现场举行。越南国家副总理张永重、奠边省委书记卢氏梅贞、省政府主席丁进勇、农行行长潘登流，中国建材装备有限公司总经理方芳和项目部人员，业主、咨询公司及越南各界人士共400余人参加了典礼。

1日　《规划环境影响评价条例》生效实施后，环保部副部长吴晓青表示：年底前开展“十一五”期间审批的水泥、平板玻璃、多晶硅、风电设备等行业建设项目环评的清查，对未经环境保护验收或验收不合格问题责令限期整改。

9日　中材集团旗下A股上市公司“中材国际”宣布，与尼日利亚Dangote集团子公司签署了2条日产3 000吨水泥生产线总承包合同，合同总金额为人民币19.67亿元。该合同是全球金融危机爆发一年来签订的全球最大的水泥生产线总承包合同，也是Dangote集团2008年11月推迟10条水泥生产线建设后，再次与“中材国际”携手在非洲建设的大型水泥生产线。该合同的签署，再次显示了“中材国际”在全球水泥技术装备与工程服务市场领先的强大竞争实力，同时也表明，海外水泥生产线建设市场已经开始逐步走出金融危机的影响，进入恢复阶段，新的建设高潮即将开始。

10日　扬州市委副书记、市长丁一在北京拜访了中材国际工程股份有限公司总裁王伟等高层领导，并代表市政府与“中材国际”签订了战略合作协议。本次战略合作协议的签订，将进一步推进双方合作，“中材国际”将在江都延伸其产业链。

12日　中国建筑材料联合会会长张人为在北京会见了爱尔兰CRH集团首席执行官李迈思一行，双方进行了友好的谈话。

在完成对“亚泰水泥”的并购后，“CRH”于2009年多次到访中国建材联合会，表达“CRH”愿意以建筑材料公司的形象全面进入中国市场的发展战略：除了在东北市场继续加强与“亚泰水泥”的全面合作外，也将准备在全中国范围延长产业链，大力发展水泥的下游产品与门窗、隔热材料等房屋建材产品。

15日　中国水泥协会副会长、秘书长孔祥忠一行来到蓝田尧柏水泥公司进行考察调研。

孔祥忠一行在陕西尧柏特种水泥股份公司张继民董事长的陪同下，参观了生产线、中央控制室及低温余热电站，深入了解了水泥生产工艺流程和余热发电、环保治理等情况。

在现场，孔祥忠秘书长仔细询问了生产经营情况后，对企业能够在英国上市，募集资金发展中国西部水泥工业表示钦佩，对目前企业的发展情况表示满意。孔祥忠秘书长与张继民董事长就如何实现水泥产业与环保产业紧密结合，资源开发与循环利用并举，进而实现可持续发展进行了深入细致的探讨和交流。

17日　全国群众体育先进单位、先进个人及体育系统先进集体、先进工作者表彰大会在山东济南召开，合肥院荣获全国群众体育先进单位称号，院长徐宁作为先进单位代表参加大会，并受到表彰。

这次表彰是第十一届全运会期间的一项重要活动。16日下午，院长徐宁等参加表彰大会的代表，在山东省济南市山东大礼堂受到胡锦涛总书记的亲切接见。16日晚，徐宁院长应邀出席了第十一届全运会开幕式。

这次表彰使得合肥院干部职工深受鼓舞，倍感振奋。大家纷纷表示一定要积极投身全民健身运动，积极参与各项体育活动，以实际行动践行胡锦涛总书记的重要讲话精神，为全面推进我国体育事业发展做出新的贡献。

19日　发改委等10部门联合宣布，对钢铁、水泥、平板玻璃、煤化工、多晶硅和风电设备等产能过剩行业，国家有关部门将原则上不再批准扩大这类产能的项目。同时，发改委产业协调司巡视员熊必琳透露，发改委正抓紧制订《产业结构调整指导目录》，并将在最短时间内出台。

20日　由中国建筑材料企业管理协会组织的2009年度中国建材500强发布会在北京隆重举行，建材行业相关领导和相关新闻媒体出席了2009年度中国建材500强发布会。

中国建筑材料企业管理协会根据中国企业联合会和中国企业家协会的工作部署，在各省市自治区行业协会和全国建材企业的支持下，经过数据的统计分析，参照国际惯例，向社会发布了2009年度中国建材500强企业名单及其研究报告，中国建筑材料集团有限公司居500强之首。

21日　由中材集团和国际水泥会议组织（INTERCEM）主办、中材集团研究开发中心承办的“2009国际水泥大会”在香港洲际酒店隆重开幕。来自世界30多个国家和地区的近300名水泥界专家、学者、企业家出席盛会。大会通过举办技术讲座、大会交流、宣传展示、项目投资洽谈等活动为世界水泥界提供了稳定的信息沟通与交流平台。

国务院中央企业监事会主席乔龙德，国家建材局原局长王燕谋，世界著名水泥生产和设备制造厂商、进出口商的代表以及国内水泥行业专家、大专院校、科研设计院所、设备制造企业的代表共400多人出席了大会。围绕着“风险与机遇并存时期，水泥工业的可持续发展”这一主题，就行业发展、结构调整、节能减排、设备技术提高等相关议题进行了认真的探讨与充分交流。

21日　中材集团与华夏银行在京签署银企合作协议。华夏银行将为中材集团提供100亿元的授信额度，以支持中材集团在水泥制造、节能减排、清洁能源等领域的战略部署和快速稳健发展，进一步增强集团在优势区域市场的控制力。

22日　在峨眉山市工业发展表彰大会上，当地政府为了鼓励发展迅速的企业做大做强，总共拿出了1 300万财政奖励资金，“峨胜水泥”因支持灾后重建贡献突出、快速做大做强，获得峨眉山市委、市政府1 000万巨资奖励，成为该奖的最大受益户。

22日　中国建筑材料联合会会长张人为在北京会见了爱尔兰“CRH”集团首席执行官李迈思一行，双方进行了友好的谈话。

CRH(老城堡)集团成立于1970年，是爱尔兰最大的本土公司。2006年10月10日，“CRH”收购黑龙江省小岭水泥有限责任公司。2008年1月，“CRH”中国东北水泥投资有限公司与吉林亚泰集团签订并购合同，“CRH”以21.3亿元人民币受让吉林亚泰集团水泥投资公司26%的股份。“CRH”目前在中国共有8家分支机构。

23日　“第11届亚洲水泥大会”在印度尼西亚第二大港口城市泗水市召开，这次大会受到了亚洲水泥生产国的关注。自2008年世界发生了金融风暴以来，世界经济受到了极大的挑战，各国也纷纷采取了应对措施。中国政府考虑到世界和中国的经济环境，果断采取经济应对措施，投资4万亿，加大对基础设施的建设，刺激中国的经济发展，水泥市场强劲的触底反弹，预计2009年市场水泥供应量将达到16亿吨，保证了大规模基础设施建设对水泥的需求。

中国水泥协会副会长孔祥忠率团出席了本次会议，随团一同前往的有当前中国水泥企业最具实力的“海螺水泥”，2009年效益最好、受到资本市场追捧的“祁连山水泥”，近期在港股上市表现优异的北京“金隅水泥”，和东南亚国家有着密切关系的广西“鱼峰水泥”；还有中国地方的水泥协会代表以及国内水泥媒体数字水泥网和《中国水泥》杂志。

会议代表就亚洲水泥工业的发展方向和市场进行了交流和沟通，历届会议的活跃者菲律宾水泥代表仍然非常踊跃地提出问题，解答问题。

26～28日　中美政府合作项目专家组在国家发展和改革委员会产业协调司刘明处长的带领下，来到山东青州中联水泥有限公司进行现场评估调研。山东省青州市陈群光副市长、原人大常委会张明君副主任、发改局孟庆光局长、经贸局吴金国局长、山东青州中联水泥有限公司杜纪俊总经理、苏伟副总经理等热情接待并会见了中美专家组一行。

中美专家组在青州中联水泥有限公司开展了现场考察和评估调研工作。

这次现场评估是继2009年7月开展第三届水泥工业节能减排国际培训之后中美政府合作项目开展的又一项重要工作。中美专家通过现场指导，采用三种国际通用工具：水泥行业CO_2排放统计工具(CSI工具)、对标和节能工具(BEST工具)和工艺热耗评估工具(PHAST工具)对工厂能效与排放进行量化评估、对标与诊断。最终由中美专家组给出评估报告和节能减排建议方案。

通过开展这一项目，就是要在学习使用国际先进的通用工具基础上，对我国水泥企业能效与排放进行量化评估、对标与诊断，进一步推动我国水泥行业的节能减排工作。

26日　经考察和专家评审，浙江省长兴县被中国水泥协会命名为“中国水泥产业基地”。

据悉，长兴县1998年率先建成浙江省第一条新型干法水泥生产线，2003年率先编制《长兴县水泥熟料生产基地发展规划》，2004年率先出台县政府淘汰机立窑鼓励政策，并提前两年完成省淘汰机立窑的工作目标；在全省率先投资建设纯低温余热发电项目。

长兴县拥有新型干法水泥生产线13条，年水泥熟料生产能力1 400万吨，企业平均生产规模达100万吨以上，前10家企业有8家重组联合进入中国建材集团南方水泥公司，水泥的规模效益和企业集中度得到了充分体现，在“长三角”地区水泥工业中拥有重要的市场和行业地位。

26日　首届“全国水泥助磨剂企业检验人员培训班”在中国建筑材料科学研究总院水泥所礼堂隆重举办，该次培训班由中国水泥协会水泥助磨剂分会和国家水泥质量监督检验中心联合举办，专为水泥助磨剂企业检验人员量身定做。

27日　“冀东水泥”建厂30周年庆典暨冀东发展集团揭牌仪式在唐山举行，中国建筑材料联合会、中国水泥协会、河北省建材协会、省国资委监事会以及市政府有关领导、集团离退休领导、有关企业领导出席了当天的庆典仪式，冀东水泥职工代表1 000多人也参加了庆典活动。

庆典和揭牌仪式由唐山市副市长辛志纯主持，市长陈国鹰代表市政府对“冀东水泥”成立30年表示祝贺，张人为会长代表中国建材联合会和中国水泥协会对“冀东水泥”庆典和揭牌仪式发表了热情洋溢的致辞。张人为会长和陈国鹰市长共同为“冀东发展集团有限责任公司”揭牌。

集团党委书记、董事长张增光在仪式上回顾了冀东水泥发展的30年历史。今天的“冀东水泥”已在全国11个省市自治区拥有39条新型干法水泥生产线，总资产达到235亿元，前5年共消纳废渣、固体废物3 633万吨。

28日　金隅新北水水泥有限责任公司经过1年的建设，国内首条拥有自主创新、国际领先技术，依托水泥窑干化及资源化利用生活污泥生产线——新北水水泥公司处置污水厂污泥生产线竣工投产。

中国建筑材料联合会会长张人为到会并致辞，国家发展和改革委员会资源节约和环境保护司主管环境副司长王善成、环境保护部污染防控司副司长张悦等出席了竣工投产仪式。

该生产线为我国第一条污泥干化及最终处置与水泥新型干法工艺相结合的示范项目，年处置能力达22万吨，占北京市生活污泥总量的1/4。

28日 冀东发展集团有限责任公司与中国银行股份有限公司在石家庄签署战略合作协议。中国银行总行副行长陈四清、河北省人民政府副省长孙瑞彬、省长助理兼金融办主任江波、中国银行河北省分行行长张志勇、唐山市人民政府副市长辛志纯、冀东发展集团有限责任公司董事长张增光、总经理王晓华等出席了签字仪式。

根据协议，中国银行将向冀东发展集团提供各类意向性融资138亿元。中国银行还将充分利用资源和业务优势，在全国范围内向冀东发展集团提供包括传统商业银行业务、投资银行业务和保险业务领域在内的全面和优质的金融服务。

29日 工信部公布了2009年全国水泥、平板玻璃淘汰落后产能初定计划表。根据这份计划表，2009年全国将淘汰水泥落后产能4 661万吨。计划表显示，山东省成为淘汰落后产能最大的省份，达1 025万吨，其他产能过剩大省还包括河北省，达571万吨，四川省375万吨。

十一月

5日 青海机场建设指挥部与青海水泥股份有限公司在西宁签署战略合作协议。根据协议，西部机场建设集团青海机场有限公司将青海机场建设的水泥供应权授予青海水泥股份有限公司，今后青海机场建设中所需水泥将优先选用青海水泥股份有限公司的产品，这是青海省重点项目建设和地方水泥龙头企业之间的一次强强联手、实现双赢的合作模式。

5日 由中国水泥协会矿山专业委员会主办，华润水泥控股有限公司、阿特拉斯·科普柯(上海)贸易有限公司协办的"全国水泥矿山第四届年会"在绿城南宁召开。会议由中国水泥协会副会长曾学敏主持。来自水泥企业及水泥矿山及其相关行业的近200名代表出席了本次年会。

中国水泥协会矿山专业委员会秘书长唐光荣做了矿山专业委员会工作报告，介绍了两年来矿山专业委员会在为水泥矿山企业解决实际困难、宣传推广节能技术和设备、舆论宣传等方面的工作情况及下一步的工作重点。北京雨润华科技有限公司总经理孙明昭介绍了带式运输机托辊优化配置的节能技术。常熟仕名机械有限公司技术总监廖正光就《水泥原料破碎系统现状与展望》、句容台泥矿山部处长刘安法就《矿山环境保护、建设绿色矿山》等专题分别做了学术报告。

6日 由中国建材联合会主持的合肥院HRM4800大型立式磨粉磨技术的研究及装备项目鉴定会在安徽合肥成功召开。鉴定意见认为，由中国建材集团合肥水泥研究设计院中亚建材装备有限责任公司研制的大型立磨，可替代进口同类产品，满足日产5 000吨级水泥熟料生产线配套要求，对促进我国水泥工业结构调整和节能减排具有重要意义，经济效益和社会效益显著。

11月旬 上经过"海螺"相关部门和项目开发公司历时4年的共同努力，"海螺水泥"第一笔CDM项目资金——宁国水泥厂余热发电CDM项目第一核查年度减排量资金到账。这是国内水泥企业温室气体减排的重要实践，不仅为我国水泥余热CDM项目申报开拓了思路、创新了方法，也为水泥企业走循环经济路子、创造新的效益增长点积累了成功经验。

18日 国家发改委发布《关于水泥、平板玻璃建设项目清理工作有关问题的通知》，对水泥及平板玻璃建设项目清理作出了更为明确的规定。

政策中提到的对9月30日前尚未投产的在建项目和已核准未开工项目进行清理，引起市场对于上市公司项目建设的担心。

此次出台的政策主要是前期政策的延续和补充，对2010年的行业供给将产生积极影响，并改变市场对于水泥行业产能增长过快的悲观预期。若政策能切实执行，则行业供给拐点将形成。新建产能的严格审查将使企业以往依靠新建生产线外延式扩张的局面发生改变，企业将更多转向依靠并购或重组的方式进行扩张，行业的并购整合将进入活跃期。而在这个过程中，大企业无疑将扮演更为重要的角色，行业竞争格局仍将延续强者恒强的局面，行业集中度将进一步提高。

20日 由中国水泥协会主办，莱歇碾磨机械(上海)有限公司协办的"德国莱歇立磨粉磨水泥技术专题研讨会"在湖北武汉举行。

为了进一步推进我国水泥行业节能减排技术的开发与发展，鼓励节能、低耗设备的研发，中国水泥协会受德国莱歇碾磨机械(上海)有限公司委托组织了这次交流会。

立磨在水泥行业的应用已经较为广泛，但立磨在水泥磨的应用还属于起步阶段，立磨具有单机产能大，粉磨选粉一体化，设备台数少，系统简洁，运转可靠，节电显著，低维护等众多优点。

21日 中国建材联合会副会长、中国水泥协会会长雷前治在湖北亚东水泥有限公司考察。湖北亚东水泥总经理张振崑介绍了"湖北亚东"的水泥生产线运行情况。

"湖北亚东"于2005年6月23日注册成立，2005年6月28日动工建设，总投资14 108万美元，注册资本7 880万美元。一期1条日产4 200吨水泥熟料线、水泥磨及码头一期工程，水泥粉磨站及码头一期工程已于2007年7月投产，熟料线于2009年3月点火投产。二期也已经开始动工建设，于2010年建成。两期工程投产后将形成400万吨的水泥产能。

25日 环保部科技标准司召开《固体废物处置污染控制标准》和《固体废物生产建材污染控制标准》的课题论证会。两项标准由中国环境科学研究院固体废物污染控制技术研究所牵头组织，中国建材研究总院等单位共同负责完成。这两项标准都是水泥行业开展资源综合利用中急需的技术标准，对推动水泥行业的节能减排有着重要的意义。

30日 “中国联合水泥”与内蒙古电力集团在北京“中国联合水泥”本部举行内蒙古“乌兰水泥”股权转让协议签字仪式。

“乌兰水泥”加盟“中国联合水泥”，标志着“中国建材”、“中国联合水泥”吹响了进军内蒙水泥市场的号角，联合重组乌兰水泥集团后，对“中国建材”、“中国联合水泥”开发内蒙古市场以及开拓蒙古等国际市场创造了有利条件。乌兰水泥集团熟料产能近500万吨，水泥近300万吨，直接影响和控制水泥产能约600万吨，这对提升“中国联合水泥”产能和拓展“中国联合水泥”市场将起到重大的支持和推动作用。

十二月

3日 拉法基瑞安水泥有限公司宣布，其下属腾辉特种水泥有限公司、腾辉地维水泥有限公司和腾辉新型建材有限公司将其水泥产品品牌“腾辉”、“地维”、“筑嘉”正式更名为“拉法基”品牌。此举是“拉法基瑞安”品牌发展的一个里程碑事件，体现了“拉法基瑞安水泥”在重庆地区业务发展的良好态势。

4日 2009年中国水泥协会会长会议在广东东莞举行。会议主题是落实国发(2009)38号文件“严格控制新增水泥产能、加大对企业联合重组的支持力度、推动淘汰落后产能”的要求。水泥协会会长单位等23家企业负责人、5家地方协会的代表参加会议。中国建材联合会副会长、中国水泥协会会长雷前治作主题报告。工信部产业政策司袁克兰，中国建材联合会副会长、中国建材报社社长陈才来等作为特邀嘉宾出席会议。中国水泥协会副会长兼秘书长孔祥忠主持会议并作协会工作报告。

张人为会长在致词中对水泥行业应对金融危机所取得的良好业绩表示祝贺。他同时强调，进入新世纪以后，以新型干法为代表的先进生产力突飞猛进的发展和落后产能的淘汰，使水泥产业结构逐步升级和优化，今后淘汰落后依然是重要任务。新型干法的发展要转变到“深入、理性、有序的发展”，要逐步进入“以并购重组，优化调整企业组织结构为主”的道路上。

中国水泥协会会长雷前治在专题发言中指出，水泥工业正处在发展的关键时期——已经从量的增长，到向质的提高这样一个伟大转变时期。

6日 “金隅股份”与交通银行北京分行在京签署全面合作协议。协议约定，双方将进一步加深互惠互利的全面合作关系。交通银行北京分行将把“金隅股份”作为核心客户之一，为其提供150亿元意向性授信额度，同时提供资金结算、金融顾问、中间业务、企业年金等一揽子服务。

此全面合作协议的签署，标志着双方的合作又迈上了一个新台阶，必将有利于提升双方在各自领域的品牌优势和竞争优势。

11日 工信部印发了《促进中部地区原材料工业结构调整和优化升级方案》。要求在2010~2011年内，全面淘汰中部地区的落后水泥产能及“格法”、“小平拉”等落后玻璃产能。并提出要在2010~2011年，进一步发挥“海螺”、“中建材”、“中材”、“华新”、“天瑞”、“三峡新材”、“长利玻璃”等龙头企业的带动作用，推动水泥、玻璃、耐火材料、新型建材等行业的兼并联合重组，提高产业集中度。

工信部不断释放出力推水泥产业兼并重组重要信号时，水泥企业区域整合突呈加速之势。

16日 中材集团与上海浦东发展银行在北京签署战略合作协议。根据协议，浦发银行将为中材集团提供一揽子金融服务和100亿元人民币的授信额度，以支持中材集团做大做强，尤其在低碳经济、节能减排、清洁能源等领域的战略部署和快速稳健发展。至此，中材集团2009年从各商业银行获得的授信额度已近1 000亿元。

16日 西藏盛源矿业集团和西藏高新建材集团宣告成立。其中，西藏高新建材集团由华新水泥股份有限公司、西藏天路股份有限公司、西藏高争(集团)有限公司、西藏信托投资有限公司、山南兴业水泥厂5家企业共同发起设立。该公司注册资本2亿元人民币，“华新水泥”出资8 600万元，占43%，其余4家出资人分别占比30%、10%、10%和7%。公司成立后，将积极引进和研发适合西藏发展的新产品、新技术，着力提升水泥及水泥制品的制造水平，不断优化产品结构；着力加大资源整合和开发机械产品加工、城市垃圾处理、运输、余热发电等基础设施建设，进一步带动和辐射相关产业在西藏的可持续发展。

16日 云南省政府和拉法基瑞安水泥有限公司在昆明举办了简朴的捐赠仪式，由“拉法基瑞安”向云南省红河州金平县铜厂乡政府捐赠人民币28万元。此款项将用于改造铜厂乡主要交通路段，从而改善该乡落后的交通基础设施。

17日 “冀东水泥”发布公告称，为提高公司在陕西市场的竞争力，公司拟以3.34亿元的价格收购陕西秦岭水泥(集团)股份有限公司62 664 165股权，每股转让价格为5.33元，本次转让股份数量占“秦岭水泥”股份总额的9.48%。

19日 2009年度“中国中材杯”全国建材行业技术革新奖表彰大会在北京召开。会上为113个项目的获奖单位和项目完成人颁发了奖牌和证书，为安徽省建材协会、中国中材集团、中国建材集团工会、中国建材集团、中国中材集团工会、浙江省建设建材工业协会、浙江省建设建材工会颁布了优秀组织奖，为冠名单位天津水泥工业设计研究院有限公司颁发纪念奖。

22日　陕西省水泥协会成立大会暨第一次会员代表大会在西安举行。陕西尧柏特种水泥有限公司董事长张继民被选为陕西省水泥协会会长，陕西省工业和信息化厅原材料处副处长宋亚朝为秘书长。

23日　天津市建材业协会成立10周年答谢宴会在天津市津利华酒店银华厅隆重举行。

天津市建材业协会成立的10年，是中国建材行业蓬勃发展的10年，更是天津市建材行业取得长足进步的10年。天津市建材业协会伴随着建材行业的发展成长壮大，专委会数量、会员单位数量、骨干企业数量都增长很快，已经成为天津市最大的行业协会之一。

孙向远副会长代表中国建材联合会，向天津市建材业协会表示热烈的祝贺！对天津市建材业协会今后的工作提出了希望。

23~25日　中材集团2010年工作会议在北京召开。中国建材联合会会长张人为，国务院国资委大型企业监事会主席董树奎，中材集团董事长谭仲明、总经理刘志江以及集团外部董事、集团领导等出席了会议。会议由集团党委书记于世良主持。

2009年，中材集团积极应对金融危机、加强管理、降本增效、着力提升核心竞争力，把握机遇，加快发展，全面落实集团“五大任务五大目标”，加强内部整合、提升系统管理和抗风险能力，出色地完成了年度各项工作任务。主营业务得到进一步快速发展，预计实现营业收入同比增长21.7%，实现利润总额同比增长34.9%。

27日　中材集团旗下的“中国中材股份”与甘肃省国资委签署股权受让协议，“中材股份”成为A股上市公司“祁连山”实际控制人。在甘肃省委书记陆浩、省长徐守盛，中材集团董事长兼“中材股份”董事长谭仲明、中材集团党委书记于世良等人的见证下，“中材股份”总裁周育先、甘肃省国资委主任马艾武、祁连山公司董事长杨皓作为三方代表签署增资扩股及股权转让协议。

同日，谭仲明与甘肃省副省长石军分别代表中材集团与甘肃省政府在兰州签署新的战略合作协议，这是在第一份战略合作协议取得积极成效的基础上，双方战略合作的进一步升级。

28日　北川中联水泥有限公司日产4 800吨水泥熟料生产线竣工点火。该项目是2008年“5·12”特大地震发生后，中国建材集团积极响应党中央、国务院号召，在灾区迅速启动的第一个支持灾后重建的大型工业项目。

28日　甘肃省国资委与中国中材集团正式签署股权转让协议，“中国中材”通过增资扩股和股权受让的方式获得“建材控股”（祁连山实际控制人）51%股权。“祁连山”同日发布公告，实际控制人由甘肃省国资委变更为“中国中材”。

对此，中材集团董事长谭仲明表示，实现对西北区域市场的有效整合，是“中材”实现北方最大水泥制造商战略目标的核心步骤。西北水泥步入“中材时代”。

环 球 信 息

Global information

环 球 信 息

Global information

印度对水泥钢材等重新征收特别关税

印度联邦政府 1 月 2 日公布了第二套经济刺激方案，其中包括对水泥和部分钢产品进口重新征收特别关税等几项措施。

喀麦隆没收杜阿拉地区高价出售的水泥

《喀麦隆论坛报》1 月 6 日报道，喀麦隆商务部驻杜阿拉代表 1 月 3 日对该地水泥市场进行了清查，没收了多个公司高价贩卖的水泥。按照法令规定，杜阿拉地区每袋水泥的出售价格应该为 4 600 非郎，而很多销售批发公司都自行抬高价格出售。

印度提高水泥进口税 12%

巴基斯坦《商业纪事报》1 月 7 日报道，印度为保护水泥产业，上个月对本国产水泥每袋减税 8 印度卢比，而对进口水泥则征收 8% 反倾销税和 4% 关税。

2009 年越南将继续管理水泥、钢铁等重要商品价格

据越南《经济时报》1 月 7 日报道，越南财政部物价管理局局长阮进楠(Nguyen Tien Thoa)称，对包括水泥在内的 14 种重要商品价格将由政府继续监察平抑价格。

日本“太平洋水泥”12 日宣布 2008 年 4 月 ~2009 年 3 月间净损 280 亿日元

全球水泥制造大户“太平洋水泥”(Taiheiyo Cement)2 月 12 日于日股盘后发布新闻稿宣布，今年度(2008 年 4 月 ~ 2009 年 3 月)合并营益目标自 180 亿日元下修 50.0% 至 90 亿日元(年减 82.5%)；合并净损则自原先预估的 70 亿日元扩大至 280 亿日元，去年度为纯益 204.85 亿日元。

伊朗开始向伊拉克出口水泥

《伊朗经济报》2 月 15 日报道，伊朗伊拉克联合商会会长 HasanTizmagz 在接受记者采访时指出，伊朗水泥出口放开后，对伊拉克水泥出口量将大幅增加，因为伊拉克重建急需大量水泥。

马里两个水泥项目开工

2 月 15 日，位于马里卡伊地区的迪亚姆水泥厂等两个水泥项目举行了开工仪式。

据介绍，新开工的迪亚姆水泥厂注册资本 200 亿西郎(约折合 4 000 万美元)，印度西非水泥公司 WACEM－SA 持股 70%，马里政府持股 10%，私人持股 10%，公众持股 10%。项目总投资 660 亿西郎，年产水泥 100 万吨，创造就业岗位 1 500个。出席仪式的印度西非水泥公司董事长说：“如果顺利，2011 年 9 月 22 日将生产出第一袋马里产水泥。”

另一个水泥项目总投资 250 亿西郎(约折合 5 000 万美元)，其中马里政府承担投资的 54%，其余的资金由科威特发展基金、沙特发展基金和石油输出国组织基金提供。工程由毛里塔尼亚公司 ATTM 和中海外公司 COVEC 中标承建，工期 30 个月。

据悉，在马里的卡伊地区很快要开工建设两个大桥项目，投资 180 亿西郎。有人士认为，这将拉动对水泥的需求。

牙买加水泥公司销量下跌抱怨中国水泥倾销

据 3 月 18 日牙买加《集锦报》报道，牙买加的加勒比水泥公司(Caribbean Cement Company)2008 年共计销售748 723 吨水泥，比 2007 年减少 65 000 吨，销量下跌 8%；2008 年利润也由上年的 5.22 亿牙元跌到 4.16 亿牙元。加勒比水泥公司的母公司即特立尼达水泥公司(Trinidad Cement Ltd)称，2008 年下半年市场疲软影响该公司水泥的销售数量，中国低廉水泥在牙买加倾销加剧恶化了该公司在牙国内市场的占有份额。

美国废除对从墨西哥进口水泥征收的反倾销税

据墨西哥《金融报》4 月 2 日援引墨官方日报相关报道，美国已修改了沿用 16 年之久的美墨双边水泥贸易协议，废除征收从墨西哥进口水泥的反倾销税，这意味着两国间实现了水泥的自由贸易。墨经济部有关负责人表示，这一举措体现了美国方面对北美自由贸易协定的尊重，将有利于双边贸

易的进一步发展。该负责人预测，废除征收反倾销税后，墨每年向美出口水泥数量将至少增加20万吨。

埃及禁止水泥出口

埃及贸工部长拉希德表示，为稳定埃国内价格，贸工部将禁止水泥出口4个月。贸工部同时表示，已要求竞争监督机构对最近6个月水泥行业进行调查，这是埃政府第二次对水泥行业进行上述调查。

越南南方货源不足水泥价格可能会暴涨

越南消息，虽然全国水泥产能过剩，但专家认为，由于水泥项目分布和发展不平衡，南北地区之间的水泥供应不同步，如果没有办法及时调配水泥，南方地区可能发生水泥价格暴涨现象。

泰国工程建筑萎缩水泥需求下降一成

据泰国《世界日报》2月25日报道，泰国最大的水泥制造商暹罗水泥(SCC)公司表示，由于2009年不少工程建筑项目暂停实施，官方的大型基建项目进度缓慢，预测全年泰国内水泥市场需求为2 500万吨，比去年减少10%。该公司的水泥销量也将从去年的1800万吨降至1 500万吨，其中国内销售900万吨，出口600万吨。

贝宁将建年产144万吨水泥公司

3月20日，贝宁政府与撒赫勒水泥公司签订协议，将在贝宁建设一个水泥公司(NOCIBE)，这标志着此项目将在不久的将来正式开工建设。

该项目投资总额达到1 300亿西非法郎，约合2.6亿美元，年产量在144万吨左右，建设期间将创造3 500个工作岗位，投产后将创造500个工作岗位，其中长期员工约为400人。

此项目先后经历了项目设计、可行性报告、融资以及谈判等4个阶段，共历时18个月。

贝宁作为一个传统农业国，工业基础薄弱，此项目上马后，将充分开发贝宁的矿业资源，对贝宁经济的结构调整产生积极的正面作用。

巴基斯坦水泥出口逆势大幅增长

巴基斯坦联邦统计局4月公布的最新贸易数字显示，本财政年度年前8个月(2008年7月至2009年2月)，巴基斯坦水泥出口继续大幅增长，出口数量达到639万吨，与上个财政年度同期396万吨相比，增长了61.5%；出口金额为3.74亿美元，同比增长75.7%。2月份单月出口量为81万吨，同比增长51.6%。主要得益于对阿富汗和中东的出口。不过，巴国内水泥需求严重萎缩。

伊朗将向意大利出口150万吨水泥

伊朗《经济报》报道，伊朗矿产工业部主管矿山和矿业副部长穆哈默德·马斯乌德·萨米伊·内贾德在接受记者采访时透露，自意大利地震发生后，伊朗和意大利就伊向意出口150万吨水泥进行了谈判。

副部长称，2009年，伊朗将有10个水泥项目竣工投产，水泥总产量将达7 600万吨，伊计划2009年出口水泥500万吨。

沙特水泥业困难重重

受国内市场需求回落和沙特政府禁止水泥出口政策的影响，沙特水泥库存大量增长，一些厂商已宣布关闭部分生产线。有研究指出，如果目前形势持续，到2011年沙特水泥库存将增加到3 100万吨。沙特水泥业面临重重困难。

埃及水泥价格上涨

埃及国家统计局的最新市场报告显示，2009年4月的水泥和钢材价格环比分别增长5.08%和5.56%，表明开放进口市场对国内市场零售价格影响不大。(05.06)

伊朗开始向土库曼斯坦出口水泥

《伊朗新闻报》5月6日报道，伊朗已开始通过铁路运输向土库曼斯坦出口水泥，第一批水泥的出口数量是5万吨，预计以后还会逐步增加。

巴基斯坦水泥出口超过1 000万吨

据巴基斯坦《商业纪事报》报道，巴本财年前11个月(2008年7－2009年5月)水泥出口增长50%，超过1 000万吨。由于海湾地区和南亚地区阿富汗、印度等国对水泥的强劲需求，巴本财年水泥出口很可能达到1 100吨。

Holcim集团16亿美元收购“墨西哥水泥”(Cemex)澳洲业务

5月15日，Holcim集团宣布以20.2亿澳元(约合16亿美元)的价格，收购全球第三大水泥生产商“墨西哥水泥”(Cemex)的澳洲业务。

埃及水泥出口量将锐减

据当地媒体5月20日报道，因受到全球金融危机和埃及水泥出口禁令的影响，2009年埃及水泥出口量预计比去年将减少46%。

埃及一家研究机构近日发布报告称，全球金融危机对埃及水泥出口市场造成重创，因此，埃及水泥出口在2009年将一直保持颓势，预计出口量将为70万吨，相比去年的130万吨减少了46%。

报告称，埃及水泥出口下降也受到埃及水泥出口禁令的影响。为了稳定国内水泥市场价格，调查国内生产商的违反竞争法的行为，埃及决定从2009年4月开始连续4个月禁止水泥出口。此前，埃及政府也出台了一系列措施控制水泥零售价格，如要求所有水泥生产商制定各个销售期的最高价格及每周向贸易部通报水泥存量等。

报告指出，虽然出口受到影响，但是埃及水泥生产商仍然可以从需求强劲的国内市场中受益，并预计埃及国内市场在2009年和2010年对水泥需求将维持9%的增长率。报告还说，埃及水泥出口量将逐渐回升，并于2011年达到230万吨，2013年增长到390万吨。

塔吉克斯坦杜尚别水泥厂停产

6月17日，由于塔吉克斯坦天然气运输公司停止了对杜尚别水泥厂的天然气供应，不久水泥厂不得不停止生产。据悉，乌兹别克斯坦因为债务问题，对塔吉克斯坦的天然气供应降低到6 000立方米/小时。同时警告塔吉克斯坦，如果塔吉克斯坦在6月15日前不偿还天然气债务（总计1 700万美元），乌兹别克斯坦 Узтрансгаз 就打算完全终止对塔吉克斯坦的天然气供应。

东非共同体水泥商呼吁恢复关税到40%

东非共同体（EAC）水泥生产商呼吁EAC国家首脑实施水泥进口保护。在2009/10财年预算提案中，他们提出水泥是敏感产品，应立即将统一外部关税恢复到40%。

乌干达制造商协会（UMA）理事长巴达伽瓦称EAC国家需与水泥生产商磋商实施附加反倾销税和其他措施，水泥生产商非常担心水泥从EAC关税同盟敏感产品列表中删除，这将导致水泥统一外部关税降至25%。

巴达伽瓦称从邻国如埃及进口水泥对东非水泥产业构成极大威胁，因为埃及已加入东南非共同市场（COMESA）自贸区；若埃及的水泥出口价降低到70美元以下，将会占领东非地区市场。如不对水泥实施进口管制，EAC75%的水泥市场份额将会失去；2007年EAC市场消费了500万吨水泥，其中肯尼亚、乌干达和坦桑尼亚市场水泥消费从2003年至2007年增长了60%，占EAC水泥消费市场的94%；从2008年到2011年，EAC将投资11亿美元，增加723万吨水泥生产能力，2011年1 300万吨生产能力将使EAC在2015年水泥市场规模达到约1 000万吨，剩余产能可用于出口。

哈萨克斯坦水泥价格上涨

6月19日，在政府电话会议上哈萨克斯坦紧急情况部部长弗拉基米尔·博日科称：因地区道路建设工程启动，水泥价格上涨，现在每吨达到12 000坚戈。

赞比亚拉法基公司恢复向布隆迪出口水泥

《赞比亚时报》报道，赞比亚拉法基公司新建成的二期生产车间正式投产后产能扩大，在满足本地市场后，开始恢复向自2007年就停止供应水泥的布隆迪供应水泥。

2009年尼日利亚水泥需求量将增长10%

据尼日利亚最大的水泥生产商登高特（Dangote）水泥公司预测，随着不动产项目及道路施工项目规模的扩大，尤其是拉各斯及尼南部各州大搞工程建设的欲望强烈，2009年尼水泥需求量将比去年增长10%，达到1 300万吨。

“海德堡水泥”或将出售在澳业务

据澳大利亚金融报报道，欧洲最大的建材供应商之一——“海德堡水泥”（Heidelberg Cement AG）正在考虑以20亿澳元的价格出售澳大利亚分公司。

德意志银行已经向潜在竞标者发出了通知，但是并没有透露竞标者详细信息。

“海德堡水泥”在当地的业务以澳大利亚汉森（HansonA-ustraha）的名义进行，旗下有229家预拌混凝土站，60多座骨料矿山。

巴基斯坦2008～2009财年水泥出口逆势大幅增长

巴基斯坦水泥企业协会公布的最新数据显示，在6月30日结束的2008～2009财政年度，得益于对中东和阿富汗的出口，巴基斯坦水泥出口大幅增长，出口量达到1 135万吨，与上财年同期772万吨相比，增长了47%。

美国公司在乌建年产能100万吨的水泥厂

据乌兹别克建材公司消息，美国Platineum Partners公司投资1.28亿美元在乌兹别克卡拉卡尔帕克斯坦建设年产能达100万吨的水泥厂。目前，建设工作已经开始，预计2011年建成投产。

缅甸在建两个日产500吨的水泥厂

内比都累韦正在建设两座规模为日产500吨的水泥厂，其中，一个厂由Max Myanmar缅甸公司投资建设，另一个由Max Myanmar缅甸公司聘请的中方技术人员帮助缅甸第一工业部建设。

尼泊尔水泥产量下降进口数量激增

据《加德满都邮报》消息，受前期电力短缺等因素影响，尼泊尔水泥产量下降，进口数量激增。

据比尔干吉海关官员介绍，截止到6月中旬，从印度进口水泥大约19万吨，价值10.9亿卢比。而2008年同期进口水泥仅7万吨，以上数据不包括非法走私数量。

目前尼泊尔大约有32家水泥生产企业，印度水泥与尼泊尔自产水泥仅有5%～7%的价差。

菲律宾水泥进口零关税再延长半年

综合菲律宾多家媒体7月8日报道，菲律宾总统阿罗约已签署行政令，将水泥进口零关税再延长6个月。菲政府表示，此举是为了降低建筑成本。

2009年一季度伊朗水泥产量增长15%

伊朗《经济报》7月14日报道，伊朗水泥工业行业协会秘书穆哈默德·哈桑普尔·哈利勒在接受大学生通讯社记者采访时宣布，2009年度一季度，伊朗水泥产量比去年同期增长了15%，达1 230万吨。

约旦水泥价格维持不变

据约旦水泥经销商合作组织7月18日透露，尽管约旦水泥制造公司当天宣布水泥出厂价每吨提高1约旦第纳尔（约合1.41美元），约旦市场水泥经销价格保持不变。

阿曼—也门合营公司投资2亿美元建水泥厂

也门穆卡拉－来苏特贸易和工业公司和阿曼来苏特水泥公司组建的合营公司宣布将在夏布瓦省建设水泥厂，先期投资为2亿美元，其中，也门公司占51%股份，阿曼公司占49%股份。

印度水泥产量将持续大幅上升

据印度媒体报道，印度贸易部官员 Jyotiraditya Scindia 在日前向议会递交的书面回复中说，预计2010财年（2009年4月1日至2010年3月31日）印度全国的水泥产量将上升13.3%，达到21 238万吨。

印度桑基集团投8 000万美元在肯尼亚建水泥厂

据《肯尼亚时报》7月24日报道，肯尼亚政府已经批准印度桑基集团在肯尼亚投资8 000万美元兴建年产120万吨水泥厂。报道说，该水泥厂将选址在肯尼亚波科特地区。

桑基集团表示，该集团在波科特地区已经拥有一家年产60万吨水泥的工厂，但由于肯尼亚及周边一些非洲国家的水泥需求非常旺盛，经肯尼亚政府批准，该集团将再投资8 000万美元在这一地区兴建一家年产120万吨水泥的工厂。

丹麦“史密斯”获印尼合同订单

丹麦工业集团史密斯公司（FLSmidth）7月30日发表公告称，公司同印尼水泥生产商 PT Semen Gresik 签定金额为4.2亿丹麦克朗（7 950万美元）的合同订单。

该合同内容为建1条日产8 000吨的水泥生产线。这是 PT Semen Gresik 的 Tuban 工厂的第四条生产线。前三条生产线建于上世纪90年代，全部采用史密斯的设备。供货范围涉及到整个生产线的所有主要设备，包括1台ATOX生料磨、1台ATOX煤磨、1台预热器、1个回转窑、1个窑烧嘴、1台熟料冷却机、水泥熟料库设备以及整个工厂和所有实验设备的全套控制系统。

根据合同，设备将于明年陆续发货。在此期间，该订单对史密斯公司的收入将有不少帮助。

法国拉法基集团经营前景堪忧

法国《论坛报》8月3日报道，今年二季度拉法基集团的营业额下降了14%，销售下降了12%，净盈利下降59%，达3.7亿欧元。该集团指出，目前“拉法基”在发达国家的业务经营处境困难，但除了中、东欧地区外，集团在新兴国家的经营状态良好。

“拉法基”将出售智利水泥公司

根据智利《信使报》7月14日报道，2个月前法国拉法基公司开始在智利本地和外国市场试探出售其在智利枚隆（Melon）水泥公司高达82.74%的股份。这也是“拉法基”开始全球收缩计划的一部分，该公司已经从土耳其和埃及撤出经营。

进口水泥影响东非水泥生产

东非海运和陆路运费费率因全球经济衰退而更加低廉，使得东非成为廉价水泥的倾销地。进口水泥不受制于地区法定税制或者不符合国家标准的要求。进口关税从35%降至25%是进口水泥大量涌入东非市场的主要原因。东非地区水泥生产商担忧，如果政府不控制进入东非地区市场的低价进口水泥比例，他们可能很快就被挤出地区市场。

伊朗水泥产量增长10%

《伊朗经济报》9月8日报道，伊朗工矿部报告显示，伊朗头5个月水泥产量达2 100万吨，比上年同期增长10%。伊朗水泥产能目前已从2005年的3 400万吨大幅提升至今年的6 500万吨。

伊朗向阿曼出口10万吨水泥

《伊朗经济报》9月8日报道，伊朗西斯坦及贝鲁杰斯坦省商业组织主席 Iraj Hassan Poor 宣布，今年伊朗将向阿曼出口10万吨水泥。随着伊朗水泥产量将进一步增长，届时将向伊拉克等周边国家出口水泥。

印度企业投资1 600万美元在塔吉克斯坦建设水泥厂

据悉，印度企业“AGRAWAL”投资1 600万美元，在塔吉克斯坦建设年产30万吨的水泥厂。据了解，塔国目前水泥产量远远无法满足国内市场的水泥需求。2008年塔进口水泥约100万吨，是其本国水泥产量的3倍。

越南挤身全球10大水泥生产国

据越南《西贡解放报》9月14日报道，目前，越南全国共有105条水泥生产线，设计总能力达6 100万吨。预计2010年越南将挤身全球10大水泥生产国之列。

苏丹2010年水泥产量将达590万吨

据苏丹媒体9日报道：在苏内阁会议上，工业部长表示，苏丹2010年水泥产量将达590万吨。据预计，2009年苏水泥产量为116万吨，而到2010年，由于新建的5座水泥厂陆续投产，苏丹的水泥产量将是目前的5倍。

叙利亚将继续禁止水泥进口

叙利亚工业部和经贸部决定，如果不能形成新的水泥定价和销售机制，将在未来6个月内继续禁止水泥进口以解决叙水泥总公司在水泥销售方面面临的难题。叙利亚工业部和经贸部同意由叙水泥总公司负责制定新的水泥价格，总公司有权向直接从其下属水泥厂购买水泥的建筑企业提供价格优惠。

越南水泥产销增加

据越南《海关报》10月13日报道，越南水泥协会称，2009年前9个月越南水泥产量达3 311万吨，销售3 231万吨，同比均有增加。预计全年水泥产量约达4 200万吨，销售4 100万吨。

尼日利亚出台措施保护本地水泥行业

尼日利亚财政部表示，将实施一揽子措施保护尼本地的水泥行业。这些措施包括对进口水泥征收约合3.3美元/吨关税，减少水泥进口许可证的发放等。据悉，尼每年的水泥需求约为2 300万吨，其中1 800万吨来自进口。

TPG与“高盛”考虑共同购入“海德堡水泥”的股份

路透法兰克福1月16日电，据知情人士透露，美国私募股权企业TPG正在考虑与“高盛”共同购入全球第四大水泥生产商“海德堡水泥”（HeidelbergCement）的股份，这证实了此前的一则报道。另一消息来源称，“海德堡水泥”预计将有一家或更多的投资者购入其股份，以加固公司资本。

越南将有18个水泥项目投入运营

据越通社2月6日报道，2009年越南全国预计将建成并投入运营18个水泥项目，总能力达2 047万吨水泥。

报道称，截止到2009年底，越南全国水泥厂的总生产能力将近6 000万吨，其中回转窑水泥5 680万吨，立窑水泥约300万吨。预计全年国内水泥需求量为4 500～4 600万吨，可满足国内需求。2010年后，越南将无需进口水泥且有部分出口。

报道称，从近5年的统计数据来看，越南南方各省水泥需求量占全国需求的38%～40%。2009年南方的水泥需求量为1 750～1 800万吨，需要从北方调运1 200～1 250万吨。

白俄罗斯不从中国进口水泥

白俄罗斯建设部长谢列兹涅夫在回答记者提问时表示：鉴于白俄罗斯国内水泥生产企业在2008年扩大了生产能力，白俄罗斯建设部决定不从中国进口水泥（注：白俄罗斯未从中国进口过水泥）；水泥的增产解除了国内市场供应紧张状态，从2008年下半年开始打开了对外出口水泥的大门；不久前白俄罗斯水泥生产厂家同波兰签订了2009年出口水泥合同，其中包括克拉斯诺谢尔斯克建材厂1月向波兰供货5 000吨、2月1.5万吨。

尼日利亚联合水泥厂即将投产

据中国商务部消息，尼日利亚联合水泥厂将于近日投产。该水泥厂位于尼日利亚十字河州，耗资8亿美元，设计生产能力为年产250万吨水泥。

该水泥厂的投产将使联合水泥公司的总产能，达到年产300万吨（该水泥公司在此之前收购了卡拉巴水泥公司年产50万吨的水泥厂。

意大利水泥集团2009年投资削减20%

意大利最大的水泥制造商意大利水泥集团（ItalcementiSpA）管理层日前宣布，为应对恶化的国际市场，公司2009年将削减投资20%，裁员6.5%。

业务遍及22个国家和地区的意大利水泥集团在此前的分析师会议上决定，将谨慎对待并购机会，并期望下半年能源价格的下降给公司的业绩带来正面影响。

集团首席运营官GiovanniFerrario在3月6日的年度财务结果报告会上对分析员说“我们不是没有并购计划，只是我们对并购机会更加审慎。”

意大利水泥集团公司网站上的财务报告幻灯片显示，2009年的产业和财务投资总额将较去年的9.8亿欧元减少2亿欧元。去年的财务投资包括收购附属子公司CimentsFrancais的股票和资产。

“意大利水泥”希望通过裁员等途径节约成本2.4亿欧元，比预算多出1亿欧元。

“豪西盟”关闭两个美国水泥厂

据美国媒体报道，世界第二大水泥集团“豪西盟”宣布，迫于经济危机的压力，公司于2009年8月底关闭美国俄亥俄州梅森市的豪西盟水泥厂。该厂目前共有165名职员。此外，“豪西盟”还将关闭另外一家位于阿蒂西亚市的水泥厂。

乌干达水泥价格上涨9%

受乌先令持续贬值影响，乌水泥价格再次上涨9%。去年乌水泥价格稳定在25 000先令/袋(50千克)，目前水泥涨到26 000～27 000先令之间，近期美元与乌先令比价平均1∶2 178。水泥价格上涨的另一原因是水泥市场供应不足。

“史密斯”与EEL印度公司签署并购协议

5月6日，丹麦史密斯公司(FLSmidth & Co. A/S)与EEL印度有限公司(EEL India Limited)签署并购协议。EEL印度有限公司是印度主要水泥物料输送和包装设备制造商。此项交易尚需得到相关部门的批准。

EEL印度有限公司主要产品包括用于水泥及其他行业包装和装卸的旋转压紧器，料仓下料、取料装置，散装设备和大袋填充设备。EEL印度有限公司于1988年成立，在新德里附近有3个制造工厂，共有225名固定员工，此外还有大量合同雇员。其年营业额为2亿丹麦克朗。

坦桑尼亚2009年水泥产量预计同比增长20%

坦桑尼亚工业和贸易部长玛丽·迈克尔·纳古8月宣布，由于国内3大水泥厂扩建，坦桑尼亚2009年水泥产量预计同比增长约20%，由2008年的247万吨增至297万吨。据当地媒体援引纳古的话说，坦桑尼亚2009年国内水泥消费量将达到200万吨，高于2008年业内人士估计的150万吨。

加勒比水泥公司欲通过反倾销诉讼限制从中国进口水泥

8月5日，牙买加《观察家报》报道，随着经济危机在全球范围的蔓延，牙买加加勒比水泥公司(CCCL)面临国内和海外市场份额的逐步缩减。CCCL市场经理表示该公司正在提起反倾销诉讼从某一国家进口水泥，但他并未透露正在进行的法律程序。有消息称CCCL针对的是源自中国的水泥进口。过去CCCL曾赢得3起反倾销诉讼，结果是牙买加政府对从泰国、印度尼西亚和中国进口的水泥征收巨额关税。目前牙买加对国外水泥征收15%的“统一对外关税(CET)”，但此规定将于2009年9月份失效。CCCL2009年2季度在牙国内市场的水泥销售额是16.6万吨，比去年同期下降15%，与2009年1季度相比下降9%。CCCL预计其国内市场份额将由1季度的85%下降到2季度的82%。

伊朗工矿部报告前4月水泥产量增10%

《伊朗经济报》8月11日报道，伊朗工矿部报告显示，2009年前4个月伊朗水泥产量达1 980万吨，比去年同期增长10%。2008年同期，伊朗水泥熟料产量为1 622万吨，同比增长11.7%。

越南还需进口约200万吨水泥熟料

8月12日报道，越南建设部称，至2009年底越南水泥行业设计生产总能力约5 660万吨，实际生产约4 500～4 600万吨。预计越南2009年水泥销售量约4 400～45 50万吨，同比增长11%。据此，越南水泥行业年内还需进口水泥熟料150－200万吨。

安哥拉取消进口水泥等建材关税消费税

安哥拉政府7月29日宣布，从即日起取消所有进口水泥等建筑材料的关税和消费税。当天，安哥拉内阁会议还发布了住房发展基金、国家城市化与住房计划等文件。自从安哥拉长达27年的内战于2002年4月结束后，安哥拉出现了全国性住房建设热潮，建筑材料价格日益上涨。目前，安哥拉建筑材料平均价格为国际市场建筑材料价格的10倍左右。

喀麦隆水泥紧张局面有望缓解

据《喀麦隆论坛报》报道，喀麦隆水泥厂第五套搅拌机组正式运行，预计每年将增产60万吨水泥，使其年产量由原来的120万吨增加到180万吨。

喀麦隆水泥厂增加新设备后，其水泥日产量将由过去的5万袋增至10万袋，喀麦隆水泥紧张的局面有望在2009年第一季度得到缓解。

喀麦隆水泥厂的生产能力尚可满足目前的市场需求，但随着需求日益增长，2011年后仍需扩大生产规模。喀麦隆水泥厂已决定在北部菲吉尔地区扩建水泥厂，约在2011～2012年完成，总投资约300亿非郎(1美元约合474非郎)，需要投入新的大型设备，并建设5 000吨的新仓库。喀麦隆水泥厂新上了第五套搅拌设备后，将生产多品种水泥。

世界水泥巨头“CRH”看好中国市场

受全球金融风暴袭击，国际上很多水泥巨头都受到影响，不少水泥企业减少了对水泥业的投资。但世界水泥业排名前五的爱尔兰“CRH”却逆势向中国注资，以超出“亚泰水泥”每股净资产价格收购了“亚泰水泥”26%的股份。有消息称，“CRH”将逐步向中国注入更多资金。

据了解，2009年年初，“CRH”亚洲区总裁靳·迈克耐特曾表示，中国具有优秀而坚强的领导，并且向外国投资者传达了鼓舞的信号，那就是中国成功的经济增长将会继续。这让“CRH”对在中国注资很有信心。

墨西哥水泥企业将消减2亿美元开支用于清偿债务

据墨西哥《经济学家报》4月29日报道，墨西哥最大的水泥公司“CEMEX”宣布，2009年将削减2亿美元开支用于清偿该公司的债务。该公司受经济危机影响严重，去年已经裁员7 500人，相当于雇员总数的11%。该公司总经理萨布拉诺表示，“CEMEX”2009年的目标是提高公司管理效率和降低不必要的支出，由于市场萎缩的压力不断加大，该公司有可能继续裁员。萨布拉诺同时指出，公司将调整在新兴市场的经营规模并减少投资，直到2010年建筑市场形势出现全面好转。

欧洲水泥业近期将有所回升

法国《论坛报》5月7日报道，法国拉法基集团、瑞士豪西盟集团和西班牙FCC等许多欧洲建材制造商近期公布了2009年一季度的业绩情况，受经济和房地产危机的影响，其结果很糟糕。拉法基集团净亏损额1 700万欧元，瑞士的豪西盟集团净亏损额7 400万瑞郎（4 910万欧元），西班牙FCC公司净亏损额3 310万欧元。报道说，但这些业绩并未引起投资者的惊慌，昨天“拉法基”在法国股市的股价上涨了0.97%使CAC40指数获涨幅2.5%。据“高盛”对欧洲水泥业的行情分析，近4周来，该行业在全球的经营活动增长了24%，整个欧洲市场增长16%。

报道说，近期美国地产业显现出回暖迹象，工地开工数量增加，房地产的出售有所改善。库存减少，美国市场显得不是很困难。一季度拉法基集团在北美的经营活动下滑19%，为5.33亿欧元，占集团总营业额的15%；但该集团在中东销售增长了58%，非洲增长13%，亚洲增长19%。特别是为重振经济，许多国家的政府投入大型公共工程，特别是中国。

科威特酝酿恢复征收水泥进口关税

科威特工业联合会呼吁科政府有关部门重新征收钢铁和水泥进口关税，以便减轻全球金融危机对科威特民族建材工业的影响。据悉，阿联酋2009年3月已采取上述举措。

钢铁和水泥免征进口关税是2008年开始实施的，以抑制当时飙升的物价。科工业联合会认为此举没有必要再执行，因为目前该产品价格已回落。为了避免国外该产品倾销引发的恶性竞争，保护民族工业，该会敦促恢复征收钢铁和水泥之进口关税。同时，该会呼吁取消关于出口主要商品到伊拉克的禁令，如钢铁和水泥等。

印尼水泥产能将增至4 750万吨

据印度尼西亚《国际日报》报道，印尼水泥产能预计2009年将增加250万吨，从4 500万吨增至4 750万吨，以应对2012年可能出现的供应紧缺。

印尼水泥厂商协会主席乌利普表示，产能的增加主要来自安达拉斯水泥公司和锦石水泥公司旗下巴东水泥公司的新增产能150万吨、锦石水泥和多纳沙水泥公司的新增产能80万～100万吨。

他说，此前印多水泥公司曾计划投资2 000万美元在井里汶新建产能150万吨的水泥厂，但该计划因全球金融危机而中止。

根据该协会提供的数据显示，2009年前4个月，印尼水泥消费由2008年同期的1 185.8万吨减少至1 112.2万吨。乌利普表示，预计该国水泥消费降低的趋势将持续至2009年上半年，但该国全年水泥消费仍能保持在2008年3 800万吨的水平上。

尼日利亚给部分贸易商发放水泥进口许可证

据商务部消息，尼日利亚水泥产量为900万吨，市场需求1 600～1 800万吨，市场供不应求导致水泥价格再次攀升至每袋2 000奈拉（约14美元）。为平抑水泥价格，联邦政府开始给部分水泥进口商发放水泥进口许可证。尼水泥制造商对此提出抗议，他们认为如果政府允许贸易商进口水泥，尼水泥厂将面临倒闭的命运。

伊朗对出口非洲水泥给予补贴

伊朗《经济报》8月15日报道，伊朗水泥工业业主行业协会理事Mortazi Lotfi在接受大学生通讯社记者采访时透露，2009年度头4个月伊朗出口水泥95万吨，伊朗计划今年出口水泥300万吨。

他说，2008年全球生产水泥28亿吨，伊朗产量只占全球产量的1.6%，去年全球出口水泥1.44亿吨，而伊朗只在最后两个月有少量出口。

他补充说，非洲国家对伊朗水泥的需求量日益增加，经协商贸易促进组织、海运公司、水泥出口公司，政府决定对出口非洲水泥给予补贴，海运公司向水泥出口商只收取燃料费，预计，今年伊朗向非洲国家出口水泥数量至少会达到200万吨。

“拉法基”将整合南印度水泥市场

据印度媒体报道，法国拉法基公司打算整合印度南部水泥市场。南印度水泥市场利润空间一直都比较大，存在着不少小型水泥生产厂家。仅在南印度的两个邦就有8个水泥厂，总年产能为1 400万吨。

“拉法基”的意图是打进整个印度市场，在南印度地区的水泥项目一旦完成，就可以把“拉法基”在印度的年产能提高至1 200万吨。“拉法基”准备在未来5年内投资10亿美元将其在印度的总产能提高至2 000万吨，其中包括在印度建3座年产250万吨的水泥厂。

“收购临近的小水泥公司有助于强化“拉法基”的市场地位”，一位熟悉“拉法基“发展历程的行业人士说：“大型水泥集团逐步扩张，小水泥厂的生存空间越来越小了。”

“拉法基“发言人表示：“‘拉法基’在着眼于内部增长的同时，不会错过任何合适的并购机会。”

突尼斯水泥行业首家上市公司挂牌

来自商务部消息，突尼斯比塞达水泥厂正式上市，这是突尼斯水泥行业第一家上市公司。上市后,水泥厂将在满足国内、国际需求方面得以加强,也可通过股市融资改进生产技术,改善生产条件,确保达到环境保护国际标准。

水泥厂计划提高年产量,由现在的90万吨增至165万吨,到2013年达到200万吨。近3年来,水泥价格上涨,2009年比塞达水泥厂营业额将达到9 800万第纳尔,到2013年达到2.07亿第纳尔。水泥厂可以满足11.1%的国内需求和26.9%的出口,突尼斯水泥主要出口到利比亚和意大利。

巴基斯坦BESTWAY工厂余热发电项目顺利并网

9月15日晚20点15分,在巴、日、中三方建设和调试人员的一片欢呼中,巴基斯坦BESTWAY工厂2条日产5 350吨熟料生产线配套的16 850千瓦余热发电机组一次性并网成功。

2007年10月,日本川崎成套株式会社承接了巴基斯坦BESTWAY工厂签订了余热发电设计、安装调试指导及主要设备供货合同,当月将其中的安装调试指导和设备供货分包给海川公司,施工及项目管理由业主负责。

在项目设计和制造阶段,日本川崎多次派人到设备厂家进行详细的技术交流、严格的设备质检;在项目建设关键时期,海川公司考虑到巴基斯坦业主第一次承建发电项目和安装中国设备,派遣了项目经理及安装调试指导人员驻厂协调解决各类问题,为项目的顺利并网奠定了基础,也取得了业主的高度认可。

巴基斯坦BESTWAY余热发电项目的顺利并网,为海川公司后续两个巴基斯坦项目执行积累了宝贵的经验,同时也为进一步拓展海外市场打下了坚实的基础。目前,所有建设人员正在积极优化机组的运行参数和筹备机组的性能考核。

巴基斯坦水泥出口前景堪忧

据巴《每日时报》9月24日报道,巴基斯坦标准证券投资公司准备的一份水泥业报告指出,巴水泥业目前面临国外需求萎缩、国际竞争加剧、原料供应紧缺、外国进口限制等多重困难,水泥出口前景不容乐观。

报告说,印度、伊朗等周边国家是巴水泥出口重要市场,但这些国家目前正加快上马水泥生产线,预计到2010年上半年就有多条生产线投产,逐步实现水泥自给自足,从而一方面水泥进口将大大减少,另一方面还会对进口实施限制。

报告还说,中国、欧盟国家近年来不断向国外转移剩余产能,使得国际水泥市场竞争加剧,出口利润下滑。巴水泥业还面临的重要问题是,重要燃料煤炭面临短缺,严重依赖进口,主要从印度尼西亚和中国进口,但近年来上述国家国内对煤炭需求增加,逐步限制煤炭出口,导致出口量减少,价格随之上升。这将提高巴水泥业生产成本,进一步削弱其竞争力。

报告呼吁巴政府和相关行业及早商讨应对策略,尤其是加大政策支持力度,推动企业开发新兴市场。

阿尔及利亚出台水泥限价措施

根据阿尔及利亚一份商务报告显示,近10年来,阿尔及利亚政府优先考虑实施居民住房项目,共投资237亿美元建成了150万套住房。由于大批房建和公共工程项目的实施,使阿尔及利亚国内水泥供应一度紧俏,价格上涨,6月份每100千克水泥价格已达到150第纳尔。为此,7月22日,阿尔及利亚政府出台了水泥限价措施,规定批发价为每100千克80第纳尔,零售价每100千克150第纳尔。这些措施产生了积极效果,遏制了水泥价格的进一步上涨。目前,阿尔及利亚拥有12家国营水泥厂,年产水泥1 160万吨,私营水泥厂年产水泥700万吨,阿尔及利亚国内年水泥需求量约1 400万吨,可以满足需要。2009年政府继续投资7.8亿美元,对4条现有水泥生产线进行扩建,以逐步缓解水泥市场供应紧张问题。

第11届亚洲水泥大会在印尼召开

第11届亚洲水泥大会已于10月23日在印度尼西亚第二大港口城市泗水市召开,这次大会受到了亚洲水泥生产国的关注。自去年世界发生了金融风暴以来,世界经济受到了极大的挑战,各国也纷纷采取了应对措施。中国政府考虑到世界和中国的经济环境,果断采取经济应对措施,投资4万亿,加大对基础设施的建设,刺激中国的经济发展,水泥市场强劲的触底反弹,2009年市场水泥供应量将达到16亿吨,保证了大规模基础设施建设对水泥的需求。

中国水泥协会副会长孔祥忠率团出席了本次会议,随团一同前往的有当前中国水泥企业最具实力的"海螺水泥"、2009年效益最好受到资本市场追捧的"祁连山水泥"、近期在港股上市表现优异的北京"金隅水泥",和东南亚国家有过密切关系的广西"鱼峰水泥";还有中国地方的水泥协会代表。

会议代表就亚洲水泥工业的发展方向和市场进行了交流和沟通,历届会议的活跃者菲律宾水泥代表仍然非常踊跃地提出问题,解答问题。

土库曼斯坦大力发展水泥生产

土库曼斯坦举行第四座水泥厂开工仪式,土总统别尔德穆哈梅多夫亲自为该项目剪彩。

该水泥厂位于列巴普州,设计年产100万吨水泥,项目业主为土建材工业部,承包商为土耳其波利梅克斯公司,按计划将于2011年11月投产。

土库曼斯坦现有新老水泥厂共两座,其中新水泥厂于2005年投产,年产水泥100万吨左右,老水泥厂建于1940年,工艺落后,产量很低。除上述两座水泥厂外,2008年4月,土还投资1.8亿欧元启动第三座水泥厂建设,并将于2011年完工,项目承包商也是土耳其波利梅克斯公司。

越南前10个月水泥销量3 582万吨

据《越南经济时报》报道，越南建设部称，10月份越南水泥产量355万吨，虽然当月中部和南部雨水较多，但是水泥销量仍比9月份高，约为351万吨；前10个月累计产量3 631万吨，销量约为3 582万吨，完成年计划的81.4%。11月份随着天气好转，越南水泥销量将有较大幅度增长，预计达380万～400万吨。

叙利亚前9个月供应水泥550万吨

据叙利亚相关部门的数据统计，2009年头9个月市场供应水泥为550万吨。其中401万吨水泥产自叙利亚本地，该数字与2008年同期基本持平。另外为满足市场需求进口水泥150万吨。

叙利亚本地市场水泥销售价格为6 000叙镑/吨（约合130美元）。目前叙利亚仅有一家国有水泥生产企业，其余正在建设的两家水泥生产厂预计将于未来两年建成投产，这两家企业均为私营企业。

巴基斯坦4家水泥企业停产

据巴基斯坦《商业记录报》11月4日报道，受价格下跌和出口萎缩等因素影响，巴基斯坦水泥业陷入困境，亏损严重，已有4家水泥企业停产或部分停产。过去5年里，巴基斯坦国内上马了一大批水泥生产线，目前总产能已提升至4 400万吨，远远超出国内消费量（2 200万吨左右）和出口量（1 000万吨左右）。尽管过去几年巴基斯坦水泥出口平稳增长，但国内销量却大幅下滑。过去6个月里，由于出口持续下滑，国内需求萎缩，水泥生产企业之间的竞争进入白热化，企业纷纷压低价格，甚至以低于成本的价格出售，以抢占国内市场份额。目前巴基斯坦共有23家水泥生产企业。为降低损失，目前已有3家水泥生产企业停产，另有1家部分停产。有关数据显示，部分水泥企业自投入运营以来就一直处于亏损，2007～2008财年仅有3家大型水泥企业盈利，其余企业共亏损80亿卢比。业内人士认为，如果水泥内销和出口持续不振，且继续低价销售，大部分水泥企业将面临既要负担银行贷款巨额利息，又要持续亏损经营的困境。

印度水泥价格面临全面下滑

印度经济监测中心（Centrefor Monitoring Indian Economy）公布的月度报告预计，2009～2010财务年度的下半年（2009年9月至2010年3月），印度各城市的水泥价格将有所下降。

印度经济监测中心认为："2009～2010财年下半年，3 500吨新水泥产能将投入生产，随后水泥价格将出现下滑。"

南部地区新增产能约有1 900万吨，价格下降压力最大。2010年英联邦运动会召开带来的基础设施建设将保持北方地区强劲的水泥需求，水泥价格的下滑将得以扼制。

事实上，2009年8月份，印度许多城市的水泥价格就已经结束了连续6个月的上涨，出现大范围下滑。

孟买水泥市场上，每50千克袋装水泥平均批发价格在257卢比左右，较最高点的260卢比有所下降。

南部地区，每袋水泥平均价格下降了4～12卢比。但是，印度北部和东部水泥需求强劲，价格有所上升。

印度经济监测中心预计，受益于基建项目和住房建设的拉动，印度主要水泥生产商ACC2009～2010财年的水泥产量同比将上升9%。

拉法基集团2010年年底恢复经营规模

法国《论坛报》11月10日报道，全球危机使建材生产商的经营在一些国家受到严重影响，特别是在地产开发建新房方面。昨天，"拉法基"总裁Bruno? Lafont指出，三季度该集团销售下降20%，降至42.5亿欧元；净利润下降38%，降至4.04亿欧元。与其经营活动密切相关的水泥需求三季度减少8%，二季度减少10%。

报道说，拉法基集团指出，根据经济形势的改善和各种刺激经济计划对基础设施项目的实施，其经营规模有可能在2010年的下半年恢复。在困难情况下，为加强集团的财务结构，该集团在2009年初增加资本投入，节约开支，将其净债务额从2008年的178亿欧元，减至目前的146亿欧元。鉴于该行业近三分之一的成本为固定价，"拉法基"准备自2010年起至2011年将成本缩减达到4亿欧元。

瑞士"豪西盟"将战略重点移至亚太市场

据《新苏黎世报》11月12日报道，2009年以来，瑞士最大水泥生产商"豪西盟"((Holcim)公司通过机构精简、裁员增效等措施节约开支5.7亿瑞郎，公司2009年前9个月的销售总额为157.74亿瑞郎，其中第三季度销售额为57.3亿瑞士法郎，较第二季度有所好转。豪西盟公司的战略重点目前已转移到亚太新兴国家，2009年1～9月，该公司水泥销售总量为9 900万吨，其中亚太和拉美地区的销售业绩明显好于欧洲和北美市场。豪西盟公司预测印度和中国等新兴市场的建筑业将保持良好发展态势，水泥需求依旧强劲。

墨西哥Cemex公司水泥在美国销量上升

Cemex公司作为墨西哥最大的水泥生产商，近期在美国销量大增。乐观估计，由于上两周美国房屋市场的回暖，相应刺激了水泥市场的销量走高。Cemex公司在墨西哥的交易量较上月相比上涨14.78%。

另据了解，Cemex公司第三季度在美国的销售额下降38%，为7.52亿美元，拖累了公司全年销售额的27%。

叙利亚放松对国有水泥企业的贸易限制

叙内阁正式批准两家国有水泥生产企业在进行相关贸

易时享有更多的自由。

叙利亚水泥及建筑材料总公司 GOCBM 下属 5 家水泥生产企业，截止到目前所生产的全部水泥均以固定价格向建筑材料贸易及销售总局 OMRAN 出售。现该限制已取消，GOCBM 下属国有水泥生产企业的产品可根据市场需求以适当的价格向客户销售。

同时，OMRAN 以前只能销售从 GOCBM 购买来的水泥及相关产品，现也可根据市场需求销售进口或地产水泥。现在 GOCBM 和 OMRAN 均可按自身意愿出口产品。

但其他的国有公司还须直接从 OMRAN 购买水泥。据来自 OMRAN 的内部消息，该公司 20% 的产品直接向国有领域及军队销售。截止到 2009 年 10 月底，OMRAN 从 GOCBM 共购得水泥 438 万吨。

2009 年叙利亚水泥市场销售价基本在每吨 6 100 叙镑（约合 133 美元）~6 200 叙镑（约合 135 美元）。

伊朗成为中东地区最大水泥生产国

新华社伊朗电据伊朗《德黑兰时报》报道，伊朗工矿部副部长向媒体说，伊朗在第五个 4 年经济发展计划结束之前，水泥的产能将增长到 1.1 亿吨。

目前，伊朗已成为中东地区最大的水泥生产国。

尼日利亚成世界上最大的水泥进口国

据商务部消息，目前尼是世界上最大的水泥进口国，尼年水泥需求量约 1 900 万吨，尼国内水泥生产能力 960 万吨，约 1 000 万吨需从国外进口。为扭转这一局面，尼政府已出台政策鼓励本地生产商投资水泥生产，尼政府希望到 2013 年实现水泥的自给自足。

菲律宾将不再延长水泥进口零关税政策

据菲律宾《马尼拉公报》12 月 1 日报道，菲律宾贸工部长法维拉表示将不再延长水泥进口零关税政策。为降低国内水泥价格，菲律宾 2008 年 11 月颁布了 766 号行政令，决定撤销 5%（对贸易最惠国）及 3%（对东盟国家）的水泥进口税。2009 年 6 月份颁布的 819 号行政令又将该政策延长了 6 个月。但是，水泥进口零关税政策并未有效降低当地市场水泥价格，仅将价格维持在每袋（40 千克）205 比索。法维拉表示，关税委员会可评估是否需要再次延长。但他强调，现在距东盟自贸区实施全面降税仅剩一个月的时间。

2010 年越南水泥自给有余

据越南《投资报》12 月 14 日报道，越南建设部称，2010 年越南水泥总产量预计为 4 850 ~ 5 000 万吨，同比增长 10%。其中，越南水泥工业总公司 1 850 ~ 1 900 万吨，合资企业 1 480 ~ 1 520万吨，立窑水泥和其他水泥企业 1 520 ~ 1 600万吨。建设部预计 2010 年越南自产水泥自给有余，还可部分出口。

利比亚将解除水泥进口限制

12 月 21 日，利比亚工业经贸部部长穆罕默德召开会议，专门讨论水泥价格不断攀升的问题。参加会议的有利比亚国家矿业总公司、利比亚建材公司、利比亚水泥生产公司及其他水泥进口商。

穆罕默德表示，现阶段利比亚需进口 500 万吨水泥，以满足市场需求。将通过开放私企进口、兴建联合水泥生产公司来满足这部分需要，他表示将在一周内解除对水泥进口的各种限制。

目前，利比亚市场水泥供小于求，进口水泥价格较利比亚本地生产的水泥更高，水泥缺口达 300 万吨，导致水泥价格一度高达 20 第纳尔/袋，各水泥进口商纷纷要求取消进口限制。

第七篇

统计数据

编制说明

工业增加值和主要财务指标统计范围为规模以上企业,即全部国有企业和年销售收入在500万元以上企业。

固定资产投资统计范围为项目计划总投资在50万元以上的建设项目。

空格或“—”表示无该项指标。

“…”表示数值不足最小单位数。

年平均增长率采用累计法计算。

Compilation Description

Statistics scope of industrial added value and main financial index is that of above-scale enterprises, namely overall state enterprises and enterprises of annual sale income over RMB 5 million.

Statistics scope of fixed assets investment is construction projects with planned total project investment over RMB 0. 5 million.

Blank or "—" indicates that there is no such index.

"…" indicates the value is less than the minimum unit number.

Annual average growth rate uses accumulating method for calculation.

产品产量与生产能力

Product output and capacity

1－1 水泥产量

1－1 Cement output

1978～2009年全国水泥产量(亿吨)

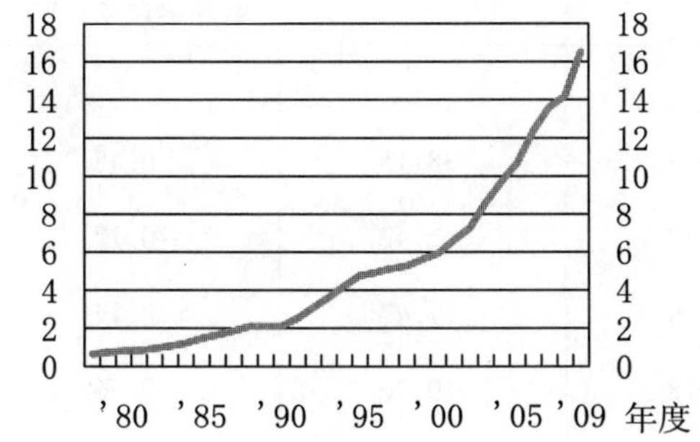

各时期全国水泥年平均增长率

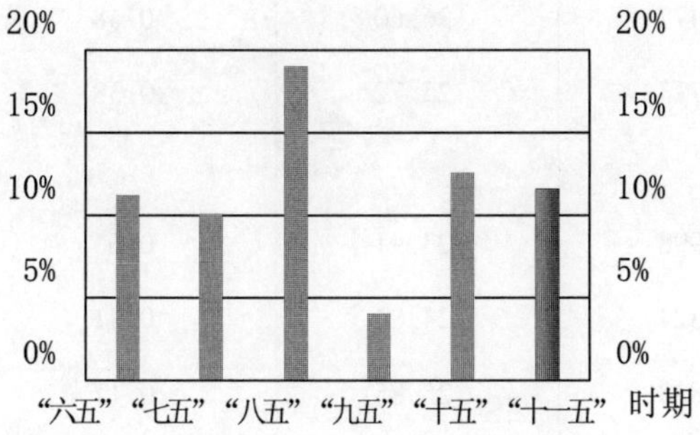

2000年以来全国水泥年增长率

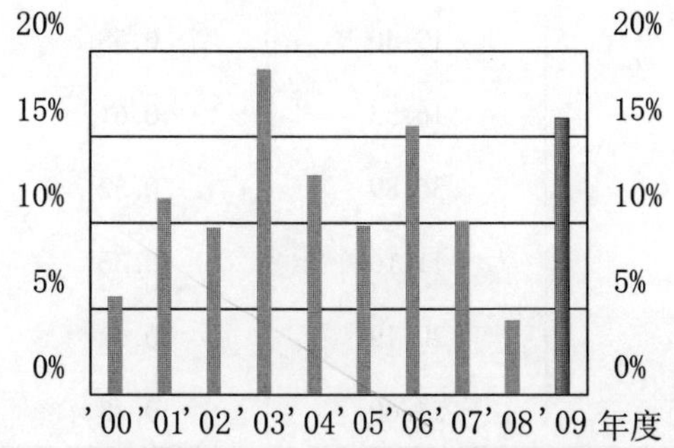

产量单位:万吨

年 度	产 量	增长率(%)	年 度	产 量	增长率(%)
1949	66		1986	16 606	13.78
			1987	18 625	12.16
1950	141	113.83	1988	21 013	12.82
1951	249	77.04	1989	21 029	0.08
1952	289	16.18	1990	20 971	-0.28
1953	388	34.17	1991	25 261	20.45
1954	460	18.47	1992	30 822	22.01
1955	450	-2.11	1993	36 333	17.88
1956	639	41.97	1994	42 119	15.92
1957	686	7.26	1995	47 591	12.99
1958	930	35.63	1996	49 212	3.41
1959	1 227	31.94	1997	51 276	4.19
1960	1 565	27.57	1998	52 706	2.79
1961	621	-60.35	1999	56 105	6.45
1962	600	-3.37	2000	59 319	5.73
1963	806	34.39	2001	66 104	11.44
1964	1 209	50.03	2002	72 535	9.73
1965	1 634	35.11	2003	86 271	18.94
			2004	97 300	12.78
1966	2 015	23.29	2005	106 885	9.85
1967	1 462	-27.42			
1968	1 262	-13.7	2006	123 611	15.65
1969	1 829	44.92	2007	136 117	10.12
1970	2 575	40.8	2008	142 010	4.33
			2009	164 863	16.09
1971	3 158	22.63	年平均增长率:		
1972	3 547	12.33	1949～2009年		14.40
1973	3 731	5.18	1978～2009年		11.03
1974	3 709	-0.58			
1975	4 626	24.73	1950～1952年		76.09
			一五时期		20.54
1976	4 670	0.93	二五时期		12.45
1977	5 565	19.17	1963～1965年		39.80
1978	6 524	17.24	三五时期		3.77
1979	7 390	13.27	四五时期		12.84
1980	7 986	8.07	五五时期		11.16
			六五时期		11.21
1981	8 290	3.81	七五时期		10.08
1982	9 520	14.84	八五时期		19.01
1983	10 825	13.71	九五时期		4.07
1984	12 302	13.64	十五时期		12.57
1985	14 595	18.64	2006～2009年		11.59

1－2　水泥与全社会固定资产投资增长对比

1－2　Growth comparison of cement with society wide fixed assets investment

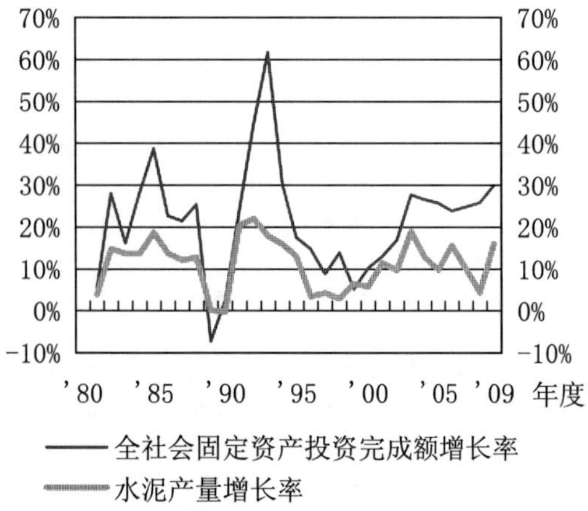

2009年全社会固定资产投资完成额增长29.95%，与水泥产量增长率的比率为0.54，即全社会固定资产投资完成额增长1%，水泥产量增长0.54%。

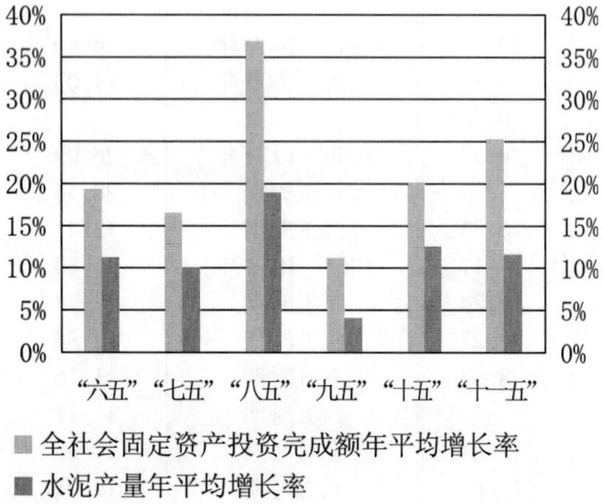

年　度	全社会固定资产投资完成额(亿元)	全社会固定资产投资完成额增长率(%)	水泥产量增长率与全社会固定资产投资完成额增长率比率(%)
1980	911		
1985	2 543	38.75	0.48
1990	4 517	2.42	-0.12
1995	20 019	17.47	0.74
2000	32 918	10.26	0.56
2001	37 214	13.05	0.88
2002	43 500	16.89	0.58
2003	55 567	27.74	0.68
2004	70 477	26.60	0.48
2005	88 773	25.72	0.38
2006	109 998	23.91	0.65
2007	137 324	24.84	0.41
2008	172 828	25.85	0.17
2009	224 599	29.95	0.54
年平均增长率：			
"六五"时期		19.40	0.58
"七五"时期		16.53	0.61
"八五"时期		36.89	0.52
"九五"时期		11.16	0.36
"十五"时期		20.19	0.62
2006～2009年		24.60	0.48

注：全社会固定资产投资完成额引自国家统计局《2010年中国统计年鉴》。

1 -3 全社会固定资产投资构成

1 -3 The structure of society wide fixed assets investment

亿元

年 度	全社会投资完成额				
	总 计	城 镇	其中:房地产开发	其中:建筑安装工程	农 村
1995	20 019	15 644	3 149	9 395	4 376
1996	22 914	17 567	3 216	10 604	5 346
1997	24 941	19 194	3 178	11 626	5 747
1998	28 406	22 491	3 614	13 752	5 915
1999	29 855	23 732	4 103	15 176	6 123
2000	32 918	26 222	4 984	16 346	6 696
2001	37 214	30 001	6 344	18 739	7 212
2002	43 500	35 489	7 791	21 963	8 011
2003	55 567	45 812	10 154	28 091	9 755
2004	70 477	59 028	13 158	36 519	11 449
2005	88 774	75 095	15 909	46 154	13 679
2006	109 998	93 369	19 423	57 099	16 629
2007	137 324	117 464	25 289	71 595	19 859
2008	172 828	148 738	31 203	90 362	24 090
2009	224 599	193 920	36 242	119 780	30 678
构成%					
1995	100	78.14	15.73	46.93	21.86
1996	100	76.67	14.04	46.28	23.33
1997	100	76.96	12.74	46.61	23.04
1998	100	79.18	12.72	48.41	20.82
1999	100	79.49	13.74	50.83	20.51
2000	100	79.66	15.14	49.66	20.34
2001	100	80.62	17.05	50.36	19.38
2002	100	81.58	17.91	50.49	18.42
2003	100	82.44	18.27	50.55	17.56
2004	100	83.75	18.67	51.82	16.25
2005	100	84.59	17.92	51.99	15.41
2006	100	84.88	17.66	51.91	15.12
2007	100	85.54	18.42	52.14	14.46
2008	100	86.06	18.05	52.28	13.94
2009	100	86.34	16.14	53.33	13.66

注:引自国家统计局《2010 年中国统计年鉴》

1-4 水泥产量地区分布

1-4 Regional distribution of cement output

东中西部水泥产量

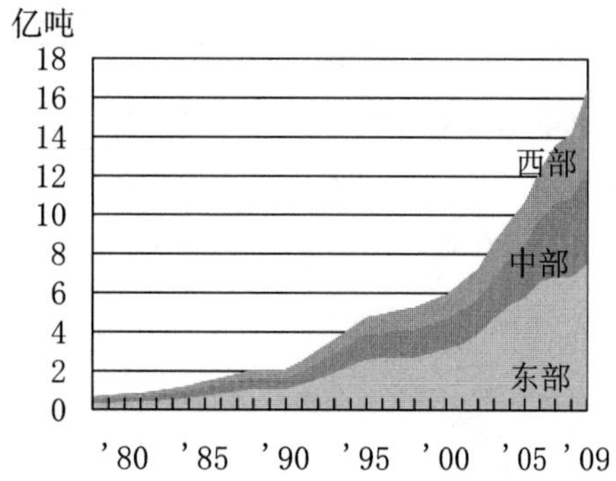

东中西部水泥年平均增长率

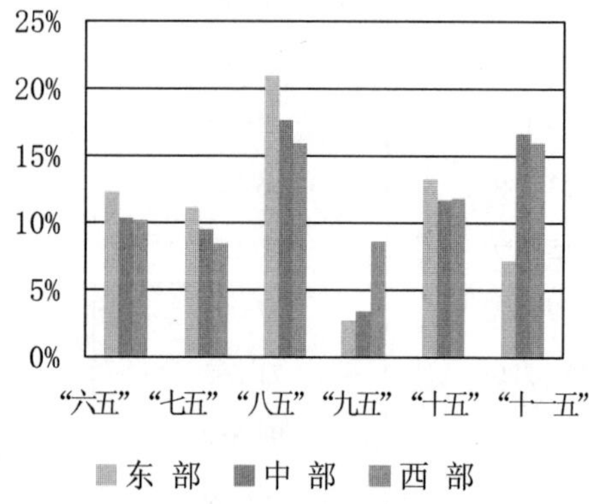

2009年水泥产量省区市分布

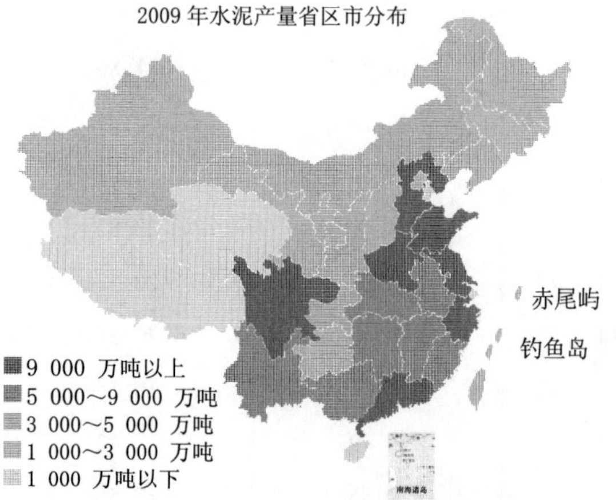

省区市水泥产量比重

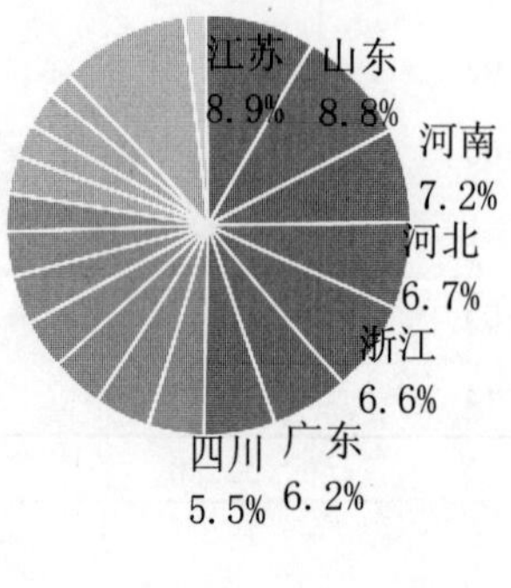

2009年分省区市水泥产量

产量单位:万吨

省区市	水泥产量	增长率%	比重%
全　国	164 863	16.09	
东　部	75 075	9.87	45.54
中　部	48 104	17.60	29.18
西　部	41 684	27.17	25.28
北　京	1 080	22.03	0.66
天　津	700	26.00	0.42
河　北	11 012	18.87	6.68
山　西	2 793	12.51	1.69
内蒙古	4 478	37.25	2.72
辽　宁	4 827	17.02	2.93
吉　林	2 764	18.01	1.68
黑龙江	2 643	24.06	1.60
上　海	783	-3.17	0.47
江　苏	14 728	11.16	8.93
浙　江	10 873	6.41	6.60
安　徽	7 138	15.66	4.33
福　建	5 482	17.81	3.33
江　西	6 168	15.25	3.74
山　东	14 491	2.47	8.79
河　南	11 876	14.66	7.20
湖　北	7 037	19.28	4.27
湖　南	7 685	24.60	4.66
广　东	10 160	4.01	6.16
广　西	6 499	23.89	3.94
海　南	939	41.98	0.57
重　庆	3 641	11.30	2.21
四　川	9 100	44.91	5.52
贵　州	2 675	28.86	1.62
云　南	5 022	22.20	3.05
西　藏	188	11.06	0.11
陕　西	4 532	23.45	2.75
甘　肃	1 825	11.61	1.11
青　海	611	32.17	0.37
宁　夏	1 072	18.76	0.65
新　疆	2 040	20.61	1.24

1 -5　2009 年水泥熟料产量

1 -5　Cement clinker output in 2009

产量单位:万吨

省区市名称	水泥熟料			预分解窑熟料			
	产量	增长率%	与水泥比例%	产量	增长率%	占水泥熟料比例%	上年占水泥熟料比例%
全　国	108 408	10.96	65.76	78 835	27.49	72.72	63.29
东　部	43 005	3.05	57.28	32 138	17.53	74.73	65.53
中　部	35 346	13.19	73.48	27 865	27.31	78.84	70.09
西　部	30 057	21.47	72.11	18 831	49.42	62.65	50.94
北　京	809	14.39	74.88	795	15.99	98.27	96.91
天　津	205	4.34	29.25	180	5.84	87.86	86.62
河　北	4 940	-2.01	44.86	3 586	34.70	72.60	52.81
山　西	1 640	4.26	58.71	1 072	19.94	65.39	56.84
内蒙古	2 483	30.53	55.46	2 104	58.57	84.74	69.75
辽　宁	3 237	28.37	67.06	2 455	37.64	75.84	70.73
吉　林	2 475	24.58	89.57	2 267	47.95	91.58	77.11
黑龙江	1 204	9.92	45.55	941	24.64	78.13	68.91
上　海	134	-22.01	17.16	134	-21.60	100.00	99.48
江　苏	6 827	11.38	46.36	5 530	14.80	81.00	78.58
浙　江	5 737	-0.15	52.76	5 666	-0.25	98.77	98.87
安　徽	9 700	11.63	135.88	9 173	16.38	94.57	90.71
福　建	4 054	12.90	73.95	2 401	58.94	59.23	42.07
江　西	4 541	11.37	73.62	3 302	22.93	72.72	65.89
山　东	8 429	-7.95	58.17	5 636	4.32	66.86	59.00
河　南	6 427	15.37	54.12	5 095	27.81	79.28	71.57
湖　北	4 376	9.90	62.19	3 595	37.70	82.15	65.57
湖　南	4 983	17.14	64.83	2 419	57.02	48.55	36.22
广　东	7 911	-0.87	77.86	5 187	25.12	65.57	51.95
广　西	5 479	23.87	84.31	4 014	42.53	73.25	63.66
海　南	723	47.75	77.03	569	79.02	78.66	64.92
重　庆	2 566	2.50	70.48	1 370	14.63	53.38	47.73
四　川	5 909	27.50	64.93	2 622	119.47	44.38	25.78
贵　州	2 113	27.64	78.97	664	123.19	31.41	17.96
云　南	3 824	25.61	76.15	2 784	43.00	72.79	63.94
西　藏	171	32.98	90.95	106	54.68	62.19	53.46
陕　西	3 247	16.79	71.65	2 488	35.95	76.62	65.83
甘　肃	1 377	7.19	75.45	874	24.88	63.48	54.49
青　海	399	9.01	65.25	232	71.25	58.09	36.98
宁　夏	856	25.42	79.87	630	33.17	73.57	69.29
新　疆	1 632	22.03	80.01	944	52.50	57.83	46.28

1－6　水泥制造业固定资产投资完成额

1－6　The completed amount of fixed assets investment in cement manufacturing industry

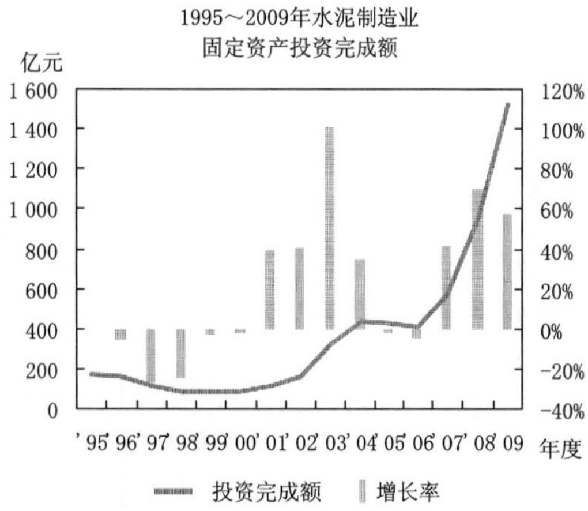

年　度	固定资产投资完成额（亿元）	年增长率（%）
1995	167	
2000	82	－2.43
2001	114	39.53
2002	160	40.01
2003	321	101.22
2004	433	34.99
2005	423	－2.33
2006	403	－4.85
2007	568	40.97
2008	964	69.64
2009	1521	57.72
年平均增长率：		
1995～2009 年		10.07
“九五”时期		－15.13
“十五”时期		45.75
2005～2009 年		30.69

2009 年水泥制造业完成固定资产投资额 152 亿元，比 2008 年增长 57.72%。

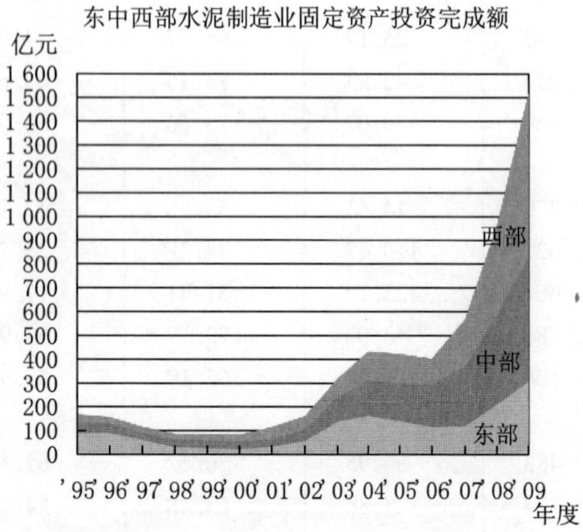

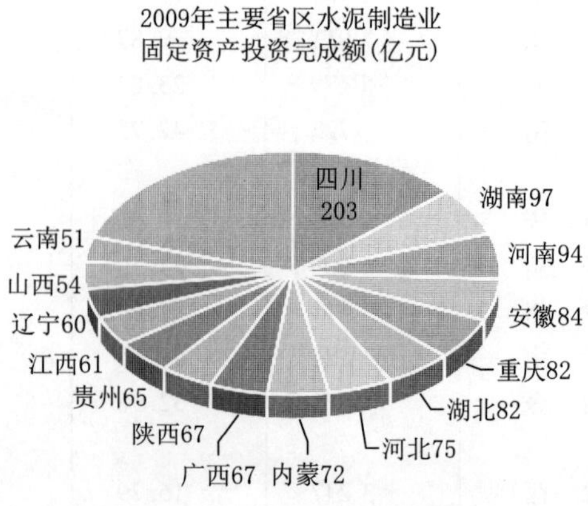

1 -7　水泥制造业按地区分固定资产投资完成额

1 -7　The completed amount of fixed assets investment By region in cement manufacturing industry

地区名称	投资完成额(亿元)			2009 年比 2008 年增长率%	"十五"时期年平均增长率%	投资完成额比重(%)		
	2009 年	2005 年	2000 年			2009 年	2005 年	2000 年
东部沿海	307.60	139.74	22.27	46.42	12.21	20.22	33.01	27.26
中部地区	527.24	160.99	30.34	39.21	31.54	34.66	38.03	37.15
西部边远	686.13	122.55	29.07	82.71	45.54	45.11	28.95	35.59
北　京	1.35	0.91	1.75	-	-32.26	0.09	0.21	2.14
天　津	2.89	0.22	0.17	139.21	79.03	0.19	0.05	0.21
河　北	74.66	16.08	7.11	36.73	39.64	4.91	3.80	8.70
山　西	53.68	9.12	2.12	89.79	52.33	3.53	2.15	2.59
内蒙古	72.41	19.41	1.76	81.49	28.59	4.76	4.58	2.16
辽　宁	60.04	13.15	0.89	66.78	47.06	3.95	3.11	1.10
吉　林	23.73	16.77	2.39	24.61	4.92	1.56	3.96	2.92
黑龙江	31.06	9.67	2.05	89.49	24.54	2.04	2.28	2.50
上　海	0.08	0.02	0.14	-	73.75	0.01	0.00	0.17
江　苏	23.78	16.49	2.02	29.15	-5.91	1.56	3.90	2.48
浙　江	6.60	7.37	3.63	-37.43	-3.67	0.43	1.74	4.44
安　徽	84.27	28.62	7.99	50.90	25.47	5.54	6.76	9.79
福　建	39.92	9.09	1.51	-1.03	52.80	2.62	2.15	1.85
江　西	61.44	23.11	6.71	56.23	13.81	4.04	5.46	8.22
山　东	44.34	32.00	4.04	127.55	-10.09	2.92	7.56	4.95
河　南	94.49	41.04	1.83	11.84	28.28	6.21	9.70	2.24
湖　北	81.78	19.30	6.33	22.73	40.56	5.38	4.56	7.75
湖　南	96.79	13.36	0.93	40.85	67.55	6.36	3.16	1.14
广　东	45.89	39.30	0.99	107.04	-11.09	3.02	9.28	1.21
广　西	67.19	33.82	0.61	-4.33	14.31	4.42	7.99	0.75
海　南	8.07	5.11	0.02	9.93	-6.02	0.53	1.21	0.02
重　庆	82.07	14.39	1.08	120.96	39.26	5.40	3.40	1.33
四　川	202.70	14.27	6.15	133.79	88.26	13.33	3.37	7.53
贵　州	65.10	3.93	2.75	93.16	99.58	4.28	0.93	3.37
云　南	51.08	11.59	3.07	39.97	51.83	3.36	2.74	3.75
西　藏	2.00	2.36	0.50	-5.36	-25.61	0.13	0.56	0.61
陕　西	66.72	13.41	5.21	79.19	38.51	4.39	3.17	6.38
甘　肃	29.37	2.24	1.76	418.63	67.92	1.93	0.53	2.15
青　海	7.75	0.45	0.54	4.79	112.40	0.51	0.11	0.66
宁　夏	13.60	2.47	1.27	332.29	28.63	0.89	0.58	1.55
新　疆	26.15	4.20	4.37	65.29	56.39	1.72	0.99	5.35

1－8　2009 年水泥熟料和水泥生产能力

1－8　Cement clinker and cement production capacity in 2009

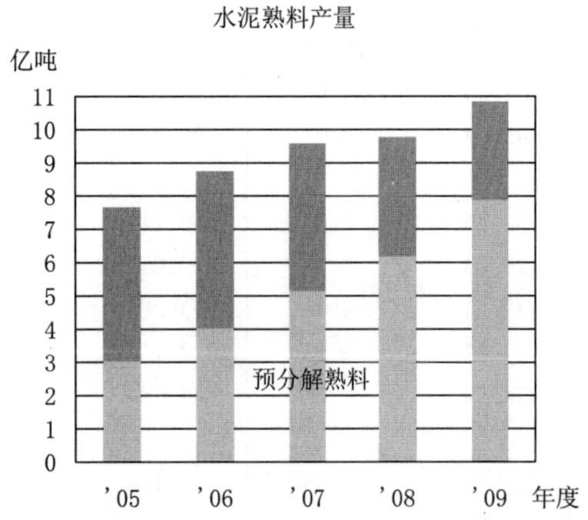

2009 年全国水泥熟料产量 10.84 亿吨，水泥熟料与水泥产量比例 65.76%；预分解窑熟料产量 7.88 亿吨，占水泥熟料产量 72.72%。

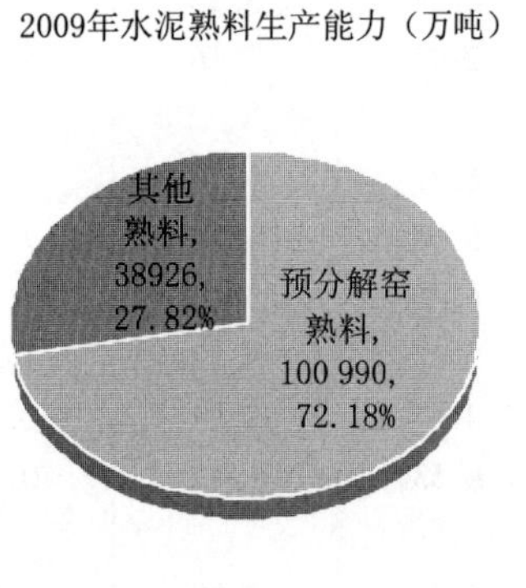

2009 年末全国水泥熟料生产能力 13.99 亿吨，其中运营的预分解熟料生产线 1 073 条，生产能力 10.1 亿吨，其他熟料 3.89 亿吨。预分解熟料占水泥熟料生产能力 72.18%。

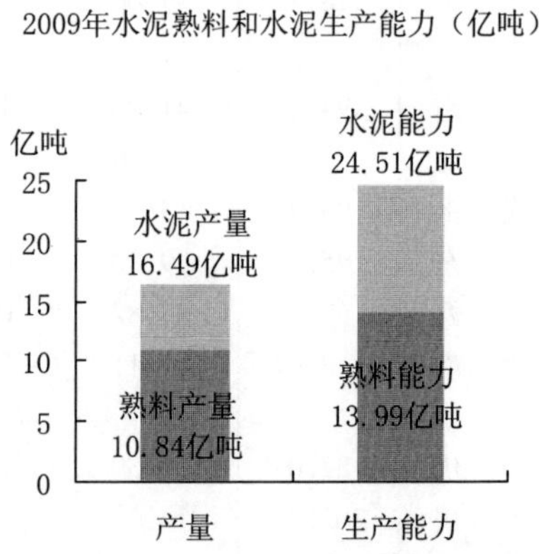

2009 年末全国水泥生产能力 24.51 亿吨，水泥熟料生产能力占水泥生产能力比例 57.08%。

1-9 2009年初省区市水泥熟料和水泥生产能力

1-9 Cement clinker and cement capacity of each province, region and city in early 2009

能力单位:万吨

省区市名称	年初水泥熟料生产能力				年初水泥生产能力	熟料与水泥生产能力比例%	预分解熟料占熟料生产能力比例%
	总计	预分解窑熟料		其他熟料			
		生产线(条)	生产能力				
全国总计	131 189	916	81 503	49 686	209 274	62.69	62.13
东部	54 611	352	34 938	19 673	98 943	55.19	63.98
中部	40 527	301	28 090	12 437	60 294	67.21	69.31
西部	36 051	263	18 475	17 576	50 036	72.05	51.25
北京	910	13	858	52	1 360	66.89	94.31
天津	246	3	185	62	870	28.32	74.92
河北	7 249	38	3 765	3 484	13 563	53.45	51.94
山西	2 625	30	1 358	1 267	4 321	60.75	51.72
内蒙古	2 920	27	2 112	808	5 136	56.85	72.34
辽宁	4 547	31	3 001	1 546	7 667	59.31	66.00
吉林	2 346	22	1 920	426	3 539	66.28	81.84
黑龙江	1 603	19	1 139	464	3 568	44.92	71.03
上海	180	5	180	0	982	18.33	100.00
江苏	7 483	47	5 633	1 850	19 344	38.68	75.28
浙江	7 590	89	7 512	78	15 028	50.50	98.97
安徽	9 699	67	8 659	1 040	8 257	117.46	89.27
福建	4 679	25	1 983	2 696	6 883	67.98	42.38
江西	4 865	37	3 261	1 604	7 249	67.11	67.03
山东	10 900	57	6 241	4 660	18 789	58.01	57.25
河南	8 218	60	5 999	2 219	16 103	51.03	73.00
湖北	5 041	37	3 450	1 591	8 340	60.44	68.44
湖南	6 130	29	2 306	3 824	8 916	68.75	37.62
广东	10 108	39	5 043	5 065	13 705	73.75	49.89
广西	6 070	27	3 706	2 364	8 017	75.71	61.06
海南	719	5	538	182	752	95.63	74.75
重庆	3 396	20	1 374	2 022	4 379	77.54	40.46
四川	6 801	26	2 068	4 733	9 713	70.02	30.40
贵州	2 763	13	731	2 032	3 290	83.99	26.46
云南	4 959	61	3 300	1 658	6 721	73.79	66.56
西藏	232	3	151	81	234	99.28	65.14
陕西	3 894	28	2 449	1 446	5 667	68.71	62.88
甘肃	1 778	20	863	914	2 425	73.30	48.56
青海	442	4	169	273	563	78.53	38.23
宁夏	884	12	506	378	1 401	63.09	57.26
新疆	1 914	22	1 046	868	2 491	76.82	54.66

1－10　2009 年省区市增加和减少产能力

1－10　Production capacity added and reduced by each province, region and city in 2009

能力单位:万吨

省区市名称	本年增加					本年减少				
	水泥熟料生产能力				水泥生产能力	水泥熟料生产能力				水泥生产能力
	总　计	预分解窑熟料		其他熟料		总　计	预分解窑熟料		其他熟料	
		生产线	能力				生产线	能力		
全国总计	21 909	183	20 474	1 435	48 461	13 182	26	986	12 196	12 604
东　部	4 711	29	4 224	488	14 876	6 266	16	675	5 591	6 696
中　部	7 512	57	6 930	582	16 604	3 914	8	229	3 685	4 232
西　部	9 686	97	9 320	366	16 981	3 002	2	82	2 920	1 676
北　京					16	68	1	32	36	147
天　津	17			17	110	42			42	
河　北	555	3	460	95	2 859	1 639	1	88	1 551	759
山　西	676	5	588	89	1 753	396			396	507
内蒙古	546	5	520	26	1 974	306			306	80
辽　宁	732	5	713	19	1 235	574	1	35	539	428
吉　林	430	3	377	54	763	180			180	401
黑龙江	89	1	80	9	598	163			163	297
上　海					75					100
江　苏	635	3	511	125	2 558	310	2	40	270	1 048
浙　江	235	2	235	0	1 490	454	9	414	40	1 086
安　徽	1 112	8	1 094	18	2 262	520	3	80	440	436
福　建	719	5	685	34	1 377	647			647	629
江　西	160	1	75	85	1 011	180			180	466
山　东	699	4	594	105	2 509	1 175	1	36	1 139	1 036
河　南	993	6	907	87	3 948	900	3	86	814	1 141
湖　北	2 214	18	2 154	61	3 048	618			618	559
湖　南	1 837	15	1 657	180	3 222	957	2	64	893	425
广　东	959	6	867	93	2 139	1 357	1	30	1 327	1 457
广　西	1 214	7	1 110	105	1 844	338			338	341
海　南	160	1	160		508					6
重　庆	900	9	900		1 263	453	1	48	405	151
四　川	3 223	33	3 147	76	5 757	1 144	1	34	1 110	423
贵　州	851	9	790	62	1 362	88			88	52
云　南	641	10	641		1 404	162			162	121
西　藏					44					
陕　西	784	5	724	60	1 542	273			273	336
甘　肃	460	5	452	9	558	114			114	56
青　海	332	4	332		380	97			97	16
宁　夏	345	4	345		346	3			3	37
新　疆	390	6	362	28	507	25			25	63

1 -11 2009 年末省区市水泥熟料和水泥生产能力

1 -11 Production capacity of clinker and cement of each province, region and city at the end of 2009

能力单位:万吨

省区市名称	年末水泥熟料生产能力				年末水泥生产能力	熟料与水泥生产能力比例%	预分解熟料占熟料生产能力比例%
	总 计	预分解窑熟料		其他熟料			
		生产线(条)	生产能力				
全国总计	139 916	1 073	100 990	38 926	245 131	57.08	72.18
东 部	53 056	365	38 486	14 570	107 124	49.53	72.54
中 部	44 124	350	34 791	9 334	72 666	60.72	78.85
西 部	42 736	358	27 713	15 022	65 341	65.40	64.85
北 京	842	12	826	16	1 229	68.51	98.10
天 津	222	3	185	37	980	22.61	83.30
河 北	6 164	40	4 137	2 027	15 663	39.36	67.11
山 西	2 906	35	1 945	961	5 567	52.20	66.94
内蒙古	3 160	32	2 632	528	7 030	44.95	83.29
辽 宁	4 705	35	3 679	1 026	8 473	55.53	78.20
吉 林	2 596	25	2 297	299	3 902	66.53	88.47
黑龙江	1 528	20	1 219	310	3 869	39.51	79.73
上 海	180	5	180	0	957	18.81	100.00
江 苏	7 807	48	6 104	1 704	20 855	37.44	78.18
浙 江	7 371	82	7 333	38	15 432	47.76	99.48
安 徽	10 291	72	9 674	618	10 083	102.06	94.00
福 建	4 751	30	2 668	2 084	7 631	62.26	56.14
江 西	4 845	38	3 336	1 509	7 794	62.16	68.85
山 东	10 425	60	6 799	3 626	20 262	51.45	65.22
河 南	8 312	63	6 820	1 492	18 910	43.95	82.05
湖 北	6 637	55	5 603	1 034	10 829	61.29	84.42
湖 南	7 010	42	3 899	3 111	11 713	59.85	55.62
广 东	9 710	44	5 879	3 831	14 387	67.49	60.55
广 西	6 946	34	4 816	2 130	9 520	72.96	69.34
海 南	879	6	698	182	1 254	70.10	79.34
重 庆	3 843	28	2 226	1 617	5 491	69.99	57.92
四 川	8 880	58	5 180	3 700	15 047	59.02	58.34
贵 州	3 527	22	1 521	2 006	4 600	76.67	43.12
云 南	5 437	71	3 941	1 496	8 004	67.93	72.48
西 藏	232	3	151	81	278	83.54	65.14
陕 西	4 405	33	3 172	1 233	6 873	64.09	72.01
甘 肃	2 124	25	1 315	809	2 927	72.57	61.90
青 海	677	8	501	176	927	73.01	73.99
宁 夏	1 226	16	851	375	1 710	71.69	69.43
新 疆	2 279	28	1 408	871	2 936	77.62	61.79

1 -12　2009 年末全国水泥熟料生产能力地区分布

1 -12　Regional distribution of cement clinker production capacity nationwide at the end of 2009

2009 年全国水泥熟料生产能力地区分布

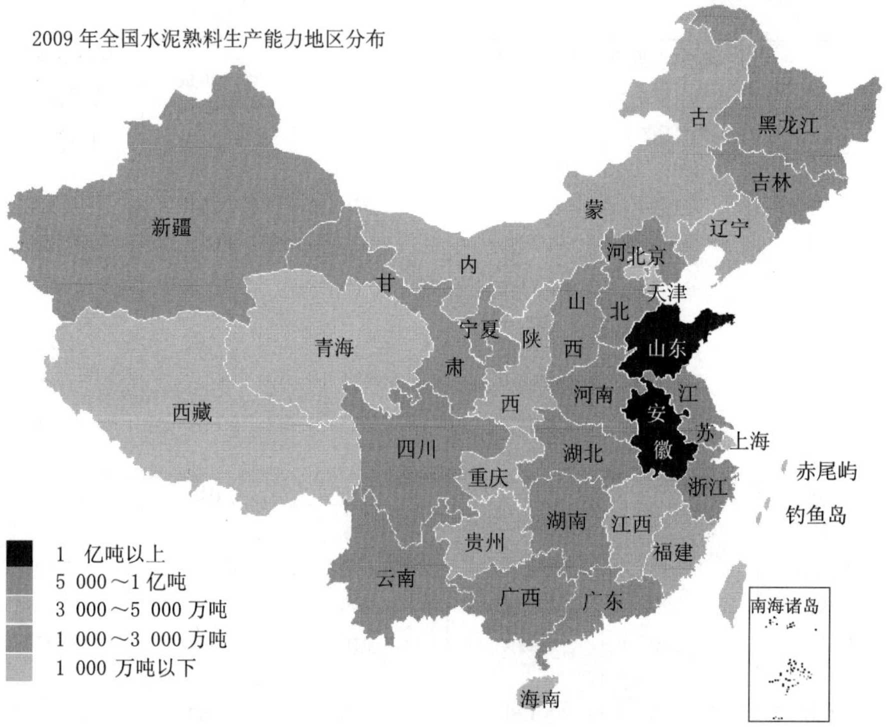

2009 年全国窑外分解窑熟料生产能力地区分布

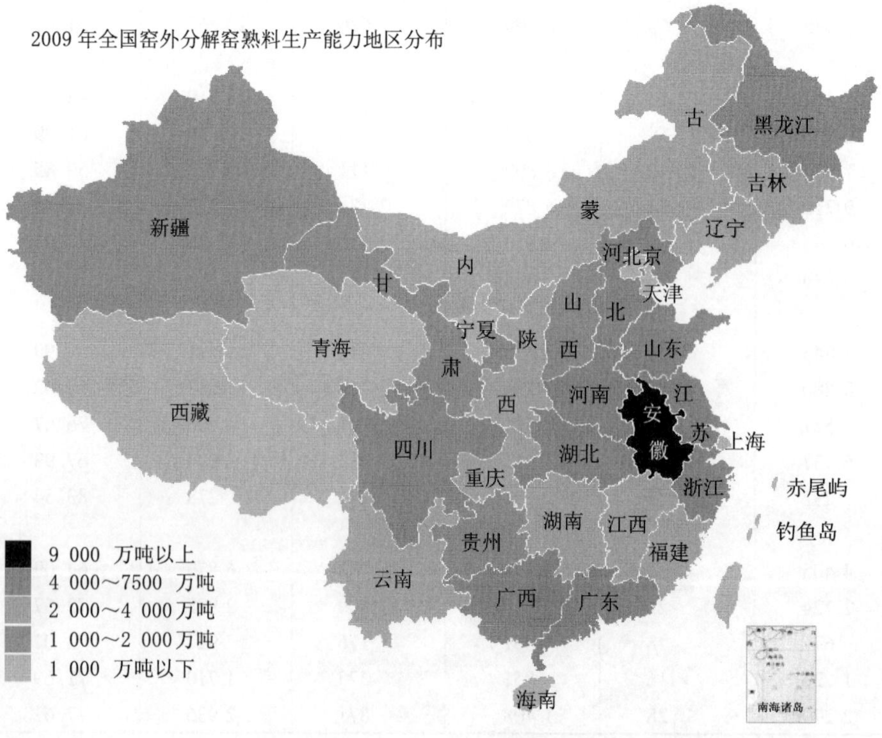

1 -13　2009 年末全国水泥生产能力地区分布

1 – 13　Regional distribution of cement production capacity nationwide at the end of 2009

2009 年全国水泥生产能力地区分布

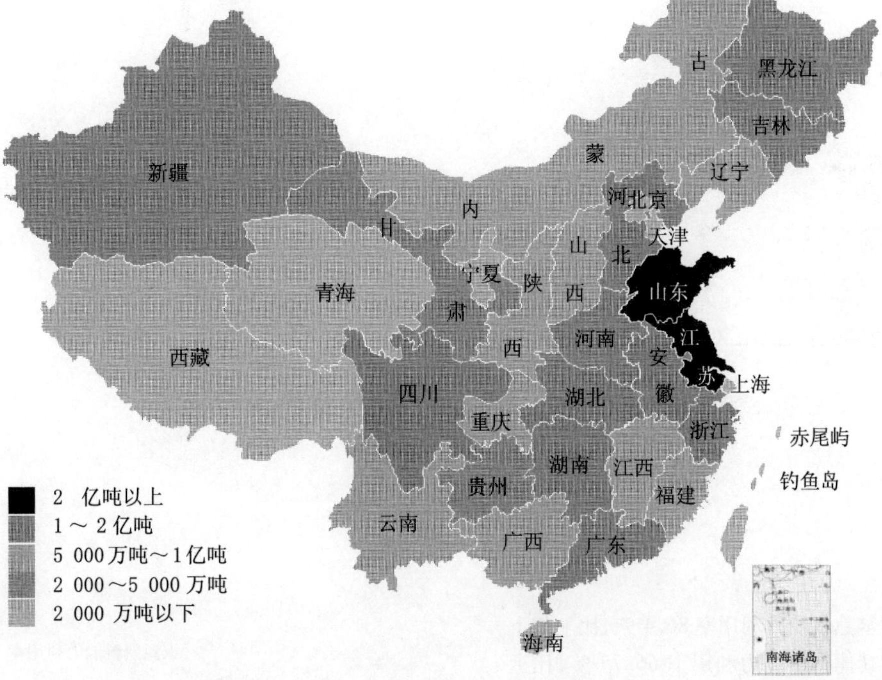

2009 年全国年生产能力 60 万吨以上水泥粉磨企业生产能力地区分布

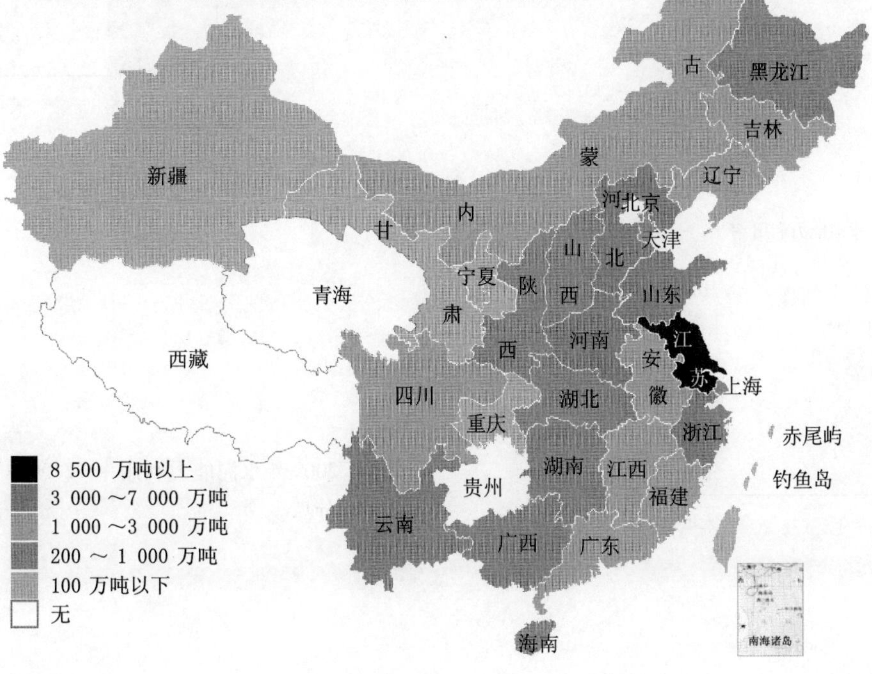

1－14　2009 年能力利用率

1－14　Capacity availability in 2009

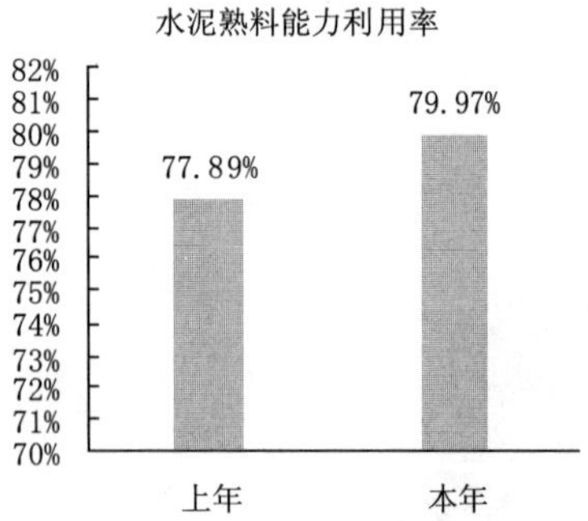

2009 年水泥熟料能力利用率 79.97 %，比上年上升 2.08 个百分点。

2009 年预分解窑熟料能力利用率 86.4 %，比上年上升 1.79 个百分点；其他熟料能力利用率 66.75 %，比上年下降 1.76 个百分点。2009 年预分解窑熟料能力利用率比其他熟料高 19.65 个百分点。

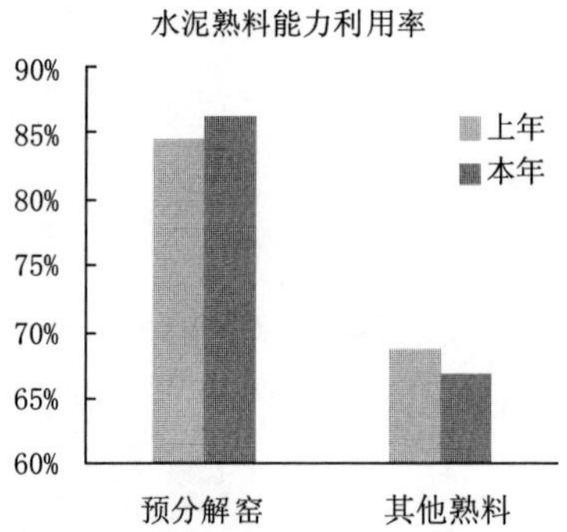

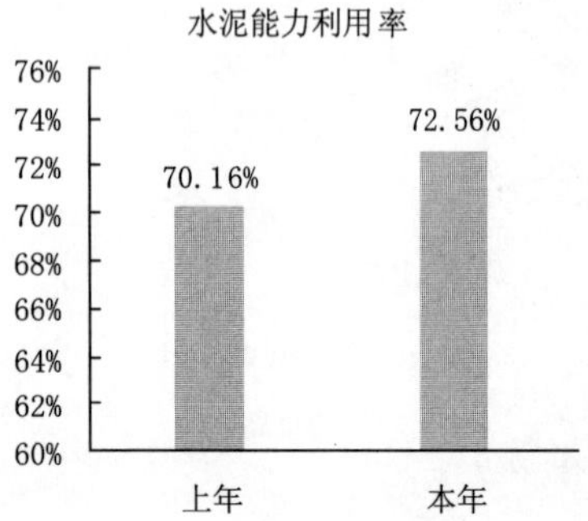

2009 年水泥能力利用率 72.56 %，比上年上升 2.4 个百分点。

1－15 2009 年省区市能力利用率

1－15 Capacity availability of each province, region and city in 2009

单位:%

省区市名称	本年能力利用率				上年能力利用率			
	水泥熟料			水　泥	水泥熟料			水　泥
	平　均	预分解窑	其他熟料		平　均	预分解窑	其他熟料	
全国总计	79.97	86.40	66.75	72.56	77.89	84.61	68.51	70.16
东　部	79.88	87.54	63.47	72.86	78.43	85.85	67.37	69.94
中　部	83.51	88.63	68.73	72.36	81.99	87.52	71.41	71.22
西　部	76.30	81.54	68.87	72.26	72.48	77.70	67.75	69.32
北　京	92.36	94.41	41.34	83.45	77.73	79.88	42.14	65.21
天　津	87.50	97.45	50.30	75.68	79.93	94.79	39.67	63.50
河　北	73.66	90.76	49.13	75.36	71.08	83.39	61.01	67.63
山　西	59.31	64.95	50.94	56.50	60.90	70.31	51.78	57.50
内蒙古	81.69	88.72	56.73	73.61	72.69	74.44	68.93	66.39
辽　宁	69.96	73.48	60.83	59.81	62.47	73.16	46.17	59.07
吉　林	100.18	107.53	57.47	74.28	87.96	87.48	89.61	70.25
黑龙江	76.92	79.83	68.04	71.09	70.42	71.59	67.96	63.03
上　海	74.64	74.64		80.75	95.70	95.21		79.14
江　苏	89.30	94.23	73.03	73.27	83.55	90.99	64.26	69.48
浙　江	76.69	76.34	121.71	71.39	80.06	80.94	41.14	68.54
安　徽	97.04	100.08	63.49	77.84	94.70	97.09	76.35	79.26
福　建	85.97	103.26	69.15	75.54	78.18	85.57	73.57	68.77
江　西	93.53	100.12	79.57	82.00	87.92	91.05	82.44	77.39
山　东	79.05	86.44	67.42	74.21	84.46	92.72	74.86	75.35
河　南	77.76	79.50	71.76	67.84	76.00	81.78	64.51	66.98
湖　北	74.95	79.43	59.52	73.42	84.01	87.15	78.61	75.17
湖　南	75.84	77.97	73.93	74.51	73.23	77.31	71.10	73.55
广　东	79.84	94.99	61.24	72.33	78.59	88.49	70.11	72.17
广　西	84.19	94.19	65.23	74.12	78.58	86.53	67.69	71.81
海　南	90.47	92.09	84.97	93.57	76.22	75.86	76.90	93.16
重　庆	70.89	76.10	65.74	73.77	78.48	96.17	67.19	79.72
四　川	75.36	72.36	77.94	73.51	70.62	72.22	70.08	67.99
贵　州	67.18	58.93	71.78	67.82	63.12	51.64	66.35	65.62
云　南	73.57	76.88	65.97	68.21	63.02	64.70	60.24	63.34
西　藏	73.62	70.29	79.85	73.45	64.36	56.71	76.15	74.87
陕　西	78.26	88.54	56.68	72.28	75.41	84.08	62.91	68.94
甘　肃	70.59	80.28	58.35	68.21	74.84	84.02	66.18	72.61
青　海	71.27	69.16	74.42	82.03	83.15	82.03	83.83	82.61
宁　夏	81.19	92.85	60.16	68.94	78.55	91.23	59.80	65.93
新　疆	77.86	76.93	79.18	75.18	75.38	69.78	80.98	72.20

1－16 2009年全国新投产窑外分解窑数量

1－16 Quantity of NSP kiln newly put into production nationwide in 2009

2009年全国新投产窑外分解窑生产线183条，新投产生产线平均日产规模3 530吨。新投产生产线中：日产2 000～2 500吨生产线80条，日产能力占新增能力29.18%；日产4 000～5 000吨生产线86条，日产能力占新增能力61.82%。

2009年全国新投产窑外分解窑数量

按水泥熟料日生产能力分组	生产线数量（条）	熟料日生产能力	
		生产能力（吨）	比重（%）
总计	183	645 900	
2 000吨以下	5	5 900	0.91
2 000～2 500吨	80	188 500	29.18
3 000～4 000吨	9	28 200	4.37
4 000～5 000吨	86	399 300	61.82
6 000吨以上	3	24 000	3.72

数量单位：条

地　区	生产线数　量	日产能力（吨）	日产能力比重（%）	按熟料日生产能力（吨/日）分生产线数量				
				2 000以下	2 000～2 500	3 000～4 000	4 000～5 000	6 000以上
河　北	3	14 000	2.17				3	
山　西	4	13 500	2.09		2		2	
内蒙古	5	15 300	2.37		3	1	1	
辽　宁	5	23 000	3.56				5	
吉　林	3	12 500	1.94		1		2	
黑龙江	1	2 500	0.39		1			
江　苏	4	20 800	3.22				3	1
浙　江	2	7 500	1.16		1		1	
安　徽	8	35 500	5.50		1		7	
福　建	5	22 000	3.41		1		4	
江　西	1	2 500	0.39		1			
山　东	4	19 000	2.94				4	
河　南	6	31 500	4.88		1	1	3	1
湖　北	18	67 600	10.47		7		10	1
湖　南	15	55 400	8.58	1	5	1	8	
广　东	6	25 500	3.95		1		5	
广　西	7	33 000	5.11				7	
海　南	1	5 000	0.77				1	
重　庆	9	29 500	4.57		4	2	3	
四　川	33	99 700	15.44		22	1	10	
贵　州	9	23 500	3.64		8		1	
云　南	10	21 000	3.25	2	7		1	
陕　西	5	20 500	3.17		1		4	
甘　肃	5	12 500	1.94	1	3		1	
青　海	4	10 700	1.66		2	2		
宁　夏	4	10 700	1.66		3	1		
新　疆	6	11 700	1.81	1	5			

1－17　2009 年末全国窑外分解窑数量和生产能力

1－17　Quantity and capacity of NSP kiln nationwide at the end of 2009

2009年末各窑型日生产能力比重

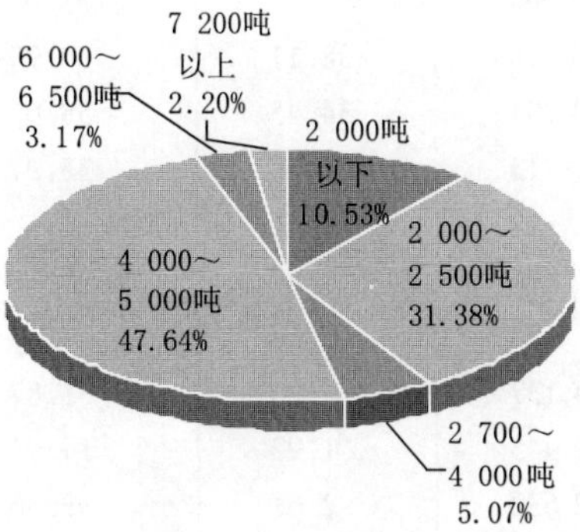

2009 年末全国窑外分解窑数量

按水泥熟料日生产能力分组	生产线数量（条）	熟料日生产能力	
		生产能力（吨）	比重（%）
总　计	1 037	3 055 860	100.00
2 000 吨以下	291	321 760	10.53
2 000～2 500 吨	403	959 000	31.38
2 700～4 000 吨	50	155 000	5.07
4 000～5 000 吨	306	1 455 900	47.64
6 000～6 500 吨	16	97 000	3.17
7 200 吨以上	7	67 200	2.20

窑外分解窑平均日产规模

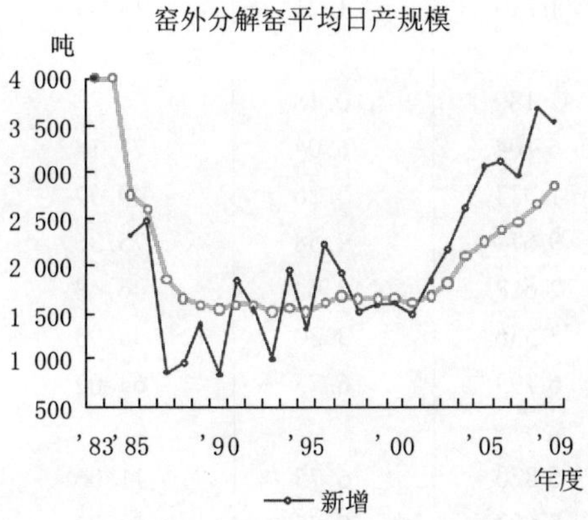

窑外分解窑各窑型生产能力比重

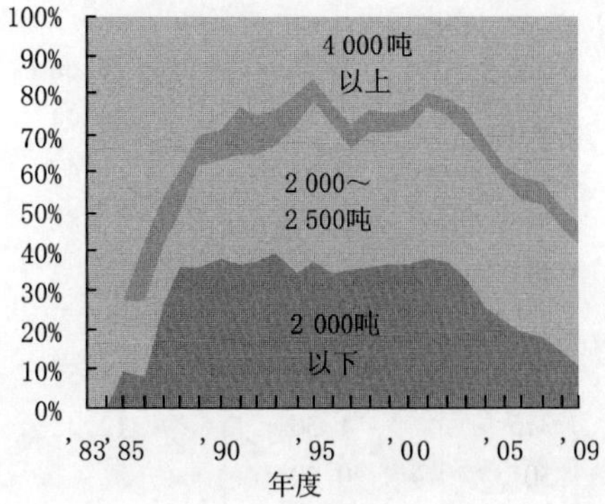

历年全国窑外分解窑数量

生产线：条　　平均规模：吨/日

年　度	年末生产线数量		日产 4 000 吨以上生产线能力比重（%）
	数量	平均规模	
1983 年	1	4 000	100.00
1985 年	4	2 750	72.73
1990 年	27	1 533	28.99
1995 年	68	1 518	15.50
2000 年	135	1 650	24.43
2001 年	173	1 616	19.46
2002 年	238	1 677	21.16
2003 年	339	1 826	24.34
2004 年	504	2 090	31.07
2005 年	616	2 270	37.98
2006 年	694	2 386	41.26
2007 年	793	2 471	42.70
2008 年	916	2 666	49.00
2009 年	1 073	2 848	53.02

1－18 2009 年末省区市窑外分解窑数量

1－18 Quantity of NSP kiln of each province, region and city at the end of 2009

省区市名称	生产线数量(条)				年生产能力(万吨)	占全国总量比重(%)	日产 4 000 吨以上生产线能力比重(%)
	总　计	其中:按日生产能力(吨/日)分					
		2 000 以下	2 000 ~2 500	4 000 以上			
全国总计	1 073	291	403	329	100 990		53.02
东　部	365	75	135	143	38 486	38.11	60.99
中　部	350	93	121	121	34 791	34.45	58.01
西　部	358	123	147	65	27 713	27.44	35.97
北　京	12	6	4		826	0.82	
天　津	3	1	2		185	0.18	
河　北	40	5	17	15	4 137	4.10	55.87
山　西	35	21	10	2	1 945	1.93	14.91
内蒙古	32	11	14	6	2 632	2.61	37.36
辽　宁	35	7	8	19	3 679	3.64	74.61
吉　林	25	8	8	8	2 297	2.27	54.76
黑龙江	20	11	8	1	1 219	1.21	14.41
上　海	5	4	1		180	0.18	
江　苏	48	6	16	25	6 104	6.04	71.14
浙　江	82	27	33	22	7 333	7.26	49.57
安　徽	72	10	23	39	9 674	9.58	75.36
福　建	30	6	16	8	2 668	2.64	46.48
江　西	38	8	22	8	3 336	3.30	36.93
山　东	60	10	21	26	6 799	6.73	64.07
河　南	63	16	9	30	6 820	6.75	71.06
湖　北	55	12	19	21	5 603	5.55	58.92
湖　南	42	7	22	12	3 899	3.86	46.80
广　东	44	3	14	25	5 879	5.82	74.37
广　西	34	4	5	23	4 816	4.77	83.69
海　南	6		3	3	698	0.69	66.67
重　庆	28	5	15	4	2 226	2.20	25.68
四　川	58	9	30	14	5 180	5.13	38.74
贵　州	22	7	12	1	1 521	1.51	8.47
云　南	71	35	28	4	3 941	3.90	12.82
西　藏	3	1	2		151	0.15	
陕　西	33	8	12	12	3 172	3.14	58.51
甘　肃	25	17	7	1	1 315	1.30	12.23
青　海	8	2	4		501	0.50	
宁　夏	16	9	6		851	0.84	
新　疆	28	15	12		1 408	1.39	

水泥及水泥制品进出口

Import and export of cement and cement product

2－1　历年水泥和水泥熟料出口

2－1　Export of cement and Cement clinker in past years

1981～2009年水泥和水泥熟料出口数量(万吨)

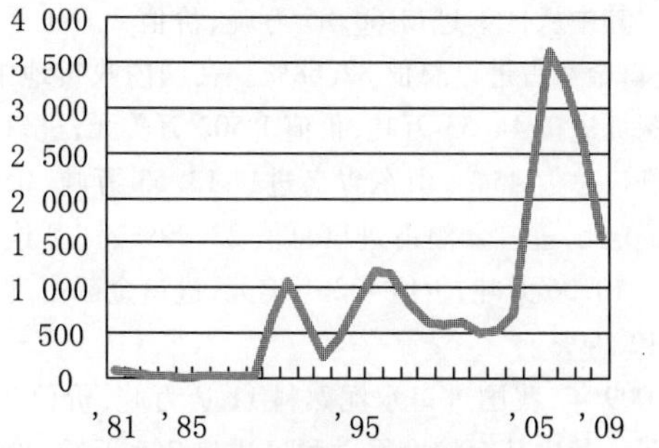

1992～2009年水泥和水泥熟料出口数量(万吨)

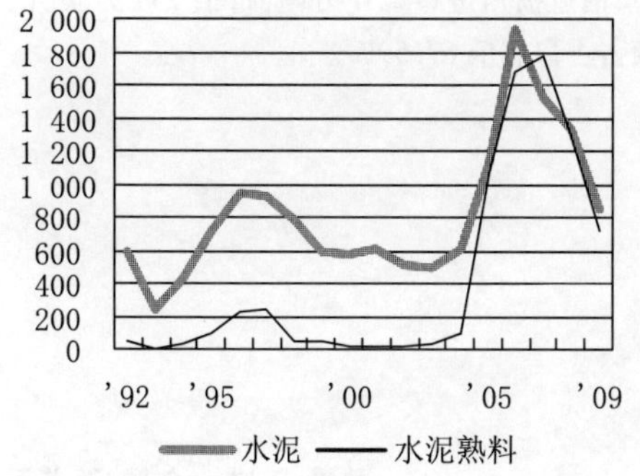

水泥和水泥熟料出口

数量:万吨　金额:万美元

年度	数量	增长率%	金额	增长率%
1985	14.23	－18.20	591	－27.90
1990	682.94	1 464.63	25 735	1 392.38
1995	818.95	81.06	29 807	90.00
2000	605.90	－4.68	18 996	－5.45
2005	2 215.73	214.54	68 460	197.14
2006	3 612.97	63.06	118 062	72.45
2007	3 300.75	－8.64	115 043	－2.56
2008	2 603.80	－21.11	109 879	－4.49
2009	1 561.13	－40.04	68 719	－37.46

数量:万吨　金额:万美元

年度	水泥出口				水泥熟料出口			
	数量	增长率%	金额	增长率%	数量	增长率%	金额	增长率%
1995	726.23	69.68	26 914	79.40	92.72	281.56	2 893	321.98
2000	582.46	－2.21	18 427	－3.45	23.44	－41.43	569	－43.47
2005	1 137.25	89.01	40 602	100.99	1 078.49	949.66	27 858	881.38
2006	1 940.71	70.65	72 479	78.51	1 672.26	55.06	45 584	63.63
2007	1 519.34	－21.71	60 488	－16.54	1 781.41	6.53	54 555	19.68
2008	1 323.23	－12.91	63 056	4.25	1 280.57	－28.11	46 823	－14.17
2009	848.65	－35.86	42 559	－32.51	712.48	－44.36	26 160	－44.13

2－2 历年水泥和水泥熟料进口

2－2 Import of cement and Cement clinker in past years

水泥和水泥熟料进口

数量:万吨　金额:万美元

年度	数量	增长率%	金额	增长率%
1985	365.76	11.95	15 255	3.34
1990	39.66	－67.83	1 759	－69.79
1995	31.36	－76.62	1 933	－73.23
2000	142.58	185.36	3 475	135.22
2005	116.35	－56.41	4 048	－47.77
2006	111.64	－4.05	3 925	－3.03
2007	65.12	－41.67	2 612	－33.46
2008	61.71	－5.24	2 900	11.02
2009	81.97	32.84	3 699	27.56

2009 年,我国进口水泥 70.27 万吨,价值 3 338 万美元。其中从日本进口 68.85 万吨,价值 2 760 万美元,进口金额占进口总值 82.68%。在国内收货地中,广东深圳进口 44.53 万吨,价值 1 502 万美元,进口金额占进口总值 45%;山东青岛进口 13.53 万吨,价值 744 万美元,进口金额占进口总值 22.29%;江苏连云港进口 10.06 万吨,价值 432 万美元,进口金额占进口总值 12.94%。

2009 年,我国进口水泥熟料 11.7 万吨,价值 361 万美元。其中从台澎金马关税区进口 7.4 万吨,价值 244 万美元,进口金额占进口总值 67.59%。在国内收货地中,福建福州进口 7.4 万吨,价值 244 万美元,进口金额占进口总值 67.59%。

数量:万吨　金额:万美元

年度	水泥进口				水泥熟料进口			
	数量	增长率%	金额	增长率%	数量	增长率%	金额	增长率%
1995	28.73	－78.17	1 807	－74.31	2.63	6.09	126	－33.54
2000	3.63	－37.03	559	39.97	138.96	214.32	2 916	170.53
2005	82.08	－25.62	3 162	－20.05	34.27	－78.11	886	－76.66
2006	77.05	－6.13	2 991	－5.40	34.59	0.93	934	5.46
2007	53.87	－30.09	2 293	－23.33	11.25	－67.46	319	－65.91
2008	56.60	5.08	2 709	18.13	5.10	－54.64	190	－40.21
2009	70.27	24.15	3 338	23.21	11.7	129.2	361	89.45

2 –3　水泥和水泥熟料出口价格变动趋势

2 –3　Export price floating trend of cement and Cement clinker

1992～2009年水泥出口
年均离岸价格(美元/吨)

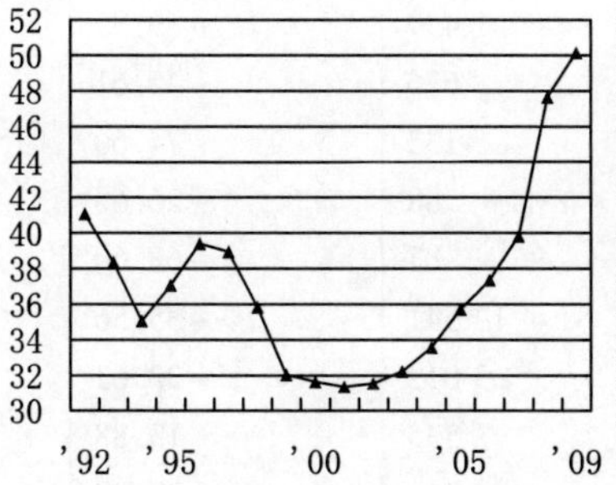

年　度	水泥年均离岸价格（美元/吨）
1992	41.06
1993	38.34
1994	35.05
1995	37.06
1996	39.38
1997	38.94
1998	35.84
1999	32.04
2000	31.64
2001	31.35
2002	31.54
2003	32.23
2004	33.57
2005	35.70
2006	37.35
2007	39.81
2008	47.65
2009	50.15

1992～2009年水泥熟料出口
年均离岸价格(美元/吨)

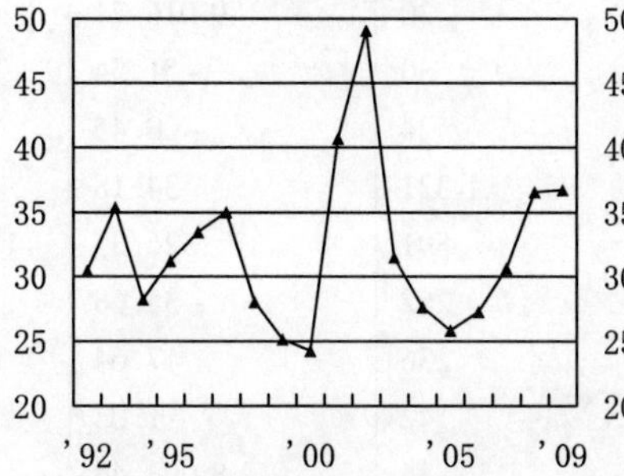

年　度	水泥熟料年均离岸价格（美元/吨）
1992	30.43
1993	35.38
1994	28.21
1995	31.20
1996	33.47
1997	35.00
1998	28.01
1999	25.14
2000	24.26
2001	40.70
2002	49.04
2003	31.47
2004	27.63
2005	25.83
2006	27.26
2007	30.62
2008	36.56
2009	36.72

2-4-1 2009 年水泥出口主要发货地

2-4-1 Main consignment location for cement export in 2009

数量:吨 金额:万美元

地 区	数量	增长%	金额	增长%	比重%
总计	8 486 531	-35.86	42 559	-32.51	100.00
山东省	3 381 288	-26.32	16 047	-25.22	37.70
龙 口	1 743 009	-10.21	8 077	-14.27	18.98
日 照	1 231 214	-31.89	5 556	-25.44	13.05
烟 台	284 578	-42.29	1 439	-39.35	3.38
淄 博	53 668	-65.01	626	-45.61	1.47
临 沂	27 884	-71.04	132	-74.60	0.31
青 岛	19 235	-5.41	88	-26.68	0.21
枣 庄	15 660	-64.57	87	-63.60	0.20
江苏省	2 886 862	-35.99	12 541	-35.56	29.47
张家港	725 850	-31.70	3 012	-30.63	7.08
无 锡	614 008	26.48	2 535	13.88	5.96
南 京	472 441	-45.20	2 310	-39.40	5.43
泰 州	592 970	-41.57	2 273	-45.16	5.34
南 通	183 017	-19.95	921	-21.73	2.16
镇 江	143 566	-73.41	662	-69.17	1.56
苏 州	110 200	-62.37	588	-60.01	1.38
常 州	33 810	1 590.50	163	1 297.59	0.38
徐 州	4 000	-60.00	22	-61.92	0.05
广东省	593 317	4.27	2 890	22.37	6.79
东 莞	252 439	-1.41	1 267	29.13	2.98
广 州	258 366	36.77	1 203	54.51	2.83
肇 庆	74 179	31.85	355	18.53	0.83
深 圳	3 728	-84.81	28	-72.61	0.07
北京市	341 638	229.31	2 009	170.15	4.72
内蒙古自治区	262 779	-51.95	1 345	-51.62	3.16
二 连	217 862	-48.96	1 072	-50.32	2.52
乌兰察布盟	19 233	-68.54	120	-57.87	0.28
巴彦淖尔盟	8 440	5.59	53	44.71	0.12
呼和浩特	5 205	8 032.34	30	9 016.71	0.07
阿拉善盟	5 177	-56.90	30	-51.54	0.07
满洲里	4 360	-59.53	24	-60.45	0.06
云南省	214 594	21.19	1 321	34.18	3.10
德 宏	84 422	376.96	591	326.33	1.39
保 山	40 421	-44.34	262	-35.68	0.62
思 茅	45 336	17.60	236	17.64	0.55
临 沧	28 158	-3.75	142	-1.03	0.33
畹 町	7 094	10 034.29	34	8 094.44	0.08
大 理	5 533	701.81	31	620.49	0.07
天津市	28 689	-6.34	1 224	-8.52	2.88
塘沽区	18 059	-13.00	1 078	-16.00	2.53
其他地区	10 203	327.88	134	500.41	0.31
湖北省	13 538	596.07	135	512.81	0.32

2-4-2 2009年水泥出口主要发货地

2-4-2 Main consignment location for cement export in 2009

数量:吨 金额:万美元

地 区	数量	增长%	金额	增长%	比重%
广西壮族自治区	191 736	-42.98	1119	-38.02	2.63
南 宁	110 937	-31.24	664	-27.36	1.56
柳 州	60 538	-62.07	330	-57.92	0.77
柳州地区	9 500	0.00	54	0.00	0.13
贵港市	7 470	-50.62	53	-49.92	0.13
新疆维吾尔族自治区	86 382	-77.95	804	-66.50	1.89
乌鲁木齐	33 318	-83.66	468	-67.10	1.10
阿勒泰	17 792	15.57	116	27.03	0.27
喀 什	16 756	-38.64	83	-30.22	0.20
博 乐	9 938	-72.16	71	-64.04	0.17
昌 吉	1 568	-70.20	29	-15.72	0.07
伊 宁	4 547	-92.38	22	-93.16	0.05
安徽省	11 4706	-76.66	624	-73.70	1.47
马鞍山	106 530	-67.53	577	-64.91	1.36
芜 湖	8 000	0.00	46	0.00	0.11
河北省	102 900	-84.46	610	-74.70	1.43
唐 山	79 572	-86.65	361	-80.48	0.85
石家庄	13 493	-74.88	148	-69.10	0.35
沧 州	1 737	-69.52	22	-50.74	0.05
其他地区	8 035	112.60	78	260.72	0.18
黑龙江省	55 028	-73.60	421	-69.10	0.99
大 庆	17 079	110.10	168	96.88	0.40
黑 河	16 816	-72.36	116	-72.26	0.27
牡丹江	10 325	-0.51	58	-6.47	0.14
佳木斯	5 334	-86.25	37	-86.21	0.09
上海市	66 135	-28.43	383	-22.56	0.90
浦 东	31 253	-19.59	126	-24.37	0.30
卢湾区	9 020	-76.40	49	-77.03	0.11
青 浦	718	20.77	23	25.66	0.05
其他地区	23 110	125.13	173	160.29	0.41
浙江省	51 714	34.67	285	25.86	0.67
杭 州	25 000	264.95	99	126.18	0.23
湖 州	10 203	-23.30	77	13.77	0.18
金 华	5 985	-23.85	51	29.78	0.12
萧 山	8 301	-	44	-	0.10
河南省	7 667	-47.91	197	-22.98	0.46
郑 州	6 697	-10.87	171	-8.24	0.40
其他地区	864	-59.17	24	-38.49	0.06
四川省	16 266	-14.08	165	-38.81	0.39
成 都	14 457	47.98	133	-14.74	0.31
乐 山	1 200	-83.08	24	-73.80	0.06
辽宁省	16 096	-91.51	145	-83.20	0.34
大 连	6 541	-96.08	41	-94.20	0.10
其他地区	3 811	0.00	58	0.00	0.14
吉林省	33 554	-26.19	136	-34.06	0.32

2-5 2009 年水泥熟料出口主要发货地

2-5 Main consignment location for cement clinker export in 2009

数量:吨 金额:万美元

地 区	数量	增长%	金额	增长%	比重%
总 计	7 124 798	-44.36	26 160	-44.13	100.00
安徽省	5 623 976	-41.79	18 285	-45.25	69.90
安 庆	2 327 101	102.75	7 543	86.07	28.83
芜 湖	2 098 077	-32.80	6 779	-39.95	25.91
池 州	441 228	-70.38	1 528	-71.62	5.84
铜 陵	361 148	-76.98	1 161	-78.23	4.44
其他地区	396 422	-83.02	1 274	-82.64	4.87
山东省	1 076 253	-39.41	3 767	-44.43	14.40
日 照	697 402	-33.85	2 514	-39.93	9.61
烟 台	208 641	120.24	678	112.73	2.59
潍 坊	99 893	-17.28	349	-39.47	1.33
龙 口	70 309	-	226	-	0.86
广东省	136 821	-54.93	1 814	53.35	6.94
清 远	51 890	-70.17	1 476	124.46	5.64
广 州	8 758	-90.75	72	-81.15	0.27
番 禺	7 825	-	68	-	0.26
云 浮	13 117	-54.58	42	-63.75	0.16
中 山	271	-	2	-	0.01
其他地区	54 821	82 164.41	154	2721.72	0.59
广西壮族自治区	168 943	-66.64	922	-46.55	3.53
百 色	20 763	-	419	-	1.60
贵港市	81 376	-24.34	293	0.70	1.12
南 宁	5 910	-97.74	39	-95.81	0.15
其他地区	60 894	-	171	-	0.65
贵州省	15 327	-48.10	531	-38.29	2.03
贵 阳	15 327	-48.00	531	-38.20	2.03
河南省	17 207	-6.67	458	4.64	1.75
郑 州	7 333	-48.76	203	-39.02	0.78
其他地区	9 854	200.10	255	201.07	0.97
浙江省	55 134	79.59	214	5.49	0.82
杭 州	55 134	3 546.43	214	2409.93	0.82
江苏省	18 094	57 068.40	59	26245.31	0.23
镇 江	12 265	-	40	-	0.15
常 州	5 742	-	18	-	0.07
天津市	1 242	-92.07	46	-92.51	0.18
东丽区	180	-	5	-	0.02
其他地区	1 047	-92.77	40	-93.02	0.15
吉林省	5 910	31.92	22	388.97	0.08
珲 春	5 910	31.92	22	388.97	0.08
内蒙古自治区	4 591	-74.15	20	-63.92	0.08
二 连	4 551	-74.37	19	-65.56	0.07
上海市	742	-99.81	11	-99.05	0.04
闵行区	701	-	10	-	0.04
北京市	68	-81.01	7	2.64	0.03
河北省	89	-90.31	2	-89.08	0.01

2－6－1 2009 年水泥出口主要收货地

2－6－1 Main destination location for cement export in 2009

数量:吨 金额:万美元

国家或地区	数量	增长%	金额	增长%	比重%
总 计	8 486 531	－35.86	42 559	－32.51	100.00
安哥拉	2 543 524	23.84	12 699	23.99	29.84
美 国	725 297	－67.30	3 546	－62.58	8.33
尼日利亚	825 616	－31.85	3 518	－24.72	8.27
台澎金马关税区	799 929	10.35	3 026	10.78	7.11
中国香港	527 276	9.31	2 587	30.06	6.08
刚 果	559 343	－5.99	2 304	－21.66	5.41
蒙 古	310 812	－48.11	1 723	－44.26	4.05
缅 甸	211 634	21.13	1 305	31.39	3.07
日 本	156 555	3.48	1 204	2.47	2.83
喀麦隆	182 360	3.28	903	5.43	2.12
俄罗斯联邦	142 909	－86.98	875	－86.55	2.06
加 蓬	168 715	－13.25	726	－27.99	1.71
韩 国	131 292	－80.81	667	－75.43	1.57
莫桑比克	123 545	26.02	610	23.39	1.43
民主刚果	99 541	196.65	508	142.55	1.19
澳大利亚	67 857	－64.70	491	－53.55	1.15
马达加斯加	87 195	－42.19	444	－41.35	1.04
几内亚	75 651	－2.10	406	－0.36	0.95
哈萨克斯坦	26 059	－92.02	389	－81.24	0.91
新加坡	80 120	－53.82	353	－15.97	0.83
中国澳门	80 932	－45.93	348	－46.32	0.82
纳米比亚	56 005	－64.12	295	－58.49	0.69
印 度	4 954	99.91	274	83.57	0.64
朝 鲜	55 550	－15.31	255	－14.25	0.60
巴布亚新几内亚	26 771	315.71	195	316.08	0.46
赤道几内亚	38 753	127.96	194	129.22	0.46
苏 丹	33 173	－61.66	188	－60.89	0.44
南 非	2 800	－99.01	172	－88.50	0.41
贝 宁	33 144	－	167	－	0.39

2-6-2　2009 年水泥出口主要收货地

2-6-2　Main destination location for cement export in 2009

数量:吨　金额:万美元

国家或地区	数量	增长%	金额	增长%	比重%
文　莱	26 500	-21.24	152	-16.34	0.36
土库曼斯坦	15 194	-1.60	143	-39.15	0.34
塔吉克斯坦	20 406	-63.03	128	-64.37	0.30
阿拉伯联合酋长国	36 396	-55.87	127	-55.48	0.30
冈比亚	24 000	-	113	-	0.27
黎巴嫩	22 172	-	109	-	0.26
利比里亚	18 500	-71.99	101	-63.66	0.24
伊拉克	5 250	-	92	-	0.22
肯尼亚	15 710	-	87	-	0.21
吉尔吉斯斯坦	14 310	-76.15	83	-69.75	0.19
越　南	7 988	-43.88	80	-25.37	0.19
荷　兰	1 509	-	74	-	0.17
科摩罗	15 398	-58.46	72	-58.40	0.17
乌兹别克斯坦	4 502	-34.00	71	-41.36	0.17
埃塞俄比亚	12 741	-62.90	71	-60.76	0.17
尼日尔	4 324	105.90	65	76.68	0.15
泰　国	2 361	-12.13	64	-30.90	0.15
印度尼西亚	1 407	-41.20	64	-27.99	0.15
菲律宾	4 704	-70.20	58	-45.49	0.14
坦桑尼亚	9 827	26.45	52	28.08	0.12
塞拉利昂	10 000	-	51	-	0.12
塞舌尔	5 407	10 822.63	33	9 749.21	0.08
伊　朗	975	79.56	32	88.62	0.08
马来西亚	1 681	32.19	28	-61.89	0.07
老　挝	4 081	-5.00	25	18.68	0.06
卡塔尔	7 201	-75.18	23	-77.00	0.05
巴基斯坦	1 431	29.62	19	247.63	0.05
乍　得	1 506	-	16	-	0.04
墨西哥	456	2 940.00	16	11 494.54	0.04
吉布提	1 760	-58.38	15	-37.81	0.04
厄立特里亚	2 626	-	15	-	0.04

2－7－1　2009年水泥熟料出口主要收货地

2－7－1　Main destination location for cement clinker export in 2009

数量:吨　金额:万美元

国家或地区	数量	增长%	金额	增长%	比重%
总　计	7 124 798	-44.36	26 160	-44.13	100.00
孟加拉国	1 567 721	50.42	4 967	48.66	18.99
阿拉伯联合酋长国	1 462 434	-55.22	4 960	-58.73	18.96
台澎金马关税区	1 166 695	-7.99	3 873	-8.79	14.81
西班牙	746 471	-75.56	2 389	-77.08	9.13
印　度	586 473	5 722.05	1 933	662.12	7.39
吉布提	77 271	1 195.63	1 915	3 748.72	7.32
越　南	312 712	1 366.03	1 091	664.96	4.17
新加坡	199 980	87 498.86	663	16 041.75	2.54
肯尼亚	159 575	1 645 003.09	551	141 874.25	2.11
比利时	148 299	-38.80	495	-39.37	1.89
澳大利亚	107 925	301.94	398	313.78	1.52
科威特	102 011	-91.01	329	-91.82	1.26
巴　西	98 210	-35.16	322	-49.81	1.23
中国香港	87 559	-35.39	301	-25.68	1.15
埃　及	64 974	2 426.98	283	202.47	1.08
埃塞俄比亚	52 865	114.76	209	37.48	0.80
墨西哥	4 141	110.43	152	76.72	0.58
马来西亚	15 370	-93.68	131	-83.77	0.50
法　国	3 702	-53.53	125	-56.41	0.48
菲律宾	35 660	0.00	123	0.00	0.47
伊　朗	3 922	-64.46	113	42.55	0.43
中国澳门	28 388	-89.74	106	-89.77	0.40
土耳其	2 560	-92.57	101	-66.60	0.39
意大利	31 061	-94.24	101	-94.41	0.39

2-7-2 2009年水泥熟料出口主要收货地

2-7-2 Main destination location for cement clinker export in 2009

数量:吨 金额:万美元

国家或地区	数量	增长%	金额	增长%	比重%
韩 国	9 496	703.95	98	208.88	0.38
荷 兰	3 010	-64.75	78	-66.53	0.30
印度尼西亚	2 145	-22.39	56	-34.93	0.22
尼日利亚	15 021	193 096.14	48	34 480.72	0.18
瑞 典	1 316	161.11	37	155.43	0.14
日 本	1 345	-62.05	34	-57.55	0.13
马达加斯加	9 618	-67.91	28	-80.41	0.11
葡萄牙	1 384	20.14	25	22.55	0.10
朝 鲜	6 410	41.19	23	381.44	0.09
加拿大	1 061	-84.99	23	-83.77	0.09
德 国	826	8.29	22	-38.09	0.09
蒙 古	4 551	-74.37	19	-65.56	0.07
英 国	281	-53.80	10	-53.64	0.04
喀麦隆	1 300	4 900.00	8	7 857.55	0.03
南 非	171	-99.61	7	-96.90	0.03
俄罗斯联邦	200	-99.84	5	-99.02	0.02
泰 国	99	-88.60	3	-90.88	0.01
安哥拉	473	0.00	3	0.00	0.01
民主刚果	80	0.00	0	0.00	0.00
纳米比亚	18	0.00	0	0.00	0.00
安提瓜和巴布达	5	0.00	0	0.00	0.00
马尔代夫	4	0.00	0	0.00	0.00
新西兰	2	-99.81	0	-99.08	0.00
巴基斯坦	1	-96.48	0	-97.03	0.00
智 利	0	0.00	0	0.00	0.00

2-8-1 2009年水泥出口主要流向

2-8-1 Main flow of cement export in 2009

国内发货地	收货国家或地区	出口数量（吨）	数量增长率（%）	出口金额（万美元）	金额增长率（%）	金额比重（%）	年平均离岸价格(美元)
山东龙口	安哥拉	1 324 018	27.46	6 159	25.68	14.47	46.52
江苏南京	美国	429 445	-40.79	2 063	-34.07	4.85	48.05
山东日照	台澎金马关税区	530 026	-19.49	1 925	-19.81	4.52	36.31
北京海淀区	安哥拉	319 467	581.82	1 840	538.75	4.32	57.61
山东日照	尼日利亚	290 497	-23.01	1 583	16.10	3.72	54.51
广东东莞	中国香港	227 768	8.61	1 160	43.28	2.73	50.93
广东广州	中国香港	243 667	35.50	1 120	53.17	2.63	45.96
内蒙古二连	蒙古	217 862	-48.74	1 072	-50.10	2.52	49.22
江苏无锡	刚果	247 474	153.03	999	125.68	2.35	40.35
江苏无锡	安哥拉	228 482	-9.92	964	-14.61	2.27	42.19
江苏泰州	尼日利亚	260 988	-48.60	915	-54.73	2.15	35.07
山东龙口	刚果	206 278	-56.31	886	-62.66	2.08	42.96
山东日照	安哥拉	151 030	2 920.60	850	3 517.75	2.00	56.29
江苏泰州	美国	197 291	-48.31	845	-47.93	1.99	42.85
江苏张家港	日本	142 908	132.23	634	132.11	1.49	44.35
云南德宏	缅甸	84 422	376.96	591	326.33	1.39	70.02
广西南宁	安哥拉	94 831	-12.07	590	-11.55	1.39	62.23
江苏张家港	尼日利亚	175 405	-30.85	581	-40.04	1.37	33.14
江苏无锡	加蓬	138 036	3.02	572	-12.64	1.34	41.43
江苏张家港	台澎金马关税区	128 090	185.88	484	220.09	1.14	37.75
江苏泰州	台澎金马关税区	128 496	1 291.70	482	1 481.48	1.13	37.50
山东龙口	喀麦隆	95 000	-31.26	458	-29.55	1.08	48.24
江苏南通	莫桑比克	85 200	107.18	426	84.84	1.00	49.96
江苏张家港	安哥拉	73 951	12.98	425	16.03	1.00	57.46
山东日照	韩国	104 762	-65.00	391	-63.31	0.92	37.35
江苏苏州	安哥拉	70 000	75.47	367	48.29	0.86	52.43
山东淄博	日本	7 126	-2.38	361	14.58	0.85	506.90
安徽马鞍山	安哥拉	55 673	-64.40	318	-59.79	0.75	57.13
江苏镇江	尼日利亚	67 470	98.02	314	172.72	0.74	46.48
江苏张家港	新加坡	79 119	-	309	-	0.73	39.03
新疆乌鲁木齐	哈萨克斯坦	15 027	-89.54	306	-68.92	0.72	203.74
山东烟台	刚果	67 497	-	266	-	0.63	39.41
天津塘沽区	印度	4 464	83.63	263	78.46	0.62	590.07
云南保山	缅甸	40 421	-44.34	262	-35.68	0.62	64.83
广东肇庆	中国香港	48 317	-13.86	251	-15.76	0.59	52.05
江苏南京	澳大利亚	37 207	-26.15	220	-16.33	0.52	59.06

2-8-2 2009年水泥出口主要流向

2-8-2 Main flow of cement export in 2009

国内发货地	收货国家或地区	出口数量（吨）	数量增长率（%）	出口金额（万美元）	金额增长率（%）	金额比重（%）	年平均离岸价格(美元)
云南思茅	缅甸	41 896	8.67	217	8.10	0.51	51.79
江苏南通	喀麦隆	40 000	-	206	-	0.48	51.59
江苏镇江	美国	45 336	-87.78	203	-85.78	0.48	44.88
山东日照	俄罗斯联邦	34 545	-90.67	203	-90.57	0.48	58.71
山东龙口	几内亚	41 500	97.62	200	62.83	0.47	48.20
山东烟台	安哥拉	45 015	-	199	-	0.47	44.22
山东烟台	美国	19 980	-93.85	197	-87.02	0.46	98.80
山东日照	喀麦隆	34 900	979.16	180	716.67	0.42	51.46
天津塘沽区	日本	2 822	-26.57	177	-26.50	0.42	626.80
广西柳州	安哥拉	32 003	-38.62	168	-43.03	0.39	52.51
江苏南通	纳米比亚	31 000	-54.10	165	-47.62	0.39	53.13
广西柳州	苏丹	28 535	-63.89	162	-59.60	0.38	56.67
上海市其他地区	巴布亚新几内亚	21 010	425.25	161	437.19	0.38	76.68
天津塘沽区	南非	2 360	-39.41	160	-35.08	0.38	676.30
山东烟台	俄罗斯联邦	26 271	-55.89	155	-52.95	0.36	59.03
山东日照	马达加斯加	30 000	-	153	-	0.36	51.10
山东日照	民主刚果	30 000	125.04	145	77.08	0.34	48.41
云南临沧	缅甸	28 158	-3.75	142	-1.03	0.33	50.45
山东淄博	马达加斯加	26 231	-5.90	139	-19.08	0.33	53.10
河北唐山	安哥拉	16 500	-	133	-	0.31	80.48
四川成都	土库曼斯坦	14 394	78.37	132	11.04	0.31	91.71
安徽马鞍山	纳米比亚	25 000	150.00	131	191.32	0.31	52.26
河北石家庄	美国	11 583	-34.45	128	-27.26	0.30	110.35
江苏常州	安哥拉	26 000	1 200.00	126	982.59	0.30	48.55
上海浦东	尼日利亚	31 151	790.54	124	624.99	0.29	39.89
河北唐山	阿拉伯联合酋长国	36 325	-55.85	124	-56.40	0.29	34.00
内蒙古乌兰察布盟	蒙古	19 233	-67.41	120	-56.60	0.28	62.59
江苏张家港	刚果	31 000	-	119	-	0.28	38.52
新疆阿勒泰	蒙古	17 745	80.78	116	94.35	0.27	65.24
黑龙江黑河	俄罗斯联邦	16 754	-72.47	114	-72.57	0.27	68.28
天津塘沽区	韩国	1 813	-8.18	114	-8.42	0.27	627.23
山东烟台	民主刚果	20 000	-	113	-	0.27	56.40
山东烟台	冈比亚	24 000	-	113	-	0.27	47.00
山东烟台	黎巴嫩	22 172	-	109	-	0.26	49.00
江苏张家港	文莱	18 500	-	106	-	0.25	57.50
天津塘沽区	澳大利亚	1 515	-41.34	106	-37.70	0.25	699.56

2-8-3 2009年水泥出口主要流向

2-8-3 Main flow of cement export in 2009

国内发货地	收货国家或地区	出口数量（吨）	数量增长率（%）	出口金额（万美元）	金额增长率（%）	金额比重（%）	年平均离岸价格(美元)
广东东莞	中国澳门	24 649	-46.82	106	-38.29	0.25	42.94
广东肇庆	中国澳门	25 838	-	102	-	0.24	39.56
江苏张家港	澳大利亚	19 876	-78.12	102	-76.06	0.24	51.11
天津市其他地区	蒙古	9 233	-	102	-	0.24	110.00
山东烟台	贝宁	18 489	-	101	-	0.24	54.86
山东龙口	利比里亚	18 500	-43.08	101	-24.33	0.24	54.50
江苏张家港	美国	20 266	-91.41	101	-89.17	0.24	49.63
江苏张家港	民主刚果	25 300	-	99	-	0.23	39.21
江苏南通	安哥拉	22 000	-	99	-	0.23	45.05
浙江杭州	安哥拉	25 000	-	99	-	0.23	39.60
湖北武汉	安哥拉	9 500	-	96	-	0.22	100.65
黑龙江大庆	伊拉克	5 250	-	92	-	0.22	174.91
山东枣庄	肯尼亚	15 660	-	87	-	0.20	55.43
山东青岛	赤道几内亚	17 502	-	78	-	0.18	44.83
山东日照	莫桑比克	16 800	-	77	-	0.18	46.02
黑龙江大庆	蒙古	11 829	45.52	76	-10.65	0.18	64.50
浙江湖州	几内亚	10 000	-	76	-	0.18	76.00
江苏苏州	加蓬	14 370	-42.52	75	-50.07	0.18	52.11
河北省其他地区	韩国	7 380	-	74	-	0.17	99.65
山东烟台	马达加斯加	15 020	-	70	-	0.16	46.48
天津塘沽区	荷兰	1 393	-	69	-	0.16	492.40
天津塘沽区	台澎金马关税区	1 076	-28.85	67	-28.96	0.16	623.82
江苏苏州	几内亚	11 850	-	66	-	0.16	55.85
山东临沂	安哥拉	15 003	-21.04	64	-28.65	0.15	42.47
吉林浑江	朝鲜	16 726	-16.76	63	-21.08	0.15	37.57
江苏苏州	民主刚果	11 000	-	60	-	0.14	54.90
山东烟台	朝鲜	15 077	-3.97	60	1.24	0.14	39.60
广东广州	中国澳门	13 050	43.88	58	22.87	0.14	44.63
山东龙口	赤道几内亚	12 500	-24.24	58	-26.49	0.14	46.26
江苏镇江	贝宁	13 000	-	58	-	0.14	44.46
广西南宁	中国澳门	12 920	-75.26	57	-76.34	0.13	44.07
黑龙江牡丹江	俄罗斯联邦	10 123	-0.48	57	-7.64	0.13	55.85
安徽马鞍山	莫桑比克	12 002	-45.45	56	-47.13	0.13	47.00
山东淄博	俄罗斯联邦	9 006	-88.74	54	-87.80	0.13	60.00
广西柳州地区	安哥拉	9 500	-	54	-	0.13	56.43
新疆乌鲁木齐	蒙古	6 571	-18.00	53	6.09	0.12	80.78

2-8-4 2009年水泥出口主要流向

2-8-4 Main flow of cement export in 2009

国内发货地	收货国家或地区	出口数量（吨）	数量增长率（%）	出口金额（万美元）	金额增长率（%）	金额比重（%）	年平均离岸价格(美元)
内蒙古巴彦淖尔盟	蒙古	8 440	5.59	53	44.71	0.12	62.62
河北唐山	韩国	15 017	-94.36	52	-94.08	0.12	34.81
山东龙口	俄罗斯联邦	11 501	-86.49	52	-89.05	0.12	45.21
浙江金华	民主刚果	5 985	-	51	-	0.12	85.21
山东龙口	塞拉利昂	10 000	-	51	-	0.12	50.70
北京市其他地区	赤道几内亚	7 250	-	50	-	0.12	69.34
山东龙口	科摩罗	10 398	-71.57	49	-71.39	0.12	47.26
上海卢湾区	安哥拉	9 000	-76.45	48	-77.37	0.11	53.37
新疆博乐	塔吉克斯坦	5 625	38.01	46	41.85	0.11	82.43
河南郑州	泰国	1 542	-22.73	46	-22.55	0.11	298.71
安徽芜湖	文莱	8 000	-	46	-	0.11	57.50
新疆乌鲁木齐	乌兹别克斯坦	3 242	-31.66	46	-40.87	0.11	141.39
天津塘沽区	印度尼西亚	721	-40.83	45	-41.24	0.11	627.59
广西贵港市	越南	6 320	-53.97	44	-53.71	0.10	69.45
浙江萧山	坦桑尼亚	8 301	-	44	-	0.10	52.66
新疆喀什	塔吉克斯坦	8 810	92.84	43	90.92	0.10	48.96
辽宁省其他地区	尼日尔	2 300	-	42	-	0.10	183.82
新疆喀什	吉尔吉斯斯坦	7 946	-63.38	40	-55.58	0.09	50.40
山东淄博	民主刚果	7 100	-	38	-	0.09	54.00
山东龙口	马达加斯加	7 554	-85.24	38	-84.75	0.09	50.12
安徽马鞍山	几内亚	7 250	-27.50	37	-27.50	0.09	51.00
山东临沂	马达加斯加	6 907	-29.36	37	-21.93	0.09	53.05
黑龙江佳木斯	俄罗斯联邦	5 334	-86.25	37	-86.21	0.09	68.46
天津塘沽区	新加坡	537	-1.67	35	-1.33	0.08	652.78
云南畹町	缅甸	7 094	10 034.29	34	8 094.44	0.08	48.42
辽宁大连	俄罗斯联邦	5 490	-8.50	34	-6.03	0.08	61.62
新疆乌鲁木齐	塔吉克斯坦	5 037	-88.23	33	-87.97	0.08	66.21
江苏常州	刚果	7 000	-	32	-	0.08	45.64
云南大理	缅甸	5 533	701.81	31	620.49	0.07	56.03
湖北荆门	菲律宾	3 068	-	31	-	0.07	100.94
江苏泰州	安哥拉	6 150	8 944.12	31	3 963.53	0.07	50.02
内蒙古呼和浩特	蒙古	5 205	8 032.34	30	9 016.71	0.07	58.29
内蒙古阿拉善盟	蒙古	5 177	-56.90	30	-51.54	0.07	57.61
福建龙岩	台澎金马关税区	6 080	-	30	-	0.07	48.81
北京丰台区	巴布亚新几内亚	5 000	-	29	-	0.07	58.11
吉林延边	朝鲜	5 454	-47.46	28	-50.24	0.07	51.96

2-8-5 2009 年水泥出口主要流向

2-8-5 Main flow of cement export in 2009

国内发货地	收货国家或地区	出口数量（吨）	数量增长率（%）	出口金额（万美元）	金额增长率（%）	金额比重（%）	年平均离岸价格(美元)
福建福州	俄罗斯联邦	4 770	-	28	-	0.07	59.29
山东省其他地区	安哥拉	5 000	-	28	-	0.07	56.29
新疆昌吉	哈萨克斯坦	1 416	-56.61	28	46.35	0.07	198.00
河北唐山	俄罗斯联邦	3 860	-53.39	26	-32.51	0.06	68.08
河南郑州	伊朗	805	48.25	26	52.04	0.06	320.79
新疆博乐	哈萨克斯坦	4 313	-85.72	24	-84.38	0.06	56.70
四川乐山	乌兹别克斯坦	1 200	-	24	-	0.06	201.93
江苏南通	几内亚	4 750	-71.21	24	-71.21	0.06	51.00
安徽马鞍山	澳大利亚	4 500	-77.67	23	-79.29	0.05	51.00
山东烟台	科摩罗	5 000	-	23	-	0.05	45.86
江苏镇江	台澎金马关税区	5 220	-50.00	23	-49.50	0.05	43.80
河北唐山	卡塔尔	7 167	-	22	-	0.05	30.70
江苏南京	加蓬	5 000	-	22	-	0.05	43.85
新疆乌鲁木齐	吉尔吉斯斯坦	2 860	104.17	22	181.60	0.05	76.64
江苏徐州	埃塞俄比亚	4 000	-20.00	22	-14.09	0.05	54.21
北京市其他地区	尼日尔	2 000	-	22	-	0.05	107.97
内蒙古满洲里	蒙古	3 860	-35.16	21	-34.04	0.05	55.05
江苏镇江	塞舌尔	3 163	-	21	-	0.05	66.87
辽宁沈阳	朝鲜	2 139	301.65	21	463.09	0.05	95.98
山东龙口	加蓬	5 000	-85.69	20	-89.76	0.05	40.80
辽宁丹东	朝鲜	3 133	-35.13	20	-24.68	0.05	63.34
江苏苏州	俄罗斯联邦	2 980	-88.78	19	-88.28	0.05	65.00
山东日照	澳大利亚	3 118	1 267.54	19	1 130.83	0.05	61.62
云南思茅	老挝	3 440	-	19	-	0.05	55.65
河北沧州	蒙古	1 730	-69.65	19	-58.27	0.04	110.00
江苏张家港	加蓬	5 000	-	19	-	0.04	38.00
山西太原	莫桑比克	3 000	-	18	-	0.04	61.58
江苏张家港	俄罗斯联邦	3 504	-74.07	18	-74.58	0.04	52.00
黑龙江鹤岗	俄罗斯联邦	2 521	-84.38	18	-81.06	0.04	71.21
江苏镇江	莫桑比克	4 500	-	18	-	0.04	39.22
新疆伊宁	哈萨克斯坦	3 617	-93.34	18	-93.55	0.04	48.56
山西太原	安哥拉	2 775	-	17	-	0.04	62.83
江苏镇江	日本	3 071	-52.73	17	-46.30	0.04	56.00
山西阳泉	俄罗斯联邦	1 731	-	17	-	0.04	98.00
河南省其他地区	韩国	680	-35.85	17	-39.78	0.04	247.85

2-9-1 2009年水泥熟料出口主要流向

2-9-1 Main flow of cement clinker export in 2009

国内发货地	收货国家或地区	出口数量（吨）	数量增长率（%）	出口金额（万美元）	金额增长率（%）	金额比重（%）	年平均离岸价格（美元）
山东日照	阿拉伯联合酋长国	622 237	26.83	2 243	5.27	8.58	36.72
安徽安庆	台澎金马关税区	654 506	212.46	2 133	180.27	8.16	36.05
安徽安庆	孟加拉国	662 732	134.70	2 096	116.90	8.01	32.59
安徽芜湖	孟加拉国	534 728	107.04	1 696	97.73	6.48	31.62
广东清远	吉布提	27 723	-	1 385	-	5.29	31.72
安徽芜湖	西班牙	424 332	-34.53	1 352	-41.04	5.17	499.61
安徽芜湖	阿拉伯联合酋长国	308 919	-72.05	973	-76.27	3.72	31.86
安徽芜湖	印度	227 496	-	733	-	2.80	31.49
安徽安庆	越南	203 507	-	668	-	2.55	32.22
安徽安庆	印度	188 035	-	611	-	2.34	32.83
安徽芜湖	台澎金马关税区	170 636	-16.36	573	-17.27	2.19	32.52
安徽池州	台澎金马关税区	169 268	-60.11	571	-62.45	2.18	33.57
安徽铜陵	西班牙	174 111	-80.51	558	-81.82	2.13	33.74
安徽安庆	阿拉伯联合酋长国	165 162	-19.04	546	-15.87	2.09	32.04
安徽芜湖	比利时	148 199	35.93	492	25.31	1.88	33.06
广西百色	吉布提	20 743	-	418	-	1.60	33.19
安徽池州	阿拉伯联合酋长国	110 174	-72.37	380	-73.98	1.45	201.74
安徽芜湖	越南	99 589	-	326	-	1.25	34.49
安徽池州	澳大利亚	80 421	199.52	303	215.34	1.16	32.75
安徽芜湖	肯尼亚	82 981	-	286	-	1.09	37.69
安徽安庆	西班牙	89 601	-49.27	285	-55.19	1.09	34.50
安徽池州	新加坡	81 365	-	274	-	1.05	31.75
广西贵港市	中国香港	78 644	-26.25	273	-4.79	1.04	33.64
安徽安庆	肯尼亚	76 159	-	263	-	1.00	34.76
安徽安庆	巴西	78 108	4.19	253	-22.84	0.97	34.50
安徽铜陵	台澎金马关税区	74 971	1.98	252	-5.01	0.96	32.42
山东烟台	孟加拉国	77 066	-	250	-	0.96	33.60
安徽安庆	新加坡	75 636	-	247	-	0.95	32.50
山东潍坊	阿拉伯联合酋长国	61 313	-49.22	226	-60.87	0.86	32.69
山东龙口	孟加拉国	69 836	-	223	-	0.85	36.80
山东烟台	埃及	62 975	-	208	-	0.79	31.94
山东烟台	印度	61 700	-	201	-	0.77	33.00
安徽芜湖	科威特	53 308	-89.80	171	-91.00	0.65	32.50
安徽铜陵	孟加拉国	46 504	9.60	144	22.98	0.55	32.00
安徽铜陵	印度	43 983	-	136	-	0.52	31.00

2－9－2　2009年水泥熟料出口主要流向

2－9－2　Main flow of cement clinker export in 2009

国内发货地	收货国家或地区	出口数量（吨）	数量增长率（%）	出口金额（万美元）	金额增长率（%）	金额比重（%）	年平均离岸价格(美元)
山东日照	台澎金马关税区	36 433	-	135	-	0.52	31.00
山东潍坊	孟加拉国	38 580	-	123	-	0.47	37.00
安徽安庆	科威特	35 516	-62.54	115	-66.87	0.44	32.00
浙江杭州	吉布提	28 806	-	112	-	0.43	32.50
安徽芜湖	埃塞俄比亚	26 537	-	107	-	0.41	38.85
贵州贵阳	法国	3 268	-37.77	106	-32.15	0.41	40.22
浙江杭州	埃塞俄比亚	26 328	1641.27	103	1 100.25	0.39	324.39
安徽安庆	意大利	31 060	53.28	101	53.28	0.39	38.96
贵州贵阳	土耳其	2 519	-36.77	96	-35.19	0.37	32.50
安徽安庆	澳大利亚	27 500	-	95	-	0.36	380.23
广东清远	中国澳门	24 167	-86.11	91	-86.21	0.35	34.50
贵州贵阳	墨西哥	2 367	197.39	90	203.84	0.34	37.50
安徽安庆	菲律宾	24 558	-	81	-	0.31	380.06
贵州贵阳	埃及	1 903	31.23	73	59.21	0.28	32.97
安徽铜陵	新加坡	21 580	-	71	-	0.27	381.35
河南郑州	荷兰	2 742	-59.77	71	-55.85	0.27	33.00
安徽芜湖	新加坡	21 352	-	70	-	0.27	259.02
广东番禺	马来西亚	7 825	-	68	-	0.26	33.00
山东日照	巴西	20 102	-53.75	68	-56.84	0.26	87.42
河南郑州	墨西哥	1 774	-	62	-	0.24	34.00
广东广州	马来西亚	7 233	1 990.53	58	189.88	0.22	348.84
贵州贵阳	印度尼西亚	1 584	-34.33	53	-33.94	0.20	80.28
安徽安庆	尼日利亚	15 021	-	48	-	0.18	337.00
江苏镇江	台澎金马关税区	12 265	-	40	-	0.15	32.00
广西南宁	越南	5 910	-54.47	39	-38.39	0.15	33.00
山东日照	菲律宾	10 970	-	38	-	0.15	66.09
贵州贵阳	越南	950	-6.09	37	-6.11	0.14	35.00
贵州贵阳	印度	1 037	-80.34	32	-77.14	0.12	390.00
河南郑州	日本	1 100	-66.26	29	-62.15	0.11	310.87
广东云浮	中国香港	8 896	-69.19	27	-76.78	0.10	265.14
山东日照	韩国	6 672	-	25	-	0.09	30.54
贵州贵阳	加拿大	1 061	-84.99	23	-83.77	0.09	37.00
吉林珲春	朝鲜	5 910	31.92	22	388.97	0.08	212.17
河南郑州	德国	768	3 740.00	21	3 561.15	0.08	37.07
广西贵港市	越南	2 732	1 417.61	20	1 215.23	0.08	274.59

2－9－3 2009年水泥熟料出口主要流向

2－9－3 Main flow of cement clinker export in 2009

国内发货地	收货国家或地区	出口数量（吨）	数量增长率（%）	出口金额（万美元）	金额增长率（%）	金额比重（%）	年平均离岸价格（美元）
内蒙古二连	蒙古	4 551	－74.37	19	－65.56	0.07	72.87
山东烟台	马达加斯加	6 900	－	19	－	0.07	42.44
江苏常州	台澎金马关税区	5 742	－	18	－	0.07	27.70
广东云浮	中国澳门	4 221	－	15	－	0.06	30.70
河南郑州	葡萄牙	672	－41.67	15	－28.85	0.06	36.13
上海闵行区	台澎金马关税区	700	0.00	10	0.00	0.04	220.00
贵州贵阳	英国	281	－53.57	10	－53.57	0.04	147.85
广东广州	喀麦隆	1 300	0.00	8	0.00	0.03	350.00
贵州贵阳	荷兰	224	－69.23	6	－75.60	0.02	59.99
北京西城区	土耳其	41	－	5	－	0.02	281.79
天津东丽区	俄罗斯联邦	180	－	5	－	0.02	1 300.00
山东日照	印度尼西亚	553	－	3	－	0.01	270.33
山东龙口	安哥拉	473	－	3	－	0.01	51.18
广东广州	泰国	93	－19.04	3	－14.58	0.01	57.00
广东中山	马来西亚	271	－	2	－	0.01	274.22
广东广州	菲律宾	66	－	2	－	0.01	87.30
贵州贵阳	马来西亚	41	－	2	－	0.01	310.15
山东日照	肯尼亚	435	－	2	－	0.01	478.97
贵州贵阳	阿拉伯联合酋长国	48	－	2	－	0.01	42.00
河南郑州	韩国	40	－60.40	1	－56.21	0.01	342.00
河南郑州	菲律宾	66	－	1	－	0.00	353.50
河南郑州	台澎金马关税区	44	－	1	－	0.00	170.00
广东广州	新加坡	47	－78.83	1	－78.78	0.00	247.02
贵州贵阳	伊朗	22	－	1	－	0.00	179.79
河南郑州	越南	24	－60.00	1	－65.41	0.00	380.00
河北廊坊	德国	44	－	1	－	0.00	338.13
江苏南京	日本	80	－	1	－	0.00	181.52
贵州贵阳	台澎金马关税区	16	170.00	1	193.81	0.00	99.20
天津塘沽区	日本	10	－55.36	1	－35.03	0.00	489.69
黑龙江牡丹江	朝鲜	360	－	0	－	0.00	513.00
河南郑州	民主刚果	80	－	0	－	0.00	13.33
河南开封	印度	20	－	0	－	0.00	58.10
河南郑州	印度	23	－47.73	0	－62.75	0.00	225.00
广西百色	日本	20	－	0	－	0.00	175.00
上海宝山	纳米比亚	15	－	0	－	0.00	190.00

2－10－1　2009 年水泥及水泥制品出口总表

2－10－1　General list of cement and cement product export in 2009

商　品　名　称	数量(吨)	数量增长率(%)	金额(万美元)	金额增长率(%)
水泥	8 486 531	－35.86	42 559.14	－32.51
1. 白色硅酸盐水泥	64 367	－36.95	693.41	－25.10
2. 硅酸盐水泥	8 304 831	－32.91	39 645.3	－31.45
3. 铝酸盐水泥	36 379	3.42	1 765.01	－2.22
4. 其他水泥	80 954	－88.7	455.43	－81.72
水泥熟料	7 124 798	－44.36	26 160.18	－44.13
水泥建筑用砖及砌块	419 804	－36.03	3 970.46	－51.03
水泥砖瓦	142 839	－54.59	6 432.86	－54.41
1. 人造石制砖、瓦、扁平石	78 785	－58.15	5 076.82	－57.59
2. 水泥或混凝土制砖、瓦、扁平石	64 055	－49.28	1 356.04	－36.61
水泥构件	836 265	－16.98	10 992.02	－6.39
1. 混凝土管、杆、板、桩等	435 671	－24.22	5 707.72	－13.69
2. 其他混凝土预制结构件	400 594	－7.36	5 284.30	3.00
水泥轨枕	27 979	－32.70	282.76	－52.56
其他水泥制品	266 512	－9.24	13 242.10	－18.01
石棉水泥瓦楞板	10 707	68.46	207.01	－3.53
石棉水泥片、板、砖、瓦	10 080	－34.39	589.32	44.91
石棉水泥管子及管子附件	190	22.87	23.56	45.49
其他石棉水泥制品	6 656	－25.98	490.47	－14.92
纤维素水泥瓦楞板	745	63.59	38.71	207.71
纤维素水泥片、板、砖、瓦	87 974	－0.55	2 540.40	－3.77
纤维素水泥管子及管子附件	169	255.86	11.43	39.00
其他纤维素水泥制品	15 077	－38.26	976.68	－36.52

2-10-2 2009年水泥及水泥制品进口总表

2-10-2 General list of cement and cement product import in 2009

商品名称	数量(吨)	数量增长率(%)	金额(万美元)	金额增长率(%)
水泥	702 742	24.15	3 338.06	23.21
1. 白色硅酸盐水泥	5 566	-17.55	212.33	18.59
2. 硅酸盐水泥	68 9627	25.19	2 586.67	25.48
3. 铝酸盐水泥	6 107	-13.13	428.48	10.86
4. 其他水泥	1 442	1.9	110.59	34.36
水泥熟料	117 006	129.2	360.77	89.45
水泥建筑用砖及砌块	1 314	-43.08	74.5	-34.83
水泥砖瓦	11 430	-34.39	1 347.98	-23.55
1. 人造石制砖、瓦、扁平石	9 798	-28	1 238.19	-20.86
2. 水泥或混凝土制砖、瓦、扁平石	1 632	-57.2	109.79	-44.75
水泥构件	1 148	-4.37	174.74	114.79
1. 混凝土管、杆、板、桩等	457	53.26	26.34	24.33
2. 其他混凝土预制结构件	691	-23.41	148.41	146.63
水泥轨枕	61	-	3.78	-
其他水泥制品	6 637	-1.03	643.49	1.02
石棉水泥瓦楞板	0	-99.87	0.09	-91.25
石棉水泥片、板、砖、瓦	636	8.49	191.5	85.04
石棉水泥管子及管子附件	10	106.32	14.92	98.09
其他石棉水泥制品	98	395.54	33.34	117.39
纤维素水泥瓦楞板	0	0	0.12	0
纤维素水泥片、板、砖、瓦	1 213	-20.52	341.21	-19.57
纤维素水泥管子及管子附件	0	-94.9	0.1	-46.34
其他纤维素水泥制品	38	69.68	2.78	120.43

2－11　历年水泥制品出口

2－11　Cement product export in past years

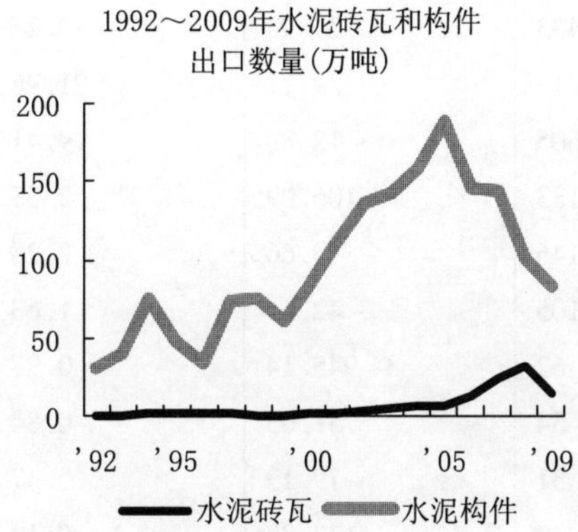

水泥制品出口

数量:吨　金额:万美元

年度	数量	增长率%	金额	增长率%
1995	831 766	-21.07	3 657	-23.31
2000	1 416 504	19.96	7 730	28.45
2005	2 620 528	20.09	24 102	36.90
2006	2 402 519	-8.32	28 436	17.98
2007	2 538 675	5.67	41 083	44.47
2008	2 457 528	-3.20	56 123	36.61
2009	1 824 997	-25.74	39 797	-29.09

数量:吨　金额:万美元

年度	水泥砖瓦出口				水泥构件出口			
	数量	增长率%	金额	增长率%	数量	增长率%	金额	增长率%
1995	14 340	24.92	216	157.01	477 550	-36.77	1 758	-44.04
2000	15 004	317.59	106	40.11	853 373	39.66	4 900	21.22
2005	62 324	-0.82	2 192	40.64	1 885 622	18.71	12 766	27.76
2006	120 959	94.08	3 757	71.38	1 453 565	-22.91	11 181	-12.42
2007	235 710	94.87	7 418	97.43	1 434 333	-1.32	12 904	15.42
2008	314 537	33.44	14 110	90.23	1 007 295	-29.77	11 743	-9.00
2009	142 839	-54.59	6 432	-54.41	836 265	-16.98	10 992	-6.39

2-12 2009 年水泥砖瓦出口主要发货地

2-12 Main consignment location of cement block and tile export in 2009

数量:吨 金额:万美元

地 区	数量	增长%	金额	增长%	比重%
总 计	142 839	-54.59	6 433	-54.41	100
广东省	35 211	-80.57	2 528	-65.31	39.31
广 州	2 901	-39.03	237	-2.17	3.69
深 圳	10 239	-88.02	512	-84.34	7.96
佛 山	11 083	-16.82	645	-13.36	10.03
云 浮	7 538	-16.27	799	-24.6	12.42
南 海	661	-19.78	81	-32.87	1.25
揭 阳	427	-56.19	52	-55.41	0.82
肇 庆	140	-69.35	42	-10.92	0.65
广东中山	191	-99.56	22	-78.21	0.34
福建省	30 982	26.78	1 433	27.93	22.27
泉 州	30 548	27.36	1 413	29.11	21.96
山东省	16 624	-11.6	605	-12.89	9.41
即 墨	5 780	26.18	183	106.09	2.85
青 岛	4 179	-17.92	146	-9.66	2.28
威 海	911	-26.91	105	-42.55	1.63
烟 台	2 667	15 774.84	62	34 945.14	0.97
胶 州	1 412	21.24	54	51.65	0.84
平 度	1 147	-78.06	31	-79.13	0.47
济 南	123	157.18	12	132.98	0.19
江苏省	23 077	-17.37	552	-38.46	8.58
南 京	19 964	-14.38	431	-30.94	6.69
连云港	2 251	-41.59	49	-77.87	0.76
泰 州	392	74.76	35	39.34	0.54
苏 州	47	-49.08	18	291.86	0.28
上海市	2 612	-69.64	291	-78.09	4.53
黄浦区	439	-29.83	72	-20.32	1.13
青 浦	676	-87.9	118	-87.95	1.84
浙江省	3 201	56.39	221	56.79	3.43
杭 州	1 984	45.69	83	5.52	1.28
天津市	5 481	6.92	212	18.43	3.30
武清县	2 529	-16.58	133	5.09	2.07
新疆维吾尔族自治区	617	-80.64	197	-74.76	3.06
乌鲁木齐	536	-80.53	170	-75.7	2.64
辽宁省	16 068	-0.83	138	-15.53	2.15
大 连	15 792	3.78	117	-4.91	1.81
河北省	3 071	3.28	90	94.14	1.40
唐 山	2 674	10.49	80	122.97	1.24
北京市	1 048	-74.28	75	-47.35	1.17

2 -13 2009 年水泥构件出口主要发货地

2 -13 Main consignment location of cement component export in 2009

数量:吨 金额:万美元

地 区	数量	增长%	金额	增长%	比重%
总 计	836 265	-16.98	10 992	-6.39	100
广东省	626 724	-17.52	7 513	-12.93	68.35
深 圳	275 104	-34.10	3 304	-27.30	30.06
东 莞	143 693	57.22	1 385	34.52	12.60
广 州	62 414	102.40	765	161.09	6.96
顺 德	24 056	-58.96	730	-45.44	6.64
惠 州	29 647	294.38	727	372.63	6.62
中 山	50 144	-47.23	288	-57.23	2.62
珠 海	14 457	-63.41	203	-53.34	1.85
番 禺	24 792	141.69	94	62.13	0.86
上海市	123 187	48.84	1 481	92.98	13.47
奉 贤	99 483	1 326.92	997	708.98	9.07
宝 山	11 542	-	140	-	1.28
闵行区	1 554	170.07	102	192.39	0.93
南 汇	2 741	-21.09	87	-11.58	0.79
黄浦区	4 720	152.41	83	84.21	0.76
浙江省	4 464	-90.71	455	-38.74	4.14
嘉 兴	4 401	-22.41	453	-9.57	4.12
福建省	33 077	90.70	398	258.68	3.62
泉 州	7 852	2 781.44	206	2 684.09	1.88
福 州	25 210	47.66	189	83.08	1.72
江苏省	7 311	-57.03	279	29.25	2.53
昆 山	770	4 919.73	87	5 964.29	0.79
常 熟	283	-	73	-	0.66
南 京	4 457	3 204.80	73	719.35	0.66
辽宁省	9 849	-1.96	195	16.64	1.77
大 连	8 658	0.39	183	21.60	1.66
北京市	10 843	-38.71	144	-60.32	1.31
河北省	5 208	-38.74	132	-19.20	1.20
新疆维吾尔族自治区	4 017	21.36	88	71.24	0.80
山东省	2 299	1.40	73	59.25	0.66

2-14 2009年水泥砖瓦出口主要收货地

2-14 Main destination location of cement block and tile export in 2009

数量:吨 金额:万美元

国家或地区	数量	增长%	金额	增长%	比重%
水泥砖瓦	142 839	-54.59	6 433	-54.41	100.00
美 国	5 994	-68.89	799	-60.66	12.42
日 本	22 474	0.10	774	11.75	12.03
韩 国	26 932	-22.96	696	-53.62	10.82
印 度	8 509	-36.98	410	-40.99	6.37
中国香港	8 494	-88.90	340	-66.79	5.28
台澎金马关税区	11 400	26.63	306	-15.66	4.76
希 腊	5 744	66.21	248	46.50	3.85
哈萨克斯坦	668	-77.55	201	-71.94	3.12
加拿大	1 555	-61.11	183	-1.24	2.84
英 国	2 833	23.68	160	-31.12	2.48
阿拉伯联合酋长国	2 551	-83.11	150	-78.78	2.33
马来西亚	2 152	-75.51	147	-76.64	2.29
新加坡	3 697	-50.41	143	-47.59	2.22
澳大利亚	2 390	-18.70	135	1.24	2.11
沙特阿拉伯	1 601	-62.51	131	-48.00	2.04
俄罗斯联邦	2 509	-46.23	124	-74.25	1.92
泰 国	2 378	-46.67	121	-47.01	1.88
西班牙	2 599	-73.58	108	-81.42	1.68
黎巴嫩	2 164	-0.33	102	7.70	1.58
伊 朗	1 946	-15.74	98	-14.83	1.52
荷 兰	1 246	75.53	75	151.26	1.16
巴 西	1 275	-34.03	65	-55.03	1.02
土耳其	1 099	7.82	56	4.90	0.86
安哥拉	2 054	13.80	55	-44.17	0.85
巴布亚新几内亚	1 260	9 234.79	53	2 6251.28	0.82
意大利	887	-59.69	41	-66.86	0.63
坦桑尼亚	331	-53.80	39	144.82	0.60
以色列	683	40.04	38	72.32	0.59
印度尼西亚	576	-53.96	35	-52.99	0.55
新西兰	1 799	-33.55	34	-44.53	0.52
德 国	527	-27.66	33	-20.09	0.52
葡萄牙	454	22.46	31	-5.43	0.49
塞浦路斯	597	-18.23	31	-10.61	0.49
南 非	999	-49.49	27	-77.34	0.41
越 南	597	-12.55	26	70.12	0.41
蒙 古	2 908	-38.86	22	-77.65	0.35
朝 鲜	334	-52.94	21	-8.06	0.33
菲律宾	808	-81.20	19	-77.26	0.30
波多黎各	158	-6.37	18	21.50	0.28
比利时	388	-10.92	18	14.45	0.28
巴基斯坦	215	-90.69	16	-79.62	0.25
丹 麦	89	75.92	15	341.04	0.24
科威特	150	-90.53	14	-81.83	0.21
法 国	230	-77.66	13	-72.84	0.21

2－15 2009 年水泥构件出口主要收货地

2－15 Main destination location of cement component export in 2009

数量:吨 金额:万美元

国家或地区	数量	增长%	金额	增长%	金额比重%
水泥构件	836 265	－16.98	10 992	－6.39	100.00
中国香港	532 834	－9.52	6 125	－6.37	55.72
日　本	31 114	19.33	995	20.23	9.05
马来西亚	98 792	1 606.60	982	1 562.23	8.93
越　南	46 944	－0.09	628	65.68	5.72
中国澳门	43 826	－63.12	460	－70.23	4.18
阿拉伯联合酋长国	3 888	38.00	269	288.29	2.44
澳大利亚	14 423	－0.04	228	－21.22	2.07
菲律宾	25 299	59.82	193	49.49	1.75
蒙　古	7 796	－25.79	146	－28.78	1.33
美　国	2 120	－17.80	131	－4.96	1.19
巴基斯坦	8 848	－	98	－	0.90
韩　国	1 831	－98.27	86	－85.75	0.78
特立尼达和多巴哥	334	1 256.89	74	14 124.91	0.67
台澎金马关税区	3 805	－0.76	67	－19.04	0.61
西班牙	3 040	－26.04	66	－7.19	0.60
荷　兰	519	5 249.85	59	16 868.48	0.54
哈萨克斯坦	1 302	43.45	48	590.10	0.44
俄罗斯联邦	446	－69.44	43	109.55	0.39
阿尔及利亚	402	－	43	－	0.39
新加坡	1 158	－94.34	38	－78.97	0.35
塔吉克斯坦	348	－	26	－	0.24
新西兰	1 316	2 824.44	22	2 683.90	0.20
乌兹别克斯坦	356	－	17	－	0.15
乌克兰	657	－80.98	14	－79.63	0.13
伊　朗	722	76.09	13	－14.70	0.11
印　度	616	797.39	11	640.93	0.10
丹　麦	142	96.04	11	58.14	0.10
安哥拉	516	－78.12	10	－83.22	0.09
所罗门群岛	287	－	10	－	0.09
土库曼斯坦	178	－	9	－	0.08
刚　果	56	17.46	7	18.39	0.07
德　国	210	－29.03	6	－5.89	0.06
危地马拉	251	138.77	5	127.81	0.05
缅　甸	763	－9.98	5	－25.15	0.05
帕劳共和国	77	－92.97	5	－68.28	0.04
加拿大	108	－97.26	5	－92.23	0.04
巴布亚新几内亚	57	－99.59	4	－96.99	0.03
泰　国	33	－81.56	4	－4.93	0.03
贝　宁	48	－44.06	4	619.40	0.03
南　非	49	－	3	－	0.03
冰　岛	51	－	3	－	0.02

2-16-1 2009年水泥砖瓦出口主要流向

2-16-1 Main flow of cement block and tile export in 2009

国内发货地	收货国家或地区	出口数量（吨）	数量增长率（%）	出口金额（万美元）	金额增长率（%）	金额比重（%）	年平均离岸价格（美元）
广东云浮	美　国	2 296	-26.38	382	-29.30	5.94	1 663.34
福建泉州	希　腊	5 688	85.44	245	64.14	3.81	430.99
江苏南京	日　本	9 421	46.10	218	83.71	3.39	231.24
福建泉州	印　度	4 607	-14.18	212	-5.72	3.30	460.26
山东即墨	韩　国	5 718	24.81	176	98.05	2.73	307.70
新疆乌鲁木齐	哈萨克斯坦	490	-79.51	164	-73.75	2.55	3 353.88
福建泉州	台澎金马关税区	3 112	-21.64	140	-12.90	2.18	450.35
天津武清县	日　本	2 529	-16.58	133	5.09	2.07	526.39
广东云浮	中国香港	1 481	-17.18	107	-9.36	1.67	724.62
山东威海	韩　国	911	-26.91	105	-42.55	1.63	1 152.48
广东佛山	印　度	2 379	28.47	100	-2.31	1.56	420.75
福建泉州	英　国	2 010	143.84	100	157.01	1.55	496.73
福建泉州	美　国	1 377	77.62	98	77.32	1.53	714.86
广东深圳	中国香港	4 488	-77.84	97	-68.30	1.50	215.42
福建泉州	黎巴嫩	2 073	31.54	91	34.82	1.42	439.76
山东青岛	韩　国	2 465	-10.18	81	-11.88	1.26	328.98
福建泉州	西班牙	2 062	113.46	81	105.02	1.25	391.16
广东佛山	泰　国	1 461	-38.56	80	-36.19	1.25	549.07
广东深圳	马来西亚	1 171	-71.56	79	-67.64	1.22	672.98
广东佛山	阿拉伯联合酋长国	1 168	-41.70	74	-49.89	1.14	630.35
上海黄浦区	日　本	437	-29.99	72	-20.06	1.12	1 651.34
广东佛山	沙特阿拉伯	683	13 682.54	71	42 539.90	1.10	1 031.88
广东云浮	加拿大	443	177.85	69	212.91	1.07	1 556.52
福建泉州	伊　朗	1 539	342.44	67	247.22	1.04	436.12
广东深圳	加拿大	185	-49.16	67	136.85	1.03	3 601.94
江苏南京	台澎金马关税区	4 953	111.07	65	115.84	1.01	131.31
广东深圳	美　国	483	-69.43	63	-67.48	0.99	1 313.02
辽宁大连	日　本	3 779	-18.32	59	-18.49	0.92	156.33
浙江杭州	日　本	1 096	15.85	58	18.61	0.91	531.22
广东云浮	澳大利亚	588	120.99	56	164.17	0.88	958.75
山东烟台	韩　国	2 519	0.00	55	0.00	0.86	220.21
上海青浦	美　国	326	-48.98	55	-70.43	0.86	1 695.62
广东云浮	印　度	930	-45.82	55	-66.29	0.86	592.54
山东胶州	韩　国	1 412	21.24	54	51.65	0.84	384.29
广东佛山	中国香港	1 323	-68.08	53	-44.47	0.82	401.05
广东揭阳	美　国	387	-56.23	50	-54.88	0.77	1 278.46
江苏连云港	日　本	2 248	-19.04	48	-3.44	0.75	215.44
天津塘沽区	台澎金马关税区	2 052	53.41	48	74.87	0.75	235.76

2－16－2　2009 年水泥砖瓦出口主要流向

2－16－2　Main flow of cement block and tile export in 2009

国内发货地	收货国家或地区	出口数量（吨）	数量增长率（%）	出口金额（万美元）	金额增长率（%）	金额比重（%）	年平均离岸价格（美元）
辽宁大连	韩　国	9 914	－4.87	46	－3.61	0.72	46.75
浙江嘉兴	日　本	73	101.35	46	143.03	0.72	6 337.39
福建泉州	土耳其	898	50.73	45	71.00	0.69	497.07
河北唐山	巴布亚新几内亚	1 035	－	44	－	0.68	423.16
福建泉州	巴　西	981	284.41	44	290.28	0.68	446.44
江苏南京	新加坡	2 011	81 998.69	44	194 447.77	0.68	216.66
山东青岛	日　本	1 118	－48.03	44	－28.81	0.68	389.51
江苏南京	美　国	323	－95.09	43	－84.96	0.67	1 340.36
福建泉州	荷　兰	958	206.59	42	209.82	0.65	438.47
广东佛山	新加坡	544	66.28	40	103.13	0.61	726.56
广东深圳	印　度	483	－81.51	37	－55.38	0.58	774.03
江苏泰州	韩　国	392	156.77	35	156.50	0.54	888.78
广东肇庆	中国香港	86	－46.78	32	838.46	0.50	3 741.90
广东广州	马来西亚	248	－39.17	31	－13.48	0.48	1 254.52
江苏南京	新西兰	1 757	－30.91	31	－26.72	0.48	174.77
广东南海	阿拉伯联合酋长国	171	－36.05	30	－35.45	0.47	1 782.38
上海青浦	韩　国	219	－94.59	30	－94.83	0.47	1 372.23
山东平度	韩　国	1 066	－78.39	28	－79.62	0.44	262.44
广东云浮	俄罗斯联邦	340	30.33	27	－0.47	0.42	802.66
福建泉州	塞浦路斯	521	37.91	26	78.26	0.40	493.96
广东珠海	美　国	129	1 727.23	25	3 182.79	0.40	1 976.33
广东广州	俄罗斯联邦	120	31.09	25	65.84	0.39	2 105.79
广东佛山	美　国	157	－70.24	23	－75.29	0.36	1 470.56
广东佛山	日　本	210	－27.50	22	6.99	0.34	1 053.90
福建泉州	德　国	395	2 224.12	21	3 507.58	0.33	543.28
上海普陀区	俄罗斯联邦	120	－44.04	21	－54.08	0.33	1 759.15
广东深圳	俄罗斯联邦	46	－93.89	20	－91.63	0.30	4 236.00
福建泉州	意大利	520	66.66	19	29.67	0.30	371.19
内蒙古二连	蒙　古	2 785	102.53	19	76.59	0.29	67.69
福建泉州	葡萄牙	326	141.92	19	234.57	0.29	567.35
广东深圳	英　国	324	－46.34	18	－79.99	0.28	564.32
福建泉州	阿拉伯联合酋长国	250	－63.63	18	－57.17	0.28	729.21
广东云浮	韩　国	264	140.46	18	7.75	0.28	688.09
上海浦东	加拿大	354	1 960.77	18	1 033.37	0.27	498.81
广东广州	印度尼西亚	171	57.64	17	488.19	0.27	1 021.32
河北唐山	日　本	221	126.79	17	146.66	0.27	772.97
北京通县	沙特阿拉伯	176	－	17	－	0.26	960.58
浙江杭州	安哥拉	759	－	17	－	0.26	219.32

2－17 2009年水泥构件出口主要流向

2－17 Main flow of cement component export in 2009

国内发货地	收货国家或地区	出口数量（吨）	数量增长率（%）	出口金额（万美元）	金额增长率（%）	金额比重（%）	年平均离岸价格（美元）
广东深圳	中国香港	265 354	－30.55	3 229	－25.38	29.38	121.69
广东东莞	中国香港	142 440	57.73	1 344	33.65	12.23	94.37
上海奉贤	马来西亚	98 724	–	980	–	8.92	99.31
广东惠州	中国香港	29 647	315.38	727	407.52	6.62	245.36
广东广州	越南	46 278	11 802.82	611	5 265.65	5.56	132.06
广东顺德	中国香港	20 798	－20.98	490	－15.39	4.46	235.49
浙江嘉兴	日本	2 847	－10.49	356	－2.29	3.24	1 250.93
广东顺德	阿拉伯联合酋长国	2 961	420.22	230	1 125.83	2.09	775.23
福建泉州	日本	7 836	3 657.64	206	3 101.29	1.88	263.08
福建福州	菲律宾	25 094	67 748.56	187	43 780.60	1.70	74.46
辽宁大连	日本	8 635	0.12	182	21.04	1.65	210.40
广东珠海	中国澳门	14 190	－64.02	170	－60.98	1.55	119.69
上海宝山	澳大利亚	11 542	–	140	–	1.28	121.48
广东中山	中国澳门	12 358	13.56	132	－18.13	1.20	107.07
广东广州	中国香港	12 022	－15.06	119	－13.78	1.08	98.72
广东中山	中国香港	37 377	－34.83	112	－52.09	1.02	29.94
浙江嘉兴	美国	1 554	－37.63	97	－29.04	0.88	621.78
北京东城区	巴基斯坦	8 820	–	96	–	0.87	108.94
上海南汇	日本	2 741	－21.09	87	－11.58	0.79	315.92
上海黄浦区	日本	4 715	155.19	83	84.38	0.76	176.27
广东番禺	中国香港	24 565	535.17	75	489.12	0.68	30.51
江苏常熟	特立尼达和多巴哥	283	–	73	–	0.66	2 570.63
广东深圳	中国澳门	9 617	－71.79	70	－60.39	0.64	72.97
河北沧州	西班牙	3 040	－26.00	66	－7.14	0.60	216.11
内蒙古阿拉善盟	蒙古	2 158	4 493.44	66	9 484.23	0.60	303.92
上海闵行区	韩国	907	102.57	61	119.97	0.55	667.84
江苏昆山	荷兰	512	–	59	–	0.54	1 156.39
江苏无锡	台澎金马关税区	1 719	－42.79	45	－28.70	0.41	260.06
广东中山	阿尔及利亚	402	–	43	–	0.39	1 064.51
广东东莞	中国澳门	1 253	15.22	41	70.80	0.37	327.74
山东淄博	俄罗斯联邦	351	–	41	–	0.37	1 161.92
新疆乌鲁木齐	哈萨克斯坦	108	646.81	31	5 867.98	0.28	2 863.57
黑龙江大庆	蒙古	1 442	–	30	–	0.27	206.73
广东广州	中国澳门	3 942	–	29	–	0.26	73.12
江苏昆山	澳大利亚	246	1 502.09	25	1 672.02	0.23	1 030.79
黑龙江同江	塔吉克斯坦	295	–	24	–	0.21	800.00
江苏南京	新西兰	1 316	–	22	–	0.20	170.69
新疆乌鲁木齐	蒙古	2 316	5 053.72	22	4 784.11	0.20	96.75
广东番禺	美国	227	–	19	–	0.17	845.24
江苏南京	台澎金马关税区	1 837	2 011.30	18	601.10	0.17	98.81
上海闵行区	澳大利亚	336	1 920.50	18	1 787.03	0.16	539.09
广东珠海	新加坡	69	–	17	–	0.15	2 481.42

出厂价格

Ex - factory price

3 -1　全国水泥平均出厂价格变动趋势

3 -1　Floating trend of average nationwide ex-factory price of cement

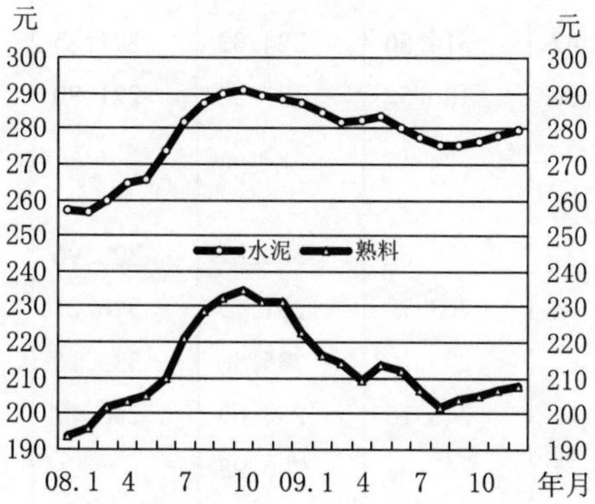

全国水泥和水泥熟料平均出厂价格

(元/吨)

年　月	水泥	水泥熟料
2008 年 01 月	257.06	194.02
02 月	256.49	196.03
03 月	259.98	201.73
04 月	264.8	203.15
05 月	265.64	204.87
06 月	273.6	209.89
07 月	281.87	220.94
08 月	287.15	228.75
09 月	289.69	232.26
10 月	290.85	234.58
11 月	289.13	231.58
12 月	288.04	231.32
2009 年 01 月	287.38	222.85
02 月	284.24	216.34
03 月	281.95	213.88
04 月	282.55	209.27
05 月	283.11	213.65
06 月	280.25	212.15
07 月	277.45	206.70
08 月	275.54	201.64
09 月	275.47	203.75
10 月	276.5	205.28
11 月	278.19	206.85
12 月	279.51	207.78

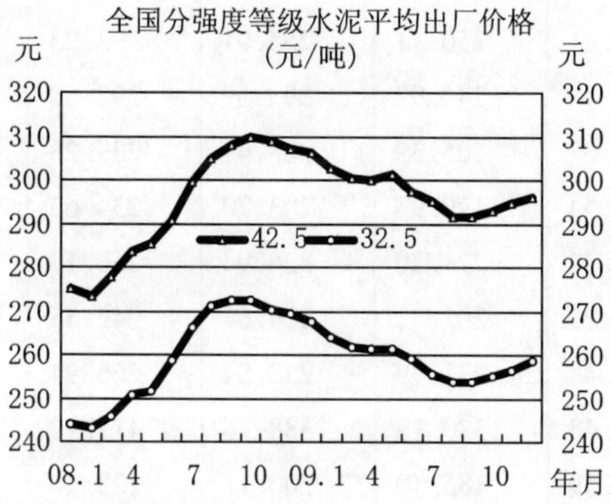

全国分强度等级水泥平均出厂价格

(元/吨)

年　月	32.5	42.5
2008 年 01 月	243.94	274.93
02 月	243.31	273.55
03 月	245.89	277.68
04 月	250.7	283.75
05 月	251.36	285.12
06 月	258.64	290.53
07 月	266.1	299.64
08 月	271.16	304.96
09 月	272.61	307.91
10 月	272.58	309.82
11 月	270.4	309.00
12 月	269.41	307.3
2009 年 01 月	267.66	306.04
02 月	264.2	302.71
03 月	261.73	300.42
04 月	261.49	300.03
05 月	261.26	301.20
06 月	258.9	297.36
07 月	255.54	294.95
08 月	253.9	291.39
09 月	253.86	291.63
10 月	255.07	292.82
11 月	256.45	294.80
12 月	258.51	295.78

3－2 历年12月份全国水泥平均出厂价格

3－2 Average nationwide ex-factory price of cement in December in past years

元/吨

品种和强度等级	2003年	2004年	2005年	2006年	2007年	2008年	2009年
水　泥	239.69	226.64	229.50	242.06	251.82	288.04	279.51
其中:回转窑水泥	243.50	231.92	235.11	245.75	254.09	289.51	280.96
立　窑水泥	227.03	211.34	211.82	225.69	239.05	272.14	259.59
强度等级32.5水泥	228.03	214.22	216.95	228.42	238.88	269.41	258.51
强度等级42.5水泥	254.84	243.93	246.26	259.30	268.80	307.30	295.78
强度等级52.5水泥	307.08	291.16	293.42	314.56	324.32	371.25	371.90
水泥熟料	168.53	162.45	166.06	180.52	187.50	221.80	200.88
分品种强度等级水泥							
硅酸盐水泥	270.83	275.89	260.37	270.66	304.87	328.96	315.32
强度等级42.5	248.25	257.43	255.44	263.70	291.75	326.21	306.50
强度等级52.5	331.03	340.47	272.08	297.10	335.50	335.16	333.85
普通硅酸盐水泥	244.02	227.47	230.17	243.16	254.69	290.17	280.04
回转窑 普通硅酸盐水泥	248.13	233.63	236.71	247.88	256.98		
强度等级32.5	234.80	221.13	224.73	235.28	244.74		
强度等级42.5	264.19	248.27	250.47	262.77	270.94	309.51	298.53
强度等级52.5	301.41	294.70	308.72	327.16	325.36	381.10	375.73
立窑 普通硅酸盐水泥	234.28	213.44	214.34	229.77	246.59		
强度等级32.5	229.53	206.21	207.59	220.94	240.07		
强度等级42.5	245.51	233.58	234.37	255.49	267.61	307.71	292.03
低碱水泥	341.07	333.88	321.20	329.90	331.79	404.93	388.99
矿渣硅酸盐水泥	213.47	214.49	215.48	221.68	224.33	256.95	247.91
回转窑 矿渣硅酸盐水泥	222.10	222.09	224.89	230.67	233.78	268.11	257.76
强度等级32.5	219.67	214.48	217.25	225.51	226.53	255.29	247.53
强度等级42.5	227.15	249.54	258.41	250.11	255.91	293.23	276.64
强度等级52.5	283.50	225.08	233.10	242.92	293.59	392.50	630.00
立窑 矿渣硅酸盐水泥	196.20	201.12	200.07	205.39	208.41	239.28	230.18
强度等级32.5	193.84	198.71	195.54	199.93	203.70	234.63	225.65
强度等级42.5	206.10	208.68	213.22	221.20	226.94	260.17	252.42
粉煤灰水泥	171.08	178.22	192.22	202.53	224.67	242.35	241.83
复合硅酸盐水泥	227.96	208.39	212.44	231.99	230.84	266.94	258.64
特种水泥	286.29	290.73	300.43	320.13	338.76	411.90	446.97
砌筑水泥	185.46	175.48	180.59	186.40	200.11	222.40	217.01
道路用水泥	269.51	258.61	268.05	268.75	283.00	275.00	
白色水泥	371.33	393.54	398.11	402.41	420.43	485.25	479.52
快硬水泥	364.53	343.66	345.33	337.92	371.60	467.00	440.47
大坝水泥	313.89	292.50	289.61	296.93	293.06	347.96	377.90
铝酸盐水泥	346.38	348.38	442.81	520.50	800.00	1 197.67	1 147.00

3-3 省区市水泥平均出厂价格

3-3 Average ex-factory price of cement in each province, region and city

2003年12月省区市水泥平均出厂价格对比

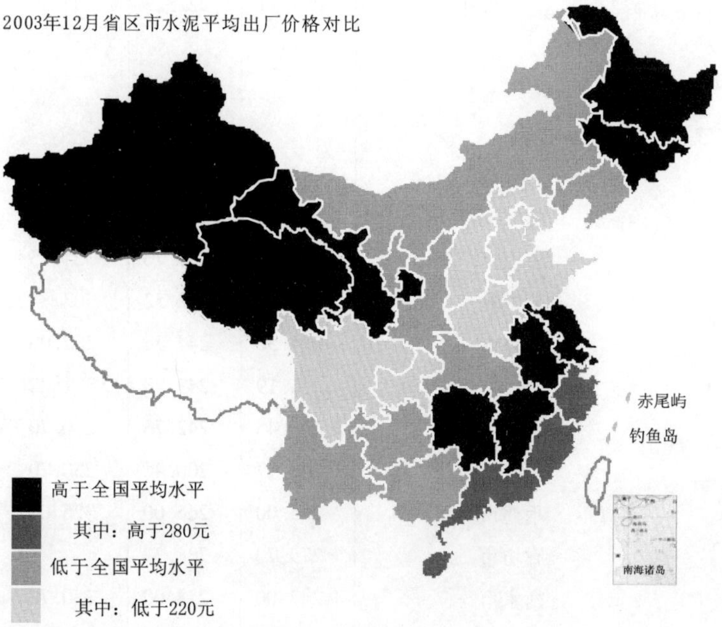

2009年12月省区市水泥平均出厂价格对比

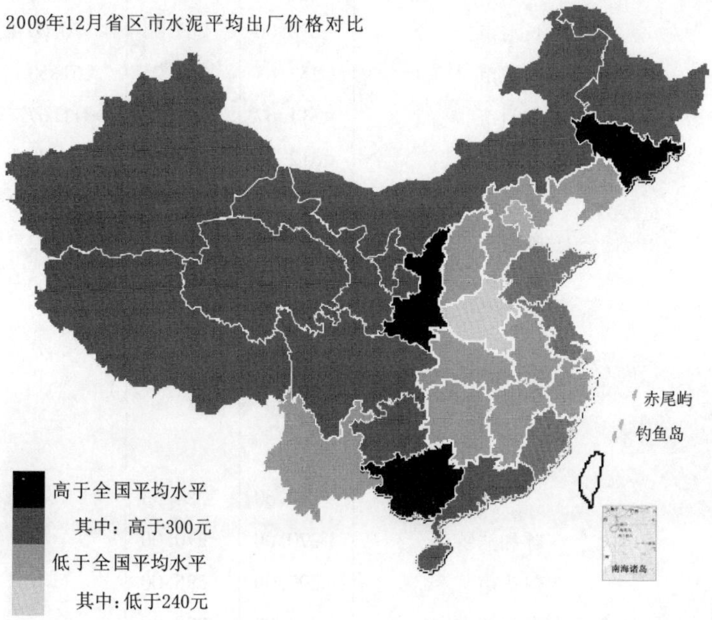

元/吨

省区市	2003 年 12 月	2009 年 12 月
全　国	239.69	279.51
北　京	210.43	305.66
天　津	201.60	277.71
河　北	188.47	243.93
山　西	192.39	269.27
内蒙古	232.96	306.41
辽　宁	222.72	254.45
吉　林	263.80	287.01
黑龙江	274.59	335.48
上　海	329.06	249.44
江　苏	290.57	229.65
浙　江	332.81	244.51
安　徽	274.03	234.98
福　建	304.99	232.70
江　西	280.97	265.91
山　东	213.56	228.03
河　南	207.18	226.19
湖　北	227.50	252.10
湖　南	265.11	268.54
广　东	293.40	311.53
广　西	235.07	282.96
海　南	286.00	353.34
重　庆	206.36	272.90
四　川	196.98	332.22
贵　州	233.76	334.99
云　南	238.20	275.65
西　藏		602.61
陕　西	233.57	285.06
甘　肃	240.05	333.44
青　海	252.55	348.10
宁　夏	222.27	300.72
新　疆	261.17	336.86

3－4　2009 年末华北地区水泥平均出厂价格

3－4　Average ex-factory price of cement of north China at the end of 2009

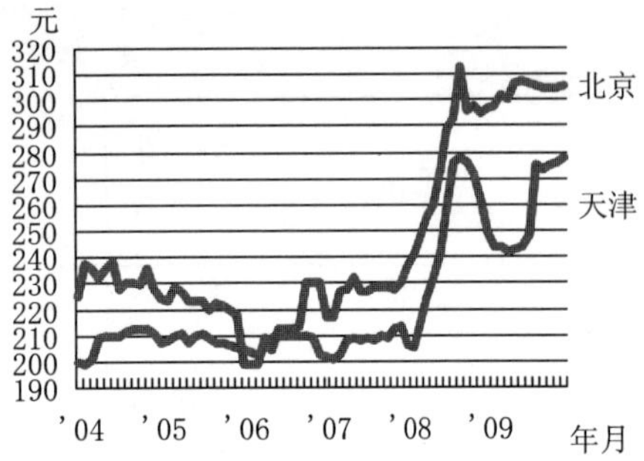

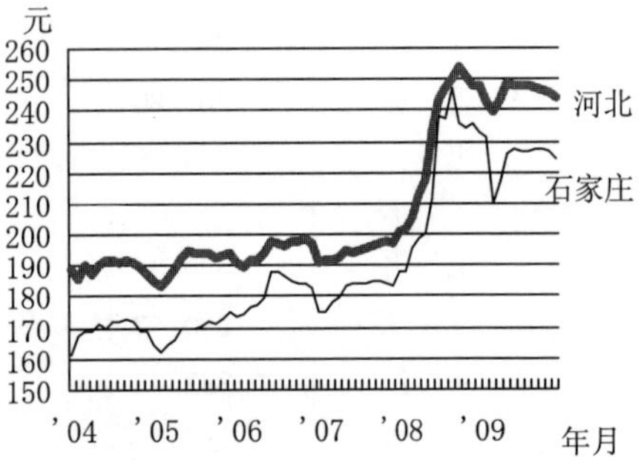

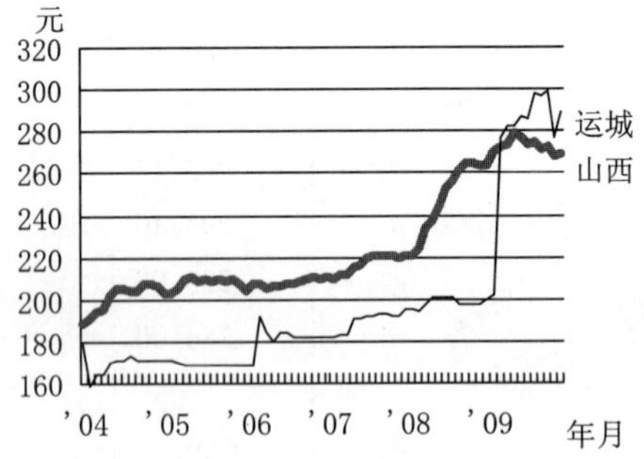

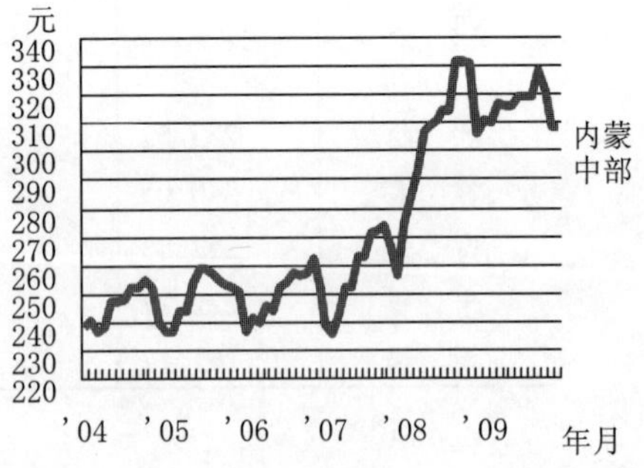

元/吨

地区名称	平均价格	其中:强度等级	
		32.5	42.5
北京市	305.66	281.20	300.00
天津市	277.71	222.22	305.45
河北省	243.93	225.14	284.67
石家庄市	224.09	200.23	265.85
唐山市	253.97	204.70	324.15
秦皇岛市	257.68	212.52	302.84
邯郸市	251.56	244.54	282.00
邢台市	275.19	249.98	331.22
保定市	246.45	242.73	230.70
张家口市	206.77	200.46	230.70
承德市	285.00	265.00	325.00
廊坊市	279.70	238.32	
衡水市	247.00	238.00	230.70
山西省	269.27	259.23	287.37
太原市	289.39	278.33	311.50
大同市	275.14	261.29	302.85
阳泉市	282.05	256.41	307.69
长治市	290.00	263.33	370.00
晋城市	252.67	248.25	261.50
朔州市	311.67		311.67
晋中市	312.80	328.00	290.00
运城市	289.08	287.78	312.88
临汾市	201.75	204.63	204.02
吕梁市	266.00	254.67	300.00
内蒙中部	297.60	284.33	
呼和浩特市	270.00	270.00	
包头市	295.00	295.00	
乌兰察布市	334.00	288.00	

3－5　2009年末东北地区水泥平均出厂价格

3－5　Average ex-factory price of cement of northeast China at the end of 2009

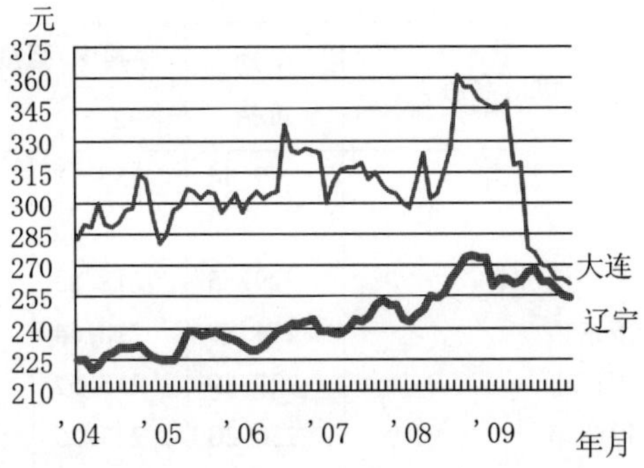

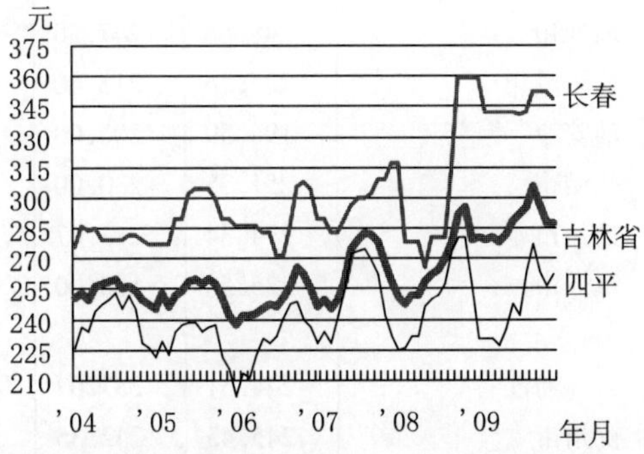

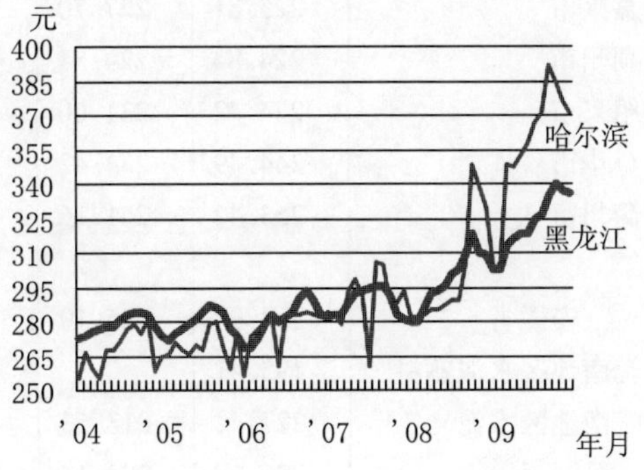

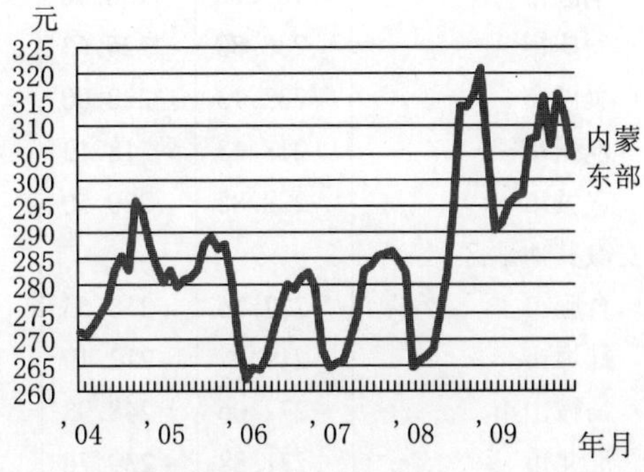

元/吨

地区名称	平均价格	其中:强度等级	
		32.5	42.5
辽宁省	254.45	238.48	271.22
沈阳市	264.26	226.93	269.95
大连市	261.24	217.18	251.09
鞍山市	224.44	214.82	257.72
抚顺市	270.44	239.87	301.00
本溪市	271.35	271.35	
丹东市	183.81	183.81	307.00
营口市	264.46	242.60	286.32
铁岭市	310.00	300.00	
朝阳市	251.61	240.11	
葫芦岛市	265.00	265.00	
吉林省	287.01	275.56	297.67
长春市	349.25	309.25	300.00
吉林市	288.78	285.17	302.53
四平市	262.14	261.76	
辽源市	277.55	263.11	273.00
通化市	262.80	248.33	284.50
白山市	247.50	247.50	
松原市	320.00		320.00
延边州	310.00		310.00
黑龙江省	335.48	310.16	342.94
哈尔滨市	371.55	251.50	330.00
齐齐哈尔市	313.77	304.77	331.78
鸡西市	308.76	301.28	316.24
双鸭山市	383.92	363.33	439.35
大庆市	320.60		317.00
佳木斯市	341.69	341.69	
牡丹江市	299.15	299.15	
黑河市			
内蒙东部	302.27	301.20	345.59
赤峰市	248.95	277.03	240.78
通辽市	287.50	287.50	
呼伦贝尔市	384.62	363.25	405.98
兴安盟			
锡林郭勒盟	328.33		390.00

3－6－1　2009 年末华东地区水泥平均出厂价格

3－6－1　Average ex-factory price of cement of east China at the end of 2009

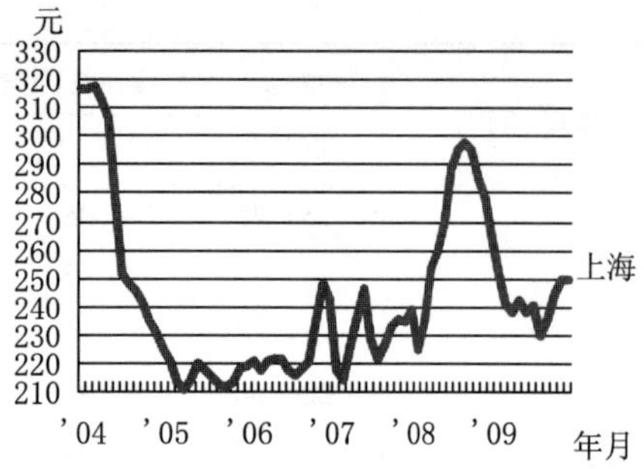

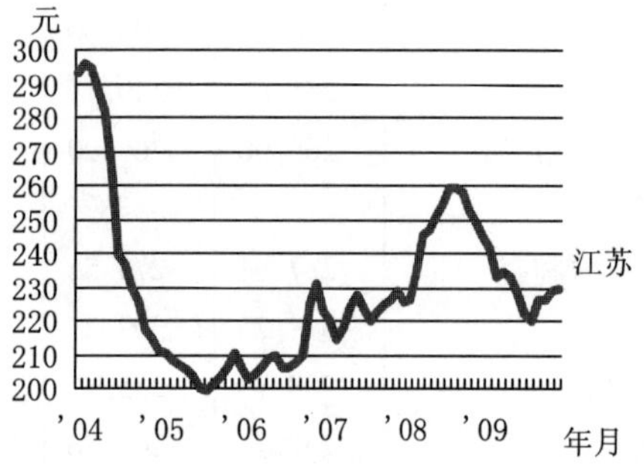

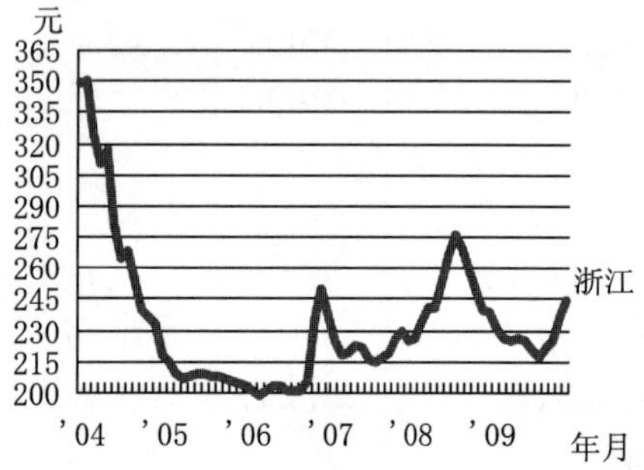

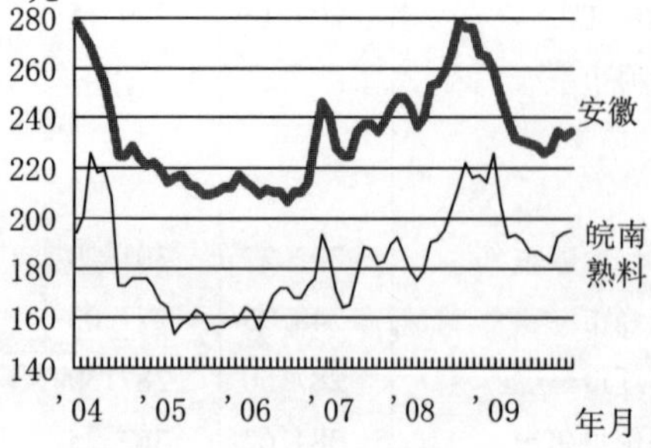

元/吨

地区名称	平均价格	其中:强度等级	
		32.5	42.5
上海市	249.44	237.18	253.42
江苏省	229.65	218.83	246.68
南京市	214.89	210.64	240.40
无锡市	227.89	215.67	242.00
徐州市	230.20	225.25	250.00
常州市	244.00	233.50	265.00
苏州市	217.16		232.93
南通市	248.88	247.50	253.50
连云港市	226.76	218.00	217.28
淮安市	196.59	200.00	193.18
盐城市	251.75	230.00	273.50
扬州市	274.34	213.67	335.00
镇江市	225.50	188.00	238.00
浙江省	244.51	237.07	267.04
杭州市	245.43	242.35	256.61
宁波市	256.27		269.02
嘉兴市	225.81	227.70	275.00
湖州市	224.84	224.84	
绍兴市	244.42	231.60	267.84
金华市	244.49	234.42	256.97
衢州市	253.42	241.16	278.53
安徽省	234.98	225.19	258.21
皖南地区水泥熟料	195.41		
皖南地区水泥	227.42	218.53	234.74
芜湖市	226.67	203.14	239.88
铜陵市	183.00	186.50	169.00
安庆市	238.80	226.63	273.57
巢湖市	233.13	228.00	244.00
池州市	218.13	218.13	
宣城市	228.88	220.50	250.00
安徽其他地区			
合肥市	227.36	218.55	245.00
蚌埠市	219.37	212.19	240.93
马鞍山市	272.06	248.08	296.05
淮北市	271.88	239.76	
滁州市	244.66	226.50	
六安市	261.67	245.00	295.00

3-6-2　2009年末华东地区水泥平均出厂价格

3-6-2　Average ex-factory price of cement of east China at the end of 2009

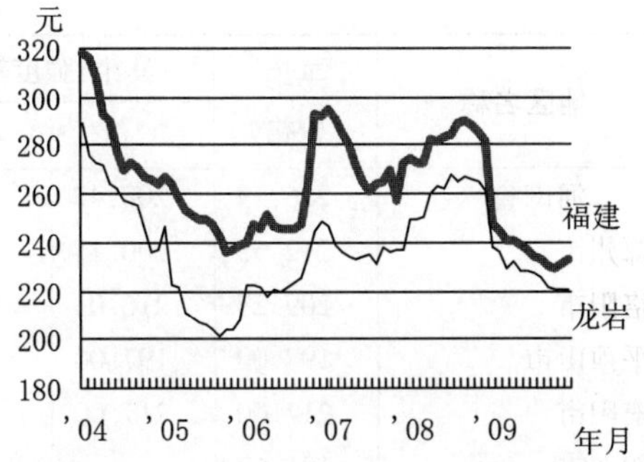

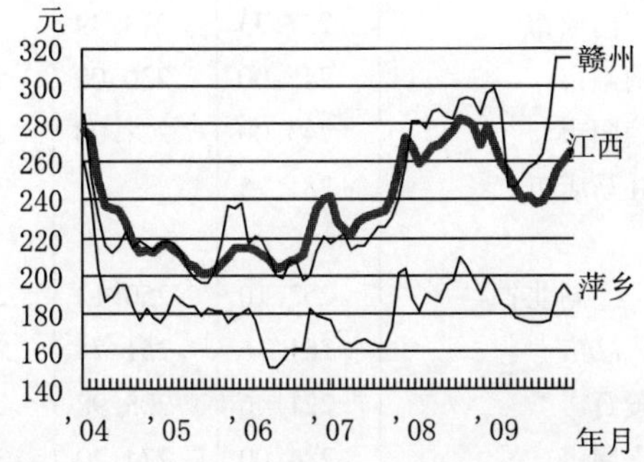

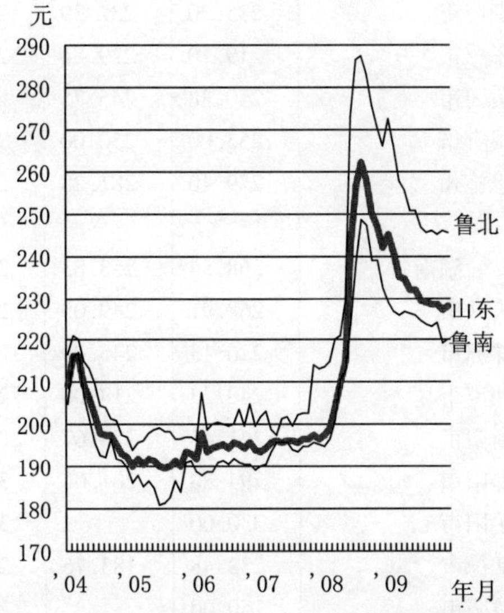

元/吨

地区名称	平均价格	其中:强度等级	
		32.5	42.5
福建省	232.70	220.31	255.88
厦门市	290.00		290.00
三明市	220.91	211.48	243.45
南平市	262.46	245.18	291.85
龙岩市	231.86	214.67	249.05
江西省	265.91	257.76	290.24
南昌市	285.75	246.00	311.00
景德镇市	209.48	209.48	
萍乡市	189.11	189.11	
九江市	237.10	240.00	253.64
鹰潭市	231.77		248.32
赣州市	315.00	295.00	332.50
吉安市	267.51	261.59	281.32
宜春市	286.45	286.45	
抚州市	284.43	274.33	345.00
上饶市	252.78	252.86	252.50
山东省	228.03	219.94	250.77
鲁北地区	245.45	236.27	246.22
济南市	278.58	285.38	265.00
青岛市	211.97	211.97	
淄博市	217.74	205.43	235.04
东营市	241.57	236.50	261.50
烟台市	254.12	261.36	239.65
潍坊市	219.09	229.38	201.50
威海市	222.37	229.50	
德州市	255.76	231.35	272.04
滨州市	255.62		282.20
鲁南地区	220.26	205.44	248.81
枣庄市	195.46	176.45	243.01
济宁市	233.73	231.81	238.83
泰安市	229.95	204.30	264.15
日照市	169.90	169.90	
莱芜市	211.00	179.50	274.00
临沂市	201.96	202.15	200.59
聊城市	240.00	255.00	252.00
菏泽市	244.60	244.60	

3-7-1　2009 年末中南地区水泥平均出厂价格

3-7-1　Average ex-factory price of cement of mid-south China at the end of 2009

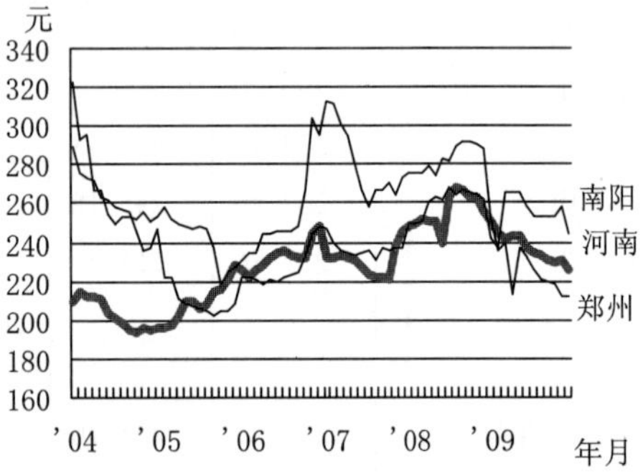

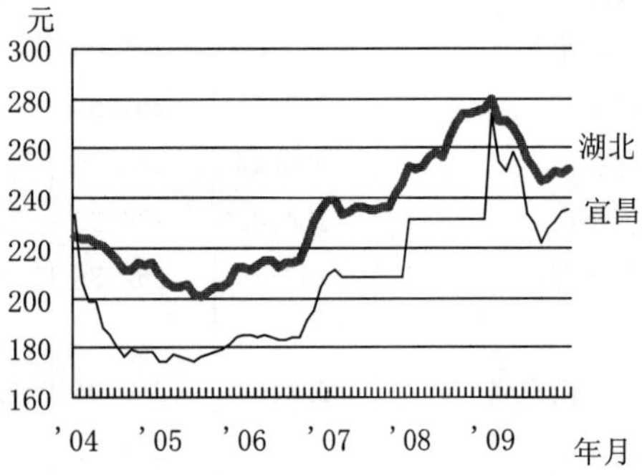

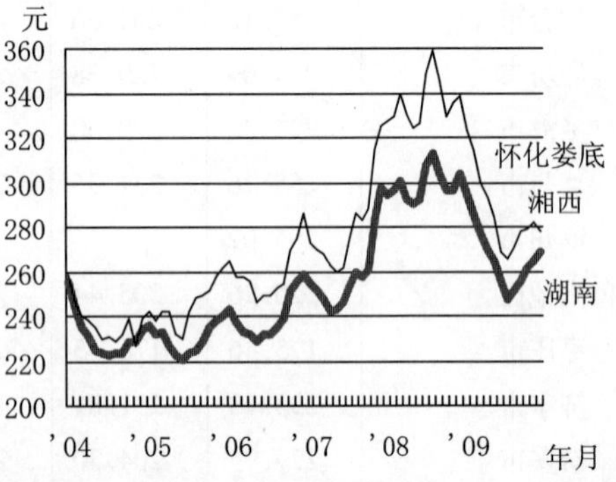

元/吨

地区名称	平均价格	其中:强度等级	
		32.5	42.5
河南省	226.19	208.42	251.04
郑州市	212.55	200.11	
洛阳市	209.27	216.01	199.17
平顶山市	197.00	197.00	
安阳市	217.00	217.00	
鹤壁市	191.67		
新乡市	183.66	163.47	203.84
焦作市	232.50	208.00	231.00
濮阳市	223.23	220.00	258.30
三门峡市	227.73	213.39	256.41
南阳市	245.00	230.00	260.00
信阳市	243.00	221.00	265.00
驻马店市	281.75		304.25
湖北省	252.10	250.13	264.25
武汉市	261.16	251.74	277.11
黄石市	221.46	205.98	261.59
十堰市	284.00	274.20	315.00
宜昌市	270.00	265.80	268.49
襄樊市	217.16	222.33	222.20
鄂州市	213.57	210.60	221.00
荆门市	235.20	232.39	258.23
孝感市	219.10	229.84	231.26
黄冈市	250.38	245.75	255.00
咸宁市	255.00	250.00	260.00
恩施州	279.40	281.28	272.50
湖南省	268.54	258.83	279.64
长沙市	268.91	249.05	295.39
株洲市	226.13	245.00	
湘潭市	248.33	213.00	266.00
衡阳市	261.43	276.67	250.00
邵阳市	294.80	281.00	350.00
岳阳市	330.00		330.00
常德市	232.48	183.76	226.50
益阳市	250.00		250.00
郴州市	255.75		266.00
永州市	267.80	258.33	304.00
怀化市	269.24	257.28	293.16
娄底市	278.75	265.00	292.50
湘西州	289.17	275.83	315.83

3 -7 -2　2009 年末中南地区水泥平均出厂价格

3 -7 -2　Average ex-factory price of cement of mid - south China at the end of 2009

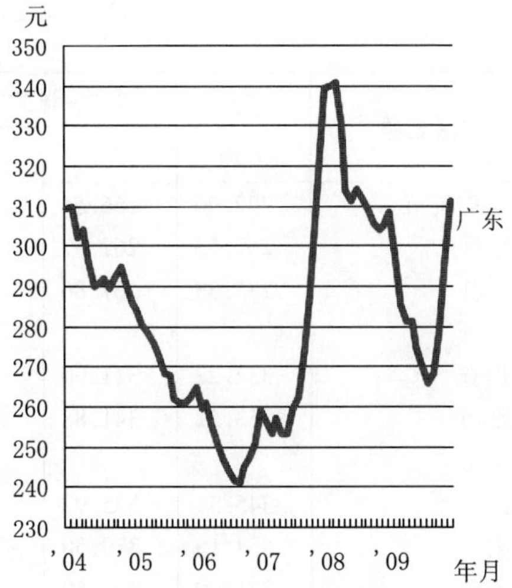

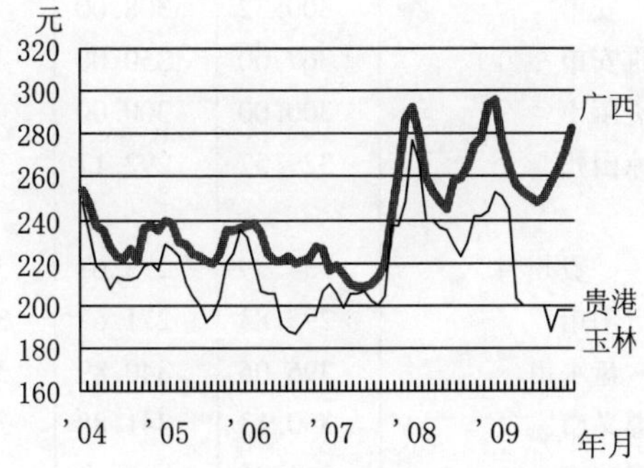

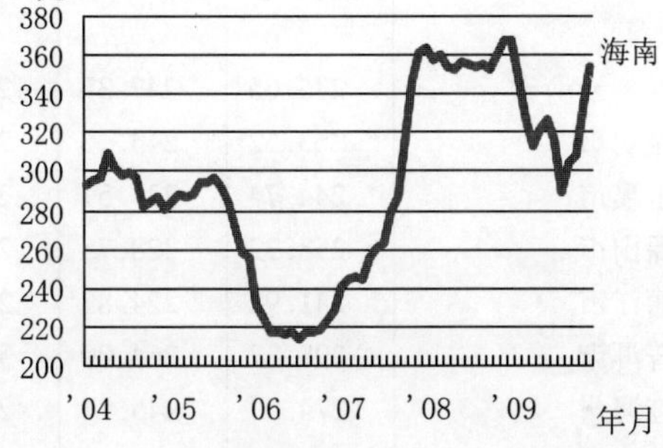

元/吨

地区名称	平均价格	其中:强度等级	
		32.5	42.5
广东省	311.53	295.86	329.05
珠三角地区	330.97	428.93	308.21
广州市	360.26	601.45	328.64
佛山市			
江门市	275.50		275.50
惠州市	291.66		291.66
东莞市	294.53	256.41	
粤北地区	323.79	297.57	350.00
清远市	318.54	256.41	350.00
韶关市			
粤东地区	293.44	272.08	325.47
梅州市	303.22	264.62	328.96
河源市	287.00	287.00	
粤西地区	304.09	282.30	360.61
湛江市			
茂名市	273.61	273.61	
肇庆市	370.98	358.44	383.51
阳江市	290.87	290.87	
云浮市	305.63	215.00	337.71
广西壮族自治区	282.96	267.04	291.45
南宁市	262.42	247.50	264.49
柳州市	293.76		308.16
桂林市	310.21	293.93	323.23
钦州市	282.05		282.05
贵港市	160.00	160.00	
玉林市	235.00		235.00
百色市	256.29	290.00	256.79
来宾市	315.00		315.00
崇左市	308.33		308.33
海南省	353.34	361.04	327.67
三亚市	353.34	361.04	327.67
省直辖县			

3－8 2009 年末西南地区水泥平均出厂价格

3－8 Average ex-factory price of cement of southwest China at the end of 2009

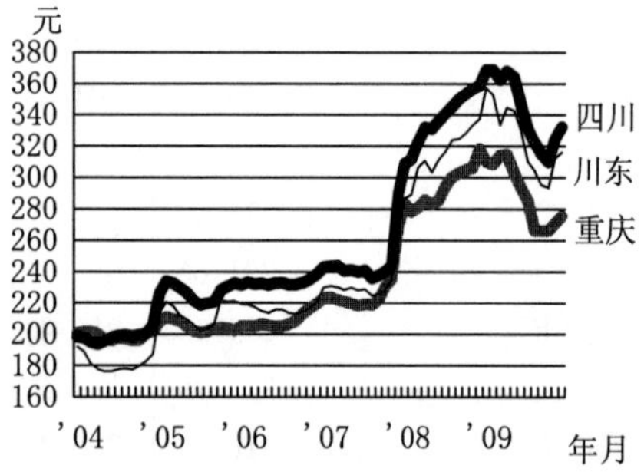

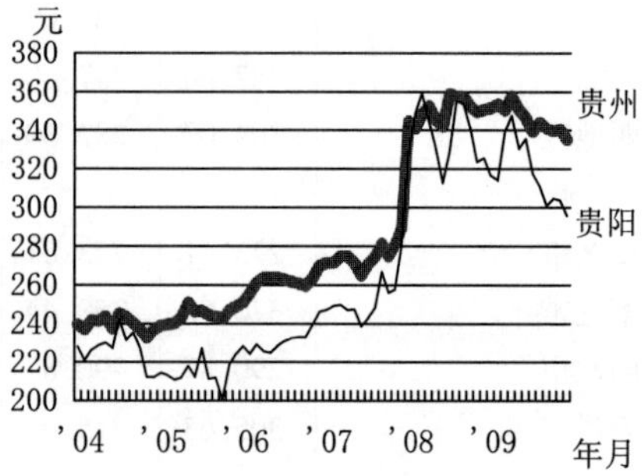

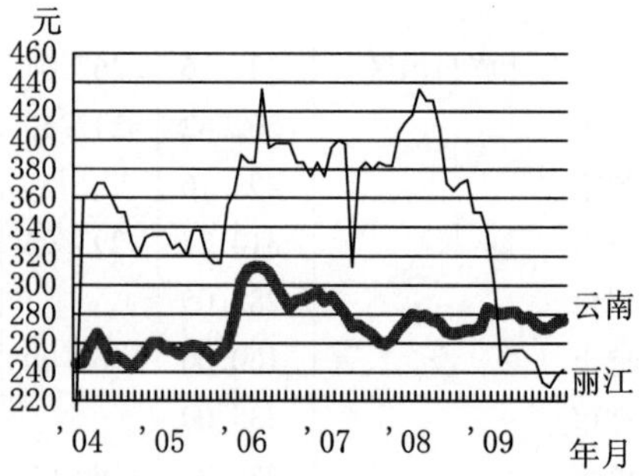

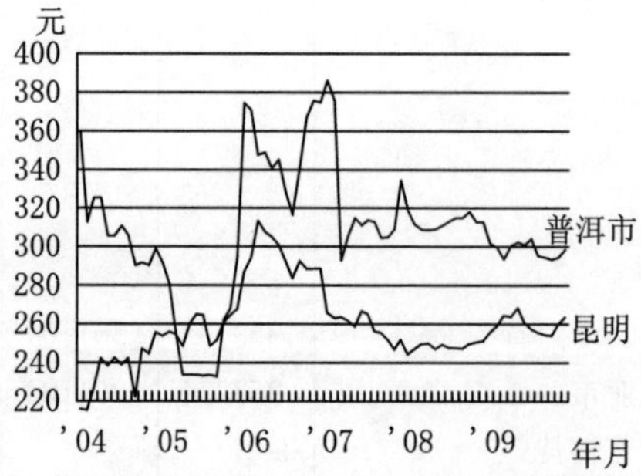

元/吨

地区名称	平均价格	其中:强度等级	
		32.5	42.5
重庆市	272.90	266.54	289.29
市辖区	267.53	262.57	285.17
市辖县	275.53	267.86	293.00
四川省	332.22	311.90	355.34
成都市	353.52	341.88	347.33
自贡市			
德阳市	345.51	335.92	361.49
绵阳市	354.15	339.50	363.10
广元市	371.00	374.50	
内江市	299.76	285.81	391.78
乐山市	310.19	276.72	354.82
眉山市	346.25	325.00	367.50
宜宾市	338.01	319.00	351.21
广安市	300.32	308.00	
雅安市	367.00	350.00	410.00
资阳市	300.00	300.00	
凉山州	329.57	292.17	356.83
贵州省	334.99	293.63	371.51
贵阳市	295.83	271.67	344.17
六盘水市	396.06	340.89	380.05
遵义市	350.13	341.88	366.64
安顺市	264.96		
铜仁地区	232.57		
黔西南州	313.35		331.28
毕节地区	385.00		428.00
黔东南州	326.81	234.43	408.00
云南省	275.65	247.37	292.12
昆明市	263.52	243.16	258.81
玉溪市	244.74	223.57	265.91
保山市	258.32	228.75	272.51
丽江市	241.92	224.83	259.00
普洱市	298.37	264.00	305.84
红河州	274.53	245.27	296.99
大理州	283.04	268.00	298.08
西藏自治区	602.61	472.31	503.07

3－9－1　2009年末西北地区水泥平均出厂价格

3－9－1　Average ex-factory price of cement of northwest China at the end of 2009

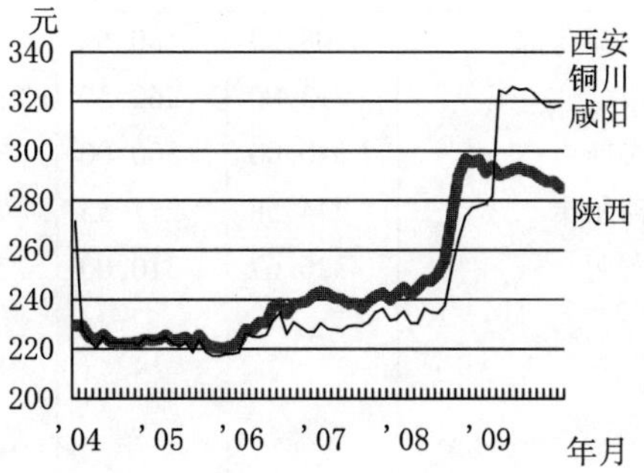

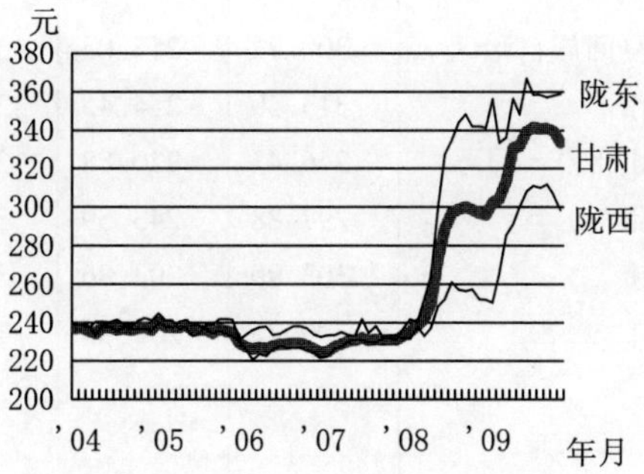

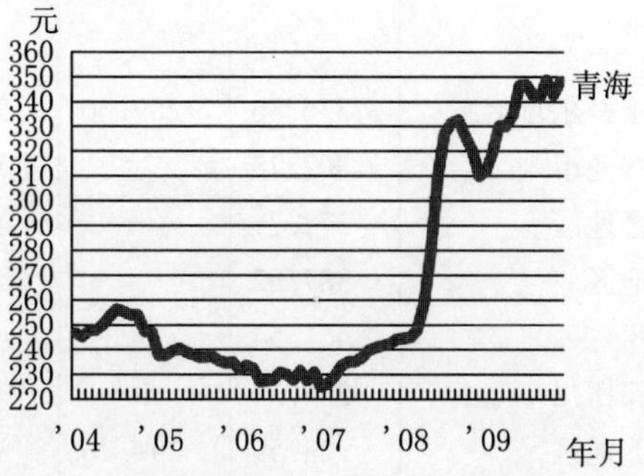

元/吨

地区名称	平均价格	其中:强度等级	
		32.5	42.5
陕西省	285.06	279.51	290.23
西安市	265.67	278.90	261.22
铜川市	334.39	316.24	331.75
宝鸡市	287.83	264.25	335.00
咸阳市	340.62	327.50	380.00
汉中市	251.38	253.62	257.73
榆林市	310.00	330.00	290.00
安康市	280.86	310.00	251.72
商洛市	293.00	271.00	311.49
甘肃省	333.44	325.07	349.51
陇东地区	358.95	358.84	351.53
兰州市	344.09	324.90	369.67
白银市	329.61	313.47	345.76
天水市	358.28	352.85	380.00
平凉市	273.72	284.65	230.00
庆阳市	245.00		245.00
定西市	369.00	369.00	
陇南市	480.00	480.00	
临夏州	466.67	455.00	490.00
甘南州	385.66	371.06	400.26
陇西地区	298.48	281.01	321.90
嘉峪关市	304.83	268.63	342.53
金昌市	310.20	286.89	356.83
武威市	334.00	275.00	373.33
张掖市	286.67	290.00	270.00
酒泉市	273.50		273.50
青海省	348.10	343.63	347.50
西宁市	343.46	330.42	345.00
海东地区	335.34	329.01	340.67
海南州	442.00	442.00	
海西州	394.00	415.00	373.00

3－9－2　2009年末西北地区水泥平均出厂价格

3－9－2　Average ex-factory price of cement of northwest China at the end of 2009

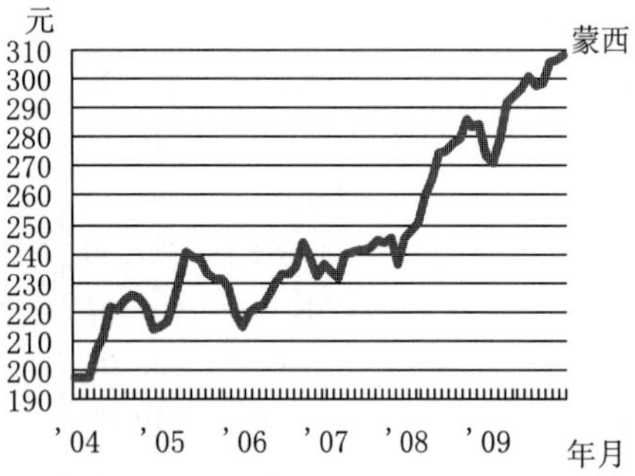

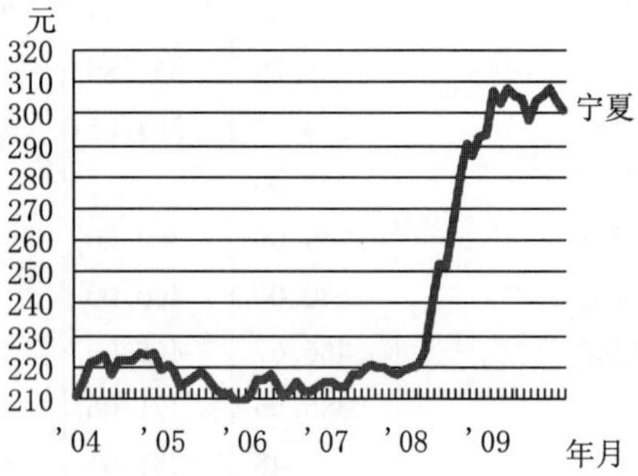

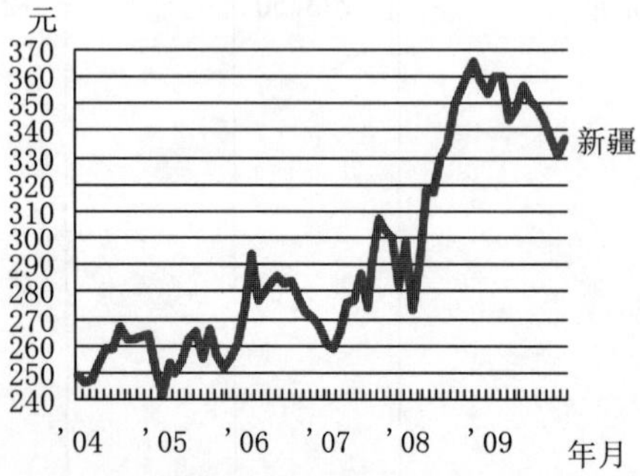

元/吨

地区名称	平均价格	其中:强度等级	
		32.5	42.5
内蒙西部	308.33	280.60	323.24
乌海市	293.00	262.50	345.00
鄂尔多斯市	340.00	300.00	370.00
巴彦淖尔市	244.58	251.55	237.60
阿拉善盟	326.67	310.00	335.00
宁夏回族自治区	300.72	255.05	330.34
银川市	313.49	254.45	326.85
石嘴山市	246.43	220.88	323.07
吴忠市	297.88	243.59	315.97
固原市	303.90	293.86	334.00
中卫市	309.75	254.93	338.50
新疆维吾尔自治区	336.86	289.66	386.70
乌鲁木齐市	302.78		357.16
吐鲁番地区	372.71		426.46
哈密地区	387.82		429.49
昌吉州	461.54		461.54
巴音郭楞州	354.57		393.69
阿克苏地区	323.59	299.26	396.58
和田地区	455.00		430.00
塔城地区	377.50		427.00
阿勒泰地区	330.10		405.98

能源购进价格

Energy purchasing price

4 -1 水泥企业煤炭电力平均购进价格变动趋势

4 -1 Floating trend of average coal and electricity purchasing price for cement enterprises

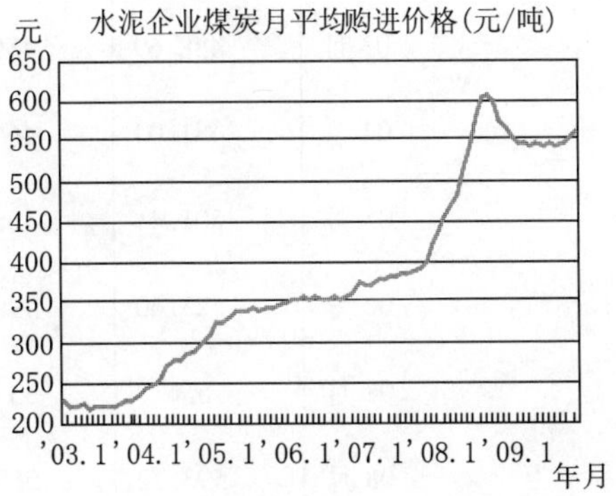

水泥企业煤炭、电力平均购进价格

元

年 月	煤炭(吨)	电力(千瓦时)
2008 年 01 月	421.74	0.596
02 月	433.37	0.597
03 月	453.21	0.606
04 月	468.54	0.605
05 月	479.92	0.603
06 月	508.71	0.601
07 月	544.13	0.603
08 月	578.13	0.614
09 月	602.22	0.615
10 月	605.22	0.619
11 月	598.18	0.622
12 月	572.95	0.625
2009 年 01 月	561.7	0.628
02 月	552.3	0.632
03 月	546.54	0.630
04 月	543.73	0.635
05 月	541.89	0.635
06 月	543.59	0.633
07 月	542.62	0.634
08 月	543.33	0.630
09 月	541.58	0.630
10 月	546.77	0.629
11 月	551.59	0.635
12 月	561.02	0.639

4 -2 水泥企业煤炭平均购进价格变动趋势

4 -2 Floating trend of average coal purchasing price for cement enterprises

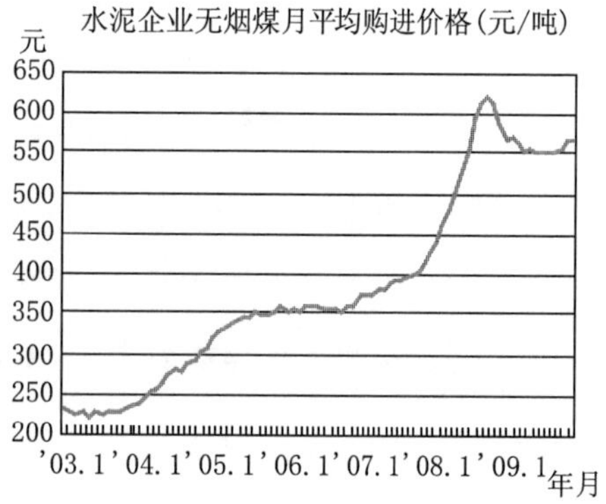

水泥企业煤炭平均购进价格

元/吨

年　月	无煤炭	烟煤
2008 年 01 月	428.75	417.68
02 月	437.58	430.97
03 月	458.69	450.23
04 月	481.04	461.80
05 月	501.41	468.19
06 月	525.60	499.37
07 月	556.7	537.13
08 月	593.72	569.53
09 月	612.09	596.76
10 月	621.75	596.44
11 月	613.36	590.19
12 月	586.91	565.59
2009 年 01 月	568.32	558.12
02 月	568.84	543.29
03 月	562.27	537.63
04 月	554.25	537.88
05 月	555.42	534.46
06 月	553.91	537.76
07 月	554.29	535.96
08 月	551.48	538.66
09 月	552.48	535.40
10 月	556.12	541.41
11 月	565.01	544.20
12 月	568.29	556.98

4－3　2009年12月水泥企业煤炭平均购进价格

4－3　Average coal purchasing price for cement enterprise in Dec. 2009

2009年12月省区市水泥企业煤炭平均购进价格对比

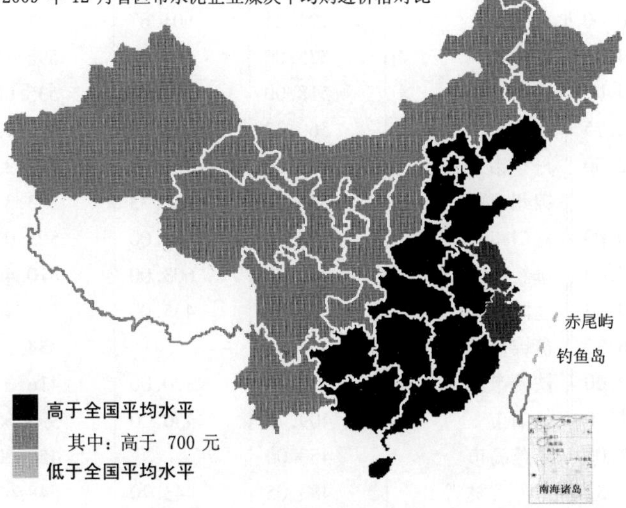

高于全国平均水平地区		低于全国平均水平地区
高于700元	低于700元	
北　京	安　徽	青　海
浙　江	河　南	四　川
江　苏	海　南	山　西
上　海	山　东	重　庆
	广　东	陕　西
	天　津	吉　林
	广　西	宁　夏
	江　西	云　南
	贵　州	甘　肃
	湖　南	黑龙江
	福　建	内蒙古
	湖　北	新　疆
	辽　宁	
	河　北	

元/吨

省区市	煤　炭	无烟煤	烟　煤
全　国	561.02	568.29	556.98
北　京	886.67	1 035.00	590.00
天　津	615.00	664.59	615.00
河　北	563.44	540.00	592.75
山　西	501.25	417.78	545.44
内蒙古	362.87	344.17	365.68
辽　宁	565.03	501.00	599.71
吉　林	483.05	443.70	548.62
黑龙江	366.90	499.00	355.90
上　海	704.97	620.00	733.29
江　苏	746.73	670.32	778.56
浙　江	755.99	781.55	738.18
安　徽	672.45	753.22	642.70
福　建	569.58	541.43	654.06
江　西	586.51	518.30	688.81
山　东	656.01	562.63	709.01
河　南	670.74	724.30	640.39
湖　北	568.04	555.88	575.08
湖　南	573.39	582.55	566.85
广　东	623.73	682.75	601.60
广　西	594.49	573.42	608.54
海　南	663.80	960.00	589.75
重　庆	494.52	508.57	487.49
四　川	507.03	452.63	571.62
贵　州	580.07	639.17	550.52
云　南	446.93	438.92	458.93
陕　西	490.16	516.43	487.97
甘　肃	415.05	302.87	426.66
青　海	550.16	1 166.67	407.89
宁　夏	463.13	805.00	365.45
新　疆	214.74	258.00	210.19

4 -4 -1　2009 年 12 月建材企业煤炭平均购进价格

4 -4 -1　Average coal purchasing price for building material enterprise in Dec. 2009

元/吨

地区名称	煤炭	无烟煤	烟煤
北京市	886.67	1 035.00	590.00
市辖区	590.00		590.00
市辖县	1 035.00	1 035.00	604.45
天津市	615.00	664.59	615.00
河北省	563.44	540.00	592.75
石家庄市	605.00	566.67	662.50
唐山市	590.00	590.00	461.78
秦皇岛市	410.00	410.00	0.00
邯郸市	523.00	949.00	523.00
邢台市	584.50	540.00	599.33
保定市	556.32		556.32
张家口市	879.00	815.00	943.00
承德市	571.13	841.50	481.00
沧州市	739.08	1 003.25	607.00
廊坊市	783.32		783.32
衡水市	744.75	948.00	704.10
山西省	501.25	417.78	545.44
太原市	495.00	460.00	530.00
大同市	455.00	460.00	453.33
阳泉市	553.33	405.00	850.00
长治市	460.00	470.00	450.00
晋城市	465.00	465.00	540.00
朔州市	363.11		363.11
晋中市	439.00	315.00	439.00
运城市	470.00	560.11	470.00
忻州市	618.30	322.50	815.50
临汾市	435.00	450.00	420.00
吕梁市	489.00	630.00	489.00
内蒙古自治区	362.87	344.17	365.68
呼和浩特市	275.00	395.00	275.00
包头市	480.00	732.81	480.00
乌海市	280.74	461.67	280.74
赤峰市	376.63	358.76	394.49
通辽市	330.83		330.83
鄂尔多斯市	169.85	898.47	169.85
呼伦贝尔市	358.08	448.00	358.08
巴彦淖尔市	600.00		600.00
乌兰察布市	590.00		590.00
兴安盟	323.33		323.33
锡林郭勒盟	420.00		420.00
阿拉善盟	219.50	315.00	124.00
辽宁省	565.03	501.00	599.71
沈阳市	740.00	740.00	581.68
大连市	721.21	601.67	721.21
鞍山市	525.00	525.00	598.19
抚顺市	518.00	506.67	535.00
本溪市	560.32	458.91	627.93
丹东市	471.40	363.50	543.33
锦州市	533.33	362.33	533.33
营口市	505.00	561.00	505.00
阜新市	803.59	603.00	870.46
辽阳市	565.09	435.00	608.46
盘锦市	354.25		354.25
铁岭市	370.00	370.00	416.01
朝阳市	409.71	450.00	393.60
葫芦岛市	450.00		450.00
吉林省	483.05	443.70	548.62
长春市	401.31	382.50	420.13
吉林市	481.40	481.40	367.43
四平市	500.00	500.00	449.03
辽源市	493.76	1 018.64	398.33
通化市	439.36		439.36
白山市	505.26	721.67	467.07
松原市	975.24		975.24
白城市	386.00	353.00	390.71
延边州	636.00		636.00
黑龙江省	366.90	499.00	355.90
哈尔滨市	499.00	499.00	473.85
齐齐哈尔市	500.78		500.78
鸡西市	260.00		260.00
鹤岗市	480.00		480.00
双鸭山市	323.53		323.53
伊春市	385.00		385.00
佳木斯市	381.50		381.50
上海市	704.97	620.00	733.29
江苏省	746.73	670.32	778.56
南京市	576.00	900.00	576.00
无锡市	940.00	940.00	728.90
徐州市	633.33	1 137.00	633.33
常州市	667.43	847.13	577.58
苏州市	594.82	615.38	591.88
南通市	962.92		962.92
连云港市	900.00	900.00	704.36
淮安市	670.23		670.23

4 -4 -2　2009 年 12 月建材企业煤炭平均购进价格

4 -4 -2　Average coal purchasing price for building material enterprise in Dec. 2009

元/吨

地区名称	煤炭	无烟煤	烟煤	地区名称	煤炭	无烟煤	烟煤
盐城市	663.00		663.00	景德镇市	516.96	516.96	419.21
扬州市	723.33	530.00	820.00	萍乡市	632.40	436.00	763.33
镇江市	490.80	490.80	598.00	九江市	530.00	530.00	670.86
泰州市	647.17	683.33	611.00	鹰潭市	613.56	597.12	630.00
宿迁市	1 099.00	1 182.50	1 099.00	赣州市	640.00	640.00	0.00
浙江省	755.99	781.55	738.18	吉安市	517.67	517.67	585.06
杭州市	713.06	706.30	725.23	宜春市	497.70	516.56	460.00
宁波市	743.97	845.09	743.97	抚州市	697.07	701.20	695.00
温州市	716.78	758.33	684.04	上饶市	584.55	482.07	687.02
嘉兴市	673.67	753.76	673.67	山东省	656.01	562.63	709.01
湖州市	770.00	770.00	736.11	济南市	750.00	855.23	750.00
绍兴市	800.84	700.00	834.45	青岛市	741.75	769.87	731.91
金华市	761.81	810.82	729.14	淄博市	800.00	756.70	800.00
衢州市	718.45	823.16	692.27	枣庄市	437.50	500.00	375.00
舟山市	695.05	715.00	690.06	东营市	680.00	680.00	740.91
台州市	855.40	897.86	812.93	烟台市	446.24	390.00	474.36
丽水市	738.82	854.70	680.88	潍坊市	678.81	597.00	713.88
安徽省	672.45	753.22	642.70	济宁市	551.00	421.50	637.33
合肥市	593.93	869.00	593.93	泰安市	589.23	636.15	577.50
芜湖市	543.24	565.00	532.37	威海市	380.00	380.00	682.90
蚌埠市	645.99	695.43	645.99	日照市	748.33	680.00	782.50
淮南市	536.52		536.52	莱芜市	776.36	736.60	836.00
马鞍山市	623.90	518.50	641.47	临沂市	803.19	719.00	831.25
淮北市	682.16	721.67	652.53	德州市	535.15	477.73	650.00
铜陵市	736.30	962.00	585.83	聊城市	814.50	721.44	814.50
安庆市	1 018.29	1 370.00	666.58	滨州市	700.14	0.00	700.14
黄山市	858.32		858.32	菏泽市	731.28	468.83	862.50
滁州市	923.75	812.86	923.75	河南省	670.74	724.30	640.39
阜阳市	910.00	762.86	910.00	郑州市	649.50	618.22	743.33
宿州市	706.17	790.67	621.67	开封市	690.00	907.50	690.00
巢湖市	536.25	530.00	542.50	洛阳市	530.00	592.00	530.00
六安市	606.50	645.00	568.00	平顶山市	1 007.50	1 400.00	615.00
亳州市	750.84	816.26	620.00	安阳市	530.00	632.17	530.00
宣城市	734.70	820.15	681.80	鹤壁市	640.58	891.18	640.58
福建省	569.58	541.43	654.06	新乡市	677.50	725.81	677.50
福州市	663.13	617.96	726.38	焦作市	876.67	1 000.00	630.00
厦门市	648.89	644.33	651.17	濮阳市	565.40	553.33	577.47
三明市	542.98	529.24	591.09	许昌市	395.00	602.75	395.00
漳州市	588.18	588.18	670.00	漯河市	691.87	679.97	701.40
南平市	680.00	580.00	780.00	三门峡市	819.51	689.02	950.00
江西省	586.51	518.30	688.81	南阳市	705.00	850.00	560.00
南昌市	650.60	654.91	644.37	商丘市	875.00	1 000.00	750.00

4 -4 -3　2009 年 12 月建材企业煤炭平均购进价格

4 -4 -3　Average coal purchasing price for building material enterprise in Dec. 2009

元/吨

地区名称	煤炭	无烟煤	烟煤
信阳市	640.00		640.00
周口市	753.33	1 095.00	753.33
驻马店市	555.50	757.13	555.50
湖北省	568.04	555.88	575.08
武汉市	569.95	682.34	569.95
黄石市	637.57	722.50	552.64
十堰市	461.67	341.00	612.50
宜昌市	454.00	510.00	416.67
襄樊市	608.52	680.00	592.63
鄂州市	681.50	521.00	735.00
荆门市	641.57	632.40	664.50
孝感市	529.92		529.92
荆州市	740.00	595.52	740.00
黄冈市	758.53	630.00	828.64
咸宁市	539.46	611.25	523.51
随州市	570.00	780.00	570.00
恩施州	493.78	523.82	471.25
省直辖县	500.00	660.00	500.00
湖南省	573.39	582.55	566.85
长沙市	528.38	543.00	523.50
株洲市	494.15	390.00	598.29
湘潭市	725.92	812.23	670.43
衡阳市	578.17	536.25	662.00
邵阳市	400.00	400.00	599.38
岳阳市	625.00	786.95	625.00
常德市	505.00		505.00
张家界市	399.25	505.00	399.25
益阳市	570.33	566.00	572.50
郴州市	630.67	523.77	630.67
永州市	540.00	540.00	644.58
怀化市	593.31	680.00	549.97
娄底市	713.14	626.75	828.33
湘西州	576.67	665.00	400.00
广东省	623.73	682.75	601.60
广州市	650.00	672.26	650.00
韶关市	691.13		691.13
珠海市	500.00		500.00
汕头市	389.00	600.00	178.00
佛山市	764.82	791.42	726.81
江门市	691.90	465.00	717.11
湛江市	600.56	579.34	643.00
茂名市	370.00		370.00
肇庆市	753.33	753.33	556.00
梅州市	505.39	562.62	486.31
河源市	903.00	650.00	903.00
阳江市	715.00		715.00
清远市	604.01	586.50	608.39
东莞市	775.00	574.40	775.00
中山市	536.33	529.91	542.74
云浮市	665.00	650.00	680.00
广西壮族自治区	594.49	573.42	608.54
南宁市	577.93	603.55	557.43
柳州市	534.08	739.91	534.08
桂林市	657.17	580.00	682.89
梧州市	605.00	850.00	605.00
北海市	632.47	782.35	595.00
防城港市	280.00	280.00	900.00
钦州市	612.50	550.00	675.00
贵港市	611.36	673.71	573.94
玉林市	680.00	655.00	705.00
百色市	372.00	372.00	
贺州市	529.53	443.90	593.76
河池市	764.02	1 150.00	686.83
来宾市	600.00	600.00	425.57
崇左市	635.19	743.65	562.89
海南省	663.80	960.00	589.75
重庆市	494.52	508.57	487.49
市辖区	553.67	535.00	563.00
市辖县	470.86	498.00	457.29
四川省	507.03	452.63	571.62
成都市	513.81	388.25	597.51
自贡市	385.00	458.33	275.00
攀枝花市	440.44	494.33	428.89
泸州市	485.25	454.98	485.25
德阳市	551.00	522.50	565.25
绵阳市	692.00	705.00	640.00
广元市	571.25		571.25
遂宁市	365.00	643.16	365.00
内江市	470.44	459.61	478.85
乐山市	550.00	700.00	550.00
南充市	415.50	415.50	532.33
眉山市	393.44	485.00	385.81
宜宾市	343.90	343.90	502.58
广安市	489.74	551.22	459.00

4-4-4 2009年12月建材企业煤炭平均购进价格

4-4-4 Average coal purchasing price for building material enterprise in Dec. 2009

元/吨

地区名称	煤炭	无烟煤	烟煤
达州市	381.85	446.00	367.60
雅安市	497.86	462.50	545.00
巴中市	645.00		645.00
资阳市	1 075.00	447.63	1 075.00
阿坝州	550.00	550.00	0.00
甘孜州	481.77	481.77	0.00
凉山州	724.25	373.50	1 075.00
贵州省	580.07	639.17	550.52
贵阳市	711.65	460.00	774.57
六盘水市	520.00	541.39	520.00
遵义市	448.25	505.00	391.50
安顺市	405.00	428.19	405.00
铜仁地区	470.00	433.00	470.00
黔西南州	487.50	555.00	420.00
毕节地区	480.25	483.14	460.00
黔东南州	680.00	905.00	455.00
云南省	446.93	438.92	458.93
昆明市	501.76	502.20	500.00
曲靖市	465.00		465.00
玉溪市	412.61	397.74	437.39
保山市	488.47	540.53	472.46
昭通市	407.50	510.00	305.00
丽江市	380.00	491.68	380.00
普洱市	518.00	530.00	515.00
临沧市	458.39	500.00	447.99
红河州	645.00	507.93	645.00
怒江州	484.00		484.00
陕西省	490.16	516.43	487.97
西安市	490.36	600.00	481.23
铜川市	482.07	777.50	482.07
宝鸡市	442.47	389.28	451.33
咸阳市	635.00	560.00	710.00
汉中市	478.25		478.25
榆林市	458.42	463.95	454.00
安康市	750.00	652.42	750.00
商洛市	462.67		462.67
甘肃省	415.05	302.87	426.66
兰州市	553.00	674.00	553.00
嘉峪关市	348.41	358.76	346.10
金昌市	295.00	463.61	295.00
白银市	313.72	304.30	320.00
天水市	620.15	1 280.00	518.63
武威市	476.25	382.50	476.25
张掖市	315.00	604.13	315.00
平凉市	252.50	535.00	252.50
酒泉市	435.00		435.00
庆阳市	560.00		560.00
定西市	365.00	300.00	430.00
陇南市	540.00	650.00	540.00
临夏州	475.00	509.00	475.00
甘南州	555.00		555.00
青海省	550.16	1 166.67	407.89
西宁市	473.86	1 300.00	336.17
海东地区	610.43	1 100.00	414.60
海西州	397.22	801.25	335.07
宁夏回族自治区	463.13	805.00	365.45
银川市	376.88	902.12	376.88
石嘴山市	424.00	582.91	333.20
吴忠市	320.00	921.20	320.00
固原市	419.14	396.67	425.27
中卫市	543.50	805.00	369.17
新疆维吾尔自治区	214.74	258.00	210.19
乌鲁木齐市	283.19		283.19
吐鲁番地区	136.72		136.72
哈密地区	335.00	140.22	335.00
昌吉州	177.50		177.50
博尔塔拉州	238.54	195.00	238.54
巴音郭楞州	202.13	258.00	164.88
阿克苏地区	237.90	319.18	214.68
克孜勒苏州	440.00		440.00
喀什地区	321.63	260.00	330.43
和田地区	320.00		320.00
伊犁州	172.28	160.00	172.28
塔城地区	212.50	176.58	212.50
阿勒泰地区	185.62	235.00	185.62

4－5 2009年12月水泥企业电力平均购进价格

4－5 Average electricity purchasing price for cement enterprise in Dec. 2009

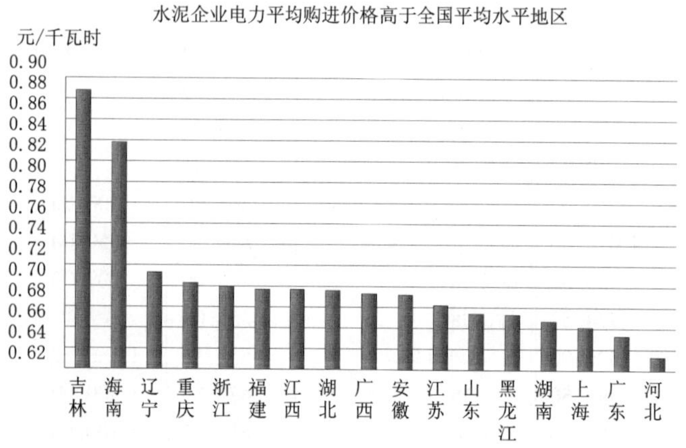

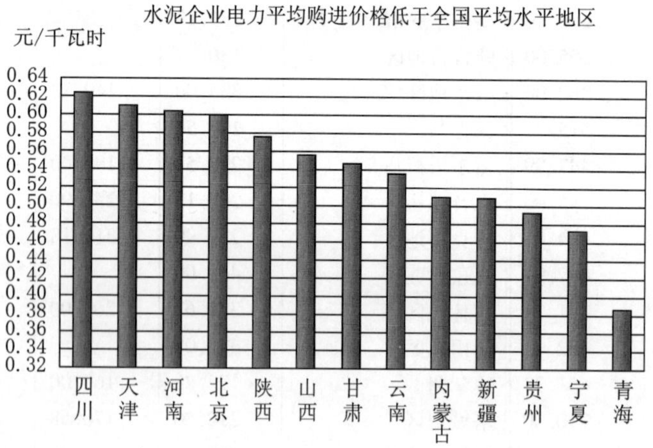

元／千瓦时

省区市	2009年12月
全　国	0.639
北　京	0.600
天　津	0.610
河　北	0.633
山　西	0.556
内蒙古	0.510
辽　宁	0.713
吉　林	0.888
黑龙江	0.673
上　海	0.661
江　苏	0.682
浙　江	0.700
安　徽	0.692
福　建	0.697
江　西	0.697
山　东	0.674
河　南	0.604
湖　北	0.696
湖　南	0.667
广　东	0.653
广　西	0.693
海　南	0.838
重　庆	0.703
四　川	0.624
贵　州	0.493
云　南	0.536
陕　西	0.576
甘　肃	0.547
青　海	0.387
宁　夏	0.473
新　疆	0.509

财务状况

Financial Status

净资产收益率:也称权益净利率或投资报酬率,是指企业报告期内的净利润与平均净资产的比率,体现投资者投入企业的自有资本获取净收益的能力,表明投资与报酬的关系,反映企业资本运营的综合效益。

总资产贡献率:指报告期内利税总额、利息支出之和与平均资产总额的比率,综合反映行业或地区全部资产获取收益的水平和投入产出状况。

总资产报酬率:指企业报告期内获得的报酬总额(利润总额与利息支出之和)与平均资产总额的比率,表示企业全部资产获取收益的水平,全面反映企业的获利能力和投入产出状况。

主营业务利润率:即毛利率,指企业报告期内主营业务利润同主营业务收入净额的比率,表明企业的单位销售收入所获的销售利润,反映企业主营业务的获利能力。

销售利润率:指企业报告期内利润总额与主营业务收入的比率,表明每百元主营业务收入的获利比率,反映企业盈利总水平。销售利润率体现了企业综合盈利能力和获利水平。销售利润率高,说明企业成本和费用低,总体获利水平高。

总资产周转率:反映企业全部资产效率。计算公式为:总资产周转率=主营业务收入/平均资产总额

流动资产周转率:反映投入企业流动资金周转速度。计算公式为:流动资产周转率=主营业务收入/流动资产平均余额

存货周转率:反映企业存货的周转速度。计算公式为:存货周转率=(主营业务成本+营业费用)/存货平均余额

应收账款周转率:反映企业应收账款的收款期,也是企业应收账款变现速度的指标。计算公式为:应收账款周转率=主营业务收入/应收账款平均余额

资产负债率:指企业期末负债总额同资产总额的比率,表示企业总资产中通过负债筹集的数量,反映企业利用债权人提供的资金从事生产经营的能力,是衡量企业负债水平及风险程度的重要判断标准。

流动比率:指企业本年流动资产同流动负债的比率,表明企业资金流动速度,反映企业短期债务到期前可以转化为现金用于偿还流动负债的能力。

速动比率:指企业本年速动资产同流动负债的比率。速动资产是流动资产扣除存货后的差额。

利息保障倍数:指企业在报告期内利润总额、利息支出之和与利息支出的比值,反映企业经营收益是所支付的债务利息的多少倍,从偿债资金来源角度考察企业债务利息的偿还能力。

财务状况

Financial status

5－1 工业增加值和主营业务收入

5－1 Industrial added value and main business income

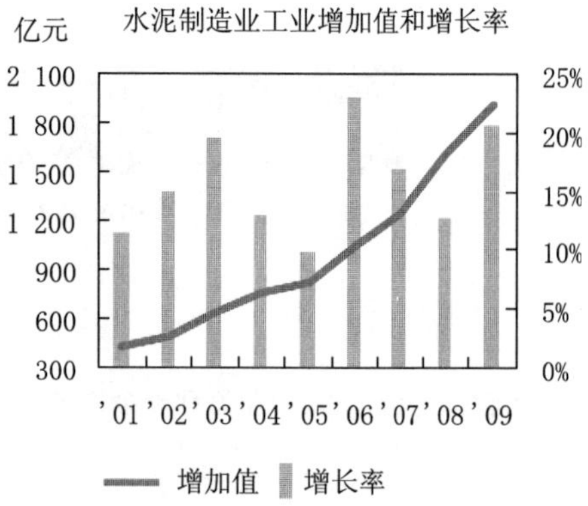

年　度	工业增加值（亿元）	年增长率（%）
2000	396	5.35
2005	822	9.95
2006	1 035	23.11
2007	1 254	16.86
2008	1 063	12.61
2009	1 909	20.61
"十一五"时期年平均增长率		18.77

注：工业增加值按当年价格计算，增长率和平均增长率按可比价格计算。

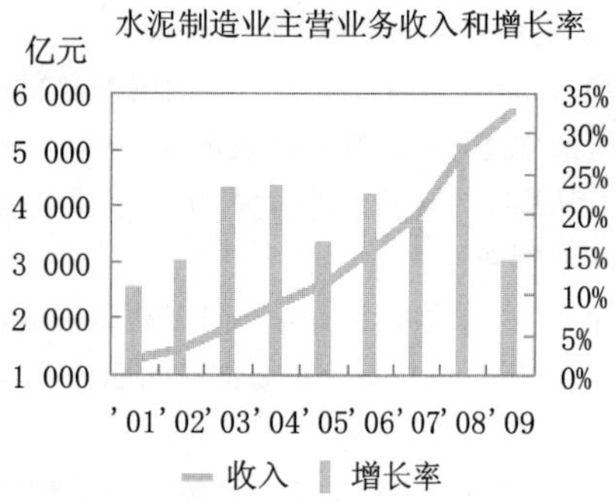

年　度	主营业务收入（亿元）	年增长率（%）
2000	1 168	3.18
2005	2 631	16.66
2006	3 228	22.65
2007	3 859	19.57
2008	4 977	28.97
2009	5 683.56	14.19
年平均增长率		18.44

2009 年水泥制造业主要财务指标

金额单位：亿元

指标名称	指标值
企业个数（个）	5 022
亏损企业（个）	1 253
企业亏损率（%）	24.95
工业增加值	1 909.26
主营业务收入	5 683.56
主营业务成本	4 737.06
主营业务税金及附加	46.16
营业费用	147.14
管理费用	236.76
财务费用	98.23
其中：利息支出	91.5
利润总额	478.28
亏损总额	478.28
利税总额	786.79
应交所得税	67.43
净利润	410.86
本年应交增值税	262.35
本年进项税额	579.4
本年销项税额	779.73

5－2 利润和利税总额

5－2 Profits and total taxes

水泥制造业利润总额

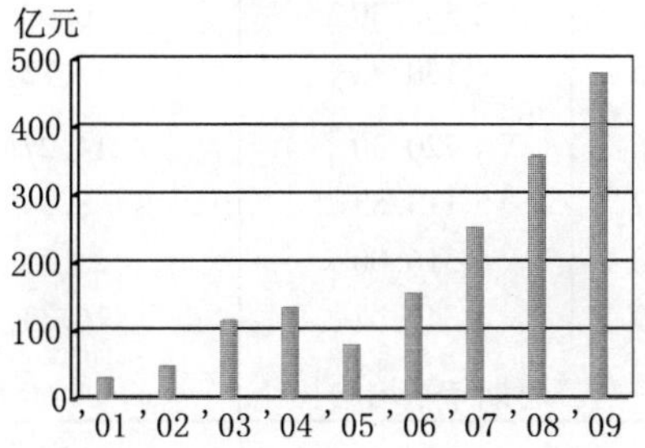

年 度	利润总额（亿元）	年增长率（%）
2000	6.33	－223.63
2003	114.88	146.89
2004	133.34	16.07
2005	79.19	－40.61
2006	154.33	94.89
2007	251.16	62.74
2008	356.32	41.87
2009	478.28	34.23
“十一五”时期年平均增长		62.94

水泥制造业利税总额

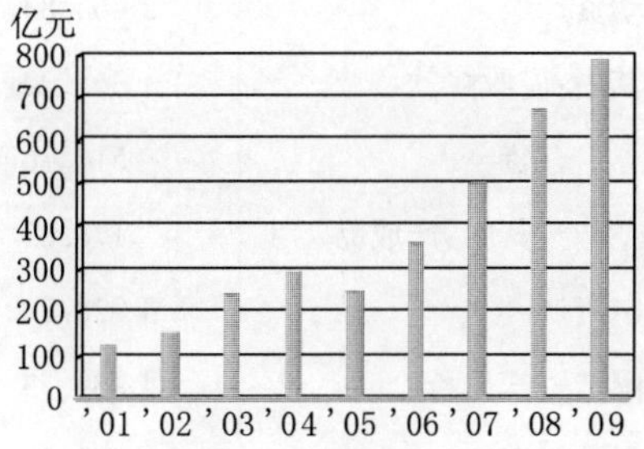

年 度	利税总额（亿元）	年增长率（%）
2000	97.03	20.43
2003	241.11	55.71
2004	296.65	23.04
2005	247.68	－16.51
2006	359.33	45.08
2007	499.41	38.98
2008	672.16	34.59
2009	786.79	17.05
“十一五”时期年平均增长		37.08

水泥制造业利润构成中的补贴收入

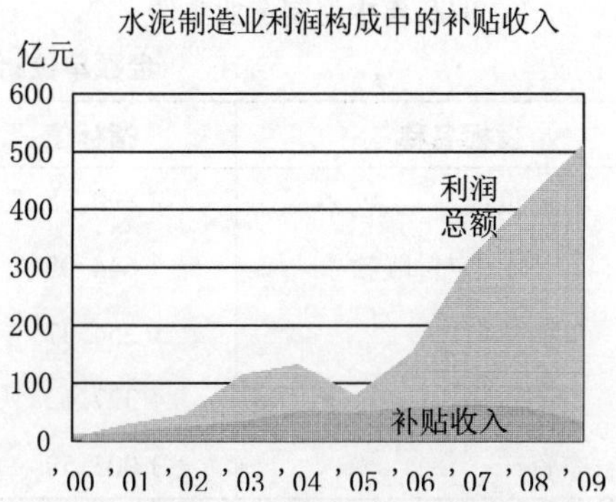

2009 年水泥制造业利润构成 金额单位:亿元

指标名称	指标值
主营业务利润	900.35
其他业务利润	12.78
费用总额	482.13
营业利润	476.54
投资收益	15.43
补贴收入	35.58
营业外收入	46.28
营业外支出	68.76
利润总额	478.28

5-3 资产和负债总额

5-3 Total assets and liabilities

金额单位:亿元

年　度	资产总额（亿元）	年增长率（%）
2000	2 598.49	-0.90
2005	4 130.72	11.72
2006	4 720.30	14.27
2007	5 113.83	8.34
2008	6 316.00	23.51
2009	7 347.37	16.33
“十一五”时期年平均增长		14.60

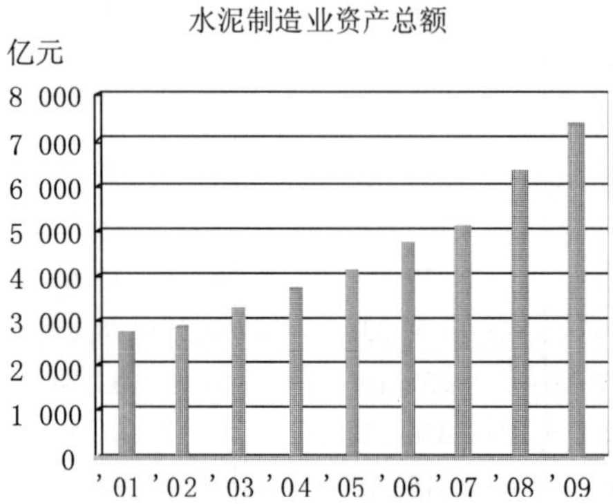

2008 年水泥制造业资产

金额单位:亿元

指标名称	指标值
流动资产	2 465.83
其中:应收账款	368.22
存货	514.16
其中:产成品	178.03
固定资产	3 928.79
固定资产原价	4 839.73
累计折旧	1 433.68
无形及递延资产	953.75
资产总额	7 347.37

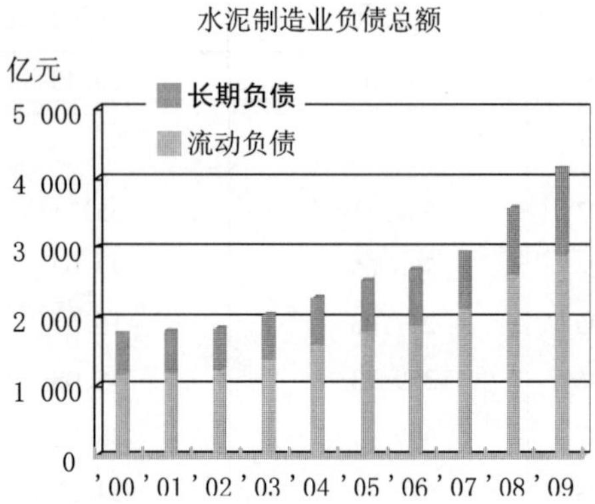

金额单位:亿元

年度	负债总额	流动负债	长期负债
2000	1 773.58	1 151.25	602.32
2005	2 548.45	1 780.87	735.67
2006	2 722.69	1 860.33	810.78
2007	3 020.11	2 088.64	863.55
2008	3 694.00	2 585.90	976.32
2009	4 327.62	2 890.88	1 254.47

2009 年水泥制造业负债

金额单位:亿元

指标名称	指标值
流动负债	2 890.88
其中:应付账款	644.05
长期负债	1 254.47
负债总额	4 327.62
净资产	3 005.59

5－4 净资产

5－4 Net assets

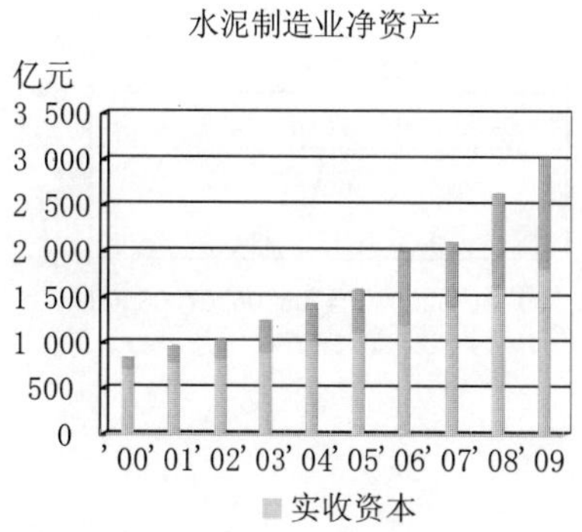

年 度	净资产(亿元)		实收资本占净资产比重(%)
	总 计	其中：实收资本	
2000	824.32	700.24	84.95
2005	1 576.30	1 095.80	69.52
2006	1 997.61	1 180.98	59.00
2007	2 093.62	1 364.01	65.15
2008	2 622.00	1 594.27	60.80
2009	3 005.59	1 807.78	60.15
净资产年平均增长率14.83%			

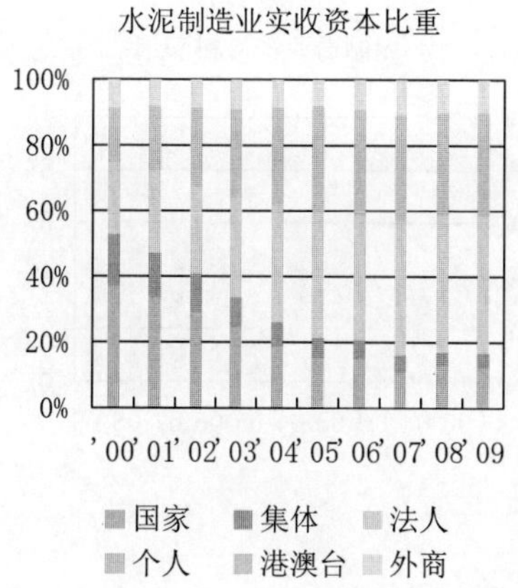

实收资本构成

分 类	资本金(亿元)		资本金比重(%)	
	2009 年	2000 年	2009 年	2000 年
国家资本金	224.06	259.18	12.39	37.01
集体资本金	79.86	110.80	4.42	15.82
法人资本金	752.38	152.55	41.62	21.79
个人资本金	438.93	75.58	24.28	10.79
港澳台资本金	129.04	41.45	7.14	5.92
外商资本金	183.51	60.68	10.15	8.67

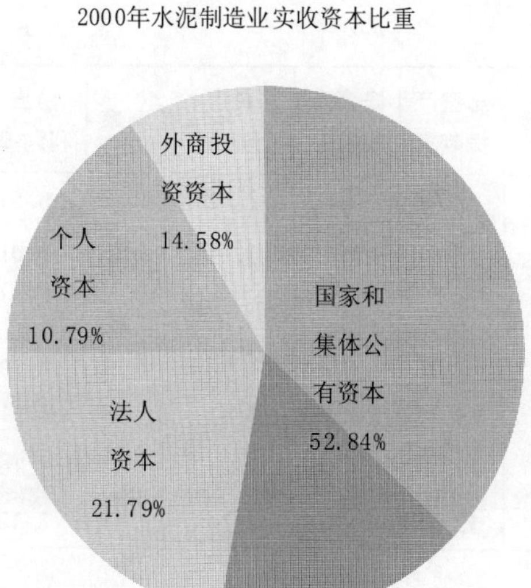

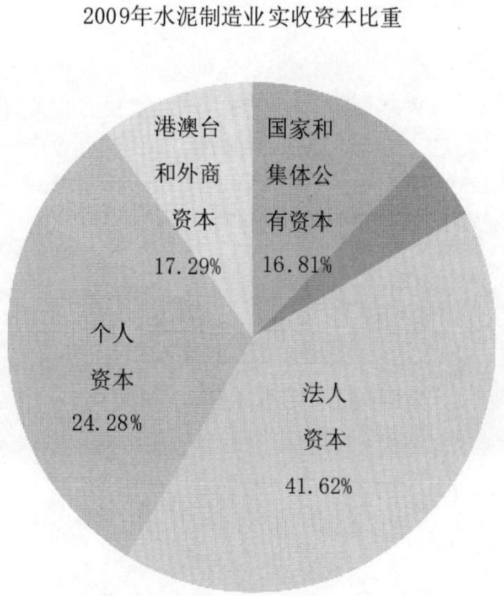

5－5 资本投入产出和盈利水平分析指标

5－5 Analysis index for capital input and output and profit making level

水泥制造业净资产收益率

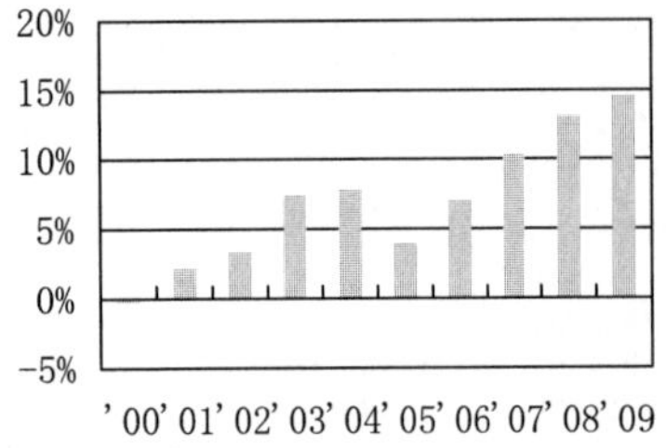

水泥制造业总资产报酬率

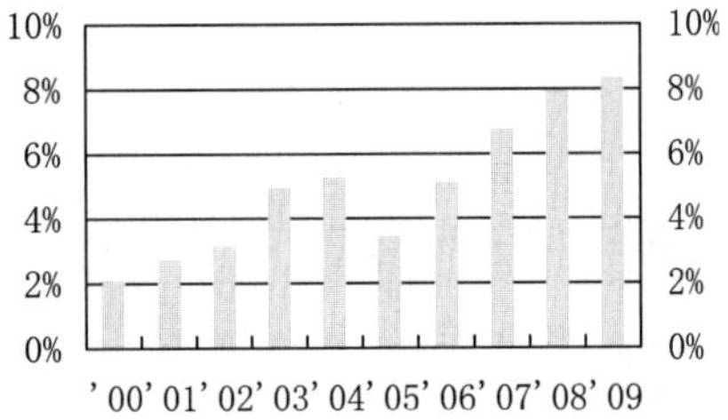

水泥制造业毛利率

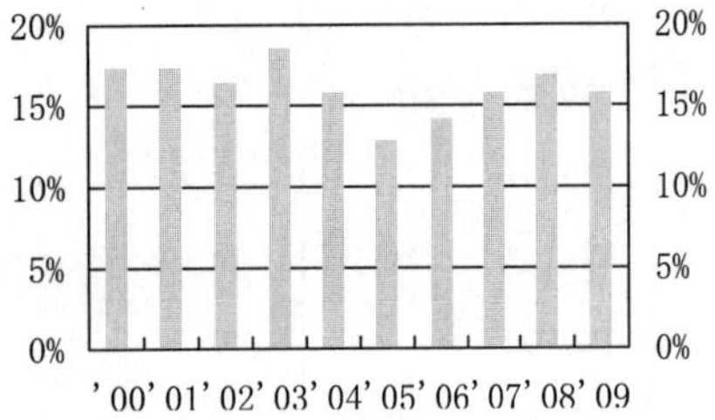

水泥制造业销售利润率

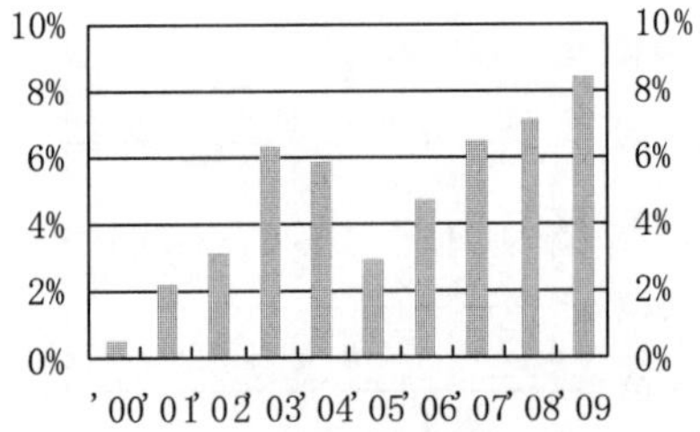

水泥制造业总资产贡献率

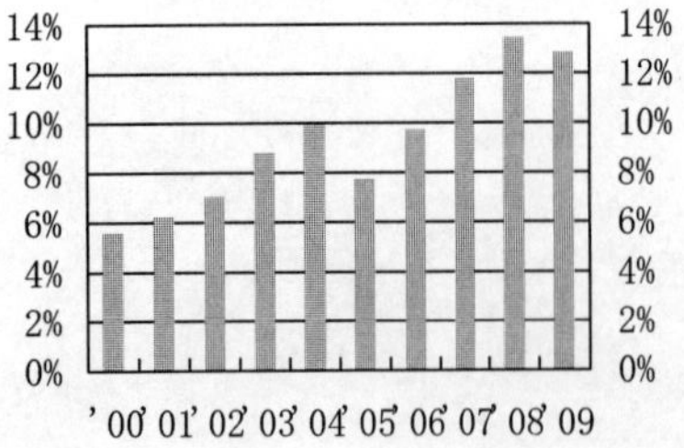

%

年　度	总资产贡献率	净资产收益率	总资产报酬率	毛利率	销售利润率
2000	5.60	－0.18	2.12	17.35	0.54
2005	7.74	3.93	3.44	12.81	3.01
2006	9.72	7.00	5.08	14.17	4.78
2007	11.78	10.36	6.74	15.83	6.51
2008	13.46	13.11	7.93	16.87	7.16
2009	12.86	14.60	8.34	15.84	8.42

5-6 资本运营分析指标

5-6 Analysis index for capital management

水泥制造业总资产周转率

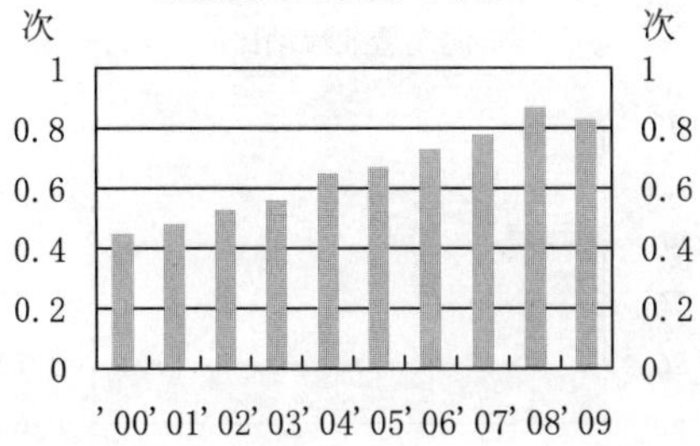

水泥制造业流动资产周转次数

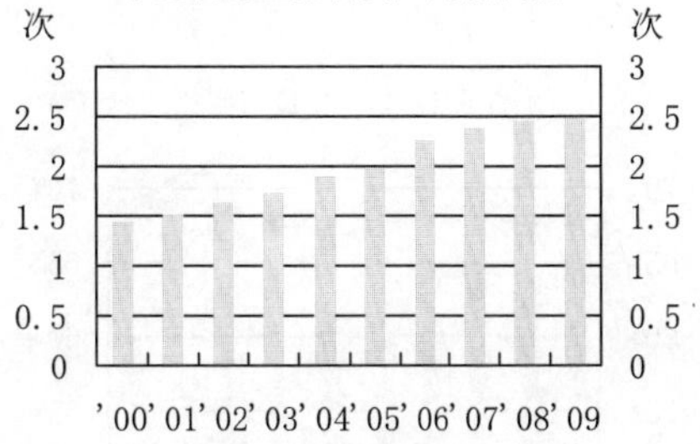

水泥制造业存货周转率

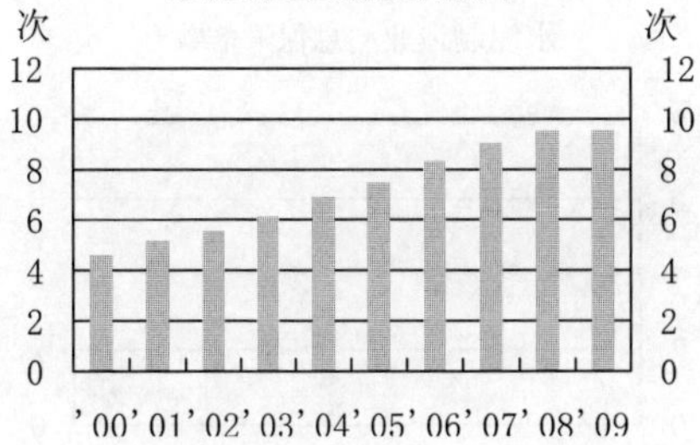

水泥制造业应收账款周转率

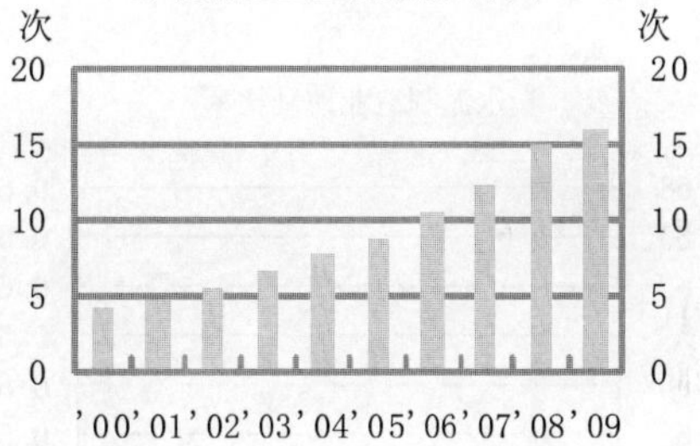

次

年度	总资产周转率	流动资产周转次数	存货周转率	应收账款周转率
2000	0.45	1.44	4.63	4.25
2005	0.67	1.99	7.47	8.76
2006	0.73	2.26	8.33	10.55
2007	0.78	2.39	9.03	12.39
2008	0.87	2.46	9.52	15.05
2009	0.83	2.47	9.55	16.04

5－7 资产负债分析指标

5－7 Analysis index for assets and liabilities

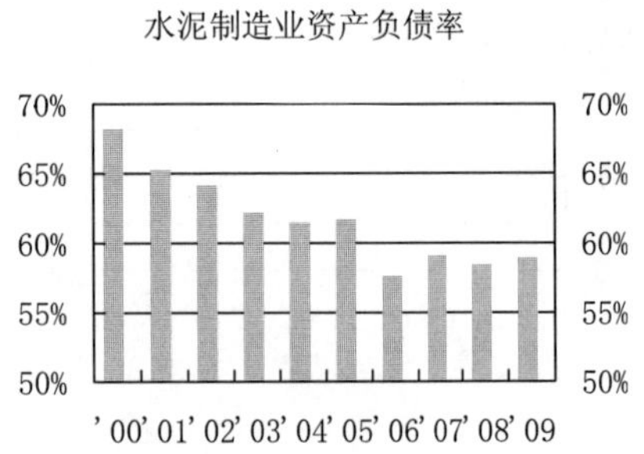

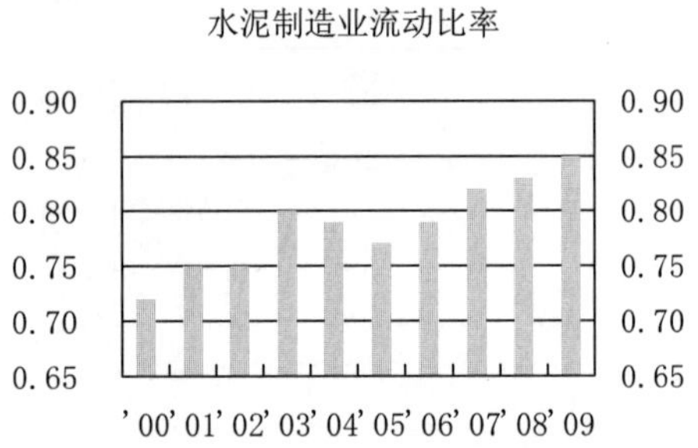

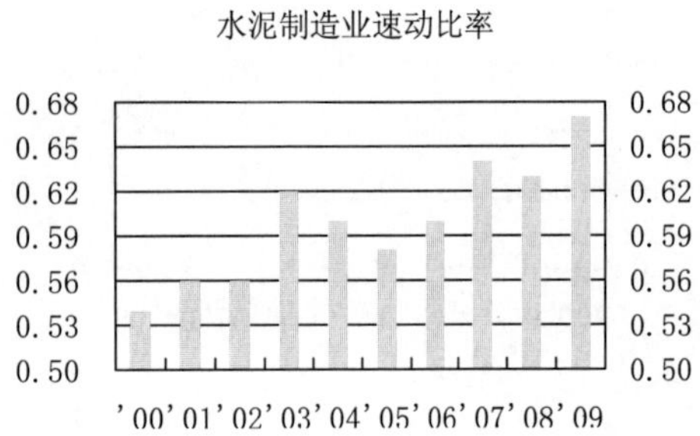

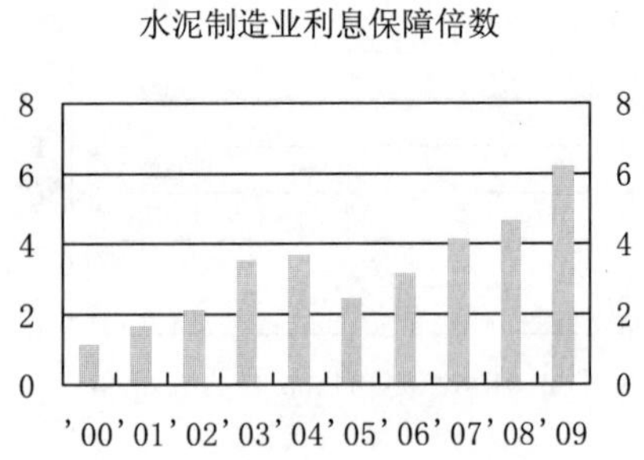

年　度	资产负债率(%)	流动比率	速动比率	利息保障倍数
2000	68.25	0.72	0.54	1.13
2005	61.70	0.77	0.58	2.43
2006	57.68	0.79	0.60	3.18
2007	59.06	0.82	0.64	4.14
2008	58.49	0.83	0.63	4.67
2009	58.90	0.85	0.67	6.23

5－8　劳动生产率和人均工资福利费

5－8　Productivity and per-capita wage and welfare cost

水泥制造业从业人员

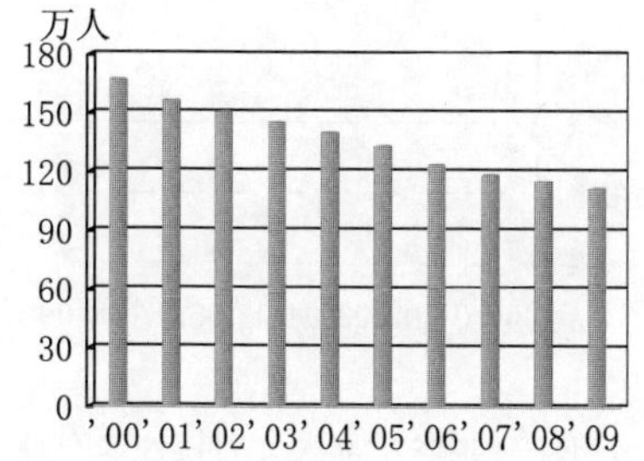

水泥制造业工资和福利费总额

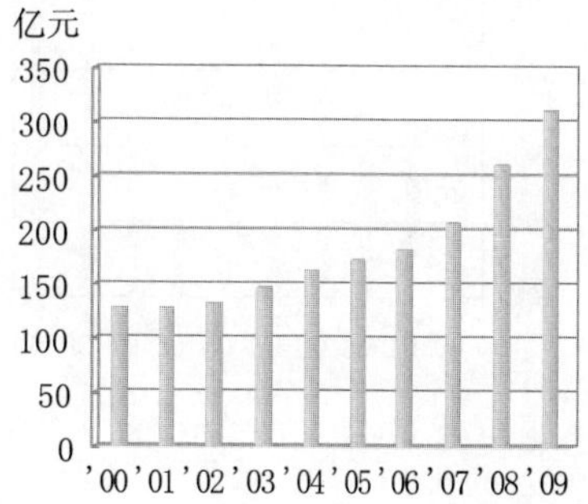

水泥制造业
工业增加值全员劳动生产率

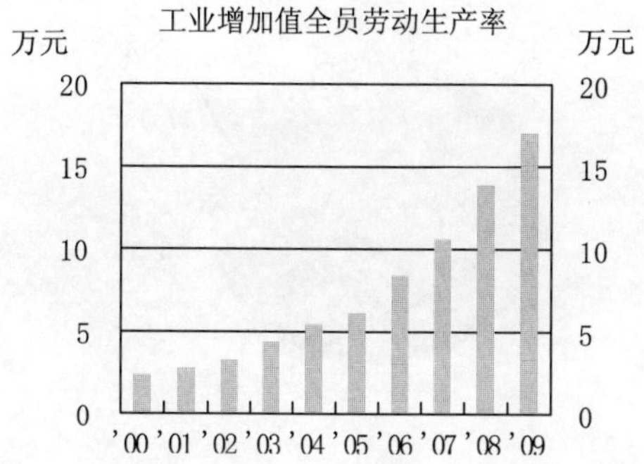

水泥制造业人均工资福利费

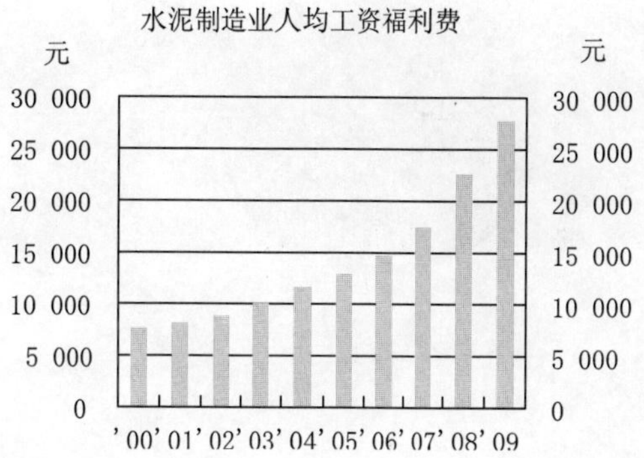

年　度	从业人员（万人）	工业增加值全员劳动生产率（元/人）	工资和福利费总额（亿元）	人均年工资福利费（元/人）
2000	166.95	23 737	128.29	7 684
2005	133.05	61 774	172.46	12 962
2006	123.44	83 811	182.28	14 766
2007	118.22	106 037	206.82	17 495
2008	115.27	139 046	260.69	22 616
2009	111.66	170 987	310.66	27 822

5－9　水泥制造业经济类型构成

5－9　Economic type composition in cement manufacturing industry

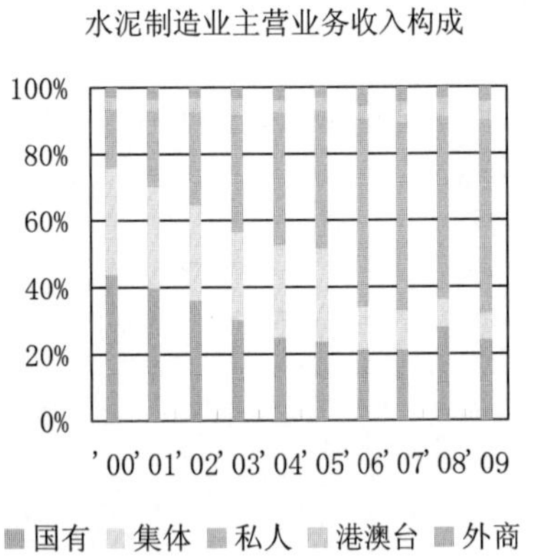

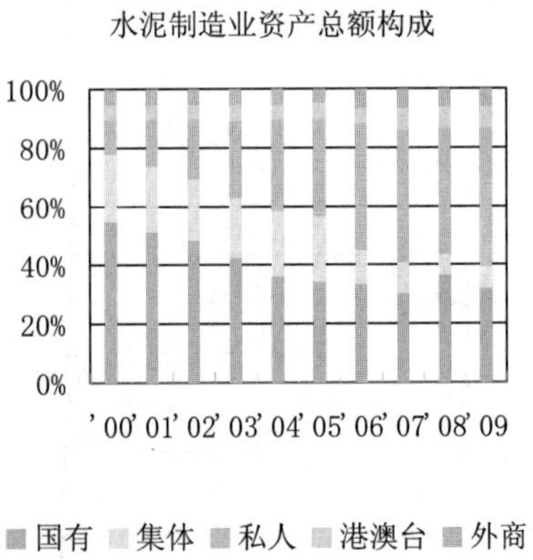

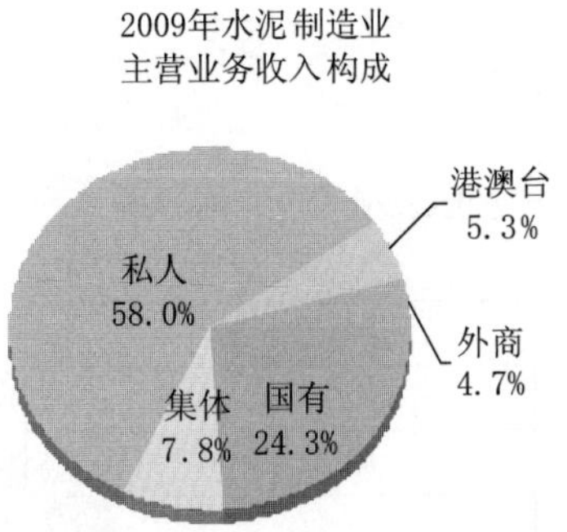

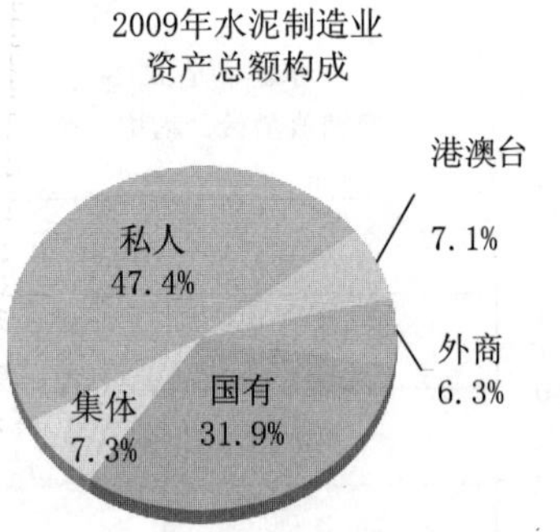

2009 年水泥制造业各经济类型主要统计指标

金额单位:亿元

经济类型	企业户数	从业人员(万人)	主营业务收入	利润总额	利税总额	资产总额
水泥制造业	5 022	111.66	5 683.56	478.28	786.79	7 347.37
国有控股企业	497	22.27	1 379.62	153.08	236.79	2 342.14
集体控股企业	470	11.07	444.36	36.75	62.57	538.80
私人控股企业	3 881	71.45	3 297.36	227.38	393.75	3 483.15
港澳台商控股企业	91	3.33	303.18	28.06	46.17	520.29
外商控股企业	83	3.55	259.04	33.03	47.51	463.00

5-10 水泥制造业经济类型资本投入产出和盈利水平对比

5-10 Comparison of economic type capital input and output and profit making level in cement manufacturing industry

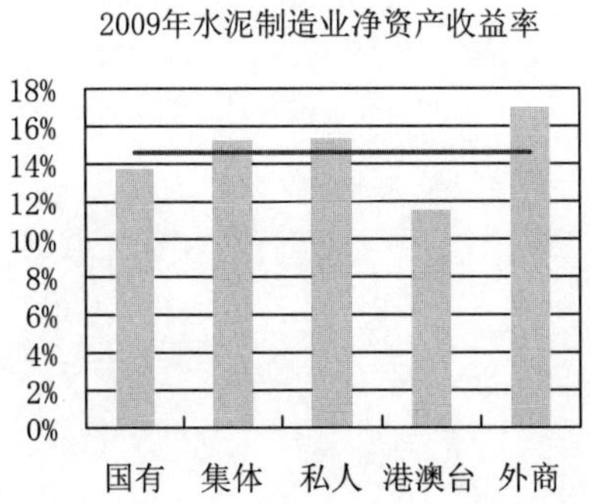

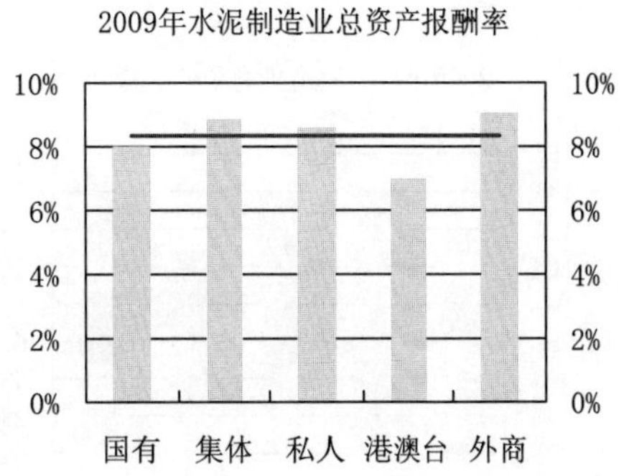

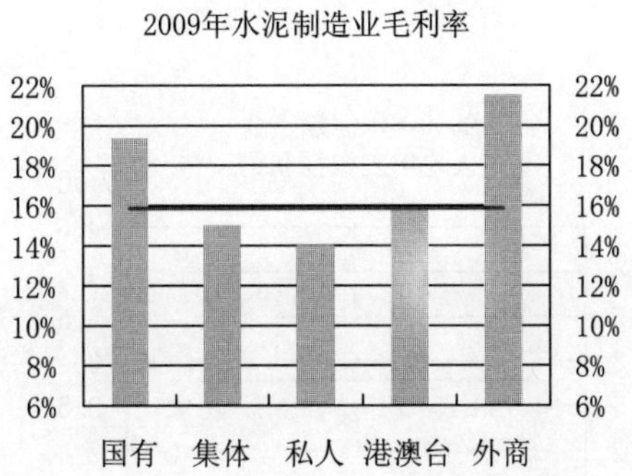

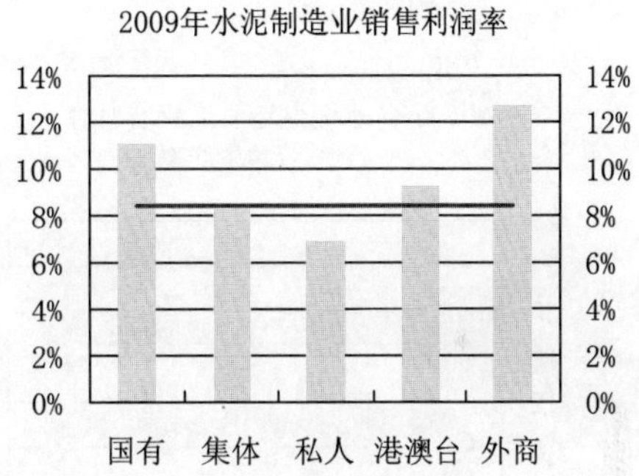

2009 年水泥制造业经济类型资本投入产出和盈利水平对比

%

经济类型	净资产收益率	总资产报酬率	毛利率	销售利润率
平均水平	14.60	8.34	15.84	8.42
国有控股企业	13.76	8.02	19.41	11.10
集体控股企业	15.23	8.89	15.00	8.27
私人控股企业	15.33	8.60	14.02	6.90
港澳台商控股企业	11.50	7.01	15.83	9.25
外商控股企业	17.03	9.04	21.52	12.75

5 - 11　水泥制造业经济类型生产效率和人均收入对比

5 - 11　Comparison of economic type productivity and per-capita income in cement manufacturing industry

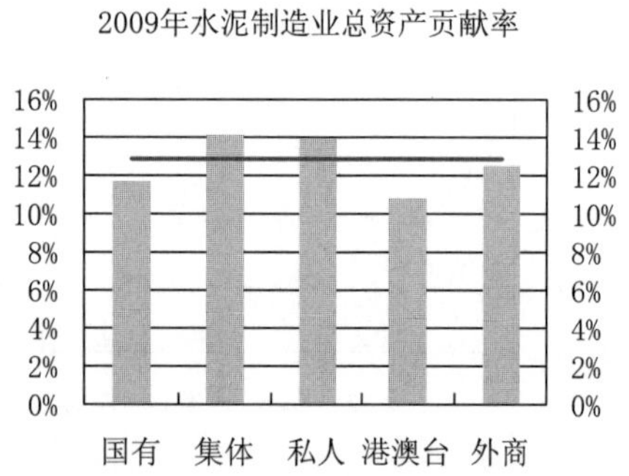

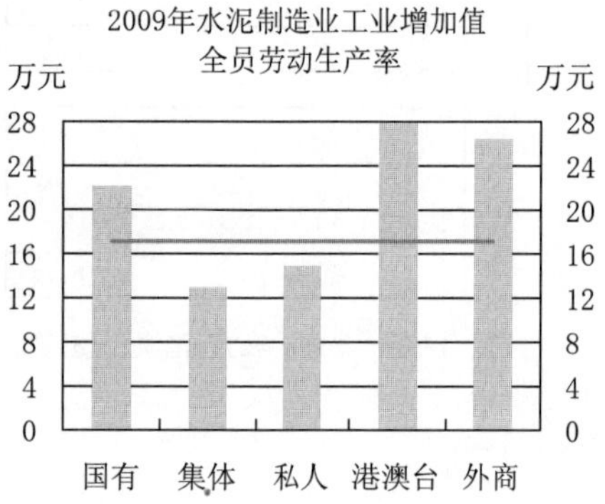

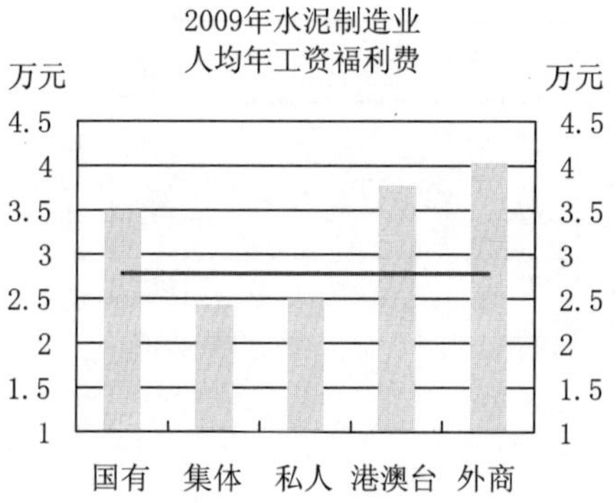

2009 年水泥制造业经济类型生产效率和人均收入对比

经 济 类 型	总资产贡献率（%）	工业增加值全员劳动生产率（元/人）	人均年工资福利费（元/人）
平均水平	12.86	170 986.88	27 822.25
国有控股企业	11.68	221 256.23	34 979.89
集体控股企业	14.13	129 565.68	24 378.28
私人控股企业	13.87	148 612.35	25 034.86
港澳台商控股企业	10.78	279 253.01	37 842.42
外商控股企业	12.52	263 882.07	40 379.85

5－12 水泥制造业经济类型资本运营对比

5－12 Comparison of economic type capital management in cement manufacturing industry

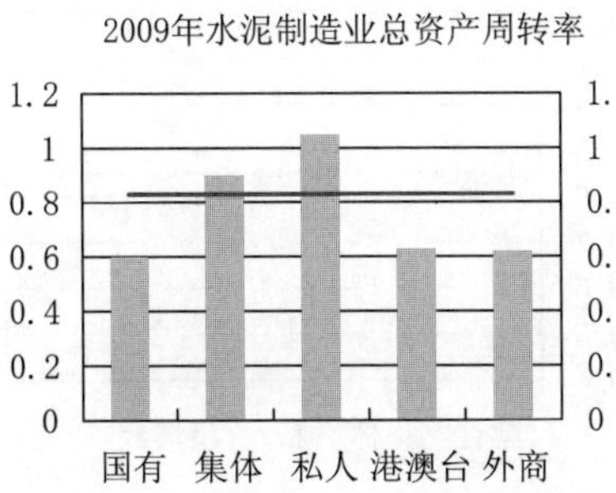

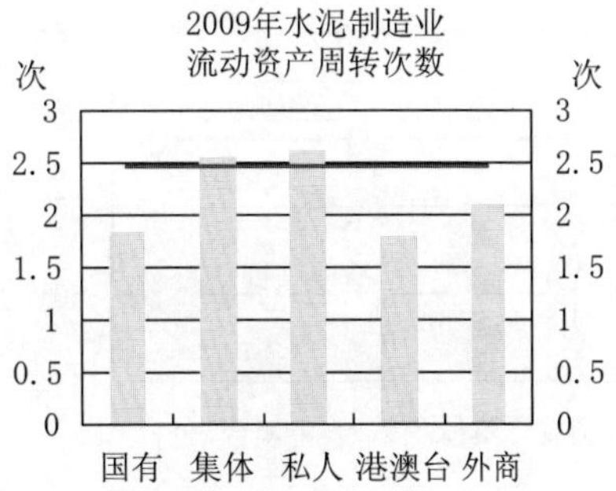

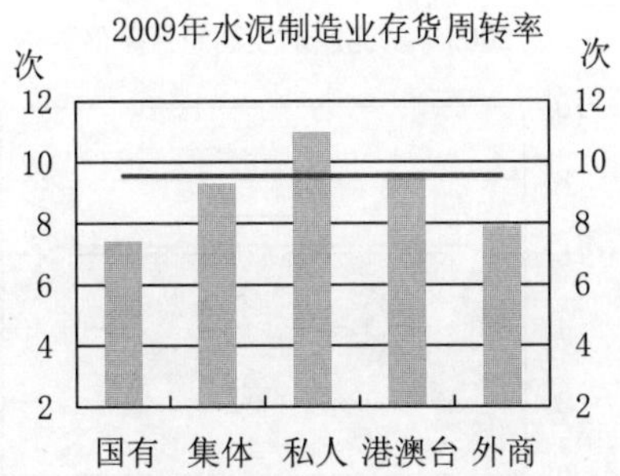

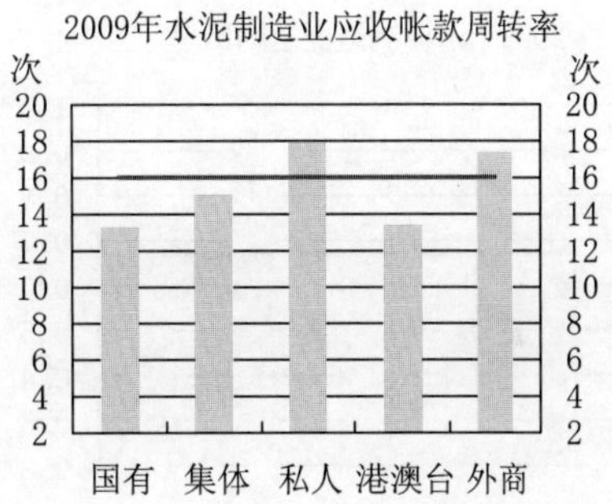

2009 年水泥制造业经济类型资本运营对比

次

经济类型	总资产周转率	流动资产周转次数	存货周转率	应收账款周转率
平均水平	0.83	2.47	9.55	16.04
国有控股企业	0.60	1.84	7.42	13.35
集体控股企业	0.90	2.55	9.31	15.09
私人控股企业	1.05	2.63	11.00	17.92
港澳台商控股企业	0.63	1.80	9.64	13.39
外商控股企业	0.62	2.11	7.92	17.45

5－13　水泥制造业经济类型资产负债对比

5－13　Comparison of economic type assets and liabilities in cement manufacturing industry

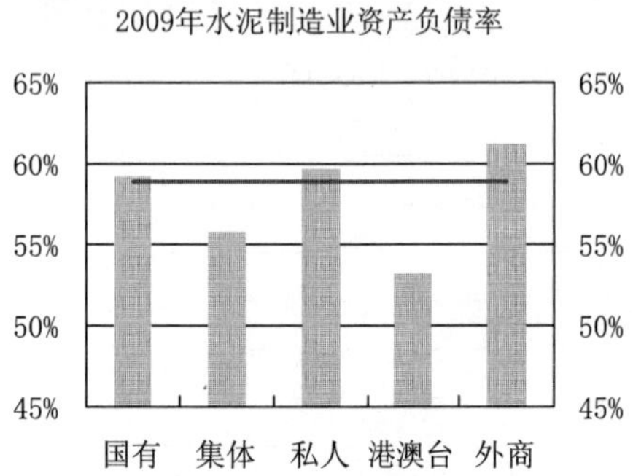

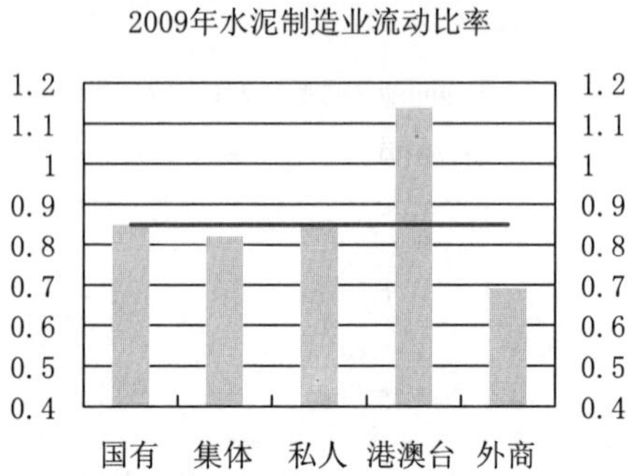

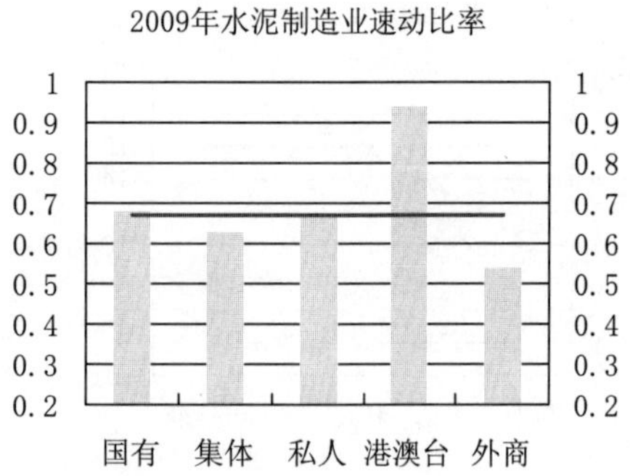

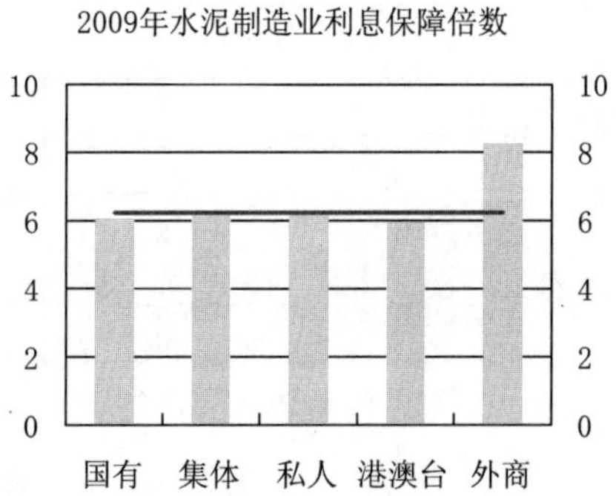

2009 年水泥制造业经济类型资产负债对比

经济类型	资产负债率(%)	流动比率	速动比率	利息保障倍数
平均水平	58.90	0.85	0.67	6.23
国有控股企业	59.21	0.85	0.68	6.06
集体控股企业	55.81	0.82	0.63	6.20
私人控股企业	59.71	0.85	0.67	6.18
港澳台商控股企业	53.25	1.14	0.94	5.95
外商控股企业	61.21	0.69	0.54	8.25

5-14-1 省区市水泥制造业主要财务指标

5-14-1 Main financial index of cement manufacturing industry of each province, region and city

金额单位:亿元

省区市名称	企业户数	从业人员(万人)	工业增加值	增加值增长率(%)	主营业务收入	利润总额	利税总额	利税总额增长率(%)	资产总额	资产总额同期增长率(%)
全国	5 022	111.66	1 909.26	20.61	5 683.56	478.28	786.79	17.05	7 347.37	16.33
北京	19	0.51	10.22	17.21	33.70	4.15	7.08	52.32	55.87	-60.01
天津	21	0.30	4.98	29.74	20.00	0.57	1.53	67.55	25.69	0.07
河北	316	6.71	135.44	23.61	368.13	37.91	51.25	46.21	495.45	33.11
山西	137	2.92	17.23	-6.33	63.66	-2.01	1.74	-28.31	149.56	18.81
内蒙古	121	2.28	75.38	46.67	175.64	16.47	25.73	29.16	233.99	40.46
辽宁	214	3.81	54.47	10.03	172.63	11.91	19.40	18.4	236.10	7.28
吉林	67	3.15	88.09	50.41	241.28	21.29	33.82	57.05	327.65	-3.52
黑龙江	85	2.20	27.69	21.47	85.25	5.89	11.92	48.68	127.86	30.83
上海	24	0.37	8.51	29.04	32.02	1.18	2.42	-20.19	33.50	8.61
江苏	305	5.64	120.47	4.08	443.15	21.71	44.80	-12.79	457.48	4.40
浙江	234	4.15	74.17	7.78	325.10	14.11	27.87	-6.56	527.68	6.27
安徽	192	3.65	85.43	13.44	263.61	29.52	44.03	8.82	412.65	18.29
福建	201	2.73	39.95	8.94	171.16	2.12	9.54	-20.38	179.25	18.39
江西	173	3.79	70.31	16.66	198.36	15.92	28.32	0.46	238.88	5.17
山东	357	11.62	180.95	9.49	597.68	47.41	75.53	7.26	520.59	15.67
河南	264	6.49	151.28	22.42	390.40	33.79	54.09	-0.16	428.68	18.36
湖北	173	5.01	98.91	14.56	262.80	25.84	38.83	13.29	425.99	26.64
湖南	339	6.56	74.76	24.79	247.42	15.89	31.60	13.77	232.59	29.41
广东	317	5.98	102.69	12.61	366.73	28.31	50.47	21.19	389.06	-0.94
广西	225	4.40	69.78	33.75	178.89	17.76	27.93	32.96	263.87	19.40
海南	22	0.52	5.29	18.61	38.15	5.44	6.78	18.51	52.82	27.70
重庆	145	3.33	41.80	10.36	110.02	8.31	15.44	-15.79	182.98	25.37
四川	336	8.29	149.29	45.99	363.25	48.08	69.34	26.45	408.26	43.78
贵州	177	3.44	23.80	16.44	71.74	3.50	8.99	10.01	107.99	22.66
云南	189	4.01	46.58	47.05	130.80	7.95	18.07	68.48	253.96	20.57
西藏	10	0.33	4.43	67.19	9.96	2.08	3.06	90.49	21.08	11.93
陕西	166	3.43	61.13	36.24	138.08	19.42	28.23	90.46	176.06	21.10
甘肃	84	2.46	28.32	18.64	61.63	9.80	14.85	53.91	101.06	47.53
青海	19	0.63	10.41	34.46	18.94	3.22	4.66	18.1	36.53	83.29
宁夏	29	0.77	17.67	37.2	34.44	8.90	12.07	83.6	73.00	45.50
新疆	61	2.19	29.84	22.02	68.94	11.85	17.41	18.3	171.24	41.78

5－14－2　省区市水泥制造业主要财务指标

5－14－2　Main financial index of cement manufacturing industry of each province, region and city

单位:%

省区市名称	总资产贡献率	净资产收益率	总资产报酬率	毛利率	销售利润率	工业增加值全员劳动生产率（元/人）	人均年工资福利费（元/人）
全　国	12.86	14.60	8.34	15.84	8.42	170 987	27 822
北　京	7.84	6.46	4.85	16.51	12.31	199 417	36 194
天　津	6.91	2.60	3.19	9.38	2.85	165 232	26 346
河　北	13.35	17.72	10.28	18.08	10.30	201 988	34 522
山　西	3.66	-7.83	0.93	9.33	-3.15	59 112	20 133
内蒙古	14.50	17.82	9.87	19.88	9.38	330 003	35 575
辽　宁	9.99	11.97	6.71	14.08	6.90	142 827	21 451
吉　林	11.37	10.39	7.62	14.53	8.82	279 906	24 219
黑龙江	11.24	11.52	5.90	14.58	6.91	126 006	21 521
上　海	7.70	5.19	3.84	9.63	3.68	231 226	47 115
江　苏	11.52	9.79	6.36	11.94	4.90	213 659	29 453
浙　江	6.80	5.84	4.11	9.75	4.34	178 796	28 806
安　徽	12.85	15.33	9.04	17.63	11.20	233 972	29 739
福　建	7.22	2.59	2.74	9.05	1.24	146 207	28 961
江　西	13.49	12.67	8.17	15.80	8.03	185 481	29 884
山　东	17.01	19.86	11.22	14.01	7.93	155 768	27 783
河　南	15.18	16.16	10.05	16.09	8.65	233 226	27 295
湖　北	11.26	15.81	7.85	16.15	9.83	197 268	33 047
湖　南	16.83	15.65	9.21	15.56	6.42	113 985	31 883
广　东	14.03	16.91	8.36	13.19	7.72	171 804	22 818
广　西	12.37	15.89	8.18	17.86	9.93	158 648	34 589
海　南	15.34	24.88	12.48	22.05	14.25	101 888	23 458
重　庆	10.81	12.27	6.47	20.82	7.56	125 479	27 637
四　川	21.09	27.01	14.95	19.63	13.24	180 175	26 113
贵　州	10.11	6.39	4.51	15.86	4.88	69 227	20 231
云　南	9.30	7.99	4.94	16.09	6.08	116 182	25 446
西　藏	15.86	14.37	10.94	29.48	20.84	133 132	32 387
陕　西	19.29	29.33	13.81	24.67	14.06	178 454	23 465
甘　肃	19.18	22.73	13.23	30.33	15.90	115 084	22 503
青　海	17.99	20.78	12.89	30.71	16.99	164 175	25 602
宁　夏	20.92	22.31	15.78	30.70	25.84	228 510	26 017
新　疆	13.23	16.61	9.42	25.82	17.18	136 002	27 957

5 –14 –3　省区市水泥制造业主要财务指标

5 –14 –3　Main financial index of cement manufacturing industry of each province, region and city

省区市名称	总资产周转率(次)	流动资产周转次数(次)	存货周转率(次)	应收账款周转率(次)	资产负债率(%)	流动比率	速动比率	利息保障倍数
全　国	0.83	2.47	9.55	16.04	58.90	0.85	0.67	6.23
北　京	0.34	0.84	5.61	5.79	42.70	1.01	0.83	8.03
天　津	0.78	1.72	5.01	5.20	48.20	1.05	0.74	3.29
河　北	0.85	2.45	9.81	23.53	57.85	0.94	0.77	6.67
山　西	0.46	1.28	3.74	6.28	78.28	0.87	0.60	0.39
内蒙古	0.88	3.28	8.68	21.78	57.24	0.70	0.49	5.98
辽　宁	0.76	2.57	7.31	11.87	64.64	0.74	0.54	4.50
吉　林	0.72	1.80	6.47	10.30	64.24	0.91	0.71	6.15
黑龙江	0.76	1.80	5.52	10.65	66.73	0.81	0.57	8.74
上　海	1.00	1.72	14.30	4.78	46.23	1.68	1.50	21.00
江　苏	0.99	2.79	13.62	17.41	59.71	0.70	0.58	4.21
浙　江	0.63	1.65	9.79	10.24	61.45	0.74	0.62	3.04
安　徽	0.69	2.16	12.78	11.85	54.20	1.00	0.87	7.03
福　建	1.04	2.90	13.37	12.45	64.05	0.82	0.66	1.88
江　西	0.85	2.61	9.41	37.45	50.58	1.03	0.78	6.13
山　东	1.23	3.27	12.97	22.72	54.92	1.06	0.86	7.74
河　南	0.99	2.99	11.79	27.64	54.34	1.03	0.82	6.67
湖　北	0.69	2.50	9.31	22.80	68.01	0.79	0.62	7.33
湖　南	1.20	4.68	16.39	25.58	57.46	0.76	0.59	6.14
广　东	0.94	2.91	9.93	17.92	62.56	0.72	0.54	7.45
广　西	0.74	2.81	9.09	14.04	54.76	0.91	0.69	9.57
海　南	0.81	2.16	8.82	49.68	58.66	0.99	0.80	13.34
重　庆	0.67	1.87	8.32	19.26	62.75	1.01	0.86	4.56
四　川	1.05	3.15	12.36	27.49	53.49	0.95	0.75	14.19
贵　州	0.73	2.02	8.41	13.46	54.70	0.97	0.79	4.83
云　南	0.56	1.78	6.39	9.13	63.76	0.63	0.50	3.25
西　藏	0.50	1.55	2.88	8.71	35.62	1.77	1.10	20.59
陕　西	0.86	2.97	7.03	16.27	58.82	0.69	0.49	8.01
甘　肃	0.73	2.13	5.52	9.98	52.06	0.93	0.70	7.92
青　海	0.67	1.84	4.53	7.91	53.35	0.96	0.71	8.65
宁　夏	0.56	1.70	4.93	11.39	46.88	0.82	0.60	11.88
新　疆	0.47	1.54	4.93	16.55	58.68	0.77	0.58	7.21

5－15－1　2009 年水泥制造业地区经济效益分析

5－15－1　Analysis of regional economic benefit of cement manufacturing industry in 2009

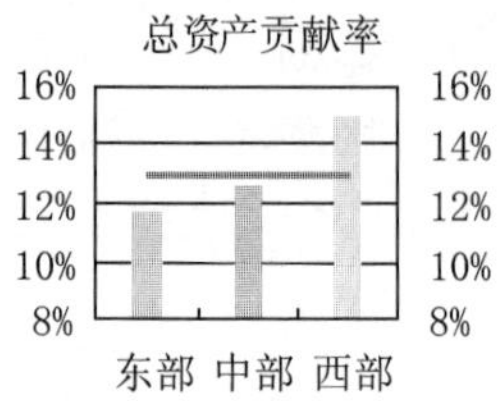

较高地区：四川、宁夏、陕西、甘肃、青海
较低地区：山西、浙江、天津、福建、上海

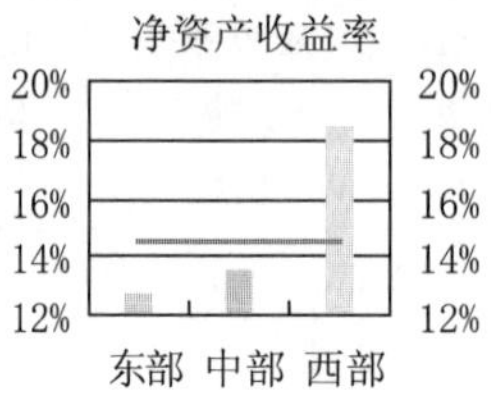

较高地区：上海、贵州、黑龙江、福建、浙江
较低地区：甘肃、江西、宁夏、海南、内蒙古

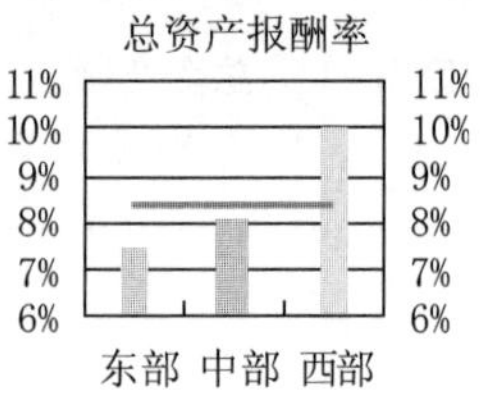

较高地区：宁夏、四川、陕西、甘肃、青海
较低地区：山西、福建、天津、上海、浙江

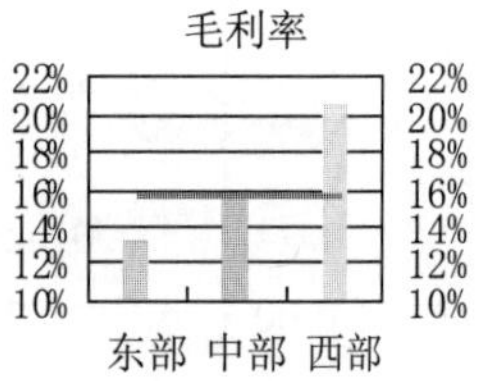

较高地区：青海、宁夏、甘肃、西藏、新疆
较低地区：福建、山西、上海、天津、浙江

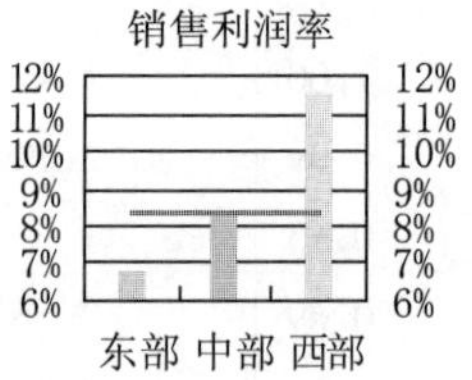

较高地区：宁夏、西藏、新疆、甘肃、青海
较低地区：山西、福建、天津、上海、浙江

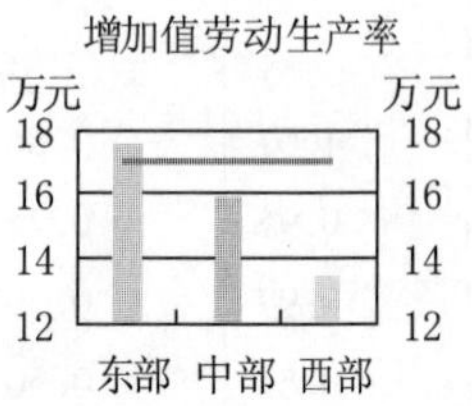

较高地区：内蒙古、吉林、安徽、河南、上海
较低地区：山西、贵州、海南、湖南、甘肃

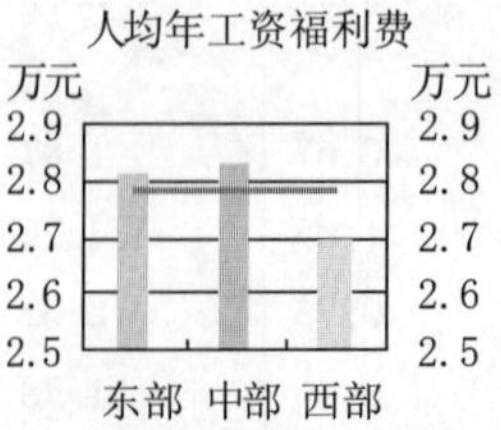

较高地区：上海、北京、内蒙古、广西、河北、
较低地区：山西、贵州、辽宁、黑龙江、甘肃

5－15－2　2009 年水泥制造业地区经济效益分析

5－15－2　Analysis of regional economic benefit of cement manufacturing industry in 2009

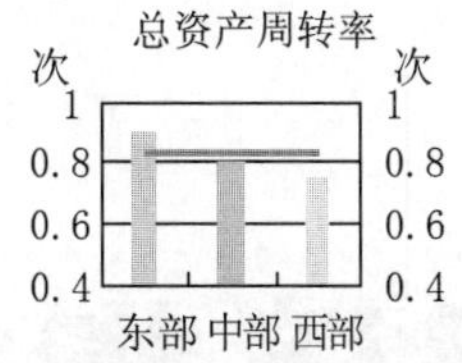

较快地区：山东、湖南、四川、福建、上海

较慢地区：西藏、北京、山西、新疆、云南

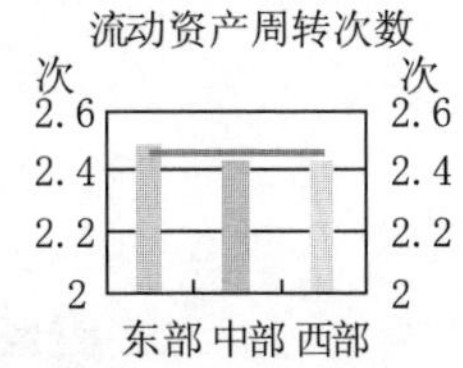

较快地区：湖南、内蒙古、山东、四川、河南

较慢地区：北京、山西、新疆、浙江、西藏

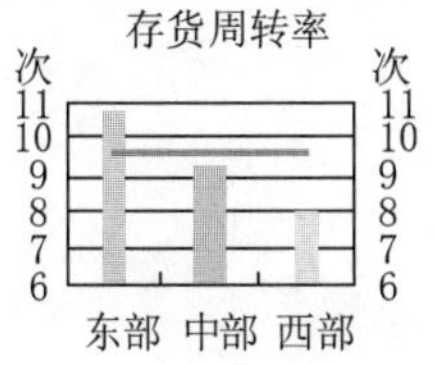

较快地区：湖南、山东、上海、江苏、福建

较慢地区：西藏、山西、青海、新疆、宁夏

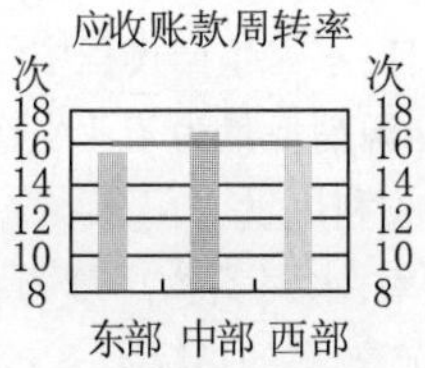

较快地区：海南、江西、河南、四川、湖南

较慢地区：上海、天津、北京、山西、青海

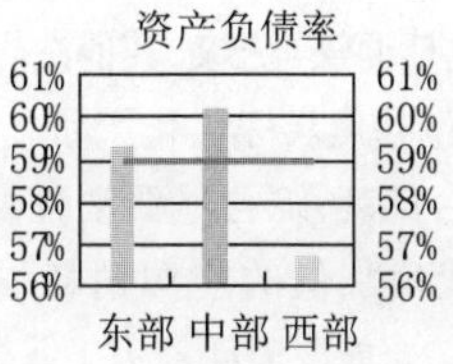

较低地区：西藏、北京、上海、宁夏、天津

较高地区：山西、湖北、黑龙江、辽宁、吉林

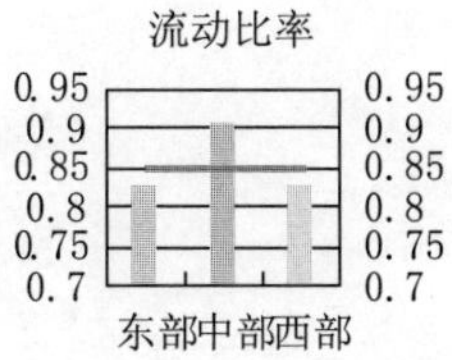

较快地区：西藏、上海、山东、天津、江西

较慢地区：云南、陕西、江苏、内蒙古、广东

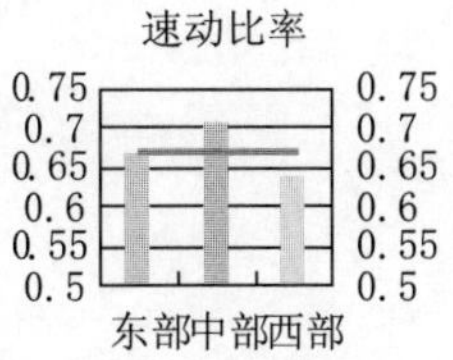

较快地区：上海、西藏、安徽、山东、重庆

较慢地区：陕西、内蒙古、云南、广东、辽宁

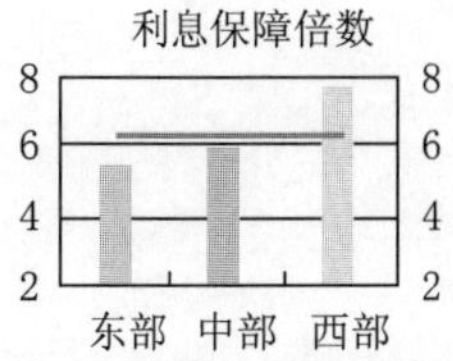

较高地区：上海、西藏、宁夏、四川、海南

较低地区：天津、云南、浙江、福建、山西

技术经济指标

Technical and economic index

新型干法生产工艺比率：预分解窑熟料产量占水泥熟料产量比重。

本篇能源消耗总量中电力消耗采用电热当量计算法折算标准煤。电热当量计算法指电力按自身的热功当量换算成标准煤，采用的折标系数为1万千瓦时=1.229吨标准煤。

煤炭消耗量：包括原煤、洗煤、其他洗煤和煤制品(型煤、水煤浆、煤粉)。不包括焦炭等焦化产品。

万元增加值综合能耗：综合能源消耗量与工业增加值比值，表明每万元工业增加值的能源消耗量。工业增加值按2005年价格计算。综合能源消耗量为工业生产能源消耗总量扣除能源加工转换和回收利用量，以吨标准煤为计算单位。

吨水泥熟料烧成耗标煤：熟料烧成过程中燃料消耗与水泥熟料产量比率，燃料消耗量按实际发热值折算标准煤。

吨水泥综合电耗：水泥生产过程中电力消耗与水泥产量比率。

吨水泥实物煤耗：水泥生产过程中煤炭消耗与水泥产量比率。

吨水泥综合能耗：水泥生产过程中综合能源消耗量与水泥产量比率，综合能源消耗量为工业生产能源消耗总量扣除能源加工转换和回收利用量。

水泥劳动生产率：水泥实物产量与从业人员的比率，是反映企业和行业生产效率的指标。

人均技术装备：固定资产净值与从业人员的比率，是反映企业和行业技术装备水平的指标。

技术经济指标

Technical and economic index

6－1 水泥主要技术经济指标

6－1 Main technical and economic index of cement

指标名称	计量单位	2005 年	2008 年	2009 年
水泥熟料与水泥产量比率	%	71.55	68.80	65.76
新型干法生产工艺比率	%	39.49	63.29	72.72
水泥制造业能源消耗总量	万吨标准煤	11 730	14 323	15 348
水泥制造业煤炭消耗量	万吨	16 310	17 607	18 662
水泥制造业电力消耗量	亿千瓦时	1 042	1 263	1 376
水泥制造业万元增加值综合能耗	吨标准煤/万元	13.97	10.47	9.24
吨水泥熟料烧成耗标煤	千克标准煤/吨	143.9	128.9	121.8
立窑工艺	千克标准煤/吨	156.8	150.9	142.2
新型干法工艺	千克标准煤/吨	124.0	116.2	114.1
其中:日产 4000 吨及以上生产线	千克标准煤/吨	115.5	110.0	108.7
吨水泥综合电耗	千瓦时/吨	98.7	93.9	91.1
水泥粉磨企业吨水泥综合电耗	千瓦时/吨	38.4	38.5	36.2
吨水泥实物煤耗	千克/吨	157.6	141.0	131.3
吨水泥综合能耗	千克标准煤/吨	129.4	111.1	103.8
水泥粉磨企业吨水泥综合能耗	千克标准煤/吨	7.4	6.4	6.0
水泥劳动生产率	吨/人	760	1 190	1 490
立窑生产企业	吨/人	540	670	730
新型干法工艺生产企业	吨/人	1 354	1 990	2 390
水泥粉磨企业劳动生产率	吨/人	1 110	1 860	2 190
水泥制造业人均技术装备	万元/人	15.64	24.84	30.50

6－2 水泥制造业能源消耗总量

6－2 Total energy consumption of cement manufacturing industry

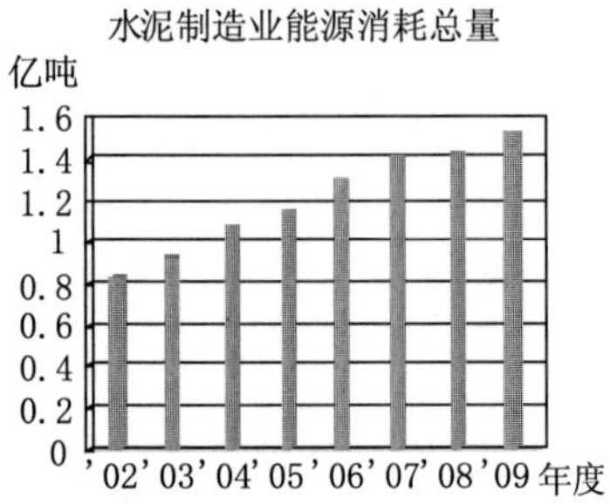

水泥制造业能源消耗总量

万吨标准煤

年 度	能源消耗总量	增长率(%)
2002	8 309	
2003	9 281	11.70
2004	10 940	17.88
2005	11 730	7.22
2006	13 102	11.70
2007	14 191	8.31
2008	14 323	0.94
2009	15 348	7.15
年平均增长率		10.61

2009年水泥制造业能源消耗总量1.53亿吨标准煤，比2008年增长7.15%。

2002～2009年水泥制造业能源消耗总量年平均增长10.61%。

2009年水泥制造业煤炭和电力消耗折合标准煤占水泥制造业能源消耗总量的97.2%，其中煤炭消耗折合标准煤占水泥制造业能源消耗总量的86.18%。

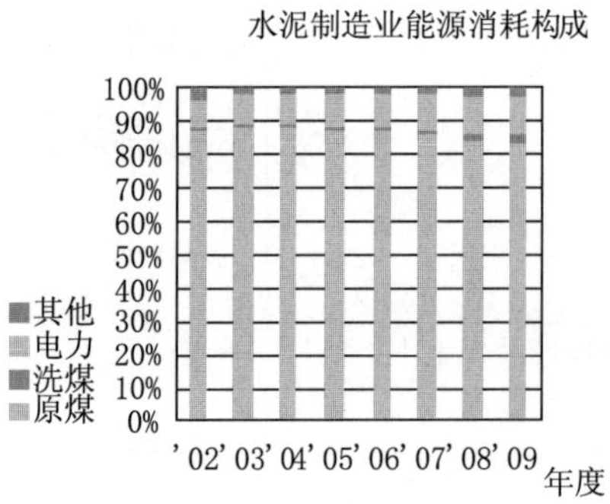

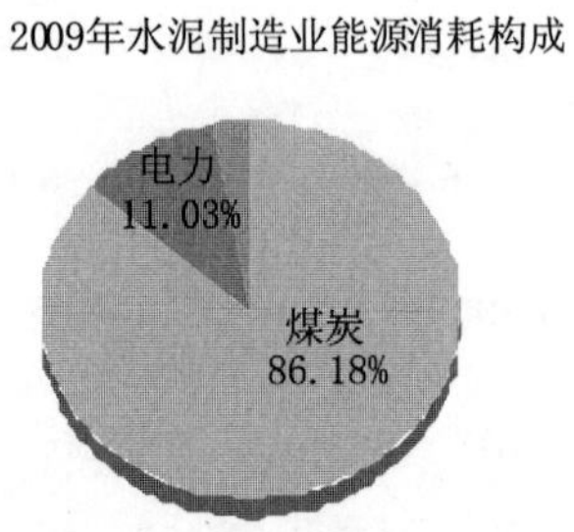

2009年水泥制造业主要能源消耗量

能源品种	计量单位	消耗量	比重%	增长率%
煤炭	万吨	18 662	86.18	5.99
其中：原煤	万吨	18 146	83.53	5.78
洗煤	万吨	495	2.56	19.97
电力	亿千瓦时	1 376	11.03	8.97
热力	万百万千焦	5 316	1.18	230.95
柴油	万吨	42.75	0.41	5.87
煤矸石	万吨	515	0.63	－14.14
工业废料和城市固体垃圾	万吨标准煤	13.51	0.09	－40.78

6－3　水泥制造业万元增加值能耗

6－3　Comprehensive energy consumption of RMB 10,000 added value in cement manufacturing industry

2003～2009 年水泥制造业能源消耗总量年平均增长 10.61%，低于同期水泥制造业工业增加值 16.06%的年平均增长率。水泥制造业能源消耗总量弹性系数 0.66，即水泥制造业工业增加值每增长 1 个百分点，能源消耗总量增长 0.66%。

水泥制造业能源消耗总量弹性系数

年 度	水泥制造业工业增加值增长率%	能源消耗总　量增长率%	水泥制造业能源消耗总量弹性系数
2003	19.47	11.63	0.60
2004	10.83	17.85	1.65
2005	14.60	7.20	0.49
2006	23.86	11.71	0.49
2007	16.72	8.31	0.50
2008	12.61	0.94	0.07
2009	20.61	7.15	0.35
平 均	16.06	10.61	0.66

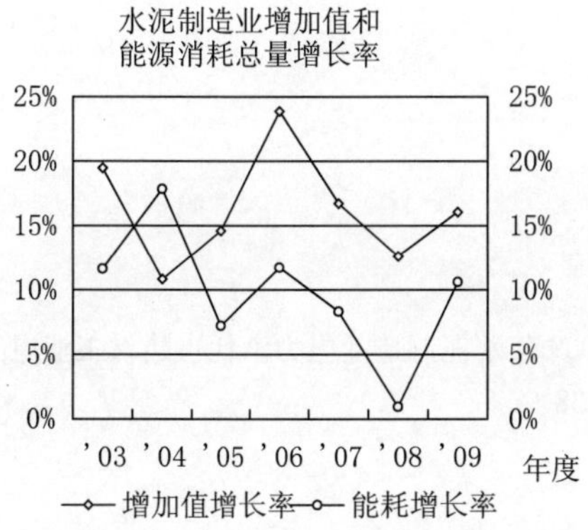

2009 年水泥制造业万元增加值综合能耗 9.24 吨标准煤，比 2008 年降低 1.23 吨标准煤，降低幅度 11.73%；比 2005 年降低 33.83%；比 2002 年降低 37.71%。

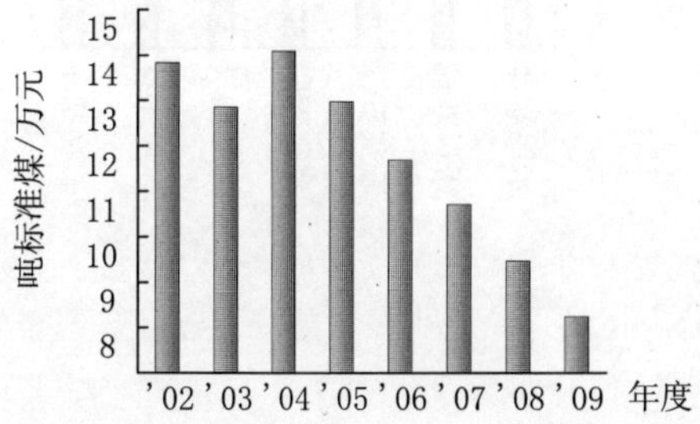

水泥制造业万元增加值能耗
（按 2005 年价格计算）

年　度	综合能耗	增长率%
2002	14.84	
2005	13.97	-7.45
2006	12.69	-9.17
2007	11.71	-7.69
2008	10.47	-10.59
2009	9.24	-11.73

6－4 水泥制造业能源消耗在建材工业中的地位

6－4 The position of energy consumption of cement manufacturing industry in building material industry

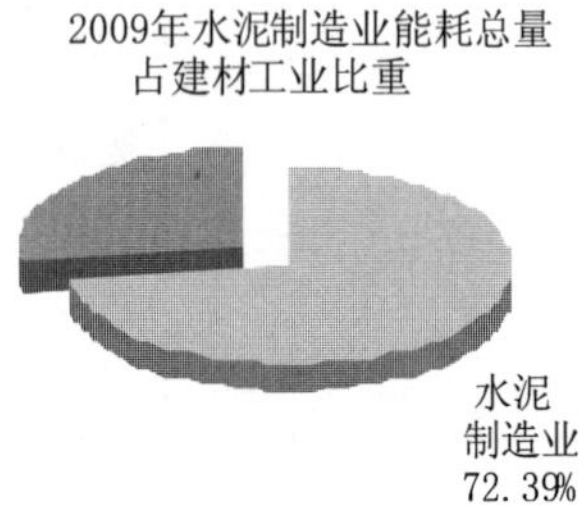

2009 年水泥制造业能耗总量占建材工业能耗总量 72.39 %，工业增加值占 27.27 %

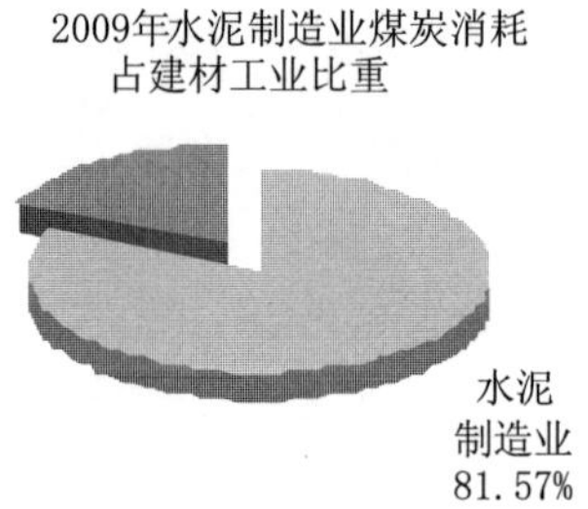

2009 年水泥制造业煤炭消耗占建材工业煤炭消耗总量 81.57 %，柴油消耗量占 15.49 %

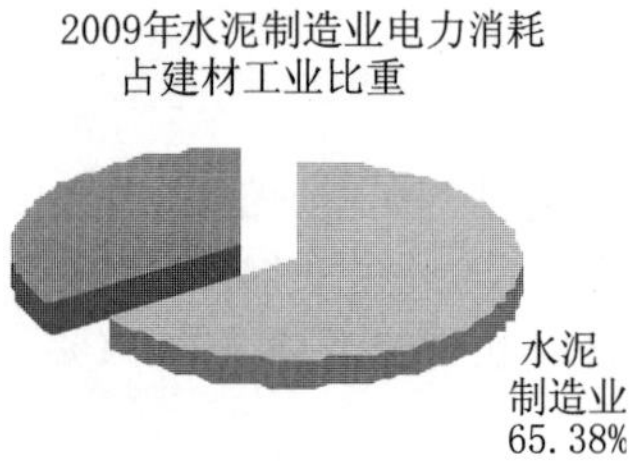

2009 年水泥制造业电力消耗占建材工业电力消耗总量 65.38 %

2009 年水泥制造业万元增加值综合能耗是建材工业平均水平的 2.6 倍

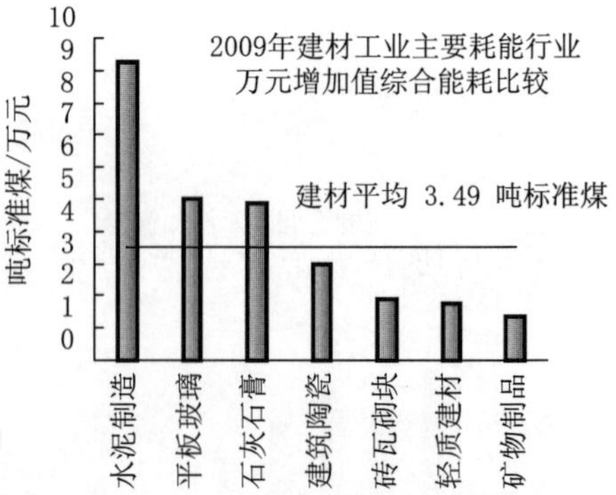

6－5 水泥制造业能源消耗地区对比

6－5 Comparison of regional energy consumption in cement manufacturing industry

水泥制造业万元增加值能耗
（按2005年价格计算，吨标准煤）

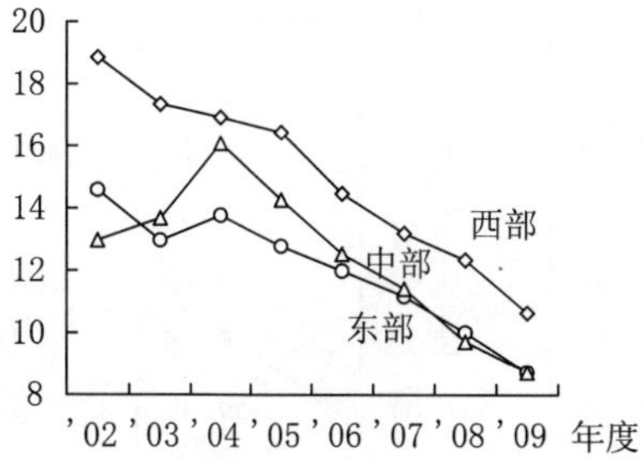

水泥制造业万元增加值能耗
（按 2005 年价格计算）　　吨标准煤

地 区	综合能耗		2009 年比 2007 年增长%	2009 年比 2005 年增长%
	2005 年	2009 年		
平 均	13.97	9.24	－11.73	－33.83
东 部	12.77	8.72	－12.89	－31.75
中 部	14.27	8.73	－10.12	－38.80
西 部	16.44	10.64	－13.74	－35.24

2009年省区市水泥制造业万元增加值能耗（按2005年价格计算）

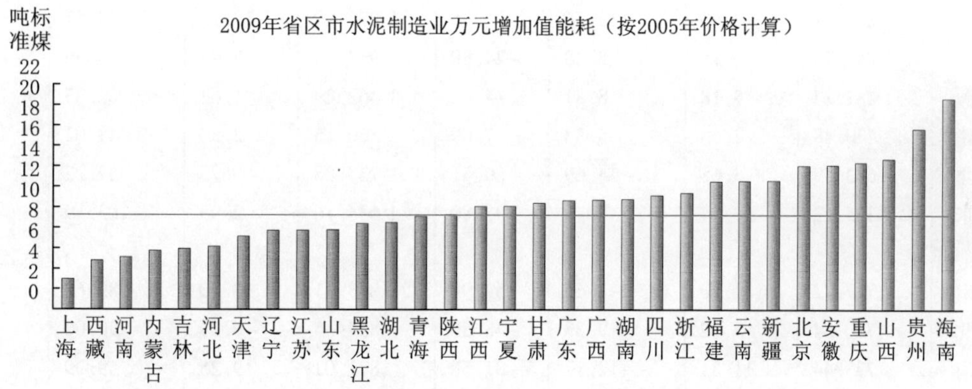

2009年水泥制造业煤炭消耗
500万吨以上的省区市（万吨）

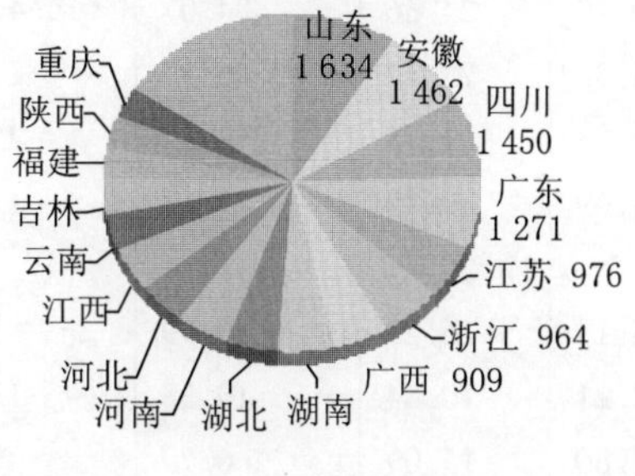

2009年水泥制造业电力消耗
30亿千瓦时以上的省区市（亿千瓦时）

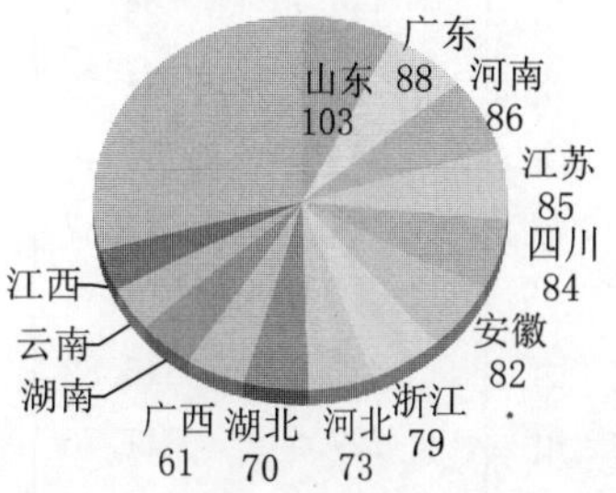

6－6　2009 年省区市水泥制造业能源消耗

6－6　Energy consumption of cement manufacturing industry of each province, region and city in 2009

省区市名称	能源消耗总量		万元增加值能耗		煤炭消耗量		电力消耗量	
	万吨标准煤	增长率%	比08年%	比05年%	万吨	增长率%	亿千瓦时	增长率%
全国	15 347.77	7.15	-11.73	-33.83	18 661.60	5.99	1 375.91	8.97
北京	121.88	3.37	-14.18	-8.94	141.35	7.18	11.11	-12.78
天津	29.64	-9.35	-29.54	-33.88	32.85	-13.11	4.37	3.27
河北	651.21	2.78	-17.08	-41.62	772.81	-0.44	73.18	14.83
山西	203.45	9.79	20.41	-18.80	233.26	6.35	25.75	18.91
内蒙古	366.58	23.66	-15.30	-61.11	458.68	31.81	39.40	14.51
辽宁	381.30	0.97	-7.29	-51.99	449.62	0.07	37.90	0.29
吉林	474.94	35.97	-11.82	-43.45	604.35	36.88	34.36	32.56
黑龙江	212.47	5.11	-8.21	-50.92	245.67	0.99	19.65	14.12
上海	23.14	-17.12	-35.77	-38.40	23.57	-19.51	4.09	-9.19
江苏	823.51	-12.40	-15.76	-33.96	975.99	-12.73	84.54	-9.71
浙江	842.73	-4.11	-13.28	-24.80	963.58	-5.98	78.56	-3.38
安徽	1 181.27	8.18	-8.81	-4.62	1 462.29	1.63	82.45	6.56
福建	470.48	2.65	-5.83	-7.09	560.15	2.50	49.02	12.40
江西	613.59	3.68	-14.69	-20.31	737.88	-0.75	52.22	17.36
山东	1 355.12	2.04	-7.48	-33.80	1 634.16	2.95	103.49	-12.23
河南	717.72	21.20	-1.65	-57.93	833.51	18.50	85.62	18.06
湖北	700.84	3.92	-9.33	-48.50	854.35	-0.39	70.00	13.10
湖南	733.44	11.31	-12.17	-31.58	871.01	9.25	59.39	13.87
广东	1 026.18	-6.81	-17.30	-27.50	1 270.89	-6.23	88.43	-3.57
广西	695.98	19.80	-11.61	-35.79	908.93	18.71	60.89	24.46
海南	91.93	43.20	20.89	77.18	114.69	39.30	7.46	38.54
重庆	446.83	3.47	-4.91	-30.71	512.75	1.58	36.37	2.74
四川	1 148.12	23.36	-15.56	-19.18	1 450.49	24.36	84.07	42.32
贵州	289.69	21.55	4.47	-2.10	358.38	23.27	26.32	27.68
云南	552.74	13.46	-20.86	-36.06	712.83	9.75	52.83	25.63
西藏	24.57	14.87	-31.87	22.32	29.69	20.47	2.47	-11.46
陕西	447.97	13.82	-16.65	-43.71	555.14	16.25	40.99	3.73
甘肃	227.54	11.76	-4.94	-29.99	283.21	10.64	19.23	13.76
青海	70.29	18.09	-13.64	-49.14	87.80	15.09	6.79	36.38
宁夏	129.28	20.52	-12.20	-47.77	154.34	22.80	12.51	30.64
新疆	293.35	10.15	-10.38	-33.12	367.38	8.72	22.46	20.41

6－7　吨水泥熟料烧成耗标煤

6－7　Standard coal consumption for burning one ton of cement clinker

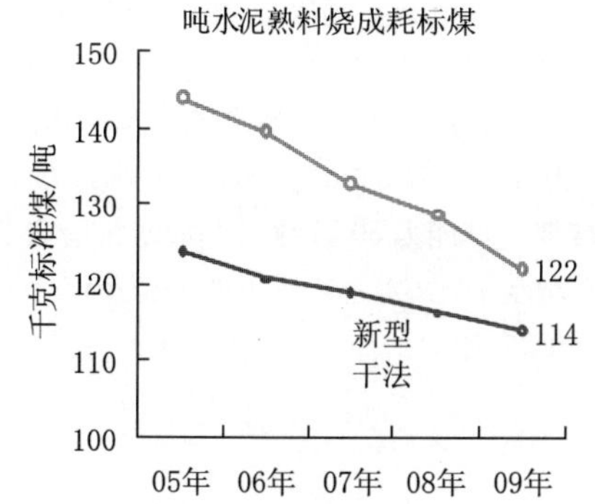

2009 年吨水泥熟料烧成耗标煤平均水平 121.8 千克标准煤，比 2008 年下降 5.6%，比 2005 年下降 15.4%

立窑工艺吨水泥熟料烧成耗标煤平均水平 142.2 千克标准煤，新型干法工艺平均水平 114.1 千克标准煤

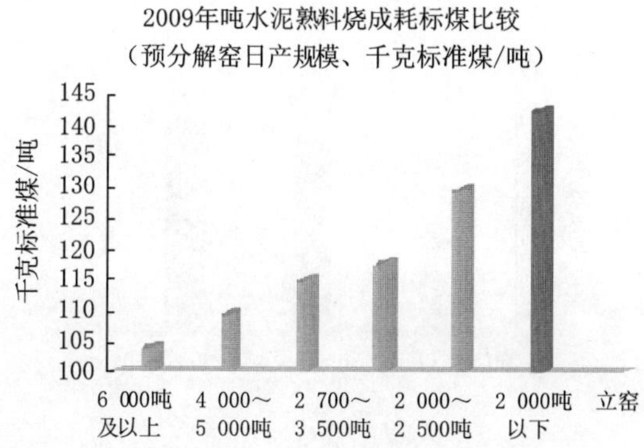

2009 年日产 4 000～5 000 吨新型干法生产线的吨熟料标准煤耗平均水平，比日产规模 2 000～2 500 吨生产线平均水平低 7%，比日产规模 2 000 吨以下生产线平均水平低 16%

2009 年日产 4 000 吨及以上新型干法生产线吨熟料标准煤耗平均水平 108.7 千克标准煤

2009 年先进新型干法生产线吨熟料标准煤耗平均水平 97.3 千克标准煤

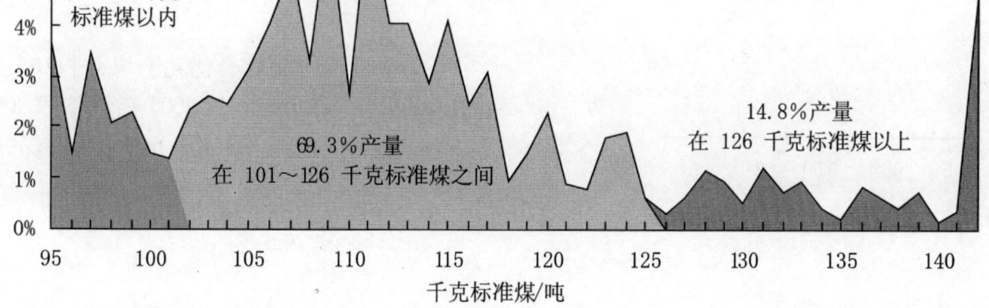

6－8　水泥单位产品能耗

6－8　Unit product energy consumption of cement

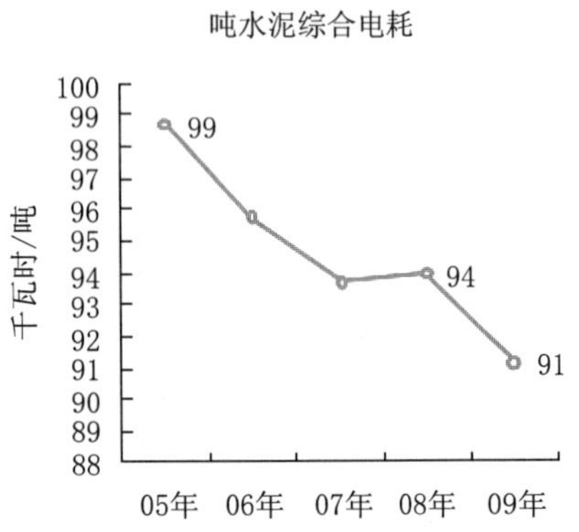

2009 年吨水泥综合电耗平均水平 91.1 千瓦时，比 2008 年下降 3%，比 2005 年下降 7.7%

2009 年水泥粉磨企业吨水泥综合电耗平均水平 36.2 千瓦时，比 2008 年下降 6%，比 2005 年下降 5.7%

2009 年年生产能力 60 万吨以上水泥粉磨企业吨水泥综合电耗平均水平比 30 万吨以下企业低 16%，比 30～60 万吨企业低 11%

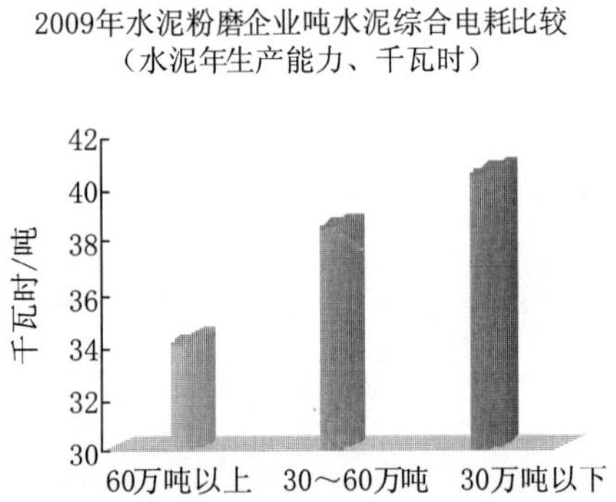

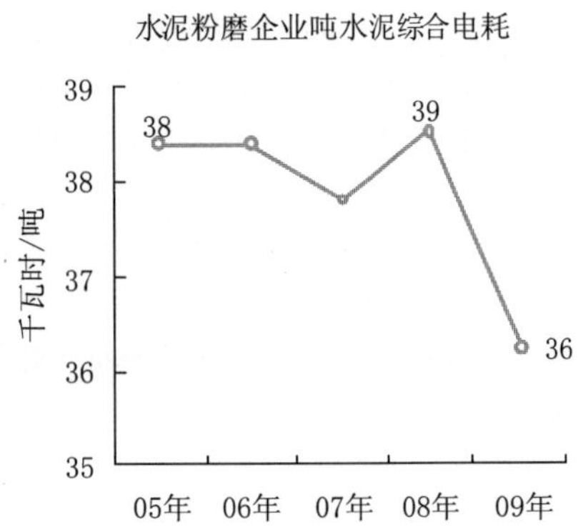

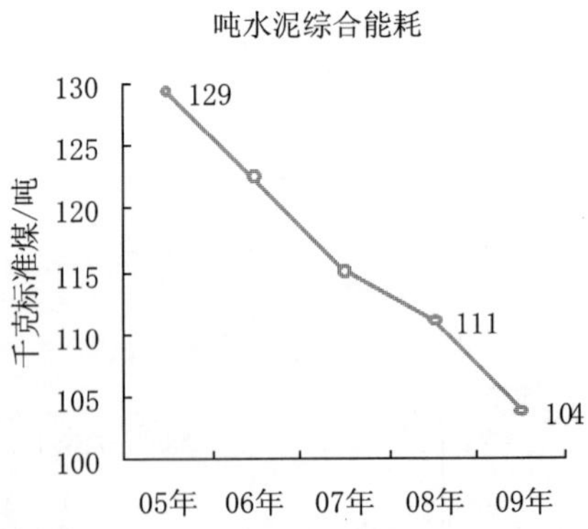

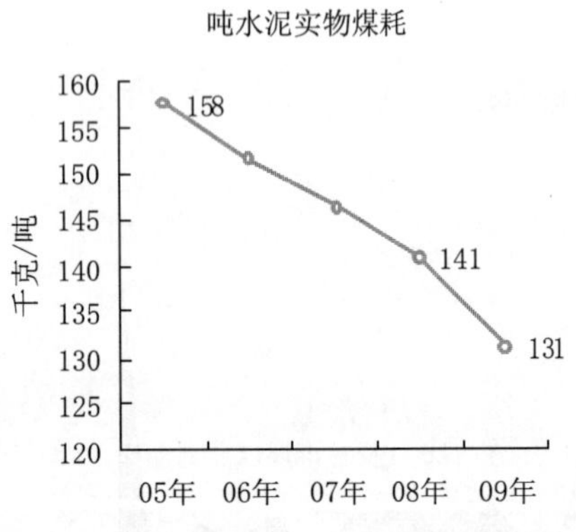

2009 年吨水泥综合能耗平均水平 103.8 千克标准煤，比 2008 年下降 6.5%，比 2005 年下降 19.8%；水泥粉磨企业吨水泥综合能耗平均水平 6 千克标准煤，比 2008 年下降 5.8%，比 2005 年下降 18.3%

6－9 水泥劳动生产率

6－9 Labor productivity of cement

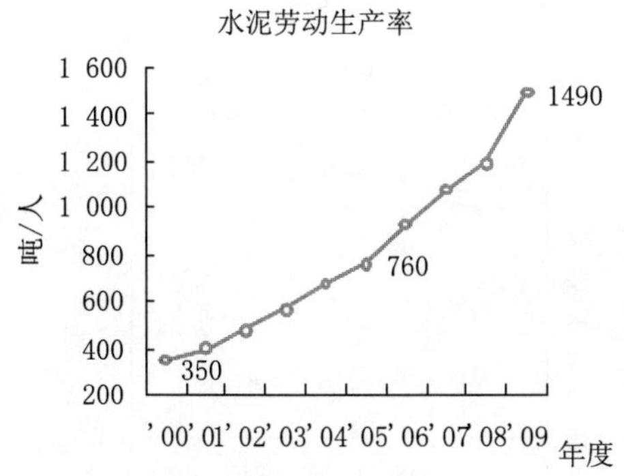

2009 年水泥劳动生产率 1 490 吨/人，是 2005 年的 2 倍，2000 年的 4.3 倍，

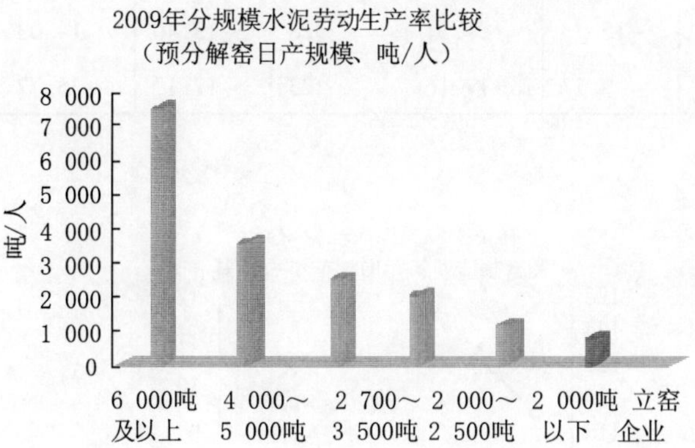

2009 年立窑生产企业劳动生产率平均水平 730 吨/人，

新型干法生产企业劳动生产率平均水平 2 390 吨/人，是立窑生产企业平均水平的 3.3 倍，

日产 4 000 ~ 5 000 吨新型干法生产线企业平均水平 3 570 吨/人，日产 6 000 吨以上平均水平 7 520 吨/人，

先进新型干法生产企业平均水平 8 140 吨/人，年生产能力 1 000 万吨以上大型企业集团劳动生产率平均水平 3 200 吨/人。

2009 年粉磨企业水泥劳动生产率平均水平 2 190 吨/人，比 2005 年提高 97.3%，

年生产能力 60 万吨以上粉磨企业平均水平 3 500 吨/人，是 60 万吨以下企业平均水平的 2.5 倍，

先进粉磨企业平均水平 12 000 吨/人，

年生产能力 1 000 万吨以上大型企业集团隶属的粉磨企业平均水平 5 600 吨/人。

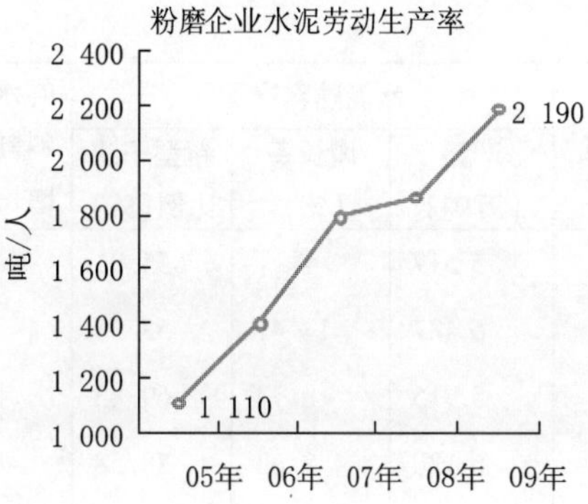

6－10－1 水泥区域生产和能耗情况

6－10－1 Regional cement production and energy consumption status

上海市

水泥熟料产量和水泥制造业能耗总量

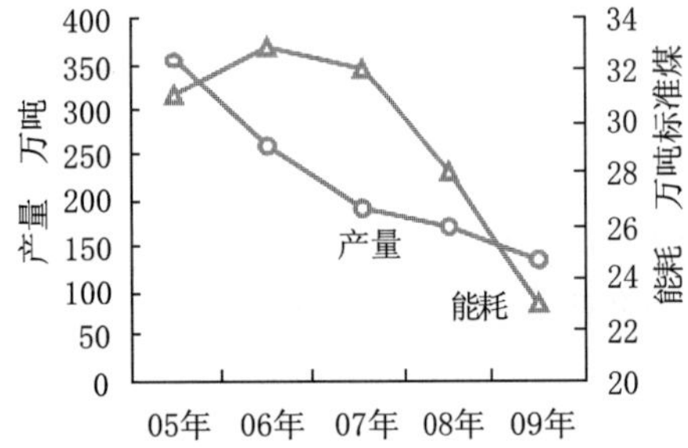

吨水泥熟料烧成耗标煤和
水泥制造业万元增加值综合能耗

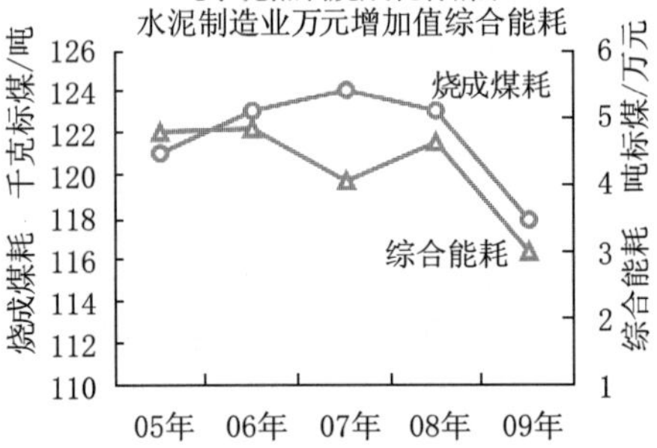

年　度	水泥熟料产量			吨水泥熟料耗标煤增长(%)	水泥产量			水泥制造业		
	产量(万吨)	增长率(%)	新型干法比例(%)		产量(万吨)	增长率(%)	与熟料比例(%)	能耗总量(万吨标煤)	增长率(%)	综合能耗增长(%)
2005	354		68.89		1 045		33.89	31		
2006	260	－26.61	72.32	1.09	1 131	8.22	22.98	33	5.92	0.74
2007	190	－27.06	100.00	1.03	959	－15.17	19.76	32	－3.04	－16.51
2008	172	－9.14	100.00	－0.95	808	－15.73	21.31	28	－13.40	14.03
2009	134	－22.01	100.00	－3.64	783	－3.17	17.16	23	－17.12	－35.77

江苏省

水泥熟料产量和水泥制造业能耗总量

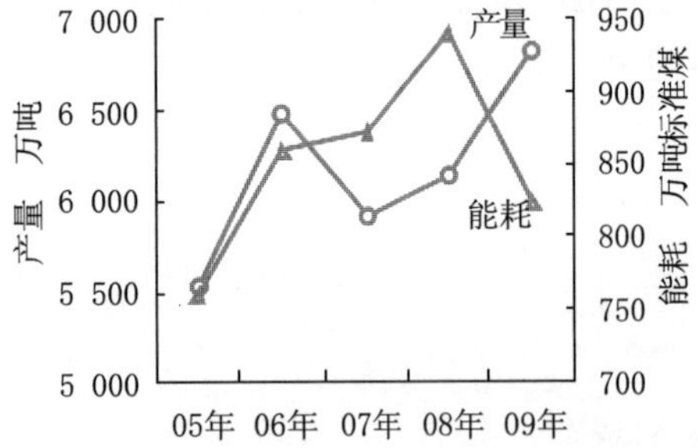

吨水泥熟料烧成耗标煤和
水泥制造业万元增加值综合能耗

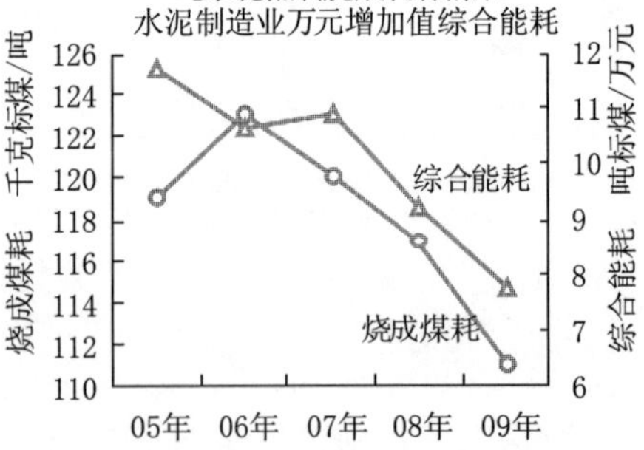

年　度	水泥熟料产量			吨水泥熟料耗标煤增长(%)	水泥产量			水泥制造业		
	产量(万吨)	增长率(%)	新型干法比例(%)		产量(万吨)	增长率(%)	与熟料比例(%)	能耗总量(万吨标煤)	增长率(%)	综合能耗增长(%)
2005	5 517		55.91		9 681		56.99	760		
2006	6 481	17.47	58.37	3.68	10 976	13.37	59.05	859	13.04	－9.54
2007	5 915	－8.74	69.83	－2.99	11 850	7.96	49.91	872	1.49	2.18
2008	6 130	3.63	78.58	－2.21	13 249	11.81	46.27	940	7.85	－15.19
2009	6 827	11.38	81.00	－5.06	14 728	11.16	46.36	824	－12.40	－15.76

注：水泥制造业综合能耗指万元增加值综合能耗，下同。

6 -10 -2 水泥区域生产和能耗情况

6 -10 -2 Regional cement production and energy consumption status

浙江省

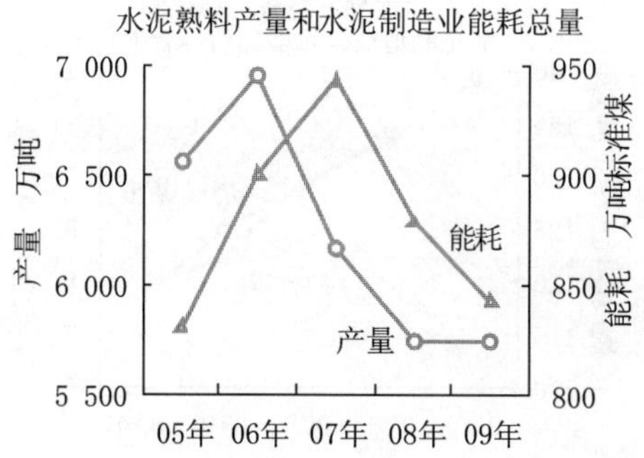

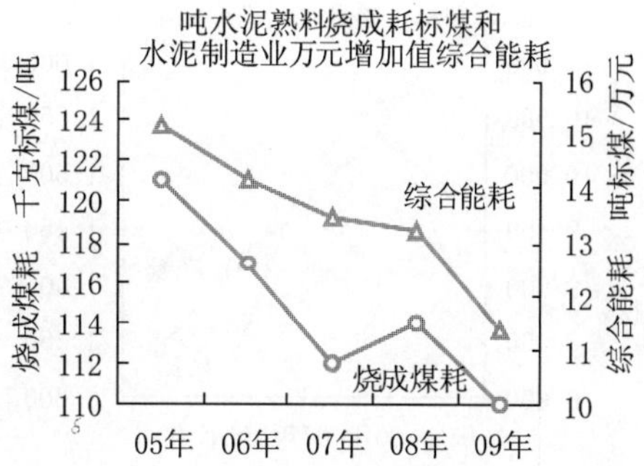

年 度	水泥熟料产量			吨水泥熟料标煤增长(%)	水泥产量			水泥制造业		
	产量(万吨)	增长率(%)	新型干法比例(%)		产量(万吨)	增长率(%)	与熟料比例(%)	能耗总量(万吨标煤)	增长率(%)	综合能耗增长(%)
2005	6 556		66.65		9 129		71.82	831		
2006	6 957	6.10	78.41	-3.16	9 952	9.02	69.90	901	8.42	-6.81
2007	6 168	-11.34	97.89	-4.89	10 409	4.59	59.25	944	4.88	-5.10
2008	5 745	-6.85	98.87	2.43	10 218	-1.83	56.23	879	-6.95	-1.95
2009	5 737	-0.15	98.77	-3.78	10 873	6.41	52.76	843	-4.11	-13.28

安徽省

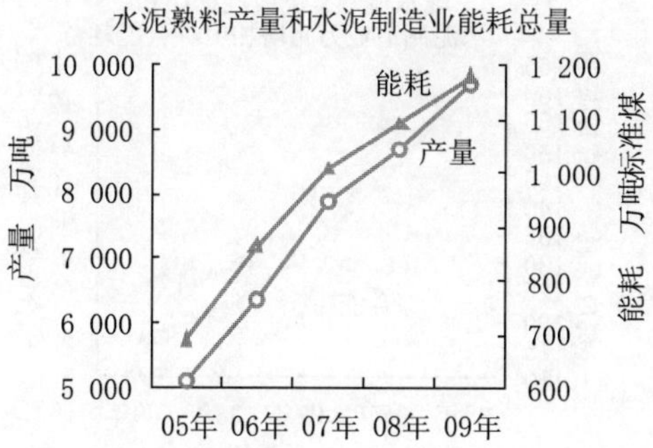

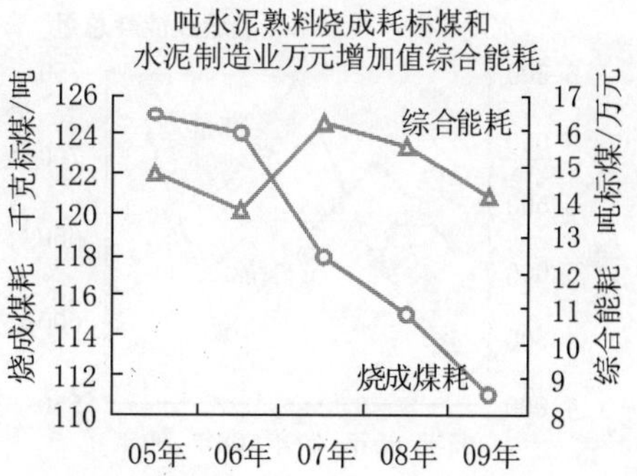

年 度	水泥熟料产量			吨水泥熟料标煤增长(%)	水泥产量			水泥制造业		
	产量(万吨)	增长率(%)	新型干法比例(%)		产量(万吨)	增长率(%)	与熟料比例(%)	能耗总量(万吨标煤)	增长率(%)	综合能耗增长(%)
2005	5 101		79.54		3 353		152.14	690		
2006	6 364	24.76	80.60	-0.99	4 580	36.60	138.96	864	25.22	-6.85
2007	7 914	24.36	86.60	-4.73	5 402	17.96	146.50	1 010	16.90	17.28
2008	8 689	9.79	90.71	-2.30	6 172	14.24	140.79	1 092	8.15	-4.27
2009	9 700	11.63	94.57	-3.65	7 138	15.66	135.88	1 181	8.18	-8.81

6 -10 -3 水泥区域生产和能耗情况

6 -10 -3 Regional cement production and energy consumption status

山东省

水泥熟料产量和水泥制造业能耗总量

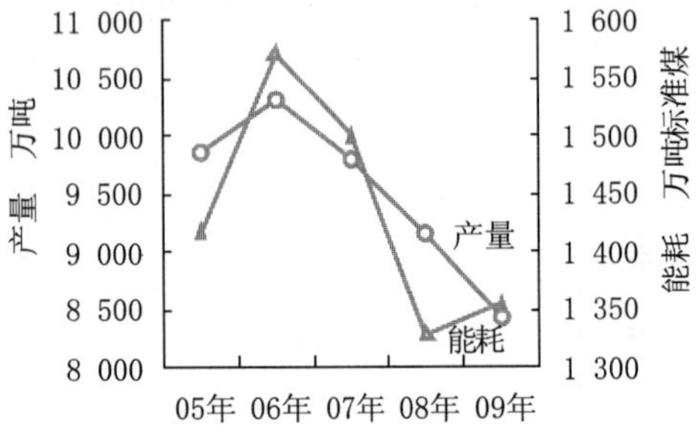

吨水泥熟料烧成耗标煤和水泥制造业万元增加值综合能耗

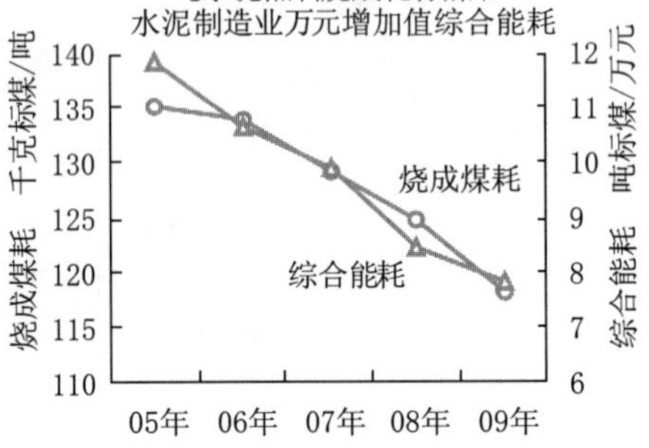

年　度	水泥熟料产量			吨水泥熟料耗标煤增长(%)	水泥产量			水泥制造业		
	产量(万吨)	增长率(%)	新型干法比例(%)		产量(万吨)	增长率(%)	与熟料比例(%)	能耗总量(万吨标煤)	增长率(%)	综合能耗增长(%)
2005	9 832		37.02		14 426		68.16	1 416		
2006	10 294	4.69	37.95	-0.63	16 670	15.55	61.75	1 572	10.99	-9.50
2007	9 773	-5.06	45.59	-3.68	14 987	-10.09	65.21	1 500	-4.57	-7.38
2008	9 157	-6.30	59.00	-2.82	14 142	-5.64	64.75	1 328	-11.46	-14.64
2009	8 429	-7.95	66.86	-5.99	14 491	2.47	58.17	1 355	2.04	-7.48

河南省

水泥熟料产量和水泥制造业能耗总量

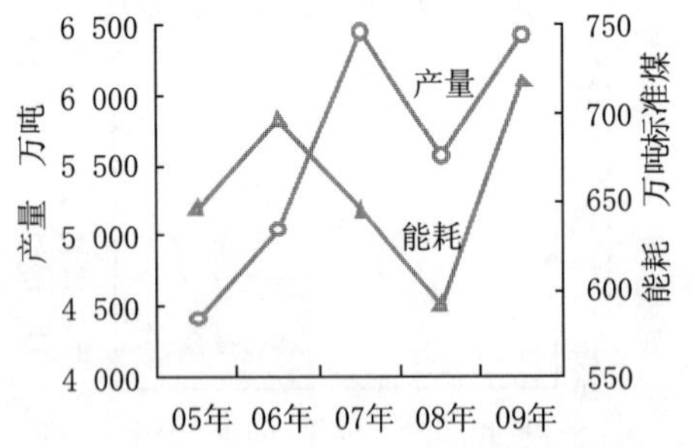

吨水泥熟料烧成耗标煤和水泥制造业万元增加值综合能耗

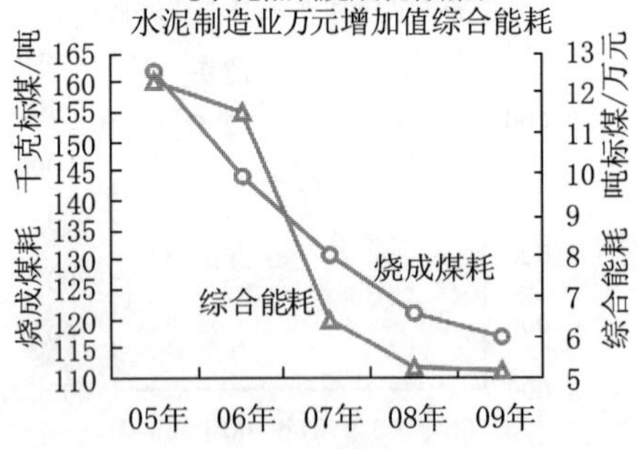

年　度	水泥熟料产量			吨水泥熟料耗标煤增长(%)	水泥产量			水泥制造业		
	产量(万吨)	增长率(%)	新型干法比例(%)		产量(万吨)	增长率(%)	与熟料比例(%)	能耗总量(万吨标煤)	增长率(%)	综合能耗增长(%)
2005	4 412		19.81		6 487		68.01	646		
2006	5 056	14.61	28.72	-11.57	7 605	17.23	66.48	697	7.94	-5.78
2007	6 461	27.78	45.53	-8.96	9 384	23.39	68.85	645	-7.53	-44.26
2008	5 571	-13.78	71.57	-7.82	10 358	10.37	53.78	592	-8.15	-18.56
2009	6 427	15.37	79.28	-3.22	11 876	14.66	54.12	718	21.20	-1.65

6－10－4 水泥区域生产和能耗情况

6－10－4 Regional cement production and energy consumption status

湖北省

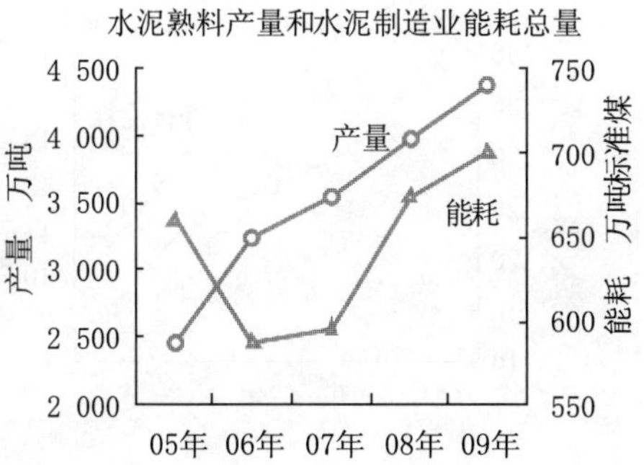

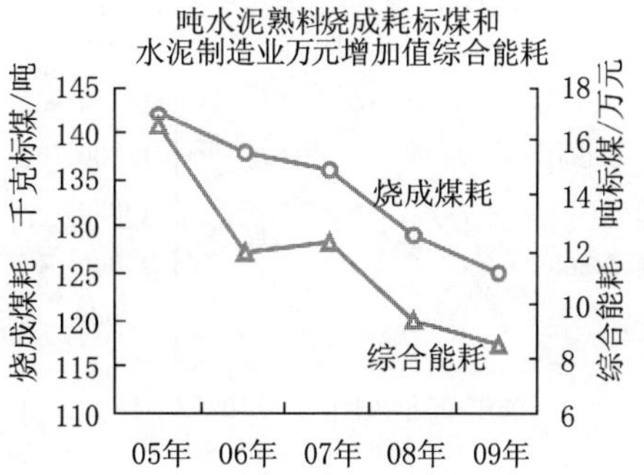

年 度	水泥熟料产量			吨水泥熟料耗标煤增长(%)	水泥产量			水泥制造业		
	产量(万吨)	增长率(%)	新型干法比例(%)		产量(万吨)	增长率(%)	与熟料比例(%)	能耗总量(万吨标煤)	增长率(%)	综合能耗增长(%)
2005	2 444		53.56		4 486		54.49	661		
2006	3 233	32.28	52.08	－2.69	5 203	15.98	62.15	588	－11.04	－27.59
2007	3 527	9.08	57.92	－1.95	5 639	8.38	62.55	596	1.22	2.57
2008	3 982	12.90	65.57	－4.74	5 899	4.62	67.50	674	13.23	－23.52
2009	4 376	9.90	82.15	－3.44	7 037	19.28	62.19	701	3.92	－9.33

湖南省

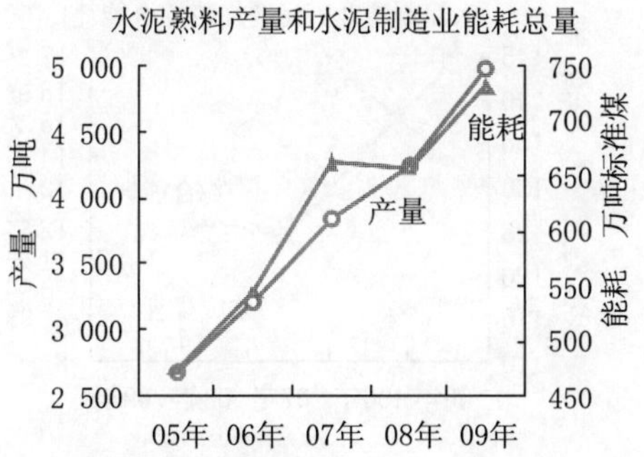

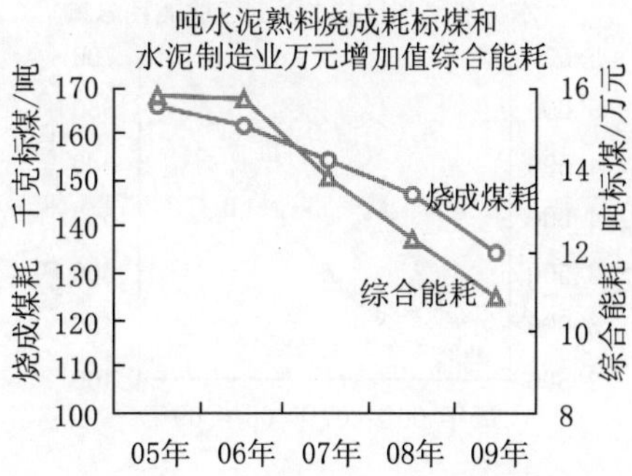

年 度	水泥熟料产量			吨水泥熟料耗标煤增长(%)	水泥产量			水泥制造业		
	产量(万吨)	增长率(%)	新型干法比例(%)		产量(万吨)	增长率(%)	与熟料比例(%)	能耗总量(万吨标煤)	增长率(%)	综合能耗增长(%)
2005	2 691		11.07		3 742		71.91	474		
2006	3 225	19.84	17.58	－2.37	4 589	22.62	70.29	545	14.82	－0.23
2007	3 839	19.03	27.63	－4.82	5 683	23.85	67.55	663	21.81	－12.19
2008	4 254	10.81	36.22	－4.35	6 168	8.53	68.97	659	－0.66	－11.09
2009	4 983	17.14	48.55	－8.48	7 685	24.60	64.83	733	11.31	－12.17

6－10－5 水泥区域生产和能耗情况

6－10－5 Regional cement production and energy consumption status

广东省

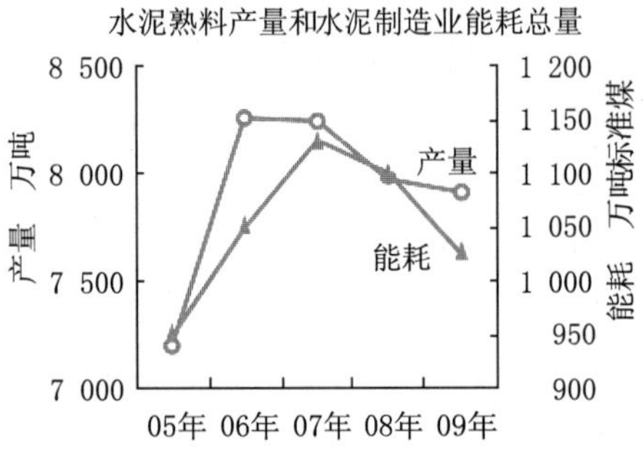

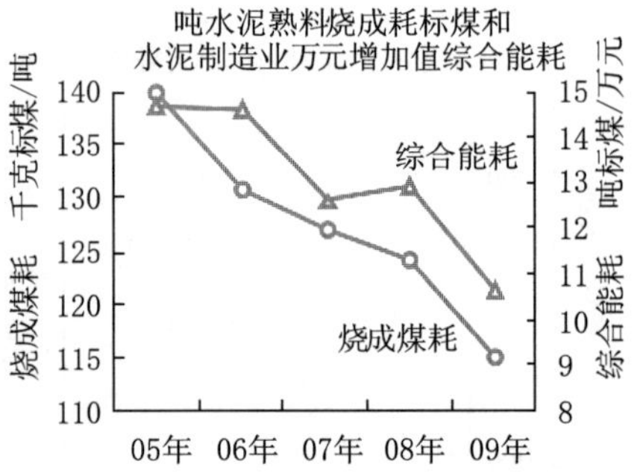

年 度	水泥熟料产量			吨水泥熟料标煤增长(%)	水泥产量			水泥制造业		
	产量(万吨)	增长率(%)	新型干法比例(%)		产量(万吨)	增长率(%)	与熟料比例(%)	能耗总量(万吨标煤)	增长率(%)	综合能耗增长(%)
2005	7 196		21.03		8 610		83.58	950		
2006	8 262	14.82	33.42	-6.49	9 704	12.71	85.14	1 050	10.53	-0.87
2007	8 238	-0.30	44.59	-2.86	9 896	1.98	83.24	1 130	7.60	-13.76
2008	7 981	-3.12	51.95	-2.04	9 768	-1.29	81.70	1 101	-2.52	2.54
2009	7 911	-0.87	65.57	-7.83	10 160	4.01	77.86	1 026	-6.81	-17.30

广西壮族自治区

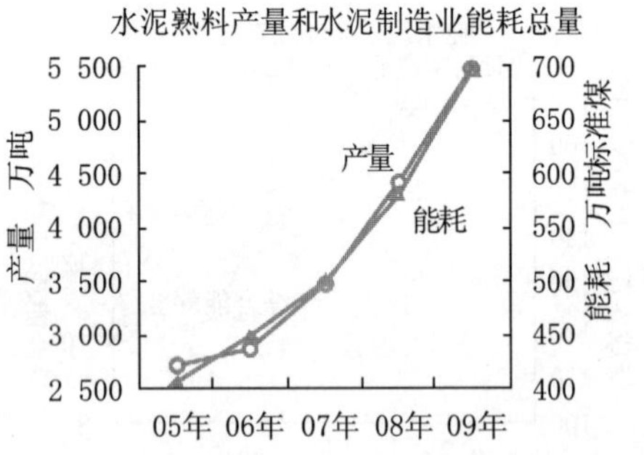

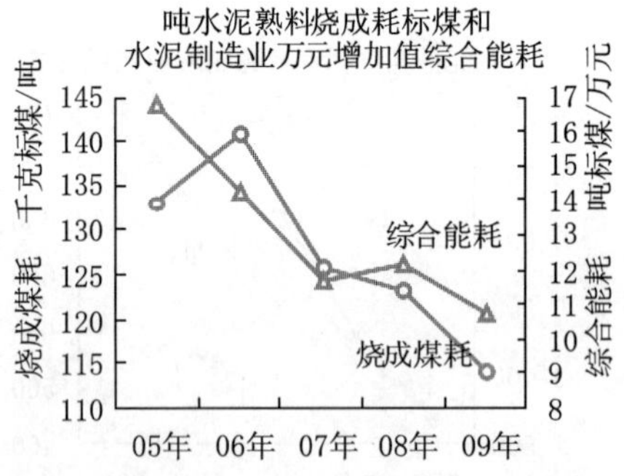

年 度	水泥熟料产量			吨水泥熟料标煤增长(%)	水泥产量			水泥制造业		
	产量(万吨)	增长率(%)	新型干法比例(%)		产量(万吨)	增长率(%)	与熟料比例(%)	能耗总量(万吨标煤)	增长率(%)	综合能耗增长(%)
2005	2 711		25.45		3 306		82.00	407		
2006	2 861	5.54	40.75	5.71	3 655	10.55	78.28	449	10.45	-14.65
2007	3 464	21.09	54.02	-10.70	4 350	19.03	79.63	501	11.50	-18.14
2008	4 423	27.68	63.66	-2.13	5 246	20.59	84.32	581	15.94	3.98
2009	5 479	23.87	73.25	-7.01	6 499	23.89	84.31	696	19.80	-11.61

6－10－6 水泥区域生产和能耗情况

6－10－6 Regional cement production and energy consumption status

福建省

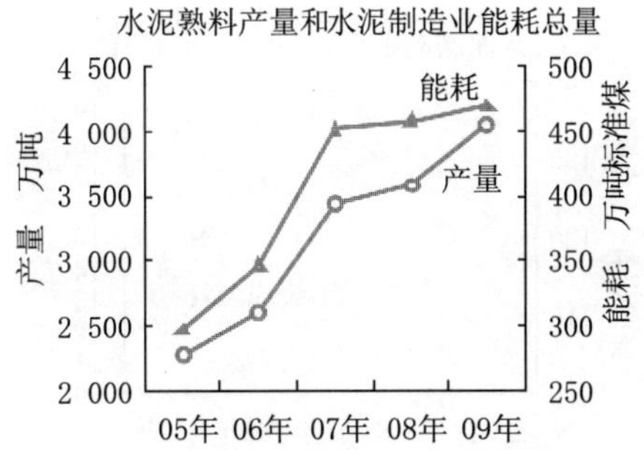

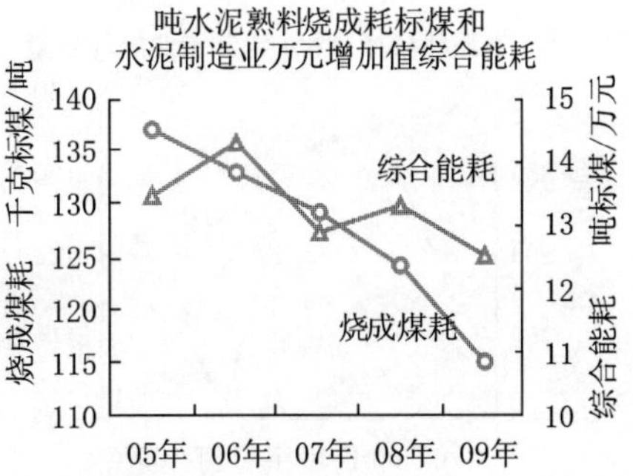

年　度	水泥熟料产量			吨水泥熟料耗标煤增长(%)	水泥产量			水泥制造业		
	产量(万吨)	增长率(%)	新型干法比例(%)		产量(万吨)	增长率(%)	与熟料比例(%)	能耗总量(万吨标煤)	增长率(%)	综合能耗增长(%)
2005	2 284		21.59		2 792		81.80	298		
2006	2 594	13.58	22.22	-2.65	3 399	21.74	76.32	347	16.57	13.58
2007	3 449	32.97	30.07	-3.36	4 500	32.41	76.64	451	29.8	32.97
2008	3 591	4.11	42.07	-3.76	4 653	3.40	77.16	458	1.72	4.11
2009	4 054	12.90	59.23	-6.93	5 482	17.81	73.95	470	2.65	12.90

江西省

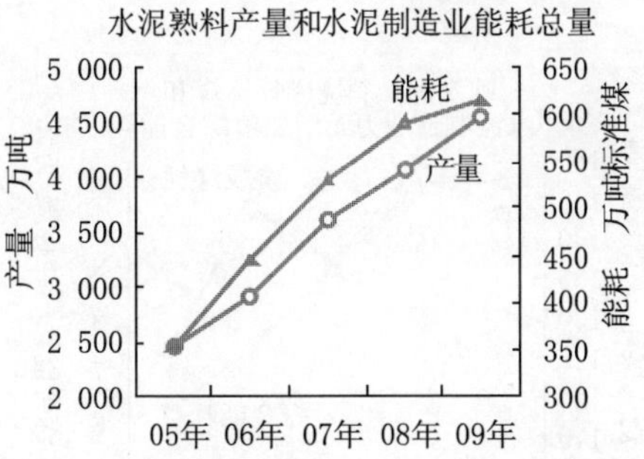

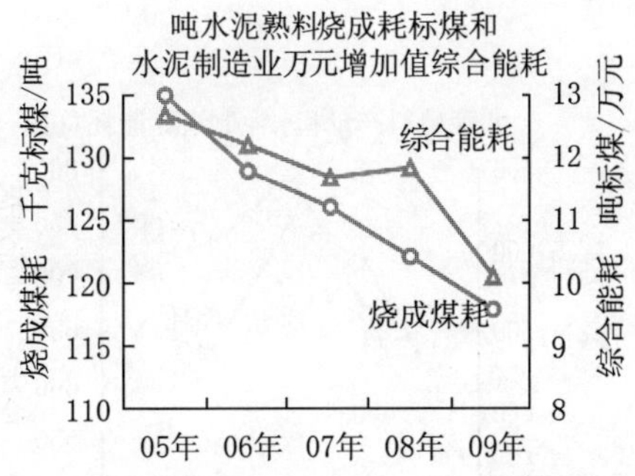

年　度	水泥熟料产量			吨水泥熟料耗标煤增长(%)	水泥产量			水泥制造业		
	产量(万吨)	增长率(%)	新型干法比例(%)		产量(万吨)	增长率(%)	与熟料比例(%)	能耗总量(万吨标煤)	增长率(%)	综合能耗增长(%)
2005	2 456		42.46		3 701		66.38	354		
2006	2 920	18.88	54.97	-4.50	4 300	16.21	67.90	445	25.45	-3.58
2007	3 614	23.77	58.29	-1.64	5 096	18.49	70.92	532	19.78	-4.48
2008	4 077	12.81	65.89	-3.27	5 352	5.03	76.18	592	11.14	1.43
2009	4 541	11.37	72.72	-3.12	6 168	15.25	73.62	614	3.68	-14.69

6－10－7 水泥区域生产和能耗情况

6－10－7 Regional cement production and energy consumption status

北京市

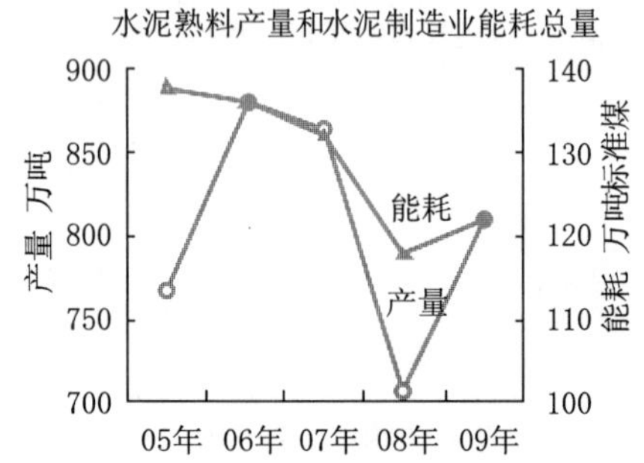

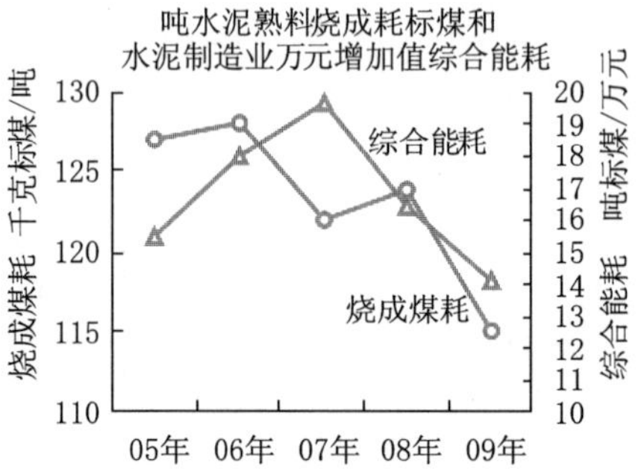

年度	水泥熟料产量			吨水泥熟料耗标煤增长(%)	水泥产量			水泥制造业		
	产量(万吨)	增长率(%)	新型干法比例(%)		产量(万吨)	增长率(%)	与熟料比例(%)	能耗总量(万吨标煤)	增长率(%)	综合能耗增长(%)
2005	767		82.84		1 184		64.75	138		
2006	880	14.75	89.81	0.63	1 229	3.78	71.60	136	-1.68	16.76
2007	864	-1.74	95.81	-4.97	1 169	-4.88	73.96	132	-2.73	9.14
2008	707	-18.17	96.91	2.15	885	-24.24	79.88	118	-10.73	-16.73
2009	809	14.39	98.27	-7.54	1 080	22.03	74.88	122	3.37	-14.18

天津市略

河北省

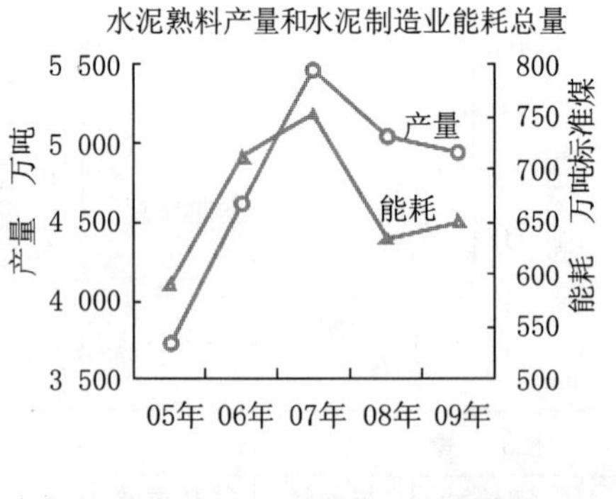

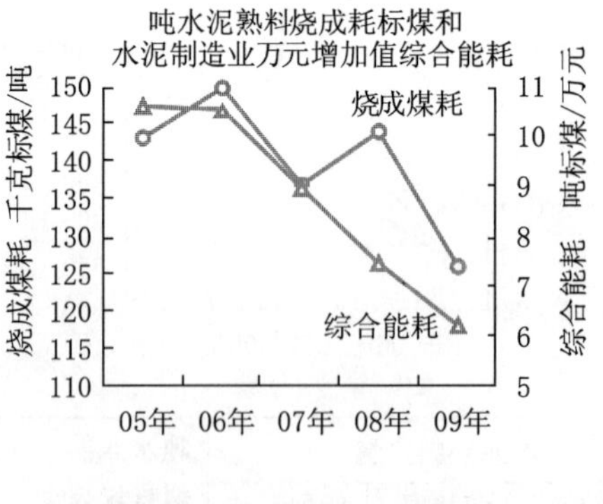

年度	水泥熟料产量			吨水泥熟料耗标煤增长(%)	水泥产量			水泥制造业		
	产量(万吨)	增长率(%)	新型干法比例(%)		产量(万吨)	增长率(%)	与熟料比例(%)	能耗总量(万吨标煤)	增长率(%)	综合能耗增长(%)
2005	3 721		43.80		7 686		48.42	591		
2006	4 626	24.32	51.28	4.97	8 625	12.22	53.64	712	20.53	-0.78
2007	5 478	18.42	45.93	-8.77	9 478	9.89	57.80	752	5.68	-14.55
2008	5 041	-7.98	52.81	5.06	9 264	-2.26	54.42	634	-15.77	-16.96
2009	4 940	-2.01	72.60	-12.10	11 012	18.87	44.86	651	2.78	-17.08

6－10－8　水泥区域生产和能耗情况

6－10－8　Regional cement production and energy consumption status

山西省

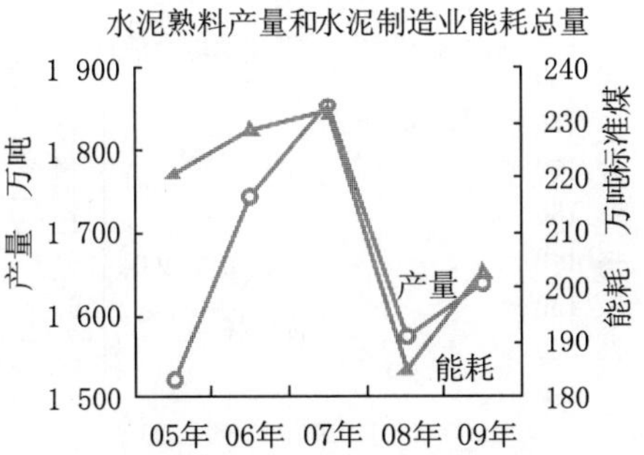

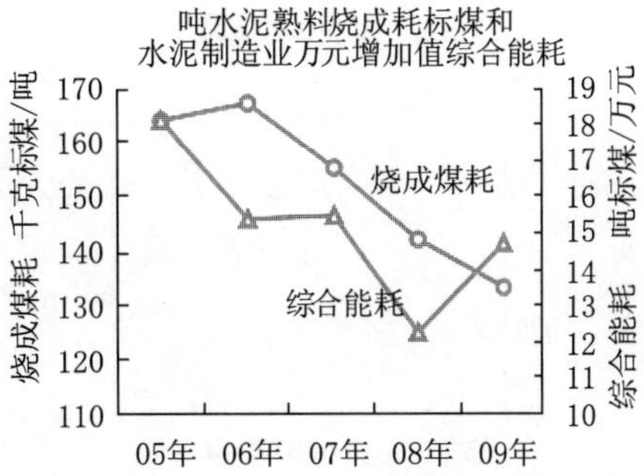

年　度	水泥熟料产量			吨水泥熟料耗标煤增长(%)	水泥产量			水泥制造业		
	产量(万吨)	增长率(%)	新型干法比例(%)		产量(万吨)	增长率(%)	与熟料比例(%)	能耗总量(万吨标煤)	增长率(%)	综合能耗增长(%)
2005	1 520		25.78		2 311		65.80	221		
2006	1 743	14.61	25.77	1.32	2 681	16.03	64.99	229	3.72	－15.20
2007	1 854	6.37	40.04	－6.80	2 781	3.72	66.65	232	1.10	0.34
2008	1 573	－15.13	56.84	－8.41	2 483	－10.72	63.36	185	－19.98	－20.75
2009	1 640	4.26	65.39	－6.80	2 793	12.51	58.71	203	9.79	20.41

内蒙古中部(乌兰察布市、呼和浩特市、包头市)

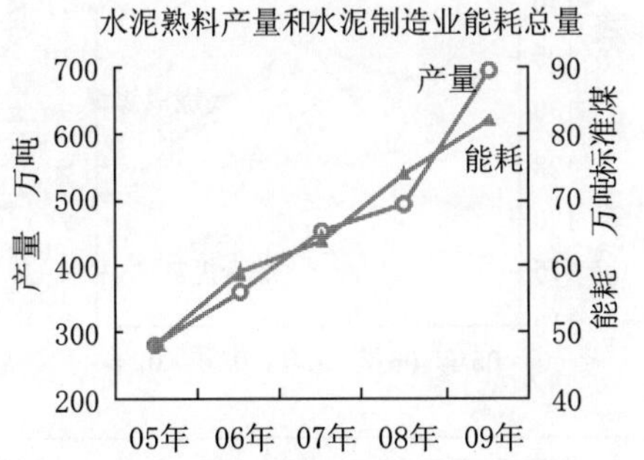

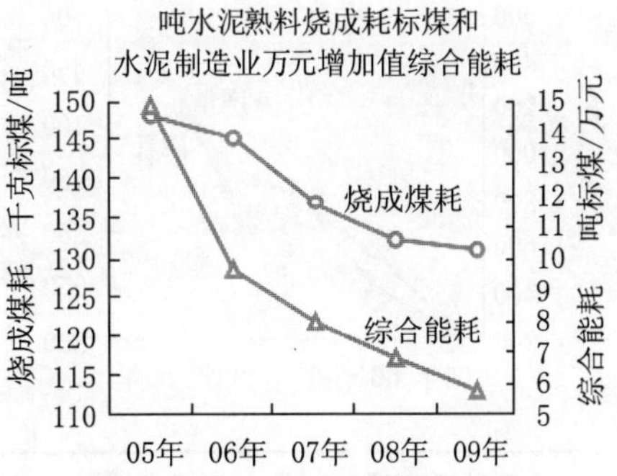

年　度	水泥熟料产量			吨水泥熟料耗标煤增长(%)	水泥产量			水泥制造业		
	产量(万吨)	增长率(%)	新型干法比例(%)		产量(万吨)	增长率(%)	与熟料比例(%)	能耗总量(万吨标煤)	增长率(%)	综合能耗增长(%)
2005	281		78.50		478		58.66	48		
2006	365	29.96	84.46		663	38.54	55.02	59	22.31	
2007	455	24.78	92.41		854	28.84	53.29	64	7.53	
2008	495	8.92	96.36		929	8.88	53.31	74	16.18	
2009	697	40.64	97.91		1 264	36.05	55.11	82	10.76	

6－10－9 水泥区域生产和能耗情况

6－10－9 Regional cement production and energy consumption status

辽宁省

水泥熟料产量和水泥制造业能耗总量

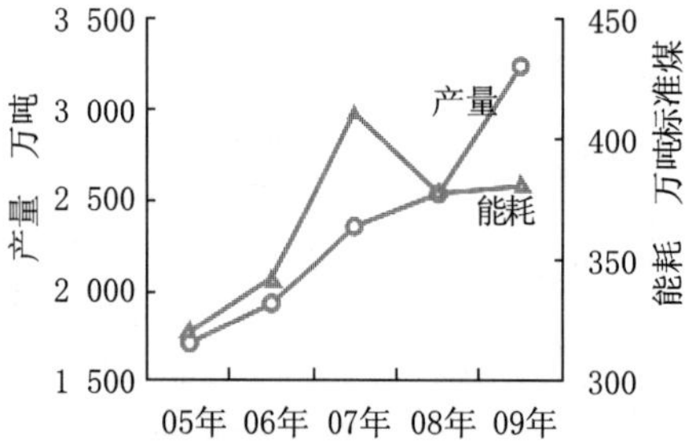

吨水泥熟料烧成耗标煤和
水泥制造业万元增加值综合能耗

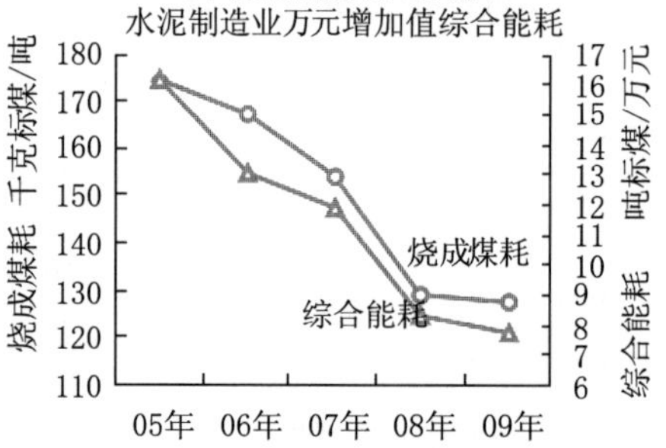

年　度	水泥熟料产量			吨水泥熟料耗标煤增长(%)	水泥产量			水泥制造业		
	产量(万吨)	增长率(%)	新型干法比例(%)		产量(万吨)	增长率(%)	与熟料比例(%)	能耗总量(万吨标煤)	增长率(%)	综合能耗增长(%)
2005	1 702		33.14		2 681		63.48	320		
2006	1 931	13.49	41.44	－4.18	3 294	22.87	58.63	342	6.63	－19.36
2007	2 353	21.86	46.04	－7.60	3 912	18.75	60.16	411	20.25	－8.24
2008	2 521	7.13	70.73	－16.44	4 125	5.45	61.13	378	－8.09	－30.01
2009	3 237	28.37	75.84	－0.43	4 827	17.02	67.06	381	0.97	－7.29

吉林省

水泥熟料产量和水泥制造业能耗总量

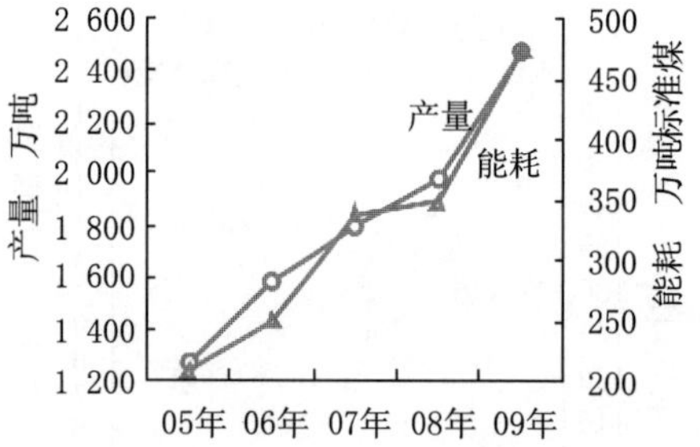

吨水泥熟料烧成耗标煤和
水泥制造业万元增加值综合能耗

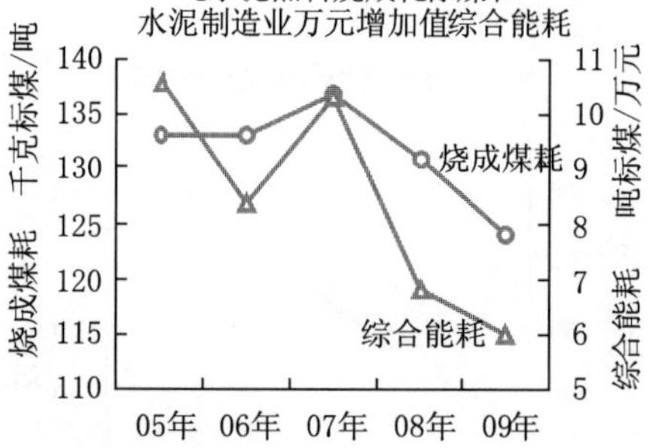

年　度	水泥熟料产量			吨水泥熟料耗标煤增长(%)	水泥产量			水泥制造业		
	产量(万吨)	增长率(%)	新型干法比例(%)		产量(万吨)	增长率(%)	与熟料比例(%)	能耗总量(万吨标煤)	增长率(%)	综合能耗增长(%)
2005	1 264		63.93		1 338		94.44	208		
2006	1 585	25.43	79.32	0.63	1 799	34.44	88.11	251	20.39	－20.99
2007	1 800	13.55	78.33	2.78	2 083	15.81	86.39	339	35.22	23.66
2008	1 987	10.41	77.11	－4.09	2 342	12.42	84.85	349	3.01	－34.36
2009	2 475	24.58	91.58	－5.70	2 764	18.01	89.57	475	35.97	－11.82

6－10－10　水泥区域生产和能耗情况

6－10－10　Regional cement production and energy consumption status

黑龙江省

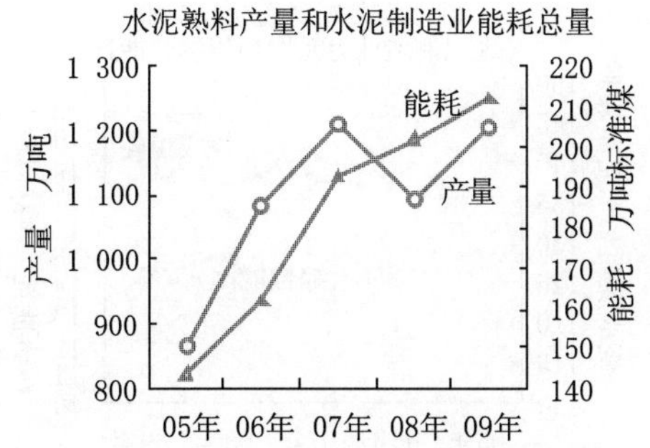

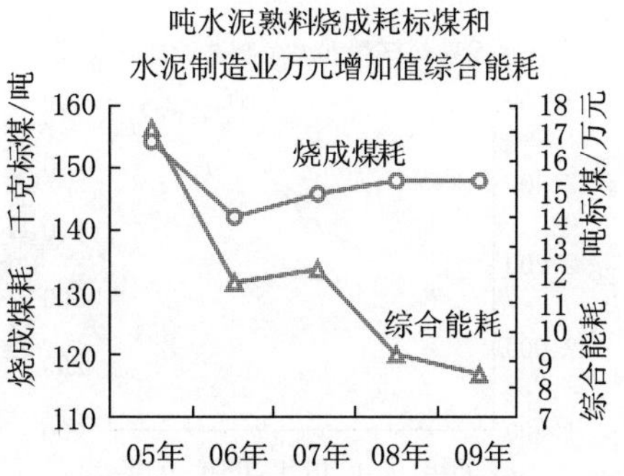

年　度	水泥熟料产量			吨水泥熟料耗标煤增长(%)	水泥产量			水泥制造业		
	产量(万吨)	增长率(%)	新型干法比例(%)		产量(万吨)	增长率(%)	与熟料比例(%)	能耗总量(万吨标煤)	增长率(%)	综合能耗增长(%)
2005	866		31.16		1 214		71.34	144		
2006	1 085	25.18	48.19	-7.86	1 483	22.09	73.15	162	12.89	-31.77
2007	1 211	11.67	62.76	2.97	1 744	17.60	69.46	193	19.09	4.20
2008	1 095	-9.55	68.91	1.30	2 131	22.19	51.41	202	4.47	-24.79
2009	1 204	9.92	78.13	-0.36	2 643	24.06	45.55	212	5.11	-8.21

内蒙东部(通辽市、锡林郭勒盟、呼伦贝尔市、兴安盟)

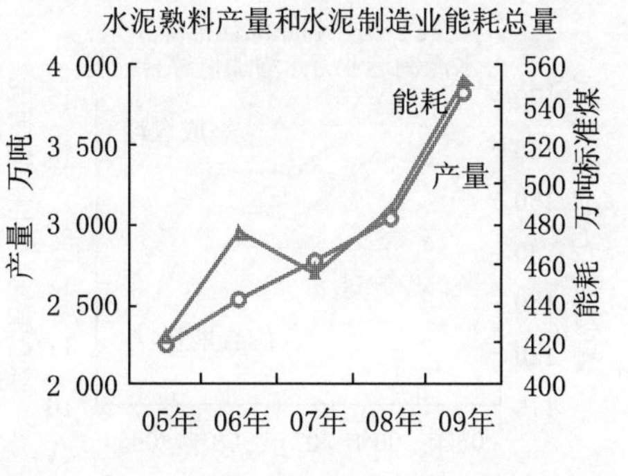

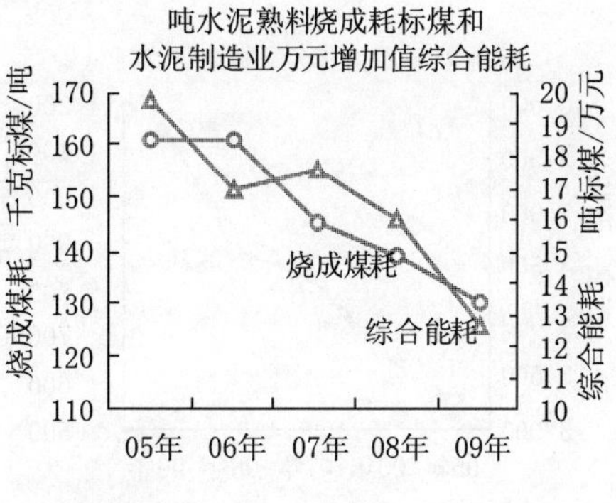

年　度	水泥熟料产量			吨水泥熟料耗标煤增长(%)	水泥产量			水泥制造业		
	产量(万吨)	增长率(%)	新型干法比例(%)		产量(万吨)	增长率(%)	与熟料比例(%)	能耗总量(万吨标煤)	增长率(%)	综合能耗增长(%)
2005	373		37.72		503		74.08	65		
2006	449	20.49	36.90		722	43.55	62.18	84	29.68	
2007	509	13.38	48.07		919	27.28	55.39	97	15.38	
2008	547	7.45	67.06		1 243	35.21	44.02	93	-4.19	
2009	892	63.17	79.86		1 750	40.80	51.01	120	28.62	

6－10－11 水泥区域生产和能耗情况

6－10－11 Regional cement production and energy consumption status

重庆市

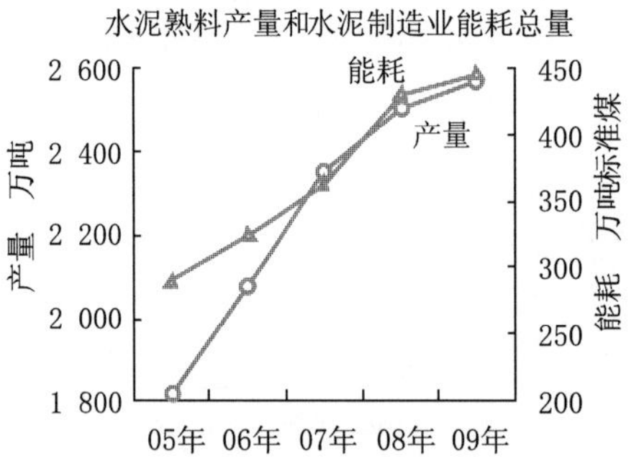

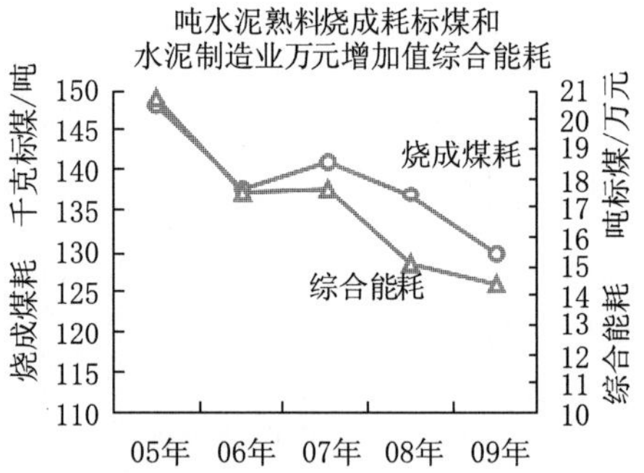

年　度	水泥熟料产量			吨水泥熟料耗标煤增长(%)	水泥产量			水泥制造业		
	产量(万吨)	增长率(%)	新型干法比例(%)		产量(万吨)	增长率(%)	与熟料比例(%)	能耗总量(万吨标煤)	增长率(%)	综合能耗增长(%)
2005	1 817		30.27		2 226		81.63	290		
2006	2 074	14.14	35.34	－6.79	2 619	17.63	79.20	325	12.26	－15.47
2007	2 357	13.62	39.52	2.32	3 000	14.57	78.55	363	11.65	0.97
2008	2 503	6.23	47.73	－2.89	3 271	9.03	76.53	432	19.00	－14.62
2009	2 566	2.50	53.38	－5.21	3 641	11.30	70.48	447	3.47	－4.91

四川省

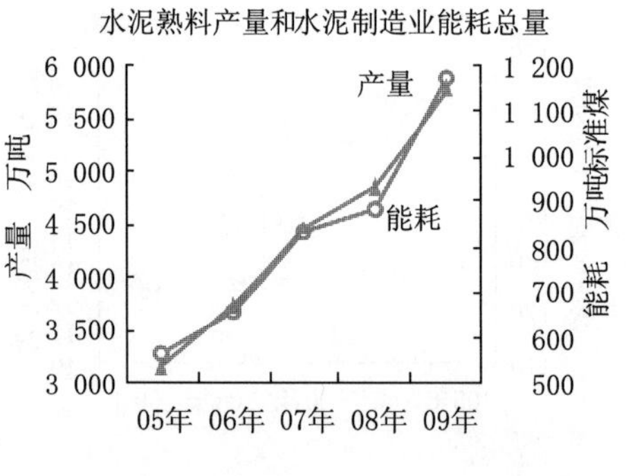

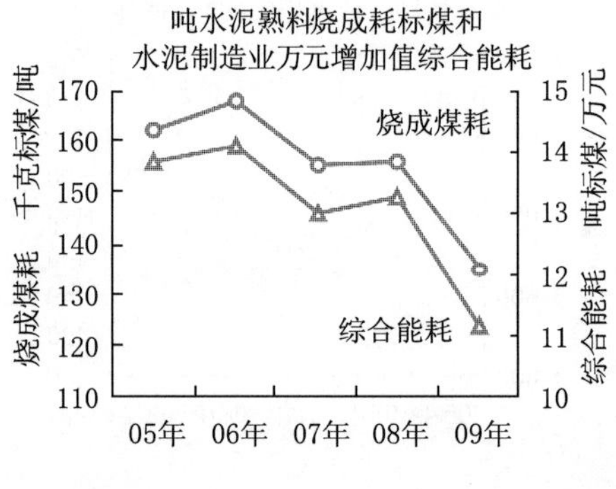

年　度	水泥熟料产量			吨水泥熟料耗标煤增长(%)	水泥产量			水泥制造业		
	产量(万吨)	增长率(%)	新型干法比例(%)		产量(万吨)	增长率(%)	与熟料比例(%)	能耗总量(万吨标煤)	增长率(%)	综合能耗增长(%)
2005	3 276		11.69		4 480		73.13	532		
2006	3 658	11.66	14.98	3.70	5 060	12.94	72.30	666	25.13	1.77
2007	4 415	20.69	18.76	－7.60	6 376	26.00	69.25	842	26.56	－7.60
2008	4 634	4.96	25.78	0.73	6 280	－1.50	73.80	931	10.49	1.78
2009	5 909	27.50	44.38	－13.24	9 100	44.91	64.93	1 148	23.36	－15.56

6 -10 -12　水泥区域生产和能耗情况

6 -10 -12　Regional cement production and energy consumption status

贵州省

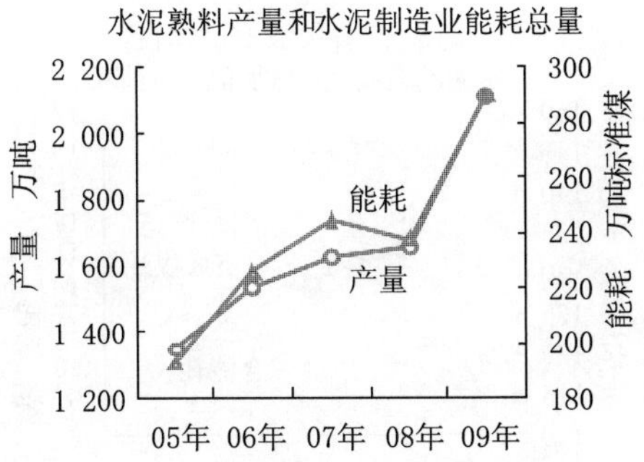

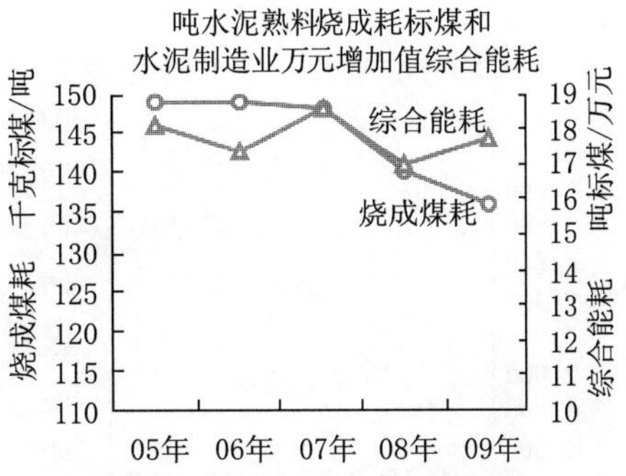

年　度	水泥熟料产量			吨水泥熟料耗标煤增长(%)	水泥产量			水泥制造业		
	产量(万吨)	增长率(%)	新型干法比例(%)		产量(万吨)	增长率(%)	与熟料比例(%)	能耗总量(万吨标煤)	增长率(%)	综合能耗增长(%)
2005	1 350		12.08		1 685		80.10	193		
2006	1 532	13.53	14.62	-0.06	1 907	13.14	80.38	226	17.45	-3.89
2007	1 629	6.32	15.85	-0.43	2 059	8.00	79.13	244	7.95	7.28
2008	1 655	1.59	17.96	-5.33	2 076	0.83	79.72	238	-2.47	-9.11
2009	2 113	27.64	31.41	-3.13	2 675	28.86	78.97	290	21.55	4.47

云南省

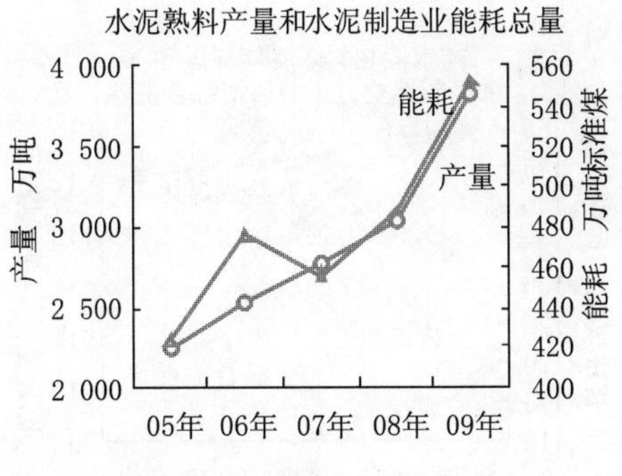

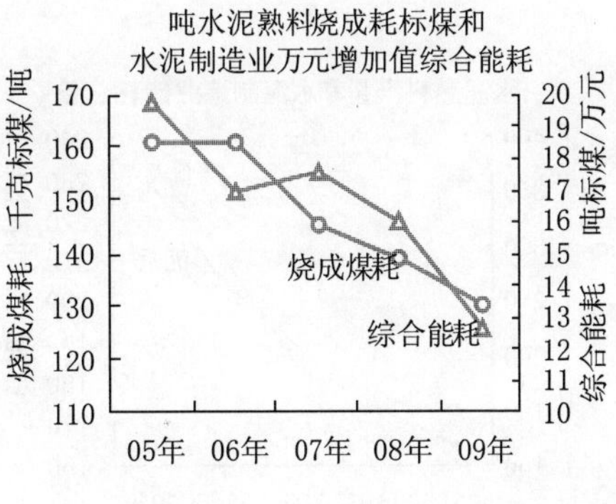

年　度	水泥熟料产量			吨水泥熟料耗标煤增长(%)	水泥产量			水泥制造业		
	产量(万吨)	增长率(%)	新型干法比例(%)		产量(万吨)	增长率(%)	与熟料比例(%)	能耗总量(万吨标煤)	增长率(%)	综合能耗增长(%)
2005	2 238		27.88		2 833		79.01	423		
2006	2 517	12.45	28.65	-0.37	3 306	16.71	76.12	476	12.48	-14.13
2007	2 760	9.66	42.47	-9.57	3 569	7.94	77.34	456	-4.29	3.93
2008	3 045	10.31	63.94	-4.44	4 110	15.16	74.08	487	6.89	-9.47
2009	3 824	25.61	72.79	-6.13	5 022	22.20	76.15	553	13.46	-20.86

西藏自治区略

6－10－13 水泥区域生产和能耗情况

6－10－13 Regional cement production and energy consumption status

陕西省

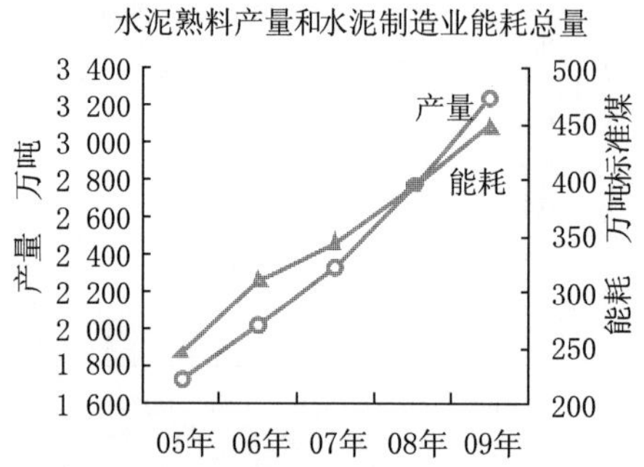

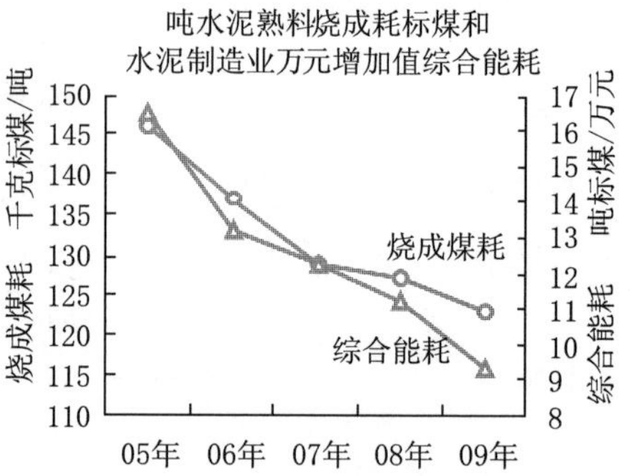

年度	水泥熟料产量			吨水泥熟料耗标煤增长(%)	水泥产量			水泥制造业		
	产量(万吨)	增长率(%)	新型干法比例(%)		产量(万吨)	增长率(%)	与熟料比例(%)	能耗总量(万吨标煤)	增长率(%)	综合能耗增长(%)
2005	1 733		37.27		2 165		80.07	247		
2006	2 025	16.80	45.69	－6.12	2 515	16.17	80.51	310	25.18	－20.19
2007	2 335	15.31	56.45	－5.73	3 175	26.26	73.52	345	11.27	－6.94
2008	2 781	19.10	65.83	－2.13	3 672	15.62	75.73	394	14.24	－9.07
2009	3 247	16.79	76.62	－2.98	4 532	23.45	71.65	448	13.82	－16.65

甘肃省

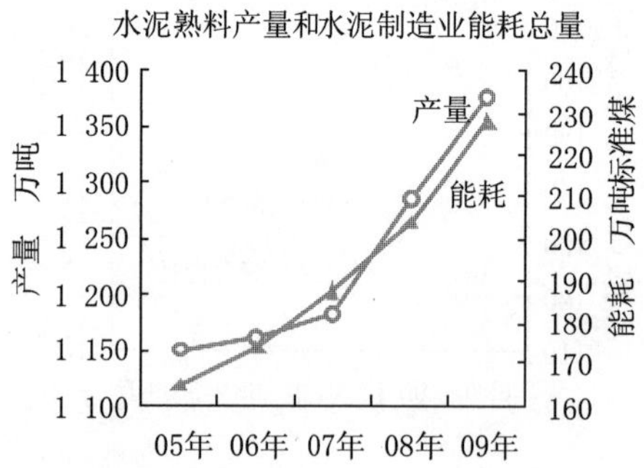

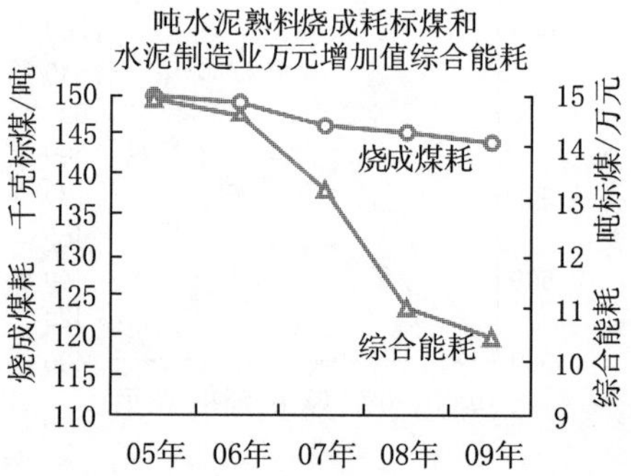

年度	水泥熟料产量			吨水泥熟料耗标煤增长(%)	水泥产量			水泥制造业		
	产量(万吨)	增长率(%)	新型干法比例(%)		产量(万吨)	增长率(%)	与熟料比例(%)	能耗总量(万吨标煤)	增长率(%)	综合能耗增长(%)
2005	1 151		35.18		1 416		81.30	165		
2006	1 162	0.92	60.19	－0.60	1 454	2.70	79.89	174	5.33	－1.98
2007	1 182	1.73	44.72	－1.61	1 540	5.92	76.74	187	7.90	－9.40
2008	1 285	8.70	54.49	－1.03	1 635	6.18	78.56	204	8.61	－17.07
2009	1 377	7.19	63.48	－0.88	1 825	11.61	75.45	228	11.76	－4.94

6－10－14　水泥区域生产和能耗情况

6－10－14　Regional cement production and energy consumption status

青海省

水泥熟料产量和水泥制造业能耗总量

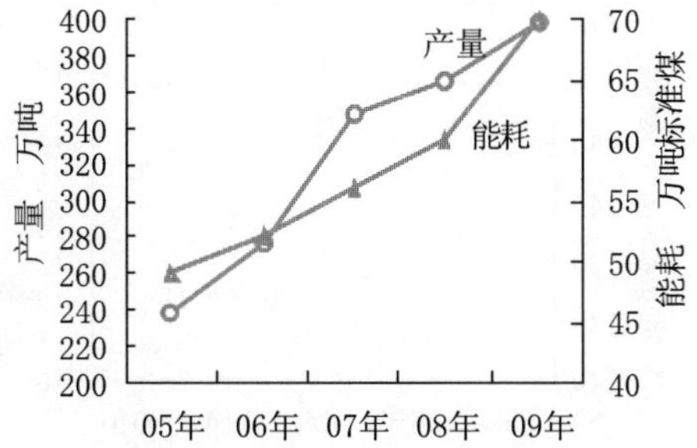

吨水泥熟料烧成耗标煤和
水泥制造业万元增加值综合能耗

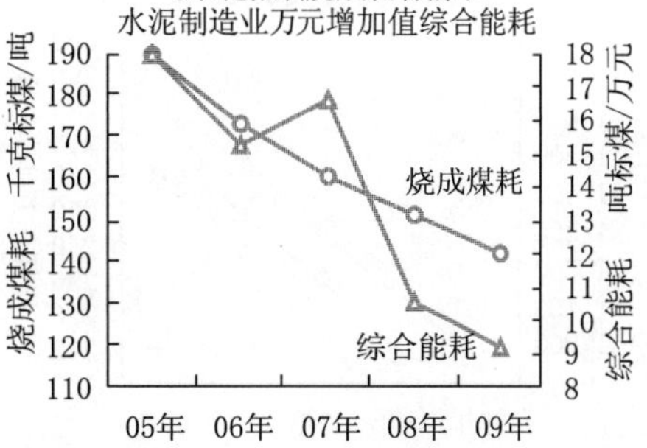

年　度	水泥熟料产量			吨水泥熟料标煤增长(%)	水泥产量			水泥制造业		
	产量(万吨)	增长率(%)	新型干法比例(%)		产量(万吨)	增长率(%)	与熟料比例(%)	能耗总量(万吨标煤)	增长率(%)	综合能耗增长(%)
2005	239		43.56		371		64.42	49		
2006	278	16.54	35.58	－9.02	371	0.19	74.93	52	6.49	－14.94
2007	348	25.22	33.71	－7.63	437	17.65	79.76	56	7.77	8.53
2008	366	4.96	36.98	－5.39	462	5.82	79.11	60	5.90	－36.21
2009	399	9.01	58.09	－5.67	611	32.17	65.25	70	18.09	－13.64

宁夏回族自治区

水泥熟料产量和水泥制造业能耗总量

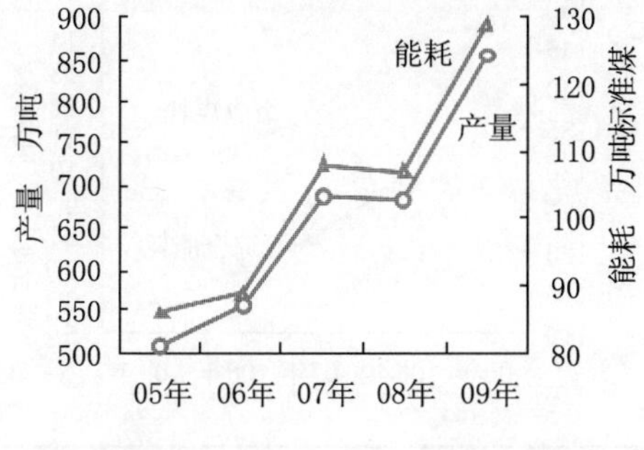

吨水泥熟料烧成耗标煤和
水泥制造业万元增加值综合能耗

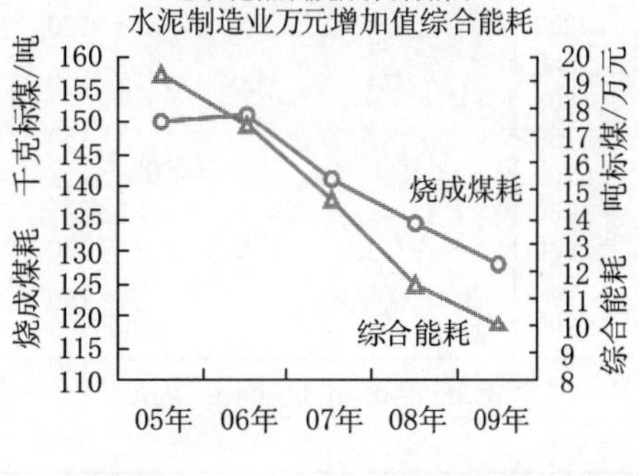

年　度	水泥熟料产量			吨水泥熟料耗标煤增长(%)	水泥产量			水泥制造业		
	产量(万吨)	增长率(%)	新型干法比例(%)		产量(万吨)	增长率(%)	与熟料比例(%)	能耗总量(万吨标煤)	增长率(%)	综合能耗增长(%)
2005	507		61.39		568		89.26	86		
2006	556	9.65	58.50	0.87	710	25.08	78.25	89	3.56	－9.97
2007	686	23.46	66.01	－6.47	846	19.20	81.06	108	20.61	－16.26
2008	683	－0.45	69.29	－5.22	903	6.70	75.63	107	－0.50	－21.10
2009	856	25.42	73.57	－4.26	1 072	18.76	79.87	129	20.52	－12.20

6－10－15　水泥区域生产和能耗情况

6－10－15　Regional cement production and energy consumption status

新疆维吾尔自治区

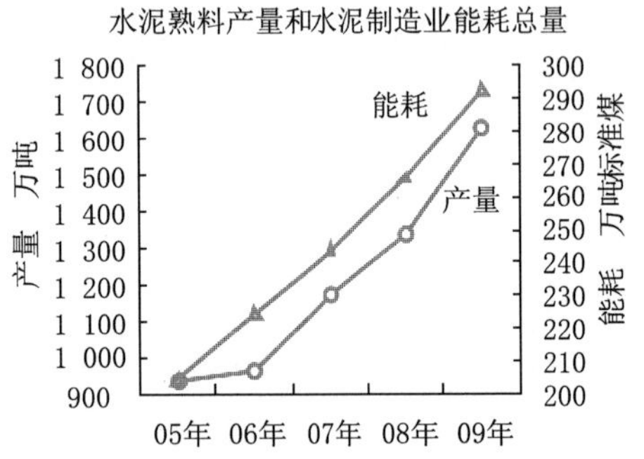

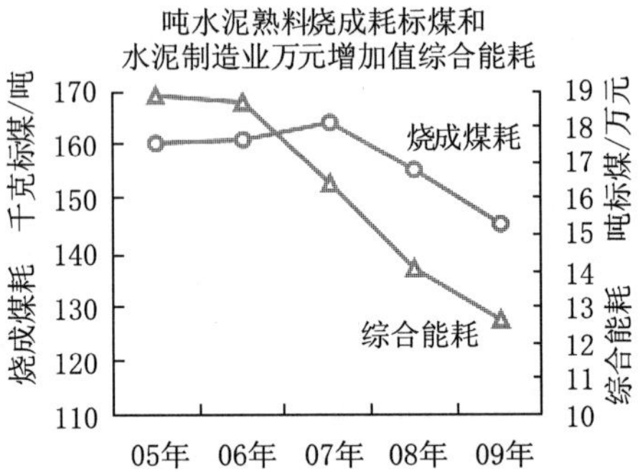

年　度	水泥熟料产量			吨水泥熟料耗标煤增长(%)	水泥产量			水泥制造业		
	产量(万吨)	增长率(%)	新型干法比例(%)		产量(万吨)	增长率(%)	与熟料比例(%)	能耗总量(万吨标煤)	增长率(%)	综合能耗增长(%)
2005	939		22.26		1 245		75.37	205		
2006	959	2.20	22.41	0.29	1 224	-1.70	78.37	225	9.64	-1.07
2007	1 177	22.71	33.68	1.84	1 514	23.63	77.78	244	8.48	-12.16
2008	1 337	13.59	46.28	-5.20	1 691	11.73	79.08	266	9.28	-14.13
2009	1 632	22.03	57.83	-6.74	2 040	20.61	80.01	293	10.15	-10.38

内蒙西部(鄂尔多斯市、巴彦淖尔市、乌海市、阿拉善盟)

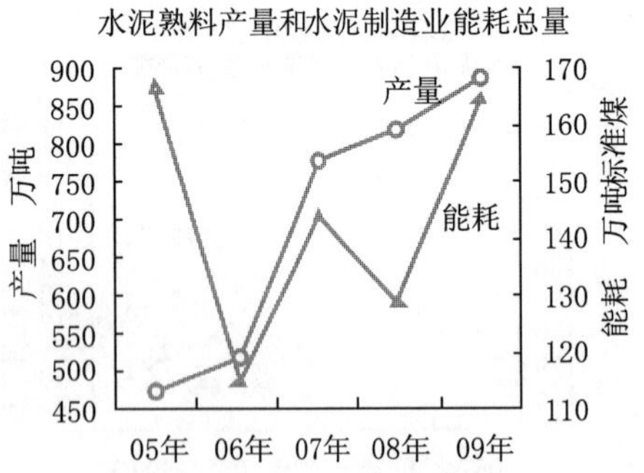

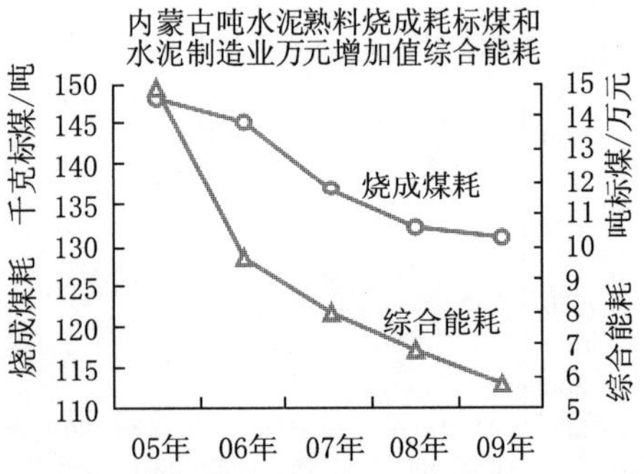

年　度	水泥熟料产量			吨水泥熟料耗标煤增长(%)	水泥产量			水泥制造业		
	产量(万吨)	增长率(%)	新型干法比例(%)		产量(万吨)	增长率(%)	与熟料比例(%)	能耗总量(万吨标煤)	增长率(%)	综合能耗增长(%)
2005	470		39.93		591		79.43	167		
2006	520	10.75	37.43		731	23.63	71.16	115	-31.26	
2007	778	49.53	60.31		1 026	40.33	75.83	144	25.06	
2008	819	5.27	58.96		947	-7.72	86.51	129	-9.84	
2009	889	8.54	79.82		1 405	48.46	63.25	165	27.48	

迈克液压

mecc hydraulic

- 第一代篦冷机到第四代篦冷机液压系统控制技术
- 窑头燃油液压系统（柴油、重油）技术等14项国家专利
- 挡轮液压系统
- 圆形、方形料场液压系统
- 矿山破碎机液压电控系统
- 辊压机及电控系统
- 2.6米、3.6米、5.6米系列立磨液压系统
- 推雪人液压系统
- 各类型TBJ、MGKZ、MGKZS标准系列稀油润滑站
- 为建材行业三百多个用户成功地提供了3500多套液压、润滑系统，并出口到意大利、西班牙、泰国、印度、韩国、南非、津巴布韦、埃及、伊朗、马来西亚、哈萨克斯坦、土耳其、孟加拉、委内瑞拉、尼日利亚等三十多个国家。

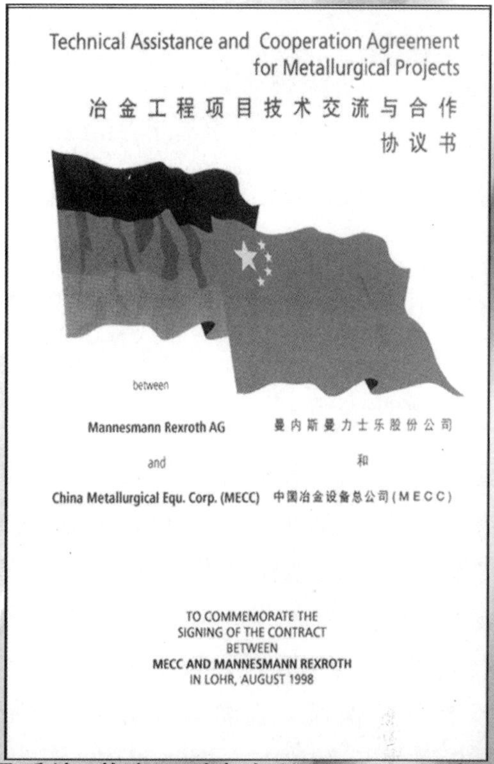
Technical Assistance and Cooperation Agreement for Metallurgical Projects

冶金工程项目技术交流与合作协议书

between

Mannesmann Rexroth AG 曼内斯曼力士乐股份公司

and 和

China Metallurgical Equ. Corp. (MECC) 中国冶金设备总公司(MECC)

TO COMMEMORATE THE SIGNING OF THE CONTRACT BETWEEN MECC AND MANNESMANN REXROTH IN LOHR, AUGUST 1998

与德国力士乐公司技术合作协议和合作制造标牌

新型篦冷机现场管路工程和调试

重型液压缸检测

燃油雾化器

公司地址：北京市大兴瀛海
电话：010-69277243
传真：010-69279444
邮编：100076
邮箱：mecc@mecc-hydraulic.com
经营部地址：北京崇文区广渠门内大街幸福家园3号楼1206室
电话：010-67155551/52/60/61
传真：010-67155550
邮编：100062
邮箱：jingying@mecc-hydraulic.com

我们，
不仅仅生产建筑材料
更探寻点亮生活的灵感

中国建材 | CUCC

公司简介

公司概况： 中国联合水泥集团有限公司（以下简称“中国联合水泥”）成立于1999年。是中国建材股份有限公司（香港证券交易所H股上市公司）的核心业务板块，集水泥熟料、水泥粉磨、商品混凝土生产为一体。是国家重点支持的大型水泥集团之一，2009总资产超过200亿元，年产能规模达6000万吨以上，产能排名中国第三。

公司战略： 中国联合水泥秉承中国建材“善用资源，服务建设”的核心理念，走“联合重组为主，新线建设为辅”的发展道路，专注于水泥和相关行业，从成立之初仅有一家年产130万吨的水泥企业，成长为跨越山东、江苏、河南、河北、安徽、四川、内蒙、山西等省，拥有代表世界先进水平的日产10000吨级和多条代表国内先进水平的日产6000吨级、日产5000吨级新型干法水泥生产线，60余家分、子公司的大型水泥企业。

企业文化： “我们生产凝聚力”是中国联合水泥核心文化理念，实施“五化”（一体化、模式化、制度化、流程化、数字化）+“KPI”（净利润、售价、成本费用、现金流、资产负债率）管理模式；推行“对外对标，对内优化”持续创新管理理念；强化管理整合培训，推行辅导员制，加速文化融合，在持续提高企业及员工经济收益的同时，努力降低区域环境成本及地球环境成本。

品牌建设： 所属企业以统一的“CUCC”中联品牌和一体化的质量、环境、安全、计量认证标准，向客户提供一致性的产品品质和服务，并更好地为股东创造价值。

公司愿景： 全球优秀的水泥及混凝土制造商。中国联合水泥愿与国内外有识之士一起，致力于人与自然的和谐统一，愿与更多的客户、供应商、科研设计方和行业同仁在多个领域合作，多赢共赢，推动水泥行业的发展，服务于经济建设，携手并进，共同开创我们更加美好的未来。

中国联合水泥南阳分公司年产400万吨水泥生产线

国联合水泥所属企业名单

南中联水泥有限公司
海中联水泥有限公司
国联合水泥集团有限公司南阳分公司
台中联水泥有限公司
庄中联水泥有限公司
州中联水泥有限公司
州中联水泥有限公司
山中联水泥有限公司
州中联大坝水泥有限公司
照中联水泥有限公司
川中联水泥有限公司
阳中联黄河水泥有限公司
阳中联水泥有限公司
临沂中联水泥有限公司
曲阜中联水泥有限公司
南阳中联卧龙水泥有限公司
北川中联水泥有限公司
登封中联登电水泥有限公司
郏县中联天广水泥有限公司
山东东华水泥有限公司
莒县日广水泥熟料有限公司
安县中联水泥有限公司
南京中联水泥有限公司
平邑中联水泥有限公司
滕州中联水泥有限公司
乌兰察布中联水泥有限公司
邓州中联水泥有限公司
河南省海皇益民旋窑水泥有限公司
锡林浩特中联金河水泥有限公司
东平中联美景水泥有限公司
滁州中联水泥有限公司
西峡中联水泥有限公司
日照中联港口水泥有限公司
济南万华水泥有限责任公司
青岛即墨中联水泥有限公司
成都中联水泥有限公司
孟津中联水泥有限公司
成武中联水泥有限公司
曹县中联水泥有限公司

址：北京市海淀区三里河路甲11号中国建材大厦16层
话：010-88083366
真：010-88084112
址：www.cucc.com.cn

德江副总理视察徐州中联水泥万吨线

枣庄中联水泥生态园远景图

安徽瑞泰：国家“863”计划项目“水泥窑用长寿命多功能系列不定形耐火材料的研究”产业化基地，建有年产10万吨不定形耐火材料自动化生产线，同时生产各种规格耐热耐磨材料。

河南瑞泰：国家“863”计划项目“水泥窑用环境友好碱性耐火材料”产业化基地，生产线采用LAEIS2000吨全自动双向液压机、超高温天然气隧道窑等设备，年生产能力8万吨。

浙江瑞泰：所生产的大型水泥窑用新型低导热硅莫砖、硅莫红砖性能国内领先，提供水泥窑规划、技术咨询及运行维护服务。

郑州瑞泰：拥有二十余年水泥窑用耐火材料专业生产经验，产品种类丰富齐全，年产碱性及铝硅质耐火材料10万吨。

广东塔牌集团股份有限公司

GUANGDONG TAPAI GROUP CO.,LTD

地 址：广东省蕉岭县蕉城镇塔牌大厦 / 邮 编：514100 / 网 址：http://www.tapai.com

广东塔牌集团股份有限公司（证券简称：塔牌集团，证券代码：002233）是一家被列入国家重点支持发展、《广东省建材工业2005~2010年发展规划》和《广东省建材行业结构调整实施方案》鼓励扶持发展的以水泥为主业、跨地区、跨行业、关联多元化发展的梅州市骨干企业集团之一的大型企业集团。

塔牌集团现形成了“三大”水泥生产基地（广东惠州基地、广东梅州基地、福建武平基地），拥有9个大中型熟料、水泥生产企业，并涉及电力、矿山、铁路运输和设备制造安装等行业；资产总额43亿元；水泥生产规模1100万吨；员工3000多人，其中管理技术队伍800多人。

塔牌集团率先在广东省水泥行业通过ISO9001质量体系、环境管理体系、职业健康安全体系认证，先后荣获“全国用户满意企业”、“中国建材百强企业（第23位）”、“全国质量效益型先进企业”、“中国建材知名企业”、“广东省五一劳动奖状”、“广东省诚信示范企业”等荣誉；“塔牌”水泥先后荣获“国家质量免检产品”、“全国用户满意产品”、“广东省名牌产品”、“广东省著名商标”等荣誉，在粤东地区

①

②

③

是广大用户的首选品牌，并畅销深圳、广州、东莞、惠州等珠三角发达城市，以及福建、江西毗邻省的部分地区，成为高速公路、水电大坝、铁路、机场和高层建筑等大型工程、重点工程和搅拌站市场指定专用建筑材料。

① 国务院副总理张德江到塔牌视察
② 黄华华省长到塔牌考察时与钟烈华董事长亲切交谈
③ 广东省省长黄华华到塔牌视察（左五）
④ 塔牌总部办公大楼
⑤ 塔牌日产5000吨新型干法旋窑生产线和能源综合利用电厂全景

亚洲水泥(中国)控股公司

洋房牌水泥

亚洲水泥(中国)控股公司(以下简称本公司或公司)于 2004 年 4 月在开曼群岛注册成立，资产总值达人民币 150 亿。公司下辖一贯化水泥制造厂、研磨厂、水泥制品厂、运输公司及投资公司五大类型公司。其中江西亚东、四川亚东、湖北亚东、黄冈亚东、武汉亚鑫为一贯化水泥制造厂；南昌亚东、扬州亚东、武汉亚东为研磨厂；上海亚力、上海亚福、南昌亚力、武汉亚力、四川亚力、成都亚力为水泥制品厂；江西亚利、湖北亚利、四川亚利为运输公司；亚东投资为投资公司，合共十八家公司。2008 年 5 月 20 日，本公司成功于香港主板上市。

本公司自江西亚东第一条日产熟料 4200 吨新型干法水泥生产线(一号窑)于 2000 年 7 月成功点火投产以来，先后已有 2003 年 9 月江西亚东二号窑、2006 年 9 月四川亚东一号窑、2007 年 7 月江西亚东三号窑、2008 年 12 月四川亚东二号窑、2009 年 3 月湖北亚东一号窑、2010 年 3 月四川亚东三号窑、2010 年 5 月黄冈亚东一号窑、2010 年 5 月江西亚东四号窑及 2010 年 10 月湖北亚东二号窑等九条自行建设的同型生产线竣工投产，目前本公司合计有十条日产熟料 4200 吨之新型干法水泥生产线同步运行，加上 2010 年收购的武汉亚鑫已有产能，年产水泥合计约可达 2400 万吨。此外，江西亚东正新建二条日产熟料 6000 吨之新型干法水泥生产线，届时全公司年产水泥合计将可达 3000 万吨。

展望未来，本公司江西亚东、湖北亚东、武汉亚东、黄冈亚东、扬州亚东均临江而建，并沿长江向外辐射，而位于四川成都之四川亚东，则拥有都会地利之便，同时借助中国西部大开发之有利趋势，使本公司成为长江中游及中国西南(成都)地区主要的大型水泥企业集团，在武汉、九江、南昌、扬州、成都等地则系高品质水泥供应的代表厂商，未来并期许成为中国十大水泥集团之一。

本公司秉持远东集团“诚、勤、朴、慎．创新”的企业精神，传承台湾经验，致力在大陆建造高环保、高品质、高效率、低成本之“三高一低”的大型现代化模范水泥厂，为企业永续发展奠定良好基础，树立工业发展和环境保护并行不悖的范例。

亚洲水泥（中国）控股公司所辖企业

■一贯化水泥制造厂
- 江西亚东水泥有限公司
- 四川亚东水泥有限公司
- 湖北亚东水泥有限公司
- 黄冈亚东水泥有限公司
- 武汉亚鑫水泥有限公司

■水泥研磨厂
- 南昌亚东水泥有限公司
- 扬州亚东水泥有限公司
- 武汉亚东水泥有限公司

■投资公司
- 亚东投资有限公司

■水泥制品厂
- 上海亚力水泥制品公司
- 上海亚福水泥制品公司
- 南昌亚力水泥制品公司
- 武汉亚力水泥制品公司
- 四川亚力水泥制品公司
- 成都亚力水泥制品公司

■运输公司
- 江西亚利运输有限公司
- 湖北亚利运输有限公司
- 四川亚利运输有限公司

品质服务热线：400-887-1700
大陆总部地址：江西省瑞昌市码头镇亚东大道6号　邮编：332207　电话：0792-4888999　传真：0792-4886998
网址：www.achc.com.cn（大陆总部）　www.yadongco.com.cn（江西亚东）

内蒙古东蒙水泥有限公司

公司简介：

内蒙古东蒙水泥有限公司是通辽市第一家拥有代表国际先进水平的新型干法回转窑生产线的水泥企业和通辽市最大的水泥生产企业。

2004年4月投资1.6亿元建设一期工程1500T/D新型干法水泥生产线，2005年5月28日竣工投产，年生产规模60万吨。2006年11月投资4.6亿元建设二期工程4800T/D新型干法水泥生产线，2007年11月20日点火投产，年生产规模200万吨。一、二期项目位于库伦旗三家子镇，紧靠石灰石矿山，资源丰富。紧邻省道303线和即将通车的甘库铁路，邻近国道304线和大郑铁路线，交通运输便利。拥有固定资产6亿元，年生产规模260万吨，企业员工580人，年实现利税6000万以上，取得了良好的社会和经济效益。

内蒙古东蒙水泥有限公司充分利用现有管理、技术、资金、资源的基础上，实施战略调整，完善产业布局，以通辽库伦为熟料生产基地，为取得环渤海市场先机，进一步优化资源配置，充分利用锦州丰富的工业废渣资源。2008年4月投资1.2亿元，在锦州市凌海双羊工业园区建设年生产加工200万吨规模水泥粉磨生产线，该项目已于2008年12月竣工投产。

国家和地方拉动内需政策[出]台，有利于促进水泥市场需求[回]升，钢铁煤炭价格回落，增值[税转]型，有利于企业降低生产和建[设成]本。为了抓住新机遇，实现新突[破，]力求新跨越，内蒙古东蒙水泥有[限公]司2009年4月份新建设4500T/D[新型]干法水泥三期工程项目。该项目[占]地面积265亩，总投资4.5亿元，[年]生产规模200万吨，年实现利税[…]万元以上，安置劳动力200人，2[…]年8月16日顺利建成投产。三期[项目]的实施，为做强做大东蒙水泥，[增强]企业抗风险能力和市场竞争能力[，进]一步整合资源和市场，奠定了坚[实]基础。

以“质量信誉为首，服务[至]上”为宗旨，走“东蒙”品牌发[展之]路，与广大客户携手共进，共创[繁荣]两旺，合作双赢的美好明天。

地 址：内蒙古通辽市库伦旗三家子　　邮 编：028200

电 话：0475-4819033　　传 真：0475-4819066

联系人：王跃兵　　邮箱：w.yb_ok@163.com

SINOMA
中材科技

公司简介

中材科技股份有限公司过滤材料事业部专业从事袋式除尘用过滤材料产品的研究、开发和生产，拥有国内一流的生产装备和测试手段、具备高素质技术型人才，产品目前在国内100余条新型干法水泥生产线上应用，受到客户的普遍赞誉。

作为我国高温过滤材料技术的发源地，公司先后研发出玻璃纤维覆膜滤料、复合毡滤料（覆膜）及多种合成纤维滤料。其中，“玻璃纤维覆膜滤料”具有排放浓度低、过滤效率高、使用寿命长等特性，广泛应用于水泥、冶金、火力发电、化工等行业的高温工业烟气除尘。该成果的取得，打破了国外公司长期的技术垄断，形成一批科技成果和多项国家专利。公司的“玻璃纤维覆膜滤料的研制及其工程化应用”项目获2008中国建筑材料联合会中国硅酸盐学会科技进步一等奖。公司掌握了玻璃纤维制造及其纺织、膜材料的制造及覆膜技术、高自动化复合毡制造技术及滤料基材后处理技术，形成了完整的产业链，并在南京江宁开发区建成了年产400万平方米过滤材料的基地，成为国内规模最大、品种最全、技术最优、服务最佳的高温过滤材料生产基地。

中材科技股份有限公司
大型水泥窑主要应用业绩

水泥集团用户

冀东水泥有限公司
山水集团
华新水泥集团有限公司
宁夏赛马水泥（集团）有限公司
新疆天山水泥股份有限公司
南方水泥有限公司
祁连山水泥集团
四川利森建材集团有限公司
赛德水泥（中国）控股有限公司
天瑞集团水泥有限公司
中材水泥有限责任公司
北京金隅集团有限责任公司

设备厂家用户

洁华控股股份有限公司
合肥水泥研究设计院
合肥丰德科技有限公司
河南中材环保有限公司
江苏科行环境工程技术有限公司
苏州中材建设有限公司
科林环保装备股份有限公司
合肥宏大环保设计有限公司

公司地址： 江苏省南京市江宁科学园区彤天路99号
中材科技股份有限公司过滤材料事业部
邮政编码： 211112
电　　话： 86-25-87186880
86-25-87186891
86-25-87186886
传　　真： 86-25-87186900
网　　址： www.sinomatech.com
www.fiberglasschina.com

山东宏海机电炉窑公司

山东宏海机电炉窑公司成立于2002年，拥有炉窑工程专业承包贰级资质，2005年通过了ISO9001、IS14001、CB/T28001-2001质量、安全、环境三维一体化认证，主要经营新型干法水泥窑炉工程安装、检修。可承担炉窑整体耐火材料的配套施工，机电安装、维修及新型干法水泥炉窑工程技术咨询服务等。

机电炉窑公司现有工程技术人员 305 人，经济管理人员43人，具有高中初级职称 17 人，项目经理10人，具有十年以上专业机电炉窑工程施工的技能工人262人，主技过2500T/D和5000T/D整线耐火材料安装检修的主要管理人员26 人，施工机械设备有进口和国产的打砖机、砌砖机等先进炉窑工程设备、在新型干法水泥生产线回转窑内耐火砌筑具备操作规范的干砌、湿砌两种不同施工工艺。公司连年被枣庄滕州两级市建管部门评为“建筑业综合实力十强企业”、“先进外出施工企业省级守信用重合同企业”2010年被四川拉法基评为“优秀合同方”等荣誉称号。

山东宏海机电炉窑公司秉承以客为尊、诚信守信的宗旨，遵循“质量为本、精益求精”的质量方针，竭诚为国内外广大客户提供优质的服务。

团结 拼搏 超越

完美砌筑 诚信经营

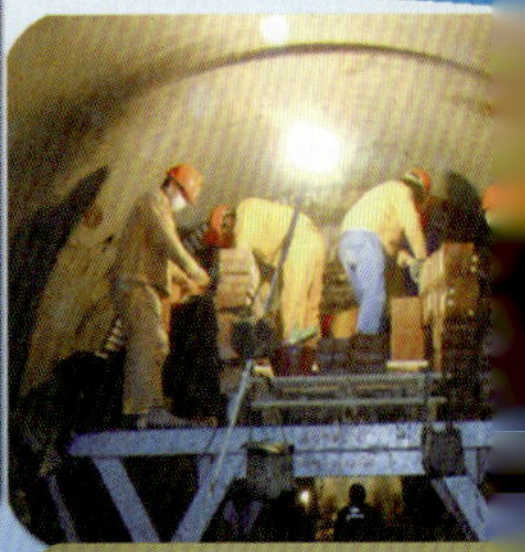

地址：山东滕州市　　邮编：277500
电话：0632-2721777　传真：0632-2721777
手机：15098255177
南方公司：湖北黄石、陕西汉中、联系电话：13465977756
北方公司：内蒙乌海　　联系电话：13516379717

国阳

开源耐磨

宁国市开源电力耐磨材料有限公司创建于2004年，位
‘中国耐磨铸件之都”宁国市，经过多年的艰苦创业，
]现已发展成为占地10万平米，拥有资产近亿元，员工
多人，年产能力5万吨的专业化耐磨铸件企业。公司现
ㄧ国铸造协会耐磨铸件分会理事、宁国耐磨铸件协会副
长单位，是全国铸造分行业排头兵企业。

公司主导产品“国阳”牌系列耐磨材料广泛应用于水
建材、矿山、火电等行业，在同行业中具有较大的影
J和知名度，先后与海螺集团、拉法基集团、山水集
天津水泥设计院等100多家企业建立了长期友好的合
关系，产品同时出
J南非、印度、俄
斤、越南等十几个
K，得到用户的一
平评。

自动迪砂生产线

公司技术装备先进，具有较强的技术开发和创新能力，配备自动化迪砂生产线、大球铸造生产线、淬火生产线、直读光谱仪、金相显微镜等先进的生产和检测设备100多台套，拥有企业技术中心，通过立足自主研发、“产学研”紧密结合以及对引进技术的消化、吸收和再创新，掌握先进技术，提高核心竞争力。

公司秉承“以质量博市场、以创新求发展”的宗旨，建立完善的质量控制和管理体系，先后通过了ISO9000质量体系认证、ISO14001环境管理体系认证以及GB/T28001职业健康安全管理体系认证，树立“创建一流品牌”的信念，实施品牌发展战略，先后获得了“安徽省名牌产品”、“安徽省著名商标”、“安徽省质量奖”、“安徽省民营科技企业”等殊荣。

公司一直以“发展铸造产业，振兴地方经济，回报公众社会”为己任，不断完善组织治理，致力于培育核心竞争优势，促进企业可持续发展，一贯遵循“同心、同创、同享”的价值观，多年来为繁荣地方经济、推动行业进步、促进社会和谐发展作出积极的努力。

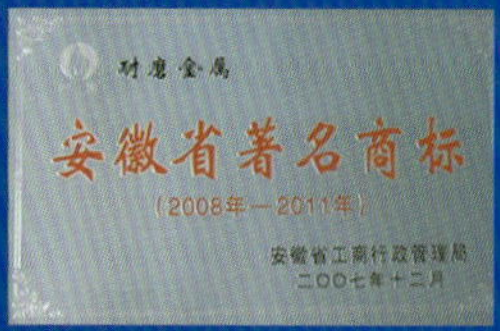

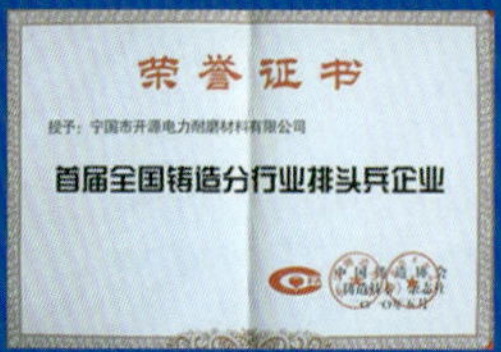

止：安徽省宁国市经济技术开发区河沥园区
扁：242300
舌：0563-4302111 4309022
真：0563-4302111
止：www.nggq.com
育：web@nggq.com

安徽海螺川崎节能设备制造有限公司

安徽海螺川崎节能设备制造有限公司是由安徽海螺创业投资有限公司与日本川崎成套设备株式会社共同投资设立的中外合资企业，主要从事节能立磨、水泥余热发电锅炉、垃圾焚烧处理、城市污水处理等节能环保设备的开发和制造。公司现有员工200人，其中技术人员52人，高级技术人员10人，日方专家7人。公司生产制造装备齐全，拥有六座标准化厂房，占地面积400余亩，是国家认定的高新技术企业之一，已通过了ISO9001质量体系认证、ISO14001环境体系认证以及GB/T28001职业健康安全体系认证。公司位于美丽江城——安徽省芜湖市，交通便利，地理位置优越。

CK系列立磨是我公司在引进日本川崎技术的基础上，结合国内立磨使用经验，开发的高效节能新产品。该产品技术含量高，已取得7项专利，可粉磨水泥生产用原料和熟料，钢铁行业矿渣等。

CK系列立磨规格齐全，用作生料粉磨，可以配套2500t/d，
00t/d，10000t/d，12000t/d等不同产能水泥生产线；用作矿渣粉
时，可以提供50—55t/h，80—90t/h，110—120t/h等系列化产
。经过几年的发展，该产品已形成系列化面向市场，遍布国内十
个省、市。

序号	区域	规格	数量(套)	用途
1	安徽	CK-450	7	生料磨
		CK-490	6	生料磨
2	浙江	CK-450	1	生料磨
3	广东	CK-450	2	生料磨
4	广西	CK-450	2	生料磨
5	江西	CK-450	1	生料磨
6	湖南	CK-450	3	生料磨
7	四川	CK-450	5	生料磨
8	重庆	CK-450	3	生料磨
9	贵州	CK-450	5	生料磨
10	陕西	CK-450	3	生料磨
11	甘肃	CK-450	2	生料磨
12	山东	CK-450	1	生料磨
		CK-260	1	矿渣
13	上海	CK-310	1	矿渣
14	江苏	CK-310	1	矿渣
15	湖北	CK-260	2	矿渣
16	国外		12	矿渣

址：安徽省芜湖市弋江区九华南路1007号　邮编：241070
系人：肖杰玉　手机：13635534778
话：0553-8399677　传真：0553-8399553
箱：xiaojieyu1974@126.com

工作原理：

CK立磨属于外加力型辊盘式磨机。电动机通过主减速机驱动磨盘旋转，磨盘带动四个（或三个）磨辊自转；物料经喂料装置落到磨盘中心，在磨盘回转离心力作用下，向磨盘边缘运到，并通过磨辊下部及磨盘上部之间的碾磨区被碾磨；碾过的物料越过磨盘边缘，被热风吹起，进入磨机上方的选粉机；选粉机将合格的细粉选出，粗粉沿返料斗再次回落到磨盘上碾磨。

技术特点：

特殊结构设计，安全性能高；系统调节迅速，选粉效率高；
节能效果明显，系统能耗低；工艺流程简洁，操作维护简单；
系统喂料均匀，物料研磨高效；先进堆焊工艺，耐磨件寿命长；
部件布置合理，使用维护方便；整体混凝土结构，运行振动小。

SDK

上海石洞口冶金设备修造有限公司

Shanghai Shidongkou Metallurgy Equipment Repairing & Manufacturing CO.,LTD

上海石洞口冶金设备修造有限公司2005年8月由上海宝山石洞口设备修造厂转制而成，是上海市新材料协会硬面行业分会理事及市焊接学会团体会员单位、上海市高新技术企业。创建于1995年5月，地处上海宝钢六号门西侧，占地面积65亩，厂房面积10000多平方米。固定资产5000余万元，年产值超过1亿元，且每年保持增长。

公司拥有各类堆焊、喷涂、喷焊设备及专用工装二十多套，以及以5M数显立车、CW61200×12000卧车、CW61160×9000卧车、Φ1000×12000深孔镗床、Φ800×5000外圆磨床为代表的二十多台金属切削机床形成了强大的机械加工能力。从林肯、WA公司购置的明弧摆动焊机，氩弧焊机，以及电熔爆和大型短电弧机床，成为不可或缺的重要设备。

十多年来，公司通过高层次专业技术人才的引进，不断引进新技术、新设备，不断研制具有自主知识产权的新材料、新工艺，使企业硬面技术的综合开发达到了新的层次，所从事的行业覆盖面不断扩展，主要产品从导料板、水泥挤压辊、耐磨衬板、磨盘、立磨磨辊发展到穿孔机硬面精密衬板、助卷辊、托辊、冷轧支承辊、热轧支承辊等。尤其是自主研制的HRC62的堆焊材料取得国家发明专利，走出高硬度辊类堆焊修复的新路。在产品中，尤其以大型风机叶轮的堆焊修复，大型液压缸内孔堆焊修复，支承辊堆焊修复都取得了良好效果，建材行业的水泥挤压辊堆焊修复使用寿命达到国内领先水平。几年来公司对电力、冶金、建材、化工及铸管等各个行业的设备、零部件的技术开发和制作修复进行了开拓和发展都达到了预期目标。

公司作为宝钢无库存备件供应单位，通过了ISO9001：2000版的国际质量体系认证。近年来公司在大型辊类的堆焊修复工作中取得了工艺、材料、工装设备、操作技能上的重大突破。产品已形成单重30T、40T、52T、72T、78T、82T、108T、114T的系列化。由此，无论在数量上、规模上、辊子的吨位上及加工的能力上均在国内处于领先地位。在取得社会效益的同时创造了良好的经济效益。2004年度《堆焊修复大型支承辊》和《高硬度焊丝修复硬面辊》被评为“上海市新材料优秀产品”。

本公司技术力量雄厚、服务周到、管理科学、质量一流、工艺先进、装备精良，愿与社会各界有识之士真诚合作，共同努力推进硬面、耐磨、耐蚀、耐热、抗粘技术的发展，为我国的各行各业更好地服务。

风机叶轮修复

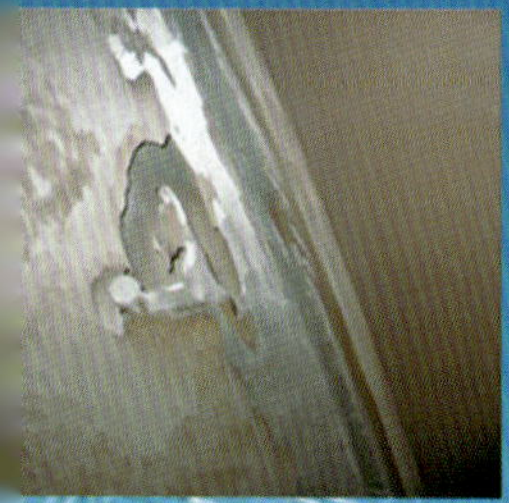

水泥挤压辊堆焊修复

磨辊/磨盘制造、修复

地址：上海市宝山区月浦镇联水路76号　邮编：200942
电话：021-56156541　手机：13917340632
网址：www.bsshdk.com　邮箱：zhaoqh_503@yahoo.com.cn

后劲十足
那里有水泥生产线
哪里就有 波特兰
ere there is cement production line, there is Portland
010年波特兰最新科技进展
吨线国产窑尾钢丝胶带提升机技术
体商业计量技术
水分煤粉计量技术
烟煤煤粉计量技术
泥生料计量技术
查粉（粉煤灰）计量技术
型立磨高合金整体（分片）式磨辊
..
1991 20年 2011
始终如一地致力于粉状物料输送、
计量、储库和耐磨材料科学科技术创新
国家科技进步二等奖
N-TGD大高度钢丝胶带提升机
KXT（M）煤粉计量系统
KXT（S）生料计量系统
KXT（F）粉煤灰（矿渣粉）计量系统
泥研究设计院机电工程技术研究所 合肥兰圈科技发展有限责任公司 技术总监：周啸 所长、总经理
肥市望江东路60号 电话：0551-3439277 3439276 传真：0551-3416295 邮箱：portland@portland.cn 网址：www.portland.cn

做精、做专、做强
优质、节能、高效

安徽省绩溪县华林玻璃纤维有限公司

我公司是专业生产玻璃纤维过滤材料的高新技术企业，成立于1998年，拥有全套玻纤滤料生产线，年生产能力100万平方米，产品主要应用于水泥、垃圾焚烧、炭黑、钢铁、化工等行业的烟气除尘。

公司始终坚持创新进取的经营理念，实施产品差异化的经营策略，坚持“做精、做专、做强”的发展战略，致力于技术创新形成企业核心竞争力，恪守“优质、节能、高效”的滤料企业社会责任，近年来相继开展了多项科技研发工作，获得了3项国家专利和5项独占许可专利技术、2项国家重点环境保护实用技术、2项省级科技成果、1项省级重点新产品和1项省级自主创新产品，通过了ISO9001质量管理体系认证，“登源”牌玻纤滤料被评为安徽省名牌产品和安徽省著名商标。玻纤膨体纱滤料、玻纤膨体纱覆膜滤料和聚四氟乙烯纤维与玻璃纤维混纺滤料等主导产品在新型干法水泥回转窑窑尾、窑头脉冲喷吹袋式除尘器使用证明，产品具有强度高、易清灰、尺寸稳定性好、使用寿命长、低阻力高性价比、除尘效率高等优点，产品性能优越、售后服务专业、细致。

公司为中国环境保护产业协会、袋式除尘委员会、中国玻纤协会、中国炭黑协会会员单位。董事长王兆林热忱欢迎社会各界莅临指导，携手净化蓝天，共同致力于我国的环境保护事业。

■ 产品及应用 Products and Applications

荣譽證書 Honor Certificate

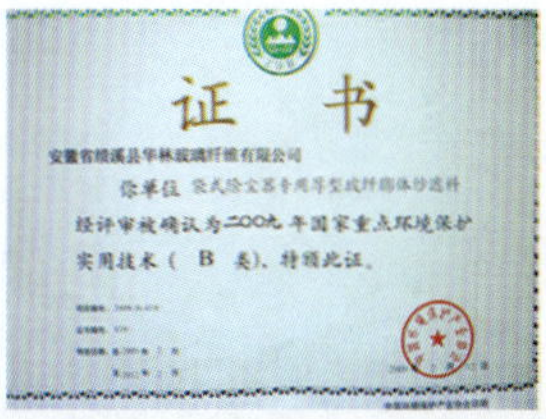

www.ahhualin.com

址：安徽省绩溪县生态工业园区洪川路6号　电 话：0563-8157708　8158272
真：0563-8158270　邮 箱：jxhualin@ahhualin.com

欢迎订阅《中国水泥年鉴》（2011卷）

订阅单位				联系电话	
详细地址				邮政编码	
定价	580 元	订阅份数		金额（小写）	
汇款金额（大写）	万　　仟　　佰　　拾　　元整				
备注					

系地址：北京市海淀区三里河路11号中国水泥协会　　开户行：工商银行北京百万庄支行

话：010-57811171　010-57811170（兼传真）　　户　名：中国水泥协会

编：100831　　帐　号：0200001409014445122

CementRen.com 水泥人网
2010年倾情奉献
水泥助磨剂十强企业
HUANHAI
北京环海澳蕾建材科技有限公司
株洲宏信特种建材有限公司
湖北统领科技集团有限公司
CHUANG 創石 SHI
福建省新创化建科技有限公司
福建省泉州恒源创新科技开发有限公司
宝鸡双和
宝鸡市双和新型建材有限公司
巩固 GONGGU
眉山市巩固建材有限公司
TONEIN
东阿东昌天汇科技有限公司
七星岩 QIXINGYAN
七/星/级/的/服/务
山东七星岩建材科技有限公司
山东宏艺科技股份有限公司
www.cementren.com
以人为本 聚智聚财
地址：北京市石景山区阜石路166号泽洋大厦718室